改訂2版

第 **1** 分冊

●不動産従業者と大家さんのための●

賃貸住宅の業務手引
募集から退去まで

編著 賃貸住宅管理業務マニュアル研究会
発行 財団法人 不動産流通近代化センター

改訂2版発刊に当たって

　本書は、平成7年8月に「初版」を発行して以来、平成19年2月の「改訂版」までに4度の改訂を行い、多くの方にご活用頂いております。

　この度、平成19年2月の「改訂版」発刊前後に改正施行された関連法令と賃貸借契約・賃貸管理契約の関連性や裁判事例を加筆いたしました。

　具体的には、① 平成19年4月1日より「住宅金融公庫」から「住宅金融支援機構」に組織替えされたことに伴う見直し（第1分冊・記述箇所全編に及ぶ）、② 国土交通省住宅局が作成し、平成19年3月30日付けで業界団体に示された「サブリース住宅原賃貸借標準契約書」の契約条文の考え方（第1分冊・第1編 第2章）と様式（第2分冊・様式14-10）、③ 平成19年6月7日から改正施行の「消費者契約法」に関する見直し（第1分冊・第3編 第7章）、④ 平成20年5月より一部改正施行された消費者契約法に関連する不当な契約条項を争点とする裁判事例（第1分冊・第1編 第1章、第3編 第7章）のほか、第1分冊・第1編 第1章に、⑤ 平成17年4月1日から施行の改正民法と賃貸借契約、⑥ 平成21年中に施行予定の送金業法（資金移動等に関する法律）と収納代行業務、⑦ 平成18年6月7日施行の金融商品取引法と賃貸管理業務、⑧ 平成18年4月1日施行の改正保険業法と賃貸管理契約での空室保証並びに少額短期保険業制度、⑨ 平成18年6月1日から新築住宅に設置が義務付けられた火災警報器と改正消防法、⑩ 旅館業法とウイークリー契約並びにマンスリー契約、⑪ 平成21年中に施行予定の特定商取引法（特定商取引に関する法律）と賃貸借契約、⑫ 国土交通大臣が社会資本整備審議会に諮問し検討されている賃貸住宅の管理業務等に関する検討概要、第2編には、参考資料として、⑬ 「不動産業界と業務提携による千葉県市川市での高齢者民間賃貸住宅斡旋制度」などを加筆して、「改訂2版 不動産従業者と大家さんのための『賃貸住宅の業務手引・募集から退去まで』」として発刊するものです。

　本書は、地域による契約慣行の相違点が存在することを前提に、賃貸居住用住宅の仲介とその管理業務において生ずる貸主・借主間、貸主・業者間、借主・業者間の紛争の未然防止に役立つことを目的に編集したものです。媒介業者や管理業者の方、その業務に従事する方、さらには、大家の方が行う斡旋業務や管理業務の手引書としてご活用頂くことを期待します。

平成22年2月

賃貸居住用住宅管理業務マニュアル研究会

改訂版発刊に当たって

　本書は、平成7年8月の初版発行から、平成16年5月、「不動産従業者と大家さんのための『賃貸住宅の業務手引・募集から退去まで』」と題した改訂を経て、平成17年以降の関連各種法令の制定や改正、地方自治体の条例の制定、裁判事例を加筆して、「改訂版 不動産従業者と大家さんのための『賃貸住宅の業務手引・募集から退去まで』」として発刊するものです。

　平成17年以降に制定ないしは改正施行された関係法令としては、「個人情報保護法」、「石綿健康被害救済法」、「耐震改修促進法」、「宅地造成等規制法」が、また地方自治体の条例としては、「東京における住宅の賃貸借に係る紛争の防止に関する条例」(通称「東京ルール」)があります。裁判事例については、関西地方を中心に動きがみられる「敷金返還訴訟」での判決を中心に見直しを行いました。

　具体的には、平成17年4月1日から施行された「個人情報保護法」について、「第2編 第1章 募集・斡旋業務」を中心に、関連する他の章に加筆し、「石綿健康被害救済法」の制定に伴う「石綿使用調査の内容」、「耐震改修促進法」改正に伴う「耐震診断の内容」、「宅地造成等規制法」改正に伴う「当該建物が造成宅地防災区域内か否か」については、それぞれ「第2編 第4章 重要事項説明」に加筆しました。

　また、「東京ルール」については、退去業務に関連することから、「第5編 退去業務」の「参考資料2」に、また、埼玉県・千葉県・神奈川県連名による「建物賃貸借の重要事項説明等について」(通達)は「参考資料3」として加筆しました。

　さらに、裁判事例は「第1編 第1章 賃貸住宅媒介・管理業務に係るトラブル等」に、東京都・京都府・大阪府・兵庫県・福岡県・長崎県の各裁判所において下された「退去時の修繕補修費用の負担に関する判断」を加筆したほか、各種数値データ等についても、最新のものに修正しました。

　本書は、地域による契約慣行の相違点が存在することを前提に、賃貸居住用住宅の仲介とその管理業務において生ずる貸主・借主間、貸主・業者間、借主・業者間の紛争の未然防止に役立つことを目的に編集したものです。媒介業者や管理業者の方、その業務に従事する方、さらには、大家の方が行う斡旋業務や管理業務の手引書としてご活用頂くことを期待します。

　平成19年2月

賃貸居住用住宅管理業務マニュアル研究会

新版の発刊に当たって

　本書は、「賃貸居住用住宅の媒介・管理業務に携わる従業員に求められるべき知識・能力は、広範囲に渡るものであり、業務処理方法の標準化、業界全体の能力の向上を図るために標準的な業務マニュアルの策定、普及が図られることが望ましい」とする平成5年4月の「賃貸住宅流通・管理業務研究会報告」（旧建設省建設経済局不動産業課所管）を受け、業界の実務担当者を委員とするマニュアル作成のための研究会を設置して2か年にわたり検討した結果を取り纏め、平成7年8月に「賃貸住宅の媒介・契約・管理業務手引」と題して発刊したものの改訂版です。

　第1版の発刊後、平成11年10月に、宅地建物取引業法の一部改正に伴う重要事項説明に係る事項を改訂した「第2版」を発刊いたしました。また、第2版の発刊に前後して、少額訴訟制度【平成10年1月1日施行】、賃貸住宅リフォームの促進方策検討結果報告〈原状回復をめぐるトラブルとガイドライン〉【平成10年3月発表】、定期借家制度【平成12年3月1日施行】、消費者契約法【平成13年4月1日施行】、高齢者の居住の安定確保に関する法律（高齢者居住法）【平成13年8月5日並びに同年10月1日施行】が施行されたことに伴い、平成14年1月に、これらの法律等の改正に係る事項を追補した「第3版・追補版」を発刊いたしました。

　その後、平成16年2月には「原状回復をめぐるトラブルとガイドライン」の改訂版が出されたほか、平成16年4月1日からは「民法の改正に伴い短期賃貸借保護制度の廃止による建物明渡猶予制度が施行されたこと」、「消費税法の改正に伴い、総額表示方式（消費税額を含んだ税込価格の表示）が施行されたこと」、「民事訴訟法の改正に伴い、少額訴訟制度（訴訟目的価額を30万円以下から60万円以下に引き上げ）が施行されたこと」等を受けて、この度、全面的に見直しを行い、書名を新たにした「新版」を発刊することになりました。

　今回の改訂に当たりましては、第1分冊では、媒介・管理業務における主なトラブルに関する判例や相談事例、行政指導等を業務フローに沿って記述したうえで、これらのトラブルを未然に防止するため、「賃貸居住用住宅の募集・斡旋業務」、「賃貸借契約業務」、「顧客対応業務」、「賃料の収納・督促業務」、「退去業務」及び「借主からの苦情処理業務」を如何に行なうべきかについて、各業務処理に関する標準的な考え方や望ましいと考えられる業務の進め方を記述いたしました。

　第2分冊の様式・資料編では、各種様式例に加え、昨今、外国人の居住支援策として各都道府県が言語ごとに契約書様式等を作成していることに鑑み、参考として、4言語（英語、中国語、ポルトガル語、スペイン語）による「賃貸住宅の借り方・住むときのルール」を翻訳作成された埼玉県総合政策部国際課の了解のもとで紹介しています。

　賃貸借契約と管理業務の内容は、地域の慣習、貸主の経営方針、借主の賃貸住宅の使用意識、媒介業者や管理業者の業務処理の違いによって、異なる点が多々見受けられます。

　本書は、こうした地域の特性等による相違点を統一するという観点からではなく、相違点が存在することを前提として、編集しております。媒介業者や管理業者の方、あるいは大家の方が行う斡旋業務や管理業務の、より円滑な実施のための手引書としてご活用頂くことを期待するものです。

平成16年5月

賃貸居住用住宅管理業務マニュアル研究会

はじめに

　1993年（平成5年）に民間賃貸住宅ストックは1,000万戸を超えましたが、これらの賃貸住宅ストックを有効に利用するためには、宅建業者による賃貸住宅の媒介が欠かせません。また、これらの賃貸住宅の管理についても宅建業者が引受けることが多くなってきています。

　賃貸住宅の管理は、業務内容が多様であるにもかかわらず、受委託関係における責任と権限が不明確な場合が多く、また、管理業者（宅建業者）の業務処理の姿勢が家主に偏り、借主の保護に欠ける面が見受けられます。さらに、修繕等の負担基準が明確に定められていないため、住宅の修繕に関するトラブルも増加の傾向が見られます。

　これらは、賃貸住宅の所有者と管理業者との間における契約関係が不明確なため発生するものであり、また、貸主と借主、管理業者・借主間のトラブルは賃貸借契約の内容が曖昧であったり、賃貸借契約条項の運用に際して、借主に対し衡平を欠く場合に応々にして起きます。

　ところで、賃貸借契約書及び管理業務の受委託契約書について、それぞれ平成5年1月、平成6年3月、『賃貸住宅標準契約書』、『住宅の標準賃貸借代理及び管理委託契約書（一括委託型及び一部委託型）』として建設省から発表され、これにより賃貸借関係の適正化と管理業務の内容及び責任と権限の明確化への道筋は一応つけられたといえます。

　賃貸借契約書が整備され、管理業務の内容や権限の明確化に伴い、管理業者に要請されることは、貸主、借主の双方に対する衡平の立場を堅持しつつ、管理業務の処理にあたることです。

　(財)不動産流通近代化センターが、平成4年度の調査研究において賃貸住宅の管理業務について宅建業者を対象にアンケート調査を実施したところ、賃貸住宅の管理に関する知識、能力は広範囲にわたるため、管理業務に関する標準的なマニュアル作成に対する要望が強く、中でも、退去時の原状回復処理、苦情処理、付帯設備の処理などに関するマニュアル作成に対する要望が多くみられました。

　これらの要望を受けて、(財)不動産流通近代化センターは、平成5年度及び6年度の調査研究として、管理業務に関する標準的なマニュアルを作成することを目的とする「賃貸住宅管理業務マニュアル研究会」をセンター内に設け、本研究会の委員に、不動産流通、管理業務等の第一線で業務に携わっている方々を迎え、各委員に業務を通じて収得した貴重なノウハウを可能な限り開示して頂きながら1年余にわたり討議を重ねました。

　本研究会では、宅建業者が行う賃貸物件の斡旋業務と受託される管理業務として極めて一般的である次の6つの業務、すなわち、1．賃貸住宅の募集・斡旋業務、2．賃貸借契約業務、3．顧客対応業務、4．賃貸の収納・督促業務、5．退去業務、6．（借主からの）苦情処理業務について、当該業務の処理に関する考え方、望ましいと考えられる業務の進め方を中心に検討を行いました。

　なお、賃貸借契約の内容と同様賃貸住宅の管理も、地域の慣習、貸主の管理に対する考え方、個々の借主の賃貸住宅の使用上の問題意識、管理業者の業務処理方針及び処理態勢等の相違により、具体の処理方法・内容等は様々です。本書は、業務に関する一般的な考え方や標準的と考えられる処理方法・処理手順を示したものですので、宅建業者及び管理業者の方々が、本書を必要に応じアレンジして日常の業務の円滑な処理に役立てて頂くことを期待します。

平成7年8月

賃貸住宅管理業務マニュアル研究会

改訂2版　不動産従業者と大家さんのための

賃貸住宅の業務手引 "募集から退去まで"　〈第1分冊〉

（目　次）

はじめに

第1編	顧客対応業務	1
第1章	賃貸住宅媒介・管理業務を取り巻く現状	4
1	賃貸住宅媒介・管理業務と関連法令の改正状況等	4
2	国土交通省からみた賃貸住宅媒介・管理業務	36
第2章	賃貸住宅媒介・管理業務に係るトラブル等	53
1	賃貸住宅媒介・管理業務に係るトラブルと判例・行政指導・相談事例等	53
第3章	顧客対応業務	214
1	物件情報の確保	214
2	入居募集業務	227
3	賃料等の徴収業務	238
4	苦情等の処理業務	242
5	賃貸借契約の更新業務	244
6	賃貸借契約の解約業務	245
7	その他	247
第2編	募集・斡旋業務	249
第1章	物件の調査	254
1	目的物件の調査	254
2	貸主として留意すべき事項等の説明（確認）	261
3	貸主との契約内容の決定	263
4	来店の準備	267
第2章	物件の斡旋	279
1	入居希望者の来店	279
2	入居希望条件の確認	279
3	物件情報の提示	281
4	物件の絞込み	281
5	物件案内	282
6	物件の特定	282
7	入居申込書の受領	283
第3章	入居者の資格確認	286
1	入居者の資格確認	286
2	入居者選定の助言	286
3	可否の決定・通知	287
4	賃貸借契約時の出席者の有無による契約処理	288
第4章	重要事項説明	293
1	借り希望者への重要事項説明	293
2	重要事項として追加された事項とその背景	293

	3	重要事項説明書の内容	295
	4	「契約のしおり」、「入居のしおり」、「管理報」	309
第5章		賃貸借契約の締結	311
	1	賃貸借契約の締結	311
	2	金銭の授受	314
	3	鍵の引渡し	315
第6章		情報の管理・保管	316
	1	契約書等の保管	316
	2	契約書等の保管上の注意	316
	参考資料	不動産業界と業務提携による千葉県市川市での高齢者民間賃貸住宅斡旋制度	317

第3編　契約書類作成業務 ……… 325
　第1章　貸主との契約 ……… 327
　　1　賃貸住宅媒介等の契約内容［貸主］ ……… 327
　　2　賃貸住宅管理契約（貸主）の内容 ……… 334

　第2章　借主との契約 ……… 345
　　1　賃貸借媒介契約［借主］の内容 ……… 345

　第3章　一般借家契約 ……… 349
　　1　一般借家契約の内容 ……… 349

　第4章　定期借家契約 ……… 366
　　1　定期借家契約の内容 ……… 366

　第5章　終身建物賃貸借契約 ……… 380
　　1　終身建物賃貸借契約の内容 ……… 380

　第6章　その他の契約 ……… 401
　　1　賃貸借契約の内容変更 ……… 401
　　2　契約更新処理 ……… 404

　第7章　賃貸借契約と消費者契約法 ……… 411
　　1　賃貸借契約と消費者契約法の内容 ……… 411

第4編　収納・督促業務 ……… 427
　第1章　賃料等収納業務 ……… 429
　　1　賃料の収納（支払）方法 ……… 429
　　2　賃料の支払期日について ……… 438
　　3　収納した賃料（収納金）の管理・保管 ……… 439
　　4　収納した賃料等の貸主への引渡し（送金） ……… 439
　　　○賃料収納業務フロー ……… 441

　第2章　督促業務 ……… 450
　　1　督促業務の意義 ……… 450
　　2　督促業務の一般的方策 ……… 450
　　3　その他 ……… 458
　　　○督促業務フロー ……… 461

第5編　退去業務 ･･ 475

第1章　退去査定業務 ･･ 477
1. 退去時の借主の「原状回復義務」の分類 ･･････････････････････ 477
2. 賃貸住宅の修繕義務について ････････････････････････････････ 478
3. 借主の原状回復義務と退去時の査定について ･･････････････････ 482
4. 退去業務について ･･ 485
5. 空家修繕に係る貸主との協議 ････････････････････････････････ 487
6. 空家修繕工事の発注について ････････････････････････････････ 487

第2章　敷金精算業務 ･･ 491
1. 敷金について ･･ 491
2. 敷金精算業務について ･･････････････････････････････････････ 493

第3章　退去業務処理 ･･ 495
1. 賃貸借契約の解約の受付処理業務 ････････････････････････････ 499
2. 退去査定業務 ･･ 503
3. 空家修繕工事の発注等業務 ･･････････････････････････････････ 509
4. 敷金精算業務 ･･ 512

第4章　少額訴訟制度 ･･ 518
1. 少額訴訟制度の内容 ･･ 518

参考資料1　原状回復をめぐるトラブルとガイドライン（改訂版） ････ 529
参考資料2　東京における住宅の賃貸借に係る紛争の防止に関する条例 ･･ 540
参考資料3　埼玉県、千葉県、神奈川県連名による「建物賃貸借の重要事項説明等について」（通達） ･･･ 546
参考資料4　「宅地建物取引業における預り金の授受の制限について」（通知）福岡県建築都市部 ･･･ 547

第6編　クレーム対応 ･･ 549

第1章　募集・斡旋等 ･･ 551
1. 借り希望者に関する情報の収集について ･･････････････････････ 551
2. 物件の斡旋について ･･ 552
3. 入居の断り等について ･･････････････････････････････････････ 553
4. 借り希望者に関する情報の取扱い等について ･･････････････････ 554
5. その他 ･･ 555
6. 借り希望者からのクレーム例（Q＆A） ･･････････････････････ 556

第2章　契約・入居 ･･ 563
1. 賃貸借契約の締結について ･･････････････････････････････････ 563
2. 鍵の引渡し等について ･･････････････････････････････････････ 564
3. 入居時の室内造作物・設備等の点検・確認について ･･････････････ 565
4. 借主からのクレーム例（Q＆A） ････････････････････････････ 566

第3章　契約監理 ･･ 572
1. 生活騒音について ･･ 572
2. 共用部分の使用ルールについて ･･････････････････････････････ 573
3. 動物の飼育について ･･ 574
4. 用途外使用について ･･ 575
5. 承諾・届出事項について ････････････････････････････････････ 575
6. 住宅内の立入り等について ･･････････････････････････････････ 576
7. 居住者の個人情報の管理・取扱いについて ････････････････････ 577
8. 住宅内の設備等の修繕について ･･････････････････････････････ 577
9. 契約更新について ･･ 578

	10	その他	579
	11	借主からのクレーム例（Q&A）	580

第4章 収納・督促業務 ………………………………………………………… 593
 1 賃料の支払（収納）方法について ………………………………………… 593
 2 賃料の支払期日について …………………………………………………… 593
 3 領収書の取扱い等について ………………………………………………… 594
 4 滞納賃料の督促等について ………………………………………………… 594
 5 連帯保証人に対する滞納賃料等の督促等について ……………………… 595
 6 遅延利息について …………………………………………………………… 596
 7 借主からのクレーム例（Q&A） …………………………………………… 596

第5章 退去業務 ………………………………………………………………… 606
 1 解約の手続等について ……………………………………………………… 606
 2 退去時における借主の修繕費用等の負担について ……………………… 606
 3 敷金精算について …………………………………………………………… 608
 4 その他 ………………………………………………………………………… 609
 5 借主からのクレーム例（Q&A） …………………………………………… 609

第1編　顧客対応業務

（目　次）

第1編　顧客対応業務	1
第1章　賃貸住宅媒介・管理業務を取り巻く現状	4
1　賃貸住宅媒介・管理業務と関連法令の改正状況等	4
Ⅰ　改正民法	5
Ⅱ　送金業法（資金移動等に関する法律）	14
Ⅲ　消費者契約法	17
Ⅳ　金融商品取引法	22
Ⅴ　改正保険業法	23
Ⅵ　改正消防法	26
Ⅶ　個人情報保護法	28
Ⅷ　旅館業法	30
Ⅸ　特定商取引法（特定商取引に関する法律）	32
Ⅹ　高齢者居住法の改正	33
Ⅺ　その他、賃貸管理業務と関連性がある法令の改正	35
2　国土交通省からみた賃貸住宅媒介・管理業務	36
Ⅰ　産業分科会・不動産部会での検討概要	36
Ⅱ　住宅宅地分科会・民間賃貸住宅部会での検討概要	40
第2章　賃貸住宅媒介・管理業務に係るトラブル等	53
1　賃貸住宅媒介・管理業務に係るトラブルと判例・行政指導・相談事例等	53
a．物件調査	54
b．入居者選定	55
c．重要事項説明	57
d．預り金	64
e．礼金	66
f．設備協力負担金	72
g．業務上の留意事項	72
h．賃貸借契約の締結	74
i．契約条項・特約	75
j．駐車場契約	85
k．保険等への加入	85
l．転貸借契約（サブリース）	86
m．媒介報酬	95
n．入居中	98
o．連帯保証人の責任	101
p．契約更新	105
q．更新料	108
r．更新事務手数料	114
s．退去処理	115
第3章　顧客対応業務	214
1　物件情報の確保	214
（その1）物件内容を知る	214
（その2）貸主の賃貸目的を知る	215
（その3）賃貸条件を確認する	216
（その4）物件内容をチェックする	216

（その5）物件の権利関係を知る ·· 217
　（その6）物件内容と賃貸条件の調整をする（賃貸借条件を提案する） ················· 217
　（その7）依頼関係を確認する ·· 217
　　（参考1）媒介を1社に依頼する場合と複数社に依頼する場合の違い ················· 220
　　（参考2）国土交通省が作成した「賃貸借媒介契約」と「賃貸借代理契約」の違い ······ 220
　　（参考3）媒介、代理、入居斡旋を含む管理における貸主と宅建業者の権利と義務 ···· 220
　（その8）賃貸借契約書に反映する ·· 221
　　（参考1）礼金 ·· 223
　　（参考2）制限事項・禁止事項の行為への対応 ·· 224
　　（参考3）更新料 ··· 226
　　（参考4）敷引 ··· 227

2　入居募集業務 ·· 227
　（その1）物件を紹介する ··· 227
　（その2）賃貸借媒介契約書と入居申込書の受領する ····································· 231
　（その3）入居申込書の記載事項の調査を行う ·· 232
　（その4）借り希望者に重要事項を説明する ··· 235
　（その5）賃貸借契約を締結する ·· 236
　（その6）鍵を引渡す ··· 238
　　（参考1）建物賃貸借契約書と印紙税 ·· 238

3　賃料等の徴収業務 ·· 238
　（その1）賃料等を徴収する ·· 239
　（その2）未収金を督促する ·· 240
　　（参考1）貸金業の規制等に関する法律（昭和58年5月13日公布・法律第32号） ····· 241
　　　　　　貸金業者の業務運営に関する基本事項について（財務省通達）
　　（参考2）電気料金の支払期限例 ··· 241
　（その3）管理費用の支払代行を行う ·· 241
　（その4）月次報告書を作成・報告する ··· 242

4　苦情等の処理業務 ·· 242
　（その1）入居時に立会う ··· 242
　（その2）建物・設備に関する苦情等に対応する ··· 243
　（その3）借主等からの苦情等に対応する ·· 243
　（その4）貸主と借主間の連絡調整をする ·· 243

5　賃貸借契約の更新業務 ·· 244
　（その1）新賃貸条件の提案・交渉を行う ·· 244
　（その2）借主の更新意思を確認する ·· 245

6　賃貸借契約の解約業務 ·· 245
　（その1）借主からの解約申出を受ける ··· 245
　（その2）室内の物件チェックを行う ·· 245
　（その3）借主と原状回復等の修繕方法を確認する ·· 246
　（その4）借主から住宅の引渡しを受ける ·· 246
　（その5）敷金の精算を行う ·· 246

7　その他 ·· 247
　　　　　　清掃業務及び建物の設備管理を行う ··· 247

第1編　顧客対応業務

　不動産業界は、依然、他業種に比べ、一般的に親しみやすさや信頼性に欠けるなどのイメージを抱く人が多く、このためか気軽に入店できる雰囲気ではないと言われています。

　こうしたイメージを払拭するためには、入店しやすい店舗づくりや、宅建業者並びに従事者の顧客に対する接客態度、顧客に分かりにくい業務の流れ、不統一な諸様式、地域特有の商習慣、不動産業界全体のイメージ等を改善することが望まれます。

　これまで、店舗づくりや諸様式の改善については、(財)不動産流通近代化センターや国土交通省、業界団体において具体案が提示され、多くの宅建業者によって導入が試みられていますが、顧客対応についてのマニュアルは、一部の宅建業者以外には作成されていなかったように思われます。

　本マニュアルは、賃貸住宅の媒介並びに管理業務に関する顧客対応の手法について、そのあり方を試みるもので、各宅建業者が業務を円滑、かつ確実に処理するために必要な対応策を講ずることによって、企業イメージを高めるとともに、クレームを未然に防ぐことに寄与する目的で作成するものです。

　これまで、各宅建業者並びに業界団体は、各種活動やＰＲを通じて、業界のイメージアップに努めてきていますが、以降に示すように、入居者側の賃貸借契約内容の理解不足から発生するトラブルがあるものの、判例、行政指導、相談事例等からみても、一部の宅建業者に専門家としての法律知識に欠けた対応、不誠実な対応、契約内容の不明瞭さなどに起因するトラブル例も数多く見られます。

　本編では、平成 19 年 2 月の「改訂版」発刊前後に改正施行された関連法令と賃貸借契約・賃貸管理契約の関連性（第 1 章）や、賃貸住宅媒介・賃貸管理業務に係るトラブルと判例・行政指導・相談事例等（第 2 章）を紹介し、宅建業者やその従業者が、賃貸住宅の媒介並びに管理業務を行う際に、どのような顧客対応を行えばトラブルを未然に防止することができ、企業イメージを高めることができるか（第 3 章）について記述しています。

第1章　賃貸住宅媒介・管理業務を取り巻く現状

1　賃貸住宅媒介・管理業務と関連法令の改正状況等

賃貸住宅の媒介業務や管理業務に関しては、法律上非常に幅広い範囲の適用があります。幅広さの原因の1つは、人が居住するということから、入居者つまり、借主が安心して暮らしていける環境を継続的に提供する責務が貸主側に課せられていることです。

また、消費者契約法においては、貸主が事業者と規定され、入居者である借主に対して、消費者保護の観点から各種規制が設けられました。さらに、賃貸管理の実務や業態そのものにも変化が見られます。今までは**貸主**と**借主**の間に**媒介業者**が存在する3者だけで、貸主は物件の所有者という単純な構成でしたが、現在は、媒介業者のほかに、物件や入居者に関する管理業務を専門とする**賃貸管理業者**の出現により、賃貸借関係も4者間による構成が多く見受けられます。さらに、5者目、6者目の関連業務者が登場しつつあります。例えば、これまでの人的連帯保証人に代わる**機関保証業者**（保証会社）です。この5者目の立場の方は、継続的に事業として保証を業とすることによって賃貸借契約の中に登場しつつあります。それから、6者目は**収納代行業者**です。つまり、今までは貸主が自分で、あるいは媒介業者や管理業者に依頼して行う方法から、さらにアウトソーシングして、その者が収納代行者として賃料を回収するケースが一般化しつつある中で、様々なトラブルが起きつつあります。著名な例が、平成20（2008）年9月24日に倒産したR社です。賃貸管理業者の家賃回収業務において、所有者である貸主への送金遅延をもたらすこととなったR社の倒産は、賃貸業界に対して警鐘を鳴らしたのではないかと思います。

こういった関連業務者の業務内容や経営状況を正確に把握したうえで、必要に応じて利用するほか、利用者側に悪影響を及ぼさないように、法整備等をする必要があると思われます。

こうした大きな流れに相まって、多くの法律の改正等が行われてきています。民法の改正もそのひとつですが、特別法でも改正がみられ、民法、借地借家法、宅建業法を知っていれば良いという時代から、賃貸借を取り巻く環境は様変わりしてきています。

以下に、本書の改訂版が発刊された平成19（2007）年前後の法律改正で、賃貸借契約に相当重要な影響を及ぼすと思われる関連法令を説明します。

【賃貸借契約に関わる当事者】

	契約当事者
1. 直接契約	≪賃貸借契約≫ ≪①貸　主≫←―――――→≪②借　主≫
2. 宅建業者を介しての契約	┌――→【③宅建業者】←――┐ 【媒介契約】│　　　　　　　│【媒介契約】 　　　　　↓　≪賃貸借契約≫　↓ ≪①貸　主≫←―――――→≪②借　主≫
3. 媒介は宅建業者を介し、管理は管理業者に委託	┌――→【③宅建業者】←――┐ 【媒介契約】│　　　　　　　│【媒介契約】 　　　　　↓　≪賃貸借契約≫　↓ ≪①貸　主≫←―――――→≪②借　主≫ 　　　　　↑　　　　　　　↑ 〔管理委託契約〕│　　　　　│〔管理業務 　　　――〔④**管理業者**〕――　（賃料等集金、施設の維持・管理等）〕

※【③宅建業者】と〔④管理業者〕は、同一業者が行う場合もある。

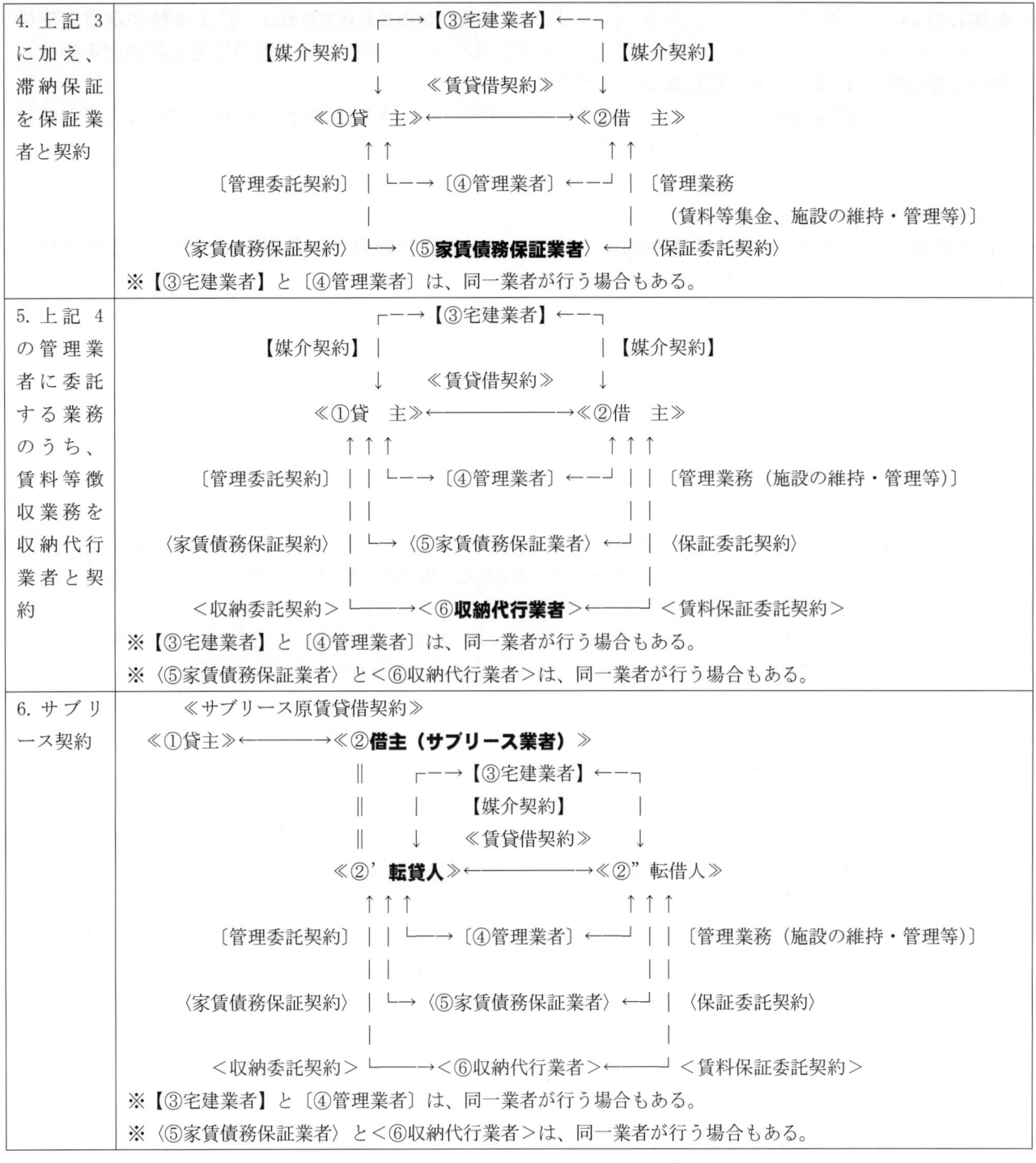

4. 上記3に加え、滞納保証を保証業者と契約	（図：媒介契約、賃貸借契約、①貸主、②借主、③宅建業者、管理委託契約、④管理業者、管理業務（賃料等集金、施設の維持・管理等）、家賃債務保証契約、⑤**家賃債務保証業者**、保証委託契約） ※【③宅建業者】と〔④管理業者〕は、同一業者が行う場合もある。
5. 上記4の管理業者に委託する業務のうち、賃料等徴収業務を収納代行業者と契約	（図：媒介契約、賃貸借契約、①貸主、②借主、③宅建業者、管理委託契約、④管理業者、管理業務（施設の維持・管理等）、家賃債務保証契約、⑤家賃債務保証業者、保証委託契約、収納委託契約、⑥**収納代行業者**、賃料保証委託契約） ※【③宅建業者】と〔④管理業者〕は、同一業者が行う場合もある。 ※〈⑤家賃債務保証業者〉と＜⑥収納代行業者＞は、同一業者が行う場合もある。
6. サブリース契約	（図：サブリース原賃貸借契約、①貸主、②**借主（サブリース業者）**、③宅建業者、媒介契約、賃貸借契約、②'転貸人、②"転借人、管理委託契約、④管理業者、管理業務（施設の維持・管理等）、家賃債務保証契約、⑤家賃債務保証業者、保証委託契約、収納委託契約、⑥収納代行業者、賃料保証委託契約） ※【③宅建業者】と〔④管理業者〕は、同一業者が行う場合もある。 ※〈⑤家賃債務保証業者〉と＜⑥収納代行業者＞は、同一業者が行う場合もある。

Ⅰ 改正民法

1 賃貸借契約における保証契約と改正民法

　民間の賃貸住宅では、賃貸借契約を締結する際の要件として個人保証が求められることが多く、家族等が連帯保証人となるケースが見受けられ、その連帯保証人の責任や範囲について、過大な責任を負いがちな保証契約であることから、多くのトラブルが発生し判例として示されるほどでした。

　改正前の民法では、保証契約の方式については何ら規定がなく、口頭での合意があれば保証契約は有効でしたが、保証契約について平成16年11月に**改正民法が成立**し、**平成17年4月1日から施行**されました。

　具体的には、民法第446条（保証人の責任等）第2項で、「**保証契約は、書面でしなければ、その効力**

を生じない。」と規定されたことに伴い、今後は、「**書面（電磁的記録を含む。）**」による契約が成立要件（民法第446条第2項・第3項）となったため、賃貸借契約の締結において、**賃貸借保証契約書を作成しないと保証契約そのものが成立しない**ことになりました。

ここでいう「**保証契約**」とは、民法上は金銭的な債務、つまり**主債務者に代わって保証人が金銭債務を履行することを保証するというもの**をいいます。

2．保証契約に関するＱ＆Ａ

Q1　賃貸借契約を締結する際、連帯保証人を立てることを契約条件とした場合に、どのような内容の「賃貸借保証契約書」を作成することになるのですか。

A1　改正民法の施行後は、個人が保証人となる場合、

① 保証人の資産額等を参考に、保証する金額の上限（**極度額**）を定めることが必要となりました（民法第465条の2第2項）。

なお、保証人は、主たる債務の元本・利息・違約金・損害賠償その他の債務に従たるすべてのもの及びその保証債務について約定された違約金またはその損害賠償の額について、その全部に係る極度額を限度として、その履行を負いますが、極度額を定めなければ、その契約は無効となります。

② 元本確定期日（新たな借入があっても、保証の対象とならなくなる日・主たる債務の元本の確定すべき期日）は、契約で定められた5年以内の期間（**定めがない場合は3年間**）に発生した債務のみを保証することになります（民法第465条の3第1項・第2項）。

また、契約日から5年を超えて保証する場合は、債権者と保証人の合意が必要で、保証期限は、変更した日から5年以内の日でなければなりません（民法第465条の3第3項）。

なお、元本確定期日が契約締結日から5年を経過する日より後の日と定められているときは、元本確定期日の定めは無効となり、契約日から3年後の日が元本確定期日となります。

③ 保証契約の元本が確定する事由を明確にする必要があります（民法第465条の4）。

なお、主たる債務の元本は、以下の場合に確定すると規定されています。具体的には、主債務者または保証人のいずれかが、

1) その財産について、金銭債権についての強制執行または担保権実行を受けたとき（なお、仮差押等保全手続は含まれていません。）。

2) 破産手続開始の決定を受けたとき（なお、民事再生・特別精算・会社更生等の申立ては含まれていません）。

3) 死亡したとき。

上記のように、保証人の「保証限度額（極度額）」や「保証の期限」、「元本確定事由」を明記する必要があります。

また、法人が保証人となる場合は、

① 改正民法の規律は、原則として対象となりません。

② しかしながら、個人から求償権を行使された場合は、保証人である法人と債権者との保証契約書に「極度額」、「元本確定期日」を定めなければ、主債務者に対する求償権についての保証契約は無効であると規律されています（民法第465条の5）。

【参考資料】

【改正民法】〔平成17（2005）年4月1日施行〕

民法第446条（保証人の責任等）　保証人は、主たる債務者がその債務を履行しないときは、その履行をする責任を負う。

2　保証契約は、書面でしなければ、その効力を生じない。

3　保証契約がその内容を記録した電磁的記録（電子的方式、磁気的方式その他人の知覚によっては認識することができない方式で作られる記録であって、電子計算機による情報処理の用に供されるものをいう。）によってされたときは、その保証契約は、書面によってされたものとみなして、前項の規定を適用する。

第465条の2（貸金等根保証契約の保証人の責任等）　一定の範囲に属する不特定の債務を主たる債務とする保

証契約（以下「根保証契約」という。）であってその債務の範囲に金銭の貸渡し又は手形の割引を受けることによって負担する債務（以下「貸金等債務」という。）が含まれるもの（保証人が法人であるものを除く。以下「貸金等根保証契約」という。）の保証人は、主たる債務の元本、主たる債務に関する利息、違約金、損害賠償その他その債務に従たるすべてのもの及びその保証債務について約定された違約金又は損害賠償の額について、その全部に係る極度額を限度として、その履行をする責任を負う。

2　貸金等根保証契約は、前項に規定する極度額を定めなければ、その効力を生じない。

3　第446条第2項及び第3項の規定は、貸金等根保証契約における第1項に規定する極度額の定めについて準用する。

第465条の3（貸金等根保証契約の元本確定期日）　貸金等根保証契約において主たる債務の元本の確定すべき期日（以下「元本確定期日」という。）の定めがある場合において、その元本確定期日がその貸金等根保証契約の締結の日から5年を経過する日より後の日と定められているときは、その元本確定期日の定めは、その効力を生じない。

2　貸金等根保証契約において元本確定期日の定めがない場合（前項の規定により元本確定期日の定めがその効力を生じない場合を含む。）には、その元本確定期日は、その貸金等根保証契約の締結の日から3年を経過する日とする。

3　貸金等根保証契約における元本確定期日の変更をする場合において、変更後の元本確定期日がその変更をした日から5年を経過する日より後の日となるときは、その元本確定期日の変更は、その効力を生じない。ただし、元本確定期日の前2箇月以内に元本確定期日の変更をする場合において、変更後の元本確定期日が変更前の元本確定期日から5年以内の日となるときは、この限りでない。

4　第446条第2項及び第3項の規定は、貸金等根保証契約における元本確定期日の定め及びその変更（その貸金等根保証契約の締結の日から3年以内の日を元本確定期日とする旨の定め及び元本確定期日より前の日を変更後の元本確定期日とする変更を除く。）について準用する。

第465条の4（貸金等根保証契約の元本の確定事由）　次に掲げる場合には、貸金等根保証契約における主たる債務の元本は、確定する。

一　債権者が、主たる債務者又は保証人の財産について、金銭の支払を目的とする債権についての強制執行又は担保権の実行を申し立てたとき。ただし、強制執行又は担保権の実行の手続の開始があったときに限る。

二　主たる債務者又は保証人が破産手続開始の決定を受けたとき。

三　主たる債務者又は保証人が死亡したとき。

第465条の5（保証人が法人である貸金等債務の根保証契約の求償権）　保証人が法人である根保証契約であってその主たる債務の範囲に貸金等債務が含まれるものにおいて、第465条の2第1項に規定する極度額の定めがないとき、元本確定期日の定めがないとき、又は元本確定期日の定め若しくはその変更が第465条の3第1項若しくは第3項の規定を適用するとすればその効力を生じないものであるときは、その根保証契約の保証人の主たる債務者に対する求償権についての保証契約（保証人が法人であるものを除く。）は、その効力を生じない。

Q2　改正民法が施行された平成17年4月1日以前に締結した賃貸借契約書において、極度額の定めのないものは、保証契約が無効になるのですか。

A2　改正民法が施行された平成17年3月31日以前に締結された保証契約は、無効にはなりません。
　　ただし、改正民法の施行後3年が経過しても、元本が確定しないものは、3年を経過する日に、自動的に元本が確定するという経過措置が設けられていますので、改正民法の施行前に締結された保証契約の保証人は、元本が確定した後の新たな債務については保証債務を負わないことになります。

Q3　改正民法が施行された平成17年4月1日以降に締結した賃貸借契約書において、賃貸借保証契約書を作成しないまま現在に到っておりますが、連帯保証人の責任としては全く効力がないのですか。また、契約更新時に、改めて、賃貸借保証契約書を作成することは可能ですか。

A3　平成17年4月1日以降においては、貸主は、連帯保証人予定者との間で連帯保証契約書を作成しない限り、連帯保証契約の効力は発生しませんので、連帯保証人予定者に連帯保証人の責任追求することは出来ません。

ただし、契約更新時等、事後に連帯保証人予定者との間で書面を作成することにより、その作成時以後の連帯保証の効力を発生させることは可能です。

Q4　改正民法が施行された平成17年4月1日以前に締結し、現在まで契約更新されている賃貸借契約書における連帯保証人の責任は、有効ですか。
　また、改正民法が施行された平成17年4月1日以降の契約更新時に、改めて、賃貸借保証契約書を作成する必要がありますか。

A4　平成17年4月1日よりも前に連帯保証契約を締結している場合は、既に連帯保証契約の効力は生じておりますので、仮に書面が作成されておらず、口頭での意思確認であったとしても、当該連帯保証契約は、平成17年4月1日以降も有効に存続します。

　この場合、平成17年4月1日以降に更新の時期が到来した場合において、書面の作成が無くても、当該連帯保証契約は、判例において判断されているような特段の事情が存在しない限り、原則として有効に存続します。

　ただし、実務上は、書面が作成されていないと連帯保証契約の成立をめぐってトラブルになりやすいため、契約書の作成がないことに気がついたときは速やかに連帯保証人との間で連帯保証契約書を作成するのが望ましいと考えます。

Q5　借主の賃料債務等に関して、個人の連帯保証人から、保証会社が行う機関保証に変える場合も、賃貸借保証契約書を作成する必要があるのですか。

A5　保証人を個人の連帯保証人から保証会社に変更する場合は、新たな保証契約を締結する場合に該当しますので、書面の作成が成立要件となります。このため、貸主は、保証会社との間で、賃貸借保証契約書を新たに作成する必要があります。

Q6　賃貸借契約の更新後の連帯保証人の責任の有無について、教えて下さい。

A6　連帯保証人は、原則として更新後の賃貸借契約に基づく債務についても保証人としての責任を負うことになります。しかしながら、借主の入居中の状況、例えば家賃の納入状況等や連帯保証人への借主に関する報告の有無等によって、更新後の責任の有無が異なる判決が下されていますので、留意する必要があります。

　① 期間の定めのある建物賃貸借における保証人は、原則として、更新後の賃貸借契約に基づく債務についても責任を負う。〔最高裁第一小法廷・平9.11.13判決〕
　② 建物の借主の保証人は、借主が多額の賃料を延滞させていたにもかかわらず、賃貸借契約が法定更新された等の事情の下では、法定更新後の借主の債務について責任を負わない。〔東京地裁・平10.12.28判決〕

Q7　賃貸借契約において保証人を解約できるか否かについて、教えて下さい。

A7　判例によれば、借主の家賃支払状況が思わしくないにもかかわらず、借主の支払義務違反や信頼関係の維持が困難であること等を理由に契約解除等の措置を講じていない場合、また、支払状況等を保証人に相談や報告等をすることなく契約更新した場合、さらには法定更新となっている場合などの状態にあっては、「保証人から解約できる」とする判例と「更新後の借主債務への責任は負わない」とする判例があります。

　① 保証人は、借主が継続して賃料の支払を怠っていて、将来も誠実にその債務を履行する見込みがなくなったのに、貸主が解除等をしない場合には、保証人は解約できる。〔大審院・昭8.4.6判決〕
　② 建物の借主の保証人は、借主が多額の賃料を延滞させていたにもかかわらず、賃貸借契約が法定更新された等の事情の下では、法定更新後の借主の債務について責任を負わない。〔東京地裁・平10.12.28判決〕
　③ 一般の信用保証については、保証の額の限度と保証期間の定めのない場合には、保証人の地位は相続されないが、借主の債務の保証人の地位は相続性が認められる。〔大審院・昭9.1.20判決〕

3　金銭債権以外の権限委託を試みる動きと滞納保証会社の出現

賃貸には、金銭債務だけではなく、建物明渡しや動産に関する管理処分などが関わってくるため、保証人にも色々な権限を付与できないかと、条項を作る動きがありました。

ひとつの流れとしては、借主から保証人に対して色々な契約権限を委託の中で付与するという動きです。しかしながら、乱用の危険、例えば、部屋の中に入ったり明渡しをしたりすることが挙げられますが、このような権限を無制約に認めることにした場合、『刑法上でも保護されている借主の住居に関する平穏』が侵害される危険が生じることになるため、こうした権限を付与する場合には相当慎重な要件のもとでなければ、許されるべきものではないと考えます。

当該権限を条項に盛込むことの問題もあるなかで、保証会社による**機関保証が出現**し、事業として滞納保証契約を推進していこうとする動きが出てきております。

(1)　指摘されている滞納保証会社（業者）の長所と短所

機関保証は、ここ10年位の間に発展してきたもので、最近の事業形態であるといえます。ただ、機関保証会社は、新聞等で、入居者を悪質な手法で追出してしまう（追出し屋）などと指摘されていますが、時代の流れから言うと、個人的・人的な保証に代わり、制度的な保証に移行して行くことが望ましいといえます。

特に民間の賃貸では、個人的な連帯保証人を付けなければ借りたくても借りられないという制限がかなり大きな部分を占めています。そういう意味では、保証会社による機関保証が出現することによって、**誰でも経済的な能力さえあれば自由に借りることができ、賃貸のマーケットを広げることが可能になるという点が長所**であるといえます。また、『**個人保証は、一旦、契約すれば、明渡しをするまで合意更新等に参加しなくても当然に法律上の責任を負う**』というのが最高裁の判例ですから、**人的保証は相当厳しい**もので、非常に大きな責任を伴います。

こうした背景から、住宅ローン制度では、**個人保証から機関保証へと既に一般化しつつあり**、この流れは時代の趨勢として賃貸においても、要請された場合に否定できるものではない状況にあると思われ、**機関保証は非常に社会的にも意味がある**といえます。また、**機関保証の出現によって貸主側にとっても、安定した収益性が確保できる可能性**が出てきました。

民間による賃貸経営は、リスクが高い事業形態であるといえます。リスクの大きな要因は、自力救済禁止の原則の中では、退去して頂きたい場合に、裁判手続をとって判決に基づき強制執行することが原則であるため、経済的なコストが相当高くなるという問題があります。それが、機関保証会社の出現により回避することができていますので、そういう意味では経済的な価値や優位性があるわけです。

しかしながら、機関保証会社には、**税務上の整備もなく**法制度の整備もないため、大きな弱点は**財務的な脆弱性がある**といえます。上場会社であるR社の倒産でもみられたように、財務上の脆弱性があるため、利用者側で選別していかないと、最終的には**貸主が大きな損失を被る**可能性が残っていますので、保証会社による**機関保証の実態を整備していく必要がある**と思われます。

機関保証を利用する場合に注意しなければいけない点は、ほかにもあります。例えば**滞納の評価**をめぐって**賃貸借契約条項との関連性**を理解している会社もありますが、賃貸に関して全く理解しないままに保証を始めている会社もあり、滞納処理トラブルが散見されます。また、保証会社が機関保証として保証弁済をしたにもかかわらず、滞納だといって明渡訴訟をし、裁判所で棄却された例も見受けられます。これは、**賃貸借契約と滞納保証の実行との関係を契約書上明確化していないということから来る法律上の短所**です。

4　保証人への新たな権限の付与に関するQ＆A

Q1　賃貸借契約を締結する際、保証人の債務の範囲として「借主と連帯して、契約から生じる借主の債務を負担する」旨を約定することが一般的ですが、保証人に対して契約解除権等の権限を付与することを約定することは、**法的に可能ですか**。

A1　民法第447条では、保証債務の範囲を「主たる債務に関する利息、違約金、損害賠償その他に従

たるすべてのものを包含する。」(第1項)、「保証債務に係る違約金または損害賠償の額を約定できる」(第2項)と規定しています。

そのため、保証人は、保証契約の附従性により、保証契約だけでは「賃貸借契約の解除」、「賃借物の返還を直接行うこと」はできません。

保証人に過度の負担を免れさせるために、借主から保証人に委託することにより、借主に代わる賃貸借契約の解除権の行使（代理行使）、並びに賃借物件の明渡権限を付与し、一定の限度で保証債務の範囲の限定を図ることも認められます。

　○　委託内容　———　契約解除権、賃借物明渡権限、残置物処分権限

Q2　保証人に保証債務の範囲以外の権限を付与することについて、問題はないのですか。

A2　保証人が、その権限を不当に濫用した場合には、借主の建物賃貸借契約上の地位及び財産権の保護との関係で重大な問題が生じる可能性があります。また、刑事上犯罪と評価される場合には、民事上も当該権限の行使は不法行為又は公序良俗違反と評価される危険性が高いため留意する必要があります（例：住居侵入罪、器物損壊罪等）。

したがって、保証人が借主に代わって権限を行使できる場合は、保証人保護の必要性が高く、借主の権限の行使を待っていたのでは保証人に重大な損害が生じる場合や、借主の生命身体財産の保護の必要性が高い場合等に限定される必要があります。

【参考資料】（民法）

> **第447条（保証債務の範囲）**　保証債務は、主たる債務に関する利息、違約金、損害賠償その他その債務に従たるすべてのものを包含する。
> 2　保証人は、その保証債務についてのみ、違約金又は損害賠償の額を約定することができる。
>
> **第448条（保証人の負担が主たる債務より重い場合）**　保証人の負担が債務の目的又は態様において主たる債務より重いときは、これを主たる債務の限度に減縮する。
>
> **第449条（取り消すことができる債務の保証）**　行為能力の制限によって取り消すことができる債務を保証した者は、保証契約の時においてその取消しの原因を知っていたときは、主たる債務の不履行の場合又はその債務の取消しの場合においてこれと同一の目的を有する独立の債務を負担したものと推定する。
>
> **第450条（保証人の要件）**　債務者が保証人を立てる義務を負う場合には、その保証人は、次に掲げる要件を具備する者でなければならない。
> 　一　行為能力者であること。
> 　二　弁済をする資力を有すること。
> 2　保証人が前項第二号に掲げる要件を欠くに至ったときは、債権者は、同項各号に掲げる要件を具備する者をもってこれに代えることを請求することができる。
> 3　前二項の規定は、債権者が保証人を指名した場合には、適用しない。
>
> **第451条（他の担保の供与）**　債務者は、前条第一項各号に掲げる要件を具備する保証人を立てることができないときは、他の担保を供してこれに代えることができる。

5　指摘されている収納代行会社（業者）の長所と短所

収納代行と兼業している機関保証会社が存在します。

収納代行とは、貸主に代わって賃料を収受する業務を行うことをいいますが、本来は賃貸管理業者が収納代行して貸主に預かり賃料を渡すというケースが一般的な形態でした。その後、**機関保証会社が収納代行も一緒に行うようになり**、滞納についても保証弁済するという事業形態が多くなりつつあります。

機関保証会社が収納代行業務を兼務した場合には、借主の滞納した場合、**機関保証会社が収納代行業務を実施した際に直ちに滞納の事実を把握し、保証債務の弁済を実施することが可能**となり、収納管理における**滞納による収納額の減少のリスクから解放され、安定した賃料収入の確保が可能**となるという**長所**があります。

他方、前述のとおり機関保証会社の財務が脆弱なため、弱小の機関保証会社の中には、倒産の危険

性を抱えている社もあるといわれております。収納代行では全賃料を預かるわけですから、機関保証会社が収納代行まで行っている場合は、飛躍的にリスクが高まります。単なる滞納分の未回収だけではなく、**全預かり賃料そのものが事故になる**という**リスクが非常に高まっていることが、収納代行を兼ねる機関保証会社の短所**です。

6 収納代行会社に関するＱ＆Ａ

Q1 賃料債務保証会社の主な業務内容は何ですか。

A1 これまで、分譲用の不動産のためのローンの保証会社は存在していましたが、賃料債務を保証する保証会社は殆ど存在しませんでした。ここ最近、個人の連帯保証人に代わり、借主の賃料債務を保証会社が業務として保証する会社が現れるようになりました。

　賃料債務の保証方法は、保証契約によるほか、債務引受の方法をとるなど、賃料債務保証会社によって異なっています。また、保証の範囲や保証料についても、個々の保証会社が独自に設定しており、一般的な基準やガイドラインも存在せず、借主にも、保証会社の内容について周知されているとは言い難い状況にあります。

　また、保証会社の業務として単に金銭的な債務保証だけでなく、積極的に借主に代わって解約明渡しの業務を行う保証会社も出現しており、その業務が借主の権利、利益の保護の要請に反しないかどうかについても今後議論が出てくることが予想されます。

Q2 賃料債務保証会社の出現は、賃貸市場にどのような影響が出るのですか。

A2 これまで、連帯保証人がなくても賃借が可能な物件は、公営住宅やＵＲ都市機構の賃貸物件等の公立の賃貸物件を除けば殆ど皆無でした。そのため、資力があっても連帯保証人の無い者は、賃借することが難しく、旅館、ホテル、ウィークリーマンション、マンスリーマンション等の割高な宿泊施設、短期賃借物件を利用するほか無かったわけです。

　しかし、賃料債務保証会社が今後一般化すれば、連帯保証人が無くても、一定の保証料を支払うことにより自由に賃貸物件を賃借することが可能となり、賃貸市場の飛躍的な流動化にもつながることが予想されます。

　また、今日のインターネット社会においては賃貸物件の差別化の手段として、連帯保証人が不要であることを謳う不動産会社も出現しつつあります。

　このように、賃貸建物においても分譲用不動産と同様に、利用者が連帯保証人制度という人的な拘束から解放されることにより、より流通性が高まることが予想されるとともに、貸主やサブリース会社等の賃貸物件の経営者にとっても、賃料債務の保全が確保されることにより安定した賃貸経営が可能になり、貸主の破産や抵当権の実行、サブリース会社の破綻等の賃貸経営のリスクの軽減にも大きく寄与していくことが予想されます。

Q3 賃料債務保証契約制度を利用した場合、滞納処理に関して影響は出ないのですか。

A3 現在、保証人による賃料債務の弁済があった場合は、賃貸借契約上は滞納と評価されない可能性があります。そのため、賃貸保証会社による保証弁済が行われている場合は、貸主が滞納を原因とする契約解除ができない可能性があります。

　したがって、滞納により契約解除を実現するためには、① 賃貸保証会社による保証債務の弁済があった場合には賃貸借契約書上に滞納があった場合と同視するかまたは契約解除原因の一つとして定めるか、② 借主の滞納により貸主が賃貸借契約を解除して初めて賃貸保証会社に保証債務の弁済を請求する手法をとる必要があります。

Q4 賃料債務保証会社が収納代行業務を兼業することに問題はないのですか。

A4 保証会社が保証業務のほかに収納代行業務を兼務する場合は、管理会社の集金業務との関係を以下のように整理する必要があります。

　　① 保証会社が借主からの委託に基づき収納代行を行う場合は、借主から保証会社への賃料の支払いは、借主について賃料の確定的な支払と見なされない可能性があります。また、保証会社の財務内容が悪化し、倒産の危険が生じた場合にも、当該収納代行業務は借主からの解除でなければ停止できないなど、保全措置を講ずることが極めて困難となります。

　　② 保証会社が貸主または管理会社からの委託に基づき収納代行を行っている場合は、借主から保証会社への賃料の支払いをもって貸主への支払と見なすことができ、借主保護を図るこ

とができます。また、保証会社の財務内容が悪化し、倒産の危険が生じた場合には、貸主または管理会社は保証会社との収納代行委託契約を解除する等の保全措置を講ずることが可能です。

Q5 賃料債務保証会社が債務保証業務のほかに兼務している業務があると聞きますが、どのような内容を行っているのですか。また、兼務することによる問題はないのですか。

A5 現在、賃貸保証会社は、主たる内容である賃料債務の保証のほか、① 借主の信用についての審査と、② 借主が滞納したときに、貸主に代わって建物の明渡しに協力する業務を行っているもの、③ 保証業務のほか収納代行業務を兼務するものがあります。

このうち、①の信用の調査については、その内容が差別にあたらないようにしたり、その個人情報の取扱いについて慎重に取扱ったりする必要があるなどの配慮が求められます。

次に、②の建物明渡協力業務は、刑事上の処罰規定の抵触のおそれもあり、極めて慎重に業務を行う必要があります。

さらに、③の収納代行業務については、管理会社の集金業務に抵触するものであり、かつ、保証会社の債務不履行については管理会社が責任を負わなければならない関係にあるため、その選定及び保全措置については慎重に講じる必要があります。

Q6 債務保証会社が保証料以外の費用を請求することは合法ですか。

A6 保証会社は、滞納した借主に対して督促等の業務を行った場合、手数料を請求している例が多くみられます。そのような手数料等の定めが、民法第90条の公序良俗や消費者契約法第10条との関係で無効と判断される場合も生じる可能性があります。

Q7 家賃保証の関係で問題になっている「**鍵の交換**」、「**契約を解除する権限を与える**」という条項において、例えば「**1か月の滞納でも契約の解除をする**」から「**3か月位の滞納で契約解除する**」**権限を与える**事例が見受けられますが、「**1か月**」と約定したものは、**契約自体が消費者契約法第10条に違反して無効だと判断される可能性があるのですか。また、1か月滞納で契約解除することに合意しても無効とは言えないが、条項に基づき契約を解除してしまった場合の行為が権限の乱用だと評価されることになるのですか。**

加えて、契約当事者が**押印したことを無効だと評価される場合があるのですか**。それとも、どういう状況で権限を行使したかによって、違法かどうかの判断が下されるのですか。

A7 契約の解除権限の問題と**鍵の交換というのは違法性のレベルが全然違います。**

契約の解除とは、ある程度信頼関係の破壊があれば賃貸借契約上解除が認められるという判例があります。ただ、個々の事例を見極める必要がありますが、例えば、**通常、4か月位滞納しないと解除できないケースもあれば、2か月ちょっとで解除できるケースもあります。**

そのため、**解除条項が一方的に不利益だから無効と言えるかどうかは、判例等を見極めないと判断できない**場合があります。

ただ、**鍵の交換は、居住者の住居の平穏について刑法上でも強く保護されている分野**であることから、**立入権限がない方が鍵を交換することは相当強い違法性がある**と思われ、**自力救済として評価される危険性が高い**と考えます。

そういう意味で、契約の解除というのは法律的な問題ですが、鍵の交換ということになると事実的な強制的な行為であり実力行使の問題になってくるため、**司法上の自力救済の禁止の原則を逸脱するのではないか**という相当大きな問題となります。また、**刑法上の住居侵入罪や器物損壊罪に抵触する危険性も生じます**から、相当慎重に判断しなければなりません。

簡単な要件で鍵の交換ができるというのはかなり問題があり、**判決等を見て判断していく必要がある**と思います。

ただ、財産管理的な側面と本人保護の必要性と、本人が承諾しているとか本人が財産管理を委託しているという場合があり、本人の意思を超えて鍵の交換をしているのか、貸室に現に入室しているのかなどの要素を要件の中に盛込ませていく必要があると思います。

違法かどうかはそのような視点から見ていく必要があり、消費者契約法上、それが第10条違反に

なるかというと、基本的には契約内容によりますので、条項が一方的に消費者を害すると評価されるような場面も当然出てくると思います。

Q8 **家賃保証会社を通じて家賃を納める場合**、家賃保証会社が月末に大家に対して家賃の立替え払いをし、借主からは月初に家賃を徴収するという形態をとっているケースが多く見られますが、このケースにおいて、借主が賃料を滞納したことに伴い、借主に立替え家賃額を求償する際、滞納家賃の求償行為1回につき、取立て手数料などの名目で「弁済金額の3％」とか一律「1,500円」を請求する例があります。

例えば家賃が1万円とか2万円の場合で、**保証会社が1日滞納したとして取立て手数料として1,500円ないし弁済金額の3％を請求することは、取立て手数料を**金利換算して、消費者契約法第9条の14.6％を超えることになった場合は問題になるのですか。それとも、何か違う問題が生じることになるのですか。

A8 家賃保証会社の場合の**取立て手数料**や手続費用など、手数料に関することは、**利息制限法**及び**貸金業法において相当議論されている**ことから、**14.6％に含まれるべきではないかという判断も一理ある**と思います。

ただし、**手数料については、保証料と共に約定の手数料の一種であることから、当然請求できる部分もあり、手数料についてどこまで遅延損害金の中に含めるかというのは今後の課題である**と思います。

Q9 今後は、個人保証から機関保証に移行していくと考えられますが、機関保証会社の中から、R社に続いて問題となる保証会社が出てくる可能性があります。**R社の問題は、何が原因で破綻したのか**ご存知でしょうか。原因を究明することは、トラブルを防止するために重要なことだと思います。未然防止策を講じておかなければいけないと思いますが、**財務体質がもともと弱かったのか、保証内容に問題があったのか**、各種**事業を行ったことによるものなのか**など**倒産原因について、把握していることはありますか**。

A9 R社の破綻の原因については、現在破産手続が進行しておりますので、その中で解明されることを待ちたいと思います。

ただ、**R社は、かなり無理な保証形態をとっていた**ということです。つまり、**与信審査が非常に甘かった**。それから、**保証債務の範囲も広範であった**ということで、**保証業務としては非常に保証リスクの高い、保証料以上に保証債務額が発生する危険性の高い保証行為を行っていた**ということが言われております。また、**色々な事業にも手を出していたので、それがさらに財務体質を悪化させていた**と言えるのではないかと思います。

保証というのは、保険と同様に、ある程度の財源を確保していかないと円滑な運営はできないのですが、**法律上の整備がなく、また税制上の整備もないわけですから、内部留保は今のところ困難である**と聞いています。

その中で保証を円滑にしていくには、急激な拡大ではなく、**自社の内部留保に見合った範囲に保証契約件数を制限していかないと、クラッシュしてしまう危険が高い**と言えます。

法律上、財務内容について特別な基準が何もなく、税務上の手当ても何もされていないことから、今後検討すべきことは、保証業務についても、保険会社のように内部留保をきちんと行うようにし、**財務内容を開示して保証に関する事故率に対する財源の確保ができているかどうかなどの指標を具体的に作っていかないと、事故は未然に防ぐことはできない**と思われます。

現時点においては、保証契約をしてからここの会社はだめだったということが生じ得る可能性があるため、**保証会社の財務上の指標になるような基準を作ることが**保証会社の発展に必要だと思います。

Q10 収納代行の形態に**借主側からの委託と貸主側からの委託の2つのケース**があるようですが、収納代行会社が破綻した場合、貸主と借主の債権・債務の関係は、**どちらの形態であっても同じような整理が可能なのでしょうか**。

A10 **基本的には全く違います。貸主委託型の場合は、借主から収納代行会社が受領した段階で賃料の

弁済が完了したと評価されます。そのため、**貸主は破綻した収納代行会社に対する債権回収、例えば民事再生手続や破産手続の中で回収することになる**と思います。

　それに対して**借主委託型の場合**は、**借主にとっては非常に不利益な結果**になります。というのは、一旦**借主が収納代行会社に預けたとしても、収納代行会社が貸主に支払わない限り、賃料の支払いが完了していないと評価**されるためです。**その段階で収納代行会社が破綻した場合、借主は、二重払いをさせられる危険性**が出てくるため、**借主委託型は借主にとって非常に不利益**といえます。**R社の場合**は借主委託型でした。ただ、ファクタリング会社が関与して、平成20年9月24日以前の集金分については貸主に既に支払っていた経緯があります。それでも賃貸関係だけで30億円位の損害が出たと言われています。潜在的にはR社は取引額も大きかったので、もし破綻日が違っていたら、これ以上の大きな損害が発生した危険性はあったと思います。

　その意味では、**貸主委託型**収納代行の方が**借主保護型**であると言えます。

Ⅱ　**送金業法**（資金移動等に関する法律）

1　収納代行業務と送金業法

　収納代行業務は、送金業法との関係もあり、収納代行業務の委託者が貸主なのか借主なのかにより、取扱いが異なってきます。

　家賃の授受手段として、
　①　賃貸管理業者が貸主から委託を受けて賃料を回収する（貸主委託型）
　②　滞納保証会社が借主から委託を受けて賃料を預かって貸主に渡す（借主委託型）
という方法が見受けられます。

　借主委託型とは、媒介業者ないしは賃貸管理業者が、保証会社等が提供する家賃回収等システムを、貸主の了解のもとで、賃貸借契約の締結条件として、借主に利用を促しているものです。保証会社によって商品名は異なりますが、収納代行とか滞納保証などの名称で、保証会社が家賃等相当額を家主に立替え払いをし、後日、借主の口座から引落とすという例が多く見受けられます。

　このような保証会社を介した家賃の徴収方法を採用している場合で、借主委託型のケースにおいて、保証会社の財務的な危機が表面化したことを理由に貸主側が「その収納代行（滞納保証業務）をやめてくれ」とは言っても、借主委託型契約の破棄を申出る立場にありません。また、借主側においても、保証会社の財務的な危機等の情報を未然に入手し、委託契約を解約する環境にないのが実情です。

(1)　保証会社の副次的な機能

　保証会社は、単に収納代行業務だけではなく、副次的に色々な機能も持っていますが、その機能を整備する必要があると思います。

　例えば、保証会社は、自社の**与信機能**と**借主から委託された**保証業務以外の「**明渡し権限**」をもとに、建物の明渡し協力を行っています。

　ただ、この「明渡し協力」については、借主の意思に反して建物を明渡してしまうおそれがあり、**刑事上の違法性が強い行為になる危険性が高い**と言えます。

　その意味では、①　厳格な要件のもとで借主の意思に基づいて明渡しに協力・補助をしていくという要件を整備していかないと問題が生じるおそれがあり、②　**収納代行業務**では、**きちんとした保全措置**をとる必要があると思います。

(2)　収納代行業務の法制化の動き

　賃貸管理業者の収納代行も含め、収納代行業務に関して、金融庁を中心に法制化の動きがあります。

　「代引き」や「コンビニでの支払い」など民間による収納代行業務が一般化しつつあり、経済的にも活発に行われています。そのため、資金に関する移動については、「為替取引ではないか」と、2008（平成20）年頃から金融庁を中心に「その安全性、効率性、利便性を向上させていくためにど

うしたらよいか」の整備、検討が行われ、2009（平成21）年1月14日に金融庁が報告書を纏めました。

報告書によれば、『資金移動等に関する法律』（以下、『送金業法』という仮称で記述。）上の扱いでは、「**収納代行を直ちに法制化**することについては**非常に異論**もある。これは**為替取引ではない**、もしくは規制されることによって相当経済的な活動が阻害される。かえって国民経済上マイナスである。」という意見が相当あり、**収納代行の法制化は見送られ**ております。

しかしながら、報告書に「基本的に、**資金移動サービスは、送金途上の資金**について**保全を図る必要**があるため、**整備していく**」と記載されていることから、賃貸管理業務の中でも**資金移動サービスに該当する場合は、法整備の対象になるため、どう規制されるかを注視していく必要**があります。

資金移動サービスと収納代行業務の違いについては、『**資金移動サービスとは、為替取引**』であり、為替取引とは、**隔地者間**（離れた人との間）**で資金を円滑に移動するためのサービス**をいい、『**収納代行サービスとは、債権者から委託を受けた事業者が債務者に対して債権を回収する業務**』をいいますので、**収納代行サービス以外は、資金移動サービス**であると**判断される可能性**があります。

そうなると、賃貸管理業者が貸主から委託を受けて**賃料を回収する作業は、収納代行サービスと判断される可能性**があり、**保証会社が借主から委託を受けて賃料を預かって、それを貸主に渡す行為は、一種の資金移動と評価される危険**が出てくると言えます。

特に収納代行業務の中で**借主委託型の収納代行を行っている場合は、金融庁の規制の対象も視野に入れて、今後、事業をすすめていく必要**が出てくると思います。

(3)　資金移動サービスに該当する場合の規制内容

規制の内容としては、① **資産を保全する**、つまり滞留資金、預かっている資金が**全額保全される仕組みを構築する**ことや、② **履行自体を確実に行う**、つまり**預かった資金がきちっと債権者に届くこと**（履行の確実性）が、資金移動サービスの大きな視点として要請されています。

そのほか、**犯罪収益移転防止法**との関係や監督措置などがありますが、今後、この2点が大きな規制の内容として法制化の動きの中で出てくると思われるため、**借主委託型の収納代行を行っている場合は、保全措置をとっていく必要**があると考えます。

また、**送金業法が成立した場合**は、資金移動サービスについての法整備が図られることになり、**保証会社による家賃収納業務のうち借主の依頼に基づく場合は、送金業法の規制対象となる可能性**があることを留意する必要があります。

なお、賃貸管理業者が行う賃料の受領・集金業務は、貸主の代理人として賃料を受領するものであるため、収納代行業務に区分されると考えられることから、法規制の対象外になると考えられています。

2　収納代行業務に関するQ＆A

Q1　『送金業法に関する金融審議会報告書』での資金決済に関する法整備を行う目的は何ですか。

A1　決済システムは、金融・資本市場を支える重要な社会的基盤（インフラ）であり、決済システムの強化なくして金融・資本市場の国際競争力が得られないため、決済システムについても安全性、効率性、利便性の一層の向上等が指摘されています。資金決済は、個人や企業等の間で行われるリテールの資金決済と銀行間の資金決済とに区分することができます。

リテールの資金決済に関しては、近年、情報通信技術の革新やインターネットの普及等により、銀行が提供する従来のサービスと異なる新たなサービスが普及・発達してきており、また、これまで銀行のみに認められてきた為替取引も他の事業者が容易に行い得る状況になっていると思われます。

決済に関する新しいサービスについては、法的な位置付けを整理し、**イノベーションの促進と利用者保護を図ることを目的**に、制度整備のあり方が検討されています。

Q2　『送金業法に関する金融審議会報告書』で、資金移動サービスに該当する場合の規制内容と資産保全については、どのような検討がされているのですか。

A2　倒産隔離や滞留資金の保全などについて、以下のような検討が行われています。

① 　為替取引に関する制度を柔軟化し、銀行の独占業務とされていた為替取引を**一般事業者が行うことができる制度を設ける場合、**一般事業者が行う為替取引〔資金移動サービス（仮称）〕については、資金移動サービス**事業者が破綻した場合の利用者保護を図り、社会的・経済的影響を最小限に抑える必要**があること。

② 　依頼人が事業者に引渡し、**受取人が資金を受取るまでの間、事業者に滞留する資金（滞留資金）に相当する金額が全額保全**されることが必要であること（倒産隔離が図られれば、利用者は資金が毀損されるおそれがなく、社会的・経済的影響がそれほど大きくないと考えられるため）。

③ 　また、**事業者が破綻した場合**に保全した資金を利用者に分配するためには費用が生じるため、資金移動の依頼を受けた金額の全額を利用者に引渡すには、**滞留資金額の保全**だけでなく、**分配費用の確保も考慮する必要**があること。

④ 　滞留資金が全額保全されることは望ましいものの、**保全を完全に図ろうとする場合**は、滞留資金額のリアルタイムでの把握、滞留資金に相当する額の保全が図られなかった場合の**セーフティーネット**などの仕組みが必要となること。

⑤ 　以上から、**事業者の負担や規制コストが過剰**となること。

⑥ 　供託や信託銀行への信託では、キャッシュが必要となり、**金融機関等保証では、金融機関がどれだけの保証料を求めるかに左右される**部分が大きく、新たな事業者による**イノベーション**（新市場の開拓、経営革新）**は望めなくなる**ため、**新たな資金保全の仕組みを検討すべき**であること。

⑦ 　**倒産隔離が図られていなければ、事業者が倒産した場合の資産保全が完全に図られないため、金融機関の保証等で確実に担保すべき**であること。

⑧ 　**滞留資金額の保全**については、**倒産隔離を図りつつ事業者負担を考慮し、供託や金融機関等の保証に加え信託銀行等への信託**を認めるなど、**事業者が参入しやすいよう配慮した制度**を検討することがイノベーションの促進の観点から**必要**であること。

Q3　『送金業法に関する金融審議会報告書』で、保証会社の収納業務に対する送金業法の適用の可能性については、どのような検討がされたのですか。

A3　送金業法が成立した場合、資金移動サービスについては、報告書の内容で法整備が図られることになります。

賃貸管理業務において資金移動サービスに該当する可能性が高いのは、保証会社による借主からの依頼による賃料等の収納業務が考えられます。そのため、送金業法の成立後、**保証会社による賃料の収納業務が借主の依頼に基づく場合は、送金業法の規制対象**になると考えられるため、送金業法についても十分理解しておく必要であると考えます。

なお、**賃貸管理会社による賃料等の受領・集金業務**は、貸主の代理人として賃料を受領するものであることから収納代行に区分され、法整備において規制の対象外になるのではないかと思います。

Q4　金融庁では、R社の倒産等を踏まえて、預かる金員、収納代行業務、為替について、宅配業者を中心とした『代引き』の取扱い等を議論したようですが、不動産業における貸主への各種サポート業務のうち、家賃の収納代行業務が類似していると考えるため、どこまで議論したのか知りたい。

A4　**収納代行**に関しては、宅配業界とかコンビニ業界での実態について、経済産業省においても議論されています。

経済産業省では、**収納代行については規制の必要なし**という一定の結論が出ており、それを踏まえて**金融庁でも、収納代行に関しては両論併記の形で今後も検討を重ねる**ことになりました。その意味で**収納代行**に関しては、今回の規制の対象から外れたわけです。

ただ、**資金移動サービス**、いわゆる**特定の為替取引**については、**規制の対象にしようと残っています**が、どのような資金移動サービスが対象になるのかは、**法整備段階での定義等を確認**しないことには現時点では何とも言えません。

債務者からの支払委託行為については、**資金移動サービスとして規制の対象**となる可能性があると思われます。なお、収納代行としての**代引き**など**債権者からの収納委託に基づく収納行為**についても

議論されましたが、**今回は保留**となりました。

しかしながら、賃貸借契約における**借主の家賃等の支払手段**として**資金移動サービスを利用する場合**は、**明確に規制する動き**が出てきました。そのため、賃貸管理業務に**資金移動サービスに該当する行為**が生じた場合は、**賃貸管理業務においても定義付け**をしなければならないと考えます。

ただ、保証会社の収納代行内容も多岐多様で、借主から委託を受けて、貸主に**立替え払いをした後**に、**借主口座から家賃等相当額を引落とすという方法をとっている保証会社**もあります。これを**資金移動サービス**であると**判断**するかどうかですが、**家賃等を預かり、後日貸主に支払うという手法をとる場合に限定**されるのではないかと思います。

なお、**保証業務をも整備する必要**があるのであれば、**立替え払いした後に借主口座から家賃等相当額を引落とす**方法では、**資金保全の検討が必要**であると考えます。

Q5 金融庁での議論で、資金移動サービスは送金業法に該当する可能性が高いということですが、資産保全あるいは履行の確実性について、どのような規制、法の枠組みが出てくる可能性があるのか、想定される範囲内で教えて頂きたい。

A5 例えば**資産保全として信託形式を取る**とか、瑕疵担保責任におけるセーフティーネットと同様な**システムを構築する**などについて**議論されている**ようですが、**どう資産保全するか**については**今後の問題**であると考えます。

履行の確実性についても、どう評価していくのか。例えば、借主から収納代行業者に払った段階で、支払完了と評価されるのであれば借主保護に繋がるのですが、**滞留資金**について貸主**の債権保全を如何に図れるか**などの**議論が必要**であると思われるため、資金移動サービスに関する検討経緯を注視する必要があります。

Ⅲ 消費者契約法

【消費者契約法に関しては、第2編 第7章 賃貸借契約と消費者契約法 を参照】

1 賃貸借契約と消費者契約法
(1) 消費者契約法の位置付け

消費者契約法は、法体系からいうと消費者契約における一般法です。宅建業法も消費者契約法の一種で、**宅建業法は消費者契約法の特別法**です。また**特定商取引法も消費者契約法の特別法**です。ただ、その分野に関する一般法であることは間違いありません。

宅建業法は、特別法の中の特別法という位置付けになります。そのため、宅建業法で規定がない場合は、一般法の規定を適用することになります。宅建業法で何も規制されていなく、消費者契約法の規定にひっかかる場合は、消費者契約法の規定が適用されるという法令の適用の流れがあります。借地借家法も一種の特別法ですが、消費者契約法の方が上位概念であると考えられています。消費者契約法は、非常に大きな一般法ですから、賃貸業務の色々な分野に及んでいます。

(2) 消費者契約法の概要

消費者契約法の大きな目的に**事業者と消費者との間の格差の是正**があり、格差是正の対象としては2つあります。

ひとつは**情報量、情報に関する格差の是正**です。「情報の質や量」に関しては、事業者と消費者の間には格段の格差が生じています。そのため、「誘引的なもの」や「強制的なもの」の『取消し』が認められたり、『契約条項の無効』が認められたりすることになります。

もうひとつは、情報以外に**交渉力に関する格差**があります。

あくまでも消費者が保護の対象であるため、**事業者同士の契約では消費者契約法が適用されません**。法人契約、つまり借主が法人の場合や、貸主が**個人経営**でも、**共同住宅、アパートを経営する場合**は、事業経営しているため**事業者**となり消費者契約法が適用されません。**消費者契約法が適用**されるのは、**借主が消費者**であることが条件となります。

消費者契約法上、遅延損害金に関する条項や第9条（消費者が支払う損害賠償の額を予定する条項等の無効）の問題も大きいのですが、賃貸で最も多く争われているのは、**消費者の利益を一方的に害する条項の無効**という**第10条の問題**です。

第10条に関しては、非常に抽象的な規制で、**信義則に反して一方的に消費者の利益を害する場合は無効**であると定めているため、どういう場合に信義則に反するかは個々具体的な事例に即して判断しなければならず、一般的に『こういう場合は一方的に消費者の利益を害すると言える』などと言い切れる具体的な基準は定義しにくい状況にあります。

ただ、**情報と交渉力の格差が存在する事項**は、『一方的に消費者の利益を害する』と認定されやすいと言えます。

(3) 改正消費者契約法

消費者契約法は、平成19(2007)年から施行されていますが、**平成20(2008)年5月**に消費者契約法が**一部改正**され、内閣総理大臣の認定を受けた**適格消費者団体に対して差止請求権**が認められました。

差止請求が認められた場合は、公表することもできると規定されているため、非常に大きな効力が生じることになったわけです。

差止請求とは、消費者契約法上の無効な規定を用いてはいけないという内容ですから、差止請求の効力が発生した場合、当該条項を契約内容として用いることができない、つまり当該条項は無かったものとみなされます。したがって、一般条項に従って判断されることになり、原状回復に関して言えば、ガイドラインの原則的な基準に基づいて判断することになります。

適格消費者団体は、平成21(2009)年10月現在で7団体ほど認定されており、特に関西を中心に活発に動いています。公的な法人に近い団体としては、消費者支援機構関西があり、問題のある条項についてはホームページで公開するなど、消費者契約法違反に対する是正について積極的な動きをしています。

そのため、賃貸管理業者は、消費者からの訴訟だけではなく、今後は適格消費者団体の指摘も確認して適正な事業運営を行っていくことが要求されています。その意味では、賃貸管理業務を整備していくうえで、消費者団体の動きを注視して、貸主や借主ときちっとしたコミュニケーションをとっていく必要はあると思います。

(4) 消費者契約法に関する判例

賃貸借契約と消費者契約法との関係では、「敷引」「原状回復」「更新料」「修繕義務」「礼金」「明渡し遅延違約金」などの特約をめぐる判例が多数出ています。【**消費者契約法に関する判例は、第1編 第2章 賃貸住宅媒介・管理業務に係るトラブル等 を参照**】

① 敷引に関する特約

敷引の約定内容が無効であるとする判例は、関西を中心に多数でています。ただ、敷引に関して理解して頂きたいことは、関西とそれ以外の地域とでは取引慣習が違うということです。

敷引とは、契約終了時に預かった敷金から一定額を貸主が取得することを約定する特約ですから、主に関東で取扱われている礼金（契約終了時に借主に返還されない金員）とは異なります。

関西における敷金額は相当高額で、関東の敷金は2～3か月が中心であるのに対して、通常6か月位の敷金（保証金）を預かっています。**安くても4か月分程度、高いと10か月分程度を預かっている地域もあります**。こうした状態にあって、無効と判断されている事例の多くは、預かった**高額な敷金から70～80%という高い割合の敷引額を取得していることが「公序良俗に違反する」**とか、「**信義則に反する**」、「借主が**一方的な不利益を被っている**」と判断されています。

敷引について約定することは、直ちに無効となるわけではありません。敷引の性質が**原状回復特約の一種であると判断された場合には、一定の範囲で敷引も有効とする判例**もありますので、敷引については**判例をよく理解**して、**どういう場合が無効であるかを分析していく必要**があると思います。

【敷引が有効とされた事案】

○ 借主が通常使用することによって生ずる程度の建物の損耗・汚損の原状回復費用は、解約時の保証金の償却費のなかに含まれる。〔大阪高裁・平6.12.13判決・平6(ツ)18号、判時1540号52頁〕

○ **借主**は、本件敷引約定は、敷引金の使途及び性質に関し、口頭でも書面上でも何ら説明がなされず、不合理であるから無効であると**主張**するが、一般に建物賃貸借契約において、敷金ないし保証金の一部を敷引金として、その使途及び性質を明示することなく貸主が取得する旨を定める敷引約定はしばしばみられるところである。

敷引約定は、一般的に、賃貸借契約成立の謝礼、賃料の実質的な先払い、契約更新時の更新料、建物の自然損耗による修繕に必要な費用、新規の募集に要する費用や新規者入居までの空室損料等さまざまな性質を有するものにつき、渾然一体のものとして、一定額の金員を貸主に帰属させることを予め合意したものと解され、それなりの**合理性を有するものと認められる**から、その**金額が著しく高額であって暴利行為に当たるなどの特段の事由がない限り、その合意は有効**である。

本件敷引約定についてみるに、建物の自然損耗よる修繕に必要な費用等に充てられるものとして、予め**一定額の金員を貸主に帰属させることを合意したものと認められ、その額も特に著しく高額であるとか、これを無効とすべき事由があるとは認められないため、有効な約定と解される。**

借主が負担すべき修繕費用として、貸主が敷金から控除できるのは、認定した費用の合計7万2,345円であるから、貸主は、借主に対し、敷金70万円から、敷引金28万円、既に返還済みの敷金15万7,007円及び認定の修繕費用合計7万2,345円を控除した19万648円の返還義務を負う。〔(控訴審)神戸地裁・平14.6.14判決〕

【消費者契約法の下でも一部有効とした事例】

○ 物件の間取り2DKで約45㎡、賃料月額金7万円、共益費月額金1万円、契約期間2年の賃貸借契約において、**借主**が契約時に保証金(敷金)として金50万円を預けておいたところ、11か月後に解約した際に、貸主が、解約時に金40万円を敷引いたうえ、残金10万円も、補修費用金11万570円に充当しようとしたため、借主が敷引金と補修費用控除後の敷金残金の合計金41万3,228円の返還を求めて、**訴訟**を提起したもので、本件敷引特約は、「通常損耗部分の補修費」であり空室損料を含むものではない、関西一帯の建物賃貸借契約においては、一般的に、経年変化・通常損耗の補修費用に充当する目的で敷引特約が付される現状がある旨の貸主側の**主張**に対して、**敷引特約の主旨は通常損耗部分の補修費に充てるためのものとみるのが相当であると認定**した。そして、保証金の額、敷引の額、賃料額、賃貸物件の広さ、賃貸借契約期間などを総合考慮して、**敷引額が適正額の範囲内では敷引特約は有効であり、適正額を超える部分について消費者契約法第10条に基づき消費者である借主の義務を加重する条項として無効となると判断**した。そして、本件は、**適正な敷引額は保証金の2割に該当する10万円とみるのが相当**であるから、**10万円を超える30万円については敷引特約の趣旨を逸脱し無効**となるため、借主に返還すべき義務がある。〔大阪地裁・平17.4.20判決〕

【敷引が無効とされた事案】

○ 法人社宅向けの定期賃貸借契約(10年)において、入居期間の長短にかかわらず一律に保証金40万円のうち30万円を差引くこととなる敷引特約は、消費者契約法第10条により無効である。〔**少額訴訟 大阪(大阪簡裁・平15.10.16判決)**〕(第1編 第2章 1 賃貸住宅媒介・管理業務に係るトラブルと判例・行政指導・相談事例等【91】を参照)

○ アパート賃貸借契約(2年半居住)において、敷金25万円のうち20万円(敷金の80%)を返還しないという特約は、借主の義務を不当に重くするとして、貸主に敷金の全額返還を命じた。〔滋賀県大津(大津地裁・平18.6.28判決)〕

○ マンション賃貸借契約(約3年居住)において、敷金60万円のうち50万円(敷金の83%、賃料の6か月以上)を敷引するという特約は、消費者契約法の借主の利益を一方的に害するもので無効である。〔大阪府堺(大阪高裁・平18.7.26判決)〕

○ 自然損耗の必要経費を賃料に参入しないで低額に抑え、敷引金に含ませることを合意したことを認めるに足る証拠はないから、敷金の85％を超える金額を控除するという敷引特約は、消費者契約法第10条により、特約全体が無効である。〔京都（京都地裁・平19.4.20判決）〕

② **原状回復に関する特約**

原状回復特約に関する判例は、過去に幾つか出ていますが、約定しようとしている原状回復特約が**平成17(2005)年12月16日の最高裁の判例〔平16（受）第1573号〕に合致しているかどうか**を踏まえて**判断していく必要**があると思います。

【平成17(2005)年12月16日の最高裁〔平16（受）第1573号〕の判断内容】

○ 通常の使用に伴い生ずる損耗について具体的な条項を契約書に明記しておらず、借主に特約内容を説明して借主が明確に認識したうえで合意した契約締結であると認められないため、借主が原状回復義務を負うとする特約は成立していない。（第1編 第2章 1 賃貸住宅媒介・管理業務に係るトラブルと判例・行政指導・相談事例等【93】を参照）

③ **更新料に関する特約**

多くの判例は、敷金返還や消費者契約法との関連での原状回復などの問題に特化していましたが、それ以外の分野についても消費者契約法の適用の問題が発生してきています。それが**更新料に関する特約**です。

更新料については、「借主は説明を受けていることからすると、消費者の利益を一方的に害するものであるとは言えないため、更新料約定は無効であるとは言えない」という京都の判例〔**（原審）京都地裁・平20.1.30判決**〕は、大阪高裁〔**（控訴審）大阪高裁・平21（ネ）第474、同年（ネ）第1023・平21.8.27判決**〕において、原審の判決を変更し「借主に更新料についての説明が十分になされなかったうえ、更新料が高額であり、消費者契約法施行以降に支払われた更新料は、消費者契約法第10条に違反し無効である」としたため、貸主が上告し**係争中**です。

なお、更新料支払特約は、支払時期、支払額等について地域的な慣行によって違いがありますので、大阪高裁の判決が出たとしても当該更新料特約についての適用事例として参考とするに留まり、下記の東京地裁判決のように契約条件が異なってくれば結論が異なってくる可能性があると考えられます。

また、平成21(2009)年7月23日の京都地裁の判決では、「賃料住宅の更新料支払を義務付けた特約は、入居者の利益を一方的に害する特約であり無効」であるとする判断も出ているため、今後の推移を見る必要があると思います。

【更新料特約は有効とされた事案】

○ 本件更新特約は、建物賃貸借契約期間満了の2か月前までに契約関係者らから特段の申入れがないことを条件に、自動的に2年間の契約期間が更新される一方で、借主は貸主に対し、更新料の支払義務を負うことを定めた条項であると解する。本件更新特約は、更新料負担はあるが、契約期間満了後の使用継続状況をもって、期間の定めのあった契約が期間の定めのない契約（正当事由を必要とするものの、原則として解約の申入れから6か月で契約が終了するという契約）関係になることを防ぎ、借主に対し、2年間の居室の賃借権を確保するもので、借主の権利を実質的に強化するものであると評価できるから、更新料金額が1か月分の賃料相当額とされている点にかんがみても、更新特約が消費者契約法及び借地借家法の趣旨に反し、借主に不利な特約、又は民法第1条第2項に規定する基本原則に反して**消費者の権利を一方的に害する特約であるとはいえない。**〔**（控訴審）東京地裁・平17.10.26判決**〕

【係争中の事案】

○ **原審**で、賃貸借契約で定められた**更新料支払条項**は、消費者契約法第10条（前段要件・後段要件）と民法第90条（公序良俗）に反せず**有効**であると借主側の請求を棄却〔滋賀県大津〔大津地裁・平20（ワ）第525・平20.3.27判決〕〕されたことを不服として借主側が控訴したが、**控訴審**においても、**本件更新料**は、賃貸事業上の収益の一つとして、更新により当初の契約期間より長期の賃借権になったことに基づき、**契約期間の長さに相応して支払われるべき賃借権設定の対**

価の追加分・補充分と解するのが相当で、支払義務と支払金額について予め合意しておいたものと認められ、契約期間2年、家賃5万2千円、礼金20万円（家賃の4か月弱）、更新時に旧家賃の2か月分の更新料を支払うことを義務とする契約条件においても、礼金額より更新料額の方が金額的に相当程度抑えられており、適正な金額に止まっていること。また、3回目の更新時には家賃を5万円に、更新料も旧賃料の1か月分に減額することを合意していること等から信義則に反する程度まで、一方的に不利益を受けていたとは言えず、不当な条項に該当しないことから、**消費者契約法第10条に反していない**。さらには、複数の賃貸物件の紹介を受け、総合的に検討した結果、最寄り駅から近い物件を選定し、賃貸借契約書並びに重要事項説明書に更新料支払条項が明記されていることから、借主側が説明を受けていたことが推認され、当該条項が暴利行為に該当すると認め難く、**民法第90条に反して無効とすることはできない**として、借主側の請求を棄却した。〔滋賀県大津〔大阪高裁・平21（ネ）第1211・平21.10.29判決〕〕借主は、これを不服として**上告審で係争中**。

○ **原審**で、更新料金額は、契約期間や月額賃料に照らし過大なものでなく、更新料約定内容は明確であるうえに、借主は説明を受けていることからすると、消費者の利益を一方的に害するものであるとは言えないため、更新料約定は無効であるとは言えない〔京都（京都地裁・平20.1.30判決）〕としたが、**控訴審**において、更新料には、更新拒絶権放棄の対価、賃借権強化の対価、賃料補充の法的性質を認めることは困難であり、賃料以外に対価性の乏しい金銭的な給付を義務付け借主の義務を加重するもので、更新料額が賃料の2.22か月分と高額である、情報収集力にも格差があるなど**消費者契約法第10条に該当し無効である**として、貸主は、更新料50万円のうち、**消費者契約法施行後の更新料**40万円と敷金から未払賃料1か月分を控除した残額の合計額45万5千円を借主に支払えとして、**原審の判決を変更**した。〔京都〔大阪高裁・平21（ネ）第474、同年（ネ）第1023・平21.8.27判決〕〕貸主は、これを不服として、**上告審で係争中**。

【更新料特約は無効とされた事案】

○ 賃貸住宅の更新料特約について居住期間の長短にかかわらず、予め約定した金額を支払うことになる以上、賃料の補充的役割や更新拒絶権の対価としての役割などを具体的かつ明確に説明し、借主が内容を認識したうえで合意することがないまま、更新料を借主に負担させることは、**借主の利益を一方的に害し消費者契約法に違反する**。〔京都（京都地裁・平21.7.23判決）〕

④ **修繕義務に関する負担特約**

　修繕義務に関する負担特約については、原状回復に近いものですが、修繕義務負担特約に関しての判例が出ています。実際には3例あり、同じ京都でも「消費者契約法に反するという判例」と「適法であるという判例」という**全く違う意見**が出ていますので、**最終的にどう決着するか、今後の推移を見る必要**があります。

【修繕義務特約は消費者契約法に反し無効とされた事案】

○ 通常損耗部分の回復費用は賃料に含まれているにもかかわらず、負担しなくてもよい通常損耗回復費用の負担を強いる補修分担金特約は、月額賃料の約2.5倍の回復費用を一方的に支払わせるものであり、借主の義務を加重している特約である。賃料と別個に借主に負担させる特約は、借主の利益を一方的に害するもので、消費者契約法第10条に該当し無効である。〔京都（京都地裁・平20.4.30判決）〕

【修繕義務特約は消費者契約法に適法で有効とされた事案】

○ 借主が故意・重過失により汚損・損耗した場合の回復費用のうち、貸主が受領した定額補修分担金を超過した場合を除き、貸主は退去時に費用の追加負担を求めないとする特約は、借主利益のみが一方的に害されるとは言えないため、特約は無効であるとする借主の主張には理由がない。〔京都（京都地裁・平20.8.27判決）〕

⑤ **礼金に関する特約**

　京都は、賃貸に関する問題意識が借主側も高いため、色々な事例が出ており、**礼金に関する特約**

について消費者契約法との関係で争われています。具体的な事例を参考に、賃貸業務に従事する必要があると思います。

【礼金特約は消費者契約法に適法で有効とされた事案】
○ 礼金は、契約終了時には返還されない性質の金員であることは一般的に周知されている事柄であり、契約書にも契約終了時に返還されないことが明記されており、重要事項説明時に説明している。これに対して借主は抗議をした実情は認められないことから、礼金約定が信義則に反し借主の利益を一方的に害するとは言えないため、消費者契約法第10条に反して無効であるとは言えない。〔京都（京都地裁・平20.9.30判決）〕

⑥ **明渡し遅延違約金に関する特約**
明渡し遅延違約金特約については、東京地裁で判例が出ました。これは、「**契約終了後も明渡さないときは賃料の倍額をもらいます**」という違約金条項を付けたことが消費者契約法違反ではないかと争われたものですが、**東京地裁**（平20.12.24判決）**では、これは有効**であると判断しています。

以上が、様々な特約をめぐる判例ですが、消費者契約法との関連は、原状回復の問題、敷金の問題だけではなく、**損害金に関する制限**もあるため、**第10条**（消費者の利益を一方的に害する条項の無効）**だけではなくて第9条**（消費者が支払う損害賠償の額を予定する条項等の無効）**の問題も見ていく必要があります**。また、第10条に関しても、違約金特約等の争いも出てきていますので、**消費者契約法も踏まえて賃貸借契約書を作成**していかなければならないことに**留意する必要**があります。

IV 金融商品取引法

1 賃貸管理業務と金融商品取引法

金融商品取引法は、平成18（2006）年6月7日、証券取引法等の一部を改正する法律（平成18年法律第65号）が成立し、同月14日公布され、証券取引法は「金融商品取引法」に名称変更され（以下「金商法」という。）、内容も大幅に改正されました。

金融商品取引法とは、**不動産自体を投資的な運用をするためにファンド化する場合に適用される法律**ですが、**金融商品取引法と賃貸管理はどう関連するか**というと、直接的な関連性はありません。

ただ、**アセットマネジメントをする場合**は、**資産運用が要求される**ため、不動産の適切な運用のための賃貸管理業務が要求されます。その意味で、賃貸管理業務のうち、**ファンド系の賃貸管理契約についてはＰＭ契約**（プロパティマネジメント契約）とも言われます。

ＰＭ契約をする場合は、**アセットマネージャーの意向やファンド系の意向が強く反映**されるため、**資産運用についての考え方を理解**しないと**正確な賃貸管理**ができませんので、**金融商品取引法をきちんと理解**した上で**管理を行う必要がある**と思います。

2 アセットマネジメント業務に関するＱ＆Ａ

Q1 アセットマネジメント業務とは、どんなものをいうのですか。

A1 アセットマネジメント業務とは、投資者や資産所有者等から委託を受けて行う複数の不動産や金融資産の総合的な運用・運営・管理業務を行うことをいいます。

運用・運営・管理業務には、対象資産のマネジメント計画の策定、資産の購入、売却の実施や管理方針の策定等があり、対象となる資産が賃貸不動産の場合は、テナントや建物等の運営・管理業務を行うプロパティマネジメント会社の選別や管理の助言を行うことが含まれます。

Q2 投資顧問契約とは、どのようなものですか。

A2 投資顧問契約とは、アセットマネージャーが相手方に対して有価証券の価値等又は有価証券の価値等の分析に基づく投資判断に関し、口頭、文書その他の方法により助言を行うことを約し、相手方がそ

れに対し報酬を支払うことを約する契約をいいます。

　なお、当該契約に基づき助言を行う場合は、「投資助言業務」に該当し、投資助言・代理業務の登録が必要となります（金商法第28条第6項、第28条第3項第1号、第2条第8項第11号、第29条）。

　また、「投資顧問業」とは、顧客に対して投資顧問契約に基づく助言を行う営業をいいます。

Q3　投資一任契約とは、どのようなものですか。

A3　投資一任契約とは、登録を受けた投資顧問業者（アセットマネージャー）が顧客（ＳＰＣ等）から、投資資産の運用に伴う投資判断の全部または一部の委任を受け、その投資を行う契約のことをいいます。

　当該契約に基づき、金融商品の価値等の分析に基づく投資判断に基づいて有価証券等に対する投資として、金銭その他の財産の運用を行っている場合は、「投資運用業」に該当し、投資運用業の登録に加え、金融庁の認可が必要となります（金商法第28条第4項、第2条第8項第12号、第29条）。

　投資運用業者は、有価証券（株式、債券等）の価値や投資判断の助言を専門的な立場から行います。

Q4　賃貸管理業務に、どのような影響がありますか。

A4　賃貸管理業務は、賃貸不動産のテナントや建物等の運営、管理業務であり、アセットマネジメントのような有価証券等の価値等に関する助言を行う業務ではないため、金融商品取引法の適用は受けません。

　しかし、対象不動産が、信託されていたり、集団投資スキームの対象のうち開示規制の適用を受けたりする場合は、開示規制が適用されることにより、管理業務の管理運営方法や・報告事項について、大きな影響を受けることとなります。

　また、アセットマネジメント業務が金融商品取引法の適用を受けることとなったため、賃貸管理業務を行うＰＭ会社（プロパティマネジメント会社）は、開示規制の適用が無い場合でも、金融商品取引法上の投資助言業や投資運用業に課せられた行為規制（忠実義務・善管注意義務等）により、間接的な影響を受けることになります。

Ｖ　改正保険業法

1　賃貸管理契約での空室保証と少額短期保険業制度

　少額短期保険業とは、**共済等に対する取扱い**です。**特定の会員に対する偶然の事故に対する損害のてん補**を少額短期保険業として**保険業務の対象にした**のが保険業法の改正です。その意味では、賃貸管理会社の中には借主や貸主を対象の共済制度を作っていた会社は直接影響があったといえます。それ以外にも、一般的な賃貸管理業務そのものに影響が出てきている部分もあります。

　賃貸管理会社が保証業務を行うことは、機関保証でなくても今までもありました。**主債務者の委任がなくても保証というのは民法上認められております**から、民法上の委任のない保証、依頼のない保証というのは当然成立したことになります。

　家賃保証契約は、今までも有効に存在していますが、それと似て非なるものが**空室保証**で、**空室期間中も管理会社が募集賃料を保証すると保険業に抵触する可能性があります**。

　その理由は、**空室とは、一種の偶然の事故**といえ、空室保証は**偶然の事故によって生じた賃料が入らない損失を補てん**することから、**主債務のない損害のてん補であると見ることができるため保険**であると**評価される危険**があります。そのため、**空室保証をする場合は保険業法上の資格を取得する必要があると考えられるもの**です。

　そのため、賃貸管理業務において空室保証をする場合は、少額短期保険業の資格を取って頂くことが今後必要になります。もちろん例外規定はありますが、今後は少額短期保険業を理解する必要が出てきていると言えます。

2　少額短期保険業に関するＱ＆Ａ

Q1　少額短期保険業制度はいつから施行されたのですか。また、改正の目的は何ですか。

A1　保険業法が改正され、**平成18年4月1日**より少額短期保険業制度が施行されました。
　　この制度の目的は、従来、特定の者を相手方として法律の根拠なく保険の引受けを行っていたいわゆる**無認可共済**について、**保険業法上の「保険業」に含め、規制の対象**とすることで保険契約者等の保護を図ることにあります。

Q2　少額短期保険業の内容について、教えて下さい。

A2　保険業法上の保険業のうち、下記の事業規模の範囲内において、少額かつ短期の保険の引受けのみを行う事業を**少額短期保険業**といいます。
　（1）　最低資本金等
　　　資本金：1,000万円（経過措置の適用がある場合、施行日から7年間500万円）
　　　年間収受保険料：50億円以下（超える場合は、保険会社の免許取得が必要）
　（2）　保険期間、保険金額の上限
　　　①　保険期間　損害保険　　　　　　　2年
　　　　　　　　　　生命保険・医療保険　　1年
　　　②　保険金額
　　　　　1人の被保険者について、次の区分の範囲内であり、かつ、総額1,000万円以下であること。
　　　　　なお、保険事故発生率の低い個人賠償保険は別枠で1,000万円以下であること。
　　　　　　i　　1人の保険契約者に係る被保険者は100人以下であること。
　　　　　　ii　 疾病による重度障害・死亡　　　　　300万円
　　　　　　iii　疾病・障害による入院給付金等　　　 80万円
　　　　　　iv　 傷害による重度傷害・死亡　　　　　600万円
　　　　　　v　　損害保険　　　　　　　　　　　　1,000万円

Q3　少額短期保険業の登録・規制について、教えて下さい。

A3　少額短期保険業を行う事業者は本部等の所在する財務（支）局で登録を受ける必要がありますが、登録にあたって一定の基準を満たしていないと登録を拒否されます。
　　また、業務内容については、保険契約者等の保護の観点から、事業開始にあたって一定の保証金の供託や資産運用、保険募集、情報開示などにおいて保険業法に基づく各種の規制が適用になります。

Q4　賃貸保証業務に、どのような影響がありますか。

A4　賃貸保証会社の中には、賃料債務の保証以外に、原状回復費用の保証等の賃貸借契約関わる様々な債務の保証を行っている場合がありますが、少額短期保険業制度の施行に伴い、**保険の引受に該当する場合**には、**保険業の除外例に該当しない限り**、特定に者に対する場合であっても**少額短期保険業制度の適用を受ける**こととなります。例えば、通常保証債務の範囲外である**弁護費用を保証する場合**などが挙げられます。
　　したがって、賃貸保証会社が行う**保証業務の中に保険の引受に該当する行為がある場合**は、**保険業法の適用を受ける可能性**がありますので、十分に確認し対応方法を検討した上で、当該事業を行う必要性があります。

Q5　保証と保険は、何で区別されるのですか。

A5　賃貸管理業務において、当該業務が保証契約であるのか、保険契約であるのかを聞かれるケースがよくありますが、**保証契約**であるとすれば、**民法及び商法上の保証契約に関する規律**に服することとなり、**保険契約**であれば、**商法だけでなく保険業法上の少額短期保険業に該当**することも考慮しなければなりません。
　　なお、保険業法上は、保証保険や信用保険のように法的性質は保証契約であっても、保険数理に基づき当該対価を決定し、準備金を積立てて、再保険による危険の分散を行うこと、その他保険固有の方法を用いて行うものについては、損害保険と見なして保険会社も取扱うことができるとされている場合があります（保険業法第3条第6項）。

そこで、一般的な**保証契約と保険契約の区別の基準**を明確に認識する必要があります。
　この点、**保証契約**と保険契約、とりわけ**損害保険契約**とを対比すると、① 事故発生について債務者の意思が作用するかどうか、② 損害填補を主な目的とするか信用の付与を目的とするか、③ 無償契約として成立する余地があるかどうか、④ 告知義務違反による契約解除ができるかどうか、⑤ 主たる債務に対して附従性を有するかどうか、⑥ 危険の測定大数法則適用の可否等において、両者の違いとして認められることとなります。

Q6　家賃保証や空室保証
A6　賃貸管理において保証契約か保険契約かの区別が問題となる場合としては、賃貸管理会社が貸主に対して借主の賃料債務等について保証している場合（**家賃保証**）や、当該物件について空室が生じた場合にその空室期間中の家賃相当額を保証している場合（**空室保証**）がありますが、保証契約であるのか保険契約であるのかについては、以下のとおりです。

(1)　家賃保証の場合
　家賃保証は、① まず、主たる債務である賃貸借契約の成立が前提となっていますので附従性が存在します。② また、賃料債務の不払いという事故は、債務者の意思に専ら左右されるので、偶然の事故とは認めがたいものです。③ さらに、借主の無資力等の事故招致について告知義務が貸主に課せられているものではありません。
　このように、一般的には、家賃保証については**保証契約である可能性が高い**と考えられますが、**賃貸管理会社が家賃保証を行う場合**において貸主から対価的意義を有する出捐を取得している場合には有償双務契約であることから、今後は保証保険と同様に、保険契約として取扱われる可能性もあると考えられます。

(2)　空室保証の場合
　空室保証は、① まず、空室による賃料収入の不発生という事故が、当事者の意思に関わらない偶然の事故により生じるという意味で、偶発的事故と評価される可能性が高いと考えられます。② 次に、主たる債務の存在を必要としない点で附従性が存在しません。③ 空室の将来について、例えば心理的瑕疵がある物件であるかどうか等の物件の性状により事故の発生の可能性は大きく左右されるため、貸主には一定の告知義務を課すべきであると解することも考えられます。④ そして、賃貸管理会社が空室保証をすることと対価的意義を有する出捐を貸主から取得していると認められる場合が存すること等から、**家賃保証に比べて遙かに保険契約としての該当性が高い**と考えられます。
　したがって、賃貸管理会社が**貸主に対して空室保証を行っている場合で、一定の対価定義を有する保証料を取得しているような場合**は、**保険契約であると評価**され、保険業法上の少額短期保険業の適用を受ける可能性が高いと考えられます。

VI　改正消防法

1　住宅用火災警報器の設置の義務付け
　新築の住宅については、平成18 (2006) 年6月1日から義務付けられています。**既存の物件**についても最終的には平成23 (2011) 年5月31日までに**火災報知器等の設置が義務付け**られていますが、**都道府県によって施行日が異なっており**、東京都は平成22 (2010) 年で、埼玉県は平成20 (2008) 年から施行しています。そのため、都道府県別の設置義務に関する施行日については、事前に確認して頂く必要があります。
　なお、設置義務施行後に**火災等が起きた場合は、貸主及び管理会社についても工作物責任等の損害賠償責任リスクが発生する危険性もあります**ので、留意する必要があります。

2　改正消防法に関するQ＆A
Q1　いつから設置が必要になるのですか。
A1　新築住宅については、平成18年6月1日から設置が義務付けられましたが、既存住宅については、

各市町村条例により、平成20年6月1日～平成23年6月1日の間で設置義務化の期日が決められますので、住宅が所在する市町村条例によりご確認下さい。

【参考】
> **改正消防法第 9 条の 2** 住宅の用途に供される防火対象物（その一部が住宅の用途以外の用途に供される防火対象物にあっては、住宅の用途以外の用途に供される部分を除く。以下この条において「住宅」という。）の関係者は、次項の規定による住宅用防災機器（住宅における火災の予防に資する機械器具又は設備であって政令で定めるものをいう。以下この条において同じ。）の設置及び維持に関する基準に従って、住宅用防災機器を設置し、及び維持しなければならない。
> 2 住宅用防災機器の設置及び維持に関する基準その他住宅における火災の予防のために必要な事項は、政令で定める基準に従い市町村条例で定める。

Q2 どのような住宅に設置する必要があるのですか。
A2 戸建住宅、店舗併用住宅、共同住宅、寄宿舎など全ての住宅が対象です。ただし、すでに自動火災報知設備やスプリンクラー設備が設置されている場合は、住宅用火災警報器等の設置が免除される場合があります。

Q3 火災警報機の設置義務者は、誰ですか。
A3 火災警報機の設置義務者は、住宅の関係者（所有者、管理者又は占有者）と定められています。
したがって、持家の場合はその所有者が、アパートや賃貸マンションなどの場合は建物所有者（賃貸人を含む）と貸主（転貸人を含む）と借主（転借人を含む）が協議して設置することとなります。

Q4 住宅用火災警報器等とはどのようなものですか。
A4 住宅における火災の発生を未然に又は早期に感知し、及び警報する警報器・設備であり、次のいずれかを設置することとされています。
　① 集中監視型住宅用自動火災報知設備
　　感知器、受信機、中継器などから構成されるシステムタイプの警報設備です。
　② 住宅用火災警報器
　　感知部、警報部等が一体となった単体タイプの警報器で、火災を感知した火災警報器だけが警報音を出します。
　③ 煙式警報器
　　煙を感知して火災の発生を警報音又は音声で知らせるもので、**一般的にはこれを設置します。**

Q5 設置費用の負担者は、誰ですか。
A5 そもそも貸主には、平穏かつ安全な住居を提供する義務が課せられておりますので、新築住宅に火災警報機を設置することも借主に対して負う義務になります。したがって、設置費用は、貸主（転貸人を含む）又は建物所有者（賃貸人を含む）が負担することになると考えます。
入居中の既存賃貸住宅については、従前の賃料の内容に防火設備まで含まれておりませんので、設置義務者である建物所有者（賃貸人を含む）と貸主（転貸人を含む）の誰が負担するかは協議して定めることとなります。
既存住宅のうち、退去後、新たに募集する場合は、貸主において火災警報機を設置しておかないと借主との関係で賃貸借契約上の物件提供義務の不履行と評価される危険性があります。したがって、火災警報機の設置費用は、貸主（転貸人を含む）又は建物所有者（賃貸人を含む）の負担となります。

Q6 火災警報器設置に関するリスクと責任について、教えて下さい。
A6 以下のようなリスクが考えられます。
　(1) 設置猶予期間中に火災警報器を設置していない時のリスク
　(2) 火災警報器の設置義務について、管理会社が貸主に対して提言せず、猶予期間を超えても設置

しないままになっていた時に火災が発生した場合の貸主と管理会社のリスク
(3) 　火災警報器の設置義務を貸主が無視して設置しない物件で火災発生による被害があった場合における管理会社としてのリスク
(4) 　火災警報器を設置することによって発生する新たなリスク
　(ｱ) 　定期点検を怠り、故障していたために作動しなかった場合の責任
　(ｲ) 　設置した火災警報器の効果と機能を説明しなかったため、入居者が消防署に通知する機能とか消火する機能があると勘違いして適切な対応をとれず被害が拡大した場合の責任
(5) 　製品自体の不具合で被害が拡大した場合の責任
(6) 　火災警報器の効果と機能を理解していない貸主からの訴訟リスク
(7) 　入居者が火災警報器の設置工事に協力せず、入室を拒んだために設置できない場合において、この部屋が失火元となり、火災警報器があれば被害を抑えることができると思われる場合に、貸主、隣人、拒んだ入居者から訴訟されるリスク

Q7　サブリース物件で発生する火災警報器設置に関するリスクと責任について、教えて下さい。
A7　サブリースの場合は、管理会社が転貸人（貸主）となりますので、既存の住宅で既に賃貸中の場合を除き、転借人（借主）に賃貸する前に貸室内に火災警報機を設置しておくべき義務が賃貸借契約上の義務として発生していると考えられます。
　したがって、この場合、所有者（原貸主）が拒むことにより火災警報機が設置できなかったために被害が拡大したような場合は、それを理由に管理会社（転借人である貸主）は転借人（借主）に対して損害賠償を拒むことはできないと考えられます。

Q8　設置義務を怠った場合の罰則はあるのですか。
A8　火災報知機設置は、寝室、階段（2階に寝室がある場合）、居室には設置義務があり、台所は自治体（市町村）によって「設置義務」と「お勧め」と取扱いが異なっているようですが、罰則はありません。
　火災報知機は、真夜中の就寝時、火災の発見が遅れ避難出来ず被害に遭うのを未然に防ぐためのもので、設置を怠ることが「他者の損失には繋がらない」という考え方からきているようです。
　罰則がないとはいえ、貸主の立場にあっては、入居者である借主の安全確保のために、また、自宅にあっては自分と家族の身を守るためにも設置を怠らないことが望まれます。
　なお、購入、設置や購入後の管理は、個人の責任（賃貸事業者にあっては、貸主の責任）になります。

Ⅶ　個人情報保護法

【個人情報保護法に関しては、第2編　第1章　4　来店の準備　を参照】

1　個人情報保護法と賃貸借契約
　個人情報保護法は、国交省でも纏めていますので、**「不動産流通業における個人情報保護法の適用」**について国交省の発表している部分から賃貸にかかわる部分を抜粋して説明します。
　「賃貸借契約実務上の注意点」として賃貸管理業者については、レインズ（国交省大臣指定の不動産流通機構）に業者登録していれば、当然に個人情報取扱事業者に該当しますが、それ以外に、**連帯保証人とか借主とか、過去のデータ等を集積している場合**も個人情報取扱事業者になります。
　また、**個人情報保護法と賃貸借契約の関係**では、個人情報保護法は一般法で、**賃貸借契約書の義務の方が厳しい**わけです。つまり、**個人情報保護法上許される**からといって**賃貸借契約上適法か**というと、**契約違反になる危険性**があります。
　第三者提供の問題として、例えば警察への情報提供があります。個人情報保護法上、**警察機関からの照会**があれば、許されると規定されていますが、**賃貸借契約上、例外規定を設けておかないと、個人情報を提供することは賃貸借契約上の守秘義務違反**となり契約上の損害賠償責任が発生する危険性があります。**例外条項を設けておかないと、契約書上は契約違反となり損害賠償リスクにさらされる**ことになります。

賃貸借契約書と個人情報保護法が一致しない場合がありますので、賃貸借契約書上でも第三者に個人情報の提供を認める場合は**条文で明確化しておく必要**があります。

2　個人情報保護法に関するＱ＆Ａ

Q1　プライバシー権と最近の判例について、教えて下さい。

A1　大学主催の講演会に参加を申込んだ**学生の学籍番号、氏名、住所及び電話番号**は、学生のプライバシーに係る情報として法的保護の対象となり、**大学が学生に無断でこれを警察に開示した行為は不法行為**を構成するとされた事例**（最高裁・平15.9.12判決）**、**電話帳に記載されている実名、電話番号等**を**パソコン通信**における**掲示板に無断で掲載したことがプライバシーの侵害にあたる**として損害賠償責任が認められた事例**（神戸地裁・平11.6.23判決）**、勤務する**会社の従業員名簿**から入手した**特定の従業員の個人情報**（住所・氏名）を**都議会議員選挙候補者支援組織に提供した行為が違法**であるとして慰謝料20万円の賠償が認められた事例**（東京地裁・平14.4.26判決）**などがあります。

Q2　賃貸借契約実務上、個人情報取扱事業者に該当する条件は何ですか。

A2　過去6か月間に借主、連帯保証人、貸主等の個人データを検索可能な状態で5,000件以上保有していれば、個人情報取扱事業者に該当します。

　　保有個人データが5,000件に満たない場合でも、宅地建物取引業者としてレインズに登録している場合には、個人情報取扱事業者に該当します。

Q3　利用目的の「通知」、「公表」、「明示」の方法について教えて下さい。

A3　**「通知」**とは、個人情報の利用目的を本人に認識させるために、口頭、電話、郵便、電子メール等により本人に知らせることをいいます。

　　「公表」とは、個人情報の利用目的を不特定かつ多数の者が知ることができるように、官報や新聞紙等への掲載、インターネット上での公表、パンフレットの配布、事業所の窓口等への書面の掲示・備え付け等により発表することをいい、「公表」は、継続して公表しておけば、例えば一つの物件情報を取得する毎に公表するといった対応をする必要はありません。

　　「明示」とは、個人情報の取得段階での本人の慎重な判断の機会を確保するために、個人情報の利用目的を本人にはっきりと示すことをいいます。本人に認識される合理的かつ適切な方法がとられていれば、口頭で明示することも認められます。しかし、明示の有無についての紛争を避ける観点からは、書面で明示することが望ましいといえます。ホームページに掲載することや業界団体が会報誌に記載することは本人に認識される適切な方法とはいえず、「明示」を行ったことにはならないことに留意しなければなりません。

Q4　不動産登記簿、固定資産課税台帳から個人情報を入手した場合には、本人への利用目的の通知または公表が必要ですか。

A4　公開されている情報であっても個人情報に該当し得ます。不動産登記簿や固定資産課税台帳に記載されている情報は個人情報であり、これらの個人情報を取得した場合には利用目的の公表や本人への通知が必要です。しかし、仲介の依頼を受けた不動産取引に際しての重要事項説明に使用する目的でのみ不動産登記簿や固定資産課税台帳に記載されている個人情報を入手した場合は、「取得の状況からみて利用目的が明らかであると認められる場合」に該当するとして、利用目的の公表等を不要と解することは可能です。

Q5　重要事項説明書などの書面によって本人から直接に個人情報を取得する場合には利用目的の明示が必要ですか。

A5　取得する個人情報を、契約当事者を特定するためなど当該取引にのみ利用する場合は、「取得の状況からみて利用目的が明らかであると認められる場合」に該当するとして利用目的の明示を不要と解することは可能です。しかし、自社の他の不動産物件を紹介するためダイレクトメールを発送するという利用目的がある場合は、利用目的を明示しなければなりません。

Q6　重要事項説明書や契約書は、通常、共同で行う仲介業者で共有するものであるが、個人データの

第三者提供として本人の同意が必要ですか。

A6　共同仲介業者が重要事項説明書や契約書に当事者として記名捺印する場合は、当該書面は共同で仲介を行う各業者自身の書面でもあり、第三者提供とはなりません。

Q7　インターネットの物件情報サイトで広告をする場合の、元付業者、サイト運営者、客付業者についての法第23条などの個人情報保護法の適用関係を教えて下さい。

A7　【元付業者の場合】
(1)　利用目的の明示
　　元付業者は、媒介契約書その他書面で物件情報その他の個人情報を取得します。したがって、元付業者は、法第18条第2項に基づき、① 物件情報を取引の相手方探索のために利用すること、② インターネット広告等の広告を行うこと、③ 客付業者や借り希望者に物件情報を提供することなど、物件情報を第三者に提供することが利用目的に含まれていることを本人に対して予め明示することが必要です。

(2)　第三者提供の同意の取得
　　元付業者が物件情報を広告等によって第三者に提供する場合は、法第23条第1項により、物件情報を第三者（サイト運営者）に提供することについて、あらかじめ本人の同意を得るか、法第23条第2項に基づくオプトアウトの措置を講じる必要があります。あらかじめ本人の同意を得る場合は、実務的には媒介契約書その他書面で物件情報その他の個人情報を取得する際に、上記(1)①〜③について、本人の同意を得ることにより、法第23条第1項の要件を満たすと同時に法第18条第2項の要件も満たすようにすることが望ましいといえます。

【サイト運営者の場合】
(1)　利用目的の公表
　　物件情報をインターネットの広告サイトに掲載するという利用目的については、法第18条第1項に基づき公表を行うことになります。

(2)　第三者提供の同意の取得
　　サイト運営者が物件情報を自らのサイトで公表することは、個人データの第三者提供に該当します。法第23条第1項の同意は、個々の個人情報取扱事業者ごとに第三者提供を適法に行うために必要な要件です。したがって、元付業者が広告について本人から同意を得ていても、元付業者が個人情報保護法上の必要な第三者提供の要件を満たしただけで、元付業者に対する本人の同意がサイト運営者に及ぶものではありません。サイト運営者が適法に第三者提供を行うためには、法第23条第1項に基づく本人の同意を得るか、法第23条第2項のオプトアウトの措置を取る必要があります。実務上は、オプトアウトにより対応することが適切と思われます。

【客付業者】
(1)　利用目的の公表
　　客付業者が物件データを取得し、借り希望者に物件を紹介するのは、取得した個人データを第三者に提供することに該当します。したがって、客付業者は、法第18条第1項に基づき、① 物件情報を取引の相手方を探索するために利用すること、② 借り希望者に物件情報を提供することが利用目的であることなどを、あらかじめ公表しておく必要があります。

(2)　第三者提供の同意
　　客付業者が物件情報を借り希望者に提供する場合は、法第23条第1項に基づいて第三者提供について予め本人から同意を得るか、法第23条第2項のオプトアウトの措置を取る必要があります。実務上は、オプトアウトにより対応することが適切と思われます。

【客付業者による広告】
　　元付業者が広告サイト等を通じて提供している物件情報を客付業者が広告する場合のルールは、当該広告サイト等の利用規約等で定まっていることが多く、元付業者の書面による同意が必要と

されている場合は、その規定に従わなければなりません。また、不動産流通業界の商慣習でも、客付業者が元付業者の提供している物件情報を広告する場合は、元付業者の同意が必要です。なお、元付業者の同意に加え、客付業者による広告は個人データの第三者提供の態様のひとつであるため、法第23条第1項に基づき、第三者提供についてあらかじめ本人から同意を得るか、法第23条第2項のオプトアウトの措置を取る必要があります。実務上は、オプトアウトにより対応することが適切であると思われます。

Ⅷ 旅館業法

1 賃貸借契約と旅館業法

何故、旅館業法が問題であるのかといいますと、賃貸管理業務には、**管理委託型とサブリース型**があります。日管協ではサブリース原契約という言い方をしていますが、この2種類です。転貸を目的として借り上げ賃貸をする場合、通常の普通借家もしくは定期借家等の契約形態をとればよいのですが、現在**借り上げている業者の中には、非常に短期的な賃貸行為を行っている業者**もいます。そして短期的な賃貸だけでなく、場合によっては**宿泊事業を行っている場合もある**ので、**どこまでが宿泊事業で、どこまでが賃貸事業なのか**の区分が非常に重要になってきます。ですから、非常にわかりづらいところですが、賃貸管理業を行う場合は、宿泊については旅館業法の適用があるため、旅館業法の適用の有無を明確に理解しておく必要があります。

一般に短期的な賃貸をする場合として、**マンスリー契約**があります。それと似て非なるものが**ウイークリー契約**です。**ウイークリーとは週を単位として特定の部屋を利用させる契約**で、マンスリーとは月を単位として利用させる契約です。

大ざっぱに言うと、週か月かという期間だけの問題のように考えがちですが、**旅館業法では、期間だけが基準ではありません。**

旅館業法の基準のひとつは、**寝具とか建物内の清掃とか、施設の衛生上の維持管理の主体者が誰であるか**の1点と、**生活の本拠を有するか**という利用期間の**2つの視点から旅館業法の適用の有無を判断**しています。**週を単位とする場合**は、生活の本拠ではないため、施設等の衛生管理も提供者側にあることから、**旅館業法の適用がある**と判断がされています。

月を単位とする場合はどうかというと、**明確には判断されていない**のです。ですから、**1か月以上を単位とするような契約であって、かつ衛生上の主体が借主側、利用者側にあるような場合は旅館業法の適用を受けない可能性が高い**といえます。つまり、2つの要件を両方とも満たす必要があるからです。

これに対し、**ウイークリーに関しては、明らかに旅館業法の適用があります**ので、**週を単位として契約事業をする場合には旅館営業の許可を受けることが必要に**なりますので、賃貸管理業を営む場合でも必要な知識です。

2 旅館業法に関するQ&A

Q1 旅館業法の適用基準について教えて下さい。

A1 建物所有者との間でサブリース契約をした賃貸管理業者が、入居者との間でマンスリー契約等の短期賃貸借をするケースが多く見られます。しかし、中には、旅館業法の適用のある週を単位として宿泊させるような契約方式もあるため、マンスリー契約にも旅館業法の適用があるかどうかという点が大きく問題とされています。

旅館業法に定める**「人を宿泊させる営業」とは**、アパート等の貸室業との関連でみた場合、
① 施設の管理・経営形態を総体的にみて、**宿泊者のいる部屋を含め施設の衛生上の維持管理責任が営業者にある**と社会通念上認められること
② 施設を利用する宿泊者がその**宿泊する部屋に生活の本拠を有さないことを原則として営業していること**

の条件を有するものであることとされております（昭和61年3月31日付厚生省指導課長通知）。

週単位で物件を使用させる場合については、

③ 契約上、利用期間中の室内の清掃等の維持管理は、利用者が行うとされていますが、1～2週間程度と**1か月に満たない短期間のうちに、会社の出張、研修、受験等の特定の目的で不特定多数の利用者が反復して利用するものであること**等、施設の管理・経営形態を総体的にみると、**利用者交替時の室内の清掃・寝具類の管理等、施設の衛生管理の基本的な部分は営業者の責任において確保されている**と見るべきであることから、週単位で物件を使用させる施設の衛生上の維持管理責任は、社会通念上、営業者にあるとみられること。

④ 生活の本拠の有無についても、利用の期間、目的等からみて、**週単位で物件を使用させる施設**には**利用者の生活の本拠はない**とみられること。

から、**週単位で物件を使用させる**施設を**旅館業法の適用対象施設として取扱うのが相当**と考えられています。

したがって、**週単位で期間を定めて物件を使用させる場合**は、**旅館業法上の営業許可が必要になる**と考えられています（昭和63年1月29日付厚生省生活衛生局指導課長通知）。

なお、上記の判断は、所轄官庁の見解ですが、③、④の要件ともに、実際の事実にあてはめて判断するときは、両要件は極めて抽象的であるため、その適用が困難です。

そのため、各保健所等は、**寝具の所有権の存否、衛生設備の所有権の存否など個別の基準により旅館業法の適用の有無を判断**しているようですが、個別の基準によっても統一的判断が困難となっております。実際には、**宿泊期間が1か月以上に及ぶかどうかで旅館業法の適用の有無が判断されている傾向にある**と考えます。

Q2　マンスリー契約とウイークリー契約の違いと留意点を教えて下さい。

A2　**週を単位とするような表示であるウイークリー等の名称を使用して週単位で契約期間を定めて物件を賃貸する場合**は、事業者が旅館業法上の**営業許可を取得していないと旅館業法に違反するおそれがある**と考えられます。旅館業法の適用を受けずに、通常の建物賃貸借として物件を賃貸する場合は、少なくとも契約期間を1か月以上の期間を定めて賃貸することが必要です。

なお、マンスリー等の1か月以上の期間を単位とする名称を使用して、**月単位で契約期間を定めて物件を賃貸する場合**でも、**寝具の所有権や、衛生設備の所有権の帰属によっては、旅館業法の適用があると判断される場合がある**ので注意する必要があります。

IX　**特定商取引法**（特定商取引に関する法律）

1　賃貸借契約と特定商取引法

(1)　特定商取引法改正の大きなポイント

特定商取引法は、平成20（2008）年に大きな改正があり、**平成21（2009）年12月1日に施行**されました。まだ指定役務等の撤廃はされていませんが、指定役務・指定商品に関して、**電子メール広告等の規制は既に始まっております**。撤廃されれば、賃貸借契約についても当然に適用があると思います。

改正の大きなポイントを説明しますと、① **指定商品・指定役務制を廃止**されることになります。これにより、どんな事業でも、**通信販売であるとか訪問販売の形態に当たれば、特定商取引法の適用対象**になりますので、**クーリング・オフ等の契約書の文言の準備が必要**となります。

例えば、宅建業法上、重要事項説明の電子化、つまり、**インターネット等で重要事項説明等が可能になるとすれば、一種の通信販売になりますので、特定商取引の対象**になります。

ただ、**宅建業法**は、いわゆる**特別法**ですから、**クーリング・オフの規定等を設けておけば特定商取引法の適用はない**という関係にあります。特定商取引法に任せるのか、宅建業法でも独自の基準を作るのかについて議論を進めておかないと、特定商取引法の適用となることも想定されます。

次に、② **訪問販売規制がさらに強化**されます。

加えて、③ **クレジット規制が強化**されます。クレジット業者は、**与信契約等、支払い能力等をきちんと調査して、無理なクレジットは組ませないということ**等について規制強化されました。

さらに、④ **インターネット取引の規制が非常に強化**されています。

なお、**電子メール広告**については、既に規制が始まっています。特に、**個人情報保護法上は、オプトアウト**でよかったものが**オプトイン**になりましたので、原則、**承諾がない限り広告等をしてはいけない**ことになりました。

これが**賃貸借契約にも適用されることになった場合**は、電子メール広告に関する対策も取る必要があり、**不動産広告**に関しても、特定商取引法をにらみながら**広告の適正化を図る必要がある**と思います。

そのほかにも、⑤ **罰則の強化等**が図られます。

(2) 特定商取引法の改正と賃貸借契約

特定商取引法の改正と賃貸借については、**訪問販売、通信販売、電話勧誘販売は、指定役務・指定商品の制度が廃止されることになるため、賃貸借契約の方法についても当然適用されることになります**。

特に通信販売は、インターネットとの関係で相当大きな影響を受けるものと思います。現在、**マンスリー契約**は、**インターネット契約が主流**ですから、当然に直接的な**適用の対象になってくるだろうと予想**されます。

2 特定商取引法に関するＱ＆Ａ

Q1 規制の抜け穴を解消するために、何が変わったのですか。

A1 規制の後追いから脱却するため、これまでの**指定商品・指定役務制を廃止**して、訪問販売等では**原則すべての商品・役務を規制対象**としました。

その上で、クーリング・オフになじまない商品・役務等は、規制の対象から除外しました。

ほかに、**割賦の定義を見直し**して、これまでの「2か月以上かつ3回払い以上」の分割払いのクレジット契約に加えて、「2か月以上後の1回払い、2回払い」も規制対象としました。

Q2 どのように訪問販売が規制強化されたのですか。

A2 訪問販売業者に**「契約しない旨の意思」を示した消費者に対しては、契約の勧誘をすることを禁止**しました。

また、訪問販売で、通常必要とされる**量を著しく超える商品等を購入契約した場合**は、**契約後1年間は契約を解除できる**ことになりました（ただし、消費者にその契約を結ぶ特別の事情があった場合は例外）。

Q3 クレジットについてはどのような規制が強化されたのですか。

A3 個別クレジットを行う**事業者**は、**登録制**とし、立入検査、改善命令など、**行政による監督規定が導入**されました。

また、個別クレジット業者に訪問販売等を行う加盟店の勧誘行為については、調査することを義務づけ、**不適正な勧誘があれば消費者への与信契約を禁止**することとしました。

与信契約をクーリング・オフした場合は、販売契約も同時にクーリング・オフされることになり、消費者保護を強化しました。

さらに、訪問販売業者等が**虚偽説明等による勧誘や過量販売を行った場合**は、個別クレジット**契約も解約**し、すでに**支払った金銭の返還も請求可能**としました。

加えて、クレジット業者に対し指定信用情報機関を利用した支払能力調査を義務づけ、**消費者の支払能力を超える与信契約の締結を禁止**しました。

Q4 インターネット取引等は、どのように規制が強化されたのですか。

A4 返品の可否・条件を**広告に表示していない場合**は、8日間以内であれば、消費者の送料負担で**返品（契約の解除）が可能**となりました。

また、**消費者があらかじめ承諾・請求しない限り**、電子メール広告の送信が原則的に禁止されることになりました。

電子メール広告に関する業務を一括して受託する事業者についても、**規制の対象**となりました。

さらに、**オプトイン規制に違反した場合**は、**行政処分や罰則の対象**になりました。

クレジット会社等に対しては、個人情報保護法ではカバーされていないクレジットカード情報の保護のために必要な措置を講じることを義務づけるとともに、**カード番号の不正提供・不正取得をした者等を刑事罰の対象**としました。

Q5 上記のほかにどのような規制強化が図られたのですか。

A5 クーリング・オフがあった場合は、仮に商品を使用していても、事業者はその対価を原則請求できないことになりました。

また、違反事業者に対する罰則を強化しました。

さらに、クレジット取引の自主規制等を行う団体を認定する制度が導入され、訪問販売協会による自主規制の強化も図られることになりました。

なお、特定商取引法及び割賦販売法に関する規定は、2009年12月1日に施行されました。

ただし、電子メール広告に関する規定は、平成20（2008）年12月1日に施行されております。

Q6 特定商取引法の改正と賃貸借契約の関連について教えて下さい。

A6 特定商取引法上の指定商品・指定役務が訪問販売、通信販売・電話勧誘販売については、廃止されたため、賃貸借契約についても特定商取引法の適用がされることとなりました。

このため、**改正法の施行後**、訪問販売、通信販売、電話勧誘販売については、**賃貸借契約についても適用**されることとなるため、**特定商取引法の規制対象となる取引方法をとる場合**は、クーリング・オフの規定等、宅建業法で要求されている以外の書面及び内容を準備する必要があります。

X 高齢者居住法の改正

【高齢者居住法に関しては、第3編 第5章 終身建物賃貸借契約 を参照】

1 高齢者居住法の改正

(1) 高齢者居住法の改正の公布

平成21（2009）年5月13日、高齢者の居住の安定確保に関する法律の一部を改正する法律が国会において成立し、同月20日公布されました。この結果、公布の日から3か月以内に改正法が施行されることとなりました。

(2) 改正の主旨

今回の改正の目的は、高齢化が進展し、特に高齢単身世帯や要介護高齢者が増加していること、住宅のバリアフリー化が立ち遅れており、生活支援サービス付住宅が不足していることから、高齢者の居住の安定の確保を一層推進するため、都道府県による高齢者の居住の安定の確保に関する計画の策定、高齢者居宅生活支援施設と一体化してその整備を行う高齢者向け優良賃貸住宅の供給計画について都道府県知事の認定を受けた者が当該賃貸住宅を社会福祉法人等に賃貸することができるとする制度の創設等の措置を講ずることにあります。

2 高齢者居住法の改正に関するQ＆A

Q1 高齢者居住法の改正にあたっては、基本的な方針についてどのような点の拡充が図られたのですか。

A1 基本方針においては、国土交通大臣及び厚生労働大臣が共同で高齢者に対する賃貸住宅及び老人ホームの供給の目標の設定に関する事項等を定めることとしました。

これまで、高齢者居住法は国土交通省の所管でしたが、厚生労働省との共同所管とすることによ

り、老人福祉法の適用関係を明確にし、高齢者専用住宅の供給の一層の促進を図ったものです。

Q2　改正法により都道府県はどのような施策を行うことになりましたか。
A2　改正法により、都道府県は、基本方針に基づき、高齢者に対する賃貸住宅及び老人ホームの供給の目標等を定める高齢者居住安定確保計画を定めることができることとなりました。

Q3　改正法により高齢者円滑入居賃貸住宅の登録基準の設定等についてはどのような変更がありましたか
A3　改正法では、都道府県知事は、高齢者の入居を受け入れることとしている高齢者円滑入居賃貸住宅が、その各戸の床面積の規模、構造及び設備、賃貸の条件等に関する基準に適合していると認めるときは、その登録をしなければならないこととし、都道府県において、個別に登録基準を設定することができるようになりました。

したがって、改正後は、高齢者円滑入居賃貸住宅の建築を計画する場合には、当該住宅の存在する都道府県が定める最低居住水準等の登録基準を確認する必要があります。

Q4　改正法により都道府県知事にはどのような権限が新たに付与されましたか。
A4　改正法では、都道府県知事は、登録をした高齢者円滑入居賃貸住宅が上記A3記載の個別に設定した登録基準に適合しないと認めるときは、当該基準に適合させるために必要な措置をとるべきことを指示することができることとしました。

このため、高齢者円滑入居賃貸住宅については、建築後も都道府県による強い監督を受けることとなり、都道府県の指導監督が強化されました。

Q5　高齢者向け優良賃貸住宅の認定制度についてはどのような拡充が図られましたか。
A5　(1)　高齢者居住安定確保計画が定められている都道府県の区域内においては、高齢者向け優良賃貸住宅の認定の基準として、高齢者居住安定確保計画に照らして適切であることも認定の要件として追加されました。
(2)　高齢者居宅生活支援施設（高齢者がその居宅において日常生活を営むために必要な保健医療サービス又は福祉サービスを提供する高齢者居宅生活支援事業の用に供する施設をいう。）と一体化してその整備を行う高齢者向け優良賃貸住宅の供給計画について都道府県知事の認定を受けた者は、当該高齢者居宅生活支援事業を運営する一定の社会福祉法人等に対し、当該高齢者向け優良賃貸住宅を賃貸することができるとされました。

この改正により、高齢者居宅生活支援施設と合築した高齢者向け優良賃貸住宅については、認知症の入所者向けグループホームとして、社会福祉法人等に賃貸することが可能となりました。
(3)　また、高齢者居宅生活支援施設と合築した高齢者向け優良賃貸住宅については、割増し償却の拡充等の税制上の優遇措置の拡充も図られました。

Q6　地方住宅供給公社の業務についてどのような特例が設けられましたか。
A6　地方住宅供給公社は、高齢者居住安定確保計画に基づき、加齢に伴う高齢者の身体の機能の低下の状況に対応した構造及び設備を有するものとすることを主たる目的とする住宅の改良等を行うことができることとされました。

Q7　今後の高齢者用の賃貸中については改正によりどのような影響が考えられますか。
A7　改正により、高齢者円滑入居賃貸住宅と高齢者向け優良賃貸住宅のそれぞれについて、制度の拡充と規制の強化が図られており、また、厚生労働省との共同所管となったことにより、登録の基準や認定の基準が明確化され、いわゆる老人福祉法の適用される老人ホームと別個の施設として建築、利用することが可能となってきたのではないかと考えられます。

> ⅩⅠ　その他、賃貸管理業務と関連性がある法令の改正

　上記**以外**に最近の改正された関連法令としては、**建築基準法、消費生活用製品安全法、住民基本台帳法、信託法、道路運送車両法、遺失物法、犯罪収益移転防止法、被災者生活再建支援法、エネルギーの使用の合理化に関する法律**が挙げられます。
　いずれの法律も**賃貸管理業務とかなり密接に**かかわってきます。関係する事項の概要は、以下のとおりです。

1　建築基準法（平成19年6月20日施行）
　住宅の売主等の瑕疵担保責任の履行に関する宅地建物取引業者の説明義務等

2　消費生活用製品安全法（平成21年4月1日施行）
　長期使用製品安全点検制度（9品目の製造又は輸入事業者に加えて、小売販売事業者、不動産販売事業者、建築事業者、ガス・電気・石油供給事業者などの事業者、さらに消費者等、それぞれが適切に役割を果たして経年劣化による事故を防止するための制度）の新設による賃貸管理業者の長期使用製品の安全点検等。

3　住民基本台帳法（平成19年6月9日施行）
　賃貸管理業者により入居者の住民票を取寄せる場合の委任状や正当な理由の具備等の制限。

4　信託法（平成19年9月30日施行）
　賃貸物件の所有方法及び管理受託に関しての多様化。

5　道路運送車両法（平成19年11月19日施行）
　賃貸不動産の敷地内や管理駐車場内の放置自動車の登録事項証明書取得方法の厳格化。

6　遺失物法（平成19年12月10日施行）
　賃貸管理物件の建物内及び敷地内の遺失物や準遺失物の処理方法。
　※　標準トランクルーム約款の改正（寄託物の処分1年→3か月）

7　犯罪収益移転防止法（平成20年3月1日施行）
　賃貸借契約に直接の適用はないものの、本人確認方法等。

8　被災者生活再建支援法（平成19年11月16日施行）
　賃貸物件が天災地変により破損等が生じた場合の対処方法。

9　エネルギーの使用の合理化に関する法律（平成21年4月1日施行）
　共同住宅の建築での、省エネルギー住宅の建築及び共同住宅の省エネルギー性能の表示等。

2　国土交通省からみた賃貸住宅媒介・管理業務

　国土交通大臣の諮問に応じて不動産業、宅地、住宅、建築、建築士及び官公庁施設に関する重要事項を調査審議すること、及びその重要事項に関し、関係行政機関に意見を述べることを所掌する『社会整備審議会』に対して、国土交通大臣が、平成20年8月には「より安心安全な不動産取引及び既存住宅を中心とする不動産流通市場の活性化その他時代の要請に応えるための宅地建物取引業制度のあり方について」、また、平成21年1月には「安心して暮らすことができる民間賃貸住宅政策のあり方について」諮問がなされました。
　この諮問を受け、前段事項については『産業分科会・不動産部会』、また、後段事項については『住宅宅地分科会・民間賃貸住宅部会』に付託され、学者、弁護士、消費者代表者、不動産業界代表者等で構成する委員により、現状の問題点や課題、その対策について検討されています。

Ⅰ　産業分科会・不動産部会での検討概要

1　諮問された背景

以下のような不動産市場を巡る社会経済状勢の変化とそれらへの対応の必要性に鑑み、「より安心安全な不動産取引及び既存住宅を中心とする不動産流通市場の活性化その他時代の要請に応えるための宅地建物取引業制度はいかにあるべきか」について、国土交通大臣から社会資本整備審議会に対して、**平成 20 年 8 月 20 日付で諮問**がされ、具体的な検討については「産業分科会・不動産部会」に付託されました。

① 不動産流通市場において、少子高齢社会の到来、消費者意識の高まり、インターネット等のＩＴ技術の急速な普及・拡大等の社会経済状勢の変化を背景として、様々な変化が生じている。

② 本格的な少子高齢社会、人口・世帯共に減少する社会の到来を目前に控え、住宅政策ではストック重視、市場重視への転換を目標に掲げているが、その実現へ向け、良質な既存住宅の資産価値が適正に評価され、流通していく市場環境の整備が求められている。さらに、**国民の多様な居住ニーズを満たすよう、賃貸住宅の合理的かつ適正な維持管理を促進することが必要**である。

③ 不動産業は国民生活や経済活動の重要な基盤である土地・建物の取引を担い、市場や消費者の信頼のうえに成り立つ産業であり、より安心安全な不動産取引を求める国民の要請に応えていくことが求められており、とりわけ**不動産取引は、物件の品質や過去の履歴、周辺環境、契約条件や当事者の信用力など、様々な情報を基に行われるもの**であり、情報の信頼性こそ最も重要な要素であることから、**物件選択や契約締結の判断を行ううえで必要な情報を適宜適確に分かりやすい方法で消費者に提供すること**が求められている。

④ さらに、不動産流通市場において重要な役割を担う**宅地建物取引業者は**、これらの諸課題に対応するため、**消費者に情報を適確に提供し、円滑な流通を実現すること**に加え、**事業者自らが紛争予防も図りながら安心安全な取引が行える環境を構築すること**により、消費者から信頼され、頼りにされるその役割を一層高めていくことが期待されている。

(1)　賃貸住宅の媒介並びに管理業務に関する検討項目

① 重要事項説明制度の見直しを中心に、**取引対象者に対するより適確な情報提供のあり方**
② 賃貸不動産管理業のあり方を中心とした、**賃貸不動産の適正な維持管理のための方策**
③ その他、残された課題への方策

(2)　不動産市場をとりまく状況と課題、見直しの方向
①　重要事項説明の見直し
1)　重要事項説明のための書面の事前交付

実際、契約締結直前の重要事項説明だけでは借主等への十分な説明が行えず、契約後の紛争の原因となったり、契約締結を取り消されたりするため、重要事項説明に先立って重要事項説明書の写しなどを借主等に交付して事前の説明を行っている例も多く、予め重要事項説明書の案や写しを借主等に対して交付すべきである。

事前交付のタイミングとしては、多様な取引形態が存在するため、制度上明確に定めることは困難であるが、事前交付制度の趣旨を踏まえれば、重要事項説明が行われる直前ではなく、例えば、少なくとも重要事項説明の前日までには交付される必要があり、時間的余裕があることが望ましい。

借主等の同意がある場合は、事前交付を不要にできるよう配慮する必要がある。

2)　事前交付書面の電子化

事前交付書面を交付する制度の創設に当たり、書面の受け渡しの方法が多様化され、容易に行うことができるよう情報通信技術を利用する方法による交付も可能とすべきである。

なお、事前交付書面は、重要事項説明書の案や写しを交付するものであり、取引主任者による当該書面への記名押印までは不要とすることが適当である。

ただし、電磁的措置に不慣れな借主等に配慮し、電磁的措置による交付に先立って借主等の了解が得られない場合は、紙媒体による配布を行うべきである。

3) 書面の事前交付に伴う口頭説明の重点化

書面の事前交付を前提に、借主等が書面の記載を読んで十分に理解できた項目は、借主等の同意を条件に取引主任者による口頭説明を省略し、その重点化を図る。

対象とする項目は、例えば、法令上の制限や、電気・ガス等の整備状況など広告、現地踏査などにより確認・理解できた項目は、口頭説明による省略の対象とすることを検討し、具体的には、取引形態（貸借）や物件の種類（戸建てとマンション、新築と中古）ごとに取引の実態を踏まえ、対象とすべき項目を整理する。

留意すべき事項は、口頭説明の重点化を行う際、例えば、省略対象項目は借主等の同意を事前に把握する仕組みとし、その同意の確認等のための手続をできるだけ簡素にすることが重要である。ただし、重要事項の口頭説明の義務付けは、宅地建物取引業法の重要な規制事項であり、借主等の同意の確認は、慎重に検討することが必要である。

口頭説明の重点化が行われる場合でも、重要事項説明書に記載していない事項で重要な事項を故意に事実を告げない場合は、宅地建物取引業法第47条第1号に抵触することに留意すべきである。

② 賃貸不動産の適正な維持管理のための方策

1) 賃貸不動産の管理等をめぐる状況

賃貸不動産に関わる主体は、貸主及び借主に加えて、その両者の賃貸借契約を代理又は媒介する**媒介業者**、貸主からの委託を受けて賃貸不動産の管理業務を行う**賃貸不動産管理業者**など関連する事業分野が拡がっている。

また、近年増加している業務形態として、借主の家賃債務を保証する**家賃債務保証業**や家賃の収納を代行する**家賃収納代行業**、家主から一括借上げした不動産を転貸する**サブリース業**などがみられる。

2) 各主体からみた問題点

借主にとっては、賃借物件の管理に問題があったとしても、借主から管理会社等を変更することは困難である。適切に管理された物件を選択するには、転居を行うしか選択肢がないが、賃貸管理に関する物件情報は不足しており、市場を通じた良質なサービスの選別が行われにくい状況にある。

貸主は、賃貸業を営む事業者ではあるが、賃貸住宅の場合にはその大部分が個人所有であり、賃貸業についての専門的な知識を必ずしも十分に有しているとはいえない。

賃貸不動産管理業は、業としての一般的な業務内容が未確立であり、明確な責任関係に応じた適切な報酬が得られず、関係者間で適正なコスト負担が行われていない場合がある。

3) 情報及びルールの不足

賃貸不動産管理に関連する事業をめぐって、借主等からの苦情・相談等が増加しているが、借主等からみて、どの事業者が適切に業務を遂行できるかについて判断する情報が乏しい。

また、事業者の不適切な行為を予防する事業者間の一定のルールが確立されているとはいえない状況にある。

現在、**賃貸不動産管理に関連する法令**は、貸主と借主との間の賃貸借契約については**借地借家法**がある。また、貸主又は借主と**媒介業者との間の媒介契約**については、**宅地建物取引業法**があり、媒介業者は、その媒介業務に関して同法による規制を受けることになる。

一方で、**賃貸管理業、家賃債務保証業、家賃収納代行業及びサブリース業**を含めた賃貸業については、これら事業者による**不適切な行為を予防するような登録制度や法令等のルールが確立していない**ため、貸主及び借主にとって安心・安全な賃貸不動産管理が行われ、賃貸不動産に関係する者が適正なコストを負担することにより、良質な賃貸不動産市場を形成するための検討が必要である。

4) 賃貸不動産管理業等について検討が必要と考えられる事項

A 賃貸不動産管理業について

a) 賃貸不動産管理の業務内容の明確化と情報提供

管理委託の契約内容が曖昧で受託業務の範囲が不明確なために、**責任の範囲が曖昧となり適切な管理業務が行われにくい**。トラブルが発生した場合に適切な対応がなされないなどの問題が生じやすい。

また、業務内容の不明確さは、関係者間で適正な費用負担を行う阻害要因にもなるため、**標準管理委託契約書等の普及、見直し**を行うとともに、契約関係にない**借主に対しても、業務内容を明確にする工夫が必要**ではないか。

さらに、事業者の業務内容や当該事業者が適切に業務を実施できる事業者であるか否かや、貸主及び借主が判断を行えるような情報提供のあり方について検討が必要ではないか。

検討に当たっては、業務用不動産で行われているプロパティマネジメント業務を参考にして、内容について検討すべきではないか。

b) 預り金等の管理の適正化

賃料等の徴収業務について、預り金等の管理が適正に行われていない場合に、事業者が破綻したときは、貸主が得られるはずの賃料収入が得られなかったり、借主への敷金等が返還されなかったりするなどの問題が発生するおそれがあるため、**賃料等の預り金の分別管理の徹底、預り金等の保全のための保証制度等について検討が必要**ではないか。

c) 賃貸不動産管理業務の従事者の育成

貸主及び借主が適正な業務を行っている**事業者を選択する情報が不十分**である。

賃貸不動産管理業の質を確保するとともに、貸主及び借主が適正な事業者からサービスの提供を受けるための情報として、資格制度も有効ではないか。

その際の研修等については、事業者・業界団体における自主的な取組が有効ではないか。

B 賃貸業・サブリース業について

賃貸業について、宅地建物取引業者が媒介を行う場合と賃貸業者が自ら賃貸する場合では、借主等の保護の仕組みに不整合があり、必要な**借主等の保護が図られているのか検討が必要**ではないか。

賃貸業の専門的な知識を有していない**貸主に対しては、賃貸業を営むうえで必要な知識の普及を図ることが必要**ではないか。

サブリース業には、賃貸業及び賃貸不動産管理業と同様の課題に加え、サブリース業者に対する原貸主（所有者）に対し、**契約内容等の情報を正確に説明することなどが必要**ではないか。

C 家賃収納代行業・家賃債務保証業等について

家賃収納代行業については、賃貸不動産管理業における預り金等の管理と同様の課題が存在するため、**契約内容の明確化と分別管理の徹底、事業者が倒産した場合の倒産隔離等の検討が必要**ではないか。

利用が増加している家賃債務保証業でも、家賃収納代行業と一体となって行われている場合があり、どのような対応があり得るか検討が必要ではないか。

D 円滑な紛争解決方策について

簡易、迅速、円滑な紛争解決方策として、事業者、業界団体による自主的な取組（ＡＤＲ法の活用等）を検討する必要はないか。

E 賃貸住宅標準契約書、原状回復のガイドラインの普及

賃貸住宅標準契約書、原状回復のガイドラインの一層の普及により、関係者が適正にコストを負担する環境が必要ではないか。

5) 今後の検討を進める上での観点

A 賃貸不動産管理業等の範囲・内容のとらえ方

賃貸不動産管理業等の範囲をどのように考えるかは、不動産業全体の活性化や業務の適正化の観点から、居住用・非居住用の双方を対象とする必要があるが、それぞれの賃貸不動産管理業務等の実態等を踏まえた整理が必要ではないか。

B 制度的枠組みのあり方について

賃貸不動産管理の重要性や事業者の健全性の確保、借主等の保護の観点から、制度的枠組のあり方の検討が必要である。

課題に応じて、借主等の保護の観点から対応が求められる課題、市場に委ねるだけでは解決できない問題、関係者が適正にコストを負担すべき課題などの整理を行うことが必要ではないか。

法令等に基づく規制を行う場合は、規制がない場合に発生する問題と規制を設けることにより得られるメリットとデメリットを十分に考察することが必要ではないか。

規制によって包括的に保護するのではなく、契約上の役割を明確化することやその内容の確実な履行を担保することによって、どのような方策を講ずるべきかを議論する必要はないか。

C 宅地建物取引業法との関係

法令上の規制を考える場合、賃貸借の媒介業務と管理業務を兼業する事業者が多い実態を踏まえ、宅地建物取引業法の中で管理業を捉えるべきか、新たな規制を設けるのかを検討する必要があるが、制度を新たに構築することのコスト、従来の仕組みを活用することのメリットなどを考慮すると、「当面は宅地建物取引業者が行う賃貸不動産管理はどのように行われるのが望ましいのかを宅地建物取引業法の中に位置付けることが望ましい」との意見がある。

なお、賃貸不動産管理は、関係する法律問題も多岐にわたり、不動産部会で全ての項目を検討することには限界があるため、どのように検討を進めるかの工夫が必要であるとの指摘もある。検討に当たり、対象を絞り込んで検討を進めることが必要であろう。

その場合、賃貸不動産に関係する主体として貸主・借主の他に、宅地建物取引業法の規制を受ける**賃借の媒介業務を行う媒介業者**、業務に関して特定の行為規制等が存在しない**賃貸管理業等の業務を行う多様な事業者**の存在を念頭に、対象とする主体及びその関係とこれに関係する現行法令等を整理したうえで検討を行うべきである。

II 住宅宅地分科会・民間賃貸住宅部会での検討概要

民間賃貸住宅について、耐震性等の質の面で課題が存在すること、原状回復や滞納・明渡し等を巡るトラブルが発生しているといった現状を踏まえて、平成21年1月28日付で、国土交通大臣から社会資本整備審議会に対して、「安心して暮らすことができる民間賃貸住宅政策のあり方」について諮問され、「住宅宅地分科会・民間賃貸住宅部会」に付託されました。

1 民間賃貸住宅を巡る現状と課題

民間賃貸住宅は、**住宅ストックの約3割（1,256万戸）を占めており**、国民の住生活の安定の確保及び向上の促進のためにも極めて重要である。

しかしながら、**民間賃貸住宅を巡っては様々な問題が従来から発生している**。全国の消費生活センターに寄せられる賃貸アパート・マンションに関する相談件数は、年間3万件を超える水準で推移している。また、**相談内容は、敷金・保証金等の返還、原状回復、管理業務を巡るものが多い。**

加えて、**近時、家賃債務保証業務等に関連して、滞納・明渡しを巡るトラブルも増加**している。

また、民間賃貸住宅の品質面においても、持家に比べて、面積が小さい、バリアフリーや省エネルギー化が遅れている、計画的な維持修繕が行われていないといった問題が存在している。

このような問題は、私人間の契約等に起因するものではあるが、住宅は国民生活の基盤であり、国民の住生活の安定・向上という観点から、その解決が求められている。

対策の検討に当たり、個別のトラブル・紛争において入居者の利益が害されることのないようにするとともに、市場の機能が発揮され、契約・管理面も含めて良質な民間賃貸住宅が市場において供給され、入居希望者が市場において、良質な民間賃貸住宅を選択することができるようにするという視点が必要である。

具体的には、民間賃貸住宅市場においては、物件や契約内容について**貸手の把握している情報と借手の把握している情報に格差がある**という、いわゆる情報の非対称の存在や、**原状回復や滞納を巡る**

ルール等が十分に明確でないことによる取引費用の上昇が、市場の縮小を招くおそれがあることから、**情報非対称の解消や、取引費用の低減という視点からの検討が重要**である。また、低額所得者など住宅の確保に特に配慮を有する者の居住の安定については、契約当事者間の問題として市場においてのみ解決すべき問題ではなく、公的主体の役割が重要である。さらに、一部の借主の滞納等によるコストの増加を他の多くの借主が賃料の上昇等のかたちで負担することは公正の観点から問題であり、借主全体の利益という視点が重要である。

また、これらの問題については、「**高齢の個人が賃貸住宅を所有する割合が高いこと**」、「**賃貸住宅の管理を委託している割合が高いこと**」、「**連帯保証人に代わり、家賃債務保証会社の利用が相当多くなってきていること**」を念頭に検討が必要である。

加えて、ライフサイクルの変化、働き方の変化も含めたライフスタイルの変化、住宅を資産形成の対象としてみる意識の変化などが民間賃貸住宅市場に与える影響も考慮することが必要である。

2　検討項目
① 民間賃貸住宅を巡る紛争の未然防止
② 民間賃貸住宅を巡る紛争の円滑な解決
③ 滞納・明渡しを巡る紛争
④ 民間賃貸住宅ストックの質の向上

3　紛争の未然防止について
(1)　民間賃貸住宅に係る情報について
①　現状

民間賃貸住宅の情報は、店頭のビラ、住宅情報誌、インターネットの情報サイトなどでは、賃料、間取り、立地、設備などに関する情報が主であり、**退去時の義務や原状回復に関する契約内容の詳細、入居後の生活に必要な日常の管理に関する情報、賃貸借契約に伴って締結する家賃債務保証契約に関する情報を入手することは容易ではない。**

また、宅地建物取引業法に基づく重要事項説明や賃貸借契約書でも、**耐震性の有無などの物件のハード面の情報や、管理が委託されている場合の委託内容、サブリースの場合の原賃貸借契約の内容などは、必ずしも入手が容易ではない。**

さらに、**賃貸借契約や物件のハード面の性能**などは**専門性が高く**、情報そのものを**見ただけでは、入居希望者はその内容の良否が分からない**場合がある。

以上のように、物件選定段階において十分な情報を理解しやすい形で得ることができないことが、入居後の管理を巡るトラブルや退去時の原状回復等を巡るトラブルの発生につながっていると考えられる。

また、借主（入居希望者）にとって、上記の情報以外にも貸主自身に関する情報があれば、同様にトラブルの減少につながると考えられるが、現状においてそのような情報を入手することは容易ではない。

一方、貸主にとっても、借主（入居希望者）に関する情報を入手することは容易ではないという状況がある。

②　検討の方向性

現状を踏まえると、**物件選定段階**において、物件のハード面の性能、退去時の原状回復等に関する契約内容の詳細、管理に関する情報等を含めて、賃貸住宅に関する様々な情報が入手できるように、これらの**情報を入居希望者に提供する仕組みが必要**と考えられる。

また、賃貸借契約や物件のハード面の性能などは専門性が高いことから、情報を提供するに当たっては、単に提供するのみならず、**入居希望者の判断を容易にするように、性能や契約・管理内容等を評価する仕組みが必要**と考えられる。

さらに、情報の内容の信頼性確保という点からは、**第三者がその内容を確認・評価する仕組みが必要**と考えられる。

【情報提供・評価の対象とする項目例】
1) 物的性能に関する項目
「耐震性」、「防犯対策」、「遮音性」、「バリアフリー対応」、「省エネ性能」等
2) 契約内容に関する項目
「居住ルールの内容」、「入居中の修繕に関する規定の内容」、「原状回復の特約の内容」等
3) 管理に関する項目
「修繕計画の策定の有無、修繕の実施状況」、「管理を委託している場合の委託先・委託内容」、「設備点検の頻度、清掃の頻度、夜間・休日対応」等
4) 賃貸借契約に関連する他の契約に関する項目
「家賃債務保証契約の内容（保証料、保証条件等）」、「サブリース物件の場合の原賃貸借契約の内容（原賃貸借契約終了時の承継条項の有無等）」、「賃貸住宅への抵当権の設定の有無」等

　貸主が安心して賃貸住宅を市場に供給できる環境を整備するために、常習的に賃料の滞納を行う借主（入居希望者）に関する信用情報を入手できるようになることも必要と考えられる。このことにより、賃貸市場が活性化し、借主（入居希望者）にとって市場での選択の幅が広がるとともに、常習的な滞納等の問題を起こさない借主（入居希望者）の利益にもつながると考えられる。

③　今後の検討を進めるに当たっての課題・留意点
　賃貸住宅に関する情報提供・評価に関して、対象とする具体的項目、情報提供・評価の主体、コスト、評価基準・評価方法について、**入居希望者のニーズ等も踏まえた具体的な検討が必要**である。
　借主（入居希望者）に関する信用情報に関しては、例えば金融分野においては金融機関等が信用情報機関の設立母体となっていることや、金融分野以外でも信用情報を提供する企業が現れていることも踏まえて、民間事業者からなる団体等の信用情報を提供する主体等についての検討が必要である。その際、**個人情報保護との関係についても留意が必要**である。また、併せて、借主が安心して賃貸住宅を賃借できるよう、借主が貸主に関する情報を入手することができる仕組みについての検討も必要である。また、このことは、滞納・明渡しを巡る紛争の解決にとっても重要な点である。

(3) 民間賃貸住宅に係るルールについて
① 検討の方向性
1) **原状回復**
　通常の損耗の範囲を標準化、客観化するなど、原状回復の範囲について争いが起きないように、**原状回復ガイドラインの具体化を図っていく必要がある**と考えられる。
2) **賃貸借契約書**
　原状回復の義務の範囲は原状回復ガイドラインによることを明確にするなど、**より具体的な基準が契約の内容となるようにする必要がある**と考えられる。また、**入退去時の立会いや書面での確認も、契約書において明確にする必要がある**と考えられるため、これらの内容を、国土交通省の**賃貸住宅標準契約書に盛込み、その普及を図っていく必要がある**と考えられる。
3) **国土交通省の賃貸住宅標準契約書**
　敷金以外の一時金は、全国的な慣行でないことから定めていないが、最近の判例の調査・分析をするなど**各種一時金についての考え方を整理**したうえで、**賃貸住宅標準契約書の見直しも検討**する必要があると考えられる。
4) **管理業務**
　国土交通省の標準管理委託契約書の普及や見直しを図り、**管理業務の内容が管理委託契約書で明確化されることが必要**と考えられる。また、併せて、**管理委託契約書の委託されている業務の内容や委託先**が、賃貸住宅に関する情報提供の仕組みを通じて、**借主（入居希望者）にも明らかになるようにすることが必要**であると考えられる。
5) **定期借家制度**
　紛争の未然防止等に具体的に活用している事例の紹介等も含めて、普及・促進の手法を工夫し

41

て、引続き、普及・促進に取組んでいくことが必要と考えられる。

② **今後の検討を進めるに当たっての課題・留意点**

1) **原状回復ガイドライン**

紛争の防止のみならず、紛争になった場合の処理の基準として機能するものであり、これによって、紛争処理が円滑に進むことも期待される。加えて、貸主・借主双方にとって、予測可能性があるようなガイドラインとすることが必要であり、貸主にとっては、賃貸住宅経営という面から供給のインセンティブになるという側面も重要である。

2) **借主**

賃貸住宅を大事に使っていれば敷金が返還されるというインセンティブは重要であるため、原状回復ガイドラインで、故意・過失により判断するという原則は維持しつつ、故意・過失の証明や当てはめについては客観化された基準を用いて工夫をすることも考えられる。

3) **原状回復ガイドラインの改訂**

原状回復に関する判決は、簡易裁判所のものが多いこともあり判例を集めることが難しく、判例がない部分について、どのように客観化等していくかを考える必要がある。

この点に関しては、原状回復は契約関係が存在しており賃貸借契約においてルールを定めておくことが可能であることを前提に、判例によらずに客観化等を行っていくことも考えられる。

4) **原状回復ガイドラインや賃貸住宅標準契約書の普及**

普及すること自体に一層努めるべきで、普及に向けては、通常損耗の範囲が貸主の負担となる理由の説明を加えるなど、貸主・借主双方が内容について納得できるようにすることが必要である。

なお、原状回復ガイドラインなどのルールを普及するにはインセンティブが必要で、例えば、国土交通省が別途検討している住宅履歴情報やインスペクションを入退去時の確認に利用することや、原状回復ガイドラインを原状回復の基準として採用している賃貸住宅であることを表示するようなことが考えられる。

5) **管理委託契約の内容**

管理委託情報が入居希望者に明らかになるという点では、賃貸住宅に関する情報提供の仕組み以外にも、宅地建物取引業法に基づく重要事項説明もあり、国土交通省が別途検討している重要事項説明の見直しと調和を図ることが必要である。

管理委託契約に関しては、実質は管理委託契約であるにもかかわらずサブリースの形態をとっているものもあり、その場合の**法的問題点の整理も必要**である。

ルールの普及等に当たっては、**個人家主が多い**ことに加えて、**個人家主では自己管理のケースが比較的多い**ことや、さらには、**契約手続等に不慣れな若年層が居住するケースも多い**といった事情を考慮することも必要である。

3 紛争の円滑な解決について

(1) 検討に当たっての視点

民間賃貸住宅を巡る紛争は、その発生を防止することが最も重要であるため、原状回復ガイドラインを中心としたルールの客観化が必要であるが、ルールの客観化やその普及には一定の時間がかかること、また、ルールが客観化されても、全ての紛争の発生を防止することは現実的には不可能であることから、**紛争が発生した場合の円滑な解決のための方策の検討が必要**である。

また、**民間賃貸住宅を巡る紛争は少額なものが多いことから、裁判よりも裁判外紛争解決手続になじむ面がある。**

以上のことから、紛争の円滑な解決に向けて、現実にトラブルの多い、原状回復を巡るトラブルを中心的な問題として念頭におきつつ、第三者による紛争の解決、及び、保険・保証といった損失・負担等を防止又はカバーする仕組みについては、滞納や高齢の入居者の死亡の場合についても検討している。

(2) 第三者による紛争の解決について
① 検討の方向性
　原状回復等に代表される賃貸住宅に関する紛争は、一定の専門性が必要とされることから、賃貸住宅に関する独自の紛争処理機関を設けることは紛争の解決に有効であると考えられる。
　また、賃貸住宅に関する紛争は、地域を問わないものであることから、全国各地において利用可能なものとする必要があるとともに、比較的少額な紛争が多いことから、低コストで利用可能なものとする必要があると考えられる。

② 今後の検討を進めるに当たっての課題・留意点
　対象とする紛争の範囲は、紛争処理機関の処理能力上の問題も考慮すると、民間賃貸住宅のうち一定のものに限定することも考えられ、例えば、賃貸住宅に関する情報提供・評価がなされているものを対象とすることも考えられる。その場合、契約内容等が明確になっていることから、事実関係の確認が比較的容易であり、迅速かつ低コストでの紛争処理が可能となることも期待できると考えられる。
　また、取扱う紛争は、トラブルの多い原状回復や敷金返還に限定するのか、または賃料の増減請求など他の賃貸借契約上の問題も対象にするのか、さらには家賃債務保証契約など賃貸借契約に関連する他の契約に関することも含めるのか等の点について検討が必要である。この点については、情報提供等の対象として何を含めるかということとも関連する。
　さらに、紛争処理能力との関係等から、申立人に関しても一定の限定を設けるか否かについて検討が必要と考えられ、紛争処理機関の担当者によって判断が異なることのないようにするために、原状回復ガイドラインの客観化が必要で、利用しやすさという点に関しては、低コストであることに加えて、休日や夜間などの利用可能な時間帯という点も重要である。
　紛争処理機関において実際に紛争処理を担当する者は、例えば弁護士等の専門家が想定されるが、専門家であっても、適切な紛争処理のためには、原状回復ガイドラインを含めた紛争に関する知識や審理の進行技術の向上のための定期的な研修等が必要である。
　紛争処理機関による紛争処理以外にも、**借主にとって、賃貸住宅の契約等に関しての相談や情報提供を行う機能も重要**であり、この点についての検討も必要である。

(3) 損失・負担等を防止又はカバーする仕組みについて
① 検討の方向性
　原状回復に関する保険や保証について具体的な検討を進める前提として、詳細なニーズの把握、原状回復を巡る実態の詳細な把握、その他の課題（借主のモラルハザード、敷金との関係、査定コスト等）の整理を行っていく必要があると考えられる。
　滞納や高齢の入居者等の死亡に関しても、保険・保証についてのニーズの把握、実態の把握、その他の課題（滞納に関する保険会社・保証会社の審査能力の問題等）の整理を行っていく必要があると考えられる。

② 今後の検討を進めるに当たっての課題・留意点
　借主のモラルハザードの問題は、借主に過失がある場合の取扱いの検討が必要である。
　原状回復ガイドラインの客観化等は、原状回復に関する保険や保証制度の前提としても求められるという点にも留意して検討を進める必要がある。
　紛争処理機関には、保険や保証の当てはめに関する紛争について処理するという役割も考えられる。

4 滞納・明渡しを巡る紛争について
(1) 家賃債務保証業務等の適正化について
① 検討の方向性
　上記の現状を踏まえれば、家賃債務保証業務の適正化を図るための方策を講じていく必要があると考えられる。

例１：家賃債務保証契約等に関する情報の提供
［具体的イメージ］　賃貸住宅に関する情報提供・評価の仕組みの中に、家賃債務保証契約の内容を項目として入れることや、以下の例３の登録又は例４の許可を受けている場合には、その情報や処分の履歴等の情報を提供することも考えられる。

例２：家賃の集金や家賃債務保証に係る求償権の行使に当たってのガイドラインの策定
［具体的イメージ］　家賃の集金や家賃債務保証に係る求償権の行使に当たって遵守すべき事項（夜間の訪問禁止等）をまとめ、家賃債務保証会社、管理会社、貸主や借主（入居希望者）に広く周知を図る。例３又は例４の方策と併せて実施することも考えられる。

例３：家賃債務保証業に係る法律に基づかない任意の登録制を導入
［具体的イメージ］　一定の要件を満たした場合に登録を受けることができ、要件を満たさなくなった場合に登録を消除する。登録簿は、一般の閲覧に供する。

例４：家賃債務保証業に許可制（義務的な登録制を含む）を導入
［具体的イメージ］　家賃債務保証業を営もうとする者は許可を受けなければならず、一定の行為を制限又は義務付けする。行為の規制に違反した場合の行政処分（業務停止等）、罰則を設ける。

② 今後の検討を進めるに当たっての課題・留意点

　家賃債務保証業務の適正化を図るための方策は、家賃債務保証会社の実態の把握、トラブルの発生状況の把握等を行いながら、検討を進めていくことが必要である。その際、具体例として提示した以外の方策も含めて検討を進めることが必要であり、例えば業界団体による自主規制なども考えられる。

　登録制や許可制を設けるとした場合、家賃債務保証会社の何をチェックするのかが重要である（違法な行為を行うか否かのチェックは難しく、会社の審査能力をチェックすることがふさわしいのではないか等）。

　ガイドラインに関しては、借主の行為規範として機能するものについても検討する必要があり、家賃債務保証業務等を法律で規制する場合は、弁護士法第72条（非弁護士の法律事務の取扱い等の禁止）との関係の整理も含めて検討をする必要がある。

　管理会社の業務に係る規制のあり方は、不動産業行政の観点からの検討状況と連携をとる必要がある。

(2)　滞納等が発生した場合の円滑な明渡しについて
① 検討の方向性

　滞納が発生した場合に、貸主が法的手続に従い建物の明渡しを求めるには、相当の期間と費用を要するという現状を踏まえると、滞納が発生した場合の円滑な明渡しに向けた検討も必要と考えられる。

　例えば、**滞納等が発生した場合**に、明渡しについて現行法令に従い適法かつ円滑に処理するための**マニュアル**的なものを**策定**し、その**普及を図る**ことが紛争の予防につながるとも考えられ、**高齢者等が死亡した場合の遺体・遺品の取扱いなど滞納以外のケースも含めて策定**することも考えられる。

　また、円滑な明渡しのためには、**借主の転居先の確保も必要**であり、公的賃貸住宅を含めて、より**低廉な賃料の物件に円滑に転居するための方策**も併せて盛込むことが考えられる。加えて、借主の経済状況、身体状況等は様々であり、種々の事情も考慮することも必要と考えられる。

　そもそも、現在の判例法理において、滞納が発生した場合の貸主からの契約解除に関しては、**信頼関係が破壊されたか否かを総合的に判断**することから、どの程度の滞納で解除ができるかが事前には明確になっておらず、予測可能性が低いといった問題がある。このような問題については、**判断基準を客観化することにより円滑な明渡しが可能となるよう、立法的な措置により解決を図る**ということも考えられ、明渡しについて簡易に債務名義を得る仕組みを検討していくことも必要と考えられる。

　定期借家制度は、契約で定めた期間が満了することにより、更新されることなく、確定的に賃貸

借契約が終了することから、滞納によるトラブルの防止にも資する面があるため、**定期借家制度の普及・促進**をさらに進めていくことが必要と考えられる。

② **今後の検討を進めるに当たっての課題・留意点**

失業等により家賃を滞納し、明渡さざるを得なくなった者も含めて住宅の確保に特に配慮を有する者の居住の安定については、契約当事者間の問題として市場のみにおいて解決すべき問題ではなく、**公的主体の役割が重要**である。さらに、**一部の常習的な借主の滞納等によるコストの増加を他の多くの借主が賃料や保証料の上昇等のかたちで負担することは公正の観点から問題**であり、借主全体の利益という視点が重要である。

貸主や借主に関する情報の非対称の解消が重要であるという点に留意する必要がある。

立法的な措置や債務名義の論点は、契約法や民事執行制度自体にも大きく関連するものであることに留意が必要である。

5 民間賃貸住宅ストックの質の向上について

(1) 質の高い民間賃貸住宅の供給（新築・改良）について

① **検討の方向性**

耐震性等の物的性能面が市場で評価されるようになるためには、それらに関する情報を入居希望者が入手できることが必要である。このため、賃貸住宅に関する情報提供・評価の仕組みにおいて、これらの情報が提供されるようにすべきと考えられる。

また、必ずしも質の高さが市場で評価されない現状においては、家主が質の高い民間賃貸住宅を供給するよう誘導するために、家主に対する支援措置が必要と考えられる。

その際、既存ストックの有効活用という観点からは、新築のみならず、既存の民間賃貸住宅を質の高いものに改良することに対しても支援措置が必要と考えられる。

支援措置としては、補助、融資、税制上の直接的なインセンティブだけでなく、賃貸住宅の建設や改修に関する相談体制・情報提供などの間接的なインセンティブも必要と考えられ、持家の賃貸化は民間賃貸住宅の居住水準に寄与することから、住替えに対する支援も必要と考えられる。

② **今後の検討を進めるに当たっての課題・留意点**

直接的なインセンティブとしては、補助、融資、税制上の措置が考えられるが、具体的にどのような支援策を、どのような要件で講じていくことが有効かという点について検討していく必要があり、**支援措置の対象としては、契約面や管理面も含めて良好であるもの**に限ることも考えられる。

質の高さを家賃に反映させるためには、定期借家制度の活用も重要である。なお、持家の賃貸化に関しては、分譲マンションの賃貸化が進むとマンションの適正な維持管理に支障をきたすおそれがあることにも留意する必要がある。

民間賃貸住宅の貸主は、高齢の個人が多いことから、**相続対策や相続税の影響等も含めた検討が必要**である。

(2) 計画的な修繕の促進について

① **検討の方向性**

修繕の実施状況などが市場で評価されるようになるためには、賃貸住宅の修繕の実態状況などに関する情報を入居希望者が入手できることが必要である。このため、賃貸住宅に関する情報提供・評価の仕組みにおいて、当該情報が提供されるようにすべきと考えられる。

民間賃貸住宅の修繕については、本来、家主が賃貸住宅の経営判断として適切に実施すべきものであるが、必ずしも修繕の実施状況等が市場で評価されない現状や、高齢の個人の家主が多いという実態を踏まえれば、計画的な修繕を促進するための支援措置が必要と考えられる。

支援措置としては、補助、融資、税制上の直接的なインセンティブとあわせて、修繕計画策定のためのマニュアル、修繕に関する相談体制・情報提供などの間接的なインセンティブも必要と考えられる。

② **今後の検討を進めるに当たっての課題・留意点**

直接的なインセンティブとしては、補助、融資、税制上の措置が考えられるが、具体的にどのよ

うな支援策を、どのような要件で講じていくことが有効かという点について引続き検討していく必要がある。その際、支援措置の対象としては、契約面や管理面も含めて良好であるものに限ることも考えられる。

民間賃貸住宅の貸主は、高齢の個人が多いことから、相続対策や相続税の影響等も含めた検討が必要である。

【添付資料1】　　　　　　　**家賃滞納発生に係る調査結果**

　家賃滞納が発生した場合の対応状況について、賃貸住宅管理会社に対して実施したアンケート結果の概要（① 調査期間は、平成21年3月～4月、② 調査対象は、財団法人日本賃貸住宅管理協会会員企業のうち1,000戸以上の管理を行う企業）

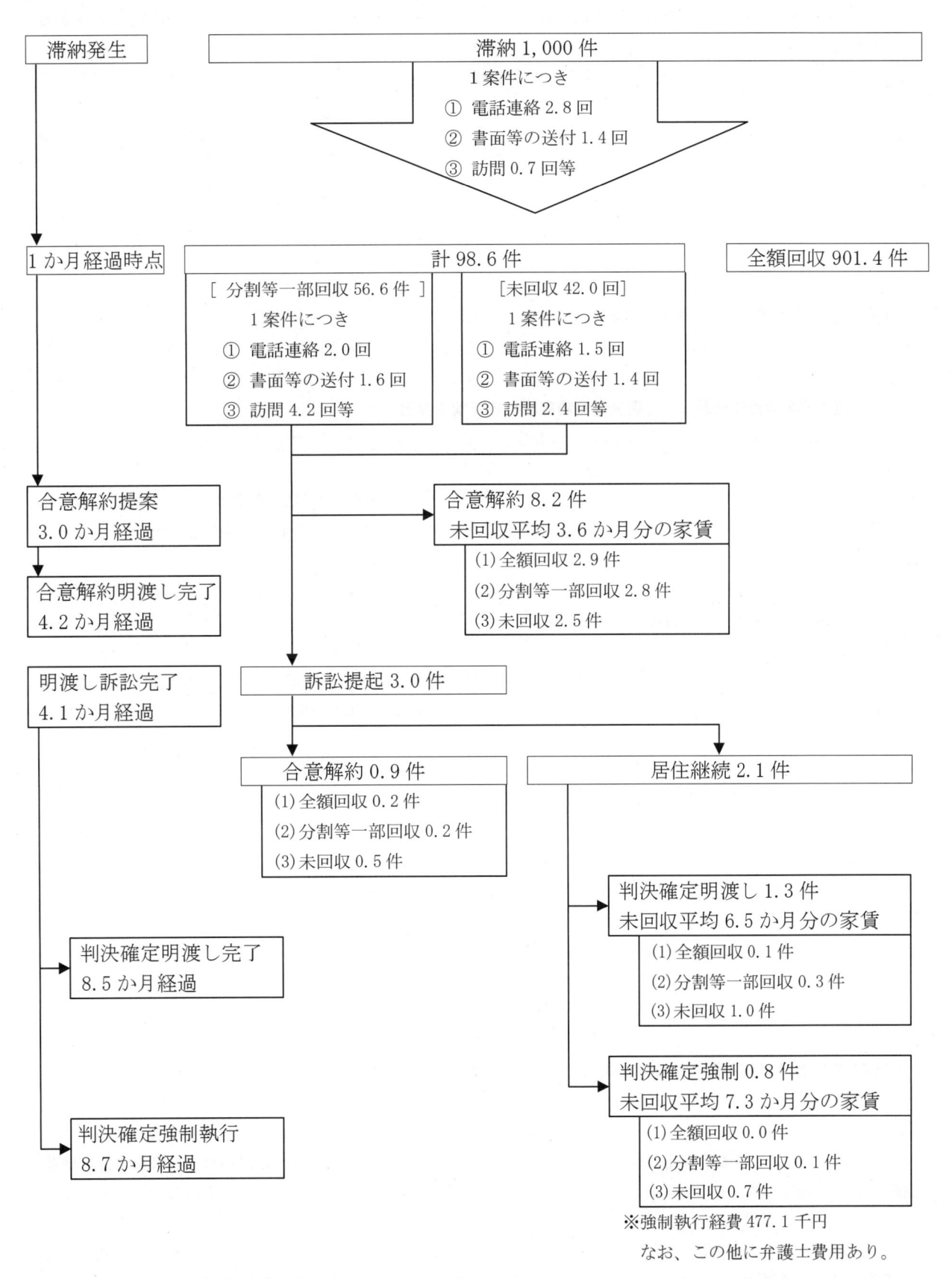

```
滞納発生 ──→  滞納1,000件
                1案件につき
                ① 電話連絡 2.8回
                ② 書面等の送付 1.4回
                ③ 訪問 0.7回等
                     ↓

1か月経過時点    計 98.6件                               全額回収 901.4件
                [分割等一部回収 56.6件]    [未回収 42.0回]
                1案件につき              1案件につき
                ① 電話連絡 2.0回         ① 電話連絡 1.5回
                ② 書面等の送付 1.6回     ② 書面等の送付 1.4回
                ③ 訪問 4.2回等           ③ 訪問 2.4回等

合意解約提案              合意解約 8.2件
3.0か月経過               未回収平均 3.6か月分の家賃
                            (1) 全額回収 2.9件
合意解約明渡し完了          (2) 分割等一部回収 2.8件
4.2か月経過                 (3) 未回収 2.5件

明渡し訴訟完了           訴訟提起 3.0件
4.1か月経過
                  合意解約 0.9件           居住継続 2.1件
                   (1) 全額回収 0.2件
                   (2) 分割等一部回収 0.2件
                   (3) 未回収 0.5件

                                          判決確定明渡し 1.3件
判決確定明渡し完了                          未回収平均 6.5か月分の家賃
8.5か月経過                                  (1) 全額回収 0.1件
                                            (2) 分割等一部回収 0.3件
                                            (3) 未回収 1.0件

                                          判決確定強制 0.8件
判決確定強制執行                            未回収平均 7.3か月分の家賃
8.7か月経過                                  (1) 全額回収 0.0件
                                            (2) 分割等一部回収 0.1件
                                            (3) 未回収 0.7件
```

※強制執行経費 477.1千円
なお、この他に弁護士費用あり。

【添付資料2】 **最近の賃貸住宅に係るトラブル・訴訟例**

1 追い出し屋

① 「追い出し屋」被害で男性ら4人が提訴（大阪簡易裁判所）【MSN産経ニュース・平成20年12月5日】

　賃貸滞納を理由に退去を迫る「追い出し屋」による被害を巡り、大阪府内の派遣社員の男性(22)ら男女4人が5日、**家賃の連帯保証を請負う保証会社**や**不動産会社**などを**相手取り**、1人あたり110～140万円の**損害賠償を求める訴え**を大阪簡裁に起こした。

　原告代理人の弁護士によると、敷金・礼金なしで賃貸住宅に入居できることで若者や低所得者層に人気のある「ゼロゼロ物件」を中心に被害が多発しているという。

　訴状によると、男性は今月4月、大阪府枚方市内のアパートを月2万6千円で賃貸契約。**9～11月（3か月）の家賃を滞納**したところ、保証会社社員が男性に**退去を命じ、ドアにダイヤル式の別の鍵をかけた**。男性が消費者センターに通報すると、2日後に鍵ははずされていたという。

　原告側の代理人弁護士は、「家賃滞納があったとしても入居者に無断で鍵をかけるのは、居住権を侵害する違法行為」と主張している。

② ゼロゼロ物件で告訴　都内の男性【東京新聞・平成21年3月10日】

　敷金、礼金ゼロを掲げた賃貸住宅「ゼロゼロ物件」を扱う業者から家賃滞納を理由に、無断で鍵を換えられたり、荷物を撤去されたりしたとして、東京都内の男性(35)が9日、新宿区の不動産会社S社の当時の代表取締役らについて、**刑法の不動産侵奪容疑**などで**東京地検特捜部に告訴状を提出**した。

　被害対策弁護団（団長・宇都宮健児弁護士）によると、ゼロゼロ物件業者に対する刑事告訴は全国で初めてという。

　告訴状によると、男性は同社の賃貸物件に入居していた昨年**1～6月、家賃の振込みが遅れたため、同社従業員に自室玄関の鍵を無断で3回交換されたほか、室内に無断で入られて生活道具などを撤去、処分された**。【下記2③関連】

③ 追い出し屋被害全国一斉提訴へ　借主12人【朝日新聞（夕刊）・平成21年4月11日】

　家賃滞納を理由に強引に退去を迫られ、居住権を侵害されたとして、5都府県の借主12人が家賃保証会社などに慰謝料など1人あたり約100～300万円の**損害賠償を求める訴訟を東京地裁や大阪簡裁など6地・簡裁に来週中に起こす方針**を決めた。原告は非正規労働者らで、大量失職者が出た年度末に被害が集中していた。「追い出し屋」被害を巡る全国一斉提訴は初めて。

　訴えるのは東京、大阪、兵庫、奈良、宮崎の20～60代の男女12人。元派遣社員や日雇い労働者、パート、アルバイトらで、大半が年収200万円以下の低所得者。自宅を閉め出された後、ネットカフェのほか、車や公衆トイレなどで路上生活を強いられた原告もいる。

　滞納理由は派遣切りやリストラ、仕事の激減による収入源と、病気の治療代や消費者金融への返済などによる支出増など、原告12人のうち7人は1月以降、被害に遭った。

　被告は不動産会社、不動産管理会社、家賃保証・回収会社など約15社と家主ら。訴えによると、**原告らは滞納後、深夜・未明の取立て、不在時の無断侵入、鍵交換、家財撤去などで退去を強いられた**としている。

　追い出し屋被害を巡っては昨年12月以降、関西在住の借主5人が家賃保証会社などを相手に損害賠償を求める訴訟を起こしている。

④ 「賃貸追い出しは違法」短期滞納大学生ら　管理会社など提訴　東京地裁
【毎日新聞（夕刊）・平成21年4月15日】

　短期間の家賃滞納を理由にアパートから追い出したのは違法だとして、東京都内の男子大学生(25)と60代の営業職の男性が15日、**不動産管理会社など4社を相手取り**、1人あたり200万円の**慰謝料などを求めて東京地裁に提訴**した。不況で家賃支払いが遅れ、退去されるケースが増えているといい、大阪など3府県でも近く元派遣社員らが同種の訴訟を起こす予定。原告側弁護団は「『追い出し屋』への法規制を促したい」としている。

　訴状などによると、**大学生**は2005年に杉並区のアパートに入居。生活苦のため、今年1月末に**2月分の家賃7万7千円の支払いが遅れた**。管理会社は2月中旬、**ドアを開けられないようにする器具を設置**。大学生は滞納分

を払って3月下旬に部屋に戻ったが、**撤去されたパソコンなどは返還されていない。**

60代の男性は昭島市のアパートに住んでいたが、昨年**12月分の家賃を滞納**したところ、**鍵を交換され、荷物も撤去**された。現在は別のアパートで暮らしている。15日、記者会見した男性は「会社の対応は納得できない。他にも同じ立場の人がいると思う」と話した。

原告側は管理会社の「追い出し」行為により、原告の居住権が侵害されている。不動産管理会社側は「訴状を見て対応を検討したい」などとしている。

⑤　「追い出し屋」を一斉提訴　大阪など3府県の6人【asahi.com・平成21年4月16日】

家賃滞納を理由に強引に退去を迫られ、居住権を侵害されたとして、大阪など3府県の借主が16日、家賃保証会社などに1人あたり110～140万円の**損害賠償を求め、大阪簡裁など4簡裁に提訴**した。

弁護団は「ハウジングプア（住まいの貧困）の温床となっている追い出し行為の違法性を追及するとともに、不明な点が多い賃貸住宅の管理・保証業務の実態を明らかにしたい」としている。

訴えたのは大阪市、大阪府東大阪市、同府茨木市、兵庫県西宮市、宮崎市の30～50代の男女6人。**被告は不動産管理会社、家賃保証会社など計8社と家主**ら。

訴状によると、原告は雇い止めや採用の内定取消しで収入が断たれるなどし**家賃を滞納**。その後、**業者側から無断侵入や鍵交換、家財撤去などの追い出し行為を受けた**という。

同様の訴訟を、東京の20代と60代の男性が15日に起こし、大阪市、奈良県の借主も訴訟準備を進めている。

⑥　「追い出し屋」被害、男性が業者提訴【MRT宮崎放送報道部・平成21年4月16日】

宮崎市の男性が、**家賃滞納を理由に強制退去**させる、いわゆる「追い出し屋」の被害にあったとして、16日、**賃貸保証会社を相手取り宮崎地裁に提訴**しました。裁判を起こしたのは、宮崎市内に住む51歳の男性です。訴状によりますと、この男性は、一昨年1月、脳梗塞で倒れ、収入がなくなり、**家賃を滞納**したところ、去年10月、**賃貸保証会社から、ドアノブに金属製のカバーを取付けられる**などして、**約1か月間、部屋を使用できない状態になった**ということです。このため、「不当な退去命令により、精神的な苦痛を受けた」などとして、大分市の賃貸保証会社に対し、慰謝料140万円の支払いを求めています。この男性は、滞納していた家賃などを支払い、去年12月からはアパートに戻っています。

⑦　家賃滞納で強制退去　慰謝料求め提訴の行方は【TSSテレビ広島・平成21年4月16日】

家賃の滞納を理由に強制的に部屋を追い出され精神的な苦痛を受けたとして、広島市のマンションの借主の男性が、**不動産会社に慰謝料を求める訴えを広島地裁に起こしました**。訴えを起こしたのは、広島市安佐南区の生活保護を受けている26歳の男性です。訴えによりますと、原告の男性は広島市の不動産会社からマンションの部屋を借りていました。そして、家賃1か月分を滞納したところ督促に応じなかったなどとして、今年2月、**無断でドアに新しい鍵を取付けられ退去を強いられ**ました。男性はおよそ1か月間、部屋に入ることができず精神的な苦痛を受けたとして、不動産会社らに慰謝料などあわせて150万円の支払いを求めています。一方、**訴えられた不動産会社は「滞納は4か月分あり、男性に連絡させるため鍵を付けた。訴えられる理由がわからない」**と話しています。家賃の滞納をきっかけにした同様の裁判は全国的にも相次いでいて、国も実態調査に乗り出しています。

2　滞納・明渡しを巡る最近の判決例等

①　家賃滞納の賃貸物件　保証会社の施錠は違法　福岡地裁【毎日新聞・平成20年12月26日】

賃貸物件の家賃滞納者の玄関ドアを家賃保証会社が強制的に施錠したことについて、福岡地裁は25日、家賃保証会社側の不法行為を認定する判決を出した。弁護士や司法書士でつくる福岡敷金問題研究会によると、保証会社を巡るトラブル相談がここ最近寄せられるようになったといい、派遣切りなどで所得を失う労働者が出れば、同様の問題が噴出するのではないかと懸念している。

福岡地裁で争われた訴訟は、**家賃を約3か月滞納した男性が、家主と保証会社に玄関ドアを施錠され強制的に立退かされたのは違法であるとして、家主を相手に損害賠償を求めたもの**。

判決は、**施錠に家主の関与は認められないとして男性の請求は退けられ、逆に未払い賃料の一部を払うよう男性に命じた**。一方で判決は、**ドア施錠した保証会社の行為**について、「緊急のやむを得ない事情があったとは認め

がたく、**男性に対する不法行為に該当する**」との判断を示した。

② **未明の家賃督促は違法　福岡地裁　保証会社に賠償命令**【朝日新聞・平成21年2月18日】

家賃を滞納したら未明まで支払いの督促を受けたなどとして、福岡市の30代の会社員男性が東京に本社を置く**家賃保証会社と同社社員3人に約100万円の損害賠償を求めた訴訟の判決**が17日、福岡地裁であった。野瀬真司裁判官は「**生活の平穏を害し、精神的苦痛を与えた**」として、同社に**5万円の支払いを命じた**。

支援団体「全国追い出し屋対策会議」によると、追い出し屋被害を巡る訴訟で借主側が勝訴したのは初めて。

判決によると、男性は2007年4月、同社を連帯保証人に福岡市のアパートを家賃5万1千円で借りた。敷金、礼金なしの「ゼロゼロ物件」。給料が減ったことなどから男性が同年**6～8月の家賃を滞納**すると、同社の**社員3人が午後9時頃に男性方を訪れ、翌日午前3時まで支払い交渉**を続けた。

野瀬裁判官は「午前0時を過ぎた交渉については、精神的苦痛を与えたというべきだ」と指摘した。

③ **ゼロゼロ物件　和解成立**【読売新聞・平成21年4月16日】

敷金・礼金なしでアパートなどが借りられる「ゼロゼロ物件」を巡り、入居者ら9人が、不動産会社S社（東京）に計3,400万円の**損害賠償を求めた訴訟**は15日、**東京地裁**（松並重雄裁判長）で**和解が成立**した。和解内容は公表されていないが、関係者によると、**被告から原告側に金銭の支払いがあった**という。

原告のうち1人は、今年3月、同社について、不動産侵奪罪などの容疑で東京地裁に告訴状を提出した。原告代理人によると、この後、被告側から和解の打診があった。【上記1②関連】

④ **鍵交換は違法　初判断　追い出し屋訴訟65万円賠償命令**　大阪簡裁【朝日新聞・平成21年5月22日】

家賃を滞納した借主が強引に退去を迫られる「追い出し屋」被害で、大阪市城東区の男性が**玄関ドアの鍵を2回交換され、居住権を侵害された**として、貸主側に慰謝料など140万円の**損害賠償を求めた訴訟の判決**が22日、大阪簡裁であった。篠田隆夫裁判官は**鍵交換を不法行為と認定**し、貸主側に約65万円の支払いを命じた。

支援団体「全国追い出し屋対策会議」（代表幹事・増田尚弁護士）によると、**追い出し行為の代表例とされる鍵交換について賠償責任を認めた司法判断は初めて**。

判決は「**法律無視の鍵交換は国民の住居の平穏や居住権を侵害する違法な行為として非難すべきだ**」と批判。「債務不履行（家賃滞納）を無視してまで居住権を認められない」とした家主側の主張を退けた。

3　家賃債務保証会社の破綻【家賃債務保証会社が破綻した場合の影響】

家賃債務保証会社である株式会社R社が破綻（平成20年9月24日破産手続開始申立て、同日破産手続開始決定）した際に、貸主、借主に対して、次のような問題が発生した。

【貸主】
① 保証がなくなったため、借主に別の家賃債務保証会社との契約を求めたり、賃貸借契約の更新時期までは保証がないという例が発生した。
② 破産手続開始決定以前から、貸主側への代位弁済手続が遅れており、その間も事前求償権を行使し家賃を回収していたが、それらは貸主に渡らなかった。

【借主】
① 保証がなくなったために、新たに家賃債務保証委託契約の締結を求められる例があった。
② 振込め詐欺事件（R社から家賃債務保証事業の譲渡を受けたRN保証株式会社を騙った未払い賃料振込みを行わせる事案）が発生した。

4　貸主と管理業者とのトラブル事例

① **敷金・礼金・前払家賃の着服**　【平成9年1月・東京都】

貸主Yが所有するアパートの賃貸借の媒介及び管理を媒介業者Zに依頼したが、業者Zは平成6年6月頃から、借主Xらの支払った敷金、礼金及び前払家賃を着服し、貸主Yに渡さない。

② **家賃等100万円の着服**　【平成14年3月・栃木県】

マンションの貸主Yは、平成10年6月頃から、業者Zに賃貸マンションの媒介と管理業務を委託していたが、委託後程なく、業者Zから貸主Yにきちんと交付されなくなってきたと感じたため、独自に調査を行った。

その結果、業者Zは、行ってもいないと思われるリフォームをしたと言って、リフォーム代相当を貸主Yに渡す家賃から差引いて、借主から受領した賃料の一部を貸主Yに渡していないことが判明した。

③ 空室に無断で入居させて家賃・敷金・礼金等を着服　【平成14年7月・東京都】

貸主Yは、賃貸アパートを経営しており、そのアパートの管理を業者Zに委託していた。しかし、次第に集金代行した家賃が業者Zから送られてこないようになり、その額が多額になったため、家賃の支払いを業者Zに催促するとともに、平成17年3月に、借主にも直接会って家賃滞納の調査を行った。

その結果、業者Zが集金済の未納付家賃が170万円余りあるとともに、空室であるはずの2室に入居者がいることがわかった。この2室の入居者に確認したところ、業者Zは平成15年3月に借主X1と、平成16年7月に借主X2と、貸主Yの了解を得ずに無断で賃貸借契約書を作成し、各物件に入居させていたことが判明した。これらの取引について、業者Zは、礼金、敷金等を受領しながら、貸主Yに渡していなかった。

5　賃貸管理業者の破綻事例
① 平成20年9月に民事再生手続に入ったA者の事例

約2,000人のマンションオーナーから賃貸管理業務を受託していたが、借主から預かった敷金や賃料のうち約7億5千万円を資金繰りのために流用していた。

② 平成20年9月に破産手続に入ったB社の事例

手持ちの資金不足に陥ったB社は、賃貸保証事業（不動産賃貸借契約における賃料債務連帯保証業務や賃料の収納代行等を行う事業）において、平成20年6月末や同年7月末に**管理会社に対して支払うべき代位弁済分の支払いを遅延**し、その後同年8月末に支払うべき代位弁済分については全額の支払いを行うことができなかった。

また、同年8月初めに収納代行会社に支払うべき代位弁済分の支払いも遅延する等して、同月中旬には一部の収納代行業務委託契約を解除され、**収納代行会社からB社に対し、既に借主から回収済の家賃（8月下旬回収分）が送金された**。しかしながら、B社は、**貸主または管理会社に対し、この収納代行業者から送金された家賃を送金する義務を負っているが、その送金が一部できていない**。結局、B社は、賃貸保証事業に係る債務金5億2,453万円が支払不能となった。

6　貸主と賃貸管理業者とのトラブル相談事例
① 賃貸管理業者の倒産に伴うトラブル　【平成21年4月6日受付】

アパート管理を任せていた不動産業者が倒産。借主の更新料や管理料が返金されない。契約書面もない。どうすべきか。

② 賃貸管理業者の交代に伴うトラブル　【平成21年4月11日受付】

昨年3月に契約。今年2月に貸主より管理会社変更通知があり、新たな家賃振込先の指示があった。一方で、それまでの管理会社からは契約は継続しており、振込先は今まで同様との書面。それ以来、両者よりそれぞれの正当性を述べたり、相手方を誹謗する書面が届いたりして、現在地裁で審理されていることを知った。家賃未納状態を避けるため、貸主と覚書を結んで3月分から3か月分については、貸主指定の口座に振込み開始。

③ 原状回復に伴う賃貸管理業者とのトラブル　【平成21年4月1日受付】

訪問販売で投資用アパートを夫が買ってしまった。入居者が入れ替わるたびに、例え半年でもリフォーム代を請求される。一度腹に据えかね、退室時の様子を見たいと告げ、退去者が出た際にアパートを見に行ったことがあるが、事前に伝えていたにもかかわらず、壁紙などが剥がされリフォームの途中だった。入れ替わるたびにリフォーム代がかかるばかり。礼金などもらったこともない。今後どうしたらいいのか。夫は業者の言いなりだ。

④ 預り金に関するトラブル1　【平成20年4月10日受付】

不動産屋が借主から預かった家賃を自分に振込まない。再三苦情を言っているが、経営がうまくいっていないと言い訳する。都庁に相談したが、マンション管理は宅建業の範疇ではないと言われセンターを紹介された。不払いの家賃は8万5千円の2か月分、計17万円。もし支払わないうちに業者が倒産したらどうなるのか。

⑤　**預り金に関するトラブル２**　【平成20年4月15日受付】
　ずっと以前から、自分の家の敷地内にあるアパート6部屋のうち2部屋分の家賃集金と振込みを業者に依頼している。昔のことで契約書はない。合計10万6千円のうち3千円を手数料として差引いて毎月末に振込む約束をしているが、送れたりすることが多々ある。3月分もまだ振込まれていない。車椅子の生活で、遅延するたびに出向いて苦情を言う訳にもいかないので、どうしたらよいだろうか。

⑥　**賃料補填に関するトラブル**　【平成20年5月14日受付】
　アパート経営をしている。住宅ローンでアパートを建てその不動産に管理を依頼した。当時の営業から空家になっても賃料の数％を不動産業者に払えばリスクを補填すると言われた。この10年間空家が続くことがなかったが、この数か月2戸空いた。ローンも続いており、別の仕事で補填している。以前言われた口約束がどこまで通用するのか、相談先を知りたい。

⑦　**賃貸管理業者のトラブル情報**　【平成20年5月14日受付】
　入居中の賃貸アパートの管理会社とトラブルになりそうなので、転居を予定している。新たな入居予定先の管理会社が信用できるか心配である。苦情がないか調べたい。

⑧　**管理業務に関するトラブル１**　【平成20年5月14日受付】
　父が所有のアパートで漏水があった。建物の管理委託した会社の怠慢で、住民から損害賠償を求められた。管理会社の責任の追求は可能か。休日だったため、アパートの管理を任せた管理会社がきちんと対応しなかった。管理会社は24時間対応すると言っていたのに話が違う。住民からの苦情で、大家である父は対応のまずさを知った。このような場合、管理会社の業務の怠慢を追求することは可能か。

⑨　**管理業務に関するトラブル２**　【平成20年5月16日受付】
　アパート経営をしているが、管理会社が、勝手に内装工事を発注したり、駐車場利用料を一部入金しなかったりするので困っている。

⑩　**管理手数料に関するトラブル**　【平成20年5月16日受付】
　借主がトイレも鍵を壊してしまい、夜中に閉じ込められたとき、管理会社の人が駆けつけて修理してくれた。その時、鍵代のほかに手数料3千円を管理会社に請求された。家主である自分がそれを負担したが、毎月管理料を6千円余り払っていても、それとは別に1件依頼するごとに手数料を払わなければならないのか。

⑪　**個人情報に関するトラブル**　【平成20年6月2日受付】
　賃貸アパートの共有部分にチラシが沢山捨ててあったので、不動産管理業者に「もう少しきちんと管理をして欲しい」と申出た。すると、対応した担当者が、「何号室の誰々は高校を中退して水商売をしている」とか、「何号室の誰々はうるさくて周囲から苦情が出ている」とか、個人情報をべらべらしゃべるので、そんなことを言っても良いのかたしなめたら「そうですね」と言うだけだった。

第2章　賃貸住宅媒介・管理業務に係るトラブル等

1　賃貸住宅媒介・管理業務に係るトラブルと判例・行政指導・相談事例等

　賃貸住宅媒介・管理業務に関しては、後述するような判例、行政指導された事例、相談事例にみられるトラブルが絶えることなく発生し、こうしたトラブルが、不動産業者や従事者、業界全体のイメージを悪くしていると言えます。
　国民の多くが感じている不動産業者の悪しきイメージを払拭するためには、

1．宅建業法の規定を守ること
　宅建業者や宅建取引主任者が行うべきことを忠実に守り、守らせることによって、トラブルや苦情の申出を未然に防止する。

2．法的知識を身につけること
　法的知識が無かったために誤った対応がトラブルの原因となっている例が多く見られるため、関係法令等を熟知のうえ取引に臨む必要がある。

3．依頼関係や契約内容を書面化すること
　口頭による依頼が、お互いの思い違いを招きトラブルの原因となっている例が多いため、国土交通省（旧建設省）の示した標準契約書様式などを用いて書面による契約を励行する。

4．希望にあう物件を豊富に持っていること
　売買物件と同様に、指定流通機構等を通じて、物件の共有化を図るなどにより対処する。

5．接客対応をよくすること
　企業戦略の確立と従業員教育の徹底により、親しみやすさが感じられる接客対応技術を身に付けるよう、各企業が努力することが必要である。

6．店の雰囲気をよくすること
　店頭の店構えや、店内の明るさ、気が休まる雰囲気のレイアウト、物件情報の提供方法等に工夫を凝らし、入店しやすい店作りを心掛ける。

7．アフターサービスに努めること
　物件を紹介することのみならず、入居後の各種相談・問合わせに対し、親身になって対応する。

8．貸主の意向・疑問等を十分に把握し、賃貸借契約書等で明記し確認すること
　貸主の意向を十分に把握するとともに、貸主と賃貸借契約に盛込むべき事項や、貸主の義務、宅建業者の義務等を確認し、書面により明確にする。

9．借り希望者のニーズを十分に確認し、誠実な対応をすること
　借主のニーズを十分に確認し、誠実な対応により希望物件に近い物件を紹介するように努めるとともに、**契約内容の説明、法的な意味と権利義務、入居中の住まい方等について、十分な理解を求める。**

などの対応が考えられますが、宅建業者側は、入居者選定をする際に、「身なり」「言葉づかい」「対応態度」等を第一印象で判断するように、借り希望者側も、同様の観点で、業者選定をしていることに注意する必要があります。
　以下に、業務処理の手順に沿って「判例」、「行政指導された事例」、「相談事例」のトラブル内容とその解決の方向性を示しました。

【紹介する判例・行政指導事例・相談事例】
a．物件調査→　b．入居者選定→　c．重要事項説明→　d．預り金→　e．礼金→　f．設備協力負担金→　g．業務上の留意事項→　h．賃貸借契約の締結→　i．契約条項・特約→　j．駐車場契約→　k．保険への加入→　l．転貸借契約（サブリース）→　m．媒介報酬→　n．入居中→　o．連帯保証人の責任→　p．契約更新→　q．更新料→　r．更新事務手数料→　s．退去処理

≪a．物件調査≫
1【物件調査】 抵当権付き物件の斡旋に関する**相談事例**

> ① 重要事項として抵当権や根抵当権が付いていると説明を受け不安でしたが、仲介する業者Zの知人が所有する物件ということで、アパート賃貸借契約を締結し物件の引渡しを受けました（借主X）。
> ② ところが、入居3か月後に「競売により、私が新しい所有者になりました。内装工事後、新入居者を募集する予定なので、早急に部屋を明渡しして頂きたい」と新所有者Wに言われ驚きました。
> ③ 業者Zにこの旨を伝えると、物件の登記簿謄本を確認していなかったとのこと。業者Zと登記所で確認したところ、契約締結の4日前に差押えの登記がされており、契約締結2か月後には競売で所有権移転登記されていることが判明しました。
> ④ 事実を知った業者Zは、他人事のように「引渡し前に差押え登記がされているからには立退かなければなりません」と言いますが、納得できません。

結論

差押え登記がされた後に不動産の占有を開始した場合は、仮に明渡しを拒否しても、明渡しの強制執行をされる場合があります。従って、**借主**Xは、競落人Wの申出どおり**立退かなければなりません**。

なお、借主Xは、**仲介業者Zより差押え登記物件である旨の説明を受けていなかったことによる損害賠償（引越し費用などの負担）**を問うことが予想されます。

宅建業法第35条第1項第1号で「登記簿に記載された事項」を重要事項説明書に記載し説明することが規定されており、業者側が不適切な対応をした場合で、借主側が納得できないとして行政に申出れば、業者は業法違反に問われることになるため、最初から損害賠償に応じることが最善の対処方法であると思われます。

【参考】

短期賃貸借保護制度が廃止となった平成16年4月1日前に締結された建物賃貸借契約において、仮に、「建物の賃貸借の期間が3年以内のもので」、「借主が賃借権の登記をしていたり」、「差押え前に引渡しを受けている」場合は、民法第395条（抵当建物使用者の引渡しの猶予）の短期賃貸借の保護規定により賃貸借を抵当権者に主張でき、競落人はその期間、賃借権を認めることになります。

しかし、本相談事例の場合は、差押えられた後に物件の引渡しが行われたために、これに該当しませんので、立退きをする必要があります。宅建業者の事前調査が不十分だった結果、このようなトラブルになったと思われます。そのため、宅建業者は、賃貸住宅等を媒介する際、「建物登記簿に記載された事項」について、重要事項説明を行うことが義務付けられているため、当該物件の登記簿謄本、それも説明をする時点に最も直近の登記簿謄本によって、「所有権以外の権利に関する事項」の有無を確認したうえで、重要事項説明書に、その旨を記載・説明する必要があります。

> 旧民法第395条（短期賃貸借の保護）・・・**平成16年4月1日の改正民法の施行に伴い廃止**
> 　第602条ニ定メタル期間ヲ超エサル賃貸借ハ抵当権ノ登記後ニ登記シタルモノト雖モ之ヲ以テ抵当権者ニ対抗スルコトヲ得但其賃貸借カ抵当権者ニ損害ヲ及ホストキハ裁判所ハ抵当権者ノ請求ニ因リ其解除ヲ命スルコトヲ得
> **改正民法第395条（抵当建物使用者の引渡しの猶予）・・・平成16年4月1日より施行**
> 　抵当権者に対抗することができない賃貸借により抵当権の目的である建物の使用又は収益をする者であって次に掲げるもの（次項において「抵当建物使用者」という。）は、その建物の競売における買受人の買受けの時から6箇月を経過するまでは、その建物を買受人に引き渡すことを要しない。
> 　一　競売手続の開始前から使用又は収益をする者
> 　二　強制管理又は担保不動産収益執行の管理人が競売手続の開始後にした賃貸借により使用又は収益をする者
> 　2　前項の規定は、買受人の買受けの時より後に同項の建物の使用をしたことの対価について、買受人が抵当建物使用者に対し相当の期間を定めてその1箇月分以上の支払の催告をし、その相当の期間内に履行がない場合には、適用しない。

> **改正民法第602条（短期賃貸借）** 処分につき行為能力の制限を受けた者又は処分の権限を有しない者が賃貸借を
> する場合には、次の各号に掲げる賃貸借は、それぞれ当該各号に定める期間を超えることができない。
>   三　建物の賃貸借　3年　　（一、二、四号省略）
>
> 旧民事執行法第83条（引渡命令）・・・**平成16年4月1日の改正民事執行法の施行に伴い廃止**
>   2　買受人は代金を納付した日から6月を経過したときは前項の申立てをすることができない。(1、3～5項省略)
>
> **改正民事執行法第83条（引渡命令）・・・平成16年4月1日より施行**
>   2　買受人は、代金を納付した日から6月（買受けの時に民法第395条第1項に規定する抵当建物使用者が占有していた建物の買受人にあつては、9月）を経過したときは、前項の申立てをすることができない。(1、3～5項省略)

≪b．入居者選定≫

2【入居者等の確認】　未成年入居者の親権者未確認行為に関する相談事例

> ① 高校卒業した娘X2が、家出同然に上京しアパートに住んでいますが、未成年による借家契約は、親X1の同意がないと借りられないのではないでしょうか。
> ② 宅建業者Zの斡旋で賃貸借契約を締結したようですが、少なくとも業者Zは、契約締結に際し親が同意しているか否かについて照会すべきではないでしょうか。

結　論

「若いが年に似ずしっかりした印象であったし、家賃は、仕送りとアルバイト収入でまかなえるとのことで、物件も気に入って頂いたので契約した。」と仲介した業者は言っていますが、民法では、**未成年者**が借家契約などの「**法律行為**」をするには、その**法定代理人である両親等の同意を得なければならない**（第4条第1項本文）。同意なくしてなされた契約は、取消すことができる（同条第2項）と規定しています。

この事例の結末は、親X1が取消権を行使せず、借主X2の解約予告期間が2か月と約定されていたこともあって、2か月分の家賃を支払って合意解除することで解決したということです。

しかしながら、宅建業者として留意しなければならないことは、未成年者との借家契約に際し、媒介業者の調査義務（借家契約に際し親権者が同意しているかを確認すること）の欠落を指摘されていることです。未成年者が借主となる借家契約を締結する場合、「制限能力者の法律行為にあたる」ことへの配慮が必要となります。一般的には、両親に連帯保証人を引受けてもらうことによって（実印・印鑑証明書付き）、未成年者による借家契約の成約を追認したものとみなす取扱いをしています。

3【入居者選定】〔大阪地裁・平1(ワ)第3122号・平5.6.18判決〕
マンションの賃貸借につき、借主が外国人であることを理由に入居拒否したことが、契約準備段階における信義則上の義務に違反し、損害賠償義務を免れないとされた事例

> ① 協定永住の在留資格を持つ在日韓国人Xは、平成元年1月16日に転居しようと宅建業者Zを訪ね、社員Wの案内した物件が気に入った。
> ② 社員Wに外国人の入居は可能かどうか確認したところ、「中国人も入居しているので問題ありません。明日からでも入居できます」と言われたが、入居申込条件に『原則として日本国籍であること』『住民票が必要』と記載されていたため、再度確認したところ、外国人登録済証で代替えできるというので入居を決意し、入居申込書を提出して手付金5万円を支払い、「重要事項説明書」と「入居までに必要な書類と金額」と題する書面の交付を受け、残金と必要書類の準備の指示を受けた。
> ③ ところが、翌17日、社員Wから「家主Yは承諾しましたが、物件管理会社Vが日本国籍でないから入居はできないと言っている」旨の連絡を受けた。Xは、社員Wに抗議したら、「妻名義ならたぶん入居できると思うから、再度、管理会社Vと交渉する」と言った。
> ④ その翌18日、社員Wより「今度は、家主Yが入居はできないと言っている」旨の連絡を受けた。

その後、社員Wから「他の物件を紹介しますので入居は諦めて欲しい」と言われたが拒否した。
⑤ 翌19日、Z業者の支店長から「九分九厘、入居して頂けることになりましたので、明日の朝、連絡します」と言われ、翌20日、残金と必要書類を準備のうえ待機していた。20日午後3時前になっても、連絡がなかったので、残金支払期限でもあるので、残金111万9,500円を振込送金した。
⑥ ところが、「入居は無理でしたので、今から手付金5万円を返しに行きます」との連絡が入り、まもなく社員WがX宅を訪れ「家主は入居を承諾したが、今度は家主の息子が承諾しないので入居できなくなりました。5万円を返しますので受取って下さい」と申入れたが、入居希望者Xは受取を拒絶した。

裁判所の判断（大阪地方裁判所・平1(ワ)第3122号・平5.6.18判決／判例時報1468-122）

（1）　信義誠実の原則は、契約法関係のみならず、全ての私法関係を支配する理念であり、契約成立後は勿論、契約締結に至る準備段階においても妥当するものと解する。**契約締結の中止を正当視すべき特段の事情の無い限り、契約締結を一方的に無条件で中止することは許されず**、中止することによって損害を被らせた場合には、相手方に対する違法行為として、その**損害賠償を負うべき**ものと解する。

（2）　本件は、直接契約締結交渉を行ったものではなく、仲介業者を介してなされた入居申込に対して、契約締結を拒絶したに過ぎない。しかしながら、家主は、広く借主を募るため宅建業者Zに媒介業務を依頼して利益を得ている。その**媒介業者は、貸主の履行補助者に準じるものとして評価するのが相当**で、入居希望者は、媒介業者の言動を信頼して「**契約交渉が相当程度進行し、入居希望者は契約の成立を確実なものと期待するに至った以上、合理的な理由もなく契約締結を拒絶することは許されない**」と解するのが相当である。

（3）　入居希望者が在日韓国人であることを主たる理由として、契約締結の拒否したものと認められ、その拒否には合理的な理由が存在しない。従って、家主は、信義則上の義務に違反したものと認められ、入居希望者が、賃貸借契約の締結に期待したことによって被った損害につき、賠償する義務がある。

（4）　賃貸契約不成立によりXが引越センターに支払った違約金1万7千円及び精神的苦痛を被ったことは明らかであるため**慰謝料**として20万円、弁護士費用のうち負担すべき**損害額**5万円の合計26万7千円を**家主**Y・**媒介業者**Zが**連帯して支払うこと**。

4【入居者選定】〔簡易裁判所・平5.10.20判決〕
借主が指定暴力団に無断転貸し、暴力団事務所が開設された事例で、建物明渡しを認めた事例

① 宅建業者Zは、所有者Yから戸建住宅の入居者募集と管理を依頼された。
② 業者Zは、従業員の社宅として借家を探していた建設業者Xを所有者Yに紹介し了解を得て、貸主Y、借主X、入居者W、立会宅建業者Zとなる建物賃貸借契約が成立した。契約書によれば、入居者Wは夫婦、子供1人の3人家族となっている。
③ ところが、入居当日、建物近くの路上に、一見して暴力団と判る男数名がたむろし、携帯電話で「事務所開設うんぬん・・・」と言っていたという連絡が業者Zに入り大騒ぎとなった。業者Zが当該建物に駆けつけたが入居者Wの姿はなく、下駄箱の上には代紋が置かれ、床の間には、親分と思われる写真が飾られ、十数名の男たちの中には小指を詰めている者もおり、会話内容等から暴力団組事務所としての様相を呈していた。
④ 翌日、契約上の入居者Wと会い説明を求めたところ、借主Xの従業員でもなく暴力団事務所として使用する目的であることが明らかになった。業者Zは、借主Xに連絡したが、話を聞こうとしない。賃貸建物内にいる者に問いただすと「Wを介してXから転借している。ワリャァ、入居してしまったものを出て行けというつもりか」と居直られてしまった。
⑤ 万策尽きた業者Zは、暴力追放運動推進センター（以下「暴追センター」という。）に相談した。

> 裁判所の判断（簡易裁判所・平 5.10.20、原告勝訴判決）

相談を受けた暴追センターは、建物賃貸借契約書を中心に、事実関係の調査・確認を行ったところ、契約書には、
(1) 入居目的は、借主Xが従業員であるWの宿舎として借り受けたものである。入居者は、Wとその妻、子供の3人家族である。
(2) 賃料は、Wが銀行振込により指定口座に納付する。
(3) 契約書には、無断転貸を禁止する旨の規定が定められている。
(4) 特約事項として「暴力団に類する者であることが判明した場合には、貸主は催告等の法的手続きを経ないで契約解除することができる」旨の記載がされている。

これに対して、
(5) 実際に入居したのは、指定暴力団である。入居名義人であるWは、その周辺者と思われるが、身分は確認できない。
(6) Wを介在して入居している暴力団員は、借主Xから転借したというが、いわゆる口約束である。

以上の事実関係及び、暴追センターから借主Xに電話連絡しても居留守を使って本人からの事情聴取ができないこと、既に暴力団事務所となっている状況から、法的措置をとることが最善と思われたので、所有者Y・宅建業者Zに対し、暴力追放相談員であるD弁護士への相談を勧めた。D弁護士は、典型的な暴力団事務所設置であると判断し、所有者Yの代理人として平成5年8月12日付で管轄裁判所に「建物明渡しを求める民事訴訟」を提起した。

簡易裁判所は、平成5年10月20日、**原告勝訴の判決**を下した。

再チェック 【宅建業者としての留意事項】

宅建業者の入居者調査がズサンであったと言えます。借主の申出を軽信し調査を怠ったものですが、本来、「借主の経営内容」「営業状態」「業界における評価」などを調べれば、借主が暴力団と極めて密接な関係にあることは判明できたはずです。また、実際の入居者である従業員についても「住民票謄本」の提出を求める等の対応をすれば、「うそ」は見破れたはずです。

一方、宅建業者の使用した建物賃貸借契約書に暴力団排除条項が明記されていたことが、公判過程で重視され、異例の速さで勝訴判決が得られたものです。

≪c．重要事項説明≫

5【重要事項説明】 抵当物件の借家についての重要事項説明に関する**相談事例**

> 短期賃貸借保護制度とその廃止後の問題について教えて下さい。

> ① 短期賃貸借保護制度とは何ですか。

短期賃貸借保護制度とは、「抵当権が設定されている物件について、賃借人（借主）が短期（建物の場合は3年以内、土地の場合は5年以内）の賃貸借契約を締結した場合、その抵当権が実行され、物件が競売落札された（物件の所有権が買受人に移転）後でも、賃借人は、買受人（競落人）に対し、残存契約期間の賃借や敷金返還請求ができるもの」（旧民法第395条）ですが、平成15年7月25日に「担保物権及び民事執行制度の改善のための民法等の一部を改正する法律」が成立し、同年8月1日に公布され、8か月間の猶予期間が経過した**平成16年4月1日から、改正法律が施行されました。**

この施行により、**賃借人は買受人に対して、残存契約期間の賃借や敷金返還請求ができなくなりました。**

> ② 何故、短期賃貸借保護制度を廃止したのですか。

短期賃貸借保護制度は、次のような理由で廃止されました。

（1） 競売不動産の買受人から不当な立退料を得ることなどを狙った執行妨害の手段として、しばしば濫用されていること。
（2） 競売手続の途中で賃借期間が満了した賃借人は、全く保護が受けられないなど、賃借人保護の制度としても合理的でないこと。

③ 短期賃貸借保護制度を廃止して、どう変わったのですか。

短期賃貸借保護制度を廃止し、新たに建物の明渡猶予制度が導入されました**(改正民法第395条)**。
この明渡猶予制度は、
（1） 抵当権が設定されている建物の賃借人は、その賃借期間の長短などに関係なく、その抵当権が実行されて家主が代わった場合であっても、新たな家主の買受け後6か月間は、そのまま建物に居住できることになりました。
（2） この猶予期間中は、買受人に賃料相当額を支払うことになりますが、その支払を1か月以上怠った場合には猶予期間そのものが認められなくなります。
（3） また、買受人に対する敷金返還請求はできなくなりますが、元の家主に敷金返還を請求することは可能です。
（4） なお、抵当権が設定されている建物や土地を借りる場合でも、その前に登記された全ての抵当権者が同意し、その同意が登記されたときは、当該抵当権者や買受人に契約期間終了時または更新期間終了時までの賃借や敷金返還請求ができます。

以上のように、短期賃貸借保護制度が廃止されたことにより、賃借している物件の抵当権が設定されている場合、賃借人の立退きや敷金返還について、従来の取扱いが大きく変わることになりました。

④ 経過措置はないのですか。

（1） この法律が施行（平成16年4月1日）される前から「短期賃貸借契約」を結んでいる場合（この法律の施行後に更新されたものを含む。）は、引続き短期賃貸借としての保護を受けることはできます。つまり、新たな家主に対して契約期間終了時または更新期間終了時までの賃借や敷金返還請求が可能です。しかし、明渡猶予制度は適用されません。
（2） これに対して、この法律が施行された後に、新規の建物賃貸借契約を結んだ場合は、短期賃貸借としての保護を受けることはできませんが、明渡猶予制度が適用されることになります。

⑤ 既に抵当権が設定されている建物を賃貸借した場合、改正法律が施行された平成16年4月1日前後の関係法令の適用の違いを教えて下さい。

A． 改正法施行前から賃貸借契約を結んでいる場合

（1） 改正法施行前に原契約が締結されている場合で、改正法施行後に競売が開始された場合
【競落後の居住】契約残期間に限り可能。【敷金返還】買受人（新家主）に請求は可能。

```
                    H16.4.1
短期賃貸借契約締結  改正法施行   競売開始    競落       契約期間終了
------●-----------○----------▲---------▼---------◆→期間満了時明渡し
```

（2） 改正法施行前に原契約が締結され、改正法施行後に賃貸借契約を更新し、その後に競売が開始された場合
【競落後の居住】契約残期間に限り可能。【敷金返還】買受人（新家主）に請求は可能。

```
                    H16.4.1
短期賃貸借契約締結  改正法施行   契約期間終了       競売開始    競落      契約期間終了
------●-----------○----------◆【更新】-------▲---------▼---------◆→期間満了時明渡し
```

(3) 改正法施行前に原契約が締結されている場合で、改正法施行後に競売が開始され、その後に賃貸借契約を更新した場合

【競落後の居住】不可。【敷金返還】買受人（新家主）に請求不可。元家主に請求可。

```
                        H16.4.1
短期賃貸借契約締結    改正法施行    競売開始    契約期間終了    競落
-----●---------------○------------▲-----------◆【更新】-----▼→ただちに明渡し
```

B. 改正法施行後に賃貸借契約を結んだ場合

(1) 改正法施行後に原契約を締結した場合で、その後に競売が開始された場合

【競落後の居住】6か月間は可能。【敷金返還】買受人（新家主）に請求不可。元家主に請求可。

```
H16.4.1
改正法施行    賃貸借契約締結    競売開始    競落
-----○--------------●-------------▲----------▼------→×競落後、6か月で明渡し
```

(2) 改正法施行後に原契約を締結し、賃貸借契約を更新した後に競売が開始された場合

【競落後の居住】6か月間は可能。【敷金返還】買受人（新家主）に請求不可。元家主に請求可。

```
H16.4.1
改正法施行    賃貸借契約締結    契約期間終了    競売開始    競落
-----○--------------●---------------◆【更新】------▲----------▼-----→×競落後、6か月で明渡し
```

(3) 改正法施行後に原契約を締結した後に競売が開始され、その後に賃貸借契約を更新した場合

【競落後の居住】6か月間は可能。【敷金返還】買受人（新家主）に請求不可。元家主に請求可。

```
H16.4.1
改正法施行    賃貸借契約締結    競売開始    契約期間終了    競落
-----○--------------●---------------▲----------◆【更新】----▼-----→×競落後、6か月で明渡し
```

6 【重要事項説明】 抵当物件の借家についての重要事項説明に関する**相談事例**

> 建物賃貸借の媒介に当たり、今後の抵当権が設定されている建物の取扱いについて教えて下さい。

従来の抵当権の設定登記がなされている抵当物件についての借家は、「短期賃貸借保護の制度」（旧民法第395条）、つまり、期間3年以内の建物賃貸借による入居者は、競売開始前の賃貸借契約（競売開始前の更新を含む。）による賃借期間が、競落人の代金納付（所有権移転）の時点でまだ残っている場合には、競落後も賃借人として保護〔借家権を買受人に対抗（主張）し、居住し得た〕されていました。

しかし、短期賃貸借保護制度（以下、本事例で「短賃保護制度」という）は、いわゆる占有屋に悪用されていること等の理由から民法等を改正し廃止され（平成15年7月25日）、新たに「**明渡猶予制度**」、つまり、**建物賃借期間の長短に関係なく、競売開始前から入居している全ての賃借人が、競落人の代金納付（所有権移転）の時から6か月間はそのまま居住できるという制度**が導入（平成16年4月1日）されました。

従って、本改正は、競落する立場からすると、目的物件における借主等占有者の立退きが容易になし得ることになり、メリットがあります。

① では、短賃保護制度が廃止された後の抵当物件の借家はどうなるのですか。

(1) 抵当権に遅れる借家は、その期間の長短にかかわらず、抵当権の実行による競売における買受人に借家権を対抗することができません（**改正民法第395条**）。

(2) 抵当権者側に対抗できない借主は、目的建物の競売によりその所有権が買受人に移転したときから6か月間の明渡猶予期間内に目的建物を明渡さなければなりません。

(3) その猶予期間内でも、その対抗できない借主が買受人に1か月以上の対価の支払いを怠れば、明渡しの猶予もなくなります。

(4) なお、買受人が従前の借主に従前どおりの居住を認める場合には、改めて新規の借家契約の締結と新たな敷金の預託等が求められます。

② 短賃保護制度廃止施行後、抵当物件の借家は従来のそれに比べ、借主は、どのような変化と影響を受けますか。

(1) 借主は、借家に少なくとも2年間といった契約期間内は居住し得ると思っていたのに、(賃料の滞納等の帰責性が全くないにもかかわらず、貸主側の事情により)競落した買受人から明渡しを迫られ、引越しを余儀なくされることになります。

(2) さらに、敷金(保証金)についても返還(清算)されないおそれが強いということです。というのは、そもそも居抜き(借主付き)の建物売買においては、明渡時の敷金清算は、「敷金清算の持ち回り」ともいって、旧貸主・売主ではなく、新貸主・買主が敷金の清算をしなくてはなりません**(最高裁・昭44.7.17判決)**。このことは、基本的には、競売によるオーナーチェンジについても同様です。そこで、借主が短賃保護制度により借家権を買受人に対抗し得たときは、買受人に対しその清算を求め得た

が、短賃保護制度の廃止施行後になると、抵当物件の借主は借家権を競売の買受人に対抗し得ない。借主が借家権を買受人に主張し得ない以上、買受人に敷金の清算を求め得ないということになります。その結果は、借主は、元の貸主に敷金の清算を求めるほかない。だが、抵当権が実行されていることを考えるとその実効性は乏しいであろう、ということなのです。

③ このような事態が予測されるとなると、抵当物件の借家を媒介(または代理)する業者として、短賃保護制度廃止施行後は、どのような考え方で、具体的にどのように対応すべきですか。

業界の一部では、かつて建物賃貸借の媒介に係る「重要事項説明」における登記簿の記載事項について「抵当権の設定登記の有無のみ」を記載し説明すれば足りるとする意見がありました。この「抵当権の設定登記の有無のみ」を説明すれば足りるとする扱いは、一部業者に、登記簿調査をせず、「重要事項説明」に全て「抵当権の設定登記あり」の記載をもって済ますやり方をもたらしました。その記載は、抵当権の設定登記があれば(一応)正しく、仮に抵当権の設定登記がなければ、誤った説明になります。しかし、その誤った説明ではあっても、借家権が引渡しにより対抗要件を備えれば(借地借家法第31条第1項)、その後に抵当権等が設定されても主張(対抗)し得るので、借主に不利益をもたらすことはないのではないかというのです。

しかし、そのような(登記簿の調査もしないような)対応が明らかに不適切であると証明された事件が発生しました。それは、対象物件に抵当権が設定登記されているに止まらず、その実行に伴う差押えの登記がなされていたからです。すなわち、差押えには、賃貸等の処分禁止効(民事執行法第145条第1項)があるので、契約期間の途中で抵当権の実行により明渡しを余儀なくされた借主が、貸主に債務不履行責任を問うても埒が明かないことから、このような事故物件を何らの説明や断わりもなく斡旋したのかと媒介業者が責任を問われ、東京地裁(平4.4.16判決)は、報酬7万円を受領した業者に対し、(対象物件が店舗だったこともあり)400万円に近い賠償を命じました。

このような事件の結果を勘案すると、従来のように「重要事項説明」で「抵当権設定登記あり」と説明するだけでは明らかに不十分であると言わざるを得ません。そこで、媒介等を行う業者としては、本件のような抵当権の実行のために差押えの登記がなされているものを除き、借受希望者に対し(また、業者の自己防衛の観点からも)、「重要事項説明書」の備考欄等に、下記のような説明を付記して対応したらどうかと論議されています。

【記載例】

「本物件は、既に抵当権が設定登記されていますので、借主はその抵当権が実行され競売による買受人から明渡しを求められたときには、買受人の所有権取得後6か月を経過するまでの間に明渡さなくてはならないことになります。なお、この場合、貸主に預けた敷金(保証金)についての清算も買受人には求めることができません。」

7 【重要事項説明】　首吊り自殺のあった物件に関する相談事例

① 妻及び子供3人の5人家族で賃貸マンションが手狭になり、郊外に中古戸建住宅を借りました。家賃は、ほぼ近隣の相場どおりです。
② ところが、住み始めて1か月が経った頃、妻が聞いた近所のうわさによると、事業に失敗した前所有者が3年前にリビングルームで首吊り自殺したということでした。現在の家主Yは、相続人から破格の安値で買取ったらしいのです。
③ 建物自体に問題はありませんが、事実を知った以上、住み続ける気持ちにはなれませんし、3人の子供たちがこの事実を知った場合、情緒面での影響も心配されます。
④ 契約を解除して転居したいのですが、引越費用等を家主に請求できないのでしょうか。

裁判所の判断

建物として通常有すべき設備を有しない等の「物理的欠陥としての瑕疵」のほか、建物は、継続的に生活する場であるから、建物にまつわる嫌悪すべき歴史的背景等に原因する「心理的欠陥も瑕疵」と解することができるとしています。

大阪高等裁判所・昭37.6.21判決（判例時報309-15）は、「死後7年経過していること、縊死（首吊り）自殺のあった座敷蔵は既に取り除かれて存在しないことなどの事情を理由として、瑕疵にはあたらない」としています。一方、「マンションのベランダで縊首自殺後6年3か月間、生活した後に建物を売買した事案で瑕疵と認められた」（**横浜地裁・平1.9.7判決**／判例時報1352-126）ものもありますので、『10年程度までであれば、その他の事情と合わせて瑕疵と認定され得る可能性がある』と思われます。

結論

具体的には、自殺が発生した時期、態様、場所、死者の数、その後の居住者の有無、近隣での周知性の高低、等々の事情を総合的に考慮して判断することになります。

本事例では、事件後まだ3年しか経っていないこと、自殺のあった場所が通常生活すべきリビングルームであることから瑕疵と言ってよいでしょう。

従って、**借主**は、**隠れた瑕疵**、すなわち**知らなかったことについて過失がなかったようなときは、貸主に対し瑕疵担保責任を問い損害賠償請求ができます。居住の目的を果たせないような場合には賃貸借契約を解除することもできます。**

また、3年前の自殺の事実を知りながら、その情報を秘密にして賃貸借契約を締結した家主Yに対しては、告知義務違反を理由として契約を解除できる可能性があります。この場合は、**約定による解除ではありませんので、1か月前に告知しなくても、その分の賃料を取られることはありません。また、新たに転居する費用も損害賠償として請求することができます。**

① 貸主は、自殺があったことを借主（予定者を含む。）に予め告知すべき義務がありますか。

契約当事者は、相手方に不測の損害を及ぼさないよう、信義に従い誠実に行動すべき義務を負います（民法第1条第2項）。

賃貸借契約の場合は、借主に継続的に使用収益させることが契約の本旨ですから、瑕疵の程度により借主の使用収益が十分になされない可能性がある場合には、貸主は予めその事情を告知すべき信義則上の義務を負うものと解されます。

家主は破格の安値で買取ったということですから、当然に自殺のあったことを知っていたと思われます。それにもかかわらず事実を告知しなかったことは、告知義務に違反し、これを理由に解除できる可能性があります。

民法第1条（基本原則）　私権は、公共の福祉に適合しなければならない。
2　権利の行使及び義務の履行は、信義に従い誠実に行わなければならない。
3　権利の濫用は、これを許さない。

② 告知義務違反を理由に解除した場合、家主に対して転居のための引越費用も請求できますか。

　借主が予め自殺のあったことを知っていれば、建物について契約することはなかったと思われますので、引越の必要は本来なかったものです。事情を知って解除した場合に、転居は必ず必要なものですから、解除と引越費用との間には相当因果関係が認められます。従って、引越費用の請求は可能です。
　また、この場合、契約を将来に向かって消滅させる「解約告知」とは異なりますので、約定に「解約告知は1か月前までになすこと」の定めがある場合でも、1か月分の家賃を払う必要はありませんし、家主に礼金を支払っていれば、それも返してもらえることになります（「賃貸住宅紛争の上手な対処法」仙台弁護士会/編著より抜粋）。

8【重要事項説明】　媒介業者の責任

重要事項説明を怠った場合の宅建業者の責任の有無について教えて下さい。

　国や都道府県の宅建業法所管課窓口に、持ち込まれる宅地建物の取引に関する苦情や紛争相談件数は、かつては年間3万件を超えていましたが、バブル崩壊後はその件数も減少傾向にあるものの、それでも年間5千件に達しています。この中で最も多い紛争内容は、重要事項説明をめぐる紛争です。
　重要事項説明をめぐる紛争は、基本的には宅建業者がその調査を怠ったため生じるものです。（財）不動産適正取引推進機構では、「業者が調査、重要事項説明を怠った場合、どのような責任を問われ、どのようになったか」を、判例、処分事例、紛争相談等から整理して公表しています。そのうち、主に賃貸住宅に関する業者責任を抜粋して紹介します。

① 基本的調査を怠ったもの

　判例は、調査義務に違反すれば、直ちに責任を認めていますが、処分事例等では、調査を怠っただけでなく説明を怠ったとして、説明義務違反で責任を据えています。
（1）　宅建業者は、取引関係者が不測の損害を被らないように、誠実に業務を処理すべき義務を負い、権利関係等について十分な調査を行うことを要する。
（2）　権利関係の調査については、登記簿で確認することが、宅建業者としてなすべき「初歩的な注意義務」である（**東京地裁・昭62.1.29判決**／判例時報1259-72）。
　　この調査は、最近のものでなければならない。1か月前の登記簿で確認しても、その後、所有権が移転されれば、免責されない（**東京地裁・昭59.2.24判決**／判例時報1131-115）。
（3）　登記名義人と売主とが異なるときは、真の所有者が誰であるか確認しなければならない（**東京地裁・昭33.5.21判決**／判例時報154-26）。どのような過程（中間省略など）を経て登記が移転されるかも明らかにすべきである。
（4）　代理人については、委任状、印鑑証明書等によって、代理権の有無を調査し、疑いがあるときは、直接本人に照会する等しなければならない（**東京地裁・平1.2.6判決**／金融・商事判例823-20等）。特に身内であるほど無権代理はやりやすいことに留意する。

② 説明をしなかったもの

（1）　宅建業者は、宅地建物の取引に当たって、重要事項について必ず説明しなければならない。説明を怠ると責任を問われることになる。
（2）　説明すべき事項は、当事者の契約意思決定に重要な影響を及ぼす事項である。宅建業法第35条第1項各号の列記事項は、宅建業者がその相手方または依頼者に説明すべき事項のうち、最小限の事項を規定したものであり（**昭42.9.23建設省計画局長通達**）、「第35条に規定されていない事項であっても、具体的な取引において購入者等に不測の損害を与えるおそれのある事項であって、取引時に明らかになっているものについては、併せて説明するよう努めること」とされている（**昭59.12.20建設省・不動産業課長通達**）。なお、具体の紛争事例においても、「環境関係」等、幅広い事項の説明が問

題となっている。
(3) 説明を怠るのは、通常調査を怠るからである。
　　宅建業者の中には、「調査対象法令が多すぎて業者のなし得るところではない」とか、「賃貸借契約については慣習上、差押登記の調査をしていない」等の主張を裁判の席上で行っている例が見受けられるが、『これらの事由によって免責されるものではない』とされている。
　　法令制限の調査は「所轄機関」に照会し、また、マンションの管理規約、修繕計画については、マンション管理組合等に対して照会するなどしなければならない。
(4) 中には、売主等から告知されていながら、買主に告げない者もいる。故意に事実を告げないときは、宅建業法第47条違反となり（**昭47.6.16・建設省不動産業室長回答**）、また、詐欺になる（**東京地裁・昭53.10.16判決**／判例時報937-51）。
(5) 宅建業者は、販売に不利なマイナス情報を隠す傾向がある。特に、環境関係等については、その傾向が強いが、事前にこれを正確に説明しておかないと、かえって不利益が増大する。
(6) **調査しても、分からない場合がある。その際は、このような調査をして、このような内容しか分からないと説明をすべきである。**

③ 不十分な説明、誤解を生ずる説明をしたもの

　重要事項説明は、当事者が契約締結の意思決定をするのに、誤りのないように、的確に行わなければ、責任を問われることになる。中途半端な説明ではいけない。
(1) 重要事項説明は、正確に行わなければならない。説明をしても、その内容が不十分であったり、誤解を生じたりするものでは、説明をしたことにはならない。
(2) 市街化調整区域について、「市街化調整区域」欄に○印をつけても、その内容を説明しなければ、説明したことにならない。また、「市街化調整区域、建築許可を要す。」では、誤解を生ずる。
(3) 建築基準法上の道路に接していない物件について「道路位置指定なし」「4mの公道に0.91m接道」等の説明では、誤解を生ずる。
(4) 国立公園特別地域について「自然公園法の適用あり」とのみ説明したもの、河川拡幅対象地で建築規制の行政指導のあるものについて「一級河川改修計画あり（拡幅）」と記載したのみでは、説明を尽くしたことにはならない。
(5) 将来の見込みについても「将来、市街化区域になる」と説明したが、いっこうに市街化区域にならないもの、「日照は問題ない」と説明したが、「その後、南側隣地にマンションが建築された」場合も責任を問われる。

④ 誤った説明をしたもの

(1) 重要事項の説明を業者が誤ってはならないことは、当然のことである。
(2) 当該物件の説明の誤り（「再建築不可なのに建築可と説明」「用途地域、建蔽率等を誤る」「経費負担を誤る」等）のほか、周辺環境について虚偽の説明をするものがある。いずれも責任を問われる。
(3) 説明の誤りには、「故意に虚偽の事実を告げるもの」と「調査を怠って誤った説明をするもの」とがある。
　　宅建業者が、故意に不実の事実を告げれば、宅建業法第47条第1号違反となる。
　　契約の重要事項についての宅建業者の誤った説明により「当事者が錯誤に陥ったとき」は、要素の錯誤により無効となることがあり（**東京地裁・平5.3.29判決**／判例時報1466-104等）、不法行為責任または債務不履行責任を負うことがある。
(4) 調査を怠って誤った説明をしたものには、「宅建業者が誤った事実を正しいと思い込んでいるもの」のほか、「他の資料（業者間のビラ、他業者・売主の言など）を信じて、調査を怠るもの」があるが、正確な調査をしない以上、責任を取らなければならない。他に責任を押し付けることはできない。「宅建業者の内部連絡の悪さにより、虚偽の説明になる」こともある。
(5) 賠償額は、高額になる傾向があり、2億円の賠償を命ぜられた例もある。また、経費負担の説明を誤ると、全額宅建業者が負担することとなっているようである。

再チェック！ 【宅建業者としての留意事項】

(1) **基本的な調査を怠らないこと**

重要事項説明に当たっては、権利関係、法的規制、取引条件等について、正確に調査し、確認することが基本です。その調査は、必ず自分で確かめることが必要であり、他人の言、他人の資料を鵜呑みにしてはならず、かつ、その調査は、最新の時点で行わなければなりません。

(2) **マイナス情報を隠さないこと**

宅建業者は、往々にして不利な情報に触れない傾向にあり、不利な情報を隠すと、かえって後日紛争が大きくなります。初めに、不利な情報も開示し、そのうえで契約を締結することが大事です。

(3) **説明は、的確に行うこと**

中途半端な説明、無責任なセールストークは、紛争のもとになります。調査した事項は、相手が理解できるように、正確に伝えなければなりません。

(4) **虚偽の説明をしないこと**

虚偽の説明をすると、紛争が大きくなります。賠償額も大きくなり、処分も重くなります。うっかり調査を怠って、虚偽の説明をしてしまうこともありますが、できる限り早く訂正することが大事です。

宅建業法第35条（重要事項の説明等） 宅地建物取引業者は、宅地若しくは建物の売買、交換若しくは賃借の相手方若しくは代理を依頼した者又は宅地建物取引業者が行う媒介に係る売買、交換若しくは貸借の各当事者（以下「宅地建物取引業者の相手方等」という。）に対して、その者が取得し、又は借りようとしている宅地又は建物に関し、その売買、交換又は貸借の契約が成立するまでの間に、取引主任者をして、少なくとも次に掲げる事項について、これらの事項を記載した書面（第五号において図面を必要とするときは、図面）を交付して説明をさせなければならない。〔以下省略〕

宅建業法第47条（業務に関する禁止事項） 宅地建物取引業者は、その業務に関して、宅地建物取引業者の相手方等に対し、次の各号に掲げる行為をしてはならない。

一 **重要な事項について、故意に事実を告げず、又は不実のことを告げる行為**

二 不当に高額の報酬を要求する行為

三 手附について貸付けその他信用の供与をすることにより契約の締結を誘引する行為

≪d．預り金≫

9【契約前の預り金】 契約締結前に預けた申込証拠金を全額返還させた**相談事例**

① 入居希望者Xは、宅建業者Zが案内するアパートが気にいったので、その旨を告げたところ「この物件は人気があるので、急がないとすぐ他で借り手が付いてしまう。物件を押さえるためには、家賃1か月相当額を支払って下さい」と言われ78,000円を支払った。

② その後、Xは、「物件に住むことになったら」という前提で、いろいろと調査を始めたところ、交通の便が非常に悪いことが分かり、借りるわけにはいかないと考え、支払済金銭を返して欲しいと業者Zに申出た。

③ 業者Zは、「物件を押さえる意味で支払った金銭は、手付金であるから、取り止めるなら、手付金を放棄することになる。貸主Yが承諾したので手付金として渡しました。受取った金銭が手付金として扱われる理由は、賃貸借契約は諾成契約であり、貸主Yが承諾した時点をもって成立したことになるからである」と答えた。金銭と引換えに交付された手付金受領証に、こういった事態が発生した時は、支払済金銭を没収する旨を記載しているとして業者は、Xの申出を断った。

④ 入居希望者Xは、業者Zの説明に納得できず業法所管課に申出た。

結 論

業法所管課としては、「申込証拠金の額が78,000円と大きいこと」と、「申込から取り止めまでの期間が3日間と短いこと」等を考慮して、業者Zに対して**全額を返還すべきであると**指導した。

業者Zは、貸主Yと交渉したうえで、入居希望者Xに支払済金銭（78,000円）を返還した。

業法所管課の見解

宅建業者Zが言うとおり、賃貸借契約は諾成契約ですが、もし賃貸借契約が成立しているとすれば当然、宅建業者は、入居希望者に対して宅建業法第35条の重要事項説明書を交付することになります。しかし、入居希望者Xには、物件の案内をしただけで、重要事項説明書を交付していなかったため、賃貸借契約が成立していると主張する業者Zは、明らかに宅建業法に違反することになります。

また、「物件を押さえるため」という説明で受取った金銭が「契約が成立したから手付金に変わった」という業者の言い分は、正しくはありません。そもそも、入居希望者Xに、貸主Yの名前すら知らせておらず、賃貸借契約書も交付していない状態で支払われた金銭は、手付金としての取扱いを受けるべき金銭ではありません。物件を押さえる目的で支払った金銭ですから、順位確保のための「申込証拠金」と解するのが妥当です。だとすれば、受取った金銭は、入居希望者Xに返還しなければなりません。

宅建業法第35条（重要事項の説明等） 宅地建物取引業者は、宅地若しくは建物の売買、交換若しくは貸借の相手方若しくは代理を依頼した者又は宅地建物取引業者が行う媒介に係る売買、交換若しくは貸借の各当事者（以下「宅地建物取引業者の相手方等」という。）に対して、その者が取得し、又は借りようとしている宅地又は建物に関し、その売買、交換又は貸借の契約が成立するまでの間に、取引主任者をして、少なくとも次に掲げる事項について、これらの事項を記載した書面（第五号において図面を必要とするときは、図面）を交付して説明させなければならない。　（1項各号、2項は省略）

3　取引主任者は、前二項の説明をするときは、宅地建物取引業者の相手方等に対し、取引主任者証を提示しなければならない。

4　第1項又は第2項の書面の交付に当たっては、取引主任者は、当該書面に記名押印しなければならない。

宅建業法第37条（書面の交付）

（第1項省略）

2　宅地建物取引業者は、宅地又は建物の貸借に関し、当事者を代理して契約を締結したときはその相手方及び代理を依頼した者に、その媒介により契約が成立したときは当該契約の各当事者に、次の各号に掲げる事項を記載した書面を交付しなければならない。（以下各号省略）

3　宅地建物取引業者は、前二項の規定により交付すべき書面を作成したときは、取引主任者をして、当該書面に記名押印させなければならない。

10【入居申込証拠金】　入居申込をキャンセルしたことに伴い申込証拠金を返還させた**相談事例**

① 婚約者と入居希望者Xは、宅建業者Zの案内したアパートを気に入り迷っていると、「この物件はよい物件だから、直ぐに決まってしまうよ。押さえておくことはできるが、それには幾らかの申込金を置いていきなさい」としきりに言うので、2万円を渡して帰った。その際、業者Zから「受領金2万円、物件所在地・部屋号数、預り金の有効期限、契約が成立しない場合申込は無効となり申込証拠金を没収する旨、受領年月日、貸主の住所・氏名、代理人Z不動産・代表者D㊞」が記載された「申込金預り証」をもらった。

② 一人っ子のXは、結婚当初は別居生活するつもりであったが、その夜、母との話し合いで、最初から同居することになった。

③ Xは、翌朝一番で業者Zに事情を述べ「入居は止めにしたので、2万円を返して欲しい」と申出たところ、契約が成立しなかった場合は、申込金預り証にも書いてあったとおり申込金は没収となるのでお返しできない」と言われ、Xは納得し諦めて帰った。

④ しかし、母は納得せず、「昨日の今日ではないか、没収はひどい」と直ぐに業者Zに出向いて掛け合ったが、主張は平行線で埒があかないので、業者が所属している協会へ相談に訪れた。
Xの母は、「申込んでから一週間も経つのであれば没収もやむを得ないかもしれないが、決めかね

ているのに、申込金を置いていけ」と言われ、置いていかせた挙句、翌朝一番で断わりに行ったのに「2万円を没収します」は、人情味に欠ける取扱いであり納得できないという言い分である。

【業者の言い分】
「当社だけでなく、他業者も大家Yから仲介を頼まれている状態にあって、早く大家さんに申込金だけでも置かないと、他業者の仲介で直ぐにでも決まってしまいそうな雰囲気であった。物件案内後、大家さんが近所なので、直ぐに届けてある。申込んで1日しか経っていないので、お気持ちは分かるが決まりなので、没収はやむを得ない」。

結論

預り金の取扱いについて、「契約締結以前の預り金等は、いかなる名目の金銭であっても、原則的に受領しない。」「また、入居希望者が検討のため物件を一定期間、確保したい旨の特段の依頼のもとで預託された場合であっても、契約成立の有無に拘らず、一旦は入居希望者に返還する」「さらに、特段の依頼のもとで金銭を預かる場合は、『預り証』の交付、または後々の紛争を防止するため入居希望者との間で『媒介契約』を締結するなどの措置をとること」とした宅建業法所管の国土交通省（旧建設省）、と都道府県の業法所管課の指導があるので、相談を受けた協会は、預かった2万円を入居希望者Xに返還するよう努力してもらいたい旨、業者Zに伝えた。**業者Zは、大家Yを説得して2万円をXに返還した。**

【参　考】
「預り金・申込証拠金等」は、一般に入居希望者が、媒介業者の提示した物件の中から、物件を特定した時から契約締結までの一定期間、当該物件を確保して欲しいと一定の金銭を媒介業者に預けるものです。一方、媒介業者側からすれば、入居希望者が物件を特定した後、入居の適・不適を検討している間、入居希望者を留める機能を持っています。金銭を預ける効果は、媒介業者が貸主から入居者選定に関する代理権を与えられている場合を除き、入居希望者が預け金を渡したからと言って必ずしも貸主が貸すことを承諾したという保証があるわけでなく、その性格は明確ではありません。

≪e．礼金≫
11【業者の礼金扱い】〔東京簡易裁判所・平11.3.26判決〕
借主が礼金として賃料の2か月分を支払ったうちの1か月分を媒介業者が管理費として取得した事案で、当該金員を借主に返還するよう命じた事例

① 借主Xは、宅建業者Zの仲介により、アパートの1室を月額賃料79,000円で賃借する契約を締結し、礼金は賃料2か月分だと言われたので158,000円を業者に支払った。
② ところが、宅建業者Zは、礼金2か月のうち1か月分だけを貸主Yに渡し、残りの1か月分は業者Z自身が取得しているらしいことが分かってきた。
③ そこで、借主Xは、礼金の1か月分は業者Zの不当利得であるとして、その返還を求めた。

【業者の言い分】
「自ら仲介した借主Xに対し、賃料の支払催告や集金、あるいは苦情処理などを行っており、その管理料の支払について、口頭で貸主Yと合意した。」

【貸主の証言】
「宅建業者Zから賃貸管理をさせて欲しいとの申出は幾度かあったものの、全て断っており、アパートの賃貸に関する管理業務を依頼したことは一切ない。また、宅建業者Zが、契約締結に際して代理受領した賃料を送金したなどの事実はあったが、月々の賃料の回収までは行っていません。」

裁判の過程で、貸主Yの娘が証人として出廷し、「賃貸借の媒介は頼んだが、管理を依頼したことはなく、宅建業者Zの主張する管理料1か月分を了承したこともなく、礼金は賃料1か月分とするよう指示していた」と証言した。

> 裁判所の判断 （東京簡易裁判所・平11.3.26判決）

　裁判所は、「貸主Yと業者Zの間に管理費支払の合意はなく、また、礼金2か月分のうち1か月分は無権代理ないしは要素の錯誤により無効である」として、**業者Zに対し、礼金1か月分を借主Xに返還するよう命じた。**
　この**業者Zは、他にも2件、同じようにして取得した礼金の返還を命じられ、その後、行政庁から指示処分を受けた。**

> 再チェック！　【宅建業者としての留意事項】

　賃貸借では、貸主と借主が顔を合わせないままに契約を締結することがよくあることを宅建業者が悪用したと言えます。業者が口約束のみを合意の存在の根拠としたことは、業者として安易と言わざるを得ません。このような管理費を徴収するのであれば、貸主と合意した旨を明らかにしておくために書面化すべきです。
　宅建業者が家主から依頼されて管理業務を行う場合は、当然、「商人」であるから無報酬の管理はあり得ないわけで（商法第512条）、家主から管理報酬を頂くことは何ら差し支えありません。しかし、本件のように家主に無断で借主から礼金を取るなどということは言語道断であり、「着服・横領」と言われても仕方ない処理です。
　同様の苦情は、これまでも多かったのですが、額が少額であるため、調停で解決されることが多く、判決になるのは少なく、また、判決が出たとしても、通常、簡易裁判所の判決であるので、判例集に載ることはまずありません。その意味で本判決は、参考になる点が多いと思われます。

12【礼金請求】　住宅金融公庫融資を受け建築した賃貸住宅での「礼金」受領の可否に関する**相談事例**

① 入居希望者Xは、3か月後に結婚するので新聞折込チラシの物件について広告元の業者Zに出向き、物件内容、賃貸借条件などを聞いた。家賃が月10万円、共益費が月7,000円、敷金3か月、礼金2か月ということであった。
② 数日後、婚約者とその両親と一緒に物件を見に行き、すっかり気に入ったが、帰宅後、婚約者の父親は、「エントランスの近くに『住宅金融公庫融資住宅』のプレートが掛かっていた。公庫融資物件の場合、入居者から『礼金等』を取ることができないはずだ」と言う。
③ 翌日、業者Zに電話して「礼金については間違いではないですか」と言ったところ、憤然として「間違いではありません。礼金を取って悪いということは絶対にありません。礼金は、物件を借りる際、オーナーに対するお礼で、この地域では"慣行"として定着しています。公庫融資物件であることはオーナーから聞いていますが、公庫融資物件だから礼金を取ってはいけないという話は、永年仲介業をやっていますが、初めて聞きました」と言い張り譲りません。
④ 翌日、都庁の宅建業法所管課に確認したところ、業者Zの言い分は間違っていると言ってくれ「この業者には、所管課から電話し注意しておくので、契約意思があるのであれば、もう一度言ってみてはどうか」とアドバイスを受けた。

> 結　論

　住宅金融公庫から融資を受けて建築した賃貸住宅では「礼金」を取ることができないということは、一般人にとっても殆ど常識に近いものとなっているにも拘らず、**業者Zは、地域の慣行を理由に礼金を取ろうとしたもので大変不勉強であり問題である**と言える。
　数日後、入居希望者Xは、業者Zの店に出向いたところ、低姿勢で、「自分が不勉強でした。**礼金の件は撤回**します。」と言ったので、礼金を支払うことなく賃貸借契約を締結しアパートに住んでいる。

> 業法所管課の見解

「礼金とは、不動産の賃貸借契約に際して、借主から貸主に支払われる一時金の一種で、通常返還されないもの」です。礼金は、戦後の住宅難の時代に家を貸してくれた家主に対して、家賃以外に特別にお礼をしたことが始まりとされています。

なお、住宅金融公庫は「民間賃貸住宅資金」の貸付も行っており、「住宅金融公庫の融資を受けて賃貸住宅を建設した者は、賃借人の資格、賃借人の選定方法その他賃貸の条件に関して主務省令で定める基準に従って賃貸しなければならない」(住宅金融公庫法第35条第1項)。すなわち、「賃貸人は、毎月その月分の家賃を受領すること及び家賃の3か月分を超えない額の敷金を受領することを除くほか、賃借人から権利金、謝金等の金品を受領したり、賃借人が不当な負担となったりすることを賃貸条件としてはならない」(同法施行規則第10条第1項)と規定しています。

> 再チェック！【宅建業者としての留意事項】

平成18年度（平成19年3月31日）以前に住宅金融公庫に申込んで融資を受け返済中または融資を受ける予定の建物を賃貸する場合、貸主は、住宅金融公庫法並びに同法施行規則により「礼金」「権利金」その他いかなる名称であっても、敷金以外の一時金を取ることはできません。ファミリー賃貸住宅等の場合の敷金も家賃の3か月分以内とされています。また、貸主が、借主から「礼金」を取れば、住宅金融公庫との契約に違反することになり、公庫から是正指導を受けることになります。是正に応じないときは、住宅金融公庫の残額を全額繰り上げ償還しなければなりません。宅建業者が地域の慣行を根拠に、礼金を取ることは、貸主・借主双方に損害を与えることになるほか、業者の信用を無くすことにもつながりかねませんので注意を要します。平成17年度途中で住宅金融公庫法が改正されるまでは、エントランス付近に「住宅金融公庫融資住宅」のプレートを掲示する義務が課せられていたため、住宅金融公庫の融資物件であることが確認できます。媒介を依頼された場合は、貸主が情報提供していない事項であっても、物件調査を行う際にチェックする習慣付けが必要です。

なお、平成19年度（平成19年4月1日）以降は、住宅金融支援機構に名称が変更されました。この支援機構の融資対象となった物件は、敷金、礼金、権利金、更新料等の受領に関する制限はありませんが、賃貸借契約書の作成に当たっては、国土交通省が推奨する「賃貸住宅標準契約書」(様式14-1)に準拠し、「原状回復をめぐるトラブルとガイドライン」(第5編・第4章・参考資料1)を遵守した契約内容とするよう指導していますので、留意する必要があります。

13【礼金返還請求控訴】京都〔(原審)京都簡裁・平19(少コ)第153号、京都地裁・平20(レ)第4号・平成20年9月30日判決〕

礼金約定は、信義則に反して消費者の利益を一方的に害するものであるような事情は認められないから、消費者契約法第10条に反し無効であるとはいえないとした事例

① 借主Xは、貸主Yと京都市内の賃貸マンションを賃料61,000円、礼金18万円、契約期間1年間（平成16年3月20日から平成17年3月19日）、更新時に更新料2か月分相当額を支払うことを条件とする賃貸借契約を締結した。

② 賃貸借契約の締結にあたり、T宅建業者の宅建主任者Aは、契約当日の3月20日に、借主Xに対し、重要事項の説明を行い、賃貸借契約終了時に礼金が返還されないことを説明した。

③ 借主Xは、解約通知で申出た平成16年10月13日をもって賃貸借契約を終了し、同日、賃貸物件を貸主Yに明渡した。

④ 借主Xは、退去に伴い、礼金を返還しない旨の約定は消費者契約法第10条により全部無効であるとして、貸主Yに対し、不当利得に基づき、礼金18万円及びこれに対する約定の礼金返還期日の翌日である平成16年11月3日から支払済みまで民法所定の年5分の割合による遅延損害金の支払を求め提訴した。

⑤ なお、1審は、礼金を返還しない旨の約定は有効であるとして、借主Xの請求を棄却したため、借主Xはこれを不服として、控訴した。

> 裁判所の判断【原審】（京都簡易裁判所・平19（少コ）第153号判決）

礼金約定が信義則に反して消費者の利益を一方的に害するものであるような事情は認められないから、礼金約定が消費者契約法第10条に反し無効であるということはできない。

【借主の控訴】
借主は、貸主に対する請求を棄却されたことから、これを不服として、控訴した。

> 裁判所の判断【控訴審】（京都地方裁判所・平20（レ）第4号・平成20年9月30日判決）

1　争点1　礼金約定と消費者契約法第10条前段について

貸主Yは、礼金は、① 賃借権設定の対価、② 賃料の前払という複合的な性質を有するものであり、賃料の支払義務は民法に定められているから、礼金約定は、消費者契約法第10条所定の民法、商法その他の法律の公の秩序に関しない規定の適用による場合に比し、消費者の権利を制限し、又は消費者の義務を加重するものに該当しないと主張する。

しかし、**礼金**は、少なくとも**賃料の前払としての性質を有する**ものであるところ、建物賃貸借において、毎月末を賃料の支払時期と定めている民法第614条本文と比べ、**借主の義務を加重している**と考えられるから、礼金約定は、民法、商法その他の法律の公の秩序に関しない規定の適用による場合に比し、**消費者の権利を制限し、又は消費者の義務を加重する約定であるというのが相当**である。

したがって、争点1に関する**借主**Xの主張は理由がある。

2　争点2　礼金約定と消費者契約法第10条後段について

(1)　借主Xは、礼金約定が信義則に反して消費者の利益を一方的に害するものであると主張するので、以下、検討を加える。

①　**借主**Xは、『礼金は、何らの根拠もなく、何の対価でもなく、借主が一方的に支払を強要されている金員であるから、礼金約定は、不合理で、趣旨も不明確なものである』と**主張**する。

しかし、**賃料**とは、**貸主が、賃貸物件を借主に使用収益させる対価として、借主から受領する金員**で、民法第614条は、建物賃貸借において、毎月末を賃料の支払時期と定めているが、これは任意規定であり、**契約成立時に賃料の一部を前払させることも可能**である。また、賃料の性質からすれば、**賃料名目で受領したか否かにかかわらず、貸主が賃貸物件を使用収益させる対価として受領した金員が賃料に該当**する。

そして、一般消費者に居住の場を提供することを目的とする建物賃貸業では、賃貸物件が物理的、機能的及び経済的に消滅するまでの期間のうちの一部の期間について、賃貸物件を使用収益することを基礎として生ずる経済価値に、賃貸物件の使用収益に際して通常必要となる必要諸経費等を加算したものを賃料として回収することにより業務が営まれるが、**貸主は、月々に賃料名目で受領する金員だけでなく、契約締結時に礼金や権利金等を設定する場合には、これらの金員も賃貸物件を使用収益させることによる対価として、建物賃貸業を営むのが通常**である。

他方、**建物を賃借しようとする者**は、立地、間取り、設備、築年数などの賃貸物件の属性や、賃貸物件を一定期間使用収益するに当たり**必要な経済的負担などを比較考慮**して、複数の賃貸物件の中から、**自己の要望に合致する（又は要望に近い）賃貸物件を選択**するが、礼金や権利金、更新料が設定されている物件の場合には、月々に賃料名目で受領する金員だけでなく、礼金などの一時金も含めた総額で、賃貸物件を一定期間使用収益するに当たり必要な経済的負担を算定するのが通常である。

このように、礼金は、**貸主にとっては**、賃貸物件を**使用収益させる対価**として、**借主にとっては、**賃貸物件を**使用収益に必要な経済的負担**として、それぞれ把握されている金員であるから、当事者の意思を合理的に解釈すると、**賃料の一部前払としての性質を有するというべき**であり、この判断を妨げるに足りる証拠はない。

なお、**貸主**Yは、『礼金が賃借権設定の対価である』とも**主張**しているが、借地借家法による賃借権の保護・強化や賃貸目的物の需要供給関係に基づいて賃料に加算されるプレミアムにほかなら

ないから、**賃料の前払としての性質に包含されるというべき**である。
② **借主Xは、『礼金約定は、記載及び説明の明確性に欠ける』と主張**する。
　　しかし、賃貸借契約書には、礼金額が18万円であること、契約締結後は礼金が返還されないこと、が明記されており、**借主Xは自己の負担金額を容易に認識し得るから、礼金約定を無効とすべき理由はない。**
③ **借主Xは、『宅建主任者Aは、契約締結日後の3月20日になって初めて、重要事項説明書を借主に交付していることから、礼金の法的性質や趣旨の説明を受けていなかった』と主張**する。
　　しかし、敷金と異なり、礼金が契約終了時に返還されない性質の金員であることは一般的に周知されている事柄であり、賃貸借契約書には、契約締結後は借主に礼金が返還されないことが明記されており、3月20日の**重要事項説明の際、宅建主任者Aは、借主Xに対し、契約終了時に礼金が返還されないことを説明**している。
　　仮に、借主Xの主張どおり、礼金は返還されないことを知らずに契約を締結したのであれば、宅建主任者Aないし貸主Yに対し何らかの抗議をするのが通常であるが、**借主Xが抗議をしたという事情は認められない。**
　　そうすると、契約締結に当たって**借主Xに対し、礼金条項の説明があったというべき**である。
　　したがって、礼金は、何らの根拠もなく、何の対価でもなく、借主が一方的に支払を強要されている金員であるという**借主Xの主張は理由がない。**
④ **借主Xは、『情報力・交渉力の点において圧倒的優位な立場にある貸主は、予め契約書に礼金条項を組み込ませておくことで、不当に利益を得ることができる一方で、借主は、礼金条項も含めて契約全体を承諾して締結するか、これを拒否するかの自由しか有していなかった』と主張**する。
　　しかし、**礼金は賃料の前払としての性質を有するもの**であるから、予め契約書に明記して、契約締結時に徴求したとしても、**貸主Yは不当な利益を得ることにはならない。**
　　また、**建物を賃借しようとする者**は、立地、間取り、設備、築年数などの賃貸物件の属性や、当該物件を一定期間賃借するに当たり**必要な経済的負担などを比較考慮して、複数の賃貸物件の中から、自己の要望に合致する（又は要望に近い）物件を選択する**のであるが、礼金や権利金、更新料が設定されている物件の場合には、月々に賃料名目で受領する金員だけでなく、**礼金などの一時金も含めた経済的負担を算定するのが通常**である。借主は、礼金などの一時金も含めた経済的負担を負うとしても、当該賃貸物件が、複数の賃貸物件候補の中で、自己の要望に最も合致すると考え、契約を締結するのであり、**借主Xにしても、これと異なる意思を有していたことを認めるに足りる証拠はない。**
　　したがって、**借主Xは、自由な意思に基づいて、礼金約定が付された賃貸物件を選択した**というべきであり、**礼金約定を含む契約内容について借主Xに交渉の余地がなかったことは特段問題とするに足りない。**
⑤ **借主Xは、「賃貸住宅標準契約書」の体裁や、「賃貸住宅標準契約書」の作成に関与した政府委員の答弁から、『礼金約定が信義則に反して消費者の利益を一方的に害するものである』と主張**する。
　　確かに、「賃貸住宅標準契約書」の作成に関与した政府委員は、礼金の慣行のない地域にまで礼金を広げることは好ましくないと答弁しているが、既に**礼金等の一時金を徴求する慣行のある地域においては、その地域の実情を受けて、礼金等の額を記入する欄として、「その他一時金」という記入欄を設けた旨**の答弁をするなど、**礼金制度を容認するような答弁**をしている。そうすると、「賃貸住宅標準契約書」の体裁や、政府委員の答弁から、**貸主Yが礼金約定を設けて、礼金を徴求することが特段の非難に値するということはできない。**
⑥ **借主Xは、公営住宅法や旧公庫法などにより、礼金が禁止されていることをもって、『礼金約定が信義則に反して消費者の利益を一方的に害するものである』と主張**する。
　　しかし、**借地借家法を制定するに当たって、礼金の徴求を禁止する旨の規定が設けられなかったことは明らか**である。また、「賃貸住宅標準契約書」の作成に関与した政府委員も、礼金制度を容認するような答弁をしていることに鑑みれば、公営住宅法や旧公庫法などが礼金を禁止していることをもって、**礼金約定が非難に値するとまでいうことはできない。**

⑦　**借主**Xは、『礼金が賃料の2.95か月分であること、わずか7か月あまりで退居したため、結局、7か月間で9.95か月分（約1.42倍）の家賃を支払わされたこととなることから、本件礼金が著しく過大な負担である』と**主張**する。

　しかし、本件礼金は、**賃料の前払としての性質を有する**ところ、借主Xが礼金として前払をしなければならない賃料の額は、18万円（賃料の2.95か月分）であり、京滋地域の礼金の平均額（賃料の2.7か月分）からしても、高額ではない。

　そして、期間満了前に解約されているが、借主Xは、敷金と異なり、**礼金が賃貸借契約終了時に返還されない性質の金員であることを認識していた**といえることから、中途解約の場合であっても、礼金の返還を求めることができないことを承知しながら、自ら賃貸借契約を中途解約したといえる。

　他方、貸主Yは、中途解約の場合でも礼金を返還しないことを前提に月々の賃料を設定しており、貸主Yの期待は尊重されるべきである。

　これらの点からすると、**礼金の額や、借主からの中途解約の場合でも礼金が返還されないことをもって、礼金約定が非難に値するということはできない。**

⑧　**借主**Xは、『礼金の額（18万円、賃料の2.95か月分）は、首都圏（賃料の1.5か月分）や愛知（賃料の1.1か月分）の平均に比して、突出して高率であり、京滋地域における礼金の平均額（賃料の2.7か月分）をも上回っている』と**主張**する。

　しかし、礼金を少額に抑えて、その分、賃料を高額に設定することが可能であるから、首都圏や愛知においては、一般的に**礼金を少額に抑えて、その分賃料が高額に設定されている可能性がある**ため、一概に他の地域と比較して、**不当に高額に設定されているということはできない**。また、礼金が、京滋地域における礼金の平均額（賃料の2.7か月分）をも上回っているとしても、その程度は非常に軽微である。

　したがって、他の地域の平均礼金額との比較や、同じ京滋地域における平均礼金額との比較からしても、**本件礼金が不当に高額に設定されているということはできない。**

⑨　**借主**Xは、『礼金は、本来毎月の賃料に含まれているべき自然損耗の修繕費用を二重取りするものにほかならない』と**主張**する。

　しかし、賃貸借契約は、借主による賃借物件の使用とその対価としての賃料の支払を内容とするものであり、賃借物件の**損耗の発生は、賃貸借という契約の性質上当然に予定されている**から、建物の賃貸借においては、借主が社会通念上通常の使用をした場合に生じる**賃借物件の劣化又は価値の減少を意味する自然損耗に係る投下資本の回収は、通常、修繕費等の必要経費分を賃料の中に含ませてその支払を受けることにより行われている。**

　そして、**自然損耗についての修繕費用を月々の賃料名目だけで回収するか、月々の賃料名目だけではなく、礼金名目によっても回収するかは**、地域の慣習などを踏まえて、**貸主の自由に委ねられている事柄**である。そして、本件礼金は、賃料の一部前払としての性質を有するというべきであるから、貸主Yは、**自然損耗についての必要経費を、月々の賃料という名目で受領する金員だけではなく、賃料の前払である礼金によっても回収している**ものである。

　したがって、**貸主**Yは、**礼金により、本来毎月の賃料に含まれているべき自然損耗の修繕費用を二重取りしているといえない**から、借主Xの**主張**は理由がない。

(2)　以上のとおり、本件**礼金約定が信義則に反して消費者の利益を一方的に害するものであるような事情は認められない**から、**礼金約定が消費者契約法第10条に反し無効**であるとの借主Xの**主張は理由がない。**

3　結論

　よって、借主Xの**請求は理由がない**から、これを**棄却した原判決は相当**であって、本件**控訴は理由がない**。そこで、本件**控訴を棄却する**こととし、主文のとおり判決する。

【**主　文**】

①　本件控訴を棄却する。

②　控訴費用は借主Xの負担とする。

≪f．設備協力負担金≫

14【公庫法に違反する賃貸借契約の約定の効力】〔大阪高裁・平10．9．24判決〕

住宅金融公庫融資で建築した建物の賃貸借契約で、借主が「設備協力負担金」を支払う約定は、実費の範囲では有効だが、実費を超える部分は、無効とした事例

> ① 貸主Yは、住宅金融公庫融資で建築した物件の一部を借主Xに賃貸した。
> ② Xは、平成6年4月に契約を更新したが、平成7年9月に賃貸借契約を解約し物件を明渡しした。
> ③ 契約書では、建物内部に設置している冷暖房設備の使用に伴う利益の清算として設備協力負担金（2年間15万円）を支払う約定になっていたが、Xは、更新時に、設備協力負担金15万円をYに支払いをしないまま、建物の明渡しに至った。
> ④ 物件を明渡ししたXは、敷金29万7,000円の返還を求めたが、Yは、約束の設備協力負担金を支払いがなされていないことを指摘して争った。

争　点

住宅金融公庫法第35条及び同法施行規則第10条によれば、公庫融資を受けて建築した建物を賃貸するにあたっては「借主の不当な負担になる賃貸条件」で賃貸してはならないとの定めがあり、設備協力負担金の約定は、この法規に違反し、公序良俗に反するものとして無効か否か。

裁判所の判断（**大阪高等裁判所・平10.9.24判決**／判例時報1662－105）

借主の負担金額は、月当たり3,000円の18か月分に当たる金額5万4,000円であるとして、敷金額29万7,000円から差引いた**残額24万3,000円の支払を貸主に命じた。**

【判決理由】

建物を借りることと冷暖房機の使用とは一体不可分になっていて、「部屋は借りるが冷暖房機の使用は断る」といった借主が自由を有しない事実関係では、貸主Yが設備負担協力金を受取ることは、公庫法第35条、同法施行規則第10条に違反すると言うべきである。

ただ、同法に違反した契約の私法上の効力は、その契約が公序良俗に反するとされるような場合は別として、借主Xが言うように「同条項に違反していることの理由だけで本件約定の全体が直ちに無効である」と解すべきではない。

冷暖房機についての設備協力負担金は、金額が冷暖房機の通常の使用によって生じる償却費や維持管理費の程度のものである場合、借主にとって強制されたものとはいえ、この使用によって享受する生活上の利益を得るために必要な実費の範囲にとどまっており、かつ貸主に利益を得させるものではないと言えるから、設備協力負担金の徴収を定めた賃貸条件は、その限度において私法上有効と解されるところ、他方において、実費の限度を超過する部分は、冷暖房機の使用を強制された借主の犠牲において貸主が利益を得ることになるものと言える。

「実費の範囲では有効だが、実費を超える部分は、冷暖房機の使用を強制された借主の犠牲において貸主が利益を得ることになるので無効」と判断し、貸主Yに対し、敷金から冷暖房機の実費使用部分を控除した額を借主Xに返還するよう命じた。

≪g．業務上の留意事項≫

15【宅建業者が業務上留意すべき事項】　消費者契約法

> 消費者契約法において、宅建業者が留意すべき点を教えて下さい。

「消費者契約法」は、消費者と事業者との間の情報・交渉力の格差に起因する契約締結上のトラブルが近年増えていることから、「事業者の一定の行為により、消費者が困惑・誤認した場合、契約の申込

またはその承諾の意思表示を取消すことができる」「事業者の損害賠償責任を免除する条項その他の消費者の利益を不当に害することになる条項の全部または一部を無効とする」ことにより、消費者の利益を擁護することを目的としています。

今まで、宅地建物取引に関しては、宅建業法が消費者保護の役割を果たしてきましたが、宅建業法は監督処分をはじめ、取引の公正を確保するための行政規制を主としており、契約の効力を直接規定した条項は多くありません。一方、消費者契約法は、「取消し」「無効」といった効力規定を含む民事ルールであり、この2つの法律は多少性格を異にします。そのため、宅建業者が営業活動を行うにあたり、不用意な言動があった場合など、業法上の監督処分の対象とはならなくても、消費者契約法により取消し・無効の対象となるケースも想定されます。

今後、宅建業者は、宅建業法だけでなく消費者契約法についても十分に理解し、契約締結過程の言動に細心の注意を払い、公正な取引を今まで以上に心掛ける必要があります。

では、消費者契約法は、宅地建物取引においてどのような場合に適用され、宅建業者が業務を行うに当たり留意すべき点は何かについて述べることにします。

① 適用範囲

消費者契約法は、「事業者」と「消費者」との間で結ばれる契約を対象としています。宅建業者であれば、法人・個人を問わず「事業者」にあたります。「消費者」は、「個人」と定義されていますが、個人であっても「事業としてまたは事業のために契約の当事者となる場合」は除かれます。

例えば、宅建業者が個人のアパート経営者（法人経営ではなく個人経営業者）を相手方として宅地建物に関する契約を締結した場合、消費者契約法は適用されません。この「契約」には、売買契約はもちろんのこと、賃貸借契約や媒介契約・代理契約も含まれます。

② 適用要件

I 取消しの場合

消費者契約法では、「事業者の言動が消費者に誤認を生じさせること」「事業者の言動が消費者を困惑させること」により、消費者が自由な意思決定を妨げられて契約を締結した場合に、消費者は当該契約を取消すことができます。

ここでいう**「誤認」を生じさせる行為**とは、次の3つの行為をいいます。

(1) 不実告知

不実告知とは、重要な事項について事実と異なることを告げることです。宅建業法でも第47条により不実告知が禁止されていますが、消費者契約法は宅建業法と異なり、故意かどうかは問題ではありません。告げられた事項が客観的に事実と異なれば取消し要件となることに注意が必要です。

(2) 断定的判断の提供

契約の目的物に関し、将来の変動が不確実な事項（目的物の価格、消費者が受取るべき金額など）につき断定的判断を提供することです。例えば、土地売買において「この土地は、○年後には○倍に値上がりしますよ」などと告知することがこれに当たります。

(3) 不利益事実の不告知

重要事項またはその重要事項に関連する事項について消費者の利益となる旨を告げたうえで、その重要事項について、消費者の不利益となる旨を告げないことを言います。例えば、土地建物の売買において売主業者が「眺望の良さ」を告げたが、実は今後、眺望を妨げるような建物が近隣に建つことを知っていた場合などがこれに当たります。

また、**「困惑」を生じさせる行為**とは、次の2つの行為をいいます。

(1) 不退去

不退去とは、訪問販売で消費者が「帰って下さい」と言ったにもかかわらず、販売員が帰らずに居座ったので、仕方なく契約してしまった場合などを言います。

(2) 監禁

監禁とは、消費者が、勧誘されている場所から帰りたい旨の意思表示をしたのに、事業者が消費

者を退去させないことを言います。なお、消費者の意思表示は、口頭のものだけではなく、身振り等の動作により意思表示をした場合も含まれます。

Ⅱ　契約の無効条項

契約書に当事者の署名捺印があったとしても、消費者に不利な次のような条項・部分については無効となります。

（1）「事業者の債務不履行や債務履行の際の不法行為による損害賠償責任を全部免除する条項」
　　ただし、この場合、一部免除なら有効かというとそうではなく、一部免除の場合でも、事業者に故意または重過失がある場合には無効となります。

（2）「契約の目的物に隠れた瑕疵があるときに、事業者の損害賠償責任の全部を免除する条項」
　　ただし、事業者が当該目的物を瑕疵のないものに代えたり瑕疵を修補する責任を負ったりする場合には無効となりません。

（3）「契約解除の際に、消費者が払うべき損害賠償額や違約金を予定する場合に、その額が事業者に生ずる平均損害額を超える場合に、その超える部分」
　　ただし、損害賠償額の予定等について個別法の規定があるときは、そちらが優先して適用されます。したがって、宅建業法第38条に基づき損害賠償額を代金の2割と予定しても「事業者の平均的損害額を超える」として無効になることはありません。

（4）「消費者の金銭債務不履行の際の損害賠償額や違約金を予定する場合に、年利14.6％を超えて消費者が負担する部分」

（5）「民法・商法等の規定に比べて消費者の利益を一方的に害するもの」
　　例としては、消費者からの解除・解約の権利を制限する条項や、紛争解決に当たっては事業者の選定した仲裁人の仲裁とする旨の条項などが考えられます。

③　効　果

契約が取消しされた場合は、契約がなかった状態に戻ります。例えば、不動産の売買契約が取消された場合、契約が未履行であれば両者とも履行義務がなくなります。既に履行されていれば、買主は登記を戻し物件を返還し、売主は代金を返還することになります。ただし、この場合の取消しは、善意の第三者に対抗できません。つまり、当該不動産が既に事情を知らない第三者に転売されていたという場合には、原則として金銭をもって原状回復することになります。

消費者契約法の実際の法運用がどのようになされるかは司法判断を待つ必要がありますが、無用なトラブルの芽を摘み、紛争に巻き込まれないためにも、業者の方は消費者契約法の解説書等を参考にし、契約締結過程の言動に細心の注意を払うようお願いします。

≪h．賃貸借契約の締結≫

16【賃貸借契約の締結】　公正証書または公正証書等書面での締結が求められている契約

> 賃貸借契約を締結する際に、公正証書または公正証書等書面で行わなければならないと規定されている契約にはどのようなものがありますか。

賃貸借契約は、当事者の合意で成立する諾成契約です**（民法第601条）**。不動産賃貸借も、実務の取扱いとは相違して、民法上は契約書等の形式的要件は不要です。しかし、次の4契約は、借地借家法や高齢者居住法で、次のように「賃貸借契約は公正証書または公正証書等書面で行わなければならない」と規定されています。

①　借地借家法第22条（定期借地権）に、「存続期間の延長がなく、建物買取請求をしないことの特約を行う場合は、公正証書による等書面によってしなければならない」

②　同法第23条（事業用定期借地権等）第2項に、「借地権の設定を目的とする契約は、公正証書によってしなければならない」

つまり、「事業用定期借地権」は、公正証書で借地契約をすることによってのみ設定することができるとされている点に留意する必要があります。
③　同第38条（定期建物賃貸借）第1項に「期間の定めがある建物の賃貸借をする場合においては、公正証書による等書面によって契約をするときに限り、契約の更新がない旨を定めることができる」
④　また、高齢者居住法第56条（終身建物賃貸借）に、「賃借人の終身にわたって住宅を賃貸する事業を行おうとする者は、当該事業の許可を受けた場合において、公正証書による等書面によって契約をする場合に限り、賃借人が死亡した時に終了する旨を定めることができる」

事業用定期借地権の場合は、公正証書に限定されていますが、その他の契約は、「公正証書等書面」としているため、必ずしも公正証書でなければ効力が生じないというわけではありません。書面に必要な事項を明記することで同様の効力が生じることを意味しています。

公正証書を作成することのメリットは、
①　「証拠力」がより強固となります。公正証書は、公証人が職務上、法定の方法に従い作成する公文書ですから、私製契約書と比べて強い信用性があります。裁判などにおいては、文書の記載内容が真実であると判断されることが多く見受けられます。
②　「執行力」があります。賃料その他の金銭債権については、一定の文言を記載することにより公正証書に基づいた強制執行ができます。通常は「債務者は本契約による金銭債務を履行しないときは、直ちに強制執行に服する旨陳述した」との条項を入れることで実行可能となります。
　　ただ、注意しなければならないのは、公正証書に基づいて強制執行ができると言っても、金銭債務の支払を求める強制執行だけで、賃貸物件の明渡義務について公正証書に記載しても、公正証書に基づいて明渡しの強制執行を申立てることはできません。公正証書に記載された明渡事由が発生したときは、訴訟を提起して明渡しを求めるか、調停を申立てて話し合うなどによって解決するほかはないのです。その後、判決で明渡しを命じられた賃借人が明渡しに応じないときは、その判決に基づいて明渡しの強制執行をすることになります。
③　「安全性」があります。公正証書の原本は、公証人役場に原則として20年間厳重に保存されます。従って、契約書等の紛失による危険や偽造・変造の問題が生ずることはありません。

借地借家法第22条（定期借家権）　存続期間を50年以上として借地権を設定する場合においては、第9条及び第16条の規定にかかわらず、契約の更新（更新の請求及び土地の使用の継続によるものを含む。）及び建物の築造による存続期間の延長がなく、並びに第13条の規定による買取りの請求をしないこととする旨を定めることができる。この場合においては、その**特約は公正証書による等書面によってしなければならない**。

借地借家法第24条（建物譲渡特約付借地権）　借地権を設定する場合（前条第2項に規定する借地権を設定する場合は除く。）においては、第9条の規定にかかわらず、借地権を消滅させるため、その設定後30年以上を経過した日に借地権の目的である土地の上の建物を借地権設定者に相当の対価で譲渡する旨を定めることができる。
2　前項の特約により借地権が消滅した場合において、その借地権者又は建物の賃借人でその消滅後建物の使用を継続しているものが請求をしたときは、請求の時にその建物につきその借地権者又は建物の賃借人と借地権設定者との間で期間の定めのない賃貸借（借地権者が請求をした場合において、借地権の残存期間があるときは、その残存期間を存続期間とする賃貸借）がされたものとみなす。この場合において、建物の借賃は、当事者の請求により、裁判所が定める。
3　第1項の特約がある場合において、借地権者又は建物の賃借人と借地権設定者との間でその建物につき第38条第1項の規定による賃貸借契約をしたときは、前項の規定にかかわらず、その定めに従う。

≪ⅰ．契約条項・特約≫
17【賃貸借契約の自力救済条項】〔札幌地裁・平11.12.24判決〕
　賃借料の支払を7日以上怠った時は、室内にある動産を借主の費用負担において貸主が自由に処分できるとする自力救済条項に基づいて、借主に無断で建物内に侵入したり、鍵を取替えたりした行為は違

法であるとして、管理業者の損害賠償責任が認められた事例

① 借主Xは、平成10年7月15日に「借主が賃借料の支払を7日以上怠った時は、貸主は、直ちに賃貸物件の施錠をすることができる。また、その後7日以上経過した時は、賃貸物件内にある動産を借主の費用負担において貸主が自由に処分しても、借主は、異議の申立てをしないものとする」という自力救済条項が盛込まれたマンション賃貸借契約を締結した。

② 10月頃、Xが「雨漏りがするためカビが生えた」と仲介業者であり管理業者のY会社に苦情を申出たが、「カビ被害の弁償には応じられない」と言われ、Xは10月分から賃料の支払を停止した。

③ Yは、指定日時までに賃料を支払わない時は、貸室のドアをロックすると「督促及びドアロック予告通知書」を交付したが、Xは賃料支払督促に応じなかった。

④ さらに、Yは、「指定日時までに連絡がない場合は、以後、何ら勧告をすることなくドアロックし、立入りを禁止する」と「最終催告書」を交付したが、Xは賃料支払督促に応じなかった。

⑤ 指定日時までに連絡することなくXが妻と外出の間に、Y会社の従業員は、貸室に立入って居室内の水を抜き、ガスストーブのスイッチを切り、浴室の照明器具のカバーを外したほかドアの鍵も取替えた。

⑥ Xは弁護士を通じてYに電話し「直ちに鍵を開けるように」と要求したところ、Yは「未払家賃を支払えば鍵を開ける」との回答だったので、Xは、貸室に入るため鍵を取替えることを余儀なくされた。12月7日、Yは電話でXの弁護士に「未払賃料を支払わなければ、再度、鍵を取替える」と言ってきた。

⑦ Xは、Yに対して「従業員をして、居室内に不法に浸入させ、ガス・水道を使用できなくさせたうえ、鍵を取替えて立入ることができなくした不法行為」に対して、117万7,850円（内訳：慰謝料100万円。鍵の取替え費用1万7,850円。弁護士費用10万円）の損害賠償金の支払を求めた。

裁判所の判断（札幌地方裁判所・平11.12.24判決／判例時報1725-160）

Y会社は、借主Xに対し13万7,850円（内訳：慰謝料10万円。鍵の取替え費用1万7,850円。弁護士費用2万円）の損害賠償金を支払え。

【判決理由】
契約条項は、貸主側が自己の権利（賃料債権）を実現するため、法的手続によらずに、通常の権利行使の範囲を越えて、借主の平穏に生活する権利を侵害することを内容とするものということができるところ、このような手段による権利の実現は、近代国家にあっては、法的手続によったのでは権利の実現が不可能、または著しく困難であると認められる緊急やむを得ない特別の事情が存する場合を除くほか、原則として許されないものというほかなく、本件特約は、そのような特別の事情がない場合に適用される限りにおいて、公序良俗に反し、無効である。

再チェック！ 【宅建業者としての留意事項】
予め自力救済を容認する内容の契約を締結しても、裁判所に訴えるなどの法的な手続によらず自身の実力を用いることを私力の行使といい、私力の行使により権利の実現を図ることを「自力救済」といいますが、その自力救済することは原則として違法です。権利の実現は、法的手続により行わなければなりません。賃貸借契約にこのような自力救済条項があったとしても管理会社の従業員が、その建物に侵入したり、鍵を取替えることは違法行為です。

18【賃貸借契約の自力救済条項】〔浦和地裁・平3(ワ)第800号・平6.4.22判決〕
賃料1か月以上滞納した場合や、無断で1か月以上不在の場合で、貸室の明渡しができない時は、保証人立会いのうえ残置物を売却処分し債務に充当できるという自力救済条項があっても、借主の所有物（家財）を破棄処分したことが違法であるとされた事例

① 借主Xは、昭和62年11月、「借主が賃料を1か月以上滞納した時、または、無断で1か月以上不在の時は、本契約は何らの催告を要せずして解除され、借主は即刻、室を明渡すものとする。
明渡しができない時は室内の遺留品は放棄されたものとし、貸主は、保証人立会いのうえ随意遺留品を売却処分のうえ債務に充当しても異議なきこと」という自力救済条項が盛込まれた賃貸借契約を貸主Yと締結した。賃料は73,000円である。

② しかし、平成元年1月に、フィリピンにてXは逮捕され、平成2年10月まで日本に帰国することができなかった。平成元年12月分までは、別のアパートに住んでいる内妻を通じて賃料を支払っていたが、平成2年1月分より滞納し始め、平成2年5月までに6か月分の滞納となった。

③ Yの顧問弁護士は「賃貸借契約に当該条項がある以上、保証人の同意があれば貸室内の物品を処分して明渡しを行っても適法である」と考え、平成2年6月にYは、賃貸借契約の保証人W・顧問弁護士と共に貸室の中を見た後、顧問弁護士を通じてWに契約の解除とアパートの明渡し・遺留品破棄処分に関する「明渡確認書」に署名押印させ、顧問弁護士は、遺留品を業者に破棄処分させた。

④ Xは、平成2年10月4日に日本に帰国したが、鍵が替わっていて貸室に入れなかった。その後、留守中に、無断で貸室に入り、貸室内にあった全ての家財、衣類等を破棄されたことを知り、この不法行為に対して、1,933万700円〔内訳：破棄処分された物件の時価（財産的損害）1,263万700円。慰謝料500万円。弁護士費用170万円〕の損害賠償金の支払を求めた。

裁判所の判断（浦和地方裁判所・平3(ワ)第800号・平6.4.22判決／判例タイムズ874-231）

貸主らは、**借主に対し、267万円の損害賠償金を支払え**。
内訳は、
(1) 廃棄処分された物件の時価（財産的損害）は、借主の職業・生活状況を加味して250万円を超えないものと認めることが相当。
(2) 精神的苦痛に対する慰謝料は60万円。
(3) ただし、連絡先不明のまま6か月賃料滞納し、内妻や保証人Wに適切な指示をしていなかったという点で、借主には過失がある。その「借主の過失割合は3割」。過失割合分を相殺すると217万円〔(250万円＋60万円)×0.7＝217万円〕。
(4) 弁護士費用は50万円と認めるのが相当。

【判決理由】
本件条項は、「借主が賃料を1か月以上滞納した場合もしくは無断で1か月以上不在の時は、無催告で解除され、借主の室内遺留品の所有権は放棄されたもの」として、法の定める手続によらず処分することができるというものであり、また、借主Xが予め貸主Yによる自力救済を認める内容であると考えられるが、**自力救済は、原則として法によって禁止されている**。

ただ、法律の定める手続によったのでは権利に対する違法な侵害に対して現状を維持することが不可能または著しく困難であると認められる緊急やむを得ない特別の事情が存する場合において、その必要の限度を超えない範囲内でのみ例外的に許されるに過ぎない。

従って、破棄処分が条項に従ってなされたからといって直ちに適法であるとは言えない。

確かに、借主Xは6か月余も連絡先不明のまま賃料を滞納しているが、法律に定める手続、すなわち訴訟を提起し、勝訴判決に基づき強制執行することができるのであり、右手続によっては**貸主Yの権利を維持することが不可能または著しく困難であると認められる緊急やむを得ない特別の事情があったと認めることができない**。

再チェック！【宅建業者としての留意事項】

予め自力救済を容認する内容の契約を締結しても、自力救済は、原則として法によって禁止されています。面倒でも物件の明渡しに関する訴訟を提起し、勝訴判決に基づき強制執行するという手順を踏むことが望まれます。

なお、権利の実現を図るために、私力の行使が許される場合とは、「法律に定める手続によったのでは、権利に対する

違法な侵害に対抗して現状を維持することが不可能、または著しく困難であると認められる緊急やむを得ない特別の事情が存する場合」とされており、許されたとしても「必要の限度を超えない範囲内で」とされています。

また、残置物の搬出にあたり、目録を作るほか、室内の写真を証拠として撮っておくことが必要であると思われます。

19【賃貸借契約締結上の要件】
契約締結に伴う保証人の実印、印鑑証明書等の提出資料の是非に関する**相談事例**

> 保証人Wが押印する印鑑は、認め印ではいけないのですか。また、保証人Wの所得証明まで提出を求めるのは行き過ぎていませんか。
> ① 会社の部下Xの一家がアパートを借りる際、頼まれたので保証人となった。
> ② 数日後に、仲介業者Zから封書で「保証人引受承諾書」と「これに自筆で住所氏名をご記入のうえ、実印を押印、印鑑証明書及び源泉徴収票を添付してご返送下さい」と注意書きが添えてあった。
> ③ 実印、印鑑証明書と源泉徴収票は何に使用されるか不安だったので、認め印を押して返送したところ、業者Zから電話で「注意書きにも書いてあったとおり、印鑑は実印でなければダメです。印鑑証明書も添付して下さい。常識ではないですか。源泉徴収票も必ず添付して下さい」と命令口調で言われ、とても不愉快でした。
> ④ 「当社は、誰もが知っているれっきとした一部上場の大企業です。借主Xも10年近く勤務し、世帯も持っているのに、今さら連帯保証人を立てる必要は無いはず。このような過剰な手続は、仲介業者Zによる権利の乱用であり、改めさせて欲しい。」

業法所管課の見解

不動産の商習慣からすると、この業者のやり方が間違っているとは言えず、保証人としてご理解とご協力をお願いしたい。仲介業者Zは、保証人Yにご理解を得られるように、もっとよくご説明申し上げるべきであったと思います。

①「借家契約において連帯保証人は不要ではないか」というご指摘について

確かに、公団などでは保証人制度を廃止しているところもありますが、民間借家では、貸主が借主に契約締結に際して連帯保証人を立てることを強く求めております。これは、長期間の賃貸借では、借主の賃料滞納や、家財を残したままでの無断退去、建物(室内)の破損・汚損など思いがけない事態が起きる可能性があり、これに対する担保として敷金を預かっていても、敷金だけでは担保できない事態に備え、連帯保証人を立てることが商習慣となっているからです。

その方法として、建物賃貸借契約書に借主と連署して保証する「連帯保証」も行われていますが、仲介業者Zのように「保証人引受承諾書」を別札で取付ける「別礼保証」も最近ではよく行われております。**別礼保証の場合は、その取付けに当たり、当該建物賃貸借契約書の写しを送付して行うよう仲介業者を指導**しています。

②「認め印ではいけないか」とのご指摘について

借主を通じて連帯保証人と保証契約する場合、借主が本人に無断で三文判を押印して、後で「連帯保証人に私は知らない」と言われればそれまでですから、保証人の保証意思確認のために、書面への自署、実印による押印、印鑑証明書の添付の3点は必要とされています。加えて、**連帯保証人となって頂く方に、仲介業者から電話して保証人の真意を確かめるべきであるとも指導**しております。

③「源泉徴収票の添付はプライバシーの侵害であり、行き過ぎではないか」というご指摘について

借主が貸主との約定により連帯保証人を立てる義務を負った場合は、民法上その連帯保証人は能力者であり、弁済の資力を有することが必要とされています(民法第450条・保証人の条件)。そこで、連帯保証人としての資力の資格を充たしていることの確認として源泉徴収票の添付をお願いしています。なお、業者には、宅建業法第45条「業務上取扱ったことについて知り得た秘密を他に漏らしてはならない。

業を辞めた後も同様とする」との規定があり、違反すれば業務停止等の処分が課されます。
以上のことを保証人に説明しました。

なお、最近、第三者機関による保証も見られるようになりましたが、まだ、一般的でないため、現在のところ、従来どおりの「保証人制度」についてご理解とご協力を得て頂くように、十分な説明をする必要があると思われます。

● 【参考1】
【借主に損害賠償義務を定めた特約】〔神戸地裁・昭50(ワ)655号・昭52.9.30判決〕

ビルの窓ガラスを落下させて生じた障害事故につき、ビル借主がビル管理者及び所有者に対してした共同不法行為者間の求償権の行使が否定された事例

① 交差点で信号待ちしていた通行人Vは、交差点に面したビル6階の窓ガラスが破損落下してきたことにより大けがをした。
② 破損落下した窓は、事故発生6か月前から、開閉不能・困難な状態にあり、借主Xは管理会社Wに対し書面で早期修理を申入れていた。管理会社Wは、ビル所有者Yにその申入れを伝えたが、窓の修理だけではなく、冷暖房、空調機械など全面的な修理を計画し、申出の2か月後から冷暖房、空調機械、窓の順に修理に取り掛かり、事故当日までには窓を除き工事が完了していた。
③ しかしながら、同ビルでは、冷暖房等は日曜・休日に作動させていなかったため、事故発生前日の日曜日に出勤した従業員は、残暑が厳しかったため、「当該窓は不良につき開閉禁止」とされ、「針金で開閉できないよう対処してあることを知っていた」にもかかわらず、当該窓を開け、退社時に窓が閉まらなくなったために、そのままにして退社した。
④ 事故発生当日、当該窓から雨水が室内に吹き込んできたため、社員X1が慌てて窓を閉めようとしてガラスが破損し落下事故になったものである。
⑤ 負傷した通行人Vの治療費は、ビル所有者Yが102万8,638円を支払ったほか、慰謝料の20万円も支払った。また、負傷した通行人Vは、ビル6階借主Xに対し「損害賠償請求訴訟」を提起したことに伴い、150万円を支払う趣旨の和解が成立して終了した。
⑥ しかし、借主Xは、再三修理を要求したにもかかわらず、これを放置したビル所有者Yや管理会社Wに全責任があったとして、被害者Vに支払った150万円を求償する裁判を起こした。

裁判所の判断（神戸地方裁判所・昭50(ワ)655号・昭52.9.30日判決／判例時報882-74）

ビル所有者が、事故半年前から「開閉不能・困難であった窓の修理を要請されていながら、放置していたことは認められる。しかしながら、事故前、外側戸のワイヤーレールに故障があったもので、「ワイヤ、滑車、窓枠それ自体に異常があった訳でないこと」「**借主及びその社員**は、事故半年前から窓が開閉不能・困難であることを知り、事故が発生するまでの長期間、窓を開閉することがなかったこと」「事故前日と当日の2回にわたり、借主の社員が、故障している外側の戸を無理に上下して窓を開閉したため、ワイヤが切れてガラスが破損し、事故に繋がったこと」「事故前日は残暑が続く日曜日で、室内の冷房機装置が止まっており、当日出勤した社員が窓を開ける必要があったと言えども、故障していない窓が他にあったのであるから、故障している窓を無理に開けなくてもよかったこと」「事故当日は月曜日で、室内は冷房と空調装置が作動しており、窓が開いたままになっているのは故障によるものであることに気付いたはずであり、管理会社の従業員に連絡して安全に閉めるよう図るべきところ、雨水が室内に吹き込むことを気にするあまり、窓を閉めようとしたこと」「冷暖房機、空調設備の修理工事は終了しており、窓の修理に取り掛かることを予知しえたこと」「**修理がなされるまでの間、当該窓を直接占有する者として、開閉しないよう自主的に十分注意すべきであった**こと」などを考慮すれば、当該**事故に対する過失の割合**は、**ビル所有者や管理会社の過失（瑕疵）のそれよりも大である**と言わなければならず、過失割合は、**借主Xが6割**、**ビル所有者**Y及び**管理会社**Wが合わせて**4割**と認めることが相当である。

よって、全損害金は、272万8,638円であり、ビル所有者らは4割強にあたる122万8,638円を被害

者にすでに支払っているため、求償金150万円は借主の負担部分の範囲内にあると言うべきで、ビル所有者らは求償金150万円を支払う義務はない。

20【借主に損害賠償義務を定めた特約】〔浦和地裁・昭58(ワ)第55号・昭59.9.5判決〕
マンションの屋上からの転落事故につき、工作物責任が否定された事例

① 区分所有マンションの7階から屋上に通じる階段入口には、高さ1.12mの金属製の柵状扉が設置され南京錠で施錠され、また、段階から屋上に通じる箇所には高さ1.07mの金属製柵が設置されており、屋上に出ることが一般的に禁じられていることが容易に認識し得る状態になっていた。また、エレベータ内に「屋上には手すりがありませんので絶対に上がらないで下さい」と注意書が貼られていた。
② 当該マンションの一室を賃借する者の次女（女子高生）Xが、深夜2時30分頃、暑苦しかったことから涼をとるため、友人2名とその柵を乗り越えて屋上に上がったところ、直下の部屋の居住者Wは、娘に「震動と騒音で眠れない」と言われたので、原因を確かめるために7階のエレベータ前に出たところ、正体不明の男女数名が屋上にいる気配を感じ「そこにいるのは誰だ」と大声で怒鳴ったため、引き返そうとして身体の向きを変え、戻り掛けた直後にXが屋上から転落して死亡した。
③ その遺族X1は、建物設置管理者Vに対し「設備設置・保存の瑕疵があったとして」、また、叱責した者Wに対しては「大声で怒鳴った重大な過失があるとして」、さらに、賃貸した者Yに対しては「転落事故は設備瑕疵が原因で発生したものである」として損害賠償を請求した。

裁判所の判断（浦和地方裁判所・昭58(ワ)第55号・昭59.9.5判決／判例タイムズ540-215）

マンションの屋上には柵がなく、屋上に上がれば転落の危険があるものの、屋上への立入は禁止されており、しかも7階から屋上に通じる階段には、2箇所に高さ1mを超える鉄製柵が設けられていて、マンションの居住者や外来者がみだりに屋上へ立入ることを規制する設備があるから、当該マンションはその**構造及び設備**において、**通常予測される危険発生を防止するに足りる安全性を有していたと認められる**。

この点に関して女子高生の遺族X1は、屋上への昇り口である7階の階段入口に、屋上に上がることの出来ない高さの柵を設置しておくべきであると主張するが、マンションの設置管理者としては、通常予想される居住者等の行動を基準として危険防止の設備をすれば足り、既に15歳に達し、思慮分別のある女子高生が**高さ1m以上もある柵を2つも乗り越えて屋上に出るなどという無謀な行動に出ることまで予測して柵を設置、保存すべき義務はない**というべきである。

また、叱責した行為は、事実関係からして社会通念上相当として是認される範囲内のものであると認められるので、叱責を受けた者は、迷惑を掛けたことを詫びて屋上から降りてくるというのが通常予想される事態というべきである。従って、声に驚いて転落したとしても不慮の事故というべきもので、過失の責を問う筋合のものではない。

さらに、**貸主として瑕疵担保責任**があるとする主張に対しては、**瑕疵があると認められない**として、**原告の請求を棄却**した。

再チェック！ 【宅建業者としての留意事項】
事故の責任は、第一次的には占有者（賃借人）が負い、第二次的に所有者が責任を負うことになっている（民法第717条）。管理会社が介在すれば、管理会社に対しても責任追及されることは十分考えられます。特に、巡回監視を管理委託契約の内容としたときは注意が必要であるため、常に、危険箇所をチェックしておきたいものです。

●【参考2】
【借主に損害賠償義務を定めた特約】〔東京地裁・昭56(ワ)第6851号・昭57.7.28判決〕
台風による暴風雨のため、賃借ビルに設置されたリース機器が冠水全損した事故につき、ビルの排水機能の欠陥に起因するとして、ビル所有者に建物保存の瑕疵による損害賠償を認めた事例

① 被害を受けることとなる4・5階部分の借主X社は、5階部分にコンピュータ機器を設置していたが、漏水事故発生2か月半前、既設の冷房装置では不十分であったことから、6階テラスに冷房装置を付設する工事を行った際、工事業者の作業員が機器を被っていたビニール等を段ボール箱に入れて冷房装置の下に置いていたが、借主X社はこの段ボールを放置していた。
② ビル6階のテラスは、三方がコンクリート壁で仕切られ、残り一方は室内との境をなすサッシ窓で構成されており、テラス内の排水は側面の壁に床面に接して設けられた排水口のみで行われていたが、過去において、排水不良障害は生じたことがなかった。
③ 夜半から未明にかけての台風による暴風雨により、当該段ボール箱が押し出され、中に入っていたビニール袋等が排水口を塞ぎ、テラス内は雨水でプール状に貯留し、サッシを伝わって6階室内に流入、さらに5階天井から落下し5階X社のデータスコープ10台が冠水し全損状態となった。
④ 借主X社の当該コンピュータは、リース契約により使用していたものであるため、リース会社は保険契約により保険金720万円を受領した。
⑤ この事故で保険金を支払った保険会社は、保険代位としてビル所有者Yに対し排水設備の瑕疵を理由に損害賠償を請求した。これに対してビル所有者Yは、借主X社が放置したビニール等が原因で生じた漏水事故であり、借主を含む原告側に全ての責任があるとして争った。

裁判所の判断（東京地方裁判所・昭56(ワ)第6851号・昭57.7.28判決／判例時報1065-149）

事故は、6階テラスに放置してあったビニール片が排水口に張付き、閉塞したことにより排水機能が阻害された結果生じたものである。しかしながら、「ビニール片の入った段ボールの存在を2か月半前から住込みの清掃管理人が発見していること」「管理業務の一環として、管理上支障となるものが置かれている時は、借主に注意してきたこと」「同管理人は段ボールの存在を、少なくとも2回程確認していること」から、「稀な原因によるとはいえ管理不可能な事故であると断定し難く、不可抗力による事故とも認め難い」として、**ビル所有者Yの管理責任による損害賠償を認めた。**

21【借主に損害賠償義務を定めた特約】〔大阪地裁・昭55(ワ)第2347号・昭55.12.22判決〕
賃貸マンションのガス流出爆発事故につき、借主と貸主兼管理人の責任は重畳的であるから施設の設置・保存の瑕疵によって生じた損害の賠償責任を負うとされた事例

① マンションの3階303号室に住む借主Xの流し台の南壁面に設置されたガスの元栓口からガスが流出して室内に充満し、室内の電気温風器ヒーターまたはコタツの発熱体によって着火して爆発。同室の玄関の鉄製ドアが吹き飛び、廊下を歩行中の通行人Wの頭部に強く当たるとともに、倒れたWの上に落下して重傷を負わせた。
② Wは借主X及びマンションの貸主Yに対して損害賠償を求めた。

裁判所の判断（大阪地方裁判所・昭55(ワ)第2347号・昭55.12.22判決／判例タイムズ449-193）

当該ガス元栓口は、ガス湯沸器用に設定されていたものであるが、借主は、入居後、間もなくガス供給が開始されたが当該元栓口を全く使用したことがなかった。

爆発事故当日、借主は登校するため部屋に施錠をして外出したが、「ガスに関する異常な徴候はなかったこと」、同日午後に「ガス会社の調定係がガスメーターの検針を行ったが、ガス供給を示すメーターの針は静止状態であり、ガスの臭いなどの異常な徴候は全くなかったこと」「借主が外出後、爆発が起こるまでの間、外部から人が入り込んだ形跡がないこと」の事実から、事件の原因は、「ゴムキャップのはめ方が不完全であったか、ゴムキャップ自体が元栓開口部を塞ぐものとして不完全であったかの理由で、ガス元栓口のゴムキャップが外れていたこと及びガス元栓が全開になっていたこと」にある。

その結果、ガスが流出し爆発事故に至ったものと推認する。

ガス配管施設は、マンションの一部としてこれと一体をなす内部設備にあたるものであり、ゴムキャ

ップは、ガス配管施設の一部をなすものである。同施設は、民法第717条第1項にいう「土地の工作物」に該当し、その設備、保存に瑕疵があったとすることが相当である。

貸主Yは、「各室の合鍵を保管していること」「借主Xは学生の単身生活者で施設の管理能力が十分でなく、長期入居が予定されていなかったこと」「借主Xは事故直前に入居したもので、それ以前は、貸主がガス配管施設を管理していたこと」が認められることから、マンションの**貸主Yも借主Xもガス施設を占有している者であるとして両者に損害賠償を命じた。**

> **民法第717条（土地の工作物等の占有者及び所有者の責任）** 土地の工作物の設置又は保存に瑕疵があることによって他人に損害を生じたときは、その工作物の占有者は、被害者に対してその損害を賠償する責任を負う。ただし、占有者が損害の発生を防止するのに必要な注意をしたときは、所有者がその損害を賠償しなければならない。
> 2　前項の規定は、竹木の栽植又は支持に瑕疵がある場合について準用する。
> 3　前二項の場合において、損害の原因について他にその責任を負う者があるときは、占有者又は所有者は、その者に対して求償権を行使することができる。

22【賃貸住宅内での動物飼育】〔新宿簡裁・昭60（ハ）第2082号・昭61.10.7判決〕
猫飼育禁止の特約に違反したとしてアパートの貸室賃貸借契約の解除が有効と認められた事例

① 貸主Yは、借主Xにアパートの2階の1室を賃貸した。賃貸借契約書には「近隣の迷惑となる行為その他犬猫の家畜を飼育してはならない」旨の特約があり、特約に違反したときは契約を解除することができると規定されている。
② Xは、10年くらい前からアパートの2階廊下等で野良猫に餌を与えるようになったため、同アパート南側空地や同西側非常階段の上などに野良猫が集まるようになり、「発情期には多くの猫が集まるようになり、居付くようになったため、抜け毛や足跡、餌の食い散らかしや嘔吐物、糞尿などで廊下が汚れ、アパートの玄関に入ると猫独特の臭気がただようなど、不潔で衛生上問題がある。鳴き声がうるさい。」等から、餌を与える行為を止めさせるよう、何度か苦情がYに寄せられた。
③ また猫がアパートに居付いたことから、何人かはアパートを退去し、アパートに空室が出るなどYは経済的な損失を受けるに至った。Yは再三にわたり野良猫に餌を与えないように注意したほか「注意書」を掲示したがXは応じなかったため、Yは書面より契約を解除する旨の意思表示をしたが、この意思表示後も猫に餌を与えていた。
④ Yは貸室の明渡しを求めて裁判となった。

裁判所の判断（新宿簡易裁判所・昭60（ハ）第2082号・昭61.10.7判決／判例時報1221-118）

野良猫に長年にわたり反復継続して餌を与えていることは明らかで、特約には「貸室内において・・・猫を飼育してはならない」との文言があるが、借主Xの行為は特約に違反する。

貸主が特約違反を理由に契約を解除できるのは、「借主が特約に違反し、契約の基礎となる貸主・借主間の信頼関係が破壊されるに至ったときに限る**（最高裁・昭50.2.20判決）**」とされている。

当該特約が存在する以上、借主Xはこれを遵守する義務があるが、野良猫に長年にわたり反復継続して餌を与えたことによって猫がアパートに居つくようになり、その結果、アパートの居住者に迷惑を及ぼした。他の入居者からの苦情申出により、貸主から借主Xに対して、再三にわたり「アパート内で餌を与えることを止めるよう」要求したにもかかわらず、これに応ぜず、しかも**賃貸借契約解除の意思表示があった後も、猫に餌を与えていたことから、両者の信頼関係はすでに失われている**ものということができることから、**借主Xは、貸主Yに対して貸室を明渡すべき義務がある。**

23【1か月以上の無断不在と契約解除特約】〔東京地裁・平5（ワ）第13768号・平6.3.16判決〕
借主が1か月以上無断不在をした場合、賃貸借契約を契約解除できる旨の特約が有効とされた事例

① 貸主Yは、築後35年余りを経過した木造2階建で6世帯が入居している共同住宅を取得した。購入前からの住人でフリーカメラマンの借主X1（連帯保証人は、その妻でジャーナリストのX2）と賃貸借契約を締結した。
② 契約内容は、旧契約期間終了日の翌日から2年間、賃料は1か月8万円、その他は旧契約と同じ内容とした。Yは、「築後35年余り経過した木造の共同住宅であるから、建物の維持・居住者の安全の確保・防犯のために各室の借主に相応の配慮を求め」機会あるごとに説明や要請をしてきた。
　契約の際、「無断不在が1か月以上に及ぶ場合は、契約は当然に解除される」ことを明示し、条項を遵守することを確約させたうえで契約を締結した。
③ ところが、X1とX2は、Yに無断で再三、しかも長期間に渡って不在状態が続いており、その間、雨戸、窓、玄関等を閉鎖しているために、室内の日照、通風不足等により、部屋が老朽化するにとどまらず、建物全体の老朽化を早め、さらに室内の安全管理の不行き届きによる事故の発生などのおそれが大きかった。
④ X1は「室内の状態は、畳はボロボロで和室の畳はデコボコしている。天井や壁は亀裂や剥がれが生じている。風呂場の根太板も腐り、レールも無くなっている」と主張するが、他の貸室は、このような状態にない。このほかに、賃料増額の協議拒否や、貸室の目的外使用などがあった。
⑤ Yは、X1の態度にたまりかねて内容証明郵便で「賃貸借契約を解除する」旨の意思表示をしたところ、X1はこれを不当であるとして退去しなかったため、Yは訴訟を起こした。

【借主の反論】
「無断不在1か月以上が直ちに解除になる条項は、借家人にとって著しく不利な特約であり無効である。」「共に海外への出張が多く、その間、不在になるが、友人に、週2～3回、部屋の内部点検や郵便物等の確認をしてもらい、その報告をしてもらっている。従って、いつも貸室の状況を把握できているし、連絡はいつも可能となっている。また、部屋は使用可能であるが修繕を要する状態にあるにもかかわらず、貸主Yは修繕したことがない。」などと借主X1とその妻X2は反論した。

裁判所の判断（東京地方裁判所・平5(ワ)第13768号・平6.3.16判決／判例時報1515-95）

建物は、築後35年余り経過した木造2階建ての共同住宅であり、このような共同住宅は、居住する各借主が、防犯、防災、衛生等の保持に努め、長期間不在の場合には貸主であり管理者であるYに届出をし、あるいは普段から室内の日照、通風に気を使う等、Yに協力していかなければならない特質がある。賃貸借契約には、無断不在が1か月以上に及ぶ場合には契約は解除される旨記載されているが、この部分は、1か月以上の無断不在の事実があり、かつ、これによって貸主・借主の信頼関係が失われている場合には、賃貸借契約を解除することができるという趣旨であると解すべきである。
　借主X1らは、長期無断不在があっても、何の問題もないかのように主張するが、点検を依頼したという友人の氏名・連絡先を管理人Yに届けておらず、部屋の管理が不十分であること。また、仕事の都合上、長期不在はやむを得ないかのように主張するが、居住し得る条件の整わない当該貸室に居住することに固執する姿勢は、身勝手というしかない。**貸室ないし建物の腐朽・損傷、貸室の管理のずさんさ、借主としての協調性の欠如等により、修復不可能な程度に当事者間の信頼関係は破壊されているものと認められるため、貸主Yの解除の意思表示により契約は解除されたものとみるべき**である。

24【契約の途中解約における残り期間の家賃支払に関する特約】
　途中解約に伴う契約残期間分の家賃支払の是非に関する**相談事例**

① 女子大学3年生のXです。3年生になり、今のアパートに引越ししたのですが、全室女子学生が入居しているため女子学生寮みたいなところで、何かと便利な反面、変な男がアパートの周りをうろついたり、下着泥棒やノゾキをされたりなどの被害が後を絶ちませんでした。
② 先々月、夜中の2時頃に隣のWの部屋のトイレ窓から痴漢が侵入し、Wに襲いかかったのですが、

大声を上げ噛みつくなど抵抗したため、未遂のまま逃げ去り、未だに犯人は捕まっていません。
③　事件の後、怖くてぐっすり眠れない毎日を過ごしていますが、先月には2人引越ししました。私も引越ししたいと思い、不動産業者に勤務する知人に相談したところ、特約事項に、「乙は最低平成6年2月末までは退去しないこと（家賃を支払うこと）」と記載してあるので、「家主から来年2月末までの家賃を請求されるかもしれないよ。請求された時は応じなければならないと思うけど、随分キツイ契約をしたものね。」と言われました。
④　契約時に、仲介業者Zから特約の説明を受けた時は、「1年間は引越しすることはない」と思ったのですが、多額の損害賠償を請求されても支払えません。
　　ただ、契約書第6条第1項に「甲または乙の都合により本契約を解除する場合は、甲は6か月前までに、乙は30日前までに相手方に予告しなければならない」と書いてあるので、乙は30日前までに予告さえすれば、いつでも契約解除できることになりませんか。この第6条規定と『乙は最低、平成6年2月末までは退去しないこと』とする特約とは矛盾しませんか。
⑤　矛盾することによって、特約自体が「無効」であると言えないものでしょうか。

【仲介業者に確認した事項】
　当該物件は、当社が入居斡旋しましたが、管理は家主Yが直接行っています。特約に「最低○○までは退去しないこと（家賃を支払うこと）」を入れたのは、「学生相手の賃貸借は、年度途中で退去されると次の入居者が見つけにくい」ことを理由とする家主の強い希望からです。重要事項説明でも「期間途中では退去できません。万一、途中で退去する場合は、○○までの家賃をペナルティとして頂きます。それを承知ならば借りて下さい」と説明しています。
　しかし、先月も2件の退去がありましたが、敷金（家賃の1か月分）の没収だけで、それ以上のペナルティを請求していないと聞いています。
　家主Yは、事件後、直ちに、通りに面した全ての窓にアルミ格子を取付けるなど対策を講じたのですが、それが逆効果で「精神病棟に入れられたみたいで気分が悪い」とか「もしも火事になったとき逃げられない」などという人もいて、学生たちが動揺し退去したいという申出が続出して困っているところです。
　当方に相談して頂ければ善処いたします。特約どおりに損害金を請求することはないはずです。

　結　論
　契約で取決めたことは、公序良俗に反しない限り有効とされていますから、契約当事者双方が合意して契約したのであれば、遵守する義務があります。
　「平成6年2月末までは退去できない。（退去した場合は残りの期間の）家賃を支払うこと。」という特約は、厳しい内容ですが、借主Xが承知したうえで契約したのですから、退去した場合、契約に基づき家主Yから請求があれば家賃を支払わなければなりません。
　「第6条（解約）と特約が矛盾するのではないか」とする指摘については、「特約により、平成6年2月末までは退去できない。強いて退去するのであれば、第6条により30日前までに予告をすれば退去できるが、その場合は、特約により残りの期間の家賃を支払わなければならない」ことを家主Yは主張するものと思います。
　なお、特約には「第6条の規定にかかわらず」という文言が抜けているので、第6条を根拠に「予告さえすれば、いつでも解約できるはずだ」と借主Xが主張することは可能ですが、その場合は「争い」になります。
　なお、相談員は、申出人である借主Xに対して「**契約で一旦取決めたことは、遵守されるべきですが、今回の場合は特別の事情があってのこと**ですから、物件を斡旋した業者Zに相談してみてはいかがでしょうか。良い解決策を講じてくれるはずです。それでもうまくいかなかった時は、もう一度ご相談下さい」と言って対応したが、その後、連絡がないので解決したものと思われます。

≪ j．駐車場契約≫

25【用途地域内の駐車場の取扱い】　相談事例

> 用途地域内にある土地は、原則として宅地に該当すると宅建業法第2条第1号で規定しているが、駐車場として使用する目的の土地の売買、交換と、その媒介・代理、貸借の媒介・代理を行った場合に、どのような事情があっても宅建業法が適用されるのですか。

【貸借の媒介・代理の場合】

平成6年3月28日付の東京都住宅局不動産業指導部指導課の回答によれば、原則として宅建業法は適用されるとしています。

従って、敷地全体を駐車場として賃借する場合の媒介・代理については、宅建業法が適用されます。

ただし、敷地を区割りして自動車1台毎の、いわゆる「月極め駐車場」や、骨組み立体駐車場施設における自動車1台毎の「月極め駐車場」の賃貸借契約の媒介・代理については、宅建業法の趣旨及び業務規制の実益等を考慮して、運用においては宅建業法上の問題として取扱わないとしています。

【売買・交換、その媒介・代理する場合】

用途地域内の駐車場を売買・交換、その媒介・代理する場合は、宅建業法が適用されます。

従って、自動車1台毎の駐車場の売買・交換、その媒介・代理する場合も宅建業法が適用されることになります。

≪ k．保険等への加入≫

26【入居者に損害賠償責任保険等への加入強制】　相談事例

> ① 賃貸借契約を締結して1年後、仲介をした宅建業者Zから、損害保険の代理店業務を営むことになったので、大家Yと話し合い、「入居者全員が当社の『入居者損害賠償責任保険』に必ず1口以上加入して頂くことになり、同封の加入申込書に記名・押印のうえ、1年分の掛け金6,000円を添えて、当事務所までご持参頂くか、連絡を頂ければ当方より伺います」という手紙が届きました。
> ② 忘れて返事を出さなかったところ、2か月後に業者Zから電話で「他の入居者は快く加入してくれたが、お宅と他の1軒の方が未だ加入されていません。ついては、一週間以内に申込んで下さい。万一、期日までに申込がない場合は、連帯保証人に説明し、掛け金の立替え払いを請求させてもらいますので、そうならないよう、よろしくお願いします」と半ば脅しぎみの連絡がありました。
> ③ 保証人である会社の上司Wに相談したところ「保険の加入を強制するなんてもってのほかだ。そんな電話があっても門前払いするよ」と言ってくれましたが、損害賠償責任保険に加入しなければならないものですか。

結論

保険への加入は、ご本人が決めることであり、**媒介業者が強制することは好ましいことではありません。業者側の押付けとも取られます**ので、業者側としても「保険の必要性をよく説明すること」「入居者の理解を得たうえで**入居者側の自主性を尊重する**」ことが望まれます。

【説明例】

アパート入居中に起きた事故で、入居者が損害賠償責任を問われたケースがあります。

例えば、平成5年5月に東京都新宿区で起きた事例では、アパートの入居者が、自動洗濯機のスイッチを入れたまま外出したところ、何かの原因で洗濯機のホースが外れ、部屋中が水浸しになり階下の部屋にも浸透して、洋間のクロス、カーペットを駄目にしたため貼替え費用として38万円余を請求されました。

入居者の風呂の空焚きが原因で建物を全焼した例もあります。火事を起こした場合は、「失火に関す

る法律」により、入居者が失火責任を追及されたり、類焼したほかの入居者から損害賠償請求されたりすることはありませんが、家主からは、賃貸借契約の原状回復義務規定により、入居していた部屋の原状回復を要求された場合は弁償しなければなりません。

また、隣室の人が幼児を連れて訪れたので、部屋に入れて歓談中、この幼児が這って他の部屋に行こうとして、入居者の子供がよく確認しないでドアを勢いよく閉めたため、足を挟まれ中指を切断する事故となりました。幼児の母親にも親の監督責任不履行の過失が認められ、2割の過失相殺が適用されていますが、半年間の治療費、通院交通費、慰謝料等で175万円を支払ったケースもありました。

こうした不測の事故に備えるため、最近は入居に際し、入居者の方に「入居者の家財の災害」「室内での事故による第三者に対する賠償責任」「入居中の事故による賃借物件の原状回復に係る賠償責任」をセットした「入居者損害賠償責任保険」へ加入して頂くようお勧めするケースが増えてきています。

≪Ⅰ．転貸借契約（サブリース）≫

27【サブリース】

> サブリース契約ということをよく耳にしますが、どういう契約をいうのですか。

【物件所有者である
　賃貸人（甲：原貸主）】←『賃貸借契約（原契約・親亀）』→【賃借人（乙）】
　　　　　　　　　　　　（転貸を許す賃貸借契約を締結）
　　　　　　　　　　　　　　　　　　　　　　　　　　　【転貸人（乙）】←『転貸借契約・子亀』→【転借人（丙）】
　　　　　　　　　　　　　　　　　　　　　　　　　　　　　　　　　　（原契約に基づき賃貸借契約を締結）

　　　　a　　　　　　　　　　　　　　　　　　　　　　　　　　　　　　　b

　　　　　　　　　　　　　　　　　　　　　　c

1．サブリース契約

サブリース契約とは、物件所有者である原貸主（甲）が、宅建業者等を借主（乙）として、アパート等建物の全部または一部を「第三者に転貸することを承諾する」条件で締結する賃貸借契約をいいます。借家契約の二段重ねで、親亀（原契約）に子亀（転貸借）が乗る格好になります。

サブリース契約では、アパート等建物の賃借人（乙）が転貸人（乙）として第三者である入居者（転借人・丙）を探し、入居者から得た家賃収入から、原貸主（甲）に家賃を一括して支払うことになります。

そのため、乙・丙間で取決めた家賃は、甲・乙間で取決めた家賃より高めに設定されていることが通常です。この差額が、転貸人（乙）の利益になります。

2．サブリース契約のメリット・デメリット・注意点

建物所有者である原貸主（甲）のメリットとしては、① 煩わしい入居者との対応をしなくてもよいこと、② 個々の入居者からの家賃の徴収や滞納に対して対応する必要がないこと、③ 空室の心配をする必要がないこと等が挙げられます。しかしながら、甲・乙間で定めた『賃借料』と乙・丙間で定めた『転借料』の差額が大きいほど、賃借人であり転貸人でもある業者（乙）の粗利益が上がることになります。

サブリース契約では、原貸主（甲）側と転貸人（乙）側の利害が対立することになり、転貸人（乙）側が、サブリース事業から粗利益を上げるほど原貸主（甲）側の収入は減少することになります（甲側のデメリット）。また、賃貸事業の運営を転貸人である業者（乙）に委ねることになりますので、業者の経営能力の見極めが重要な選択ポイントになってきます（甲側の注意すべき点）。

ただ、転貸人（乙）側にも、家賃が下がり空室が埋まらなくなった場合は粗利益がマイナスに転ずることなどから、多大な負債を抱えるというデメリットが考えられます。

3．サブリース（転貸・又貸し）をする際の注意点

サブリース契約の場合には、a「賃貸人（甲）と賃借人（乙）の関係」、b「賃借人である転貸人（乙）と転借人（丙）の関係」、c「賃貸人（甲）と転借人（丙）の関係」の3つの関係を考慮する必要があります。

(1) 賃貸人（甲）と賃借人（乙）の関係

① 原契約（甲・乙間）で第三者に転貸（又貸し）することの承諾を得る必要があること

賃借人（乙）は、賃貸人（甲）の承諾があれば、賃借物を第三者に転貸することができます（民法第612条第1項）。この第三者を転借人（丙）といいます。

ただし、賃借人（乙）が賃貸人（甲）の承諾なしに、賃借物を第三者（丙）に無断転貸し、転借人（丙）が使用・収益した場合、賃貸人（甲）はそのことを理由に契約を解除することができます（民法第612条第2項）。

② 賃貸人（甲＝所有者）の賃借人（乙＝転貸人）に対する権利

賃貸人（甲）は、賃借人（乙＝転貸人）に対しても従来どおり賃借料を請求することができます（民法第601条）。ただし、賃貸人（甲）が①に基づき、転借人（丙）から直接に転借料（ただし、賃借料の限度内）の支払を受けたのちは、賃借人（乙）に対して二重に賃借料を請求することはできません（民法第613条）。

③ 原契約（甲・乙間）の解除等と転貸借（乙・丙間）の効力

賃貸人（甲）・賃借人（乙＝転貸人）間の原契約が『適法に終了』した場合は、特段の事情がない限り、賃借人（乙＝転貸人）・転借人（丙）間の転貸借契約も終了し、転借人（丙）の地位も消滅します。親亀がコケルと子亀もコケルのです。そこで、「原契約が、理由の如何にかかわらず終了した場合には、甲は乙の転貸人の地位を当然に継承する」との特約を原契約においてするのが通例です。

また、賃借人（乙＝転貸人）の債務不履行により原契約が解除された場合には、その結果、賃借人（乙＝転貸人）は転貸人としての転借人（丙）に対する義務に履行不能を生じ、転貸借は、原則として、賃貸人（甲）が転借人（丙）に対して目的物の返還を請求したときに終了します（**最高裁・平9.2.25判決**）。ただし、原契約が合意解除された場合は、賃貸人（甲）・賃借人（乙＝転貸人）は、特段の事情のない限り、そのことを転借人（丙）に主張し得ません（**大審院・昭9.3.7判決**）。原契約が契約期間の満了または解約の申入れによって終了するときは、適法な転借人（丙）に対して、賃貸人（甲）が転借人（丙）に『原契約が終了した』旨を通知しなければ転貸借契約の終了を対抗できない（借地借家法第34条第1項）。その場合でも、賃貸人（甲）が転借人（丙）に対して原契約が終了した旨の通知をした日から6か月を経過することによって、転貸借契約は終了します（借地借家法第34条第2項）。この間、転借人（丙）は、賃貸人（甲）に対して賃借料（甲・乙間で締結した原契約に基づき支払うべきであった賃料）を限度として、賃借料の支払期限までに、転借料（乙・丙間で締結した転貸借契約に基づき支払うべきであった賃料）を支払う義務を負うことになります。

④ 乙の目的物保管義務と丙の行為の関係

転借人（丙）は、賃借人（乙＝転貸人）の債務の履行補助者の地位にあると解されており、転借人（丙）の故意・過失により目的物件に損傷が生じた場合でも、賃借人（乙＝転貸人）は、賃貸人（甲）に対して責任を負わなければなりません（民法第415条・債務不履行による損害賠償）。

賃借人（乙＝転貸人）は、賃貸人（甲）に対して賃借物の返還義務を負うため、原契約が終了した場合、賃借人（乙＝転貸人）は転借人（丙）から転貸物の返還を受けたうえで、賃貸人（甲）に返還すべき義務を負います。また、その不履行のための損害が生じた時は、賃借人（乙＝転貸人）は賃貸人（甲）に対して賠償しなければなりません。

(2) 賃借人である転貸人（乙）と転借人（丙）の関係

① 丙の乙に対する賃料支払義務

転借人（丙）は、転貸借契約（乙・丙間）に基づく賃料（転借料）を賃借人（乙＝転貸人）に支払わなければなりません。賃借人（乙＝転貸人）が賃貸人（甲）に賃借料の支払を遅滞なく履行しているときは、適法の転借人（丙）が、賃借人（乙＝転貸人）及び甲の受領拒否を理由に、賃借人（乙＝転貸人）に対する転借料を賃貸人（甲）に弁済供託しても弁済供託は無効です。

② 丙の転借物の返還義務

賃借人（乙＝転貸人）・転借人（丙）間の転貸借契約が終了した場合は、転借人（丙）に転借物の返還義務が生じます。なお、最終的な返還請求権者は賃貸人（甲）であるため、転借人（丙）は賃貸人（甲）の請求に基づき、直接、賃貸人（甲）に転借物を返還した場合は、転借人（丙）は返還義務を果たしたものと解されます。

③ 原契約（甲・乙間）が終了した場合の転借人（丙）の使用収益権

原契約が合意解約された場合は、賃貸人（甲）は転借人（丙）に対してそのことを主張し得ません。この場合、転借人（丙）が賃貸人（甲）に支払う「**転借料**」（丙が乙に支払うべきであった賃料）は、「**賃借料**」（乙が甲に支払うべきであった賃料）の限度で、賃借料の支払期限（乙が甲に支払うべきと規定する期限）までに支払う義務を負うことになります。

（甲・乙間の原契約に基づく場合の賃料の流れ）

【甲】 ←（賃借料 8 万円）【乙】 ←（転借料 10 万円）【丙】

（甲・乙間の原契約が合意解約された後の賃料は、甲・乙間の賃借料の範囲内に限られる）

【甲】 ←（賃借料として 8 万円を支払うことになる）【丙】

※ 甲が丙より 10 万円を受領した場合は、差額 2 万円が不当利得となります。

なお、原契約が契約期間の満了または解約の申入れによって終了するときは、賃貸人（甲）が転借人（丙）に通知すると、通知した日から 6 か月を経過することによって転貸借契約は終了します（借地借家法第 34 条第 2 項）。

④ 転貸借契約（乙・丙間）の終了前に、原契約（甲・乙間）が終了した場合の乙・丙間の契約関係

賃借人（乙＝転貸人）・転借人（丙）間の転貸借契約が終了する前に、賃貸人（甲）・賃借人（乙＝転貸人）間の原契約が終了した場合は、転貸借は効力を失うことはないものの、転借人（丙）は賃貸人（甲）に対抗できないので、賃貸人（甲）から賃借人（乙＝転貸人）に返還請求があった場合は、賃借人（乙）は拒否する理由がなく応じなければなりません。

この結果、賃借人（乙＝転貸人）は転借人（丙）に対する賃借人（乙＝転貸人）の義務が履行できなくなるため、賃借人（乙＝転貸人）・転借人（丙）間の転貸借契約は終了することになります。

なお、賃貸人（甲）・賃借人（乙＝転貸人）間の原契約が適法に終了した場合は、特段の事情がない限り、転借人（丙）の地位も消滅します。また、賃貸人（甲）・賃借人（乙＝転貸人）間で合意解約された原契約の期間が満了する時に、原契約より長い存続期間を定めていた転借権も終了することになります。

そこで、原契約にそのような場合の賃貸人（甲）の賃借人（乙＝転貸人）の転貸人地位継承を特約する例が多いのです。

(3) **賃貸人（甲）と転借人（丙）の関係**

① 原契約（甲・乙間）が適法な場合の甲と丙の関係

賃借人（乙）が適法に賃借物を転貸した場合、転借人（丙）は、賃貸人（甲）との関係では賃貸借の当事者ではありませんが、賃貸人（甲）に対して直接に義務を負います（民法第 613 条第 1 項前段）。

② 丙の甲に対する賃料の支払義務

賃貸人（甲）は、賃借人（乙）に対して請求することができる範囲内（賃借料の範囲内）で、転借人（丙）に対して転借料を直接甲に支払うように請求することができます。この場合、転借人（丙）は、転借料を賃借人（乙）に前払いしていることを理由に、その支払を免れることはできません（民法第 613 条第 1 項後段）。

③ 目的物の返還義務

転貸借は、賃貸人（甲）が賃借人（乙）に対して承諾したものである場合は適法であるため、転借人（丙）は賃貸人（甲）に対して、直接に義務を負うことになります（民法第 613 条第 1 項前段）。転借人（丙）は、賃借物返還義務も、直接、賃借人（乙）に対して負うものであるところ、転借人（丙）の責任に帰すべき事由によって当該建物の返還を不能ならしめたことが明らかな場合は、転借人（丙）は賃借人（乙）の債務の履行補助者の地位にあると解されているため、転借人（丙）の故意・過失により損傷が生じた場合でも、賃借人（乙）が「債務者の責に帰すべき事由」により、賃貸人（甲）に対して賠償する責任があります（民法第 415 条）。

④ **費用償還請求権の有無**

転借人（丙）は賃貸人（甲）に対して民法第608条に基づく費用償還請求権（賃借人は賃借物について賃貸人の負担に属する必要費等を出した場合は賃貸人に償還請求できる）を行使することはできません。

⑤ **原契約（甲・乙間）が終了した場合の甲と丙の契約関係**

賃貸人（甲）・賃借人（乙）間の原契約が適法に終了した場合は、特段の事情がない限り、転借人（丙）の地位も消滅します。また、賃貸人（甲）・賃借人（乙）間で合意解約された原契約の期間が満了する時に、原契約より長い存続期間を定めていた転借権も終了することになります。そこで、原契約に賃貸人（甲）の賃借人（乙）の転貸人地位継承特約の例が多いのです。

なお、借地借家法第34条で、建物の賃貸借が期間満了ないしは解約の申入れによって終了する場合、賃貸人（甲）が転借人（丙）にその旨を通知しなければ、建物使用の終了を転借人（丙）に対抗できないと規定されています。通知した場合は、通知の日から6か月が経過した時点で建物の使用を終了させることができます。

4．サブリース住宅原賃貸借標準契約書

賃貸住宅におけるサブリース事業とは、**賃貸管理事業者（サブリース業者）が建物所有者（家主）等から建物を転貸目的で賃借し、自らが転貸人となって入居者（転借人）に転貸するシステムによって行う賃貸管理事業**をいいますが、入居者(転借人)の居住権が十分に保護されない等の事例もみられたことから、当事者間における紛争の未然防止を図るため、国土交通省住宅局が、「サブリース住宅原賃貸借標準契約書」を作成し、平成19年3月30日付で公表しています（**第2分冊・様式14-10**）。

以下に、「サブリース住宅原賃貸借標準契約書」（以下、この項では「サブリース契約書」という。）を利用する場合の留意点を列挙いたします。

（1）**契約書全般関係**

> （契約の締結）
> 第1条　貸主（以下「甲」という。）及び借主（以下「乙」という。）は、頭書(1)に記載する賃貸借の目的物（以下「本物件」という。）について、以下の条項により、**転貸することを目的**とする賃貸借契約（以下「本契約」という。）を締結した。

① サブリース住宅とは、サブリース事業によって管理が行われる賃貸住宅をいいます。

② サブリース契約書は、**転貸借を目的とした契約**であるため、その旨を契約に明記しています。なお、サブリース契約書は、**居住のみを使用目的**とした新築（新築中を含む。）の民間賃貸住宅1棟全体を目的物とした普通借家契約の内容となっています。

③ サブリース契約書は、全国を適用範囲とする雛形として作成したもので、最低限、定めなければならないと考えられる事項について、合理的な内容を持たせるべく作成したものですが、実際の契約では、特約による契約内容の補充がされるケースも想定されることから、第20条に特約条項の欄を設けています。

④ サブリース契約書は、普及状況等を踏まえ、今後、必要な見直しを行うものです。

（2）**第3条（引渡日）関係**

> （引渡日）
> 第3条　甲は、頭書(3)に記載する引渡日（以下「引渡日」という。）に、乙に対して、本物件を引渡さなければならない。
> 2　甲が、引渡日に本物件を引渡さなかった場合、その遅延により生じた乙の損害は、甲が負担するものとする。

① サブリース契約書は、新築（新築中を含む。）を対象としているため、契約の始期と物件の引渡日が異なる場合があります（契約の始期よりも物件の引渡日が後になります）。このため、第2条の契約期間とは別に、引渡日の規定を設けています。

② 第2項は、物件の引渡日が本条項の「引渡日」よりも遅れた場合、その損害を建物所有者であ

る貸主（甲）が負担することを定めています。
　これは、サブリース業者（乙）は、通常、本条項の「引渡日」を始期とする転貸借契約を転借人（丙）と締結することから、引渡しが遅延した場合、転借人（丙）に対して、予定どおり入居できないことによる損害の補填責任が生じることがあるためです。

（3）第6条（賃料支払義務発生日）関係

> （賃料支払義務発生日）
> 第6条　乙は、頭書(5)に記載する賃料支払義務発生日から賃料を甲に支払わなければならない。

① サブリース業者（乙）から建物所有者である貸主（甲）への賃料支払義務の発生する日を明確にするための条項です。

② 転借人（丙）を募集するために、ある程度の期間が必要な場合は、必要な期間を引渡日に加算した日を賃料支払義務日とすることも可能です。この場合、頭書（5）の『引渡日から』の後に『○○日を経過した日』と書き加える必要があります。

（4）第7条（敷金）関係

> （敷金）
> 第7条　乙は、本契約から生じる債務の担保として頭書(4)に記載する敷金を甲に預け入れるものとする。
> 2　乙は本物件を返還するまでの間、敷金をもって賃料、その他の債務と相殺することができない。
> 3　甲は、本物件の返還があったときは、遅滞なく、敷金の全額を無利息で乙に返還しなければならない。
> 　　ただし、甲は、本物件の返還時に、賃料の滞納その他の本契約から生じる乙の債務の不履行が存在する場合には、当該債務の額を敷金から差し引くことができる。
> 4　前項ただし書の場合には、甲は、敷金から差し引く債務の内訳を乙に明示しまければならない。

① 敷金については、サブリース業者（乙）の「債務の担保」と性格づけ、**建物所有者である貸主（甲）に預ける**旨を定めています。

② サブリース契約が終了するときは、原則として建物所有者である貸主（甲）が転貸人であるサブリース業者（乙）の地位を継承するため（サブリース契約書第16条第1項）、転借人に対する敷金返還義務も引継ぐこととの均衡上、**建物所有者である貸主（甲）に預ける**こととしたものです。

（5）第8条（転貸の条件等）関係

> （転貸の条件等）
> 第8条　甲は、頭書(6)に記載する転貸の条件に従い乙は本物件を転貸することを承諾する。
> 2　乙は、前項の転貸の条件について、その遵守の状況を、甲の求めに応じ報告しなければならない。

① 第1項は、転貸借契約を締結するときに、契約条件をどのような内容にするか等について、建物所有者である貸主（甲）とサブリース業者（乙）で予め合意しておくための規定です。サブリース契約の終了時、第16条（地位の承継）の規定により、建物所有者である貸主（甲）が転貸人であるサブリース業者（乙）の地位を引継ぐこととし、転借人（丙）の居住を保護することとしたため、どのような転貸借契約を締結するかについて明確化し、予め合意しておくこととしたものです。

② 第2項は、頭書（6）の転貸の条件の遵守状況について確認するために設けた規定です。

（6）第11条（修繕）関係

> （修繕）
> 第11条　甲は、次に掲げる修繕を除き、乙が本物件を使用するために必要な修繕を行わなければならない。
> 　一　別表第2に掲げる修繕
> 　二　乙が転貸するために必要として行う修繕
> 　三　乙又は転借人の故意又は過失によって必要となった修繕
> 2　前項の規定に基づき甲が修繕を行う場合は、甲は、あらかじめ乙を通じて、その旨を転借人に通知しなければならない。この場合において、甲は、転借人が拒否する正当な理由がある場合を除き、当該修繕を

行うことができるものとする。また、緊急を要する場合には、甲は、乙又は転借人において修繕できることを容認するものとし、この場合、乙は、速やかに甲にその旨を報告しなければならない。
　　3　乙は、第1項各号に掲げる修繕を行うに際しては、その内容及び方法についてあらかじめ甲と協議し、乙の費用負担において行わなければならない。

① 別表第2は、居住により必要となった軽微な修繕で、これをサブリース業者（乙）の負担で行うこととしている。
② 建物所有者である貸主（甲）と転貸人であるサブリース業者（乙）とのサブリース契約が継続している間は、転借人（丙）が退去するたびに、次の転借人を募集するための室内修繕が発生しますが、この修繕に掛る費用は転貸人であるサブリース業者（乙）の負担で行うこととしています。例えば、経年により劣化した壁クロスの張替え等がこれに当たります。
③ 転貸人であるサブリース業者（乙）や転借人（丙）の故意又は過失によって必要となった修繕は、転貸人であるサブリース業者（乙）の負担で行うこととしています。

（7）第12条（甲の通知義務）関係

（甲の通知義務）
第12条　甲は、当該物件の登記内容の変更等、本契約の履行に影響を及ぼすものとして別表第3に掲げる事由が生じた場合には、乙に対して、遅滞なく通知しなければならない。

① 登記内容の変更など当該物件に関する重要な事項に変更があるときは、建物所有者である貸主（甲）から転貸人であるサブリース業者（乙）に通知する義務を定めたものです。通知を義務づける事項は、別表第3に記載しておくこととしています。
② 登記内容の変更等の事実ついて、転貸人であるサブリース業者（乙）には、建物所有者である貸主（甲）に報告してもらう以外に知る方法がなく、転借人（丙）の賃借権を消滅させるおそれもあることから設けた規定です。
　なお、この規定は、建物所有者である貸主（甲）の通知義務の不履行により転借人（丙）に損害が発生した場合の転貸人であるサブリース業者（乙）の義務を軽減するものではありません。

（8）第14条（期間内の解約）関係

（期間内の解約）
第14条　乙は、甲に対して少なくとも6月前に解約の申入れを行うことにより、本契約を解約することができる。

① 民法は、期間が定められた建物賃貸借契約について期間内に解約することができる旨を定めた場合、解約申入れの後3か月を経過した時点で賃貸借契約が終了する旨を規定しているところ（民法第617条、第618条）、サブリース契約書では、サブリース業者（乙）からの解約申入れを受けた建物所有者である貸主（甲）が、当該契約が終了する日までに新しい（賃借人兼転貸人）を探す場合に、相当程度の期間が必要であることを考慮して、解約申入れ期間が6か月としています。

（9）第16条（地位の承継）関係

（地位の承継）
第16条　本契約が終了した場合には、甲は、転貸借契約における乙の転貸人の地位を当然に承継する。
　2　前項の場合、乙は、転借人から預かっている敷金、賃貸借契約書、その他地位の承継に際し必要な書類を甲に引き渡さなければならない。

① 建物所有者である貸主（甲）と転貸人であるサブリース業者（乙）の間のサブリース契約が終了すると、転貸人であるサブリース業者（乙）は転借人（丙）に転貸する権利を失い、転貸人であるサブリース業者（乙）と転借人（丙）の間の転貸借契約も終了することがあります。
　この場合、転借人（丙）は知らないところで発生した事柄の影響で物件を明渡さなければならない事態に陥ってしまい、サブリース事業に対する信頼を失うことにもなりかねないことから、

第1項で、サブリース契約が終了した場合、建物所有者である貸主（甲）が転貸人（丙）の地位を承継することとし、転借人（丙）の居住の安定を図ることとしたものです。

② このような地位承継の条項があれば、原則として賃貸借契約は存続し、転借人（丙）の居住の安定が確保されることになると考えますが、サブリース契約に優先する抵当権の実行がされた場合などにおいて、必ずしも本条のによって、全ての賃貸借契約が継続されることにならないことに注意する必要があります。

再チェック！　【宅建業者としての留意事項】

1　建物を一括借上げするという、いわゆる「サブリース契約」を締結している業者のなかに、総家賃額の15〜20％程度を管理料として受領している例が見受けられますが、サブリース契約の場合には、乙が甲のために管理を受託するという関係は存在しません。

　本来、借り受けた業者は、第三者に転貸することを許された借主（＝転貸人）であるわけですから、契約で定められた「家賃」を所有者である貸主（＝原貸主・賃貸人）に支払うのみで、「管理料」という名目の金銭授受は発生しないはずです。

　賃貸借契約後の建物や入居者に係る通常の管理業務とは、取扱いが異なるため、サブリース契約における管理料の名目での金銭授受については、改める必要があります。

2　また、業界の指導機関の中には、サブリース事業は貸主側と業者側の利害が対立することになるため、本質的には行うべきでないとする意見があります。

　その理由として、サブリース事業は、「業者がサブリース事業から粗利益を上げるほど所有者である貸主側の収入は減少することになること」、また、「家賃相場が下がり空室が埋まらなくなった場合は粗利益がマイナスに転ずること」などから、地元密着企業として信用が得られなくなり、かえって事業範囲が狭められるおそれがあるため事業としてお勧めできないとしています。

3　東京簡易裁判所で少額訴訟制度を利用した訴訟事案の中でサブリース業者の契約で用いている用語が、実際に使用されている用語と異なる表現、つまり、「賃料（転借料）」を『使用料』、「敷金」を『申込金』などと表現しているために、双方の認識が異なっており、用語の整理から始めなければならないなど、トラブルを複雑にさせている例がみられました。転貸といえども、一般借家契約と異なる用語を用いる必要はない訳ですから、一般的に使用されている用語で契約内容を構成する必要があると思われます。

民法第415条（債務不履行による損害賠償）　債務者がその債務の本旨に従った履行をしないときは、債権者は、これによって生じた損害の賠償を請求することができる。債務者の責めに帰すべき事由によって履行をすることができなくなったときも、同様とする。

民法第612条（賃借権の譲渡及び転貸の制限）　賃借人は、賃貸人の承諾を得なければ、その賃借権を譲り渡し、又は賃借物を転貸することができない。

2　賃借人が前項の規定に違反して第三者に賃借物の使用又は収益をさせたときは、賃貸人は、契約の解除をすることができる。

民法第613条（転貸の効果）　賃借人が適法に賃借物を転貸したときは、転借人は、賃貸人に対して直接に義務を負う。この場合においては、賃料の前払をもって賃貸人に対抗することができない。

2　前項の規定は、賃貸人が賃借人に対してその権利を行使することを妨げない。

借地借家法第34条（建物賃貸借終了の場合における転借人の保護）　建物の転貸借がされている場合において、建物の賃貸借が期間の満了又は解約の申入れによって終了するときは、建物の賃貸人は、建物の転借人にその旨を通知しなければ、その終了を建物の転借人に対抗することができない。

2　建物の賃貸人が前項の通知をしたときは、建物の転貸借は、その通知がされた日から6月を経過することによって終了する。

借地借家法第37条（強行規定）　第31条、第34条及び第35条の規定に反する特約で建物の賃借人又は転借人に不利なものは、無効とする。

28 【サブリース】〔東京地裁・平7.1.24判決〕
賃料を保証したサブリース業者の減額請求を認めなかった事例

① Xは、平成元年2月23日、Y社とXの所有する土地上の建物をYが一括賃借して12年間賃料収入を保証する旨合意した。この基本合意に基づき、Xは、Yと代金3億1,550万円で建物建築請負契約を締結し、同建物は平成2年3月に完成した。

② Xは、平成元年3月31日、Yと「転貸目的」「期間：平成2年4月1日から12年間」「賃料は、最初の3年間は月309万1,700円」「3年毎に見直しを行い」「4～6年は10％以上」「7～9年は6％以上」「10～12年は3％以上増額する」という条件で建物の賃貸借契約を締結し、平成2年4月、Yに賃貸してYがサブリース事業を開始した。

③ しかし、翌平成3年バブル経済が崩壊して、家賃相場が低落し、Yは、平成5月4月1日以降の賃料増額に応じなかった。Xは、Yに対し賃貸借契約に基づき、差額分の支払を求めた。

④ Yは、「自動定率増額の特約は借地借家法に違反して無効」であり、「著しい経済変動があるから事情変更の原則の適用」があり、「Xの請求は権利濫用」であり、賃料の減額請求をしたと主張した。

裁判所の判断〔東京地方裁判所・平7.1.24判決〕

裁判所は、
(1) 本件賃料増額に関する合意が自動定率増額の特約に該当するとしても、本件合意を前提として借地借家法所定の借賃減額請求権の行使は、当然に許されるから強行法規性に違反するものではなく、
(2) 経済情勢が変動し、家賃相場が低落しているが、この程度では本件合意を無効とすることはできず、
(3) また、本件請求が権利濫用となるものではなく、
(4) Xは、Yの収益保証を前提として、本件請負契約を締結して、銀行融資を受けたのであり、本件請負契約と本件賃貸借契約とは牽連性があるから、現時点において、Y主張の借賃減額請求を是認することはできない。
としてXの請求を認容した。

サブリースをめぐる問題のひとつが、本件のようなサブリース契約にも借地借家法第32条の一括借主による借賃減額請求が認められるか否かである。このことについては、サブリースの法的性質（単なる転貸借か、それとも共同事業的なものか等）や賃料保証条項とも関連付けられ肯否ともも見解が分かれている。判例も3つの高裁判例を含め10近く判示されている。そのなかには、**平14.9.12の最高裁決定**もあるが、この方は、「借賃の減額請求」か、それとも「賃料協議の申込」かといった事実問題については棄却している。このようにこの最高裁判決は肩透かしの感は否めず、この争点については、目下上告中なので、今後の裁判が待たれている。

●【参考3】
【サブリース】〔最高裁第三小法廷・平12（受）第123号・平15.10.21判決・一部破棄自判・一部破棄差戻し〔原審：東京高裁・平12（ネ）第5145号〕〕
サブリース契約で借地借家法第32条の賃料増減請求を認めた事例

① 倉庫営業等を目的とする(株)Xは、平成元年11月頃以降、不動産賃貸等を目的とする(株)Yから、XがYの預託した敷金を建築資金として転貸事業用ビルを建築し、Yがこれを賃借して転貸事業を行う旨の提案を受け、Yと契約内容等について交渉を進めた。

② Xは、平成3年7月9日、Yとの間で、Xの所有する土地に建物を建築して、Yに賃貸部分を一括して賃貸し、Yはこれを賃借し、自己の責任と負担で他に転貸して運用することを目的とする賃貸契約を締結した。

③ 契約条件としては、賃貸期間は、20年間。期間満了時は、双方協議の上で契約更新をすることができる。賃貸期間中は、不可抗力による建物損壊の場合のほか中途解約はできない。賃料は、引渡

時点（平成7年3月1日予定）において、年額18億円とし、Yは、毎月末日に翌月分として12分の1を支払う。賃料は、引渡し後2年経過するごとに直前賃料の8％相当額の値上げをする。急激なインフレ等、公租公課の著しい変動等があったときは、協議の上8％相当額を上回る値上げをすることができ、4年経過するごとに見直す。ただし、新賃料は、如何なる場合でも見直し時の直近1年間の支払賃料額を下回らない額とする。YはXに敷金234億円を預託する。

④　Xは、その後、(株)Bと建物の建築請負契約を締結し、(株)Cと設計監理委託契約を締結して、Yから預託を受けた敷金全額を建築代金と設計監理費の支払に充てた。

⑤　Yは、平成7年2月6日、Xに対し、賃貸部分の賃料を年額10億円に減額すべき旨の意思表示をした（第1次減額請求）。

⑥　当該物件は、平成7年2月28日に完成し、Xは、同日、Yに賃貸部分を引渡した。

⑦　Yは、平成8年7月3日、Xに対し、賃料を平成8年8月1日以降年額7億2,418万5,000円に減額すべき旨の意思表示をした（第2次減額請求）。

⑧　Yは、Xに対し、借地借家法第32条1項の規定に基づき、第1次減額請求及び第2次減額請求により賃料減額の効果が発生したと主張して、平成7年3月1日から平成8年7月31日までの間は年額10億円であり、同年8月1日以降は年額7億2,418万5,000円であることの確認を求める訴訟を起こした。

⑨　これに対して、Xは、事業契約であって賃貸借契約ではないから、当該契約には借地借家法第32条の規定は適用されないなどと主張した。

原審の判断

Yの請求につき、賃貸部分の賃料は、平成7年3月1日から平成8年7月31日までの間は、年額16億769万6,000円であり、平成8年8月1日以降は、年額15億5,981万2,000円であることの確認を求める限度で容認し、その余の請求を棄却した。

棄却理由

（1）賃貸部分の使用関係の法的性格は、賃貸借契約であって、借地借家法が適用されることは明らかであり、契約締結時の基礎となっている経済事情が著しく変動し、賃料が不当に高額になるなどの特段の事情がある場合は、賃料自動増額特約等が存しても、Yは、借地借家法第32条1項の規定に基づき、賃料減額請求権を行使することができる。

（2）第1次減額請求権は、第1回賃料の支払前にされたが、賃料増減額請求権は、事情変更の原則に基づき、賃料を増減額できることとしたものであるから、契約の成立から賃料の支払までの間に相当の期間が経過したことにより事情の変更があれば、賃料増減請求が賃料支払時期の前にされたとしても増減額請求として有効である。

鑑定結果によれば、賃料相当額は、平成7年3月1日時点で月額1億192万4,000円（年額12億2,308万8,000円）、平成8年8月1日時点で月額8,995万3,000円（年額10億7,943万6,000円）とされるが、諸般の事情を考慮すると、これをこのまま相当賃料とすることは公平に反し、相当ではなく、相当賃料額は、現実の賃料年額18億円と鑑定結果との差額を3分し、その1をXの負担、その余をYの負担とする方法により定めるのが相当である。

（3）以上によれば、Yの賃料減額請求による相当賃料額は、平成7年3月1日時点で年額16億769万6,000円、平成8年8月1日時点で年額15億5,981万2,000円となることから、Yの請求は、上記相当賃料額の確認を求める限度で理由があり、その余の請求は理由がない。

最高裁判所の判断理由〔平12（受）第123号・**平15.10.21判決・一部破棄自判、一部破棄差戻し**〕

原審の上記（1）の判断は、是認するが、（2）の判断は是認できないとした。

（1）契約の合意内容は、XがYに対して**賃貸部分を使用収益させ**、YがXに対してその**対価として賃料を支払うもの**であり、**本件契約は、建物の賃貸借契約であることが明らか**であるから、**借地借家法が適用され、同法第32条の規定も適用される**ものというべきである。

本件契約には、**賃料自動増額特約が存するが、借地借家法第32条第1項の規定は、強行規定**であ

って、**賃料自動増額特約によっても、その適用を排除することができないものである**から、本件契約の当事者は、**賃料自動増額特約が存するとしても直ちに、賃料増額請求権の行使が妨げられるものではない**。

不動産賃貸等を目的とする会社であるYが、Xの建築した建物で転貸事業を行うために締結したものであり、予め、XとYとの間で賃貸期間、当初賃料、賃料の改定等についての協議を調え、Xがその協議の結果を前提とした収支予測のもとに、建築資金としてYから敷金234億円の預託を受けて、Xの所有する土地の上に建物を建築することを内容とするものであり、いわゆるサブリース契約と称されるものの一つであると認められる。

本件契約は、Yの転貸事業の一部を構成するもので、**賃料額及び賃料自動増額特約等に係る約定は、XがYの転貸事業のために多額の資本を投下する前提となったもの**であって、本件契約における重要な要素となった事情であるから、**衡平の見地に照らし、借地借家法第32条第1項の規定に基づく賃料減額請求の当否及び相当賃料額を判断する場合に、重要な事情として十分に考慮されるべき**である。

原審の（1）の判断は、以上の趣旨をいうものとして是認することができ、この点に関する論旨は採用することができない。

（2）**借地借家法第32条1項の規定に基づく賃料増減請求権**は、賃貸借契約に基づく**建物の使用収益が開始された後**において、賃料の額が、同項所定の経済事情の変動等により、または近傍同種の建物の賃料の額に比較して**不相当となったとき**に、将来に向かって**賃料額の増減を求めるものと解される**から、賃貸借契約の当事者は、契約に基づく**使用収益の開始前に**、当該規定に基づいて**当初賃料の額の増減を求めることはできないものと解すべき**である。

そうすると、**第1次減額請求**は、賃貸部分がYに引渡され、Yが**使用収益を開始する前にされたもの**であるから、この減額請求による**賃料の減額を認めることができない**。この点をいう論旨は理由がある。

したがって、第1次減額請求による賃料減額を認め、Yの平成7年3月1日から平成8年7月31日までの間の**賃料額の確認請求の一部を容認した原審の判断**には、判決に影響を及ぼすことが明らかな**法令の違反があり**、原判決中、Yの**敗訴部分のうち、当該期間の賃料額を求める部分は破棄を免れない**。そして、この部分に係る請求を棄却した第1審判決は正当であるから、この部分につきYの控訴を棄却することとする。また、第2次減額請求の当否及びこれによる相当賃料額は、第1次減額請求による賃料の減額の帰すうを前提として判断すべきものであり、第1次減額請求による賃料の減額を認めることができないのであるから、第1次減額請求による賃料の減額を認めたうえで第2次減額請求による賃料の減額を認め、Yの平成8年8月1日以降の賃料額の確認請求の一部を容認した原審の判断にも、判決に影響を及ぼすことが明らかな法令の違反があり、原判決中、Y敗訴部分のうち、当該賃料の確認を求める部分も破棄を免れない。そして、第2次減額請求の当否等について、更に審理を尽くさせるため、この部分につき、原審に差し戻すこととする。

よって、**原判決中、Y敗訴部分のうち、Yが平成7年3月1日から平成8年7月31日までの賃料額の確認を求める部分を破棄し、同部分につき、Yの控訴を棄却**する。

原判決中、Y敗訴部分のうち、Yが**平成8年8月1日以降の賃料額の確認を求める部分を破棄し、同部分につき、本件を東京高等裁判所に差し戻す**。

≪m. 媒介報酬≫

29【家主から広告費の名目で1か月分の媒介報酬を受領することの可否】

「広告費」名目で貸主から受領している賃料1か月分の費用は、広告掲載の実態が不明確であり、広告費の実態は媒介報酬に当たり、宅建業法第46条2項に違反するとして監督処分を受けた**行政処分事例**

> 借主から賃料の1か月分の媒介報酬を受領しているほか、「広告費」の名目で貸主からも賃料1か月分を受領することは、問題ないですか。

【業者側の言い分】
　広告費は、別法人である出版社、広告代理業者に対して支払われているものであり、媒介報酬ではない。

> 行政側の判断

　「実際の宣伝広告費用としていくら掛ったのか。本当に広告掲載されたのか。説明もなしに一律賃料の1か月分を受領している」「媒介業務と広告業務を別法人が行うという旨が家主に説明されていない」の2点を取り上げ、媒介業者が受領している「**広告費の実態は、媒介報酬に当たる**」とした。

【行政側の判断経緯】
　今回の処分の対象になった業者は、今までも「契約書の交付をしていない」とか「情報誌に記載された内容と実際の物件内容が違っている」など、基本的な問題が多かったと言われていますが、監督処分の対象になったのは、この件ではなく「家主側から受領している広告料の取扱い」についてです。
　「家主側から広告料に関した相談や苦情が行政側に寄せられている事実の有無」については、苦情の事実があり、その殆どは、宅建業者からの説明がきちんとされておらず、家主が何故こういうお金を払わなければならないのかという疑問から相談され、個別に業者を呼んで指導したケースが数件あったとしています。
　「聴聞で広告料について取り上げた事例の有無」については、当事案が初めてですが、**広告料を取ること自体を悪いと言っているわけではなく、内容の透明性を問題にしているもの**です。家主が特別な依頼をして出す広告と、宅建業者の仲介業務の中での広告宣伝とは、**本来別ものであるはず**です。しかし、**当事案は、その区分が不明確**です。
　「当該2社に限らず、別法人の出版社で情報誌を発行し、その情報誌への広告掲載を家主に対して求めるというやり方が増えています。この方法における問題の有無」については、研究されたやり方をしていますが、このやり方が一般化されるのは困ります。
　「管理委託契約の項目の中に、管理会社が入居促進のための広告料を家主からもらうといった特約の是非」については、入居促進は管理業務の一環でしょうが、管理会社の行う入居促進活動とは、入居しやすくするために物件をメンテナンスするとか清掃を行うというのが基本だろうと考えます。**入居者を探す活動は、媒介業務の範疇に入るはずです。入居者を探す行為は、宅建業法で定められた貸主・借主双方から合計して家賃の1か月分を報酬とするというのが基本的な立場**です。
　「賃貸借市場の需給バランスが変化してきている中で、1人の入居者を探すコストは年々高くなってきています。宅建業者としては、家主から広告料を出してもらわないと媒介業務が経営的に成立たないという面がある」ことについては、家主の話を聞いても、入居者を早く見つけてくれれば、何らかの対価を支払ってもよいとの意識は出てきていると思います。しかし、**広告料は、あくまで「実費」が原則**であり、どんな広告にいくら掛っているかを明確にすることが必要です。少なくとも**広告掲載誌を証拠として家主に提示するくらいのことは常識**ではないでしょうか。

30【契約のキャンセル時の礼金と媒介報酬の取扱い】　**相談事例**

①　4月1日に、貸主Yと入居希望者Xの賃貸借契約の仲介をした。賃貸借契約の締結に際し、Xから仲介業者Zあてに家賃1か月相当額を手付金として支払って頂き、貸主Y名義の領収書を借主Xに渡した。なお、Xは契約締結にあたって物件を検分していません。 ②　同月3日に借主Xから貸主Y宛の礼金12万円・保証金25万円・4月分の前払い賃料8万円及び媒介報酬8万円が仲介業者Zに支払われ、報酬については業者Z名義で、その他については家主Y名義の領収書を渡した。 ③　同月5日に、初めて物件を見たXは、「壁の至る所にひび割れがあることが分かり、地震でもきたらと思うと心配だから契約を解約したい。」と申出てきた。 ④　同月8日に、Xに貸主Y所有の別の賃貸物件を検討して頂くことにしたが、4月末日までに立退く

約束の物件から賃借人Wが退去しないことになり、Xから「賃貸借契約を解約するから支払済の金銭全額を返還しろ」と言ってきた。
⑤ 賃貸借契約では、契約期間の満了以前の借主からの解約に関する特約を定めていなかったのですが、Xが言う支払済金を全額は返す必要はないと思うのですが、いかがなものでしょうか。

解決結果

貸主Yは、Xに礼金を含めた全額を返還した。**仲介業者Zは、媒介報酬額の半額をXに返還**した。

【処理内容】
借主Xが契約締結に際し支払った金額は、「礼金12万円、保証金25万円、賃料（4月分）8万円、媒介報酬8万円の合計53万円」です。

「礼金」の12万円は、契約期間の開始日以降は、住宅に入居しないまま解約（いわゆる「未入居退去」）を申出た場合であっても、本来、返還する必要はありません。しかし、4月1日付け契約の第1の契約を「キャンセルしたい」と申出たXに、**同月8日付けで第2の契約を新たに勧めたことで、第1の契約は合意解約されたと解すべきでしょう**。合意解約をしたということであれば、当然に礼金はXに返還しなければなりません。

また、第2の契約では、約束の期日までに、現在の入居者が退去しないということで、「貸主に帰すべき事由にあたる」と言わざるを得ないことから、第2の契約でも礼金は返還しなければなりません。

「**保証金**」25万円も、「敷金」と同様の扱いとなるため**全額返還**となります。

「**賃料**」8万円は、本来、契約期間の経過分については返還しなくてもよいのですが、本件のように物件の検分もしないで契約を締結したという事情などを考慮した場合、全額返還したうえで解決する方が妥当でしょう。

「媒介報酬」は、第1の契約は成立し、第1の契約の仲介分として取得し得た媒介報酬を第2の契約の成立後、受取ろうとしていたのでしたら、単に報酬の受領時期を遅らせたに過ぎないので、第2の契約が貸主Yの履行不能となっても媒介報酬権に影響を与えることにはなりません。

しかし、第1の契約の際、Xが物件を検分していないこと、その結果、Xの解約理由が「壁のいたる所にヒビ割れがあり、耐震性が心配だ」という点は、**媒介業者としての債務不履行や調査義務違反が問われるところであり、それらの債務不履行に基づく損害賠償との相殺で報酬が減額されるとみるべきでしょう**。

31【媒介業務と金銭授受】　相談事例

建物賃貸借の仲介業務に関する金銭の授受と報酬の請求について説明して下さい。

宅建業者は、宅地建物の取引の代理・媒介を依頼された場合、その取引が成立しなければ報酬を受けることができません。従って、この報酬は、通常、成功報酬と呼ばれ、取引が不成立の場合は、依頼者の依頼による広告の費用や依頼者の特別の依頼による特別の費用（例えば、遠隔地への旅費）などの必要経費以外は請求できません。

取引が成立した場合は、国土交通省大臣告示に基づく報酬額規定により報酬を得ることができます。

貸借の媒介の場合

貸借の媒介を行った場合に依頼者の双方から受けることのできる報酬の合計額は、借賃の1か月相当額以下でなければなりません。さらに、居住用建物の賃貸借であれば、依頼者の一方から借賃の半額相当額以下しか受けることができません。ただし、依頼者からの特別の承諾があれば別で、この場合は、依頼者の承諾意思を文書により明らかにしておくことが望ましい処理であると言えます。

なお、「依頼者からの特別の承諾がある場合」とは、当該媒介の依頼を受けるに当たって、「依頼者か

ら借賃の１か月分の２分の１に相当する金額以上の報酬を受けることについての承諾を得ている場合」を指すものであり、また、この依頼者の承諾は、業者が依頼者から媒介の依頼を受けるに当たって得ておくことが必要であり、依頼後に承諾を得ても承諾とは言えないとされています（**昭45.10.23建設省計宅政発第211号　建設省計画局長通達**）。

> 貸借の代理の場合

　貸借の代理を行った場合に依頼者から受けることのできる報酬は、借賃の１か月相当額以下でなければなりません。ただし、契約の相手方から報酬を受ける時は、その報酬と代理の依頼者からの報酬額の合計額が借賃の１か月相当額以下であることが必要です。

● 【参考4】
【駐車場の仲介手数料】

> 駐車場を借りる際に仲介手数料として業者から１か月分の駐車場料金相当額を請求されますが、何を根拠に報酬請求しているのですか。
> 駐車場の斡旋も宅地建物取引業法の規定に基づくものなのですか。

　宅建業法第２条第１号では、「宅地」の定義として「① 建物の敷地に供せられる土地（宅地及び宅地見込地）」「② 都市計画法第８条第１項第１号の用途地域内のその他の土地で、道路、公園、河川その他政令で定める公共の用に供する施設の用に供されているもの以外のものを含むものとする」という２つがあります。

　したがって、敷地を「１台分の一区画ごとを月極めなどで」駐車場に賃貸する場合は、建物の敷地として使用される土地ではありませんので、①には当たりません。しかし、②につき文理解釈をすると、いわゆる公物ではないので「宅地」に当たります。しかし、「重要事項説明」制度の趣旨や契約書の内容等からして、宅建業法は駐車場賃貸借の媒介等までは規制していないと考えられます。建物内駐車場の賃貸借についても同様です。ですから、宅建業法第35条に基づく「重要事項説明」は不要です。

　宅建業法が適用されない「バラ貸しの駐車場」を仲介するような場合は、媒介する宅建業者も商法上の商人ですから〔商法第４条（商人の定義）、第502条第11号（営業的商行為・仲立ち又は取次ぎに関する行為）〕、他人のために（宅建業法適用外の）媒介活動をなした場合は、当然の報酬請求権を持つことになっている〔商法第512条（報酬請求権）〕ので、相当の報酬を請求することができます。

　駐車場の斡旋に対する報酬額は、既に広く浸透し慣習化されていますので、事前の説明さえ怠らなければ、駐車場料金１か月分相当額を請求しているのが通例です。

≪n．入居中≫

32【近隣への迷惑行為】〔大阪地裁・昭62(ワ)第2211号・平1.4.13判決〕

隣接居住者による生活妨害を受けた借主から善処の申入れがあったにもかかわらず、適切な対応に欠けた貸主に債務不履行に基づく損害賠償責任を認めた事例

> ① 市営住宅の入居者Xは、入居直後から真上の部屋に住む入居者Yから、ベランダに瓶を投げつけられたり、「風呂の戸を閉める音がうるさい」と入口ドアを叩かれ大声で罵倒されたりした。さらに上階から部屋中の床を棒で突き回るなどの嫌がらせを受け、また、Xのみならず、Yの上下階に位置する居住者も同様の嫌がらせを受けたので、息を潜め足音を忍ばせる生活を余儀なくされた。
> ② Xの妻は、入居２か月後に出産したが、当該事情から帰宅できないため、実家で暮らさざるを得なかったが、３か月後にYは他の入居者に対する暴行脅迫被疑事件で逮捕され不在になったため帰宅できた。しかし、執行猶予判決により３か月後には戻って来て、前にも増す嫌がらせを再開し、連日連夜、ドアを足蹴されたり、ベランダに汚水をまかれて洗濯物を汚されたりしたため、洗濯物や布団を干せなくなった。さらに、他の入居者への暴行、脅迫を繰り返していたが、Xの留守中に、

入口のドアを足蹴し凹ませ、玄関横の窓ガラスを破壊され、ベランダに空き瓶木切れ等を大量に投げ込まれた。
③　Yは、他の入居者に対する暴行脅迫を繰り返したため、再逮捕されたが、懲役8か月、執行猶予3年の判決を受けて戻ってくると、Xの妻と102号室の入居者に暴行を加えたため逮捕され懲役10か月の実刑判決を受け服役したが、戻ってくると、またも嫌がらせを再開し、Xの子供を引き倒し、髪を引っ張ったり、かばった妻を足蹴りしたりして損傷を負わせた。
④　連日連夜のように嫌がらせや暴行脅迫等、生活妨害行為を受け、耐え難い苦痛を強いられたので、Xは、数十回にわたり、市に対してYの生活妨害行為の実情を訴え善処を要求したが、市は窮状を理解せず、何らの対策も講じず、別の空室への転居の申入れにも応じようとしなかった。
　　そのため、Xは賃貸借契約を解除して市営住宅を退去した。
⑤　Yの生活妨害行為は、Xのみならず、Yの上下階に位置する居住者に及んでいたほか、Xの前居住者Zも、市の管理課職員に数回、相談に行ったが埒があかなかったため、夜逃げ同然に退去していた。生活妨害行為があったことを知っていながら何ら手を打たなかった貸主である市に対してXは、弁護士を介して「貸主の債務不履行による損害賠償請求」を提訴した。

裁判所の判断（**大阪地方裁判所・昭62（ワ）第2211号・平1.4.13判決**／判例時報1322-120）

貸主は、借主に対し使用収益させる義務として「平穏・円滑な使用収益ができる状態で建物を引渡す」義務がある。引渡した後も、同様に、「平穏・円滑な使用収益ができる状態」を維持する義務があり、第三者の侵害行為によりそれが阻害された場合は、侵害行為を排除して「平穏・円滑な使用収益ができる状態」に回復する義務がある。

しかしながら、**借主Yの「借主Xを含め他の入居者に対する生活妨害行為」**は、**約定に違反し、かつ、貸主との間の信頼関係を破壊するに足るものである**から、貸主は、説得しても止めなかったYの行為に対して、信頼関係の破壊を理由に契約を解除し部屋の明渡しを求めることができたにもかかわらず、**契約解除しなかったことは**、借主Xに対する「平穏・円滑な使用収益ができる状態」を維持する義務についての**債務不履行に当たる**。

以上の理由から借主Xの損害賠償請求を認めた。

33【近隣への迷惑行為】〔東京地裁・昭53（ワ）第10593号・昭54.10.3判決〕
建物貸主所有の他のアパート居住者に対する借主の迷惑行為を理由に、建物賃貸借の解除・アパートの賃貸不能による損害賠償請求が認められた事例

①　建物賃貸借契約書に「建物の内外を問わず、危険または悪臭を放つ物品を持込み、または作業をし、あるいは騒音、泥酔、放歌等、人員を叫合して大声を発し、風紀を乱し、動物を飼育して他人に迷惑を及ぼす行為を一切しないこととする」「定めに違反する行為をなし、反省を求め、貸主の要求に応じない時は、貸主は催告を要せず契約を解除できる」旨の特約があったが、借主Yは、入居直後から、両隣や貸主X所有の隣接するアパートの入居者に向かって、連日、夜の11時半頃に帰宅して深夜2時頃まで怒号、罵声を浴びせ掛けた。
②　当該言動について、隣接や近隣アパートの入居者から、貸主として善処するよう強い申入れを受けたので、貸主Xは借主Yに対して注意したが聞き入れなかった。
③　貸主Xは、借主Yの言動は契約更新を拒絶する正当事由に該当するとして、更新拒絶通知をしたが、期間満了後も居住しているので、居住することに異議があることを述べた。その後も居座り続け、怒号、罵声、入居者の悪口を浴びせ掛ける言動が続いたため、相次いで、隣接、近隣の入居者が転居してしまった。
④　入居者が転居した後に、賃借する入居者がいなくなってしまったため、貸主Xは、この迷惑行為を理由に「賃貸借契約の解除と損害賠償」を裁判所に請求した。

裁判所の判断（東京地方裁判所・昭53（ワ）第10593号・昭54.10.3判決／判例時報第962-89）

当該特約は、借主が建物を使用収益する用方について特に付せられた制約であって、不合理な制約とは言えないから、特約に違反した時は債務不履行の責任を問われてもやむを得ない。そして、借主Yの言動は、特約において制約された騒音ないし大声を発して他人に迷惑を及ぼす行為にほかならず、隣人等が通常の隣人関係において受忍すべき限度を超えるものと認めてよい。貸主Xが借主Yに当該言動を止めるようにしばしば注意したが、全く聞き入れずに今日に及んでいるから、賃貸借を継続していくに足りる信頼関係は、著しく破壊されていると言うべきである。

借主Yの言動は、隣人が平穏な生活を営む権利を侵害する不法行為であり、隣接のアパートの各室入居者が平穏な日常生活を送る場所としての効用価値を失わしめ、ひいては貸主がこれらの物件を他に賃貸することを不可能ならしめるもので、**貸主に対する関係においても不法行為**となる。

従って、貸主Xが**アパートの効用価値を失った損害**、すなわちアパートの各室を他に賃貸できなくなったことにより得ることができなくなった**賃料相当の金員を賠償すべき**であるとして**借主Yに支払を命じた。**

再チェック！【宅建業者としての留意事項】

注意しても迷惑行為が改まらないときは、賃貸借契約の解除を検討する必要があります。そこで、解除理由を明確にするためには、「近隣の住民から寄せられた苦情は、克明に聞きだして書面に残す」また、「貸主や宅建業者から注意をした時は、日時、場所、注意した内容、その結果などを書面に残しておく」ことが大切です。

●【参考5】
【借主の失火責任と損害賠償の範囲】〔東京地裁・昭43（ワ）第13259号・昭51.3.31判決〕

国鉄高架店舗借主の失火と債務不履行による範囲について、貸主の損害賠償義務を認めたが、「貸店舗全ての焼失部分」に対する一括賠償請求を退けた事例

① 貸主Yは、国鉄（現JR）から使用承認を受け、賃貸店舗用施設として国鉄高架下に鉄骨鉄筋コンクリート造2階建の建物を建築した。この一角を賃借した菓子類の製造販売をする借主Xの店舗内から出火し、22店舗の設備、商品、貸主Y所有の設備、内装等を焼失・焼損した。

② 賃貸借契約書には「借主は、使用する施設物を善良な管理者の注意をもって管理しなければならない」「借主は、その責に帰すべき事由により国鉄または貸主に損害を与えた時は、賠償の責に任ずるものとする。損害額は、国鉄または貸主が決定するものとする」「借主が貸主に当該管理義務違反の債務不履行により損害賠償義務を負担する場合に、賠償すべき損害には、賃借使用している施設の滅失・毀損等による損害に限らず、その他の店舗部分・施設物についての損害をも含むものとする」旨の特約に基づき損害の一括賠償を借主Xに求めた。

裁判所の判断（東京地方裁判所・昭43（ワ）第13259号・昭51.3.31判決／判例時報834-71）

火災の出火場所は、借主Xの店舗売店の仕上台および包装台付近であると認められる。火災は借主Xの従業員による煙草の不始末で発生した可能性が強く、被疑者不明ながら当該店舗からの失火とする警察側の事件処理から、「借主の善良な管理者の注意義務を尽くさなかったもの、保管義務の不履行があったもの」と推認できるため、借主Xは債務不履行による損害賠償義務を免れない。

損害賠償の範囲については、「借主Xの賃借店舗の滅失・毀損による損害に限定せず、施設全般の滅失・毀損による損害の一括賠償とし、その賠償額は貸主または国鉄が決定するもの」としているが、「借主の使用する施設物を善良な管理者の注意をもって管理しなければならない」とする規定からすれば、管理義務違反によって借主に損害を生ぜしめた場合の損害賠償責任を確認した趣旨と解されるため、借主Xの債務不履行による損害賠償の範囲を賃借店舗以外の部分に関して生じた損害まで拡張した趣旨の特約であるとは、契約書の文言から解し難い。

従って、施設全般に関する損害の賠償を求める特約があるとする貸主の主張は、採用することができず、「保管義務違反により貸主に対する損害賠償の責任はあるものの、火災が如何なる具体的な過失に

よって発生したかは明確ではなく、借主とその従業員に重大な過失があったものと推断するに足る証拠は存在しないため、**借主Xの負うべき損害賠償の範囲は、賃借店舗に関して生じた損害に限られ、それ以外の部分に関して生じた損害には及ばない**」として、**全ての焼失部分に対する一括賠償請求を棄却**した。

> **失火責任法（失火の責任に関する法律）** 民法第709条の規定は失火の場合には之を適用せず。但し、失火者に重大なる過失ありたるときは此の限りに在らず
>
> **民法第709条（不法行為による損害賠償）** 故意又は過失によって他人の権利又は法律上保護される利益を侵害した者は、これによって生じた損害を賠償する責任を負う。

≪o．連帯保証人の責任≫

34【長期滞納による債務保証請求を拒絶した連帯保証人の主張の是非】

〔東京地裁・昭60(ワ)第11969号・昭62.1.29判決〕

建物賃貸借が合意更新された場合に、当初の保証契約の効力が更新後も存続するとされた事例

> ① 昭和53年7月、借主XはY所有のマンションを借りて住居兼英語教室とした。マンションの賃貸借契約期間は2年で、家賃は月額10万円であった。契約締結に際し、連帯保証人ZはYに対して発生するXの一切の債務につき連帯して保証した。
> ② 昭和55年7月、期間満了につき、家賃10万5千円、期間3年で契約を更新。Yは引続き連帯保証人を引受けた。
> ③ 昭和58年7月、期間満了につき、家賃11万5千円、期間3年で契約を更新した。しかし、Yはこの合意更新の事実を知らされていなかった。
> ④ 昭和59年10月頃に、XとYは、昭和60年3月31日をもって契約を解約する旨の合意をし、昭和60年4月26日にマンションを明渡しした。
> ⑤ しかし、Xは、昭和59年3月1日以降翌60年3月31日までの賃料149万5千円と明渡しまでの期間の賃料相当損害金との合計159万4,666円が未払状態にあり、敷金20万円を充当してもなお139万4,666円が未払で、かつ、原状回復義務を履行していないため、それに要した費用170万円の合計309万4,666円を連帯保証人であるZに請求した。
> ⑥ Zは、昭和58年7月のXとYの合意更新には関与していないため、Xの債務を保証していない。また、その後の合意解約にも関与していない。当時、既に7か月分の賃料を延滞しているXに対し、さらに6か月間も使用を認めたばかりか、このことについて、何の連絡もなかった。知らない間の合意まで責任を負ういわれはない。貸主は保証人にその事情を通知すべき信義則上の義務があるべきで、通常負担すべき数か月の程度の額を超える請求は信義則に反し無効であると主張した。

裁判所の判断（東京地方裁判所・昭60(ワ)第11969号・昭62.1.29判決／判例時報1259-68）

民法第619条によれば、期間の定めがある賃貸借において、同一内容で更新したものと推定される場合でも、保証人の債務は、賃貸借の期間満了により消滅するものとされるから、昭和58年7月の貸主Yと借主Xの合意更新時に、改めて貸主Yと連帯保証人Zとの間で明示の保証契約を締結していない場合、連帯保証人Zの保証債務は、昭和58年6月30日の期間満了により消滅する余地がある。しかしながら、

> ① 建物の賃貸借では、借家法の規定により、期間満了後も賃貸借関係が存続するのが原則であり、更新の前後の契約には同一性が認められること
> ② 建物賃貸借契約自体が、本来、長期間にわたる性格のもので保証人においても継続的に保証するものであることを認識しているはずであること
> ③ 建物賃貸借の保証人の債務は、ほぼ一定しており、更新後の債務について保証の効力を認めても、特に保証人に対し酷であるとは言えないこと
> ④ 昭和58年の更新は、外国勤務中の貸主Yが、手紙で賃料を1万円増額して更新に応ずる旨連絡

し、借主Xが同額の賃料を支払ったことによって合意が成立したものと認められ、賃料増額以外の契約条件は、保証を含め、全て従前どおりとするのが当事者の意思に合すること
⑤ 連帯保証人Zの尋問結果によれば、Zは昭和58年7月以降も、Xがマンションで英語教室を経営していることを知っていたにもかかわらず、貸主Yにも借主Xにも「保証しない」ということを申出ていないことが認められること

の理由により、貸主Yと連帯保証人Z間の連帯保証契約の効力は、昭和58年7月1日以降も存続すると解する。

よって、借主Xは貸主Yに対し未払賃料と賃料相当損害金として139万4,666円の支払義務を負い、連帯保証人Zは同額の保証債務を負う。

次に、連帯保証人Zは、「貸主は借主の賃料不払いを保証人に通知すべき信義則上の義務があり、通常考えられる程度の延滞額を超える請求は無効である」と主張するが、

① 賃貸借契約上、1か月以上の滞納で契約を解除することができるとされていても、解除するかどうかは貸主が決定すべきこと
② 借主Xが7か月分もの賃料を滞納しているのに、なお明渡し期限を6か月猶予したことは、貸主Yが借主Xの使用の便を考慮したことが認められること
③ 保証債務の履行請求は、権利であって義務ではなく、もともと連帯保証人Zが主張する通知義務はないこと
④ 仮に、早い時期に貸主Yが連帯保証人Zに対し通知ないし請求していたとしても、Zの責務は**借主Xの履行の有無にかかり、Xが弁済しない限り、連帯保証人Zは全額を支払わなければならない**こと

以上を考慮した場合、**連帯保証人Zに対する請求が信義則に反するものということはできない。**

また、原状回復義務不履行による損害賠償金と合わせて180万1,666円を支払え。

35【賃貸借の保証人の責任】〔東京地裁・平5(ワ)第11034号・平6.6.21判決〕
賃料の支払がないまま、保証人に何ら連絡もなしに2回も合意更新することは、社会通念上あり得ないことで、2回目の更新後は保証人は責任を負わないとされた事例

① 借主Xは貸主Yと昭和57年5月15日から2年間、賃料8万6千円、「無催告解除特約、借主負担で原状回復義務を負う」等の条件で賃貸借契約を締結し、同日、連帯保証人Zは、借主Xの賃貸借に基づく一切の債務について連帯保証した。
② 昭和63年4月19日に期間2年、賃料9万5千円、更新料1か月分として合意更新した。その後、平成2年4月19日、平成4年4月19日にも合意更新している。
③ しかし、借主Xは昭和63年11月分以降の賃料等の支払を怠っていたため、貸主Yは借主Xに対し、平成5年4月16日到達の内容証明郵便をもって、契約を解除する旨の意思表示をした。借主Xは平成5年5月10日に建物から退去した。
④ 貸主Yは連帯保証人Zに対し、連帯保証契約に基づき、未払賃料等526万5,330円、更新料金19万円、紛失鍵代金5,500円、原状回復費用57万9,780円、延滞損害金の支払を求め裁判となった。

裁判所の判断（東京地方裁判所・平5(ワ)第11034号・平6.6.21判決／判例タイムズ853-224）

連帯保証人Zは、「貸主と借主の契約期間は、昭和57年5月15日から2年間であり、契約更新があったとしても、連帯保証人の責任は当初の賃貸借契約期間の経過により消滅し、更新後に及ばない」と反論した。

これに対して、裁判所は、「期間満了の場合は両者合議のうえ契約を更新することを得るものとする」「契約更新の際は、現金にて8万6千円を貸主に支払うものとする」旨の規定があることから、契約は当然に更新されることが予定されていたもので、契約が2年で終了することなく更新されることを承知して連帯保証人になったものと認められる。

とすれば、**更新後は、連帯保証人の責を免れるとの明示のない契約においては、連帯保証人は更新後**

に生じた借主の債務についても責任があると解される。
　しかしながら、**借主の賃料の支払がないまま、保証人に何ら連絡もなしに契約期間が2年として2回も合意更新されるとは、社会通念上あり得ない**ことで、連帯保証人がこれに関しても責任を負うとするのは、保証人としての通例の意思に反し予想外の不利益を負わせるものである。
　よって、昭和63年11月以降の借主Xの**賃料不払債務**について、**連帯保証人としての責任は負わないものというべき**であり、また、**原状回復費用債務**についても、平成4年4月19日以降に生じたものであるので、同様に**連帯保証人に責任はない**。

36【契約更新と保証人の責任】〔最高裁・平9.11.13 判決〕
契約更新後も、連帯保証人としての責任は免れないとした事例

> ① 貸主Yは、契約期間を昭和60年6月から2年間、賃料を月額26万円と定めたマンションの賃貸借契約を締結し、借主Xの実兄Wが連帯保証人となった。
> ② 賃貸借契約の期間については、「ただし、必要あれば当事者合議の上、本契約を更新することもできる」と規定されていた。Yは、賃貸借期間を家賃の更新期間と考えており、期間満了後も賃貸借関係を継続することを予定していた。
> ③ Wは、当時、弟Xが食品流通関係の仕事をしていて高額の収入があると認識していたことから、支払能力は心配していなかった。
> ④ XとYは、契約を3回更新した。「昭和62年6月頃、期間を同年6月から2年間」「平成元年8月に、期間を同年6月から2年間、賃料は月額31万円」「平成3年7月に、期間を同年6月1日から2年間、賃料は月額33万円」と定めて合意更新した。
> ⑤ 各更新での賃貸借契約書中の連帯保証人欄には「前回に同じ」と記載されているにとどまり、Wによる署名押印がなく、また、各更新の際にYからWに対して保証意思を確認する問合せもなく、Wが弟Xに対して引続き連帯保証人となることを明示して了承したこともなかった。
> ⑥ Xは平成元年の2回目の合意更新による期間中の賃料のうち75万円と平成3年の3回目の合意更新による期間中の賃料など759万円を滞納していた。貸主Yは、平成4年7月中旬頃、Xに対し「賃貸借契約の更新を拒絶する」旨を通知するとともに、平成5年6月にWに対して「賃料不払いが継続している」旨を連絡した。借主Xは、平成5年6月18日、マンションを明渡ししたが、賃料は支払われなかったため、Wに支払請求を求めたが、保証人としての責任がないことを主張した。

【連帯保証人の言い分】
　「貸主Yは、連帯保証人である自分Wに対し『保証契約に基づき、未払賃料等合計834万円と、平成5年6月1日から同月18日までの賃料相当損害金19万8,000円についての連帯保証債務履行請求権を有する』と主張しているが、これはおかしい」「保証は、賃貸借の合意更新後に生じた未払賃料債務等には及ばないはずだ」。仮にそうでないとしても「貸主Yによるこのような保証債務の履行請求は信義則に反する」と連帯保証人は主張し、連帯保証債務834万円の不存在確認請求訴訟を提起した。

裁判所の判断【第一審】（神戸地方裁判所・平5.10.15判決）
　「更新前の契約と更新後の契約との間には、法的同一性はなく、個別の契約というべきであるから、更新前の契約に付された担保は、敷金を除き特段の事情がない限り、更新後の契約は及ばない」として、連帯保証人Wの請求を容認した。
　これに対して、貸主Yは控訴した。

裁判所の判断【控訴審】（大阪高等裁判所・平6.5.25判決）
　「貸主Yと連帯保証人W間の連帯保証の効力は、合意更新後の賃貸借契約に及ぶ」とした上で、「長期にわたる賃料滞納にも契約を解除せず、連帯保証人Wにそのことを連絡しないでおいてなされた保証

債務履行請求についても、信義則に反するものではない」として、第一審判決を取消して『連帯保証人Wの請求を棄却』した。

連帯保証人Wは、「① 控訴審判決は、民法第619条及び借地借家法（旧借家法）の解釈を誤り、判例（**最高裁・昭27.1.18判決**、民集6-1-1等）に違反」し、「② 貸主Yの保証債務履行請求は、信義則に違反する」として上告した。

> 裁判所の判断【上告審】（**最高裁判所・平9.11.13判決**／判例タイムズ969-26）

最高裁判所は、次のような判断を下した。

（1） 建物の賃貸借は、相当の長期間にわたる存続が予定された継続的な契約関係であり、期間の定めのある建物の賃貸借においても、貸主は自ら建物を使用する必要があるなどの正当事由を具備しなければ更新を拒否することができず、借主が望む限り、**更新により賃貸借契約を継続するのが通常**であって、**保証人となろうとする者にとっても、当然予測できるところであり、また、保証における主たる債務は、定期的かつ金額の確定した賃料債務を中心とするものであって、保証人の予期しないような保証責任が一挙に発生することはない。**

（2） 従って、保証契約を締結した場合には、格別の定めのない場合でも、反対の趣旨を伺わせるような特段の事情がない限り、更新後の借主の債務についても保証の責めを負う趣旨で合意されたものと解するのが相当であり、**連帯保証人は、貸主において保証債務の履行を請求することが信義則に反すると認められる場合を除き、更新後の賃貸借から生ずる借主の債務についても保証の責めを免れない。**

よって、『上告を棄却』する。

● 【参考6】
【契約自動更新後の連帯保証人の効力】　　相談事例

> ① 6年前に媒介業者Zの仲介で、借主Xに書店を開くというので店舗併用住宅を貸しました。当初5年間は何のトラブルもありませんでした。
> ② しかし、半年前に家賃の滞納が始まりましたが、借主Xの性格も温厚でまじめな人であったため、何とかなると思っていました。ところが、つい最近、経営に失敗したのかXは行方不明となり、5か月分の家賃を滞納。預かっている敷金は2か月分なので、45万円の滞納になってしまいました。
> ③ そこで、貸主Yは、業者Zを通じ、連帯保証人Wに連絡を取り「滞納金額を弁済して欲しい」旨伝えたところ、連帯保証人Wの代理の弁護士から「当方としては、連帯保証したのは最初の3年間だけで、契約が自動更新したからといって、保証も自動的に更新するものではない」と言ってきました。
> ④ 業者Zは、「そんなことはない。契約書の条項にあるとおり、保証の効力は自動更新の場合も継続される」と言っています。確かに、業者Zが作成した契約書に「‥本契約が自動更新した場合も継続維持されるものとする」と記載されていますが、この条項は本当に効力があるのでしょうか。

> 業法所管課の見解

一般に、連帯保証人の債務内容は、主たる債務と同一の内容を有しますが、債務者が借主の場合、他人が代わって履行することが現実になじまないことが多いため、保証人の責任は賃料の支払や損害賠償等、金銭の支払を行うことが中心となります。

連帯保証人Wの保証責任は、「建物の明渡義務」や「原状回復義務」にも及びますが、貸主Yは、これらの義務自体の履行を連帯保証人Wに求めることはできません。つまり、連帯保証人Wは貸主Yに対し、前述の義務自体ではなく「これらの不履行による損害賠償義務だけを負う」ことになります。

借主Xが家賃滞納を起こし行方不明となった場合は、**貸主Yの請求があれば、連帯保証人Wが借主Xの代りに貸主Yに弁済しなければなりません。**

【判例・学説】

契約当初に連帯保証人になったからといって、何度も自動更新をして、永久に連帯保証しなければならないとなると、連帯保証人になることに躊躇する人が多いのではないかと思われます。

この件に関しては、更新時の連帯保証の継続について特段に定めがない場合は、判例と学説が異なる見解を示しており判断が分かれるところです。

判例では、更新時に貸主と借主との間で合意更新または自動更新が行われ、連帯保証人に何の意思確認もしない場合には、保証義務は更新後のものに及ばないというのが通例です（**大審院・昭6.3.11判決**・新聞3256号P8）。

しかし、学説においては、借家法の適用により、更新が原則とされている以上、更新後まで連帯保証人の責任が及ぶというのが多数説です。

このような判例・学説の対立から見て、借主の連帯保証人となる場合は、契約期間到来による契約更新後の契約には「保証の効力が及ばない」旨の特約を入れておくべきです。

反対に、貸主からすると、契約更新後の契約についても、「保証の効力が及ぶ」旨の特約を契約書に明記しておくか、更新ごとに連帯保証人との間で保証契約を締結し直しておく必要があります。

再チェック！ 【宅建業者としての留意事項】

賃貸借契約書で更新後の連帯保証人の効力について、特段の定めをしていない場合は、判例と学説の見解に相違があるようですが、特約にその定めがなされていれば、その定めが有効であるということです。

本事例では、契約書に「連帯保証人の連帯保証の効力は、本契約が自動更新した場合も継続維持されるものとする」と記載してあり、この定めが有効であると判断でき、業者Zの言い分は正しいものと言えるでしょう。

しかし、もっと確実にしておくには、更新ごとに貸主Yと連帯保証人Wとの間で、保証契約を締結し直すことです。

≪p．契約更新≫
37【家賃の改定交渉】　相談事例

① 新規に開拓したアパート経営者から、賃貸媒介・管理業務契約の一環として、借主に対する「値上げ」交渉の依頼があり、引受けましたが、他業者から「交渉の仕方を間違えたために賃料を供託され、こじれた結果、訴訟までいった」と聞かされたことがあったので、用心して対応しなければならないと考えています。

② 実際に、借主とどのように折衝したらよいのか、値上げ幅の決定基準・交渉時期・万一交渉が決裂した場合の対応などについてアドバイスして下さい。

賃料の増額の根拠

どのような場合に賃料の増減ができるかについては、借地借家法第32条1項に「建物の借賃が、土地若しくは建物に対するその他の負担の増減により、土地若しくは建物の価格の上昇若しくは低下その他の経済事情の変動により、または近傍同種の建物の借賃に比較して不相当となったときは、契約の条件にかかわらず、当事者は、将来に向かって建物の借賃額の増減を請求することができる。ただし、一定の期間、建物の借賃を増額しない旨の特約がある場合には、その定めに従う」と規定されています。

法的には、家賃を増額しないという特約をしていないことを前提に、

① 固定資産税や都市計画税などの負担が増えること
② 土地建物の価格が上昇したこと
③ 近隣の家賃と比較して不相当に低くなったこと

のうち、いずれかが生起した場合は、いつでも請求することができ、賃貸借契約書に何らの取決めがなくとも、値上げができると言えますが、一方的に借主に通知すれば足りるというものではありません。

特に、地価下落・横ばい局面では、上記①～③の要件のほかに、物価上昇率や公共料金値上げ等の経済指標動向をにらみつつ、適切なタイミングを図るなど、周到な準備を行っていくことが必要です。深刻な不況下では、上げたい賃料をやむなく据え置いている家主や業者が多いというのが現状です。

なお、値上げの時期は、一般的には2年もしくは3年の契約更新の際に行われる例が多いようです。

借主への通知時期
　「借主への賃料値上げの通知時期はいつ頃がよいか」については、契約の更新時に値上げする場合が多いため、契約更新時の6～3か月前に通知を行うことになります。なお、やむを得ず、契約更新時以外に値上げをする場合は、会社契約では会計年度の初め、個人契約では暦年の1月から値上げすることとし、その6～3か月前に意思表示をするという手順を踏むことが必要です。
　「借主への意思表示の方法」は、文書による方法と口頭による方法がありますが、法的な意味をもたせることを前提とすれば、文書で行うことが適当と思われ、できれば持参して説明することが原則であると言えます。郵送で対応する場合は、普通郵便で十分と言えますが、一度は借主のところを訪ねて挨拶しておくことが必要です。内容証明郵便のように相手方に書面が届いたことを後日証明できるものもありますが、硬質な手段は、相手方の神経を逆なでしてしまう危険性がありますから、好ましくないと思われます。

値上げ幅
　「賃料の値上げ幅は、どのように算出すればよいか」については、賃貸事例比較法・利回り法・差額分配法・スライド法など数式等を用いて科学的に算出する方法もありますが、借主に対してはむしろ、前述①～③の値上げ要件等を近隣の相場との関係に照らして導き出した額を提示する方が明快ではないかと思われます。
　借主の生活状況や借用年数も考慮に入れておけば、交渉がこじれることはないと思われ、また、市場バランスの中で、どの程度の賃料が妥当かについては多くの賃貸物件を手掛けることによって自然に分かるようになります。
　「賃料を引き上げることと同時に敷金も引き上げる必要があるか」については、不払い賃料の担保等の目的で預かる敷金も同時に引き上げることができれば、それに越したことはありません。ただ、借主に過分の負担を強いることになるため、預かっている敷金額で所要の担保が図られないと判断する場合に限り、賃料の改定と同時に徴収することも考えられます。

値上げ交渉上の留意事項
　「賃料値上げ通知後の借主との交渉で留意すること」は、値上げの客観的正当性の度合いや借主の経済状況などにより対応が異なりますが、通知後、直ぐに交渉を開始することはせず、相手の出方を見ることで無用のトラブルを避けることができます。焦って交渉に入ると相手方の神経を逆なでする可能性があるからです。
　借主との交渉に出向く際、当該物件周辺の類似物件の賃料額や空室率などの賃貸市場動向や最近の経済動向に関する資料等を持参して交渉している業者がいることを参考にしてみて下さい。

供託されそうになった場合
　「値上げ額で折り合いが付かず供託されそうな状況になった場合にどう対処したらよいか」については、民法第493条（弁済の提供の方法）並びに第494条（供託）の規定によれば、借主が賃料の値上げを承諾しない場合であっても、旧賃料を一度は提供しなければなりません。この受領を拒絶されて初めて供託原因が発生するわけです。要するに、旧賃料を持参もせず、あるいは振込手続もとらずに、いきなり供託をしてきたような場合は、有効とは言えず、貸主は賃料不払いを理由にとして契約解除することができます。
　供託は、貸主・借主双方にとって無駄が多いので極力避けたいものです。しかし、借主が供託も辞さない覚悟で旧賃料の提供を行ってきた場合は、無条件でそれを受取ってしまうことはせずに「新賃料の内金」として受領しておくか、「暫定賃料」として受領することで、当面の供託という事態を避けることができます。これらの処理をしないまま旧賃料を受領してしまうと、値上げ請求を撤回したと取られかねないため留意する必要があります。

「借主より旧賃料を提供され、受領した場合の領収証の扱い」については、あくまでも「新賃料の内金」や「暫定賃料」として受領することを前提としていますから、内金として受領する場合は、「金○○円也、ただし平成○年○月分賃料の内金として受領します」と記載した領収証を発行しておくことが必要です。

　ただ、借主が「内金」という領収証を受取ってくれれば問題はないものの、新賃料の内金としての取扱いをされた領収証を受領することは、賃料の値上げを暗に認めたことになるとして強い抵抗がある場合には、現時点では両者の話し合いが付いていないという意味を込めて「暫定賃料」として受領することで幾分かの心理的抵抗感を軽減することができるかと思われます。

　「賃料が銀行振込の場合」は、同様の領収証を発行することになります。しかし、毎月、当該文言を記述した領収証を発行することは事務的にも煩わしいため、「○年○月○日以降（○年○月分以降分）に支払われた従前の額による賃料は、改定賃料の内金（ないしは暫定賃料）として受領いたします」旨の通知を内容証明郵便で発送する方法もあります。

38【家賃の供託制度】　相談事例

> 「貸主が賃料の受取りを拒否しているがどうしたらよいか」と借主から相談を受けました。このような場合、仲介した業者としてどのように対応したらよいか教えて下さい。

　貸主が家賃を受取らないからといって、借主は家賃を支払わないでおくと債務不履行を理由に賃貸借契約を解除されることがあります。このようなことにならない方法として利用できるのが供託制度です。家賃を供託すると、支払義務を果たしたことになり家賃滞納ということにはなりません。

　しかし、如何なる場合でも、借主が供託できるわけではなく、供託原因がないと供託をしていても無効となります。供託原因としては「貸主が何らかの理由で賃料の受領を拒絶している場合」「貸主の所在が不明等の理由で、貸主が賃料を受取ることができないとき」「誰が本当の債権者であるか分からないとき」が挙げられます。

　また、供託金は、貸主も借主も払渡しを求めることができます。貸主が供託所から払渡しを受けることを「還付」といい、借主が払渡しを受けることを「取戻し」といいます。

　さらに、供託の手続を図示すると次のようになります。

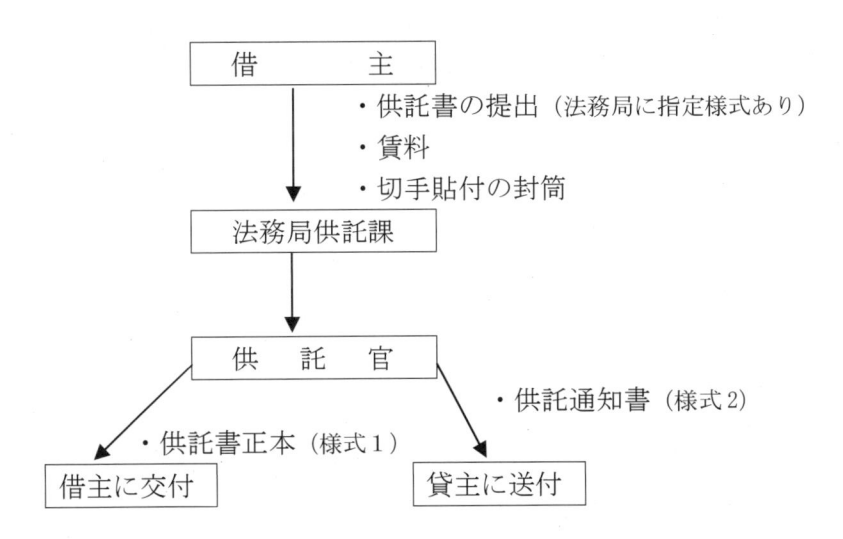

```
        ┌─────────┐
        │  借　　主  │
        └─────────┘
             │ ・供託書の提出（法務局に指定様式あり）
             │ ・賃料
             │ ・切手貼付の封筒
             ▼
        ┌─────────┐
        │ 法務局供託課 │
        └─────────┘
             │
             ▼
        ┌─────────┐
        │  供　託　官  │
        └─────────┘
         ↙              ↘  ・供託通知書（様式2）
   ・供託書正本（様式1）
   ┌──────┐      ┌──────┐
   │借主に交付│      │貸主に送付│
   └──────┘      └──────┘
```

　貸主が増額後の賃料を請求したうえで、値上げ前の賃料だけだと受取らないと拒否した場合、借主に供託原因が生じることになります。

　ただ、貸主が賃料増額を請求するときに、内容証明郵便等で「家賃は受領拒絶しない。たとえ、従前の家賃を持参しても家賃の一部として受領する」と明記すれば、借主に供託原因は生ぜず、供託はできなくなりますので供託金の還付請求する手間が省けることになります。

借主に供託原因があり供託した場合は、貸主は供託金の還付請求をすることになります。

貸主が供託金の還付を請求するには、供託金払渡請求書に、供託通知書及び作成後3か月以内の貸主の印鑑証明書（ただし、供託書正本と供託通知書の双方を提出する場合は必要なし）を添えて供託所に提出することになります。

なお、代理人によって請求するときは、委任状、戸籍謄本（親権者の場合）等代理権限を証する書面が必要です。供託金は、請求者が特に希望しない限り小切手で支払われます。

その際、貸主に値上げの意思を撤回するつもりがないことをはっきりさせるために、払渡請求書の還付欄の「1　供託受託」に○印を付け、備考欄に「家賃の一部として受領するものである」旨を記載し、さらに別途内容証明郵便で借主に「供託金は、賃料の一部として受領した」旨を通知することになります。

≪q．更新料≫

39【契約書での更新料支払特約】

「更新料」について目安となる昭和62年5月11日の東京高裁判決

> ① 宅建業者Zが管理しているアパートの一室を契約期間2年とする賃貸借契約を締結していますが、先月、期間満了となったものの、業者Zから何も言ってこなかったので「契約更新」されたものと思っていました。先程、業者Zから呼出があり出向いたところ、「賃貸借契約の更新の手続をしますから更新料を支払って下さい」と賃料の1か月分を請求されました。
> ② 「更新料」などこれまで聞いたことが無かったので「更新料とは何ですか。そんなものは払えません」と言ったら「それでは出て行って下さい」と言われました。こんな無法なことが通るのですか。

【結論】

「更新料」については、**昭和62年5月11日の東京高等裁判所判決が目安**となります。この判決は「建物賃貸借の更新において**更新料支払の慣習は存在しない**。従って、**更新料を請求するためには更新料支払についての合意がなければならない**」ことを明言したものです。

ですから、**契約書に更新料の支払に関する条項が盛り込まれていない場合は、更新料の支払を拒否したからといって、家主から立退き請求の裁判を起こされることはなく**、起こされたとしても、その請求が通ることはないでしょう。「契約書に書いていないものは払えません」と突っぱねてよいと思います。ただし、**更新料の支払について契約書に明記してある場合は、別**です。

【参　考】

本事例の場合、賃貸借契約の期間満了までに貸主Yから契約更新についての提案がなかったため、「合意更新」ではなく「法定更新」となりますが、法定更新の場合でも、「更新料の支払義務がない」とする判例と「支払義務がある」とする判例があります。

法定更新であることを盾に支払わないと頑張れなくも無いのですが、弁護士を立てるなどしても大変なことになりますし、いったん崩れた信頼関係を修復するのは大変なことですから、引続き入居を望む場合は、更新料を支払う方がその後の関係を円滑すると思われます。

> 【参考資料】
> 〔東京高等裁判所・昭61(ネ)第2025号・**昭62.5.11判決**／金融・商事判例779－33〕
> 【判決要旨】
> **建物賃貸借の法定更新に際して、更新料を支払う事実たる慣習は存在しない。**
> 【理由（概要）】
> 　貸主は、賃借権の更新に際しては更新料を支払う事実たる慣習があると主張するので検討するに、借家法第1条の2、2条、6条によれば、借家法の適用のある建物の賃貸借は、その期間が満了する場合であっても、一定の

要件の下に法定更新されることになっており、貸主は正当の事由がない以上、更新を拒むことができず、また、法定更新にあたり更新料を支払う習慣が成立する余地はない。

東京都内においては、建物賃貸借の期間満了に際して更新料の支払がなされることが多いことは当裁判所に顕著な事実であるが、当該事例は当事者の合意により賃貸借を更新し、双方の合意に基づき更新料を支払っているものと認めるのが相当であり、当該事例が多いからといって法定更新の場合に更新料を支払う習慣があるということではない。

以上により、貸主の主張は採用することができない。そして、借主が貸主に対し、賃貸借の更新につき更新料を支払うべき義務があることを認めるに足りる証拠はない。

40【更新料特約】京都市〔京都地裁・平20(ワ)第3224号・平21.7.23判決〕

居住用建物の賃貸借契約における保証金の解約引き特約及び更新料特約が、消費者契約法第10条に該当し無効であると判断された事例

① 借主Xは、平成18年4月1日、貸主Yとの間で、京都市内所在の賃貸マンションを、契約期間は平成18年4月1日から平成20年3月31日まで、賃料5万8,000円、保証金35万円、解約引き30万円、更新料賃料2か月相当額などの条件で賃貸借契約を締結した。

② その後、借主Xは、契約更新時に更新料特約に基づき更新料11万6,000円を貸主Yに支払ったが、賃貸借契約の約定中、解約引き特約が消費者契約法第10条により無効である旨主張し、
　(1) 敷金契約終了に基づき貸主Yが返還すべき義務があることを自認した5万円を含めた保証金35万円
　(2) これに対する賃借物件明渡し後である平成20年7月31日から支払済みまで民法所定の年5分の割合による遅延損害金
の支払を求めるとともに、
　(3) 不当利得返還請求権に基づき、更新料11万6,000円
　(4) これに対する訴えの変更申立書送達の日の翌日である平成20年10月23日から支払済みまで民法所定の年5分の割合による遅延損害金
の支払を求め提訴した。

争　点
① 本件敷引特約及び更新料特約は、消費者契約法第10条に該当するものとして無効といえるか
② 本件賃貸借契約を清算する和解が成立したといえるか
③ 借主の本件請求が信義則に反するといえるか
④ 貸主による有効な弁済の提供があったか

裁判所の判断〔京都地方裁判所・平20(ワ)第3224号・平21.7.23判決〕

1　争点①「本件敷引特約及び更新料特約は、消費者契約法10条に該当するものとして無効といえるか」について

(1) 前提事実及び弁論の全趣旨によれば、借主Xは消費者契約法第2条1項の「消費者」に、貸主Yは同条2項の「事業者」にそれぞれ該当し、本件賃貸借契約に消費者契約法が適用される。

(2) 本件敷引特約及び更新料特約が、民法、商法その他の法律の公の秩序に関しない規定の適用による場合に比し、消費者の権利を制限し、又は消費者の義務を加重する消費者契約の条項といえるかについて検討する。

ア　本件敷引特約について

賃貸借契約は、借主による賃借物件の使用とその対価としての賃料の支払を内容とする契約であり（民法第601条）、借主が賃料以外の金員の支払を負担することは賃貸借契約の基本的内容に含まれない。そして、居住用建物の賃貸借の場合の保証金は、敷金と同様、賃料その他の借主の債務を

担保する目的をもって賃貸借契約締結時に借主から貸主に交付される金員であり、賃貸借契約終了の際に借主の債務不履行がないときは貸主はその金額を返還するが、債務不履行があるときはその金額中より当然弁済に充当されることを約束して授受する金員を指すことが多く、契約書にも、その趣旨が規定されている。

しかしながら、**本件敷引特約**については、全く返還を許さない趣旨のものなのか、原状回復にその程度の費用を要することがあることを考慮して、基本的には返還しないが、そのような費用を要しなかったことが具体的に明らかになった場合には、本件敷引特約を適用しないこととするかについて、**明瞭な約定がされていたものとは評価し難い**。

さらに、将来返還される余地のない金員として、**本件敷引金のような金員を授受することが慣習化していることを認めるに足りる証拠はない**。

こうしたことを考慮すると、**本件敷引特約は、その法律上の性質ないし意味合いを明確にしないまま、民法その他公の秩序に関しない規定の適用による場合に比し、消費者の義務を加重したものといえる**。

イ 本件更新料特約について

前記アのとおり、借主が賃料以外の金員の支払を負担することは賃貸借契約の基本的内容に含まれないところ、**本件更新料特約**では、借主が貸主に対し、契約更新時に賃料の2か月分相当額の更新料を支払うこととされている。そして、更新料が、賃料の補充としての性質を有しているといえるかは後記のとおり疑問であるし、仮にその性質を有していたとしても、その支払時期が早い点（民法第614条参照）で**借主の義務を加重する特約である**といえる。

さらに、**更新料を授受することが慣習化していることを認めるに足りる証拠はない**。

そうすると、**本件更新料特約は、民法その他の法律の公の秩序に関しない規定の適用による場合に比し、消費者の義務を加重したものといえる**。

(3) 本件敷引特約及び本件更新料特約が民法第1条第2項に規定する基本原則に反して消費者の利益を一方的に害するといえるかについて検討する。

ア 民法第1条第2項に規定する基本原則に反して**消費者の利益を一方的に害するか否かは**、消費者と事業者との間に情報の質及び量並びに交渉力の格差があること（消費者契約法第1条）に鑑み、当事者の属性や契約条項の内容、そして、契約条項が具体的かつ明確に説明され、消費者がその条項を理解できるものであったか等**種々の事情を総合考慮して判断すべき**である。

前提事実及び弁論の全趣旨によれば、借主Xは、居住用賃貸住宅の借主となった者であるのに対し、貸主Yは、貸家業を営み、多くの借主と賃貸借契約を締結してきたのであって、建物賃貸借に関する情報（礼金、保証金、更新料等を授受するのが通常かどうか、同種の他の物件と比較して賃貸借契約の諸条件が有利であるか否か）を継続的に得ることができる立場にあり、このような情報に接してきた期間にも差があるものと推認できるのであって、**両者の間に情報収集力の格差があることは否定できない**。

イ 本件敷引特約について

(ア) 本件敷引特約は、保証金35万円からそのうち30万円を無条件に差引くものであるが、借主Xとしては物件を借りようとする以上、支払わざるを得ないものであり、特に本件賃貸借契約のように4月から入居しようとする場合、賃借希望者が多数存在することから競争原理が強くはたらく結果、**借主Xとしては本件敷引特約について交渉する余地はほとんどなかったものと考えられる**。そして、**本件敷引金は、保証金の約85％に相当し、月額賃料の約5か月分にも相当する**ものであり、**保証金、賃料に比して高額かつ高率で、消費者である借主Xにとって大きな負担**となる。

(イ) **貸主**Yは、本件敷引金の法的性質について、① 自然損耗料、② リフォーム費用、③ 空室損料、④ 賃貸借契約成立の謝礼、⑤ 当初賃貸借期間の前払賃料、⑥ 中途解約権の対価といった要素があり、これらの要素が渾然一体として含まれる本件敷引金には合理性がある旨**主張**するので、各要素について検討する。

a ① 自然損耗料及び、② リフォーム費用について

賃貸借契約は、借主による賃借物件の使用とその対価としての賃料の支払を内容とするもの

であり、**賃借物件の損耗の発生は、賃貸借という契約の本質上当然に予定されているものである**。そのため、建物の賃貸借においては、借主が社会通念上通常の使用をした場合に生ずる賃借物件の劣化又は価値の減少を意味する**通常損耗にかかる投下資本の減価の回収は、通常、貸主が減価償却費や修繕費等の必要経費分を賃料の中に含ませてその支払を受けることにより行われている**ところ（最高裁・平16(受)第1573号・平17.12.16判決・判例タイムズ1200号127頁、本編事例【93】参照）、本件全証拠をもってしても、**京都市内においてこれと異なる慣習等が存在するとは認められない**。そうすると、通常損耗の回復費用は賃料を適正な額とすることによって回収するのが通常というべきであって、**敷引金という形で借主に負担を転嫁することには合理的理由があるとはいえない**。

また、リフォーム費用も、通常損耗部分の補修のために支出される側面が多く、全証拠をもってしても、物件について通常損耗がなかったが、良質な居住環境を提供するためにリフォームを行うこととしているなど、そうしたことへの対価として返還を要しない礼金を授受することが適当とみられるような状況が存在したとまでは認め難い。そうすると、本件においては、**リフォーム費用を敷引金という形で借主に負担を転嫁することには合理的理由があるとはいえない**。

b ③ **空室損料について**

貸主による投下資本の回収は、原則として賃料の支払を受けることにより行われているのであるから、**空室期間**（すなわち、借主が使用収益しない期間）**の賃料が得られないことによるリスクは貸主が負うべき**である。そのため、建物の賃貸借契約では、貸主のリスクを避けるため、借主からの解約も一定期間の経過をもって終了することとされている（民法第617条）。

そうすると、**借主が賃貸事業者である貸主Yに対して、使用しない期間の空室損料を支払わなければならない合理的理由があるとはいえない**。

c ④ **賃貸借契約成立の謝礼について**

賃貸借契約が成立することにより貸主も利益を受けるのであり、**借主のみに賃貸借契約成立の謝礼を一方的に負担させる合理的理由があるとはいえない**。

d ⑤ **当初賃貸借期間の前払賃料について**

本件賃貸借契約において、**敷引特約が設定されていることにより賃料が低額にされているかは全証拠によっても明らかではない**。また、前記aのとおり、賃貸借契約は、借主による賃借物件の使用とその対価としての賃料の支払を内容とするものであるから、実際に借主が使用する期間にかかわりなく、**本件敷引金に賃料前払の要素があるとする合理的理由は見出せない**。

さらに、更新後の賃貸借期間については更新料という名目で同様の趣旨の金員支払を求め、契約を締結する当初には解約引きとして、この意味合いを有する金員支払を求めることは、**貸主に都合の良い説明であるといわざるを得ず**、本件敷引特約が具体的かつ明確に説明され、消費者がその条項を理解できるものであったかという観点からすると、**借主Xが⑤の要素があるものと理解することはできなかったと考えざるを得ない**。

e ⑥ **中途解約権の対価について**

賃貸借契約書により、貸主にも中途解約権は留保されており、その対価を**借主に一方的に負担させる合理的理由があるとはいえない**。

(ウ) 以上のとおり、**貸主Yが主張する本件敷引金の性質に合理的理由は認められず、その趣旨は不明瞭である**といえる。

(エ) 前記(ア)ないし(ウ)で指摘した点を考慮すると、**本件敷引金を借主に負担させるには、その旨が具体的かつ明確に説明され、借主がその内容を認識したうえで合意されることが必要**であり、そうでない以上、民法第1条第2項に規定する基本原則（信義則）に反して**借主の利益を一方的に害するものというべきである**。

(オ) 前提事実及び弁論の全趣旨によれば、借主Xは仲介業者を介し、契約内容の説明を受けていたこと、賃貸借契約書に「解約引き30万円」の記載があったことが認められ、借主Xは本件敷引特約の存在自体は認識していたといえる。

しかしながら、借主Xが貸主Yから貸主Y主張のような**本件敷引特約の趣旨**、すなわち、本件敷引金30万円がどのようにして決められたのか、自然損耗料、リフォーム費用、空室損料、賃貸借契約成立の謝礼、当初賃貸借期間の前払賃料、あるいは、中途解約権の対価の要素を有するのかということについて、**具体的かつ明確な説明を受けていたとは全証拠によっても認められない**。

　(ｶ)　よって、**本件敷引特約は、消費者契約法第10条に該当し、無効**である。

ウ　**本件更新料特約について**

(ｱ)　本件更新料特約は、賃料2か月分として11万6,000円を支払うものであるが、借主として物件を継続して借りようとする以上、その全額を支払わなければならないものであり、借主Xとしては本件更新料特約について交渉する余地がほとんどない。

　　また、借主としては、遠隔地に居住する必要がある場合等の外は、引続いて物件を借りるのが一般的であるところ、証拠によれば当該物件を選ぶ際に更新料の存在及びその額を知り得ないこともあり、更新料まで考慮して契約を締結することは困難である。そして、本件更新料特約による更新料は、契約期間2年に対し月額賃料の2か月分を支払うものであること、正当事由（借地借家法第28条）の有無に関係なく支払わなければならないこと、法定更新なら全く金員を支払う必要がないことからすると、借主Xにとって大きな負担となる。

(ｲ)　貸主Yは、本件更新料の法的性質について、① 更新拒絶権放棄の対価、② 賃借権強化の対価、③ 賃料の補充、④ 中途解約権の対価といった要素があり、合理性がある旨主張するため、各要素について検討する。

　a　**①更新拒絶権放棄の対価について**

　　建物の賃貸借において、貸主に明渡しの正当事由（借地借家法第28条）がない限り、借主は何らの対価的な出捐をする必要がなく、継続して賃借物件を使用することができるところ、居住用建物の賃貸借において、**貸主が当該物件の使用を必要とする事情は通常想定できず**（本件においても、弁論の全趣旨から、一般に行われている居住用建物の賃貸借と同様、専ら他人に賃貸する目的で建築された居住用建物の賃貸借であることが認められる）、正当事由が認められる可能性は殆どないことから、**更新拒絶権放棄の対価という要素に合理的理由があるとはいえない**。

　b　**②賃借権強化の対価について**

　　居住用建物の賃貸借の場合、前記aのとおり、**正当事由が認められる可能性は殆どないため**、期間の定めのない賃貸借と定めのある賃貸借とで賃借権の保護の度合いは実質的に異ならず、**賃借権強化の対価という要素に合理的理由があるとはいえない**。

　c　**③賃料の補充について**

　　本件更新料特約では、更新後の実際の使用期間（前提事実のとおり、本件では更新後2か月経過時点で明け渡している）の長短にかかわらず、賃料の2か月分を支払わなければならないのであり、**使用収益に対する対価である賃料の一部として評価することはできない**（上記のように更新後、短期間で賃貸物件を明け渡した場合でも、残期間に対応する更新料が返還されることはうかがえない。）。

　　さらに、賃料増減額請求訴訟において、その対象に更新料も含まれることを前提としていることは殆どないこと及び同請求訴訟の審理において賃料の適正額を判断する際、通常、更新料の額まで考慮されることは稀であることからも、**更新料が賃料の補充の性質を有しているとはいえず、本件更新料に賃料の補充という要素があるという点に合理的理由があるとはいえない**。

　d　**④中途解約権の対価について**

　　賃貸借契約書により、貸主にも中途解約権が留保されており、その対価を**借主に一方的に負担させる合理的理由があるとはいえない**。

(ｳ)　以上のとおり、貸主Yが主張する**本件更新料の性質に合理的理由は認められず、その趣旨は不明瞭である**といえる。

(ｴ)　前記(ｱ)ないし(ｳ)で指摘した点を考慮すると、**本件更新料を借主に負担させる場合は、その旨が具体的かつ明確に説明され、借主がその内容を認識したうえで合意されることが必要**であり、そうでない以上、民法第1条第2項に規定する基本原則（信義則）に反して**借主の利益を一方的**

に害するものというべきである。
　　(オ)　前提事実及び弁論の全趣旨によれば、借主Xは仲介業者を介して契約内容の説明を受けていたこと、賃貸借契約書に「更新料賃料の2か月分」の記載があったことが認められ、借主Xは本件更新料特約の存在自体は認識していたといえる。しかしながら、借主Xが貸主Yから貸主Y主張のような本件**更新料特約の趣旨**、すなわち、更新料が更新拒絶権放棄の対価、賃借権強化の対価、賃料の補充、あるいは、中途解約権の対価の要素を有するということについて、**具体的かつ明確な説明を受けていたとは全証拠によっても認められない。**
　　(カ)　よって、**本件更新料特約は、消費者契約法第10条に該当し、無効**である。

2　争点②「本件賃貸借契約を清算する和解が成立したといえるか」について

　貸主Yは、本件和解により、借主Xは貸主Yに対し、本件敷引特約適用後の預かり保証金残額5万円の返還請求権を有するのみであり、敷引金（30万円）及び更新料（11万6,000円）の返還請求権を有しない旨**主張**する。
　しかしながら、賃貸借契約解除・金銭明細書には、「なお、保証金等のお預けしています金銭より私の支払うべき費用を全て清算することに了承いたします。また、清算後不足金が有る場合は、下記お約束の期日までに遅滞なくお支払いいたします。」と記載されていることが認められるが、それ以上に借主Xが不当利得返還請求権を有する場合にどのように処理するのかについては特段の記載がされていないし、**全証拠をもってしても、その点に関する何らかの合意がされていたとは認められない**。そうすると、貸主Yが利得分を保持すべき法律上の原因が存在するとはいえない。
　また、民法第705条の趣旨に照らせば、**本件敷引特約及び更新料特約が消費者契約法第10条により無効である以上**、借主Xが上記無効により本件敷引金及び更新料の返還を求めることができることを知りながら、あえて契約を締結するとか、こうした請求権を放棄する旨の明確な意思表示がされていない限り、**不当利得返還請求権を有するものと解するのが相当**である。
　本件において、**貸主Yが本件和解の証拠として掲げる賃貸借契約解除・金銭明細書を含む全証拠によっても、借主Xが上記に述べる返還請求権を放棄する意思を明確に表示していたとは認められない**。
　よって、**貸主Yは賃貸借契約を清算する和解が成立したとして不当利得返還義務を免れることはできない**（争点②についての貸主Yの主張は理由がない。）。

3　争点③「借主Xの本件請求が信義則に反するといえるか」について

　貸主Yは、上記のとおりの事情を述べて、本件請求をすることは信義則に反し許されない旨**主張**する。
　しかしながら、全証拠によっても、賃貸借契約に定める賃料が低額に設定されているかは明らかでないこと、駐車場に関する貸主Y主張の事実が認められるとしても、**賃貸借契約とは直接関連しない事情であることや、本件敷引特約及び更新料特約の不合理性を考慮すると**、借主Xが本件請求を行うことが信義則に反するとは評価できず、**貸主Yの上記主張は失当**である。

4　争点④「貸主Yによる有効な弁済の提供があったか」について

　弁論の全趣旨によれば、貸主Yは、借主X代理人Aに対し、平成21年9月1日、賃貸借契約に基づき本来返還すべき5万円を含めた20万円を返金する旨申出たこと、借主X代理人Aはその受領を拒否したことが認められる。
　しかしながら、**借主Xは貸主Yに対し、46万6,000円の返還請求権を有しているところ、貸主Yの弁済の提供は、その半額以下の20万円であるから、有効な弁済の提供とはならない。**
　したがって、**争点④についての貸主Yの主張は理由がない。**

5　結論

　以上によれば、**借主Xの請求は理由があるからこれを認容する**こととし、訴訟費用の負担につき民訴法第61条を、仮執行の宣言につき同法第259条第1項を、それぞれ適用して、主文のとおり判決

する。

【主　文】
① 貸主Yは、借主Xに対し、46万6,000円及び内35万円に対する平成20年7月31日から、内11万6,000円に対する同年10月23日から支払済みまで年5分の割合による金員を支払え。
② 訴訟費用は貸主Yの負担とする。

≪ｒ．更新事務手数料≫
41【媒介業者の更新事務手数料】

> 賃貸借契約更新の際、更新事務手数料として、借主から賃料の半額に相当する金銭を頂いていますが、更新事務手数料を借主から取るべきでないという議論もあるようですが、どのような根拠に基づくものですか。

　契約更新時に行った事務処理に対する報酬額は、国土交通大臣告示による定めは特になく認知されていません。
　なお、昭和50年12月10日の朝日新聞「声」欄で東京都住宅局指導部指導課が回答した内容は、次のようなものとなっていることを紹介します。

① 更新時に宅建業者が関与する場合の報酬
　依頼主と業者との間で業務内容に応じ、有償・無償の別、その額などを決めることになります。
　ただ、往々にして、依頼関係にない者（借主）に対して報酬を請求する傾向も見受けられます。

② 更新に関する宅建業者の態様
　大半の場合、家主との依頼関係（家賃の徴収、借主の斡旋、更新手続等包括的委任関係など）にあるもので、借主との間には依頼関係はなく、依頼主に報酬を請求する場合でも、一般に予想される業務内容からして、相当程度、低額とすべきであり、単なる契約書の作成手数料は、実費を基準として決めるべきものと考えております。
　また、業界に対しては、不当な行為のないように注意を喚起しております。

　この考え方を考慮して、契約更新時の事務処理に係る労務報酬としての請求要領を以下のように定めている業者団体があります。

≪建物の契約更新時の労務報酬≫
① 斡旋行為とは、建物に関する賃貸借満了の場合、当該賃借契約の条件変更に関与して更新契約を取りまとめる行為で、従って、条件変更のない更新、または条件に変更があっても賃貸人・賃借人間で直接合意された場合の契約書作成は、斡旋行為とはならない。
② 依頼者とは、建物賃貸借満了の場合の再契約の依頼者は特別の場合を除いて賃貸人である。仮に、賃料値上げを条件変更として賃貸人から更新契約の依頼を受けて斡旋行為に入った場合、賃借人から賃料については不服があり、折衝を依頼された場合等、賃借人も依頼者とみえるが、この場合は依頼者とはならない。
③ ②の「特別の場合」とは、賃借人が依頼となる場合で、これは賃貸人から条件変更に関する依頼を受ける前に、賃借人から条件変更について折衝依頼を受けた場合、もしくは賃貸人から発せられた条件とは全く異種の条件について受けた場合である。
④ その他、①にいう斡旋行為とならない契約書作成等の事務手数料は、賃貸人が協議のうえ定め、いずれの場合でも労務報酬の請求については事前に了承をとるものとする。

　関東地区では、更新事務手数料を取る仲介業者が多いようですが、借主からこのような金銭を取る法的根拠はありません。
　賃貸借契約は、「貸主は、借主に対して、賃貸物件を使用収益させる義務を負う」「借主は、貸主に対して、使用収益させてもらう対価として賃料を支払う」という要素から成立っています。
　ところで、仲介業者の中には、「借主のためにも行動している」「借主が何か言ってきた場合の窓口にもなっている」「契約更新時に、賃貸物件に差押えの有無などをチェックしている」「更新契約書を作成

している」などを請求根拠としていますが、「本来は、賃貸物件を使用収益させる義務を負担している貸主が借主のために行うべき行為を、仲介業者が貸主に代わって行っているに過ぎない」と考えられますから、借主から更新事務手数料を取る根拠になりません。

また、仲介業者の中には、「値下げ要求」をしたり「借主側の不注意で設備に不具合が生じた場合や借主の誤解に基づくクレームに対しても、現場におもむくが、費用などは要求していない」ことを請求根拠にしたりしていますが、「借主のために仲介業者が動くのであれば手数料をもらう」旨の説明をしたうえで更新事務手数料をもらうべきで、このような行為を請求根拠としているというのであれば、「値下げ要求や不具合を生じさせない借主」から手数料をもらう根拠としては適切でないことになります。

さらに、仲介業者の中には、「慣習化しているので、更新事務手数料を支払うことについて文句を言う借主はいない」ことを理由として挙げる業者もおりますが、「文句を言わない」のではなく、「よく分からないから言われるままに支払っている」ということが実体でこれも請求根拠にはなりません。

仲介業者は、賃貸物件を使用収益させる義務を負っている貸主のために動いているのですから、本来は、貸主から受取るべきです。そして、貸主は、仲介業者に支払う更新事務手数料分について、必要であるならば賃料や更新料に上乗せするということを考えるべきです。賃料や更新料が高いと思えば、借主は他の賃貸物件を探すことができるわけですから、不明確な金銭の請求により誤解を生じさせるよりは賃料や更新料とする方が明確で、かつフェアであると言えます。

どうしても、更新事務手数料として請求する場合は、借主に対して請求目的をよく説明し、納得してもらうべきです。

仲介業者の行うサービスは、本質的に、賃貸物件を使用収益させる義務を負っている貸主のためのものです。しかし、仲介業者は、貸主と借主との間の利害調整行為を行っていることなどサービスの中身を借主に具体的に説明し、「その対価として、賃料の1/2ないしは1/4の更新事務手数料を払って欲しい。」と更新事務手数料の支払について納得してもらうべきです。

更新事務手数料を請求するには法的な根拠はありませんが、仮に、賃貸借契約書に更新事務手数料のことが記載してあり、借主がその契約書に署名押印した場合はどうなるでしょうか。

前述のような説明をきちんと受けたうえで署名押印をしたのであれば、更新事務手数料の支払義務があると思われますが、「皆さんに支払ってもらっている」とか「慣習だから払って欲しい」などと言って、よくわからないままに署名押印した場合は、民法上の無効、取消しの問題もありますが、消費者契約法の適用も考えられます。

例えば、消費者契約法第10条には、「消費者の利益を一方的に害する契約条項は無効とする」という規定がありますが、事情によっては、この規定によって更新事務手数料の支払に関する契約条項が無効になることも考えられます。

借主が仲介業者に支払う更新事務手数料には、不明確な点があることは否定できません。貸主に支払う賃料や更新料という形に一本化し、借主が賃貸物件を選定する時に、明確でフェアな判断ができるようにすべきです。

≪s．退去処理≫

42【建物明渡し時の注意点・敷金精算】　相談事例

建物明渡し時の注意点・敷金精算での注意点を教えて下さい。

① 退去の申出は、文書で退去日の1か月前までに受取る

退去の申出は、必ず文書で受取ることが後日のトラブルを防ぐことになります。例えば、口頭で入居者から退去の申出を受けたとします。管理業者は、すぐに貸主に連絡を取り、次の入居者を探すために広告等の募集活動を開始します。そして、新しい入居者が決定したとします。

ところが、後になって退去するはずであった入居者が、「退去を取止めたい」と言ってきたような場合、既に新しい入居者が決定しているため、退去の取止めは認められない状態にあります。しかしなが

ら、口頭で退去の申出を受けた場合は、「申し出をした」「いや申し出ていない」でトラブルになることが考えられます。文書で受取っていれば、退去の意思表示があったという確かな証拠になりますので、説明も十分つくはずです。

それから、退去申出書を受取る期限は、退去日の1か月前までに受取るようにします。1か月前までというのは、次の入居者を探すための準備期間ということです。

入居時に入居者に渡す「入居のしおり」等に退去申出書の提出期限ということで、退去日の1か月前までに提出して頂く旨を記載しておくことが大切です。

② 敷金の精算をするに当たって注意しなければならない点は何か

敷金とは、借主が賃料の支払いその他賃貸借上の債務を担保する目的で貸主に交付する金銭のことをいいますが、法律上の性質は、賃貸借終了の際、借主に債務不履行がある時は、当然にその弁済に充当され、残額がある場合はその残額を、また、債務不履行がなければ全額を返還するという停止条件付返還債務を伴う金銭所有権の移転であると解されています。ただ、契約期間中に賃料不払があっても、充当されるものではありません。

借主の退去時における原状回復義務は、社会通念上、通常の使用方法によって建物が損耗・老朽化することは借主の責任ではありません。借主は、通常の使用をしておけばそのままの状態で返還すればよいことになっています。つまり、借主の故意・過失により損傷させた場合以外の自然損耗については責任を負うことはありません。

③ 建物からの退去時に現状確認をすること

建物からの退去時には、必ず宅建業者が立会い、入退去検査確認表により建物（室内等）を点検する必要があります。入退去検査確認表とは、入居時の部屋の状態と退去時の部屋の状態を確認し比較する検査表です。このチェックをキチンと行うことにより、「入居時に、既に壊れていた」などという申出があった場合でも、反論できる証拠となります。そのため、後日のトラブルを防ぐ意味から、写真を撮り添付しているケースも見受けられます。

なお、入居時に、入退去検査確認表でチェックした内容を入居者に提示し、サイン（署名押印）を頂くとともに、その写しを入居者に交付しておくことが必要です。

部屋のチェックをして、退去者の負担箇所がある場合には、負担箇所と負担金額を明示した計算書を提示し、了解を得ておくことが大切です。退去者の負担で修繕する箇所がある場合に、了解を取付けないまま敷金から修理費を差引けば、トラブルを招く可能性があります。

修理を終えたら、領収証の写しを退去者に渡すようにします。

43【民法における原状回復】

民法に規定している原状回復義務とは、どういうものですか。

実務では、「原状回復」という言葉が盛んに使われます。しかし、民法には、契約終了時に借主が賃借物を返還する義務を負うとの規定は定められていますが（民法第616条、同第597条第1項）、一般的な「賃借物を契約当時の原状に復して返還する義務」は明示されていません。

もっとも、民法第616条は、使用貸借に関する民法第598条「借主は、借用物を原状に復して、これに附属させた物を収去することができる。」を準用しています。つまり、借主に附属物を収去する権利があるとしているのです。しかし学説は、借主は、賃借物に持ち込んだ家具や額縁などを附属させた場合には、それを取り除いて、つまり原状の状態に戻して返還する義務があると解しています。

また、賃借物件に毀損が生じた場合、借主には保管義務があり、保管義務違反があれば、借主は損害賠償しなければならないことになります。毀損した場合、元に戻して返さなければならないということは、民法にも書いていませんし、一般的な考え方でもありません。

民法の解釈は、賃借物の毀損等によって、その価値が減少した場合は、如何なる原因でそのような価値の減少が生じたのかを問うことなく、借りた当時の状態に戻すという意味での原状回復義務は、借主にはないということになります。そのため、「原状回復義務」という言葉は、かなり使われていますが、慎重に使わなければなりません。

44【判例における原状回復】

> 判例における原状回復義務とは、どういうものですか。

原状回復義務に関する判例としては、「**東京高等裁判所・昭 31.8.31 判決**」があげられますが、これを要約すると、通常の使用収益によって生じる自然損耗は別として、借主の責めに帰すべき故意・過失等による毀損については、借主に原状回復義務があって、その義務違反があれば、損害を賠償しなければならないとされています。なお、通常損耗を借主の負担とする覚書を否認した「**大阪高等裁判所・平12.8.22 判決**（判タ1067-209集）」の最近の裁判例も同旨のものがみられます。

【参　考】（東京高等裁判所・昭 31.8.31 判決・判例タイムズ6270）

「借主は、賃借物を原状に回復して貸主に返還すべく、返還に至るまで善良なる管理者の注意を以って目的物を保管する義務を負うのであるから、約旨に基づく**通常の使用収益に伴って生ずべき自然的損耗は別**とし、いやしくも**借主の保管義務違反等その責に帰すべき事由によって賃借物に加えた毀損の部分は、借主においてその返還に際し、これを修理して賃借当初の原状に復せしむ義務があり・・・・**」

45【借主の善管注意義務】

> 借主の善管注意義務とは、どういうものですか。

借主は、契約または目的物の性質から定まる用方に従い、目的物を使用収益する義務、つまり、用方遵守義務を負います（民法第616条、同第594条第1項）。また、善管注意義務を尽くして目的物を保存しなければならない（民法第400条）と一般に解されています。そして、借主自身でなく、来客や家族が故意・過失により賃借物に損害を与えたような場合には、借主が責任を負わなければならないとするのが判例・通説です。

問題は、借主に、「具体的に」「どのような場合に」「そのような内容の」「どの程度の」注意義務があるかです。この点は、必ずしも明確ではありませんが、次のように考えざるを得ないものと思われます。「他人の物を使うのですから、丁寧に扱わなければならないわけですが、借主には対価を支払うことで、家屋を使用する権利が認められていますので、契約とか目的物の性質から定まる通常の使用から家屋に破損、損耗が生じても、借主は責任を負わない」と解されます。

このことは、例えば、「**東京高等裁判所・昭 31.8.31 判決**」や善管注意義務そのものに関する判例ではありませんが、「原状回復の特約を、借主の故意・過失による毀損、通常でない使用方法によって発生させた損害に限定して解釈する判例」からも肯定できます。

なお、ドイツ民法第548条では、「借主は、契約で定めた使用によって生じた賃借物の変更または毀損については責めに任じない」と明確に定めています。また、アメリカ合衆国では、原則として、「通常の使用から生ずる損耗については、借主は責任を負わない」と解されています。

> **民法第400条（特定物の引渡しの場合の注意義務）**　債権の目的が特定物の引渡しであるときは、債務者は、その引渡しをするまで、善良な管理者の注意をもって、その物を保存しなければならない。
> **民法第594条（借主による使用及び収益）**　借主は、契約又はその目的物の性質によって定まった用法に従い、その物の使用及び収益をしなければならない。
> 2　借主は、貸主の承諾を得なければ、第三者に借用物の使用又は収益をさせることができない。

> 3　借主が前二項の規定に違反して使用又は収益をしたときは、貸主は、契約の解除をすることができる。
>
> **民法第597条（借用物の返還の時期）**　借主は、契約に定めた時期に、借用物の返還をしなければならない。
>
> 2　当事者が返還の時期を定めなかったときは、借主は、契約に定めた目的に従い使用及び収益を終わった時に、返還をしなければならない。ただし、その使用及び収益を終わる前であっても、使用及び収益をするのに足りる期間を経過したときは、貸主は、直ちに返還を請求することができる。
>
> 3　当事者が返還の時期並びに使用及び収益の目的を定めなかったときは、貸主は、いつでも返還を請求することができる。
>
> **民法第598条（借主による収去）**　借主は、借用物を原状に復して、これに附属させた物を収去することができる。
>
> **民法第616条（使用貸借の規定の準用）**　第594条第1項、第597条第1項及び第598条の規定は、賃貸借について準用する。

46【借主が故意・過失により損害を与えた場合】

> 借主が故意・過失により賃借物に損害を与えた場合は、どうなるのですか。

　借主が故意・過失により賃借物に損害をもたらした場合には、借主は債務不履行なり不法行為の責任を負うことになります。

　しかし、契約または目的物の性質から定まる通常の使用から賃借家屋に毀損・損耗が生じた場合、注意義務違反はない、または違法性がないとして、借主はそれらの責任を負わないと考えられます。

47【貸主の修繕義務】

> 貸主の修繕義務とは、どういうものですか。

　わが国では、フランスやドイツと同様、貸主が修繕義務を負うのが原則となっています（民法第606条第1項）。貸主が借主に賃貸物の使用収益をさせる義務を負っている（民法第601条）ことから、貸主は賃貸物件を使える状態にしなければならないからです。借主は、何故、そのようなことを貸主に求めることが可能かというと、対価を支払っているからです（使用貸借にあっては、貸主は修繕義務を負わないと解されています。）。その意味で、修繕費用は対価に含まれていると理解することができましょう。

　なお、修繕義務について注意しなければならないのは、賃貸住宅に自然損耗等によって価値の減少が生ずることから、直ちに貸主に修繕義務が生ずるわけではないという点です。

> **民法第601条（賃貸借）**　賃貸借は、当事者の一方がある物の使用及び収益を相手方にさせることを約し、相手方がこれに対してその賃料を支払うことを約することによって、その効力を生ずる。
>
> **民法第606条（賃貸物の修繕等）**　賃貸人は、賃貸物の使用及び収益に必要な修繕をする義務を負う。
>
> 2　賃貸人が賃貸物の保存に必要な行為をしようとするときは、賃借人は、これを拒むことができない。

48【貸主の修繕義務の発生時期】

> 貸主の修繕義務は、どういう時に発生するのですか。

①　修繕の必要性

　貸主が修繕義務を果たさなければならない時とは、「修繕しなければ、借主が契約によって定められた目的に従って使用収益することができない状態になった時」に限定されています。そこで、借主は、

「畳、襖、壁紙がちょっと汚れたからといって綺麗なものに取替えろ」とは言えないわけです。
　「汚れの程度」が問題になりますが、判例には、「著しい支障が生じるほどに至っていなければならない」(**最高裁・昭38.11.28判決**・民集17巻11号1477頁等) とするものがありますが、学説の多くは、破損が借主の使用収益に「通常」の支障を与える程度であれば、貸主の修繕義務が認められると解しています。また、家賃水準をも考慮しなければならないことが指摘されています。
　なお、修繕が可能であることが必要です。経済的、取引上の観点からみて不能な場合には、例えば、修繕に新造と同じくらいの費用を要する場合には貸主に修繕義務はないとされています。

　② 破損の原因

　破損の原因として、貸主の責めに帰すべき事由がある時は、修繕しなければなりませんし、特約がない場合や不可抗力のような場合も、貸主が修繕をしなければならないと考えられています。
　借主の責めに帰すべき事由がある場合は、最近は、貸主に修繕義務はないという見解が多くなってきています。ただし、借主が修繕費用を支払った時は、貸主に修繕義務の履行を請求できると考えられています。

49【借主が修繕義務を負う特約】

「借主が修繕義務を負う」という特約の効力について教えて下さい。

　「借主が修繕義務を負う」という特約があった場合は、「借主が修繕義務を負う」と書いてあっても、「貸主において修繕義務を負わないという趣旨に過ぎず、借主が義務を負う趣旨ではない」(**最高裁判所・昭43.1.25判決**／判例時報513-33) と考えられ、そのままは認められないということです。
　平成に入っての下級審の判例も同様のものが圧倒的に多く、例えば「こうした趣旨の特約は、貸主の修繕義務の免除を定めたものであり、積極的に借主に修繕義務を課したと解するにはさらに別の事情を要する」(**名古屋地方裁判所・平2.10.19判決**) とされています。
　通常損耗を借主の負担とする覚書を否認した「**大阪高等裁判所・平12.8.22判決** (判タ1067-209)」も同旨です。

50【借主が負担する修繕義務の程度】

「借主が負担する修繕義務の程度」について教えて下さい。

　借主が特約をもって負担する修繕の範囲は、「小修繕ないしは通常生じる破損の修繕程度に限られる」と言ってもよいと思います。
　もし、このような特約の効力が認められて借主が修繕しなければならない場合も、「修繕しなければ建物として通常予想される使用に支障が生じるような場合に限られる」のではないかと思われます。ですから、借主に修繕義務を課したからといって、「明渡す時に全部直してから退去せよ」とは言えないと思われます。

51【借主が損害を与えた場合の責任を定めた特約】

「故意・過失を問わず、損害を与えた場合に借主が責任を負う」という特約の効力について教えて下さい。

「故意・過失を問わず、損害を与えた場合に借主が責任を負う」という特約も、そのままの効力は認められておらず、制限的に解釈されています。例えば、「**名古屋地方裁判所・平 2.10.19 判決**」は、「賠償特約は、本件建物の毀損、汚損等についての損害賠償義務を定めるが、賃貸借契約の性質上、その損害には賃借物の通常の使用によって生ずる損耗や汚損は含まれないと解すべきである」としています。

契約に「全ての損耗等を賠償する」と書いてあっても、「通常の使用によって生じた破損等は、損害賠償の対象に含まれない」というように解釈すべきだというわけです。

また、「**横浜地方裁判所・平 8.3.25 判決**」も、「賠償特約は、本件建物の損傷等について損害賠償義務を定めるが、賃貸借契約の性質上、この損害には、建物を通常の態様で使用した結果発生した損傷は含まないと解すべきである」として、カーペット等のカビは、建物の通常の態様で使用したことから当然に生じた結果ということはできず、カビ発生後の手入れにも問題があるとして借主に2割の責任を認めました。

52【借主が原状回復義務を負う特約】

「借主が原状回復義務を負う」という特約の効力について教えて下さい。

【制限的に解釈する判例】

原状回復義務として、退去時に入居当初の状態、すなわち「まっさらの状態で賃借物件を返すこと」を契約書に明記してある場合の特約の効力は、認められるものではなく、「借主の故意・過失による建物の毀損や、通常でない使用方法による劣化等についてのみ、その回復を義務付けたものである」と制限的に解釈されています。

何故、このような特約が認められないのかといいますと、判例によれば「賃貸物件の賃貸中の自然の劣化・損耗はその賃料によってカバーされるべきである」。そして、「借主が、明渡しに際して負う賠償義務とは別個に「まっさらに近い状態」に回復すべき義務を負うとすることは、伝統的な賃貸借からは導かれない。また、公平を失する」ことにもなるのです。

「どうして公平を失するか」といいますと、『故意・過失がなければ、損害賠償の責任を負わないのが民法の大原則』だからです。

修繕は、原則として「貸主負担」となっているにもかかわらず、借主が原状回復をしなければならないというのでは、借主が全部の修繕を行う義務を負うことになってしまいます。しかも、まっさらに近い状態という原状回復特約は、修繕の必要性の如何を問わず、全部を元のように綺麗にしなければならず、借主は貸主が修繕義務を負う時以上の義務を負担するという意味を持たされてしまいます。

借主は、賃料を支払って居住しているのですから、通常の居住から生じる損耗については、責任を負わないと考えられています。しかしながら、原状回復特約は、借主に通常の居住から生じる損耗についても責任を課すことを意味しますから、民法の原則からすると、借主にとって極めて不利な内容になるので、全面的には認められないわけです。

判例の中には、「原状回復の必要性があって、かつ暴利的でないなど、客観的な理由があることが必要で、借主がその義務の何であるかを認識し、また認識できるような状態であることが必要である」（**伏見簡易裁判所・平 7.7.18 判決、伏見簡易裁判所・平 9.2.25 判決**）として、原状回復特約の効力を認める可能性を残しているものもありますが、殆どの判例は、原状回復義務を制限的に解釈しています。

例えば、「**東京地方裁判所・平 6.7.1 判決**」は、「特約は、建物の『原状』回復義務を規定する。『原状』という言葉は、その建物の賃借物の状態を指しているとみることができないとはいえない。しかし、建物が時の経過によって古びて、減価していくのは避けられないことであって、貸主は、そのような減価の進行する期間、賃貸して賃料収入を得るのである。『原状』に回復させるという一語を契約上で使用することによって、借主に賃貸借終了後の建物を賃貸開始時の状態、すなわち、その後の経過が無かったかのような状態に復帰させるべきことまで要求したものとするのは、取引当事者の公平を失するものというべきである。従って、特約における『原状回復』という文言は、社会通念上、時間の経過及び

建物の通常の使用によって生じる建物の自然損耗についてまで、それが無かった状態に回復すべきことを要求しているものではなく、借主の故意・過失による建物の毀損や、通常でない使用方法による劣化等についてのみその回復を義務付けたものと解するのが相当である」としています。

また、関西地区、特に京阪神地方での不動産の賃貸借契約においては、敷金、保証金などの名目で一時金の授受が行われた際、賃貸借契約終了時に敷金または保証金から一定金額（敷引金）を返還しない旨の合意、いわゆる「**敷金特約が消費者契約法第10条に違反し、全部無効であるとした判例**（神戸地方裁判所・平17.7.14判決、大阪地方裁判所・平18.2.28判決、大阪地方裁判所・平18.6.6判決等）」があります。

53【通常の使用による損耗】

通常の使用による損耗で、借主の責に帰すべき事由がない損耗であると認めた判例

①【**結露**】（**東京地方裁判所・平6.7.1判決**）
　一般的には、建物の構造によって発生するものですから、特別の事情が無い限り、借主の責めに帰すことはできない。

②【**壁の汚損**】（**伏見簡易裁判所・平7.7.18判決**）
　借主の責めに帰すべき事由によるものというよりも、むしろ、湿気とか日照、通風の有無、年月の経過等によるものと認めるのが相当である。

③【**部屋枠回りやペンキの剥がれ、玄関・台所床の家具跡、畳の擦れた跡、冷蔵庫の排気跡**】（**大阪地方裁判所・平7.8.8判決**）
　賃貸して10年も経過していることを考えると自然損耗になる。

④【**柱・壁・床の染みや汚れ、Ｐタイルの損傷、壁の小さな穴、柱の角表面クロスの剥がれ**】（**大阪地方裁判所・平7.9.19判決**）
　部分的、広範囲でなく、内容的にも重大でなく、1年程度使用すれば、通常生ずるであろう軽微なものである。

⑤【**綺麗であるが、隅と真ん中で色が違った畳**】（**保土ヶ谷簡易裁判所・平7.1.17判決**）
　入居者が替わらなければ取替える必要がない程度の状態であることから、通常の使用で生ずる損害であると判断した。

⑥【**洋間のカーペットや壁等に発生したカビ**】（**保土ヶ谷簡易裁判所・平7.1.17判決**）
　建物が新築であったために、壁等に多量の水分が含有されていたことは、経験則上認められ、借主が、ことさらカビを多発させたり、その原因を作ったとは到底考えられないため、借主には責任が無い。

⑦【**畳とクロス**】（**川口簡易裁判所・平9.2.18判決**）
　共稼ぎ夫婦によって社会通念上、通常の方法によって使用され、自然ないし通例的に生ずる損耗以上に悪化しているとは認められない。

⑧【**畳の表替え**】（**春日井簡易裁判所・平9.6.5判決**）
　他の部屋とのバランスで取り換えるということは、借主にとって不当である。

⑨【**ドア・枠**】（**名古屋地方裁判所・平2.10.19判決**）
　通常の使用によって生じた程度に汚損されていた。

54【通常の使用によるものでない損耗】

通常の使用による損耗とは言えず、借主の責に帰すべき事由のある損耗であると認めた判例

①【**ドア・枠**】（**名古屋地方裁判所・平2.10.19判決**）

通常の使用によっては生じない程度に汚損されていた。

② 【洋間カーペット、洋間の壁、洗面所、トイレ等に発生したカビ】（保土ヶ谷簡易裁判所・平7.1.17判決）
相当の程度と範囲に及んでおり、同様な構造を持つ他の建物には、そのような程度のカビは発生していないとしたうえ、建物が新築で、経験則上、壁等に多量に水分が含有され、カビが発生しやすい状態であったことを考慮に入れても、通常の態様で使用した後の手入れにも問題があったとして、借主に2割程度の責任を認めた。

③ 【冷蔵庫を置いていた部分の汚れ】（伏見簡易裁判所・平9.2.25判決）
冷蔵庫背面の排熱を借主が配慮しなかった汚れで、借主の責に帰すべき事由によるものである。

④ 【煙草の焦げ跡、家具を倒したことによる畳の凹み】（伏見簡易裁判所・平9.2.25判決）
借主の責に帰すべき事由がある。

⑤ 【壁の毀損】（春日井簡易裁判所・平9.6.5判決）
部屋の全体が木に竹を継いだような結果となり、全体のクロス張りをせざるを得ないが、それは借主の責任である。

55【退去時修繕】仙台〔仙台簡裁・平8(ハ)第567号・平8.11.28判決〕

賃貸物件の通常の使用による損耗、汚損は、賃料によってカバーされるべきもので、借主に修繕費用を負担する義務はないとした事例

① 借主Xは、貸主Yとの間で、平成2年2月28日にアパートの賃貸借契約（期間、賃料は不明）を締結し、敷金19万8,000円を支払った。

② XとYは、平成6年3月31日に合意解約し、Xは同日、退去した。退去後、Xの立会いのもとで仲介業者Zが部屋の点検をし、修繕を要すると判断した箇所及び見積額を記載した「退去者立会点検見積書」を作成したうえで、Xにサインを求めたが、Xは腑に落ちない点があり、一旦は拒否した。しかし、業者Zから「立会いによる確認の意味でのサイン」を要請され、Xはサインをしたが、その場で金銭は支払わなかった。

〈修繕費等（補修工事内容）〉

① 畳修理代	27,000円	⑥ クリーニング工事代	25,000円
② 襖張替代	17,000円	⑦ その他修繕代	3,000円
③ 壁修理代	172,500円	⑧ 玄関鍵交換代	7,500円
④ 天井修繕代	60,000円	⑨ 消費税（3％）	9,810円
⑤ 床修繕代	15,000円	【合計額】	336,810円

③ Yは、補修工事を実施し33万6,810円を出捐したため、賃貸借契約書の原状回復義務及び修繕特約により、Xに対して修繕費等から敷金を控除した残金の支払を求め提訴した。

【反論】
借主Xは、修繕費等のうち、⑥から⑧及びこれらに係る消費税〔3％（当時）：1,065円〕についての支払義務は認め、敷金19万8,000円から3万6,565円を差引いてもよいという意思表示をし、修繕費等のうち①から⑤及びこれらの消費税は、賃借物の通常の使用によって生ずる損耗、汚損の程度を超えるものではなく、支払義務はないと主張した。

これに対し、貸主Yは、賃貸借契約においては、貸主Xは契約書の一般論としての原状回復のほかに、それ以上の化粧壁、襖の張替え、畳の修繕、天井、壁の修繕、床の修繕、その他の修理または取替えに要する費用は借主の全額負担（耐用年数によるものは除く。）とする旨の修繕特約による損害賠償義務を負担すべきだと主張した。

【争点】
① 修繕費等の①から⑤の修繕に係る損耗汚損は、賃借物の通常の使用によって生ずる損耗、汚損の

程度を超えるものであったか。
　②　借主Xは、修繕特約により、補修工事の①から⑤の損耗、汚損が通常の使用によって生ずる程度を超えないものであっても、修繕義務を負っているか。

| 裁判所の判断 （仙台簡易裁判所・平8(ハ)第567号・平8.11.28判決） |

(1) 証人Vの証言より、仲介業者Zは一般的な部屋の汚れの原因についての説明はあるが、修繕を要すると判断した損傷箇所の内容等について具体的明確な説明がなく、証人Vが部屋自体それほど汚いという記憶もなかったことから、**修繕費のうち①畳修理代から⑤床修繕代の箇所に、通常の使用により生ずる程度を超える消耗等があったとは認められない。**

(2) 賃貸借契約書には、以下の記載がある。

> 第6条（負担の帰属及び修繕の義務）
> 2　本物件の本体に関する主要構造部分の修繕は貸主の責任とし、その他次の各号に掲げる修理または取替えに要する費用は借主の全額負担とする。
> 　　一　化粧壁、襖の張替え、畳の修繕、天井、壁の修繕、床の修繕　　（二　以下省略）
> 第12条（賃貸借物件の返還、侵害賠償）
> 1　本契約が解除されたときは、借主は直ちに本物件を原状に復し退去しなければならない。（以下省略）

　賃貸借契約書は、契約の日の夕方、借主Xがマンション1階の仲介業者Zの事務所に行き、その場で作成したものである。そこで、契約書の用紙を渡され、契約の条項とか内容については特段の説明も受けず、「借りるなら署名して下さい。内容は後で読んで下さい」と言われて署名した。その際、第6条の「修繕の義務」や「修理」「取替え」等についての説明はされていない。

(3) 賃貸物件の通常の使用による損耗、汚損は賃料によってカバーされるべきものと解すべきで、修繕を借主の負担とすることは、借主に対して新たな義務を負担させるものであり、特に、借主がこの義務について認識し、義務負担の意思表示をしたことが必要である。
　しかし、契約締結にあたって、新たな義務設定条項の説明がなされ、借主Xが承諾したと認める証拠はないため、修繕特約によって新たな義務を負担するとの部分は、借主Xの意思を欠き無効である。

(4) 修繕特約は、通常賃貸人の修繕義務の免除にとどまり、特別の事情が存在する場合を除き、借主に修繕義務を負担させるものではないと解すべきところ、本件では、特別の事情の存在を認めるに足りる証拠はない。

(5) 以上から、**貸主Yの修繕費等の請求のうち①から⑤については、「理由が無い」**として斥けるとともに、借主Xが敷金と支払義務を認める⑥から⑨の修繕費及び消費税については、敷金より差引くことを認めた。

56【退去時修繕】仙台〔仙台簡裁・平11（ハ）第3547号・平12.3.2判決〕
通常使用による損耗・汚損は、賃料により補われるもので、借主に負担させることは新たな義務を負担させるものであり、借主に負担する義務はないとした事例

> ①　貸主Yは、平成9年11月1日に仙台市内の鉄筋コンクリート造6階建マンションの賃貸借契約を借主Xと締結した。
> ②　借主Xは、平成11年5月1日付で契約を合意解約することとして、同年4月5日に退去した。
> ③　しかしながら、貸主Yは、借主Xに対して、退去に伴う原状回復費用として217,857円の支払義務があり、預かり敷金165,000円を超過する残金52,857円と遅延損害金の支払を求め提訴した。
>
> 〈修繕費等（補修工事内容）〉
>
> | ① | 畳修理代 | 57,330円 | ④ | 室内クリーニング代 | 36,750円 | ⑦ | 4月分の水道代 | 2,404円 |
> |---|---|---|---|---|---|---|---|---|
> | ② | 襖張替代 | 33,600円 | ⑤ | 2月分の水道代 | 6,496円 | | | |
> | ③ | フロア張替代 | 76,062円 | ⑥ | 3月分の水道代 | 5,215円 | 【合計額】 | | 217,857円 |

【借主の言い分】
賃貸借契約書第12条（借主の費用負担）には、借主は、
① 畳の表替、裏返、障子、襖の張替、硝子のはめ替に要する費用
② 共用の電灯料、共用灯の電球取替、その他共用施設に要する費用
③ 塵芥、汚物の処理に要する費用
④ 浴槽、風呂釜及び換気扇類の修理に要する費用
⑤ 住宅の鍵、電気のスイッチその他住宅内部の小修理に要する費用
⑥ その他住宅の使用上生じた費用で当然乙（借主）の負担と認められる費用

を負担するものとするとあるため、修繕費等のうち、「畳修理代 57,330円」「襖張替代 33,600円」「3か月分の水道代 14,115円」の合計 105,045円は認めるが、「フロア張替代」「室内クリーニング代」については、賃貸借契約書の同条の規定になく、説明も受けていない。また、入居中は、正常かつ善管注意をはらって生活していたし、退去に際して全体を掃除して返還したので、通常使用によって生じた損耗・汚損の範囲を超えるものではないから支払義務はないので、預かり敷金の残額 59,955円は返還されるべきであると主張した。

> 裁判所の判断

（1）借主Xは、仲介業者Zから賃貸借契約の交付を受けたが、借主Xの費用負担の特約内容について、契約時に特段の説明を受けていない。
（2）また、退去後の平成11年4月24日に、貸主Yの従業員Kが室内を点検した際、借主Xはその場で具体的な修理・修繕を必要とする箇所・費用負担等の説明を受けておらず、借主Xも承諾していない。借主Xは、その場で貸室の鍵を返却しただけである。
（3）居住用建物の賃貸借においては、賃貸物件の「通常の使用による損耗」「汚損」は、賃料によって補われるものと解すべきである。したがって、その修理・修繕等を借主Xの負担とすることは、借主Xに対し『賃料支払義務』『敷金差入れ義務』『目的物の善管義務等法律上、社会的通念上当然発生する義務』とは趣を異にする**新たな義務を負担させる**というべきであり、**これを負担させるためには**、特に**借主Xが義務を認識し**、または**認識し得べくして義務負担の意思表示をしたことが必要**であるが、本件は**これを認めるに足りる証拠はない**。
（4）また、冷蔵庫を置いた箇所のビニールフロアに設置痕が残ったとしても、それを含めて通常の使用によって生じる程度を超える損耗・汚損があったと認定できず、借主Xが居住中に通常の使用方法によらずに生じさせたものと認めるに足りる証拠もない。
（5）よって、**貸主が請求するフロアの張替、室内クリーニング費用を請求する部分は理由がない**。他は、敷金が充当されることにより貸主Yの請求理由がない。として、借主Xの主張が全面的に認められ、**貸主Yに預かり敷金の残額 59,955円の返還を命じた**。

57【退去時修繕】東京〔東京地裁・平5(レ)第213号・平6.7.1判決〕
借主が差入れた敷金を契約解約後に、貸主が返還しなかったことに対して敷金全額返還を求めた事例

① 借主Xは、貸主Yから昭和62年5月に賃料月額 120,000円で建物を賃借し、敷金 240,000円を差入れた。
② 平成5年4月に契約は合意解除され、同日、Xは建物を明渡しをしたが、Yが敷金を返還しないので、返還請求したところ、Yは、畳の張替え費用等 249,780円を費やしたと主張した。なお、契約には「借主は貸主に対し、契約終了と同時に建物を原状に回復して（ただし、賃貸人の計算に基づく賠償金をもって回復に代えることができる）、明渡さなければならない」という特約があった。
③ 原審（豊島簡易裁判所、判決年月日不明）は、借主Xの主張を容認したため貸主Yが控訴した。

【双方の言い分】
　借主Xは、建物を丁寧に使用しており、清掃もキチンと行っていたので、修繕箇所も汚損箇所もなか

ったことは貸主Ｙも承知のはずです。「借主がする原状回復とは、家財を撤去し掃除をして元に戻せば足りる」と思いますので、敷金は全額返して頂きたいと主張した。

これに対して、**貸主**Ｙは、次の入居者を獲得するためには内装を新しくする必要があるので、特約で原状回復を定めたものであり、特約に基づきその費用を敷金から充当させて頂きました。明細は、畳の裏替え、襖の張替え、洋間絨毯の取替えなど内装工事に129,780円、天井・壁の塗装工事に120,000円の合計249,780円掛かりましたので、預かっている敷金240,000円は返還できませんと主張した。

争　点

特約で借主の原状回復義務を定め、貸主がこの特約に基づいて原状回復工事を行い、その費用を敷金から充当することは認められるか。

裁判所の判断〔東京地方裁判所・平5(レ)第213号・平6.7.1判決〕

一般に特定物の借主は、その賃借した物を貸主に引渡すまで善良な管理者の注意をもって保存することを要し（民法第400条）、賃借物を引渡す際は、その引渡しをすべき時の現状でこれを引渡すことを要するものとされている（民法第483条・特定物の現状による引渡し）。

本件特約は、建物の「原状回復」義務を規定しており、建物の賃借前の状態を原状と言っているようにみられるが、建物は時の経過により古び、減価していくのは避けられないことであって、貸主は、減価の進行する期間を他に賃貸して賃料収入を得るのである。

「原状」に回復させるという一語を契約上使用することによって、借主に賃貸借終了後、建物を賃借開始時の状態、すなわち、時の経過がなかったような状態に復帰させるべきことまでを要求したものとするのは、取引当事者の公平を失うものというべきである。

従って、「原状回復」という文言は、社会通念上、時間の経過及び建物の通常使用によって生じる建物の自然の損耗についてまで、それが無かった状態に回復すべきことを要求しているものではなく、借主の故意・過失による建物の毀損や、通常でない使用方法による劣化等についてのみ、回復を義務付けたものと解するのが相当である。

なお、特約には、「貸主の計算に基づく賠償金をもって原状回復に代えることができる」旨記載されているが、貸主がその費用で原状回復のための処置を取った場合に、これを借主に転嫁できることを定めたに過ぎず、原状回復義務の範囲や程度を規定したものでないと解されるから、この解釈に反する貸主Ｙの供述は採用することができず、他に貸主Ｙの主張を認めるに足りる証拠はない。

このような解釈を前提として検討すると、次の事実を認めることができる。

(1) 借主Ｘは、通常の用方に従って使用し、その増改築ないし損壊等を行うこともなく建物を明渡したが、その際、または明渡し後、相当期間内に貸主Ｙや管理人から修繕を要する点などの指摘を受けなかった。

(2) 借主Ｘは、契約を合意更新する毎に新賃料の1か月分を更新料として支払ったが、貸主Ｙは建物の内部を見て汚損箇所等の確認をしたり、借主Ｘとの間でその費用負担について話し合ったりしたことはなかった。

(3) 以上から、**借主Ｘは、建物を通常の使い方によって使用するとともに、善良な管理者の注意義務をもって物件を管理し、明渡ししたと認められる**から、**通常の用方に従った使用に必然的に伴う汚損、損耗は特約にいう原状回復義務の対象にはならない**とし、借主Ｘの請求を認容した原判決は相当であるとして、**貸主Ｙの請求を棄却**した。

58【退去時修繕】東京〔東京高裁・平7.12.26判決〕

室内にカビが発生したことによる原状回復工事費用の負担に関する争いで、カビの発生は、建物の敷地や構造等に起因するものであるとして賃料の一部を減額するのが相当とされた事例

① 貸主Ｙは、昭和63年9月16日、建物を賃料月額217,000円、共益費月額18,000円で借主Ｘに賃

貸した。契約には、原状回復義務として、「契約終了時には賃借人は自己の費用をもって遅滞なく原状回復（その具体的内容は契約書末尾に記載）の処置をとり賃貸人に明渡す」旨の条項があった。
② 平成4年5月28日、Xは退去したが、YはXが平成2年6月分以降の賃料及び共益費を支払わず、また、Xが退去にあたり何ら補修をしなかったため、Yがカーペットの敷替え、壁等のクロスの張替え等に掛かった原状回復工事費用（656,785円）を支払ったとして、Xにそれらの支払を求めた。

【双方の言い分】

借主Xは、新入居者Vに確認したところ、「絨毯からフローリングへの交換を希望したことはなく、その費用も負担しなかった」ことから、「フローリングへの交換は貸主Yの独自の判断で行ったものだ」と思います。「クロス張替えと下地調整等は、カビにより汚れていたもので貸主Yの費用で交換すべきものです。なお、契約書上、特別に汚したもの以外の通常の変色は、借主が負担する必要はないとされており、照明器具の取替えや室内クリーニングの費用を負担する理由はなく、畳も交換せずに裏返せば足りるはずです。また、入居当初、補修工事が続いており、毎日、埃と工事の音がひどく、室内はカビの被害に悩まされました。これは建物の隠れた瑕疵ではないでしょうか」と主張した。

貸主Yは、賃貸借契約には「契約解除等により終了した時は、賃借人は自己の費用をもって原状回復の処置をとって貸主に対し建物を明渡す」旨の原状回復条項があるので、それに従って原状回復工事を行い、その費用として656,785円を支払った。また、借主Xの入居当初、補修工事が行われていたことは認めますが、室内のカビの発生については、借主Xをはじめ居住者に対して、室内の換気を促していましたが、借主Xは老齢で窓の開閉を怠り室内の換気を行っていなかったためにカビが発生したものです。現に留守がちの借主の部屋以外からはカビが発生するという苦情は殆どありませんでしたと主張した。

裁判所の判断（東京高等裁判所・平7.12.26判決）

(1) 原状回復費用について貸主Yは原状回復工事を行い、その費用として656,785円を支払ったが、補修等の項目のうち「① **カーペット敷替えは、そこまで行う必要はなく、クリーニングを行えば十分であったこと**（15,000円）」「② **クロス張替えは、壁及び天井とも止むを得ず**、この費用は合計で268,000円を要したこと」「③ **畳表替えは、取替えではなく、裏返しで十分であったこと**（21,600円）」「④ **照明器具取替えを借主Xに負担させる根拠のないこと**」「⑤ **室内クリーニングは、1㎡当たり単価700円として認めるべきこと**（54,082円）」「⑥ **下地調整及び残材処理の項目は借主に負担させる根拠がなく認められないこと**」「⑦ **室外クリーニングは契約の合意項目になく、借主Xに負担させるべきではないこと**」が認められる。

よって、原状回復費用として借主Xが貸主Yに支払うべき金額358,682円となる。

(2) 次に、建物が借主Xの入居当時、工事が絶えず行われ、そのため騒音や振動、埃がたつことなどに悩まされていたことは、貸主Yも認めている。

(3) また、借主Xの室内にカビが発生し、借主Xの所持品にもカビが発生する被害が出たこと、カビの苦情は他の相当数の住民からも出たので、貸主Yは居住者へ室内の換気を呼び掛けるパンフレットを配布したり、絨毯をフローリングに取替えたりするなどの対策を講じたが、借主Xは他人を室内に入れなかったため、特別の措置は採られず、被害は直らなかった。

貸主Yは、カビ被害については借主Xの不注意によるものであると主張するが、借主Xはかなり早くからカビの発生に気付き、その防止のため窓を開けるなど一応の対策を取っていたことが認められ、本件建物のように斜面に設置されたものには、水はけの悪いものがあることを認めていることからすれば、**建物へのカビの発生**は、主として**建物の敷地や構造等に起因するもの**であり、借主Xが努力すれば、およそ発生を防げたものとは言えない。

(4) 以上から、建物の賃料については、上記の特殊事情からその賃料は減額を免れず、その減額の程度は、「住環境の快適さという点に関するものであり、その要因によって受ける影響には個人差があること」「カビによる被害などは、借主においてもっと防止に努力すれば、より軽減された可能性のあること」を考慮し、**賃料の約3分の1に当たる73,000円を減額するのが相当**である。

よって、**借主**Xには建物の原状回復費用 358,682 円と**減額された賃料額を差引いた延滞賃料**約 4,500,000 円を**貸主**Yに支払う義務がある。

59【退去時修繕】東京〔東京簡裁・平7(ハ)第30538号・平8.3.19判決〕
特約に基づき、クリーニングを含む補修工事等の費用を敷金から差引いて返還した貸主に対し、通常使用による劣化の範囲であるとして敷金の全額返還を命じた事例

① 借主Xは、平成3年8月30日、貸主Yと東京都内のアパート賃貸借契約を締結した。契約期間は2年間、賃料月額15万円、敷金30万円とし、Xはその前日、Yに敷金を交付した。
② その後、平成5年8月30日の契約更新時に賃料が5,000円増額されたため、敷金も10,000円増額されたので、Xは同日、Yに敷金を追加交付した。
③ 平成7年8月31日に賃貸借契約は解除され、その同日にXはアパートを明渡しした。
④ そこで、Yは、賃貸借契約書の「賃借人は、明渡しの際、本件建物の破損、汚損または付設備の修繕等や室内全般にわたる専門業者相当の清掃クリーニングは自己の費用負担において行う」旨の契約に基づき、クリーニングを含む補修工事を実施し、276,280円を支出したとして、敷金から差引き残金の33,720円を返還した。
⑤ これに対してXは、敷金全額の返還を求めて提訴した。

【双方の言い分】
借主Xは、建物を丁寧に使用し、不注意等による破損・汚損等は全然ありません。畳や壁クロスの色が入居当初より黒ずんできたのは、「自然損耗」であり、支払賃料に含まれているはずですから、「賃借人は、自己の費用負担において専門業者相当の清掃クリーニングを行う」旨の特約そのものがおかしく、残金は全額返還されるべきだと主張した。

これに対して**貸主**Yは、賃貸借契約では特約により「本件建物を明渡す際は、建物の破損、汚損または付帯設備の修繕費等は賃借人の負担とする。また、専門業者またはこれに類する者の室内全般にわたる清掃クリーニングをする」ことになっており、明渡し後、修繕費用及びハウスクリーニング費用として276,280円を要したので、敷金から差引き、残金の33,720円を借主Xに返還したもので、これ以外に返還すべき敷金はありませんと主張した。

争　点
① 特約による一般的な原状回復義務の費用は、貸主、借主のいずれが負担すべきか。
② また、修理費用及びハウスクリーニング費用の費用負担者はどちらか。

裁判所の判断（東京簡易裁判所・平7(ハ)第30538号・平8.3.19判決）
(1) **建物が時の経過によって古び、減価していくのは避けられない**ことであって、**貸主**Yは減価の進行する期間、これを他に賃貸して賃料収入を得るのであり、賃貸借終了後、その建物を賃貸借開始の状態、すなわち、その後の時の**経過が無かったような状態に復帰させることまでを要求したものとするのは、取引当事者の公平を失する**ものである。
従って**特約は**、社会通念上、時間の経過、あるいは建物の使用によって生ずる自然の損耗についてまで、これが無かった状態に回復すべきことを要求しているものではなく、**借主の故意、過失に基づく建物の毀損や、通常でない使用方法による劣化等についてのみ、その回復を義務付けたものと解するのが相当**である。
(2) 証拠によれば、借主Xから貸主Yに対し、建物返還時の損耗については、**借主Xの故意、過失に基づく毀損や、通常でない使用方法による劣化等の存在は認めるに足りる証拠はなく**、いずれも通常の用法に従った使用に伴う汚損、損耗と認めるのが相当である。
(3) 以上から、借主Xの請求を全面的に認め、**貸主**Yに**敷金**額31万円**全額**の**返還**を命じた。

60 【退去時修繕】東京〔東京簡裁・平 11.3.15 判決〕
一部を除き、通常の使用による損耗・汚損等であるとして敷金の殆どの返還を命じた事例

① 借主Xは、平成3年8月、貸主Yからアパートの一室を賃借し、平成5年、7年、9年と契約更新し平成9年11月に退去した。
② 借主Xは、貸主Yに敷金 200,000 円の返還を求めたところ、平成9年の更新契約により引渡時の原状に回復する義務があるとして、逆に、リフォーム費用を請求された。
③ 借主Xは、自然損耗については原状回復義務がないとして、平成10年、敷金のうち畳の表替費用 6,300 円を除く 193,700 円の返還を求めて提訴した。
④ これに対して、貸主Yは、引渡時の原状に回復すべき特約により、借主Xは 365,400 円を負担すべきであるから、これを控除すると敷金の返還義務はないと主張した。

裁判所の判断

（1）建物賃貸借契約の終了時に借主Xが負う**原状回復義務**は、「**通常の使用**によって生じる貸室の損耗・汚損等」を**超える損耗・汚損等**について生じ、「**借主の故意・過失による建物の毀損**」や「**通常でない使用による毀損や劣化等**」について**のみ**、その**回復を義務付けたもの**である。
（2）特約により全費用を負担させることも、契約締結時の諸般の事情等を総合して、特約に疑問の余地のないときは、借主はその義務を負担することになるが、
　① 本件特約は、平成7年までの契約にはない。また、**特約が加えられたこと**についても特に**説明されていない**。
　② 借主Xは、一部を除いて**通常の用方に従って使用**しており、台所の天井クロスの**剥がれは雨漏りによるもの**である。クロスの一部汚損の痕跡は、**入居当初からあるもの**である。襖は、当初から**新品ではない**。
　③ また、更新の際、借主Xは、**更新料を支払っている**。
　④ だからといって、貸主Yが主張するように、当初の賃貸借契約以降、本件の特約の効力が及ぶものとすれば、借主Xは「予期しない負担を被る結果」になる。
　⑤ 本件特約は、貸主Yの主張で見る限り、**借主Xは特約の趣旨を理解し、自由な意思で承諾したものとは見られない**。
（3）本件建物のクロス、カーペット、畳、襖、トイレ等の損耗、汚損等については、「畳表1枚の焦げ跡」と「冷蔵庫の下の錆び跡」を除いて、借主Xの『故意・過失』や『通常でない使用』により**毀損・劣化等を生じさせたとは認められない**。
（4）したがって、借主Xは、「畳表1枚の費用 6,300 円」「冷蔵庫下のクッションフロア費用 3,675 円」の合計 9,975 円を負担すべきであるが、敷金からこれを控除した残余の 190,025 円の請求については、理由がある。よって、**貸主Yは、借主Xに対し、190,025 円を支払え**。

61 【退去時修繕】東京〔東京簡裁・平13（少コ）第1016号・平13（ハ）第14386号・平 14.7.9 判決〕
原状回復費用の算定において、経過年数・残存価値を考慮し借主の負担額が示された事例

① 平成11年3月10日付で、東京都文京区内の賃貸借物件につき、借主Xは、貸主Yと賃貸借契約を締結し敷金 142,000 円を差入れ、平成13年3月9日に契約を終了し、同年3月26日に物件を引渡した。
② 貸主Yは、物件明渡し後に、物件の破損、汚損の修繕、原状回復費用として費用合計 244,100 円を支出したとして、返還すべき敷金 142,000 円と明渡し後の日割賃料 11,774 円の合計 153,774 円と相殺した残額 90,326 円を借主Xとその保証人Wに支払うよう求めた。
③ これに対して、借主Xは、たばこも吸わず、きれいに居室を使用しており費用を負担する義務はないとして、貸主Yに預け入れた敷金 142,000 円と、物件明渡後平成13年3月27日から同月31日までの日割賃料 11,774 円の合計 153,774 円の返還を求めた。

④ さらに、仲介業者Zに連絡先を知らせてあったにもかかわらず、借主Xの保証人である実弟の職場に執拗に電話を掛けたり、正当な理由もなく借主Xの転居先住所の住民票を取得したりした貸主Yの不法行為に対して損害賠償金100,000円の合計253,774円の支払を求めて、借主Xは提訴した。

〈修繕費等（補修工事内容）〉

① 壁ボード穴修理工事費	15,000円	⑤ 清掃費用	35,000円
② クロス張替工事費	76,500円	⑥ 消費税（5%）	11,600円
③ 床クッションフロア張替工事費	81,000円		
④ 換気扇取替工事費	25,000円	【合　計　額】	244,100円

[争いのない事実]

① 当事者間が締結した契約に基づき、借主Xは貸主Yに対して、預け入れた敷金142,000円、明渡後の日割賃料11,774円、礼金2か月分142,000円を支払った。物件引渡日は、平成13年3月26日である。
② 本物件は、平成元年に新築され、床クッションフロア及び換気扇はその際に設備されたもので、その後は更新されていない。
③ 壁ボード穴は、借主Xの過失により生じたものである。
④ 貸主Yが借主Xの転居先住所の住民票を取得した。
⑤ 貸主Yの意を受けた仲介業者Zの担当者が、物件の明渡しに関連して保証人Wの職場に電話を掛けた。

[争点]

① 借主Xが負担すべき修繕、原状回復費用はいくらか。
② 貸主Yが保証人Wの職場に電話を掛けたり、借主Xの転居先住所の住民票を取得したりしたことが不法行為として違法性を帯びるか。

[裁判所の判断]

（1）壁クロス張替費用

借主Xが過失を認めている壁ボード穴の周辺については、最小単位の張替は必要であり、その費用は壁ボード穴の発生に起因するものであるから、借主Xが負担すべきである。その負担すべき範囲面積は、約5㎡分とすることが相当である。

壁クロスは、借主Xが**入居する直前に張替**えられたものと認められるので、借主Xの退去時には**2年余り経過**していたことになるため、**残存価値は約60%と評価**するのが相当である。これによる借主Xの負担額は、証拠により認められる1㎡あたり1,700円のクロス5㎡分8,500円の60%である5,100円となる（1,700×5×0.6＝5,100円）。

（2）床クッションフロア張替費用

貸主Yが主張する劣化は認められるが、平成元年に設備されたものであることに照らすと、借主Xの不相当な使用によることを認めるに足りる**証拠はない**ため、**借主Xには、負担する義務はない**と解するのが相当である。

（3）壁ボード穴修理費用

穴の大きさの程度についての争いはあるが、**借主Xの過失によるもの**であることは争いがないので、穴の大きさの程度にかかわらず借主Xは**修理費用全額15,000円を負担**すべきである。

（4）換気扇取替費用

証拠により認められる換気扇の焼け焦げ、電気コードの熱融の状況に照らすと取替が必要であると認められる。原因は借主Xが主張するような台所の構造及び換気扇の設置状況の不備を考慮するとしても、**他の居室において同様の事態が発生しているという証拠はないため、借主Xの不相当な使用による劣化と認める**のが相当である。

換気扇は、退去時に使用可能であったことは争いがないから、使用価値があったと認められるが、**平成元年に設備されたもの**であることを考慮すると、**残存価値**はせいぜい**新規交換価格の10％と評価**するのが相当であるため、**借主Xは** 25,000 円の **10％分**にあたる 2,500 円を**負担すべき義務**がある。

(5) 清掃費用

証拠により認められる明渡し直後の物件状況に照らすと、**通常退去時に借主Xに期待される程度の清掃が行われていたとは認められず、貸主Yが清掃業者を依頼したことは止むを得ない**ものと認められる。清掃業者は、居室全体について一括して受注する実情に照らせば、**清掃業者への依頼が借主Xの不十分な清掃に起因する以上、借主Xは全額** 35,000 円を**費用負担する義務がある**というべきである。

(6) 貸主Yの不法行為

貸主Yが、敷金、原状回復費用等の精算を話合う目的で、借主Xと**連絡が取れない状況下で保証人Wに電話すること**や、**借主Xの連絡先を把握するために住民票を取得することは不法行為としての違法性を帯びるものとは考えられない**。また、保証人Wに対する電話が執拗に何回も繰り返されたことを認めるに足る証拠はないので、借主Xの請求には理由がない。

(7) 総 括

よって、**借主Xが負担すべき原状回復費用**は、壁クロス張替費用の一部 5,100 円、壁ボード穴修理費用 15,000 円、換気扇取替費用の一部 2,500 円、清掃費用 35,000 円、消費税 2,880 円の合計 **60,480 円**となる。したがって、**貸主Y**は、敷金と日割賃料の合計額 153,774 円からこれを差引いた**額 93,294 円が借主Xに返還すべき**敷金となる。

62【退去時修繕】東京〔東京簡裁・平14（ハ）第3341号・平14.9.27判決〕

ペット飼育に起因するクリーニング費用を借主負担とする特約が有効とされた事例

① 借主Xは、東京都港区内の鉄筋コンクリート造5階建マンションの一室につき、ペット（小型犬・チワワ）を飼育することを条件として、平成12年4月19日から2年間の賃貸借契約を締結し、賃料 139,000円、権利金 278,000円のほか敷金 417,000円を差入れた。

② 借主Xは、平成13年12月初旬に賃貸借契約を解約して退去したが、貸主Yは敷金を返還しないとして敷金 417,000円及び遅延損害金の支払を求めて提訴した。

〈修繕費等（補修工事内容）〉

①	洋間・壁クロス張替	42,900円	⑧	床クッションフロア張替	87,400円
②	洋間・天井クロス張替	11,700円	⑨	玄関・鉄ドア交換	150,000円
③	キッチン・壁クロス張替	36,400円	⑩	つり込み施工費	35,000円
④	キッチン・天井クロス張替	14,300円	⑪	1DKクリーニング	50,000円
⑤	玄関・壁クロス張替	20,800円	⑫	残材処理費	5,000円
⑥	玄関・天井クロス張替	3,900円	⑬	消費税（5％）	23,845円
⑦	トイレ・天井/壁クロス張替	19,500円	【合　計　額】		500,745円

③ 貸主Yは、特約事項第3項が適用されるべき事案であり、クロス張替料金等の原状回復に要する費用 500,745円を借主Xに請求したものである。

争いのない事実

① 借主Xは、貸主Yと本件建物に関する賃貸借契約を締結し、敷金 417,000円を差入れた。

② 賃貸借期間は、平成12年4月19日から2年間で、賃料は139,000円、権利金は 278,000円である。

③ 敷金は、建物の明渡しがあったときは遅滞なくその全額を無利息で返還しなければならない。ただし、建物の明渡時に、賃料の滞納、原状回復に要する費用の未払いその他賃貸借契約から生ずる借主の債務の不履行が存在する場合は、当該債務の額を敷金から差引くことができる。この場合に

は、敷金から差引く債務の額を借主に明示しなければならない。
④ 賃貸借契約は、借主Xの解約申入れによって終了した。
⑤ 貸主Yは、借主Xに対し、平成13年12月4日付見積書で、原状回復費用として、建物内クロス張替費用、クッションフロア張替費用、玄関ドア交換費用、つり込み施工費、クリーニング費用、残材処理費の名目で合計500,745円が提示された。
⑥ 借主Xは、貸主Yに対し、平成13年12月31日到達の内容証明郵便により、敷金417,000円を内容証明郵便到達後1週間以内に支払うよう催促した。

争点
① 賃貸借契約に際し、作成された住宅賃貸借契約書の特約事項第3項の効力。
② 借主Xが負担すべき原状回復費用の額。

【双方の主張】
(1) 貸主Yの主張
① 賃貸借契約の特約事項第3項は、「室内リフォーム、壁、付属部品等の汚損、破損の修理、クリーニング、取替、ペット消毒については、借主の負担でこれを行うものとする。なお、この場合、専門業者へ依頼するものとする。」旨、同第7項では、「ペットを飼育する場合、貸主へのペットの写真を提出するものとする」旨をそれぞれ定めている。
② 借主Xは、ペット（犬）を飼育し、室内のみならず、ベランダにまで排尿させる状態であった。
③ 通常、賃貸用マンションでは、ペット不可のところがまだ多いが、ペット可としたうえで、ペットには、動物臭や毛、ノミ等衛生の問題も残るので、特約事項を挿入しているものであり、その合意はある。借主Xのペットとともに生活する権利は肯定するが、ペットと居住することによって生じる衛生等の問題については、借主Xが負担するのが公平に合致する。ペット可ということで、賃料を近隣の賃貸マンションの賃料相場より高く設定しているのであれば、ペットの飼育を認めることによる負担は賃料に含まれているとの解釈も可能かもしれないが、本件の賃貸借契約の場合はそのような事情は存在しない。
④ したがって、特約事項第3項がストレートに適用されるべき事案である。
(2) 借主Xの主張
① 解約申入れにより賃貸借契約は終了したが、貸主Yから原状回復費用として、平成13年12月4日付で、500,745円の見積書が提示された。
② しかしながら、1年7か月強しか使用しておらず、通常の損耗以外に特別の損害を与えた事実はない。
③ したがって、請求された費用は、何れも原状回復費用として支払う必要のないものである。

裁判所の判断
1．賃貸借契約に際し、作成された住宅賃貸借契約書の特約事項第3項の効力の検討。
(1) 通常の賃貸借において、借主が賃借建物を返還する際、負担する「**原状回復**」とは、「借主の故意・過失による建物の毀損」、「通常の使用を超える使用方法による損耗等」について、その回復を約定したものと解するのが相当であって、「借主の居住、使用によって通常生ずる建物の損耗」についてまで、それが**なかった状態に回復すべきことまで求めているものでない**というべきである。
しかし、修繕義務に関する民法の原則は、任意規定であるから、借地借家法の趣旨等に照らして無効とするほど、借主に不利益な内容の合意でない限り、当事者間の合意によって、民法と異なる内容の合意をすることも許されるものと解される。
(2) この解釈を前提に、特約事項第3項の合意の効力を検討すると、
① **室内リフォーム**については、何らの限定もなく借主Xが室内リフォームの費用を負担するという合意は**大規模な修繕になることから、借地借家法の趣旨等に照らして無効**と言わざるを得ない。
② **壁・付属部品等の汚損・破損の修理、クリーニング、取替え**については、文言からすると賃貸借

契約書**第15条1項に定める「原状回復」と同じことを定めたに過ぎない**と解される。
　③　しかし、特約事項第3項で「ペット消毒については、借主の負担で行うものとする。なお、この場合、専門業者へ依頼するものとする。」との合意は、**ペットを飼育した場合**には、臭いの付着や毛の残存、衛生の問題等があるので、**消毒するために当該特約をすることは合理的であり有効**であると解する。

2．借主Xが負担すべき原状回復費用の額の検討

（1）クロスの張替費用

　貸主Yの主張するクロスの張替の根拠に関する主張は、賃貸借契約書の**特約事項第3項の「室内のリフォーム」に当たるとすれば、その理由はない**。第15条1項の「原状回復」に当たるとすれば、借主Xの故意・過失によってクロスを破損・汚損その他の**損害を生じさせた事実を認めるに足りる証拠はない**。
　ペット飼育による消毒のためであれば、クロスを張替えるまでの必要性は認められない。

（2）クッションフロアの張替費用

　証拠によれば、借主Xがつけたと推認される**タバコの焦げ跡**と見られる損傷が存在し、**部分補修費用**として3,800円を**要する**ことが認められる。

（3）玄関の鉄ドアの交換費用

　証拠によれば、玄関の鉄ドアの**外側部分に傷**が付いていることが認められるが、傷は、居室の外部に付いているので、借主Xの故意・過失によって**傷を付けられた事実を認めるに足りる証拠はない**。

（4）つり込み施工費用

　証拠によれば、**つり込み施工費**は、玄関鉄ドアの交換に必要な費用であることから、ドア交換が**認められない**以上発生する費用はない。

（5）1DKクリーニング費用

　ペット消毒については、**借主Xの負担で行う旨の合意は有効と解される**ので、借主Xが主張するように入居期間のうち飼育期間が100日程度で、飼育用ゲージ内で飼育していたとしても、**臭いの付着や毛の残存、衛生の問題から室内を消毒する必要性のあることが認められる**。貸主Yから具体的な消毒費用の立証はないが、室内クリーニングで実質的に消毒的な効果が代替され得るものと思われるし、**貸主Yがクリーニング費用の費目で原状回復したことが認められるので、この費用全額の50,000円は借主Xの負担とすることが相当**である。

（6）残材処理費用

　残材処理費用は、主に人件費であると認められる。クッションフロアの部分補修が認められるものの借主Xの負担とされる部分は**少量の残材分でしかない**ため、借主Xが負担する費用は3,000円の範囲が相当である。

（7）総括

　以上から、**借主Xが負担すべき費用**は、「クッションフロアの部分補修費用3,800円」「1DKクリーニング費用50,000円」「残材処理費用3,000円」「消費税2,840円」の**合計59,640円**であるため、**貸主Yは、敷金417,000円から当該負担額を控除した357,360円を借主Xに返還すべき理由がある**。

63【自力救済】東京〔東京地裁・平16.6.2判決〕
貸主による建物の鍵の交換が違法な自力救済として不法行為に該当するとされた事例

①　室内装飾品類の販売を営む法人（借主）Xは、平成10年10月に、貸主Yと保証金700万円のうち250万円を償却金として支払うこと等を約定した建物賃貸借契約を締結し、事務所兼倉庫として使用していた。また、貸主Yの承諾を得て、法人Xの代表者の夫で、実質的経営者X1が代表取締役である関連会社Bの事務所としても使用していた。

②　借主Xは、資金繰りが悪化し、平成11年3月分・4月分の賃料を遅滞したうえに、X1が同年4月に刑事事件で逮捕勾留されたため、業務の遂行が困難となり、同年5月分以降の賃料が未払状態

となった。
③　貸主Yは、平成11年6月1日に借主Xに対し、「同月4日まで未払賃料等298万円余の支払がなければ賃貸借契約を解除する旨の意思表示、また、入金がない時は建物の鍵を交換する」旨を通知し、同月2日に到達した。
④　借主Xの入金がないまま期限の6月4日が到来したため、貸主Yは6月8日に偶然居合わせた関連会社B従業員の立会いのもと、建物の鍵を交換した。
⑤　借主Xは、貸主Yが鍵を交換した行為は違法な自力救済であり、建物を使用できず、業務を遂行できなくなったとして、債務不履行又は不法行為に基づき 2,600 万円及び遅延損害金、保証金 5,106,566 円の合計 31,106,566 円の損害賠償を求め提訴した。

争　点
①　鍵交換の違法性の有無
②　鍵交換による損害の発生の有無
③　未返還保証金債務の有無及びその額の如何

裁判所の判断

(1)　**争点①（鍵交換の違法性の有無）について**
①　賃貸借契約は、「契約解除通知」及び平成11年6月4日の経過によって、借主Xの債務不履行（賃料等不払）を理由とする解除により終了したものと認められ、借主Xは、鍵交換当時、賃貸借契約に基づく使用収益権限を失い、貸主Yに対し、賃貸借契約終了に伴う目的物返還債務を負うに至ったものと認められる。
②　しかしながら、借主Xが、建物に対する占有権を有していたことは論を俟たないところ、鍵交換は、貸主Yにおいて、借主Xの実質的経営者X1が身柄拘束中であり、建物明渡しの要否について判断することが困難な状況にあることを了解したうえでなされたものである。契約解除通知において予告されていたものの、「契約解除通知」到着から僅か6日後に事前に具体的な日時の指定をなすことなく、建物内の動産類の持ち出しの機会を与えることなく、たまたま居合わせた借主Xの関連会社Bの従業員を立合わせて行われたものであり、借主Xの実質経営者X1がこれを事前事後において、承諾ないし容認したものと認められないことからすると、鍵交換は、未払賃料債務等の履行を促すために行われた、**借主Xの占有権を侵害する自力救済に当たるものと認めるのが相当である。**

　　自力救済は、原則として法の禁止するところである。「法律に定める手続によったのでは、権利に対する違法な侵害に対して現状を維持することが不可能又は著しく困難であると認められる緊急やむを得ない特別の事情が存する場合において、その必要の限度を越えない範囲内でのみ例外的に許されるに過ぎない（**最判昭 40.12.7**）。」とする判例に照らし合わせたとしても、本件の**鍵交換は違法な自力救済に当たり、不法行為が成立するものと認められる。**

(2)　**争点②（鍵交換による損害の発生の有無）について**
借主Xは、鍵交換によって、建物内に立入ることが困難となり、業務を遂行することが困難となったことが認められるが、資金繰りは悪化し、鍵交換当時は、賃貸借契約に基づく賃料等債務を2か月分以上怠っていたこと、実質経営者X1が詐欺容疑で身柄を拘束され、業務を遂行することが困難な状況にあり、また、逮捕されたことが新聞報道されたことにより、企業として社会的・経済的信用を失墜したものと推認されることからすると、鍵交換当時において、借主Xが、逸失利益等の請求の前提となる正常な業務を遂行していたものと認めるのは困難である。
したがって、借主Xの占有権を侵害する不法行為に該当する鍵交換によって、逸失利益相当の損害が発生したとする借主Xの主張は採用できない。

(3)　**争点③（未返還保証金債務の有無及びその額の如何）について**
賃貸借契約においては、契約締結時に、借主Xが、貸主Yに対し、保証金700万円のうち250万円を償却金として支払うものとされているが、**償却期間は定められておらず、契約締結時に保証金の一**

部である250万円を償却するとの特約が定められているというべきであって、未払い賃料等債務の控除前の金額としての保証金返還請求権は、250万円を除いた450万円に限られるというべきである。
　しかしながら、賃貸借契約は解除により終了したものと認められるところ、借主Xには、未払賃料等債務や、建物の原状回復義務の費用として450万円を上回る470万円余が認められ、借主Xの請求する**保証金返還請求権は相殺によって消滅したか控除によって発生しなかったものと認めるのが相当である。**

(4) **結　論**
　賃貸借契約は、借主Xの賃料等の不払いを理由として解除されたものと認められるが、鍵交換行為については、貸主Yの行為は借主Xの占有権を侵害する違法な自力救済であり、不法行為が成立する。貸主Yの行為に伴う借主Xの損害賠償請求については、**鍵交換当時、借主Xにおいて逸失利益の前提となる正常な事業を遂行していたと認めるに足りる証拠がなく、保証金返還請求についても、未払賃料等債務や建物原状回復義務の費用と相殺によって消滅したか控除によって発生しなかったため請求を棄却**する。

64【敷金返還請求】東京〔東京簡裁・平16(少コ)第3652号・平17.3.1判決〕
特約条項でペットの飼育を許可し、解約時に室内クリーニング代の他に原状回復費用を借主負担する旨の特約は一般的に例示したもので、すべてを借主が負担すべきものではないとした事例

① 借主Xは、平成15年5月22日、東京都小金井市に所在の賃貸居住用住宅の一室の賃貸借契約終了に伴い、敷金23万4,000円の返還を貸主Yに求めた。
② 貸主Yは、借主Xが猫を飼育していたために、原状回復(修繕)費用として35万8,050円を支出したので、これを敷金から控除すると、借主Xに返還すべき敷金はないと敷金の返還を拒否した。
③ 借主Xは、これを不服として少額訴訟を起こした。

争　点
特約条項でペットの飼育を許可した場合の借主が負担すべき修繕費用の範囲

裁判所の判断
(1) 見積書、請求書及び領収書によれば、貸主Yは、本件居室を原状回復(修繕)し、修繕業者Aに修理代金37万5,952円を支払っていることが認められる。
(2) ところで、**貸主Yが負担した修繕代金は、そのすべてを借主Xが負担すべきものではなく、当事者間に特約がなければ**、借主Xが本件居室を故意又は過失によって毀損したり、あるいは借主Xが通常の使用を超える使用方法によって損傷させた場合には、その回復を借主Xの負担とするが、借主Xの居住、使用によって通常生じる損耗については、その回復を**借主Xの負担とするものではないと解するのが相当である。**そして、本件契約では、**特約条項**としてペットの飼育を許可するが、解約時に室内クリーニング代の他に原状回復費用(脱臭作業を含む。)を頂戴する旨の記載があるが、契約の趣旨から合理的に解すると、この条項は、**借主Xが負担すべき費用を一般的に例示したものであり、上記費用負担の趣旨を変更するものとは考えられない。**
(3) そうすると、貸主Yが借主Xに対して修繕代金を請求するには、借主Xが本件居室を故意又は過失によって毀損したり、あるいは借主Xが通常の使用を超える使用方法によって損傷させたことを立証する必要があるところ、**貸主Yには、借主Xが猫を5匹飼育していたので、請求書のうち「洋間壁クロス張替え工事3万7,700円」及び「室内脱臭処理1万5,000円」を負担する以外に、これを認めるに足りる証拠はない。**
　貸主Yは、証拠の他、修繕工事を施工したBを証人として申出たが、**退去時に当事者双方が立会って居室の状況を確認しなかったこと、退去時の居室状況を明らかにする証拠がないこと**が弁論の全趣旨から窺えるから、証人の供述によって**借主Xの費用を認めることは困難**といえる。

(4) 以上から、貸主Yの主張は、借主Xが供述している範囲において認めることができるから、洋間壁クロス張替え工事3万7,700円と室内脱臭処理1万5,000円の合計額5万2,700円及び消費税分2,635円の**合計5万5,335円は借主Xが負担する原状回復費用**となる。したがって、敷金23万4,000円から差引くと、**返還すべき敷金残額は17万8,665円**となるから、借主Xの請求は、以下の主文の限度で理由がある。

【主　文】
① 貸主Yは、借主Xに対し、17万8,665円を支払え。
② 借主Xのその余の請求を棄却する。
③ 訴訟費用は、これを4分し、その1を借主Xの負担とし、その余は貸主Yの負担とする。
④ この判決は、第①項に限り、仮に執行することができる。

65【敷金返還請求・損害賠償反訴請求】東京〔東京簡裁（少額訴訟）平17（少コ）第2807号・平17（ハ）第19941号・平17.11.29判決〕

自然損耗等についての原状回復義務を借主が負担するとの合意部分は、消費者契約法第10条に該当し無効であるとした事例

① 借主Xと貸主Y1（株式会社Y1）との間で、平成8年3月頃、東京都杉並区所在マンションの賃貸借契約を締結し、その後、2年ごとに更新。平成14年3月1日最終の更新契約をした。その契約期間満了後の平成16年3月1日に法定更新された。
② 平成16年7月22日に貸主Y2は、Y1より所有権を取得し貸主の地位を承継した。
③ 借主Xは、同年9月23日、居室明渡し（同日賃貸借終了）に伴い、貸主Y2に対して、敷金の返還を求めたが返還されなかったため、敷金13万6千円の返還と遅延損害金の支払を求め提訴した。
④ これに対して、貸主Y2は、借主Xと前貸主Y1間の更新契約においては、借主Xが居室内の汚損や破損による損害を賠償する義務を負うことが約され、平成16年9月22日付で、原状回復（修繕）に関する費用負担の合意があるから、この合意に基づいて借主Xが負担することになった原状回復費用18万390円を敷金から控除すると借主Xに返還すべき敷金はなく、また、借主Xの貸主Y2に対する敷金を控除した原状回復費用残額（敷金超過分）4万4,390円と遅延損害金の支払を求めて反訴請求した。

【争　点】

借主の負担する原状回復費用があるか。

【裁判所の判断】

(1) 賃貸借契約書第5条には、「敷金は契約が終了し借主が明渡し後、契約に基づく一切の債務、電気・水道・ガス等の未払金及び損害金を差引き、借主にその差額を返還するものとし、損害金の中には、① 畳・襖・壁、床、天井・ガラス・ドア（室内外）・その他の汚損、破損。② 換気扇・ガス台・流し台・浴室・浴槽・風呂釜・湯沸し器・トイレ、網戸、エアコン等の汚損・破損、この回復に費用を要する時。」などと合意され、また、第6条には、借主の修理費負担部分の合意がされ、さらに、第11条には、「明渡しの時は、原状に復するものとし、また、借主は故意及び過失を問わず、本物件に損害を与えた場合は直ちに原状に復し、損害賠償の責に任ずるものとする。」と合意されているが、これらの趣旨は、借主が賃借開始当時の原状に回復すべきこと、つまり自然損耗等についての原状回復費用も負担することを定めたものといえる。しかし、貸主において使用の対価である賃料を受領しながら、賃貸期間中の自然損耗等の原状回復費用を借主に負担させることは、借主に二重の負担を強いることになり、貸主に不当な利得を生じさせる一方、借主には不利益であり、信義則に反する。そして、上記第5条の合意は、原状回復の内容をどのように想定し、費用をどのように見積もるのか、とりわけ、自然損耗等に係る原状回復についてどのように想定し、費用をどのように見

積もるのか、借主に適切な情報が提供されておらず、貸主が汚損、破損、あるいは回復費用を要すると判断した場合には、借主に関与の余地なく原状回復費用が発生する態様となっている。このように、借主に必要な情報が与えられず、自己に不利益であることが認識できないままされた合意は、借主に一方的に不利益であり、この意味でも信義則に反するといえる。そうすると、**自然損耗等についての原状回復義務を借主が負担するとの合意部分は**、民法の任意規定の適用による場合に比べ、借主の義務を加重し、信義則に反して借主の利益を一方的に害しており、**消費者契約法第10条に該当し無効である。**

(2) 貸主Y2は、借主Xとの間で原状回復（修繕）に関する費用負担の合意がされたとして、引渡立会負担区分合意書を提出するが、**借主Xは、明渡しが完了したので署名して欲しいと求められたので署名したもの**であり、その際、負担者欄の負担者を示す丸印は記載されていなかったし、**修繕費用を負担する趣旨で署名したものではない**旨供述する。そうすると、貸主の供述及び合意書から、借主Xが貸主Y2との間で**費用負担の合意をしたと認めることはできず、他に合意をしたと認めるに足りる証拠はない。**

(3) 以上から、**自然損耗等についての原状回復費用に関する部分は**、上記1のとおり**無効であり**、また、貸主借主間に費用負担の合意がないのであるから、原状回復費用の負担については、民法の規定に従い、借主が故意又は過失によって毀損したり、あるいは通常の使用を超える使用方法によって損傷させた場合に、その回復費用を借主の負担とすべきであるが、居室の汚損状況を写した写真によれば、借主Xが明渡した際に、**壁等がカビ等で汚損されている事実**を認めることができる。しかし、他方、借主の供述及び陳述書によれば、借主Xは、賃借する際に、**改装工事もなく前借主が使用していた状態、いわゆる居抜きの状態で入居したものであり、入居当初から多少のカビが生えていたところ、南北にしか通気がなく風通しも十分でない構造も影響して、その後改装工事もなされないまま8年間使用し続けてきた結果、カビが広がったものである事実**を認めることができるし、また、通知書によれば、借主Xは、**前貸主Y1から更新時期の前である平成15年10月頃、建物の老朽化を理由に平成16年12月までに明渡すように求められていた事実も認めることができる**から、これらの事実に照らして考えると、カビ等で汚損している事実から借主Xの故意又は過失による毀損、あるいは通常使用を超える使用方法による損傷と推認することはできず、他に**借主Xの故意過失等によって損傷を与えたとする事実を認めるに足りる証拠はない。**

そうすると、借主Xの負担すべき原状回復費用を認めることができないから、貸主Y2の抗弁事実及び反訴請求原因事実は認めることができず、**借主Xの本訴請求は理由がある。**

よって、以下のとおり判決する。

【主 文】
① **貸主Y2は、借主Xに対し、13万6,000円及びこれに対する平成16年11月1日から支払済みまで年5分の割合による金員を支払え。**
② 貸主Y2の反訴請求を棄却する。
③ 訴訟費用は、本訴反訴を通じて貸主Y2の負担とする。
④ この判決は、第①項に限り、仮に執行することができる。

66【敷金返還請求】東京〔東京簡裁・平成20年（少エ）第25号・平20.11.27判決〕
借主が支払義務を負う遅延利息は、年14.6％で計算した額を超える部分については無効とした事例

① 借主Xは、貸主Yとの間で、平成14年11月25日、東京都文京区所在のマンションの一室の賃貸借契約にかかる敷金契約を締結した。
　なお、賃料は月額14万5,000円、敷金は29万円（賃料の2か月相当分）である。
② 借主Xは平成17年11月分から賃料の支払をしなかったが、平成18年4月27日に借主Xの親と思われる者が、平成17年11月分から平成18年4月分までの未払賃料の元本及同年4月6日の契約解除後の賃料相当損害金の合計87万円（賃料6か月分）を支払った。
③ 借主Xは、平成18年5月31日、契約終了により物件を明渡したので、貸主Yに差入れた敷金29

万円から平成18年5月分の未払賃料14万5,000円を控除した14万5,000円を少額訴訟により返還請求した。
④　これに対して、貸主Yは、未払期間の賃料〔約定遅延利息・日歩20銭（年73％）に基づき計算、ただし、平成18年4月分は、本件契約解除日が平成18年4月6日であることから、同日までの日割計算により2万9,000円〕より生じた同月27日までの遅延利息を17万1,796円と算出し、借主Xが求める敷金残金14万5,000円については、契約に基づき、17万1,796円をもって対当額で相殺する旨の意思表示をした。
⑤　また、貸主Yは、「判決は、少額訴訟判決には応じられない旨表明していたにもかかわらず、これを無視して言い渡されたものである。」、「第一回口頭弁論期日において、少額訴訟は希望しない旨繰り返し陳述していたが、裁判官や司法委員に翻意を促されたほか、書記官はこのことを調書に記載せず、さらに裁判官は、貸主の真意を承知しながら、当事者（素人）の無知に乗じて少額訴訟判決を言い渡したもので、民訴法第312条2項1、2号に該当し、直ちに取消しを免れない。」、「違法、不当な手続によってなされた少額訴訟判決については、すべて取消したうえ、民訴法第373条3項4号により通常の手続に移行する決定を求める。」と少額訴訟判決は手続に違法があり全部不服であると異議申立てをした。

争点
① 未払賃料から生じた遅延利息について、約定利率を適用することの当否
② 物件の原状回復に要した費用との相殺の当否

裁判所の判断【東京簡易裁判所・平成20年（少エ）第25号・平20.11.27少額訴訟判決】

1　少額訴訟判決は手続に違法があり全部不服である旨の異議申立てについて

少額訴訟手続が違法であるとの異議理由については、少額訴訟の第一回口頭弁論期日において、冒頭裁判官が少額訴訟手続について説明をしたが、貸主Yから、少額訴訟手続は希望しない旨の意思表明もなく、通常訴訟手続へ移行する旨の申述がなかったため、少額訴訟手続で審理・裁判されたことは、当裁判所に顕著な事実である。

したがって、少額訴訟手続が不当・違法であるとする貸主Yの主張は、当を得ず、その他の異議理由も相当とは認められない。

なお、少額訴訟における異議審は、少額訴訟の手続の特質を斟酌しつつ進められる最終審であり、民訴法第379条2項が同第373条3項4号を準用していないことからも、異議審においては、原則として、通常手続への移行決定はできないものと解される。

2　争点①「未払賃料から生じた遅延利息について、約定利率を適用することの当否」について

(1)　借主が貸主との間で締結した契約に基づく賃料（月額14万5,000円）について、平成17年11月分から平成18年4月分までの支払をせず、借主の父親が貸主に対し、借主に代わって、未払賃料及び賃料相当損害金計87万円を支払ったこと、及び契約書には、約定遅延利息として日歩20銭と規定されていることは、当事者間に争いがない。

(2)　貸主は、契約書に規定する遅延利息は、契約に基づく賃料不払の場合のペナルティであることなどから、未払賃料に対する遅延利息の算出について日歩20銭の利率を適用している。これに対し、借主は、約定利率は、不当に高く公序良俗（民法第90条）に違反していること、消費者契約法第10条の趣旨に反し借主に一方的に不利益な規定であり有効とは認められない、と主張している。

(3)　そこで判断するに、契約書の遅延損害金の規定は、契約における消費者ともいうべき借主が、同契約に基づく賃料債務の支払を遅延した場合における損害賠償額の予定又は違約金の定めと解せられるところ、その場合は、遅延損害金の率の上限は年14.6％とし、それより高率の遅延損害金が定められている場合には、民法第420条の規定にかかわらず、年14.6％を超える額の支払を請求することができず、その超過部分は無効と判断されるものである。

それを前提に検討すると、貸主本人尋問の結果によると、貸主は借主を含め複数の者に少なくともある程度、反復・継続的に居住物件を賃貸していることが認められ、消費者契約法にいういわゆ

る事業者とみることができる。そうすると、契約書に基づく日歩20銭（年73％）の遅延利息を求めるのは、通常の場合と比較して著しく高額で借主の予測をはるかに超える負担義務を課し、一方的に借主に不利益を強制することになるといえる。
　　したがって、**借主は、遅延利息として消費者契約法の規定する範囲で責任を負うものと解するのが相当**であり、これに反する貸主の主張は採用できない。
(4)　以上によれば、借主が支払義務を負う**遅延利息は、年14.6％で計算した3万4,359円**となり、**それを超える部分については無効**であって、同額を**借主の請求する敷金残額14万5,000円と相殺すると11万641円が敷金残額**ということになる。

3　争点②「物件の原状回復に要した費用との相殺の当否」について
(1)　貸主は、予備的な抗弁として、物件には貸主が主張する損耗・毀損があり、それらの原状回復は、契約書に基づき借主が自らの費用でなすべきものであると主張する。
（貸主の主張内容）
①　契約期間中、借主の居住・使用により、以下のとおり、物件が著しく損耗・毀損した。それらは、通常の使用では到底生じ得ない程度のもので、借主としての善管注意義務に違反して生じさせたものであることは明らかである。
　　1)　クロス（壁紙）及び床面フローリングに、家具の出入れの際に付いたと見られる大きな傷跡が残っていた。
　　2)　畳が激しくささくれ、そのまま使用を継続することはできない状態であった。
　　3)　襖が一箇所大きく破れていた。
　　4)　ガス台及びその周辺が焦げ、非常に汚れていて、専門業者による特殊な工具を使わないと除去できない状態であった。
　　5)　敷居等のアルミサッシは黒ずみが激しく、非常に汚れており、通常の掃除では除去することが不可能で、専門業者に頼まないと除去できない状態であった。
　　6)　その他、賃貸開始時には存在しなかった大小様々なキズが室内のいたるところに存在した。
②　したがって、借主は、契約書に基づき、上記について原状に復すべき義務があったにもかかわらず、明渡しの際一切原状回復をしなかったので、貸主において、以下のとおり損耗・毀損箇所を修繕し原状回復費用を支出した。
　　1)　クロス（壁紙）張替え工事　　　9万8,000円
　　2)　ＣＦ（クッションフロア）工事　1万8,000円
　　3)　畳表替え　　　　　　　　　　　2万7,000円
　　4)　表具工事（襖の張替え）　　　　1万円
　　5)　雑工事　　　　　　　　　　　　1万9,000円
　　6)　ハウスクリーニング（ガス台の汚れを特殊な工具を用いて除去、敷居のアルミサッシの汚れを専門業者により除去）　　　3万8,000円
　　7)　ハウスクリーニング（通常の室内清掃のほか、換気扇・玄関・窓サッシ・ガラス・照明器具・ベランダ・エアコン等全般のクリーニング）　1万円
　　8)　上記1)ないし7)の消費税　　　　1万1,000円
　　　　　　　　　　　　　　　合計23万1,000円
③　よって、貸主は、前記借主が求める敷金残金14万5,000円について、上記原状回復費用23万1,000円をもって対当額で相殺する旨の意思表示をする。
(2)　しかしながら、各項目について、**借主としての善管注意義務に違反して生じさせた損耗・毀損であることについて**、写真等を含めそれらを認めるに足りる**具体的証拠はない**。
　　また、証拠によれば、①本件物件は築25年くらいで、借主は妻と2人で居住し、賃借期間中通常の用法で使用し特に問題となる点はなかったこと、②貸主は、仲介業者であるＢ商事に任せており、物件明渡しの際、Ｂ商事の担当者が借主と共に点検・確認したが、担当者からは綺麗に使っていると言われ、特に問題箇所の指摘はなかったこと、③借主が物件を退去した後、貸主から敷

金の精算についての説明はなく、その後の話合いも行われなかったこと、が認められ、これに反する貸主本人の供述は採用できず、結局、貸主が主張する**原状回復費用を借主負担とすることは相当ではない。**

4 以上によれば、**争点①については前記認定の範囲で認められ同争点②の予備的抗弁は認められない。**
　よって、借主Xの請求は、11万641円の限度で認容しその余は棄却することとし、少額訴訟判決を変更し、主文のとおり判決する。

【主　文】
① 借主と貸主間の東京簡易裁判所平成20年（少コ）第1420号敷金返還請求事件につき、同裁判所が平成20年6月30日言い渡した少額訴訟判決を次のとおり変更する。
② 貸主は、借主に対し、11万641円を支払え。
③ 借主のその余の請求を棄却する。
④ 訴訟費用は、異議申立ての前後を通じて、これを4分し、その3を貸主の負担とし、その余を借主の負担とする。

67【解約予告不足金請求】東京〔東京簡裁・平成20年（少コ）第3509号・平21.2.20判決〕
解約予告に代えて支払うべき違約金額の設定は、消費者契約法第9条1号に当たると解され、消費者契約の解除に伴い事業者に生ずべき平均的な損害を超えるものは、超える部分につき無効となるとした事例

① 貸主Yは、借主X1らとの間で、平成18年7月15日に、東京都杉並区に所在する賃貸住宅を、契約期間平成18年7月15日から2年間（2年ごとの自動更新）、賃料7万2,000円（共益費3,000円を含む）、遅延損害金・年36.5％の条件で賃貸借契約を締結し、借主X1に対し物件を引渡した。
　連帯保証人X2は貸主Yに対し、借主X1の契約上の債務につき書面により連帯保証した。
② なお、同契約書の解約条項として、借主X1が賃貸借期間中に解約する場合は、次の区分に応じた予告期間を置かなければならない。ただし、予告に代えて予告期間分の賃料・共益費を原告に支払い即時解約することができる旨の約定をしている。
　　1) 9・10・11月に解約通知する場合　　3か月
　　2) 12・1月に解約通知する場合　　　　1か月
　　3) 2・3・4・5月に解約通知する場合　　9か月
　　4) 6・7・8月に解約通知する場合　　　6か月
③ 借主X1は、貸主Yに対し、平成20年8月上旬頃、契約の即時解約を通知した。
④ 貸主Yは、借主X1らに対し、賃料・共益費の6か月分である43万2,000円（7万2,000円×6）及びこれに対する平成21年1月8日から支払済みまで年36.5％の割合による金員を少額訴訟により請求した。

被告（借主）らの主張
① 借主X1が契約書に署名押印したことは認めるが、借主X1が**契約時に解約予告期間について説明を受け、承諾書に署名押印したことは争う**。承諾書は貸主Yが勝手に作成した偽造書面である。
② 仮に解約予告期間及び違約金の合意が成立したとしても、賃貸借契約においては、借主が契約期間内に解約する場合の予告期間は30日、違約金額は賃料の30日分とするのが通常であるが、**本件契約の解約予告期間・違約金額は解約予告する月によってまちまちであるなど、借主の解約権を不当に制約するもの**であり、**消費者契約法第10条に反して無効**であるだけでなく、**公序良俗にも反し無効である**（民法第90条）。
③ **遅延損害金利率**は、消費者契約法第9条2号により**14.6％を超える部分は無効**である。

裁判所の判断〔東京簡易裁判所・平成20年(少コ)第3509号・平21.2.20 少額訴訟判決〕

1　**借主X1らが契約書に署名押印し、貸主Y及び借主X1らの間で契約が締結され、これが合意により更新されたことは、当事者間に争いがない。**契約書には、貸主Y主張の解約予告期間及び違約金の記載がある。

　　また、契約書の借主X1の署名押印と承諾書の署名押印とは同一のものと認められ、いずれも借主X1が署名押印したものと認めるのが相当であり、借主X1は解約予告期間及び違約金の定めについて、一応の説明を受けたものと推認するのが相当である。

　　したがって、貸主Y及び借主X1らの間で解約予告期間及び違約金についての合意が成立したと認められる。

2　**本件契約は、事業者たる貸主Yと一般消費者である借主X1らとの間の消費者契約に該当する（消費者契約法第2条3項）、一般の居住用建物の賃貸借契約である。**

　　賃貸借契約において、借主が契約期間内に解約する場合の解約予告期間及び予告に代えて支払うべき違約金額をどのように設定するかは、原則として契約自由の原則にゆだねられると解される。

　　しかし、その具体的内容が借主に一方的に不利益で、解約権を著しく制約する場合には、公序良俗に反し無効となるか（民法第90条）、消費者契約法第10条に反して無効となるか、または同法第9条1号に反して一部無効となる場合があり得る。

　　これを本件についてみると、まず**解約予告期間を時季に応じて1か月間ないし9か月間とする条項**は、いまだ**公序良俗に反し無効とすべき程度であるとまではいえない。**

　　次に、本件のような解約予告期間を設定することは借主の解約権を制約することは明らかであるが、このような解約予告期間の設定は、民法上にも期間の定めのない建物賃貸借につき3か月間とし、期間の定めのある場合でも期間内に解約する権利を留保したときはこれを準用するとの定めがある（民法第617条第1項2号、同法第618条）ことからすると、本件契約上の解約予告期間の定めが民法その他の法律の任意規定の適用による場合に比して、消費者の権利を制限し又は義務を加重して、民法第1条第2項の信義則に反し**消費者の利益を一方的に害するものとして一律に無効としなければならないものとはいえない。**

　　しかし、**解約予告に代えて支払うべき違約金額の設定は、消費者契約法第9条1号の「消費者契約の解除に伴う損害賠償の額を予定し、又は違約金を定める条項」に当たると解される**ので、同種の消費者契約の解除に伴い当該**事業者に生ずべき平均的な損害を超えるものは、当該超える部分につき無効となる**（借主X1らの主張はこの点をも含むものと解される）。

　　これを本件についてみると、一般の居住用建物の賃貸借契約においては、解約予告期間及び予告に代えて支払うべき違約金額の設定は1か月（30日）分とする例が多数であり（標準契約書の第10条）、解約後、次の入居者を獲得するまでの一般的な所要期間として相当と認められること、及び弁論の全趣旨に照らすと、解約により貸主Yが受けることがある平均的な損害は賃料・共益費の1か月分相当額であると認めるのが相当である（民事訴訟法第248条）。そうすると、**貸主Yにこれを超える損害のあることが主張立証されていない本件においては、1か月分を超える違約金額を設定している約定は、その超える部分について無効と解すべきである。**

　　本件解約が1回目の更新がなされ更新料が支払われた直後である8月上旬にされたこと、契約時に預入れた保証金（賃料・共益費の1か月分である7万2,000円）は解約に伴い償却され借主X1に返還されていないこと等を総合して考えると、**解約時における貸主、借主双方の公平負担の観点からも妥当な結論であると解する。**

　　したがって、**貸主Yが請求し得る解約予告に代わる違約金額は、賃料・共益費の1か月分である7万2,000円の限度と解するのが相当**である。

3　本件契約上の**遅延損害金利率**は、消費者契約法第9条2号に規定する損害賠償の予定に当たるので、条項に規定する**年14.6％を超える部分は無効**といわなければならない。

4 以上のとおりであるから、**貸主Yの請求は、解約予告に代わる違約金として賃料・共益費の1か月分である7万2,000円及びこれに対する年14.6%の遅延損害金の支払を求める限度で理由がある**のでこれを認容し、その余は理由がないのでこれを棄却することとし、主文のとおり判決する。

【主 文】
① 借主X1らは、貸主Yに対し、連帯して、金7万2,000円及びこれに対する平成21年1月8日から支払済みまで年14.6%の割合による金員を支払え。
② 貸主Yのその余の請求を棄却する。
③ 訴訟費用はこれを6分し、その1を借主X1らの連帯負担とし、その余を貸主Yの負担とする。

68【退去時修繕】埼玉〔川口簡裁・平8(ハ)第587号・平9.2.18判決〕

敷金の一部を返さなかったため、その返還を求めた裁判で借主に負担させる合理的な根拠がないとして返還を命じた事例

① 借主Xは、平成5年12月19日、賃貸借契約（期間、賃料不明）を貸主Yと締結し敷金142,000円を支払った。
② Xは、平成8年8月16日に建物を明渡したところ、Yは、以下の補修工事費用（合計122,312円）を請求し、敷金のうち72,312円を返さなかったため、Xはその返還を求めて提訴した。

〈修繕費等（補修工事内容）〉

①	ルームクリーニング費用	30,000円	⑤	クロスクリーニング費用	7,500円
②	ガスコンロクリーニング費用	4,000円	⑥	消費税（3%）	3,562円
③	畳表替費用	22,500円			
④	クロス張替費用	54,750円		合計額	122,312円

【双方の言い分】

借主Xは、「夫婦2人暮らしで共稼ぎでしたし、タバコは全く吸わなかったので、普通に生活をしていて生じる損耗以上の修繕箇所は見当たらないと思います。また、退去するまで、賃料等の未払金はありませんでしたし、退去の際には、一通りの清掃はしたつもりです。それにもかかわらず、貸主Yは補修工事費用を請求し、敷金の一部を返してくれないのはおかしいと思いますので、敷金は全額返還して頂きたい」と主張した。

これに対し**貸主**Yは、「借主Xが退去後、補修工事費用として合計122,312円を差引かせて頂いた訳で、それについては特に問題はないと思います」と主張した。

裁判所の判断（川口簡易裁判所・平8(ハ)第587号・平9.2.18判決）

(1) 借主Xは、夫婦2人で建物に平成6年1月15日から平成8年8月16日まで居住していたが、2人ともタバコは吸わず夫婦共稼ぎの生活を送っていた。借主Xは、建物を退去するまで、賃料はもとより公共料金の未払いは一切なく、建物を退去する際は、普通に清掃して出たものである。

また、クリーニング費用を請求されているガスコンロについては、借主Xのものであったが、借主Xの転居予定先には備付けのガスコンロがあるため不要となり、「次の入居者がそのガスコンロを使用したい」というので残したものである。

(2) よって、借主Xが建物を通常な使用収益を超えた方法により発生させた毀損箇所は認められず、以上、認定の諸事実を総合すると、建物は共稼ぎ夫婦によって社会通念上、通常の方法により使用され、自然ないし通例的に生ずる損耗以上に悪化していることを認めるに足りる証拠はない。

(3) 以上の事実によると、**貸主Yの主張する修繕費を借主Xに負担させる合理的な根拠はなく、敷金残金72,312円は借主Xに返還するべき**である。

69【退去時修繕】神奈川〔保土ヶ谷簡裁・平6(ハ)第819号・平7.1.17判決、横浜地裁・平7(レ)第3号・平8.3.25判決〕

敷金の返還をめぐって争われた裁判で、一審は修繕費全額を貸主負担としたが、二審は「一部、借主の管理（手入れ）にも過失があった」として借主に一部負担を命じた事例

① 借主Xは、平成元年7月2日、横浜市内の新築マンションの賃貸借契約を貸主Yと締結した。契約期間は2年間で、賃料月額97,000円、敷金194,000円とし、同日、Yに敷金を交付した。

② 平成3年7月2日の契約更新時には、賃料が1万円増額され、敷金も2万円増額されたのでXからYに追加敷金を交付した（敷金の累積額は214,000円）。平成6年3月31日に賃貸借契約は合意解除され、同日、借主Xはマンションを明渡しした。

③ その後、貸主Yが建物を検分したところ「痛み汚れが、度を超してひどいため、以下の補修工事を行わざるを得なかった」とのことであった。

〈補修工事内容〉

① 畳6畳は、汚れが目立つため裏返し	④ 網入りガラス2面は破損のため取替え
② 洋間カーペットは、シミのため取替	
③ 洋間の壁・天井、食堂、台所、洗面所、トイレ、玄関の壁・天井は、いずれもカビ・シミのため張替え	⑤ トイレ備付けタオル掛けは、破損のため、新たに取付け

④ Yによれば、補修工事には469,474円掛った。これらの汚損等は、「入居者による『通常の使用を超えた使用』によるものであるため、敷金全額をこれに充当する」と主張したのに対して、Xは、「通常に使用した結果の汚れである」と主張して譲らず裁判となった。

争　点
貸主が主張する損害が「通常の使用による損耗の範囲を超えるか否か」

裁判所の判断（保土ヶ谷簡易裁判所・平6(ハ)第819号・平7.1.17判決）

証人による証言内容は、

① 畳の状況は、その上にカーペットを敷いて使用していたため全体的にきれいだったが、隅と中央では色が違っていた。しかし、入居者が変わらなければ、そのままにしておける状態であった。

② 洋間のカーペットは、ベランダに面した端にカビのシミがあり、クリーニングしてもきれいにならない。

③ 洋間の天井はタバコのヤニで汚れ、壁は下の方にカビが生えていた。食堂、台所にはカビは見当たらなかったが、食堂の壁には液体が掛ったようなシミがあり、クリーニング液でも落ちなかった。

④ 台所の壁にはカレンダーの跡がくっきり残り目立つ状態で、洗面所、玄関、トイレにもカビによるシミがあった。

⑤ マンションの窓は網入りガラスになっているが、破損の状況は下から上に向かってヒビ割れし横に広がっていた。
　このガラスの件について、証人Vは「入居者が割った」と貸主Yから聞いていたが、熱膨張率の差から自然にヒビ割れした可能性も否定できないと言い、また、証言Wによれば、網入りガラスは切断する際の処理がまずければ、網入りでないガラスに比べて割れやすいと言う。

⑥ トイレのタオル掛けは、木部に取付けたものでなく、石膏ボードに直に取付けられており取れやすい。

という証言を受けて、『一審』（保土ヶ谷簡易裁判所・平7.1.17判決）は、

(1) 畳は、入居者が変わらなければ取替える必要がない程度の状態であった。

(2) 洋間カーペット、壁・天井等は、カビによるシミがあったため張替えたものであるが、建物が新築であったために、多量の水分を含んでいたことは経験則上認められ、また、入居者がことさらカビを発生させる原因を作り出したとも考えにくい。

(3) 網入りガラスは熱膨張により破損しやすいところ、入居者が故意に壊したとする証拠がない。
(4) トイレのタオル掛けは、取れやすい造りであった。
(5) 以上から、各損害はいずれも『通常の使用』により生ずる損害・損耗であり、貸主Yが全額負担すべきとし、借主Xの請求を全面的に認めた。

貸主Yは、**一審判決を不服として横浜地方裁判所に控訴**した。

裁判所の判断（二審／**横浜地方裁判所・平7（レ）第3号・平8.3.25判決**）

『**二審**』での控訴審判決は、次のとおりとなった。
(1) 洋間カーペット、洋間の壁、洗面所、トイレ及び玄関の天井及び壁に発生したカビについては、相当の程度・範囲に及んでいた。建物の補修工事をした業者が、同じマンション内の別の住戸も修繕したが、「マンション自体が新築でカビが発生しやすい状態であったことを考慮しても、これほどひどいカビは他の住戸の見当たらないところから、借主Xの管理、特にカビが発生した後の手入れにも問題があったと言わざるを得ない」と証言している。
(2) よって、**カビの汚れ**については、**借主X側にも2割程度責任があり**、「故意・過失により建物を損傷した有責当事者が損害賠償義務を負う」旨の契約条項により、**借主Xはカーペット等の修繕費** 155,200円のうち、**2割**に当たる約3万円を**負担すべき**である。
(3) 以上から、**原判決**（一審の保土ヶ谷簡易裁判所判決）**を変更**し、借主Xが請求できるのは、敷金214,000円から3万円を差引いた184,000円とした。

70【退去時修繕】神奈川〔神奈川簡裁・平9.7.2判決〕
修繕費用を借主に負担させる特約は、特別な事情がない限り認められず、借主に修繕義務はないとした事例

① 借主Xは、平成7年8月、「浄化槽の清掃を賃借人負担で行う」旨の特約が盛込まれたマンション賃貸借契約（賃料18万円）を貸主Yと締結し、敷金36万円を支払った。
② 半年後、Xは家業を引き継ぐため実家へ戻ることとなり、平成8年3月に解約し退去した。その際、Yは「畳の取替え費用等に約35万円掛った」として敷金から差引き8,100円をXに返還した。
③ Xは、小さな子供がいたが傷をつけたり汚したりしないよう常に心掛けており、しかも入居から退去まで半年足らずで、畳替えの必要があったのか納得できないとして敷金の全額返還を求めた。

裁判所の判断（**神奈川簡易裁判所・平9.7.2判決**）

裁判所は、
(1) 修繕費用を借主Xに負担させる**原状回復の特約は、特別な事情がない限り認められず、借主に修繕義務はない。**
(2) 借主Xは、畳を張替えなければならないほどの損傷を与えていない。
(3) 浄化槽の清掃は、修繕ではなく、その費用を特約により借主負担とすることは特別の事情を要しないため、借主Xに支払義務がある。
(4) 以上から、**貸主Yが借主Xから預かった敷金** 36万円の中から**浄化槽の清掃費** 17,200円を**控除**した**残金** 342,800円を**返還するよう命じた。**

借主の原状回復義務

借主は、契約または目的物の性質から定まる用方に従い、目的物を使用収益する義務を負う（民法第594条第1項）とともに、善管注意義務に従って、目的物を使用収益しなければならないが、賃料を支払って家屋を使用する場合には、そこで生活する権利が契約によって認められており、その反対給付として賃料を支払っているので、「通常の生活」から生じる家屋の損耗については、借主は責任を負わないとするのが、判例等の考え方である。

一方、家屋の使用によって借主に生じた損害を賠償する責任（＝不法行為上の責任）を考えた場合、借主は、当該家屋を使用する権原があり、使用していることを理由に損害賠償を請求することはないと考えられる。そこで、使用により必然的に損失が生じても、借主にそのような損失をもたらさないための注意義務（不法行為上の注意義務）はないと考えられる。

つまり、借主は、「通常の使用」をしていて家屋に損失をもたらしたとしても、善管注意義務違反とは言えないし、不法行為上の注意義務違反もないと考えられる。

> 通常の使用による損耗には借主の修繕義務も原状回復義務もない

修繕義務については、原則的には貸主が負うことになっている（民法第606条）が、借主に修繕義務を課すことが悪いということではない。

しかし、判例等では、通常の使用による損耗にかかる修繕を借主の負担とすることは、借主に対して賃料支払義務、善管注意義務等の法律上、社会通念上の義務とは別個の新たな義務を負わせることであり、その義務を課す場合、客観的な理由並びに借主の義務負担に対する意思表示を必要としている。

さらに、借主が修繕義務を負うという特約は、貸主の修繕義務を免除する意味しか有せず、借主に対して積極的に修繕義務を課したものではないとしていることからも、通常の使用による損耗について借主が修繕義務を負うことにはならないと考えられる。

> 民法の原状回復義務

民法第598条の規定は、借主は目的物を「原状に復して、これを附属させた物を収去することができる」としているが、「借主は、賃借物に取付けた物を取り外して、つまり、原状に戻して返還することができる」との借主の権利の側面から原状回復を定めたものであって、借主に「借りた当時の状態に戻せ」という意味での「原状回復義務」を課したものではない。

なお、標準契約書では、原状回復について、借主の故意・過失による損耗についてのみ、借主の費用負担で行うこととし、通常の使用による損耗については、借主に修繕義務も原状回復義務もないとしている。

本事例のように、貸主側から一方的に修繕費等として請求されたとしても、納得できない時は、貸主側と交渉すべきである。さらに、この種のトラブルを未然に防ぐためには、入居する前（契約の時）に予め、借主の帰責損害と自然損害が不明な部分について、貸主と借主との間の負担割合を約定しておく必要がある。

71【敷金返還請求】横浜〔横浜地裁・平21（ワ）第2392号・平21.9.3判決〕
原状回復費用の有無にかかわらず、敷金から償却分を無条件で差引く敷引特約は、消費者契約法第10条によって無効という主張は、借主の法的に保護されている利益を信義則に反する程度に侵害するものとは認められないから、消費者契約法第10条後段に該当するとは認められないとした事例

① 借主Xは、平成20年3月27日に業者貸主Yと、川崎市川崎区所在の賃貸住宅の一室を、賃貸借契約1年（平成20年4月5日から平成21年4月3日まで）、賃料9万9千円、敷金19万8千円（賃料の2か月相当額）の条件で、仲介業者Zを介して定期借家契約を締結した。
② なお、契約書には、「借主が物件を明渡した時は、60日以内に敷金から表題部に定める償却分（敷金の1か月分）を差引き返還する」「貸主は退去時に預託された金員から、表題部に定める償却分（敷金の1か月分）を無条件で償却し取得するものとする」旨の敷引特約条項がある。
③ 借主Xは、平成20年9月13日、業者貸主Yに対し、契約の解約を申入れした。なお、解約予告は1か月前とする条項に基づき、契約は同年10月12日で終了した。
④ 業者貸主Yは、敷金19万8千円のうち賃料1か月分相当額を償却分として差引いた残額9万9千円を借主Xに返還した。
⑤ これに対して借主Xは、契約締結時に契約書の内容どおりの説明を受けたが、敷引特約の使途を仲介会社の担当者に聞いたところ、原状回復費用に充てられると説明したものであり、広告費に充

> てるという説明は受けていない。また、退去後、担当者の立会いで室内チェックされたが、毀損は認められなかった。原状回復費用の有無にかかわらず、償却分を無条件で差引く敷引特約は不合理である。さらに、賃貸紛争防止条例の中身を偽って、あたかも条例で償却が認められているかのような事実誤認をさせたことは消費者契約法により無効であるとして提訴した。

争点

① 原状回復費用の有無にかかわらず、敷金から償却分を無条件で差引く敷引特約は消費者契約法第10条によって無効か。

② 賃貸紛争防止条例の中身を偽って、あたかも条例で償却が認められているかのような事実誤認をさせたことは消費者契約法により無効か。

裁判所の判断〔横浜地方裁判所・平21（ワ）第2392号・平21.9.3判決〕

1 争点①「原状回復費用の有無にかかわらず、敷金から償却分を無条件で差引く敷引特約は消費者契約法第10条によって無効か」について
  (1) **借主**Xは、賃貸借契約締結時に、仲介会社の担当者に説明を求めたところ、原状回復費用に充てられると説明したと**主張**するが、**業者貸主**Yは、敷引特約は自然損耗についての原状回復費を借主に負担させるという性質のものではなく、契約書に明記していることからも明らかであると**主張**する。
  (2) 敷引特約の性質については、契約書には何も記載されていない。
   契約書では、契約終了の場合の原状回復等について定めているが、敷引特約による償却が行われたときは、入居中の自然損耗・経年劣化については、貸主は借主に対し、原状回復費用について別途請求しないこととなり、借主Xが負担することはないことになる。
   契約が解約された後に業者貸主Yが借主Xに交付した「原状回復費用の通知」によれば、解約後に「リフォーム代金」として発生したのはクリーニング代4万4,100円（消費税を含む。）だけであるが、業者貸主Yの負担となり、原状回復費用として借主Xに請求したものはなかった。しかしながら、敷引特約により9万9千円は償却され、敷金から差引かれて残額が借主Xに返還されたことが認められる。
   そうすると、敷引特約により、自然損耗・経年変化による原状回復費用が発生した場合、借主は請求されることはないが、敷引部分が財源となることが予定されており、自然損耗・経年劣化による原状回復費用を借主が負担するという結果が発生するようにもみえる。
  (3) しかし、契約書には、敷引特約の性質については何も記載されておらず、当事者間で、その性質について明確な認識の一致があった訳ではない。
   また、借主に賃貸借において生ずる通常損耗についての原状回復義務を負わせるには、借主に予期しない特別の負担を課すことになるから、借主が義務を課されることになるには、① 少なくとも、借主が補修費用を負担することになる通常損耗の範囲が契約書の条項として具体的に明記されているか、② 契約書で明らかでない場合は、貸主が口頭で説明し、借主がその旨を明確に認識し、それを合意内容としたものと認められるなど、特約が明確に合意されていることが必要である（**最高裁・平17.12.16・第二小法廷判決**）が、本件の場合、そのような特約の合意がある訳ではないから、**本件敷引特約によって借主Xに通常損耗についての原状回復費用を負担させることが正当化される訳ではない。**
   そして、**業者貸主**Yも、本件敷引特約を、自然損耗についての原状回復費用を**借主に負担させる特約として位置付けていない。**
   そうすると、**本件敷引特約が自然損耗についての原状回復費用を借主に負担させるものであると解したうえで、有効性を検討するのは妥当でない。**
  (4) **借主**Xは、通常損耗についての原状回復費用は業者貸主Yが負担すべきであるから、借主が負担すべき原状回復費用が無いのに、償却分を無条件で償却するという敷引特約は不合理であると**主張**する。

これについては、前記にとおり、敷引特約が通常損耗についての原状回復費用を借主に負担させるものと解することはできないが、借主Xは、敷引特約が消費者の利益を一方的に害するものであると主張しているものと理解できるから、**敷引特約が消費者契約法第10条によって無効となるかが問題となり、この点が本件の争点といえる。**

2 争点②「賃貸紛争防止条例の中身を偽って、あたかも条例で償却が認められているかのような事実誤認をさせたことは消費者契約法により無効か」について

(1) **借主**Xは、賃貸借契約締結時に業者貸主Yから交付された「賃貸紛争防止条例に基づく説明書」は、同条例の中身を偽って、同条例が本件のような償却を認めているかのような事実誤認させるものであるとも**主張**する。

(2) 東京都の「東京における住宅の賃貸借に係る紛争の防止に関する条例」(平成16年3月31日条例第95号)2条は、『宅建業者は、住宅の賃貸借の代理又は媒介をする場合は、当該住宅を借りようとする者に対して宅建業法第35条1項の規定により行う同項各号に掲げる事項の説明に併せて、次に掲げる事項について記載した書面を交付して説明しなければならない』とし、その説明すべき事項は、① 退去時における住宅の損耗等の復旧並びに住宅の使用及び収益に必要な修繕に関し東京都規定で定める事項、② その規定で定める事項とは、**退去時における住宅の損耗等の復旧については、当事者間の特約がある場合又は借主の責めに帰すべき事由により復旧の必要が生じた場合を除き、貸主が行うとされていること**、③ 当該住宅の賃貸借契約において**借主の負担となる事項**、④ **宅建業者が条例第2条の規定による説明を適正に行うために必要な事項として知事が示すもの**、としている。

同条例に基づく説明書については、東京都からモデルが示されているが、借主Xが証拠として提出しているものも、そうした**モデルを参考にして作成された説明書の例であって、東京都が作成している書式ではない。**

(3) 借主Xが、業者貸主Yから**交付された説明書**は、退去時における住宅の損耗等の復旧について、費用負担の**一般原則**と、**例外としての特約について説明**し、『当該契約における借主の負担内容について（特約）』として、「原状回復については、一般原則に基づく費用負担としますが、ペット飼育可能物件において、ペットを原因とする破損・汚損等の修復については借主の負担とします。」としている。そして、**これ以外については一般原則に基づくとしたうえで、参考**として、「建物賃貸借契約書の約款に従い、入居期間の長短や解約理由の如何にかかわらず、敷金のうちより1か月を償却させて頂きます。」としている。

これは、**本件敷引特約は、経年変化及び通常の使用による住宅の損耗等についての原状回復費用を貸主が負担するという一般原則に対する例外としての特約と位置付けられるものではないが、**敷金の1か月分が償却されたときに、上記一般原則が適用されることから、経年変化及び通常の使用による住宅の損耗等についての**原状回復費用の問題と関連するため、「参考」として説明している**ものとみられる。

このような説明は、同条例により宅建業者に義務付けられている説明として、**特に問題となるものではない**といえる。

(4) 借主Xは、所持している説明書と業者貸主Yから交付された説明書の内容に違いがあることから、同条例の内容を偽ったのではないかと疑っているようであるが、同条例に基づく**説明書の趣旨について誤解があると思われるのであって、借主Xの前記主張は理由がない。**

3 **本件敷引特約が消費者契約法第10条に違反するかについて**

(1) 本件賃貸借契約は、消費者契約法第2条第3項の消費者契約に該当する。同法第10条前段は、同条により消費者契約の条件が無効となる要件として、「民法、商法その他の法律の秩序に関しない規定の適用による場合に比し、消費者の権限を限定し、又は消費者の義務を加重する消費者契約の条項」であることを定めている。

「公の秩序に関しない規定」とは、任意規定を意味するところ、明文の任意規定に限らず、判例

の蓄積等により一般に承認されている不文の任意規定や契約に関する一般法理も含まれると解すべきである。

敷金は、一般に、借主が債務を担保する目的をもって金銭の所有権を貸主に移転し、**契約終了時、借主に債務不履行がないとき**は貸主がその**金銭を返還**し、**債務不履行があるとき**はその**金額中から弁済に充当されることを約して授受される金銭**であり、敷引特約については、判例の蓄積等によって一般に承認されている不文の任意規定があるとはいえないから、**本件敷引特約は、任意規定の適用による場合と比較して借主の義務を加重する特約であるといえる。**

(2) 消費者契約法第10条後段は、消費者契約の条項が無効となる要件として、「民法第1条第2項に規定する基本原則に反して消費者の利益を一方的に害するもの」と定めている。

消費者契約法は、「消費者と事業者との間の情報の質及び量並びに交渉力の格差に鑑み、消費者の利益を不当に害することとなる条項の全部又は一部を無効とすることにより、消費者の利益の擁護を図ることを目的とするものであるから、この立法趣旨に照らすと**「民法第1条第2項に規定する基本原則に反して消費者の利益を一方的に害する」**とは、消費者と事業者との間にある情報の質及び量、交渉力の格差を背景として、**不当条項によって、消費者の法的に保護されている利益を信義則に反する程度に侵害することを意味すると解する。**

本敷引特約がこれに該当するかについてみてみる。

① 本敷引特約の内容は、契約書、重要事項説明書、賃貸紛争防止条例に基づく解説書に明記されており、借主Xは**契約書の内容どおりの説明を受けて、契約を締結したと認めている**ものであるから、**借主Xは、敷引特約の存在及び内容を明確に認識していたものと認められる。**

② **業者貸主Y**は、敷引特約は空室補償の性質を有するものであると**主張**する。

本契約は、定期借家契約であるが、貸主と借主は、協議のうえで期間満了費の翌日を始期とする**再契約をすることができる**とされ、中途解約については、やむを得ない事情がなくとも、**借主が1か月の予告をすることで契約を解約できる**とされている。

したがって、短期間で中途解約されると、新入居募集のために新たな広告費などがかかり、次の賃貸に向けての整備費等がかかることは確かである。そうであるからといって、その費用を借主に負担させることは不合理ではないか、とりわけ、借主から中途解約されず、期間満了によって終了した場合にまで、**広告費や空室時の賃料分を借主に負担させることは不合理ではないかという見解があるが**、貸主としては、賃貸による収益を上げるために要する費用は、借主から回収するほかない訳であり、賃料が目的物の使用収益の対価であるという法的性質を有するからといって、**経費を賃料から回収することが許されないというものではない。**また、貸主が賃料で回収しようとして、経費を含めて賃料額を定めれば、敷金方式で回収する場合と比べて、短期間居住する借主にとっては有利であっても、長期間居住する借主にとっては不利となり、敷金方式が借主に一方的に不利益をもたらすとはいえないから、**賃料ではなく敷引方式で経費を回収することが不合理であるともいえない。**

敷引があることによって、経費の一部が賃料に反映されずに、その分だけ賃料が低額に抑えられているかといったことについては、**消費者は、その情報を提供されない限り判断できないから、敷引は消費者に不利であるという見解もあるが、消費者としても、**どの程度の期間、賃借することになるかについて、ある程度の見通しはあるのが普通であり、敷引特約が付された契約を締結することによって、**実質的な賃料等の負担がどの程度となるかについて検討することは可能である**と考えられる。

③ 契約締結時の社会情勢や住尊氏情からすれば、相当量の供給量があり、**契約条件等に関する情報も、仲介業者やインターネット等を通じて豊富に検索することができたものと推測され、借主Xも、他の賃貸建物契約条件と比較し、敷引特約が付された本件賃貸借契約が自己にとって有利か不利かを検討することは可能だったと考えられる。**

したがって、消費者である借主Xと事業者である**業者貸主Y**との間に、**情報の質及び量、交渉力において、大きな格差があったとはいえない。**

④ 本件敷引特約による**敷引額は、賃料の1か月分相当額**であり、次の入居者募集に必要な合理的

期間の賃料分といえるから、**空室補償的な性質を有する敷引として不合理であるとはいえない。**
⑤ 以上から総合すれば、**本件敷引特約は、借主の法的に保護されている利益を信義則に反する程度に侵害するものとは認められないから消費者契約法第10条後段に該当するとは認められない。**

4 以上によれば、借主Xの本訴請求の理由がないから、これを棄却することとし、主文のとおり判決する。

【主 文】
① 借主Xの請求を棄却する。
② 訴訟費用は借主Xの負担とする。

72【退去時修繕】名古屋〔名古屋地裁・平1(レ)第31号・平2(レ)第24号・平2.10.19判決〕〔原審：名古屋簡裁・昭63(ハ)第386号・平1.6.22判決〕

修繕にかかる損耗、汚損は建物の通常の使用によって生ずる範囲のものであるとして全面的に争った裁判で、損害には賃借物の通常の使用によって生ずる損耗、汚損は含まれないとした事例

① 借主Xは、昭和55年8月31日に名古屋市内の賃貸マンションについて賃貸借契約を貸主Yと締結（期間不明）し、賃料は月額120,000円とした。
② 昭和63年4月30日に賃貸借契約が終了し、同日、Xは退去したが、Yは昭和62年8月、建物の専用部分にある温水器を185,000円で取替え、その代金を業者に支払った。
　温水器は、修理特約にいう風呂釜に該当するものであり、その取替え費用はXが負担すべきもので、他の修繕費用504,200円とともに修繕特約に基づき、その支払を求めて提訴した。

〈修繕費等（補修工事内容）〉

①畳の張替え（12畳分）	42,000円	⑤絨毯の張替え（32㎡）	137,600円
②襖の張替え（大6・小5本分）	17,600円	⑥ペンキの塗替え（ドア・枠）	20,000円
③障子の張替え（中5本分）	5,000円		
④クロスの張替え（188㎡）	282,000円	合　　計	504,200円

【双方の言い分】
借主Xは、「建物等は使用すれば汚損することは明らかで、そのために賃料という対価を払っているのですから、さらに汚損の修理費用まで支払うことになれば、実質的に二重払いになると思います。」「そのうえ、入居した時、畳、襖、障子、クロス、絨毯は前の居住者によって使い古されていたのであるから、これらの取替え費用を負担させることは、さらに不当です。また、クロスの汚れは自然の結露によるもので、温水器は取替え費用の償還義務を負うとしても、こちらが注文して取替えたものであり、新しい温水器の所有権はこちらに帰属すべきで、貸主Yは借家法第5条に基づき、温水器をその時価185,000円で買取ることを求める造作買取請求権を有するはずです。」「仮に、こちらが修理費特約により何らかの修繕義務を負うとしても、小修繕の範囲に限られるべきで、畳、クロス、絨毯の張替え、温水器の取替えは大修理であり、特約という修理、取替えには当たらないのではないか」と主張した。

これに対して、**貸主**Yは、「修理特約に『取替え』の義務も規定されており、『取替え』とは修繕の究極的な形を意味します。すなわち、畳、襖、障子、ガラス、照明、スイッチ、建具、浴槽、風呂釜が通常の修繕によっては、もとの体裁、機能を回復し得ない場合にはそれを取替えざるを得ないため、それは修繕の一形態になります。」「温水器については、修繕では十分に機能を回復しないために取替えたものであり、修繕の究極の形としての取替えです。なお、取替えによって温水器の所有権は、誰に帰属するかですが、借主Xは修繕義務の一環として温水器を取替えたものであり、これにより従前の賃借物の機能が回復したに過ぎないから、取替えという修繕義務の履行は、所有権の放棄を当然含んでいるはずです。」「また、クロスの汚れは借主Xの使用によって生じたもので、仮に、それが結露によるものであるとしても、借主Xには換気を十分にして結露が生ずるのを防止すべき注意義務があったのにこれを怠った過失があります」と主張した。

裁判所の判断（名古屋地方裁判所・平1(レ)第31号・平2(レ)第24号・平2.10.19判決／判例時報1375-118）

　修繕特約の文言は、特に建物の状況を意識したものではないと認められ、また、修繕特約に列挙されている修繕等の項目は比較的短期間で消耗する箇所に関するものが多い。費用的にも極端に高額と思われるものはなく、かつ「その他の小修理」という一般条項項目によってまとめられている。さらに、建物賃料も当初月額120,000円で、その後124,000円に増額され比較的高額であり、加えて賃貸人には返還義務のない礼金500,000円が支払われている事実を考慮すると、温水器は、修繕特約にいう「風呂釜（バーナーを含む）」には当たらないと解するのが相当である。

　次に、修繕特約は、「一定範囲の小修繕についてこれを借主の負担において行う」旨を定めたもので、この特約の趣旨は、一般に民法第606条による貸主の修繕義務を免除することを定めたものと解すべきであり、積極的に借主に修繕義務を果たしたものと解するには、さらに特別の事情が存在することを要すると解すべきである。また、賠償特約は、建物の毀損、汚損等についての損害賠償義務を定めるが、賃貸借契約の性質上、損害には賃借物の通常の使用によって生ずる損耗、汚損は含まれないと解すべきである。

　よって、**ドア等は、通常の使用によっては生じない程度に汚損していたことが認められ、それ以外の損耗は通常の使用によって生ずる範囲のものである。**なお、**壁クロスの汚損が結露による汚損を借主の責に帰することはできない。**

　以上から、**借主Xが負担すべき修繕費用**としては、**ドア等のペンキ塗替え費用相当額**（2万円）**のみ**を認めた。

73【退去時修繕】愛知〔春日井簡裁・平8(ハ)第165号・平8(ハ)第202号・平9.6.5判決〕
修繕費用の一部負担を認めるものの残りの敷金返還を求めて提訴した裁判で、借主の負担を敷金相当額で和解した事例

① 借主Xは、平成2年4月16日に貸主Yとマンションの賃貸借契約を締結した。当初契約期間は2年（以降1年毎の自動更新）、賃料月額64,000円（契約終了時には74,000円）、敷金174,000円とされた。 　契約は、平成8年3月23日に終了し、Xは同日、建物を明渡し、X、Y、管理業者Zの三者が立ち会って室内の点検、修繕箇所の確認作業を行った。その際、Xは、畳表、襖、クロスの張替え費用の一部について負担を認めた。
② しかし、Yは、Xの建物の使用状況が悪過ぎる（通常の使用に伴って発生する自然損耗を遥かに超えるものである）として、全面的なリフォーム工事及び専門業者によるクリーニングを強行し、敷金をもって、その費用に充てたため、Xには敷金が返還されなかった。
③ Xは、「借主が修繕を認めた補修費用以外の敷金（174,000円－62,700円＝111,300円）」「前払賃料の日割分19,225円」は返還されるべきであると主張したが、貸主が応じなかったため、裁判所に提訴した。
④ これに対しYは、「修繕及びクリーニングに掛った費用は合計で307,940円である」「前払い賃料の日割分19,225円は返還するが、これを差引いた差額288,715円と、敷金とを相殺した差額114,715円を借主は支払うべきである」と反訴した。

【双方の言い分】

　借主Xは、「一部のクロス等汚れの過失は認め、その修繕費用62,700円の負担には応じますが、それ以外の個所の汚れや損耗は、通常の使用方法によるごく自然なものであり、それまで負担しろというのは酷ではないか」と主張した。

　これに対して、**貸主**Yは、「借主Xの建物の使用状況は、極めて悪く、とても通常の使用方法によるものとは言えず、通常では生じない汚れや傷みが生じています。従って、修繕に要した費用287,940円は、借主Xに全額請求させて頂きます。また、借主Xは、退去時の清掃が不十分でしたので、その清掃に要した人件費等20,000円も併せて請求します」と主張した。

裁判所の判断（春日井簡易裁判所・平8（ハ）第165号・平8（ハ）第202号・平9.6.5判決）

(1) 和室①のクロスは、壁の一部の毀損が借主Xの行為によるものであるからと言って、その部分のみを修復したのでは和室①全体が「木に竹を継いだ」ような結果となり、結局全体のクロスを張替えざるを得ないことになるが、それは借主Xの責任によるものであると言わざるを得ない。また、ダイニング及びキッチンのクロス、洋室のクロス、玄関付近のクロスについても借主Xの責任であると言わざるを得ない。

(2) 次に、和室②は、貸主Y主張の事実を認めるに足りる証拠はなく、また、和室①の畳表替えをする必要があるからと言って、それとのバランスから和室②の畳表替えについても、それを借主Xに負担させることは借主Xにとって酷で不当であり、それは貸主Yの負担においてなすべきである。

さらに、和室②のクロス及び洗面所のクロスも、貸主Y主張の事実を認めるに足りる証拠はなく、借主Xにそれらの修繕義務を負わせることは酷で不当であり、貸主Yの負担においてなすべきである。

(3) 借主Xが清掃費用を支払う理由は、借主Xの退去時の清掃の不十分さが原因である。

(4) 以上から、**借主Xは、貸主Yに対し、修繕費用212,940円及び清掃費用20,000円の支払義務があり**、従って、借主Xは、貸主Yに差入れている敷金（174,000円）及び日割計算による前払賃料の返還金（19,225円）の合計額と対等額で相殺しても、なお39,715円を支払う義務があるとした。

その後、**借主Xが控訴**したが、**借主Xの負担を敷金相当額とする和解が成立**した模様である。

再チェック！【宅建業者としての留意事項】

借主の退去にあたり、貸主が古くなった設備を最新のものに取替えるとか、室内をあたかも新築のような状態にするためクロスや絨毯を張替えるなどリフォーム工事を行ったり専門業者によるクリーニングを行ったりすることがあります。その場合、その費用を退去者の敷金をもって充当できると安易に考えているとトラブルになり可能性があります。借主に過失や善管注意義務があり、当人が負担を承知している場合以外は、貸主の不当行為と見られます。

次の入居者を確保するため、少しでも部屋をきれいにしておきたい目的で行う場合など、グレードアップ工事の要素を含み、建物価値の減少を補って余りあるようなリフォーム等を行った場合、その費用を退去者の敷金から充当するには、「借主に酷であり不当である」と判決が述べていることに留意する必要があります。

74【退去時修繕】名古屋〔名古屋簡裁・平14（ハ）第6602号・平14.12.17判決〕

「保証金の50％償却」と「借主の修繕負担義務を定めた特約」の規定があった契約において、借主の修繕負担義務まで合意したものではないとして貸主に保証金の返還を命じた事例

① 借主Xは、愛知県内にあるアパートを、平成6年8月1日に、契約期間2年、月額賃料110,240円（共益費、駐車場料含む）、保証金（敷金）470,000円等の条件で貸主Yと賃貸借契約を締結した。
② 借主Xは、退去の際、契約に基づき、保証金（敷金）の50％を控除は認めるものの、リフォーム費用まで負担する義務はないとして、保証金の残額235,000円の返還を求めて提訴した。

【賃貸借契約書での定め】
① 契約書には、「保証金（敷金）470,000円」「50％償却」「修理費実費償却」の約定の記載がある。
② 第8条第5項には、「保証金は、本契約の終了により、借主が本物件を明渡し、かつ貸主の確認を得た後、本契約に基づく未払い債務、その他借主が負担すべきものがあれば、それらを差引いたうえ、その残額を貸主の確認日から30日以内に、貸主より借主に返還する」との定めがある。
③ 第13条の第2項には、「契約終了の場合、借主は自己の負担において、別表第1に掲げる修繕及びその他借主の故意・過失による汚損・破損もしくは滅失の箇所の補修・清掃または本件に付加した造作、その他の設備等を撤去し、全てを原状に復して貸主に明渡すものとする」との定めがあり、別表第1では、「入居者の日常使用及び退去による修理費の負担範囲」として、項目別に修理種別、修理内容、修理基準を定めている。

> 争点

貸主Yは、賃貸借契約で保証金（敷金）50％償却のほか修理費実費償却の定めがあり、契約書第13条2項で借主Xの負担とされているリフォーム工事の費用は預り保証金（敷金）の額を超えているため、返還すべき保証金（敷金）はないと主張していることに対して、借主Xは保証金（敷金）50％償却分を除く残額を返還せよと主張し争ったものである。

> 裁判所の判断

(1) 契約書の規定の解釈
① **貸主**は、**賃料を徴収する権利を有する**一方で、賃貸目的物を**借主の使用に供する義務を負担する**のであるから、借主の使用、収益に伴う賃貸目的物の**自然の損耗や破損の負担は**、本来、**貸主の負担に帰属する**ものである（民法第606条）。
② **しかし、特約**によって、貸主の義務を免れ、あるいはこれを**借主側の負担とすること**は、私的自治の原則から、もとより**可能**である。
③ **特約のない場合**の原状回復の限度としては、「**借主が付加した造作の収去**」「**借主が通常の使用の限度を超える方法により賃借物の価値を減耗させたときの復旧費用**」については、**借主が負担**する必要がある。しかし、「賃借期間中の**年月の経過による減価分**」「賃貸借契約で予定している**通常の利用による価値の低下分**」は、賃貸借の**本来の対価**というべきものであって、その**減価を借主に負担させることはできない**ものと考える。

(2) 「退去時の借主の原状回復義務」が「借主の負担義務を定めた特約」に当たるか否かの検討
① 第13条2項の引用する別表第1「入居者の入居中における日常使用」にあたって、「修理を必要とする場合の費用負担者を借主である」と規定し、この基準を退去時にも引用してその義務の内容としているものと解されるが、**入居中に借主が修理する必要のないような項目**について、**退去時に突然、借主に修理の義務が発生するという内容であるとまでは言えない**。
② 第13条2項は、「その他借主の故意・過失による汚損・破損もしくは滅失の箇所の補修」等を借主の原状回復義務のある範囲として定め、その前半の「**別表第1表に掲げる修繕**」は、**例示的に掲げられているに過ぎないもの**と解される。
③ 敷金の償却費として50％の差引きを併せて考えると、**第13条2項の規定は**、契約終了時の借主の一般的な原状回復義務を規定したものと解され、**特約に当たる条項とは考えることはできない**。
④ 貸主としては、借主の退去に際し、通常の使用による損耗・汚損等も借主の負担で改修したのであれば、『契約条項で明確に特約』を定めて、『借主の同意を得たうえで契約』すべきものであるが、本件の借主Xは、入居の際の仲介業者の説明として、「50％の償却の中に退去の際のリフォーム費用も含まれている」と聞いていたとしており、通常の使用による減耗・汚損等の原状回復費用も別途負担することについての**明確な合意の存在も認められない**。

(3) 借主Xが負担すべき費用
貸室の原状回復費用のうち、**借主Xが負担すべき項目**は、「キッチン上棚取っ手破損による取付費1,000円」「排水エルボー欠損費3,000円」「室内清掃費35,000円」「消費税1,950円」の合計**40,950円であると認められる**。

(4) 総括
以上から、借主Xが貸主Yに支払うべき原状回復費用は40,950円と認められ、**貸主Yは**、預かり保証金（敷金）から50％償却控除した残額235,000円から当該費用を差引いた**194,050円を借主Xに支払え**。

75【敷金返還請求】名古屋〔名古屋簡裁 平15（ハ）第5743号 平16.1.30判決〕
市営住宅の明渡し時の襖の張替え、畳表替等の補修費用の内には、自然損耗として家賃で賄うべき分はないと判断した事例

① 借主Xは、貸主Yから、平成5年3月26日に、賃借期間の定めなし、賃料10,200円、敷金30,600

② 借主Xは、平成15年4月30日に賃貸借契約が終了したことに伴い、翌月6日に建物を明渡しした。
③ 貸主Yは、建物補修費用が83,300円を要した。預かり敷金を充当してもなお52,700円過不足であるために返還すべき敷金はないと借主Xに伝えた。
④ これに対して、借主Xは、通常の使用による損耗、汚損は、毎月の賃料によってカバーされるもので、建物の補修費用83,300円は借主が負担すべきものではない。未返還の敷金30,600円を返還せよ提訴した。

争 点

通常の使用による損耗、汚損は、毎月の賃料によってカバーされるもので、建物の補修費用は借主が負担すべきものではないとする主張の成否。

【当事者の主張】
貸主Yは、建物の明渡しに伴う建物の補修費用は、畳の表替え、襖の張替え等合計金83,300円であり、貸主Yは、敷金をその費用に充当のうえ、不足額である52,700円の支払いの告知をしているもので、借主Xに対して**返還するべき敷金の残額はないと主張**した。

これに対して、**借主Xは、**建物を通常の用法に従って使用してきたものであり、**通常の使用による損耗、汚損は、毎月の賃料によってカバーされるもの**で、建物の補修費用83,300円は**借主が負担すべきものではないと反論**した。

裁判所の判断

1 契約の性質について

建物は、地方公共団体である貸主Yが事業主体として所有し管理している公営住宅であるが、**公営住宅の使用関係**に関しては、その本質において私法上の賃貸借関係であり、特則として**公営住宅法が適用されるほか、特別の定めのない事項については一般法として民法、借地借家法等の適用があるものというべきである。**ただ、事業主体は、公営住宅法及び同法施行令等により一定の制約を受けているとともに、条例によって使用関係の内容を定める権能を与えられている。そして、入居者はこれら法令によって定められた使用関係の諸条件を承知のうえで、一種の付合契約を締結するものと解され、その限度で民間の一般的な賃貸借契約とは自ずと異なった側面を有するといえる。

2 補修費用負担の根拠及び範囲について

(1) 事業主体は、貸主として、住宅の使用に必要な修繕をする義務を負う（民法第606条第1項）とされるが、この規定は強行規定ではないから、修繕義務の内容は契約当事者の特約によって左右することができる。

一方、公営住宅法第21条は、「事業主体は、公営住宅の家屋の壁、基礎、土台、柱、床、梁、屋根及び階段並びに給水施設、排水施設、電気施設その他の国土交通省令で定める附帯施設について修繕する必要が生じたときは、遅滞なく修繕しなければならない。ただし、入居者の責めに帰すべき事由によって修繕する必要が生じたときは、この限りでない。」と規定するので、事業主体は特約によってもこれらの義務を免れることはできない。

ここに規定する以外の修繕については、法は何も言及していないので、**公営住宅の退去時における具体的な修繕義務の内容は、条例、慣行等をも含めた契約内容の如何で決まる**こととなる。

(2) 名古屋市営住宅条例等の定め等について

① 名古屋市営住宅条例は、**修繕費**について、「公営住宅及び共同施設の修繕に要する費用は、次条に規定するものを除き、市の負担とする。」（第17条）とし、次条において、「次に掲げる費用は、入居者の負担とする。（中略）〈2〉障子、襖の張替、ガラスのはめ替、畳の表替（裏返しを含む。）に要する費用（中略）〈5〉前各号のほか市長の指定した費用」と規定している。

この規定は、第一義的には入居者の入居生活中の修繕費の負担について貸主Yの義務を免れるためのものと解され、退去、明渡しに伴う原状回復としての修繕費の負担について明確に規定しているものとまでは解されない。

② **入居者の退去に伴う費用負担**については、負担区分総括表、市長の定める市営住宅退去者負担分建物補修費の事務取扱要領と同要領で別に定めるとされている査定基準で取扱いを定めており、それによれば、畳の表替え、襖の張替えについては入居後1年以上、壁塗装等については同7年以上で原則として汚れ、破れなどの損傷の多少にかかわらず査定すること等とされている。貸主Yは、この取扱いについて**入居者に周知するため、「市営住宅使用のしおり」を入居者に配布している。**

③　建物への入居に際しては、「その使用につき公営住宅法、名古屋市営住宅条例及びこれらに基づく規則、命令、指示を遵守いたします。」と記載され、借主X及び連帯保証人Zの署名、押印のある請書が提出されている。

④　建物の退去に際しては、**退去届、市営住宅退去者負担分建物補修費調書が借主X名義で作成提出**されており、補修費の区分、数量、金額等の明細及び同金額を**敷金から振替えることを承諾する旨の記載がある。**

⑤　以上のところから、退去に伴う補修費の負担に関して、条例は必ずしも明確に規定してはいないけれども、貸主Yが②から④までに述べた取扱いによって、名古屋市内約6万戸に及ぶ公営住宅の管理を一律に行い、他の入居者と同一の基準で査定を行い、**入居者から個別の同意を得たうえで敷金からの振替えを行っていることが認められる。**

(3)　家賃の性質について

借主Xは、通常の使用による損耗、汚損は、毎月の賃料によってカバーされるものであると主張するが、入居者の退去に際しての補修費用負担の範囲については、条例、慣行等を含めた具体的な契約内容によって決まるものであり、家賃の金額の決定に関する公営住宅法第16条、同施行令第2条、第3条、条例第12条以下、同施行細則第10条以下の諸規定に照らしても、家賃の性質から当然に結論が導かれるということにはならない。

さらに、**公営住宅の家賃**については、その設置の目的とされる「国及び地方公共団体が協力して、健康で文化的な生活を営むに足りる住宅を整備し、これを**住宅に困窮する低所得者に対して低廉な家賃で賃貸し、又は転貸することにより、国民生活の安定と社会福祉の増進に寄与**する」（公営住宅法第1条）ために、民間の賃貸住宅に比して特に低廉に設定されていること、また、建設時からの経過年数に応じて算出される係数により建物減価分が毎年減額されていることも考慮すると、**通常の住宅使用による自然減価分が毎月の家賃に含まれているとすることは相当でない。**

3　結　論

通常の使用に伴う損耗、汚損による建物の補修費用を借主Xが負担すべきものとすることについては、本来、条例、施行細則等において、公営住宅の入居者の負担義務として、明確に規定することが望ましいのはいうまでもないところであるが、公営住宅使用に関する契約の特殊性と永年にわたって統一的に実施されてきた慣行ともいうべき具体的な実務的取扱いを総合して判断すれば、**貸主Yの主張には理由がある**というべきである。

したがって、**借主Xの請求は理由がない**ことに帰するのでこれを棄却することとし、以下のとおり判決する。

①　**借主Xの請求を棄却する。**
②　訴訟費用は借主Xの負担とする。

76【退去時修繕】京都〔京都簡裁・平5(ハ)第161号・平5(ハ)第438号・平6.11.22判決、京都地裁・平6（ロ）第79号・平7.10.5判決、大阪高裁・平8.3.19判決〕
借主に多額の修繕費負担を求めたのに対し、借主が抗弁して全面的に争い、貸主が敗訴した事例

①　貸主Yは、昭和62年5月に建物を借主Xに対して、賃料68,000円、敷金204,000円で賃貸し、

> 平成4年11月に合意解除され、同年12月に建物は引渡された。
> ② Yは、特約（所定の修理、取替えに要する費用は借主負担）は、借家法第6条に反しておらず、特約によるXの修繕義務は、契約期間中に限らず終了時にも適用され、Xは特約を明記した解約通知書に署名押印し合意解除したとして、Xに対し11箇所の修理費用（727,592円）と敷金300,000円の差額並びに未払い水道料金2,359円の合計額429,951円の支払を求めた。
> ③ これに対して、Xは、修繕義務を拒否し、敷金の返還を求めて反訴した。

【双方の言い分】

借主Xは、「賃貸借契約書の第10条に特約の記載がされていますが、借主は目的物を通常の用方に従い使用し、貸主は借主に対し目的物を使用できる状態にすることは義務だと思います。従って、民法も原則的に貸主に目的物の修繕義務を課しているところであり、賃貸借契約では、賃料、更新料、敷金等も高額であるうえ、貸主Yに高額の礼金が支払われている等の事情を考えれば、特約は貸主の修繕義務の免除を意味するに止まり、借主においては通常の使用中に生じた一切の汚損、破損箇所を自己の負担で修理し、賃貸借開始当時の状況を維持すべき義務を課したものではないと思います。」「なお、具体的修繕義務については、退去立会いの際、修理箇所の指摘はなく、貸主Y主張の修理箇所は、次の入居者を入れるための化粧直し、グレードアップの要素の濃いものです。また、水道代についての未払いはありませんでした」と主張した。

これに対して、**貸主**Yは、「借主Xの修繕義務は、賃料、管理費のほか、賃貸借契約書第10条で所定の修理、取替えに要する費用は借主と定めています。特約は、借家法第6条に反せず有効であり、同義務は賃貸借契約存続中に限らず終了時にも適用されると思います。さらに、借主Xは、特約を明記した解約通知書に署名押印し、合意解除しています」「また、引渡し時に、建物管理業者Zと借主Xが立会い、点検したところ、11箇所の修理の必要（見積価格727,592円）を確認し合っており、水道代は、平成4年第4期分（10、11月分）の2,359円が未払いとなっています」と主張した。

争　点
① 修繕費用負担の特約は有効か、無効か。
② 具体的修繕負担義務（修繕箇所の有無）が発生しているか。

裁判所の判断【一審】〔京都簡易裁判所・平5(ハ)第161号・平5(ハ)第438号・平6.11.22判決〕

特約は、建物賃貸借契約の趣旨に鑑みれば、賃貸物の修理は本来、貸主の修理とするところ、これを借主の負担とする特約もあながち無効とするまでもないが、争いのない事実（賃料のほか、多額の更新料、礼金、敷金が支払われている）、賃貸借契約の実情（双方の負担の公平、信義則）に鑑みれば、借主の通常の使用中に生じた汚損、破損等は借主の支払った出資で賄うべく、特約にいう借主の負担する修繕義務の範囲は、通常の使用を超えた借主の故意または重大な過失に基づく汚損、破損等の修理を意味するものと解するのが相当である。

貸主Yは、建物を『新築』で貸したのだから『新築』の状態にして返してもらいたい。そのための修繕費用は、賃貸借契約書の特約に基づく借主が負担すべきという論理であるが、もともとこのような費用は、貸主Yの負担に属し、特約は借主Xに賃貸借契約開始時の状態を復元維持する義務まで課したものではない。

実際に修繕された箇所を見れば、和室、ダイニング等の天井、壁、クロス、床、襖、畳等であり、これらのどの部分をとっても通常の使用による汚損であることが分かる。よって、借主の負担とすることは不当である。なお、水道料金については、貸主Yが主張するとおり、未払い水道料金があるとして、敷金300,000円から2,359円を控除した297,641円の返還義務があるとした。

これに対して、貸主Yが控訴した。

裁判所の判断【二審】〔京都地方裁判所・平6(レ)第79号・平7.10.5判決〕

修理・取替え特約の趣旨は、賃貸借契約継続中における貸主の修繕義務を免除したものに過ぎないと

解され、契約において、賃貸目的物の通常の使用収益に伴う自然損耗や汚損について、**借主**が積極的にその修繕等の義務を負担し、あるいは賃貸目的物の返還にあって、**自然の損耗等についての改修の費用を負担して賃貸当初の原状に復する義務を負っていたとは認められない。**

以上から、「原判決は相当である」として、貸主Yの本件控訴を棄却した。これに対して、貸主Yは、さらに上告した。

裁判所の判断【上告審】（大阪高等裁判所・平8.3.19判決）

上告審においても、控訴審（二審）**判決を維持**したため、**貸主**Yは**敗訴**という結果に終わった。

77【退去時修繕】京都〔伏見簡裁・平6(ハ)第43号・平6(ハ)第122号・平7.7.18判決〕

貸主が敷金によって精算できなかった支払を求めた裁判で、敷金全額返還を命じた事例

① 借主Xは、平成2年4月1日、公庫融資を受けたと思われる賃貸住宅の賃貸借契約（契約期間2年、賃料月額66,000円、敷金198,000円）を貸主Yと締結した。なお、Xは、契約以前の平成2年1月18日に「設備協力金」として123,600円（消費税込み）を支払っていた。平成4年4月1日の契約更新時に賃料が5,000円増額されたが、敷金の追加支払いはなく、Xは更新料120,000円を同年6月1日に支払い、平成6年1月23日に退去した。

② 明渡し時に管理業者Zは、個々の箇所を点検することなく全面的に改装すると申し渡したので、Xが具体的に修理等の必要のあるものを指摘するよう要求したところ、後日、Yから修理明細表が送られてきたが、内容は全面改装の明細であった。

③ これに対し、通知した修繕等をXが行わなかったため、YはXの負担において、この修繕等を代行した。

④ Xは、建物を明渡ししたことに伴い敷金の返還を求めるとともに、支払済みの設備協力金等は不利益であるとしてその返還を求めて提訴した。

⑤ 一方、Yは、賃貸借契約に基づく明渡し時の原状回復の特約（契約時点における原状、すなわち、まっさらに近い状態に回復すべき義務）をXが履行しなかったことで、代行修繕した費用のうち、敷金によって精算できなかった差額金の支払を求め反訴した。

争点

① 設備協力金は、不当利益にあたるか。
② 賃貸借契約書に記載された原状回復義務を賃借人がどこまで認識していたか。

裁判所の判断（伏見簡易裁判所・平6(ハ)第43号・平6(ハ)第122号・平.7.7.18判決）

(1) 借主Xは、重要事項説明書の記載から、設備協力金等合計243,600円は、授受の禁じられた設備協力金名目の礼金及び賃貸借契約の更新料であると主張するが、承諾書と対比すれば、この243,600円は冷暖房機設置の負担金及びその使用料と認められ、住宅金融公庫融資関連法令の禁ずる脱法的家賃、すなわち法律上の理由のないものとは認められない。

(2) また、借主Xは、これが家賃とは別個の物品使用料であるならば、公庫融資物件においては、「貸与が入居者の希望によるものであること」「強制的でないこと」「賃貸算定の構成要素となっていないこと」の3点を要するところ、これらの要件を見越して予め設置されたもので、希望によらないとは言い難く、強制的であったとの証拠はないから、協力費が物品使用料であることが認められる。

(3) さらに、借主Xは、エアコンの原価が22万円、その耐用年数が10年で60万円の使用料を徴収するのは暴利行為であり無効であると主張するが、その程度では暴利行為と認められないため、借主Xの返還請求を訴けた。

(4) 原状回復義務については、賃貸借契約書では賃借人による損傷・汚損の弁償義務のほかに、「原状回復」なる文言が使用され、また、確認書には「復元」という文字が使用されていることから、貸

主Yは、この「原状回復義務」ないし「復元」とは、明渡しに際して「契約締結時点における原状（まっさらに近い状態）に回復すべき義務」であるとしている。しかし、**動産の賃貸借における賃料が損料と呼ばれているように、建物の賃貸借においても、賃貸中の自然の劣化・損耗はその賃料によってカバーされるべきであって、賃借人が明渡しに際して、賠償義務とは別個に「まっさらに近い状態」に回復すべき義務を負うとすることは、伝統的な賃貸借からは導かれない**ところである。

(5) よって、賃貸借契約に内在する賃借人の業務、例えば**賃料支払義務、敷金差入れ義務、目的物の善管義務など、賃借人にとって法律上からも社会通念上からも当然発生する義務についての規定でなく、これらの諸義務とは趣を異にする新たな義務を設定する規定であると判断**する。

つまり、これに文言どおりの効力を与え、借主に「まっさらに近い状態」にする義務ありとするためには、その必要があり、かつ暴利的でないなど、客観的理由の存在が必要であり、特に借主がこの新たな義務の何であるかを認識し義務負担の意思表示したことが必要である。本件賃貸借契約締結では、この**新たなる義務設定条項の趣旨についての説明がされたことを認めるに足る証拠はない**。

借主Xの意識は、賃貸借契約書にある原状回復は賃借人の故意・過失による損傷を復元する規定であるとの認識であり、重要事項説明書もそのように読み取れる。

(6) よって、**借主**Xには、貸主Yが主張するような**原状回復義務はない**ため、裁判所は**貸主Yに対して**借主X支払済みの**敷金全額返還を命じた**。

78【退去時修繕】京都〔伏見簡裁・平7(ハ)第315号・平8(ハ)第103号・平9.2.25判決〕

住宅金融公庫融資物件の敷金の全額返還を求めて起こした裁判で、敷金から貸主が控除した費用の一部返還を命じた事例

> ① 借主Xは、平成3年4月10日に貸主Yより建物を賃料72,000円、敷金216,000円（明渡し後に返還）の約定で賃借し、平成7年8月31日に退去した。
> ② 明渡し時に、Y代理の管理（兼、仲介）業者Zが立会い、修繕すべき箇所を書き出し、修繕費用見積書とともに後日、Xに通知した。しかし、Xがこれを無視して何の修繕も行わなかったため、Yは補修工事を行い、その費用を敷金から充当した。
> ③ これに対してXは、補修費用の負担を認めず、敷金の全額返還を請求した。
> ④ Yも補修費用は368,490円掛った。敷金216,000円を全額充当してもなお152,490円が不足したとして、その支払を求めて反訴した。

【双方の言い分】

借主Xは、「賃借していた部屋は、気をつけてきれいに使用していたつもりですし、貸主側から通知された補修箇所は『自然損耗』であり、それは賃料に含まれているはずだから、負担する必要はないと思う」と主張した。

これに対して**貸主**Yは、「建物は住宅金融公庫の融資物件であるため、規則で「礼金」や「更新料」が徴収できず、「敷金」も3か月分以内に抑えられていました。しかも近隣との釣り合いから、賃料も低く設定せざるを得なかった中で、原状回復費用を借主に求めたとしても不当利得とは言えないと思う」と主張した。

争点
① 貸主の行った補修が、借主の責めに帰すべき事由による毀損・汚損であるか。
② 借主の責めによらない『通常の使用』による損耗について賃貸借契約書には、「貸主において補修の必要あると認めて借主に通知した時は、借主において原状回復しなければならない（要旨）」と記載されているが、この特約は有効か・無効か。

裁判所の判断（伏見簡易裁判所・平7(ハ)第315号・平8(ハ)第103号・平9.2.25判決）

(1) 補修のうち、「① LDKの東側壁面中、借主Xが冷蔵庫を置いていた部分の汚れは、家具の置き跡以上のもので冷蔵庫背面の排熱を借主Xが考慮しなかった結果と認められる。」
　証人V及びWの各証言によれば、「② LDKの床には借主Xの過失により生じたタバコの焦げ跡が認められ」、「③ 6畳和室の東北角の畳には凹み傷があり、退去の際、借主X側の者が家具を倒したことによることが認められる」。
　以上の3点の補修費用が149,860円であり、「それ以外の貸主Y指摘の黒ずみ」などは、借主Xの責めに帰すべき事由によるものと認めるに足る証拠はない。

(2) 貸主Y主張の原状回復とは、「賃貸開始時の原状に回復する」ことであり、伝統的意味の原状回復（取付けたものの除去、運び込んだものの撤去）のほか、賃貸人が必要と認める自然損耗の補修を含み、その目的は新たな借主の入居に支障ないものとすることとしている。
　しかし、**動産の賃貸借における賃料が損料と呼ばれているように、建物の賃貸借においても、賃貸物件の賃貸中の日常使用や日時の経過による劣化・損耗は、その賃料によって賄われるべきであって、賃料を滞りなく支払った賃借人が、明渡しに際してその責めに帰すべき損傷の賠償義務とは別個に、劣化・損耗した内装を賃貸借開始時の状態に復元的補修すべき義務を負うことは、伝統的な賃貸借からは導かれない**ところである。
　従って、もし貸主Y主張のような原状回復義務の趣旨内容であれば、それは賃料の追加払い、すなわち賃料支払義務の変形として理解されるべきである。

(3) 建物が住宅金融公庫の融資物件である点については、賃貸借契約の開始にあたっては「礼金」と称する、また、賃貸借契約の更新にあたっては「更新料」と称する、さらに、賃貸借の終了にあたっては「敷引」と称する金員が借主から貸主に支払われる傾向について必ずしもこれを当然視するものではないが、契約の自由としてその有効性はやむを得ないと考える。
　しかし、**住宅金融公庫の指導趣旨は、月極めの賃料以外に、借主に金員を負担させることは望ましくないとするものと考えられる**から、礼金、更新料、敷引をとらないからといって、貸主Y主張のような**原状回復費用を借主に課すことは、住宅金融公庫の指導に反する**ものと言わざるを得ない。

(4) 次に、借主Xが、契約条項から、貸主Y主張のような原状回復義務を認識すべきであったか否かについては、伝統的賃貸借観を有すると認められる借主Xが、契約書を一読し、または読み聞かされた場合、**善管義務を尽くし賃料を滞りなく支払っても、なお課せられる義務と読み取ることは極めて困難**である。

(5) 補修は、壁・天井クロスは部分的であるが、畳、襖、床のクッションフロアは、全面補修であり、室内清掃は主婦による清掃では不十分であるとして業者が行っている。

(6) 以上から、借主Xの敷金返還請求のうち、借主Xの責めに帰すべき損傷の補修費用は149,860円で、これを控除した66,140円を借主Xに返還することを認め、**貸主Yの反訴請求を棄却**した。

79【退去時修繕】京都〔京都地裁・平8(ワ)第442号・平8(ワ)第1868号・平9.6.10判決〕

住宅金融公庫融資物件の設備協力金の授受は、権利金・謝金等の金品の受領に該当するため、敷金から貸主が控除した費用の全額返還を命じた事例

① 借主X1、X2は、平成4年4月1日、建物のうち各部分を期間2年間、賃料はX1が月額99,000円、X2は月額66,000円とする賃貸借契約を貸主Yと締結した。その際、「敷金」として、X1は297,000円を、X2は189,000円をYに渡した。各賃貸借契約は、平成6年4月1日に更新された。

② X1、X2はともに平成7年8月10日頃、賃貸借契約の解約申入れをし、同年9月24日に建物から退去したが、Yが敷金を返還しなかったため、その支払を求めた。

【双方の言い分】
　貸主Yは、「賃貸借契約には『借主が建物を明渡す際、貸主が畳、障子、襖、内壁その他の設備を修理・取替え若しくは清掃の必要があると認めて借主に通知した場合、借主は建物を賃貸借契約開始時の

原状に回復し、借主がこれをしない場合は、貸主が借主に代わって、これを実施し、その費用は借主の負担とするものとし、その場合に借主が負担する費用については、別表1の基準で精算する』旨の特約があり、Xらが建物を明渡した際、別表記載の各設備につき修理・取替え・清掃の必要があったので、これをXらに通知している」。また、「Xらは、入居に際し、『設備協力負担金として、入居時及び契約日より2年毎に15万円を貸主に支払う、入居者が退去した場合には、入居期間の如何を問わず、設備協力金は返還しない』旨を定めた冷暖房機使用規定を異議なく承諾しており、入居時には15万円を支払ったが、更新時には支払わなかった」。

従って、X1については、「敷金29万7,000円を原状回復費用37万2,000円、及び設備協力金15万円の合計52万2,000円の一部に充当し、なお、22万8,000円が不足する」。X2については、「敷金19万8,000円を原状回復費用12万200円、及び設備協力金15万円の合計27万200円の一部に充当し、なお、7万2,200円が不足する。」と主張した。

これに対して、**借主**X1、X2は、「賃貸借契約に原状回復を借主の負担とする特約があったことは認めるが、その有効性は争う。原状回復特約は、借主の故意・過失による建物の毀損や、通常でない使用方法による建物の劣化に対する借主の原状回復義務及び費用償還義務を定めたものに過ぎない」また、「設備協力金は、事実上の礼金、更新料にあたるものであり、貸主は住宅金融公庫から資金の貸付を受けて建物を建築し賃貸しているのであるから、住宅金融公庫法施行規則第10条で禁止している『権利金、謝金等の金品の受領』に該当し無効である」「貸主が、借主に不利な設備協力金の定めを付して建物を賃貸したこと自体、信義則及び公序良俗に反して無効である」と主張した。

裁判所の判断（京都地方裁判所・平8(ワ)第442号・平8(ワ)第1868号・平9.6.10判決）

(1) 仲介業者Zの証言によれば、「賃貸借契約締結の際、借主X1、X2に対し、原状回復義務についての説明を何らしていない」。このため、借主は、「退去の際、特に汚したり壊したりした部分に限り修繕して退去すれば足りると思い、別表についても、もし修繕しなければならないようなことがあれば、この程度の金額が掛かるという趣旨のもの」と理解していたことが認められる。

　一般に、賃貸目的物は借主による通常の使用によっても時間の経過により自然劣化するものであり、賃料には、賃貸目的物の価値減少を補うという意味が当然に含まれているというべきである。従って、原状回復特約は、借主が明渡し時に無条件に各建物部分を使用開始前の状態に回復する義務があることを規定したものではなく、借主の故意、過失による建物の毀損や通常でない使用方法による建物の劣化についての原状回復義務を定めたものに過ぎないと解するのが相当である。

　なお、特約には、借主が原状に復さない時は貸主が借主に代わってこれを実施し、その費用は借主の負担とするとの規定もあるが、これは借主に負担させることができることを定めたに過ぎず、上記認定の原状回復義務の範囲や程度に何ら影響を及ぼすものではない。

(2) 次に、設備協力金については、入居者が入居時に15万円を支払い、更新時にも同額を支払い、入居者が退去した際には入居期間の如何を問わず一切返還されないことを考慮すると、実質的には、初回契約時は「礼金」、2回目以降は「更新料」としての性質を含んでいると言わざるを得ない。

　そうすると、**設備協力金には、冷暖房機の使用料としての性質も確かにあるが、礼金、更新料としての性質を含んでいる以上、住宅金融公庫法**第35条第1項、同施行規則第10条第1項で**禁止されている権利金、謝金等の金品の受領に該当する**。従って、同法の立法趣旨に則り、**特約の効力も否定されるべき**である。

(3) 以上により、**貸主**は、各賃貸借契約終了に基づき**敷金全額を返還しなければならない**。

80【退去時修繕】京都〔京都地裁・平15(ワ)第162号等・平16.3.16判決〕
消費者契約法施行前に締結した契約は、同法施行後に更新合意した場合、消費者契約法が適用され、借主に不利な原状回復特約は消費者契約法の適用があるとして特約を無効とした事例

① 借主Xは、京都市内の鉄筋コンクリート4階建賃貸住宅につき、平成10年7月1日に、契約期間1年間、月額家賃55,000円、敷金200,000円、「自然損耗及び通常の使用による損耗は借主に原状

回復義務を負担させる特約」、「原状回復費用は家賃に含まないものとする」等の条件で、貸主Yと賃貸借契約を締結した。
② 賃貸借契約は、1年毎に合意により更新され、平成13年7月7日の更新合意で定められた賃貸期間は、平成13年7月1日から平成14年6月30日までであった。
③ 賃貸借契約は、平成14年6月9日に終了し、同日、借主Xは、建物を明渡しした。
④ 貸主Yは、原状回復費用として20万円を請求したことに対して、借主Xは、敷金全額の返還を求めたが、貸主Yはこれを拒否した。
⑤ 借主Xは、貸主Yに対して預り敷金200,000万円の返還を求めて提訴した。これに対して、貸主Yは、「原状回復特約に基づく原状回復費用を控除すると返還すべき敷金はないこと」「借主Xは、建物明渡し時、原状回復費用を控除すると返還すべき敷金はないこと」を了解したと主張した。
⑥ これに対して、借主Xは、原状回復特約は無効であると主張した。
⑦ なお、仲介業者であり管理業者であるZは、貸主Yより委託を受け、賃貸借契約の仲介、賃貸借契約の締結・更新、建物の引渡し・明渡し時の立会い、建物の原状回復等の管理業務を行っている。

争 点
① 原状回復特約は無効か有効か。
② 原状回復特約は、消費者契約法第10条により無効か有効か。

裁判所の判断
(1) 消費者契約法の適用の有無
① **賃貸借契約**は、消費者契約法**施行前に締結**され、**更新合意**は、同法**施行後に締結**されているが、このような場合、更新後の賃貸借契約に同法が適用されるか否かを検討する。
1) **更新の効果**は、**民法**第619条第1項（賃貸借の更新の推定等）、**旧借地法**第4条第1項（請求による更新）、同法第6条第1項（法定更新）、**旧借家法**第2条第1項（法定更新）の**規定**（なお、借地借家法第5条第1項、同法第26条第1項は、趣旨は旧借地法、旧借家法と変わらないと解される）**によれば、更新により残存期間の満了により終了した従前の賃貸借契約と同一条件の賃貸借契約が成立**する。
2) 加えて、本件覚書では、今後の賃貸期間を定めるだけでなく、賃料・共益費の改定、新たな特約条項の設定を行うこともあり得ることが想定されていたうえに、改定されなかった契約条項は、従来の契約どおりとすることが定められていることを考慮すれば、**更新合意**により**従前の賃貸借契約と同一条件**（なお、更新合意は契約条項の改定はなかった）**の賃貸借契約が成立**したと言える。
3) 以上から、**消費者契約法の施行後**である平成13年7月7日に締結された**更新合意**（覚書によれば、更新効力は、同月1日をもって生じさせる趣旨と認められる）**によって**、同月1日をもって**改めて賃貸借契約が成立**したから、**更新後の賃貸借契約には消費者契約法の適用がある**。したがって、更新後の賃貸借契約の内容になっている原状回復特約にも同法の適用がある。
4) また、実質的に考えても、契約更新がされるのは、賃貸借契約のような継続的契約であるが、**契約が消費者契約法施行前に締結されている限り、更新により、同法施行後にいくら契約関係が存続しても同法の適用がないとすることは**、同法の適用を受けることになる事業者の不利益を考慮しても、同法の制定経緯、同法第1条の規定する目的に鑑みて**不合理**である。

(2) 本件の原状回復特約は消費者契約法第10条により無効か有効か
① **賃貸借契約が終了したとき**は、借主は目的物を返還しなければならないが、賃貸借契約中の使用収益により目的物に物理的変化が生じることは避けられないから、民法上、**借主は、契約により定められた用方または目的物の性質に応じた通常の用方に従って使用収益をした状態で目的物を返還すれば足りる**といえる。
　したがって、本件**原状回復特約**は、**借主の目的物返還義務を加重する**ものといえる。
② 契約書で、『賃料には原状回復費用は含まない』と定めているから、**原状回復費用を借主の負担とする合意**は、賃料の二重取りには当たらないから、**契約自由の原則により、同意どおりの効力を認めてよいとの見解も考えられる。**

1) **しかし、借主**は、**契約締結時**に、明渡し時に負担しなければならない自然損耗等による**原状回復費用を予想することは困難**である。したがって、賃料に原状回復費用が含まれないと定められていても、賃料に含まれる場合に比べて賃料がどの程度安いか判断することは困難である。
2) この点において、**借主**は、賃貸借契約締結の意思決定にあたって、**十分な情報を有していない**といえる。
3) **原状回復費用の単価等が定められている場合であっても**、また、単価等の定めがない場合はなおさらに、具体的な自然損耗等の有無、原状回復の要否、原状回復費用の額は、**明渡し時でないと明らかにならない**。さらに、**借主が自然損耗の有無等の争いをする場合は、敷金返還請求訴訟を提起**せざるを得ず、この点でも**借主に負担**になる。
4) **入居申込者**は、本件のような集合住宅の賃貸借において、貸主Yや仲介業者（管理業者）Zの作成した**賃貸借契約書の契約条項の変更を求めるような交渉力は有していないから、貸主の提示する契約条件を全て承諾して契約締結するか、契約しないかのどちらかの選択しかできないことは明らか**である。
③ これに対して、**貸主**は、将来の自然損耗等による原状回復費用を予想することは可能であるから、これを**賃料に含めて賃料額を決定し**、あるいは契約締結時に**契約期間に応じて定額の原状回復費用を定め、その負担を契約条件とすることは可能**である。このような方法を取ることにより、借主は、初めて原状回復費用の高い安いを賃貸借契約を締結するかどうかの判断材料とすることができる。
④ 以上から、本件**原状回復特約**は、**消費者契約法第10条により無効**であると解するのが相当である。よって、**貸主**Yは、**借主**Xに預り**敷金全額**の200,000円を**支払え**。

81【**更新料・更新手数料請求**】京都〔京都地裁・平15（ワ）第3803号・平16.5.18判決〕
借家契約における更新料・更新手数料の支払に関する約定が法定更新の場合には適用されないとされた事例

---

① 貸主Yは、平成14年2月24日、借主Xとの間で契約期間を平成14年3月1日から1年間、家賃62,000円、管理費8,510円、契約更新時に新賃料の2か月分の更新料・更新手続料10,500円を支払う旨の賃貸借契約を締結し、連帯保証人Zは、同日貸主Yに対し、借主Xの債務について連帯保証する旨約した。
② 貸主Yの代理人の管理会社Vは、平成15年2月頃、契約期間を平成15年3月1日から1年間、家賃62,000円、共益費8,510円、更新料は改訂後賃料の2か月などの記載のある「建物賃貸借契約書継続及び改訂事項に関する覚書」を送って、借主X及びその連帯保証人Zに署名（ないし記名）押印を求め、さらに同月、借主Xに対して、更新料124,000円、更新手数料10,500円の支払を請求した。
③ 借主Xは、同月頃管理会社Vに対し、覚書に契約期間を平成15年3月1日から2年間、「更新料はなし」とし、賃貸借契約書の特約条項中の更新料約定、原状回復に関する承諾条項を削除する趣旨の加除、訂正を加えたもの送付して、その内容での契約の更新を求めたが、管理会社Vは、同年2月28日付でこれを拒絶し、同月7日までに更新料等を支払うか、解約することを求めた。
④ これに対し、借主Xの母X2は借主Xの代理人として、同月7日付けで、管理会社Vに対し再考を求めるとともに、解約や建物を明渡す意思のないことを通知した。借主Xは、同年3月1日以降も建物を使用しているが、貸主Yは、使用について異議を述べていない。
⑤ 貸主Yは借主Xに対し、建物の賃貸借契約に基づいて、契約上の更新料及び更新手数料の合計134,500円と、これに対する訴状送達の日の翌日から支払済みまで民法所定年5分の割合による遅延損害金の支払を請求し、連帯保証人Zに対しては、その保証債務の履行を請求した。

争　点
① 更新料約定は、法定更新にも適用されるか。法定更新に適用される場合の効力。
② 更新料約定は有効か。

> 裁判所の判断

1 **争点①（更新料約定は、法定更新の場合にも適用されるか、適用されると解しても有効か）について**

(1) 建物の賃貸借契約における**更新料等を支払う旨の約定が、合意更新の場合のみならず法定更新にも適用されるかどうかは、**それぞれの契約において、**契約書の文言のみならず契約をめぐる様々な事情を考慮して判断すべきもの**である。

　しかし、借地借家法第 26 条、第 28 条、第 30 条の趣旨に照らすと、**当事者の意思が、法定更新の場合にも更新料等を支払う旨の約定が適用されるものであることが明らか**であったり、それについて**合理的な理由がある場合を除いては、**法定更新の場合にも**適用を認めることには慎重であるべき**である。

(2) 更新料約定は、上記のとおり、契約書上は「一、更新する場合は、乙（借主X）は甲（貸主Y）に対し更新料として『標記金額（新賃料の 2 か月分）』を支払うものとする。一、更新時に乙は更新手続料として甲に 10,000 円を支払うものとする。」というものであって、文言上は、合意更新と法定更新を区別していない（なお、「新賃料」との文言は、更新後の賃料の意味であって、合意更新であろうと法定更新であろうと更新後の賃料額は更新時には一義的に定まり、更新料が「新賃料」の 2 か月分と定められていることが合意更新を前提としていることの表れということはできない。）。

　しかしながら、**更新料約定のうち更新料に係る部分と更新手数料に係る部分の「更新」は同一のものを指していると解すべき**である。

　ところで、更新手数料は、更新手続に要する費用の全部又は一部の負担を借主Xに求めるものであることは明らかである。しかし、合意更新の場合には、新たな契約書の作成等の一定の費用が掛ることは容易に推認することができるが、法定更新の場合には更新手続に費用が掛るとは通常考えられない（合意更新のための協議を行う費用等は、法定更新に要する手続費用とは認め難い。なお、貸主Yは、合意更新に応じない賃借人ほど手間がかかり、更新手数料の支払義務を認める理由は大きい旨主張するが、その手間なるものは、通常の賃貸借契約の管理に要する手数を指すものに過ぎず、法定更新に要する費用とは認められない。）。

　したがって、**更新約定のうち、更新手数料に関するものは、合意更新を前提とした約定と認めるのが相当**であり、これと**同一の「更新」の場合に約定である更新料に関する部分も合意更新を前提にしたものと認めるのが合理的**である。

(3) **合意更新の場合**には、**更新料を支払うことによって、**期間の定めのある賃貸借契約として、更新されるから、**借主Xは、契約期間の満了までは明渡しを求められることがなく**（1 年という短期間のものであるから、貸主Yは、更新後直ちに、次回の更新をしない旨の通知をすることができる（借地借家法第 26 条第 1 項）ものの、その場合でも、期間満了までは明渡しを求められないことに変わりはない。）、次回の更新を拒絶された場合であっても、その正当事由の存否の判断においては、更新料が支払われていることが、**正当事由の存在を否定する考慮要素となる。**

　これに対し、**法定更新の場合**には、更新後の賃貸借契約は、期間の定めのないものとなり、**貸主Yはいつでも解約を申入れることができ、その分、借主Xの立場は不安定なものとなる**から、借主Xにとっても、更新料を支払って合意更新する一定の利益は存することになる。

　この点を考慮すると、合意更新の場合と法定更新の場合で、更新料の支払の要否について差が生じても、不合理とも賃借人間で不公平が生じるとも直ちには言い難く、むしろ、**法定更新についても更新料の支払を要するとすること**には、借地借家法第 26 条、第 28 条、第 30 条の趣旨に照らしても**合理性が少ない**というべきである。

　また、更新料約定が法定更新に適用がないとしても、合意更新することに借主側に一定の利益がある以上、借主は、合意更新に応じることはないとはいえない。現に、借主Xは、合意更新の提案をしており、その案に基づいて合意更新がされた場合には、2 年後の更新の際には、更新料及び更新手数料の支払はなくなるが、平成 15 年 3 月の更新時には、更新約定（それが消費者契約法第 10 条に違反するものとして無効であるかどうかはさておく。）によって更新料及び更新手数料の支払を求めることができたことになる（なお、これに対し、法定更新された場合には、更新後は、期間の定めのない賃貸借契約となり、その後の更新はなくなり、いずれにしても、平成 15 年 3 月から後は、更新料及び更新手数料の支払を求められなくなり、借主Xの提案が、一概に貸主Yに一方的に不利なものともいえない。）。

(4) 以上を総合考慮すると、**更新約定は、全体としても、合意更新を前提としたもの**であって、**法定更新には適用されないとするのが契約当事者の合理的な意思に合致すると認められる。**

そして、賃貸借契約は、平成15年3月には、**法定更新がされた**というべきであるから、その更新について**更新料約定は適用されず**、貸主Yは、これに基づく、**更新料及び更新手数料の支払を求めることはできない。**

2 結論

以上によると、その余について判断するまでもなく、**貸主Yの請求は、理由がない**から、これを棄却し、訴訟費用の負担について民事訴訟法第61条に従い、以下のとおり判決する。

① **貸主Yの請求をいずれも棄却する。**
② 訴訟費用は貸主Yの負担とする。

82【原状回復費用請求】京都〔京都簡易・平16（少コ）第184号敷金返還本訴（通常移行）、平16（ハ）第10763号原状回復費用反訴請求・平17.7.12判決、京都地裁・平17（レ）第67号敷金返還請求控訴・平17.12.22判決、大阪高裁・平18（ツ）第13号敷金返還請求上告・平18.5.24判決〕

上告審において、「借主が書面に署名押印したことをもって、直ちに借主が貸主との間で通常損耗部分に対する原状回復費用を負担することを約したと認めることはできない」とした原審の認定判断は、正当として是認し得ないものではなく、原判決に所論の違法はないとした事例

① 借主Xは貸主Y1と平成元年2月16日に、平成元年3月1日から2年間、賃料・共益費56,000円（更新後の平成15年3月1日から月66,000円）、敷金150,000円とする賃貸借契約を締結した。
② 貸主Y1は平成11年10月24日死亡し、長男が建物を単独相続して貸主Y2の地位を承継した。
③ 借主Xは平成16年6月30日に貸主Y2との間で、賃貸借契約を合意解約して、同日貸室を明渡しした。
④ 貸主Y2は、貸室の明渡しを受けた後に、約定に基づき借主Xが負担すべき工事の見積を行ったところ430,763円となった。この他に借主Xの負担すべき退室時の水道代精算金13,574円も存在し、預かり敷金150,000円を充当したとしても、294,337円が不足であるとして、借主Xに費用請求した。
⑤ 借主Xは、新築の貸室に入居したものの15年間、賃借した結果の自然損耗であるとし、貸主Y2に対して、差入れした敷金150,000円から水道代を控除した残額136,426円及びこれに対する明渡しした日の翌日である平成16年7月1日から支払済みまで民法所定の年5分の割合による遅延損害金の支払いを求め提訴した。

争点

賃貸借契約のうち原状回復義務を定めた部分は、民法第90条（公序良俗）違反、もしくは消費者契約法第10条違反で無効であるか否か。

裁判所の判断（原審：京都簡易裁判所・平16（少コ）第184号・平16（ハ）第10763号平17.7.12判決）

【争いのない事実】
(1) 貸主Y2が主張した賃貸借契約の約定により締結した事実、ないし特約及び復元費用基準表とその説明文に対して借主Xが確認・承諾して署名押印した事実、うち貸室が借主Xの賃借した当初新築であったこと、**借主Xの負担すべき水道代精算金が13,574円**であることは当事者間に争いがない。
(2) 証拠によれば、貸主Y2が借主Xの明渡し後に貸室の原状回復工事の見積を依頼して、工事金額を430,763円とする別紙「御見積書」記載の工事見積を得たことが認められる。

貸主Y2は、これらの原状回復工事の個所は、すべて日常使用や日時の経過による劣化・損耗を超えた借主Xの故意過失による破損、汚損であり、借主Xは、賃料によって消化しうる範囲を超えた損

害を貸主Y2に与えたと主張する。

1 争いのない事実(2)の主張を検討
(1) 証拠及び当該賃貸借が借主Xの家族による居住を目的として賃貸借期間が15年間余に及んだことなどの事情によれば、借主X入居中の貸室の損傷として以下の点が認められる。これらは、**損傷の状態から見て通常の居住生活に伴い当然に生じたものではなく、使用が適切でなかったことによるものと解される。**

① 6畳和室の押入襖の破損　　　　　見積　7,000円
② 6畳和室の戸襖の落書き　　　　　見積　12,000円
③ DKのCFの落書き　　　　　　　見積　38,500円
④ 洗面台上部のミラー下の破損　　　見積　70,000円

これ以外の貸主Y2の主張する**損傷個所は通常の居住生活が行われたことによる経年の損耗と判断され、借主Xの債務不履行による破損、汚損であると認めることはできない。**

(2) 賃貸借契約の契約書第18条は、その文言からみて、借主が入居中に住宅又は附属設備に模様替えその他の変更を行った場合における退去時の借主の原状回復義務を定めたものであり、第19条も、その文言からみて、入居中の同条所定の事項については借主の負担で行うというものであって、いずれも**借主が退去に当たり賃借当初の新築建物の状況に回復すべき義務を負うというものではない。**

証拠によれば、賃貸借契約が結ばれた際、同時に取交わされた覚書には、「退去時に全内装分室内のカーペットの張替え、クロスの張替え、畳・襖の張替え及び退室清掃その他修復費用金額を居住年月日に関係なく、敷金より差引くものとする」との定めがあり、これを受けた復元費用基準表に基準金額の定めと、退室時には、居住日数に関係なく内装修復個所は借主の復元責任とし、料金については当該基準で精算するとの記載があり、**借主Xもこれに署名押印していることが認められる。この特約の効力については、後述3で判断する。**

2 認定損傷個所の修理代として、借主Xが負担すべき額について検討
①「6畳和室の押入襖の破損」は、**見積額どおり7,000円**
②「6畳和室の戸襖の落書き」は、正常使用による損耗部分を除外して**見積額の半額の6,000円**
③「DKのCFの落書き」は、落書きの程度やその部分とDK全体の面積などからみて**見積額の4分の1の9,625円**
④「洗面台上部のミラー下の破損」は、損傷個所からみて**洗面台全体の取替えは不要で損傷部分のみの補修をもって足りるので5,500円が相当**である。

そうすると、**借主Xの負担すべき額は28,125円**である。貸主Y2は、これと争いのない借主Xの負担すべき**水道代精算金13,574円との合計41,699円を敷金150,000円から控除した残額108,301円を敷金の返還として、借主Xに支払うべき**である。

3 借主Xの主張する「原状回復に関する**特約及び復元費用基準表とその説明文に署名押印したことは認めるが、原状回復義務の内容については全く説明を受けていない。**賃貸借契約のうち原状回復義務を定めた部分は、民法第90条（公序良俗）違反、もしくは消費者契約法第10条違反で無効である。賃貸借契約は、平成15年3月1日に最終の更新がなされており、消費者契約法の適用がある。」について検討する。

(1) 原状回復に関する特約は、退去時に全内装分室内のカーペットの張替え、クロスの張替え、畳・襖の張替え及び退室清掃その他修復費用金額を居住年月日に関係なく、敷金より差引くものとし、内装修復個所は居住日数に関係なく借主の復元責任とする旨定めているが、借主に対し、賃貸借終了時における借主に有責性のない事項を含むこのような包括的な賃貸当初の状態への原状回復義務の設定は、家族単位の居住を目的とする住宅の賃貸借契約においては、通常損耗が不可避であり、むしろこれが賃貸借の自然の経過と解されることからすると、貸主が賃貸の当初における優越的地位を行使して借主に過大な義務を設定するものであるから、特約中、**通常損耗の原状回復費用を借**

主の負担とする部分は民法第90条により無効と解すべき**である。したがって、借主Xの主張はこの限度で理由があり、貸主Y2の「賃貸借契約の締結と同時になされた原状回復に関する**特約及び復元費用基準表とその説明文は、借主Xが確認・承諾して署名押印**しており、これによれば借主Xは、退去時に改装費用を負担することを合意しており、通常損耗の原状回復費用も借主Xの負担というべき**である。」は失当である。

(2) 次に、借主Xの負担すべき部分が、経年による通常損耗ではなく、借主の不適切な使用による損傷部分の修復費用であることからすると、これを**借主の負担とする約定部分が民法第90条や消費者契約法第10条に違反すると解するのは困難であるから採用しない**。したがって、借主Xのその余の敷金返還請求は理由がない。

(3) 賃貸借契約の合意解約に基づき、平成16年6月30日に貸室を明渡ししたことは当事者間に争いがないから、**貸主Y2は返還すべき敷金についてその翌日である平成16年7月1日から支払済みまで民法所定の年5分の割合による遅延損害金の支払義務がある**。

(4) 敷金の中から控除する以外に借主Xに対する**貸室の原状回復費用として294,337円の支払いを求める貸主Y2の請求原因はこれを認めるに足りない。よって、貸主Y2の請求は理由がない**。

4 結論

以上から、訴訟費用の負担について民事訴訟法第61条、第64条、仮執行の宣言について同法第259条を適用して、以下のとおり判決する。

① **貸主Y2は、借主Xに対し108,301円及びこれに対する平成16年7月1日から支払済みまで年5分の割合による金員を支払え。**
② 借主Xのその余の本訴請求を棄却する。
③ 貸主Y2の反訴請求を棄却する。
④ 訴訟費用は、本訴、反訴を通じて5分し、その1を借主Xの負担とし、その余を貸主Y2の負担とする。
⑤ この判決主文①項は仮に執行することができる。

この判決を不服として、**貸主Yは控訴**した。

裁判所の判断〔控訴審：京都地裁・第2民事部・平17（レ）第67号・平17.12.22判決〕

原判決を次のとおり変更する。

① **貸主Yは、借主Xに対し、7万7,426円及びこれに対する平成16年7月1日から支払済みまで年5分の割合による金員を支払え。**
② 借主Xのその余の請求を棄却する。
③ 貸主Yの反訴請求を棄却する。

訴訟費用は、第一、二審を通じ、本訴、反訴を通じてこれを20分し、その17を貸主Yの負担とし、その余を借主Xの負担とする。

この判決は、①項に限り、仮に執行することができる。

1 借主Xの債務不履行の有無等について

(1) 貸主Yは、借主Xに対し、債務不履行に基づく損害賠償請求として43万763円の支払を求めることができると主張するので、この点につき検討するに、証拠及び弁論の全趣旨によれば、借主が本件物件を明渡した際に、通常損耗を超える破損・汚損として、① 6畳和室の押入襖の破損・汚損、② 6畳和室の戸襖の落書き・汚損、③ ダイニングキッチンのクッションフロアの落書き、④ 洗面台上部のミラー下の破損があること、及び、これらの破損・汚損等は被控訴人の過失により生じたものであることが認められる。

(2) これに対し、貸主Yは、本件物件には上記認定箇所以外にも破損・汚損された箇所があり、これらは、借主Xの故意・過失によって生じた、あるいは、借主Xが掃除等を行わなかったことにより生じたと主張するところ、上記(1)の各証拠によれば、**認定箇所以外にも破損・汚損等があることが認め**

られるが、その状況や、借主X及びその家族が本件物件を**15年余り使用**していたことを考慮すると、これらはいずれも**通常損耗を超えるものとは認められず、借主Xの債務不履行より生じたものであるとはいえない**。また、各証拠によれば、借主Xは、退去時に、一部の箇所につき掃除等を行っていないが、同事実のみをもって**借主Xに債務不履行があったということはできない**。したがって、**貸主Yの主張は採用しない**。

(3) そして、証拠及び弁論の全趣旨によれば、上記(1)認定の破損・汚損等の原状回復費用は、上記(1)の①ないし③についてはその汚損等の状態及びクッションフロアの性質等に照らしてその全体の取替費用とし、④は貸主Yが当初パテ等による補修を是認する態度を採っていたこと等に照らして上記補修費用とするのが相当であるから、① 6畳和室の押入襖の破損・汚損は7,000円、② 6畳和室の戸襖の落書き・汚損については8,000円（見積書は、当該箇所につき、補修が必要な襖は3枚であることを前提とするが、証拠によれば、当該箇所につき、補修が必要な襖は2枚であると認められるから、この限度で見積書を採用する。）、③ ダイニングキッチンのクッションフロアの落書きは3万8,500円、④ 洗面台上部のミラー下の破損は5,500円であると認められ、**合計で5万9,000円**となる。

(4) これに対し、借主Xは、自らの賃貸借期間が15年余りであったことや、借主Xが物件を借りる際に貸主が**借主Xの家族に子供がいることを知っていたこと**、賃貸借契約終了後に襖は当然に張替えられるものであるとして、借主Xが債務不履行責任を負うことは不当であると主張するが、上記(1)認定の破損・汚損等は**借主Xの過失に基づくものであるから、同主張は理由がない**。

2　通常損耗に対する原状回復費用の負担者について

(1) 貸主Yは、借主Xが貸主Yとの間で通常損耗に対する原状回復費用をも負担することを約したと主張するので、この点につき検討するに、証拠によれば、借主Xは、賃貸借契約締結の際に書面にそれぞれ署名押印したものの、書面には、修復費用を借主Xが負担することや、修復費用の基準が記載されているにすぎず、その修復費用が通常損耗についてのものか否かについては明記されていないから、**借主Xが書面に署名押印したことをもって、直ちに借主Xが貸主Yとの間で通常損耗部分に対する原状回復費用を負担することを約したと認めることはできない**。

(2) これに対し、貸主Yは、賃貸借契約締結の際に、借主Xが通常損耗部分を含む原状回復費用を負担することについて説明を受けていたと主張し、これに沿う証人1の証言録音テープを提出するが、**借主Xがその事実を否認**しており、証人2の証言録音テープによっても、**証人2が同事実を認めていないこと**に照らすと、証人1の証言によって貸主Yの主張事実を認めることはできないし、ほかに**同事実を認めるに足りる証拠はない**。

(3) したがって、**貸主Yは、借主Xに対し**、上記(1)の約定をもって、**上記1(3)を超える金額の支払を求めることはできない**。

3　結論

以上の次第で、**借主Xは、貸主Yに対し、未払水道代金1万3,574円及び債務不履行に基づく損害賠償金5万9,000円を敷金15万円から控除した金額である7万7,426円の支払を求めることができる**から、借主Xの本訴請求は、**貸主Yに対し、7万7,426円**及びこれに対する本件物件明渡日の翌日である平成16年7月1日から支払済まで民法所定の年5分の割合による**遅延損害金の支払を求める限度で理由があり**、その余は理由がないから棄却すべきであり、**貸主Yの反訴請求は理由がないから、棄却すべきであるところ、本件控訴は一部理由があり**、これと異なる**原判決は相当ではないから、主文1項のとおり変更する**こととし、訴訟費用の負担につき民事訴訟法67条2項、61条、64条本文を、仮執行宣言につき同法259条1項をそれぞれ適用して、主文のとおり判決する。

さらに、**貸主Yはこれを不服として上告**した。

裁判所の判断〔上告審：大阪高等裁判所・第14民事部・平18（ツ）第13号・平18.5.24判決〕

【主　文】

① **本件上告を棄却する。**

② 上告費用は貸主Yの負担とする。
【理　由】
　原審が適法に確定した事実によれば、賃貸借契約書19条及び同条の追加項目としての覚書には「退室時に全内装分室内のカーペットの張替え、クロスの張替え、畳・襖の張替え及び退室清掃その他修復費用全額を居住年月日に関係なく敷金より差引くものとする。」と記載されており、その文言によれば、借主Xは、居住の期間や当該居室の内装の破損等の有無にかかわらず、各項目についての修復費用が敷金より差引かれることを承認しているかのように見えないではない。

　しかし、同覚書の別紙である復元費用基準表に従って、覚書の「その他修復費用」を除く項目のみを見積もっても26万6,500円にも及ぶのであり、差入れられた敷金は15万円であるから、**借主の責めに帰すべき破損等がまったくなくても、敷金の1.8倍近くもの修復費用を負担しなければならないことになる**。このような解釈は、覚書の「敷金より差引く」との文言とも符合しないものというほかはなく、覚書が、その文言どおりの意味を有するものと解することは合理的でない。

　そうだとすると、各書面の記載をもって、借主において負担すべき修復費用が通常損耗についてのものか否か明記されていないから、**借主Xが貸主Yに対し通常損耗に対する原状回復費用をも負担することを約したと認めることはできない**などとした原審の認定判断は、正当として是認し得ないものではなく、原判決に所論の違法はない。

　貸主Yが挙示する判決は類似の事案において通常損耗補修特約の合意の成立を否定したものであって、本件に適切でない。また、**所論中、法令の適用違背をいう点は、独自の見解に立って原判決の認定を非難するものにすぎず、採用することができない**。

　なお付言するに、上記の**敷引特約について、貸主Y主張のように解するとすれば、居住期間の長短や損耗の程度を問うことなく、また借主の責任の有無にかかわらず当然に敷金を大きく上回る修復ないし復元費用全額を借主に負わせるものであって、貸主Y引用の判決の趣旨に照らしても許されないものというべきである**。

　よって、本件上告は理由がないからこれを棄却し、主文のとおり判決する。

83【敷金返還請求】京都〔（原審）木津簡裁・平17.4.28判決・第170号、（控訴審）京都地裁・第7民事部・平18年（レ）第37号・平18.11.8判決〕

「敷引金の性質」を敷引で取得する合理的な理由はなく、敷引率約85.7％を考慮すれば、敷引特約は合理性を欠くもので、借主の義務を加重し、消費者契約法第10条により無効とした事案

① 借主Xは、業者貸主Yと、契約期間を平成14年12月1日から平成16年11月末日までの2年間、期間満了時に書面による異議申出のない場合は更に2年間更新される、賃料は月額7万円、敷金は35万円（賃料の5か月相当分）、敷引特約として、契約が終了し、借主が建物の明渡しその他の債務の履行を完了した後1か月以内に、敷金から退去時控除額30万円を控除した残額を借主に返還する旨の賃貸借契約を平成14年11月24日に業者貸主Y締結した。
② 賃貸借契約は、平成16年12月1日に更新し、借主Xは、平成17年8月31日に、契約を解約して、業者貸主Yに対し、建物を明渡した。
③ 業者貸主Yは、借主Xに対し、預託された敷金35万円のうち30万円を返還しない旨の合意に基づいて、敷金のうち5万円しか返還しなかったことから、借主Xが、敷引特約は消費者契約法第10条により無効であるとして、控除された敷金30万円の返還と敷金返還期日の翌日である平成17年10月1日から支払済みまで商事法定利率年6分の割合による遅延損害金の支払いを求め提訴した。
④ 原審は、敷引特約は消費者契約法第10条により無効であるとして、借主Xの請求を全部認容したことから、業者貸主Yがこれを不服として控訴した。

【争　点】
　本件敷引特約は、消費者契約法第10条により無効か。

裁判所の判断【(控訴審) 京都地裁・第7民事部・平18年出第37号・平18.11.8判決】

1 賃貸借契約は、目的物を使用収益させる義務と賃料支払義務とが対価関係に立つ契約であり、民法上、**賃料以外に借主が金銭の支払義務を負担することは予定されていない。**

一般に、建物賃貸借契約の締結に際して敷金の授受が行われているが、**敷金**は賃料その他の借主の債務を担保する目的で借主から貸主に交付される金員であり、契約終了時に借主に債務があれば控除した残額を、**借主に債務がなければ全額を借主に返還されるもの**と解されており、このような**敷金の授受自体**は、目的に照らして、民法上の任意規定に比して**借主の義務を加重するものとはいえない。**

しかし、借主の債務の有無と授受される金額にかかわらず、**敷金の一部を予め返還しないことを約することは、敷金授受の目的を超えるもの**であるから、本件敷引特約は民法上の任意規定に比して借主の義務を加重する条項であり、この点は業者貸主Yも認めるところである。

2 そこで、『**本件敷引特約が借主の利益を一方的に害するものか否か**』について**検討**する。

借主の債務の有無と敷金の額にかかわらず、敷金の一部を貸主が当然に取得することは、敷金授受の目的を超えており、それ自体から借主の利益を一方的に害するように見える。しかし、**敷引の目的、敷引金の性質、敷引率が合理的なものであり、かつ、借主がこれを十分に理解・認識したうえで敷引特約に合意をした場合は、借主の利益を一方的に害するということはできない**というべきである。

(1) 本件敷引金の目的、性質は、契約書上、「退去時控除額30万円」との記載があるのみで、その趣旨は判然としないが、**業者貸主Yが主張する**本件敷引金は、① 賃料の一部前払い、② **契約更新時の更新料免除の対価**、③ 賃貸借契約成立の謝礼の性質が渾然一体となったものである旨について**検討**する。

①「賃料の一部前払い」について

本件敷引金が賃料の一部を構成し、月額賃料が相対的に低額となっているのであれば、敷引金は借主が負担すべき金員の前払いということになる。

しかし、敷引形式で賃料の一部を前払いさせることにより、相対的に月額賃料が低額になるとしても、敷引金は**契約期間の長短にかかわらず30万円**とされていることから、敷引金のうち**賃料の一部前払いに相当する金額は個々の賃貸借契約において一定しない結果になること**、予め入居期間を決めたうえで入居する場合以外には、契約締結時において、**実質賃料額がいくらになるか借主にはわからないこと**（業者貸主Yが主張するように敷引金が①ないし③の性質を併せ持つものとすると、敷引金のうち賃料の一部前払いに相当する金額がいくらであるのか判然としないから、なおさらである。）**を考慮すれば**、敷引形式で**賃料の一部を前払いさせることに合理的な理由があるとはいえない。**

また、本件賃貸借契約において、実際に敷引特約があるために**月額賃料が相対的に低額となっていることを認めるに足りる証拠もない。**

②「契約更新時の更新料免除の対価」について

実質的には更新料免除の対価という名目での更新料にほかならないともいえ、**更新料の支払い自体が一般的に合理性を欠くとは直ちにいえないものの**、本件敷引金のうち**更新料免除の対価に相当する金額がいくらであるのか判然としない**うえ、契約更新されるか否かにかかわらず、**契約締結時において一律に更新料免除の対価を予め支払わせるもの**であり、**借主がこのような金員の支払いを強いられる合理的な理由はない。**

③「賃貸借契約成立の謝礼」について

契約締結時に、契約成立の謝礼として、いわゆる礼金の授受が行われる場合があることは当裁判所に顕著であるところ、謝礼という金員の趣旨に照らせば、その趣旨及び金額の明示もないまま、敷引形式によって支払いを強いる合理的な理由はない。また、敷引金のうち礼金に相当する金額は判然としない。

④ 上記①ないし③によれば、業者貸主Y主張の敷引金の性質（上記①ないし③）を前提としても、**敷引形式で①ないし③を取得する合理的な理由はない**うえ、**①ないし③の金員の各金額を裏付ける証拠はない**（この点から、借主に負担させることができない賃貸借目的物の自然損耗ないし通常の使用による損耗に対する原状回復費用を負担させているのではないかとの疑念もあながち否定できない。）。

(2) 以上に加えて、本件敷引特約における**敷引率は約85.7％（月額賃料の約4.2か月分）にのぼること
を考慮すれば**、借主Xの敷引特約に対する理解・認識について検討するまでもなく、**本件敷引特約
は合理性を欠くもの**であって、民法その他の任意規定による場合に比して**借主の義務を加重し、そ
の利益を一方的に害するものであり、消費者契約法第10条により無効**というべきである。

3 結論
　以上によれば、借主Xの請求は理由があるから、これを認容した原判決は相当であり、本件控訴は
理由がない。よって、本件控訴を棄却することとし、主文のとおり判決する。

【主　文】
① 本件控訴を棄却する。
② **控訴費用は業者貸主Yの負担**とする。

84【敷引特約】京都〔（控訴審）京都地裁・平18年(レ)第79号・平19.4.20判決（原判決取消し、請求認容）〕
**賃貸借契約終了時に敷金の一部を返還しない旨の敷引特約は、消費者契約法第10条により無効であ
ると判断された事例**

① 借主Xは、平成13年12月25日、貸主Yとの間で、京都府相楽郡所在の賃貸住宅を、賃料7万
3,000円、賃貸期間は平成13年12月26日から平成15年12月25日まで、敷金35万円（賃料の4.79
か月相当額）、敷金の返還時期は退去後1か月以内とする約定で賃貸借契約を締結し、同日、貸主Y
から、賃貸借物件の引渡しを受けた。
② 借主Xは、契約締結の際、貸主Yとの間で、敷金35万円のうち30万円については解約引き金（敷
引率85.7％）として借主に返還しない旨の合意をし、貸主Yに対し、敷金35万円を交付した。
③ 借主Xは、平成16年9月1日、貸主Yに対し、物件を明渡しした。
④ 借主Xは、貸主Yから、敷金35万円のうち5万円の返還を受けた。
⑤ 借主Xは、敷引特約が消費者契約法10条により無効であるとして、貸主Yを提訴した。

争　点
① 本件敷引特約は、消費者契約法第10条により、全部無効となるか。

裁判所の判断（控訴審）京都地裁・平18年(レ)第79号・平19.4.20判決（原判決取消し、請求認容）

1 本件敷引特約が消費者契約法第10条により無効となるには、① 本件敷引特約が、**民法、商法その
他の法律の公の秩序に関しない規定の適用による場合に比し、消費者の権利を制限し、又は消費者の
義務を加重するものであること**、及び② **民法第1条第2項に規定する基本原理である信義則に反し
て消費者の利益を一方的に害するものであることが必要**である。

2 そこで、まず、前者①の要件について検討するに、敷金は、賃料その他の借主の債務を担保する目
的で借主から貸主に対して交付される金員であり、賃貸借目的物の明渡し時に、借主に債務不履行が
なければ全額が、債務不履行があればその損害額を控除した残額が、借主に返還されることが予定さ
れている。そして、賃貸借は、一方の当事者が相手方にある物を使用・収益させることを約し、相手
方がこれに対して賃料を支払うことを約することによって成立する契約であるから、目的物を使用収
益させる義務と賃料支払義務が対価関係に立つものであり、借主に債務不履行があるような場合を除
き、借主が賃料以外の金銭の支払を負担することは法律上予定されていない。
　また、本件各証拠を検討しても、**関西地方において敷引特約が事実たる慣習として成立している
ことを認めるに足りる証拠はない**。そうすると、**本件敷引特約は、敷金の一部を返還しないとするも
のであるから、民法の公の秩序に関しない規定の適用による場合に比し、消費者である借主の権利を制
限するもの**というべきである。

3　次いで、②の要件である本件敷引特約が信義則に反して消費者の利益を一方的に害するものであるかについて検討するに、上記のとおり、賃貸借契約は、借主による賃借物件の使用とその対価としての賃料の支払を内容とするものであり、賃借物件の損耗の発生は、賃貸借という契約の性質上当然に予定されているから、建物の賃貸借においては、**借主が社会通念上通常の使用をした場合に生じる賃借物件の劣化又は価値の減少を意味する自然損耗に係る投下資本の回収は**、通常、修繕費等の必要経費分を**賃料の中に含ませてその支払を受けることにより行われている。**

したがって、自然損耗についての必要費を**賃料により借主から回収しながら、更に敷引特約によりこれを回収することは**、契約締結時に、敷引特約の存在と敷引金額が明示されていたとしても、**借主に二重の負担を課すことになる。**

これに対し、**貸主Yは**、自然損耗についての修繕費用を賃料という名目で回収するか、敷引金という名目によって回収するかは、原則として貸主の自由に委ねられている事柄であり、本件においては、**自然損耗についての修繕費用を敷引金という名目によって回収することにつき合理的理由があると主張**するところ、確かに、自然損耗についての必要費の回収をどのような方法で行うかは、投資者たる貸主の自由に委ねられているから、貸主が、**賃料には自然損耗についての必要経費を算入せず、低額に抑えたうえで**、**自然損耗についての必要費を敷引金という名目によって回収したとしても**、信義則に反して借主の利益を一方的に害するとはいえない。

しかし、本件各証拠を検討しても、借主X及び貸主Yが、**契約締結時に、自然損耗についての必要経費を賃料に算入しないで低額に抑え、敷引金にこれを含ませることを合意したことを認めるに足りる証拠はない**から、貸主Yの同主張は理由がない。

また、証拠及び弁論の全趣旨によれば、敷引特約は、事実たる慣習とまではいえないものの、関西地区における不動産賃貸借において付加されることが相当数あり、借主が交渉によりこれを排除することは困難であって、消費者が敷引特約を望まないのであれば、敷引特約がなされない賃貸物件を選択すればよいとは当然にはいえない状況にあることが認められ、これに、本件敷引特約は**敷金の85%を超える金額を控除するもので、借主に大きな負担を強いるもの**であることを総合すると、本件敷引特約は、**信義則に反して消費者の利益を一方的に害するものであると判断するのが相当**である。

これに対し、**貸主Y**は、次の入居者を獲得するためのリフォーム代を敷引金名目で回収することは、一定の合理性を持つ旨**主張**するが、新規入居者獲得のための費用は、新規入居者の獲得を目指す**貸主が負担すべき性質のもの**であって、敷引金名目で**借主に転嫁させることに合理性を見いだすことはできない**。また、**貸主Y**は、建物の賃貸借は、単純な契約関係にすぎず、貸主と借主との間に情報の格差が特にないと**主張**するが、一消費者である借主と事業者である貸主との間では**情報力や交渉力に格差がある**のが通常であって、このことは貸主Yが事業者である本件においても同様であるから、貸主Yの同主張も理由がない。

4　以上によれば、**本件敷引特約は、消費者契約法第10条により、特約全体が無効であると認められる**から、借主Xの本件請求は理由があり、これを棄却した原判決は相当でなく、本件控訴は理由がある。

そこで、**原判決を取消して、本件請求を認容**することとし、訴訟費用の負担につき、民事訴訟法第67条2項本文、第61条を、仮執行宣言について同法第259条1項をそれぞれ適用して、主文のとおり判決する。

【主　文】
①　原判決を取消す。
②　貸主Yは、借主Xに対し、30万円及びこれに対する平成16年10年2日から支払済みまで年6分の割合による金員を支払え。
③　訴訟費用は第1、2審とも貸主Yの負担とする。

85【定額補修分担金・更新料返還請求】京都〔(控訴審)京都地裁・平19(ワ)第2242号・平20.4.30判決〕
定額補修分担金特約が消費者契約法第10条に該当し無効であるとして、同特約に基づき支払われた金員の返還請求が認容された事例

① 借主Xは、仲介業者Hの仲介で、貸主Yとの間で、平成17年3月30日、京都市伏見区所在の賃貸住宅の一室を、賃料6万3千円、共益費月額6千円、契約期間2年(平成17年3月31日から平成19年3月30日まで)、更新料は前家賃の1か月分、定額補修分担金16万円(賃料の2.53か月相当分)等の条件で賃貸借契約を締結し、各種金員を支払った。

② その後、借主Xは、契約更新に際して貸主Yに対し、平成19年2月頃、更新料特約に基づき1か月分の賃料相当の更新料6万3千円を支払った。

③ 借主Xは、平成19年4月2日、物件を引渡し退去した。

④ 借主Xは、退去に伴い、平成19年8月4日、貸主Yに対し、定額補修分担金特約と更新料特約は消費者契約法第10条などにより無効であるとして、不当利得返還請求権に基づき22万3千円の支払を求め、訴訟にかかる訴状を送達した。

⑤ なお、貸主Yは借主Xに対し、平成20年2月6日の本件口頭弁論期日に、更新料6万3千円及び訴訟送達の日の翌日から同弁論期日までの遅延損害金全額1,604円の合計6万4,064円を支払い、借主Xは同日同金員を受領した。

争 点
① 本件定額補修分担金特約は消費者契約法第10条により無効か。
② 本件更新料特約は消費者契約法第10条もしくは借地借家法により無効か。

裁判所の判断〔(控訴審)京都地裁・平19(ワ)第2242号・平20.4.30判決〕

1 前提事項
借主Xは、平成17年3月30日、仲介業者Hの宅建主任者から本件定額補修分担金特約を含めた賃貸借契約の重要事項について説明を受けたうえで、貸主Yとの間で本件定額補修分担金特約も含めて契約締結したことが認められる。

2 争点①「本件定額補修分担金特約は消費者契約法第10条により無効か」について
(1) 前提事実によれば、借主Xは消費者契約法第2条第1項の「消費者」に、貸主Yは同条第2項の「事業者」に該当する。
(2) 賃貸借契約は、借主による賃借物件の使用とその対価としての賃料の支払を内容とするところ、賃借物件が建物の場合、その使用に伴う賃借物件の損耗は契約の中で当然に予定されているものである。そのため、建物の賃貸借においては借主が社会通念上、通常の使用をした場合に生ずる賃借物件の劣化又は価値の減少という投下資本(賃借物件)の**通常損耗の回収は通常、貸主が減価償却費や修繕費等の必要経費分を賃料の中に含ませ、その支払を受けることで行われている。**

借主は、契約が終了した場合には賃借物件を原状に回復して貸主に返還する義務を負うものの(民法第616条、同598条)、原則として、**借主に通常損耗についての原状回復義務を負わせることはできないものと解するのが相当である。**

借主は、故意や善管注意義務違反などの過失によって生じた賃借物件の汚損ないし損耗部分については修繕費相当の損害賠償義務を負う。

そうすると、**借主は、民法上、原則として故意過失による汚損ないし損耗部分の回復費用を負担すれば足り、**通常損耗の回復費用については**賃料以外の負担をすることは要しないといわなければならない。**

(3) 本件定額補修分担金特約は、それに基づいて支払われた分担金を上回る回復費用が生じた場合に故意または重過失による物件の損傷・改造を除き、回復費用の負担を借主に求めることができない旨規定しているところ、回復費用が分担金を下回る場合や、回復費用から通常損耗についての原状

回復費用を控除した金額が分担金を下回る場合に借主に返還する旨規定していないが、同規定しない趣旨からすると、貸主Yも主張するとおり、そのような場合、**借主は、差額の定額補修分担金の返還を求めることができない旨を規定している**といわざるをえない。

そうすると、**分担金特約**は借主が賃料の支払という中で負担する通常損耗部分の回復費用以外に、本来負担しなくてもいい通常損耗部分の回復費用の負担を強いるものであり、**民法が規定する場合に比して消費者の義務を加重している**特約といえる。

(4) ① 前記のとおり、借主が本件補修分担金特約に基づいて賃料と個別に負担すべき分担金額は、一般的に生じる軽過失損耗部分に要する回復費用を踏まえたうえで算定されるべきところ、**貸主は、当該物件もしくは同種物件の修繕経験を有するのが通常であり、その経験の蓄積により通常修繕費用にどの程度要するかの情報を持ち、計算することが可能である。**

他方、借主は、通常、自ら賃借物件の修繕をするなどの経験はなく、一般的に貸主が有するような上記情報を有するとは考え難い。

本件においても、消費者である借主が同情報を有していたと認めるに足る証拠はない。

借主が負担する分担金額は貸主が有している上記情報を基に設定するのが一般的であると考えられるところ、**借主となろうとする者が同情報を持ち合わせないままで貸主との間で分担金額の程度・内容について交渉することは難しく**、仮に交渉できたとしてもその実効性が担保されているとは考え難い。

以上の事実を踏まえると、**貸主が借主に負担させるべき分担金額を一方的に決定しているというべきである。**

② 1) 本件補修分担金特約は、軽過失損耗部分の回復費用を定額に設定しているところ、形式的にみると、軽過失損耗部分が同定額を超えた場合には、借主に利益となる余地がある。しかし、実質的に借主に利益があるというためには、結果的に発生した軽過失損耗部分の回復費用が設定額より多額であったという特段の事情がない限り難しく、**少なくとも定められた分担金額が一般的に生じる軽過失損耗部分の回復費用額と同額程度であることが必要**である。

2) 本件補修分担金特約に基づく分担金額は、月額賃料の約2.5倍程度に定められているところ、借主に軽過失があって、**軽過失損耗が発生することは通常それほど多くなく、一般的にその回復費用が月額賃料の2.5倍であると考えることはできない。**

そうすると、分担金特約に基づく分担金額は、一般的に生じる軽過失損耗部分の回復費用と同額程度とはいえず、また、**本件物件について軽過失損耗部分の回復費用が設定額である16万円を超えたと認めるに足りる証拠もない。**

3) 以上によれば、本件補修分担金特約は借主によって有利であるとまではいえず、かえって、**借主に月額賃料の約2.5倍の回復費用を一方的に支払わせるもので、しかもその額の妥当性について賃料とは別個に借主に負担させるもの**であることを総合すると、**借主に不利益を負わせるものと評価せざるをえない。**

③ そうすると、本件補修分担金特約に基づいて借主Xに対し、**分担金の負担をさせることは民法第1条第2項に規定する基本原則に反し、消費者の利益を一方的に害するものといえる。**

④ 1) **貸主**Yは、本件補修分担金特約は原状回復費用が定額に抑えられていて借主に有利である旨**主張**するが、上記で説示どおり、分担金特約は実質的にみて借主に有利とまではいえない。したがって、**貸主Yの主張は採用しない。**

2) また、**貸主**Yは、分担金特約の定めがある賃借物件では、借主が退去時における原状回復費用を巡るリスクの減少というメリットを享受できる旨**主張**するが、紛争リスク減少のメリットは借主だけではなく、**貸主も同様に享受している**のであり、貸主も享受するメリットを発生させるために**借主のみが通常損耗部分の回復費用を含む分担金を負担することは不当であるといわざるをえない。**

3) また、**貸主**Yは、分担金特約のある賃借物件では借主は軽過失免除となるので原状回復費用のことを気にかけることなく安心して居住できる旨**主張**するが、善管注意義務を尽くそうとする借主にとって、分担金特約の定めをした場合であっても賃借物件を損壊しないように注意し

ながら生活することになるし、善管注意義務を尽くそうとしないような借主については、生活態度からして重過失が認定される蓋然性が高くなり、貸主Yが主張するように軽過失にすぎないとして免責される余地は少ないことになる。

したがって、貸主Yが主張する**分担金特約の存在によって、一般的に借主が安心して居住することになる訳ではない。**

⑤ 以上によれば、本件補修分担金特約は民法の任意規定の適用による場合に比して**借主の義務を加重するものというべきで、信義則に反して借主に利益を一方的に害するもので、消費者契約法第10条に該当し無効**である。

3 争点②「本件更新料特約は消費者契約法第10条もしくは借地借家法により無効か」について

借主Xは、本件口頭弁論期日において、貸主Yから更新料6万3千円及び訴訟送達の日の翌日から同弁論期日までの遅延損害金全額1,604円の合計6万4,064円を受領している。

そうすると、**本件更新料特約が消費者契約法第10条に該当して無効か否かを判断するまでもなく、更新料にかかる請求は理由がないことが明らか**である。

4 結論

以上から、借主Xの本件請求は、**主文①項の限度で理由があるから、その限度で容認**し、その余は理由がないから棄却することとし、訴訟費用の負担につき民事訴訟法第61条、第64条を、仮執行宣言につき同法第259条をそれぞれ適用して主文どおり判決する。

【主　文】
① 貸主Yは、借主Xに対し、16万円及びこれに対する平成19年8月5日から支払済みまで年5分の割合による金員を支払え。
② 借主Xのその余の請求を棄却する。
③ 訴訟費用はこれを10分し、その7を貸主Yの、その余を借主Xの負担とする。

86【定額補修分担金・更新料返還請求】京都〔（原審）京都地裁・平19（ワ）第2242号、（控訴審）大阪高裁・平20（ネ）第1597号・平20.11.28判決〕

定額補修分担金には通常損耗の原状回復費用が相当程度含まれていると解され、その金額も月額賃料の2.5倍を超えるなど消費者の利益を一方的に害するものであるとして、補修分担金特約は消費者契約法第10条に該当して無効した事例

① 借主Xは、平成17年3月17日、株式会社Aの宅地建物取引主任者から補修分担金特約を含めた賃貸借契約の重要事項について説明を受け、重要事項説明書を受領した。
　重要事項説明書には、賃料等授受される金銭として、礼金10万円、定額補修分担金16万円、契約更新料前賃料の1か月分、火災保険料1万5,100円、仲介手数料6万6,150円、賃料月額6万3,000円、共益費・管理費月額6,000円との記載があった。
② 貸主Yとの間で賃貸マンションの賃貸借契約とともに、それに付随して定額補修分担金特約及び更新料特約を締結した。
③ 借主Xは、退去に伴い、貸主Yに対し、補修分担金特約及び更新料特約は消費者契約法第10条などにより無効であるとして、不当利得返還請求権に基づき、各特約に基づいて支払った定額補修分担金16万円及び更新料6万3,000円の合計22万3,000円及びこれに対する訴状送達の日の翌日である平成19年8月5日から支払済みまで民法所定の年5分の割合による遅延損害金の支払を求め提訴した。
④ 原審は、借主Xの請求のうち、更新料相当額及びこれに対する遅延損害金については貸主Yから受領済みであるとして請求を棄却したが、補修分担金相当額及びこれに対する遅延損害金については、補修分担金特約は消費者契約法第10条に該当し無効であるとして請求を認容したため、貸主Yが、敗訴部分を不服として、控訴を申し立てた。

争　点
①　本件補修分担金特約は消費者契約法第10条に該当して無効か

裁判所の判断〔(控訴審)大阪高裁・平20(ネ)第1597号・平20.11.28判決〕

1　争点①「本件補修分担金特約は消費者契約法第10条に該当して無効か」について

(1)　弁論の全趣旨によれば、借主Xは消費者契約法第2条第1項の「消費者」に、貸主Yは同条第2項の「事業者」に該当すると認められ、その間で締結された本件賃貸借契約は同条3項の消費者契約に該当する。

(2)　消費者契約法第10条前段は、同条により消費者契約の条項が無効となる要件として、「民法、商法その他の法律の公の秩序に関しない規定の適用による場合に比し、消費者の権利を制限し、又は消費者の義務を加重する」条項であることを定めている。

民法の規定（第616条、第598条）によれば、借主は、賃貸借契約が終了した場合には、賃借物件を原状に回復して貸主に返還する義務があるところ、賃貸借契約は、借主による賃借物件の使用とその対価としての賃料の支払を内容とするものであり、**賃借物件の損耗の発生は、賃貸借という契約の本質上当然に予定されている。**

したがって、**建物の賃貸借において借主が社会通念上通常の使用をした場合に生ずる賃借物件の劣化又は価値の減少を意味する通常損耗については、貸主が負担すべきもの**といえ、賃貸借契約終了に伴う原状回復義務の内容として、借主は通常損耗の原状回復費用についてこれを負担すべき義務はないと解される。

本件補修分担金特約は、それに基づいて支払われた分担金を上回る原状回復費用が生じた場合に故意又は重過失による物件の損傷、改造を除き原状回復費用の負担を借主に求めることができない旨規定しているところ、賃貸借契約書の記載内容や弁論の全趣旨によれば、逆に、原状回復費用が分担金を下回る場合や、原状回復費用から通常損耗についての原状回復費用を控除した金額が分担金を下回る場合、あるいは原状回復費用のすべてが通常損耗の範囲内である場合にも、借主はその差額等の返還請求をすることはできない趣旨と解され、そうすると、**本件補修分担金特約は、借主が本来負担しなくてもよい通常損耗部分の原状回復費用の負担を強いるものといわざるをえず、民法の任意規定に比して消費者の義務を加重する特約というべきである。**

(3)　さらに、消費者契約法第10条後段は、同条により消費者契約の条項が無効となる要件として、「民法第1条第2項に規定する基本原則に反して消費者の利益を一方的に害するもの」であることを規定する。

これを本件についてみると、**定額補修分担金の金額は月額賃料の2.5倍を超える16万円であること**、上記(2)のとおり、原状回復費用が分担金を下回る場合や原状回復費用から通常損耗についての原状回復費用を控除した金額が分担金を下回る場合のみならず、原状回復費用のすべてが通常損耗の範囲内である場合においても**借主は一切その差額等の返還請求をすることはできない趣旨の規定であること、入居期間の長短にかかわらず、定額補修分担金の返還請求ができないこと**、賃貸借契約書に「新装状態への回復費用の一部負担金として」定額補修分担金の支払を定めているところからすれば、**定額補修分担金には通常損耗の原状回復費用が相当程度含まれていると解されること**、借主Xは、貸主Yに対し、定額補修分担金の他に礼金10万円を支払っていることなどの事情を併せ考えれば、本件補修分担金特約は、民法第1条第2項に規定する基本原則に反して**消費者の利益を一方的に害するものというべきである。**

(4)　これに対し、**貸主Y**は、本件補修分担金特約は、賃貸借契約締結時において原状回復費用を定額で確定させて、貸主と借主の双方がリスクと利益を分け合う交換条件的内容を定めたものであるから、消費者契約法第10条には該当しないなどと**主張**する。

しかし、定額補修分担金という方式によるリスクの分散は、多くの場合、多数の契約関係を有する貸主側にのみ妥当するものといえ、また、原状回復費用を請求する側である貸主は、定額を先に徴収することによって、原状回復費用の金額算定や提訴の手間を省き紛争リスクを減少させるとの

メリットを享受し得るといえるが、**借主にとっては、そもそも通常の使用の範囲内であれば自己の負担に帰する原状回復費用は発生しないのであるから、定額補修分担金方式のメリットがあるかどうかは疑問**といわざるをえない。

本件における定額補修分担金の金額が月額賃料の2.5倍を超える16万円であることも併せ考えると、本件補修分担金特約は**交換条件的内容を定めたとする貸主Yの主張は採用できない。**

(5) したがって、**本件補修分担金特約は、消費者契約法第10条により無効**であるから、借主Xの貸主Yに対する不当利得返還請求権に基づく16万円及びこれに対する平成19年8月5日から支払済みまで年5分の割合による遅延損害金の支払を求める請求は理由がある。

2 以上によれば、**原判決は相当**であり、**貸主Yの本件控訴は理由がない**ものとして棄却を免れない。
よって、主文のとおり判決する。

【主 文】
① 本件控訴を棄却する。
② 控訴費用は、貸主Yの負担とする。

● 【参考7】
【敷金返還請求】京都〔(原審)京都地裁・平16年(ワ)第2671号、(控訴審)大阪高裁・平17年(ネ)第3567号・平18.5.23判決〕

賃貸物件の損耗の発生は、当然に予定されているもので、営業用物件でも通常損耗の投下資本減価の回収を賃料に含ませることは可能で、借主が通常損耗の補修費用を負担する旨の特約に合意したと認められないとし、原審判決は一部相当でないとして原判決を変更し、敷金返還を認めた事例

① 株式会社Aを貸主Y1、借主Xとする建物賃貸借契約の終了後、借主Xが、Aの承継人である貸主Y2に対し、Aに預託した敷金140万円から、約定の敷金控除額42万円、未払光熱費2万2,114円及び既に返還を受けた39万9,286円を控除した残額55万8,600円の返還と、これに対する賃借建物の明渡し後の平成16年1月1日から支払済みまで商事法定利率年6分の割合による遅延損害金の支払いを求めた。
② これに対し、貸主Y2が、(1)賃貸借契約には、通常の使用に伴う損耗を含めて、借主の負担で契約締結当時の原状に回復する旨の特約がある、(2)約定の敷金控除額42万円に対する消費税相当額2万1,000円は借主が負担すべきである等と主張して、敷金140万円から、約定の敷金控除額とこれに消費税相当額を加えた44万1,000円、未払光熱費2万2,114円、原状回復費53万7,600円及び既払金39万9,286円を控除すると、借主Xに返還すべき敷金残額はない等として争った。
③ 本件訴えは、京都簡易裁判所に提起され、当初は同裁判所が審理していたが、その後京都地方裁判所に移送された。
原審である京都地方裁判所は、特約の存在を認める等して、借主Xの請求を棄却する判決をした。これに対し、借主Xが、請求を認容することを求めて控訴した。

争 点
① 無権代理か否か
② 原状回復義務についての特約の成否
③ 本件貸室の汚損等状況及び原状回復費用の額
④ 敷引分の消費税相当額の負担
⑤ 附帯請求の起算日

裁判所の判断〔(控訴審)大阪高等裁判所・平17年(ネ)第3567号・平18.5.23判決〕
1 無権代理か否かについて
当裁判所も、Bが、京都簡易裁判所で借主Xの訴訟代理人として行った訴訟行為は有効であると解する。

2 原状回復義務についての特約の成否について
　(1)　認定事実
　　　次のとおり補正するほか、原判決の「事実及び理由」中の「第3 争点に対する判断」の「2 争点(2)及び(3)について」の「(1)」と同じであるからこれを引用する。
　　ア　10頁17行目の「15」を「17」に改める。
　　イ　12頁6行目の次に改行して、次のとおり加える。
　　　「エ　貸主Y2は、借主Xから本件貸室の明渡しを受けた後、本件貸室について全く内装工事を行わないまま、平成16年12月10日から、Cに賃貸している。」
　(2)　判断
　　　そこで、本件賃貸借契約において、通常損耗も含めて借主Xが原状回復義務を負う旨の特約が締結されたか否かについて、検討する。
　　ア　建物の借主は、賃貸借契約が終了した場合に賃借物件を原状に回復して返還する義務があるところ、賃貸借契約は、借主による賃借物件の使用とその対価として賃料の支払を内容とするものであり、賃借物件の損耗の発生は、賃貸借という契約の本質上、当然に予定されているものである。そのため、建物の賃貸借においては、**通常損耗により生ずる投下資本の減価の回収は**、通常、減価償却費や修繕費等の必要経費分を**賃料の中に含ませてその支払を受ける**ことにより行われている。そうすると、**借主に賃貸借において生ずる通常損耗の原状回復義務を負わせるのは、借主に予期しない特別の負担を課することになる**から、借主に同義務が認められるためには、少なくとも、**借主が補修費用を負担することになる通常損耗の範囲が契約書の条項自体に具体的に明記されているか**、仮に契約書では明らかでない場合には、**貸主が口頭により説明し、借主がその旨を明確に認識して合意の内容としたものと認められる**など、その旨の**特約が明確に合意されていることが必要である**と解するのが相当である**（最高裁判所平成17年12月16日第二小法廷判決・裁判所時報1402号6頁、本編事例【93】参照）**。
　　イ　これを本件についてみると、本件賃貸借契約には、契約が期間満了または解約により終了するときは、終了日までに、借主は貸室内の物品等一切を搬出し、借主の設置した内装造作諸設備を撤去し、貸室を原状に修復して貸主に明渡すものとするとの条項がある。
　　　しかしながら、同条項は、その文言に照らし、借主の用途に応じて**借主が室内諸設備等を変更した場合等の原状回復費用の負担や一般的な原状回復義務について定めたもの**であり、この規定が、**借主が賃貸物件に変更等を施さずに使用した場合に生じる通常損耗分についてまで、借主に原状回復義務を認める特約を定めたものと解することはできない**。
　　　したがって、同条項は、**借主が通常損耗について補修費用を負担すること及び借主が補修費用を負担することになる通常損耗の範囲を明記するものでない**ことは明らかであり、また、全証拠によっても、貸主がこれらの点を口頭により説明し、借主がその旨を明確に認識し、それを合意の内容としたと認められるなど、その旨の**特約が明確に合意されていることを認めるに足りる証拠はない**から、本件賃貸借契約において、通常損耗分についても**借主Xが原状回復義務を負う旨の特約があることを認めることはできない**。
　　ウ　貸主Y2は、(1)**営業用物件の場合**には、借主の用途はさまざまであり、借主の用途に応じて、室内諸造作及び諸設備の新設、移設、増設、除去、変更が予定され、原状回復費用は、貸主に予測できない借主の使用方法によって左右されるから、貸主が、通常損耗の原状回復費用を予め賃料に含めて徴収することは不可能であること、(2)本件賃貸借契約においては、営業用物件の賃貸借契約の特徴を踏まえて、契約書において、内装の変更工事等について、事前に貸主の書面による承諾を得たうえで、借主の責任と費用負担により、貸主の指定した工事人によって行うものとされ、修繕についても、共用部分及び借主の所有以外の造作、設備の破損もしくは故障に関する修繕は、借主の通知により、貸主が必要と認めたもののみその費用を負担して実施し、貸室内の建具類、ブラインド、ガラス、照明器具、スイッチ、コンセント等および付属品の修繕や貸室内の壁、天井、床等に関する修繕（塗装および貼り替えを含む。）は借主の負担とするものとされ、契約書において、借主に対し、原状回復義務を負わせていることを挙げ、賃貸借契約中には、通

常損耗分についても借主Xが原状回復義務を負う旨の特約があると**主張**する。

　　しかしながら、賃借物件の損耗の発生は、賃貸借という契約の本質上当然に予定されているものであって、**営業用物件であるからといって、通常損耗に係る投下資本の減価の回収を、減価償却費や修繕費等の必要経費分を賃料の中に含ませてその支払を受けることにより行うことが不可能であるということはできず**、また、貸主Y2が主張する賃貸借契約の条項を検討しても、借主が通常損耗について補修費用を負担することが明確に合意されているということはできないから、貸主Y2の主張は、採用することができない。

3　本件貸室の汚損等状況及び原状回復費用の額について
(1)　貸室の汚損等の状況は、汚損等の内容及び程度、貸主Y2が汚損について全く補修することなく、新たに賃貸していること並びに「原状回復をめぐるトラブルガイドライン（改訂版）」（国土交通省住宅局）において家具の設置による床、カーペットのへこみ、設置跡、フローリングの色落ち、生活必需品であるエアコンの設置による壁のビス穴等が通常の使い方をしていても発生する損耗に区分されていることに照らすと、**汚損等が通常損耗の範囲を超えたものであることを認めることはできない。**

　　貸主Y2は、特約の存在が認められないとしても、貸室の汚損については、借主Xは、善管注意義務違反による損害賠償義務を負うと**主張**するが、**貸室の汚損が、通常損耗の範囲を超えるということはできず、善管注意義務違反によって生じたことを認めるに足りないから**、貸主Y2の主張は理由がない。

(2)　**貸主**Y2は、借主Xは、壁クロス張替工事、壁巾木取替工事及びタイルカーペット張替工事等に必要な費用中、減価償却割合に照らし、72.5％を負担する義務があると**主張**するが、その主張は独自の見解に基づくものであって、**借主Xがこのような義務を負う根拠はないから**、貸主Y2の主張は、採用することはできない。

(3)　以上によれば、**借主Xが負担すべき原状回復費用を認めることができない。**

4　敷引分の消費税相当額の負担について
(1)　賃貸借契約書によれば、敷金は、契約開始日から10年未満に賃貸借契約が終了する場合は、7割を返還する旨の規定があるが、この場合に貸主が差引くことのできる敷金の3割相当額について、その消費税相当額を借主が負担する（消費税相当額を差引いて返還する。）のであれば、実際には7割を下回る額しか返還しないことになるから、その旨明記するのが通常であると考えられるところ、**契約書には、その旨を定めた規定は存しない。**

　　他方、賃料等の支払について、賃料及び諸費用については契約書において、消費税が課せられる場合には借主の負担とする旨の規定がある。

　　これらの規定を対比すれば、賃貸借契約において、**消費税相当額を借主Xが負担する合意があるものと認めることはできない。**

(2)　なお、重要事項説明書には、「契約内容の諸条件と費用」として、敷金から控除すべき金額を「償却費」とし、それに関する消費税の有無について「有」と明記されており、**貸主**Y2は、これをもって借主Xが、控除される金額についての消費税を負担することを裏づけるものであると**主張**するが、契約書には、**敷金から控除すべき金額を「償却費」とする旨の規定はないから**、この記載のみから、借主Xと貸主Y2との間で、借主Xが貸主Y2の主張する**消費税相当額を負担する合意があったと認めることはできず**、他に、そのような**合意を認めるに足りる証拠はない。**

(3)　よって、この点に関する貸主Y2の主張は理由がない。

5　附帯請求の起算日について
　　賃貸借契約書によれば、敷金は、契約に基づく借主Xの債務の履行を担保するために借主Xから貸主Y2に対して預入れられたものであり、借主Xが貸主Y2に対し、契約が終了し、貸室の明渡しが終了した後、借主Xの電気料等諸費用のすべての債務について精算したうえで、遅滞なくその残額を返

還すべきであり、また、同契約書によれば、借主Xは、貸主Y2に対し、明渡しまでの電気料等諸費用を支払うものとされているから、この部分の精算が済んだ後、速やかに借主Xに残額を返還すべきであると解される。

そして、預かり敷金清算書及び弁論の全趣旨によれば、遅くとも平成16年2月13日までには精算が終了し、残額を返還すべきであったと解される。

したがって、**附帯請求の起算日は、平成16年2月14日であると認めるのが相当**である。

6　結論

以上によれば、**借主Xの請求は、敷金残額55万8,600円**及びこれに対する平成16年2月14日から支払済みまで**商事法定利率年6分の割合による遅延損害金の支払を求める限度で理由がある**から認容し、その余の請求は棄却するのが相当である。

これと一部結論を異にする**原判決は相当でないから**、原判決を上記の趣旨に**変更する**こととする。

【主　文】

① 　原判決を次のとおり変更する。
　(1)　貸主Y2は、借主Xに対し、55万8,600円及びこれに対する平成16年2月14日から支払済みまで年6分の割合による金員を支払え。
　(2)　借主Xのその余の請求を棄却する。
② 　訴訟費用は、第1、2審とも、貸主Y2の負担とする。

87【退去時修繕】大阪〔大阪簡裁・平5(ハ)第12636号・平6.10.12判決〕

汚損修復のための費用は敷引金で充てるものと解すべきで、返還保証金より差引くのでは、あまりにも借主に酷であり不当であるとして、借主の請求を全面的に認めた事例

---

① 　借主Xは、平成2年8月に貸主Yと賃貸借契約を締結した。Xは同日、Yに対して、賃貸借契約に付帯して、保証金1,700,000円を預託した。保証金は、契約が終了してXが退去した後、6か月以内に、YはXに対し、「(1)契約期間2年未満の場合、30％を差引いた残額を返還する。(2)契約期間2年以上5年未満の場合、25％を差引いた残額を返還する。」との約定が付されている。
② 　Xは、その後、賃貸借契約を解約し、平成5年7月に建物を明渡した。従って、契約期間2年以上5年未満の場合に該当するので、Yは、保証金1,700,000円から25％を差引いた1,275,000円をXに返還する義務がある。
③ 　しかし、Yは、保証金のうち823,036円を返還したのみで、残金451,964円の支払いをしないため、Xは、Yに対し保証金の残金451,964円の支払いを求めた。

【双方の言い分】

貸主Yは、「確かに保証金のうち823,036円を返還したのみで、残金451,964円の支払いをしていないことを認めます。」「借主Xの使用によって建物が甚だしく汚損され、その原状回復に以下のように費用を支払ったからです。」

①天井・壁クロス工事（廊下、台所、居間）170㎡	245,000円	④襖（4枚張替え）	20,800円
		⑤クリーニング（全体）	60,000円
②床・畳工事（8畳）	92,000円	⑥消費税（3％）	13,164円
③障子（5枚張替え）	21,000円	合　計	451,964円

「天井クロスの張替えは、借主Xによる照明器具の取付け痕が鮮明に残っている状態で、器具の取付け方の不備が原因と推察され、その張替えを必要としました」。また、「和室の畳については、借主Xの通常の使用状態を超えた過失によるものと思われる汚損（1枚）があり、全体的にも汚損があったので、1枚だけの張替えでは却って和室全体の調和を破壊し、全体の汚損状態が目立つことになってしまうので、

全体的な張替えを行いました」。「天井クロスの張替えと畳1枚の交換については、借主Xも了解していたはずです」。「なお、障子、襖については、汚損の程度が甚だしく、クリーニングは、全体的な掃除であり、新賃借人に賃貸する場合には、当然、必要になるものです」。よって、「原状回復に要した費用相当額を保証金の返還金から差引かせて頂きました」と主張した。

これに対して**借主**Xは、「貸主Yが主張する原状回復費用については、洋室の天井クロスに照明器具の取付け痕が残っていたこと、和室の畳1枚に汚損があったことは認めます」。しかし、「こちらが損害費用を負担すべき義務はないと思います。何故なら、保証金のうちから敷引として25％に当たる425,000円を差引かれているからです」。「このような敷引については、その内容として、「その金額程度までの範囲内の修理、原状回復費用については敷引き分をもって充てる」との合意が含まれていると思います」。従って、「こちらには天井クロス及び畳1枚に対する損害費用を出すべき義務は発生していないはずですので、返還保証金については全額返して頂きたい」と主張した。

裁判所の判断（**大阪簡易裁判所・平5(ハ)第12636号・平6.10.12判決**）

(1) 証人Vの証言によると、貸主Yが主張した損害項目のうち、天井クロスの照明器具の取付け痕による汚れも、畳の汚損も、賃借人の通常の使用により自然に生ずる程度の汚れであったことが認められる。

(2) ところで、建物の賃貸借契約において保証金が預託される際に付される**敷引の約定**については、**賃借人の通常の使用により賃貸物に自然に生ずる程度の汚損、即ち通常の汚損に関する修復費用は、敷引金をもって充てるとの約定を含んでいるものと解するのが相当**である。そして、損傷の修復に要する費用は、数万円程度を超えるものではないと推測される。

そうすると、**貸主**は、保証金1,700,000円の25％という高額の敷引金を預かっているのであるから、**各汚損修復のための費用は敷引金をもって充てるべく、返還保証金より差引くのでは、あまりにも借主に酷であり、不当ではないかと言わざるを得ない**。

なお、「その他の損害については、汚損の箇所や範囲、修復に要した費用等について、これを認めるに足りる証拠はなく、貸主Yの主張は採用しがたい」として、**借主**Xの請求を全面的に認めた。

88【退去時修繕】大阪〔大阪地判・平7(レ)第28号・平7.9.19判決〕
契約終了に伴い保証金が返還されないとして訴えた裁判で、貸主が主張する損傷は通常使用で生じる程度を超える特別の損傷とは認めることができないと、借主の請求を全面的に認めた事例

① 借主Xは、貸主Yから平成3年10月にビルの一室を賃貸借した。約定では、賃料165,000円、保証金1,600,000円（契約解除時、YはXに対し、1,000,000円を控除して返戻）、YはXに対し、貸室の建具、壁その他関連する全ての物品に対して故意・過失により損傷を与えた時は、別途その損料を支払うこととした。
② Xは、平成4年10月に契約を解除し、同日、貸室を明渡して保証金600,000円の返還を求めたが、YはXが室内を損傷させたとして、その修復費用600,000円が必要であるとして返還を拒否した。

【双方の言い分】

貸主Yは、契約において、「借主Xに対して貸室内の建具、天井、床面その他貸室及びその関連する全ての物品に対し、故意または過失により損傷を与えた時は、別途にその損料を支払う」旨の特約があります。また、貸室には、10月30日の明渡し時点で、「柱・壁の汚れ、クロスの剥がれ、ドア枠の損傷、釘穴、床の染み、Pタイルの損傷などがあり、原状回復費用が約650,000円掛った」。さらに、「借主Xは、明渡し時点で貸室の損傷の原状回復費用として600,000円の支払い義務があることを認めているため、返還すべき保証金はありません。」と主張した。

これに対して**借主**Xは、「確かに契約書の中に原状回復の特約があったことは認めますが、そこでいう損傷は、通常の使用による損耗、汚損は含まれていないと思います。」「なお、貸主Yはこちらが貸室の損傷の原状回復費用として600,000円の支払い義務を認めたと言っていますが、それは600,000円の支払い義務を認める内容の念書への署名（Uが署名代行）であり、念書を600,000円の保証金返還の手続

書類と誤解して署名したものです。」「従って、念書に署名はしましたが、原状回復費用の支払い義務があることを認めたものではありません」と主張した。

裁判所の判断（大阪地方裁判所・平7(レ)第28号・平7.9.19判決）

（1）借主による使用収益を内容とする賃貸借契約の性質に鑑みれば、借主による賃借物の使用収益により、通常の使用によって生ずる程度の損傷が発生することは通常予想される事態であること、加えて、保証金は1,600,000円であるところ明渡し時に1,000,000円を控除して返戻するというものであって、その**控除割合は非常に大きいものであることを考慮するとき**、本契約において、貸室の**通常の使用によって生じる程度の汚損ないし損耗の補修に要する費用については、控除に係わる金員をもって補填するべき**である。

よって、**借主Xが負担を負うべき「損傷」には、通常の使用によって生ずる程度の汚損ないし損耗は含まれない**というべきである。

（2）次に、証人Vの証言によれば、貸室の明渡し時、貸室には、台所の流し台横の柱の下部及び壁、ドアに隣接する壁などは汚れがあり、隅の柱の角のクロスは一部剥がれ、ドア横の木枠の角の一部も削られている、南側の壁には釘穴が、床には染みがあり、Ｐタイルには損傷箇所が認められる。

しかしながら、柱や壁や床の染みや汚れ、Ｐタイルの損傷、壁の小さな穴、柱の角の表面クロスの剥がれなどは、いずれも部分的なものであって、さほど広範囲なものではなく、また、内容的にも重大なものではない、むしろ、貸室を1年間程度使用すれば通常生じるであろう軽微なものであること、また、ドアの木枠の角が一部削れている程度も軽微なものであることを認めることができる。

（3）証人Wの証言によれば、借主Xが貸室を明渡しした後、貸室の床のＰタイル、壁クロス、天井の張替えが行われ、その見積が約650,000円であったことが認められるが、貸室は、借主Xの前入居者が賃借していた期間が4、5か月であったにも拘らず、貸室の明渡し後、床のＰタイルと壁のクロスが張替えられたこと、貸主Yの会社では貸室を含むビルは、新しいビルであったため、常に新築同様の状態であらたな賃借人に物件を貸すという方針が採用されており、室内が少しでも汚損等していたら、原則として、その部分全部補修工事を行っていたことが認められ、借主Xが貸室の床、壁、天井全部の張替えを行い、その費用の見積が約650,000円だとしても、貸主Y主張の各損傷が直ちに掛った費用相当のものであるとは言えないので、それを根拠に各損傷が貸室の通常の使用によって生じる程度を超える特別の損傷であったと認めることはできない。

（4）なお、建物の明渡しに際し、原状回復費用として600,000円の支払い債務があることを認める旨の念書にUが借主Xの署名押印を代行したことが認められるが、600,000円という金額がUが認識している返還されるべき保証金と同額であることから、直ちに、Uが原状回復費用として600,000円の支払い債務を認めたことにはならない。

（5）以上から、**貸主Yが主張する各損傷は、特別な損傷とは認められず、借主Xの請求を全面的に認める**。

89【退去時修繕】大阪〔大阪高裁・平12.8.22判決〕
「契約時の原状に復旧させる」という文言は、一般的な原状回復義務を規定したものとしか読むことはできず、通常損耗を賃借人が負担すると定めたものとは解されないため、差し戻した上告審判決

① 借主Xは、賃借期間を平成8年3月より平成10年7月まで、室料月額12万円余とする共同住宅の一室賃貸借契約を貸主Yと締結し、敷金37万円余を預託した。賃貸借契約には「Xは、本契約が終了した時はXの費用をもって本物件を当初契約時の原状に復旧させ、Yに明渡さなければならない」という条項（第21条）があった。

② Xは、契約締結時の平成8年3月頃、媒介業者から「本物件の解約明渡し時に、Xは契約書第21条により、本物件を当初の契約時の状況に復旧させるため、クロス、建具、畳、フロア等の張替え費用及び設備器具の修理代金を実費にて清算されることになります」と記載のある覚書を受領し、署名押印して媒介業者に提出した。

③　Xは、平成10年7月、Yに物件を明渡し、賃貸借契約は終了した。ところが、Yは、賃貸借に基づく原状回復費用として、通常損耗分も含めて、敷金を上回る支出をしたとして、敷金の返還を拒んだ。

④　これに対してXは、「通常損耗に対する補修費用は賃借人の負担にならない」として、24万円余の敷金返還を求めて提訴した。

⑤　これに対してYは、裁判で賃貸借契約書第21条及び覚書の「当初契約時の原状に復旧させる」の文言等により、「通常損耗による壁、天井などのクロスの張替え、畳の表替え等に要した費用合計48万円余をXが支払う義務がある」とし、この修理費用等請求権をもって敷金返還請求権を相殺するとの意思表示を行い、さらに反訴請求として修理費用請求権残額等合計11万円余の支払いをXに対して求めた。

裁判所の判断【一審及び二審】

一審及び二審において、裁判所は、何れも賃貸借契約書及び覚書の記載は「通常損耗による原状回復義務を借主に負わせるもの」と判断して、借主Xの請求を棄却した。

借主Xは、これを不服として上告した。

裁判所の判断【上告審】（大阪高等裁判所・平12.8.22判決）

上告審において大阪高等裁判所は、次のような判断を下した。

（1）　一般に建物賃貸借における借主の原状回復義務とは、「①　借主が付加した造作を取り除く義務」、「②　通常の使用の限度を超える方法により賃貸物の価値を減耗させたとき（例えば、畳をナイフで切った場合）の復旧費用の負担義務」等と解される。

他方、「①　賃貸期間中の経年劣化、日焼け等による減価分」や、「②　通常使用による賃貸物の減価（例えば、冷暖房器の減価、畳の擦り切れ等）」は、賃貸借本来の対価というべきであって、借主の負担とすることはできない。

（2）　もし、上記の原則を削除し通常損耗も借主の負担とするときには、契約条項に明確に定めて、借主の承諾を得て契約すべきであるが、**賃貸借契約書第21条の「契約時の原状に復旧させ」の文言は、契約終了時の賃借人の一般的な原状回復義務を規定したものとしか読むことはできない。**

（3）　また、**覚書は、契約書第21条を引用しているから、これを超える定めをしたとは言えず、通常損耗を借主が負担すると定めたものとは解されない**（自然損耗の費用負担を定めたものとは言えない。覚書は、負担すべき費用の清算方式を定めたものに過ぎない）。

（4）　**判決の判断は、契約の解釈を誤ったもの**であって、**破棄を免れない**。そして、**貸主Yの支出した費用が通常損耗を超えるものに対するものであったかどうかについて審理する必要から、本件を原裁判所に差し戻す。**

〔裁判所の見解も真っ二つに分かれ、一審（簡易裁判所）、二審（地方裁判所）は、共に「特約の有効性」を認めて貸主有利の判決を出したが、三審（大阪高等裁判所）は、これを破棄・差戻しとする逆転判決を下し、**その後和解**となった。〕

再チェック　【宅建業者としての留意事項】

（1）　**自然損耗の減価負担特約における判例**

このほかに「条項内容は、借主に入居当時と全く同じ状態に戻す義務を定めたものではない」として、最高裁1968（昭和43）年1月25日判決や、「条項内容は、通常生活による減損の負担を借主に定めたものではない」とした名古屋地裁1990（平成2）年10月19日判決などがあります。

（2）　**紛争を避ける事前防止策**

契約時に原状回復義務に対する十分な説明と、入居時の部屋の写真を撮影して置いて退去時との違いを検証するなどの必要があります。

借主は、賃借した部屋などを退去時に自らの費用で入居当時の原状に戻す義務があります。

例えば、「絵画を飾るために壁面に取付金具用の穴をあけたり」「部屋の中で野球の素振りをして畳を通常生活以上

にすり減らした」場合などは借主がその回復費用を負担することになりますが、経年変化による自然損耗、つまり「直射日光による畳の日焼け」「冷暖房機の減価償却による価値の減少」「通常生活による畳の劣化」などについては、賃貸借契約の対価である家賃に含まれるものであり、借主が負担するものではないとされています。

(3) 一定範囲の修繕を借主負担とする特約

判例でも、単に貸主の修繕義務を免除する意味しか有していないとされており、経年変化や通常損耗に対する修繕義務等を借主に負担させる特約は、借主に、法律上・社会通念上の義務とは別の新たな義務を課すことになるため、次の要件を満たさなければ効力を争われることになることを十分留意すべきです。

① 特約の必要性があり、かつ、暴利的でない等の客観的・合理的理由があること。
② 借主が特約によって通常の原状回復義務を超えた修繕等の義務を負うことについて認識していること。
③ 借主が特約による義務負担の意思表示をしていること。

よって、原状回復の特約を設ける場合は、その旨を明確に契約書面に定め、賃借人の十分な認識と了解をもって契約すべきです。

(4)

借主が、契約時に原状回復の特約について十分説明を受け、認識し了解をしたが、退去時になると「経年変化による自然損耗については賃料に含まれているはずだから、全ての原状回復費用をこちらが負担する必要はない」と敷金の返還を求めてきた場合はどうか。

仲介業者が原状回復の特約を定めたうえで、借主に十分説明し了解させ、その覚書を作成し、署名・捺印までしている。しかし、原状回復の特約をめぐって裁判になった場合、あまりにも貸主側に有利な特約では、例え契約時に、借主がその特約を十分認識していたとしても、それは無効であり、自然損耗の費用負担は認められず、借主側の勝訴となる可能性が高いと思われます。

貸主側からすれば、次の入居者を確保するため専門業者によるクリーニング等を行いたい。しかし、その費用を全て退去者（借主）の敷金を充てようとするとトラブルとなります。

敷金返還のトラブルに「少額訴訟」が多く利用されている今日、仲介（管理）業者は『借主からいかに修繕費用を特約によって取るかではなく、貸主に対して自然損耗については全て貸主の費用負担であることを日頃からＰＲや教育していく必要がある』と思われます。

---

90 【退去時修繕】大阪〔東大阪簡裁・平14（ハ）第325号・平15.1.14判決〕

経年変化及び通常使用によって生ずる減価の範囲分を除いた部分が借主の負担すべき費用とされた事例

> ① 借主Xは、平成9年5月16日に東大阪市内にある賃貸マンションにつき、契約期間2年間、月額賃料93,000円、月額共益費8,000円、敷金279,000円、畳の表替・内装の塗替等の修理費用は借主の負担とする等の条件で、貸主Yと賃貸借契約を締結した。
> ② 借主Xは、貸主Yに対して平成14年1月9日に解約を申出し、同年2月12日に明渡しした。
> ③ 当該建物には、クロスには多数の落書き、破損・汚損があったほか、ビス等による穴等があった。また、床カーペットには、多数の汚損があり、貸主Yは原状回復費用356,482円を要した。さらに、平成14年2月1日から同月12日までの賃料及び共益費、駐車場賃料の滞納もあり、契約上、月額全てを請求できるが日割計算しても48,235円あった。加えて、水道代も8,353円滞納していた。
> ④ そこで、貸主Yは、預り敷金279,000円から、上記費用合計額413,070円を対等額で相殺してなお不足する額134,070円を同年2月18日付内容証明郵便で、同郵便到着後1週間以内に支払うよう借主Xに催告した。郵便は同月19日に到着したが、借主Xは同月26日を経過しても支払わなかったため、貸主Yは借主Xに対し、不足額の支払を求め提訴した。
> ⑤ この訴えに対して、借主Xは、貸主Yに対し敷金219,092円を返還するよう反訴した。

【借主の言い分】
① リフォーム費用の支払義務

リフォーム費用の請求箇所は、子供の落書き部分を除いては、全て通常の使用に伴い生じたに過ぎないものであるため、リフォームして新築時と同様になるようにクロス張替えやカーペットの張

替、畳の表替等をすべき義務はない。
② 借主が負担すべき範囲
1) 負担すべき費用は、子供の落書きにより生じた部分の壁クロス張替費用のみである。
2) よって、壁クロスの㎡単価は、1,050円である。
3) 落書き箇所は、合計で11ヶ所であり、平均すれば1㎡未満と言え、合計で11㎡となる。
4) 国土交通省発行の原状回復に関するガイドラインによれば、クロスは過失による部分の補修で足り、経過年数により貸主・借主の負担割合を算出すべきであるとしている。
5) よって、入居期間は4年8か月（57か月）であり、入居時において新品であったとしても、6年（72か月）で借主負担（残存価値）割合は、10％となるような直線で考えると、借主の負担割合は、28.75％になる。これにより試算すると、以下のとおり、借主が負担すべき原状回復費用は3,320円となる。
1,050円（単価）×11㎡（負担範囲）×0.2875（負担割合）＝3,320円
③ 結 論
以上から、預かり敷金279,000円から、延滞賃料、水道代等の合計56,588円及び、負担すべき原状回復費用3,320円の合計59,908円を差引いた残金219,092円を貸主Yは返還すべきである。

　裁判所の判断

証拠調べの結果及び**弁論の全趣旨**により、借主Xの自認する過失による損害及び延滞賃料を除き、借主Yが原状回復費用として請求する金額は、経年変化及び通常使用によって生ずる減価の範囲のものと認められる。
したがって、**貸主Yの請求は理由がなく、借主Xの請求は主文記載の範囲で理由がある**。
よって、**貸主Yは、借主Xに対して219,092円を支払え**。

91【**少額訴訟判決**】大阪〔大阪簡裁・平15.10.16判決〕
法人社宅向けの定期賃貸借契約（10年）において、入居期間の長短にかかわらず一律に保証金40万円のうち30万円を差引くこととなる敷引特約は、消費者契約法第10条により無効とした事例

① 借主Xと貸主Yは、平成14年10月21日に、賃貸借期間平成14年10月23日から平成24年3月31日、賃料6万9,000円、共益費1万1,025円、保証金(敷金)を40万円とする約定で**定期建物賃貸借契約を締結**した。
② 借主Xは、貸主Yに対し、事前に解約申し入れをしたうえ、平成15年4月22日に賃貸借契約を解約し、同日、貸主Yに対し物件を明け渡した。
③ 貸主Yは、賃貸借契約には契約終了に際し、保証金40万円から30万円を差引いて返還するとの敷引特約があるとして、借主Xに10万円を返還した。
④ 借主Xは、引渡を受けてから明渡すまでの期間の賃料不払い及び借主の責めに帰すべき損傷は、いずれもない。敷引特約は、民法その他の法律の適用による場合に比し、消費者の権利を制限し、義務を加重する条項であって、信義則に反して消費者の利益を一方的に害する条項であるから、消費者契約法第10条に違反し、無効であるとして、貸主Yに対し敷金返還請求権に基づき、既に支払いを受けた10万円を控除した残額30万円の支払いを求め、**少額訴訟を起こした**。

　争 点
① 敷引特約は、消費者契約法第10条に違背し無効か。
② 借主は、賃貸借契約を媒介した宅建業者Wの執行役員であるが、消費者契約法上の消費者であるといえるか。

　裁判所の判断
1 **争点①（敷引特約は、消費者契約法第10条に違背し無効か）について**

(1) 請求原因事実及び貸主Yの主張のとおり、敷引特約のあることについては争いがない（保証金が敷金であること、契約上、保証金の預託先及び返還請求先は株式会社Zとされているが、同社は実質上貸主Yと一体と見ることができることについては、貸主Yも認める。）。

(2) 貸主Y（被告代表者）及び証人Wの陳述によれば、物件の属する建物の賃貸マンションは、主として法人の社宅向けに10年の定期賃貸借契約物件として企図されており、敷引きは、
  ① 10年間の継続を前提にその間の使用の対価、すなわち家賃の一部前払いとし、
  ② 場所的価値に対する対価及び仲介手数料の一部負担としての礼金として、
  その額が設定されていることが認められる。
  ただし、入居の実態として、2～3割は個人契約者であること、家賃は周辺物件と比較して特に低く抑えられているものではなく、平均水準であることについては争いがない。

(3) 一般に、敷金ないし保証金は、賃貸借契約に際し、賃料その他の債務を担保する目的で、借主から貸主に交付される金銭であって、契約終了の際に、債務不履行がなければ、全額借主に返還されるべきものと解されている。
  関西地方においては、**敷金返還の際にその一部を控除することを予め貸主と借主との間で合意する敷引の慣習のあることは、当裁判所に顕著な事実であるが、敷引には種々の性質のものがあるから、その合意の内容が明確で、合理性があり、借主に一方的に不利益なものでない限り、その合意は尊重されるべき**であって、一般的に、敷引特約が直ちに公序良俗に違反し、あるいは信義則に反して借主の利益を一方的に害するものであるとはいえない。
  本件賃貸マンションについて、これを検討すれば、**法人社宅向けの10年の定期賃貸借契約物件であること、立地条件が優れていること**から、本件の敷引にはそれなりの合理性があり、通常の場合には契約当事者がその趣旨を十分理解して合意をなす以上、その**敷引割合の多いことのみをもって無効とすべきではない**。
  しかし、契約書及び重要事項説明書には、敷引金額が記載されているだけで、その**趣旨や内容は明示されておらず**、契約締結に際し、口頭でその説明があったことも伺われない。
  さらに、借主Xは個人として契約したものであり、**途中解約は転勤というやむを得ない事情によるものであること、入居期間は約6か月**に過ぎず、**借主Xの責めに帰すべき物件の損傷はなく、自然損耗も殆ど考えられないこと**など本件特有の事情が認められ、途中解約によって害される貸主Yの将来の家賃収入に対する期待は、次の入居者を見つけることで容易に回復可能であることを考慮すれば、本件の設定された敷引締結を個人契約者である借主Xにそのまま適用し、**保証金の75％もの敷引を行うことは、当事者間の信義衡平に照らし、相当ではない**。
  したがって、個人契約者（消費者）に対しても**入居期間の長短にかかわらず一律に保証金40万円のうち30万円を差引くこととなる敷引特約**は、この限度で、民法及び借地借家法等の関連法規（判例、学説などにより一般的に承認された解釈を含む。）の適用による場合に比し、消費者の権利を制限し、義務を加重する条項であって、信義則に反して消費者の利益を一方的に害する条項であるといえるから、**消費者契約法第10条により無効**である。

2　争点②（借主は、賃貸借契約を媒介した宅建業者Wの執行役員であるが、消費者契約法上の消費者であるといえるか）について

　証拠によれば、借主Xは、賃貸借契約を媒介した宅建業者Wの執行役員であり、一般消費者とは異なり不動産取引に精通していることが認められるが、借主Xが、形式的にも実質的にも個人として賃貸借契約を締結したことには当事者間に争いがなく、消費者契約法上の消費者であるかどうかは、個別的な知識・経験等を措して定型的に判断されるべきであるから、借主Xを消費者と認めることができる。

3　結　論
　以上によれば、**借主Xの請求には理由がある**。よって、
  ① **貸主Yは借主Xに対し、金30万円を支払え**。

② 訴訟費用は貸主Yの負担とする。
③ この判決は仮に執行することができる。

92【敷金返還請求】大阪〔大阪地裁・平16（ワ）第10347号・平17.4.20判決〕
敷引特約は、京阪神地方の長年の慣行であることから必ずしも不当とはいえないが、敷引額が適正額の範囲内では敷引特約は有効であり、その適正額を超える部分につき無効とした事例

① 借主Xは、平成15年6月24日、不動産賃貸業を営む貸主Yと、大阪市浪速区のマンションの1室の賃料70,000円、共益費月額10,000円、毎月月末に貸主へ持参、保証金500,000円、解約時引金400,000円、契約期間は平成15年6月25日から平成17年6月24日の2年間とする旨の賃貸借契約を締結した。
② 借主Xは、平成16年3月末の家賃支払時に5月末までに転居する旨を伝え、4月末に5月29日に転居する旨を伝えた。借主Xは、賃借して11か月しか経過していない5月29日に物件を明渡しした。賃料（共益費を含む。）の滞納はない。
③ 貸主Yは、借主Xが明渡しをした際、500,000円の保証金のうちから敷引額400,000円を差引いた残金の100,000円を補修費用（貸主が主張する補修費110,570円）に充て、返還金がない旨を借主Xに告知した。
④ 借主Xは、保証金（敷金）500,000円からペットによる損耗の補修費用86,772円については責任を認めたうえで、これを差引いた413,228円を返還するよう提訴した。
⑤ これに対し、貸主Yは、敷引特約に基づき敷引分の返還をすることはできない、ペットによる損耗の補修費の額が異なり、ダイニングキッチンのガラス割れの責任は借主Xにあり、この損害も賠償すべきであるとして争った。

争　点
① 敷引特約は、消費者契約法第10条に違背し無効か。
② 借主の飼っていたペットによる損耗の補修必要費はいくらか。
③ ダイニングキッチンのガラスが割れたのは誰の責任か。その費用はいくらか。

裁判所の判断
1　**争点①（敷引特約は、消費者契約法第10条に違背し無効か）について**
(1) 敷引特約の内容は、**保証金の80％にも及んでいること、入居者の入居期間の長短にも関わらず一律に保証金500,000円から400,000円を差引いていること、同水準の居室の通常損耗の修繕費用としては10万円前後であること**〔後述(4)〕、敷引特約の趣旨が、貸主Yの主張のとおり、通常損耗部分の補修費に充てるためのものであるとしても、**補修費に比較してその金額が大きく敷引特約の趣旨を逸脱していると考えられること**からすると、本件敷引特約は、**消費者契約法第10条**の民法の公の秩序に関しない規定（民法第601条、第606条）の適用の場合に比し、**消費者である借主Xの義務を加重する条項に該当し、かつ、信義則に違背する**ことになる。
(2) しかしながら、**関西とりわけ京阪神地方**においては、賃貸借契約終了時に**敷金の2ないし3割を控除して敷金を返還するという慣行**が存在し、控除される金員が敷引である。貸主は、敷引をもって入居者の入替えに伴う修繕費用や空室損料に充てるものとされている。この慣行は、敷金の額が相当で、賃料額が敷引を考慮して適正額に抑えられている限り、**長年の慣行であることから必ずしも不当とはいえない**。したがって、敷引特約条項の全部を無効とするのは、当事者の合理的意思に反するものと考えられる（借主は、敷引特約の趣旨の説明は受けていないが、敷引特約自体が存在し、賃貸借契約の解約時引金が400,000円であることを知っていた。）。
(3) 貸主Yの主張、**慣行等を考慮**すれば、敷引特約の趣旨を通常損耗部分の補修費に充てるためのものとみるのが相当であり、保証金（敷金）の額、敷引の額、賃料額、賃貸物件の広さ、賃貸借契約期間

などを総合考慮して、**敷引額が適正額の範囲内では本件の敷引特約は有効**であり、**その適正額を超える部分につき無効**となるものと解する。

(4) 当該物件は、保証金（敷金）500,000円、敷引の額400,000円、賃料月額70,000円、共益費月額10,000円、間取りは2DKで床面積が約45㎡、賃貸借契約期間2年ということになっている。また、貸主Yが賃貸している別室の補修費は111,800円であった。**2年間の賃貸借契約の間に通常損耗分の補修費として必要な額**は、物件の広さ、別室の補修費の額、敷金の額などからみて、**保証金（敷金）の2割に該当する100,000円とみるのが相当**である。

(5) したがって、敷引特約のうち、解約時引金400,000円のうち**100,000円を超える300,000円については、敷引特約の趣旨を逸脱し無効**となる。よって、貸主Yは、借主Xに対し、保証金（敷金）500,000円のうち100,000円を差引いた**400,000円を返還すべきである**。

2　争点②（借主Xの飼っていたペットによる損耗の補修必要費はいくらか）について

借主Xが飼っていたペットの猫による壁紙・建具などの傷みによる損害について、借主に補修義務のあることは当事者間に争いがない。

証拠及び弁論の全趣旨を総合すると借主Xの退去時に貸主Yが修繕を必要とした箇所として、

① 洋間の壁、台所、ガラス、建具及び水道代を挙げ、合計で112,250円としたこと。
② その後、貸主Yが業者に依頼して修繕した箇所とその金額は、
1) 和室縦桟取替え（4,620円）、
2) 洋室壁クロス貼替え（27,200円）、
3) ダイニングキッチンクロス貼替え（34,000円。40㎡として修繕）、
4) ガラス割替え（10,500円）、
5) 一般クリーニング（26,250円）、
6) 運搬・諸経費・廃材処分費（8,000円）であったこと。

そこで、**借主Xが負担すべき補修費用**は、1)和室縦桟取替え、2)洋室壁クロス貼替え、3)ダイニングキッチンクロス貼替え、6)運搬・諸経費・廃材処分費の合計**73,820円と認めるのが相当**である。

4)の「ガラス割替え費用」が認められないことは、後述の争点3で述べるとおりである。また、5)の「一般クリーニング費用」についても、借主Xは、猫の餌を残していたとしてその除去をしたと主張するが、証拠によれば、台所シンク下でドライのキャットフードが袋から少しこぼれていたもので、ほうきなどで掃除をすれば済む程度であったことが認められる。

したがって、**業者による一般クリーニングをしなければならないような事情は見当たらないので、この費用を借主Xが負担すべきものとはいえない。**

3　争点③（ダイニングキッチンのガラスが割れたのは誰の責任か。その費用はいくらか）について

ダイニングキッチンのワイヤ入りガラスにひび割れがあることは、証拠上、明らかである。しかしながら、全証拠によっても、ひび割れが、どのような経過で発生したのかは定かではない。借主Xは、室内外の温度差によるひび割れである旨主張している。しかしながら、借主Xの主張する平成15年12月頃またはそれ以前に室内外の**温度差が著しくなった時期のあったことを認めるに足りる証拠はない**。したがって、**借主Xにガラスのひび割れにつき責任は認められない**。

4　結論

当事者双方が、相手に対して支払わなければならない金額は、以下のとおりであり、相殺をすると、貸主Yは、借主Xに対し、326,180円とこれに対する訴状送達の日の翌日からの遅延損害金を支払うべきである。なお、借主Xの負担すべき補修費用額は借主の主張額より少ないが、相殺後の金額は借主Xの請求額の範囲内であるから、借主Xの申立てを超えて判決をしたことにはならない。

1) 貸主Yが借主Xに返還すべき金額　　　　400,000円
2) 借主Xが負担すべき補修費用額　　　　　73,820円

よって、借主Xの請求は、上記の限度で理由があり、その余は理由がないから棄却することとし、以下のとおり判決する。

① **貸主Yは、借主Xに対し326,180円及びこれに対する平成16年7月9日から完済まで年6分の割合による金員を支払え。**
② 借主Xのその余の請求を棄却する。
③ 訴訟費用は、これを5分し、その1を借主Xの負担とし、その余を貸主Yの負担とする。
④ この判決は、①項に限り仮に執行することができる。

再チェック！

敷引特約において、賃料額が適正に抑えられている限り必ずしも不当とは言えないが、控除される割合が保証金額の80%〔保証金（敷金）50万円、敷引40万円〕に及ぶこと、入居期間の長短にかかわらず一律に定められていること、同水準の居室の通常損耗の修繕費用としては10万円前後であることなどを指摘し、控除し得る適正な金額は10万円であり、これを超える部分については、「民法、商法その他の法律の公の秩序に関しない規定の適用による場合に比し、消費者の義務を加重する消費者契約の条項」に該当するとして敷引特約の趣旨を逸脱したものであり、消費者契約法第10条に違反し無効であるとされました。

本判決は、控除しうる適正な金額について具体的な判断基準は必ずしも明らかでないものの、**高額・高率化傾向にある阪神地域の敷引特約について、消費者の利益を害するものとの警告を発したもの**と言えます。

93【敷金返還請求】大阪〔原審：大阪高裁・平15（ネ）第2559号、最高裁・平16（受）第1573号・平17.12.16 第二小法廷判決 破棄差戻し〕

賃借建物の通常の使用に伴い生ずる損耗について借主が原状回復義務を負う旨の特約が成立していないとされた事例

① 当該共同住宅は、特定優良賃貸住宅の供給の促進に関する法律に基づき建設された**特定優良賃貸住宅**であり、**地方住宅供給公社法に基づき設立された法人Yがこれを一括して借り上げ**、各住宅部分を賃貸している。
② 貸主Yは、平成9年12月8日、共同住宅の入居説明会を開催。借主Xらは、賃貸借契約書、補修費用の負担基準等についての説明が記載された「すまいのしおり」と題する書面等を配布され、約1時間半の時間をかけて、貸主Yの担当者から、特定優良賃貸住宅や賃貸借契約書の条項のうち重要なものについての説明等がされたほか、退去時の補修費用について、賃貸借契約書の別紙「修繕等負担区分表」に基づいて負担することになる旨の説明がされたが、負担区分表の個々の項目についての説明はされなかった。
③ 借主Xの代わりに妻の母親Aが説明会に出席し、Aは説明等を最後まで聞き、配布された書類を全部持ち帰り借主Xに渡した。
④ 借主Xは、平成10年2月1日、賃料117,900円、敷金353,700円とする契約を締結した際、負担区分表の内容を理解している旨記載した書面を貸主Yに提出した。
 1) 契約書第22条2項に、借主が住宅を明け渡すときは、負担区分表に基づき補修費用を貸主Yの指示により負担しなければならない旨を定めている（以下、「補修約定」）。
 2) 負担区分表は、補修の対象物を記載する「項目」欄、当該対象物についての補修を要する状況等（以下、「要補修状況」）を記載する「基準になる状況」欄、補修方法等を記載する「施工方法」欄および補修費用の負担者を記載する「負担基準」欄から成る一覧表によって補修費用の負担基準を定めている。
 3) このうち、「襖紙・障子紙」の項目についての要補修状況は「汚損（手垢の汚れ、タバコの煤などの生活することによる変色を含む。）・汚れ」、「各種床仕上げ材」の項目についての要補修状況は「生活することによる変色・汚損・破損と認められるもの」、「各種壁・天井等仕上げ材」の項目についての要補修状況は「生活することによる変色・汚損・破損」とし、いずれも退去者が補修費用を負担するものとしている。

⑤ 借主Xは、平成13年4月30日、契約を解約し住宅を明渡しした。貸主Yは、敷金から住宅の補修費用として通常の使用に伴う損耗についての補修費用を含む302,547円を差引いた残額51,153円を返還した。
⑥ 借主Xは、貸主Yに対し、未返還敷金302,547円及びこれに対する遅延損害金の支払いを求め提訴した。

争点
① 本件契約における補修約定は、借主が住宅の通常損耗に係る補修費用を負担する内容のものか。
② ①が肯定される場合、補修約定のうち通常損耗に係る補修費用を借主が負担することを定める部分は、「特定優良賃貸住宅の供給の促進に関する法律」第3条第6号、特定優良賃貸住宅の供給の促進に関する法律施行規則第13条等の趣旨に反して借主に不当な負担となる賃貸条件を定めるものとして公序良俗に反する無効なものか。
③ 補修約定に基づき借主が負担すべき住宅の補修箇所及びその補修費用の額はいくらか。

裁判所の判断
1 最高裁判所・第二小法廷判決〔平16(受)第1573号・平17.12.16判決〕
(1) **原審：大阪高等裁判所**〔平15(ネ)第2559号〕は、
① 「本件契約における補修約定は、借主が住宅の通常損耗に係る補修費用を負担する内容のものか。」については、これを**肯定**し、
② 「①が肯定される場合、補修約定のうち通常損耗に係る補修費用を借主が負担することを定める部分は、「特定優良賃貸住宅の供給の促進に関する法律」第3条第6号、特定優良賃貸住宅の供給の促進に関する法律施行規則第13条等の趣旨に反して借主に不当な負担となる賃貸条件を定めるものとして公序良俗に反する無効なものか。」については、これを**否定**し、
③ 「補修約定に基づき借主が負担すべき住宅の補修箇所及びその補修費用の額はいくらか。」については、借主が負担すべきものとして敷金から控除された補修費用に係る補修箇所は負担区分表に定める基準に合致し、その補修費用の額も相当であるとして、**借主の請求を棄却すべき**ものとした。
(2) 以上の原審判断のうち、1(1)①「契約における補修約定は、借主が住宅の通常損耗に係る補修費用を負担する内容のものか。」に関する判断の概要は、次のとおりである。
① 借主が賃貸借契約終了により負担する賃借物件の原状回復義務には、特約のない限り、通常損耗に係るものは含まれず、その補修費用は、貸主が負担すべきであるが、これと異なる特約を設けることは、契約自由の原則から認められる。
② 負担区分表は、契約書の一部を成すものであり、その内容は明確であること、負担区分表は、補修の対象物について、通常損耗ということができる損耗に係る補修費用も退去者が負担するものとしていること、借主は、負担区分表の内容を理解した旨の書面を提出して契約を締結していることなどからすると、補修約定は、住宅の通常損耗に係る補修費用の一部について、負担区分表に従って借主が負担することを定めたものであり、借主Xと貸主Yとの間には、これを内容とする契約が成立している。

2 原審の判断のうち、上記(2)②は次の理由により、是認することができない。
(1) 借主は、賃貸借契約が終了した場合には、賃借物件を原状に回復して貸主に返還する義務があるところ、賃貸借契約は、借主による賃借物件の使用とその対価としての賃料の支払を内容とするものであり、賃借物件の損耗の発生は、賃貸借という契約の本質上当然に予定されているものである。それゆえ、建物の賃貸借においては、借主が社会通念上通常の使用をした場合に生ずる賃借物件の劣化又は価値の減少を意味する通常損耗に係る投下資本の減価の回収は、通常、減価償却費や修繕費等の必要経費分を賃料の中に含ませてその支払を受けることにより行われている。
そうすると、建物の借主にその賃貸借において生ずる通常損耗についての原状回復義務を負わせるのは、借主に予期しない特別の負担を課すことになるから、借主に同義務が認められるためには、少

なくとも、借主が補修費用を負担することになる通常損耗の範囲が賃貸借契約書の条項自体に具体的に明記されているか、仮に賃貸借契約書では明らかでない場合には、**貸主が口頭により説明し、借主がその旨を明確に認識し、それを合意の内容としたものと認められるなど、その旨の特約（以下「通常損耗補修特約」という。）が明確に合意されていることが必要であると解する**のが相当である。

（2） これを本件についてみると、契約における原状回復に関する約定を定めているのは契約書第22条2項であるが、同項自体において通常損耗補修特約の内容が具体的に明記されているということはできない。また、同項において引用されている負担区分表についても、要補修状況を記載した「基準になる状況」欄の文言自体からは、通常損耗を含む趣旨であることが一義的に明白であるとはいえない。

したがって、**契約書には、通常損耗補修特約の成立が認められるために必要なその内容を具体的に明記した条項はないといわざるを得ない。**貸主Yは、契約を締結する前に、共同住宅の入居説明会を行っているが、その際の原状回復に関する**説明内容は、通常損耗補修特約の内容を明らかにする説明はなかったといわざるを得ない。**

そうすると、借主Xは、契約を締結するに当たり、**通常損耗補修特約を認識し、これを合意の内容としたものということはできないから、契約において通常損耗補修特約の合意が成立しているということはできないというべきである。**

（3） 以上によれば、原審の判断である **1(2)②には、判決に影響を及ぼすことが明らかな法令の違反がある**。論旨は、この趣旨をいうものとして理由があり、**原判決は破棄を免れない**。そして、通常損耗に係るものを除く補修約定に基づく**補修費用の額について更に審理をさせるため、本件を原審に差し戻すこととする。**

よって、裁判官全員一致の意見で、以下のとおり判決する。
① **原判決を破棄する。**
② **本件を大阪高等裁判所に差し戻す。**

裁判所の判断【差戻し審】大阪高等裁判所（平18.5.18 和解）

大阪府住宅供給公社の賃貸マンション（茨木市）を借りた借主Xが、普通に暮らしていて生じた部屋の傷や汚れの修繕費を敷金から差引かれたのは不当だとして、同公社に約30万円の返還を求めた訴訟において、**最高裁が「修繕費などは本来賃料に含まれる」**とする**初の司法判断**を示し、審理を高裁に差戻していた敷金返還訴訟差戻し審において、2006（平成18）年5月18日に**公社側が解決金として25万円を支払うことで合意**した。

再チェック！

公社側は、契約時にふすまの汚れや床の変色など細かく借り手に負担を求める「修繕費負担区分表」を借主に渡し、承諾を得ていたと主張。**一、二審判決は借主の訴えを退けたが、上告審判決は「通常の汚れや傷も含む趣旨とはいえない」**として、**修繕費を確定させるために高裁に差戻した。差戻し審において、公社側が請求額に近い金額を支払う「勝訴的和解」**といえ、今後、同じように修繕費負担を求める別の公団・公社でも区分表の見直しが進むことが予想される。

94【敷金返還請求】大阪〔原審：堺簡裁・平16（ハ）第2107号・平17.2.17判決、**二審：大阪地裁判決**、上告審：大阪高裁・平18.7.26判決〕
上告審で「敷引特約が無効」と認められた、全国で初めての事例

① 借主Xは、貸主Yとの間で平成13年8月20日、大阪府堺市の賃貸マンションを、賃料月額8万3,000円、敷金（保証金）60万円、解約引金（敷引金）50万円、敷金返還は建物明渡月の翌月の来日に返還する旨の賃貸借契約を締結し引渡しを受けた。なお、平成15年1月27日に駐車場契約を締結した際、敷金（保証金）3万3,000円を支払っている。
② 借主Xは、その後、平成16年6月30日に契約が終了し、同日明渡しも済んだので、敷金の返還

を求めた。
③ これに対し、貸主Yは、保証金については解約引きの約定があり、賃貸住宅の保証金60万円のうち解約引き金50万円であり、駐車場契約の保証金3万3,000円のうち20％に相当する6,600円を償却して返還することになっている。また、借主Xの故意・過失による損傷として、リビングの壁クロスの張替え費用4万9,500円（消費税込5万1,975円）、インターホン修理代金2,100円（消費税込2,205円）を別途請求するとして、借主Xに敷金(保証金)等として7万2,220円を返還した。
④ 借主Xは、これを不服として提訴した。

争点
賃貸借契約の敷引の条項が、消費者契約法第10条によって無効と認められるか否か。

裁判所の判断〔原審：堺簡裁・平16（ハ）第2107号・平17.2.17判決〕
（1） 貸主Yの損害の有無にかかわらず、建物の契約については、**敷金の約83％（保証金60万円に対し解約引き金50万円）を控除して返還するものであり、借主Yにとって不当に不利であると認められる。駐車場の保証金の2割の償却費についても同様である。**
（2） 本件同様の敷引契約が、一般的に行われていたことは、当事者間に争いがない。このような状況の下では、借主が、敷引条項を削除して、若しくは、同条項の有無を選択して賃貸借契約を締結することは、事実上極めて困難であると認められる。**貸主Yは、借主Xが、敷引条項を承知のうえで、納得して契約した旨主張するが、これを認めるに足る証拠はない。**
（3） 以上によれば、本件**敷引契約条項は、消費者契約法第10条に該当し無効と認められる。**
（4） 貸主Y主張の損害の発生及びこれが**借主Xの故意又は過失に基づくものであると認める証拠はない。**
（5） よって、以下のとおり判決する。

【主　文】
① 貸主Yは、借主Xに対し、63万3,000円及びこれに対する平成16年8月1日から完済まで年6％の割合による金員を支払え。
② 訴訟費用は、貸主Yの負担とする。

裁判所の判断【二審】大阪地裁（平18.2.28判決）
貸主Yは、この判決に不服として、**大阪地裁に控訴**した。
一審（原審）を受けて、**二審判決**は、平成18年2月28日、**敷引特約**について、その趣旨を逸脱し暴利行為と認められる場合を除き消費者契約法第10条に違反しない。「自然損耗の修繕費用として**関西**で長年の**慣行として認識**されており**有効**である」と指摘したうえで、借主Xの敷引金額の妥当性について検討した結果、「**賃料月額8万3,000円・共益費月額1万円、保証金60万円・解約引き金50万円の場合、控除率が約83％であること、賃料の約6か月に及ぶことなどから、敷引特約の趣旨を勘案しても、本来の趣旨を逸脱している**」と認め、消費者契約法第10条に違反し無効であると判断し、貸主Yが主張する原状回復費用の一部を認めたため、その限度で原審判決を取消して、**51万円の返還を命じた。**
貸主Yは、敷引特約が消費者契約法第10条に違反し全部無効であるとした大阪地裁平成18年2月28日判決を不服として**大阪高裁に上告**した。

裁判所の判断【上告審】大阪高裁（平18.7.26判決）
上告審で裁判長は、「**敷引特約を無効**」と判断して、51万円の返還を命じた二審・大阪地裁判決を支持し、**貸主（業者）側の上告を棄却**した。

95【貸主による残置物処分に係る不法行為責任】神戸〔大阪高裁・昭62(ネ)第659号・昭62.10.22判決〕
賃料も未払いであった借主の部屋に立入り、残置物を搬出破棄したことが違法であるとして借主から

の慰謝料請求が認められた事例

① 昭和57年12月上旬、借主X一家は、新築マンションを購入したため住宅・都市整備公団（現：都市再生機構）から賃借している住宅から転居し住民登録も移した。しかし、賃貸住宅を引き払う意思は無く、娘が結婚した場合に居住することを考え、電話、電気、水道、ガスの供給契約を解約することなく賃料も支払い、転居後約8か月間は時々建物内外を見回り、掃除等もしていた。賃貸住宅内には新居で必要のない物を残置していた。

② ところが、X一家は、公団に転居通知もせず、58年7月以降の賃料を滞納するようになり、同年9月分から翌年3月分までの6か月分の賃料を滞納した。これに対して公団は、58年8月頃ハガキによる督促状、同年10月頃には封書による督促状を賃貸住宅住所のX宛に発送した。なお、Xは、最寄りの郵便局に転居先を届出ていた。

③ 公団職員Yは、同年11月17日に督促のため賃貸住宅を訪問したが不在であった。

④ 職員Yは、同年12月8日に15日を支払期限とする督促状を建物内に投入し、玄関ドアにも重要書類を投入したというシールを貼った。職員Yは、59年2月2日に8日を支払期限とする督促状を住宅内に投入し、玄関ドアに同様のシールを貼った。

⑤ 職員Yは、59年3月2日に「7日までに公団H営業所に出頭されたい」旨の召致状を玄関ドアに貼った。しかし、X一家から何の応答も無かった。

⑥ 職員Yは、59年3月15日に補修業者の従業員Zらとともに出向き、合鍵が無かったため、玄関の錠を壊して室内に立入り点検したが、畳が腐り、襖も破れ、掃除もしていない状況にあり、放置されている残置物は、引越後の「がらくた」か「不用品ゆえに置き去ったもの」のように見えた。

⑦ 職員Yは、X一家が建物賃借権を放棄し、また、残置物の所有権も放棄したものと判断して、その旨を公団H営業所に電話連絡、玄関の錠を新設し施錠したうえ、その旨と「同月22日限り無断退去として扱う」旨を記載した書面を玄関ドアに貼って引き上げた。

⑧ しかし、職員Yらは、電話の受話器があったのに気付きながら、通話できるかどうかを調査せず、また、電気、ガス、水道が使用可能状態にあったにもかかわらず、調査もしなかった。

⑨ 職員Yは、上司の了解の下で59年3月26日に補修業者の従業員Zに依頼して、残置物全てを搬出させ、塵芥として廃棄処分させた。なお、約定に基づく原状回復に必要な費用は、畳新調等を含め358,030円であり、不払賃料は147,630円であった。

⑩ 借主X一家は、59年4月上旬に賃貸住宅に来たところ、玄関入口に貼り紙があり、また、錠が替えられていて、かつ、残置物が一掃されているのに気付いて驚き、数日後、公団側に電話で事情をただしたところ、「賃借権放棄、無断退去として措置し、残置物は破棄した」との回答であった。

⑪ 納得できないXは、5月中旬に、弁護士Vに依頼して、内容証明郵便で自体の善処を要求するとともに本訴提起となった。

裁判所の判断【一審】（神戸地方裁判所・昭62.2.27判決）

借主Xの請求を『棄却』した。

裁判所の判断【二審】（大阪高等裁判所・昭62(ネ)第659号・昭62.10.22判決／判例時報1267-39）

貸主（公団）のとった措置の「違法性」については、借主Xは、生活の本拠を他に移し、賃料の支払いを怠る等の約定違反は明らかであるが、電話、ガス、水道、電気は基本料金を負担し継続利用可能の状態にしており、かつ、従来使用していた家具、日用品等を多数存置したうえ閉め切り、建物に施錠していたのであるから、通常の用法とは言い難い点もあるが、なお借主として建物の占有を確保継続していたものと解すべきである。

公団は、賃貸借は解除されたと主張しているが、解除の意思表示が借主に到達したと断定できる確証はない。

公団職員Yが、職務上、「建物内にあった借主の所有の有価残置物を全て建物から搬出したうえで、玄関の錠を取替えて新しい錠の鍵を公団で保管し、残置物を廃棄処分とした行為」は、違法である。本

来債務名義に基づき公権力の行使としてなされるべき建物明渡しの強制執行を自力をもって私的に扱い、併せて借主所有の一部有価動産を無断で破棄して、その所有権を侵害したものと解され、このような行為をたやすく容認することは現行法制上も許されない。

結局、公団職員Yらの行為は、業務上、過失があったものと言わなければならない。

借主Xらの被った損害の有無及び「損害賠償額」については、

① **廃棄された残置物の財産上の損害に関する主張は、客観的価値を判断するに足る確証がないから認められない。**
② 慰謝料請求については、代替性がなく特別に主観的価値を有する記念アルバムの無断廃棄、並びに建物を無断で明け放たれ、一種のプライバシーを犯された点を考慮すると、精神上の苦痛を覚え、**名誉感情を損なわれたものと解するので、精神的苦痛を慰籍する義務があり、**その金額は合わせて7万円に相当とする。
③ また、法律に不案内と認められる借主が、本訴を提起するについて弁護士に委任したことはやむを得ないところであって、これによって生じた報酬支払義務は、公団職員Yの違法行為によって生じた損害であるから、その金額3万円が相当である。**公団は**この合計額10万円を**支払え。**

再チェック！　【宅建業者としての留意事項】

公団住宅の場合は別として、通常、連帯保証人をつけているわけですから、本事例のようなトラブルが生じた場合は、まず連帯保証人に「借主が賃料を滞納したまま、無断で○か月も建物を使用せず連絡もとれない状況にあります。このままでは、あなたに迷惑がかかるので至急本人と連絡を取って下さい」と通知し連帯保証人に協力を求めます。それでも結果が得られない場合は、自力救済が法的に認められていませんので、物件の明渡しについては、「訴訟を提起して明渡しを求めるか」、「調停を申立てて話し合う」などによって解決するほかはないので所定の手続を踏むことになります。

判決で明渡しを命じられた借主が明渡しに応じない時に、初めて判決に基づいて明渡しの強制執行をすることになりますので、くれぐれも、自力で、開錠や物品搬出をすることの無いよう注意が必要です。

なお、借主の無断退去か否かを確認するには、住民票、通学状況、電気・ガス・水道・電話の使用状況や契約状況、近隣住民への聞き込み等を行い事実確認するようにしましょう。

96【退去時修繕】神戸〔神戸地裁・平13（レ）第130号・平14（レ）第18号・平14.6.14判決〕

敷引特約は、合理性を有すると認められるから、その金額が著しく高額で暴利行為に当たる特段の事由がない限り合意は有効と認められたが、通常使用による自然損耗分の修繕費を減額した事例

① 借主Xは、平成7年7月9日に、契約期間は平成7年7月13日から平成9年7月末日、月額賃料76,000円（平成9年7月からは80,000円）、敷金700,000円、敷引金280,000円等の条件で、貸主Yと賃貸借契約を締結した。 ② 借主Xは、平成12年11月25日頃、解約する旨の通知をし、同年12月24日に建物を明渡した。 ③ 借主Xは、貸主Yより敷金のうち157,007円の返還を受けたが、敷引約定に基づく敷引金280,000円の使途及び性質について、契約時に何ら説明がなかったうえに、契約書にも何ら記載がないから、敷引約定は不合理であり、無効であるとして、その返還を求めて提訴した。 ④ 貸主Yは、敷引金は賃貸借契約時に発生し、貸主の所得になるもので、自然損耗による修理費等に充当されるものとして、貸主に帰属することが合意された金員であるため、借主Xに返還する必要はないと反論した。

争　点

① 敷金は、賃貸借契約期間における未払賃料や建物を毀損した場合の修理費用等に充当することを予定して預けたもので、敷引約定に基づく敷引金の使途と性質については、契約時に何ら説明がなかったうえに、賃貸借契約書にも何ら記載されていないため、不合理であり無効であると借主Xは主張した。
② 敷引金は、賃貸借契約時に発生し貸主の所得になるもので、自然損耗による修理費等に充当され

るものとして、貸主に帰属することが合意された金員であるため、借主Xに返還する必要はないと反論した。

裁判所の判断【一審：加古川簡裁・平成13（ハ）第140号】【二審：神戸地裁・平成14年（レ）第18号】

（1） 敷引約定の有効性
1） 借主Xは、敷引約定について、敷引金の使途と性質に関し口頭でも書面上でも何ら説明がなく、不合理であるから無効であると主張する。しかしながら、一般に建物賃貸借契約で、使途や性質を明示することなく貸主が取得する旨を定める敷引約定はしばしばみられるところである。
2） **敷引約定**は、一般的に、「賃貸借契約成立の謝礼」「賃料の実質的な先払い」「建物の自然損料等」**さまざまな性質を有するもの**につき、渾然一体のものとして**一定額金員を貸主に帰属させることを予め合意したものと解され**、それなりに**合理性を有するものと認められる**から、金額が著しく高額であって暴利行為に当たるなどの特段の事由がない限り、**合意は有効**である。
3） **本件敷引約定も**、建物の自然損耗による修繕に必要な費用等に充てられるものとして、予め一定額の金員を貸主Yに帰属させることを**合意したものと認められる**。また、金額も特に著しく高額であるとか、その他これを**無効とすべき事由があるとは認められない**。

（2） 敷金から控除すべき修繕費費用
1） **一般的に、借主は**、通常の使用収益に伴って生ずべき自然損耗は別として、その**程度を超えて、借主の保管義務違反等の責に帰すべき事由によって賃借物を毀損等した場合**は、賃借物の返還に際し、これを**修理して賃借当初の原状に復すべき義務を負っている**。
2） **借主が**、賃貸借契約終了後、**修理義務ある毀損等の個所を未修理のままに放置したときは、貸主**は借主に対して、その**不履行によって生じた損害賠償として修繕費用の支払を求めることができる**し、**敷金から控除して弁済に充てることもできる**。

（3） 本件の事案で自然損耗を超えた保管義務違反箇所の検証
1） 和室の襖
　　貸主Yは、襖4枚に借主Xの子による落書きがあると主張するが、証拠によれば、**落書きが認められる襖は1枚**に過ぎず、その他の襖にはシミらしき汚れが認められるものの、経年変化ではなく借主Xの保管義務違反によるものであることを認めるに足りる証拠はない。
　　よって、**借主Xが負担すべき修繕費**は、襖1枚と認めるべきで、その費用は、消費税込額で**5,250円**と認められる。
2） 郵便ポスト
　　玄関ドアに引っかける部分の破損が認められるが、**破損状況からすれば、郵便ポストを取替えざるを得ない**と認められ、その**費用は、**消費税込額で**9,450円**であると認められる。
3） 敷居リアテックシート
　　破損の程度を明らかにする**証拠がない**ため、確定できない。従って、借主Xが負担すべきものとは**認めることができない**。
4） 台所・トイレ・風呂・換気扇・洗面器の汚損
　　使用中にその手入れ、清掃を怠った結果、**油汚れやすす、水垢やカビ等が、いずれも通常の使用による汚損の程度を超えて付着していたことが認められる**ため、清掃に要した費用は、台所10,000円、トイレ・換気扇・風呂・洗面器が各5,000円の合計は消費税込額で31,500円と認められる。
5） 浴室コーキング
　　貸主Yはカビがひどく目地部分のコーキングのやり直しが必要であると主張するが、カビの発生があったとしても、コーキングのやり直しを行うまで必要であったことを**認めるに足りる証拠がない**。よって、借主Xが**負担すべきものとは認められない**。
6） 畳
　　貸主Yは、畳3枚について、自然損耗の程度を超えるシミがあると主張するが、**シミは畳1枚しか認められないため、借主Xが負担すべき畳の表替費用**は消費税込額で**4,305円**と認められる。
7） ダイニングキッチン床

床に赤い落書きが確認できるものの、その**落書きは、1㎡以内にとどまる**ことが認められる。**その他の汚損は、家具の設置跡**であることが推認され、家具の設置は必然的なものである以上、**通常使用の範囲内であると認められる**。その**床張替費用**は消費税込額で**4,200円**（4,000円×1㎡）と認められる。

8）ダイニングキッチン壁

貸主Yは、青の落書きがあると主張するが、これを認めるに足りる**証拠はない**。証拠によれば、ダイニングキッチン**壁に黒ずみのあることが認められるが、自然損耗による汚れ**と考えられる。その他**壁張替費用**を借主Xの**負担とすべきことを認めるに足りる証拠はない**。

9）洋室床

床に青い落書きがあるものの1㎡以内にとどまることが認められる。その他の汚損は、家具の設置跡であると考えられ、家具の設置は必然的なものである以上、**通常使用の範囲内であると認められる**。その**床張替費用**は、消費税込額で**4,200円**（4,000円×1㎡）と認められる。

10）洗面所床

床に紫色に変色した汚損が認められるが、1㎡以内にとどまるものと認められ、その**床張替費用**は、消費税込額で**4,200円**（4,000円×1㎡）と認められる。

11）洗面所壁

自然損耗を超える汚損等があることを認めるに足りる**証拠はない**。

12）玄関床

床の**フローリングにシールを剥がした跡及び変色部分が認められるが、痕跡及び変色部分は1㎡以内にとどまる**ものと認められ、その**床張替費用**は、消費税込額で**4,200円**（4,000円×1㎡）と認められる。

13）玄関壁

壁に**落書き及びシミ、茶色の変色が認められるが、落書きは1㎡以内にとどまる**ものと認められ、その**壁の張替費用**は、消費税込額で**1,260円**（1,200円×1㎡）と認められる。

14）和室壁

壁に落書き及び鉤裂き等の破損が認められるが、2㎡以内にとどまるものと認められ、その**壁張替費用**は、消費税込額で**2,520円**（1,200円×2㎡）と認められる。

15）借主Xが負担すべき修繕費用

以上から、借主Xが負担すべき修繕費用は、「和室の襖張替5,250円」「郵便ポスト取替9,450円」「台所・トイレ・風呂・換気扇・洗面器の汚損清掃費31,500円」「畳表替4,305円」「ダイニングキッチン床張替4,200円」「洋室床張替4,200円」「洋室壁張替1,260円」「洗面所床張替4,200円」「玄関床張替4,200円」「玄関壁張替1,260円」「和室壁張替2,520円」の合計72,345円（消費税込）が認定額費用となる。

したがって、**貸主Yは、借主Xに対し**、敷金700,000円から敷引金280,000円、既に返還済みの敷金157,007円及び上記認定修繕費用額72,345円を控除した190,648円について**返還義務を負う**。

（結局、借主には、敷金70万円から敷引金28万円と認定修繕費用額72,345円を控除した敷金の残金347,655円を返還された。）

97【敷金返還請求】神戸〔神戸地裁・平15（ワ）第1862号・平16.9.9判決〕
特定優良賃貸住宅における原状回復特約は、借主が、趣旨を十分に理解し、自由な意思に基づいて同意したことが積極的に認定されるとは言えず、特約が成立したとは認められないとした事例

① 平成9年9月18日、借主Xと貸主Yは契約期間2年、家賃138,100円（共益費8,000円を含む）、敷金390,300円とし、「賃貸借契約期間が満了する3か月前の日までに借主、貸主いずれからも別段の申出がないときは、賃貸借契約は、家賃・共益費・敷金を除き、同一の条件をもって1年間更新されたものとする」旨の建物賃貸借契約を締結し、建物を引渡しした。なお、建物は、特定優良賃貸住宅の供給の促進に関する法律3条の規定に基づいて、神戸市長の認定を受けた供給計画に従い、

供給される住宅である。
② その後、賃貸借契約は、平成11年9月18日、同12年9月18日、同13年9月18日、同14年9月18日に更新された。
③ 平成15年1月5日、賃貸借契約は終了、同月6日、建物を明渡しした。
④ 借主Xは、敷金等309,960円の返還を求めたのに対し、貸主Yは、賃貸借契約には、通常の使用方法に伴う損耗を含めて、借主の負担で原状回復する旨の特約があるとして、敷金からその原状回復に要する費用を控除すると主張したため、借主Xは提訴した。

争 点
① 原状回復義務に関する特約の成否
② 特約の効力
③ 建物の原状回復費用

裁判所の判断

1 争点①（原状回復義務に関する特約の成否）について

(1) 一般に、建物賃貸借契約においては、建物の使用による通常損耗が当然に予定されており、これによる建物の減価の回収は、賃料によってなされると考えるのが合理的で、社会通念であるというべきであり、賃貸借契約終了時における原状回復費用の負担については、特約のない限り、これを賃料と別に借主に負担させられないと解するのが相当である。

(2) 通常損耗による原状回復費用の負担を貸主とすることの合理性、通常損耗による原状回復費用を貸主に負担させることが合理的であるとする理由の1つは、平成8年及び平成9年に旧建設省から委託を受けた(財)不動産適正取引推進機構が策定した「原状回復をめぐるトラブルとガイドライン」の中で、建物の損耗等を建物価値の減少と位置づけ、経年変化及び通常損耗による建物価値の減少と借主の故意又は過失等による通常使用を越えた使用による損耗とを区別し、前者を貸主の負担、後者を借主の負担とするという考え方を示していることに現れている（弁論の全趣旨）。

(3) 特約の内容について

賃貸借契約における退去時の借主の原状回復義務の内容については、賃貸借契約書の第20条、第21条（第17条）によって規定され、その内容は以下のとおりである。

① 第20条の規定内容

まず、第20条において、借主が建物及び付帯設備等を故意又は過失により汚損、破損、毀損又は滅失したときは、直ちに原状回復義務を負うとともに、第21条において、退去時にもその義務を負うものとしている。

② 第21条の規定内容

第21条において、第17条に規定する修繕義務を借主は退去時に負う旨規定しており、その具体的な内容は、別表1の修繕等負担区分表によることとなる。そして、畳、襖及び障子については、使用期間にかかわらず、表替え又は張替えをすることとなっている（第21条2項但し書）。

③ 第17条の規定する原状回復義務

修繕義務は別表1のとおり、大きく2つに分けられ、建物の所有者が修繕義務等を負う部分であっても、入居者の責めに帰すべき理由によって修繕の必要が生じた場合については、入居者の負担とすると定めている。

問題となるのは、別表1の入居者負担部分であるが、その各項目の中には、破損修理あるいは破損取替えという借主の故意又は過失による損傷についての修繕義務という意味ととれるものと、塗装、張替え、補修、取替え、小修理及び清掃といった借主に故意又は過失がなく、経年変化や通常損耗に関する修繕義務ととれるものも含まれている。

(4) まとめ

以上から、賃貸借契約書においては、借主が建物から退去する際、**借主の故意または過失に基づく汚損については、原状回復義務を負い、それ以外の、経年変化や通常損耗による原状回復について**

も、その義務を負うと記載しているものと認められる。

2 争点②（特約の成否）について

(1) 前述のとおり、経年変化や通常損耗による原状回復費用の負担を貸主とすることには合理性があるから、特約が成立したといえるためには、借主がその趣旨を十分に理解し、自由な意思に基づいてこれに同意したことが積極的に認定されることが必要である。

(2) 特約の内容自体についての考察

退去時の原状回復義務を直接定めているのは第21条であり、第21条が引用している第20条は明確に借主の故意又は過失による汚損等については、原状回復義務があると規定しているが、第21条の引用する第17条は、本来所有者が修繕義務を負担する部分について、借主の責めに帰すべき理由によって修繕の必要性が生じた場合についてだけ、修繕義務があるとし、借主負担部分については、借主の故意又は過失による汚損等だけではなく、経年変化や通常損耗による原状回復も含めるものと解せられ、このことは、第21条で借主が建物等を入居当時の原状に回復する規定していることからも読みとれるところである。他方、第21条2項但し書において、畳、襖及び障子については、使用期間にかかわらず、表替え又は張替えをすると規定し、畳、襖及び障子についてをも経年変化や通常損耗による原状回復を借主負担させるという体裁になっている。以上の規定を読んだ**通常一般人は、賃貸借契約において、借主の退去時の原状回復義務の本来の範囲はどこまでであり、これを特約によって、どのように変更したかについては、容易に認識することはできない**ものと考えられる。

(3) 賃貸借契約の経緯等について

① 事実関係

証拠、証人Zの証言及び弁論の全趣旨によると、次の事実が認められる。借主Xは、平成9年9月5日、貸主Yに対して、建物を賃借したい旨申込みをし、所得証明書を提出した。同月8日、借主Xに対して、資格審査が行われた。その後、賃貸借契約書等が借主Xに送付され、同月18日、借主Xが署名捺印をした賃貸借契約書を持参し、貸主Yが記名捺印をした。その際、「住宅使用上の注意と題する書面」、「退去（解約）時の手続きについてと題する書面」、「本日以降していただくこと（お願い）と題する書面」等を交付した。

② 特約の説明について

特約を説明する書面としては、「退去（解約）時の手続きについてと題する書面」だけであり、これには、賃貸借契約書の内容を越えるものが記載されていないこと、また、貸主Yの担当者は、賃貸借契約書に記載されている各条文について逐条的に説明することをしていない状況にあって、退去時の修繕費については、貸主Yの担当者に説明するよう指示をしていた（証言）に過ぎないことから、**特約について、本来の原状回復義務の範囲は同様なもので、これを変更した特約の内容について、貸主Yの担当者が借主Xに対して、十分説明したことは認められず**、その他、上記事実を認めるに足る証拠はない。

(4) 結論

以上から、**本件特約は、借主Xが、その趣旨を十分に理解し、自由な意思に基づいてこれに同意したことが積極的に認定されるとはいえないのであって、特約が借主Xと貸主Y間において、成立したとは認められない。したがって、争点②は判断する必要がない。**

3 争点③（建物の原状回復費用）について

(1) 上記のとおり、特約の成立が認められない以上、借主Xの退去時における原状回復義務の範囲は、借主Xの故意または過失による、建物及び付帯施設等の汚損等の修復義務ということになる。

以下、これを前提に借主Xの原状回復義務の範囲とそれに要する費用を検討する。

① **「フローリングの凹み傷」**について

鋭角的な深い凹み傷が、リビングダイニングのフローリングに105個、洋室Aに11個、洋室Bに8個及び廊下に6個存在していたことが認められる（証人証言）。

以上の傷は、**フローリングを通常使用していたことによって生じた擦り傷や凹み傷とは考えられず、借主Xの故意又は過失によって生じた傷**であると考えられ、そして、その補修に要する材料費及び施工費の合計は 38,000 円であることが認められる。なお、その他の傷については、補修はされていない。

② 「**出入口枠等の当て傷**」について

リビングダイニング、洋室A、洋室B、洗面所、風呂、便所、玄関の各出入口枠及びキッチン入口半柱に合計 8 個の当て傷が存在していたことが認められる（証拠・証人証言）。しかし、その傷の具体的な態様は、**全証拠によっても不明**であり、また、傷の場所が出入口であるところからして、借主Xが建物に居住していた約 64 か月の間には**通常に使用していても、傷が付く可能性もあり、それらの傷は広範囲に渡らない軽微なものであれば通常使用による損耗**となり、原状回復義務を負わない可能性もあるから、結局、これらの傷が**借主Xの故意又は過失に基づく損傷であるとは認められない。**

③ 「**敷居の当て傷**」について

リビング、洋室Aの窓枠及び窓枠の敷居に各1か所当て傷があったことが認められる（証拠・証人証言）。しかし、その傷の具体的な態様については、**全証拠によっても不明**であり、これらが通常使用による損耗の範疇に入る可能性も高く、結局、これらの傷が**借主Xの故意又は過失に基づくものであるとは認められない。**

④ 「**出入口仕上材の擦り傷**」について

証拠によると、洋室Aの出入口扉の取っ手の鍵部分のすぐ左側に仕上材の木目模様がすり減って、地が見えている部分が存在していることが認められる。この傷は、**その大きさや態様から考えて、通常使用による損耗であるとは認められず、借主Xの故意又は過失による損傷と認められる**から、借主Xは、その修繕費用を負担すべき義務がある。その額は、600 円である。**その他の傷**については、扉という通常に使用していても傷ができやすい場所であること、傷は小さいものであり、数も少ないから、**通常損耗によるものと認める**のが相当である。

⑤ 「**入口扉の傷**」について

リビング入口扉下部の傷については、**借主Xが過失によって付けたものであることを認めている**から、借主Xはその補修義務がある。そして、貸主Yがとった補修方法は特に不合理なものであるとは認められないから、その補修にかかった費用は 11,000 円である。

この点について、借主Xは、リビング入口扉の残存価値は68%であるから、借主Xが負担すべき補修費用は 11,000 円の68%になると主張するが、補修に掛る費用と残存価値は別個の問題であり、残存価値より修理費用が過分にかかる例外的場合においては、その修理費用を負担させるのは不合理であるが、**修繕費用が残存価値を上回ることを認めるに足りる証拠はないから、借主Xの主張は採用できない。**

⑥ 「**証明器具取付け跡等の汚れ**」について

リビングダイニングの天井クロスには照明器具取付け跡の汚れがあり、梁型のクロスにエアコン取付け跡の四角い汚れがあり、キッチンの電子レンジの撤去跡に四角い汚れがあり、壁クロスに欠け傷（証拠・証人証言）があったことが認められる。**照明器具、エアコン及び電子レンジを設置することは、建物を使用するうえで必要であり**、これらの使用を継続したことによって、**壁に汚れが残ったとしても、それは、通常使用による損耗に該当すると認めるのが相当である。**

また、証拠に写っている傷については、数も少なく、大きな傷とも認められないから、通常損耗の域を出ないものと認められ、その他のリビングダイニング壁クロスの欠け傷の大きさ、範囲及び数等については、**全証拠によっても明確ではなく**、これらについては、**借主Xの故意又は過失によるものと認めるに足りる証拠もない以上、借主Xの補修義務は認めることができない。**

⑦ 「**エアコン撤去跡の汚れ**」について

和室南面梁型のエアコン撤去跡に四角い汚れが存在することが認められる（証拠）が、この汚れについては、**通常損耗に属するものである。**次に、和室の東面壁には、**欠け傷**が 18 個存在することが認められる（証拠）。これらの傷は、その個数及び存在する範囲等からして、通常損耗による傷

とは考えにくい。したがって、これらの傷は、**借主Xの故意又は過失によって生じたものと考えるのが相当である。**その補修方法としては、これらの傷自体を補修すれば足りるのであって、貸主Yが行ったように**クロスを全て張替えるべき補修義務はない。**これら18個の傷の補修費用については、甲第10号証のクロス糊付け補修が1か所230円であることから、この程度であると考えられ、これらの傷補修費用の合計は4,140円である。なお、**和室のその他の壁に傷が存在すること、和室の壁に汚れが存在することを認めるに足りる証拠はない。**

⑧「洋室Aの欠け傷1」について

洋室Aの西面の**壁クロスに4個の欠け傷**があることが認められる（証拠）。しかし、傷の数、態様及び存在する範囲からして、**通常損耗による傷の域を出るものではない**と認めるのが相当である。その他、洋室Aの壁クロスに傷があること、汚れがあることを認めるに足りる証拠はない。

⑨「洋室Bの欠け傷2」について

洋室Bの**欠け傷**について、写真（証拠）で明確に確認できるのは、北面壁に4個、南面壁に4個、西面壁に1個であり、通常の使用をしていてもクロス壁面の1面当たりに傷は2ないし3個程度はつくものである（証拠）から、これらの傷は、**通常使用による損耗の範囲に入るものであると認めるのが相当である。**その他、洋室Bの壁クロスに汚れがあることを認めるに足りる証拠はない。

⑩「玄関等の傷と汚れ」について

玄関及び廊下に傷や汚れが存在することは認められる（証人証言）が、その具体的な態様等については、全証拠によっても明確でなく、また、それらの傷や汚れが**借主Xの故意又は過失によるものであると認めるに足りる証拠もない。**

⑪「洗面所クロスの欠け傷と落書き」について

洗面所北面のクロスに2か所の欠け傷及びマジック、ボールペン及びサインペンで書かれた落書きの跡と水道の蛇口の回りに3か所の欠け傷があることが認められる（証拠・証人証言）。**当て傷**については、数も少なく、微細なものであるから、**通常損耗によるものと認めるのが相当である。**

落書きについては、借主Xの故意又は過失による汚損であり、この部分の修復義務を負うことになる。この落書きの範囲については、証拠から明確に判断するのは困難であるが、その範囲は2㎡を超えないものと考えられ（弁論の全趣旨）、他方、壁クロスの1㎡当たりの価格は1,180円であるから（証拠）、その2㎡分を張替えるに要する費用は2,360円となる。

この点について借主Xは、壁クロスの残存価値は20％程度であるから、補修費用は、2,360円の20％であると主張するが、補修の際に、残存価値が20％になった壁クロスを調達することは不可能であり、**故意又は過失によってクロス壁が汚損されているのに新品との差額を補修義務を負う者が負担しないというのは、不公平であり、借主Xの主張は採用できない。**

⑫「畳等の張替え等」について

貸主Yは、賃貸借契約書第21条2項但し書の記載によって、畳、襖及び障子は期間にかかわらず表替え又は張替えをすることになっているとして、それらの費用を請求しているが、畳、襖及び障子についても、本来、経年変化や通常使用による損耗については、原状回復義務を負わないものであり、また、特約として、期間の長短にかかわらず、表替えや張替えをする旨の説明を貸主Yがしたとは認められないから、畳、襖及び障子についても、借主Xの故意又は過失による汚損についてだけ、原状回復義務を負担すると認めるのが相当である。

畳、襖及び障子に借主Xの故意又は過失による汚損があったことを認めるに足りる証拠はないので、これらの表替えや張替えに要した費用を借主Xが負担する義務はない。

⑬「カビによる汚れ」について

証拠及び証言によると、結露が原因となって、窓枠にカビによる汚れがあったことが認められるが、その範囲や程度は**全証拠によっても不明**であり、また、カビによる汚れの発生について、**借主Xに故意又は過失があったことを認めるに足りる証拠もない。**

⑭「敷居の汚れと傷」について

証拠及び証言によると、和室への木製入口枠（敷居）に汚れや傷があったことが認められるが、入口はもともと傷や汚れの付きやすいところであり、これらの**汚れや傷の範囲や程度は全証拠によ**

っても不明であり、また、これらの傷や汚れが生じたことについて、**借主Xに故意又は過失があったことを認めるに足りる証拠もない。**

⑮ 「**洗面所天井クロスの当て傷**」について

証拠及び証言によると、洗面所天井クロスに当て傷が3か所あったことが認められる。**通常の使用をする限り、天井クロスに傷が付くことは考えにくく、何か当てたことが推測され、この傷の発生については、借主Xの故意又は過失が認められる。**この傷の補修にかかる費用は690円である（証拠）。

⑯ 「**壁クロス等の汚れ**」について

証拠及び証言によると、壁クロス、天井クロス、巾木、棚板、物入れ折戸に汚れがあったことは認められるが、その汚れが、経年変化や通常損耗ではなく、**借主Xの故意又は過失による汚れであることを認めるに足りる証拠はない。**

⑰ 「**清掃**」について

証拠及び証言によると、室内、流し台、レンジフード廻り、ユニットバス、防水パン、洗面化粧台及び便器について、清掃がされたことが認められるが、借主Xがそれらの部分について、清掃をして汚れを落とすべき義務を負担するのは、その汚れが通常使用によってではなく、故意又は過失によって生じた場合であるところ、それらの汚れが**借主Xの故意または過失によって生じたことを認めるに足りる証拠はない。**

⑱ 「**フック**」について

証拠及び弁論の全趣旨によると、化粧台ボウル下収納庫扉のフック2個及びリビング窓枠のカーテンフックが撤去されたあとが認められる。賃貸借契約書の第21条には、貸主Yに無断で建物及び付帯設備等の原状を変更した場合において、建物を退去するときは原状に回復しなければならないと記載してあるが、**軽微な変更についてまで原状に回復すべき義務があるとは考えられない。**

⑲ 以上から、**借主Xは、貸主Yに対して、以下の原状回復費用の支払義務がある。**

1) ①のフローリング床の補修費用として　　　　　　　38,000円
2) ④の洋室(1)の出入口扉の取っ手付近の補修費用として　　600円
3) ⑤のリビング入口扉下部の傷の補修費用として　　　11,000円
4) ⑦の和室東面壁の欠け傷の補修費用として　　　　　4,140円
5) ⑪の洗面所東面のクロスの落書きの補修費用として　2,360円
6) ⑮の洗面所天井クロスの補修費用として　　　　　　　690円
　　以上合計　　　　　　　　　　　　　　　　　　　56,790円

(2) まとめ

① **貸主Yの借主Xに対する精算返還金**

貸主Yの借主Xに対する債務は、借主Xが差入れた敷金390,300円に平成15年1月分の家賃負担額86,800円及び共益費8,000円の日割計算による過納入金79,600円を加えた469,900円から退去した後の借主Xが負担すべき退去後修繕費金309,960円を控除した**精算返還金159,940円**の支払義務があり、平成15年2月25日に貸主Yから借主Xに支払われている。

② **貸主Yの返還すべき原状回復費用等**

借主Xは貸主Yに対して56,790円の原状回復費用の支払義務があり、これに伴う諸経費として、6,795円を負担すべき（証拠によると、貸主Yの主張する借主Xが貸主Yに対して支払うべき原状回復費用263,652円に対して、諸経費は31,548円となっているので、同比率で算定される借主Xが貸主Yに対して支払うべき原状回復費用56,790円に対する諸経費は、6,795円となる。）である。

貸主Yが建物等の原状回復費用として借主Xが差入れした敷金等より控除した309,960円から66,764円（内訳：原状回復費用、諸経費、消費税）を差引いた**243,196円を貸主Yは借主Xに返還する義務がある。**

4 　結　論

以下のとおり判決する。

① 貸主Yは、借主Xに対し、243,196円を支払え。
② 借主Xのその余の請求を棄却する。
③ 訴訟費用は、これを7分し、その3を借主Xの負担とし、その余は貸主Yの負担とする。
④ この判決は、①項に限り、仮に、執行することができる。

98【保証金返還】神戸〔原審：神戸簡裁・平16（ハ）第10756号・平16.11.30判決・神戸地裁・平16(レ)第109号・平17.7.14判決〕

敷金特約が消費者契約法第10条に違反し、全部無効であるとした判例（第1例目）

① 貸主Yは、不動産の賃貸借及び売買、交換の斡旋、仲介などを業とする株式会社である。
② 貸主Yは、借主Xと平成15年7月13日、賃貸期間平成15年8月3日から平成17年8月2日、家賃56,000円、共益費6,000円、保証金300,000円とする建物の賃貸借契約を締結した。
　1） 貸主及び借主双方に異議がなければ、本契約は同一条件で自動的に更新されるものとする。
　2） 物件の明渡しがあったときは、敷金（保証金については解約金を差引いた後の残金）を無利息で借主に返還する。ただし、賃料等の滞納分、原状回復費用（保証金については通常の使用に伴う損耗を除く。）の未払分及び損害賠償費用について、当該債務の額を敷金（又は保証金の残額）から差引くことができる。
　3） 賃貸借契約終了時に敷引金として250,000円を差引いた残額の返還を受ける旨を合意した。
③ 借主Xは、賃貸借契約を解約し、平成16年2月末日、建物を明渡しした。
④ 貸主Yは、建物の明渡しを受けた際、借主Xに対し、保証金300,000円から敷引金250,000円を差引いた残額50,000円を返還した。
⑤ これに対し、借主Xは、賃貸期間の長短を問わず、敷引金250,000円を一律に差引かれることが理解できない。保証金から敷引金を控除した残額の返還を受けたが、敷引特約が消費者契約法第10条により無効であるとして、貸主Yに対し、保証金返還請求権に基づき、敷引金に対応する保証金250,000円及びこれに対する訴状送達の日の翌日から支払済みまで商事法定利率年6分の割合による遅延損害金の支払を求め提訴した。

争　点
① 敷引特約は消費者契約法第10条により無効か。
② 信義則違反はないか。

裁判所の判断（神戸地裁・平16(レ)第109号・平17.7.14判決）

1　争点①（敷引特約は消費者契約法第10条により無効か）について

(1)　義務の加重

　賃貸借契約は、貸主が借主に対して目的物を使用収益させる義務を負い、借主が貸主に対して目的物の使用収益の対価として賃料を支払う義務を負うことによって成立する契約であり（民法第601条）、賃貸目的物の使用収益と賃料の支払が対価関係にあることを本質的な内容とするものである。そして、民法上、借主に賃料以外の金銭的負担を負わせる旨の明文の規定は存しない。
　そうすると、民法において、借主が負担する金銭的な義務としては、賃料以外のものを予定していないものと解される（ただし、借主に債務不履行がある場合は、別である。）。また、学説や判例の集積によって二般的に承認された不文の任意法規や契約に関する一般法理によっても、敷引特約が確立されたものとして一般的に承認されているということはできない。
　したがって、借主に賃料以外の金銭的負担を負わせる内容の敷引特約は、賃貸借契約に関する任意規定の適用による場合に比し、借主の義務を加重するものと認められる。

2　争点②（信義則違反はないか）について

(1) **敷引金の性質**

関西地区での不動産の賃貸借契約においては、敷金、保証金などの名目で一時金の授受が行われた際、**賃貸借契約終了時に敷金または保証金から一定金額（敷引金）を返還しない旨の合意（敷引特約）**がされることが多い。

この敷引金の性質について、一般的には、「a.賃貸借契約成立の謝礼」、「b.賃貸目的物の自然損耗の修繕費用」、「c.賃貸借契約更新時の更新料の免除の対価」、「d.賃貸借契約終了後の空室賃料」、「e.賃料を低額にすることの代償」などと説明されている（証拠）。

ところで、敷引金の性質について当事者の明確な意思が存する場合はともかく、そのような明確な意思が存しない場合には敷引金の性質を特定のものに限定してとらえることは困難であるから、その敷引金の性質は、上記a～eなどのさまざまな要素を有するものが渾然一体となったものととらえるのが相当である。

これを本件についてみるに、借主Xと貸主Yの間で、敷引金の性質について明確な意思が存するものではないので、敷引金の性質については、a～eなどのさまざまな要素を有するものが渾然一体となったものと解さざるを得ない。

この点、貸主Yは、敷引金が賃貸目的物の自然損耗の修繕費用という性質を有することを裏付ける事情は存しないと主張する。しかし、賃貸借契約の約定では、敷金が差入れられた場合には、敷金から通常損耗の原状回復費用についても差引くことができるとされているが、**敷引特約が付された保証金が差入れられた場合には、敷引金を差引いた後の保証金からは通常損耗の原状回復費用は差引かないとされていることからすると、敷引金は、賃貸目的物の自然損耗の修繕費用の側面も有しているものと解される**ので、貸主Yの主張を採用することはできない。

以下、敷金の性質として考えられる上記a～eの各要素について検討を加えたうえ、敷引特約が信義則に違反して借主の利益を一方的に害するものかどうかについて判断することとする。

(2) **(1)a～eの各要素の検討**

① 「a.賃貸借契約成立の謝礼」

賃貸借契約成立の際、**借主のみに謝礼の支出を強いることは、借主に一方的な負担を負わせるものであり、正当な理由を見い出すことはできない。**そして、賃貸借契約は、賃貸目的物の使用収益と賃料の支払が対価関係に立つ契約であり貸主としては、目的物を使用収益させる対価として賃料を収受することができるのであるから、賃料とは別に賃貸借契約成立の謝礼を受取ることができないとしても、何ら不利益を被るものではない。

② 「b.賃貸目的物の自然損耗の修繕費用」

賃貸借契約は、賃貸目的物の使用収益と賃料の支払が対価関係に立つ契約であるから、目的物の通常の使用に伴う自然損耗の要する修繕費用は考慮されたうえで賃料が算出されているものといえる。

そうすると、**借主に賃料に加えて敷引金の負担を強いることは、賃貸目的物の自然損耗に対する修繕費用について二重の負担を強いることになる。**これに対し、貸主は、賃料から賃貸目的物の自然損耗の修繕費用を回収することができるのであるから、別途敷引金を受取ることができないとしても、何ら不利益を被るものではない。

③ 「c.賃貸借契約更新時の更新料の免除の対価」

賃貸借契約において、**借主のみが賃貸借契約の更新料を負担しなければならない正当な理由を見い出すことはできず、しかも、借主としては、賃貸借契約が更新されるか否かにかかわらず、更新料免除の対価として敷引金の負担を強いられるのであるから、不合理な負担といわざるを得ない。**

一方、貸主としては、賃貸借契約が更新された後も、目的物を使用収益させる対価として賃料を受取ることができるのであるから、賃料とは別に賃貸借契約の更新料を受取ることができないとしても、不利益を被るものではない。

④ 「d.賃貸借契約終了後の空室賃料」

賃貸借契約は、賃貸目的物の使用収益と賃料の支払が対価関係に立つ契約であり、**借主が使用収益しない期間の空室の賃料を支払わなければならない理由はないから、これを借主に負担させるこ**

とは一方的で不合理な負担といわざるを得ない。

一方、貸主としては、新たな借主が見つかるまでの期間は賃料を収受することができないが、それは自らの努力で新たな借主を見つけることによって回避すべき問題であり、その不利益を借主に転嫁させるべきものではない。

⑤「e. 賃料を低額にすることの代償」

敷引特約が付されている賃貸借契約において、借主が敷引金を負担することにより、目的物の使用の対価である賃料が低額に抑えられているのであれば、敷引金は目的物の使用の対価としての賃料の性質をも有するから、直ちに借主の負担が増大するものとはいえない。

しかし、賃料の減額の程度が敷引金に相応するものでなければ、実質的には借主に賃料の二重に負担を強いることにもなるところ、**賃料の減額の程度が敷引金に相応するものであるかは判然としない。**また、本来、借主は、賃貸期間に応じて目的物の使用収益の対価を負担すべきものであるから、賃貸期間の長短にかかわらず、敷引金として一定額を負担することに合理性があるとは思えない。さらに借主は、敷引特約を締結する際、賃貸期間について明確な見通しがあるわけではなく、また、**敷引金の負担によりどの程度賃料が低額に抑えられているのかという情報を提供されない限り、敷引金の負担により賃料が低額に抑えられることの有利、不利を判断することも困難である。**

一方、貸主としては、目的物の使用収益の対価を適正に反映した賃料を設定すれば足りるのであるから、敷引金を受取ることができなくても不利益を被るものではない。

(3) まとめ

以上で検討したとおり、敷引金の a～e の性質から見ると、**借主に敷引金を負担させることに正当な理由を見い出すことはできず、一方的で不合理な負担を強いているものといわざるを得ない。**そして、a～e で検討した以外に、**借主に賃料に加えて敷引金の負担を強いることに正当な理由があることを裏付けるような要素があるとも考え難い。**

さらに、敷引特約は、賃貸目的物件について予め付されているものであり、借主が敷引金の減額交渉をする余地はあるとしても、賃貸事業者（又はその仲介業者）と消費者である借主の交渉力の差からすれば、借主の交渉によって敷引特約自体を排除させることは困難であると考えられる。これに加え、関西地区における不動産賃貸借において敷引特約が付されることが慣行となっていることからしても、**借主の交渉努力によって敷引特約を排除することは困難であり、賃貸事業者が消費者である借主に敷引特約を一方的に押付けている状況にあるといっても過言ではない。**

以上で検討したところを総合考慮すると、**敷引特約は、信義則に違反して借主の利益を一方的に害するものと認められる。**

したがって、**敷引特約は、賃貸借契約に関する任意規定の適用による場合に比し、借主の義務を加重し、信義則に反して借主の利益を一方的に害するものであるから、消費者契約法第10条により無効である。**

3 結論

以上によれば、敷引金に対応する保証金の支払を求める借主Xの請求は理由があるので、原判決を取消し、借主Xの請求を認容することとし、以下のとおり判決する。

① **原判決を取消す。**
② **貸主Yは、借主Xに対し、250,000円及びこれに対する平成16年9月14日から支払済みまで年6分の割合による金員を支払え。**
③ 訴訟費用は、第一審、第二審を通じ、貸主Yの負担とする。
④ この判決は仮に執行することができる。

再チェック！

「敷金特約が消費者契約法第10条に違反し、全部無効であるとした判例」

① 神戸地裁・平成17年7月14日判決（原審：神戸簡裁判決）賃料5万6千円・共益費6千円、保証金30万円・敷引金25万円**（第1例目）**

② 大阪地裁・平成18年2月28日判決（原審：堺簡裁判決を取消し）賃料8万3千円・共益費1万円、保証金60万円・解約引き金50万円、控除率83％（賃料の6か月分に及ぶ）**（第2例目）**
③ 大阪地裁・平成18年6月6日判決（青野洋士裁判長）1年期限で1回更新、家賃6万1千円、保証金35万円、敷引金25万円（約71％・家賃の4か月分に及ぶ）**（第3例目）**
④ 大津地裁・平成18年6月28日判決（阿多麻子裁判官）敷引金20万円の返還を命じる**（第4例目）**
⑤ 木津簡裁・平成18年4月28日判決（根本雅彦裁判官）敷引金30万円の返還を命じる**（第7例目）一部無効を含めると10例目**

99【敷金返還請求】福岡〔久留米簡裁・平13（ハ）第1709号・平14.3.5判決〕
「通常の使用に伴う建物の損耗等の補修に要する費用を借主の負担とし、その部分を貸主に帰属させることを合意した敷引特約」は、直ちに無効視することはできないとした事例

① 借主Xは、平成12年3月12日、建物を賃料6万5,600円、敷金26万円、敷金は、建物明渡しの日から40日以内に返還する旨の約定で借り受け、平成13年8月30日に契約終了により建物を明渡しした。
② 建物の管理業者Zは、借主Xから解約通知を受けたのは平成13年8月14日であるから、契約終了の日は30日後の同年9月13日である。この間（13日間）の賃料は2万8,165円であり、借主Xは、これを支払う義務がある。また、補修費分担金（いわゆる敷引約定）について、契約時に、敷引金は賃料の3か月分とし、借主Xが支払うとの特約があるとして、控除後の額10万2,435円を借主Xに返還した。
③ 借主Xは、貸主Yに対し、退去後に平成13年9月分の賃料分6万5,600円を収受している額と敷金の合計金32万5,600円から支払いを受けた10万2,435円を控除した残金22万3,165円及びこれに対する平成13年9月1日から支払済まで、年5分の割合による遅延損害金の支払を求め提訴した。

争　点
① 契約終了の日はいつか。
② 補修費分担金（いわゆる敷引約定）約定の効力はあるか。
③ メンテナンス費用（原状回復費用）の負担者は誰か。

裁判所の判断
1　**争点①（契約終了の日はいつか）について**
　借主Xが主張する**事実を認めるに足る証拠はない**。弁論の全趣旨によれば契約終了の日は、平成13年9月13日であると認められる。したがって同日までの賃料は、**借主Xに支払義務がある。**

2　**争点②〔補修費分担金（いわゆる敷引約定）約定の効力はあるか〕について**
(1)　いわゆる敷引金（敷引部分）は、賃貸借成立の謝礼、賃料を相対的に低額にすることの代償、借主の通常の使用に伴う建物の修繕に要する費用等々さまざまな性質を有するものであるとされ、当事者は、これを貸主に帰属させることを予め合意したものであり、個々具体的な約定により判断すべきものと解されているところ、**貸主Yは、敷引約定の存在を主張するのみで、他に何らの主張もないが**、賃貸借契約書の13条、9条、20条を比較対照すれば、**敷引契約の内容・実質は、元来、借主に原状回復義務はないと解されている。通常の使用に伴う建物の損耗等の補修に要する費用を借主の負担とし、その部分を貸主に帰属させることを合意したものと解され**、かつ、借主Xの契約時の年齢は25歳の成人であり、約定の記載の位置・措辞について、特に疑問とされる点はないので、**借主Xは、その意義を理解していたものと解され、これを直ちに無効視することはできない。**
(2)　敷引金は、退去時家賃の3か月分であり、他方、本件建物のメンテナンス費用（原状回復費用と解

202

される）が、6万2,790円であることは当事者間に争いはない。
(3) 敷引契約の内容は、前記(1)に認定のとおりであるから、これに、建設省（現：国土交通省）発表の「賃貸住宅の原状回復に関するガイドライン」の趣旨をも合わせて考察すれば、**合意される約定のうち、有効とされる部分は、相当で合理性のある部分に限られると解される**ところ、前記(2)に説示のとおり、**その金額は6万2,780円であるから、これを超過する部分については、これを貸主Yに帰属させる合理的な理由はなく無効であると解する。**

3　争点③（メンテナンス費用の負担者は誰か）について
メンテナンス費用の負担者は、上記2に認定のとおり、**敷引特約により借主Xの負担と解される。**

4　遅延損害金の請求（始期）について
敷金は、建物明渡しの日から40日以内に返還するとの約定であることについては、借主Xが自認し、貸主Yも、これにつき何ら主張しないので、争いがないものと認められる。

5　結　論
以上に認定した事実によれば、借主Xの請求は、主文の限度では理由があるので認容し、その余は、理由がないので棄却することとし、訴訟費用の負担については、民訴法第64条本文、第61条を適用して以下のとおり判決する。

【主　文】
① **貸主Yは、借主Xに対し、13万2,210円及びこれに対する平成13年10月10日から支払済まで、年5分の割合による金員を支払え。**
② 借主Xのその余の請求を棄却する。
③ 訴訟費用は、これを10分し、その3を借主Xの負担とし、その7を貸主Yの負担とする。
④ この判決は、1項につき仮に執行することができる。

100【家屋明渡等請求】北九州〔福岡高裁（原判決変更）平16（ネ）第244号　平16.7.21日判決〕
市営住宅において使用料不払いに係る契約解除後の損害額を定めた条例の規定が公序良俗に反するものではなく、公営住宅法の委任の範囲を逸脱するものではないとされた事例

① 貸主Yは、平成13年11月8日、借主Xに対し、家賃11,300円（ただし、平成14年4月分から月額14,300円、平成15年4月分から月額14,100円に改訂）、支払期限は毎月末日、使用期限の定めなし等の約定で市営住宅の使用を許可した。
　1) 賃貸借契約が解除され、明渡しの請求があった場合は、明渡しの請求のあった日の翌日から明渡しの日までの近傍同種の住宅の家賃（法施行令第3条）の2倍に相当する額の損害を賠償しなければならない。その他の条例及び同施行規則並びにこれに基づく指示を遵守すること。
　2) 連帯保証人Zは、平成13年11月8日、賃貸借契約における借主Xの一切の債務につき連帯保証した。
② 市営住宅を所有して管理する貸主Yが、借主Xに対し、使用料不払いを理由に賃貸借契約が解除されたとして、賃貸借契約終了に基づく、住宅の明渡しと滞納使用料及び解除後の使用料相当損害金の支払を連帯保証人Zに対し請求した。
　1) 借主Xらは、貸主Yの再三にわたる請求にもかかわらず、平成14年3月分、平成14年6月分から平成15年8月分までの16か月分の使用料合計224,800円（11,300円＋14,300円×10か月分＋14,100円×5か月分＝224,800円）を納入しなかった。
　2) 貸主Yは、借主Xに対し、平成15年9月8日、滞納使用料224,800円を納入指定期限（当該通知が到達した日の翌日から14日以内）までに納入しないときは、公営住宅法第32条及び条例第40条の規定により賃貸借契約を解除し、明渡しを請求する旨の通知をし、同通知は、同月10日到達したが、借主Xは納入指定期限までに納入しなかった。

3) その後、平成15年12月1日に借主Xは、貸主Yに対し、使用料として20,000円を納入した。
③ 貸主Yは、借主Xらを提訴した。
　原審では、貸主Yの請求のうち、建物の明渡し並びに滞納使用料全額の支払を認容したものの、解除後の使用料相当損害金については、同損害金の額を定める北九州市営住宅条例第40条第4項の規定が、公営住宅法第47条の委任の範囲を逸脱した違法なものであり無効であるとして、一部を棄却した。
④ 貸主Yは、敗訴部分を不服として控訴した。
　借主Xは、平成16年5月6日、仮執行の宣言を付した原判決を債務名義とする強制執行により、市営住宅を明渡しした。これを受けて、貸主Yは、明渡日までの使用料相当損害金624,014円及び滞納使用料216,080円の合計840,094円の確定支払請求に変更した。
1) 借主Xの滞納使用料は、滞納期間16か月分に平成15年9月1日から同月24日までの滞納使用料を加算し、納入済の20,000円を控除した216,080円（11,300円＋14,300円×10か月分＋14,100円×5か月分＋14,100円×24日÷30日－20,000円）である。
2) 近傍同種の住宅の家賃の額の2倍に相当する額の金銭を損害賠償金として徴収することができる（条例同条第4項）と定めており、平成15年度の近傍同種の住宅の家賃の認定額は、月額42,200円である。

[争 点]

貸主が、借主に対し、条例第40条第4項に基づいて算出された損害賠償金を請求できるか否か。その前提として、同条例が法に違反し無効なものであるか否か。

[裁判所の判断]

1　争点（貸主が、借主に対し、条例第40条第4項に基づいて算出された損害賠償金を請求できるか否か。その前提として、同条例が法に違反し無効なものであるか否か）について

(1) 条例第40条第4項が、公営住宅法第47条による**条例への委任の範囲を逸脱した違法な規定であるとは解されないと判断するもので、貸主Yの請求は全部認容するのを相当と判断**する。その理由は、以下のとおりである。
① 金公営住宅法は、
　1) 国及び地方公共団体が協力して、健康で文化的な生活を営むに足りる住宅を整備し、これを住宅に困窮する低額所得者に対して低廉な家賃で賃貸し、又は転貸することにより、国民生活の安定と社会福祉の増進に寄与することを目的とするものであって（第1条）、
　2) 公営住宅の管理については、第3章で規定するところ、
　3) ア．第32条第1項は、公営住宅の明渡しを請求できる場合を規定し、
　　　イ．同条第3項は、同条第1項第1号に規定する不正入居者に対し、
　　　　(ア) 入居した日から請求の日までの期間については、近傍同種の住宅の家賃の額とそれまでに支払を受けた家賃の額との差額に年5分の割合による支払期後の利息を付した額の金銭を、
　　　　(イ) 請求の日の翌日から当該公営住宅の明渡しを行う日までの期間については、毎月、近傍同種の住宅の家賃の額の2倍に相当する額以下の金銭を徴収することができる旨規定し、
　　　ウ．同条第4項は、同条第3項の規定は、同条第1項第2号から第5号までの規定に該当することにより事業主体が当該入居者に損害賠償の請求をすることを妨げるものではない旨規定し、
　4) 第47条は、事業主体は、この法律で定めるもののほか、公営住宅の管理について必要な事項を条例で定めなければならないと規定している。
② 条例第40条は、
　1) 公営住宅法第32条と同趣旨の規定であり、
　　ア．同条例第40条第1項第2号は、使用料を3か月以上滞納したときは、明渡しを請求するこ

とができる旨、
　　イ．同条第4項は、アの明渡しの請求を行った場合、請求の日の翌日から当該公営住宅の明渡しを行う日までの期間について、毎月、近傍同種の住宅の家賃の額の2倍に相当する額の金銭を損害賠償金として徴収することができる旨を規定している。
2) そこで、1)イの規定が、公営住宅法第47条による条例への委任の範囲を逸脱した違法な規定であると認められるか否かを検討する。
　　ア．まず、不正入居以外の理由により明渡しの請求を受けた場合について、条例で損害賠償金の額について定めることができるのは、次の理由から明らかである。すなわち、法は、
　　　(ｱ) 不正入居者については、明渡しの請求を受けてから明渡しを行う日までの損害賠償金の額を具体的に定めているものの、
　　　(ｲ) 使用料滞納等不正入居以外の理由により明渡しの請求を受けた場合の損害賠償金の額については、具体的な定めをしていないが、
　　　(ｳ) 一方、不正入居以外の理由により明渡しの請求を受けた場合の損害賠償を明確に制限した条項はなく、
　　　(ｴ) そもそも、当事者は債務の不履行に付き損害賠償の額を予定することができるのであるから（民法第420条第1項）、不正入居以外の理由により明渡しの請求を受けた者に対し、損害賠償請求をするか否か、するとしてその額をいくらにするかについては、各地方公共団体の事情に応じて、条例に設けるか否か自体を、その判断に委ねたものと解されるからである。
　　イ．次に、使用料滞納により明渡しの請求を受けた者に対し、不正入居者に対する損害賠償金の額の上限と同額の損害賠償金の額を定めたことが、違法であるか否かについて検討する。
　　　(ｱ) 法において損害賠償額の予定を定めた趣旨及びその額の意味
　　　　a　公営住宅法第32条第1項第1号該当の不正入居者について、法は、①3)イのとおり規定しているところ、同不正入居者は、違法に入居した者であるので、同(ｱ)のとおり、入居から明渡しの請求を受けるまでの期間について、近傍同種の住宅の家賃の額と支払済みの家賃の額との差額に利息を付して徴収することができる旨定めることで対応していると解されるところ、明渡しの請求を受けてから明渡しを行う日までの損害賠償金については同(ｲ)のとおり規定している。
　　　　b　また、公営住宅法第29条第6項は、高額所得者が同条第1項に基づき、公営住宅の明渡し請求を受けたにもかかわらず、明渡し期限到来後も明渡さない場合について、近傍同種の住宅の家賃の額の2倍に相当する額を上限とする損害賠償請求ができると規定するが、これは、この規定によって高額所得者の速やかな明渡しの促進を図り、もって、①1)の法の目的に合致させているものと解される。
　　　　c　すなわち、高額所得者に対する損害賠償額の上限が近傍同種の住宅の家賃の額の2倍に相当する額とされるのは、
　　　　　ⅰ　本来、損害賠償額の予定（民法第420条）は、当事者間の契約に基づくものであり、公序良俗に反さない限り、その契約に定められれば足りるはずであり、
　　　　　ⅱ　契約内容が、公営住宅法令及び条例等によって定められる公営住宅の使用関係においては、法及び法に基づく条例で規定されれば足り、公序良俗に触れるような著しく高額なものでない限り、許容されるとも解されるが、
　　　　　ⅲ　立法によって規律しようとする以上、その立法趣旨に合理性がなければならないと考えられるところ、
　　　　　ⅳ　高額所得者が、明渡し期限の到来後も公営住宅に居住し続けることによって、本来、公営住宅に入居できたはずの住宅困窮者が入居できなくなってしまうため、新たに公営住宅を建設しなければならず、国及び地方公共団体は、当該建設に要した費用分の支出を余儀なくされ、本来得ることができたはずの費用（機会費用）を失ったことになり、この機会費用はおおむね近傍同種の住宅の家賃と一致するから、
　　　　　ⅴ　明渡し期限後の高額所得者に対しては、当該公営住宅の占有に係る公営住宅の利用の対

　　　　　価相当額と、機会費用に相当する損害賠償を求めることができ、その額は、近傍同種の住宅の家賃の額の２倍に相当する額ということになり、
　　　vi　さらに、明渡し期限後も近傍同種の住宅の家賃相当額の損害賠償金しか徴収できないとすれば、明渡しても明け渡さなくても高額所得者にとって不利益はなく、そうであれば、速やかな明渡しを図ることができず、ひいては法の趣旨に合致しないことになるから、**bの規定は、合理性があると解される。**
　　d　とすると、不正入居者と異なり、本来適法に入居したにもかかわらず、高額所得者になった者についても、明渡し期限後の損害賠償金の額の上限を近傍同種の住宅の家賃の２倍の額に相当する額としているのであるから、**不正入居者について、同２倍額を上限とする損害賠償金の額を定めたのは、不正入居者に対する懲罰的なものではなく、あくまでも法の趣旨に合致するよう明渡しの促進を図った規定であると解するのが妥当であり、このことは、この立法の趣旨からも肯定されるものである。**
　（ｲ）　条例第40条第4項の意味
　　a　貸主Yが、その条例において②1)イのとおり定めるのは、
　　　i　貸主Yにおいては、公営住宅への入居を希望する者が極めて多く、
　　　ii　しかも、応募倍率はますます増加している状況であり、
　　　iii　条例第40条第1項第1号の不正入居者の場合に限らず、同項第2号から第5号まで、又は同7号該当を理由に、明渡請求を受けた者を速やかに退去させ、
　　　iv　公営住宅の入居希望者を入居させる必要に迫られていることから、
　　上記事情を背景に、明渡しの請求を受けた者の速やかなる明渡しの促進を図ろうとしたことも理解できるところである。
　　b　しかも、(ｱ)dのとおり、明渡期限後の損害賠償金の額の趣旨は、明渡しの促進を図るというものであり、使用料滞納者を不正入居者と必ずしも別異に扱う必要はなく、地方公共団体の事情に応じて定めることができるというべきである。
　　c　このことは、平成8年10月14日（旧）建設省住総発第153号「公営住宅管理標準条例（案）について」と題する住宅局長から各都道府県知事あて通知によっても、明らかにさている。
　　d　そして、その損害賠償金の額は、不正入居者の場合の損害賠償金の額の上限を上回るものではないのであるから、公序良俗に反するほど高額であると認められるものではない。
　（ｳ）　したがって、**条例第40条第4項は、法の委任の範囲を逸脱した違法な規定であるとは解されない。**

③　まとめ
　1)　以上のとおり、
　　ア．**条例第40条第4項が公営住宅法第47条の委任の範囲を逸脱した無効な規定であるとは解されない**のであり、
　　イ．また、第2の2(2)及び(3)のとおり、借主Xらは、明渡しの請求を受けた場合には、明渡しを行う日までの期間、近傍同種の住宅の家賃の額の2倍に相当する損害賠償金を支払う旨を承認し、
　　ウ．かつ、市営住宅の近傍同種の住宅の家賃の額は、月額42,200円と認められるので、
　2)　借主X人らは、貸主Yに対し、連帯して、
　　ア．明渡しの請求を受けた日の翌日である平成15年9月25日から明渡しを行った日である同16年5月6日まで、月額84,400円の割合による金員624,014円
　　イ．滞納使用料である216,080円
　　の合計840,094円を支払う義務がある。
　3)　以上によれば、
　　ア．借主Xに対する市営住宅の明渡し（原判決主文第①項）は相当であり、
　　イ．**貸主Yが当審において変更した金員請求も、すべて理由があるから、これと異なる原判決**

主文第②、③項は一部不当である。

2　結　論
　よって、本件控訴は理由があるから、原判決主文第②、③項を上記③3)イの趣旨に従って変更することとして、以下のとおり判決する。
① **原判決主文第②、③項を次のとおり変更する。**
② **借主Xらは、貸主Yに対し、連帯して 840,094 円を支払え。**
③ 訴訟費用は、第一、二審を通じて、全部借主Xらの負担とする。
④ 本判決は、②項に限り、仮に執行することができる。

101【敷金返還等請求】福岡〔原審：福岡簡裁・平15（ハ）第30234号・平15（ハ）第30374号・平16.1.29判決、二審：福岡地裁・平16（レ）第35号・平16.8.6判決〕
「自然損耗を原状回復の内容として借主に負担させる旨の特約」を賃貸借契約締結以前に具体的に説明し借主が合意した特約は有効であるとして原審判決を取消し、貸主が逆転勝訴した事例

① 貸主Yは、借主Xとの間で、平成11年12月18日に、賃貸期間を平成11年12月18日から平成12年12月17日までの1年間、家賃等58,000円、解約予告違約金、住宅総合保険への加入、原状回復の範囲、敷金216,000円とする旨合意して建物賃貸借契約を締結した。
　1) 賃貸期間は、当事者の一方が他方に対して別段の意思表示をしないときは、同一条件で更に1年間契約が更新されるものとし、更に1年到来以降も同様とする。
　2) 解約予告違約金については、借主が契約の解約申入れをする場合は退去日（建物の明渡日）前30日以上の期間を置かなければならない。ただし、借主は、解約申入日から30日分の家賃等相当額を貸主に支払うことにより、即時に本件契約を解除することができる。
　3) 保険料については、借主は、火災、漏水、ガス爆発等、損害賠償責任を負う事故を発生させた場合のために、住宅総合保険に加入する。
　4) 原状回復の範囲については、畳の表・裏返し、襖・障子の張替え、過去に伴う清掃費用については、入居期間が1か月を超えるときは、借主が100％負担する。クロスの張替費用については、入居期間が2年超4年以内のときは、借主が70％を負担する。
② 借主Xは、契約更新を3回行った後の平成15年3月26日、貸主Yに対し賃貸借契約の解約を申込み、同年4月10日に退去した。
③ 貸主Yは、借主Xが退去後、物件について次の費用を支出した。

ア.クロス張替費	87,040 円	オ.美装費	17,000 円
イ.畳表替費	36,000 円	（小　計）	16,940 円
ウ.襖貼替費	20,600 円	（消費税）	8,047 円
エ.カーテンレールエンドキャップ付替え費	300 円	合　計	168,987 円

④ ③のクロス張替費と襖貼替費は、通常の使用による減価（以下「自然損耗」という。）が生じたことに基づいて支出した費用であり、借主Xが負担すべきかどうかにつき、解釈等が問題となる。
⑤ ③カーテンレールエンドキャップの付替え費は、借主Xが賃借中に喪失したキャップの付替費と、美装費は、借主Xが負担すべき原状回復費用に当たると認められる（証人Z、弁論の全趣旨）。
⑥ 貸主Yと借主Xとの間には、賃貸借契約の終了に伴い、上記費用のほか、次の費用が発生した。
　1) 貸主Yが借主Xに支払う費用として、平成15年4月分の過払日割家賃39,600円及び借主Xが支払った住宅総合保険の保険料の保険解約金4,600円。
　2) 借主Xが貸主Yに支払う費用として、水道清算金3,900円及び解約予告違約金27,000円。
⑦ 貸主Yは、平成15年12月18日の原審口頭弁論期日において、上記①～⑤の費用のうち141,569円並びに上記⑥の水道清算金3,900円及び解約予告違約金27,000円について、借主Xの貸主Yに対する敷金218,000円の返還請求権並びに上記⑥の過払日割家賃39,600円及び保険解約金4,600円と対当額で相殺するとの意思表示をした。

⑧ 貸主Yは、借主Xに対し、平成15年11月21日、⑦で相殺した残額に当たる87,731円を支払った。
⑨ 借主Xは、これを不服として、貸主Yに対して、敷金等227,900円及び遅延損害金の支払を求め提訴した。〔福岡簡易裁判所平成15年(ハ)第30234号事件〕
⑩ 原審では、借主Xの請求につき、139,784円及び遅延損害金を支払う限度でこれを認容したことから、貸主Yは、原判決の貸主Y敗訴部分の取消しを求めて控訴した。なお、貸主Yは、敷金返還債務の不存在確認を求めていた〔福岡簡易裁判所平成15年(ハ)第30234号事件〕が、二審において、同訴えを取り下げた。

裁判所の判断〔原審：福岡簡易裁判所・平15（ハ）第30234号・平15（ハ）第30374号・平16.1.29判決〕

第1事件は、貸主は借主に対し、敷金21万6,000円の返還債務は存在しないことの確認請求であり、第2事件は、借主が貸主に対し交付した敷金21万6,000円の残金18万3,700円と家賃清算金3万3,700円及び保険解約金4,600円の返還請求を提訴したものである。

原審（一審）では、以下のとおり、借主の請求を容認する判決が下された。

【主　文】
① 貸主Yと借主Xとの間の平成11年12月18日締結の建物賃貸借契約に基づく貸主Yの借主Xに対する敷金返還債務は、139,784円を超えて存在しないことを確認する。
② **貸主Yは、借主Xに対し、139,784円及びこれに対する平成15年4月11日から支払済みまで年5％の割合による金員を支払え。**
③ 貸主Y及び借主Xのその余の請求を棄却する。
④ 訴訟費用は、第1事件、第2事件を通じ貸主Yの負担とする。
⑤ この判決は、②項に限り仮に執行することができる。

この判決を不服として、**貸主は控訴した。**

【争　点】
① クロス張替費ないし襖貼替費の自然損耗につき貸主が支出した費用を借主が負担しなければならないか否か。
② 特約の有効性。

【当事者の主張】
(1) **争点①のクロス張替費と襖貼替費の自然損耗につき、貸主Yが支出した費用を借主Xが負担しなければならないか否か（借主Xが負担すべき原状回復の範囲に、自然損耗分も含まれるか否か）。**

貸主Yは、本件記載は自然損耗であっても、原状回復の内容として、借主に負担させる旨の特約を定めたものであり、このことは、仲介業者Vの代表者Wが、賃貸借契約の際、賃貸借契約書の別表を示しながら、説明している。

そして、特約によれば、**借主が負担すべき金額**は、アのクロス張替費の70％に当たる60,928円と、イ〜オの合計額である134,828円に消費税6,741円を加えた額である**141,569円となると主張**した。

これに対して、**借主Xは、**原状回復の範囲は、平成10年3月に旧建設省が公表した「原状回復をめぐるトラブルとガイドライン」で定義されているとおり、「借主の故意・過失、善管注意義務違反、その他通常の使用を超えるような使用による損耗等を復旧すること」というものである。

したがって、本件記載は、自然損耗分を原状回復の内容として借主に負担させる旨を定めたものではない。そして、借主は、**賃貸借契約締結の際、**貸主Yの主張のような説明を受けておらず、単に、契約書の別表を一時開示され「原状回復とはこの表によるものとします。」という、**口頭による説明を受けたのみ**であった。

自然損耗分を原状回復の内容として借主に負担させない以上、**敷金から差引かれる金額**は、借主が**毀損した襖1枚の原状回復費用である1,400円**となる。したがって、**貸主Yが借主Xに返還すべき金額は**敷金216,000円から襖の取替費用1,400円を差引いた214,600円と過払日割家賃39,600円、

住宅総合保険の保険解約金4,600円の合計額258,800円から、借主Xが負担すべき水道精算金3,900円と解約予告違約金27,000円の合計額30,900円を差引いた額である**227,900円となると反論**した。

(2) **特約の有効性**

借主Xは、ガイドラインはA協会が採用し、仲介業者Vが同協会に加盟していること、本件契約書が同協会作成の雛形であることを考えれば、特約の有効性を判断する基準として採用されるべきである。そして、ガイドラインに照らせば、本件特約は無効である。

また、賃貸借契約は、平成13年12月に自動更新された際に、消費者契約法（平成13年4月1日施行）が適用されており、**特約は、借主に不利益となるので、同法第10条に反し無効であると主張**した。

これに対して、**貸主Y**は、ガイドラインに法的拘束力はないから、特約がガイドラインによって無効となることはない。仮に、ガイドラインに法的拘束力が認められるとしても、特約は、ガイドラインに照らしても有効である。

また、賃貸借契約は、消費者契約法施行以前に締結されているので、同法の適用はない。仮に、同法の適用があるとしても、特約は、民法第1条2項に規定する信義則に違反するものではないから、**消費者契約法第10条に反しないと反論**した。

裁判所の判断〔二審：福岡地方裁判所・平16（レ）第35号・平16.8.6判決〕

1 争点①（借主が負担すべき原状回復の範囲に、自然損耗分も含めるか否か）について

(1) 証拠によれば、契約書の第19条1項は、「原状回復の範囲は、別表1及び別表2に定める負担区分によるものとする。」と規定して、**原状回復の範囲**については、別表1及び同2で定めているところ、**別表1の「費用負担区分表」において記載されていることが認められる。**

(2) しかしながら、この「費用負担区分表」にいう**「費用」という文言は、多義的**であって、この文言から**貸主Yの主張を認めることはできず**、その他、契約書の記載からも、貸主Yが主張のように、**自然損耗分を含む趣旨と解することはできない。**

(3) しかしながら、証人Zの証言及び弁論の全趣旨によれば、

① **借主X並びに仲介業者V及び仲介業者U**は、いずれも、**自然損耗分を含む趣旨と解して、賃貸借契約を締結ないし仲介している**こと、

② **仲介業者Vの代表者Wは、賃貸借契約締結以前**の平成11年12月10日前後、借主Xに対して、契約書の第19条並びに別表1及び同2を見せて、記載内容を説明しているが、その際、借主Xから、敷金はどれくらい返ってくるのかと聞かれたことに対して、別表1を見せながら、「畳、襖は100％替える。クロスも概ね替えるので、賃料4か月分の敷金のうち、3か月分くらいは掛るだろうから、1か月分戻ればいい方ではないか。」などと**具体的に説明したこと**

③ その後、**借主Xは、上記説明に対して異議を唱えることなく賃貸借契約を締結したこと**が認められる。

④ そうすると、自然損耗分を含まないのであれば、畳・襖を100％取替えたり、クロスを概ね張替えたりすることはないのであるから、仲介業者Vの代表者Wの説明により、**借主Xは、自然損耗を原状回復の内容として借主に負担させる旨の特約を定めたものであることを認識したものと認められる**ところ、その後、借主Xは、この説明に対して異議を唱えることなく賃貸借契約を締結したのであるから、借主Xは、**貸主Yの主張のとおり、特約を定めたものとして、賃貸借契約締結の意思表示をしたものというべきである。**

2 争点②（特約の有効性）について

(1) ガイドラインは、そもそもその内容に反する私法上の条項を無効にするだけの効力を有するものではなく、たとえガイドラインの趣旨に則していなかったとしても、特約の私法上の効力を奪うことはできないというべきである。

したがって、**ガイドライン違反を理由とする特約無効の主張は理由がない。**

(2) 次に、借主Xは、賃貸借契約が平成13年12月に自動更新された際、消費者契約法が適用されていると主張するが、消費者契約法が適用されるためには、貸主Yが、事業としてまたは事業のために契約の当事者となる場合である必要があり、また、同法により無効というためには、民法第1条2

項（信義誠実の原則）に反して消費者の利益を一方的に害する等の要件を備えることが必要となるところ、**同法は平成13年4月1日以後に締結された消費者契約について適用される（同法附則）が、賃貸借契約は同日より以前に締結されているものであって、平成13年12月の自動更新は従前の契約の効力によってなされたに過ぎず、その際、新たな契約は締結されていないのであるから、同法の適用はない。**

3　結論

以上によれば、**クロス張替費ないし襖貼替費は、特約によって、借主Xが負担することになるから、貸主Yの敷金返還債務は、貸主Yの相殺の意思表示及び残額支払によって消滅していると認められる。**

よって、**本件控訴は理由があるから、原判決**〔ただし、貸主Yの訴え取り下げにより、福岡簡易裁判所平成15年（ハ）第30234号事件に関する部分は失効した。〕**中の貸主Yの敗訴部分を取消したうえ、借主Xの請求を棄却し**訴訟費用の負担につき民事訴訟法第67条2項、第61条を適用して、以下のとおり判決する。

① **原判決中貸主Yの敗訴部分を取消す**（ただし、原判決中、福岡簡易裁判所平成15年（ハ）第30234号事件に関する部分は、貸主Yの訴えの取下げにより失効した。）。
② **借主Xの請求を棄却する。**
③　訴訟費用は第一、二審とも借主Xの負担とする。

102【敷金返還請求】長崎〔佐世保簡裁・平16（少コ）第7号・平16.11.19判決〕
敷引特約に係る未返還分の敷金と明渡しの翌日から支払済までの遅延損害金を請求した事例

① 借主X（長崎県東彼杵郡在住）、平成14年3月10日、貸主Y（Y産業）との間で、賃貸借期間2年（平成14年3月10日から平成16年3月9日）、敷金22万4,000円、敷引割合3.5か月、鍵交換代（退去時）1万6,800円とする建物賃貸借契約を締結し、敷金を差入れた。
② 貸主Y（Y産業）は、平成14年9月30日、本件建物を新貸主Zに売却し、新貸主Zは、建物の所有権と同時に賃貸権を譲受け（福岡市博多区××マンション509号室）、同年10月9日付書面で借主Xに対しオーナーチェンジした旨の通知をした。
③ 借主Xは、平成15年10月31日、本件賃貸借における新貸主Zの代理人であるY産業（元貸主Y）に対し、借主Xの都合により賃貸借契約を解約する旨の通知をし、同年11月30日、新貸主Yに対し建物を明渡し、敷金の返還を求めた。
④ 新貸主Zの代理人であるY産業（元貸主Y）は、平成15年12月19日、借主Xに対し、敷引契約に基づき家賃3.5か月を差引く旨の添え書きとともに、精算金は1万570円である旨を回答し、同年12月25日、借主Xの口座に同額を振込んだ。
⑤ 借主Xは、福岡地区においては、敷引は慣行となっていないし居住のための賃貸借契約につき礼金を徴収する慣行は全国的になく、敷引を礼金と解する余地もない。建物を使用した期間は1年9か月間であり、明渡しにおいて建物内部に損傷はなかった。また、建物入居時、敷引契約についての十分な説明を受けておらず、また敷引特約は、賃料4か月分の敷金22万4,000円のうち3.5か月分19万6,000円、率にして87.5％を控除するという内容であり、これは消費者の権利を制限し、または消費者の義務を加重する特約条項であって、消費者の利益を一方的に害するものであるから、消費者契約法第10条により無効であるとして提訴した。

争　点

敷金のうち借主に返還すべき金額はいくらか、特に本件特約は消費者契約法第10条により無効となるか。

【貸主の主張】
(1) 賃貸借契約の際において、礼金を取ることは福岡地方において通常見られる慣行であるが、本件では、賃貸借契約書において敷引特約が明記されているので、慣行に基づく解釈は問題とならず、

本件敷引特約の趣旨解釈が問題となる。
(2) 敷引特約は、賃貸借成立の謝礼、借主の通常の使用に伴う建物修繕に要する費用、空室損料などさまざまな性質を有するものが渾然一体になってものとして、当事者間で、これを貸主に帰属させることを予め合意したものであり、民法第1条第2項（信義誠実の原則）に反して消費者の利益を一方的に害するものではないし、公序良俗に反するものでもなく、消費者契約法第10条により無効となるものでもない。
(3) また、敷引特約は、賃貸借契約書の契約基本条件を定める部分及び契約条項中の敷金の項目に明記され、契約時に十分な説明もなされた有効なものであり、最高裁判所及び多くの下級審の判断基準からみても同特約が特別に原告に不利なもので公序良俗に反したものとして無効であるような理由は存在しないと新貸主Zは反論した。

裁判所の判断

(1) 証拠によれば、10階建の賃貸借用マンションで、当該貸室は新貸主Zが所有しており、Y産業が管理会社となっている。同社が管理しているマンションの各部屋の敷引割合は、4か月のうちの3ないし3.5か月分である。
(2) 賃貸借契約における敷金に関し、その被担保権の範囲など敷金契約の具体的内容については、第一次的には当事者の合意によって決定される事項であると考えられる。そして**敷引特約は、賃貸借契約終了時において敷金のうちの一定金額または一定割合の金員を返還しない旨の合意であり、その合意内容が明確で、合理性があり、借主に一方的に不利益なものでなければ、当事者間の合意は尊重されるべきであり、一般的に敷引特約が直ちに公序良俗あるいは信義誠実の原則に反して無効とまではいえない。**そして消費者契約法第10条は、消費者と事業者との間に情報の質及び量並びに交渉力の格差が存することを踏まえて、**消費者契約の条項が民法第1条第2項の信義誠実の原則上、許容される限度を超えて消費者の利益が侵害されている場合には、当該条項を無効**とするものであるところ、**敷引特約の有効性を判断するにあたっては、合意された敷引金がどのような性質を有するものであるか、敷引の割合、賃料額などを考慮して同条に該当するか否かが判断されなければならない。**
(3) 以上を前提として、本件敷引特約の効力を検討する。
福岡市地方において敷引が慣行として存在しているか否かについては、当裁判所に顕著な事実はなく、また、**敷引の慣行が存在していると認めるに足る証拠はない。なお、建物の家賃が周辺物件と比べて特別に高額もしくは低額であると判断すべき証拠も存しない。**

賃貸借契約書に敷引特約が記載されていることは当事者間において争いがなく、新貸主Zは、同特約は賃貸借成立の謝礼などさまざまな性質を有するものが渾然一体となったものであるとする。**賃貸借契約書**では、敷引特約について、契約書裏面の区分所有建物賃貸借契約書欄において「敷引割合3.5か月」との記載が、また契約条項第8条第3項においても敷引についての記載が存するし、**入居申込書**においても**敷引についての記載がある。**

しかし、借主本人尋問の結果によると、**借主Xは、賃貸借契約締結時において、契約内容については、一応目を通したものの、敷引についての説明はなく、敷引という言葉自体も建物明渡し後に敷金精算につき新貸主Zと交渉する段階になって初めて知った旨供述しているが、**同供述内容は具体的かつ詳細であって信用性を認めることができる。**なお、**証人**は、敷引特約につき十分な説明がなされた旨証言するが、賃貸借契約締結に関与していた者ではなく、**説明を行った旨の書面を受取ったに過ぎず同証言は採用できない。**そうすると、契約締結の際において、借主Xに対し、敷引特約の趣旨や内容、さらには**敷引特約が存すること自体について十分な説明がったことは伺われず、借主Xが敷引特約の存在及び趣旨を十分に理解していたとは認められない。**

さらに、借主Xが建物に入居していたのは、平成14年3月10日から平成15年11月30日までの約1年9か月間と比較的に短期間であり、証拠によると借主Xの責めに帰すべき建物の損傷の存在は認められず、敷金4か月分のうち一律に3.5か月分（敷金の87.5%）もの控除を行うことは、当事者間の信義衡平に照らし相当ではない。

以上の点を総合考慮すれば、**契約締結時に十分な説明のないまま、敷金4か月分のうち一律に3.5か月分の敷引を行う旨の本件敷引特約は、民法及び借地借家法等の任意規定**（判例、学説などにより一般的に承認された解釈を含む。）**によれば、消費者が本来有しているはずの敷金返還請求権を特約によって制限し、義務を加重する条項であると認められるので、消費者契約法第10条により特約全体が無効であると解するのが相当である。**

（4）　なお、上記のとおり本件**敷引特約は無効と解される**が、建物につき自然損耗を超えた損害があれば、その**原状回復費用**については借主Xの負担として敷金からの控除が認められるべきところ、それを**認定できるような証拠はなく、結局、敷引特約にかかる19万6,000円について、新貸主Zは、借主Xに返還する義務がある。**

　以上によれば、借主Xの請求は理由があるからこれを認容することとし、以下のとおり判決する。

【主　文】
① **新貸主Zは、借主Xに対し、19万6,000円及びこれに対する平成15年12月1日から支払済まで年5％の割合による金員を支払え。**
② 訴訟費用は被告の負担とする。
③ この判決は、仮に執行することができる。

●【参考8】
【貸主による残置物処分に係る不法行為責任】〔東京地裁・昭60(ワ)第6955号・昭62.3.13判決〕
賃貸借終了に際し、貸主が賃貸事務室の入口に家賃の支払や立退きを求める貼り紙をし、鍵を取替え、残置物を搬出した行為は、社会通念上、是認できるもので「違法でない」とした事例

① 借主Xは、執務室と工具類の倉庫として2室を賃借していたが、二度に渡り手形不渡を出し、昭和59年9月分の賃料が未払いの状態となった。手形不渡の原因は、手形を横領されたりしたためで、業務内容自体は順調で回復可能な状態にあった。未払賃料の請求をしていたが借主から何ら連絡もなく、借主にたまたま会った際、11月15日に一括して支払うので待って欲しいというので、貸主は支払を猶予した。
② しかし、この期日までに賃料が支払われず、自宅にも不在で連絡が取れないため、11月末頃に貸室入口に「連絡を請う」という貼り紙をした。
③ また、12月15日までに貸室を明渡す旨の約束をしたが、借主はその期日までに明渡さず、連絡も取れないことから「期日までに退去されていないので返答されたし」という趣旨の貼り紙をした。
④ 明渡し期日以降も、室内に残置物があり、時々施錠されなかったことから、貸主は、翌年1月初旬頃に、防犯・防災上やむを得ず貸室の鍵を取替え、「管理事務所に来てもらえば鍵を渡す」旨の貼り紙をした。
⑤ 2月初旬に、貸室内にセメントのようなものが散乱し、そこに水滴がしたたり落ち、足の踏み場もない状態であったことから、借主Xの妻に物品を引き取るように要請したが、伝えると言うのみで、また、物品搬出の立会いを依頼したが拒否されたため、やむを得ず第三者立会いのもとで、資材や備品を搬出し、屋上、1階倉庫、貸主の自宅に分散して保管した。
⑥ この処置に対し、借主Xは「貸主Yの不法行為により多大な精神的苦痛を受けた」として慰謝料500万円を請求して提訴した。

裁判所の判断（**東京地方裁判所・昭60(ワ)第6955号・昭62.3.13判決**/判例時報1281-107)
（1）　「貸主が2回にわたり、貸室の入口に貼り紙をした行為」については、1回目の貼り紙は、支払猶予期日までに賃料等を支払わず、貸室に社員が誰もいないうえ、自宅に何回電話をして不在で連絡することが出来なかったために、やむを得ず行った行為で、社会通念上是認できるものである。また、2回目の貼り紙も、約束の貸室明渡期限までに、何ら返事がなく貸室を明渡さなかった借主に対し、明渡しを求めるために、やむを得ず行なった行為として社会通念上是認できるもので、「違法な行為である」と言えないうえ、これによって借主が損害を被ったとも言えない。
（2）　「鍵の取替え」については、借主は明渡し期限を経過しても貸室を明渡さなかったために2回目

の貼り紙をし、さらに、借主が不在のため内容証明郵便が配達されず、何らの連絡もなかったこと、貸室の入口に施錠がされていないことがあり、室内に油缶のようなものがあったため、防災上・防犯上の必要から鍵を取替えたこと、貸室の入口に「鍵を取替えたので管理事務所に取りに来るよう」にと貼り紙をし、「防災・防犯上の責任は、借主が持つという内容の念書を差入れれば鍵は元に戻す」旨の内容証明郵便を借主宛に出したことなどからすると、貸主が貸室の鍵を取替えた行為は、借主の業務を妨害するために行ったものでなく、建物の管理人としての立場から防災・防犯の必要上、やむを得ず行ったものとみられることから、「違法」とはいえない。

（3） 「貸主が貸室内の物品を搬出したこと」については、鍵を取替えた後も借主からは何の応答もなく、内容証明郵便で貸室の所持品を処分する旨の通知をしたが、借主からは「勝手に処分するのは法を無視した犯罪である。穏便に出て行きたいので鍵を元に戻すように」という内容を含んだ内容証明郵便による返事が来ただけで、さらに1か月が経過した。このため、貸主は、借主の自宅に電話し、借主の妻に対して「貸室内の物品を引き取るか、引き取らない場合には、貸主の方で2月15日に物品の移動を行うから立ち会って欲しい」と要望したが、借主の妻は「伝える」と言うのみでいずれの要望も拒否した。

そこで、貸主は、2月15日に第三者立会いの上、貸室の物品を搬出し、建物の屋上、1階倉庫、事務所及び貸主の自宅に分散して保管し、屋上に保管したものについては、その上にビニールシートを被せる等の措置を講じた。

（4） 以上の措置については、**貸主は相応の配慮をしており、社会通念上、一応是認し得るものであり、これを「違法」とはいえず、借主の請求には理由がないとして棄却**した。

次章以降に、媒介業務や管理業務の事務処理の流れに添って発生する、対貸主、対借主（借り希望者）等との接客対応のポイントについて、トラブルを未然に防止する観点から整理していきます。

第3章　顧客対応業務

※　以下、文中の【様式】【別紙】は「第2分冊」を参照して下さい。

1　物件情報の確保

　物件情報は、日常の営業活動や企業ＰＲの結果、また、知人や取引先の紹介など様々な方法により確保されることになります。
　ここでは、紹介や飛込み等により来店される貸主との対応を中心に、そのポイントについて考えて見たいと思います。
　商品の品定めが不十分であっては、空室状況が長期化する、また、賃貸借契約にこぎ着けたとしても借主とトラブルが発生するなどの危険性があることを肝に銘じて、貸主の希望条件や物件内容を十分に把握するように心掛けましょう。

（その1）　物件内容を知る

> 物件の内容を知るために、貸主より物件の概要について説明を受け、必要な資料の提示を求めること

　必ず、所定の様式等にメモを取るようにしましょう。貸主から得た情報を検証したり、物件の現地調査、権利関係を調べるために必要な情報源であるからです。概ね、次のような事項を確認することになります。

（1）　所有者や貸主の氏名・住所・電話番号
　物件の所有者と貸主名が異なる場合は、それぞれの氏名・住所・電話番号や、その関係を確認すること。その関係が「転貸借」の場合は、貸主（賃借人である転貸人）が、転貸借することの承諾を所有者（賃貸人）より得ているか否かを契約書等で事実確認する必要があります。
　もし、所有者の承諾を得ていない場合は、貸主（転貸人）と借主（転借人）との間に賃貸借契約が成立しないことになるからです。
　また、建物登記簿に記載された事項、特に「乙区」の所有権以外の権利に関する事項を確認しておきましょう。抵当権の設定の有無、競売の開始の時期によっては、賃貸できない場合がでてくるからです。

（2）　物件の所在地

（3）　物件の名称（アパート名など）

（4）　建物構造・築年数・階数・部屋番号・主な採光方向
　マンションか、アパートか、戸建てか。対象物件の主な採光の方向は南（東）向か、東南（西南）角部屋かなどを確認すること。

（5）　建物の面積
　建物全体及び対象物件の面積が○㎡（○坪）かを確認すること。

（6）　間取り
　対象物件の間取りが○ＬＤＫか、和室や洋室、リビング、台所などの広さが○畳（○㎡）かを確認するとともに、図面がある場合は、合わせて入手すること。

（7）　現況
　「現在空室か」「入居中か」「空室予定日はいつか」を確認すること。

（8）　駐車場の有無
　「敷地内に駐車場があるか」「隣接地に確保してあるか」「隣接地に確保可能か」「空き駐車場はあるか」などを確認すること。

（9） 住宅金融公庫（現：住宅金融支援機構）等の公的融資物件か否かの確認

　平成18年度（平成19年3月31日）以前に住宅金融公庫に申込んで融資を受け返済中または融資を受ける予定の戸建住宅やマンションで個人融資として公的融資を受けている場合は、本来、所有者自ら居住することが融資条件となっているため、原則として賃貸することはできないことになっているからです。また、賃貸用マンションやアパートの場合で事業用として公的融資を受けている場合は、敷金（保証金）の受領限度や、礼金の受領禁止などの制限があるため確認を要します。

　平成19年度（平成19年4月1日）以降に住宅金融支援機構の融資対象となった物件は、敷金、礼金、権利金、更新料等の受領に関する制限はありませんが、賃貸借契約書の作成に当たっては、国土交通省が推奨する「賃貸住宅標準契約書」（様式14-1）に準拠し、「原状回復をめぐるトラブルとガイドライン」（第5編・第4章・参考資料1）を遵守した契約内容とするよう指導していますので、留意する必要があります。

　なお、融資対象物件であるか否か等を確認する方法については、「第3編 第1章 貸主との契約」を参照下さい。

（その2）　　貸主の賃貸目的を知る

（1）　賃貸用アパート、マンションの場合

> これまで入居募集等を「自ら行っていたのか」「他の業者に依頼していたのか」「今度、どのような理由から、当社に依頼することになったのか」などを確認すること

　これまで、貸主自らないしは他の業者に依頼していた場合は、使用していた賃貸借契約書の内容を確認します。その内容に不明瞭な字句等があったり、賃貸条件等が自社の使用するものと著しく異なる内容であったりする場合は、他の入居者とのトラブルを招くおそれがあるからです。

（2）　持家の場合　［貸主が自分の生活根拠として使用していた建物］

① 戸建物件を賃貸する場合

> 継続して賃貸住宅する意向か否かを確認すること

　居住用住宅として売却する場合といったん事業用賃貸住宅として使用した後に売却した場合では、売却に係る税金等の取扱いが異なってくるからです。

② 区分所有建物（マンション）を賃貸する場合

> 管理規約、細則等の内容や管理費、修繕積立金の額を確認するとともに、借主にどこまで負担を求めるかを確認すること

　前述の戸建物件と同様に、居住用住宅として売却する場合といったん事業用賃貸住宅として使用した後に売却した場合では、売却に係る税金等の取扱いが異なってくるため、貸主の意向を確認しましょう。また、賃貸する場合は、借主の義務を徹底させるために、貸主である区分所有者は、借主に対して、管理規約や使用細則等に規定する事項を示し理解と協力を求めることや、管理組合に借主の誓約書を提出させること（標準管理規約第19条）が「区分所有法」（第6条第3項、第57条第3項、第60条）で規定されていますので、宅建業者は、管理規約等を貸主ないしは管理組合より入手するとともに、当該建物の管理業者の社名、住所、電話番号等についても確認が必要です。

　また、管理費については、受益者負担として「借主」に負担を求め、修繕積立金は性格上「貸主」が負担するケースが多く見受けられます。

　中には、管理費や修繕積立金を賃料に含め一括して「賃料」として徴収している例もあるようで

す。ただ、この場合、近隣の賃料相場に比較して割高に受け止められるおそれがあるとともに、管理組合が値上げした都度、賃料改定を借主に求めることになり、手続的にも煩雑になること等を考慮して賃料等の設定については貸主と検討のうえで決定しましょう。

（その3）　賃貸条件を確認する

(1)　借り希望者の入居者資格要件

> 物件ごとに相応した入居基準を設け対応すること

　媒介等により入居者を斡旋する場合に、貸主が求める入居者層や物件のグレード、物件が所在する地域の環境、既存入居者とのバランスを考慮に入れない斡旋は、入居者間等でのトラブルが予想されるため、物件ごとに相応した入居基準について、貸主と詰めるようにしましょう（なお、詳細は「第2編　第1章　物件調査」を参照して下さい）。

(2)　賃貸条件

> 賃料設定や敷金等の受領金銭について確認するほか、入居者に対する禁止事項や制限事項についても十分に貸主と詰めること

　例えば、ペット飼育の可否については、入居者全員が動物好きであるとか、従来からペットの飼育が認められていた場合は別として、空室状態を解消する等の理由から急遽認めるといった場合は、入居者間でトラブルを招くおそれがあります。また、退去時の修繕費等が通常の場合よりも高額になること等を考慮に入れ、貸主の意向を確認しましょう（なお、その他一時金のうち「礼金」、「更新料」、「制限事項・禁止事項」については本章を、また、詳細は「第3編　第2章　借主との契約」を参照して下さい）。

> 当該建物を「一般借家契約」「定期借家契約」「終身建物賃貸借契約」のいずれの契約方法で賃貸借するのかを確認すること

　従来型の契約方法は、すべて「一般借家契約」ですが、これから新たな契約を行う場合には平成12年3月1日から施行された、定められた契約期間で確定的に建物の賃貸借を終了させる「定期借家契約」で賃貸借するのか、**平成13年10月1日（一部同年8月5日）から施行された高齢者居住法**に基づく「終身建物賃貸借契約」で賃貸借するのか、同法に基づく高齢者向け優良賃貸住宅として都道府県庁に住宅登録したうえで賃貸借するのかについて、予め、各制度のメリット、デメリットを考慮のうえ、貸主の意向を確認しましょう。

　また、各種賃貸借契約書に盛込む条項内容が借主に不利と判断されるものについては、**平成13年4月1日から施行された「消費者契約法」**に抵触する場合がありますので、トラブルの未然防止の観点からも、法制度を要約するなど貸主に対して賃貸借に係る関係法令等を十分に理解して頂く必要があります（なお、「定期借家契約」については、「第3篇　第4章　定期借家契約」を、また、高齢者居住法に基づく各制度については、「第3篇　第5章　終身建物賃貸借契約」を、さらに、消費者契約法については、「第3編　第7章　賃貸借契約と消費者契約法」を参照して下さい）。

（その4）　物件内容をチェックする

> 依頼を受けた物件は、必ず自分自身で現地に行き内容を確認すること

現地調査を行う場合は、前もって貸主と日時を約束したうえで訪問し、貸主より得ている情報をもとに物件の内外チェックを行います。
- **(1) 物件に関する事項**〔前述の（その1）に列挙した事項等〕
- **(2) 物件の周辺地域の観察** → 建物周辺図（要更新）　┐
- **(3) 物件の外観、日照、通風の確認** → 建物配置図　├　文字情報とともに図面情報を作成
- **(4) 物件の内装、付帯設備の確認** → 間取図　┘

（なお、物件チェックの要領については「第3編 第1章 物件調査」を参照して下さい）。

（その5）　物件の権利関係を知る

> 貸主からの情報や現地調査をもとに、実際の権利関係等を調査すること

特に、建物の所有者と貸主の関係や抵当権の有無を調べることは、重要です。

建物の所有者と貸主が異なる場合については、前述の「その1」のとおりですが、**建物に抵当権が設定されている場合**で、賃貸借契約の締結時期が「競売が開始される前と後」では競落された場合の借主の「競落後の居住」と「敷金返還の請求先」が異なってきますので、事前に権利関係を調べておきましょう（短期賃貸借保護制度の廃止と明渡猶予制度については、「第1編 第1章」を、また、物件チェックの要領については「第3編 第4章 重要事項説明」を参照して下さい）。

（その6）　物件内容と賃貸条件の調整をする（賃貸借条件を提案する）

> 貸主からの物件に関する情報や現地調査、物件の権利関係等をもとに、貸主が求める条件で斡旋できるか否かを見極め、条件設定に調整を要する場合は適切な助言をすること

貸主と宅建業者間で、十分に調整が図られないままに業務を受託した結果、宅建業者が設定した賃料が高くて、入居者が集まらないという苦情が行政側に寄せられている例もあります。また、貸主の言いなりで業務を受けたものの空室を短期間に埋めきれない例も見受けられます。

宅建業者は、入居者を斡旋して初めて報酬が得られることになる訳ですから、相場と掛け離れた条件での斡旋は禁物です。必要に応じ専門家として実績を生かした助言により、物件に相応した適正な賃貸借条件を提示して貸主の理解を求めるように努力しましょう。

（その7）　依頼関係を確認する

(1) 貸主と契約する前に、貸主に留意事項等を確認する

> 貸主と契約を締結する前に、貸主として留意すべき事項等の説明を行うこと

貸主と媒介（または代理）ないしは入居斡旋業務を含む管理の契約を締結する場合は、事前に、貸主として留意すべき事項や、宅建業者が貸主に約束する事項等について書面等を用いて説明するようにしましょう。

① 借主に説明すべき重要事項の内容等の確認

賃貸条件や入居者の禁止事項・制限事項、契約解除に関する事項の取扱いに加え、入居者資格要件の確認、媒介業務における賃貸借契約締結時の出席の必要性、賃貸借契約締結に伴う賃料等の受領方法、区分所有建物（マンション等）の専有部分を賃貸する場合の貸主である区分所有者の借主に

対する管理規約や使用細則に定める事項を遵守させる義務や、借主に規約等を遵守する旨の誓約書を管理組合に提出させる義務等について確認しましょう。

② 転売または賃貸の斡旋を条件とした建物の販売等を行う旨の「売買契約」や「建築請負契約」を締結した物件を賃貸媒介または管理を行う場合の確認

　建売業者が、転売または賃貸の斡旋を条件とした建物の販売等を行う旨の「売買契約」や「建築請負契約」を締結する場合に、予め「売却または賃貸の媒介契約の存続期間」「媒介する場合の売却価格または家賃等に関する条件」「媒介契約期間内に売買契約または賃貸借契約が成立しなかった場合の措置」に関する事項を購入予定者に説明し、その内容を契約書に記載して、または、記載した書面を購入予定者に交付することを指導しています（昭53.10.2 建設省計動発第63号 不動産業課長通達）。

　本来、このような契約は、建売業者が、購入者に対して当該措置を取る旨を約するものですが、宅建業者が、当該建売業者の関連ないしは提携業者として賃貸の媒介ないしは管理契約を締結する場合には、その条件成就に向けて協力する立場にあることを購入者に説明するようにしましょう（「第2編 第1章 物件調査」を参照）。

（2） 貸主と契約する

> 貸主との依頼関係については必ず書面により契約すること

　貸主と媒介または代理ないしは入居斡旋を含む管理に関する契約を締結する場合は、国土交通省（旧建設省）が平成6年4月に業界に提示した標準契約書に倣って書面化するようにしましょう。
　なお、書面化する場合、次の点について確認するようにします。
① 一般媒介の場合は、他社へも依頼済の物件である時は、他社と同一条件で契約する。
② 意見調整した結果を反映して契約書を作成する。
　A．契約形態・契約期間を確認する
　B．賃料、敷金等の賃貸条件を確認する
　C．入居募集手法について確認する（物件広告方法を確認する）
　　通常は、宅建業者の営業経費にて広告することになります。
　　ただし、貸主が特別に費用負担してまで広告する意思がある場合は、別途実費負担して頂くことは可能です。なお、貸主に対して費用の見積りを取り説明し、了解のもとで広告を行い、費用請求は、明細を提示して行う必要があります。
　　また、広告の料金とは、大手新聞への広告掲載料等、報酬の範囲では賄うことが相当でない多額の費用を要する特別の広告料金を意味する旨の**判決（東京高等裁判所・昭 57.9.28）**がありますので取扱いには注意を要します。
　D．借り希望者の入居条件・入居資格確認の方法を定める
　E．賃貸借契約締結への出席の可否を確認する
　　媒介のみを依頼する場合は、宅建業者が契約の当事者となり得ませんので、契約締結行為やそれに伴う金銭の受領等の関係から、貸主が契約に出席することが原則となります。
　F．媒介報酬の支払義務を確認する
　G．鍵の保管の有無を確認する（マスターキーを所持するのか、全部のキーを借主に引渡すのか）

（管理業務を合わせて契約する場合）
　H．入居募集業務以外に委託する業務の範囲を確認する
　I．賃料等の集金業務を受ける場合は、集金方法・貸主への引渡し方法を確認する
　J．貸主への業務報告方法を確認する
　K．管理報酬の確認をする
③ 他業者から管理業務等を移管する場合は、書類等を確実に引継ぐ必要があることを確認する。

（３） 貸主に取引形態を確認する

> 貸主は、媒介、代理、管理の何れを依頼しようとしているかを確認すること

　契約内容を書面化する場合は、媒介、代理、管理から、何れかを選択して頂くことになります。取引形態により、宅建業者の役割が異なってくるからです。
　依頼内容を十分に詰めなかった結果、宅建業者がどこまでのことを行ってくれるか不明確であるとか、貸主に対して、情報伝達・報告が不十分であるなどといった苦情が行政側に寄せられているため、契約形態による宅建業者の関わり方を貸主に十分に理解して頂いたうえで、業務を受託するように心掛け、媒介、代理、管理には、次のような違いがありますので、十分に理解したうえで対応するようにしましょう。

① **媒介とは**、宅建業者が貸主と借り希望者より依頼を受け、その間に立って貸借の成立に向けて補助的な業務を行うことをいいます。
　業務範囲としては、貸主との関係では、(1) 賃貸借条件の提案、(2) 物件紹介、(3) 入居者選定の補助、(4) 重要事項説明書を作成し交付・説明、(5) 賃貸借契約締結の補助をすることであり、借り希望者（借主）との関係では、(1) 貸主等との連絡調整、(2) 重要事項説明書の交付・説明、(3) 賃貸借契約締結の補助をすることです。
　ただし、宅建業者は、賃貸借契約の申込み時点及び賃貸借契約時において、貸主より別途委任を受けている場合を除き、借り希望者（借主）より金銭を受領することはできません。

② **代理とは**、宅建業者が貸主または借り希望者から依頼を受け、依頼者より代理権が与えられている範囲内で、宅建業者の名で依頼者に代わって意思表示をし、または相手方から意思表示を受け、賃借の成立に向けて業務を行うことをいいます。なお、宅建業者の行う意思表示は、法律的効果として全て依頼者に帰属することになります。
　また、賃借においては、主に貸主の代理となるケースが見られます。

③ **入居斡旋を含む管理とは**、宅建業者が前述②の代理を貸主より依頼を受けて行う業務に加え、(1) 賃料等の徴収、(2) 未収金の督促、(3) 入居立会い、(4) 建物・設備に対する苦情等や借主等からの苦情への対応、(5) 賃貸借契約に基づく貸主と借主間の連絡調整、(6) 空室管理、(7) 賃貸借契約の更新、(8) 賃貸借契約の解約、(9) 退去立会い、(10) 建物修繕箇所の確認・修繕方法の確認、(11) 清掃、(12) 建物・設備管理等を業務範囲とし、その一部または全部を行うことをいいます。

（４） 媒介の場合の確認事項
① **依頼状況を確認する**
　貸主より媒介契約を締結したい旨の申出があった場合は、「当社のみに依頼するのか、または依頼しようとしているのか（専任媒介）」「複数社に依頼しているのか、または依頼しようとしているのか（一般媒介）」を確認すること。
② **依頼内容を確認する**
　既に、他社にも依頼している場合は、同一条件の提示を求めること。また、他社にも依頼する予定の場合は、当社と同一条件で依頼することや他社名を明示すること、さらに、条件が付加されたり変更があった場合は、その都度連絡を頂けるよう確約すること。
　なお、依頼条件の確認として次のことを確認します。
　Ａ．借り希望者の物件案内方法
　Ｂ．入居審査方法
　Ｃ．賃貸借契約締結への出席の有無
　Ｄ．出席しない場合の契約締結方法、金銭授受方法、領収書の発行方法
　Ｅ．既存入居者の概要
③ **他社の斡旋状況確認や成約の際の報告**
　他社の斡旋により当該物件が成約した場合の連絡を確約すること。

（５） 代理の場合の確認事項
① **依頼状況を確認する**

貸主から代理契約を締結したい旨の申出があった場合は、他の業者に媒介もしくは代理または、管理を依頼していないかどうかを確認すること。
　　媒介を依頼している場合は、「１社のみに依頼しているのか（専任媒介）」「複数社に依頼しているのか（一般媒介）」を確認すること。
　　なお、専任媒介の場合、他社に依頼しているときは、原則として、複数社に依頼できないため解約手続を取る必要があることを伝えます。

② 代理権の範囲と領収証の発行方法を確認する
③ 既存入居者がいる場合は、入居者の概要及び敷金の保管状況を確認する

（6）　入居斡旋を含む管理の場合の確認事項
① 依頼状況を確認する
　　貸主より管理契約を締結したい旨の申出があった場合は、他の業者に媒介ないしは代理、管理を依頼していないかどうかを確認すること。
　　他社に管理を依頼している場合は、複数社に依頼できないため解約手続を取る必要があることを伝えます。

② 管理内容を確認する
③ 他社に管理を依頼している場合は、これまでの入居者に関する資料や管理引継書等を引継ぐように要請すること

【参考１】
　　媒介を１社に依頼する場合と複数社に依頼する場合の違い

　一般的には、入居斡旋業務において、複数社で対応する場合は、その分、対応窓口となる店舗数が複数になる訳ですから、多くの顧客の目に情報が触れる機会が作られることになります。
　しかし、宅建業者にとっては、借り希望者に物件を紹介するたびに、貸主に対して空室状況の確認をした後でなければ正式に紹介できない状態にあることや、貸主と連絡が取れない場合、複数業者が同時多発的に入居希望者を紹介しようとしても、空室状況の確認が取れないばかりか順位の保全などにおいて確定できないなど、折角の入居希望者を逃すことにもなり兼ねません。
　その点、１社に依頼する場合は、貸主が直接、入居者を確保しない限り、業者側で空室状況が把握でき、入居者の選定についても事前に選定基準を双方で確認しておくことによって、対応可能となり、また、物件毎の入居者層を同一基準で選定できることも可能になります。

【参考２】
　　国土交通省が作成した「賃貸借媒介契約」と「賃貸借代理契約」の違い

　国土交通省が作成した「標準賃貸借媒介等契約」によれば、貸主が複数社に依頼する場合は「賃貸借媒介契約」を、また、１社にのみ依頼する場合は「賃貸借代理契約」を標準版として提示しています。
　契約内容の相違点は、「賃貸借媒介契約」の場合、宅建業者は、入居者選定業務と賃貸借契約締結業務において貸主の補助者として必要な資料を整備し、入居の可否の最終判断は貸主が行うもので、「賃貸借代理契約」の場合は、事前に貸主と確認済の入居者選定基準の範囲内において、入居者を選定しその結果を事前に貸主に報告し協議のうえ、承認を得て、貸主に代わって賃貸借契約を締結し、敷金等を代理受領するという点です。
　よって、貸主が賃貸借契約の締結の席上に一切出席しないという場合は、国土交通省が作成した「標準賃貸借代理契約」の契約内容で契約することが適当と思われます。

【参考３】
　　媒介、代理、入居斡旋を含む管理における貸主と宅建業者の権利と義務

どのような義務を双方が負うかについては、契約によりますが、国土交通省の作成した標準契約書によれば、次頁のように規定しています（なお、詳細は、「第3編 第1章 貸主との契約」を参照して下さい）。

［媒介、代理、入居斡旋を含む管理における貸主と宅建業者の権利と義務］

	宅建業者	貸　　主
賃貸借媒介契約	● 明示しない他業者による成約に対する費用償還請求権 ● 貸主が自己発見取引した場合の費用償還請求権 ● 紹介した相手と貸主が契約期間内や期間終了後、3か月内に直接取引した場合の報酬請求権	○ 他業者への依頼は可能 ○ 他業者に依頼した場合の通知義務 ○ 自己発見取引した場合の業者への通知義務 ○ 賃貸借媒介報酬支払義務
賃貸借代理契約	● 流通機構に登録等して広く相手方を探索する義務 ● 2週間に1回以上の貸主への処理状況報告義務 ● 契約期間内に貸主が他の業者に依頼し成約させた場合の貸主に対する違約金請求権 ● 貸主が自己発見取引した場合の費用償還請求権 ● 紹介した相手と貸主が契約期間内や期間終了後、3か月内に直接取引した場合の報酬請求権	○ 他業者への依頼は不可 ○ 自己発見取引した場合の業者への通知義務 ○ 賃貸借代理報酬支払義務
賃貸借代理・管理委託契約（一括委託）	● 流通機構に登録等して広く相手方を探索する義務 ● 1か月に1回以上の貸主への処理状況報告義務 ● 借主への委託業務等の説明 ● 貸主への委託業務の報告 ● 空室住戸の賃貸借代理業務の継続的実施義務 ● 契約期間内に貸主が他の業者に依頼し成約させた場合の貸主に対する違約金請求権 ● 貸主が自己発見取引した場合の費用償還請求権 ● 紹介した相手と貸主が契約期間内や期間終了後、3か月内に直接取引した場合の報酬請求権	○ 他業者への依頼は不可 ○ 自己発見者と取引しようとする場合の業者との事前協議義務 ○ 賃貸借代理報酬支払義務 ○ 管理報酬支払義務
賃貸借代理・管理委託契約（一部委託）	● 流通機構に登録等して広く相手方を探索する義務 ● 1か月に1回以上の貸主への処理状況報告義務 ● 借主への委託業務等の説明 ● 空室住戸の賃貸借代理業務の継続的実施義務 ● 契約期間内に貸主が他の業者に依頼し成約させた場合の貸主に対する違約金請求権 ● 貸主が自己発見取引した場合の費用償還請求権 ● 紹介した相手と貸主が契約期間内や期間終了後、3か月内に直接取引した場合の報酬請求権	○ 他業者への依頼は不可 ○ 自己発見者と取引しようとする場合の業者との事前協議義務 ○ 賃貸借代理報酬支払義務 ○ 管理報酬支払義務

（その8）　賃貸借契約書に反映する

> 貸主・借主の希望条件を賃貸借契約書に反映すること
> 宅建業者はその契約内容が一方的にならないように意見具申すること

　賃貸借契約は、貸主と借主との契約であるため、契約当事者の合意事項を後日のトラブルを防止するために立証証拠として書面化するのが原則です。
　しかしながら、一般的には、宅建業者が当事者に代わって契約内容の作成を補助しているのが実態

ですが、宅建業者の独断で作成することなく、宅建業者が中立な立場で契約当事者の希望条件を盛込んだ賃貸借契約書の作成が望まれます。

なお、宅建業者は、媒介をした場合、必ず、賃貸借契約書に署（記）名押印して責任の所在を明らかにして、当該契約書を保存することとされています（建設省計画局長通達・昭40.2.24 計発第65号）。契約書は、契約当事者の署（記）名押印済の写を保存することになります。ここでいう宅建業者の「責任の所在」とは、宅建業者の義務である「重要事項説明書の作成、交付、説明」「37条書面の作成、交付」のほか「賃貸借契約の内容が強行規定や公序良俗に反しない妥当な内容であるかどうか」などであることから、貸主の一方的な条件提示にならないように、専門家として意見具申するようにしましょう。

なお、建設省（現：国土交通省）より賃貸住宅標準契約書が提示されているため、その契約書を採用することが望まれますが、標準契約書をそのまま用いない場合であっても、少なくとも、次の事項の取扱いについて、貸主と協議のうえ、関連条文を参考に契約書を作成しましょう。

（1）　当事者の氏名、住所
（2）　物件の表示
（3）　賃料や敷金、その他一時金の額
（4）　賃料等や付属設備の使用料の支払方法と期限
（5）　物件の引渡し可能日
（6）　賃料改定において、新賃料との差額分に相当する額を敷金にも充当することの有無
（7）　更新時の更新料の有無（商慣習のある地域のみ対象）
（8）　禁止事項・制限事項の確認
（9）　借主の入居中の修繕負担の有無と範囲
（10）　貸主の設備等の瑕疵担保期間の設定の有無と範囲
（11）　契約の解除（借主からの途中解約申入れの手続を含む。）
（12）　損害賠償や違約金に関する内容
（13）　天災、その他、不可抗力による損害の負担に関する内容
（14）　退去時の貸主・借主の修繕費用負担の有無と修繕範囲
（15）　管理業者の有無

> 退去時までの修繕義務及び退去時の原状回復義務について、賃貸借契約書に明定すること

貸主と借主間でのトラブルで一番多い事案は、金銭に絡むものです。中でも、退去時に敷金が返還されないとする内容の苦情相談が目に付きます。

契約締結時に貸主に支払い預ける敷金や保証金は、賃貸借契約が終了した時に借主に返還されるものであるとする認識が強いために起こるトラブルといえます。

敷金や保証金が借主側の想定する以上に減額され、時には、追徴されることによるトラブルの原因としては、入居中に通常に使用しても損耗する箇所や家具等の設置場所とその他の場所に色褪せが見られる箇所、あるいは、借主が故意に破損・汚損した箇所などに掛かる費用として、貸主側が敷金や保証金から差引くことによるものです。

こうしたトラブルは、貸主及び借主の修繕義務や負担の範囲を、契約締結時に明定し確認しあう手順を怠っているために起こるものと考えられますので、次の点に留意して賃貸借契約書に明定するようにしましょう。

修繕義務については、

① **民法第606条第1項**で、賃貸住宅の修繕義務は、貸主が負うものと規定されています。
② しかし、この規定は、任意規定であるため、貸主と借主間の取決めにより、この規定と異なる約定、つまり、借主に修繕負担をしてもらう旨の取決めは有効となります。
③ ただし、どのような取決めであっても有効であるという訳ではありません。
　取決めにおいて、地域の慣習や賃料の額、一時金の徴収の有無や受領額、建物の構造や状況、賃貸借契約成立の経緯などにおいて特別の事情が存在する必要があり、また、その内容が、公序良俗に反しないものでなければなりません。
④ 民法の規定と異なる取決めの1つに、

「費用が軽微な一定範囲の小修繕について、貸主の修繕義務を免除し借主が必要に応じて、借主の費用負担で修繕を認める」取決めがあります。
　　この場合、「修繕費用が軽微な小修繕」について、借主の入居中の修繕範囲を明示して特約することになりますが、一般的に、修繕費用が軽微な小修繕の範囲であれば、特約も有効であるとされており、この規定によって貸主の修繕義務が免除されることになります。
　　ただし、この特約は、借主に修繕義務を課したものではないため、借主も積極的に修繕する義務はなく、修繕して使用するか否かの選択は借主側にあります。
　　この規定は、建設省(現：国土交通省)が作成した賃貸住宅標準契約書の条項(第8条)で採用されています。
　　また、平成10年3月(その後、平成16年2月改訂版)に発表された建設省(現：国土交通省)が(財)不動産適正取引推進機構に委託して作成した「原状回復をめぐるトラブルとガイドライン」においても、**「原状回復は、借主が借りた当時の状態に戻すものでない」**としており、経年変化と通常損耗については、賃料で賄われているものであるから除かれ、**「借主の故意・過失、善管注意義務違反、その他通常の使用を超えるような使用による損耗等」**についてのみ**借主に負担**を求めることができるとしています。

⑤　2つめとして、「費用が軽微な一定範囲の小修繕について、貸主の修繕義務を免除するとともに、借主に小修繕の積極的修繕義務を負わせる」取決めが考えられますが、この場合、地域の慣習や賃料の額、一時金の徴収の有無やその額、建物の構造や入居時の住宅の状態、賃貸借契約成立経緯などの特別の事情が考慮されることになります。
　　特約する場合は、借主の修繕義務の範囲を項目列挙して契約書に明定することが必要です。

⑥　3つめとして、「賃貸住宅の大小修繕について、貸主の修繕義務を免除するとともに、借主にその大小修繕の積極的修繕義務を負わせる」取決めはどうかということになりますが、通常の賃料で賃貸している住宅においては、有効性に乏しいと言えます。
　　こうした特約が有効といえるためには、賃料が周辺の類似物件に比べて、著しく低賃料であるとか、そのような特約を締結しなければ、貸主が著しい経済的な不利益を蒙ることが明らかであるなどの特別な事情がある場合に限られるからです(なお、賃貸借契約書の作成に当たっては、「第1編　第1章　賃貸住宅媒介・管理業務に係るトラブル等」「第3編　第3章　一般借家契約」「第5編　第1章　退去査定業務」「第5編　参考資料1　第1章　原状回復にかかるガイドライン、参考資料2　東京における住宅の賃貸借に係る紛争の防止に関する条例」「第6編　第4章　収納・督促業務」を参照して下さい)。

【参考1】

> 礼金　（一部の地域でのみ導入されている現象で全国的な商慣習ではない）

　礼金制度を導入している地域は、主に、首都圏を中心に関東周辺及び愛知県を中心に中部地域の慣習として見られます。
　借主側は、礼金はどういう性格のもので、支払われた金銭は誰に渡されるのかなど、疑問を抱きながらも請求されるままに支払っているというのが現状のようです。
　礼金は、敷金や保証金と異なり契約の終了時に借主に返還されない性格のものです。しかしながら、入居前または入居直後に、借り希望者(借主)側の都合によるキャンセルや解約を行った際、「礼金」相当額が返還されない。返してもらえないのか。などの疑問やトラブルが見られます。
　礼金は、地域により受領目的が異なっていますが概ね次のような理由付けに大別されます。
①　前受賃料としての性格を有している。
　　月々の賃料を低く押さえ、入居者側の負担を分散するための便法と考えられています。
　　なお、途中解約の場合の取扱いが問題となることがあります。
②　退去時の原状回復費用に充てるために、賃料に含まれるべき「修繕費」の一部として受領する前受金の性格を有している。
　　敷金的性格を有するものと解されますが、名目を「礼金」として扱うことにより、契約終了時に返還されないという意味合いを持たせているものと思われます。
　　関西地域における「保証金」から、借主の修繕費用等の一部として、一定率を差引く「敷引」に類似する扱いといえますが、取扱いを透明感あるものにするために、貸主・借主の退去時にお

ける負担範囲と費用を事前に明確にしたうえで、借主が負担すべき額を提示し精算することが望ましい処理であると考えます。

③ 戦後の住宅難時代に、借主が貸主に住宅を貸してくれることへの「お礼」とした名残が定着したもの。したがって、この「お礼」の意味で授受された「礼金」は、①の場合と異なり、途中解約の場合にも精算問題は生じないとされています。

いずれにしても全国的な商慣習でないことから、このような名目での金員の受領をすべてのケースに適用するのは好ましくありません。なお、平成5年3月9日付の建設省（現：国土交通省）建設経済局長並びに住宅局長の連名による「賃貸住宅標準契約書について」の通達においても、「敷金（保証金）以外のその他の一時金」、いわゆる「礼金」「更新料」「敷引」等、授受を行う慣習のない場合においては、取扱うことが適当でないと指摘されていますので注意して下さい。

また、慣習がある場合であっても、**宅建業法第35条第1項7号**において、「代金、交換差金及び借賃以外に授受される金銭の額及び当該金銭の授受の目的」について重要事項説明する旨が規定されているため、敷金ないしは保証金以外の名目で一時金として受領する場合は、(1) 受領目的、(2) 受領金名目、(3) その額、を明記する必要があります。

さらに、住宅金融公庫（現：住宅金融支援機構）、都市再生機構（旧：住都公団）、自治体等の公的機関の融資を受けて建設した賃貸住宅や特定優良賃貸住宅供給制度利用による賃貸住宅の場合は、賃料及び敷金（保証金）以外の礼金等一時金の受領は一切認められていませんので取扱いには十分な注意が必要です。

なお、「入居前または入居直後に、借り希望者（借主）側の都合による解約を行った際、礼金相当額が返還されない」というトラブルについては、次のように考えるのが妥当でしょう。

① 賃貸借契約が成立しており、かつ、入居開始可能日が到来している場合は、未入居であっても、原則として、返還する必要はありません。

② 賃貸借契約が成立しているが、入居開始可能日が未到来の場合は、原則として返還しなければなりません（「第6編 第2章 契約・入居」を参照）。

【参考2】

制限事項・禁止事項の行為への対応

(1) 「貸主に承諾を要する事項」について無断で行っている入居者に必要な措置をとる

① **当該物件の全部または一部につき賃借権を譲渡し、または転貸しようとするとき**
② **当該物件の増築、改築、移転、改造、模様替え、または、敷地内への工作物の設置を行おうとするとき**
③ **生計が異なる親族等を同居させようとするとき**
④ **当該物件の全部または一部を居住の用途以外に使用しようとするとき**

以上の事項を行おうとする場合は、事前に、貸主の承諾を要するので、条文として盛込むようにします。

(2) 絶対禁止の行為を行っている入居者への措置をとる

賃貸住宅標準契約書では、第7条第3項で絶対禁止の行為を「別表第1」にて、次のように規定しています。

① **銃砲、刀剣類または爆発性、発火性を有する危険な物品等を製造したり保管したりすること**

それ自体、他の入居者や近隣の住民の生命をも脅かす危険物であることや、それらのものを所持等する者は、暴力行為や過激な行動に走るおそれがあるためです。

② **大型の金庫など、重量の大きな物品を搬入したり備え付けたりすること**

建物の構造に影響を及ぼすもので、その物の重量が建物自体を破壊、崩壊させるおそれがあるためです。

③ **排水管を腐食させるおそれのある液体を流すこと**

共同利用している排水管を腐食させる原因となって、水漏れ等を引き起こす危険性があるからです。

④ **大音量で、テレビ、ステレオ等の操作、ピアノ等の楽器演奏を行うこと**

時間帯や体調等にもよりますが、他の入居者にとっては、精神的に不快を感じさせることになるためです。

⑤ **猛獣、毒蛇等の明らかに近隣に迷惑を掛ける動物を飼育すること**
脱走した場合、他の入居者や近隣の住民の生命を脅かす危険性があります。

絶対に禁止したい行為については、賃貸住宅標準契約書を参考にするなどして、貸主側と意見調整のうえ、賃貸借契約書に条文として盛込むようにします。

また、入居希望者に対し、入居資格確認時点で、趣味等を確認するなどして、禁止事項に抵触する可能性の有無を見極めるとともに、重要事項の説明段階や賃貸借契約の締結時にも、重ねて、注意事項として確認し、協力を求めるようにします。

さらに、必要に応じ、「入居のしおり」や「住まい方のしおり」等を作成して、共同生活の心構え等について禁止または協力を訴えるとともに、賃貸借契約に違反して入居している場合は、契約解除の対象となることを周知し予め理解させておくことが大切です。

（3） 階段や廊下など共用部分に私物を置いている人、看板やポスター等を掲示している人、犬や猫を飼育している入居者への措置をとる

賃貸住宅標準契約書では、第7条第4項で、禁止または制限される行為ではあるものの、貸主の承諾があれば可能な行為として「別表第2」にて、次のように規定しています。

① **階段、廊下等の共用部分に物品を置くこと**
② **階段、廊下等の共用部分に看板、ポスター等の広告物を掲示すること**
③ **鑑賞用の小鳥、魚等であって明らかに近隣に迷惑をかけるおそれのない動物以外の犬や猫等の動物を飼育すること**

これらの行為は、貸主の承諾があれば可能な行為と規定されていますが、賃貸住宅において共同生活を行うには、一定のルールに従い他の入居者に迷惑を掛けるような行為は極力慎まなければなりません。

その点では、①の行為は、他の入居者等が通路として往来するスペースを塞ぐことになり、通行の妨げとなります。また、災害時、避難路を塞ぐことになったり、放置物の内容によっては、放火の原因となったり、崩れ落ちて通行人に思わぬ怪我を負わせることにもなり兼ねません。

②の行為は、対外的なイメージや環境が悪化する恐れがあり、入居者にとっても周辺の住人にとっても美観的に感じの良いものではありません。

①②については、余程の理由がない限り、承諾するケースはないように思われます。

③については、犬や猫はダメで、小鳥などは仕方ないということになりますが、中には、泣き声の大きい鳥など種類によっては、近隣に迷惑を掛けるおそれがあります。

①②の場合については、むしろ、禁止行為として対応することの方が望ましいと考えます。その旨を重要事項説明時や賃貸借契約書に盛込み注意を促すようにします。

③については、ペット等の所持を事前に確認し、許容範囲の動物である場合であっても契約締結時に持参させ、大きさや危険性、泣き声の大きさ、管理（飼育）方法を実際に確認したうえで承諾し、必要に応じて、他の入居者に承諾内容を開示する等の措置を講ずることが考えられます。

この場合、小さいからといっても、逃げ出したら獰猛なものは避けるようにするべきでしょう。

なお、最近は、たくさんの種類の小動物が販売されていますが、危険性の有無や大きくなる限度などについては、近くのペットショップに確認するなど、日頃から知識を蓄えておきましょう。

また、飼育は直接行っていないものの、定期的に、餌を与えるような行為をすることについても、注意を要します。餌を与えることによって、鳥等がベランダに飛んでくるケースがあり、階下に糞や羽公害を撒き散らすなどの苦情例も見受けられるからです。

（4） 無断で同居人を住まわせている、長期間留守にしている入居者への措置をとる

賃貸住宅標準契約書では、第7条第5項で、禁止または制限される行為ではあるものの、貸主への通知を要件に認められる行為として「別表第3」にて、次のように規定しています。

① **契約当初、届出した同居人に新たな同居人を追加すること**（ただし、出生による追加は対象外）
② **1か月以上継続して留守にすること**

これらの行為は、貸主に通知することによって認められる行為であるものの、①の場合、無断で

同居人を増員することは、無秩序に入れ代わり立ち代わりに同居人と称して住まわせ、ひいては、契約者以外の者に占用させるまたは、又貸しを許す事態にもなり兼ねず、管理上、好ましくありません。
　②の場合は、物件の管理上や賃料等の支払いに問題が生じる可能性があります。
　①②のような事前承諾を要する行為については、届出様式を作成するなどして、貸主の承諾を得る体制を整えるようにします。
　特に、①については、入居時に同居人を確定するために入居者名簿を提出させるとともに、契約者との続柄がわかる資料の提出（住民票や戸籍謄本など）を求め確認をします。
　中には、入居者全員の顔写真を入居者名簿に貼付させ本人確認をしている事例も見受けられます。
　また、同居人は、一般的に親族（六親等内の血族と、配偶者及び三親等内の姻族）が対象となると思われますが、特段の事情により、親族以外の同居人（婚約者等）の追加については、別表2に追加するなどして承認を要する事項として取扱うことが考えられます。
　なお、友達同志が共同して部屋を借りるケースも見受けられますが、何らかの事情で一方の者が退去したことによって、賃料を支払えなくなった例もありますので、入居の際にそれぞれの親等を連帯保証人とするとか、不測の事態を想定して入居する二者の合算による支払い能力ではなくどちらか一方の者の支払能力を判断材料とするなどの対応を考える必要があると思われます。
　法人契約の場合は、同様に入居者の特定を図るために、入居者名簿の提出を求めるようにします。
　社員と称して、入れ代わりに寝泊りすることが考えられ、職種によっては、昼夜の出入りが、他の入居者の生活サイクルと異なり、苦情をもたらすことになることも考えられるからです。
　②については、本人の旅先の連絡先や、緊急時の連絡人及び連絡方法等を提出させ、帰宅が早まった場合や、延期する場合は、必ず、連絡することを条件に承諾することが必要です。

【参考3】
> 更新料　（一部の地域でのみ導入されている現象で全国的な商慣習ではない）

　更新料は、首都圏を中心とした関東地域に等一部の地域で見られる現象で、契約を更新する際に、貸主からの請求により借主が支払う金員です。
　借主側は、何故、更新料なるものを支払わなければならないのか疑問を持ちながらも請求に応じているというのが実態で、その額は、賃料の1か月相当額が一般的です。
　また、貸主や借主から次のような苦情も上がっています。

（1）　貸主からの苦情
　①　管理会社が無断で借主と更新契約を締結し、更新料を貸主に渡さなかった。

（2）　借主からの苦情
　②　入居時に更新料に関する契約を取り交わしていなかったが、重要事項の説明の中に更新料の徴収について記載してあるとして更新料を請求してきた。
　③　契約更新料や敷金精算については、家主（貸主）と連絡を取らずに業者が一存で決定し、入居者の意見も聞いてくれない。
　更新料については、借地借家法でも規定がなく、当事者の契約により認められるものです。一定額の更新料を支払う旨の特約は、有効とされております。
　これは、当該特約が更新後の賃貸借契約を円滑に継続することを前提に、相当額の更新料の支払いを約したものであるならば、更新料を支払うことにより、更新時の当事者間のトラブルが回避され、新たに、契約期間が確保されるという点では、借主側にとって必ずしも不利な特約ではないと解されているからです。
　ですから、苦情例にもあるように、重要事項説明書で説明しただけでは、十分とはいえないため、貸主との媒介依頼契約を締結する際に、更新料の取扱いの有無を確認のうえ、必要に応じ、賃貸借契約書にその旨を条項として規定するようにします。

【参考4】
敷引（一部の地域でのみ導入されている現象で全国的な商慣習ではない）

敷引の扱いは、契約締結時に敷金という名称ではなく、保証金（敷金的な性格を有する保証金）として貸主が受領する地域、主に関西地方に見られる現象です。

敷引とは、貸主側が預かっている保証金より、賃貸借契約の終了時に、空家修繕費用等の一部として、一定割合を差引きして借主側に返還される内容となっています。しかしながら、最近の裁判例では、長年の慣行であることから必ずしも不当とはいえないものの、敷引額が適正額の範囲内では敷引特約は有効、適正額を超える部分は無効であるとする事例が多くみられますので留意する必要があります（「第1章 賃貸住宅媒介・管理業務に係るトラブル等」を参照して下さい）。

2　入居募集業務

借り希望者（借主）に応対する場合は、苦情やトラブルにつながるような対応は禁物です。
一旦、トラブルが発生すると、通常業務の数倍の労力を費やすことになるばかりか企業イメージにも少なからず影響を与えることになりますので、懇切丁寧な対応を心掛けましょう。
ここでは、トラブルを未然に防止するための借り希望者への対応について整理します。

（その1）　物件を紹介する

（1）　物件を広告する

正確な情報を記載した物件広告を行うこと

賃貸住宅の情報は、① 店頭への張出し、② チラシ等の活用、③ 民間情報業者発行の情報誌の活用、④ グループ内業者間への情報開示、⑤ 指定流通機構への登録などによる借り希望者の探索が一般的な手法ですが、「広告を見て出向いたら当該物件は存在しなかった」とか「広告どおりの物件内容ではなかった」などの苦情が国民生活センター等の相談機関に寄せられています。

架空の物件や事実と異なる物件広告による誘因行為は、公正な取引方法とはいえませんので即刻、経営手法を改めましょう。また、こうした宅建業者は業界の責任において排除する自助努力が望まれます。

誇大広告は、**宅建業法第32条**の規定に違反することになり、違反した場合は、6か月以下の懲役もしくは20万円以下の罰金に処されまたは併科されます（同第81条）。また、第81条に違反した場合は、その行為者を罰するほか、その法人または人に対しても罰金刑を科されることになります（同第84条）。なお、物件広告に当たっては、次の点に留意しましょう。

A．情報を図面化する。
B．賃貸条件を正確に記述する。
　　間取りや床・壁面の凹凸部分の表示が不正確なために、現地案内時に申込を断られたり、下見がないままに入居した後、家具が収納出来ない、付帯設備の記述に相違がある、などのトラブルが見受けられますので正確に表現しましょう。
C．店頭に成約済の物件情報を長期間張り出したままにしない。
　　成約済にも関わらず、長期に物件広告をしていることは、オトリ広告とみなされますので公正な営業とはいえません。少なくとも「成約済」の表示をするとともに長期の掲示は避けましょう。

（2） 借り希望者来店
① 明るいイメージで、テキパキとした態度を取るように心掛ける

> 来店者に備えて社内の接客体制を整えること

　借り希望者の来店に伴い担当者は、物件を紹介し得る対象か否かを見極めるために、身なりや行動・言動などをチェックすると言われておりますが、「人の振り見て我が振り直せ」の諺のように来店者への応対に注意しましょう。
　接客に当たって、次の点に留意しましょう。
　　A．社員間の慣れあい的言動に注意を払う。
　　B．乱暴な言動、威圧的な言動や態度は避ける。
　　C．身なり、服装は、親しみやすく清潔感あるものとする。
　　D．派手な服装や、けばけばしい化粧、装飾品の着用を避ける。

② 借り希望者の身なり・行動・言動等で選別しない

> 借り希望者を表面的な要因だけで選別しないこと

　借り希望者にとって入店するには、依然、勇気がいる行動であり、敷居が高い存在にあると言われています。親身になって物件を紹介してくれるかどうかに不安を抱きながら、真摯な態度で来店したお客様の表面的な要因だけで、安易に斡旋を断るような接客は避けましょう。
　希望条件を確認したうえで他の入居者と円滑に共同生活を送ることができる人であるか、確実に賃料を支払うことができる人であるかの見極めに必要な情報収集に重点をおいて接するようにしましょう。高齢者だから、独身者だから、外国人だから、障害者だからなどの理由で入居を断られたという苦情が行政等の相談窓口に寄せられています。主観的な判断にとらわれず、貸主の意向に添わないケースであったとしても、専門家として親身になって貸主を説得するように心掛けたいものです。また、こうした入居希望者への賃貸住宅を確保することは、行政が主導的に行うべきものといえますが、宅建業者としても、今後の高齢化社会に向けて、また、国際化が進む中で、積極的に当該条件を満たす賃貸住宅物件を確保する努力が望まれます（【別紙9、10】を参照）。

（3） 入居希望条件確認
① 入居希望条件を確認する

> 借り希望者の希望条件を十分に把握すること

　物件紹介に当たり、まず、希望条件を確認することになりますが、物件検索に必要な基本条件を担当者による聞き取り方法か「ご希望物件申込カード」【様式7】等の内容を書式化し、借り希望者に直接記入して頂くなどの方法により確認するようにしましょう。
　この時点では、次のような事項を確認している例が多く見られます。
　　A．どの方面の物件を探しているのか。
　　　　「沿線・最寄りの駅」または「学校区」など
　　B．どの程度の賃料を希望しているのか。
　　　　「賃料〇〇円～〇〇円程度」「駐車場の必要の有無」など
　　C．どの程度の広さが必要か。
　　　　「部屋数が最低〇室」または「〇LDK」「入居者数〇名（同居者の構成）」など
　　D．いつまでに引越ししたいか。
　　E．転居の理由は何か。
　　　　「転勤」「就職」「入学」「住替え」「結婚」など
　　F．その他

接客対応の流れの中で、「勤務地」「職業・業種」「ペット飼育の有無」などを確認する。

転居理由が住替えの場合は、現住居の概要や住替え理由等をさりげなく質問して転居の必要性を把握する。このことは、借り希望者の選定の際に役立つ場合があります。

なお、借り希望者が、どの要件を重視しているか、何にこだわっているのかを会話の中から読み取るようにします。そのためには、最初は担当者が誘導的に話を進めることは控え目にし、借り希望者側から切り出せる状況を整えるように心掛けましょう。

外国人入居希望者との対応方法については、埼玉県庁が英語版に翻訳した「外国人と貸主の不動産賃貸借マニュアル」を参考にするとより理解が深まるものと思われます（第2分冊【別紙9-1】を参照）。

② 人柄を見極める

> 他の入居者と共同生活を送ることができる人であるかを見極めること

共同住宅にあっては、安定して賃料を継続的に支払えるか否かを判断するほか、借り希望者が他の入居者と円満に共同生活を送ることができる人であるかについて、会話や受け答え態度等を考慮して慎重に行うことが重要です。

（4） 物件情報提示

> 希望に近い物件を厳選して絞込み提示すること

借り希望者は、より多くの物件の中から物件を選定して頂くことは大切ですが、検索に必要な事項を確認している訳ですから、専門家の立場で厳選した物件を提示するようにしましょう。

多くの情報を提供することは、かえって借り希望者の思考を混乱させることにもなり兼ねないからです。

なお、情報提供に先立ち、少なくともテリトリー内の物件流通情報については事前チェックをしておき、より多くの物件情報の中から希望条件に叶った物件を提供するように心掛けたいものです。

（5） 物件の絞込み

> 物件の絞込みに必要な情報を提示すること

数件に絞込んで提示した物件の中から、さらに現地案内する候補物件を2件程度に絞込んで頂くために、間取、設備、物件周辺の環境・施設等物件の特長が把握できるような物件パンフレット、図面等を提示してイメージをつかんで頂くようにしましょう。

なお、斡旋しようとしている物件がまだ存在するか否かや入居条件については、事前に確認をしたうえで情報提示するようにしましょう。現地案内の候補物件に絞られてから、既に成約済だったことが判明するといった手戻りとなるようなことがないように、自社所有情報であれば貸主や社内の担当者への確認を、また、他業者の提供情報であればその業者に確認を怠らないようにします。

（6） 物件案内

> 担当者が物件案内し、必ず、室内を下見させること

物件案内の方法としては、自社所有情報の場合は、担当者が随行する方法や貸主が現地で対応する方法が、また、他業者の提供情報の場合は、当該物件情報を所有する他業者に借り希望者を紹介し案内を依頼する方法、または担当者が随行する方法が一般的のようです。

紙面上だけでは説明し切れない情報を現地にて説明することにより理解を深めて頂くためにも、また、借り希望者の人柄をさらに観察する観点からも、原則的には、担当者が物件案内するようにしたいものです。
　物件案内に当たって、次の点に留意しましょう。

①　担当者が案内する場合
　Ａ．自社が鍵を保管していない場合、相手先に案内時間を連絡する。
　Ｂ．入居中の場合は、借主の事前了解を要するので確認する。
　Ｃ．物件内の間取、設備について丁寧に説明する。
　Ｄ．周辺の環境、施設、町並等についても説明する。

②　現地で貸主が対応する場合
　Ａ．貸主へ訪問時間を連絡する。
　Ｂ．現地案内図を提供し、順路を説明する。
　Ｃ．現地見学後に連絡を貰えるよう依頼する。

③　他業者の所有する物件を紹介する場合
　Ａ．物件案内の承諾と案内方法を確認する。
　Ｂ．担当者が随行しない場合は、現地見学後に連絡を貰えるよう依頼する。

　なお、入居中の物件の場合は、事前に入居者に承諾を得たうえで、できるだけ室内の下見をして頂くようにしましょう。図面上だけの説明で賃貸借契約にこぎ着けたとしても、説明と異なるなどのトラブルが生じているからです。
　ただ、入居中の物件を見学したとしてもリフォーム前のため実際の引渡しの室内イメージがわかないことや入居者の承諾が得られない場合もあるため、宅建業者によっては、リフォーム終了に合わせて入居募集するとか、入居中の物件の環境や建物を見て頂いた時点で申込みを受けリフォーム後に室内を見学したうえで契約をするなどの方法によりトラブル防止を図っている例があります。
　また、物件案内において、借り希望者に鍵を貸与し単独で下見させる例が見られますが、鍵をコピーされる危険性や、見学後の窓の締め忘れ、電気の消し忘れ、トイレ使用後の流し忘れ、土足による入室等のトラブル例が上げられていますので、極力、担当者が随行する等の対応を心掛けましょう。どうしても、随行できない状態にある場合は、室内の見学上の注意事項を書面化し、よく説明したうえで、鍵を貸与するようにしましょう。

（7）　物件の特定

> 借り希望者に最終決定に最低必要な時間を与えること

　借り希望者が、現地案内を受けた段階で物件内容を①　気に入っているか、②　迷っているか、③　気に入っていないか、を見極めます。
　気に入っている場合でも、決定を急がしたりすることのないように心掛けましょう。また、迷っている場合も、無理矢理勧めたり、誘導したりすることはしないで考える時間を与えるゆとりが欲しいものです。まして、預り金等の金銭を置いていくようにと宅建業者から借り希望者に要求することのないようにしましょう。
　急がして成約させた結果、やひやかしでないための証拠に金銭を預かったことによる借り希望者からの苦情や、キャンセルによる金銭の返還に係るトラブルが発生しているからです。
　なお、借り希望者がどうしても確保したいという場合で、自発的に預かり金を置いていくことを申出た場合は、前述のように、「成約の有無にかかわらず、いったん、借り希望者に返還することを約束し、①　当該預り金は物件を確保するための目的であること、②　物件確保の有効期間及び借り希望者に必ず返還されるものであること、について③　重要事項説明書を交付して説明」してから預かるようにします。
　気に入っていない様子であれば、気に入っていない点などを確認し希望と掛け離れた内容である場合は、改めて別の物件を紹介するなどの対応をしましょう。

（その２）　　賃貸借媒介契約書と入居申込書を受領する

　宅建業者の多くは、入居申込書を提出して頂くことによって、借り希望者の最終的な依頼意思を確認していますが、平成６年４月に、建設省（現：国土交通省）より、売買物件の媒介依頼の書面化に準じて、今後は賃貸物件の場合も媒介依頼を書面化することがトラブル防止につながるとして「住宅の標準賃貸借媒介契約書（借主用）」が作成され、業界に示されました。賃貸媒介の場合は、取引の性格上、無用に借り希望者を拘束しないよう、物件が特定した段階で契約締結することとしています。

　今後は、賃貸借媒介契約書を取り交わす際に従前の入居申込書を添付して依頼を受けることが望まれます。

　一見、両方の様式を用いることは重複しているように思われますが、賃貸借媒介契約書は、宅建業者と借り希望者間で締結されるもので、お互いの権利義務関係を明確にするものであり、入居申込書は、借り希望者が貸主に提出し入居の承認を請うものですので重複するものではありません。

　なお、宅建業法では、賃貸借契約を締結するまでの間に重要事項を説明することになっていますが、入居申込みの意思表明があった段階で説明することが原則であると考えられます。

(1)　「借り」の賃貸借媒介契約書を取り交わす

> 借り希望者と「借り」の賃貸借媒介契約書を取り交わすこと

　宅建業者は、借り希望者が物件を特定した時点で、建設省（現：国土交通省）が提示した「住宅の標準賃貸借媒介契約書［借主用］」（以下「借りの媒介契約書」という。）を用いて依頼関係を明確にしましょう。

　借りの媒介契約書を取り交わすことによって、借り希望者及び宅建業者の媒介に係る権利・義務が明確になります。特に、宅建業者が物件を確保するために借り希望者より預り金と称して金銭を受領し、契約成立しない場合に返還されないという紛争が防止されることになり、また、宅建業者の契約成立時の報酬請求権が明確になります。

(2)　入居申込書を受領する

> 媒介契約書に添えて入居申込書を受領すること

　借り希望者が、物件を特定し入居申込の意思が確認できた時点で、借りの賃貸借媒介契約書に添えて入居申込書を提出して頂くようにしましょう。

　入居申込書は、個人契約と法人契約の場合は記載事項が若干異なります。法人契約の場合は、法人である会社の担当部署が申込当事者となり、入居者は、その社員及び同居人で、当該社員一代限りの契約となります。

　また、個人の場合は、単身者、契約者と同居人、学生、外国人といった入居が考えられます。それぞれの場合、次のように入居申込書の記入内容やチェック事項に留意して受領するようにしましょう。なお、外国人入居希望者との対応方法については、埼玉県庁が英語版に翻訳した「外国人と貸主の不動産賃貸借マニュアル」を参考にするとより理解が深まるものと思われます（第２分冊【別紙9-1】を参照して下さい）。

① 　**個人契約の場合**（単身者・契約者と同居人）
　　Ａ．契約者に入居申込書の記入を依頼すること。
　　　a. 個人情報及び同居人情報が記入できているかをチェックする。
　　　b. 連帯保証人情報が記入できているかをチェックする。
　　　c. 申込者の署名押印があるかをチェックする。
　　Ｂ．必要な事項が全て記入されている（署名押印済の）場合
　　　a. 受領し、可否決定、契約予定日や添付書類の提出等について説明する。

Ｃ．一部未記入（押印がない場合も含む。）の場合
　　　　　a. 後日、正式な申込書の持参を求める（押印がない場合）
　　　　　b. 申込書の正本を複写しコピーを渡して（複写式の場合はお客様用を渡して）、後日電話等で空欄部分の連絡を受ける（押印ある場合）
　　　　　c. 可否決定、契約予定日や添付書類の提出等について説明する。
　　　　　d. 入居可否の通知先の確認をする。

　②　**個人契約の場合**（学生）
　　　Ａ．契約者は親権者とし、入居申込書の記入を依頼すること。
　　　　　a. 個人情報が記入できているかをチェックする。
　　　　　　例えば、契約者を父親とした場合は、その人の情報と入居する子供（学生）の情報
　　　　　b. 連帯保証人情報が記入できているかをチェックする。
　　　　　　例えば、契約者を父親とした場合は連帯保証人を父親の叔父とするなど
　　　　　c. 申込者の署名押印があるかをチェックする。
　　　その他、前述の①と同様のチェックを行います。

　③　**法人契約の場合**
　　　Ａ．入居者による入居申込書の記入を依頼する。
　　　Ｂ．会社の担当窓口を確認する。
　　　Ｃ．可否決定、契約予定日や添付書類の提出等について説明する。

（３）　賃貸借契約を締結する前の金銭受領の有無

> 賃貸借契約を締結する前に借り希望者より、一切、金銭を預からないこと

　宅建業者は、媒介業務において、入居申込書を受領したからといって、賃貸借契約の締結前に借り希望者から金銭を預かることのないように注意しましょう。
　この時点で、宅建業者によっては、手付金であるとか、預り金等の名目で、借り希望者から金銭を受領しているケースが見られますが、宅建業者は、自ら借り希望者に要求して金銭を受領する立場にありませんので一切受領しないようにしましょう。
　この点について、東京都は、平成４年６月29日付で業界団体及び宅建業者に対して、「宅建業者は、媒介業務や代理業務において、名目の如何を問わず預り金を受領してはならない」旨の要請文を出しています。
　これは、物件を確保するために預り金と称して借り希望者より金銭を受領し、契約が成立しなかった場合に、正当な理由もなく返還しないため紛争になる事例が多いことに鑑み、是正を促した要請文です。
　こうした紛争事例は、東京都に限って発生しているものではなく全国的な傾向として見られる紛争であるため、賃貸借契約の締結前に借り希望者から金銭を預かることのないようにしましょう。
　なお、借り希望者がどうしても確保したいという場合で、自発的に預り金を置いていくことを申出た場合は、「成約の有無にかかわらず、いったん、借り希望者に返還することを約束し、① 当該預かり金は物件を確保するための目的であること、② 物件確保の有効期間及び借り希望者に必ず返還されるものであること、について③ 重要事項説明書を交付して説明」してから預かるようにします（「第６編　クレーム対応」クレーム例（７）参照）。

（その３）　入居申込書の記載事項の調査を行う

（１）　記載事項を調査する
　宅建業者が、借り希望者について十分な調査を行わなかったことにより後日、他の入居者とのト

ラブルや滞納による貸主とのトラブルが発生しています。
　具体的には、次のような苦情となって行政窓口に相談が持込まれています。
　貸主からの苦情としては、
① 管理業者が連絡してきた者と異なる者が入居している。管理業者は、当初連絡した者が引続き入居していると主張している。
② ペット不可を条件としているにもかかわらず、管理業者が無断でペット可能の契約を締結して入居させた。
③ 借り希望者の選定が不十分であるため、賃料の不払い等が多い。
④ 入居者に対する住まい方指導が不十分である。
　また、**借主からの苦情**には、
⑤ 借り希望者の年齢、性別、家族構成、国籍、収入等の関係で、物件情報の紹介の範囲が狭められたり、紹介を断られたりした。
⑥ 外国人の場合、勤務先の上司を保証人に指定したり、媒介業者が保証人に対し面接を行ったりなどの条件を課した。
⑦ 外国人の中で特定の国籍者の媒介を断った。
などが主なものですが、こうしたトラブルの原因には、
　A．物件ごとの賃貸条件や入居者資格要件が策定されていない。
　B．入居者の資格要件の確認が不十分である。
などが要因として上げられます。

物件ごとの入居基準を設けること

　前述Aについては、貸主と物件の特長をもとに入居者層の調整を行っていないためのトラブルと思われますので、物件の所在地（周辺環境）や物件のグレードなどの特徴を基に、
① **どのような収入層を対象に入居斡旋するか。**
② **入居者を限定するか否か。**
　入居不可とする場合は、事前に貸主から理由を確認し、借り希望者に説明できるようにしておく必要があります。
③ **ペット飼育を可能とするか否か。**
　なお、ペット可能とする場合は、全室をペット飼育者と限定するのか、飼育しても構わないとするのかについて明確にしておく必要があります。中には、犬や猫等の動物アレルギー者がいるため、事前に、当該住宅の特徴を入居者に重要な事項として説明する必要があるからです。
以上の点について、十分に調整を取るようにしましょう。

借り希望者の転居理由や希望条件を十分に把握すること

　前述Bについては、誰が何をもとに借り希望者に関するチェックを行うか、その方法が確立していないために生じていると思われますので、何に主眼を置いて借り希望者のチェックを行うかを整理しましょう。
① **希望物件の条件チェック及び人柄等の判断**
　転居する理由は、どのような物件を提供すべきかなどのような状況にあるかを知る観点からも重要なポイントとなります。
　「環境が悪いので」「手狭になったので」「物件が古いので」「勤務地に遠いので」「転勤のため」「独立したので」「結婚するので」「離婚したので」など、理由により現在置かれている状況がある程度は把握できます。また、転居理由の確認から、現在の住まいや、勤務先、勤務年数、業種などの情報確認も関連づけて聴取することが可能になります。さらに、会話の中から共同生活を送ることができる者であるか否か、内容に転居する理由として不自然さはないかなどについても把握できます。
　短時間で人柄等を判断するという観点から、業務精通者が立会ったり、担当者以外に従事する

複数の社員の意見を聞いたり、他社が斡旋した借り希望者であっても自社内ルールに添ってチェックしている例など慎重に判断することが大切です。

② 身元及び人柄等の確認

来店の際に、借り希望者が直接記入または担当者の聞き取りにより確認する「ご希望物件申込カード【様式7】」や入居申込書に記載された事項、会話を通じて得た情報等を調査して確認する必要があります。調査・確認に当たっては、住民票等公的機関の発行する書類や勤務先に関する情報の提出を求めたり、直接、勤務先に照会したりする等の方法があります。

なお、調査・確認を行う場合は、借り希望者に無用な不安や疑心暗鬼を抱かせないよう、事前に借り希望者にその旨を説明する配慮が必要です。

また、借り希望者の人柄の判断については、連帯保証人の引受けに対する返答などを通じて、慎重に行う必要があります。

③ 収入面の確認

一般のサラリーマンの場合は、源泉徴収票により確認することになりますが、時に、源泉徴収票が改ざんされる場合がありますので、場合によっては、納税証明書により収入実績を確認することになります。

通常物件（都市部においては10万円前後の賃料）の場合は、月収の30％を越えるような賃料になると、安定して賃料等を支払うことが難しくなることがあるといわれております。入居者の収入を合算して基準を満たそうとする場合も見受けられますが、ケースにもよりますができるだけ契約者の収入だけで基準を満たす物件を紹介することが賢明と考えます。

夫婦であった場合の出産による妻側の収入減や、友人同志が同居する場合の一方の退去による収入減等による滞納が見られるからです。

調査結果（調査手続）の整理を行う

誰が最終的に、何を基準に入居者の選定を行うかの社内ルールが確立されていないため、十分な入居者の資格確認が行われていないように思われますので社内ルールを確立するようにしましょう。

例えば、入居者の資格確認の手順として次のような方法が考えられます。

① 来店から入居申込書提出までの印象をまとめ、人柄を判断する
　A．「ご希望物件申込カード【様式7】」などにより希望条件を確認する
　B．借り希望者の行動・言動等を評価する
　C．複数人で評点化し入居者資格要件と照合する

② 入居申込書記載内容を調査し、事実を確認する
　A．貸主と確認済の入居者要件に合致するか否かを確認する
　B．契約者本人、同居者、連帯保証人に関する提出書類等の提出を求める
　C．入居申込書記載内容と添付書類等による照合を行う
　D．勤務先に照会し、在籍等の確認をする

③ 連帯保証人に保証の意思を確認する

④ 社内での最終確認者の決済を受ける

（2） 貸主の入居可否の決定

貸主に対して、入居者の選定経緯等を報告し入居の可否を確認すること

宅建業者は、当該借り希望者に関する心証、評価等の当該者を選定した理由等に入居申込書を添えて貸主に報告し入居の可否の確認を取るようにします。

この場合、斡旋しようとする物件の既存入居者との入居者層（レベル）等に注意を払う必要があります。

また、貸主と連絡が取れず確認まで一定期間を要する場合は、その旨を借り希望者に連絡を取り了解を得るようにしましょう。

（3） 可否の決定・通知をする

> 借り希望者の入居の可否が決定されたら、結果を速やかに通知すること

　宅建業者は、借り希望者の入居の可否について貸主の意思確認ができたら、できるだけ早く結果を通知するようにしましょう。
　借り希望者は、結果報告を待ち侘びているばかりか、返事が遅れることによって他の物件への移り気が生じ兼ねません。
　決定通知については、入居の可否を問わず、電話連絡するほか、契約締結に関する指示や入居不可による書類等の返還については、改めて、文書にて通知するようにしましょう。

① 入居可能な場合
　入居可能な場合は、「契約締結日」「契約時間」「契約場所」「必要な書類等」について通知するとともに、連帯保証人の了解を事前に得ておくように指示します。
　なお、必要書類等については、次のような準備と指示を要します。
- A．賃貸借契約書を事前に提示する場合は、契約当日に、本人と連帯保証人が署名押印したうえで持参すること。なお、連帯保証人の押印は実印が望ましい。
- B．賃貸借契約書を事前に提示しない場合は、連帯保証人の承諾書を提示し、連帯保証人の署名押印（実印を押印）したものを契約当日に持参すること。
　　なお、連帯保証人の保証の範囲や借主の契約内容を理解したうえで承諾して頂くために契約書のコピーを承諾書に添付するのが望ましい。
- C．借主の収入証明書（源泉徴収票ないしは納税証明書）。
- D．借主の印。賃料等を銀行口座より引落処理する場合は、銀行届出印及び口座番号。
- E．借主の住民票。同居人がいる場合は、契約者との続柄が確認できる住民票など。
- F．連帯保証人の収入証明書及び印鑑証明書。

② 入居不可の場合の入居申込書の扱い
　貸主の入居審査の結果、貸主の了解が得られなかった旨のお断りの文書に入居申込書等、事前に受領している書類を借り希望者のプライバシー保護のため返還する、もしくは、宅建業者が責任をもって、速やかに破棄することが大切です。

（その4） 借り希望者に重要事項を説明する

　賃貸借に関する重要な事項については、宅建業者が宅建主任者をして、賃貸借契約が成立するまでの間に契約当事者に説明することが宅建業法で規定されています。
　しかしながら、① 重要事項の説明を受けなかった、② 重要事項説明書が渡されなかった、③ 宅建主任者による説明でなかった、④ 契約締結時に更新時の費用及び退去時の入居者の義務を含めての重要事項説明が行われたが入居直前であったため不利な条件と思ったけれども、承諾せざるを得なかった、⑤ 契約の直前に十分な説明もなく、後で読んでおくようにと言われ渡されたが重要な事項ということであれば丁寧に説明すべきだなど、事前に十分に検討する時間や説明がなかったことが苦情として挙げられています。
　本来、重要事項説明書は、物件を借りるか否かを見極めるための判断材料として活用されるものですから、少なくとも、現地案内の後で借り希望者が入居意思を表明するために提示する「入居申込書」を受領した時に重要事項説明書を交付して宅建主任者から説明することが原則であると言えます。

（1） 借り希望者に対する重要事項説明書を作成する

> 宅建業法第35条並びに第47条第1号の規定に添った説明書を作成すること

　宅建業法第35条では、少なくとも説明をしなければならない事項が規定されており、また、**第**

47条第1号では故意に事実を告げなかったり、事実にないことを告げることが禁止されています。つまり、宅建業者として知り得る重要な事項については、契約当事者に説明する義務が課せられていますので、① 所有者と貸主が異なる場合は、貸主が正当な権原を有しているか否かを調査して、当該住宅の「転貸借」は借主に不利な状況にないことや、② **禁止・制限される事項（ペットの飼育等の可否）**、③ 契約更新に関する事項、④ **入居中、退去時の貸主・借主の修繕・原状回復に関する費用負担に関する事項**、⑤ 管理業務を宅建業者に委託している場合は、委託事項とその権限の範囲に関する事項など賃貸借契約書で規定する事項についても重要事項説明書に添付等して説明できるようにしましょう。

　また、登記された権利関係については、事前に調査していない宅建業者が多いと聞きますが、建築に要する資金の借入れに伴う金融機関の担保設定のための抵当権設定やその他の権利関係が複雑に絡んでいる物件で、入居斡旋時に既に抵当権が設定されている場合は、「競売開始」「競落」と進んでいく段階で、「競落後の居住」や「敷金返還請求先」等が異なってきますので、トラブルを未然に防止するためにも、時間のないことを理由に調査を省略することのないようにしましょう。

　重要事項説明書は、貸主から物件の斡旋を依頼される際に貸主と確認する事項や当該物件のチェック項目と同範囲の事項ですから、物件を紹介できる時点では当然に明らかになっていなければならない事項であるため、早期に書面化しいつでも対応できる状態にしておきましょう。また、外国人入居者に対する重要事項説明は、埼玉県庁が作成した英語版の「重要事項説明書」を参考にする（例示する）とより理解を深められるものと思われます（書式は、【**別紙9-3、9-5**】を参照）。

　なお、これらの事項が図面やパンフレットに記載されている場合は、改めて重要事項説明書に記載して交付することを要しません。

（2）　重要事項説明書を借り希望者に交付し説明する

> 重要事項説明書を借り希望者に交付し宅建主任者が丁寧に説明して理解を得ること

　トラブルを未然防止するためには、重要事項説明書をただ借り希望者に交付するだけではなく、宅建業者並びに宅建主任者が記名押印した重要事項説明書（宅建業法第35条第5項）を、宅建主任者が主任者証を提示のうえ説明しなければならない（宅建業法第35条第4項）と宅建業法で義務付けられていますので、省略することなく必ず説明するようにしましょう。

（その5）　賃貸借契約を締結する

（1）　添付書類の提出を求め、入居申込書と添付書類を照合する

> 入居申込書の記載内容を添付書類で照合・確認すること

　記載内容に間違いがない場合は、賃貸借契約の締結手続を執ります。
　また、記載内容に軽微な間違いがある場合は、当該箇所について確認を取り、契約に支障を来すか否かの判断をすることになります。この場合は、上司や社内の業務精通者に判断を仰ぐように心掛けましょう。
　記載内容に著しい虚偽が発見された場合は、契約を見合わせることになると思われますが、その最終判断についても、同様に上司や社内の業務精通者に意見を求めたうえで対応するようにしましょう（なお、チェック方法については、「第2編　第5章　賃貸借契約の締結」を参照して下さい）。

（2）　賃貸借契約を締結する

> 契約当事者に、契約に出席するよう依頼すること

媒介による賃貸借契約は、原則として、貸主、借主、連帯保証人（第三者による「連帯保証人代行システム」等を利用する場合は、承認通知書をもって）など契約の当事者が出席し、宅建業者並びに宅建主任者が立会のもとで契約締結することになります。
　契約の当事者には、できるだけ出席して頂くよう日程を調整するようにしましょう。
　ただ、媒介の場合でも、連帯保証人は勿論のこと貸主も出席しないケースが少なくなく、貸主に代わって宅建業者が借主との間で所定の手続を取るのが実態です。
　この場合の契約方法としては、宅建業者によって様々な方法で行っているようですが、宅建業者の立場を考慮した場合、「宅建業者が、事前に貸主の署（記）名押印を得た賃貸借契約書を、契約締結日に借主に提示し借主の署名押印を得る。なお、この場合、連帯保証人の署名押印については、事前に、「連帯保証人承諾書」を別途用意し、連帯保証人の署名押印（実印による押印）を得る。」という方法が一般的な方法と言えます。
　外国人入居者と賃貸借契約を締結する場合は、埼玉県庁が作成した英語版「賃貸借契約書」を参考にする（例示する）とより理解が深められるものと思われます（書式は、【別紙9-2、9-4、9-6】を参照）。

```
契約内容を読み上げるなどして最終確認をすること
```

　賃貸借契約を締結する場合は、予め契約内容を提示していたとしても、省略することなく、賃貸条件や禁止事項等、重要な事項について読み上げるなどして最終確認を行ったうえ、借り希望者の理解を求めましょう。
　また、宅建業者は、借主に不利な条項や強行規定、公序良俗に反した条項が賃貸借契約書に記載されていないかどうかを、再度確認するようにします。もし、これに該当する事項がある場合は、宅建業者は義務違反に問われることになります。また、消費者契約法に抵触する場合は、当該条項が無効になる場合もありますので、注意が必要です。

（3）　金銭を授受する

```
貸主が出席しない場合は、宅建業者が受領せず、貸主の口座に振込ませること
```

　賃貸借契約の締結に伴い、借主より、敷金等の金銭を受領します。
　契約締結の席上に貸主が出席する場合は、借主から貸主に敷金等を直接支払い、貸主が領収書を発行することになります。貸主が出席しない場合は、
① 事前に貸主より金額を記入した領収書に署名押印を得、契約当日、所定の契約手続に伴い、貸主の指定口座に振込んでもらい、振込済証明書の提示を求め、金額を確認のうえ発行する。
② 契約当日、所定の契約手続に伴い、貸主の指定口座に振込んで頂き、振込済証明書の提示を求め、金額を確認のうえ、後日貸主より領収書を発行して頂くことを約束するとともに、それまで振込済証明書を保管するように借主に指示する。
など、宅建業者が直接、金銭を受領しない方法が望ましいと考えますが、貸主が宅建業者に金銭の受領を依頼した場合は、次のような対応も考えられます。
③ 事前に貸主より金額を記入した領収書に署名押印を得、契約当日、宅建業者が金銭を受領したうえで、当該領収書を交付（引渡し）する。
④ 宅建業者は、貸主から金銭受領に関する委任を受け、借主より当該金銭を受領し領収書を発行する。この場合、「貸主○○・代理受領宅建業者△△・押印」と記載し発行することが望ましい処理と言えます。

（4）　賃貸借契約の締結を拒否する

```
賃貸借契約の締結を拒否する場合は、借り希望者に関係書類を返還すること
```

　入居申込書の記載内容とその内容を証明する添付書類の証明内容に著しい相違が認められ、契約

を拒否せざるを得ない場合は、借り希望者から提出された書類等を返還するようにしましょう。
　なお、事前に引渡した契約関係書類は、不成立の証として借り希望者より回収し、入居申込書とともに責任もって破棄処分するようにしましょう。破棄処分にするのは、借り希望者のプライバシーを保護する必要からです。

（その６）　鍵を引渡す

> 鍵は原則として全て借主に引渡すこと

　鍵にまつわるトラブルには、生死につながるといった事件にまで発展した例が見られます。
　そのため、借主にとって、借りた部屋の鍵は自分だけが所持したいと考えるのが普通であり、貸主といえども保管していることに不安を抱いています。
　貸主によっては、物件の所有者だからとか、万一の場合のためなどを理由に、鍵を手元に置いている例が多いようですが、借主に無断で室内に立入ることが法的に認められるケースは殆どなく、鍵を預かる正当な理由が見当たりませんので、特段の理由があって借主から依頼を受けた場合以外は原則として預からないようにしましょう。
　借主が鍵を紛失した場合は、借主の責任と費用で取替えさせるようにします。
　なお、貸主等が借主の依頼とは別に鍵を保管したい場合は、保管目的を事前に説明するとともに、室内に立入る場合の手続について予め借主の了解が得られた場合のみとすることが望ましい対応といえます。
　特に、宅建業者が鍵を保管する場合は、管理責任者を設けるとか、保管方法や利用方法について社内規定を作成するなどして十二分に注意する必要があります（なお、鍵の取扱いについては、「第６編　第２章　契約・入居」を参照して下さい）。
　外国人入居者に対して引越し上の留意事項や入居後の注意点を説明する場合は、住宅・都市整備公団（現：都市再生機構）作成の「外国人向け住まいのしおり」や、埼玉県庁が英語版・中国語版・ポルトガル語版・スペイン語版に翻訳した「外国籍県民のための賃貸住宅の借り方・住むときのルール」を参考にするとより理解が深まるものと思われます（書式は、第２分冊【別紙６、10】を参照）。

【参考１】
> 建物賃貸借契約書と印紙税

　平成元年４月１日から印紙税法が改正されたことにより、建物賃貸借契約書に印紙を貼付する必要がなくなりましたが、契約書に、「家賃〇〇円を受領した」など、金銭を受領した旨の文言がある場合は、金銭の受領書と同等の扱いとなり印紙税の課税対象となり印紙を貼付する必要がありますので注意して下さい。
　また、建物賃貸借契約書に金銭を受領した旨の文言があったにも関わらず、印紙を貼付しないで領収書にのみ印紙を貼付し発行した場合は、建物賃貸借契約書にも印紙を貼付する必要があります。
　なお、この場合、建物賃貸借契約書に「領収書を別段に発行する」旨を記載した場合は、印紙の貼付が免れます（建物賃貸借契約書が領収書を兼ねないことになるため）。

3　賃料等の徴収業務

　入居者より毎月の賃料等を徴収することは媒介業務の領域外ですが、現実には、媒介業務に関わった延長上の業務として、ないしは、賃料等の徴収も媒介の一部であるかのように、貸主は、宅建業者に無償で依頼している例が見受けられます。

昨今、宅建業者の中には、賃貸媒介業務を合理的に経営するため、賃貸借契約を成立させた以降に発生する業務については、システム化したうえで有料化しています。媒介業務以外の業務、いわゆる、管理業務と称しているわけですが、有料化による賃貸媒介業者の新たな収入源として経営の安定のためと媒介業務から管理業務までを一体化して取扱うことにより貸主の獲得を図ろうとしているように見受けられます。

（その１）　賃料等を徴収する

貸主や借主から、賃料徴収に関する苦情として、次のような実例が挙がっています。

① **貸主からの苦情としては、**
　A．家賃の滞納者に対する措置が不十分である。
　B．未払家賃の回収が遅い。
　C．管理業者が、集金した家賃の支払いを遅延している。
　D．管理業者が、集金した家賃を家主に未払いの状況で倒産（行方不明）した。
　E．共益費が管理業者の収入となっているが、その収支の内訳が不明である。

② **また、借主からの苦情には、**
　A．管理業者が倒産したため、家賃について、第三債務者として差押えされた。
　B．家賃を２か月分滞納したら、無断で入口の鍵を変えられ、部屋に入れないようにされた。
　C．家賃を滞納したら、入口に、滞納している旨のビラを管理業者に貼り出された。
　D．共益費の額は、内訳が不明確であり、管理業者に対して具体的な説明を申入れても、説明してもらえない。また、共益費は、家賃と併せて値上げされることがあるが、値上げの根拠が不明である。

> 貸主に対して賃料徴収後、速やかに賃料等を引渡すこと

　宅建業者（または管理業者）と貸主との関係では、宅建業者は、定められた支払期日までに貸主の指定する方法により預かっている金銭を引渡すことが大前提であり、契約の基本です。
　宅建業者が、長期間、集金した賃料等を所持することは、不測の事態が発生した場合、貸主への債務が残るばかりか貸主に経済的損害を与えることになります。また、借主に対しても、無用の不安を与えることになります。
　平成４年12月に(財)不動産流通近代化センターが行ったアンケートによれば、当月の賃料等を集金してから貸主に送金するまでの期間が最も長いもので25日間という例があり、送金までの預かり金の累積最高額は、367社のうち、１千万円〜５千万円とする社が全体の25％、１億円以上になると答えた社が約8％という結果でした。
　本来、貸主に帰属する賃料等は、できるだけ速やかに支払われるように処理しましょう。

> 滞納を未然に防止するために、借主に対し賃貸借契約の締結時に契約内容に記載して、また、「入居のしおり」や入居後「管理報」等を通して、義務違反の対応措置について説明すること

　宅建業者（管理業者）と借主の関係では、借主に対して、賃貸借契約書に賃料等の支払義務違反をした場合は、契約解除の対象となることを明記するとともに、重要事項説明時や賃貸借契約の締結時にその旨を十分に説明し理解を得るようにします（なお、契約内容については、「第３編　第３章　一般借家契約」を参照して下さい）。
　また、賃料等の支払期日は月末に設定されている場合が殆どですが、場合によっては、借主の給料日の数日後に設定する等の便法を講じることも滞納を防ぐ対応策と言えます。ただ、借主本位に支払期日を設定することは、収納事務が煩雑になりますので注意を要しますが、月２回の支払期日を設定し借主の選択による収納方法を導入して成果を上げている例があります。

管理戸数が増大してくると収納業務の合理化を図るために、振込方式や自動引落方式を採用する例が多く見られますが、集金日の指定通知を行ったうえで自宅訪問をして成果を上げている例も見られます。
　この方法は、時間と労力を要しますが、月に一度、集金と併せて宅建業者が借主と対面することによって借主の住まい方等を確認することができ、いざという時に早期対応が可能であるという利点があるようです。
　さらに、季節の住まい方や地域情報、連絡事項等を盛込んだ「管理報」等を定期的に発行することを通じて、宅建業者（管理業者）と借主間のコミュニケーションを図ることによって賃料等の集金や入居者の協力を得ている例も見られます（なお、管理報の作成については、「第二分冊【別紙5】」を参照して下さい）。

（その2）　未収金を督促する

> 滞納者に対しては早期に督促を行い未収金の解消に努力すること

　滞納が発生する原因には、借主側の事情によるところが多く、
　① 支払い期日を「うっかり忘れる」ケースと
　② 経済的な問題によるケース
に大別できます。
　また、うっかり型には「全くのうっかり」もあれば「ルーズな性格」によるものがあり、さらに、経済的に問題あり型には「一時的な要因」によるものや「深刻な要因」によるものがあるようです。なお、レアケースとしては、最初から「計画的」という事例もあるようです。
　しかし、滞納による賃料等の未収は、貸主の収入に不安定感を与え、それが長期化した場合は、経済的損失に発展します。多くの貸主は、少なからず、金融機関からの借入れによる経営を行っているため、返済計画に狂いが生じることになります。
　このことは、仲介業務や管理業務を依頼された宅建業者の入居者選定の甘さを指摘されることにもなり兼ねません。また、滞納者に対する督促業務や滞納が長期化した場合の調停・訴訟手続等に、思わぬ時間と労力を費やすことになり、本来業務にも影響を及ぼすことになります。さらに、滞納状況が長期化するほど回収が困難になりますので、滞納者に対しては早期に督促を行うようにしましょう。
　その督促の手順としては、
　A．滞納が発生したらできるだけ早いうちに電話や文書等で督促を行うことです。
　B．改善が図られない場合は、自宅訪問による督促や勤務先への督促を行い、
　C．それでも支払いがない場合は、本人と連帯保証人に対し内容証明郵便を送付する、
　D．契約本人に対し解約を示唆した督促を行う、
　E．契約本人に対し内容証明郵便を送付する、
　F．簡易裁判所に訴訟手続を取るなどの段階的な対応方法を貸主に示すとともに、督促を実行し回収率を高めるように努力します。
　確かに、滞納が発生した場合は、早期対応が必要で、毎月発生する滞納の率を低く押さえるには、借主の協力なくして実現できませんが、それ以前に、入居者選定の際、選定基準を設け一定の調査を行ったうえで、賃貸借契約を締結する体制整備が必要であると思われます。
　そのためには、事前に、貸主と入居者層や入居資格基準の確認を行ったうえで、
　　a．物件内容に相応した入居者層の振分け基準を作る。
　　b．客観的な人物評価を行うほか、必要な書類の提出を求めるなど、支払い能力、入居の理由等を確認する（対応方法については、「第2編 第3章 入居者の資格確認」を参照して下さい）。
　　c．身分不相応な物件の紹介や、収入に占める賃料割合が高率となる物件の紹介は避け、相応の物件を紹介するなどの対応をとる。
　なお、滞納者に対する接客としては、直接、規制の対象とはならないものの「貸金業の規制等に関する法律」に基づき、大蔵省（現：財務省）は、関係業界及び当該業者に対して、次の【参考1】のよ

うな取立て行為の規制を定めていますので、類似の取立て行為は賃貸借契約に基づく行為と言えども避けるべきであると考えます。

【参考１】
・貸金業の規制等に関する法律（昭和58年5月13日公布・法律第32号）
・貸金業者の業務運営に関する基本事項について（大蔵省〔現：財務省〕通達）

3．取立て行為の規制（抜粋）

(1) 貸金業等がしてはならない行為
① 貸金業者または債権の取立てについて委託を受けた者は、債務者、保証人等を威迫するような言動を行ってはならない。
　A．暴力的な態度を取ること
　B．大声をあげたり、乱暴な言葉を使ったりすること
　C．多人数で押し掛けること等
② 債務者、保証人等の私生活または業務の平穏を害する次のような言動を行ってはならない。
　A．正当な理由なく、午後9時から午前8時まで、その他不適当な時間帯に、電話で連絡しもしくは電報を送達しまたは訪問すること
　　※「正当な理由」とは、債務者の同意があった場合などをいい、夜9時から翌朝8時前しか債務者と連絡が取れないような例がこれにあたる。
　B．反復または継続して、電話で連絡しもしくは電報を送達しまたは訪問すること
　C．張紙、落書き、その他いかなる手段であるかを問わず、債務者の借入れに関する事実、その他プライバシーに関する事項等をあからさまにすること
　D．勤務先を訪問して、債務者、保証人等を困惑させたり、不利益を被らせたりすること
③ その他、債務者、保証人等に対し、次のような行為をしてはならない。
　A．他の貸金業者からの借入れ、またはクレジットカードの使用等により弁済することを要求すること
　B．債務処理に関する権限を弁護士に委任した旨の通知、または調停その他裁判手続を取ったことの通知を受けた後に、正当な理由なく支払請求をすること
④ 法律上支払義務のない者に対し、支払請求をしたり、必要以上に取立てへの協力を要求したりしてはならない。
⑤ その他正当と認められない方法によって請求をしたり取立てをしたりしてはならない。

（注）貸金業を営むために登録を受けなければならない者
　　サラリーマン金融業者（サラ金業者）、金銭の貸借の媒介業者、手形の割引業者、不動産等を担保とする金融業者、質屋、クレジットカード会社、信販会社、総合リース業者、流通業者等で貸付を併せて行う者等

【参考２】

電気料金の支払期限例

　電気の使用料金は、検針日の翌日から起算して50日以内の支払いが原則です。50日が過ぎても料金が支払われない場合は、予め通知されたうえで送電を断られる場合があります。

（その3）　管理費用の支払代行を行う

　宅建業者が管理業務を受託する場合、諸費用を貸主に代わって支払する場合が見受けられますが、契約時に支払が想定される場合は、その対象範囲等を契約書に盛込むようにしましょう。

契約に伴い宅建業者は、管理業務に係る金銭の出入りを貸主別、かつ、物件別に帳簿にて収支を明確にするなどして、精算できる体制を整えるようにします。

（その４）　月次報告書を作成・報告する

　宅建業者は、管理業務の受託に伴い、新規入居募集に関する処理状況や賃料の徴収状況、入居者からの苦情処理、契約の更新処理状況、解約処理状況などについて、少なくとも、月に１回以上は書面を作成して、貸主に対して、業務処理報告をするようにします。この業務処理報告は、管理報酬を請求するための基礎となるからです。
　契約時に、管理内容や管理報酬についての十分な詰めがなかったため宅建業者に対して、貸主より、
① 管理業者が、通常の管理報酬とは別に、更新手数料として家賃の半月相当額を請求してきた。
② アパート建築当時に説明されたものよりも管理報酬額が高額である。
などの苦情が見られるようです。
　管理業務内容に相応した管理報酬を設定するとともに、業務処理内容をきちんと報告する、徴収賃料等を確実に貸主に納付（送金）するなど、契約した業務を誠実に処理することによって管理報酬を当然に受領できる業務体制を整備するようにしましょう。

4　苦情等の処理業務

（その１）　入居時に立会う

　借主の入居時にはできるだけ立会い室内点検を行うこと

　宅建業者が管理業務を受託している場合は、できるだけ担当者が入居に立会い、借主と一緒に室内点検を行うようにしましょう。入居時の室内点検は、退去時の原状回復の基礎資料となります。
　宅建業者が管理まで受託している場合でも、リフォームを完全に行ったうえで引渡しをしている場合は、敢えて、担当者が立会うことなく、引渡し時の室内の状況や設備の使用可能の有無について事前に担当者がチェックしたものを借主に渡し、入居後一定期間内に不具合の有無を申出る方法により対応している例も見られます。
　いずれの方法を取るにしても、トラブルとして一番多い退去時の原状回復に係る費用負担の算定について、入居時のチェックと退去時にそのチェックをもとに修繕の範囲を確認する方法が合理的な解決策と言えるため、借主、宅建業者（管理業者）が立会うなどして、書面で整理するようにしましょう。場合によっては、退去時の状態を写真やビデオ等に残すことも考えられます。昨今、原状回復に係る修繕費用の負担区分についての紛争が多くなっているからです（なお、チェック方法については、「第２編 第５章 賃貸借契約の締結」「第５編 第１章 退去査定業務」を参照して下さい）。
　また、宅建業者が媒介の場合は、引渡し時の室内の状況や設備の使用可能の有無について、予め貸主がチェックしたものを借主に渡し、入居後一定期間内にチェックして不具合の有無を貸主に申出る方法を取っている例が見られます。

　修繕箇所がある場合

　室内点検において修繕を要する箇所がある場合は、「修繕するか」「修理しないで、退室時に修理を免除することを確約するか」の対応になります。
　この対応については、費用が掛かるものであるため家主と相談する必要があります。

修理をする場合は、宅建業者（管理業者）が、当該修理業者より見積りを取り、貸主の了解の範囲内で修理を発注し、最終的に、宅建業者（管理業者）が工事完了を確認して、借主に引渡すことになります。

　修繕をしない場合は、該当箇所を記録するとともに、退去時に修理を免除する旨を書面に残すことで対応します。

　なお、室内点検書は、貸主（管理業者）と借主双方が退去時まで保管するようにします。

| （その２）　　建物・設備に関する苦情等に対応する |

> 建物・設備に関する苦情には迅速に対応すること

　建物や設備に関する苦情には、不具合が発生したのに「修理してくれない」「修理が遅い」「修理代金が高い」などといったものが殆どです。

　こうした苦情に対しては、宅建業者（管理業者）として、速やかに、対応することが最良の解決策と言えますので、社内にクレーム対応担当者を設けるなどして迅速な処理を行うようにしましょう。

| （その３）　　借主等からの苦情等に対応する |

> 苦情内容は当事者や周囲から事情聴取して公平な立場で処理すること

宅建業者（管理業者）への苦情処理対応に対する**貸主からの苦情**としては、
① 賃借人とトラブルが発生したので管理業者に相談したが、管理業者に賃貸借契約に関する知識がなく、適切なアドバイスが受けられなかった。
② 夜間、休日には管理業者と連絡が取れず貸主が借主のクレームに対応しなければならない。
また、**借主からの苦情**としては、
① 入居者間のトラブルを管理業者に相談したところ、内容を具体的に聴取せず、家主に相談することもなく、一方的な決めつけで処理してしまう。
② 管理業者に相談しても、なかなか措置を講じてもらえず解決に到らない。
などの苦情が行政等に持ち掛けられています。

　貸主が、宅建業者に管理業務を委託する目的の一つに、借主等とのトラブル等の対応への煩わしさからの解放が挙げられているわけですから、宅建業者は、管理業務を受託した以上、専門家として、貸主に代わって借主等からの苦情などについて責任をもって処理することになります。

　苦情例のように、貸主からの相談に対応できなかったり、直接、貸主に苦情が行くような業務対応であったりでは、管理業務を受託する資格があるとは言えません。

　クレーム処理担当者や部署を設けるなどして、確実に対応できる体制を整えるとともに、苦情を処理するにあたり、苦情を申出た者の一方的な言い分を鵜呑みにすることなく、当該関係者に公平に事情聴取するなどして公正な立場で、的確な処理をするように心掛けましょう。

| （その４）　　貸主と借主間の連絡調整をする |

> 借主が行う貸主への承認事項や届出事項に関する手続きを明確にすること

　同居人が増減することや長期に留守をする場合に貸主の了解を得ること、解約する場合の申出方法など、借主が届出を怠ったり、届出が遅れたりすることによって契約上不利になる事項が多々ありま

す。
　解約の場合は、宅建業者（管理業者）、貸主のいずれかに、いつまで口頭ないしは書面で申出することが必要かなど曖昧な点が見られ、借主に余計な金銭負担を強いる例が見受けられます。
　契約書で届出を要する事項について届出方法を明確にするほか、「管理報」等を通じて、手続方法を借主に説明できるようにしましょう。

5　賃貸借契約の更新業務

（その１）　新賃貸条件の提案・交渉を行う

> 事前準備をもとに貸主と新賃貸条件について打合せのうえ借主と更新契約交渉を行うこと

更新業務に対する**貸主からの苦情**としては
① 　管理業者が無断で借主と更新契約を締結し、更新料を貸主に渡さなかった。
② 　賃料の改定に前向きに取組んでくれない。
また、**借主からの苦情**としては、
① 　物価が下がっているのに家賃を減額してくれない。
② 　入居時に更新料に関する契約を取り交わしていなかったが、重要事項の説明の中に更新料の徴収について記載してあるとして更新料を請求してきた。
③ 　契約更新料や敷金精算については、家主と連絡を取らずに業者が一存で決定し、入居者の意見を聞いてくれない。
④ 　管理業者から賃貸借契約の更新に際して、更新手数料を請求された（貸主には請求せず、借主のみに請求）。
⑤ 　更新手数料（労務報酬）は、請求額の内容が不明確である。また、管理業者に対して抗議すると簡単に請求を撤回する。
⑥ 　管理業者から賃貸借契約の更新に際して、火災保険への加入を強制された。
などの苦情例がありますが、更新時にはまず、当該物件の賃料の改定が必要か否かについて、近隣の賃料相場をもとに査定するなどして、貸主と更新物件の新賃貸条件についての事前打合せに臨みます。
　更新時の貸主からの提示条件は、大方、賃料の値上げを求めるものですから、その上げ幅が妥当か否かについて調整し、借主に値上げ理由を説明できるように整理することになります。
　なお、苦情例のように、更新に際して、借主にのみ更新手数料を要求することは、適切な対応とは言えません。
　本来、賃貸借契約は、更新を前提としており、賃貸条件の変更は貸主にとって有利なものであることから、更新手続は貸主からの依頼によって行われるものであるため、依頼者である貸主に請求すべきものと言えますので改善するようにしましょう。
　また、更新料については、支払うことにより契約更新が円滑に行われるのであれば、徴収する旨の特約は借主にとって必ずしも不利益でないとして、その取扱いを有効とした判例もありますので、地域慣習のあるところで貸主の意向がある場合は、契約時に特約して借主に明示するようにしましょう。
　なお、建設省（現：国土交通省）通達により、「敷金（保証金）以外のその他の一時金」の授受を行う慣習のない場合は取扱うことが適当でないと指摘されていますので注意して下さい。
　さらに、契約更新時における敷金の積み増しについては、賃貸借契約を締結する際に、敷金（保証金）の受領額を「賃料の○か月分」と規定している場合は、賃料の変更に伴い敷金の額も変更されることを意味すると解されています。
　これは、敷金は賃料等の支払債務の担保として預かっていることからしても、「改定後の賃料の○か月分の未払分を担保する」意味からも、連動して差額分を充当して頂くことが必要になりますので、その旨を十分に説明しましょう。なお、トラブルを未然に防止するためにも、賃料の改定に伴い敷金

も連動して改定する旨を特約することが望ましい処理と言えます。
　また、「敷金〇〇〇円」と実額で規定する場合は、特約がなければ賃料の改定に伴う敷金の変更はないものと解されますので、賃貸借契約書を作成する場合は、何れの方法により敷金（保証金）を受領するかについて、地域慣習等を考慮して決定するようにしましょう。

（その２）　借主の更新意思を確認する

　貸主との打合せによる新賃貸条件を整理したうえで、更新をする場合の条件を提示し、借主の契約更新の意思を確認するようにしましょう（「第3編　第6章　その他の契約」を参照）。

6　賃貸借契約の解約業務

（その１）　借主からの解約申出を受ける

> 解約の申出は、様式を作成して書面により受けるようにすること

　借主の途中解約に関する特約は、借主にとって不利な規定ではありませんが、この規定についての説明が不十分なために解約申入れが遅延したことにより、借主が余計な負担を強いられている事例が見られるため解約の申入れ手続を明確にしておく必要があります。
① 解約の申入れ方法は、様式を作成し文書で受領する。
② 受付方法は、持参を原則とする。郵送の場合は、遅延等により解約申入れ日の確定が借主の想定した日と一致しない場合があり、トラブルになるおそれがあるため。
　　契約にもよりますが、解約の申入れは少なくとも1か月前に行う必要があること（この申入れ期間を2か月前の予告をもって解約を申入れることができるとする例も見られます。）。
③ 解約に伴う違約金の有無
　　解約の申入れから1か月分（契約によっては2か月分）の賃料等の相当額を支払うことによって、解約の申入れの日から1か月（契約によっては2か月）を経過する日までの間、随時解約できること等を規定している例があります。
　　また、初回の契約期間内に解約する場合は、賃料の1か月相当額を支払うことを条件としている例もあります。

（その２）　室内の物件チェックを行う

> 退去に伴い、入居時にチェックした室内点検書をもとに、退去時の室内の状況をチェックすること

　退去時における借主の修繕義務の範囲と負担額を確定するために、入居時にチェックした室内点検書をもとに、借主と担当者が一緒になって退去時の室内チェックを行うようにしましょう。
　ここでは、経年変化（ないしは通常使用）による自然損耗であるのか、借主の故意・過失によるものであるかを丁寧にチェックします。故意・過失による箇所の修理は借主が、また、経年変化による自然損耗と通常使用による損耗箇所は、貸主の負担により修理することになります。

（その３）　借主と原状回復等の修繕方法を確認する

> 故意・過失による箇所の修繕方法について、借主に説明すること

　賃貸借契約書において、退去時における原状回復の範囲や借主の負担に係る修繕内容・方法の取決めが曖昧なために修繕単価が高すぎるとか、修繕範囲が借主に重すぎるなどといったトラブルが絶えない状態にありますので、賃貸借契約書に原状回復義務等の範囲と修繕方法について規定しておくとともに、入居時に「住宅内造作等点検確認書」【様式21-1.22-2】により引渡し時の状態を確認するようにします。また、契約時や「管理報」「入居のしおり」などを通じて、日頃から、原状回復等における借主の修繕義務についての考え方を借主に説明するようにしましょう。

　退去に伴う借主負担による修繕箇所の有無については、入居時にチェックした「住宅内造作等点検確認書」をもとに、宅建業者が立会いのうえで、借主と一緒に使用状況をチェックします。チェックのポイントは、国土交通省が業界等に示した「原状回復をめぐるトラブルとガイドライン」を参考に行うことが望ましいと思われます。

　チェックした内容をもとに、借主の費用負担の算出を行うことになりますが、事前に修繕内容とその単価について、数社から見積りを取るなどして相場を把握しておき、修繕費の査定については、借主に不公平感を与えることのないようにその場で修繕方法や費用の概算を借主に説明できる体制を整えておきます。修繕か取替えかについては、修繕に要する費用が取替え費用を上回る場合に限り、取替えすることが適切な処理と言えます。また、借主から修繕費用を取り、それに貸主が費用負担して取替えることは構いません（なお、原状回復等の修繕方法については、「第５編 第１章 退去査定業務」「第５編 参考資料１ 第１章 原状回復にかかるガイドライン」「第５編 参考資料２ 東京における住宅の賃貸借に係る紛争の防止に関する条例」「第６編 第５章 退去業務」を参照して下さい）。

（その４）　借主から住宅の引渡しを受ける

　物件の明渡しは、借主が単に引越ししたことをもって完了するものではなく、借主から鍵の引渡しを受けることにより当該住宅の明渡しが完了することになります。

　また、借主が当該住宅から退去しても原状回復等借主の修繕義務等が履行されていなければ、完全明渡しとは言えません。

　しかしながら、退去時における借主の原状回復義務、借主負担で行わなければならない修繕工事等については、借主が自ら行うことなく、借主は当該修繕等費用を負担することを約し修繕工事等を貸主に委任するのが一般的です。この場合は、「退去査定」により借主の負担にかかる修繕等の内容を確定し、その内容を通知した後、借主から（引越し後に）鍵の返還を受けた時点で明渡し手続きが完了したと言えます。

　なお、宅建業者は、事前に修繕内容とその単価（工事価格）を調べておき、退去査定時に借主の負担額（修繕費用）を提示し、借主の了承を得られるように準備することが望ましい対応と言えます。

（その５）　敷金の精算を行う

> 退去に伴う敷金精算は速やかに処理すること

敷金の精算に関して次のような苦情が行政等に寄せられています。
貸主からの苦情としては、
① 管理業者から、次の入居者を募集するために必要だとして、補修費用（補修見積額の金額）を請求された。その後、賃借人に対しても同額請求していたことが判明した。

また、**借主からの苦情**は、
① 業者に対して原状回復等の修繕費用についての内訳の説明を求めると、見積書が提出されるが、実際に見積りどおりに支出が行われているかの確認ができない。
② 原状回復等の補修費を不当に高額請求された。
③ 敷金だけでは足りず、追徴金を請求された。
④ 貸主は、敷金を返還すると言っているのに管理業者が敷金を返還しない。
⑤ 退去後、1か月以内に精算して残金を送金するといったのに送金されていない。
⑥ 賃貸借契約の終了後、敷金の返還を約束しながら半年経過しても返還しない。
などの苦情です。

敷金は、借主の債務不履行により未払いとなっている債権部分についてのみ、貸主が差引き受領できるものであるため、これに該当する借主の債務がない場合は返還されることになります。

しかしながら、実務的には、敷金と原状回復等の修繕費用負担分を相殺する処理が取られているため、敷金が還らないというトラブルがあります。平成10年1月1日から新しい民事訴訟法が施行されたことに伴い、こうした返還されない敷金を「少額訴訟制度」を活用して、返還請求する事例が増えてきており、さらに、**平成16年4月1日からは、訴額上限額**が30万円から**60万円に引き上げられた**こともあって、ますます制度利用者が増えることが予想されますので、宅建業者（管理業者）は退去時の敷金精算には十分注意して処理する必要があります。

敷金の返還額については、前述のように、借主の立会いのもとで原状回復等の修繕方法と費用負担について確認することになる訳ですから、原状回復等に関する借主の負担額（残債務）の概算について借主に提示できると思われます。

なお、正確な見積りが必要な場合は、修理業者の結果を待って、その結果を速やかに借主に提示し、遅くとも、退去後1か月以内に指定の口座に敷金の残額を振込むことの連絡を取るようにしましょう（少額訴訟に関しては、「第5編 第4章 少額訴訟制度」を、修繕費用等のトラブル（判例）については、「第1編 第1章 賃貸住宅媒介・管理業務に係るトラブル等」を参照して下さい）。

7　その他

清掃業務及び建物の設備管理を行う

清掃業務及び建物の設備管理については、管理を受託しない場合もあれば、管理を受託した宅建業者が自ら行う、ないしは専門業者に再委託して行うという例が見られます。

清掃業務は別として、建物の設備管理については、専門的な技術を要する点検等が多々含まれているため、再委託をしている例が大方です。ただ、再委託をするにしても、任せっぱなしの対応ではなく、再委託業者より報告を受け、さらに自らその点検内容等を確認のうえ、管理業者としての責任をもって貸主に業務報告することが大切です。

受付
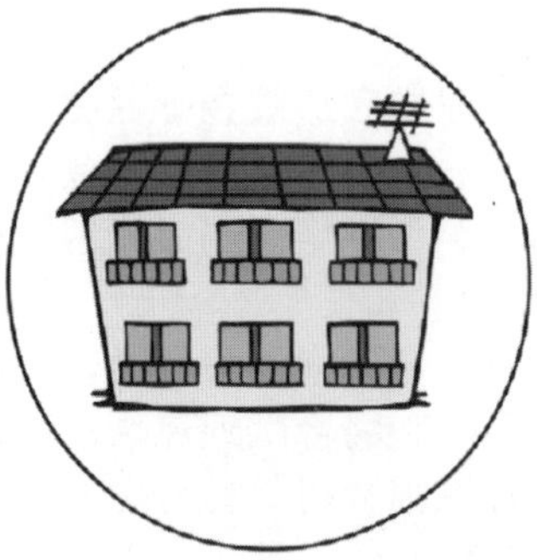
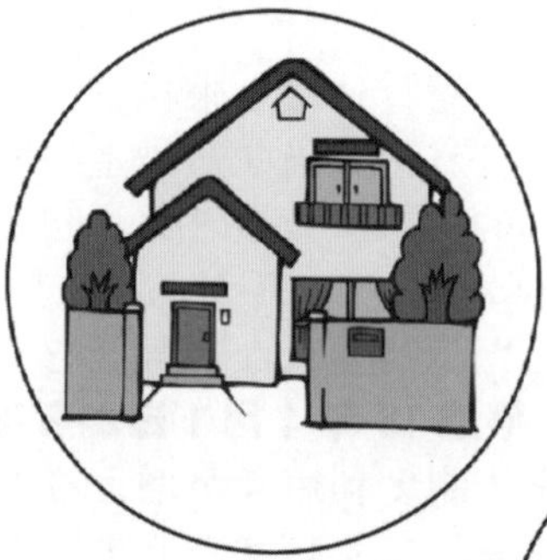
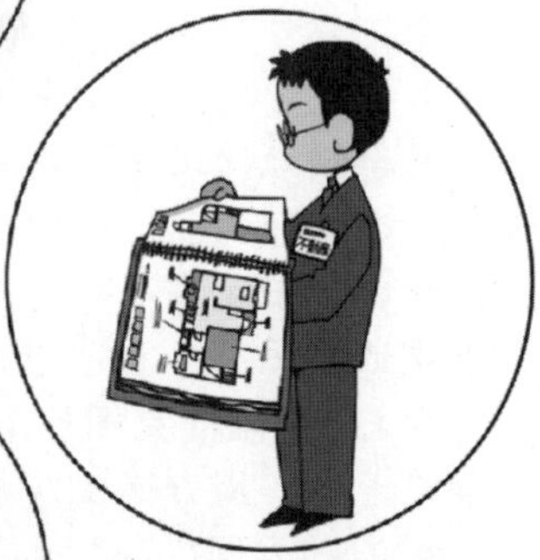
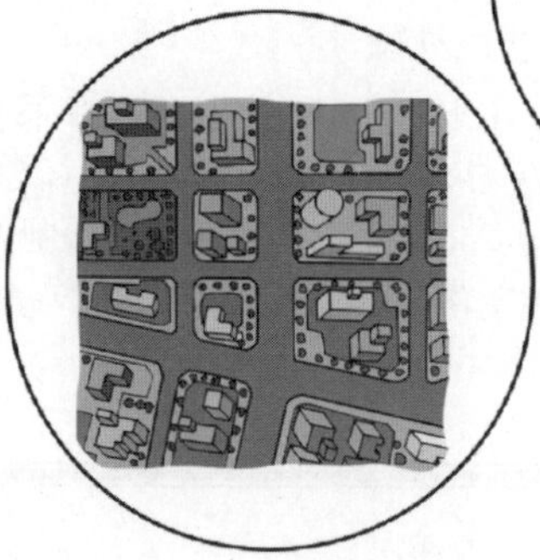
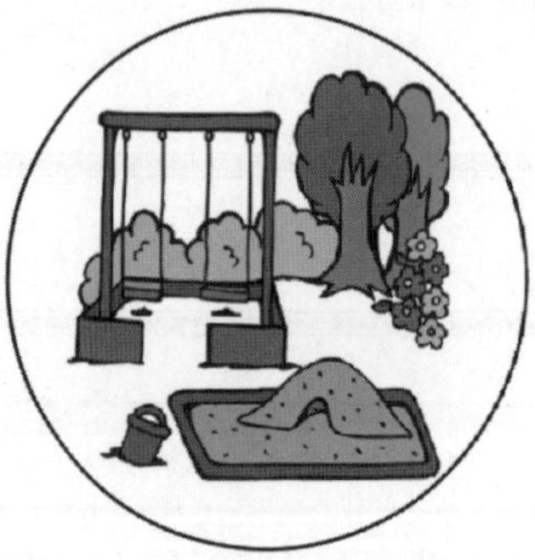
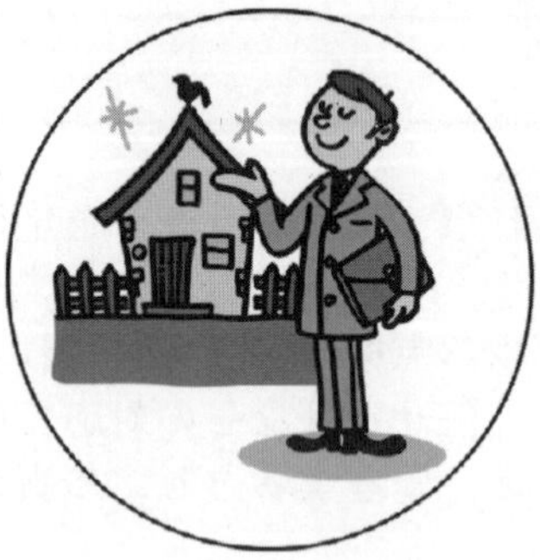
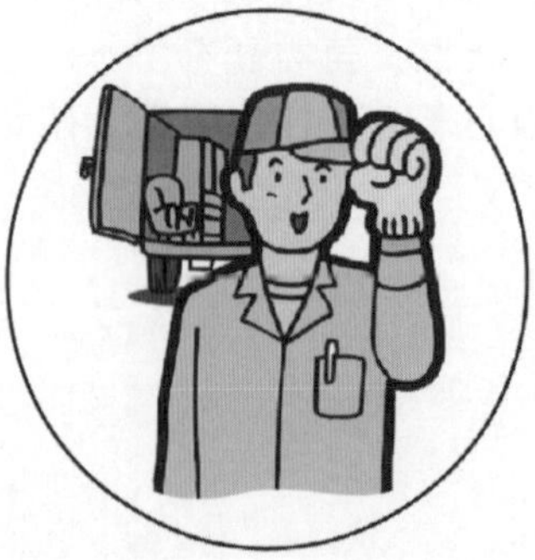
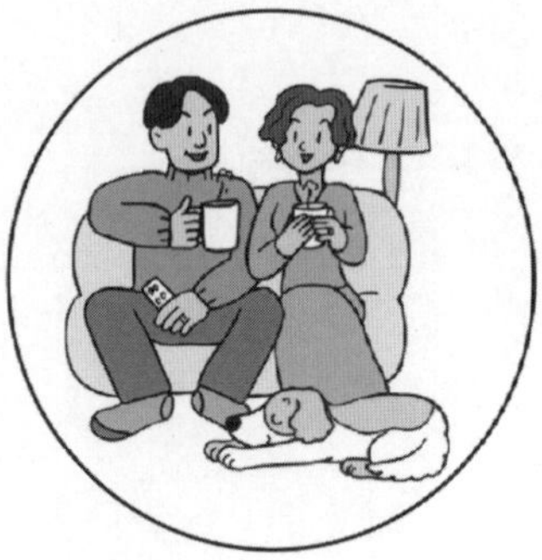

第2編　募集・斡旋業務

(目　次)

第2編　募集・斡旋業務	253
第1章　物件の調査	254
1　目的物件の調査	524
(1)　既存物件や新規住宅物件(未入居)の持込みの場合	256
(2)　「賃貸物件調査チェックリスト」の作成	257
(3)　媒介物件や管理物件を開拓する場合	259
(4)　未利用地等の発掘の場合	259
(5)　設計段階からの相談依頼を受けた場合	260
(6)　貸主から入居者の資格要件を確認する	260
2　貸主として留意すべき事項等の説明(確認)	261
(1)　貸主として留意すべき事項等の説明(確認)	261
3　貸主との契約内容の決定	185
(1)　入居斡旋の対象物件	263
(2)　入居斡旋の依頼形態	264
(3)　契約形態	264
(4)　賃貸借媒介等の契約を締結する場合	264
(5)　入居斡旋から建物等の管理委託までの契約を締結する場合	264
住宅の賃貸借媒介等及び管理委託に関する標準契約書の概要	266
4　来店の準備	267
(1)　「顧客別物件台帳」の作成	267
(2)　物件の分類・整理	267
(3)　「個人情報保護法」への対応準備	267
(4)　第三者による「連帯保証人代行システム」等の加盟店登録	278
第2章　物件の斡旋	279
1　入居希望者の来店	279
2　入居希望条件の確認	279
(1)　「ご希望物件申込カード」の作成	279
(2)　希望条件を十分に確認する	279
(3)　「個人情報保護法」に基づく措置を講ずる	281
3　物件情報の提示	281
4　物件の絞込み	281
(1)　空室等の確認	281
(2)　図面情報等の提供	281
5　物件案内	282
6　物件の特定	282
7　入居申込書の受領	283
(1)　「賃貸借媒介契約書」の作成	283
(2)　「入居申込書」の作成	283
(3)　「入居申込書」の受領	284
(4)　入居申込書提出、即入居決定でないことの説明	284
(5)　「賃貸借契約のご案内」の作成	284
(6)　金員を一切受領しない	284
(7)　「重要事項説明書」で説明すべき事項の概要説明	285
(8)　「個人情報保護法」に基づく措置を講ずる	285

第3章　入居者の資格確認 ･･･ 286
　1　入居者の資格確認 ･･ 286
　　（1）　入居者の資格確認 ･･ 286
　2　入居者選定の助言 ･･ 286
　　（1）　貸主の入居可否決定に係る助言方法 ････････････････････････････ 286
　3　可否の決定・通知 ･･ 287
　4　賃貸借契約時の出席者の有無による契約処理 ････････････････････････ 289
　　（1）　貸主と連帯保証人が出席する場合 ･･････････････････････････････ 289
　　（2）　連帯保証人が出席しない場合 ･･････････････････････････････････ 290
　　（3）　貸主及び連帯保証人が出席しない契約の処理 ･･････････････････ 290
　　（4）　代理契約に基づき処理する場合 ････････････････････････････････ 290
　　（5）　契約当日までに借り希望者よりキャンセルがあった場合 ････････ 290
　　　　「賃貸借契約の締結」に伴う貸主の出席の有無による処理方法 ･････ 291
　　　　法人と賃貸借契約を締結する場合の処理方法（個人企業の場合を含む）････ 292

第4章　重要事項説明 ･･ 293
　1　借り希望者への重要事項説明 ･･ 293
　　（1）　「重要事項説明書」を作成し、交付して説明 ･･････････････････････ 293
　2　重要事項として追加された事項とその背景 ････････････････････････････ 295
　3　重要事項説明書の内容 ･･ 296
　　（1）　物件の表示 ･･ 297
　　（2）　貸主の表示 ･･ 297
　　（3）　登記された内容 ･･ 298
　　（4）　法令に基づく規制の概要 ･･････････････････････････････････････ 298
　　（5）　飲用水・電気・ガスの供給施設・排水施設の状況 ･･･････････････ 298
　　（6）　建物建築の工事完了時における形状、構造等（未完成物件の場合）･････ 298
　　（7）　建物の設備の整備の状況（完成物件の場合）････････････････････ 298
　　（8）　当該建物が造成宅地防災区域内か否か ････････････････････････ 298
　　（9）　当該建物が土砂災害警戒区域内か否か ････････････････････････ 299
　　（10）　石綿使用調査の内容 ･･ 299
　　（11）　耐震診断の内容 ･･ 301
　　（12）　借賃以外に授受される金額 ･･････････････････････････････････ 303
　　（13）　契約の解除に関する事項 ････････････････････････････････････ 305
　　（14）　損害賠償額の予定または違約金に関する事項 ････････････････ 305
　　（15）　支払金または預り金を受領しようとする場合の保全措置の有無及び概要 ･･････ 306
　　（16）　金銭の貸借のあっせん ･･････････････････････････････････････ 306
　　（17）　契約期間及び更新に関する事項 ･･････････････････････････････ 306
　　（18）　用途その他の利用の制限に関する事項 ････････････････････････ 306
　　（19）　敷金等の精算に関する事項 ･･････････････････････････････････ 307
　　（20）　管理の委託先 ･･ 308
　　（21）　供託所等に関する事項 ･･････････････････････････････････････ 308
　　（22）　その他（業法第47条第1号の「重要な事項」） ････････････････････ 308
　　（23）　媒介または代理する宅建業者及び宅建取引主任者に関する事項 ････････ 309
　4　「契約のしおり」、「入居のしおり」、「管理報」 ････････････････････････････ 309

第5章　賃貸借契約の締結 ･･ 311
　1　賃貸借契約の締結 ･･ 311
　　（1）　入居申込書内容と添付書類による事実確認、「賃貸借契約」の締結 ････････ 311
　2　金銭の授受 ･･ 314
　　（1）　「領収書」の作成 ･･ 314

3　鍵の引渡し ……………………………………………………………………… 315
　　　（1）「鍵受領書」の作成 ………………………………………………………… 315
　　　（2）「住宅内造作等点検確認書」等の作成 …………………………………… 315

第6章　情報の管理・保管 ……………………………………………………………… 316
　　1　契約書等の保管 ………………………………………………………………… 316
　　2　契約書等の保管上の注意 ……………………………………………………… 316
　　　（1）「宅建業法第45条（秘密を守る義務）」に基づく措置を講ずる ………… 316
　　　（2）「個人情報保護法」に基づく措置を講ずる ……………………………… 316

　参考資料　不動産業界と業務提携による千葉県市川市での高齢者民間賃貸住宅斡旋制度 …………… 317

第2編　募集・斡旋業務

　賃貸住宅への入居者募集から賃貸借契約締結までの業務を行うに当たり、宅建業者が行う媒介業務全体の流れを押さえる。

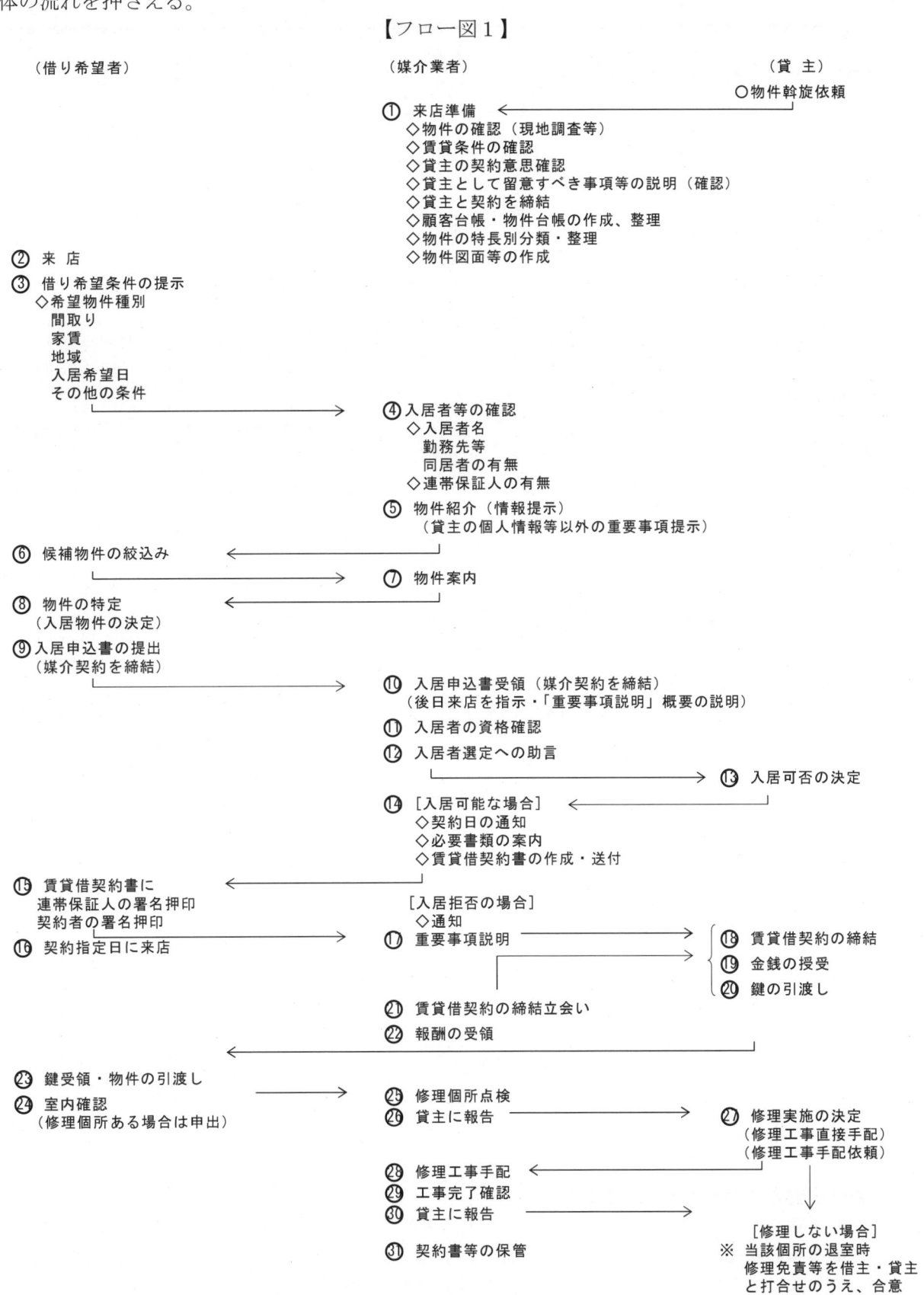

【フロー図1】

（借り希望者）　　　　　　　　（媒介業者）　　　　　　　　　　　　（貸　主）

　　　　　　　　　　　　　　　　　　　　　　　　　　　　　　○物件斡旋依頼
　　　　　　　　　　　　① 来店準備　←
　　　　　　　　　　　　◇物件の確認（現地調査等）
　　　　　　　　　　　　◇賃貸条件の確認
　　　　　　　　　　　　◇貸主の契約意思確認
　　　　　　　　　　　　◇貸主として留意すべき事項等の説明（確認）
　　　　　　　　　　　　◇貸主と契約を締結
　　　　　　　　　　　　◇顧客台帳・物件台帳の作成、整理
　　　　　　　　　　　　◇物件の特長別分類・整理
　　　　　　　　　　　　◇物件図面等の作成

② 来　店
③ 借り希望条件の提示
　◇希望物件種別
　　間取り
　　家賃
　　地域
　　入居希望日
　　その他の条件
　　　　　　→　　　　　④ 入居者等の確認
　　　　　　　　　　　　　◇入居者名
　　　　　　　　　　　　　　勤務先等
　　　　　　　　　　　　　　同居者の有無
　　　　　　　　　　　　　◇連帯保証人の有無
　　　　　　　　　　　　⑤ 物件紹介（情報提示）
　　　　　　　　　　　　　（貸主の個人情報等以外の重要事項提示）
⑥ 候補物件の絞込み　←
　　　　　　　　　　→　⑦ 物件案内
⑧ 物件の特定　　　←
　（入居物件の決定）
⑨ 入居申込書の提出
　（媒介契約を締結）
　　　　　　→　　　　　⑩ 入居申込書受領（媒介契約を締結）
　　　　　　　　　　　　　（後日来店を指示・「重要事項説明」概要の説明）
　　　　　　　　　　　　⑪ 入居者の資格確認
　　　　　　　　　　　　⑫ 入居者選定への助言
　　　　　　　　　　　　　　　　→　⑬ 入居可否の決定
　　　　　　　　　　　　⑭ ［入居可能な場合］　←
　　　　　　　　　　　　　◇契約日の通知
　　　　　　　　　　　　　◇必要書類の案内
　　　　　　　　　　　　　◇賃貸借契約書の作成・送付
⑮ 賃貸借契約書に　←
　　連帯保証人の署名押印
　　契約者の署名押印　　　　　　［入居拒否の場合］
　　　　　　　　　　　　　◇通知
⑯ 契約指定日に来店
　　　　　　→　　　　　⑰ 重要事項説明　→　⑱ 賃貸借契約の締結
　　　　　　　　　　　　　　　　　　　　　　⑲ 金銭の授受
　　　　　　　　　　　　　　　　　　　　　　⑳ 鍵の引渡し
　　　　　　　　　　　　㉑ 賃貸借契約の締結立会い
　　　　　　　　　　　　㉒ 報酬の受領

㉓ 鍵受領・物件の引渡し
㉔ 室内確認
　（修理個所ある場合は申出）
　　　　　　→　　　　　㉕ 修理個所点検
　　　　　　　　　　　　㉖ 貸主に報告　　　→　㉗ 修理実施の決定
　　　　　　　　　　　　　　　　　　　　　　　（修理工事直接手配）
　　　　　　　　　　　　　　　　　　　　　　　（修理工事手配依頼）
　　　　　　　　　　　　㉘ 修理工事手配　←
　　　　　　　　　　　　㉙ 工事完了確認
　　　　　　　　　　　　㉚ 貸主に報告　　　→
　　　　　　　　　　　　　　　　　　　　　　　［修理しない場合］
　　　　　　　　　　　　㉛ 契約書等の保管
　　　　　　　　　　　　　　　　　　　　　　※当該個所の退室時
　　　　　　　　　　　　　　　　　　　　　　　修理免責等を借主・貸主
　　　　　　　　　　　　　　　　　　　　　　　と打合せのうえ、合意

第1章　物件の調査

1　目的物件の調査　［前頁フロー図1　①］

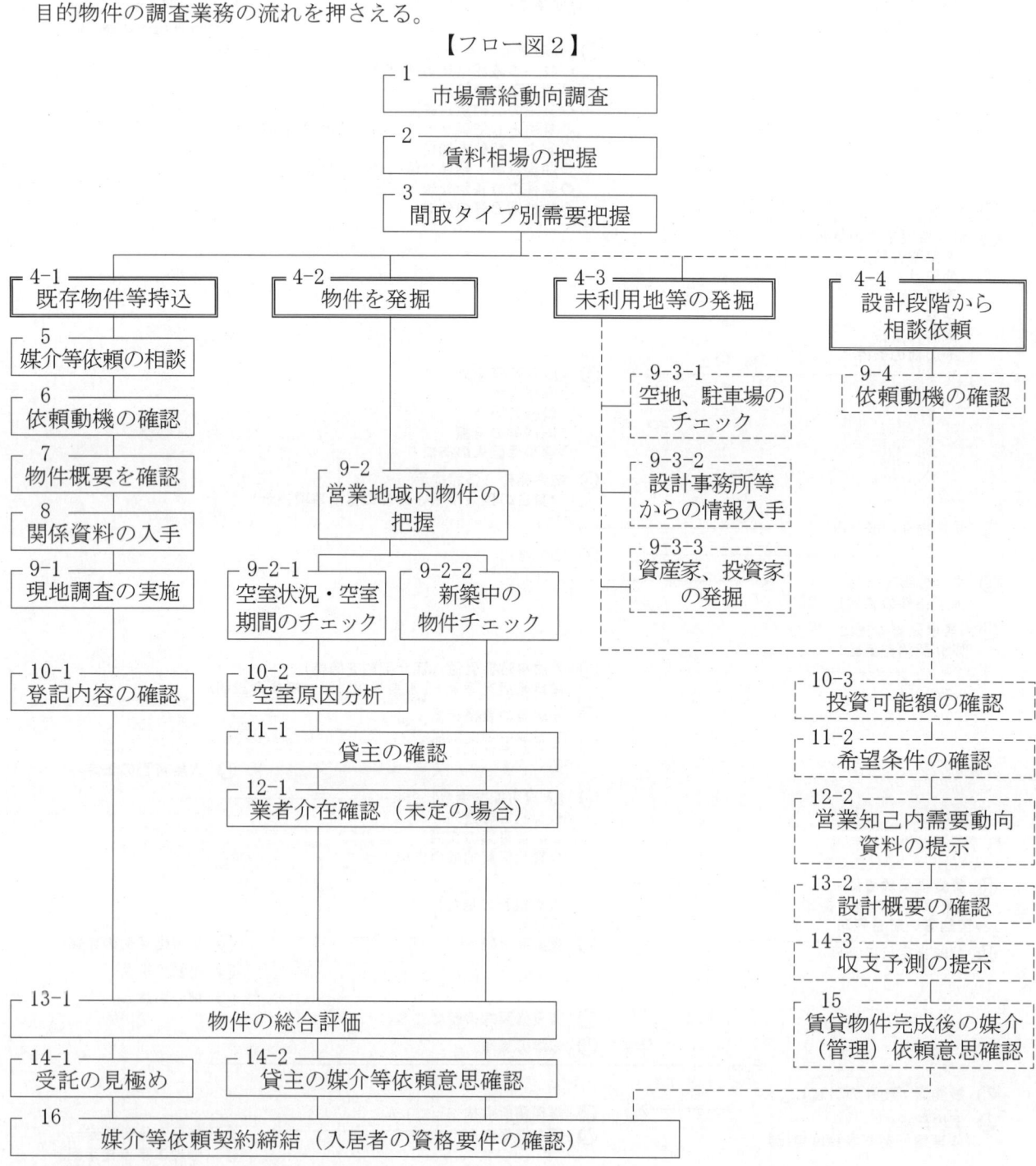

目的物件の調査業務の流れを押さえる。

【フロー図2】

```
                            1  市場需給動向調査
                                    │
                            2  賃料相場の把握
                                    │
                            3  間取タイプ別需要把握
                                    │
   ┌────────────┬────────────┬────────────┬────────────┐
 4-1           4-2           4-3           4-4
既存物件等持込   物件を発掘    未利用地等の発掘  設計段階から
                                               相談依頼
   │                          │             │
 5                          9-3-1          9-4
媒介等依頼の相談             空地、駐車場の    依頼動機の確認
                           チェック
 6                          9-3-2
依頼動機の確認               設計事務所等
                           からの情報入手
 7              9-2         9-3-3
物件概要を確認    営業地域内物件の  資産家、投資家
                把握         の発掘
 8
関係資料の入手
           9-2-1         9-2-2
 9-1      空室状況・空室   新築中の
現地調査の実施  期間のチェック  物件チェック

 10-1      10-2                          10-3
登記内容の確認  空室原因分析                 投資可能額の確認

           11-1                           11-2
          貸主の確認                       希望条件の確認

           12-1                           12-2
          業者介在確認（未定の場合）         営業知己内需要動向
                                         資料の提示

                                           13-2
                                         設計概要の確認

                                           14-3
                                         収支予測の提示

 13-1                                      15
         物件の総合評価                    賃貸物件完成後の媒介
                                        （管理）依頼意思確認
 14-1      14-2
受託の見極め  貸主の媒介等依頼意思確認

 16
         媒介等依頼契約締結（入居者の資格要件の確認）
```

＜目的物件調査方法のチェックポイント＞

　目的物件を調査する目的は、調査が不十分だったために、媒介業務が円滑に行えなかったり、物件内容と重要事項の説明内容が異なったりすることによるトラブルを未然に防止するほか、貸主側に対しても、より良い入居者を紹介するために、言わば、事前の商品チェックを行うものです。

┌───┐
│ Ⅰ　既存物件及び、新規住宅（未入居）の場合 │
└───┘

◎　**媒介**（管理）**の相談を受ける場合**　‥‥‥［フロー図2　4−1以下のチェック］
　　　　□　依頼の動機の確認
　　　　　　□　現在、または、これまでの他業者への依頼経歴の確認
　　　　　　□　媒介のみの依頼なのか管理も含めての依頼なのか
　　　　□　依頼物件の概要を確認
　　　　　　□　物件の所在地
　　　　　　□　依頼者と所有者の関係
　　　　　　□　物件の規模、建物種類・構造、築年
　　　　　　□　主な間取り、広さ
　　　　　　□　駐車場の有無
　　　　　　□　入居者の有無
　　　　　　□　希望賃料
　　　　　　□　希望入居者層
　　　　　　□　媒介のみの依頼か管理も含めるのか
　　　　（既入居者がいて、管理まで依頼予定の場合）
　　　　　　□　敷金の保管状況
　　　　　　□　入居者の概要
　　　　□　関係資料の入手
　　　　　　□　間取図、物件パンフレット
　　　　□　現地調査の実施
　　　　　　□　物件内の確認
　　　　　　□　物件外の確認
　　　　　　□　物件周辺の公共施設・環境・交通機関等の確認
　　　　□　賃料相場の把握
　　　　　　□　希望賃料との比較
　　　　□　物件の総合評価
　　　　□　媒介（管理）業務を受けるか否かの見極め
　　　　□　媒介（管理）委託契約を締結
　　　　□　登記内容等現地調査以外の項目の調査

◎　**媒介**（管理）**物件を開拓する場合**　‥‥‥［フロー図2　4−2以下のチェック］
　　　　□　営業エリア内の物件把握
　　　　　　□　物件の空室状況、空室期間のチェック
　　　　　　　　□　空室理由を分析
　　　　　　　　□　現在の媒介（管理）業者への依頼の有無の確認
　　　　　　　　　　□　依頼形態が、専任契約か一般契約か
　　　　　　（依頼形態が一般の場合）
　　　　　　　　　　□　貸主（所有者）の確認
　　　　　　　　　　□　媒介物件として取扱えるか否かの見極め
　　　　　　□　新築中の物件チェック
　　　　　　　　□　貸主（所有者）の確認
　　　　　　　　□　媒介（管理）業者への依頼の有無の確認
　　　　　　　　（依頼未定の場合）
　　　　　　　　　　□　貸主（所有者）の媒介等の依頼意思の有無の確認
　　　　□　物件の総合評価
　　　　□　当社への媒介（管理）依頼意思の有無の確認

　さらに、未利用地等を発掘し資産運用についてアドバイスしたり、建築計画段階から相談を受け

たりすることによって、媒介や管理物件の確保につなげるための営業活動においても、事前の調査が大切になってきます。

Ⅱ　未利用地等の発掘の場合 ・・・・・・・・・・・・・・・・・・［フロー図2　4-3以下のチェック］

- □ 営業エリア内の物件把握
    - □ 空地、駐車場のチェック
        - □ 貸主（所有者）の確認
        - □ 賃貸住宅建設の意思の有無の確認
        - **（建築の意思ある場合）**
            - □ 他宅建業者への既依頼の有無の確認
        - **（依頼する宅建業者が未定の場合）**
            - □ エリア内の賃貸住宅の需給動向の提示
            - □ エリア内で需要の多い間取りタイプの提示
            - □ 賃料相場の提示
            - □ 投資可能額の確認
            - □ 向う10年間の収支予測の提示
            - □ 建築意思の有無の確認
    - □ 設計事務所、建築会社等からの情報入手
        - □ エリア内の賃貸住宅の設計（建築）依頼情報の入手
        - □ 依頼主の情報入手
        - □ 媒介（管理）業者への既依頼の有無の確認
        - **（依頼業者が未定の場合）**
            - □ 予定間取り・広さの確認
            - □ 予定賃料の確認
            - □ エリア内の家賃相場との比較資料の提示
    - □ 資産家、投資家の発掘
- □ 当社への媒介（管理）依頼意思の有無の確認

Ⅲ　設計段階からの相談依頼を受けた場合 ・・・・・［フロー図2　4-4以下のチェック］

- □ 投資目的、投資可能額、投資に対する考え方の確認
- □ 市場調査（当該地域の需給動向の調査）
    - □ 賃料相場の把握
    - □ 間取り・広さ別の需要把握
    - □ 付帯設備の需要把握
- □ 調査結果を集約
- □ 向う10年間の収支予測の提示

（1）**既存物件や新規住宅物件**（未入居）**の持込みの場合**［フロー図　4-1以下の業務対応］
　宅建業者は、貸し希望者から媒介等に関する相談を持ち掛けられた物件（以下「目的物件」という。）について現地調査を行います。
　事前に、貸し希望者より得た情報、例えば、間取図や設計図書、物件パンフレット等をもとに、建物内の設備や付属施設、建物の外観などの事実を確認するほか、物件の特長、交通機関、周辺の施設・環境等についてもチェックし、媒介等の依頼を受け得る物件であるか否かの見極めをします。
　また、重要事項として説明を要する登記簿に記載されている内容等についても、見極めに際して必要な調査項目ですので、依頼者と所有者の関係や、所有権以外の権利関係の有無を「乙区」で確認するようにします。実務上では、媒介（または代理・管理）依頼が確定した段階で、関係機関より資料を入手し対応している例が多いようですが、事前に対応することが望ましい処理と言えます。

(2)「賃貸物件調査チェックリスト」の作成

現地で物件等をチェックする方法としては、重要事項説明書で説明を要する事項に添って調査する方法が理解しやすいと思いますので、ここでは、重要事項説明書に記載し説明を要する事項を中心に調査する場合を例に説明します（「賃貸物件調査チェックリスト」【様式1】を参照）。

① 全住戸関連情報の確認
　A．物件の所在地
　　聴取内容と住居表示・建物名称などの照合、確認をします。
　B．敷地の境界線
　　公図や実測図がある場合は、それをもとに、また、その時点で公図等がない場合は、境界標や塀、垣根などで概要を確認します。
　C．建物の外観や付属施設
　　様式が和風建築か洋風建築か、工法は何か（在来工法、プレハブ、ツーバイフォーなど）、外壁の材質や痛み具合はどうか等を確認します。
　　また、付属施設としては、専用駐車場や自転車置場、庭、庭木、ポスト、階段及び手摺などの状況を確認します。
　D．交通機関、周辺の施設・環境
　　交通機関については、最寄りの沿線・駅または停留所を、また、距離及び徒歩時間は、実際に歩くなどして、さらに、運行状況（ラッシュ時等の運行本数）についても当該交通機関を通じて確認します。
　　また、目的物件の周辺の公共施設や主な生活関連施設の所在、そこまでの距離（時間）、周辺環境についても併せて確認します。

② 各住戸関連情報の確認
　E．建物内の間取りや設備
　　a．各住戸の間取り及び広さ
　　【参考】
　　　公正取引協議会の公正競争規約（平成12年7月7日公正取引委員会告示第14号）第15条23号では、面積表示に代えて間取り表示するときは、建物の各室ごとの畳数を明らかにしてその室数を表示すること。また、**1畳は、1.62 ㎡以上として算出すること**。なお、「1畳は1.65㎡として算出しております」等と表示し、1畳あたりの基準面積を併記することが望ましいとしています。
　　　また、同規約第12条26号、27号では、「DK」は、その部屋が食事室兼台所、「LDK」は、居間・食事室兼台所としてそれぞれ使用するために必要な広さと機能を有しているという意味で用いることを規定しています。ただ、DKやLDKの面積基準は設定されていませんが、住宅金融公庫（現：住宅金融支援機構）の融資に際しての建設基準などは次のようになっているため、参考にして下さい。

	住宅金融公庫（現：住宅金融支援機構）	リクルート
	高規格住宅割増融資の場合の基準	情報誌掲載記事での説明（目安）
L（居間）	13 ㎡以上	———
D（食事室）	———	———
K（炊事室）	———	———
DK（食事室兼炊事室）	———	LK・DK　6畳以上（9.72 ㎡以上）
LD（居間兼食事室）	16 ㎡以上（9.68畳）	8畳以上（12.96 ㎡以上）
LDK（居間・食事室兼台所）	20 ㎡以上（12.1畳）	10畳以上（16.20 ㎡以上）

　　b．窓及びバルコニーの方向・バルコニーの状態
　　c．内壁・床・天井の状態（汚れ・雨漏り、ひび割れ・たわみ、剥離等の有無）
　　d．襖及び畳の状態

e．収納場所の有無及び広さ
　　　f．台所・風呂場・トイレ・洗面所・洗濯機置場等の水回りの状態
　　　g．ガスに関する器具及び周辺の状態
　　　h．照明設備・器具、通信機器（電話、テレビ等）の受入れ口の状態
　　　i．その他の常設器具（給湯設備、下駄箱、台所収納、冷暖房機等）の状態
などを確認します。ほかに、採光状態や湿気の有無、通風の有無、遮音状況等の確認も行います。
　建物の内外及び施設・設備いずれについても、保守状況の善し悪しや施設等の有無を採点する要領で確認していきます。また、物件の特長やセールスポイントとなる点は何かについても、把握するようにします。

③ その他の確認
A．目的物件周辺の類似物件の賃料調査
　予め確認済の希望賃料が適正なものか否かを確認するために、近隣類似物件の賃料事例を収集します。
　さらに、その賃料を検証するために、近隣類似物件の概要を確認するなどして、目的物件の賃料査定を行い、適正賃料について助言できるようにします。

B．その他
　分譲マンションの一室を賃貸する場合は、管理費や修繕積立金の額や、駐車場料金、駐輪場料金等の有無、さらには、管理規約の内容についても貸主または管理組合より情報入手するようにします。

④ 新規家賃の決め方
　適正な家賃を決める方法には、(Ⅰ) 積算法による積算賃料、(Ⅱ) 賃貸事例比較法による比準賃料、(Ⅲ) 収益分析法による収益賃料の3方式があります。

(Ⅰ) **積算法**による積算賃料

　積算法は、建物や敷地の基礎価格に期待利回りを乗じて賃料を決定する方法です。
「**地価**」＋「**建物の評価額**」＝「**基礎価格**」
（「**基礎価格**」×「**期待利回り**」＋**必要諸経費等**）÷12か月＝「**建物全体賃料**」
（「**建物全体賃料**」×「**一戸当たりの専有面積**」）÷「**建物全体の賃貸有効面積**」＝『**一戸の賃料**』

　なお、「**基礎価格**」とは、積算賃料を求めるための基礎となる価格をいいます。賃料に含まれる「**必要諸経費等**」とは、「減価償却費」「維持管理費（維持費、管理費、修繕費等）」「公租公課（固定資産税、都市計画税等）」「損害保険料（火災・機械・ボイラー等の各種保険）」「貸倒れ準備金」「空室等による損失相当額」が挙げられます。

(Ⅱ) **賃貸事例比較法**による比準賃料

　物件の周辺から多数の新規賃貸借等の比較可能な事例を集め、その平均賃料に、事情補正、時点修正、地域要因の比較、個別的要因の比較をして修正を加え当該物件の賃料を求める方法です。
「**地域の賃料相場（㎡単価）**」×「**修正比率**」×「**物件の面積**」＝『**物件の賃料**』

　なお、事例収集にあたっては、賃貸借等の契約内容が類似するものを選択することに留意します。また、事情補正、時点修正、地域要因の比較、個別的要因の比較は、取引事例比較法に準じて行うことになりますが、事例比較は「**環境条件**（住宅地や商・工業地との混在など土地の利用度、上下水道の普及度など）」「**街路条件**（道路の幅、街路や街区の状況など）」「**交通接近状況**（最寄駅や学校、公園、商店街への距離など）」「**行政的条件**（用途地域など土地に関する公法上の規制など）」「**その他の条件**（地域の熟成度や将来性など）」のポイントをチェックすることになります。

> (Ⅲ) **収益分析法**による収益賃料

　賃貸物件が一定期間に生み出すであろう期待される純収益を求め、修繕費などの必要諸経費等を加算して賃料を算出する方法です。
　この方法は、居住用不動産にはあまり適用されません。
　(「物件の予想収益」＋「必要諸経費等」)÷12か月＝『物件毎の賃料』

　収益分析法の場合は、物件の位置や階数などによって予想される収益総額が全く異なるため、必ず物件ごとに賃料を求めることになります。

(3) **媒介物件や管理物件を開拓する場合**［フロー図2　4－2以下の業務対応］
　手持ち物件を確保するためには、貸主の持込み物件のみならず、自らの努力で発掘する場合が考えられます。
　物件の発掘は、営業地域内の既存物件の貸主による自主管理物件や複数の業者に媒介依頼している物件の有無を把握することや、新規開拓によって行われることになります。
① **物件の空室状況、空室期間のチェック**
　営業地域内の空室物件をチェックし、長期に空室となっている物件については、その理由等を分析し、自社で斡旋し得る物件内容か否かを見極めるとともに、現在、取扱っている宅建業者の有無や、宅建業者が存在する場合は、媒介依頼形態を確認のうえ、複数業者への依頼物件である場合は、自社の実績や空室状況の分析結果等を貸主に提示して、自社にも扱いを任せてもらえるか否かの確認を行います。
　なお、他業者が取扱っている物件の場合は、業者間でのトラブルや、貸主への過度の媒介誘引行為を行うことのないよう、十分に注意する必要があります。
② **新築中の物件チェック**
　営業地域内の新築中の物件にも注意して営業展開します。新築中の物件は、宅建業者に媒介等の業務を依頼し、先行して入居募集しているケースが考えられますが、貸主（所有者）の確認と宅建業者への業務依頼の有無等を確認します。
　宅建業者への依頼が未定の場合は、予定賃料等、賃貸条件を確認するとともに、賃料相場や需要動向等、自社の分析データ及び斡旋実績などを貸主に提示し、媒介等の業務を任せてもらえるよう説得します。
　この場合、物件を確保したいがための無責任な誘引行為は避ける必要があります。

(4) **未利用地等の発掘の場合**［フロー図2　4－3以下の業務対応］
① **空地、駐車場のチェック**
　空地や駐車場の場合は、賃貸住宅として直ちに媒介できる状態にありませんが、資産の有効活用の一手法として賃貸住宅を建設し、賃貸業を行うことが有利と判断できる場合に、自社の媒介（管理）物件の確保手段として提案するものです。
② **設計事務所、建築会社等からの情報入手**
　賃貸住宅の供給情報を把握する手段として、設計事務所や建築会社、ハウスメーカー等とのつきあいを通じて、情報入手することが考えられます。
　この場合、プライバシーに関わることですから、表立って情報入手源を明らかにできない場合が多いため、情報を入手したとしても慎重に対処する必要があります。
③ **資産家や投資家の発掘**
　資産家や投資家の発掘は、空地や駐車場のチェックと同様に、直ちに、媒介できる状態にありませんが、資産運用の一手法として、賃貸住宅の建設や、オーナーになることを勧める中で、その物件の媒介や管理を受託するというものです。

　以上のような方法により、新規開拓のきっかけを掴むことが考えられます。いずれの場合も、十分に市場調査を行ったうえで、確かなデータをもとに賃貸住宅の経営について提案し十分な理解を得ることが重要です。そのためには、当該物件と同一地域内の需給状況や、家賃相場などを把握し、

将来の収支予測に誤差のない提示を宅建業者が求められることになります。

(5) **設計段階からの相談依頼を受けた場合**［フロー図2　4-4以下の業務対応］
　新規物件の場合は、設計段階から宅建業者がコンサルティングを兼ねて関与するケースが多く見られます。
　この場合は、投資の範囲（予算）に左右されますが、周辺の需給状況を考慮して、対象需要層、賃料の設定、間取り、付帯設備等を設計することになります。特に、賃料の設定方法には、色々な方法がありますが、
① まず、建物及び土地に期待利回りを乗じて得た額に、
② 必要経費（減価償却費、修繕費、維持管理費、公租公課、損害保険料、空室損失等）を加えた額をもって賃料を試算し、
③ 次に、物件が所在する地域の需給バランスや流通性を加味した場合、この額が適正か否かについて、近隣類似物件の賃料と比較して調整する。
以上の手順で行う場合が一般的のようです。

　共益費については、集合住宅の共用部分に掛かる維持管理に必要な費用で、玄関ホールや廊下、階段、門灯等の光熱費、水道料金、清掃費用等が対象となり、これらに掛かる実費分を設定することになります。
　また、共益費の収支は、年度ごとに入居者に対し開示して理解を求めることが望ましい処理といえます。

(6) **貸主から入居者の資格要件を確認する**
　借り希望者の入居可否の決定は、最終的には貸主の判断により行われることになります。
　そのため、宅建業者は、事前に貸主より入居者の資格要件を確認しておく必要があります。
確認すべき事項としては、
① **入居者の対象**
　単身者、世帯者、女性限定、学生、外国人、高齢者等のうち限定貸しを望むのか否か等を確認する。
② **入居者の所得水準**
　月収〇〇万円以上の者に限定するのか否か等を確認する。
③ **賃貸借契約の相手先**
　個人に貸すのか、法人貸しに限定するのかを確認する。
④ **入居対象者の職業**
　サラリーマンや夜勤等の多い職業従事者、芸能人、演奏家などのうち一定の職業のみに限定するのか否かを確認する（職業によって生活サイクルが異なることで、他の入居者と生活騒音等のトラブルが発生するおそれがあるため）。
　なお、入居者の資格要件について細部にわたり提示された場合であっても、宅建業者として対応できる範囲には限界があるので、通常の手段により得られる情報や、公的機関、勤務先が発行する書類等、客観的に判断可能な範囲で対応することになります。
⑤ **連帯保証人の有無**
　従来より連帯保証人は借主の債務不履行の人的保証という意味合いで、賃貸借契約の締結要件の一つとなっていますが、少子・高齢化時代下にあって、第三者による**連帯保証人代行システム等**を利用する場合が見受けられます。そのため、連帯保証人に代わる第三者による保証システム等を利用することの是非を、予め貸主に確認しておく必要があります。

2　貸主として留意すべき事項等の説明（確認）

(1) 貸主として留意すべき事項等の内容
書面に記載するなどして必要な事項を確認する。
- ☐ 賃貸条件
- ☐ 入居者の禁止事項・制限事項
- ☐ 賃貸借契約の契約解除に関する事項
- ☐ 入居者資格要件
- ☐ 媒介業務における賃貸借契約締結時の貸主の出席の重要性
- ☐ 賃貸借契約締結に伴う賃料等の受領方法
- ☐ 区分所有建物（マンション等）の一室を賃貸する場合
  - ☐ 貸主の借主に対する管理規約や使用細則等の提示義務
  - ☐ 貸主の借主に対する管理組合への借主の誓約書提出義務の告知義務
- ☐ 転売または賃貸の斡旋を条件とした建物の販売等に関する事項

貸主または宅建業者は、媒介や代理、ないしは入居斡旋を含む管理の契約を締結するに際して、お互いの理解の食い違いを未然に防止するために、貸主として守って頂かなければならない事項や、宅建業者が貸主に、特に説明しなければならない重要な事項について明記し説明するようにしましょう。

[貸主側に特に説明し理解を求める事項]
① **区分所有建物（マンション等）の専有部分を賃貸する場合**
　　区分所有建物（マンション等）の専有部分の貸与については、中高層共同住宅標準管理規約第19条において、区分所有者は、管理規約や使用細則に定める事項を借主に遵守させなければならないことやその規約等を遵守する旨の誓約書を管理組合に提出させなければならないことが規定されているため、宅建業者は、区分所有者である貸主より必要な資料の提出を求めるとともに、当該管理組合に最新の規約内容等の確認を行うようにします。

建物の区分所有等に関する法律（抜粋）（以下、「区分所有法」という。）

第6条（区分所有者の権利義務等）　区分所有者は、建物の保存に有害な行為その他建物の管理又は使用に関し区分所有者の共同の利益に反する行為をしてはならない。
2　（省略）
3　第1項の規定は、区分所有者以外の専有部分の占有者（以下、「占有者」という。）に準用する。

第57条（共同の利用に反する行為の停止等の請求）　区分所有者が第6条第1項に規定する行為をした場合又はその行為をするおそれがある場合には、他の区分所有者の全員又は管理組合法人は、区分所有者の共同の利益のため、その行為を停止し、その行為の結果を除去し、又はその行為を予防するため必要な措置を執ることを請求することができる。
2　前項の規定に基づき訴訟を提起するには、集会の決議によらなければならない。
3　管理者又は集会において指定された区分所有者は、集会の決議により、第1項の他の区分所有者の全員のために、前項に規定する訴訟を提起することができる。
4　前3項の規定は、占有者が第6条第3項において準用する同条第1項に規定する行為をした場合及びその行為をするおそれがある場合に準用する。

第58条（使用禁止の請求）　前条第1項に規定する場合において、第6条第1項に規定する行為による区分所有者の共同生活上の障害が著しく、前条第1項に規定する請求によってはその障害を除去して共用部分の利用の確保その他の区分所有者の共同生活の維持を図ることが困難であるときは、他の区分所有者の全員又は管理組合法人は、集会の決議に基づき、訴えをもって、相当の期間の当該行為に係る区分所有者による専有部分の使用の禁止を請求することができる。
2　前項の決議は、区分所有者及び議決権の各4分の3以上の多数でする。
3　第1項の決議をするには、あらかじめ、当該区分所有者に対し、弁明する機会を与えなければならない。
4　前条第3項の規定は、第1項の訴えの提起に準用する。

> **第60条（占有者に対する引渡し請求）** 第57条第4項に規定する場合において、第6条第3項において準用する同条第1項に規定する行為による区分所有者の共同生活上の障害が著しく、他の方法によってはその障害を除去して共用部分の利用の確保その他の区分所有者の共同生活の維持を図ることが困難であるときは、区分所有者の全員又は管理組合法人は、集会の決議に基づき、訴えをもって、当該行為に係る占有者が占有する専有部分の使用又は収益を目的とする契約の解除及びその専有部分の引渡しを請求することができる。
> 2　第57条第3項の規定は前項の訴えの提起に、第58条第2項及び第3項の規定は前項の決議に準用する。
> 3　第1項の規定による判決に基づき専有部分の引渡しを受けた者は、遅滞なく、その専有部分を占有する権原を有する者にこれを引き渡さなければならない。

② **転売又は賃貸の斡旋を条件とした建物の販売等を行う場合の宅建業者が貸主説明を要する事項**

宅建業者が、転売または賃貸の斡旋を条件とした建物の販売等を行う場合、つまり、建売住宅の購入条件として、

A．「他に売却する目的で購入する建売住宅」の売却を斡旋することを条件とした場合
B．「賃貸する目的で購入する建売住宅」に入居斡旋することを条件とした場合

また、宅建業者が建築を請負う場合で、

C．「建物を建築後、他に売却する目的で購入する建物」の売却を斡旋することを条件とした場合
D．「建物を建築後、賃貸する目的で購入する建物」に入居斡旋することを条件とした場合においては、当該「売買契約」や「建築請負契約」を締結する前に、

　　a．売却または賃貸の仲介（媒介）契約の存続期間
　　b．仲介（媒介）する場合の売却価格または家賃等に関する条件
　　c．仲介（媒介）契約期限内に売買契約または賃貸借契約が成立しなかった場合の措置（例えば、もとの売買契約もしくは建築請負契約を解約し、または、当該物件を買戻すか否か等）

以上a～cに関する事項を購入予定者に説明し、その内容を契約書に記載し、または、記載した書面を購入予定者に交付することを指導しています（昭和53年10月2日建設省計動発第63号建設省計画局不動産業課長通達）。

本来、建売業者が、購入者に対して当該措置を取る旨を約するものですが、宅建業者が当該建物を販売する建売業者の関連ないしは提携業者として賃貸媒介や管理契約を締結する場合は、その措置の要件成就に向けて努力する立場にあることを貸主に説明するようにしましょう。

具体的には、事業用アパート等の販売において、満室にして物件を引渡すことを条件としたり、満室にならない場合は賃料保証すること、入居斡旋やその後の物件管理を行う等を販売条件とする場合は、上記のa～cに関する事項を貸主に説明するとともに、当該契約書に明記するようにします。

3　貸主との契約内容の決定

　貸主との賃貸住宅の入居者の斡旋業務並びに管理業務に関する委託契約形態は、何をポイントに決定するかを押さえる。

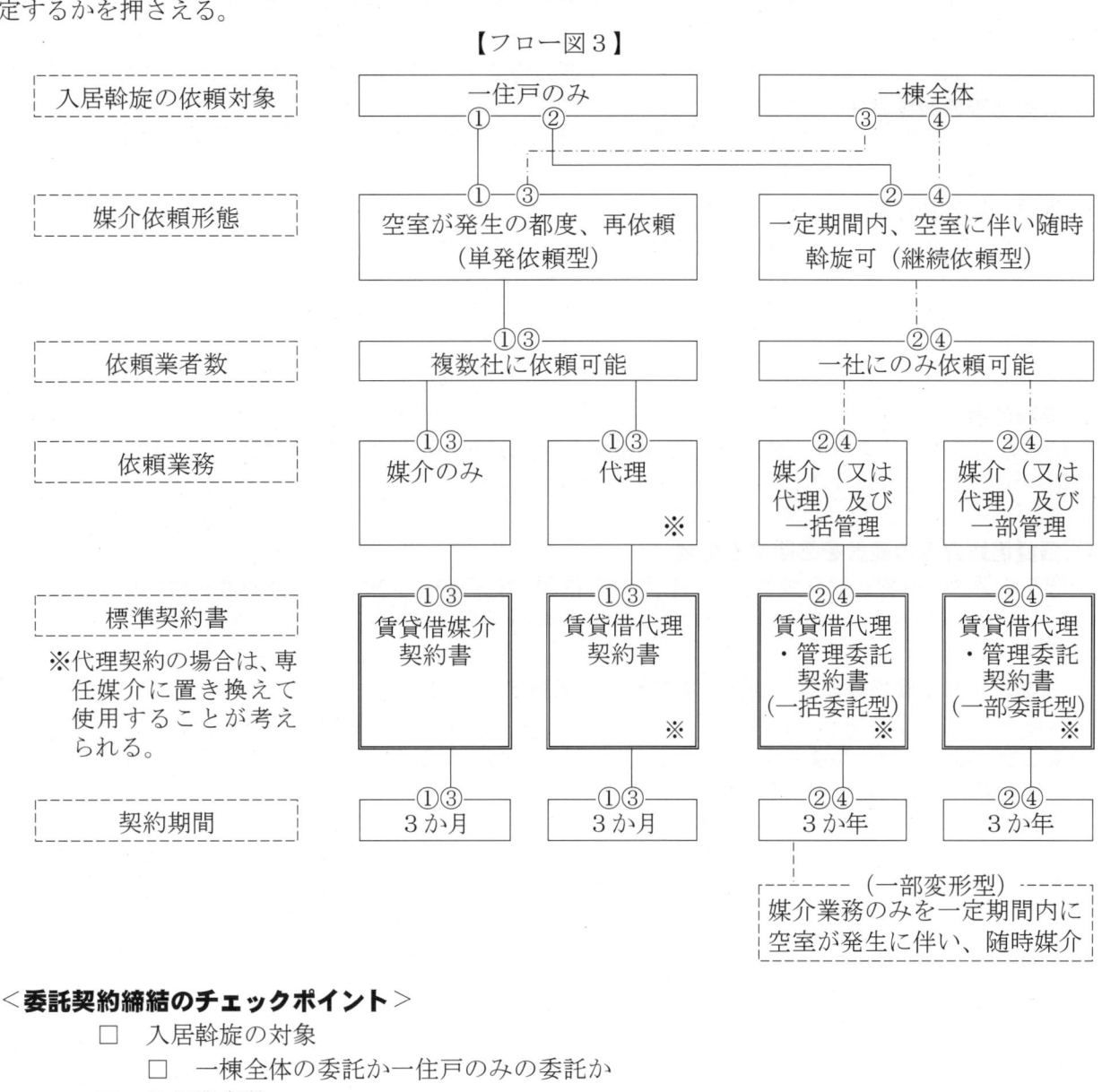

【フロー図3】

項目	一住戸のみ	一棟全体
入居斡旋の依頼対象	①②	③④
媒介依頼形態	空室が発生の都度、再依頼（単発依頼型）①③	一定期間内、空室に伴い随時斡旋可（継続依頼型）②④
依頼業者数	複数社に依頼可能 ①③	一社にのみ依頼可能 ②④
依頼業務	①媒介のみ　／　③代理 ※	②媒介（又は代理）及び一括管理　／　④媒介（又は代理）及び一部管理
標準契約書	①賃貸借媒介契約書　／　③賃貸借代理契約書 ※	②賃貸借代理・管理委託契約書（一括委託型）※　／　④賃貸借代理・管理委託契約書（一部委託型）※
契約期間	3か月　／　3か月	3か年　／　3か年

※代理契約の場合は、専任媒介に置き換えて使用することが考えられる。

（一部変形型）
媒介業務のみを一定期間内に空室が発生に伴い、随時媒介

＜委託契約締結のチェックポイント＞

- □ 入居斡旋の対象
    - □ 一棟全体の委託か一住戸のみの委託か
- □ 依頼業者数
    - □ 自社のみか、複数社への依頼か
- □ 依頼業務の範囲
    - □ 入居斡旋業務のみか、入居斡旋及び管理業務までか
- □ 入居斡旋業務の契約形態
    - □ 媒介か代理か
- □ 入居斡旋業務の期間等
    - □ 短期か長期か
    - □ 空室が発生する都度書面化する単発型か、一定期間を定め、その間に発生した空室を随時媒介できる継続型とするか
- □ 管理業務の委託範囲
    - □ 一括委託か一部委託か
- □ 入居斡旋業務及び管理業務で具体に依頼する業務内容
- □ 業者の義務と貸主の義務

貸主より正式に賃貸住宅の入居者斡旋の依頼を受けることが決定した場合は、その契約内容を書面化するようにします。
　現在、賃貸借の媒介・代理（以下、「賃貸借媒介等」という。）については、売買の媒介・代理と異なり、契約内容を書面化することは宅建業法により義務付けられていませんが、貸主との紛争を未然に防止するため、契約内容を書面化することにより、貸主と業者の権利義務等を明確にすることは極めて重要なことと言えます。
　委託契約を締結するに際して、次の点について、予め貸主との間で明確にしておく必要があります。

（1）入居斡旋の対象物件
　入居斡旋の対象は、一棟全体か一住戸のみかについて確認します。

（2）入居斡旋の依頼形態
　入居者の斡旋は、「空室が発生した都度、改めて新借り希望者の斡旋を依頼する単発型」とするのか、「数年単位（例えば3年とか5年）の契約期間を設け、この間に発生した空室について、新たに媒介依頼契約を締結することなく継続して新借り希望者を斡旋できる継続型」にするのかについて確認します。

（3）契約形態
　借り希望者の斡旋のみを依頼する「賃貸借媒介等」か、入居中の人的及び物的（建物）等の管理まで依頼する管理委託とするのかについて確認します。

（4）賃貸借媒介等の契約を締結する場合
　借り希望者の斡旋を行う場合は、当社だけに依頼するのか、依頼する宅建業者が複数社に及ぶのか、また、依頼内容は、媒介なのか代理なのかについて確認します。

（5）入居斡旋から建物等の管理委託までの契約を締結する場合
　入居中の人的及び物的（建物）管理までを依頼する場合は、「入居斡旋から退去精算に至るすべての業務を依頼する『一括委託』」なのか、「入居斡旋と契約更新や退去に関する業務のみを依頼する『一部委託』」なのかについて確認します。
　なお、平成6年3月、住宅宅地審議会（現：社会資本整備審議会）より「住宅の賃貸借媒介等及び管理委託に関する標準契約書」について答申され、賃貸住宅の媒介・代理の委託に関する契約内容の類型化が図られました。この答申では、貸主用の標準契約書として、次の4種類が提案されています。

① 住宅の標準賃貸借媒介契約書［貸主用］【様式2】
　貸主は、空室が発生した都度、目的物件の入居斡旋業務を複数の業者に単発的に依頼できるもので、自ら発見した相手方と賃貸借契約を締結することができるという、売買の媒介契約でいう一般媒介に相当する契約内容となっています。
　なお、契約有効期間は3か月としています。

② 住宅の標準賃貸借代理契約書［貸主用］【様式3】
　貸主は、空室が発生した都度、目的物件の入居斡旋業務を1社のみに単発的に依頼できるもので、自ら発見した相手方と賃貸借契約を締結することができる。また、業者には、契約の成立に向けての積極的な努力義務が課されているという、売買の媒介契約でいう専任媒介に相当する契約内容となっています。
　なお、契約有効期間は3か月としています。

③ 住宅の標準賃貸借代理及び管理委託契約書［一括委託型］【様式4】
　貸主は、目的物件の入居斡旋業務と管理業務全般（契約管理業務、清掃業務、設備管理業務）を1社のみに依頼できるものです。
　入居斡旋業務については、契約期間中に発生した空室を継続的に斡旋するよう依頼する内容と

なっており、自ら発見した相手方と賃貸借契約を締結しようとするときは業者と協議を必要とする。また、業者には、契約の成立に向けての積極的な努力義務が課されているという、売買の媒介契約でいう専属媒介的な契約内容となっています。

なお、契約有効期間は3か年としています。

④ 住宅の標準賃貸借代理及び管理委託契約書［一部委託型］【様式5】

貸主は、目的物件の入居斡旋業務と管理業務の一部（賃貸借契約の更新業務、賃貸借契約の解約業務、その他限定して特に依頼する業務）を1社のみに依頼できるものです。

入居斡旋業務については、一括委託型と同様に、契約期間中に発生した空室を継続的に斡旋する依頼内容となっており、自ら発見した相手方と賃貸借契約を締結しようとするときは業者と協議を必要とする。また、業者には、契約の成立に向けての積極的な努力義務が課されているという、売買の媒介契約でいう専属媒介的な契約内容となっています。

なお、契約有効期間は3か年としています。

これらの標準契約書の想定している主な契約内容については、次頁の表を参照して下さい。

また、貸主との入居者斡旋に係る委託契約の形態は、様々なものが想定されますが、今後は、住宅宅地審議会（現：社会資本整備審議会）で策定されたこれらの標準契約書を参考にして契約を締結することが望ましいと言えます。

住宅の賃貸借媒介等及び管理委託に関する標準契約書の概要

		A．賃貸借媒介契約（借主）	B．賃貸借媒介契約（貸主）	C．賃貸借代理契約（貸主）	D．賃貸借代理及び管理委託契約（一括委託）	E．賃貸借代理及び管理委託契約（一部委託）
1. 想定している対象住宅例		戸建住宅・共同住宅の一住戸単位の依頼	戸建住宅・共同住宅の一住戸単位の依頼	戸建住宅・共同住宅の一住戸単位の依頼	共同住宅の一棟単位の依頼	共同住宅の一棟単位の依頼
2. 依頼形態		媒介（複数業者依頼可）	媒介（明示型）（複数業者依頼可）	代理（1社のみ依頼可）	代理（1社のみ依頼可）	代理（1社のみ依頼可）
3. 委託業務の内容		(1) 賃貸借媒介業務 1) 貸主等との連絡調整 2) 重要事項の説明 3) 賃貸借契約締結の補助	(1) 賃貸借媒介業務 1) 賃貸借条件提案 2) 物件の紹介 3) 入居者選定補助 4) 重要事項の説明 5) 賃貸借契約締結の補助 6) 鍵の引渡し	(1) 賃貸借代理業務 1) 賃貸借条件提案 2) 物件の紹介 3) 入居者の審査 4) 重要事項の説明 5) 賃貸借契約締結 6) 鍵の引渡し	(1) 賃貸借代理業務 1) 賃貸借条件提案 2) 物件の紹介 3) 入居者の審査 4) 重要事項の説明 5) 賃貸借契約の締結 6) 鍵の引渡し (2) 管理業務 ①契約管理業務 　1) 賃料等の徴収業務 　2) 運営・調整業務 　3) 契約更新業務 　4) 解約業務 ②清掃業務 ③設備管理業務	(1) 賃貸借代理業務 1) 賃貸借条件提案 2) 物件の紹介 3) 入居者の審査 4) 重要事項の説明 5) 賃貸借契約の締結 6) 鍵の引渡し (2) 管理業務 ①契約更新業務 ②解約業務 ③特約業務
4. 代理権の範囲		─	─	① 敷金等の徴収	①敷金等及び賃料等の徴収 ②未収金の督促 ③賃貸借契約に基づく通知の受領	① 敷金等の徴収
	ただし、貸主の事前承諾を要する事項			②賃貸借契約の締結	④賃貸借契約の締結 ⑤賃貸借契約の更新 ⑥修繕費用負担の協議 ⑦契約終了時原状回復の協議	②賃貸借契約の締結 ③賃貸借契約の更新 ④契約終了時原状回復の協議
5. 積極的努力義務		特になし	特になし	①広く相手方を探索（機構への登録等） ②処理状況報告（2週間に1度以上）	①広く相手方を探索（機構への登録等） ②処理状況報告（1か月に1度以上）	①広く相手方を探索（機構への登録等） ②処理状況報告（1か月に1度以上）
6. 他業者への依頼		可能・費用償還	可能・費用償還	不可能・違約金	不可能・違約金	不可能・違約金
7. 自己発見取引		事後通知・費用償還	事後通知・費用償還	事前通知・費用償還	協議・費用償還	協議・費用償還
8. 直接取引		報酬請求権（期間内及び期間後3か月）	報酬請求権（期間内及び期間後3か月）	報酬請求権（期間内及び期間後3か月）	報酬請求権（期間内及び期間後3か月）	報酬請求権（期間内及び期間後3か月）
9. その他		①預り金の受領禁止 ②個人情報の保護	─	─	①借主への委託業務等の説明 ②貸主への委託業務の報告 ③空室住戸の賃貸借代理業務の継続的実施義務	①借主への委託業務等の説明 ②空室住戸の賃貸借代理業務の継続的実施義務
10. 報酬の支払		賃貸借媒介報酬	賃貸借媒介報酬	賃貸借代理報酬	・賃貸借代理報酬 ・管理報酬	・賃貸借代理報酬 ・管理報酬
11. 契約期間		1か月	3か月	3か月	3年	3年
12. 任意解除		なし	なし	なし	・3か月の告知期間 ・3か月分の管理報酬支払いによる随時解除	・3か月の告知期間

4　来店の準備

物件を台帳にて整理する。
- □　顧客別物件台帳の作成
- □　物件情報の作成（文字情報・図面情報）
- □　貸主別・物件別に区分
- □　物件内容の特長別による整理

(1)「顧客別物件台帳」の作成

まず、貸主から媒介依頼を受けた物件や他業者から情報を得た物件について、「顧客別物件台帳」【様式6】などを作成し把握しておき、来店する借り希望者の希望条件にあった物件を的確に紹介できる体制を整えておきます。

物件の把握に当たっては、前述のように物件の媒介依頼を受けた担当者が必ず現地確認を行い、物件の特徴や周辺の環境・主な公共施設等を確認します。

また、物件を地域別、物件の種類別のほか、グレード別に区分するとか、貸主側が求める入居基準を考慮した分類、例えば、求める入居者層による分類や限定条件付き物件別など物件の特徴に応じた整理をします。

(2) 物件の分類・整理

さらに、入居者選定が自社の判断に任されているもの、貸主の決定を仰ぐ必要があるもの、他社からの依頼物件のため紹介手続を異にするものの整理も必要になります。

① 入居層別の物件整理
- A．単身者向け住宅　…………部屋数が2以下の物件、多機能付き物件など
- B．世帯向け住宅　……………部屋数が2〜3以上の物件など
- C．高収入・高地位者向け住宅　…比較的に高額な物件、高収入者の入居を希望する物件など
- D．女性限定住宅　……………女性の入居者のみを希望する物件など
- E．学生向け住宅　……………学生の入居を可とする物件など
- F．社宅向け住宅　……………企業への貸出を希望する物件など
- G．外国人向け住宅　…………外国人向けに建設された住宅、外国人の入居を可とする物件
- H．老人・障害者向け住宅　……老人・障害者の入居を可とする物件など

② 物件の契約形態別整理
- A．自社物件　…………………自社所有物件（自社他支店物件を含む）、サブリース物件
- B．代理物件等　………………代理契約物件（専任媒介物件、管理物件を含む1社独占依頼の物件）
- C．媒介物件　…………………主に一般媒介物件（他社と競合して依頼を受けている物件）
- D．友好業者物件　……………友好他社から紹介のある物件
- E．他業者物件　………………営業地域内の物件で、上記A〜D以外の他社の一般流通物件

③ 一般借家・定期借家・終身建物賃貸借契約別整理
- A．一般借家契約対象住宅　……契約更新を前提とする賃貸住宅
- B．定期借家契約対象住宅　……契約更新がなく確定的に借家契約を終了させる賃貸住宅
- C．高齢者円滑入居賃貸住宅　…高齢者居住法に基づき登録簿に登録した者の当該賃貸住宅
- D．高齢者向け優良賃貸住宅　…高齢者居住法に基づく認定事業者の当該賃貸住宅
- E．終身建物賃貸借契約対象住宅　・高齢者居住法に基づく許可事業者の当該賃貸住宅

(3)「個人情報保護法」への対応準備

IT技術の進展により大量の情報処理が可能となる一方で、個人に関する情報の大量漏えいが発生している状況にあって、個人の権利利益を保護することを目的に、「個人情報の保護に関する法律」（以下、「**個人情報保護法**」という。）が**平成17年4月1日から全面的に**施行されました。

宅建業者やその従事者は、不動産の売買や賃貸借物件の媒介等を行う際に、売主や買主、貸主や借主、その家族に関する氏名・住所・生年月日（年齢）・勤務先等のほか、物件情報、成約情報など

多様な個人情報を取扱い、個人情報を流通させるという立場にあることから、個人情報保護に種々の対応が求められます。

Ⅰ．不動産流通業（宅建業者）と個人情報保護法（適用範囲）

個人情報保護法は、生存する特定の個人を識別できる情報を個人情報として保護することを目的として制定された法律で、**個人情報取扱事業者には各種の義務が課せられ**ます（法第2条第3項、第15条以下）。

具体的には、① 利用目的を明確にし、その利用目的の範囲で取扱うこと、② 不正な手段で取得しないこと、③ 利用目的の範囲内で正確、最新の内容に保つこと、④ 漏えい、滅失の防止などの安全管理措置を講じること、⑤ 本人から苦情や請求があった場合には迅速かつ誠実に対応すること、等の責務が課せられています。

個人情報取扱事業者とは、「個人情報データベース等を事業の用に供している者」、「他人の管理するデータベースを専ら利用するだけの者」、「行う事業は、営利・公益等を問わない」と規定されています。なお、「取扱う個人情報の量及び利用方法からみて、個人の権利利益を害するおそれが少ない者、つまり、個人の数が過去6か月以内のいずれの日においても5,000を超えない者」は、個人情報取扱事業者には当たらないとしています。

Ⅱ．不動産流通業者（宅建業者）の個人情報保護法の遵守ポイント

個人情報の漏えい等について他人事のように思っていては、個人情報の保護に適切に対応することはできません。個人情報の漏えいは、「営業用コンピュータの盗難や下取り」、「取引台帳等の盗難や紛失」、「携帯電話の置き忘れ」、「手帳の置き忘れ」、「お客さんへの内緒話」等々様々な形態で日常的に発生する危険性があり、個人情報取扱事業者には、重い義務や負担が課されています。

個人情報の漏えい等が発生した場合に、個人情報取扱事業者は、個人情報保護法上の監督処分や刑事処分、宅建業法上の行政処分を受けるほか、民法上の損害賠償を個人情報の本人等から請求されるおそれがあります。

そのため、個人情報保護法において宅建業者は、「コンプライアンス（法令遵守）」の一環として法を厳格に遵守することが要請されています。遵守すべきポイントは以下のとおりとなっています。

① 宅建業者が取得、保管し、利用する物件情報は、個人情報に該当します**（法第2条）**。

物件情報は、所在地等のデータ自体は個人を特定するものではありませんが、所在地が分かれば登記簿等で所有者を安易に特定できる可能性があるからです。なお、コンピュータ化されていない書面上の情報でも個人情報に該当しますので注意して下さい。

② 個人情報保護法が適用される業者は、個人情報取扱事業者と呼ばれますが、小規模な業者であっても、レインズを利用するだけで（会員となっているだけでも利用可能であるということで）、個人情報データベースを事業の用に供している者として個人情報取扱事業者に該当します**（法第2条・同法施行令第2条）**。

③ 個人情報取扱事業者は、個人情報の取得から消去・廃棄に至る様々な課程において義務が課せられています**（法第2条）**。

④ 個人情報を取扱うには、利用目的を特定し、これを公表等する必要があります。**（法第15・18条）**
「第二分冊」【別紙11−1】の「個人情報の取扱いについて」（全宅連傘下会員業者用・公表用書面）、【別紙11−2】の「個人情報の取扱について（個人情報取扱いに関する基本姿勢）」（全日傘下会員業者用・公表掲示用書面）のような書面を店内の見える場所に掲示するか、パンフレット等を作成してお客様に配布する必要があります。加えて、インターネットのホームページに掲載した場合も義務を果たしたことになります。

⑤ 個人情報は、特定、公表等された利用目的の範囲内のみで利用することが認められ、目的外利用は原則として許されていません**（法第16条）**。

⑥ 個人情報は、偽りその他不正な手段によって取得してはいけません**（法第17条）**。

⑦ 個人情報は、厳格な安全管理措置を実施して管理する必要があります**（法第20条）**。

⑧ 個人情報を第三者に提供するためには、原則として本人の同意を得るか、オプトアウトの手続によって本人から求められた場合、第三者への提供を停止するよう措置した場合にのみ認められ

ます**（法第 23 条）**。
　個別の取引に関与して得た個人情報を利用する場合は、「第二分冊」**【別紙 11－3】**の「個人情報の取扱について（賃貸借契約編）」（全宅連傘下会員業者用・賃貸借明示用書面）、**【別紙 11－4】**の「個人情報の取扱について（個人情報取扱いに関する基本姿勢）」（全日傘下会員業者用・明示用署名入り書面）のような書面を提示・交付・説明したうえで、個人情報の提供や利用について承諾を得ておく必要があります。

⑨　個人情報の本人には、保有する個人情報の開示、訂正、利用停止等の請求権が認められています**（法第 25～27 条）**。
⑩　本人からの苦情の申出は、適切に対応することが求められています**（法第 31 条）**。
⑪　個人情報の漏えいは、いつでも・どこでも発生するおそれがありますが、発生した場合は、主務官庁（知事免許業者は都道府県庁所管課、大臣免許業者は国土交通省・総合政策局不動産業課）への報告、本人への通知、公表等の措置をとることが求められています**（法第 32～36 条）**。
⑫　個人情報保護違反は、コンプライアンス（法令遵守）違反となります**（法第 34 条）**。
⑬　個人情報の保護は、個人情報保護法のみを遵守するだけでは足りません**（法第 56～58 条）**。
　個人情報保護法を遵守していても、プライバシーの侵害として民法上の損害賠償を求められる等の事態は起こり得ます。

Ⅲ．個人情報保護法の概要

　個人情報保護法と民法、商法、刑法、宅建業法とは別の法律ですが、個人情報保護法に違反した場合は、その違反が同時に民法上の責任（不法行為、債務不履行等）に該当したり、刑法上の刑事責任に該当したりすることが有り得ます。そのため、各業界団体において、宅建業者として遵守すべき事項についてのガイドラインを策定し、傘下業者に公表しています。
　以下に、個人情報保護法の概要を記載しますので参考にして下さい。

【参　考】　個人情報保護法（抜粋）　※「個人情報の保護に関する法律」（以下、「法」という。）

第1章　総則
第 1 条（目的）　この法律は、高度情報通信社会の進展に伴い個人情報の利用が著しく拡大していることにかんがみ、個人情報の適正な取扱いに関し、基本理念及び政府による基本方針の作成その他の個人情報の保護に関する施策の基本となる事項を定め、国及び地方公共団体の責務等を明らかにするとともに、個人情報を取り扱う事業者の遵守すべき義務等を定めることにより、個人情報の有用性に配慮しつつ、個人の権利利益を保護することを目的とする。
第 2 条（定義）　この法律において「個人情報」とは、生存する個人に関する情報であって、当該情報に含まれる氏名、生年月日その他の記述等により特定の個人を識別することができるもの（他の情報と容易に照合することができ、それにより特定の個人を識別することができることとなるものを含む。）をいう。
2　この法律において「個人情報データベース等」とは、個人情報を含む情報の集合物であって、次に掲げるものをいう。
　一　特定の個人情報を電子計算機を用いて検索することができるように体系的に構成したもの
　二　前号に掲げるもののほか、特定の個人情報を容易に検索することができるように体系的に構成したものとして**政令で定めるもの**
　　　● **施行令第 1 条（個人情報データベース等）**　法第 2 条第 2 項第二号の政令で定めるものは、これに含まれる個人情報を一定の規則に従って整理することにより特定の個人情報を容易に検索することができるように体系的に構成した情報の集合物であって、目次、索引その他検索を容易にするためのものを有するものをいう。
3　この法律において「個人情報取扱事業者」とは、個人情報データベース等を事業の用に供している者をいう。ただし、次に掲げる者を除く。
　一　国の機関
　二　地方公共団体
　三　独立行政法人等〔独立行政法人等の保有する個人情報の保護に関する法律（平成 15 年法律第 59 号）第 2 条第 1 項に規定する独立行政法人等をいう。以下同じ。〕
　四　地方独立行政法人〔地方独立行政法人法（平成 15 年法律第 118 号）第 2 条第 1 項に規定する地方独立行政

法人をいう。以下同じ。〕
- 五 その取り扱う個人情報の量及び利用方法からみて個人の権利利益を害するおそれが少ないものとして**政令で定める者**

　　● **施行令第2条**（個人情報取扱事業者から除外される者）　**法第2条第3項第五号の政令で定める者**は、その事業の用に供する個人情報データベース等を構成する**個人情報によって識別される特定の個人の数**〔当該個人情報データベース等の全部又は一部が他人の作成に係る個人情報データベース等で個人情報として氏名又は住所若しくは居所（地図上又は電子計算機の映像面上において住所又は居所の所在の場所を示す表示を含む。）若しくは電話番号のみが含まれる場合であって、これを編集し、又は加工することなくその事業の用に供するときは、当該個人情報データベース等の全部又は一部を構成する個人情報によって識別される特定の個人の数を除く。〕**の合計が過去6月以内のいずれの日においても5,000を超えない者**とする。

4　この法律において「個人データ」とは、個人情報データベース等を構成する個人情報をいう。

5　この法律において「保有個人データ」とは、個人情報取扱事業者が、開示、内容の訂正、追加又は削除、利用の停止、消去及び第三者への提供の停止を行うことのできる権限を有する個人データであって、その存否が明らかになることにより公益その他の利益が害されるものとして**政令で定めるもの**又は1年以内の**政令で定める期間以内**に消去することとなるもの以外のものをいう。

　　● **施行令第3条**（保有個人データから除外されるもの）　**法第2条第5項の政令で定めるもの**は、次に掲げるものとする。
- 一　当該個人データの存否が明らかになることにより、本人又は第三者の生命、身体又は財産に危害が及ぶおそれがあるもの
- 二　当該個人データの存否が明らかになることにより、違法又は不当な行為を助長し、又は誘発するおそれがあるもの
- 三　当該個人データの存否が明らかになることにより、国の安全が害されるおそれ、他国若しくは国際機関との信頼関係が損なわれるおそれ又は他国若しくは国際機関との交渉上不利益を被るおそれがあるもの
- 四　当該個人データの存否が明らかになることにより、犯罪の予防、鎮圧又は捜査その他の公共の安全と秩序の維持に支障が及ぶおそれがあるもの

　　● **施行令第4条**（保有個人データから除外されるものの消去までの期間）　**法第2条第5項の政令で定める期間**は、**6月**とする。

6　この法律において個人情報について「本人」とは、個人情報によって識別される特定の個人をいう。

第4章　個人情報取扱事業者の義務等
　第1節　個人情報取扱事業者の義務

第15条（利用目的の特定）　個人情報取扱事業者は、個人情報を取り扱うに当たっては、その利用の目的（以下「利用目的」という。）をできる限り特定しなければならない。

2　個人情報取扱事業者は、利用目的を変更する場合には、変更前の利用目的と相当の関連性を有すると合理的に認められる範囲を超えて行ってはならない。

第16条（利用目的による制限）　個人情報取扱事業者は、あらかじめ本人の同意を得ないで、前条の規定により特定された利用目的の達成に必要な範囲を超えて、個人情報を取り扱ってはならない。

2　個人情報取扱事業者は、合併その他の事由により他の個人情報取扱事業者から事業を承継することに伴って個人情報を取得した場合は、あらかじめ本人の同意を得ないで、承継前における当該個人情報の利用目的の達成に必要な範囲を超えて、当該個人情報を取り扱ってはならない。

3　前二項の規定は、次に掲げる場合については、適用しない。
- 一　法令に基づく場合
- 二　人の生命、身体又は財産の保護のために必要がある場合であって、本人の同意を得ることが困難であるとき。
- 三　公衆衛生の向上又は児童の健全な育成の推進のために特に必要がある場合であって、本人の同意を得ることが困難であるとき。
- 四　国の機関若しくは地方公共団体又はその委託を受けた者が法令の定める事務を遂行することに対して協力する必要がある場合であって、本人の同意を得ることにより当該事務の遂行に支障を及ぼすおそれがあると

き。

第17条（適正な取得）　個人情報取扱事業者は、偽りその他不正の手段により個人情報を取得してはならない。

第18条（取得に際しての利用目的の通知等）　個人情報取扱事業者は、個人情報を取得した場合は、あらかじめその利用目的を公表している場合を除き、速やかに、その利用目的を、本人に通知し、又は公表しなければならない。

2　個人情報取扱事業者は、前項の規定にかかわらず、本人との間で契約を締結することに伴って契約書その他の書面（電子的方式、磁気的方式その他人の知覚によっては認識することができない方式で作られる記録を含む。以下この項において同じ。）に記載された当該本人の個人情報を取得する場合その他本人から直接書面に記載された当該本人の個人情報を取得する場合は、あらかじめ、本人に対し、その利用目的を明示しなければならない。ただし、人の生命、身体又は財産の保護のために緊急に必要がある場合は、この限りでない。

3　個人情報取扱事業者は、利用目的を変更した場合は、変更された利用目的について、本人に通知し、又は公表しなければならない。

4　前三項の規定は、次に掲げる場合については、適用しない。

　一　利用目的を本人に通知し、又は公表することにより本人又は第三者の生命、身体、財産その他の権利利益を害するおそれがある場合

　二　利用目的を本人に通知し、又は公表することにより当該個人情報取扱事業者の権利又は正当な利益を害するおそれがある場合

　三　国の機関又は地方公共団体が法令の定める事務を遂行することに対して協力する必要がある場合であって、利用目的を本人に通知し、又は公表することにより当該事務の遂行に支障を及ぼすおそれがあるとき。

　四　取得の状況からみて利用目的が明らかであると認められる場合

第19条（データ内容の正確性の確保）　個人情報取扱事業者は、利用目的の達成に必要な範囲内において、個人データを正確かつ最新の内容に保つよう努めなければならない。

第20条（安全管理措置）　個人情報取扱事業者は、その取り扱う個人データの漏えい、滅失又はき損の防止その他の個人データの安全管理のために必要かつ適切な措置を講じなければならない。

第21条（従業者の監督）　個人情報取扱事業者は、その従業者に個人データを取り扱わせるに当たっては、当該個人データの安全管理が図られるよう、当該従業者に対する必要かつ適切な監督を行わなければならない。

第22条（委託先の監督）　個人情報取扱事業者は、個人データの取扱いの全部又は一部を委託する場合は、その取扱いを委託された個人データの安全管理が図られるよう、委託を受けた者に対する必要かつ適切な監督を行わなければならない。

第23条（第三者提供の制限）　個人情報取扱事業者は、次に掲げる場合を除くほか、あらかじめ本人の同意を得ないで、個人データを第三者に提供してはならない。

　一　法令に基づく場合

　二　人の生命、身体又は財産の保護のために必要がある場合であって、本人の同意を得ることが困難であるとき。

　三　公衆衛生の向上又は児童の健全な育成の推進のために特に必要がある場合であって、本人の同意を得ることが困難であるとき。

　四　国の機関若しくは地方公共団体又はその委託を受けた者が法令の定める事務を遂行することに対して協力する必要がある場合であって、本人の同意を得ることにより当該事務の遂行に支障を及ぼすおそれがあるとき。

2　個人情報取扱事業者は、第三者に提供される個人データについて、本人の求めに応じて当該本人が識別される個人データの第三者への提供を停止することとしている場合であって、次に掲げる事項について、あらかじめ、本人に通知し、又は本人が容易に知り得る状態に置いているときは、前項の規定にかかわらず、当該個人データを第三者に提供することができる。

　一　第三者への提供を利用目的とすること。

　二　第三者に提供される個人データの項目

　三　第三者への提供の手段又は方法

　四　本人の求めに応じて当該本人が識別される個人データの第三者への提供を停止すること。

3　個人情報取扱事業者は、前項第二号又は第三号に掲げる事項を変更する場合は、変更する内容について、あらかじめ、本人に通知し、又は本人が容易に知り得る状態に置かなければならない。

4　次に掲げる場合において、当該個人データの提供を受ける者は、前三項の規定の適用については、第三者に該当しないものとする。
　一　個人情報取扱事業者が利用目的の達成に必要な範囲内において個人データの取扱いの全部又は一部を委託する場合
　二　合併その他の事由による事業の承継に伴って個人データが提供される場合
　三　個人データを特定の者との間で共同して利用する場合であって、その旨並びに共同して利用される個人データの項目、共同して利用する者の範囲、利用する者の利用目的及び当該個人データの管理について責任を有する者の氏名又は名称について、あらかじめ、本人に通知し、又は本人が容易に知り得る状態に置いているとき。
5　個人情報取扱事業者は、前項第三号に規定する利用する者の利用目的又は個人データの管理について責任を有する者の氏名若しくは名称を変更する場合は、変更する内容について、あらかじめ、本人に通知し、又は本人が容易に知り得る状態に置かなければならない。

第24条（保有個人データに関する事項の公表等）　個人情報取扱事業者は、保有個人データに関し、次に掲げる事項について、本人の知り得る状態（本人の求めに応じて遅滞なく回答する場合を含む。）に置かなければならない。
　一　当該個人情報取扱事業者の氏名又は名称
　二　すべての保有個人データの利用目的（第十八条第四項第一号から第三号までに該当する場合を除く。）
　三　次項、次条第1項、第26条第1項又は第27条第1項若しくは第2項の規定による求めに応じる手続（第30条第2項の規定により手数料の額を定めたときは、その手数料の額を含む。）
　四　前三号に掲げるもののほか、保有個人データの適正な取扱いの確保に関し必要な事項として**政令で定めるもの**

　　●　**施行令第5条**（保有個人データの適正な取扱いの確保に関し必要な事項）　**法第24条第1項第四号の政令で定めるもの**は、次に掲げるものとする。
　　　一　当該個人情報取扱事業者が行う保有個人データの取扱いに関する苦情の申出先
　　　二　当該個人情報取扱事業者が認定個人情報保護団体の対象事業者である場合にあっては、当該認定個人情報保護団体の名称及び苦情の解決の申出先

2　個人情報取扱事業者は、本人から、当該本人が識別される保有個人データの利用目的の通知を求められたときは、本人に対し、遅滞なく、これを通知しなければならない。ただし、次の各号のいずれかに該当する場合は、この限りでない。
　一　前項の規定により当該本人が識別される保有個人データの利用目的が明らかな場合
　二　第18条第4項第一号から第三号までに該当する場合
3　個人情報取扱事業者は、前項の規定に基づき求められた保有個人データの利用目的を通知しない旨の決定をしたときは、本人に対し、遅滞なく、その旨を通知しなければならない。

第25条（開示）　個人情報取扱事業者は、本人から、当該本人が識別される保有個人データの開示（当該本人が識別される保有個人データが存在しないときにその旨を知らせることを含む。以下同じ。）を求められたときは、本人に対し、**政令で定める方法**により、遅滞なく、当該保有個人データを開示しなければならない。ただし、開示することにより次の各号のいずれかに該当する場合は、その全部又は一部を開示しないことができる。
　一　本人又は第三者の生命、身体、財産その他の権利利益を害するおそれがある場合
　二　当該個人情報取扱事業者の業務の適正な実施に著しい支障を及ぼすおそれがある場合
　三　他の法令に違反することとなる場合

　　●　**施行令第6条**（個人情報取扱事業者が保有個人データを開示する方法）　**法第25条第1項の政令で定める方法**は、書面の交付による方法（開示の求めを行った者が同意した方法があるときは、当該方法）とする。

2　個人情報取扱事業者は、前項の規定に基づき求められた保有個人データの全部又は一部について開示しない旨の決定をしたときは、本人に対し、遅滞なく、その旨を通知しなければならない。
3　他の法令の規定により、本人に対し第1項本文に規定する方法に相当する方法により当該本人が識別される保有個人データの全部又は一部を開示することとされている場合には、当該全部又は一部の保有個人データについては、同項の規定は、適用しない。

第26条（訂正等）　個人情報取扱事業者は、本人から、当該本人が識別される保有個人データの内容が事実でないという理由によって当該保有個人データの内容の訂正、追加又は削除（以下この条において「訂正等」とい

う。）を求められた場合には、その内容の訂正等に関して他の法令の規定により特別の手続が定められている場合を除き、利用目的の達成に必要な範囲内において、遅滞なく必要な調査を行い、その結果に基づき、当該保有個人データの内容の訂正等を行わなければならない。

2 　個人情報取扱事業者は、前項の規定に基づき求められた保有個人データの内容の全部若しくは一部について訂正等を行ったとき、又は訂正等を行わない旨の決定をしたときは、本人に対し、遅滞なく、その旨（訂正等を行ったときは、その内容を含む。）を通知しなければならない。

第 27 条（利用停止等）　個人情報取扱事業者は、本人から、当該本人が識別される保有個人データが第 16 条の規定に違反して取り扱われているという理由又は第 17 条の規定に違反して取得されたものであるという理由によって、当該保有個人データの利用の停止又は消去（以下この条において「利用停止等」という。）を求められた場合であって、その求めに理由があることが判明したときは、違反を是正するために必要な限度で、遅滞なく、当該保有個人データの利用停止等を行わなければならない。ただし、当該保有個人データの利用停止等に多額の費用を要する場合その他の利用停止等を行うことが困難な場合であって、本人の権利利益を保護するため必要なこれに代わるべき措置をとるときは、この限りでない。

2 　個人情報取扱事業者は、本人から、当該本人が識別される保有個人データが第 23 条第 1 項の規定に違反して第三者に提供されているという理由によって、当該保有個人データの第三者への提供の停止を求められた場合であって、その求めに理由があることが判明したときは、遅滞なく、当該保有個人データの第三者への提供を停止しなければならない。ただし、当該保有個人データの第三者への提供の停止に多額の費用を要する場合その他の第三者への提供を停止することが困難な場合であって、本人の権利利益を保護するため必要なこれに代わるべき措置をとるときは、この限りでない。

3 　個人情報取扱事業者は、第 1 項の規定に基づき求められた保有個人データの全部若しくは一部について利用停止等を行ったとき若しくは利用停止等を行わない旨の決定をしたとき、又は前項の規定に基づき求められた保有個人データの全部若しくは一部について第三者への提供を停止したとき若しくは第三者への提供を停止しない旨の決定をしたときは、本人に対し、遅滞なく、その旨を通知しなければならない。

第 28 条（理由の説明）　個人情報取扱事業者は、第 24 条第 3 項、第 25 条第 2 項、第 26 条第 2 項又は前条第 3 項の規定により、本人から求められた措置の全部又は一部について、その措置をとらない旨を通知する場合又はその措置と異なる措置をとる旨を通知する場合は、本人に対し、その理由を説明するよう努めなければならない。

第 29 条（開示等の求めに応じる手続）　個人情報取扱事業者は、第 24 条第 2 項、第 25 条第 1 項、第 26 条第 1 項又は第 27 条第 1 項若しくは第 2 項の規定による求め（以下この条において「開示等の求め」という。）に関し、**政令で定めるところにより**、その求めを受け付ける方法を定めることができる。この場合において、本人は、当該方法に従って、開示等の求めを行わなければならない。

　　●　**施行令第 7 条**（開示等の求めを受け付ける方法）　**法第 29 条第 1 項の規定により個人情報取扱事業者が開示等の求めを受け付ける方法として定めることができる事項**は、次に掲げるとおりとする。
　　　一　開示等の求めの申出先
　　　二　開示等の求めに際して提出すべき書面（電子的方式、磁気的方式その他人の知覚によっては認識することができない方式で作られる記録を含む。）の様式その他の開示等の求めの方式
　　　三　開示等の求めをする者が本人又は次条に規定する代理人であることの確認の方法
　　　四　法第 30 条第 1 項の手数料の徴収方法

2 　個人情報取扱事業者は、本人に対し、開示等の求めに関し、その対象となる保有個人データを特定するに足りる事項の提示を求めることができる。この場合において、個人情報取扱事業者は、本人が容易かつ的確に開示等の求めをすることができるよう、当該保有個人データの特定に資する情報の提供その他本人の利便を考慮した適切な措置をとらなければならない。

3 　開示等の求めは、**政令で定めるところにより**、代理人によってすることができる。

　　●　**施行令第 8 条**（開示等の求めをすることができる代理人）　**法第 29 条第 3 項の規定により開示等の求めをすることができる代理人**は、次に掲げる代理人とする。
　　　一　未成年者又は成年被後見人の法定代理人
　　　二　開示等の求めをすることにつき本人が委任した代理人

4 　個人情報取扱事業者は、前三項の規定に基づき開示等の求めに応じる手続を定めるに当たっては、本人に過重な負担を課するものとならないよう配慮しなければならない。

第 30 条（手数料）　個人情報取扱事業者は、第 24 条第 2 項の規定による利用目的の通知又は第 25 条第 1 項の規

定による開示を求められたときは、当該措置の実施に関し、手数料を徴収することができる。
2　個人情報取扱事業者は、前項の規定により手数料を徴収する場合は、実費を勘案して合理的であると認められる範囲内において、その手数料の額を定めなければならない。

第31条（個人情報取扱事業者による苦情の処理）　個人情報取扱事業者は、個人情報の取扱いに関する苦情の適切かつ迅速な処理に努めなければならない。
2　個人情報取扱事業者は、前項の目的を達成するために必要な体制の整備に努めなければならない。

第34条（勧告及び命令）　主務大臣は、個人情報取扱事業者が第16条から第18条まで、第20条から第27条まで又は第30条第2項の規定に違反した場合において個人の権利利益を保護するため必要があると認めるときは、当該個人情報取扱事業者に対し、当該違反行為の中止その他違反を是正するために必要な措置をとるべき旨を勧告することができる。
2　主務大臣は、前項の規定による勧告を受けた個人情報取扱事業者が正当な理由がなくてその勧告に係る措置をとらなかった場合において個人の重大な権利利益の侵害が切迫していると認めるときは、当該個人情報取扱事業者に対し、その勧告に係る措置をとるべきことを命ずることができる。
3　主務大臣は、前二項の規定にかかわらず、個人情報取扱事業者が第16条、第17条、第20条から第22条まで又は第23条第1項の規定に違反した場合において個人の重大な権利利益を害する事実があるため緊急に措置をとる必要があると認めるときは、当該個人情報取扱事業者に対し、当該違反行為の中止その他違反を是正するために必要な措置をとるべきことを命ずることができる。

第36条（主務大臣）　この節の規定における主務大臣は、次のとおりとする。ただし、内閣総理大臣は、この節の規定の円滑な実施のため必要があると認める場合は、個人情報取扱事業者が行う個人情報の取扱いのうち特定のものについて、特定の大臣又は国家公安委員会（以下「大臣等」という。）を主務大臣に指定することができる。
　一　個人情報取扱事業者が行う個人情報の取扱いのうち雇用管理に関するものについては、厚生労働大臣（船員の雇用管理に関するものについては、国土交通大臣）及び当該個人情報取扱事業者が行う事業を所管する大臣等
　二　個人情報取扱事業者が行う個人情報の取扱いのうち前号に掲げるもの以外のものについては、当該個人情報取扱事業者が行う事業を所管する大臣等
2　内閣総理大臣は、前項ただし書の規定により主務大臣を指定したときは、その旨を公示しなければならない。
3　各主務大臣は、この節の規定の施行に当たっては、相互に緊密に連絡し、及び協力しなければならない。

第6章　罰則
第56条　第34条第2項又は第3項の規定による**命令に違反した者**は、**6月以下の懲役又は30万円以下の罰金**に処する。
第57条　第32条又は第46条の規定による**報告をせず、又は虚偽の報告をした者は、30万円以下の罰金**に処する。
第58条　法人（法人でない団体で代表者又は管理人の定めのあるものを含む。以下この項において同じ。）の代表者又は法人若しくは人の代理人、使用人その他の従業者が、その法人又は人の業務に関して、**前二条の違反行為をしたときは、行為者を罰するほか、その法人又は人に対しても、各本条の罰金刑を科する。**
2　法人でない団体について前項の規定の適用がある場合には、その代表者又は管理人が、その訴訟行為につき法人でない団体を代表するほか、法人を被告人又は被疑者とする場合の刑事訴訟に関する法律の規定を準用する。
第59条　次の各号のいずれかに**該当する者は、10万円以下の過料**に処する。
　一　第40条第1項の規定による届出をせず、又は虚偽の届出をした者
　二　第45条の規定に違反した者

Ⅳ．個人情報保護法に関するQ&A （国土交通省不動産業課長通達から抜粋）

① 物件情報には貸主などの氏名が含まれていませんが、「個人情報」ですか。

　物件情報は、「他の情報と容易に照合することができ、それにより特定の個人を識別することができるもの」**（法第2条第1項）** に該当し、「個人情報」となります。
　つまり、物件情報は、貸主が取引の相手方を探索してもらうことを目的として宅建業者（元付業者）に

対して提供するものです。そして、借主の媒介を行う宅建業者（客付業者）は、賃貸借契約の成約までに、元付業者への電話連絡等を通じて物件を特定でき、物件の貸主の特定の個人を識別することができること、また、物件情報に住居表示や地番等が含まれている場合は、元付業者への連絡を考慮するまでもなく、不動産登記簿や住宅地図等により貸主を識別することができるために「個人情報」に該当することになります。

したがって、不動産流通市場を流通している物件情報は、顧客情報の一部であり、「個人情報」として対応する必要があります。

② 国土交通大臣が指定する不動産流通機構が保有する成約情報は、「個人情報」ですか。

成約情報は、一般的には、物件登録をした際の文字情報や図面情報（地図情報）などを、成約データベースに移行する手法を採用しているため、成約情報自体に「住居表示」や「地番」、「地図情報」などが含まれている場合が多く見られます。そのような場合は、住宅地図等により所有者たる特定の個人を識別することができることとなるため、「個人情報」に該当することになります。

③ 「法人」が「貸主」の場合の物件情報は、「個人情報」ですか。

個人情報とは、「特定の個人を識別することができる」情報であり、ここでの「個人」には「法人」を含みません。したがって、特定の法人を識別できたとしても、それだけでは個人情報には該当しません。

しかし、法人が所有するものであっても、取引を行うことを前提に情報提供されているものであるため、取引に当たっては、法人の機関である代表取締役等の特定の個人（代表取締役個人の名前や支配人個人の名前など）が明らかになることがあります。このような場合には、当該個人（代表取締役等）の個人情報になりますので、取扱に十分留意する必要があります。

④ コンピュータのデータ化がされていない「賃貸借契約書」や「重要事項説明書」、「取引台帳」、「入居申込書」、「入居者名簿」、「賃貸住宅の管理委託契約書」なども「個人データ」に該当しますか。

コンピュータを利用せず、書面によって整理されている個人情報であっても、特定の個人情報を容易に検索できる状態に置いているものは、個人情報保護法上の「個人情報データベース等」に該当し、その中の個人情報は、「個人データ」に該当します**（施行令第1条）**。

したがって、データ化されていない契約書や重要事項説明書、取引台帳などを体系的に整理整理し、容易に特定の個人情報を検索することが可能な状態に置いてある場合は、これらの書面に含まれる個々の個人情報は「個人データ」に該当することになりますので、個人情報保護法上の安全管理措置を講じる必要があります。

⑤ 国土交通大臣が指定する不動産流通機構の会員業者は、全て「個人情報取扱事業者」に該当しますか。また、会員業者がレインズを利用しないで、自社のホームページや不動産情報誌等の広告で営業する場合でも、「個人情報取扱事業者」に該当しますか。

指定流通機構の情報処理システムは、個人情報である物件情報や成約情報をコンピュータによって検索することができる仕組みとなっているため、「個人情報データベース等」に該当します。

したがって、指定流通機構の会員業者は、指定流通機構のコンピュータによる情報処理システムを事業の用に供していることから、**法第2条第3項**に規定する個人情報データベース等を事業の用に供する「個人情報取扱事業者」に該当することになります。

また、指定流通機構の会員業者であれば、実際に指定流通機構を利用せずに宅建業を営んでいるとしても「個人情報取扱事業者」に該当しますので、**法第20条**の安全管理措置（情報セキュリティ）を講じなければならない立場にあります。

⑥ 賃貸借契約の媒介において、賃貸借契約の締結に至らなかった借り希望者の個人情報をデータとして保存や利用する場合、法第16条第1項の本人の同意が必要ですか。

個人情報を保存・利用するためには、利用目的で定めて、公表・明示等をしておく必要があります。

借り希望者の個人情報は、入居申込書等を提出する際に法第18条第1項・第2項に基づき、個人情報の利用目的が公表等されているか本人に明示されているはずであり、その利用目的の中に、個人情報のデータ保存や利用が含まれているかどうかによって、本人の関与の方法が異なってきます。
　よって、借り希望者の個人情報が、契約締結に至らなかった場合であっても、保存・利用することがあることについて、**利用目的の公表・通知（法第18条第1項）または本人への明示（法第18条第2項）がされている場合**は、特定された利用目的の範囲内での個人情報の取扱いとなるので、改めて本人の同意は必要ありません。

　具体的に公表する方法**（法第18条第1項）**としては、「第二分冊」【**別紙11－1**】の「個人情報の取扱いについて」（全宅連傘下会員業者用・公表用書面）や、【**別紙11－2**】の「個人情報の取扱について（個人情報取扱いに関する基本姿勢）」（全日傘下会員業者用・公表用書面）のような書面を店内の見える場所に掲示するか、パンフレット等を作成してお客様に配布する必要があります。加えて、インターネットのホームページに掲載した場合も義務を果たしたことになる方法がありますので、参考にして下さい。
　また、個別の取引に関与して得た個人情報を利用することを明示する方法**（法第18条第1項）**としては、「第二分冊」【**別紙11－3**】の「個人情報の取扱について（賃貸借契約編）」（全宅連傘下会員業者用・賃貸借明治用書面）や、【**別紙11－4**】の「個人情報の取扱について（個人情報取扱いに関する基本姿勢）」（全日傘下会員業者用・明示用書面）のような書面を提示・交付・説明したうえで、個人情報の提供や利用について承諾を得ておく必要があります。しかしながら、**利用目的の公表・通知（法第18条第1項）または本人への明示（法第18条第2項）がされていない場合**は、改めて本人の同意を得る必要**（法第16条第1項）**があります。

⑦　個人情報について、希望物件の申込書等への記載をしてもらったままの状態で、50音順の整理もせず、また、データベース化もしない場合（「個人情報データベース等」の個人データとしない場合）であっても、利用目的の明示が必要ですか。

　個人データとするか否かにかかわらず、「個人情報」を直接本人から書面で入手する場合には、予め本人に対してその利用目的を明示しなければなりません**（法第18条第2項）**。

⑧　客付業者が元付業者に対して物件情報の問合せを行い、客付業者が元付業者より個人情報を書面で取得する場合、客付業者は貸主に対して利用目的を明示する必要がありますか（第三者からの取得の場合）。

　利用目的の明示が必要な場合は、「本人から直接」書面に記載された本人の個人情報を取得する場合です。したがって、書面に記載された個人情報を取得する場合であっても、元付業者から取得する場合には、客付業者が改めて貸主に対して利用目的の明示をする必要はありません。
　しかしながら、元付業者を通じて貸主の個人情報を取得することも個人情報取得の場面ではあるため、**法第18条第1項**に基づき、個人情報取扱事業者としては、予め利用目的を公表しておくか、個人情報の取得後、速やかに、貸主に対して利用目的を通知するか公表しなければなりません。

⑨　借り希望者が、インターネットの物件情報サイトを利用して業者に対して、インターネット上で問合せを行う場合、宅建業者は借り希望者に対して利用目的を予め明示する必要がありますか。

　法第18条第2項の「書面」には、「電子的方式、磁気的方式その他、人の知覚によって認識することができない方式で作られる記録を含む」ので、インターネット上での問合せや電子メールの問合せも当該「書面」に該当します。
　したがって、インターネット上での物件情報サイトを利用しての問合せや電子メールによる問合せ等によって個人情報を取得する場合には、予め利用目的を借り希望者に明示しなければなりません。

⑩　安全管理措置としては、何を行えばよいのですか。

　個人情報取扱事業者は、個人データの「漏えい」、「滅失」、「毀損防止」その他個人データの安全管理のために、必要かつ適切な措置を講じなければならないと規定されています**（法第20条）**。
　「安全管理措置のために必要かつ適切な措置」とは、安全管理措置を怠った場合には本人が被る権利

利益の侵害の大きさ、程度等のリスクに応じて、「組織的安全管理措置」（安全管理について従業者の責任と権限を明らかに定め、安全管理に対する規程や手順書を整備運用し、その実施状況を確認すること）、「人的安全管理措置」（雇用契約や教育訓練によって従業員等が個人データの漏えい・滅失などを行わないようにすること）、「物理的安全措置」（入退館の管理や個人データの漏えい防止等の物理的な対応による安全管理措置をとること）、「技術的安全措置」〔個人データに対する技術的な安全管理措置（アクセス制御や不正ソフトウエア対策、情報システムの監視などを含む）をとること〕等の安全管理措置を適切に講じることとされています（「国土交通省ガイドライン」第9条第1項）。

⑪　個人データである個人情報が漏えい等した時は、どのように対応すればよいのですか。

　万一、個人データが漏えいしてしまった場合の対応は、国土交通省ガイドライン第21条に従い、「事実関係を国土交通省に直ちに報告すること」、「事実関係を本人に対して速やかに通知すること」、「二次被害防止、類似事案の発生回避等の観点から、可能な限り事実関係等を公表すること」が必要です。
　この報告・通知・公表をする「事実関係」の中には、個人情報流出の事実だけではなく、漏えい等の発生前に、当該個人情報取扱事業者がどのような漏えい等の防止措置を講じていたかを含めて報告する必要があります。このようなことに遭遇しないためにも、日頃から安全管理措置を念頭に置いて業務を行うことが重要です。

⑫　個人データを紙媒体に印刷して見せるだけの場合や、口頭で説明を行うだけの場合も「第三者提供」に該当しますか。

　「個人データを紙媒体に印刷して見せるだけの場合」や、「口頭での説明を行う場合」も、法第23条第1項・第2項の個人データの第三者提供に該当することになります。
　個人データを第三者に提供する場合は、「本人の同意を得る**（法第23条第1項）**」か、「同意に代わるオプトアウトの措置を講じる**（法第23条第2項）**」必要があります。
　「オプトアウト」とは、「第三者への提供を利用目的とすること」、「第三者に提供される個人データの項目」、「第三者への提供の手段または方法」、「本人の求めに応じて当該本人が識別される個人データの第三者への提供を停止すること」の4項目を、予め本人に通知し、または本人が容易に知り得る状態に置くことで、本人の事前の同意がなくても、個人データを第三者提供することができることをいいます。なお、ここで言う「容易に知り得る状態」とは、「個人情報の取扱い」について、「書面を店内の見える場所に掲示する」か、「パンフレット等を作成してお客様に配布」ないしは、「インターネットのホームページに掲載」すること等の措置を講じることで義務を果たしたことなると言われています（前述問⑥参照）。

⑬　「近隣に存在する暴力団関係者（本人）」や「当該建物内での自殺者（本人の関係者）」がいることが宅建業法第47条の「重要な事項」に該当する場合にその事実を告げる行為、従業者名簿を宅建業法第48条に基づき閲覧する行為において、本人の同意を得る必要がありますか。
　また、「登記簿に記載された事項」として土地・建物の名義人や抵当権者等を宅建業法第35条の重要事項として説明する行為において、本人の同意を得る必要がありますか。

　宅建業法により宅建業者に義務付けされている**同法第47条**の「重要な事項」に該当する事実を告げる行為や、**同法第35条**の重要事項として説明する行為、**同法第48条**の従業者名簿を閲覧に供する行為は、個人データに該当しますが、個人データの第三者提供に該当する場合であっても、いずれも**法第23条第1項第1号**の「法令に基づく場合」に該当し、本人の同意は必要ありません。
　しかしながら、これらの行為は、宅建業法上の義務として宅建業者が宅建主任者に説明させなければならない以上、本人の同意がなくても個人情報保護法上違反とならないということに過ぎません。業務の原則的なあり方としては、きちんと本人の同意を得たうえで説明等を行うべきであると言えます。

⑭　第三者提供に当たり、法第23条第1項による本人の同意の取得ではなく、法第23条第2項のオプトアウトの措置を講じた場合は、個人情報取扱業者は一切の責任を問われることはないのですか。

　個人データの第三者提供に当たり、**法第23条第2項**のオプトアウトの措置を講じていても、本人の同

意なしで行った第三者提供により生じる結果について、民事上（**民法第709条**・**不法行為**）や刑事上（**刑法第230条**・**名誉毀損**）などの責任に問われる可能性がありますので注意を要します。

なお、**法第23条第1項**に基づき、個人データの第三者提供について本人の同意を得ていれば、本人の同意を受けて個人データを第三者提供したことにより、本人から第三者提供について不法行為責任（**民法第709条**・**不法行為の一般的要件・効果**）が問題となったり、刑事上の名誉毀損などが問題となったりすることはないと思われます。仮に問題とされても、本人から同意を得て第三者提供しているものであるため、第三者提供を行った個人情報取扱事業者の民事上・刑事上の責任が認められることは殆ど考えられません。

⑮ 保有個人データについて、取得の状況からみて利用目的が明らかであると認められる場合には、保有個人データの利用目的を公表する必要はないのですか。

保有個人データについては、取得の状況からみて利用目的が明らかであると認められる場合であっても、保有個人データの利用目的を公表（本人の求めに応じて遅滞なく回答する場合を含む。）する必要があります（**法第24条第1項第2号**）。また、個人情報保護法施行時に既に個人情報取扱事業者が保有している保有個人データについても、利用目的を公表（本人の求めに応じて遅滞なく回答する場合を含む。）する必要がありますので留意して下さい。

なお、**法第24条第1項第2号**の規定により、保有個人データの利用目的の公表がなされ、利用目的が明らかになっている場合には、**法第24条第2項**に基づき、保有個人データの利用目的の通知を本人から求められても、個人情報取扱事業者としては、その目的を利用する必要はありません。

⑯ 個人情報保護法に違反した事案が宅建業法違反になることはありますか。

個人情報保護法の違反が、「業務に関し他の法令に違反し、宅建業者として不適当であると認められるとき」に該当する場合は、**宅建業法第65条第1項**（指示）、**第65条第2項**（業務停止）、**第66条第1項第9号**（免許取消し）が適用される可能性がありますので、留意する必要があります。

(4) 第三者による「連帯保証人代行システム」等の加盟店登録

借主と賃貸借契約を締結する場合、連帯保証人を契約締結の条件の一つとする例が多く見受けられます。しかしながら、少子・高齢化時代下において、従来の人的保証に代わる第三者による「連帯保証人代行システム」等を利用する傾向が見られるようになりました。

宅建業者は、貸主・借主への各種サービスを提供する一環として、事前に当該システム等利用を検討しておくことも一考と思われます。

サービス内容としては、提供企業ごとに多少の差異があるものの、基本的には、宅建業者が加盟店になることによって、貸主・借主の了解のもとで、当該サービスを利用することができる状態になります。

貸主のメリットとしては、「家賃保証による賃料収入の安定」、「連帯保証引受による空室率の減少」、「滞納督促の煩わしさの解消」等が、また、借主のメリットとしては、「保証料を支払うことによって、煩わしい連帯保証人探しを回避できる」や、サービス提供企業によっては各種サービスが享受できる内容となっているようです。

第2章　物件の斡旋

1　入居希望者の来店　　　［フロー図1　②］

借り希望者からの問合わせに応じる。
- □　来店（紹介・飛び込み）
- □　電話（紹介・情報媒体等を見て）

　借り希望者より、来店もしくは電話等にて物件の紹介を求められた場合は、希望条件を十分に確認することが必要です。
　この手順を怠りますと、借り希望者の希望に添った物件を紹介できないばかりか迷いを助長することにつながり、無用な時間を費やすことになりますので、必要事項を確実にメモするようにしましょう。

2．入居希望条件の確認　　　［フロー図1　③・④］

入居希望条件の確認をする。
- □　借り希望者による直接記入
- □　担当者による聞き取り
- □　記入事項（聞き取り事項）の正否（信憑性）の確認
- □　人柄等の判断（会話や受け答え態度・身なり等を把握）
- □　情報提供するか否かの判断
- □　個人情報保護法に基づく措置を講ずる

(1) **「ご希望物件申込カード」の作成**
　借り希望者の希望を確認する方法には、担当者が聞き取りする方法と所定の様式を予め用意し、希望者自身に記入して頂く方法が考えられます。
　どちらの方法を採用する場合でも、確認すべき内容は、希望条件に、より近い物件を如何に紹介できるか、そのために最低確認すべき事項は何かを整理します。

(2) **希望条件を十分に確認する**（この時点から、すでに第一次入居者選定が始まっている）
　この時点では、個人情報に深入りすることは借り希望者に無用の警戒心を与えることになり兼ねませんので注意が必要ですが、抱えている物件の特長や他の入居者との調和、安定した家賃収入を納入可能な入居者を確保するために必要な事項の確認や、会話等を通じて入居の資格要件を備えているか否かを把握します。そのために、入居希望条件を確認することのほかに、入居希望者の人柄等を把握することを忘れてはいけません。
　ここでは、「ご希望物件申込カード」【様式7】をもとに、確認事項の必要性と注意点について説明します。
　①**「入居希望者」に関する事項**
　　A.「氏名」
　　　→　申込者を特定するために記入を求めています。
　　　（トラブル例）　暴力団員、過激派活動家、犯罪者等が偽名を用い入居した後に住民等とトラブルを起こした例あり。

B．「本人の別（本人・代理）」
→ 来店時点からの行動、言動、会話等を通じて、入居希望者の人柄等を把握したり、申込カード記入者が申込者本人であるか否かを確認したりするために記入を求めています。
（トラブル例）　申込者と異なる者（不法入居者、身代り入居者等）が入居した後に貸主や住民等とトラブルを起こした例あり。

C．「入居人数」
→ 住宅の広さ、類似条件で入居している者の事例をもとに、希望に近い物件を紹介するために必要な事項として記載を求めています。
（トラブル例）　入居予定数を越えての入居、身分不相応な物件への入居によりトラブルを起こした例あり。

D．「現住所」
→ 申込者を特定するとともに不良入居者等を未然に防止するために記入を求めています。
（トラブル例）　逃亡中の犯罪者であったために、現住所を明記できなかったことをきっかけに入居の未然防止をした例あり。

E．「勤務先名」「業種」
→ 職業により、既入居者と著しく生活サイクルが異なることによる入居者間でのトラブルを未然に防止するほか、入居者の収入の安定度を把握するために記入を求めるケースが多く見られます。

② 「転居の理由」
→ 物件を絞込む際の検索条件とする場合や転居の動機を確認することにより、不良入居者の入居防止を図るために記入を求めるケースが多く見られます。
（トラブル例）　転居理由不明が不良入居者の入居を未然防止した例あり。

③ 「希望条件」に関する事項
→ 「物件の種別」「間取・広さ」「駐車場の有無」「契約形態」「希望家賃」「希望地域」「入居希望日」「その他希望条件」など、希望に近い物件を紹介するために物件の絞込みに最低必要な条件を確認するために記入を求めるケースが多く見られます。
（トラブル例）　身分不相応な物件への入居者のトラブル例あり。

④ 「当社への来店動機」に関する事項
→ 広告媒体の効果の把握と、今後の営業方針の参考資料を得るために記入を求めるケースがあります。

⑤ 「備考欄」
→ 各項目を補完的に確認した内容や、申込カードに具体的に盛込み確認しにくい事項を口頭により確認した内容を記入しているケースがあります。

　入居希望者の調査を厳正に行う目的は、確実に賃料を支払える能力のある人で、他の入居者と円満な共同生活を営める人柄である人を斡旋することにより、貸主に対して安定的に賃料収入を約束できるよう誠実に業務を遂行するためです。
　目先の報酬にとらわれ、入居の斡旋をした結果、他の入居者とのトラブルが絶えなかったり、賃料の滞納率が高く、督促業務に必要以上に時間を費やすはめになったなどの事例が数多く挙げられています。
　ただ、こうしたトラブルに対して過剰反応した事例として「斡旋拒否」の問題が指摘されています。斡旋するための基準は、貸主の意向で決定されますが、一部の「高齢者世帯、特に、独居老人」や「外国人」などを無闇に斡旋拒否することは、急速な「高齢化社会」への移行及び経済の国際化の進展に伴う日本国内への外国人の流入の増加という現実と逆行した対応と言えます。特に、今後の高齢化社会における住宅問題を解消するために、平成13年に施行された高齢者居住法に基づく60歳以上の高齢者を受入れる登録住宅として、積極的に住宅を提供してくことが望まれます。
　高齢者や外国人でも、入居を希望するのであれば、客観的な入居基準（賃料等の支払いが確実に見込める、他の入居者と円満な共同生活を営める誠実な人柄であるなど）で入居者選定するように貸主の考え方を改めてもらうような宅建業者側の説得が望まれるところであり、また、宅建業者は、自己の営業エリア内に理解ある貸主と住宅がないかどうかを調査し、物件の確保に努力して欲しいものです。

(3) 「個人情報保護法」に基づく措置を講ずる

この時点で、入居資格確認のために、借り希望者やその連帯保証人より提出して頂く資料が個人情報保護法上の個人データに該当するものである場合は、個人情報の取扱い方について、必要な手続を取って置く必要があります（詳細は、第2編「募集・斡旋業務」第1章「物件調査」「4.来店準備をする」を参照して下さい）。

3　物件情報の提示　　［フロー図1　⑤］

希望に近い物件を提示する。
- □　自社持ち物件、他社からの依頼物件、指定流通機構等での流通物件の中から物件を検索
- □　検索結果をもとに、希望に近い物件を厳選し提供

(1) **物件を吟味し提供する**

借り希望者が他の入居者と円満に共同生活を送ることができる人であるかを判断したうえで、希望に近い物件を厳選して提示することにします。

より多くの情報を提供することがサービスと思われがちですが、かえって、借り希望者の思考を惑わす原因にもなりますので、担当者側で借り希望者が求める物件条件と、入居層が同等な物件であるか否か等を考慮して物件を紹介するように心掛けましょう。

厳選に当たっては、自社の持ち物件のみならず、指定流通機構等の媒体を通じて得た、希望に近い物件を紹介します。

ただ、一般媒介物件や他社及び指定流通機構等を通じて得た物件を紹介する場合は、空室状況や事前了解等の確認を怠らないようにします。

4　物件の絞込み　　［フロー図1　⑥］

物件の絞込みのための情報を借り希望者に提示する。
- □　空室、他の希望者の有無等を確認
- □　物件パンフレット、図面等を提示
- □　間取、設備、物件周辺の環境・施設等の説明
- □　その他、重要な事項の説明
- □　現地見学の候補物件を選定（1～2件に絞る）

(1) **空室等の確認**

紹介に際して、その物件が「空室か否か」「他に希望者がいないか」、貸主の事前確認を要する場合は、希望者に関する情報を提示し事前了承を得る等の確認を行ったうえで物件を提示します。

(2) **図面情報等の提供**・・・（不動産標準情報表示様式【様式8】の利用）

また、お客様に物件を絞込んで頂くためには、言葉での説明も大事ですが、情景が思い浮かべられるような手法で説明することが効果的であり、また、理解を得られ易くするため、「物件パンフレットや図面等」【様式8】を用いて間取や設備、物件周辺の環境、施設について説明し、お客様が物件を見てみたいと思う環境作りに努めます。

ただ、成約を急ぐあまり、安易に物件の長所ばかりを列挙して誘導するのでなく、重要事項として説明すべき点についても忘れずに触れておく必要があります。例え成約にこぎ着けたとしても、後日、「そんな重要なことが分かっていたら、借りなかったのに」というトラブルが生じ兼ねないからです。

5　物件案内　　　　［フロー図1　⑦］

物件を案内する。
　　　　□　担当者が案内する場合
　　　　　　□　自社が鍵を保管していない場合の確認
　　　　　　□　物件内の間取、設備の説明
　　　　　　□　周辺の環境、公共施設、買物施設等の説明
　　　　□　現地で貸主が対応する場合
　　　　　　□　貸主への連絡
　　　　　　□　現地案内図の提供
　　　　□　鍵を貸与し、希望者を独自に見学させる場合
　　　　　　□　鍵の貸与に関する確認事項
　　　　　　□　室内の見学上の注意事項

　物件の現地案内の方法には、担当者が案内する場合と、借り希望者を独自に見学させる方法が考えられますが、できるだけ案内すべきです。
　図面等で物件の概要を一通り説明したとしても、現地で物件を見ながら、設備や周辺の環境、学校や市役所等の公共施設、銀行やショッピング街等の利便施設について、さらに説明するなど、限られた時間内で借り希望者とのふれあいを通じて人柄を知り、かつ、入居意思の確認を自然に引き出せるように心掛けます。
　借り希望者の求める物件が複数ある場合はなおさら、現地案内すべきです。この場合は、担当者から見て、希望にどちらが近い物件かを見極めたうえで、案内の順番を決定します。
　どうしても、現地案内ができない場合は、鍵を貸与し、独自に見学をして頂くことになりますが、この場合は、鍵の紛失等の保全策として、書面により貸与関係と責任関係を明確にします。貸与に当たっては、借り希望者の身分証明書等、身元が確認できるものの提示を求め確実に鍵の返却を約束させます。
　また、室内の見学についても、土足厳禁、設備等の汚損の禁止等を促します。
　さらに、貸主や他社が現地案内に応じる場合は、借り希望者が戸惑いを感じないよう、相手に充分な説明と理解を求め、現地までの案内図を提示する等の対応を行うようにします。

6　物件の特定　　　　［フロー図1　⑧］

物件を特定する。
　　　　□　借り希望者の反応を確認（気に入っている場合）
　　　　　　□　入居申込手続の必要性を促す
　　　　　　□　社に戻り、入居申込書の記入を求める
　　　　□　借り希望者の反応を確認（迷っている場合）
　　　　□　借り希望者の反応を確認（気に入っていない場合）

　借り希望者の物件の特定に際しては、十分な間合いをとり、精神的に安定した状態の中で決定できる環境づくりに心掛けます。決定を急ぐような言動や応対態度、強引なセールスは、借り希望者に不安と不信感を与え兼ねず、会社イメージまで悪くすることになり兼ねませんので注意します。

7　入居申込書の受領　　　［フロー図1　⑨・⑩］

借り希望者と「賃貸借媒介契約」を締結するとともに、入居申込書を受領する。
（共通対応）
- □　借り希望者と「賃貸借媒介契約」を締結する

（個人契約の場合）
- □　借り希望者による入居申込書の記入
    - □　個人情報及び同居人情報が記入できているか
    - □　連帯保証人情報が記入できているか**（「連帯保証人代行システム」等を利用する場合は所定書類に必要な事項が記入されているか）**
    - □　申込者の署名押印があるか
- □　必要な事項が全て記入されている（署名押印済の）場合
    - □　受領し、可否決定、契約予定日や添付書類の提示について説明
- □　一部未記入（押印がない場合も含む）の場合
    - □　後日、正式な申込書の持参を求める（押印がない場合）
    - □　申込書の正本を複写しコピーを渡して（複写式の場合はお客様用を渡して）、後日、電話等で空欄部分の連絡を受ける（押印ある場合）
    - □　可否決定、契約予定日や添付書類の提示について説明
- □　「重要事項説明書」で説明すべき事項の概要説明を行う
- □　入居可否の通知先の確認
- □　個人情報保護法に基づく措置を講ずる

（法人契約の場合）
- □　借り希望者による入居申込書の記入
- □　会社の担当窓口の確認
- □　「重要事項説明書」で説明すべき事項の概要説明を行う
- □　可否決定、契約予定日や添付書類の提示について説明
- □　個人情報保護法に基づく措置を講ずる

（特定優良賃貸住宅等、公的資金利用住宅の場合）
- □　申込の受付方法
- □　「重要事項説明書」で説明すべき事項の概要説明を行う
- □　個人情報保護法に基づく措置を講ずる

（1）**「賃貸借媒介契約書」の作成**
　借り希望者が入居希望物件を特定した場合は、会社に戻り、入居意思を書面で確認します。
　この場合の書面としては、建設省（現：国土交通省）が作成した「賃貸借媒介契約書［借主用］**【様式9】**」の使用をお薦めします。
　賃貸借媒介契約書には、特定した物件に関する必要事項を記入するほか、宅建業者・借り希望者の権利義務関係を明記することになります。
　なお、貸主の入居審査に必要な資料については、従来と同様に入居申込書等を提出して頂き、審査することになります。
　賃貸借媒介契約書（借主用）と同時に入居申込書の提出を求めることは、一見、重複しているように思われますが、賃貸借媒介契約書は、宅建業者と借り希望者間で締結されるもので、お互いの権利義務関係を明確にするものであり、入居申込書は、借り希望者が貸主に提示して入居審査を請うものですので重複するものではありません。

（2）**「入居申込書」の作成**
　「入居申込書」**【様式10−1,10−2】**には、契約者の個人情報や同居人に関する情報、連帯保証人に関する情報を記入して頂くことになります。
　法人契約による場合は、会社の担当者と別途手続が必要になりますので、その旨の様式を提示するなど、契約に必要な手続を説明します。

（3）「入居申込書」の受領
　入居申込書の提示にあたり、
① 借り希望者に求める全ての情報項目に対して、その場で回答が得られ、署名押印ができる状態にある場合は、それをもって入居申込を受領したといえます。
② 未記入項目があるものの署名押印ができる状態の場合は、後刻、電話やＦＡＸ等で補足することにより、入居申込を受領することになります。
③ 未記入項目や押印が得られない時は、申込書が複写式の場合はお客様用を渡し、また、それ以外の様式の場合はコピーを預かり、後日、正式な申込書を提示した時点を受領日とします。

（4）「入居申込書」提出、即入居決定でないことの説明
　入居申込書を受領することにより入居意思の確認を得た訳ですが、受領即入居を許可したということにはなりません。
　貸主側に入居可否の決定権がある場合は、貸主の意向確認が必要であることを告げ、その前提として入居審査に必要な資料の提出を求めるなど、契約締結までに必要な手続を十分に説明します（「賃貸借契約のご案内」【様式11】）。
　また、後日、入居の可否について、電話等で連絡することも説明します。
　そのため、確実に連絡の取れる方法（電話ないしは連絡先住所）を確認します。
　入居の可否通知については、可及的速やかに対応するとともに、契約締結日は、申込書を受領した日から概ね10日以内を目安に設定することが望ましい対応と考えます。

（5）「賃貸借契約のご案内」の作成
　契約までに準備する必要書類には、次のようなものがあります。
　① **契約者本人に関するもの**
　　　住民票（謄本）　　1通・・・・・入居者全員の関係が分かるもの
　　　印鑑登録証明書　　1通・・・・・3か月以内のもの
　　　収入証明書　　　　1通・・・・・源泉徴収票または納税証明書
　　　賃貸借契約書　　　2通・・・・・事前に提示してある場合
　　　印鑑　　　　　　　　・・・・・登録済印鑑（実印）
　② **連帯保証人に関するもの**
　　　印鑑登録証明書1通・・・・・**「連帯保証人代行サービス」等を利用する場合は所定書類**
　　（契約に立会う場合）
　　　印鑑　　　　　　　　・・・・・登録済印鑑（実印）
　　（契約に立会わない場合）
　　　賃貸借契約書の保証人欄または保証引受承諾書（確約書）・・・署名のうえ押印（実印）
　③ **法人契約の場合**
　　　会社謄本　　　　　　1通・・・・・会社概要説明書での対応例あり
　　　代表者印鑑登録証明書1通・・・・・3か月以内のもの
　　　入居者の在職証明書　1通・・・・・従業員証明書、保険証での対応例あり
　④ **学生の場合**
　　　在学証明書　　　　　1通・・・・・学生証写しでの対応例あり
　　※　父親と契約し、母親を連帯保証人にして入居者を特定する場合や、学生と契約し、親を連帯保証人として契約する場合あり

（6）**金員を一切受領しない**・・・・・・・・・（「東京都要請文」【別紙1】参照）
　この時点では、宅建業者は、賃貸借媒介契約書と入居申込書を受理するのみで、手付金や預かり金等いかなる名目の金員であっても、受領しないようにすることが望ましい処理であると考えます。
　なお、借り希望者が順位保全のために自ら金員を預けていく場合は、金員を受領する前に、預り金が「物件を確保する目的のものであること」「物件確保の有効期限」「預り金は必ず借り希望者に

返還される性格のものであること」などを重要事項説明書を交付して説明したうえで受領するよう業務処理します（「第6編　クレーム対応　クレーム例(7)」を参照）。

(7)　**「重要事項説明書」で説明すべき事項の概要説明【様式18-1】**
　平成15年7月10日付で、国土交通省総合政策局長より「不動産流通の円滑化について」と題した通達（国総動第71号）が不動産関係団体長宛に発出されました。
　この通達は、一般消費者は従来に比べてより多くの不動産情報に接することが可能となったとはいえ、権利関係や取引条件が複雑な不動産取引について詳細を正確に理解することは困難な場合が多く、依然、取引に関するトラブルが絶えないことを受けて、一般消費者に対して的確な情報を分かりやすく提供し、消費者の理解と判断を助けるサービスを提供することが不動産流通業者に最も期待されているとして、消費者の理解と判断を助けることにより不動産流通の円滑化を図ることを目的としています。
　具体的には、重要事項説明に先立ち、重要事項説明を受けようとする者（借り希望者）に対して、予め**重要事項説明の構成や各項目の留意点について理解を深めるよう重要事項の全体像の説明**を行うことが望ましいとされています。
　従来どおり、賃貸借契約を締結するまでの間に、取引主任者が重要事項全体の説明【**様式18-2**】をすることになりますが、**「重要事項説明書」で説明すべき事項の概要【様式18-1】**について、この時期に説明することが望ましいと思われます。
　なお、この概要の説明者は、宅建主任者以外の従事者でも可能とされていますが、借り希望者がよく理解できるように説明する必要があります。

(8)　**「個人情報保護法」に基づく措置を講ずる**
　この時点で、入居資格確認のために、個人情報保護法上の個人データに該当する内容を取扱う場合は、個人情報の取扱い方について、必要な手続を取って置く必要があります（詳細は、第2編「募集・斡旋業務」第1章「物件調査」「4.来店準備をする」をご参照下さい）。

第3章　入居者の資格確認

1　入居者の資格確認　　［フロー図1　⑪］

入居者の資格確認を行う。
- □　来店から入居申込書提出までの印象
- □　入居申込書記載内容の確認
- □　連帯保証人に保証の意思確認

(1) 入居資格確認

　入居者の資格確認は、借り希望者が来店した時点や、電話で問い合わせがあった時点から始まっていると言えます。

　貸主の求める入居者資格要件に合致するか否かの判断は、借り希望者から得られた情報をもとに、客観的に判断可能な範囲で見極めをすることになります。

　また、提出された入居申込書をもとに、連帯保証人に直接連絡をして、保証人になって頂くことの意思確認を行い、契約に必要な書類等の提出依頼も合わせてお願いするようにします。

　この確認において、連帯保証人予定者が快く同意して頂いたか否かも判断材料となりますので注意を要します。

　借り希望者から得た連帯保証人が、積極的に協力をして頂けない状況であったり、断られたりした場合は、改めて引き受けて頂ける連帯保証人の提示を借り希望者に求めるようにします。また、必要に応じて勤務先等で入居申込書に記載する事項等の事実確認を行います。

　さらに、契約締結時に提出または提示を求める各種証明書は、入居申込書の記載事項との照合のため、また、入居に対する真摯な対応の是非を確認するために必要となるものです。

2．入居者選定の助言　　［フロー図1　⑫］

入居者選定のための助言を行う（貸主側の承諾を要する物件の場合）。
- □　本人に関する心証、評価等を貸主に報告（入居申込書添付）
  - □　結論が短期間に得られる場合
  - □　貸主と連絡が取れず、確認まで一定期間を要する場合
- □　入居の可否の決定

(1) 貸主の入居の可否決定に係る助言方法

　業者サイドで自由に決定可能な物件の場合は別として、貸主側の承諾を要する物件については、貸主は入居申込書の記載事項等をもとに入居の可否を決定することになりますが、借り希望者から提出された入居申込書に加え、連帯保証人との確認状況や本人に関する心証、評価等を記載した書面（「入居希望者の入居資格に関する参考資料」【様式12】）等で報告し、入居の可否について貸主が的確に判断できるようにします。

　業者側に入居の可否決定が委ねられている場合でも、後日、同様の報告書を作成し了解を得ることが望ましい処理と考えます。

　これは、後日、入居者とトラブルが生じた際、業者単独で決定したことを理由に、貸主側の責任逃れを防ぐ対応策になります。なお、トラブルが生じた時は、依頼を受けた業者として、誠意をもってトラブルの解決に努めなければならないことは言うまでもありません。

3　可否の決定・通知　　［フロー図1　⑬・⑭］

借り希望者に対して、入居可否の決定及び通知を行う。
- □　可否の決定通知の作成・通知
    - □　電話による通知
    - □　文書による通知
- □　入居可能の場合
    - □　契約予定日と当日までに必要な書類等の提出指示
- □　入居不可の場合の入居申込書の扱い
    - □　入居不可通知に同封し返却する（プライバシー保護のため）

（1）「**入居可否の通知**」**の作成**

　　入居の可否の決定に伴い、入居が不可の場合はその旨を、また、可能な場合は契約日等を、借り希望者に通知することになります。

　　通知方法としては、電話で行う方法と郵便物により行う方法が考えられます（「入居可否の通知」【**様式13**】）。

　　入居申込書を受理する時点で、可否結果の連絡方法を約束し、それに基づき対応することとなりますが、一般的には、電話連絡で、一刻も早く報告するように努めます。そのため、入居申込書で確実に連絡が取れる場所と時間等を確認しておきます。

　　入居が不可の場合は、プライバシー保護の観点から、入居申込書を返送することが望ましい処理と思われます。

4 賃貸借契約時の出席者の有無による契約処理　［フロー図1　⑮・⑯］

賃貸借契約の締結業務における取引態様ごとの契約処理方法のポイントを押さえる。【フロー図4】

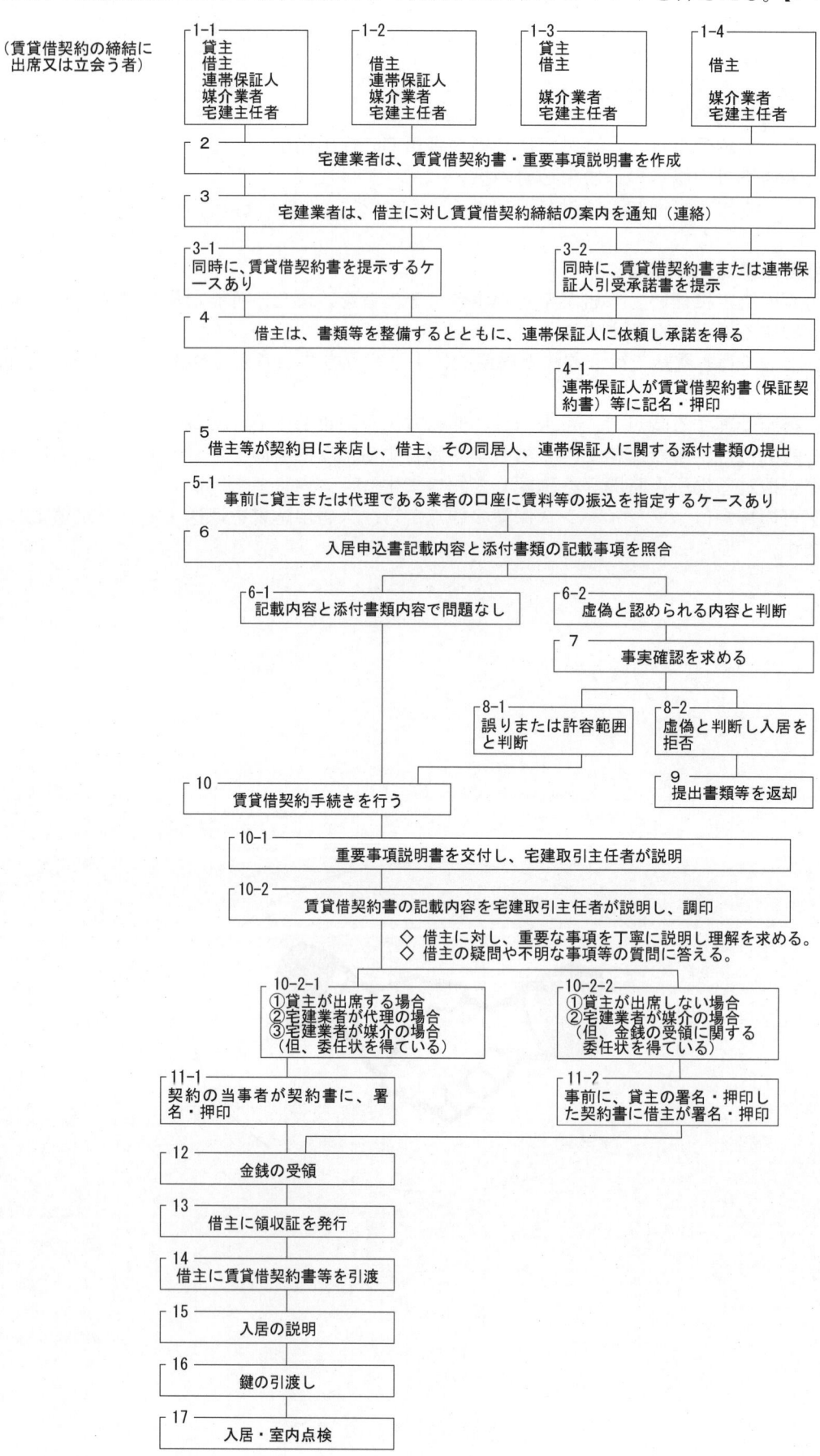

（賃貸借契約の締結に出席又は立会う者）

- 1-1　貸主／借主／連帯保証人／媒介業者／宅建主任者
- 1-2　借主／連帯保証人／媒介業者／宅建主任者
- 1-3　貸主／借主／媒介業者／宅建主任者
- 1-4　借主／媒介業者／宅建主任者

2　宅建業者は、賃貸借契約書・重要事項説明書を作成

3　宅建業者は、借主に対し賃貸借契約締結の案内を通知（連絡）

- 3-1　同時に、賃貸借契約書を提示するケースあり
- 3-2　同時に、賃貸借契約書または連帯保証人引受承諾書を提示

4　借主は、書類等を整備するとともに、連帯保証人に依頼し承諾を得る

- 4-1　連帯保証人が賃貸借契約書（保証契約書）等に記名・押印

5　借主等が契約日に来店し、借主、その同居人、連帯保証人に関する添付書類の提出

- 5-1　事前に貸主または代理である業者の口座に賃料等の振込を指定するケースあり

6　入居申込書記載内容と添付書類の記載事項を照合

- 6-1　記載内容と添付書類内容で問題なし
- 6-2　虚偽と認められる内容と判断

7　事実確認を求める

- 8-1　誤りまたは許容範囲と判断
- 8-2　虚偽と判断し入居を拒否

9　提出書類等を返却

10　賃貸借契約手続きを行う

- 10-1　重要事項説明書を交付し、宅建取引主任者が説明
- 10-2　賃貸借契約書の記載内容を宅建取引主任者が説明し、調印

◇　借主に対し、重要な事項を丁寧に説明し理解を求める。
◇　借主の疑問や不明な事項等の質問に答える。

- 10-2-1　①貸主が出席する場合　②宅建業者が代理の場合　③宅建業者が媒介の場合（但、委任状を得ている）
- 10-2-2　①貸主が出席しない場合　②宅建業者が媒介の場合（但、金銭の受領に関する委任状を得ている）

- 11-1　契約の当事者が契約書に、署名・押印
- 11-2　事前に、貸主の署名・押印した契約書に借主が署名・押印

12　金銭の受領

13　借主に領収証を発行

14　借主に賃貸借契約書等を引渡

15　入居の説明

16　鍵の引渡し

17　入居・室内点検

（賃貸借契約の締結方法）
- ☐ 貸主と連帯保証人が出席する場合
    - ☐ 事前に提示する書類
- ☐ 連帯保証人が出席しない場合
    - ☐ 事前に提示する書類
    - ☐ 事前に了承を得る必要がある事項及び書類
- ☐ 貸主および連帯保証人が出席しない場合
    - ☐ 事前に提示する書類
    - ☐ 事前に了承を得る必要がある事項及び書類
    - ☐ 貸主に代わって宅建業者が行う行為の授与範囲の明示
- ☐ 代理契約に基づき処理する場合
    - ☐ 貸主に代わって宅建業者が行う行為の授与範囲の明示
- ☐ 契約当日までに借り希望者よりキャンセルがあった場合
    - ☐ キャンセルの処理方法

　賃貸借契約の締結は、予め締結日を設定し、契約当事者と連帯保証人に出席を求め、宅建業者及び宅建取引主任者が立会い行うことが望ましい方法です。しかし、連帯保証人が出席する実態は殆どなく、また、貸主が出席するケースも少ないのが実情です。
　こうした中で、宅建業者が、如何に契約に必要な手続を効率よく確実に処理するかがポイントになりますが、貸主側と借主側が同時に履行する手続方法を採用することが原則です。
　こうした同時履行を原則として、契約締結の当日は、契約当事者等の出席の有無に関わらず、まず、賃貸借契約に先立ち、借り希望者より、契約に必要な添付書類の提出を求めます。
　この添付書類と、先に提出済の入居申込書の記載内容を照合して事実関係等を確認し、内容に相違が見られる場合は、借り希望者に確認を求めるなど契約に必要な事項を確実にチェックします。
　賃貸借契約の締結に支障のない場合は、予め用意した契約書を用い、次のように手続を取ります。

（1）**貸主と連帯保証人が出席する場合**（フロー図4　1-1の場合の処理対応）
　予め用意した賃貸借契約書を契約当事者に交付し、宅建業者ないしは宅建取引主任者が、条文を読み上げる方法が望ましい応対と言えます。
　また、それぞれに関係する事項については、特に、分かり易く説明し、理解を求めるように努めます。
　契約当事者並びに、連帯保証人が契約内容に合意するのを確認したうえで、関係者が署名押印をして、契約の締結手続きを完了します。
　なお、宅建業者並びに、宅建取引主任者の場合は、記名押印でも構いません。

（2）**連帯保証人が出席しない場合**（フロー図4　1-3の場合の処理対応）
　入居申込書を受領する時点もしくは、入居の可否を通知する時点で、連帯保証人が出席できないことが確実な場合は、予め、「賃貸借契約書」【様式14-1】ないしは「連帯保証人引受承諾書」【様式15】など連帯保証人の意思確認を要する書類を借主に提示し、連帯保証人の署名押印を頂くよう依頼しておきます。
　連帯保証人の意思確認については、借り希望者を通じてのみの確認だけではなく、担当者みずからも電話確認する等の手続を忘れないよう心掛ける必要があります。
　契約日の都合上ないしは連帯保証人が遠方の場合は、事前に、連絡のうえ了承の有無を確認しておく必要があり、了承する場合は、契約締結前に郵送する等により、確実に連帯保証人ご本人の署名押印を頂くようにします。
　この場合も、賃貸借契約書の契約内容を契約当事者に交付し宅建業者ないしは宅建主任者が、条文を読み上げる方法が望ましい対応といえます。また、それぞれに関係する事項については、特に、分かり易く説明し、理解を求めるように努めます。
　契約当事者が契約内容に合意するのを確認したうえで、関係者が署名押印をして、契約の締結手続を完了します。

なお、第三者による**連帯保証人代行システム等を利用する場合**は、審査結果（承認通知書が到着後）が出た後に契約締結をすることになると思われます。

（3）**貸主及び連帯保証人が出席しない契約の処理**（フロー図4　1-2、1-4の場合の処理対応）
　貸主が常に出席しない場合、宅建業者に賃貸借契約用の印鑑を預け対応する例が見られますが、好ましい処理とは言えないため、代理契約を締結のうえ対応するようにしましょう。
　このケースで貸主が代理契約を望んでいない場合は、賃貸借契約の締結業務を行う都度、「当該契約に出席できない理由及び賃貸借契約書に貸主が事前に署名押印し宅建業者に預けるか」「契約に係る金銭は、貸主が事前に署名押印した領収書をもって宅建業者が代行受領する」旨などを書面（「賃貸借契約に係る代行処理依頼書」【**様式16**】）に明記し、宅建業者の立場を明確にしたうえで契約に望むようにすることが大切です。
　これは、宅建業者は、宅建業法上、賃貸借契約を成立させ契約当事者に対して第37条に基づく書面（賃貸借契約書）を交付した後でなければ成功報酬を受領できないと規定されているため、その要件を満たすために必要な処理であるからです。
　契約内容等の確認については、前述の（1）（2）と同様の確認をしたうえで、理解を求め関係者の署名押印をお願いするようにします。

（4）**代理契約に基づき処理する場合**
　貸主に代わって、宅建業者が契約の当事者として契約することになります。
　契約内容等の確認については、前述の（1）（2）と同様の確認をしたうえで、理解を求め関係者の署名押印をお願いするようにします。

（5）**契約当日までに借り希望者よりキャンセルがあった場合**
　借り希望者より、入居申込についてキャンセルがあった場合は、キャンセルの理由を確認し、その旨を貸主に報告します。
　報告方法は、電話で行うほか、業務処理上、書面（「入居申込撤回に関する報告」【**様式17**】）にて報告することが望ましい処理と考えます。
　また、入居申込時点で、預り金がある場合は、入居申込書とともに借り希望者に返還する手続を取ります。
　なお、賃貸借契約の締結方法を整理すると次表のようになります。参考にして下さい。

「賃貸借契約の締結」に伴う貸主の出席の有無による処理方法

	代理の場合	媒介の場合		
貸主の出席の有無	I （宅建業者に代理権を付与し、出席しない）	II 常に出席しない ［貸主と代理契約を締結するか、貸主に契約時の出席を求めることが望ましい］	III 原則として出席する	IV 急遽、出席できなくなった場合
契約印	代理である宅建業者が押印 ＜貸主氏名○○ 代理業者◇◇㊞＞	事前に貸主より署名押印を求め対応 ＜貸主氏名○○㊞＞	貸主が押印 ＜貸主氏名○○㊞＞	事前に貸主より署名押印を求め対応 ＜貸主氏名○○㊞＞
契約書交付の有無	代理である宅建業者が交付	宅建業者は、事前に貸主より署名押印を得た契約書に借主の署名押印を求めた後に交付	貸主の署名押印による契約書を交付	宅建業者は、事前に貸主より署名押印を得た契約書に借主の署名押印を求めた後に交付
金銭受領	代理である宅建業者が受領	① 宅建業者は、原則として受領不可 ② 事前に貸主より受領書に金額、署名押印を得た領収書を提示し宅建業者が代行受領 ③ 契約手続中に貸主指定の口座に振込みを依頼し、振込証明書で入金を確認のうえ、事前に貸主より預った領収書を交付	① 貸主が受領 ② 貸主指定の口座に振込み処理可能 ③ 契約手続中に貸主指定の口座に振込みを依頼し、振込証明書で入金を確認のうえ、事前に貸主より預った領収書を交付	① 宅建業者は、原則として受領不可 ② 事前に貸主より領収書に金額、署名押印を得た領収書を提示し宅建業者が代行受領 ③ 契約手続中に貸主指定の口座に振込みを依頼し、振込証明書で入金を確認のうえ、事前に貸主より預った領収書を交付
領収書発行	代理である宅建業者が発行 ＜貸主氏名○○ 代理業者◇◇㊞＞	① 宅建業者は、原則として発行不可 ② 事前に貸主より領収書に金額、署名押印を得ておき、契約当日に宅建業者が交付する ＜貸主氏名○○㊞＞	① 貸主が受領 ＜貸主氏名○○㊞＞ ② 貸主が振込証明書により入金確認し発行 ＜貸主氏名○○㊞＞	① 宅建業者は、原則として発行不可 ② 事前に貸主より領収書に金額、署名押印を得ておき、契約当日に宅建業者が交付する ＜貸主氏名○○㊞＞

法人と賃貸借契約を締結する場合の処理方法
（個人企業の場合を含む）

	法人企業の場合		個人企業の場合
物件の検索主体	法人の担当者が物件を検索	当該社員が個別に物件を検索	① 代表者が物件を検索 ② 当該社員が個別に物件を検索
契約主体	① 法人の代表と貸主 ② 担当部署長と貸主	① 法人の代表と貸主 ② 担当部署長と貸主	① 代表者と貸主
提出書類	①②共通 1) 会社登記簿謄本又は、会社概要説明書 2) 契約者印鑑登録証明書 3) 入居者リスト 4) 入居者である社員の在職証明書 5) 入居者の住民票（謄本） 6) 連帯保証人の提示 7) 連帯保証人の印鑑登録証明書	①②共通 1) 会社登記簿謄本又は、会社概要説明書 2) 契約者印鑑登録証明書 3) 入居者リスト 4) 入居者である社員の在職証明書 5) 入居者の住民票（謄本） 6) 連帯保証人の提示 7) 連帯保証人の印鑑登録証明書	2) 契約者印鑑登録証明書 3) 入居者リスト 4) 入居者である社員の在職証明書 5) 入居者の住民票（謄本） 6) 連帯保証人の提示 7) 連帯保証人の印鑑登録証明書
	① 法人の代表者印の印鑑登録証明書又は資格証明 ② 担当部署長印の印鑑登録証明書（ただし、登録されていない場合が多いので、依頼意思の有無や企業実績等について会社訪問し担当者等に直面確認するなどして総合評価する） 上記6)7)については、一般に社会評価の高い企業（自治体、上場会社、それに準ずる会社等）の場合提出を省略する例あり	① 法人の代表者印の印鑑登録証明書又は資格証明 ② 担当部署長印の印鑑登録証明書（ただし、登録されていない場合が多いので、依頼意思の有無や企業実績等について会社訪問し担当者等に直面確認するなどして総合評価する） 上記6)7)については、一般に社会評価の高い企業（自治体、上場会社、それに準ずる会社等）の場合提出を省略する例あり	① 代表者印の印鑑登録証明書 契約者が代表者、連帯保証人を入居者とする例あり
賃料の支払方法	1 法人から貸主	1 法人から貸主 2 法人の規定額外の賃料物件の場合 1) 法人が社員より不足分を徴収し法人が貸主に支払う 2) 社員が法人より規定額の交付を受け不足分を加算して社員が貸主に支払う	1 代表者から貸主 2 規定額外の賃料物件の場合 1) 代表者が社員より不足分を徴収し代表者が貸主に支払う 2) 社員が代表者より規定額の交付を受け不足分を加算して社員が貸主に支払う
その他	入居者を限定した契約内容とすることが望ましい。（退職や転勤等による入居者の変更や、入居者以外の従業員の寝泊りによる無制限使用等への対応上）	入居者を限定した契約内容とすることが望ましい。（退職や転勤等による入居者の変更や、入居者以外の従業員の寝泊りによる無制限使用等への対応上）	入居者を限定した契約内容とすることが望ましい。（退職や転勤等による入居者の変更や、入居者以外の従業員の寝泊りによる無制限使用等への対応上）

第4章　重要事項説明

| 1　借り希望者への重要事項説明　　　［フロー図1　⑰］ |

重要事項説明書を作成し、借り希望者に交付して説明する。
- □　重要事項説明書を作成
- □　重要事項説明書を借り希望者に交付
- □　宅地建物取引主任者による説明
- □　借り希望者の理解を十分に得る

(1)「**重要事項説明書**」を作成し、交付して説明

　　重要事項については、物件を特定するまでの間にも口頭や図面、パンフレット等で部分的に説明しているのが実情のようですが、宅建業法上では、賃貸借契約を締結するまでに、宅建業者が、宅建主任者を介して、借り希望者に重要な事項について書面を交付して説明しなければならないと規定されています。したがって、できれば、重要事項説明の時期としては、賃貸借契約を締結するか否かを決定するための判断に必要な事項であるため、賃貸借契約の締結の当日ではなく、それ以前に借り希望者に交付し、朗読して説明し疑問点に答えるなど、十分に理解して頂くことが望ましい対応といえます（「重要事項説明書」【様式18-2】）。

　　重要事項説明書を作成するにあたり、調査や資料が不十分な場合は、貸主より資料提示を求めるほか、現地調査や関係機関で確認するなどして、正確な情報を提供できるように努めなければ、業者の善管注意義務違反になり兼ねませんので注意を要します。

| 2　重要事項として追加された事項とその背景 |

　平成17年4月1日以降に法制定ないしは法改正して施行された関連法令で、賃貸居住用住宅の重要事項として明記し、交付して説明すべきとされた事項は、**3つ**あります。

　その一つは、「**石綿健康被害救済法**」の制定に伴う「**石綿使用調査の内容**」、二つ目は「**耐震改修促進法**」改正による「**耐震診断の内容**」、三つ目は「**宅地造成等規制法**」改正による「**当該建物が造成宅地防災区域内か否か**」です。

　これらの事項が「重要な事項」として追加された背景には以下によるものですが、いずれも、生命を脅かすおそれが大きい問題であると思われます。

　また、**重要事項説明書に記述して説明する必要はありませんが、「個人情報保護法」に基づく措置を講ずることが宅建業者に課せられました**。

> Ⅰ.「**石綿健康被害救済法**」の制定に伴う「石綿使用調査の内容」が追加された背景と危険性

① **追加された背景**

　　アスベスト（石綿）は、建材製品、電気製品、ガス・石油製品などの形で国民生活に身近な場所で使用されてきましたが、近年になって、このアスベストに起因する「石綿肺」「肺がん」「中皮腫」といった健康被害が多発してきています。

　　こうした実態を受けて、政府は、**2005（平成17）年には「アスベストの吹付け作業を禁止」**したほか、「石綿による健康被害の救済に関する法律」（以下「石綿健康被害救済法」）を成立させ、**2006年（平成18）年3月27日から施行**しました。

　　この法律の施行を受けて、「**建物について、アスベスト（石綿）の使用の有無の調査の結果が記録**

されているときは、その内容」を説明することが宅建業法施行規則〔2006（平成18）年4月24日から施行〕に追加されました。

② **アスベスト（石綿）による建物の危険性**

　アスベストの繊維は、目に見えないくらい極めて細く、軽いために飛散しやすく、吸入され易いという特性があり、アスベストそのものには毒性がないものの、飛散したアスベストを吸入すると繊維が肺の中に残り、15～40年の潜伏期間を経て、「肺がん」「中皮腫」「石綿肺」などの病気を発症する原因になると言われています。また、青・茶石綿は、白石綿に比べ「中皮腫」の発症リスクが4～10倍高いとされていて、使用している建物の解体（改修）や吹付けアスベスト材の経年劣化などによるアスベスト粉塵の飛散による健康被害が危惧されています。

【参考資料】**アスベスト製品の用途**
〔厚生労働省が設置した「石綿の代替化等検討委員会」の「報告書」（平成15年3月）より抜粋〕
　アスベストの使用量のうち9割以上が「建材」に、残りは「化学プラント設備用のシール材、摩擦材等の工業製品等に使用されています。

	製品の種類	主な用途
建材	押出成形セメント板	建築物の非耐力外壁及び間仕切壁
	住宅屋根用化粧スレート	住宅用屋根
	繊維強化セメント板（平板）	建築物の外装及び内装
	繊維強化セメント板（波板）	建築物の屋根及び外壁
	窯業系サイディング	建築物の外装
	石綿セメント円筒	煙突
非建材	断熱材用接着剤	高温下で使用される工業用断熱材同士の隙間を埋める接着剤
	耐熱、電気絶縁板	配電盤等
	ジョイントシート	配管または機器のガスケット
	シール材	機器等の接続部分からの流体の漏洩防止用の詰物
	その他の石綿製品	工業製品材料（石綿布等）、ブレーキ（摩擦材）

Ⅱ．「**耐震改修促進法**」改正による「耐震診断の内容」が追加された背景と危険性

　我が国の住宅総数約4,700万戸のうち、全体の25％に相当する約1,150万戸は耐震性が不十分であるとされおり、国民の多くが住宅の耐震性に不安を感じている状態にあると言えます。
　平成7年1月に発生した「阪神・淡路大震災」において犠牲となった多くの方は、「家屋、家具類等の倒壊による圧迫死と思われるもの」が原因といわれ、また、建物を建築年別にみた場合、昭和56年以前の建築物（「新耐震」以前の建築物）が、昭和57年以降の建築物（「新耐震」建築物）に比べ被害が大きかったというデータが残っています。
　「建築物の耐震改修の促進に関する法律（以下「耐震改修促進法」という。）」は、「阪神・淡路大震災」の教訓を踏まえ、新耐震基準を満たしていない建築物について、耐震診断や改修を進めようとして平成7年に制定されたものですが、その後、平成17年に発覚した構造計算書偽装問題や、近い将来に、「東南海・南海地震」「首都圏直下型地震」等の大地震が発生するおそれがあること受けて、平成17年10月に「改正耐震改修促進法」が成立しました。
　耐震改修の前提となる耐震診断については、参議院の付帯決議において、「住宅の売買及び賃貸借の契約に係る重要事項説明の中に、耐震診断の有無及び耐震診断に基づく耐震性の状況について記載するよう検討すること」とされ、平成17年12月に関係省庁閣僚会合で取り纏められた「構造計算書偽装問題への当面の対応」においても、重要事項説明書に反映する旨の指摘がありました。こうした背景をもとに、「**昭和56年5月31日以前に新築された建物について、建築物の耐震改修の促進に関する法律第4条第2項第3号の技術上の指針となるべき事項に基づいて指定確認検査機関、建築士、登録住宅性能評価機関又は地方公共団体が行った耐震診断がある場合は、その内容**」を説明することが宅建業法施行規則〔2006（平成18）年4月24日から施行〕に追加されました。

Ⅲ. 「宅地造成等規制法」改正による「当該建物が造成宅地防災区域内か否か」が追加された背景と危険性

「宅地造成等規制法」（以下「宅造法」）は、宅地造成に伴う「崖崩れ」「土砂の流出」などの災害防止のために必要な規制を行うことによって、災害から人の生命や財産を保護することを目的として制定され、昭和36年11月7日に公布、昭和37年2月より施行されました。

この宅造法は、住宅の敷地に限らず、駐車場や資材置場等、農地以外の土地の造成において、土質に応じた擁壁や排水設備の設置など技術基準を明確にして、安全な宅地造成と災害に強い街づくりを進めることを目的としたものですが、十分機能していないこと等への対策が求められていました。

国土交通省は、こうした状況を踏まえて、平成18年1月に「総合的な宅地防災対策に関する検討会報告」を取り纏めました。

この報告書では、震災による被害軽減も重視する総合的な対策として強化・推進していく必要から、宅地の震災に対する安全性確保に係る技術基準、宅地の危険度を情報提供し、補強工事を推進するための法制度、支援措置等を整備するべきであると提言しています。

この報告書をもとに、国土交通省は宅造法改正案を通常国会において成立させ、**2006（平成18）年9月30日から施行**されました。

この法律の施行を受けて、**「建物について、造成宅地防災区域内にあるか否か」**（売買の場合は「宅地建物」）を説明することが宅建業法施行規則に追加されました。

Ⅳ. 「個人情報保護法」制定に伴う宅建業者が構ずべき措置

IT技術の進展により大量の情報処理が可能となる一方で、個人に関する情報の大量漏えいが発生している状況にあって、個人の権利利益を保護することを目的に、「個人情報の保護に関する法律」（以下「個人情報保護法」）が**2005（平成17）年4月1日から全面的に施行**されました。

今後、宅建業者やその従業員は、入居資格確認や重要事項説明書における個人情報保護法上の個人データに該当する内容を取扱う場合は、個人情報の取扱い方について、必要な手続を取って置く必要があります（詳細は、第2編「募集・斡旋業務」第1章「物件調査」「4.来店準備をする」をご参照下さい）。

3　重要事項説明書の内容

重要事項説明書に記載し説明する事項を確認する。
- ☐ 目的物件の物件調査結果内容の確認
- ☐ 登記内容等の確認
- ☐ 賃貸借契約内容の確認
- ☐ 重要事項説明書を作成
    - ☐ 分譲マンションの一室を賃貸する場合
        - ☐ 管理規約や使用細則等の提示義務
        - ☐ 管理組合への借主の誓約書の提出義務
- ☐ 宅建取引主任者による重要事項の説明
- ☐ 個人情報保護法に基づく措置を講ずる

重要事項は、借主にとって賃借の意思を最終的に確定する際の判断材料になるばかりか、宅建業者にとっても契約内容や入居後のクレームを未然に防ぐ意味からも、文字どおり重要なものですから、十分に調査したうえで丁寧に説明する必要があります。

貸借の媒介または代理に係る重要事項説明書の取扱いについては、宅建業法が明示的に説明すべきことを要求している事項は次のとおりです。なお、宅建業法は依頼者に説明すべき最小限の事項を規定したものであり、これらの事項以外にも特別な事情がない限り、宅建業者として知り得る範囲で

説明することが義務付けられていますので留意して下さい。

［説明すべき重要な事項］

【Ⅰ】対象となる建物に直接関係する事項
   1 登記簿に記載された事項（業法第35条第1項第1号）
   2 法令に基づく制限の概要（業法第35条第1項第2号）
      建物の貸借の契約の場合は、建物の賃借権の設定・移転に関する制限（次の4法令）のみが説明事項である。（業法施行令第3条第3項）
      1) 新住宅市街地開発法第32条第1項
      2) 新都市基盤整備法第51条第1項
      3) 流通業務市街地の整備に関する法律第38条第1項
      4) 農地法第73条第1項
   3 飲用水・電気・ガスの供給施設及び排水施設の整備状況（業法第35条第1項第4号）
   4 建物建築の工事完了時における形状、構造等（未完成物件のとき）（業法第35条第1項第5号）
   5 建物の設備の整備の状況〈完成物件のとき〉（業法第35条第1項14号／規則第16条の4の2第6号）
   6 当該建物が造成宅地防災区域内か否か（業法第35条第1項14号／規則第16条の4の2第1号）
   7 当該建物が土砂災害警戒区域内か否か（業法第35条第1項14号／規則第16条の4の2第2号）
   8 石綿使用調査の内容（業法第35条第1項14号／規則第16条の4の2第3号）
   9 耐震診断の内容（業法第35条第1項14号／規則第16条の4の2第4号）

【Ⅱ】取引条件に関する事項
   1 借賃以外に授受される金額（業法第35条第1項第7号）
   2 契約の解除に関する事項（業法第35条第1項第8号）
   3 損害賠償額の予定又は違約金に関する事項（業法第35条第1項第9号）
   4 支払金又は預り金の保全措置の概要（業法第35条第1項第11号）
   5 金銭の貸借のあっせん（業法第35条第1項第12号）
   6 契約期間及び更新に関する事項（業法第35条第1項14号／規則第16条の4の2第7号・第8号）
   7 用途その他の利用の制限に関する事項（業法第35条第1項14号／規則第16条の4の2第9号）
   8 敷金等の精算に関する事項（業法第35条第1項14号／規則第16条の4の2第10号）
   9 管理の委託先（業法第35条第1項14号／規則第16条の4の2第11号）

【Ⅲ】その他の事項
   1 供託所等に関する説明（宅地建物取引業法第35条の2）

　各宅建業者の使用する重要事項説明書の内容や様式がまちまちであり、また、説明すべき事項を十分に調査していないことや、事前の説明が不十分であることに起因して、多くの苦情相談が行政側に持ち掛けられていたので、国土交通省「ガイドライン」による標準様式が明示された**【様式18-2「標準重要事項説明書」参照】**。なお、重要事項説明書は、「対象物件の調査」の結果等を踏まえ、次の点に留意のうえ作成するようにしましょう。

（1）物件の表示
  ① 原則として、登記簿表題部の記載のとおり記入します。
  ② 国土交通省「ガイドライン」では、少なくとも次の事項を表示するものとされています。
     建物の「名称」「所在地」「室番号」「床面積」「種類及び構造」
  ③ 登記簿表題部の記載だけでは、取引の目的物を特定できないケース（貸間等建物の一部の貸借の場合等）については、図面等を添付する等の方法で明示するようにします。
  ④ 所在地は、住居表示が登記簿の所在地と異なる場合は両方記載するようにします。
  ⑤ 床面積は、賃貸借面積の基礎が壁芯計算か、内壁計算か、外壁計算かを把握するようにします。登記簿面積と異なる場合は両方を記載するようにします。

⑥　また、駐車場やトランクルーム等の付帯設備の有無についても、記載・説明が必要です。

（2）**貸主の表示**

① 貸主については、「氏名」「住所」「電話番号」を、また、貸主が法人の場合は、「社名」「代表者名」「住所」「電話番号」を記載します。

② 貸主と建物の所有者は、住民票上の住所・氏名と登記簿の登記名義人とが合致しているか否かを確認します。異なる場合は、登記名義人の表示変更がなされている場合を除き、貸主に賃貸する権限が存するか否かの調査を行い、貸主に賃貸権限がある場合には、その理由等を説明します。

　　異なる場合、貸主は、建物所有者と「第三者に転貸すること条件とする建物賃貸借契約（原賃貸借契約）」を締結した転貸人である場合が考えられます。賃借人は、賃貸人の承諾（民法612条）があれば、転貸することができますので、このような転貸借については、原賃貸借契約書や賃貸人の転貸承諾書の原本によって貸主（＝転貸人）としての賃貸権限の有無を確認します。サブリース契約や一括借上げ契約と呼ばれる契約がこれに当たります。

　　なお、賃貸権限を有しない者が賃貸した場合は、真実の権利者から建物の明渡しを請求されるなどの問題が生じることになりますので、貸借の媒介をすべきではないでしょう。

（3）**登記された内容**

① **建物に関する事項**

　　当該物件の建物の上に存する登記された権利の種類や内容、登記名義人を確認し、記載することになります。

A．登記簿の甲区欄を参照して、登記名義人の「氏名」「住所」を記載します。

B．所有権にかかる権利に関する事項は、甲区欄に記載される『所有権の保存、移転登記、買戻特約登記、所有権移転等の仮登記、仮処分、差押え等の登記、登記名義人の表示の変更等』の記載内容を転記します。

C．所有権以外の権利に関する事項は、登記簿の乙区欄に登記された事項（所有権以外の権利で、抵当権や賃借権、地上権等が記載されている）を転記します。

　　抵当権の設定登記以前の賃借権については、抵当権が実行されても、対抗要件（引渡し）を備えていれば競落人に対抗することができます。しかし、**抵当権設定登記以後の賃借権**は、抵当権が実行され競売されると、覆されます。「短期賃貸借保護制度」は廃止され、これに代わって**平成16年4月1日からは「明渡猶予制度」が施行**されており、重要な事項として告知する義務があることから、以下のような説明が必要になりますので留意してください。

> 【説明例文】　本物件には、既に抵当権が設定されていますので、借主は、その抵当権が実行され競売になり、買受人（新しい家主）から明渡しを求められたときは、買受人の所有権取得後6か月を経過するまでの間に明渡さなくてはならないことになります。なお、この場合、貸主に預けた敷金（保証金）についての精算は、元の家主に請求することはできますが、買受人（新しい家主）に求めることができません。

　　なお、抵当権の登記から、さらに進んで、「差押登記」にまで到っている場合は、原則として貸借の媒介をすべきではないでしょう。

② **土地に関する事項**

　　建物の賃貸借の媒介では、媒介の対象となっている建物のみを調査すればよいと考えられ、土地登記簿の調査まで行われていないことが多いようです（通達による標準様式も建物のみ）。しかし、建物所有者と土地所有者が同一であれば特に問題はありませんが、異なっている場合には、建物所有者の敷地使用権を調べる必要があります。例えば借地の場合は、契約書や地代領収書等で確認し、借地に関するトラブル（例えば地代滞納）があれば借主に告知するのが望ましいでしょう。というのも、借地権者たる建物貸主が、地代滞納等の債務不履行により借地契約を解除された場合、建物買取請求権を行使できず、このため借地人は建物を収去し土地を明渡さなければならなくなり、その結果、借地上建物の借主は建物の利用ができなくなるからです。

（4） **法令に基づく制限の概要**
　　建物の貸借の契約では、**業法施行令第3条第3項**の規定により①新住宅市街地開発法第32条第1項、②新都市基盤整備法第51条第1項、③流通業務市街地の整備に関する法律第38条第1項、④農地法第73条第1項の4法令に該当する場合に、その法令名とその制限内容を記載することになります。

（5） **飲用水・電気・ガスの供給施設・排水施設の状況**
　　飲用水・電気・ガスの供給施設・排水施設については、入居者にとって直ちに利用可能なものでなければなりません。利用できる施設の状況を所定の項目に添って、確認します。

（6） **建物建築の工事完了時における形状、構造等**（未完成物件の場合）
　　入居斡旋の段階で、目的物件が未完成の場合、物件内容を借り希望者は確認することができませんので、完成後の物件内容がイメージできる説明が求められています。通達による標準様式では、「建物の形状及び構造」「主要構造部、内装及び外装の構造・仕上げ」「設備の設置及び構造」となっています。間取り図や完成時の状況が分かるパンフレット、設計図等（縮尺100分の1以上の平面図）を添付するなどして理解を求めるようにします。

（7） **建物の設備の整備の状況**（完成物件の場合）
　　国土交通省「ガイドライン」では、少なくとも「台所、便所、浴室、給湯設備、ガスこんろ、冷暖房設備」について、その有無、型式・内容について記載することとしています。
　　「記載例」を示すと次のようになります。

建物の設備	有・無	型式・内容等	使用の可否
台　　所	有	システムキッチン（オーブン・食器洗機付き）	可
便　　所	有	便所専用、水洗式	可
浴　　室	有	浴室専用、ユニットバス（浴室乾燥機付き）	可
給湯設備	有	24号ガス給湯器（厨房、浴室、洗面、洗濯）	可
ガスこんろ	有	都市ガスBA	可
冷暖房設備	有	ヒートポンプ冷暖房用1機、居間に設置済	可
照　　明	有	各室に設置済	可

（注）ユニットバスの場合には、その旨記載のうえ「浴室と一緒」「便所と一緒」と記載
　　なお、設備の有無が「有」の場合でも入居後直ちに使用できないものについては、その旨を「使用の可否欄に「不可」と記載し、説明します。

（8） **当該建物が造成宅地防災区域内か否か**
　　当該宅地または建物が、**宅造法第20条第1項**の規定により指定された造成宅地防災区域内にあるときはその旨を説明しなければならないとされています。そのため、賃貸住宅の場合は当該建物が、宅地造成に伴う災害で相当数の居住者その他の者に危害を生ずるおそれが大きい一団の造成宅地の区域にあって、**都道府県知事より造成宅地防災区域と指定された地域内に存在する場合**は、「造成宅地防災区域内建物であること」を重要事項説明書に記載し、説明する必要があります。
　　当該建物が造成宅地防災区域内にあるか区域外にあるかについては、当該**建物が存在する市区町村役場に行って確認**することになります。

　　参考までに、造成宅地防災区域として指定された区域内の造成宅地の所有者、管理者、占有者は、災害が生じないように、当該造成宅地に擁壁等の設置や改造その他必要な措置を講ずるように努めなければならないとされています**（宅造法第21条第1項）**。また、災害防止のために必要な擁壁等が不設置ないしは設置不完全であるために災害発生のおそれが大きいと知事が認めた場合は、所有者等に対して工事を行うことを命ずることができるとされています**（宅造法第22条第1項）**。
　　具体的な「宅地造成に関する工事の技術的基準、擁壁、排水施設等の設置方法」**（宅造法第9条第1項）**については、同法**施行令第5条**「地盤について講ずる措置に関する技術的基準」で、

1) 「切土または盛土をする場合」は、崖の上端に続く地盤面には「崖の反対方向に雨水その他の地表水が流れるように勾配」を付けること**(第1号)**
2) 「切土をする場合」は、切土をした後の地盤に滑りやすい土質の層がある時は、その地盤に滑りが生じないように「地滑り抑止杭またはグラウンドアンカーその他の土留の措置」、「土の置換えその他の措置」を講ずること**(第2号)**
3) 「盛土をする場合」は、「盛土をした後の地盤に雨水その他の地表水の浸透による緩み、沈下、崩壊が生じないように締め固めその他の措置」を講ずること**(第3号)**
4) 「著しく傾斜している土地において盛土をする場合」は、「盛土をする前の地盤と盛土とが接する面が滑り面とならないように段切りその他の措置」を講ずること**(第4号)**

などと規定されているほか、「擁壁の設置に関する技術的基準」**(同法施行令第6条)**、「崖面について講ずる措置に関する技術的基準」**(同法施行令第12条)**、「排水施設の設置に関する技術的基準」**(同法施行令第13条)** で規定されていますので、当該建物が造成宅地防災区域内であるか区域外であるかに加え、その宅地が宅造法で規定されている工事方法による状況にあるかについて、当該市区町村に確認し、その結果を説明できるようにしておくことが必要と思われます。

具体的な記載方法としては、重要事項説明書の該当箇所で、当該建物が**「造成宅地防災区域内」**か**「造成宅地防災区域外」**であるかをチェック（「レ」〔レ点チェック〕ないしは■〔塗りつぶしチェック〕）します（下記参照）。また、防災区域内と区域外にある建物の違い等について**「補足説明」**をする**場合は、別途、書面を添付するなどして説明する**ことになります。

6 当該建物が造成宅地防災区域内か否か	
■　　　造成宅地防災区域内	□　　　造成宅地防災区域外

(9) **当該建物が土砂災害警戒区域内か否か**

業法施行規則第16条の4の2第2号に「当該建物が土砂災害警戒区域等における土砂災害防止対策の推進に関する法律（平成12年法律第57号）第6条第1項により指定された土砂災害警戒区域内にあるときは、その旨」を説明することが定められています。

具体的な記載方法としては、重要事項説明書の該当箇所で、当該建物が**「土砂災害警戒区域内」**か**「土砂災害警戒区域外」**であるかをチェック（「レ」〔レ点チェック〕ないしは■〔塗りつぶしチェック〕）します（下記参照）。また、警戒区域内、区域外にある建物の違い等について**「補足説明」**をする**場合は、別途、書面を添付するなどして説明する**ことになります。

7 当該建物が土砂災害警戒区域内か否か	
■　　　土砂災害警戒区域内	□　　　土砂災害警戒区域外

(10) **石綿使用調査の内容**

アスベストについては、建物に係るアスベストの使用の有無の調査結果について宅建業者が宅建主任者を通じて説明する必要があります。

アスベストの使用の有無の調査結果が保存されている場合は、「その内容」を明記することになりますが、具体的には、「調査の実施機関」「調査の範囲」「調査の年月日」「石綿（アスベスト）の使用の有無」「石綿（アスベスト）の使用箇所」について記述し説明することになります。調査結果記録から容易に石綿（アスベスト）の使用の有無が確認できる場合は、当該調査結果記録を重要事項説明書に添付しても差し支えないとしています。

ただし、調査結果記録に説明すべき項目が記述されていない場合は、売主ないしは所有者等に補足説明の報告を求め、それでも判明しない時は、その旨を記述し説明すれば足りるとしています。なお、売主ないしは所有者等から提出された調査結果記録を説明する場合は、売主ないしは所有者等の責任のもとで行われたものであることを、また建物全体を調査したものでない場合は調査した範囲に限定があることを明らかにする必要があります。

アスベストの使用の有無の調査結果が保存されていない場合は、調査義務を果たしたことを明確

にする必要から、「売主及び所有者に当該調査記録の有無を照会」し、必要に応じてマンションの場合は「管理組合及び管理会社」、戸建やマンションの場合は「施工会社」にも問合せ、調査結果が存在しないことが確認できた場合または存在が判明しない場合等について、その照会経緯と結果を記述し説明することになります。

　なお、アスベストに関して説明すべき事項は、「石綿（アスベスト）の使用の有無の調査の実施自体」を宅建業者に義務付けているわけではありません。宅建業者に課せられている義務は、調査記録結果の有無を当該物件関係者に照会し、その結果を明記して説明するということです。

　具体的な記載方法については、以下のように重要事項説明書【**様式18-2**】の「Ⅰ」に追加された「8　石綿使用調査の内容」の部分の記載例を参考にして下さい。

8　石綿使用調査の内容

石綿使用調査結果の記録の有無	石綿使用調査の内容
□　無 □　有	【照会先】 【石綿使用調査結果の内容は以下のとおりです。】 ●石綿使用調査結果の記録　（調査年月日　　　年　　月　　日） ●調査の実施機関〔　　　　　　　　　　　　　　　　　　　　〕 ●調査の範囲　　　〔　　　　　　　　　　　　　　　　　　　　〕 ●石綿使用の有無　　□　有　　　□　無 ≪石綿の使用が有る場合≫ ●石綿が使用されている箇所〔　　　　　　　　　　　　　　　　〕
備　　考	

【記載例】
(Ⅰ)**「石綿使用調査結果の記録の有無」欄の記入例**
　「石綿使用調査結果記録」がない場合は「無」に、調査結果記録がある場合は「有」にチェック（「レ」〔レ点チェック〕ないしは■〔塗りつぶしチェック〕）します。

(Ⅱ)**「照会先」欄への記入例**
　「照会先」欄には、調査結果記録が「無」「有」を問わず、照会した先を明記することになります。照会する先としては、建物の種別や所有者自ら貸主である場合・転貸物件である場合などによって、多少異なってくると思われますので、以下の記入例を参考にして下さい。

【賃貸用戸建住宅の場合の記入例】
　〈従前から所有している物件ないしは新築した物件の場合〉
　　・「貸主に当該調査記録の有無を照会したほか、施工業者にも問合せた結果です」
　〈新築ないしは中古を購入した物件の場合〉
　　・「前所有者及び現所有者に当該調査記録の有無を照会したほか、施工業者にも問合せた結果です」
　〈転貸契約物件の場合〉
　　・「物件所有者に当該調査記録の有無を照会したほか、施工業者にも問合せた結果です」

【賃貸アパート・マンションの場合の記入例】
　〈従前から所有している物件ないしは新築した物件の場合〉
　　・「貸主に当該調査記録の有無を照会したほか、管理業者及び施工業者にも問合せた結果です」
　〈新築ないしは中古を購入した物件の場合〉
　　・「前所有者及び現所有者に当該調査記録の有無を照会したほか、管理業者及び施工業者にも問合せた結果です」
　〈転貸契約物件の場合〉
　　・「物件所有者に当該調査記録の有無を照会したほか、管理業者及び施工業者にも問合せた結果です」

【区分所有建物の一室を賃貸している場合の記入例】
　〈従前から所有している物件ないしは新築した物件の場合〉

- 「貸主に当該調査記録の有無を照会したほか、管理組合、管理業者及び施工業者にも問合せた結果です」

〈新築ないしは中古を購入した物件の場合〉
- 「前所有者及び現所有者に当該調査記録の有無を照会したほか、管理組合、管理業者及び施工業者にも問合せた結果です」

〈転貸契約物件の場合〉
- 「物件所有者に当該調査記録の有無を照会したほか、管理組合、管理業者及び施工業者にも問合せた結果です」

(Ⅲ) **「石綿使用調査結果の内容」欄への記入例**

調査結果記録に基づいて調査結果の内容を以下の1)～5)の項目に従い記述することになります。

1) 石綿使用調査結果の記録　（調査年月日　　年　　月　　日）
   - 調査した年月日を記述します。・・・・・・〔記入例：平成18年4月3日〕
2) 調査の実施機関〔　　　　　　　　　　　　　　　　　〕
   - 調査を実施した機関名を記述します。・・・・・・〔記入例：株式会社　近代調査〕
3) 調査の範囲　〔　　　　　　　　　　　　　　　　〕
   - 調査した範囲を記述します。・・・・・・〔記入例：建物全体〕
4) 石綿使用の有無　□有　　□無
   - 調査した結果、石綿が有ったか否かを記述します。・〔記入例：■　有　〕
5) ≪石綿の使用が有る場合≫
   石綿が使用されている箇所〔　　　　　　　　　　　　　　　〕
   - 4)で調査した結果、石綿が無かった場合は「ブランク（記入不要）」、有った場合は石綿が存在している箇所を記述します。・・・・・〔記入例：「1階及び2階の天井部分＜石綿含有建材（石膏ボード）＞に使用されている。」〕

(Ⅳ) **建物種別、所有者自ら貸主・転貸の別等に想定される照会先例**

居住用賃貸向け建物種別	所有者自ら貸主・転貸の別	想定される照会先例
戸建住宅	従前より所有（所有者自ら貸主）	所有者（貸主）・施工業者
	新築（所有者自ら貸主）	所有者（貸主）・施工業者
	新築を購入（所有者自ら貸主）	所有者（貸主）・売主・施工業者
	中古を購入（所有者自ら貸主）	所有者（貸主）・売主・施工業者
	転貸契約	所有者（貸主）・転貸人（管理業者）・施工業者
アパート・マンション	従前より所有（所有者自ら貸主）	所有者（貸主）・施工業者・管理業者
	新築（所有者自ら貸主）	所有者（貸主）・施工業者・管理業者
	新築を購入（所有者自ら貸主）	所有者（貸主）・売主・施工業者・管理業者
	中古を購入（所有者自ら貸主）	所有者（貸主）・売主・施工業者・管理業者
	転貸契約	所有者（貸主）・転貸人（管理業者）・施工業者
区分所有建物の一室	従前より所有（所有者自ら貸主）	所有者（貸主）・施工業者・管理組合・管理業者
	新築（所有者自ら貸主）	所有者（貸主）・施工業者・管理組合・管理業者
	新築を購入（所有者自ら貸主）	所有者（貸主）・売主・施工業者・管理組合・管理業者
	中古を購入（所有者自ら貸主）	所有者（貸主）・売主・施工業者・管理組合・管理業者
	転貸契約	所有者（貸主）・転貸人（管理業者）・施工業者・管理組合

(11) **耐震診断の内容**

耐震診断については、建物に係る耐震診断結果の証明書等書類の有無について宅建業者が宅建主任者を通じて説明する必要があります。

説明すべき建物は、当該建物の建設年月日で判断され、その判断は、**「昭和56(1981)年5月31日以前に確認を受けた建物であるか否か」**を**「確認済証または検査済証に記載の確認済証交付年月日の日付」をもとに行う**ことになります。

確認済証または検査済証がない場合は、「建物の表題登記をもとに判断」することになり、この際、

区分所有建物を除く居住の用に供する建物の場合は、「表題登記日が昭和 56 年 12 月 31 日以前であるもの」、事業の用に供する建物及び区分所有建物の場合は、「表題登記日が昭和 58 年 5 月 31 日以前であるもの」について説明することになります。また、家屋課税台帳に建築年月日の記載がある場合も同様に取扱うことになります。

宅建業者は、当該事項の説明に当たり、「売主及び所有者に当該耐震診断の記録の有無を照会」し、必要に応じて区分所有建物の場合は「管理組合及び管理会社」にも問合せたうえで、存在しないことが確認された場合は、照会経緯を記述し説明することで調査義務を果たしたことになります。

なお、「耐震診断の実施自体」を宅建業者に義務付けているわけではありません。宅建業者に課せられている義務は、診断記録の有無を当該物件関係者に照会し、その結果を明記して説明するということです。

具体的な記載方法については、以下のように重要事項説明書【様式 18-2】の「Ⅰ」に追加された「9 耐震診断の内容」の記載例を参考にして下さい。

9 耐震診断の内容

耐震診断の有無	耐震診断の内容
□ 無 □ 有	【照会先】 【建物の耐震診断の結果について以下の書類を別添します。】 □ 地方税法・租税特別措置法に定める「耐震基準適合証明書」の写し □ 住宅の品質確保の促進等に関する法律第5条第1項に規定する「住宅性能評価書」の写し （含む平成 13 年国土交通省告示第 1346 号別表第 2-1 の 1-1 耐震等級に係る評価を受けたもの） □ 指定確認検査機関、建築士、登録住宅性能評価機関、地方公共団体が作成した耐震診断結果の写し
備　　考	

【記載例】

(1)「耐震診断の有無」欄の記入例

「耐震診断結果の証明書等書類」がない場合は「無」に、証明書等書類がある場合は「有」にチェック（「レ」〔レ点チェック〕ないしは■〔塗りつぶしチェック〕）します。

(2)「照会先」欄への記入例

「照会先」欄には、調査結果記録が「無」「有」を問わず照会した先を明記することになります。

照会する先としては、建物の種別や所有者自ら貸主である場合・転貸物件である場合などによって、多少異なってくると思われますので、以下の記入例を参考にして下さい。

【賃貸用戸建住宅の場合の記入例】

〈従前から所有している物件ないしは新築した物件の場合〉
　・「貸主に当該耐震診断記録の有無を照会した結果です」

〈新築ないしは中古を購入した物件の場合〉
　・「前所有者及び現所有者に当該耐震診断記録の有無を照会した結果です」

〈転貸契約物件の場合〉
　・「物件所有者に当該耐震診断記録の有無を照会した結果です」

【賃貸アパート・マンションの場合の記入例】

〈従前から所有している物件ないしは新築した物件の場合〉
　・「貸主に当該耐震診断記録の有無を照会したほか、管理業者にも問合せた結果です」

〈新築ないしは中古を購入した物件の場合〉
　・「前所有者及び現所有者に当該耐震診断記録の有無を照会したほか、管理業者にも問合せた結果です」

〈転貸契約物件の場合〉
　・「物件所有者に当該耐震診断記録の有無を照会したほか、管理業者にも問合せた結果です」

【区分所有建物の一室を賃貸している場合の記入例】
〈従前から所有している物件ないしは新築した物件の場合〉
  ・「貸主に当該耐震診断記録の有無を照会したほか、管理組合及び管理業者にも問合せた結果です」
〈新築ないしは中古を購入した物件の場合〉
  ・「前所有者及び現所有者に当該耐震診断記録の有無を照会したほか、管理組合及び管理業者にも問合せた結果です」
〈転貸契約物件の場合〉
  ・「物件所有者に当該耐震診断記録の有無を照会したほか、管理組合及び管理業者にも問合せた結果です」

(3) 「建物の耐震診断結果の内容」欄への記入例

建物の耐震診断結果を証明する書類にチェック(「レ」〔レ点チェック〕ないしは■〔塗りつぶしチェック〕)し、当該証明書類を重要事項説明書に添付することになります。

  □ 地方税法・租税特別措置法に定める「耐震基準適合証明書」の写し
  □ 住宅の品質確保の促進等に関する法律第5条第1項に規定する「住宅性能評価書」の写し
   (含む、平成13年国土交通省告示第1346号別表第2-1の1-1耐震等級に係る評価を受けたもの)
  □ 指定確認検査機関、建築士、登録住宅性能評価機関、地方公共団体が作成した耐震診断結果の写し

(4) **建物種別、所有者自ら貸主・転貸の別等に想定される照会先例**

居住用賃貸向け建物種別	所有者自ら貸主・転貸の別	想定される照会先例
戸建住宅	従前より所有（所有者自ら貸主）	所有者（貸主）
	新築（所有者自ら貸主）	所有者（貸主）
	新築を購入（所有者自ら貸主）	所有者（貸主）・売主
	中古を購入（所有者自ら貸主）	所有者（貸主）・売主
	転貸契約	所有者（貸主）・転貸人（管理業者）
アパート・マンション	従前より所有（所有者自ら貸主）	所有者（貸主）・管理業者
	新築（所有者自ら貸主）	所有者（貸主）・管理業者
	新築を購入（所有者自ら貸主）	所有者（貸主）・売主・管理業者
	中古を購入（所有者自ら貸主）	所有者（貸主）・売主・管理業者
	転貸契約	所有者（貸主）・転貸人（管理業者）
区分所有建物の一室	従前より所有（所有者自ら貸主）	所有者（貸主）・管理組合・管理業者
	新築（所有者自ら貸主）	所有者（貸主）・管理組合・管理業者
	新築を購入（所有者自ら貸主）	所有者（貸主）・売主・管理組合・管理業者
	中古を購入（所有者自ら貸主）	所有者（貸主）・売主・管理組合・管理業者
	転貸契約	所有者（貸主）・転貸人（管理業者）・管理組合

(12) **借賃以外に授受される金額**

借賃（賃料）以外の金銭が授受される場合には、その名称、金額及び目的について説明しなければなりません。借賃（賃料）以外の金銭については、不明確なものが多いためトラブルになるケースがありますので、十分な説明が必要です。

業法第35条第1項第6号に規定されている事項ですが、「ガイドライン」による標準様式にも具体的に金銭の範囲は明示されていません。しかしながら、借賃以外の金銭としては、「手付金」「敷金」「保証金」「礼金」「権利金」「更新料」「共益費」等が考えられます。

なお、更新料は、契約締結後に生ずる金銭ですが、あらかじめ当初の契約の際に合意されることが多いようです。

記載例を示すと次のようになります。

【借賃以外に授受される金額】　　　　　［賃料　月額金　　　　円也　（うち消費税額　　　　円）］

授受の目的	金　額	授受の目的	金　額
管　理　費	月額　　円（うち消費税額　　円）	敷　　　金	円
共　益　費	月額　　円（うち消費税額　　円）	礼　　　金	円（うち消費税額　　円）
雑　　　費	月額　　円（うち消費税額　　円）	権　利　金	円（うち消費税額　　円）
付属施設料	月額　　円（うち消費税額　　円）	保　証　金	円
		償　　　却	
		更　新　料	（現・新）家賃の　　か月分相当額

なお、次の点には十分注意して取扱うようにします。

① **住戸の賃料・共益費等の額**

　　入居開始月や退去月が1か月に満たない場合の賃料及び共益費の負担額は、**1か月を30日として日割計算**で受領することが望ましいので貸主に説明し、了解を得るようにします。

　　また、通常、区分所有建物の管理費及び組合費、修繕積立金は、所有者が管理組合に対して支払うことになりますが、この費用を入居者に負担を求める場合は、これらの費用を賃料に含め賃料設定するか、賃貸借契約書に管理費及び組合費、修繕積立金の借主負担について別途明記し、徴収することになります。

　　特に、修繕積立金については、修繕が実行されることによる付加価値は所有者である貸主に帰属することから、明示の合意がない限り貸主が負担すべきものと解する旨の判例があるため、修繕積立金まで借主負担を予定する場合は、その旨を明記し合意を要しますので取扱いに注意します。

② **敷金（保証金）額**

　　平成18年度（平成19年3月31日）以前に住宅金融公庫に申込んで融資を受け返済中または融資を受ける予定の賃貸物件や、都市再生機構（旧：住都公団）、自治体等公的機関の融資を受けて建設した賃貸住宅、特定優良賃貸住宅供給制度利用による賃貸住宅の場合は、受領額に制限が設けられておりますので、取扱いには注意を要します。

　　例1．住宅金融公庫利用の場合

　　　　ファミリー賃貸住宅、農地転用賃貸住宅の場合の敷金の制限は、家賃の3か月分まで。

　　　　レントハウス、中高層ビル、住宅用中高層ビルの場合は、家賃の6か月分まで。

　　　　（なお、近畿地方の一部の地域については、家賃の9か月分まで。）

　　例2．特定優良賃貸住宅供給制度利用の場合

　　　　敷金は、家賃の3か月分以内。

　　なお、平成19年度（平成19年4月1日）以降に住宅金融支援機構の融資対象となった物件は、敷金、礼金、権利金、更新料等の受領に関する制限はありませんが、賃貸借契約書の作成に当たっては、国土交通省が推奨する「賃貸住宅標準契約書」（様式14-1）に準拠し、「原状回復をめぐるトラブルとガイドライン」（第5編・第4章・参考資料1）を遵守した契約内容とするよう指導していますので、留意する必要があります。

③ **その他一時金の有無**

　　敷金（保証金）以外の名目で一時金として受領する場合は、受領目的と受領金名目、その額を明確に記載します。

　　なお、建設省（現：国土交通省）通達により『敷金（保証金）以外のその他の一時金』の授受を行う慣習のない場合は、取扱うことが適当でないと指摘されておりますので注意して下さい。

　　また、平成18年度（平成19年3月31日）以前に住宅金融公庫に申込んで融資を受け返済中または融資を受ける予定の賃貸物件や、都市再生機構（旧：住都公団）、自治体等公的機関の融資を受けて建設した賃貸住宅や、特定優良賃貸住宅供給制度利用による賃貸住宅の場合は、賃料及び敷金以外の礼金等一時金の受領が認められておりませんので注意を要します。

④ **消費税**

　　消費税は業法第35条の重要事項ではありませんが、建設省（現：国土交通省）の通達により、不動産の賃貸等に課されるべき消費税の額は、業務に関する禁止事項の規定である業法第47条第1号の重要な事項に該当することとされており、建物の貸借の当事者に対して明示する必要があり

ます。従って、重要事項説明書に記載のうえ説明すべきでしょう。
　消費税は、**土地の貸付と居住用住宅の貸付については非課税**ですが、**非居住用住宅の貸付は課税**されます。居住用かどうかは貸付の際の契約内容によります。なお、貸別荘等は居住用に該当しません。

(13) **契約の解除に関する事項**（定期借家契約については、「第3編 第4章 定期借家契約」を参照）

① **一般借家契約における貸主からの契約解除**

　借主側が契約上の履行が行われず、信頼関係が維持できない場合に貸主からの契約解除が申出されることが想定されます。
　どのような場合にこうした事態になり得るかについて、借主側の履行義務の範囲を具体的に例示し、理解して頂く必要があり、貸主側が借主側に求める履行義務について十分に確認をします。なお、「賃貸住宅標準契約書」第9条では次のように規定していますので参考にして下さい。

第9条（貸主からの契約解除）
1　貸主は、借主が次に掲げる義務に違反した場合において、貸主が相当の期間を定めて当該義務を催告したにもかかわらず、その期間内に義務が履行されないときは、本契約を解除することができる。
　一　第4条第1項に規定する賃料支払義務
　二　第5条第2項に規定する共益費支払義務
　三　第8条第1項後段に規定する費用負担義務（借主の故意・過失により必要となった修繕に要する費用）
2　貸主は、借主が次に掲げる義務に違反した場合において、当該義務違反により本契約を継続することが困難であると認められるに至ったときは、本契約を解除することができる。
　一　第3条に規定する本物件の使用目的遵守義務（居住のみを目的として使用すること）
　二　第7条各項に規定する義務（禁止又は制限される行為）
　三　その他本契約書に規定する借主の義務（第8条第2項の貸主が修繕を行う場合に、正当な理由がある場合を除き、借主は修繕の実施を拒否できない義務に対する違反や、第15条での特約で定める義務に対する違反を想定）

---

② **一般借家契約における借主からの契約解除**

　通常の賃貸借契約の場合は、期間を定めます。この場合、他に特段の定めがなければ、契約期間内は解約できないことになります。しかし、これでは途中で借主が転勤等で賃借する必要がなくなっても賃料支払いの義務は残ります。そのため、○か月前に貸主に解約の予告通知をして期間満了後に解約になるという解約権留保の特約がなされることが通常です。なお、「賃貸住宅標準契約書」第10条では次のように規定していますので参考にして下さい。

第10条（借主からの契約解除）
1　借主は、貸主に対し少なくとも30日前に解約の申入れを行うことにより、本契約を解約することができる。
2　前項の規定にかかわらず、借主は、解約申入れの日から30日分の賃料（本契約の解除後の賃料相当額を含む）を貸主に支払うことにより、解約申入れの日から起算して30日を経過する日までの間、随時に本契約を解約することができる。

---

③ **期間の定めのない賃貸借契約の場合の契約解除**

　民法上は、建物の借主は、解約する3か月前に相手方に通知しなければなりません（民法第617条）。一方、貸主が解約するには、借主に対して6か月前の解約予告を必要とし、さらに**正当の事由**を必要とします**（借地借家法第27条、第28条）**。

(14) **損害賠償額の予定または違約金に関する事項**

　損害賠償額の予定や、違約金に関する定めがある場合は、金額等を記載することになります。

(15) **支払金または預り金を受領しようとする場合の保全措置の有無及び概要**

　宅建業者が宅地建物の取引において、取引の相手方より支払金や預り金を50万円以上受領する場合は、代金等が貸主に引渡されるまでの間、その保全措置を講ずるか否かを記載することになりますが、企業責任の自覚のうえに成り立つ制度で、宅建業者の自由裁量に委ねられています。

　具体的には、「金融機関または指定保証機関の返還債務等の連帯保証の措置を講ずる、または、保険事業者の返還債務等の保険を付ける」とするか「一切の措置を講じない」とするかを説明することになります。なお、支払金または預り金は、代金、交換差金、借賃、権利金、敷金その他いかなる名義をもって授受されるかを問わず、宅建業者の相手方等から宅建業者が取引の対象となる宅地・建物に関し受領する金銭であるとされています。

(16) **金銭の貸借のあっせん**

　この項目については、建物の貸借では該当しないケースが多いと思われますが、敷金（保証金）等に充当するため、宅建業者のあっせんによるローンを利用する場合は、あっせんの有無・内容及び金銭の貸借が成立しないときの措置について記載します。

(17) **契約期間及び更新に関する事項**

　当該建物賃貸借契約が、借地借家法による契約更新を前提とした建物賃貸借契約であるか、それとも同法第38条に定める契約更新をしない定期建物賃貸借契約であるかの別、高齢者居住法第56条の規定に適用する終身建物賃貸借契約であるかの別を明確にするとともに、契約期間と契約の更新に関する事項を記載して説明する必要があります。

　例えば、

1) 「**契約更新を前提とした建物賃貸借契約**」（**一般借家契約**）の場合は、① 契約期間の始期・終期、② 契約期間は2年間で、③ 契約期間満了のとき、貸主・借主は協議の上契約を更新することができるものであること、④ 取引慣行のある地域にあっては、更新の際、借主は貸主に対して更新料として新家賃の〇か月分を支払うものであること等を明記する必要があります。

2) 「**契約更新をしない定期建物賃貸借契約**」（**定期借家契約**）の場合は、① 契約期間の始期・終期、② 契約期間は〇年間（ないしは〇か月）、③ 契約期間満了によって契約は終了し、契約は更新しないものであること、④ また、契約期間を1年以上とする場合は、貸主から期間満了の1年前から6か月前までの間に、借主に対して期間満了により賃貸借が終了する旨の通知がない場合は、借主は、貸主から同通知があった日から6か月を経過した日まで、当該建物を契約期間中と同一条件で賃借することができるものであることを明記する必要があります。

　なお、**借地借家法第39条**の定めによる「取壊し予定の建物賃貸借契約」を締結する場合は、契約期間のほか、建物を取り壊すべき事由を記載する必要があり、かつ、当該事由を賃貸借契約に記載して締結しなければ、効力が生じない点に注意を要します。

3) 「**高齢者居住法に基づく終身建物賃貸借契約**」の場合は、① 契約期間の始期、② 契約期間は終身、③ 本契約は、**高齢者居住法第56条**（終身賃貸事業の許可および借地借家法の特例）の規定の適用を受ける建物賃貸借契約であるため、契約期間は上記始期より、借主の死亡に至るまで存続し、かつ、借主が死亡した時に終了する契約となることを明記する必要があります。

(18) **用途その他の利用の制限に関する事項**

　この説明事項も改正法令により追加された省令事項で、通達の要旨は次のとおりです。

　【**用途その他の利用の制限に関する事項**】

　居住用であるか事業用であるか等の用途制限のほか、ペット飼育の禁止等利用の制限に関する事項が追加されました。なお、増改築の禁止、内装工事の禁止等賃借人の権限に、本来、属しないことによる制限については、ここでいう事項には含まれません。

　区分所有建物の場合の記載例を示すと次のようになります。なお、区分所有建物以外の場合は「その他」欄に記載するようにします。

【用途その他の利用の制限に関する事項】

	区分所有建物の場合における専有部分の制限に関する規約等	その　他
用　途　制　限	居住用に限ります 　別添規約第〇条をご参照ください。	
利用の制限	1．犬、猫など他の居住者に迷惑をかけるおそれのある動物を飼育することは禁止されています。 2．……… 　別添規約第〇条をご参照ください。	

なお、「賃貸住宅標準契約書」第7条では次のように規定していますので参考にして下さい。

第7条（禁止事項・制限事項）

1　借主は、貸主の書面による承諾を得ることなく、本物件の全部又は一部につき、賃借権を譲渡し、又は転貸してはならない。
2　借主は、貸主の書面による承諾を得ることなく、本物件の増築、改築、移転、改造若しくは模様替え又は本物件の敷地内における工作物の設置を行ってはならない。
3　借主は、本物件の使用に当たり、次に掲げる行為を行ってはならない。
　一　鉄砲、刀剣類又は爆発性、発火性を有する危険な物品等を製造又は保管すること。
　二　大型の金庫その他の重量の大きな物品等を搬入し、又は備え付けること。
　三　排水管を腐食させるおそれのある液体を流すこと。
　四　大音量でテレビ、ステレオ等の操作、ピアノ等の演奏を行うこと。
　五　猛獣、毒蛇等の明らかに近隣に迷惑をかける動物を飼育すること。
4　借主は、本物件の使用に当たり、貸主の書面による承諾を得ることなく、次に掲げる行為を行ってはならない。
　一　階段、廊下等の共用部分に物品を置くこと。
　二　階段、廊下等の共用部分に看板、ポスター等の広告物を掲示すること。
　三　鑑賞用の小鳥、魚等であって明らかに近隣に迷惑をかけるおそれのない動物以外の犬、猫等の動物を飼育すること。
5　借主は、本物件の使用に当たり、次に掲げる行為を行う場合は、貸主に通知しなければならない。
　一　頭書に記載する同居人に新たな同居人を追加（出生を除く）すること。
　二　1か月以上継続して本物件を留守にすること。

---

(19) **敷金等の精算に関する事項**

【金銭の契約終了時の精算に関する事項】

　敷金、保証金等契約終了時に精算することとされている金銭の精算に関する事項、例えば、賃料等の滞納分との相殺や一定の範囲の原状回復費用として敷金が充当される予定の有無、原状回復義務の範囲として定まっているもの等が該当します。なお、そのような定めがない場合にはその旨を説明する必要があります。なお、「賃貸住宅標準契約書」第6条では次のように規定していますので参考にして下さい。

第6条（敷金）

1　借主は、本契約から生じる債務の担保として、頭書(3)に記載する敷金を貸主に預け入れるものとする。
2　借主は、本物件を明渡すまでの間、敷金をもって賃料、共益費その他の債務と相殺することができない。
3　貸主は、本物件の明渡しがあったときは、遅滞なく、敷金の全額を無利息で借主に返還しなければならない。
　ただし、貸主は、本物件の明渡し時に、賃料の滞納、原状回復に要する費用の未払いその他の本契約から生じる借主の債務の不履行が存在する場合には、当該債務の額を敷金から差し引くことができる。
4　前項但書の場合には、貸主は、敷金から差し引く債務の額の内訳を借主に明示しなければならない。

(20) **管理の委託先**

　この説明事項は、① 区分所有建物の貸借の契約においては**業法第35条第1項第5号の2**関係の記載事項として、② 区分所有建物以外の建物貸借の契約においては、**業法第35条第1項第12号**による**施行規則第16条の4の2の第8号**関係として規定されているものです。

【管理委託を受けた者の氏名・住所】

　最近においては、分譲マンションの管理だけでなくアパート等の賃貸においても賃料の収受等物件の管理を自己以外の者に委託する場合が見受けられるところ、区分所有建物の場合と同様、管理会社の名称・住所を記載することになったものです。なお、ここでいう管理者には、単純な清掃等建物の物理的な維持行為のみを委託されている者までも含む趣旨ではありません。

(21) **供託所等に関する事項**

　供託所等に関する事項は、**業法第35条の2**の規定により、契約が成立するまでの間に説明を義務づけられているもので、営業保証金制度ないしは弁済業務保証金制度により消費者保護を目的として、業者の債務の支払いを担保していることを明示するものです。そのため、供託している機関及びその所在地を明記することになります。

(22) **その他**（業法第47条第1号の「重要な事項」）

　業法第35条に規定される事項以外に**業法第47条第1号**に規定する「重要な事項」も調査、説明する義務が課されています。建物賃貸借において「重要な事項」（告知事項等）と考えられるものとしては次の事項です。

① **借地上建物の賃貸借**

　建設省（現：国土交通省）通達（平成3.12.7 経動発第89号）は、宅建業者が借地上建物の賃貸借の代理・媒介を行う場合、当該建物が借地上建物である旨及び借地権の内容について説明するよう指導しています。借地権の内容としては次の事項を挙げています。

　1) 当該借地権が、新法（借地借家法）の適用される借地権か、旧法（借地法、借家法及び建物保護に関する法律）が適用される借地権か
　2) 当該借地権が、新法第22〜24条に定められた一般定期借地権、建物譲渡特約付借地権または事業用借地権のいずれかである場合におけるその種類、内容
　3) 当該借地権が、地上権か賃借権か
　4) 当該借地権についての登記または当該建物についての登記の有無
　5) 借地期間
　6) 借地権の対象となる敷地の面積
　7) 賃料
　8) その他当該借地権の内容として重要な事項

② **駐車場**

　建物賃貸借の付帯施設に関する説明で問題となるのが駐車場で、重要事項の説明における駐車場の説明が不十分なため生ずるトラブルが増加しています。

　駐車場の有無と料金だけでなく、**借主の入居後直ちに駐車場を利用できるかを明示すべき**でしょう。また、機械式駐車場等の場合は、利用できる車のサイズが限定されるので、あらかじめ駐車場の内容を確認しておく必要があります。

③ **入居者の修繕負担範囲**

　また、入居中及び退去時において生じた修繕は、貸主・借主のいずれが、どの範囲まで負担すべきかについてのトラブルが依然絶えません。こうしたトラブルを未然に防止するためには、重要事項説明書においても、賃貸借契約書に記載する「入居者の修繕負担範囲」を特記して、事前に入居希望者の理解を求めることが望ましい対応と言えます。

　「賃貸住宅標準契約書」第8条では、貸主と借主の修繕の範囲について次のように規定していますので参考にして下さい。

> **[貸主]**
> 　1　貸主は、借主が使用するために必要な修繕を行う。
> 　　ただし、借主の故意または過失により必要となった修繕費用は借主が負担する。　　2　次のものは貸主の修繕を免除する。（＝借主が自らの負担で修繕を行うことができる）
> 　　　(1) 畳表の取替え、裏返し　　(5) ヒューズの取替え
> 　　　(2) 障子紙の張替え　　　　　(6) 給水栓の取替え
> 　　　(3) ふすま紙の張替え　　　　(7) 排水栓の取替え
> 　　　(4) 電球、蛍光灯の取替え　　(8) その他費用が軽微な修繕
>
> **[借主]**
> 　3　借主は、上記2の(1)～(8)の修繕を貸主の承諾を得ることなく、自己負担で行うことができる。
> 　4　借主は、自己の故意または過失による修繕の費用負担をしなければならない。

　よって、自然損耗によるものであれば、借主は、入居中に自らの負担で修繕を行うことになりますが、自ら修繕して使用するか、そのまま使用するかの選択が任されています。
　ただ、借主が修繕する場合は、貸主の承諾を得ることなく修繕ができることになっているものの、従前の機能またはグレードと同等のもので修繕することになります。
　この場合、**借主が、修繕せずに退去に至った場合でも、借主に原状回復の義務はなく、貸主が次の入居者のために費用負担して行うことになります。**
　ただし、退去時（明渡し時）に、自然損耗によるものでないもの（借主の故意または過失によるもの）については、修理されていない場合、借主に原状回復する義務があります（なお、修繕及び退去時の原状回復に関する処理については、「第1編　第1章　賃貸住宅媒介・管理業務に係るトラブル等」「第5編　第1章　退去査定業務」「第5編　参考資料1 第1章　原状回復にかかるガイドライン、参考資料2　東京における住宅の賃貸借に係る紛争の防止に関する条例」「第6編　第4章　収納・督促業務」を参照して下さい。）。

(23) 媒介または代理する宅建業者及び宅建取引主任者に関する事項
　媒介または代理する宅建業者は、
　① 商号または名称、代表者氏名、主たる事務所所在地
　② 免許証番号、免許年月日
　③ 説明する宅建取引主任者の氏名、登録番号
　④ 取引形態（媒介・代理の別）
について、明記する必要があります。
　また、複数の業者が共同して媒介する場合は、すべての業者等に関する事項を書面に記載することになります。

4　「契約のしおり」、「入居のしおり」、「管理報」

　契約手続を円滑に行うための補助的資料として「契約のしおり」、また、契約後の日常生活において、留意して欲しい事項や、貸主・借主・宅建業者間のコミュニケーションを図る補助資料として「入居のしおり」や「管理報」などを作成して対応する。

（契約のしおりを作成する場合）
　　□　契約のしおりへの掲載範囲を検討する
　　　□　賃貸借契約の締結までの留意事項
　　　□　賃貸借契約の遵守事項を特記
　　　□　修繕費に関する特約事項がある場合は具体的に明記する

（入居のしおりを作成する場合）
- ☐ 入居のしおりへの掲載範囲を検討する（賃貸借契約の締結後の留意事項）
    - ☐ 鍵の保管義務
    - ☐ 引越し時の注意事項
    - ☐ 生活関連事項の手続方法
    - ☐ 公的機関の手続方法
    - ☐ 住まい方に関する注意事項
    - ☐ 賃貸借契約内容の遵守事項
    - ☐ 修繕費に関する特約事項がある場合は具体的に明記する

（管理報を作成する場合）
- ☐ 管理報への掲載範囲を検討する（共同生活や入居者として物件管理を円滑に行うための留意事項）
    - ☐ 発行周期を決定
        - ☐ 毎月、隔月、四季ごと、必要時
    - ☐ 住まい方の知識
    - ☐ 連絡・協力事項
    - ☐ 地域の行事紹介
    - ☐ 地域の史跡等の紹介
    - ☐ 地域の商店街の紹介
    - ☐ 地域の公共施設等の紹介（利用の仕方）
- ☐ まめ知識（「簡単な料理」、「おばあちゃんの知恵」等）

なお、「しおり」等の作成に当たっては、参考資料の例文を参照下さい。
① **「契約のしおり」に記載する項目例【別紙3】**
② **「入居のしおり」に記載する項目例【別紙4】**
③ **「管理報」に記載する項目例【別紙5】**
④ **外国人向け「住まいのしおり」例【別紙6】**［住宅・都市整備公団（現：都市再生機構）作成（抜粋）］

収集日

第5章　賃貸借契約の締結

1　賃貸借契約の締結　　［フロー図1　⑱］

賃貸借契約を締結する。
- 添付書類の提示を求める
- 入居申込書と添付書類を照合
    - 記載内容に間違いがない場合
    - 記載内容に軽微な間違いがある場合
    - 記載内容に著しく虚偽が確認された場合
- 賃貸借契約の締結
    - 添付書類の受領［必要以外のもの（提示確認書類）は返却］
- 賃貸借契約の締結を拒否
    - 入居申込書及び添付書類を返却

(1) 入居申込書内容と添付書類による事実確認、「賃貸借契約」の締結

賃貸借契約の締結は、予め締結日を設定し、契約当事者や連帯保証人に同席を求め、宅建業者と宅建主任者（宅建業者が宅建主任者である場合を除き）が立会うことが望ましい方法です。

しかし、連帯保証人が契約の席に出席する実態は殆どなく、また、貸主が出席するケースも少ないのが現状です。こうした中で、宅建業者が、如何に契約に必要な手続を効率よく確実に処理するかがポイントになります。

契約当事者等の出席の有無は別として、まず、賃貸借契約に先立ち、借り希望者より契約に必要な添付書類の提出を求め、先に受領済の入居申込書の記載内容と照合し事実関係等を確認します。

以下に各種書類の提示を求めた場合の意味合いとチェックポイント（→）等を列挙します。

① 契約者本人に関するもの

A．**「本人記入の入居申込書等の書類」**・・・・・ 本人の意思を確認するために提出を求めます。
　→　添付書類により入居申込書等の記載内容を確認します。

B．**「住民票（謄本）」**（入居者全員の関係が分かるもの）・・・・・ 契約者本人及び同居者の居所、氏名、生年月日、続柄を確認するために利用します。
　→　入居申込書の記載内容に虚偽がないか否かを契約書類等と照合します。

C．**「印鑑［登録済印鑑（実印）］」**
　→　契約者本人との真正な契約であるための証しとして求めることがあります。

D．**「印鑑登録証明書」**・・・・・ 契約書に実印の押印を求めている場合は、印影を確認するとともに、本人との契約の証しとして提出を求めます。
　→　契約の意思確認をするほか、契約印と照合するために提出を求めています。

E．**「収入証明書（源泉徴収票または納税証明書）」**・・・・・ 支払い能力を確認するために利用します。
　→　申告した収入と相違ないか、また、安定した支払い能力の有無を確認するために提出を求めているケースが多く見られます。

　　中には、源泉徴収票は、コンピュータ処理による場合を除き、手書き処理の場合や自営業の場合は、改ざんされているおそれがあるとして、納税証明書など、全収入のわかる公的証明書の提出を求め照合しているケースも見られます。また、転職があった場合も収入が一致しない場合があるため同様の証明書の提出を求め照合しているケースがあります。

　　さらに、高額収入者の場合は別として、収入に占める賃料割合が一定率以下であることが

安定して支払いできる者であるとの判断から、賃料が年収（税込）額を12で割った額のおおむね20～25％程度か否かを目安として確認しているケースもあります。

F．「入居者リスト」・・・・・　入居者を特定するために提出を求めています。
→　住民票等により氏名、生年月日を照合しています。

G．「顔写真付公的身分証明証（免許証・パスポート・外国人登録証明書写）」・・・・・　本人確認をするため、必要に応じ提出を求めているケースがあります。
→　契約者が本人と同一人物であることを確認しています。

② 連帯保証人に関するもの

A．「印鑑［登録済印鑑（実印）］」〔契約書に実印による押印を求める場合〕・・・・・　当該契約の連帯保証人としての意思確認のために求めることがあります。

B．「印鑑登録証明書」・・・・・　契約書等に実印を押印する場合に、その印影を確認するために提出を求めます。

C．「収入証明書（源泉徴収票または納税証明書）」・・・・・　保証力の確認を必要とする場合に求めているケースがあります。
→　契約者と同等もしくは、それ以上の収入の有無を確認しています。
　中には、源泉徴収票は、コンピュータ処理による場合を除き、手書き処理の場合や自営業の場合は、改ざんされているおそれがあるとして、納税証明書など、全収入のわかる公的証明書の提出を求め照合しているケースも見られます。転職があった場合も収入が一致しない場合があるため同様の証明書の提出を求め照合しているケースがあります。
　ほかに、保証の担保能力や実行性を判断するため、勤務先名、業種、勤務年数、役職名等を確認している例もあります。

D．「住民票（抄本）」・・・・・　本人居所、氏名、生年月日の確認を要する場合に求めるケースがあります。
→　入居申込書記載内容に虚偽がないか否かを契約書類等と照合しています。
　ただ、印鑑登録証明書の提出を求めている場合は、居所、氏名の確認が可能であるため、重複しての提出は不要といえます。

【連帯保証人が契約に出席しない場合】

E．「賃貸借契約書の保証人欄、または、保証引受承諾書（確約書）に署名押印」・・・・・　事前に連帯保証人を引き受けて頂くために押印を求めます。なお、連帯保証人の責任や保証範囲等を理解して頂くため、保証引受承諾書を用いる場合は、賃貸借契約書を添付し、連帯保証人の署名押印を求めることが望ましい処理といえます。
→　連帯保証人に実印を求める場合は、印鑑登録証明書の提出を求め、押印が実印であるかを確認します。
　なお、第三者による**連帯保証人代行システム等を利用する場合**は、前述のA～Eの証明証等に代わる審査結果（**承認通知書**）をもって契約締結をすることになります。

③ 法人契約の場合

A．「会社登記簿謄本・決算報告書」（会社概要説明書でも可）・・・・・　法人の設立、代表者、役員、事業目的、実績等を確認するために利用しているケースがあります。
→　登記簿謄本では、その会社が実在するか否かを、また、決算報告書では業績を確認するほか、入居申込書記載内容に虚偽がないか否かを契約書類等と照合するとともに、会社の規模、業種等を確認するために利用しています。

B．「**会社として登録している契約権限者印の印鑑登録証明書等**」‥‥‥契約書への押印の際、印影の確認を行うために提出を求めているケースがあります。
　→　契約印との照合及び契約者の意思確認をしています。
　　代表者による契約慣例がない法人にあっては、担当者（部長等）印で契約を行う例が見られます。この場合、印鑑登録がされていないことが多いことから、「会社登記簿謄本」等による確認や、当該法人を訪問し、担当者と名刺交換を行ったり、借りる意思の確認、業績等を考慮して信頼できるか否かの総合評価を行っているケースもあります。

C．「**連帯保証人**」（求めない場合もある）‥‥‥上場企業並びにそれに準ずる企業以外の法人の場合に、連帯保証人の署名押印を求めるケースがあります。
　→　連帯保証人を求める場合は、実印による押印のほか、印鑑登録証明書の提出を求めます。

D．「**入居者リスト**」‥‥‥入居者を特定するために提出を求めている。
　→　住民票等と氏名、生年月日を照合しています。

E．「**入居者である社員の在職証明書**」（従業員証明書、保険証でも可）‥‥‥社員確認を要する場合に求めるケースがあります。
　→　入居者確認をしています。

F．「**住民票（謄本）**」（入居者全員の関係が分かるもの）‥‥‥社員である本人及び同居者の居所、氏名、生年月日、続柄を確認するために提出を求めているケースがあります。
　→　入居申込書記載内容に虚偽がないか否かを契約書類等と照合しています。

④　学生の場合
【親等が契約者の場合】
　上記①及び②と同様に契約者である親等に関する必要書類の提出を求めるケースが多く見られます。この場合、契約者が父親等の例が多く、また、入居者名が限定され、その証明として、次のような書類を求めるケースが多く見られます。
　A．「**在学証明書**（学生証写／合格直後は入学許可書・合格通知でも可）」‥‥‥入居者確認をするために提出を求めるケースがあります。
　→　入居対象者か否かを確認しています。

【学生本人が契約者の場合】
　上記①及び②と同様の必要書類の提出を求めるケースがあります。この場合、連帯保証人は父親等を求める例が多く見られます。

　もし、入居申込書の記載内容と著しく異なる場合で、明らかに、虚偽申告であることが判明した場合は、入居申込書の誓約に基づき、契約できない旨を告げ、入居申込書及び添付書類等一式を借り希望者に返却します。
　賃貸借契約の締結に支障のない場合は、予め用意した契約書を用い、契約内容を契約当事者に交付し、宅建業者は、宅建主任者を介し条文を読み上げるなど、契約当事者に関係する事項について分かり易く説明し、理解を求めたうえで必要な手続を取ります。
　この場合において、賃貸借契約書への貸主、借主、連帯保証人の署（記）名押印方法については、次のような方法が考えられます。

Ⅰ．貸主が出席する場合
　連帯保証人は、殆どの場合、出席することはありませんので、予め借り希望者を通じて、「賃貸借契約書の保証人欄、または、保証引受承諾書（確約書）に署名押印（実印）」を得たうえで（第三者による**連帯保証人代行システム等を利用する場合**は、各種証明証等に代わる審査結果（**承認通知書**）をもって）、貸主、借主が署（記）名押印をする。

Ⅱ. **貸主が出席しない場合**
　　予め、貸主より署（記）名押印を得ている賃貸借契約書に、当日、借主の署名押印を頂く。この場合、連帯保証人に関しては、事前に、借り希望者を通して「保証引受承諾書（確約書）に署名押印（実印）」を得ておいて頂き〔第三者による**連帯保証人代行システム等を利用する場合**は、各種証明証等に代わる審査結果**（承認通知書）**を〕、契約書に添付する。

　以上の方法が最善の方法と考えられます。何故なら、宅建業者が媒介する場合は、契約の当事者の立場にないため、貸主に代わって、契約書に署（記）名押印することができず、契約の成立時期を特定できません。そのため、宅建業者の借主からの成功報酬の受領もできないためです。
　宅建業者は、賃貸借契約を成立させ、契約の当事者に対して**宅建業法第37条**に基づく書面（賃貸借契約書）を交付した後に成功報酬を受領することが望ましいとされていますので、前述の方法による契約処理が必要になると思われます。

2　金銭の授受　　　［フロー図1　⑲］

金銭を授受する。
- □　賃貸借契約書を契約当事者に交付
- □　借主より金銭を受領
  - □　貸主が出席する場合
  - □　貸主が出席しない場合
- □　貸主より、業者に代理受領権限を与えられている旨の依頼書の提示
- □　領収書の発行

（1）「領収書」の作成
　賃貸借契約の手続の完了に伴い、借り希望者より契約に係る金銭を受領することになります。
　貸主が出席する場合は、宅建業者が立会いのもとで、賃料等は借り希望者より貸主に支払われることになります。また、成功報酬については、建設大臣（現：国土交通省）告示の規定**【別紙8】**に従い、貸主及び借主が、宅建業者に支払うことになります。
　受領した証明として、支払者（借主）に対し、受領者側（貸主）より「領収書」**【様式19】**を発行します。
　また、貸主が出席しない場合は、次のような方法が考えられます。

① **貸主の口座に金銭を振込むことを指示する方法**
　　宅建業者は、媒介業務において、原則として賃貸借契約に伴う一切の金銭を受領する立場にありません。そのため、前述の契約手続に伴い、貸主の指定する口座に借主に振込むことを指示します。
　　振込に伴う領収書の発行については、次の方法が考えられます。
　　A．宅建業者が、借主に振込済証明書を提示させ、振込金額を確認し、事前に、貸主から受領金額を記入し署名押印をした領収書を預かっておき、その場で発行する。
　　B．宅建業者が、借主に振込済証明書を提示させ、振込金額を確認し、領収書の発行は、後日、貸主から発行したものを送付することを約束し、それまで振込済証明書を保管するよう借主に指示する。

② **宅建業者は、貸主より金銭受領に関する委任状等を受領し対応する方法**
　　貸主側と借主側が同時に履行する手続方法を採ることが原則です。そのため、宅建業者は、貸主より「宅建業者が代行して受領する旨」の委任状等を受け、その委任内容を借主に提示するなどしたうえで、金銭を受領する。ないしは、宅建業者は、事前に、貸主より受領金額と貸主が署名押印した領収書を預かっておき、当該金銭の引換えに借主に領収書を発行します。

3　鍵の引渡し　　　［フロー図1　⑳・㉓～㉚］

借主に鍵を引渡し、必要に応じ室内点検に立会い引渡し時の室内の状況を確認する。
- ☐ 借主への鍵の引渡し（物件の引渡し）
- ☐ 借主より鍵の受領書（預り書）を受領
  - ☐ 契約期間前の場合

[媒介業務以外の業務]
- ☐ 物件の管理責任に関する確認
- ☐ 室内点検の立会い
  - ☐ 契約当日の場合
  - ☐ 入居後の場合
- ☐ 借主へ付帯設備表を提示
- ☐ 借主による室内点検確認書での室内点検
  - ☐ 借主と一緒に点検する場合
  - ☐ 借主が単独で点検する場合
- ☐ 借主より室内点検確認書を受領
- ☐ 業者による室内点検確認書に基づき点検確認　（借主単独点検の場合）
- ☐ 修繕箇所がある場合
- ☐ 家主との相談
  - ☐ 修理する場合
  - ☐ 修理しないで、退室時に修理免除を書面で確約する場合
- ☐ 修理見積もり
- ☐ 修理手配
- ☐ 工事完了確認
- ☐ 貸主への報告

(1)「鍵受領書」の作成

　契約に係る金銭の授受の完了と同時に、貸主より借主に対して鍵の引渡しを行います。貸主に代わって、宅建業者を通じて引渡されるケースもあります。この場合、借主から「鍵受領書」【様式20】を徴収します。

(2)「住宅内造作等点検確認書」等の作成

　また、貸主に代わって、宅建業者が住宅の引渡しに立会い、室内及び設備点検を所定の様式（「住宅内造作等点検確認書」【様式21-1, 22-2】）に沿って行います。これは、退去時の貸主・退去者の負担範囲等の基礎資料とするため、入居時の状況を確認し、お互いに了解を得ておく必要からです。
　また、小修理等に関する貸主や借主の負担区分と範囲についても、賃貸借契約書に明記したうえで、詳細については、「小修理における負担区分一覧表」【様式22】や、「借主の修繕義務範囲にかかる入居期間別修理費負担割合一覧表」【様式23】等を用いて、事前に確認を取るようにしましょう。
　この時点で、不完全な修繕個所が発見された場合は、修繕を要するか否か、修繕を要しない場合でも、退去時に、退去者側の負担を免除することの確認等を書面に明記し、状況を理解したうえで入居して頂くようにします。
　なお、通常、鍵の引渡しをもって物件の引渡しとしているので、鍵引渡し後は、引越し前であっても、借主に物件の管理責任が生じる旨を周知しておくことが必要です。ただ、契約期間の開始日以前については、当該物件の管理責任は貸主にあるため、契約期間開始日以前は物件内に立入らないよう周知しておく必要があります。

第6章　情報の管理・保管

1　契約書等の保管　　［フロー図1　㉛］

契約書等を保管する。
- □　貸主別・物件別・入居者別にファイル整理
- □　原本を貸主別・物件別・入居者別にファイルし貸主に提示・保管
- □　副本を貸主別・物件別・入居者別にファイルし業者保管

　賃貸借契約の締結に関する一連の業務が終了した段階で、受領ないしは代行処理した契約書等は、貸主別・物件別、かつ、入居者ごとにファイルで整理します。
　基本的には、契約書等の原本は貸主側が保管すべきものですので、物件別にファイルを用意し、それをさらに入居者別に区分したものを貸主に届けるようにします。宅建業者としては、必要な部分をコピーして同様に保管します。

2　契約書等の保管上の注意

　宅建業者が媒介等により契約書や契約に必要な各種書類・資料等を保管する場合は、借主のプライバシーを保護する観点から取扱いには十分に注意する必要があります。
- □　守秘義務を励行
  - □　業者の場合
  - □　貸主の場合
- □　個人情報保護法を遵守
  - □　業者の場合
  - □　貸主の場合

（1）「宅建業法第45条（秘密を守る義務）」に基づく措置を講ずる
　賃貸借契約に伴い、借り希望者より多くの個人情報等の資料を受領することになります。これらの資料は、主に、入居審査に必要なものと考えます。
　こうした観点からの資料受領であるとするならば、審査結果後は、本来、借り希望者（借主）に返還することが望ましい処理と言えます。契約期間中の証拠資料として保管する必要があるのであれば、退去時には返還されるべきです。また、契約期間中は、個人情報について責任をもって厳重に保管します。
　なお、契約管理上、契約期間中必要とする借主の個人情報、例えば、入居者名簿等は、変更が生じた場合は差替えにより情報を更新するなどして、常に最新の情報を掌握しておくことが大切です。
　しかしながら、中には心無い宅建業者もおり、顧客リスト管理上の各種情報を目的以外に利用しているケースが見られます。これは、入居者のプライバシーを侵害していると言え、宅建業法第45条（秘密を守る義務）違反となるおそれがありますので注意を要します。

（2）「個人情報保護法」に基づく措置を講ずる
　賃貸住宅の媒介・管理業務に伴い貸主・借主（借り希望者を含む）から得た個人情報保護法上の個人データに該当する内容を取扱う場合は、個人情報の取扱い方について、必要な手続を取って置くことが求められます（詳細は、第2編「募集・斡旋業務」第1章「物件調査」「4.来店準備をする」を参照して下さい）。

【参考資料】

不動産業界と業務提携による
千葉県市川市での高齢者民間賃貸住宅斡旋制度

　社団法人千葉県宅地建物取引業協会・市川支部は、平成7年11月から市川市と提携して『高齢者民間賃貸住宅斡旋業務』を実施しています。
　具体的には、市川支部のうち市川市役所に斡旋事業協力店として登録している会員業者が、店頭に**『高齢者にやさしい賃貸住宅斡旋の店』**という協力店を証明するステッカーを張り出すなどして、市川市の高齢者民間賃貸住宅斡旋制度のPR前線窓口となり、ひとり暮らしの高齢者等に対して積極的に民間賃貸住宅を紹介しているものです。

1．業務提携までの背景
　バブルの絶頂期に、建替えのために立退きを迫られ退去したものの、ひとり暮らしの高齢者の次の住宅が見つからないという問題が発生しました。
　市川市は、もともと高齢者福祉に力を入れている自治体で、当時の高齢者福祉課（現：福祉部・地域福祉支援課）が問題を解決するために、不動産業界にタイアップできないかと相談を持ちかけたことがきっかけで、市、不動産業界がともにプロジェクトチームを作るなどしてシステムを構築し、平成7年から不動産業界と業務提携して積極的に斡旋するシステムをスタートさせました。

2．高齢者への住宅斡旋制度の問題点と解決策
　市川市と千葉県宅地建物取引業協会・市川支部が平成7年より提携してスタートさせた高齢者への住宅斡旋事業は、思うように実績が上がりませんでした。
　その**原因を調査**した結果、
① 家主及び仲介業者が、高齢者・障害者が賃貸住宅に住むことによる「火事や独居老人の病気・孤独死」などに不安を感じていること
② 市からの助成金が入居者の口座に入金されるため、家賃の滞納があること
③ 家賃助成の限度額が低いこと
④ 市川市と市川支部との定期的な打合せや斡旋状況の把握が不足していること
などの問題点が表面化しました。
　この問題点を解決し助成事業の成果をあげるために、平成14年10月から1年間、**市川市と市川支部の関係役員が協議**し、**助成事業の見直し**を行い、平成15年4月から、
① 転居後の家賃限度額を7万円（従来は6万円）に引上げる
② 家賃の滞納を防止するために、希望によっては家主の口座に、市より直接振込むことができる
③ 家賃助成を決定したことや、助成を打ち切ったことを家主に対しても通知する
④ 市役所より依頼のあった助成制度対象者の斡旋状況の把握等動向調査を定期的に行う
⑤ 家賃助成事業により契約したひとり暮らしの高齢者は、市役所で独居老人の登録を行う
⑥ この登録をもとに、地域の民生委員の定期的な訪問や、必要に応じて在宅介護支援センターの職員が訪問し、病気の場合など生活していくうえで困ったことの支援を行う
としたため、高齢者や障害者でも安心して民間賃貸住宅の斡旋ができるようになりました。

3．千葉県市川市の高齢者民間賃貸住宅斡旋システム
　当初は、市川市内のひとり暮らしの高齢者が住居を確保し、安心した生活ができるように、地域ぐるみでフォローし、積極的に見守っていこうという制度として出発いたしましたが、現在は、助成対象者の範囲が拡大しています。
　市川市が行う『家賃助成』とは、民間賃貸住宅に居住する高齢者等が**建替えや老朽化により取壊されることを理由に住宅から立退きを求められた場合、転居前と転居後の家賃差額と転居費用を助成**するもので、この助成を受けるためには、(1) 市川市内に2年以上居住し、住民登録又は外国人登録をしているか、(2) **65歳以上のひとり暮らし世帯、65歳以上で構成されている世帯、心身障害**

者がいる世帯、ひとり親ないしは父母のいない児童を養育している世帯**であるか、(3) 公営住宅法で定める収入基準を満たしているか、(4) 生活保護 (住宅扶助が含まれているため) を受けていないか、(5) 転居後も市川市内の民間賃貸住宅に居住するか、(6) 転居後の家賃は 7 万円以下か、などの要件を満たしていることが必要となります。ただ、入居後に要件を満たせなくなった場合は、助成を受けることができなくなります。なお、平成 19 年度には 48、平成 20 年度では 46 の高齢者世帯が同制度を利用しています。その制度概要は、以下のとおりです。

【高齢者への住宅斡旋の仕組み】

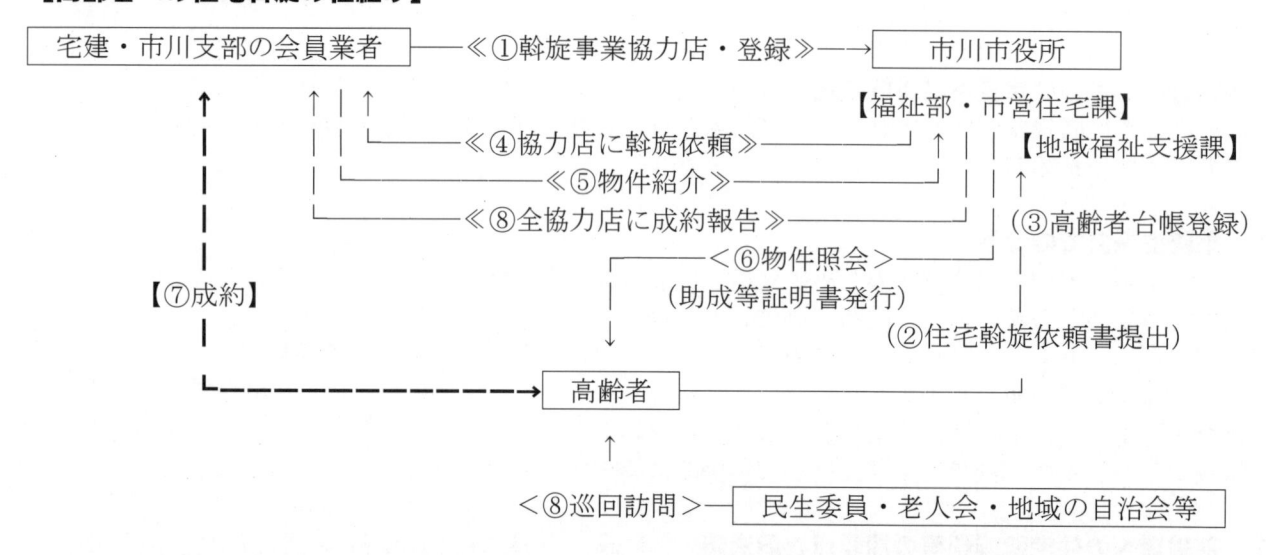

```
宅建・市川支部の会員業者 ──《①斡旋事業協力店・登録》──→ 市川市役所
   ↑    ↑ │ ↑                                          【福祉部・市営住宅課】
   │    │ │ └─《④協力店に斡旋依頼》─────────────↑ │ │   【地域福祉支援課】
   │    │ └──《⑤物件紹介》─────────────────┐ │ │ │   ↑
   │    └───《⑧全協力店に成約報告》────────┐ │ │ │ (③高齢者台帳登録)
   │                           <⑥物件照会>   │ │ │
【⑦成約】                     (助成等証明書発行) │ │ (②住宅斡旋依頼書提出)
   │                              ↓            │ │
   └ ─ ─ ─ ─ ─ ─ ─ ─ ─ ─ → 高齢者 ───────────┘ │
                               ↑                 │
                          <⑧巡回訪問>── 民生委員・老人会・地域の自治会等
```

① 市川市と社団法人千葉県宅地建物取引業協会・市川支部は、共同で住宅に困窮する高齢者の方々に対して民間賃貸住宅の斡旋を行っており、支部の会員業者が斡旋事業に協力する場合は、市川市役所に**協力店登録**をすることになります。
　協力店として登録した会員業者は、店頭に『**高齢者にやさしい賃貸住宅斡旋の店**』という協力店を証明するステッカーを張り出します。

② 市川市の高齢者民間賃貸住宅斡旋制度を利用して民間賃貸住宅を探そうとする高齢者は、市役所の地域福祉支援課に『**独居台帳登録**』を行うほか、市営住宅課の窓口で、『**市川市高齢者民間賃貸住宅あっせん依頼書**』にて、希望の地区・間取・家賃や事情を記載のうえ、「取壊し計画等に関する家主の証明書」、「転居前の住宅の賃貸借契約書の写し」、「住民票」(外国人登録済証明書)、「市民税課税証明書ないしは市民税非課税証明書」を添付して申請することになります。

③ **市川市（市営住宅課）**は、斡旋依頼書を提出した高齢者を『**ひとり暮らし高齢者台帳**』に登録します。

④ **市営住宅課**は、高齢者台帳に登録された高齢者から民間賃貸住宅の斡旋依頼があった場合に、**全斡旋事業協力店**に対して、**ファクシミリにて斡旋内容を送信**し物件の斡旋依頼を行います。

⑤ 希望条件に合った物件を紹介したい**斡旋事業協力店**は、**市営住宅課に物件内容を提示**します。

⑥ **市営住宅課**は、**条件に合った物件内容であること**、つまり、転居前と転居後の家賃差額が限度額以内であるか (住宅家賃助成の限度額は 38,000 円)、賃貸借契約に係る礼金及び仲介手数料の合計額から立退料を差引いた額が限度額以内か (転居費用助成の限度額は 190,000 円) **を確認**のうえ、依頼者に物件を照会します。

⑦ 依頼者が物件を気に入った場合、**斡旋事業協力店**を介して**賃貸借契約を締結**します。
　なお、入居が決まった場合は、市営住宅課に「転居後の住宅の賃貸借契約書の写し」を提出し、各種生活支援サービスの手続を行うことにより、市から無料で緊急通報システム、火災報知器、自動消火器、ガス警報器などが貸与されます。

⑧ 入居後は、**民生委員、老人会、地域の自治会**、必要に応じて在宅介護支援センターの職員が高齢者世帯を巡回し安否等の確認が行われます。特に、民生委員は、週に 1～2 回、**友愛訪問**することになっています。

4．ひとり暮らしの高齢者に係る不安要素の解消方策

『独りボッチの老人をなくそう』というスローガンのもと、行政と宅建業者、家主が三位一体となって、民間賃貸住宅の斡旋システムが構築されたにもかかわらず、家主側や宅建業者側から、保証人の問題や万が一亡くなった場合の対処等、さまざまな不安要素が挙げられたため、その解消方法や対処手順を確立することにより、家主・宅建業者の不安を取り除くことができました。

【ひとり暮らし高齢者が賃貸住宅内で死亡した場合の処理手順】

ひとり暮らしの高齢者が賃貸住宅内で死亡した場合は、一般的には、定期的に友愛訪問している地区の民生委員や、貸主、管理業者（または管理人）、隣人などが異変に気づくことが多いと思われますが、ここでは、貸主、管理業者（または管理人）などが発見した場合の処理手順を紹介します。

基本的には、「**親族等**」、「**地区の民生委員**」、「**警察**」、「**市川市の担当者**」、「**地域の自治会**」に連絡をすることになりますが、**親族等の有無や親族等の所在の遠近により、処理手順が異なってきます**。

なお、親族の有無にかかわらず、自宅で亡くなった場合は、**警察による検死**を受ける必要があるため、勝手に遺体を動かすことができませんので、警察への連絡を必ず行うことになります。

① **親族（身元引受人）や緊急連絡先が近くにいる場合**

まず、**親族（身元引受人）や緊急連絡先**に連絡します。

連絡を受けた親族等は、地区の民生委員、警察、市の担当者等に連絡することになります（管理業者が連絡を要する機関、手続等をアドバイスします。）。

なお、警察の立会い後、通常の死亡と同様に、**親族（身元引受人）や緊急連絡先**によって処理して頂くことになります。

② **親族（身元引受人）や緊急連絡先が遠方にいる場合**

親族等に連絡します。すぐに駆けつけることができない場合は、親族等の了解のもとで、**地区の民生委員、警察、市の担当者**に連絡します。

親族等が到着までに相当の時間を要する場合は、警察の立会い後の当面の処置として、遺体を賃貸住宅内から**所定の祭礼社**に移し、安置して頂くことになっております。

なお、最終的には、親族に引渡し、掛った費用は遺族に支払って頂くことになります。

③ **親族の有無が判明しない場合**

地区の民生委員と警察に連絡します。これを受けて民生委員は、市の担当者や地域の自治会などとも連絡を取って頂くことになっています。

親族の有無の判明については、市の担当者（福祉事務所の職員）が戸籍調査を行います。

親族が確認できた場合は、市の職員が連絡を取ることになり、上記②の手順で対応することになります。**親族がいない場合**は、市の担当者または警察が対応することになっています。

なお、親族がいない場合、市職員は、職務上、死亡届人になることができないため、貸主、地主、住宅の管理業者（または管理人）、公設所の長等が届出人となります。

5．制度に参画している家主と宅建業者のメリット

制度を導入したことにより、入居する高齢者にとってのメリットがあっただけではなく、貸主側や宅建業者側にもメリットがありました。

家主側のメリットとしては、厳しい賃貸住宅市場において、空室率を下げることができたことや、家賃補助等の制度のおかげで賃料不払い等の心配も解消されたこと、高齢者向けのリフォームを行う場合は市の助成を受けることができることなどが挙げられます。

宅建業者側のメリットとしては、高齢者に優しい宅建業者になることで、従来の入店しにくいイメージが払拭されつつあることが挙げられます。

6．市川市民間賃貸住宅家賃等助成制度〔2009（平成21）年5月1日現在〕

住居確保及び生活の安定を図るため、市内に居住し取壊し等による転居を求められた高齢者、心身障害者、ひとり親世帯等の方が市内に転居した場合、住宅家賃の差額と転居費用を助成する制度です。

(1) 助成対象者

1) 現在居住している民間賃貸住宅の取壊し等のため立ち退きを求められていること。
2) 市川市に引続き2年以上居住し、住民登録又は外国人登録をされていること。
3) 次のいずれかに該当する世帯であること。

　　　　ア．65歳以上のひとり暮らしの方の世帯
　　　　イ．65歳以上の方で構成される世帯
　　　　ウ．心身障害者がいる世帯
　　　　エ．ひとり親で児童を養育する世帯
　　　　オ．父母のない児童を養育する世帯
　　　※児童とは18歳になって最初の3月31日を迎えるまでのお子さんのことです。
　4)　前年の収入が公営住宅法で定める金額以下であること。
　　　※　下記は目安です。詳しくはご相談ください。

区　分	単身者の場合	2人世帯の場合
給与所得者（収入）	3,887,999円以下	4,363,999円以下（3,511,999円以下）
事業所得者（所得）	2,568,000円以下	2,948,000円以下（2,276,000円以下）
年金所得者（65歳以上・年金受給額）	3,924,000円以下	4,391,764円以下（3,534,666円以下）

　　　※（　）内の金額は上記（3）のエ又はオに該当する世帯の場合です（同居者に小学校就学
　　　　の始期に達するまでの子がいる場合を除く）。なお、税法上非課税とされている年金（障害年
　　　　金・遺族年金・福祉年金・遺族恩給等）については収入制限がありません。
　5)　生活保護を受けていないこと。

(2) 対象となる住宅
　1)　市川市内にある民間賃貸住宅であること。
　2)　立退き後に入居した住宅の家賃が月額70,000円以下であること。

(3) 助成金の種類及び金額
　1)　住宅家賃助成金
　　　立退き後に入居した住宅の家賃（入居の際締結した金額）と立退き前の家賃との差額。
　　ただし、立退き後に入居した住宅の家賃が60,000円を超える場合は60,000円と立退き前の
　　家賃との差額。限度額は月額38,000円。
　2)　転居費用助成金
　　　立退き後に入居した住宅の賃貸借契約に係る礼金及び仲介手数料の合計から立退料等を差引
　　いた額。限度額は190,000円。

(4) 必要書類
　1)　市川市民間賃貸住宅家賃等助成金交付申請書
　2)　取壊し計画等に関する賃貸人の証明書
　3)　住民票又は外国人登録済証明書
　4)　立退き前に居住していた住宅の賃貸借契約書の写し
　5)　立退き後に入居した住宅の賃貸借契約書の写し
　6)　市民税課税証明書又は市民税非課税証明書
　7)　その他状況により必要な書類

(5) 支給時期と方法
　1)　住宅家賃助成金は前3か月分を1月・4月・7月・10月に本人又は大家の指定口座に振込。
　2)　転居費用助成金は翌月本人名義の指定口座に振込。

市川市高齢者民間賃貸住宅あっせん依頼書

氏　　名		生年月日	年　　月　　日生 （　　歳）
現　住　所	市川市	電話 047（　　）	
本　　籍			
世帯構成	1.ひとり暮らし 2.その他（　　　　）	市民となった年月日	年　　月　　日
転居理由	1.取壊し　　2.老朽化　　3.その他（　　　　　　　　　　　　　　）		
前年所得	円	1.年金　2.勤労　3.仕送り　4.その他（　　　　　）	
助成対象資格	有　・　無　　※新家賃又は６万円と旧家賃の差額となります。（いずれか低い額）		
現在の家賃	円	希望家賃	円
転居希望先	第１希望＿＿＿＿周辺　第２希望＿＿＿＿周辺　第３希望＿＿＿＿周辺 ※地域を限定する場合は、見つかる可能性が低くなることをご了承願います。		
間取り	部屋数（　）・風呂（有・無）・トイレ（専用・共同）・台所（専用・共同）・その他（　　　）		
（備考）			
連帯保証人	住　所	電話　　　（　　）	
	氏　名	続柄	
独居台帳登録	有　・　無　　→　地域福祉支援課で必ず登録の申請をして下さい。		

○　あんしん電話・自動消火器・火災報知機・ガス警報機の設置

○　無料入浴券の交付（風呂がない場合）

※いずれも、地域福祉支援課で申請して下さい。

　上記の方に対して、賃貸住宅を斡旋して下さるよう依頼します。

　　　　　　　　　　　　　　平成　　年　　月　　日

　　　　　　　　　　　市営住宅課長　　　　　　　　㊞

　　　　　　　　　　　担　当　者　　　　　　　　　㊞

〔お問合せ先〕　〒272-8501　市川市八幡1-1-1　市川市役所・市営住宅課
　　　　　　　　　　　　電　話　047（334）1338
　　　　　　　　　　　　ＦＡＸ　047（336）8034

【参考】　市川市民間賃貸住宅家賃等助成要綱

第1条（目的）

　この要綱は、現に居住する市内の民間賃貸住宅の取壊し等のため、市内の他の民間賃貸住宅に転居することとなるひとり暮らし高齢者世帯等に対し、当該転居の前後における民間賃貸住宅の家賃の差額及び当該転居のための費用について市川市民間賃貸住宅家賃等助成金（以下「助成金」という。）を交付することに関し、市川市補助金等交付規則（平成8年規則第36条。以下「規則」という。）に定めがあるものを除くほか、必要な事項を定めることにより、ひとり暮らし高齢者世帯等の居住の安定を図ることを目的とする。

第2条（定義）

　この要綱において「ひとり暮らし高齢者世帯等」とは、次のいずれかに該当する世帯をいう。

(1)　65歳以上のひとり暮らしの者の世帯

(2)　65歳以上の者で構成される世帯

(3)　心身障害者がいる世帯

(4)　ひとり親世帯〔市川市ひとり親家庭等の医療費等の助成に関する規則（平成9年規則第2号）第2条第3項に規定するひとり親家庭の世帯であって、児童（18歳に達する日以後の最初の3月31日までの間にある者をいう。）及びその父（母が児童を懐胎した当時婚姻の届出をしていないが、その母と事実上婚姻関係と同様の事情にあった者を含む。）又は母以外に同居する者がいない世帯（心身障害者がいる世帯を除く。）をいう。次条第1項第2号において同じ。〕

(5)　父母のない児童を養育する世帯〔市川市ひとり親家庭等の医療費等の助成に関する規則第2条第4項に規定する父母のいない児童を養育する家庭の世帯（心身障害者がいる世帯を除く。）をいう。次条第1項第2号において同じ。〕

第3条（助成対象者）

　助成金の交付対象となる者（以下「助成対象者」という。）は、次に掲げる要件を備えるひとり暮らし高齢者世帯等の世帯主とする。

(1)　世帯の構成員全員が本市に引き続き2年以上居住し、住民基本台帳法（昭和42年法律第81号）又は外国人登録法（昭和27年法律第125号）の規定に基づき記録又は登録をされていること。

(2)　世帯の収入〔公営住宅法施行令（昭和26年政令第240号）第1条第3号の規定の例により算出した収入をいう。〕が同令第6条第5項第1号に規定する金額（小学校就学の始期に達する日から18歳に達する日以後の最初の3月31日までの間にある児童がいるひとり親の世帯の世帯及び父母のない児童を養育する世帯にあっては、同項第3号に規定する金額）以下であること。

(3)　生活保護法（昭和25年法律第144号）による保護を受けていない世帯であること。

(4)　現に居住する市内の民間賃貸住宅の取壊し等のため、市内の他の民間賃貸住宅に転居することとなること。

(5)　転居後の民間賃貸住宅の家賃の月額（当該転居に際して締結した賃貸借契約の書面に記載された家賃の月額とする。）が、70,000円以下であること。

2　前項の規定にかかわらず、現に居住する市内の民間賃貸住宅の取壊し等のため市内の他の民間賃貸住宅に転居することとなる事由が公共事業の施行に伴うものであり、かつ、当該公共事業の事業主体から当該転居のための補償金等の支給を受ける者については、その者が同項に定める要件を備える者であっても、当該支給を受ける補償金等の内容がこの要綱に基づく助成金に相当するものである場合には、当該相当する限度においては、その者は、助成対象者としない。

第4条（助成金の種類及び額）

　助成金の種類及び額は、次のとおりとする。

(1)　住宅家賃助成金

　　転居後の民間賃貸住宅の家賃の月額〔当該転居に際して締結した賃貸借契約の書面に記載された家賃の月額（当該家賃の月額が60,000円を超えるときは、60,000円）とし、当該家賃の月額が当該賃貸借契約の更新等により変更されたときは、当該変更後の家賃の月額（当該家賃の月額が60,000円を超えるときは、60,000円）とする。〕と転居前の民間賃貸住宅の家賃の月額との差額（当該差額が38,000円を超えるときは、38,000円）を助成するもの。

(2)　転居費用助成金

　　転居に際して締結した賃貸借契約に係る礼金及び不動産業者等への仲介手数料の合計額から、転居前の民

間賃貸住宅の賃貸人から支払われた立退料等を減じて得た額（当該減じて得た額が 190,000 円を超えるときは、190,000 円とする。）を助成するもの。
2　前項第 1 号の規定にかかわらず、転居後の民間賃貸住宅に係る賃貸借契約を月の途中で締結し、又は解約した場合の当該月額分の住宅家賃助成金の額は、実際に賃貸人に支払った家賃の額に基づいて日割り計算により算出して得た額とする。
3　前 2 項の場合において、10 円未満の端数が生じたときは、これを切り捨てる。

第 5 条（交付の申請）
規則第 3 条の規定により助成金の交付をしようとする者は、市川市民間賃貸住宅家賃等助成金交付申請書（様式第 1 号）に次に掲げる書類を添えて、市長に提出しなければならない。
(1)　取壊し計画等に関する賃貸人の証明書（様式第 2 号）
(2)　転居前の民間賃貸住宅の賃貸借契約書の写し
(3)　転居後の民間賃貸住宅の賃貸借契約書の写し
(4)　助成金の交付の申請をしようとする者の市民税課税証明書又は市民税非課税証明書
(5)　前各号に掲げるもののほか、市長が必要と認める書類

第 6 条（決定の通知）
規定第 6 条の規定による通知は、市川市民間賃貸住宅家賃等助成金交付決定（却下）通知書（様式第 3 号）によるものとする。

第 7 条（変更等の承認）
規定第 8 条の規定による市長の承認を受けようとするときは、市川市民間賃貸住宅家賃等助成金変更等承認申出書（様式第 4 号）を市長に提出しなければならない。
2　市長は、前項の承認申出書の提出を受けたときは、その内容を審査し、その結果を市川市民間賃貸住宅家賃等助成金変更等承認通知書（様式第 5 号）により通知するものとする。

第 8 条（交付決定の取消し）
市長は、助成対象者が次の各号のいずれかに該当するときは、助成金の交付決定を取り消すものとする。
(1)　第 3 条第 1 項に掲げる要件を備えなくなったとき。
(2)　助成対象者（65 歳以上の者で構成されている世帯にあっては世帯を構成する者全員とし、心身障害者がいる世帯にあっては当該心身障害者とする。次号において同じ。）が死亡したとき。
(3)　助成対象者が特別養護老人ホーム等に入所（短期入所を除く。）をしたとき。
(4)　転居後の民間賃貸住宅の賃貸借契約を解除するとき。
(5)　前各号に掲げるもののほか、市長が相当の理由があると認めたとき。
2　助成対象者〔前項第 2 号に該当する場合（心身障害者がいる世帯の世帯主である場合は除く。）にあっては、その親族〕は、前項各号のいずれかに該当したときは、市川市民間賃貸住宅家賃等助成金交付決定取消申出書（様式第 6 号）を市長に提出しなければならない。
3　市長は、前項の取消申出書の提出を受けたときは、その内容を審査し、その結果を市川市民間賃貸住宅家賃等助成金交付決定取消通知書（様式第 7 号）により通知するものとする。

第 9 条（交付の請求）
規則第 16 条の規定により補助金の交付の請求をしようとするときは、市川市民間賃貸住宅家賃等助成金交付請求書（様式第 8 号）に次に掲げる書類を添えて、市長に提出しなければならない。
(1)　転居後の民間賃貸住宅の家賃の領収書の写し
(2)　転居後の民間賃貸住宅の賃貸借契約に係る礼金及び不動産業者等への仲介手数料の領収書の写し

第 10 条（交付の時期）
住宅家賃助成金は、次の表の左欄に掲げる月の分を同表の右欄に掲げる月にまとめて交付するものとする。ただし、住宅家賃助成金の交付決定を取り消したときは、市長が指定する月に交付するものとする。

交付の対象となる月	交付する月
1月、2月及び3月	4月
4月、5月及び6月	7月
7月、8月及び9月	10月
10月、11月及び12月	1月

2　転居費用助成金は、転居した日の属する月の翌月に交付する。

第11条（委任受領）
　助成対象者は、住宅家賃助成金の受領を賃貸人に委任しようとするときは、市川市民間賃貸住宅家賃助成金委任受領申出書（様式第9号）に当該賃貸人の連署を得て市長に提出しなければならない。

2　市長は、前項の書類の提出があったときは、住宅家賃助成金を賃貸人に交付するものとする。

第12条（助成金の交付方法）
　助成金の交付方法は、助成対象者（前条第2項の規定により賃貸人に交付する場合にあっては、当該賃貸人）の指定した金融機関への口座振替の方法により行うものとする。

第13条（報告）
　市長は、必要があると認めるときは、助成金の交付の決定を受けたひとり暮らし高齢者世帯等の世帯主に対し、その世帯の現況について必要な報告を求めることができる。

第14条（再転居者の取扱い）
　現にこの要綱の定めるところにより助成金の交付を受けている者が、その居住する民間賃貸住宅の取壊し等のため、更に市内の他の民間賃貸住宅に転居することとなった場合にいては、その者を新たな助成対象者として、この要綱を適用する。この場合において、第4条第1項第1号中「転居前の民間賃貸住宅の家賃の月額」とあるのは、「転居前の民間賃貸住宅の家賃の月額（当該転居前の時点において締結されている賃貸借契約の書面に記載された家賃の月額とする。）」とする。

第15条（補則）
　この要綱に定めるもののほか、必要な事項は、別に定める。

第3編　契約書類作成業務

（目　次）

第3編　契約書類作成業務	327
第1章　貸主との契約	327
1　賃貸住宅媒介等の契約内容［貸主］	327
（1）目的物件の内容確認	328
（2）複数の業者に依頼する場合の他の業者名（媒介型の場合）	328
（3）賃料等	328
（4）盛込むべき条項等	330
（5）入居者の選定条件	333
2　賃貸住宅管理契約（貸主）の内容	334
（1）目的物件の内容	337
（2）賃料等	337
（3）盛込むべき条項等	337
（4）入居者の選定条件	344
第2章　借主との契約	345
1　賃貸借媒介契約（借主）の内容	345
（1）賃貸借の目的物件の内容確認	346
（2）賃料等の確認	346
（3）盛込むべき条項等	347
第3章　一般借家契約	349
1　一般借家契約の内容	349
（1）賃貸借の目的物件の内容確認	349
（2）賃料等の確認	350
（3）契約期間	350
（4）貸主・管理人	351
（5）借主・同居人	351
（6）各条項内容	351
第4章　定期借家契約	366
1　定期借家契約の内容	366
（1）定期借家制度の導入背景	366
（2）一般借家契約との相違点	366
（3）定期借家制度と宅地建物取引業法	368
（4）定期賃貸住宅標準契約書の各条項内容	369
（5）定期借家契約に関するQ＆A	373
第5章　終身建物賃貸借契約	380
1　終身建物賃貸借契約の内容	380
（1）終身建物賃貸借契約の導入背景	380
（2）法制度の概要	381
（3）重要事項の説明	384
（4）終身建物賃貸借標準契約書の各条項内容	385
（5）終身建物賃貸借契約に関するQ＆A	391

第6章　その他の契約 ……………………………………………………………… 401
　1　賃貸借契約の内容変更 ………………………………………………………… 401
　　(1) 賃料変更 …………………………………………………………………… 402
　　(2) 契約当事者の変更 ………………………………………………………… 402
　　(3) 借主の拒否による調停・訴訟（賃料値上げによる） ………………… 403
　2　契約更新処理 …………………………………………………………………… 404
　　(1) 更新を前提とした手続 …………………………………………………… 407
　　(2) 賃貸借契約の法定更新（借地借家法第 26 条） ……………………… 408
　　(3) 貸主が更新を拒絶する場合の手続（借地借家法第 28 条） ………… 408
　　(4) 取毀し予定の建物の賃貸借（借地借家法第 39 条） ………………… 409
　　(5) 家賃改訂額の算出方法 …………………………………………………… 409

第7章　賃貸借契約と消費者契約法 ……………………………………………… 411
　1　賃貸借契約と消費者契約法の内容 …………………………………………… 411
　　(1) 消費者契約法の導入背景 ………………………………………………… 411
　　(2) 法制度の概要 ……………………………………………………………… 411
　　(3) 重要事項説明と消費者契約法 …………………………………………… 414
　　(4) 契約条項に反映すべき事項 ……………………………………………… 416
　　(5) 消費者契約法に関するQ＆A …………………………………………… 419

第1章　貸主との契約

1　賃貸住宅媒介等の契約内容［貸主］【様式2、3】

貸主との賃貸住宅媒介契約と賃貸住宅代理契約の契約内容の違いとそのポイントを押さえる。

	賃貸借媒介契約書	賃貸借代理契約書
●契約の種類		
●貸主が依頼可能な宅建業者数	複数社	1社のみ
●貸主が他の宅建業者に重ねて媒介契約を依頼する場合	貸主は、他の宅建業者名等を宅建業者に通知しなければならない	貸主は、他の宅建業者に重ねて依頼できない
●貸主が宅建業者に依頼する業務内容	賃貸借媒介業務 ①賃貸借条件の提案 ②物件の紹介 ③入居者選定の補助 ④重要事項の説明 ⑤賃貸借契約締結の補助 ⑥鍵の引渡し	賃貸借媒介業務 ①賃貸借条件の提案 ②物件の紹介 ③入居者の審査 ④重要事項の説明 ⑤賃貸借契約の締結 ⑥鍵の引渡し
●宅建業者への代理権授与範囲		☆賃貸借契約の締結 ☆契約締結時の敷金、賃料等の受領
●宅建業者の積極的努力義務	☆物件の紹介	☆流通機構などへの情報登録による相手方の探索 ☆2週間に1回以上の業務処理状況報告
●貸主の宅建業者への通知義務	☆貸主は、契約有効期間内に自ら発見した者と直接、賃貸借契約を締結した時 ☆明示する他の宅建業者を通じて成約した時	貸主は、契約有効期間内に自ら発見した者と直接、賃貸借契約を締結した時
●貸主が宅建業者に通知義務を怠った場合	宅建業者は、賃貸借契約締結の事実を知らずに媒介業務の要する費用を支出した場合は、貸主にその費用の償還請求ができる	
●貸主が宅建業者から費用償還請求される場合	貸主が契約有効期間内に明示のない宅建業者を通じて賃貸借契約を締結した時、宅建業者は業務に要した費用の償還請求ができる	☆宅建業者は、貸主が自ら発見した者と直接賃貸借契約を締結した時 ☆宅建業者の責めによらない事由で契約解除された時、宅建業者は代理業務に要した費用の償還請求ができる
（直接取引）	宅建業者は、貸主が契約有効期間内又は契約期間満了後3か月以内に宅建業者の紹介者と直接賃貸借契約を締結した場合、業務に要した費用の償還請求ができる	宅建業者は、貸主が契約有効期間内又は契約期間満了後3か月以内に宅建業者の紹介者と直接賃貸借契約を締結した場合、契約成立に寄与した割合に応じた相当額の報酬を請求できる
●貸主が宅建業者から代理報酬額に相当する金額の違約金を請求される場合		貸主が契約有効期間内に他の宅建業者を通じて賃貸借契約を締結した時
●宅建業者を通じて賃貸借契約が成立した場合	貸主は、宅建業者に対して国土交通大臣告示に基づき媒介報酬を支払わなければならない	同左
●宅建業者の報酬の受領時期	業法第37条書面を作成し、貸主・借主に交付した後	同左

第3編　契約書類作成業務

●敷金等の受領と貸主への引渡し	宅建業者は、賃貸借契約の成立により借主から敷金等を預かった場合、速やかに貸主に引渡さなければならない	同　左
●契約の有効期間	最長3か月・更新可能	同　左
●貸主、宅建業者の双方が契約の解除ができる場合	貸主・宅建業者が契約に定める義務を履行しない場合は、期間を定め履行を催告し、その期間内に履行しない時	同　左
●貸主が契約の解除ができる場合	☆宅建業者が契約に係る重要な事項を故意、重過失により事実を告げない時 ☆宅建業者が、契約において不実のことを告げる行為をした時 ☆宅建業者が宅建業法に関して著しく不当な行為をした時	同　左

対貸主側との賃貸住宅媒介（代理）契約内容の確認
　　　□　依頼形態の確認
　　　　　□　媒介か代理か
　　　□　貸主の賃貸条件の確認
　　　□　貸主の物件の権利義務の確認
　　　　　□　貸主と所有者の関係
　　　□　貸主の義務
　　　□　業者の義務
　　　□　入居者の選定条件の確認

　貸主と目的物件の賃貸借媒介等の契約を締結するに際しては、次の事項について、契約内容を確認のうえ書面化します。

(1) **目的物件の内容確認**
　　賃貸借の目的物件を特定するために、事前に物件調査した結果を踏まえ、次のような内容を書面で確認します。
① **建物**
　　A．物件名称・物件所在地・建物の構造・建築年月・全住戸数と斡旋対象住戸数等
② **住戸**
　　A．斡旋対象住戸数、住戸番号、広さや間取り、斡旋対象住戸別の付帯設備等
　　　　例えば、・トイレの場合は専用・共用の別、水洗・非水洗の別
　　　　　　　・浴室、シャワー、湯設備、ガスこんろ、冷暖房設備等の場合は、その有無
　　　　　　　・ガスの場合は、その有無と都市ガス・プロパンガスの別等
　　B．付帯設備等
　　　　例えば、・駐車場や専用庭等が付属設備として含むか否かなど

(2) **複数の業者に依頼する場合の他の業者名**（媒介型の場合）
　　目的物件の媒介を依頼する宅建業者が複数社に及ぶ場合は、貸主が他に依頼している宅建業者名を確認しておきます。

(3) **賃料等**
　　金銭的な賃貸借条件についても、事前に物件調査した結果を踏まえ、次のような内容を確認します。

① 媒介または代理する各住戸の賃料・共益費

　賃料については、貸主に対し、近隣類似物件の賃料と比較し算定した結果等に基づき根拠を示して説明し、貸主と調整して決定します。

　共益費については、共益費の対象を確認したうえで、それに掛る実費相当額を設定するよう貸主と調整し決定します。

　また、契約開始月や退去月が1か月に満たない場合の賃料及び共益費の負担額は、1か月を30日として日割計算で受領することが望ましいことを貸主に説明し、了解を得るようにします。

　なお、共益費に含まれる費目によっては、基本料金と使用料金による料金体系となっている場合があり、一概に日割計算で対応できないケースも考えられるため、負担割合の設定には注意を要します。

② 敷金（保証金）額

　貸主は、借主より賃貸借契約から生じる債務の担保として、敷金、地域によっては保証金の名称で契約時に預け入れるケースが殆どです。

　その額は、地域によって異なったり、また、平成18年度（平成19年3月31日）以前に住宅金融公庫に申込んで融資を受け返済中または融資を受ける予定の賃貸物件や、都市再生機構（旧：住都公団）、自治体等公的機関の融資を受けて建設した事業用の賃貸住宅、特定優良賃貸住宅供給制度利用による事業用の賃貸住宅の場合は、受領額に制限が設けられていますので、これらに留意し、貸主と調整したうえで額を決定します。

　住宅金融公庫（現：住宅金融支援機構）への返済が完了しているか否かについては、登記簿謄本で住宅金融公庫の抵当権設定が続行中か抹消済か、また、返済中は、建物に「公庫融資物件建築物」である旨の標示板の標示が義務付け（平成17年度途中で住宅金融公庫法が改正されるまでは、エントランス付近に「住宅金融公庫融資住宅」のプレートを掲示することが義務付）られていますので、この点を確認することで実態が把握できます。

　なお、平成18年度（平成19年3月31日）以前に住宅金融公庫に申込んで融資を受け返済中または融資を受ける予定の個人用の戸建住宅やマンションの場合は、所有者自ら居住することが融資条件となっているため、原則として賃貸することは出来ないことになっていますので注意を要します。

【参考1】［平成18年度（平成19年3月31日）以前に住宅金融公庫に申込んで融資を受け返済中または融資を受ける予定の賃貸住宅の場合］

① 敷金

　ファミリー賃貸住宅、農地転用賃貸住宅の場合の敷金の制限は、家賃の3か月まで。レントハウス、中高層ビル、住宅用中高層ビルの場合は家賃の6か月分まで（なお、近畿地方の一部の地域については、家賃の9か月分まで）。

② 標示板の掲示

（平成17年度途中で住宅金融公庫法が改正されるまでは、エントランス付近に「住宅金融公庫融資住宅」のプレートを掲示する義務が課されていました。）

　a. 竣工後建物の標示板

　　融資金の返済が終了するまでの間（最長35年）使用に耐える材質（プラスチック・ステンレス・真鍮等）で、縦25cm、横40cmの標示板を建物のエントランス付近（2棟以上で構成される場合は団地の入口付近）など最も見易い場所に掲示する必要がある（ローンを完済するまでの間、掲示義務あり）。

［ファミリー賃貸住宅融資等の場合］

住宅金融公庫融資住宅
（ファミリー賃貸住宅融資）
○○マンション
近 代 太 郎

［中高層ビル融資の場合］

住宅金融公庫融資建築物
（中高層ビル融資）
○○ビル
近 代 商 事 ㈱

［レントハウスローンの場合］

住宅金融公庫融資住宅
（レントハウスローン）
○○マンション
近 代 二 郎

b.融資条件

[融資の種類]	[敷　金]	[入居募集条件]	[社宅利用]
①ファミリー賃貸住宅 ②農地転用賃貸住宅 ③単身・少人数世帯向賃貸住宅 ④シルバー賃貸住宅	賃料の3か月分まで	新聞、立看板等で広告し応募多数の場合は、抽選により入居者を選定	個人を対象のため不可
⑤中高層ビル ⑥レントハウス ⑦社宅供給	賃料の6か月分まで。近畿地方の一部地域は⑤⑥の場合9か月分まで	⑥で20戸以上の場合のみ上記の広告募集の処理を要する	可能 可能 ──

【参考2】[**特定優良賃貸住宅供給制度利用の場合**]
　　敷金は、家賃の3か月分以内。

③ その他一時金の有無

　敷金（保証金）以外の名目で一時金として受領するか否か、受領する場合は、受領金名目、受領目的、受領額を明確にします。

　なお、建設省（現：国土交通省）通達により「敷金（保証金）以外のその他一時金」の授受を行う慣習のない場合は、取扱うことが適当でないと指摘されていますので注意して下さい。

　また、平成18年度（平成19年3月31日）以前に住宅金融公庫に申込んで融資を受け返済中または融資を受ける予定の賃貸物件や、都市再生機構（旧：住都公団）、自治体等公的機関の融資を受けて建設した賃貸住宅や、特定優良賃貸住宅供給制度利用による賃貸住宅の場合は、賃料及び敷金以外の**礼金等一時金の受領が認められていません**ので注意を要します。

　なお、平成19年度（平成19年4月1日）以降に住宅金融支援機構の融資対象となった物件は、敷金、礼金、権利金、更新料等の受領に関する制限はありませんが、賃貸借契約書の作成に当たっては、国土交通省が推奨する「賃貸住宅標準契約書」**（様式14-1）**に準拠し、「原状回復をめぐるトラブルとガイドライン」（第5編・第4章・参考資料1）を遵守した契約内容とするよう指導していますので、留意する必要があります。

（4）**盛込むべき条項等**
① **宅建業者の行う業務内容**

　業務としては、大きく次の6つの内容が考えられ、「媒介」と「代理」で共通のものと区分によって異なるものとがあります。

1）**賃貸借条件の提案**
　＜媒介及び代理共通業務＞
　　情報誌、業者チラシ等の収集及び現地視察により、近隣の賃貸物件の相場を調査し賃料の査定を行う。

2）**物件の紹介**
　＜媒介及び代理共通業務＞
　　A．紹介図面を作成する。
　　B．必要に応じて、目的物件について指定流通機構への登録、他の業者への紹介、情報誌への広告等を行う。
　　C．借り希望者からの問合わせ、借り希望者の来店等に対応して、目的物件の説明、現地への案内等を行う。
　＜代理の場合の業務＞
　　D．2週間に1回以上、業務の処理状況を貸主に報告する。

3）**入居者選定の補助**（媒介の場合）、**入居者の資格確認**（代理の場合）
　＜媒介及び代理共通業務＞
　　A．賃料支払能力の確認など借り希望者に係る入居資格の確認や、保証能力の確認など連帯保証人に係る資格の確認を行う。
　　B．借り希望者に対し、最終的な賃貸借の意思確認を行う。

<媒介の場合の業務>
C．支払能力等の資格確認の結果を貸主に報告するとともに、賃貸借の意思の確認を行う。
<代理の場合の業務>
D．入居者資格の確認結果を貸主に報告し、当該者と賃貸借契約を締結することについて貸主と協議する。

4）**重要事項の説明**
<媒介及び代理共通業務>
A．権利関係、設備関係、賃貸借条件等の必要な事項を確認し、重要事項説明書を作成する。
B．重要事項説明書に基づき、借り希望者に対し、重要事項の説明を行う。

5）**賃貸借契約の締結の補助**（媒介の場合）、**賃貸借契約の締結**（代理の場合）
<媒介及び代理共通業務>
A．賃貸借契約書の作成を補助する。
<媒介の場合の業務>
B．賃貸借契約書に貸主と借主の署（記）名押印を得て、双方に賃貸借契約書を交付する。
C．敷金等は、貸主が出席のもとで受領することが原則であるが、出席しない場合は、貸主の口座に振込ませる、ないしは貸主が指示する所定の方法により借主から預かり、速やかに貸主に引渡す。
<代理の場合の業務>
D．賃貸借契約書に貸主の代理人として署（記）名押印するとともに、借主の署（記）名押印を得て、貸主、借主の双方に賃貸借契約書を交付する。
E．敷金等を借主から徴収し、速やかに貸主に引渡す。

6）**鍵の引渡し**
<媒介及び代理共通業務>
借主に鍵を引渡す。

　これら6つの業務内容は、契約書の本文に記載する、ないしは別紙に業務実施要領として作成し契約書に添付することが望まれます。
　この業務を行うに当たり、媒介と代理が大きく異なる点は、入居者の選定と賃貸借契約の締結において、媒介の場合は宅建業者が資料や考え方等を貸主に提示して最終決定が下せるよう補助的な立場で対応するのに対し、代理の場合は貸主より授与された一定の権限の範囲について、宅建業者が最終決定を行うという点です。

② **有効期間**　<媒介及び代理共通業務>
　賃貸借媒介等を依頼する期間については、当事者間の取決めによりますが、集合住宅の複数住戸の斡旋依頼をする場合は、市場の動きを考慮して、相当程度の期間を設定します。
　参考までに、「標準賃貸借媒介契約書」【様式2】及び「標準賃貸借代理契約書」【様式3】では、3か月としています。

③ **賃貸借条件への意見・変更助言**　<媒介及び代理共通業務>
　賃料や敷金、共益費等の賃貸借条件を設定する場合は、貸主の賃貸目的や期待収入を考慮する必要がありますが、物件が所在する地域の需給バランスや流通性を無視した賃貸借条件設定は空室を招くおそれがあります。
　また、長期の空室を抱えることは、貸主にとっても収入面でマイナスであり、宅建業者にとっても力量がないと判断されるばかりか、媒介報酬につながらないことになります。
　ですから宅建業者は、賃料相場等を十分に把握したうえで、近隣の成約事例等の根拠を示し適正なアドバイスができるようにしておかなければなりません。そのため、新規条件設定や条件変更を行う際に、宅建業者が貸主に対して積極的に根拠を示して意見具申することや、十分な協議のもとで賃貸借条件を設定する旨の条項を盛込むようにします。

④ 賃貸借媒介または代理報酬

　賃貸借契約の成立に伴い、媒介した業者または代理業者が、宅建業法第37条に定める書面（賃貸借契約の内容を記した書面）を作成し、依頼者に交付した時点で、依頼者は建設大臣（現：国土交通大臣）告示の規定に従い、成功報酬を宅建業者に支払う義務があることを説明し理解を求めます。

　なお、媒介の場合は、**依頼者（貸主、借主双方）の承諾を得ている場合を除き、借賃の1/2か月分が原則**となっていますので留意を要します。

　また、建設省（現：国土交通省）からの通知によれば、**依頼者の承諾は、依頼時に得る必要があり、依頼後の承諾は承諾といえない**としています。さらに、承諾は口頭でも文書でもよいが、将来的に紛争の発生するおそれのある場合は文書により意思を明らかにしておくことが望ましいとされていますので、これらを念頭において対応するようにします（昭45.10.23建設省計宅政発第211号建設省計画局長通知）。

　代理の場合は、依頼者から受けることのできる報酬の額は賃借の1か月に相当する金額以内となっています。この場合の依頼者は、通常、貸主と考えられます。

　ただし、借主から報酬を受領している場合、例えば、客付業者が借主より報酬を受領しているなどの場合は、その額と代理業者が受領する額の合計が借賃の1か月相当分を超えてはならないと規定されていますので、特に他業者の客付で成立した場合は、報酬を規定以上に受領することのないように注意を要します。

⑤ 貸主への敷金等の引渡し

　宅建業者が媒介依頼を受け入居斡旋業務を行う場合は、賃貸借契約締結の席上に貸主が出席するように要請しましょう。媒介業者は、原則として、金銭を受領する立場にないからです。

　貸主が契約時に出席しない場合は、

　　A．借主に、貸主の口座に事前振込みすることを依頼し、宅建業者は事前に貸主より金額を記入した領収書に署名押印を得、契約当日、借り希望者に振込済証明書の提示を求め、金額と振込の有無を確認したうえで領収書を発行する。

　または、

　　B．借主に貸主の口座に事前振込みを依頼し、契約当日、振込済証明書の提示を求め金額と振込を確認のうえ、後日貸主より領収書を発行して頂くことを約束するとともに、それまでは振込済証明書を保管するように借主に指示する。

などの方法により、確実に貸主に入金されるようにしましょう。

　また、代理の場合は、一旦、宅建業者が敷金等を受領することになりますが、貸主に引渡される性格のものですから、契約締結後、速やかに引渡す旨を条項として盛込み、誠実な処理を行うことを確約するようにします。

⑥ 貸主が特別に依頼する場合と業者の費用負担を区分すること

　貸主が広告費用を負担するので早期に成約させて欲しい等、特別に依頼のあった場合は、貸主の実費負担を求めることになりますが、通常、借り希望者を探索するために宅建業者がチラシ広告や民間の情報業者が発行する情報誌等を利用する場合に掛る費用は、宅建業者側の営業活動に掛る費用の一部として、当然に業者側の負担で行うことになりますので、明確に区分するようにします。

　なお、貸主の負担で広告する場合は、事前に費用見積りを取り、内訳を貸主に説明し了解のもとで実行し、費用請求は、明細を示して行う必要がありますので留意を要します。

【留意事項】

　宅建業者の中には、貸主に対して広告料の名目で金銭を請求しトラブルを引き起こしている例が見られますが、宅建業者は媒介や代理に関する広告料については、建設大臣（現：国土交通大臣）告示である報酬額規定で、**依頼者の依頼によって行う広告以外は受領できない**と規定されていますので、取扱いには注意しましょう。

　また、同規定でいう広告料とは、「大手新聞への広告掲載料等報酬の範囲内でまかなうことが相当でない多額の費用を要する特別の広告の料金を意味するものと解すべきである」（**東京高裁昭和**

57.9.28 判決）や、行政実例としても貸主のためのＰＲと認められない事案については広告費と解していません（昭和 49.5.30 建設省不動産業課長から広島県土木建築部長あて回答）ので、必要以上の請求を行うなどのトラブルを引き起こすことのないようにしましょう。

⑦ 貸主が業者に通知すべき義務

貸主は、宅建業者に依頼し入居者を確保することになりますが、時には身内や親戚、友人等を自ら、物件に入居させる場合があります。

このようなケースを想定して、次のような事項を「貸主の業者への通知義務」として明記するようにしましょう。

A. **複数業者に入居斡旋を依頼する媒介型の場合**は、
貸主自ら発見した相手方と賃貸借契約を締結した時や、依頼する他の業者によって賃貸借契約が成立した時は、遅滞なくその旨を依頼している業者に通知する必要があること。

B. **1社にのみ入居斡旋を依頼する専任または代理型の場合**は、
貸主自ら発見した相手方と賃貸借契約を締結しようとする時は、依頼した業者にその旨を通知する必要があること。

C. **入居斡旋と管理業務を依頼する一括委託や一部委託型の場合**は、
貸主自ら発見した相手方と賃貸借契約を締結しようとする時は、依頼した業者と協議しなければならないこと。

これは、依頼を受けた宅建業者としては、無用な入居者探索と探索のための費用がかさむことを避ける必要があるからです。

⑧ 直接取引による費用請求または違約金請求

宅建業者は、貸主が契約有効期間内または有効期間の満了後一定期間以内に、媒介または代理依頼した業者を排除して当該業者が紹介した相手方と賃貸借契約を締結した時は、それまで契約成立に向けて努力してきた寄与度合に応じた相当額の報酬を請求できることについても明記するようにします。

この場合、「有効期間の満了後一定期間以内」の目安としては、「標準賃貸借媒介契約書」によれば、3か月となっています。

また、媒介の場合、貸主が契約に明示されていない業者を通じて契約有効期間内に賃貸借契約を成立させた時は、媒介報酬規定の範囲内で、貸主に対して費用償還請求できると規定しています。

代理の場合は、同様に、貸主が契約有効期間内に当社以外の業者を通じて賃貸借契約を成立させた時は、媒介報酬規定に相当する額を違約金として請求できると規定しています。

⑨ 更新

契約の更新は、不当に依頼者を拘束することがないよう依頼者の申出により行えるようにすることや、申出は、後日の紛争を避けるために、文書によって確認することが望ましいと考えます。

また、更新の申出は、有効期間満了の都度行われるべきもので、予め更新することを約定することは不当に依頼者を拘束することになるため、望ましくありませんので契約書を作成する場合は注意を要します。

参考までに、「標準賃貸借媒介契約書」によれば、更新は、貸主からの文書による申出により可能とする考え方が示されています。

(5) 入居者の選定条件

物件のグレードや設定賃料等によって、求める客層が自然に設定されることになると思われますが、入居者の選定についても貸主の意向がある場合は、具体の条件を事前に確認しておく必要があります（「第2編 第1章 物件調査」を参照）。

2 賃貸住宅管理契約（貸主）の内容【様式4、5】

貸主との賃貸借代理及び管理委託契約に関する一括委託型と一部委託型の契約内容の違いとポイントを押さえる。

	賃貸借代理・管理委託契約書（一括委託型）	賃貸借代理・管理委託契約書（一部委託型）
●契約の種類		
●貸主が依頼可能な宅建業者数	1社のみ	1社のみ
●貸主が宅建業者に依頼する業務内容	1) 賃貸借代理業務 　①賃貸借条件の提案 　②物件の紹介 　③入居者の審査 　④重要事項の説明 　⑤賃貸借契約の締結 　⑥鍵の引渡し 2) 管理業務 　①契約管理業務 　　・賃料等の徴収業務 　　・運営、調整業務 　　・契約更新業務 　　・解約業務 　②清掃業務 　③建物設備管理業務	1) 賃貸借代理業務 　　　同　左 2) 管理業務 　①契約更新業務 　②解約業務 　③特約業務
●宅建業者への代理権授与範囲 ただし、※印のある業務については、宅建業者が事前に貸主と協議し、承諾を要する業務です。	※①賃貸借契約の締結 　②契約締結時の敷金・賃料等受領、毎月の賃料等の徴収 　③未収金の督促 　④賃貸借契約に基づく通知の受領 ※⑤賃貸借契約の更新処理 ※⑥修繕費用負担の協議 ※⑦契約終了時の原状回復の協議	※①賃貸借契約の締結 　②契約締結時の敷金・賃料等受領 ※③賃貸借契約の更新処理 ※④契約終了時の原状回復の協議
●宅建業者の貸主に対する積極的努力義務	①流通機構などへの情報登録による相手方の探索 ②1か月に1回以上の業務処理状況報告	同　左
●宅建業者の貸主に対する業務報告内容	宅建業者は、貸主に対し所定の期日までに委託業務に係る収支報告書を作成して報告しなければならない	
●宅建業者の借主に対する説明義務	宅建業者は、借主に対し貸主から委託されている管理業務内容と代理権授与範囲を説明しなければならない	同　左
●宅建業者の空室物件の継続募集義務	宅建業者は、空室及び退室が確実な物件の募集を速やかに行わなければならない	同　左
●貸主の宅建業者への通知		貸主は、住戸から借主が退去することが確実になった時は直ちに、宅建業者に通知するものとする

項目	内容	
●貸主の宅建業者との協議義務	貸主が、契約有効期間内に自ら発見した者と直接、賃貸借契約を締結しようとする時	同左
●貸主が宅建業者から費用償還請求される場合	宅建業者は、貸主が契約有効期間内に自ら発見した者と直接、賃貸借契約を締結した時、代理業務に要した費用の償還請求ができる	同左
（直接取引）	宅建業者は、貸主が契約有効期間内又は契約期間満了以後3か月以内に宅建業者の紹介者と直接賃貸借契約を締結した場合、契約成立に寄与した割合に応じた相当額の報酬を請求できる	同左
●貸主が宅建業者から違約金を請求される場合	宅建業者は、貸主が契約有効期間内に他の宅建業者を通じて賃貸借契約を締結した時は代理報酬に相当する金額の違約金を請求できる	同左
●貸主の宅建業者を通じて賃貸借契約が成立した場合の報酬支払	貸主は、宅建業者に国土交通大臣告示に基づき、代理報酬を支払わなければならない	同左
●宅建業者の貸主等からの報酬受領時期	業法第37条書面を作成し、貸主・借主に交付した後	同左
●貸主の宅建業者に対する管理報酬の支払	貸主は、宅建業者に管理業務に関する管理報酬を支払わなければならない	同左
●貸主の宅建業者に対する特別の依頼に係る費用の支払	貸主は、宅建業者に対し、特別に依頼した業務に係る費用については実費を支払わなければならない	同左
●貸主の宅建業者に対する立替費用の償還	貸主は、宅建業者が委託業務を遂行する上でやむを得ず立替えた費用については、速やかに償還しなければならない	同左
●宅建業者の敷金等の代理受領と貸主への引渡し	①宅建業者は、賃貸借契約の成立により借主から敷金等を受領した場合、速やかに貸主に引渡さなければならない ②宅建業者は、毎月の賃料等を徴収し、期日までに貸主に引渡さなければならない ③宅建業者は、徴収した賃料等から代理報酬、管理報酬、特別依頼に係る費用等で予め貸主の承諾を得ているものを差引くことができる	宅建業者は、賃貸借契約の成立により借主から敷金等を受領した場合、速やかに貸主に引渡さなければならない

項目	内容	
●宅建業者の住戸への立入調査	宅建業者は、借主に予め通知し承諾を得た上で、委託業務を行うために必要がある時は住戸に立入ることができる	
●宅建業者の免責事項	①天災地変等不可抗力による損害 ②宅建業者の責めに帰さない火災、盗難等の事故の発生による損害 ③宅建業者が善良に注意を払って管理業務を行ったにも関らず生じた諸設備の故障による損害 ④宅建業者の責めに帰さない事由により生じた損害	
●契約の有効期間	最長3か年・更新可能	同左
●貸主、宅建業者の双方が契約の解除ができる場合	貸主、宅建業者が契約に定める義務を履行しない場合は、期間を定め、履行を催告し、その期間内に履行しない時	同左
●貸主が契約の解除ができる場合	①宅建業者が契約に係る重要な事項を故意、重過失により事実を告げない時 ②宅建業者が契約において不実のことを告げる行為をした時 ③宅建業者が宅建業法に関して著しく不当な行為をした時	同左
●貸主、宅建業者の双方から契約の解除の申入れができる	①貸主、宅建業者が3か月前に文書で解約申入れすることにより契約を終了できる ②貸主は、3か月分の管理報酬相当額の金銭を宅建業者に支払うことにより随時、契約を終了できる	貸主、宅建業者が3か月前に文書で解約申入れすることにより契約を終了できる
●契約終了時に行うべき宅建業者の業務処理	①契約が終了した時は、宅建業者は貸主に対して、管理業務に関する書類、貸主が保管すべき金銭を引渡すとともに、賃料の滞納状況を報告しなければならない ②宅建業者及び貸主は、借主に対して管理を行う業者が変わったことを通知しなければならない	

対貸主側との賃貸住宅管理契約内容の確認
　　　□　入居斡旋から退去処理までのどの業務を受けるか
　　　　　□　入居斡旋から賃貸借契約締結に加え、管理業務の一部受託か
　　　　　□　入居斡旋から賃貸借契約締結に加え、管理業務の全部受託か
　　□　具体の業務内容の確認
　　□　業務内容の条文化
　　□　入居者の選定条件の確認

賃貸住宅の管理業務、いわゆる賃貸借契約の締結業務以降に発生する業務については、賃貸借媒介等の業務の延長として無償で対応している宅建業者も多いようです。
　また、独自の契約書を作成して賃貸住宅の管理業務を行っている宅建業者（以下「管理業者」という。）もいますが、契約内容の曖昧さから貸主や借主との間でトラブルが発生している例も見受けられるため、次の事項について契約内容を確認し賃貸借媒介等の業務を含む管理委託契約を書面化するようにしましょう。

(1) **目的物件の内容**
　　賃貸借の目的物件を特定するために、先に物件調査した結果を踏まえ、内容を確認します。
① 建物
　　前述の賃貸住宅媒介等の契約書の作成と同様の確認となります。
② 住戸
　　前述の賃貸住宅媒介等の契約書の作成と同様の確認となります。

(2) **賃料等**
　　金銭的な賃貸借条件についても、物件調査の結果を踏まえ、次のような内容を確認します。
① 管理する各住戸の賃料・共益費
　　前述の賃貸住宅媒介等の契約書の作成と同様の確認となります。
② 敷金（保証金）額
　　前述の賃貸住宅媒介等の契約書の作成と同様の確認となります。
③ その他一時金の有無
　　前述の賃貸住宅媒介等の契約書の作成と同様の確認となります。

(3) **盛込むべき条項等**
① 入居斡旋及び管理の業務内容
　　ここでは、建設省（現：国土交通省）が作成した標準契約書における入居斡旋及び管理業務の全業務の委託を受ける場合と一部を受ける場合の内容の差異、つまり、「一括委託型」と「一部委託型」の入居斡旋及び管理業務の契約内容の相違点を記述します。

一括委託型の場合

　入居斡旋及び管理の全業務を受ける場合には、(A) **賃貸借代理業務**として6業務、(B) **契約管理業務**の**賃料等の徴収業務**として4業務、**運営・調整業務**として8業務、**契約更新業務**として2業務、**解約業務**として4業務、さらに (C) **清掃業務**、(D) **設備管理業務**といった業務を委託の対象業務として提案することが考えられます。以下に、想定されるそれぞれの業務の内容を記述します。

(A) **賃貸借代理業務**（6業務）
1　賃貸借条件の提案
　　情報誌、業者チラシ等の収集及び現地視察により、近隣の賃貸物件の相場を調査し賃料の査定を行う。

2　物件の紹介
　A．紹介図面を作成する。
　B．目的物件について指定流通機構への登録や他の業者への紹介、情報誌への広告等を行うなどの方法により、積極的に、広く賃貸借契約の相手方の探索を行う。
　C．物件の紹介先からの問合わせ、借り希望者の来店等に対応して、目的物件の説明、現地への案内等を行う。
　D．1か月に1回以上、業務の処理状況を貸主に報告する。なお、業務処理状況報告書の作成方法については、参考資料を参照して下さい。

3　入居者の資格確認
A．賃料支払能力の確認など借り希望者の入居資格の確認や、保証能力の確認など連帯保証人に係る資格の確認を行う。
B．借り希望者に対し、最終的な賃貸借の意思確認を行う。
C．支払能力等の確認の結果を貸主に報告するとともに、借り希望者と賃貸借契約を締結することについて、貸主と協議する。

4　重要事項の説明
A．権利関係、設備関係、賃貸借条件等の必要な事項を確認し、重要事項説明書を作成する。
B．重要事項説明書に基づき、借り希望者に対し、重要事項の説明を行う。

5　賃貸借契約の締結
A．賃貸借契約書の作成を補助する。
B．賃貸借契約書に貸主の代理として署（記）名するとともに、借主の署（記）名押印を得て、貸主と借主の双方に賃貸借契約書を交付する。
C．敷金等を借主から徴収し、貸主の指定する振込方法により、速やかに貸主に引渡す。

6　鍵の引渡し
借主に鍵を引渡す。

(B) 契約管理業務
〔Ⅰ〕**賃料等の徴収業務**（4業務）

1　賃料等の徴収
A．借主による管理業者の銀行口座への振込または借主の銀行口座からの自動引落により、借主から賃料等を徴収する。
B．銀行から送信される借主に月々の振込データにより入金状況を確認し、貸主に報告する。
C．振込まれた賃料等から、報酬又は賃料から差引くことについて予め貸主の承諾を得ている費用を差引き、貸主に引渡す。

2　未収金の督促
A．銀行から送信された振込データを基に未収金リストを作成する。
B．滞納者に対し、電話、訪問、督促状により督促を行う。
C．督促したにも関わらず賃料等を支払わない者について、貸主に対し、徴収に関する法的措置に関する助言を行う。

3　管理費用の支払代行
共用部分に係る電気代等貸主が支払うべき費用について、徴収した賃料等から支払いを行い、貸主に報告する。支払代行を行う費用の範囲については、予め貸主と協議して定める。

4　月次報告書の作成及び送付
毎月、精算業務終了後、その月の収支状況を記載した報告書を作成し、貸主に送付する。なお、月次報告書の作成方法については、参考資料を参照下さい。

〔Ⅱ〕＜**運営・調整業務**＞（8業務）

1　入居立会い
入居日またはそれに先立つ日に立会い、室内の点検、電気・ガス・水道の開栓等の確認、建物の使用に関する規則、設備の使用方法等について借主に説明を行う。

2　建物、設備の苦情等への対応
　A．借主から建物、設備等の不具合について苦情等があった場合は、聴取し現状の確認を行う。
　B．建物、設備等に関して修繕等の必要があると認められる場合は、修繕業者に連絡し見積書を作成させる。
　C．工事内容、費用及び貸主と借主との負担割合について、貸主と協議する。
　D．貸主と協議した内容に基づき、貸主を代理して、借主の負担額等について借主と協議し、借主の合意を得る。
　E．修繕業者に対して工事を発注する。
　F．工事終了後、点検を行ったうえ、工事費用を負担すべき者に対し費用請求を行う。
　G．事故等により緊急に修繕の必要があり、管理業者と貸主または借主との間で事前に調整を行う時間的余裕がない場合は、業者はA～Fの手続によらず、修繕を実施することができる。この場合、修繕内容及び費用を速やかに貸主または借主に通知し、費用負担に関する調整は事後に行うものとする。

3　借主等からの苦情等への対応
　A．借主または近隣在住者から苦情等の申出があった場合は、事情を聴取し現状の確認を行う。
　B．貸主に現状の報告を行い、処理方針を協議する。
　C．貸主と協議した内容に基づき、相手方に対する是正申入れ等の措置を講じる。
　D．貸主及び苦情の申出者に対して、処理結果を報告する。

4　有害行為に対する措置
　A．借主が法令、賃貸借契約、使用規則に違反する行為または目的物件の保存に有害な行為を発見した場合は、行為の中止を求める。
　B．中止の要求に応じない場合は、貸主に法的措置の助言を行う。

5　賃貸借契約に基づく貸主と借主との間の連絡調整
　A．解約の申入れその他賃貸借契約に基づいて行われる借主から貸主への通知を、貸主を代理して受領し貸主に連絡する。
　B．借主から住戸の模様替え、共用部分における広告物の掲載等、賃貸借契約上、貸主の承諾が必要な行為の申出があった場合は、借主と貸主間の連絡調整を行う。
　C．その他賃貸借契約に関して貸主と借主間の連絡調整を行う。

6　諸官公庁等への届出事務の代行
　必要に応じ、官公署、電力、ガス会社等への諸届出を代行する。

7　台帳の管理等
　賃貸借条件、賃料変更等を記載する台帳を作成し管理する。

8　空室管理
　空室となっている募集物件について、定期的に巡回、換気等、室内点検を行う。

〔Ⅲ〕**契約更新業務**（2業務）

1　借主の更新意思の確認
　賃貸借契約の有効期間が満了する一定期間前に、借主に対し、契約の継続意思の確認を行う。

2　新賃貸条件の提案及び交渉
　A．近隣賃貸物件の賃料相場についての調査に基づき、継続賃料の査定を行い、査定賃料について貸主と協議する。
　B．貸主と協議した内容に基づき、貸主を代理して賃料改定について借主と協議する。

C．借主が賃料改定について合意した後、契約更新を証する書類に貸主を代理し、署（記）名押印借主の署（記）名押印を得て、貸主と借主の双方に書類を交付する。

〔Ⅳ〕**解約業務**（4業務）

1　解約に伴う借主と貸主との連絡調整
　　賃貸借契約の終了が確実となった場合は、解約日、物件引渡日等の日程調整を借主と行い、貸主に報告する。

2　住戸部分の原状回復等についての借主との協議
　　A．引越し後、借主とともに修繕個所の点検を行い、修繕業者に修繕費の見積りを算出させる。
　　B．修繕内容、費用及び貸主と借主の負担割合について、貸主と協議する。
　　C．貸主との協議の内容に基づき、貸主を代理して、借主の負担額等について借主と協議し、借主の合意を得る。
　　D．修繕業者に対して工事を発注する。
　　E．修繕工事終了後、点検を行ったうえ、修繕費を負担する者に対し費用請求する。

3　明渡しの確認及び鍵の受領
　　物件の明渡しを確認して、借主から鍵を受領する。

4　敷金の精算事務
　　A．借主の負担する修繕費等の債務が敷金と相殺される場合は、精算書を作成し貸主と借主に報告する。
　　B．残余金の返還の必要がある場合は、精算書に従い、残余金の返還を行うべき旨を貸主に通知する。

（C）**清掃業務**
　　建物部分や屋外部分等の清掃を行う。

（D）**設備管理業務**
　　建物・屋外施設・電気設備・給排水衛生設備・テレビ共聴設備・消防防災設備等の定期的外観点検及び法定点検、整備、修理を行う。

一部委託型の場合

　管理業務のうち一部の業務を受ける場合は、賃貸借代理業務の6業務、管理業務として契約更新業務（2業務）と解約業務（4業務）、他に特に依頼された業務を受託することになりますが、全業務の委託を受ける場合と異なる点は、賃貸借代理業務のうちの「賃貸借契約の締結業務のみ」です。

（A）**賃貸借代理業務**　（6業務）　　（※以下、一括委託型との相違点のみ挙げます。）
1　賃貸借条件の提案
2　物件の紹介
3　入居者の資格確認
4　重要事項の説明
5　賃貸借契約の締結
　　C．敷金等を借主から徴収し、速やかに、貸主に引渡す。
6　鍵の引渡し

（B）**管理業務**
〔Ⅰ〕**契約更新業務**（2業務）

1　借主の更新意思の確認
2　新賃貸条件の提案及び交渉

〔Ⅱ〕**解約業務**（4業務）
1　解約に伴う借主と貸主との連絡調整
2　住戸部分の原状回復等についての借主との協議
3　明渡しの確認及び鍵の受領
4　敷金の精算事務

〔Ⅲ〕**特約業務**・・・貸主が前記2業務以外に特に依頼する業務

　以上が入居斡旋及び管理業務の全業務の委託を受ける場合と一部を受ける場合に提案されている業務内容ですが、契約書を作成する場合は、このような業務内容を、別紙にて「業務実施要領」として作成し添付することとなります。
　また、以下の②〜⑮項目は、一括委託型と一部委託型で共通する事項です。

②　代理権授与の範囲
　代理権を貸主より授与されることは、授与された範囲の事項について貸主に都度相談することなく業務処理できる利便性が感じられるものの、その分、責任も重くなります。
　入居斡旋から賃貸借契約の締結業務以降に発生する管理業務について委託契約を締結する場合は、貸主の意向及び物件内容、賃貸市場の状況等を考慮して、どの業務について代理権が付与されるか、また、業務範囲と権限・責任範囲を確認し、その内容を条項として明記するようにします。

③　管理業務の有効期間
　入居斡旋業務及び契約管理業務、清掃業務、設備管理業務を依頼する期間については、当事者間の取決めによりますが、管理業務が伴う場合は、借主との賃貸借契約の期間が通常2か年ということや、人的・物的（建物）の管理の継続性を考慮して、相当程度の期間を設定します。
　建設省(現国土交通省)が契約書の雛形として作成した標準賃貸借代理及び管理委託契約書では、3か年間とし、合意によって更新可能としています。

④　管理業者の借主への説明義務
　借主は、貸主と管理業者間の管理業務委託契約については契約当事者ではないものの、重大な利害関係にあるため、管理業者がどういう立場にあって貸主とどんな契約内容を締結したうえでの入居斡旋業務であるのかを知る必要があります。
　そのため、管理業者は、貸主から委託を受けた管理業務の内容及び管理業務に関して貸主から授与された代理権の内容について、借主に説明する必要があることを明記します。

⑤　管理業者の努力義務
　宅建業者である管理業者は、独占して、物件への入居斡旋業務から建物管理等の業務を受託している訳ですから、貸主に対して積極的に努力する旨を誓約し、誠実な処理を行う姿勢を示す必要があります。努力義務の対象としては、貸主が支払う報酬に値する管理業者としての努力内容が理解される状況を作ることにあると思われるため、
A．精力的に入居者斡旋に努め、早期に優良な入居者と成約を行うよう努力すること
B．金銭の収支に係る内訳を明確に報告すること
C．入居者等からの苦情処理内容や、建物の維持管理状況を克明に報告すること
D．賃貸経営を長期的に分析し、必要な措置が的確に講じられるような資料及び助言を行うことに努めること
等が考えられます。
　中でも、入居者の斡旋にあたっては、指定流通機構へ情報登録するほか、これに準ずる広域的

な情報流通手段等を活用して積極的に相手方を探索する努力内容や、業務処理状況を少なくとも月に1回以上行うことを約することが望まれます。

⑥ 賃貸借条件への意見・変更助言

賃料や敷金、共益費等の賃貸借条件を設定する場合は、貸主の賃貸目的や期待収入を考慮する必要がありますが、物件が所在する地域の需給バランスや流通性を無視した賃貸借条件設定は空室を招くおそれがあります。

また、長期の空室を抱えることは、貸主にとっても収入面でマイナスであり、管理業者にとっても、力量がないと判断されるばかりか、媒介報酬にもつながらないことになります。

ですから、管理業者は、賃料相場等を十分に把握したうえで、近隣の成約事例等の根拠を示し適正なアドバイスができるような状態になければいけません。そのため、新規条件設定や条件変更を行う際に、管理業者が貸主に対して、積極的に根拠を示して意見具申することや、十分な協議のもとで賃貸借条件を設定する旨の条項を盛込むようにします。

⑦ 賃貸借媒介報酬・管理業務報酬等

賃貸借契約の成立に伴い、媒介した業者（代理した業者）が、宅建業法第37条に定める書面（賃貸借契約の内容を記した書面）を作成し、依頼者に交付した時点で、依頼者は、建設大臣（現：国土交通大臣）告示の規定に従い、成功報酬を宅建業者である管理業者に支払う義務があることを説明し、理解を求めます。

なお、依頼者の承諾を得ている場合を除き、借賃の1/2か月分が原則となっていますので、留意を要します。

また、管理業務に対する報酬については、契約管理業務の報酬、清掃業務の報酬、設備管理業務の報酬をそれぞれ委託内容に従い、月毎または業務が実行された都度、管理業者に支払う義務があることを確認します。

【参考】管理報酬の積算例

1　一括委託型の場合
　A．**契約管理業務に関する報酬**
　　a．集金賃料等に一定率を乗じた額を受領
　　b．集金賃料等の一定額を受領
　B．**清掃業務、設備管理業務に関する報酬**
　　実費に事務手数料等を加味した額を受領

2　一部委託型の場合
　A．**契約更新業務に関する報酬**
　　a．新賃料に一定率を乗じた額を受領
　　b．一契約更新業務に対し一定額を受領
　B．**解約業務に関する報酬**
　　一解約業務に対し一定額を受領

なお、管理報酬については、いかなる名目を問わず、特別のサービスが無いにも関わらず、貸主より入居者と賃貸借契約を締結した都度、受領することは、媒介報酬の一部として受領していると見られるおそれがあるため、注意を要します。

⑧ 貸主が特別に依頼する場合の費用負担

入居希望者を探索するために、宅建業者である管理業者は、チラシ広告や民間の情報業者が発行する情報誌等を利用することがありますが、これらに掛る費用は業者側の営業活動に掛る費用の一部として、当然に業者側の負担で行います。

しかしながら、貸主側より、広告費用を負担するので早期に成約させて欲しい等、特別に依頼

のあった業務に対する費用については、貸主が実費を払わなければならないことを条項として盛込むようにします。

この場合、貸主に対して費用の見積りを取り説明し、了解のもとで実行し、費用請求は、明細を示して行う必要がありますので留意を要します。

なお、建設大臣（現：国土交通大臣）告示にいう広告料とは、「大手新聞への広告掲載料等、報酬の範囲内で賄うことが相当でない多額の費用を要する特別の広告の料金を意味する」旨の**東京高裁判決**（昭和57.9.23）や行政実務として、建設省（現：国土交通省）不動産課長から広島県土木建築部長あて回答（昭和 49.5.30）で、貸主のＰＲと認められない事案のついては広告費として請求できない旨の回答が出されているため、取扱いには注意しましょう。

⑨ 貸主の義務違反に対する費用償還請求・違約金支払い請求

貸主は、宅建業者である管理業者に依頼し入居者を確保することになりますが、時には、身内や親戚、友人等が自らの物件に入居させる場合があります。

しかしながら、一括委託型や一部委託型の契約を締結している場合、貸主は、自ら発見した相手方と賃貸借契約を締結しようとする時は、業務を委託する業者と協議しなければならないことや、既に賃貸借契約を締結した時は、業者が入居斡旋業務に要した費用の償還を貸主に請求できることについて確認します。

また、当社のみに入居斡旋と管理業務を委託しているにも関わらず他の業者を通じて賃貸借契約を成立させた時は、成功報酬額に相当する額の違約金の支払いを貸主に請求できることについても確認します。

⑩ 敷金等・賃料等の引渡方法

賃貸借契約の成立に伴い受領する敷金等は、本来、貸主が受領ないしは保管する性格のものであるため、貸主の指定する引渡方法に従い、速やかに引渡すことを約します。

また、賃貸借契約の成立時に受領する前払賃料等及び通常徴収される賃料等については、『当月分の入居斡旋に伴う報酬や管理業務に伴う報酬』『特別依頼した処理に伴う費用』等、事前に貸主の了解を得ているものを差引き、指定期日までに貸主が指定する引渡方法に従い引渡すことについても明記します。

家賃の収納方法については、借主の持参払い、預金口座振替（自動引落）、口座振込、管理業者による集金、管理業者が金融機関等に収納事務の代行を委託して集金する方法等があり、それぞれに利点や欠点があります。

負担の少ない方法で確実に集金する方法を選択することになりますが、委託を受けた物件の規模や管理業者側の事業規模等によって扱える収納方法が限定されることもあり、また、借主側の便宜も考慮に入れる必要から、貸主と十分に相談のうえ決定するようにしましょう（なお、収納方法については、「第4編 第1章 賃料等収納業務」を参照して下さい。）。

⑪ 収支報告書の作成報告

入居斡旋及び契約管理業務等の業務に係る収支及び特記すべき事項について報告書を作成して、最低、月に1回は貸主に報告する旨を明記します。なお、収支報告書の作成については参考資料を参照して下さい。

⑫ 管理業者の住戸への立入調査

管理業者は、委託された範囲内で入居者の管理及び建物の維持管理を行うことになりますが、委託業務上、必要がある場合は、入居者の了解をもって住戸に立入ることができることについて必要性を説明し、理解を求めたうえで条項に盛込みます。

⑬ 更新

目的物件の一棟丸ごとの管理業務を含めた業務を、一括委託ないしは一部委託として受けることになるため、前述のとおり、比較的長期に渡っての契約期間が設定されるのが通例です。

契約の更新は、不当に依頼者、場合によっては、自らを拘束することが考えられるため、双方

合意のうえ更新することや、申出は、後日の紛争を避けるために、貸主の文書による申出が望ましいと考えます。
　また、更新の申出は、有効期間満了の都度行われるべきもので、予め更新することを約定することは、不当に依頼者ないしは自分をも拘束することになるため望ましくありませんので、契約書を作成する場合は注意を要します。

⑭ 契約の解除・解約の申入れ
　貸主及び管理業者が契約に定める義務を履行しない場合は、期間を定めて履行の催告を行い、履行されない場合は、契約を解除することができることを明記し、お互いに義務を履行する必要があることを確認します。
　また、契約の有効期間が比較的長期となることが予想されるため、一定の猶予及び相応の報酬の支払い等をもってお互いが解約できることについても確認します。

⑮ 管理業者の契約終了時の処理
　契約期間が存在する限り、委託契約期間の終了が想定できます。
　契約終了時、管理業者が、貸主に対する業務の返還や業務処理内容の引継ぎを確実に行うための手法についても確認します。

　なお、入居斡旋業務を含む管理委託契約書の作成にあたり、建設省（現国土交通省）が契約書の雛形として作成した「住宅の標準賃貸借代理及び管理委託契約書（一括委託型）【様式4】」及び「同（一部委託型）【様式5】」を参照して下さい。

（4） 入居者の選定条件
　賃貸市場の好況時は、入居者を選別したとしても常に満室状態を維持できることが予想できますが、不況時では、選別した結果、長期の空室を招くおそれもあります。かと言って、無差別に入居させた結果、住環境が悪化したり滞納率が高くなったりすることも想定されます。
　安定した収入を確保するために、どのような入居基準を設定することが望ましいかについて、貸主の意向を事前に確認し、意見調整しておく必要があります。

第2章　借主との契約

1　賃貸借媒介契約［借主］の内容【様式9】

借り希望者との賃貸借媒介契約の契約内容とポイントを押さえる。
　なお、賃貸借媒介契約は、借り希望者が物件を特定した時に締結することになります。また、入居申込書は、賃貸借媒介契約書に添付して提出して頂くことになります。

●契約の種類	賃貸借媒介契約書
●借り希望者が依頼可能な宅建業者数	複数社
●借り希望者の宅建業者への依頼業務内容 ※賃貸借媒介契約は、借り希望者が物件を特定した時点で締結することになるため、「物件の紹介業務」は依頼業務の範囲外となっている。	賃貸借媒介業務 ①貸主等との連絡調整 ②重要事項の説明 ③賃貸借契約締結の補助
●借り希望者の宅建業者への媒介報酬の支払	借り希望者は、宅建業者を通じて賃貸借契約が成立した時は、宅建業者に対して国土交通大臣告示に基づき媒介報酬を支払わなければならない
●宅建業者の報酬の受領時期	業法第37条書面を作成し、貸主・借主に交付した後
●借り希望者の直接取引による宅建業者の報酬請求	宅建業者は、借り希望者が契約有効期間又は契約期間満了後3月以内に宅建業者の紹介した貸主と直接、賃貸借契約を締結した場合、契約の成立に寄与した割合に応じた相当額の報酬を請求できる
●借り希望者の宅建業者への通知義務	借り希望者は、契約有効期間内に他物件で賃貸借契約を締結した場合やその他の事由で媒介契約の継続を要しなくなった時は、直ちに宅建業者に通知しなければならない
●借り希望者が通知義務を怠った場合	宅建業者は、借り希望者が賃貸借契約の成立後、善意で借り希望者のために媒介業務に要する費用を支出した時は、その費用の償還を請求できる
●宅建業者が賃貸借契約締結前に金銭を受領する行為の禁止	①いかなる名目の如何を問わず、宅建業者は、賃貸借契約の成立前に借り希望者に対し金銭を預けるよう要請できない ②宅建業者は、賃貸借契約の成立前に借り希望者の依頼により金銭を預かった場合は、契約の成立の如何に関わらず借り希望者に返還しなければならない
●宅建業者の借り希望者に関する個人情報の保護義務	宅建業者は、賃貸借媒介業務上、知り得た借り希望者の個人情報は、借り希望者の承諾がない限り賃貸借媒介業務の目的以外に使用できない

●契約有効期間	最長1か月
●借り希望者、宅建業者の双方が契約の解除ができる場合	借り希望者、宅建業者が契約に定める義務を履行しない場合は、期間を定め履行を催告し、その期間内に履行しない時
●借り希望者が契約の解除ができる場合	①宅建業者が契約に係る重要な事項を故意、重過失により事実を告げない時 ②宅建業者が契約において不実のことを告げる行為をした時 ③宅建業者が宅建業法に関して著しく不当な行為をした時

対借り希望者側との賃貸借媒介契約内容の確認
　　　□　契約形態の確認
　　　□　宅建業者の行う業務内容の確認
　　　□　宅建業者の義務
　　　□　借主の義務
　　　□　業務内容等の条文化

　宅建業者が借り希望者から物件の斡旋依頼を受ける場合は、従来より、口頭依頼により行うケースが多いようですが、宅建業者側の曖昧な説明や借り希望者側の安易な依頼関係等に起因して、金銭の授受等に関するトラブルが発生していることや、媒介業務等で入手した個人情報を目的以外に使用していること等が指摘されています。
　こうした事態を回避するために、今後は、依頼内容や借り希望者の義務、宅建業者の義務等を書面化することによって、媒介依頼の意思や責任関係を明確にしていくことが望まれます。
　また、媒介契約を締結する時期は、借り希望者の立場を必要以上に拘束しないよう、物件を特定した時点で行うことが適当といえます。
　入居審査に必要な資料については、従来と同様に入居申込書等を提出して頂き、審査することになります。一見、両方の様式を用いることは重複しているように思われますが、賃貸借媒介契約書は、宅建業者と借り希望者間で締結されるもので、お互いの権利義務関係を明確にするものであり、入居申込書は、借り希望者が貸主に提示し入居審査を請うものですので、重複するものではありません。
　なお、借り希望者と宅建業者間で交わす賃貸借媒介契約については、次の点に留意し書面を作成しましょう。

(1) **賃貸借の目的物件の内容確認**
　　賃貸借の目的物件を特定するために次のような内容を確認します。

① **物件名・物件所在地・住戸番号・当該住戸の広さや間取りの確認**

② **対象住戸の付帯設備等の確認**
　　　　例えば、・トイレの場合は専用・共用の別、水洗・非水洗の別
　　　　　　　　・浴室、シャワー、給湯設備、ガスこんろ、冷暖房設備等の場合は、その有無
　　　　　　　　・ガスの場合は、その有無と都市ガス・プロパンガスの別等

③ **付属設備等の確認**
　　　　例えば、・駐車場や専用庭等が付属設備として含むか否かなど

（2）賃料等の確認

金銭的な賃貸借条件については、次のような内容を確認します。

① 斡旋する住戸の賃料・共益費

当該物件の賃料及び共益費の額を確認します。

共益費については、共用部分に掛る維持管理に必要な費用で、玄関ホールや廊下、階段、門灯等の光熱費、水道料金、清掃費用等が対象となり、その実費分を入居者に按分負担して頂くものであることを必要に応じて説明します。

② 敷金（保証金）額

敷金は、地域によっては保証金の名称で扱われていますが、その額を確認します。

③ その他一時金の有無

貸主が、借主より敷金（保証金）以外の名目で一時金として受領する場合は、受領金名目と額を確認します。

なお、建設省（現：国土交通省）通達により「敷金（保証金）以外のその他の一時金」の授受を行う**慣習のない場合は、取扱うことが適当でない**と指摘されていますので注意して下さい。

（3）盛込むべき条項等

① 業務内容

宅建業者が借り希望者に対して行う業務は、

A．希望に近い内容の物件を紹介することであり、

B．その物件に関する重要な事項の説明を行うことであり、

C．さらには、貸主側との連絡調整を行い、賃貸借契約の作成

をすることです。

② 媒介の有効期間

媒介契約は、物件を特定した時点で締結することになりますので、この業務を依頼する期間は当事者間の取決めによりますが、通常、数日、長くても1～2週間の範囲であると思われます。借り希望者の意向や入居審査等貸主の意向確認期間を考慮して、相当程度の期間を設定します。

参考までに、「標準賃貸借媒介契約書」【**様式9**】では、1か月間としています。

③ 借り希望者が媒介業者に通知すべき義務

借り希望者が媒介依頼の有効期間内に他の物件に入居することが決定した場合は、媒介依頼した宅建業者に対してその旨を通知する義務があることや、通知を怠った場合で賃貸借契約が成立したことを知らされないままに、宅建業者が媒介業務に費用を費やすことになった場合は、費用請求されることになる旨を明記するとともに説明し理解を求めます。

④ 直接取引に伴う費用請求

宅建業者は、借り希望者が媒介依頼契約の有効期間内または有効期間の満了後、一定期間内に媒介依頼している業者の紹介した貸主と、その業者を排除して、直接に賃貸借契約を締結した時は、それまでに契約の成立に向けて努力してきた寄与度合に応じた相当額を、借り希望者に請求できることを明記し確認します。

なお、建設省（現：国土交通省）の作成した標準契約書では、有効期間の満了後、一定期間内を3か月としています。

⑤ 宅建業者の賃貸借契約成立前の金銭受領の禁止

宅建業者は、賃貸借契約を成立させ、契約当事者に対して宅建業法第37条に基づく書面（賃貸借契約書）を交付した後でなければ、いかなる名目であっても、借り希望者より金銭受領できないことや、借り希望者の順位保全等の理由で特に依頼があって金銭を預かった場合でも、契約が成

立するしないを問わず、借り希望者に返還処理することを明記するとともに、説明し理解を求めるようにします。

⑥ **宅建業者（入居斡旋を行う宅建業者である管理業者を含む）が入居者の個人情報を保護する義務**

　宅建業法第45条で、宅建業者は、業を営んでいる間及び営まなくなった後を問わず、正当な理由がある場合以外、業務上知り得た秘密を他に漏らしてはいけないと規定されています。

　入居斡旋を含む管理業務を行う場合でも、宅建業者は、業務上知り得た借り希望者の個人情報を承諾なく賃貸借媒介業務以外の目的で使用できませんので、目的以外に使用しないことを明記するようにします。

　また、必要以外の個人情報に係る書類等は、目的が達成した段階で返却すること等により厳重処理していることの業者姿勢を示すことが望まれます。

⑦ **契約の解除**

　借り希望者及び宅建業者が媒介契約に定める義務を履行しない場合は、期間を定めて履行の催告を行い、履行がない場合は契約を解除することができることを明記し、お互いに義務を履行する必要があることを確認します。

⑧ **媒介報酬**

　賃貸借契約の成立を成立させ、契約当事者に対して**宅建業法第37条に基づく書面**（賃貸借契約書）を交付した時点で、契約当事者は、国土交通大臣告示の規定【別紙8】に従い成功報酬を宅建業者に支払う義務があることを説明し、理解を求めます。

　なお、借り希望者から媒介依頼を受ける場合の書面を作成する場合は、「住宅の標準賃貸借媒介契約書（借主用）」【様式9】を参照下さい。

第3章　一般借家契約

1　一般借家契約の内容【様式14-1】

一般借家契約内容の確認
- □　賃貸条件の確認
- □　入居者の禁止・制限事項の確認
- □　貸主・借主の修繕の範囲の確認
- □　その他、契約に盛込む事項の確認
- □　契約に盛込む事項の条項化
  - □　特約有効・無効の確認

　宅建業者は、**宅建業法第37条第2項**において、賃貸借の契約が成立した時は当該契約の当事者に、遅滞なく、下記①～⑧の事項を盛込んだ賃貸借契約内容を書面化し、宅建取引主任者をして当該書面に記名押印して交付しなければならないと規定されています。
① 　当事者の氏名（法人にあっては、その名称）及び住所
② 　当該宅地の所在、番地その他当該宅地を特定するために必要な表示または当該建物の所在、種類、構造その他当該建物を特定するために必要な表示
③ 　宅地または建物の引渡しの時期
④ 　契約の解除に関する定めがあるときは、その内容
⑤ 　損害賠償額の予定または違約金に関する定めがあるときは、その内容
⑥ 　天災その他不可抗力による損害の負担に関する定めがあるときは、その内容
⑦ 　借賃の額並びにその支払の時期及び方法
⑧ 　借賃以外の金銭の授受に関する定めがあるときは、その額並びに当該金銭の授受の時期及び目的

　しかしながら、これらの事項だけでは不十分なことや、各宅建業者が使用する賃貸借契約の内容がまちまちであり、また、条文が貸主側に一方的な内容であったり、必要条文が欠落していたり、条文があっても曖昧な表現であること、条文があったとしても契約当事者の理解不足、などに起因して多くの紛争が見られます。
　曖昧な点については、近年、トラブルが多い「入居中・退去時の建物修繕に関する事項」「家賃値上げに関する事項」「契約上の義務違反を理由とする明渡しに関する事項」等があげられており、これらの事項を契約に盛込むことによって、貸主と借主の負担区分や履行義務等を明確にして、紛争の未然防止に努める必要があります。
　そのため、次のような点に留意し、貸主と借主を公平に扱うよう、建設省（現：国土交通省）が公表した「賃貸住宅標準契約書」を参考に賃貸借契約書を作成しましょう。
　また、契約手続や入居中の共同生活を円滑に行って頂くために賃貸借契約の補助資料として「契約のしおり」【**別紙3**】や「入居のしおり」【**別紙4**】を作成するなどして、入居者に提示し、協力を求めトラブル防止に努めるようにします。

(1) **賃貸借の目的物件の内容確認**
　貸主との「賃貸借媒介契約書」の記載内容に従い、契約物件に関する事項を確認しながら転記します。
① **物件名・物件所在地・住戸番号・住戸の広さや間取り・建物の構造・建築年月等**
② **対象住戸の付帯設備等**
　　　例えば、・トイレの場合は専用・共用の別、水洗・非水洗の別
　　　　　　・浴室、シャワー、給湯設備、ガスこんろ、冷暖房設備等の場合は、その有無
　　　　　　・ガスの場合は、その有無と都市ガス・プロパンガスの別、等

③ 付属設備等
　例えば、駐車場や専用庭等が付属設備として含むか否かなど

(2) **賃料等の確認**
　金銭的な賃貸借条件についても、貸主との「賃貸借媒介契約書」の記載内容に従い、当該事項を確認しながら転記します。
① **入居斡旋・管理する住戸の賃料・共益費の額**
　入居開始月や退去月が1か月に満たない場合の賃料及び共益費の負担額は、1か月を30日として日割計算で受領することが望ましいので、貸主に説明し了解を得るようにします。
　ただ、共益費に含まれる費目によっては、基本料金と使用料金による料金体系となっている場合があり、一概に日割計算で対応できないケースもあるため注意を要します。
② **敷金（保証金）額**
　平成18年度（平成19年3月31日）以前に住宅金融公庫に申込んで融資を受け返済中または融資を受ける予定の賃貸物件や、都市再生機構（旧：住都公団）、自治体等公的機関の融資を受けて建設した賃貸住宅、特定優良賃貸住宅供給制度利用による賃貸住宅の場合は、受領額に制限が設けられていますので取扱いには注意を要します。
　【例1】**住宅金融公庫利用の場合**
　　ファミリー賃貸住宅、農地転用賃貸住宅の場合の敷金の制限は、家賃の3か月分まで。レントハウス、中高層ビル、住宅用中高層ビルの場合は家賃の6か月分まで（なお、近畿地方の一部の地域については家賃の9か月分まで）。
　【例2】**特定優良賃貸住宅供給制度利用の場合**
　　敷金は、家賃の3か月分以内。
③ **その他一時金の有無**
　敷金（保証金）以外の名目で一時金として受領する場合は、受領目的と受領金名目、その額を明確に記載します。
　なお、建設省（現：国土交通省）通達により、「敷金（保証金）以外のその他の一時金」の授受を行う**慣習のない場合は、取扱うことが適当でない**と指摘されていますので注意して下さい。
　また、平成18年度（平成19年3月31日）以前に住宅金融公庫に申込んで融資を受け返済中または融資を受ける予定の賃貸物件や都市再生機構（旧：住都公団）、自治体等公的機関の融資を受けて建設した賃貸住宅や、特定優良賃貸住宅供給制度利用による賃貸住宅の場合は、賃料及び敷金以外の**礼金等一時金の受領が認められていません**ので注意を要します。
　平成19年度（平成19年4月1日）以降に住宅金融支援機構の融資対象となった物件は、敷金、礼金、権利金、更新料等の受領に関する制限はありませんが、賃貸借契約書の作成に当たっては、国土交通省が推奨する「賃貸住宅標準契約書」**（様式14-1）**に準拠し、「原状回復をめぐるトラブルとガイドライン」（第5編・第4章・参考資料1）を遵守した契約内容とするよう指導していますので、留意する必要があります。

(3) **契約期間**
　2000（平成12）年2月29日以前に一般借家契約を締結した場合の契約期間は、借地借家法第29条で「期間を1年未満とする建物の賃貸借は、期間の定めがない建物とみなす」と規定され、かつ、**民法第604条**では「賃貸借の存続期間は、20年を超えることができない。契約でこれより長い期間を定めたときであっても、その期間は20年とする。」の規定を受けることから、大半の契約が1年以上20年以内で設定されていると考えられます。
　しかし、最近の契約では、この契約期間は2か年とする契約が大部分を占めており、また、契約を更新することも、当事者間の合意によって可能となっています。
　なお、**借地借家法第29条第2項**に「民法第604条の規定は、建物の賃貸借については適用しない」とする規定が追加されたため、**2000（平成12）年3月1日以後に一般借家契約を締結した場合の契約期間は**、契約期間の上限20年が撤廃されましたので、1年以上期間無制限での期間を設定することもでき、また、期間を定めた場合は当事者間の合意によって更新も可能となっています。

(4) **貸主・管理人**

貸主については、氏名及び住所・電話番号を、また、貸主が法人の場合は、社名と代表者名及び住所・電話番号を記載します。

この場合、貸主と建物の所有者が異なる場合は、別途、氏名及び住所・電話番号を記載することになりますので、注意を要します。

さらに、入居者及び物件等の管理を宅建業者に業務委託して対応する場合は、その社名及び住所・電話番号を記載します。

(5) **借主・同居人**

提出済の「入居申込書」に記載されている入居希望者名及びその同居人名を確認のうえ、記載し入居時の入居者の特定をします。

(6) **各条項の内容**

① **入居者の禁止事項・制限事項**

集合住宅等を賃借して利用する場合は、賃借物件を善良な管理者として使用し、返還する義務や近隣の住人と協調して生活していくことが借主に求められます。

このため、対貸主との関係では、物件の賃借権を無断で譲渡や転貸することは、**民法第612条**に反する行為であり、無断で増改築・模様替え等を行うことは、財産の価値を変えるものであるため、貸主側からすれば商品価値の存否に関わるものになりかねません。

また、対近隣の住人との関係では、騒音を発することや危険物等を扱うこと、共有部分を独占使用すること等は、生活の妨げにつながるものであると同時に、対貸主との関係においても、商品価値の低下を招くおそれもあるため、宅建業者としての経験による禁止すべき行為や貸主の意向を反映した条文を作成することになります。

なお、「賃貸住宅標準契約書」では第7条として次のように条項化しています。

第7条（禁止事項・制限事項） 借主は、貸主の書面による承諾を得ることなく、本物件の全部又は一部につき、賃借権を譲渡し、又は転貸してはならない。

2 借主は、貸主の書面による承諾を得ることなく、本物件の増築、改築、移転、改造若しくは模様替又は本物件の敷地内における工作物の設置を行ってはならない。

3 借主は、本物件の使用に当たり、次に掲げる行為を行ってはならない。
一 鉄砲、刀剣類又は爆発性、発火性を有する危険な物品等を製造又は保管すること。
二 大型の金庫その他の重量の大きな物品等を搬入し、又は備え付けること。
三 排水管を腐食させるおそれのある液体を流すこと。
四 大音量でテレビ、ステレオ等の操作、ピアノ等の演奏を行うこと。
五 猛獣、毒蛇等の明らかに近隣に迷惑をかける動物を飼育すること。

4 借主は、本物件の使用に当たり、貸主の書面による承諾を得ることなく、次に掲げる行為を行ってはならない。
一 階段、廊下等の共有部分に物品を置くこと。
二 階段、廊下等の共有部分に看板、ポスター等の広告物を掲示すること。
三 鑑賞用の小鳥、魚等であって明らかに近隣に迷惑をかけるおそれのない動物以外の犬、猫等の動物を飼育すること。

5 借主は、本物件の使用に当たり、次に掲げる行為を行う場合は、貸主に通知しなければならない。
一 頭書に記載する同居人に新たな同居人を追加（出生を除く）すること。
二 1か月以上継続して本物件を留守にすること。

---

② **貸主・借主の修繕の範囲**

入居中及び退去時において生じた修繕は、貸主・借主のいずれが、どの範囲まで負担すべきかについてのトラブルが依然絶えません。

原則として、**民法第606条**では、貸主に修繕義務があると規定しています。しかし、任意規定であるため、当事者間で、この規定と異なる定めをした場合はその定めが有効となります。

現行使用されている賃貸借契約書の中には、貸主や宅建業者の言い分が優先した契約内容とな

っていたり、貸主・借主がどの範囲を負担すべきかについて不明確な点がある内容が見られます。また、契約内容に問題がない場合であっても当事者間の認識不足によるトラブルも少なからず見受けられます。

　こうした現状を考慮して、建設省（現：国土交通省）が契約書の雛形として作成した賃貸住宅標準契約書の第8条では、費用の軽微な修繕は借主側の負担で自由に行うことができるとしており、居住中に借主が自ら修繕して使用するか、そのまま使用するかの選択が任されている内容となっています。ただ、借主が修繕する場合は、貸主の承諾を得ることなく修繕ができるとしていますが、修繕の範囲は、従前の機能またはグレードと同等のもので行うことが後々のトラブル防止になると思われます。

　借主が、入居中、貸主の承諾なく修繕できる事項（同第8条、別表第4に掲げる修繕）は、以下のとおりとなっていますが、**借主に修繕の義務を課しているものではありません。したがって、貸主は借主に対して修繕の実施を請求したり、貸主自ら修繕を実施しても、その費用を借主に請求することはできません。**

> (1) 畳表の取替え、裏返し　　　(5) ヒューズの取替え
> (2) 障子紙の張替え　　　　　　(6) 給水栓の取替え
> (3) ふすま紙の張替え　　　　　(7) 排水栓の取替え
> (4) 電球、蛍光灯の取替え　　　(8) その他費用が軽微な修繕

　ただし、退去時、自然損耗によらないもの（借主の故意または過失によるもの）は、修繕されていない場合、借主の負担で修繕する義務を負うと規定しています。

　これらについて、「賃貸住宅標準契約書」の具体の条項（第8条）は、次のようになっています。

> **第8条（修繕）**　貸主は、別表第4に掲げる修繕を除き、借主が本物件を使用するために必要な修繕を行わなければならない。この場合において、借主の故意又は過失により必要となった修繕に要する費用は、借主が負担しなければならない。
> 2　前項の規定に基づき貸主が修繕を行う場合は、貸主は、予め、その旨を借主に通知しなければならない。この場合において、借主は、正当な理由がある場合を除き、当該修繕の実施を拒否することができない。
> 3　借主は、貸主の承諾を得ることなく、別表第4に掲げる修繕を自らの負担において行うことができる。

　また、具体の処理については、「第1編 第1章 賃貸住宅媒介・管理業務に係るトラブル」「第5編 第1章 退去査定業務」「第5編 参考資料1 第1章 原状回復にかかるガイドライン」「第5編 参考資料2 東京都における住宅の賃貸借に係る紛争の防止に関する条例」「第6編 第5章 退去業務」を参照して下さい。

③ 貸主からの契約解除

　貸主側から借主に対して契約の解除を申出るケースとして考えられるのは、**民法第541条**の規定「当事者の一方がその債務を履行しない場合において、相手方が相当の期間を定めてその履行の催告をし、その期間内に履行がないときは、相手方は、契約の解除をすることができる。」を受けて、借主側が契約上の履行が行われず、貸主側との信頼関係が維持できない場合です。

　契約の解除に当たっては、記述する義務違反を理由に直ちに解除できるかどうかは違反の程度が信頼関係を破壊したか否かの判断によるとされていますが、借主側の履行義務の範囲を具体的に例示したうえで、その義務が履行されない場合は契約解除となる旨を明記し理解して頂く必要があります。

　この点については、「賃貸住宅標準契約書」では第9条として次のように条項化しています。

> **第9条（貸主からの契約解除）**　貸主は、借主が次に掲げる義務に違反した場合において、貸主が相当の期間を定めて当該義務を催告したにもかかわらず、その期間内に義務が履行されないときは、本契約を解除することができる。
> 一　第4条第1項に規定する賃料支払義務
> 二　第5条第2項に規定する共益費支払義務

三　第8条第1項後段に規定する費用負担義務（借主の故意・過失により必要となった修繕に要する費用）
２　貸主は、借主が次に掲げる義務に違反した場合において、当該義務違反により本契約を継続することが困難であると認められるに至ったときは、本契約を解除することができる。
　一　第3条に規定する本物件の使用目的遵守義務（居住のみを目的として使用すること）
　二　第7条各項に規定する義務（禁止又は制限される行為）
　三　その他本契約書に規定する借主の義務（第8条第2項の貸主が修繕を行う場合に、正当な理由がある場合を除き、借主は修繕の実施を拒否できない義務に対する違反や、第15条での特約で定める義務に対する違反を想定）

【参考】履行遅滞による解除の手続

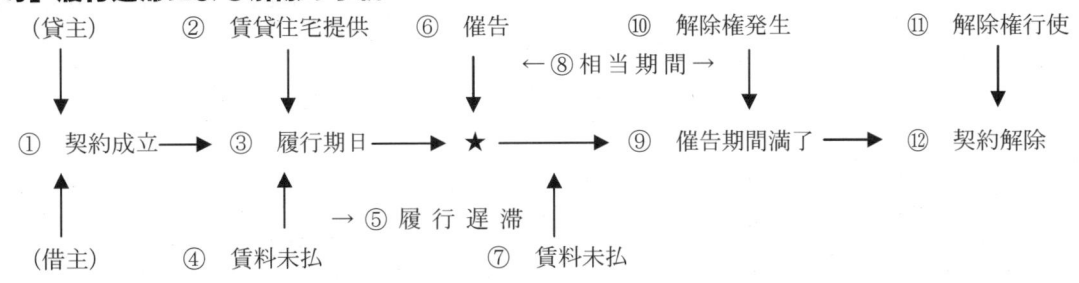

```
(貸主)         ② 賃貸住宅提供   ⑥ 催告      ⑩ 解除権発生    ⑪ 解除権行使
  ↓              ↓            ↓    ←⑧相当期間→  ↓              ↓
 ① 契約成立 → ③ 履行期日 →   ★   →  ⑨ 催告期間満了 → ⑫ 契約解除
  ↑              ↑            ↑                ↑
(借主)         ④ 賃料未払   →⑤履行遅滞    ⑦ 賃料未払
```

④ 借主からの解約

　借主から解約を申出るケースは、転勤や入居者・収入の増減、結婚等の理由により、契約期間内にやむを得ず移転しなければならなくなる場合が考えられます。
　この場合において、やむを得ない理由があるとしても、貸主側の立場を考えた場合、期待収入が途絶えることになるわけですから、一定の予告期間ないしはその予告期間がない場合はそれに相当する額の保証を借主側に期待することになります。

　民法第617条では、賃貸借の期間の定めがない場合として、「当事者が賃貸借の期間を定めなかったときは、各当事者は、いつでも解約の申入れをすることができる。建物の賃貸借は、解約の申入れの日から3か月を経過することによって終了するとしています。
　また、**民法第618条**は、賃貸借の期間を定めた場合として、「当事者が賃貸借の期間を定めた場合であっても、その一方又は双方がその期間内に解約をする権利を留保したときは、前条の規定を準用する。」の規定が設けられていますが、ここでは、この規定をもとに条文を作成することになります。
　なお、「賃貸住宅標準契約書」では第10条として次のように条項化しています。

> **第10条（借主からの解約）**　借主は、貸主に対して少なくとも30日前に解約の申入れを行うことにより、本契約を解約することができる。
> ２　前項の規定にかかわらず、借主は、解約申入れの日から30日分の賃料（本契約の解約後の賃料相当額を含む。）を貸主に支払うことにより、解約申入れの日から起算して30日を経過する日までの間、随時に本契約を解約することができる。

⑤ 借主の物件の明渡し

　借主は、契約期間が満了した場合ないしは解除や解約に伴い、当該明渡日までに物件を貸主に返還しなければなりません。
　物件の明渡しに当たって、貸主及び借主は、いつまでに何を行うべきかについて明確にし、条文に盛込むようにします。
　この点について、「賃貸住宅標準契約書」第11条では、次のような取扱いとしています。

> **第11条（明渡し）**　借主は本契約が終了する日までに（第9条の規定に基づき本契約が解除された場合にあっては、直ちに）、本物件を明け渡さなければならない。この場合において、借主は、通常の使用に伴い生じた本物

件の損耗を除き、本物件を原状回復しなければならない。
2　借主は、前項前段の明渡しをするときは、明渡し日を事前に貸主に通知しなければならない。
3　貸主及び借主は、第1項後段の規定に基づき借主が行う原状回復の内容及び方法について協議するものとする。

　なお、退去日までに借主と確認を要する事項としては、原状回復の内容及び費用負担、敷金精算方法、転居先の確認等があります（具体の取扱い方法については、「第5編 第1章 退去査定業務」を参照して下さい）。

【参考1】契約満了に伴う引渡し

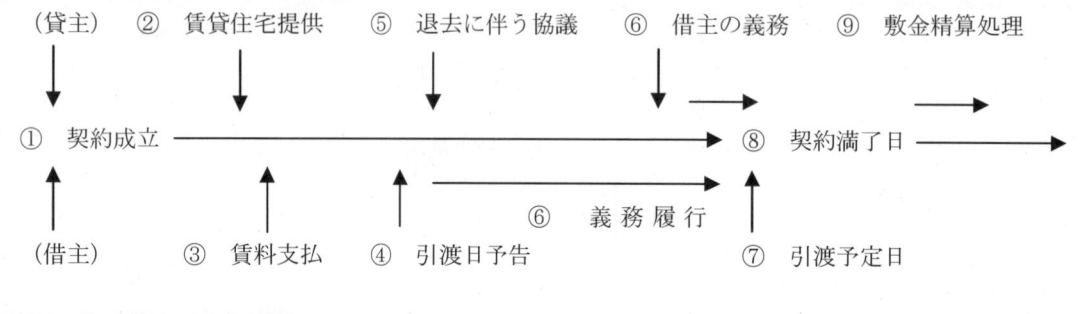

（貸主）　② 賃貸住宅提供　⑤ 退去に伴う協議　⑥ 借主の義務　⑨ 敷金精算処理

① 契約成立 ────────────────────→ ⑧ 契約満了日 ──→

（借主）　③ 賃料支払　④ 引渡日予告　　⑥ 義務履行　　⑦ 引渡予定日

【参考2】解約に伴う引渡し

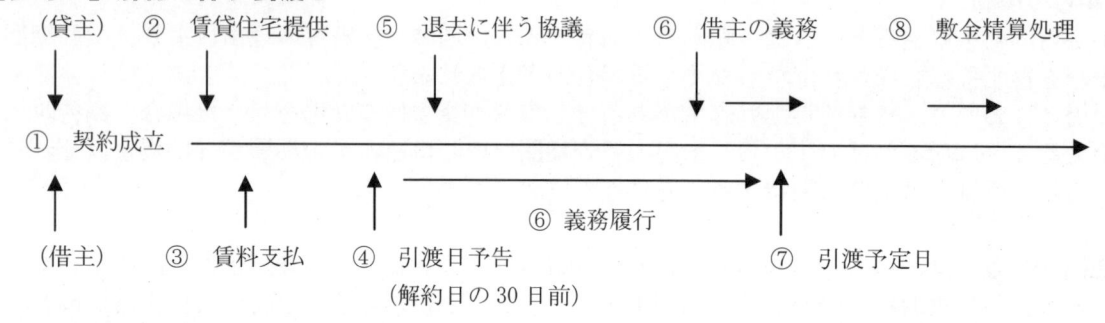

（貸主）　② 賃貸住宅提供　⑤ 退去に伴う協議　⑥ 借主の義務　⑧ 敷金精算処理

① 契約成立 ──────────────────────────→

（借主）　③ 賃料支払　④ 引渡日予告（解約日の30日前）　⑥ 義務履行　⑦ 引渡予定日

⑥ 連帯保証人

　貸主は、契約の当事者である借主の支払能力を確認し、問題ないと判断した場合に賃貸借契約を締結し、かつ、賃貸借契約から生じる債務の担保として借主より敷金ないしは保証金を預け入れます。

　加えて、敷金等を超える債務が発生した場合で、借主が債務を履行しないために債権回収ができない状態等を想定して、賃貸借契約上の借主の債務を担保とするため人的保証として連帯保証人を立てることを契約締結の要件として求めているのが通例となっています。

　一度、連帯保証人になると、原則として契約が更新された場合でも、引続き保証人としての連帯債務からは逃れることができません。

　しかしながら、更新後の条件変更があったことや、更新時の連帯保証の意思確認を受けていないことなどを理由に、連帯保証人の責任を逃れたと理解している場合が多く、しばしば、連帯保証人としての債務履行に関するトラブルが見られるため、契約時に十分に説明する必要があります。なお、昨今、連帯保証人に代わる第三者による「連帯保証人代行システム」等を利用するケースも見受けられますので、少子・高齢化時代に即応した見直しも一考と思われます。

⑦ 特約

　上記事項のほか、貸主と借主の合意で特約することが考えられます。
　建設省（現：国土交通省）が作成した「賃貸住宅標準契約書」（一般借家契約）では、最小限必要な事項14条で契約を構成していますが、個々の契約においては、これ以外の事項について特約するケースが考えられます。
　契約自由の原則があるからといって、貸主、借主が合意すれば、どんな内容の特約をしても構わないとはいえません。以下に取扱い条項の有効・無効について列挙しますので参考にして下さい。

A．強行規定に反した特約

　平成4（1992）年8月1日より、それまでの「借地法」「借家法」「建物保護に関する法律」が改正され、「借地借家法」として一本化し施行されました。さらに、平成12（2000）年3月1日から定期借家制度が施行されています。
　これに伴い、新法施行後（平成4年8月1日以降）に契約する借地・借家には、「借地借家法」が適用され、平成4年8月1日の新法施行前に契約された借地・借家及びそれが更新された場合は、一部新法が適用されるものの旧法が適用されます。
　また、平成12年3月1日の定期借家制度施行前と施行後に契約された契約においても、旧法、新法が併存することになりました。
　そのため、借家法の第1条、1条の2、2条、3条、3条の2、4条及び、借地借家法の第26条、27条、28条、29条、31条、34条、35条の規定に反する特約で、建物の賃借人に不利な内容のものは無効とする強行規定となっていますので、条項を盛り込む場合は注意を要します。
　さらに、平成13年4月1日から施行された「消費者契約法」の規定により、無効となる条項もありますので、注意を要します（定期借家制度は、「第3編 第4章 定期借家契約」を、また、消費者契約法については、「第3編 第7章 賃貸借契約と消費者契約法」を参照して下さい。）。
　なお、特別法は、一般法に優先するという原則から、賃借人を保護する目的で制定された旧法である「借地法」「借家法」や、新法である「借地借家法」、「消費者契約法」等は、民法の特別法の位置付けとなっています。

a.「借地借家法第26条（建物賃貸借契約の更新等）」及び「借家法第2条（法定更新）」の条文に反する特約は無効

> **借地借家法第26条（建物賃貸借契約の更新等）**　建物の賃貸借について期間の定めがある場合において、当事者が期間の満了の1年前から6月前までの間に相手方に対して更新をしない旨の通知又は条件を変更しなければ更新をしない旨の通知をしなかったときは、従前の契約と同一の条件で契約を更新したものとみなす。ただし、その期間は、定めがないものとする。
> 2　前項の通知をした場合であっても、建物の賃貸借の期間が満了した後建物の賃借人が使用を継続する場合において、建物の賃貸人が遅滞なく異議を述べなかったときも、同項と同様とする。
> 3　建物の転貸借がされている場合においては、建物の転借人がする建物の使用の継続を建物の賃借人がする建物の使用の継続とみなして、建物の賃借人と賃貸人との間について前項の規定を適用する。
> **借家法第2条（法定更新）**　当事者カ賃貸借ノ期間ヲ定メタル場合ニ於テ当事者カ期間満了前6月乃至1年内ニ相手方ニ対シ更新拒絶ノ通知又ハ条件ヲ変更スルニ非サレハ更新セサル旨ノ通知ヲ為ササルトキハ期間満了ノ際前賃貸借ト同一ノ条件ヲ以テ更ニ賃貸借ヲ為シタルモノト看做ス
> ②　前項ノ通知ヲ為シタル場合ト雖モ期間満了後賃借人カ建物ノ使用又ハ収益ヲ継続スル場合ニ於テ賃貸人カ遅滞ナク異議ヲ述ヘサリシトキ亦前項ニ同シ

(a) 借地借家法第26条第1項関係
　賃貸借契約で定めた契約期間が満了した場合であっても、満了の1年前から6か月前までに、貸主が借主に対して所定の通知
　　ⓐ　更新しない旨の通知
　　ⓑ　条件を変更しなければ（変更に応じなければ）更新しない旨の通知
を行っていない場合は、従前の契約内容と同一の条件で賃貸借契約が更新（法定更新）されたものとみなされます。

(b) 借地借家法第26条第2項関係
　所定の期間を守って事前に貸主が借主に更新しない旨の通知、あるいは条件変更に応じなければ更新しない旨の通知を行った場合で、借主が期間満了後においても建物を使用している場合に貸主が、**遅滞なく異議を述べない場合**は、前述の(a)と同様に契約が更新されることになり、更新後は、契約期間の定めがない契約として扱われることになります。
　そのため、貸主が「更新の拒否通知は不要である」とか「正当な事由がないにも関わらず、

更新拒絶や契約の解約の効果を発生させる内容」の特約は、無効となりますので注意して下さい。

また、賃貸借契約の更新時に、貸主が借主に新賃料の1か月相当額を更新料として要求する地域がありますが、当事者間で、当初、賃貸借契約を締結する際に「借主は、契約更新時において貸主に更新料を支払わなければならない」とする特約は、「予め契約している場合は、特約有効」(**東京高裁昭和54.2.9判決**)とする判例があります。

しかしながら、「法定更新される場合も更新料を受領する」旨の特約については、有効(同昭和53.7.20判決)とする判例と、「当該特約は合意更新の場合に関して定めたものと解し、法定更新の場合には特約は適用しない」(**東京地判昭和59.6.7判決**)とする判例があるため、取扱いには留意する必要があります。

b.「借地借家法第27条（解約による建物賃貸借の終了）」及び「借家法第3条（解約申入期間）」の条文に反する特約は無効

> **借地借家法第27条（解約による建物賃貸借の終了）** 建物の賃貸人が賃貸借の解約の申入れをした場合においては、建物の賃貸借は、解約の申入れの日から6月を経過することによって終了する。
> 2　前条第2項及び第3項の規定は、建物の賃貸借が解約の申入れによって終了した場合に準用する。
> **借家法第3条（解約申入期間）** 賃貸人ノ解約ノ申入ハ6月前ニ之ヲ為スコトヲ要ス
> 2　前条第2項ノ規定ハ賃貸借カ解約申入ニ因リテ終了シタル場合ニ之ヲ準用ス
> **民法第617条（期間の定めのない賃貸借の解約の申入れ）** 当事者が賃貸借の期間を定めなかったときは、各当事者は、いつでも解約の申入れをすることができる。この場合においては、次の各号に掲げる賃貸借は、解約の申入れの日からそれぞれ当該各号に定める期間を経過することによって終了する。
> 一　土地の賃貸借　1年
> 二　建物の賃貸借　3箇月
> 三　動産及び貸席の賃貸借　1日　〔第2項　省略〕

賃貸借契約が終了するケースには、次の5パターンがあります。

(a) **契約期間の定めがあるケース**
　1)　期間の満了に伴い退去する場合

(b) **契約期間の定めがないケース**
　2)　解約の申入れの日から一定の期間を経過し、かつ、借主が退去した場合
　　ただし、
　　ⓐ　貸主の場合は、**正当な事由がある場合**のみ有効で6か月前の申入れが必要である。
　　　また、6か月経過しても借主が退去せず継続して当該建物を使用している場合で貸主が遅滞なく異議を述べなかった場合は、前述の第26条と同様の扱いとなる。
　　ⓑ　借主の場合は、3か月前の申入れが必要である。

(c) **契約期間の定めの有無に限らず共通のケース**
　3)　借主の賃貸借契約上の義務（賃料支払義務や無断転貸・譲渡等）における債務不履行や遵守義務違反が理由となって貸主と借主間の信頼関係が破壊される状態になって契約解除に至った場合
　4)　貸主と借主が契約解除に合意した場合
　5)　当該建物が滅失した場合

したがって、「解約申入れ」の手続においても、期間の定めがない契約の場合、民法上では当事者がいつでも解約の申入れができ、解約を申入れて3か月経過時点で契約が終了すると規定しているのに対し、民法の特別法である借地借家法では、上述のとおり貸主から借主をより手厚く保護した規定となっています。こうした優先する法律を無視した内容で貸主側の一方的理由による特約を条項に盛込むことも無効となりますので注意が必要です。

【無効例】
　▶　貸主の要求があれば直ちに、本契約は解約されるものとする。

- ▶ **3か月前**の通知で、本契約は解約できるものとする。（**大阪高裁昭和 31.5.21 判決**）
- ▶ 期間が満了しても、直ちに明渡さないときは、違約金を支払わなければならない。（佐賀地裁昭和 28.3.7 判決）

c.「借地借家法第 28 条（建物賃貸借契約の更新拒絶等の要件）**」及び「借家法第 1 条の 2**（更新拒絶または解約申入の制限）**」の条文に反する特約は無効**

> **借地借家法第 28 条（建物賃貸借契約の更新拒絶等の要件）**　建物の賃貸人による第 26 条第 1 項の通知又は建物の賃貸借の解約の申入れは、建物の賃貸人及び賃借人（転借人を含む。以下この条においては同じ。）が建物の使用を必要とする事情のほか、建物の賃貸借に関する従前の経過、建物の利用状況及び建物の現況並びに建物の賃貸人が建物の明渡しの条件として又は建物の明渡しと引換えに建物の賃借人に対して財産上の給付をする旨の申出をした場合におけるその申出を考慮して、正当の事由があると認められる場合でなければ、することができない。
>
> **借家法第 1 条の 2（更新拒絶または解約申入の制限）**　建物ノ賃貸人ハ自ラ使用スルコトヲ必要トスル場合其ノ他正当ノ事由アル場合ニ非サレハ賃貸借ノ更新ヲ拒ミ又ハ解約ノ申入ヲ為スコトヲ得ス

貸主が契約更新を拒否する場合は、「正当な事由」が必要となりますが、借地借家法では、

(a) **主たる事情である「当該建物の貸主、借主の建物使用の必要性」**
- ⓐ 貸主、借主とも、自己が使用する必要性を考慮される。
- ⓑ 貸主は、「借主が義務違反がはなはだしい」「信頼関係が破壊された」場合に賃貸借契約を解除することができますが、義務違反があったからといって、直ちに契約を解除することはできません。つまり、「借主の貸主に対する不信行為」としての正当な判断できる次のような事由が必要です。①賃料等の支払義務不履行、②建物を損傷する行為、③ペットの無断飼育による他の入居者への迷惑行為、④貸主への暴力行為などのほか、従たる次のような状況、つまり、

(b) **建物の賃貸借契約締結に関する従前の経過**
- ⓐ 契約締結時や過去の更新時での更新料等の支払いの有無や支払い額、借主の賃料等の支払い状況（債務不履行の有無）等が考慮される。

(c) **建物の利用状況**
- ⓑ 借主の当該建物の利用目的と利用状況が考慮される。

(d) **建物の現況**
- ⓐ 当該建物の保存状況（現況）が考慮される。

(e) **貸主の「建物の明渡し条件」や「建物の明渡しと引換えに借主に対して財産上の給付を行うことの申出」の有無**
- ⓐ 立退料や代替住居の提示の有無等が考慮される。
- ⓑ 立退料とは、
  1) 当該建物と同程度の建物を借りるために必要な「敷金」「その他一時金」と、貸主から返還される「敷金」との差額
  2) 新旧賃料の差額（一定期間分を考慮）
  3) 引越に要する費用
  4) その他諸費用

を考慮して、更新拒否事由の正当性を判断すると規定されました。

この改正によって、貸主側の正当事由の妥当性が判断される諸要件が明記されたことになります。

しかしながら、あくまで、主たる事情が判断の中心であって、従たる事情の一つである「立退料」をもって正当事由が具備されたということにはならないので注意しましょう。

d.「借地借家法第 29 条（建物賃貸借の期間）**」及び「借家法第 3 条の 2**（1 年未満の期間の定めのある借家契約）**」の条文に反する特約は無効**

> **借地借家法第29条（建物賃貸借の期間）** 期間を1年未満とする建物の賃貸借は、期間の定めがない建物の賃貸借とみなす。
> 2 民法第604条の規定は、建物賃貸借については、適用しない。
> **借地借家法第27条（解約による建物賃貸借の終了）** 建物の賃貸人が賃貸借の解約の申入れをした場合においては、建物の賃貸借は、解約の申入れの日から6月を経過することによって終了する。 （2項は省略）
> **借家法第3条の2（1年未満の期間の定めのある借家契約）** 1年未満ノ期間ノ定アル賃貸借ハ之ヲ期間ノ定ナキモノト看做ス
> **民法第604条（賃貸借の存続期間）** 賃貸借の存続期間は、20年を超えることができない。契約でこれより長い期間を定めたときであっても、その期間は、20年とする。
> 2 賃貸借の存続期間は、更新することができる。ただし、その期間は、更新の時から20年を超えることができない。

　借地借家法第29条第1項では、契約当事者が賃貸借契約（一般借家契約）を締結する際、その期間を1年未満と定めたとしても、約定した期間の効力はなく、期間の定めのない契約とみなされることになります。また、借地借家法第27条では、期間の定めのない賃貸借契約は貸主の解約申入れの日から6か月が経過しなければ終了しないことになりますので、期間の設定には注意しましょう。

　また、建物の賃貸借期間の上限は、**平成12（2000）年2月29日以前に契約**したものについては20年以内とされていますが、**平成12年3月1日以後に契約**した場合は、20年の上限が撤廃され無制限となっています。

　なお、参考までに、**借地借家法に第38条**（定期建物賃貸借）が新設されたことに伴い、**契約の更新がない定期建物賃貸借契約を締結した場合**は、**借地借家法第29条第1項**の「期間を1年未満とする建物賃貸借は、期間の定めがない建物の賃貸借とみなす」という規定は、適用されないと**同法第38条第1項**で規定されていますので、契約期間は、1年未満の短期契約も可能となっており、また、契約期間の上限も無制限となっています（詳細は、「第3編　第4章定期借家契約」を参照）。

e.「借地借家法第31条（建物賃貸借の対抗力等）」に反する特約は無効

> **借地借家法第31条（建物賃貸借の対抗力等）** 建物の賃貸借は、その登記がなくても、建物の引渡しがあったときは、その後その建物について物権を取得した者に対し、その効力を生ずる。
> 2 民法第566条第1項及び第3項の規定は、前項の規定により効力を有する賃貸借の目的である建物が売買の目的物である場合に準用する。
> 3 民法第533条の規定は、前項の場合に準用する。
> **借家法第1条（借家権の対抗力・売主の担保責任）** 建物ノ賃貸借ハ其ノ登記ナキモ建物ノ引渡アリタルトキハ爾後其ノ建物ニ付物権ヲ取得シタル者ニ対シ其ノ効力ヲ生ス
> 2 民法第566条第1項及第3項ノ規定ハ登記セサル賃貸借ノ目的タル建物カ売買ノ目的物ナル場合ニ之ヲ準用ス
> 3 民法第533条ノ規定ハ前項ノ場合ニ之ヲ準用ス
> **民法第533条（同時履行の抗弁権）** 双務契約の当事者の一方は、相手方がその債務の履行を提供するまでは、自己の債務の履行を拒むことができる。ただし、相手方の債務が弁済期にないときは、この限りでない。
> **民法第566条（地上権等ある場合等における売主の担保責任）** 売買の目的物が地上権、永小作権、地役権、留置権又は質権の目的である場合において、買主がこれを知らず、かつ、そのために契約をした目的を達することができないときは、買主は、契約の解除をすることができる。この場合において、契約の解除をすることができないときは、損害賠償の請求のみをすることができる。
> 2 前項の規定は、売買の目的である不動産のために存すると称した地役権が存しなかった場合及びその不動産について登記をした賃貸借があった場合について準用する。
> 3 前二項の場合において、契約の解除又は損害賠償の請求は、買主が事実を知った時から1年以内にしなければならない。
> **民法第602条（短期賃貸借）** 処分につき行為能力の制限を受けた者又は処分の権限を有しない者が賃貸借をする場合には、次の各号に掲げる賃貸借は、それぞれ当該各号に定める期間を超えることができない。
> 　　（一、二、四は省略）

三　建物の賃貸借　3年

> **旧民法第395条（短期賃貸借の保護）【平成16年4月1日廃止】**
> 　　第602条ニ定メタル期間ヲ超エサル賃貸借ハ抵当権ノ登記後ニ登記シタルモノト雖モ之ヲ以テ抵当権者ニ対抗スルコトヲ得但其賃貸借カ抵当権者ニ損害ヲ及ホストキハ裁判所ハ抵当権者ノ請求ニ因リ其解除ヲ命スルコトヲ得
>
> **改正民法第395条（抵当建物使用者の引渡しの猶予）【平成16年4月1日施行】**
> 　　抵当権者に対抗することができない賃貸借により抵当権の目的である建物の使用又は収益をする者であって次に掲げるもの（次項において「抵当建物使用者」という。）は、その建物の競売における買受人の買受けの時から6箇月を経過するまでは、その建物を買受人に引き渡すことを要しない。
> 　一　競売手続の開始前から使用又は収益をする者
> 　二　強制管理又は担保不動産収益執行の管理人が競売手続の開始後にした賃貸借により使用又は収益をする者
> 2　前項の規定は、買受人の買受けの時より後に同項の建物の使用をしたことの対価について、買受人が抵当建物使用者に対し相当の期間を定めてその1箇月分以上の支払の催告をし、その相当の期間内に履行がない場合には、適用しない。
>
> **旧民法第387条（滌除権者に通知をした抵当権者の競売請求）【平成16年4月1日廃止】**
> 　　抵当権者が第382条に定める期間内に第三取得者より債務の弁済又は滌除の通知を受けざるときは抵当不動産の競売を請求することを得
>
> **改正民法第387条（抵当権者の同意の登記がある場合の賃貸借の対抗力）【平成16年4月1日施行】**
> 　　登記をした賃貸借は、その登記前に登記をした抵当権を有するすべての者が同意をし、かつ、その同意の登記があるときは、その同意をした抵当権者に対抗することができる。
> 2　抵当権者が前項の同意をするには、その抵当権を目的とする権利を有する者その他抵当権者の同意によって不利益を受けるべき者の承諾を得なければならない。

　民法上、弱い立場にある借主を保護するために**借地借家法**では、借主は、当該建物の賃借権を**登記しなくても建物が引渡しされている場合**はその後建物を取得した**第三者に対して建物の賃借権を対抗できる**と規定されています。
　これによって、建物の所有権が売買や競売によって第三者に移転した場合であっても、新所有者に対抗できますので、「売買や競売で所有権が他に移転した場合は、新所有者に対抗できない」「賃貸借契約は、この場合終了する」などのような**特約は無効**となりますので取扱いには注意して下さい。
　ただし、賃貸借契約の締結時点が「当該建物に抵当権を設定する前」か「設定後」かによっては、新所有者に賃借権を対抗できるかどうかが異なってくるため、宅建業者は、事前に当該物件に関する「登記された内容」を調べることが重要になります。
　抵当権を登記する前に当該建物が引渡しされている借主は、抵当権者や競落人に対抗できますが、**抵当権が登記されている物件**を賃借した場合の借主は、**賃貸借契約の締結日が平成16年4月1日前と後**では、競落後の居住期間、敷金の返還請求先が異なりますので、注意が必要です。

① **契約期間が3年以内の短期賃貸借の場合**
　1) **平成16年3月31日までに賃貸借契約を締結した場合**
　　a．「競売開始前（差押登記前。以下同じ。）に賃貸借契約を締結」ないしは「競売開始前に契約更新」した場合で、**競落人の代金納付時に賃貸借契約期間が残っている場合**
　　　　競落後の**居住**は、**契約の残期間に限り可能**です。また、**敷金**の返還は、**新しい家主に請求**できます。
　　b．「競売開始前に賃貸借契約を締結」ないしは「競売開始前に契約更新」した場合で、**競落人の代金納付前に賃貸借契約期間が満了している場合**
　　　　競落後の**居住**は**できません**。直ちに立退くことになります。また、**敷金**の返還は、新しい家主に請求できませんので、**元の家主に請求**することになります。
　2) **平成16年4月1日以降に新規の賃貸借契約を締結した場合**
　　a．「競売開始前に賃貸借契約を締結」ないしは「競売開始前に契約更新」した場合で、**競落人の代金納付時に賃貸借契約期間が残っている場合**
　　　　競落後の**居住は6か月間に限り可能**です。また、**敷金**の返還は、新しい家主に請求でき

ませんので、**元の家主に請求**することになります。
　　b．「競売開始前に賃貸借契約を締結」ないしは「競売開始前に契約更新」した場合で、**競落人の代金納付前に賃貸借契約期間が満了している場合**
　　　　競落後の**居住は6か月間に限り可能**です。また、**敷金**の返還は、新しい家主に請求できませんので、**元の家主に請求**することになります。
② **契約期間が3年を超える長期賃貸借の場合**
　1）**平成16年3月31日までに賃貸借契約を締結した場合**
　　　競落後の**居住はできません**。直ちに立退くことになります。また、**敷金**の返還は、新しい家主に請求できませんので、**元の家主に請求**することになります。
　2）**平成16年4月1日以降に新規の賃貸借契約を締結した場合**
　　　競落後の**居住は6か月間に限り可能**です。また、**敷金**の返還は、新しい家主に請求できませんので、**元の家主に請求**することになります。

【抵当権が設定されている建物の賃貸借についての「短期賃貸借保護制度」と「明渡猶予制度」の比較】

		短期賃貸借保護制度（平成16.3.31までに締結された賃貸借に適用）	明渡猶予制度（平成16.4.1以降の新規の賃貸借に適用）
期間3年以内の短期賃貸借	競売開始前の賃貸借（更新を含む）による賃借期間が、競落人の**代金納付時に残存**	● 競落後の居住は契約の残期間に限り可能。 ● 敷金返還請求先は新しい家主	● 競落後の居住は、6か月間は可能。 ● 敷金返還請求先は、元の家主
	競売開始前の賃貸借（更新を含む）による賃借期間が、競落人の**代金納付前に満了**	● 競落後の居住は不可。 ● 敷金返還請求先は元の家主	● 競落後の居住は、6か月間は可能。 ● 敷金返還請求先は元の家主
期間3年を超える長期賃貸借		● 競落後の居住は不可。 ● 敷金返還請求先は元の家主	● 競落後の居住は、6か月間は可能。 ● 敷金返還請求先は元の家主

【無効例】
▶ 賃借人が差押えを受け、又は破産宣告を受けたときは、賃貸人は直ちに契約を解除できる。（**最高裁昭和43.11.21判決**）
▶ 建物が競落された場合は、賃貸借契約は終了する。（**最高裁昭和41.4.5判決**）

f．「**借地借家法第34条**（建物賃貸借終了の場合における転借人の保護）」及び「**借家法第4条**（転借人への通知）」の条文に反する特約は無効

> **借地借家法第34条（建物賃貸借終了の場合における転借人の保護）**　建物の転貸借がされている場合において、建物の賃貸借が期間の満了又は解約の申入れによって終了するときは、建物の賃貸人は、建物の転借人にその旨の通知をしなければ、その終了を建物の転借人に対抗することができない。
> 2　建物の賃貸人が前項の通知をしたときは、建物の転貸借は、その通知がされた日から6月を経過することによって終了する。
> **借家法第4条（転借人への通知）**　賃貸借ノ期間満了又ハ解約申入ニ因リテ終了スヘキ転貸借アル場合ニ於テ賃貸借カ終了スヘキトキハ賃貸人ハ転借人ニ対シ其ノ旨ノ通知ヲ為スニ非サレハ其ノ終了ヲ以テ転借人ニ対抗スルコトヲ得ス
> 2　賃貸人カ前項ノ通知ヲ為シタルトキハ転貸借ハ其ノ通知ノ後6月ヲ経過スルニ因リテ終了ス
> **民法第612条（賃借権の譲渡及び転貸の制限）**　賃借人は、賃貸人の承諾を得なければ、その賃借権を譲り渡し、又は賃借物を転貸することができない。
> 2　賃借人が前項の規定に違反して第三者に賃借物の使用又は収益をさせたときは、賃貸人は、契約の解除をすることができる。
> **民法第613条（転貸の効果）**　賃借人が適法に賃借物を転貸したときは、転借人は、賃貸人に対して直接に義務を負う。この場合においては、賃料の前払をもって賃貸人に対抗することができない。

> 2　前項の規定は、賃貸人が賃借人に対してその権利を行使することを妨げない。

　借主は、当該建物の貸主の承諾を得た場合は第三者に当該建物を転貸（又貸し）することができます。ただし、貸主に無断で転貸した場合は、借主は契約を解除されることになります。
　転貸借（又貸し）は、貸主と借主の間に賃貸借契約が成立していることが前提ですから、借主に賃借権がなければ当然に転貸（又貸し）することはできません。
　したがって、貸主と借主の間の賃貸借契約が「更新拒絶」や「解約申入れ」によって終了した場合は、同時に、転貸借（又貸し）も終了することになりますし、又貸しを受けている転借人は、貸主の明渡し請求を拒むことはできません。
　しかし、借地借家法第34条では、こうした民法の規定から、転借人を保護しています。
　1つは、貸主は、借主との「賃貸借契約の期間の満了」や「解約の申入れ」によって終了することを転借人に「通知」しなければ、賃貸借契約の終了について転借人に対抗できないとしています。また、貸主が転借人に通知した場合であっても、借主との賃貸借契約の終了日ではなく、通知した日から6か月経過した時点としていますので、取扱いには注意しましょう。

　　【無効例】
　　　▶　転貸人と転借人間で「賃貸借契約が終了した場合、事前に通知をしない場合でも明渡すこと」の特約は、借地借家法第34条第1項（建物賃貸借終了の場合における転借人の保護）及び第37条（強行規定）の規定により、賃貸人が転借人に通知しなければ対抗できないため無効である（第34条第1項で、賃貸人は転借人に通知をしなければ契約の終了を転借人に対抗できないと規定されており、さらに第37条で、第34条の規定に反する特約で賃借人や転借人に不利なものは無効であると規定されているため）。

g.「借地借家法第35条（借地上の建物の賃借人の保護）」の条文に反する特約は無効

> **借地借家法第35条（借地上の建物の賃借人の保護）**　借地権の目的である土地の上の建物につき賃貸借がされている場合において、借地権の存続期間の満了によって建物の賃借人が土地を明け渡すべきときは、建物の賃借人が借地権の存続期間が満了することをその1年前までに知らなかった場合に限り、裁判所は、建物の賃借人の請求により、建物の賃借人がこれを知った日から1年を超えない範囲において、土地の明渡しにつき相当の期限を許与することができる。
> 2　前項の規定により裁判所が期限の許与をしたときは、建物の賃貸借は、その期限が到来することによって終了する。

　借地借家法第35条では、借地の上に存在する当該建物を賃貸借する場合において、借主が、借地権の存続期間の満了をもって土地を明渡さなければならない状態にあることを「借地権の存続期間が満了することを明渡し日の1年前まで知らなかった場合」は、裁判所に対して、土地の明渡しに関して猶予期間を請求できると規定しています。
　この猶予期間は、借主が知った日から1年を超えない範囲とされており、裁判所が明渡しの期限の猶予を許可した場合の賃貸借契約は、期限の到来日をもって終了するとしています。
　これに反した特約は無効となりますので注意しましょう。

h．その他

> **借地借家法第33条（造作買取請求権）**・・・・＜任意規定＞
> 　建物の賃貸人の同意を得て建物に付加した畳、建具その他の造作がある場合には、建物の賃借人は、建物の賃貸借が期間の満了又は解約の申入れによって終了するときに、建物の賃貸人に対し、その造作を時価で買い取るべきことを請求することができる。建物の賃貸人から買い受けた造作についても、同様とする。
> 2　前項の規定は、建物の賃貸借が期間の満了又は解約の申入れによって終了する場合における建物の転借人と賃貸人との間についても準用する。

> **借家法第 5 条（造作買取請求権）**‥‥＜一方的強行規定＞
> 　賃貸人ノ同意ヲ得テ建物ニ付加シタル畳、建具其ノ他ノ造作アルトキハ賃借人ハ賃貸借終了ノ場合ニ於テ其ノ際ニ於ケル賃貸人ニ対シ時価ヲ以テ其ノ造作ヲ買取ルヘキコトヲ請求スルコトヲ得賃貸人ヨリ買受ケタル造作ニ付亦同シ

　旧法である借家法のもとでは、前述の**民法第608条**に規定する必要費や有益費の貸主に対する償還請求が任意であったのに対して、「借主が貸主の同意を得て備え付けた造作物」については、貸主は必ず買取らなければならないとする強行規定として位置付けられていましたが、新法である借地借家法においては、買取るか否かを特約することが貸主に任されることになりました。
　これによって、貸主は、借主の造作買取請求権を拒否する特約が有効となりました。

B．その他の特約

　強行規定以外に関する事項で、借主に「極端に不利益である」「合理性に欠ける」場合なども無効とされた例がありますので参考にして下さい。

a．建物の使用目的を居宅など限定して賃貸する特約［賃貸住宅標準契約書第3条と第9条第2項1号関係］
　「借主は、居住のみを目的として本物件を使用しなければならない」とする契約に『違反した場合は契約を解除することができる』とする特約は有効です。
　賃貸住宅標準契約書では、第9条第2項で「貸主は、借主が次に掲げる義務に違反した場合において、当該義務違反により本契約を継続することが困難と認められるに至ったときは、本契約を解除することができる。」として「第3条に規定する本物件の使用目的遵守義務」と特約を明記しているので参考にして下さい。
　ただし、使用目的に反した使用であっても、背信行為とは認め難い場合は契約の解除が認められないとする**判例**「飲食店として使用する目的で賃貸したが、実際は倉庫として使用」していた事案（**東京高裁昭和41.6.17判決**）など、解除が認められない例が多く見られます。

b．賃借権の無断譲渡・転貸禁止の特約［賃貸住宅標準契約書第7条第1項と第9条第2項2号関係］
　「借主は、貸主の承諾を得ることなく賃借権を譲渡・転貸してはならない」と禁止事項とし、「これに借主が違反した場合は契約の解除ができる」とする特約は有効です。
　しかし、「借家権の無断譲渡・転貸があっても、貸主に対する背信行為と認めるに足りない特別の事情があれば契約の解除は認められない」という**判例**（**最高裁昭和36.7.21判決**）もあり、特約の効力が認められない場合があります。

c．無断増改築等の禁止の特約［賃貸住宅標準契約書第7条第2項と第9条第2項2号関係］

> **民法第400条（特定物の引渡しの場合の注意義務）**　債権の目的が特定物の引渡しであるときは、債務者は、その引渡しをするまで、善良な管理者の注意をもって、その物を保存しなければならない。

　「借主は、貸主の承諾を得ることなく、本物件の増築、改築、移転、改造、模様替え、敷地内に工作物の設置を行ってはならない」と禁止事項とし、「これに借主が違反した場合は契約の解除ができる」とする特約は有効です。
　借主は、当該建物を善良なる管理者として注意をもって保管する義務があり、この義務違反に該当するからです。
　中には、増改築の程度によっては背信行為と認め難いとして、契約の解除を否定した**判例**（**最高裁昭和36.7.21判決**）もあります。

d．ペットの飼育禁止の特約［賃貸住宅標準契約書第7条第4項と第9条第2項2号関係］
　禁止または制限される事項として「犬、猫等の動物を飼育すること」が契約に盛り込まれ、違反した場合は契約の解除の対象として特約する例が多いですが、この特約も有効です。

しかしながら、近年、ペットは家族の一員で、かけがえのない存在として、ペットにやすらぎや癒しを求めるペット愛好家が増え、その存在を無視できない状況にあって、ペット可の物件が増加してきています。ペット飼育が可能である以上、ペットの普通の行動に対してある程度容認することが求められることになりますが、無用なトラブルを回避するために、「契約内容」や「入居のしおり」などに飼育規則を盛り込むなどして十分に内容を理解してもらう必要があります。

　契約書に盛り込むべき条項例やペット飼育に関する規則を作成するに当たっては、標準規定なるものはありませんが、ここでは、都市再生機構（旧：住都公団）が採用している賃貸借契約書とペット飼育規則を資料編にて参考資料として紹介します【**別紙7**参照】。

e．必要費、有益費に関する特約

> **民法第608条（賃借人による費用の償還請求）**　賃借人は、賃借物について賃貸人の負担に属する必要費を支出したときは、賃貸人に対し、直ちにその償還を請求することができる。
> 2　賃借人が賃借物について有益費を支出したときは、賃貸人は、賃貸借の終了の時に、第196条第2項の規定に従い、その償還をしなければならない。ただし、裁判所は、賃貸人の請求により、その償還について相当の期限を許与することができる。
>
> **民法第196条（占有者による費用の償還請求）**
> 2　占有者が占有物の改良のために支出した金額その他の有益費については、その価格の増加が現存する場合に限り、回復者の選択に従い、その支出した金額又は増価額を償還させることができる。ただし、悪意の占有者に対しては、裁判所は、回復者の請求により、その償還について相当の期限を許与することができる。

　必要費とは、借主が賃貸物について貸主の負担に属する必要費、例えば、屋根の雨漏りや床板の取替え、塀の修繕費、さらには、電気や上下水道が備わっていない住宅を借りて当該設備を備えるため等の費用をいいます。

　必要費は、賃貸借契約の満了前であっても貸主に請求することができます。

　また、有益費とは、借主が貸主の承諾を得てコンセントを増設したり窓をアルミサッシュに替える、トイレを水洗式に改良する、風呂場をタイル張りにしたなど賃貸物の価値を高めるため（改良のため）に支出した費用をいいます。

　有益費については、賃貸借契約が終了する時点で、建物の価値が以前よりも高まっていて、かつその価値が残っている状態になければ請求できず、額の決定については「借主が負担した額」「残存価値の増加分」のうちから貸主が選択できるとされています。しかし、貸主にとっては、負担増となることが考えられるため、「貸主は、必要費や有益費の請求に応じないものとする」という特約をすることで対応が可能であり、判例でもこれを有効としています。

f．遅延損害金に関する特約

> **民法第404条（法定利率）**　利息を生ずべき債権について別段の意思表示がないときは、その利率は、年5分とする。
>
> **民法第419条（金銭債務の特則）**　金銭の給付を目的とする債務の不履行については、その損害賠償の額は、法定利率によって定める。ただし、約定利率が法定利率を超えるときは、約定利率による。（第2項、第3項　略）

　賃貸借契約書において「遅延損害金」に関する特約を設けていない場合は、**民法第419条**の定めにより「**年5分**」の法定利率（**民法第404条**）による遅延損害金の請求・徴収ができます。

　しかしながら、**消費者契約法第9条**に金銭の支払が延滞した場合の損害賠償の予定（遅延損害金）を定めるときは、**利率の上限を年14.6％**（日歩換算では4銭）とし、これを超える部分は無効となると規定しています。

　この規定に反する契約条項があった場合は、年14.6％の範囲でしか請求できないことになりますので、注意を要します（詳細については、「第3編　第7章　賃貸借契約と消費者契約法」を参照。）。

g. 賃料等の支払時期に関する特約

> **民法第139条（期間の起算）** 時間によって期間を定めたときは、その期間は、即時から起算する。
> **民法第141条（期間の満了）** 前条の場合には、期間は、その末日の終了をもって満了する。
> **民法第142条（期間の満了）** 期間の末日が日曜日、国民の祝日に関する法律（昭和23年法律第178号）に規定する休日その他の休日に当たるときは、その日に取引をしない慣習がある場合に限り、期間は、その翌日に満了する。
> **民法第614条（賃料の支払時期）** 賃料は、動産、建物及び宅地については毎月末に、その他の土地については毎年末に、支払わなければならない。ただし、収穫の季節があるものについては、その季節の後に遅滞なく支払わなければならない。

 ⓐ **賃料等の支払期日（その1）**
  賃料等の支払時期は、契約による定めがない場合は、**民法第614条**の規定を受けて「毎月末（当月末日）」が支払期日となり「後払い」となります。
  しかし、契約によっては、「前払い」の特約を定めることができます。
      （詳細については「第4編 第1章 賃料等収納業務」を参照。）。

 ⓑ **賃料等の支払期日（その2）**
  「支払期日」は、通常「毎月末日」とか「毎月○日」というように一定の日を定めているのが一般的ですが、支払期日が日曜日や祝祭日等で取引をしない慣習がある場合は、**民法第142条**の「その翌日をもって満了する」という規定を受けて、支払期日の翌日としているのが通例です。
  なお、預金口座振替による収納方法を採用する場合は、銀行が、土曜日、日曜日、祝祭日、年末年始を休業日（**銀行法第15条**に規定）としているため、銀行の営業日に左右される月が出てくる場合があります。
  そのため、収納事務処理を行う事業者の休業日が支払期日に該当する場合は、その「前営業日」と特約することが考えられます（詳細については、「第4編 第1章 賃料等収納業務」を参照。）。

h．貸主・借主の修繕の範囲に関する特約

> **民法第594条（借主による使用及び収益）** 借主は、契約又はその目的物の性質によって定まった用法に従い、その物の使用及び収益をしなければならない。　（第2項以下は省略）
> **民法第597条（借用物の返還の時期）** 借主は、契約に定めた時期に、借用物の返還をしなければならない。
> （第2項以下は省略）
> **民法第598条（借主による収去）** 借主は、借用物を原状に復して、これに附属させた物を収去することができる。
> **民法第606条（賃貸物の修繕等）** 賃貸人は、賃貸物の使用及び収益に必要な修繕をする義務を負う。
> 2　賃貸人が賃貸物の保存に必要な行為をしようとするときは、賃借人は、これを拒むことができない。
> **民法第616条（使用貸借の規定の準用）** 第594条第1項、第597条第1項及び第598条の規定は、賃貸借について準用する。

 賃貸住宅の**修繕を発生原因別に分類した場合**、
 ① 借主が、賃貸住宅及び賃貸住宅内の造作物・設備等をそのものの用方に違反して使用し、それらの造作物・設備等を損傷したり、保管義務違反をしたり、故意または過失により損傷した場合に生じる修繕
 ②「借主が、入居時または入居中に、貸主の承諾を得てまたは貸主の特段の承諾を得る必要のない程度の簡易な設置物などを撤去する等により修復を要する箇所」の修繕
 ③「借主の通常使用により損耗・摩耗した箇所」の修繕
 ④ 経年劣化により損傷・摩耗した箇所の修繕（費用軽微な一定範囲の小修繕）
 ⑤ 経年劣化により損傷・摩耗した箇所の修繕（④の範囲を除く）
 ⑥ 風水害等自然災害により損傷・摩耗した箇所の修繕（大修繕を含む）
などに区分されます。

①については、借主の負担により直ちに修繕し「原状」に復する義務があります。②については、当該賃貸住宅を退去する時点で、借主の負担により、「入居時の状態」に復する義務があります。

　ただ、①②の修繕の履行は、現実には、退去時に行われているケースが大方のため混同して受け止める人が多いようですが、区別して理解する必要があります（詳細については、「第5編 第1章 退去査定業務」「第5編 第4章 原状回復に関するガイドライン」を参照して下さい）。

　③～⑥の賃貸住宅の修繕義務については、**民法第606条**において貸主が負うものであると規定しているため、賃貸借契約において特段の定めがない場合、貸主が、賃貸するために必要な「使用収益に必要な箇所の修繕」として貸主が修繕義務を負うことになりますが、同規定は、任意規定であるために契約当事者がこの規定と異なる取決めをした場合であっても有効とされています。

　この規定と異なる取決めについては、概ね次のような3つに整理できると考えます。

1) 費用が軽微な一定範囲の「小修繕」について、貸主の修繕義務を免除し借主が必要に応じて借主の費用負担で、貸主の承諾を得ることなく当該「小修繕」を行うことを認める取決め（建設省（現：国土交通省）が示した「賃貸住宅標準契約書」第8条を参照）
2) 費用が軽微な一定範囲の「小修繕」について、貸主の修繕義務を免除するとともに、当該「小修繕」について借主に積極的な修繕義務を負わせる取決め
3) 当該賃貸住宅の「大小修繕」について、貸主の修繕義務を免除するとともに、当該「大小修繕」について借主に積極的な修繕義務を負わせる取決め

　1)は、借主が入居中に生じた「費用が軽微な小修繕」については、貸主がその修繕を免れ、借主が当該「小修繕」を必要とする場合に、自己負担により行うことを特約しようとする考え方です。この取決めの内容が「費用が軽微な小修繕」の範囲であれば、特約は有効であるとされています（詳細については、「第5編 第1章 退去査定業務」を参照して下さい）。

　2)は、「費用が軽微な一定範囲内の小修繕」に限って、借主に積極的な修繕義務を負わせることを特約しようとする考え方です。この「貸主の修繕義務を免除し、かつ、借主に修繕義務を負わせる特約」は、「特別の事情がある」または「契約条項に明定している」場合に有効であるとしているのが、判例・通説の立場です。ここで言う「特別の事情」とは、地域の慣習や賃料の額、一時金の徴収の有無とその受領額、建物の構造と状況、賃貸借契約の成立経緯等をいい、これらが考慮されることになります（詳細については「第5編 第1章 退去査定業務」を参照して下さい）。

　3)は、「賃貸住宅の大小修繕」を借主に積極的な修繕義務を負わせることを特約しようとする考え方です。判例・通説は、このような特約が有効なものと解するには、特別な事情、例えば、賃料が周辺の同様な住宅に比べて著しく低額であるとか、このような特約を締結しなければ、貸主が著しい経済的な不利益を蒙ることが明らかである場合などに限られるとしています。しかしながら、通常の賃料で賃貸している住宅においては、この特約を有効なものとすることは難しいと言えます（詳細については、「第5編 第1章 退去査定業務」を参照して下さい）。

i．消費者契約法に係る特約
　消費者契約法が平成13年4月1日から施行されたことに伴い、事業者と消費者との契約については、消費者の保護を図る観点から、マンションやアパートの賃貸借契約、賃貸借の媒介・代理契約においても消費者契約法が適用されることになりました。当然に、賃貸借契約においては、貸主や宅建業者は事業者であり、借主は消費者として位置付けられています。

　詳細については、「**第7章 賃貸借契約と消費者契約法**」で確認していただくことになりますが、賃貸借契約の契約条項に反映したことにより「無効」となる条項や「有効」と解される条項がありますので、十分注意する必要があります。

第4章　定期借家契約

1　定期借家契約の内容【様式14-2】

定期借家契約内容の確認
- □　定期借家契約と一般借家契約との相違点を確認
    - □　契約期間（1年未満から無制限、更新なし）
    - □　一時金の受領は望ましくない
- □　貸主義務等の確認
    - □　契約前の書面説明義務
    - □　書面による契約締結
    - □　借主に対する法定通知期間内の通知義務
    - □　宅建業者等に代理権を付与して行える行為
    - □　一般借家契約からの切り替え制限
- □　入居者の禁止・制限事項の確認
- □　貸主・借主の修繕の範囲の確認
- □　契約に盛込む条項・特約の有効・無効の確認

(1) 定期借家制度の導入背景

　賃貸住宅市場においては、ファミリー向けの借家供給が量的に不足しておりその絶対量を確保すること、また、高齢化に伴いバリアフリーに配慮した賃貸住宅を整備して、高齢の生活困窮世帯の居住安定を図ることが重要課題となっています。こうした中で、借地借家法での正当事由の制度（同法第28条）による解約制限等は、賃貸住宅の供給にある種の制約、具体的には、貸主側が空き家を貸し渋り、また、賃貸する場合も借主が長く居座ることのないよう入居時における入居者の選別を図り、回転の速いワンルームマンションの供給に重点を置き、さらに、リスク負担の観点から高い礼金、権利金等の一時金を借主から受け取るなどの現状となっていることが、賃貸住宅市場の健全な発展を阻害してきたと指摘されていました。また、期限付建物賃貸借（賃貸人の不在期間の建物賃貸借）制度（借地借家法旧第38条）は、予め貸主の不在期間が明確化されている必要があるにもかかわらず、転勤による不在期間は一般には不明な場合が多く不在期間の特定が困難であるため、制度を十分に活用できないなどの意見もありました。

　このような借家制度の問題点を是正する観点から、借地借家法上の正当事由の制度を適用せず、定められた契約期間で確定的に建物の賃貸借を終了する旨の契約を行うことができることを内容とする**定期借家制度が借地借家法に盛り込まれ、平成12年3月1日から施行**されました（これにより、借地借家法第38条は、「期限付建物賃貸借」から「定期建物賃貸借」に改められた。）。

　この定期借家制度が導入されたことに伴い、賃貸住宅市場には、① 契約期間及び収益見通しの明確化、② ファミリー向け等多様な借家の供給促進、賃貸住宅供給の増人による家賃の低下傾向、③ 礼金等の一時金廃止の方向、④ 入居者選別の解消、⑤ 広い持家に居住する高齢の単身または夫婦世帯がある一方、狭い借家に多数で居住する世帯が存在するミスマッチの解消、⑥ 不動産の流動化・証券化などが期待されています。

(2) 一般借家契約との相違点

　定期借家契約は、一般借家契約と次の点が大きく異なるため、十分に留意する必要があります。

① 契約期間

　定期建物賃貸借契約（以下「定期借家契約」という。）における契約期間は、短期間（1年未満）、長期間のいずれであっても契約可能であり、契約の更新をしないことを前提に締結するものです。

② 一時金の受領

定期借家契約において敷金（保証金）以外の名目で受領する一時金（礼金等）は、制度導入の趣旨から、なじまないため、受領することは望ましくありません。

③ 貸主による契約前の書面説明義務

定期借家契約を締結するに当たって、貸主は、借り希望者に対して「契約の更新はなく、契約期間満了とともに契約が終了するものであること」を賃貸借契約とは別に、予め書面を交付して説明しなければなりません**（借地借家法第38条第2項）**。説明をした場合は、その書面を交付したことと引き換えに受領証を受け取るなどして、後日、トラブルにならないようにする必要があります（「定期賃貸住宅契約についての説明」【様式14-3】参照）。

もし、この事前説明を貸主が怠った場合は、その契約は定期借家としての効力が否定され、従来型の正当事由借家契約いわゆる更新を前提する借家契約（以下「一般借家契約」という。）とみなされますので注意が必要です。

④ 書面による契約締結

定期借家契約は、公正証書による等書面によって行うことが必要です**（同法第38条第1項）**が、必ず公正証書を作成しなければいけないということではありません。

契約の更新はなく、契約期間満了とともに契約が終了するものであること等を盛り込んだ賃貸借契約を書面化して締結すれば効力を有することになりますが、契約全体の整合性を考えた場合、国土交通省が作成した「定期賃貸住宅標準契約書」【様式14-2】の使用をお勧めします。

⑤ 貸主による借主に対する法定通知期間内の通知義務

定期借家契約において契約期間が1年以上の場合は、貸主は契約期間満了の1年前から6か月前までの間（以下「通知期間」という。）に借主に対して契約が終了することを通知する必要があります**（同法第38条第4項本文）**。この通知期間内に契約終了通知を行わなかった場合は、契約期間満了をもって契約が終了することを借主に対抗できないことになっています。ただし、通知期間内に契約終了通知を怠った場合でも、借主に契約終了通知をした日から6か月を経過した日をもって契約の終了を対抗できることになっています。

なお、契約期間満了前に、契約当事者双方が合意し再契約を行うことにより、引き続き当該建物を使用することも可能です（「定期賃貸住宅契約終了についての通知」【様式14-4】参照）。

⑥ 貸主が行うべき行為を宅建業者等に代理権を付与して行える行為

定期借家契約において貸主が借主に対して行わなければならない上記③④⑤の行為は、宅建業者ないしは管理業者等に代理権を付与して行うことができます。

⑦ 借主が中途解約可能な要件

定期借家契約として締結した居住用建物の床面積が200㎡未満の場合は、契約期間中、借主に、転勤とか療養、親族の介護などやむを得ない事情が発生し、当該住宅に生活の本拠として住み続けることが困難となった場合、借主から解約の申入れをすることができることになっています。この場合、契約は、解約の申入れの日から1か月経過した時点で終了します**（同法第38条第5項）**。

⑧ 賃料改定特約

家賃の改定は、一般借家契約においては**借地借家法第32条第1項**の但し書の規定（賃料増減額請求権）により、一定期間、増額しない旨の特約のみ有効と認められておりますが、定期借家契約の場合には、契約当事者間で賃料改定特約を定めたときは、同条の適用がないこととし、その特約は増額・減額ともに有効とするとしています**（同法第38条第7項）**。

⑨ 定期借家契約への切り替えの制限

定期借家制度導入（平成12年3月1日）前に締結された居住用の一般借家契約は、借主保護の観点から、契約当事者間が合意解約したとしても、当分の間、定期借家契約への切り替えは認められて

いません。合意解約のうえ、定期借家契約に切り替えた場合でも、当該契約は一般借家契約とみなされることになっています。

なお、良質な賃貸住宅等の供給の促進に関する特別措置法の施行後4年を目途に、居住用建物の賃貸借のあり方の見直しを行うとしていたため、各方面で改正箇所の検討が行われていますが、6年経過した〔2006（平成18）年〕時点においてまだ法改正には至っていません。

（3） 定期借家制度と宅地建物取引業法

① 重要事項の説明

定期借家契約を締結しようとする場合、宅建業者は、取引主任者をして当該賃貸借契約が**借地借家法第38条**に定める更新をしない契約であることを明確にするとともに、契約期間と契約の更新に関する事項を記載して説明する必要があります。

記載に当たっては、例えば、

1) 契約期間の始期・終期
2) 契約期間は○年間（ないしは○か月）
3) 契約期間満了によって契約は終了し、契約は更新しないものであること
4) また、契約期間を1年以上とする場合は、貸主から期間満了の1年前から6か月前までの間の通知期間内に、借主に対し「期間満了により賃貸借が終了する」旨の通知がない場合、借主は、貸主から同通知があった日から6か月を経過した日まで、当該建物を契約期間中と同一条件で賃借することができるものであること

等を明記することになります。

【記入例】
【「定期借家契約」における契約期間及び更新に関する事項】

契 約 期 間	（始期）平成▼年▼月▼日 （終期）平成○年○月○日	3年---月間	□ 一 般 借 家 契 約 ■ 定 期 借 家 契 約 □ 終身建物賃貸借契約
更新に関する事項	① 上記契約期間の満了によって、契約は終了し、本契約を更新することはできません。 ② 本契約は、契約期間が1年以上であるので、貸主から期間満了の1年前から6か月前までの間に、借主に対して期間満了により賃貸借が終了する旨の通知がない場合には、借主は、貸主から同通知があった日から6か月を経過した日まで本件建物を契約期間中と同一条件で賃借することができます。		

【参考：記入例】
【「一般借家契約」における契約期間及び更新に関する事項】

契 約 期 間	（始期）平成●年●月●日 （終期）平成△年△月△日	2年---月間	■ 一 般 借 家 契 約 □ 定 期 借 家 契 約 □ 終身建物賃貸借契約
更新に関する事項	① 上記契約期間満了のとき、貸主・借主は協議のうえ、本契約を更新することができます。 ② 更新の際には、借主は貸主に対して更新料として新家賃の1か月分を支払うものとします。㊟		

㊟ 更新料の支払条項が賃貸借契約書に入っていない場合は、更新料の授受がない旨の説明を行うことになります。

② その他宅地建物取引業法上の留意点

1） 誇大広告等の禁止

宅建業者が、平成12年3月1日に施行された**借地借家法第38条**に定める定期建物賃貸借についての代理又は媒介に係る広告を行うときは、「通常の建物賃貸借契約（一般借家契約）であると人を誤認させるような表示をした場合」「定期建物賃貸借契約（定期借家契約）の内容（期間、賃料等）について、著しく事実に相違する表示をし、または実際のものより著しく有利であると人を誤認させるような表示をした場合」に該当する場合、「建物の現在若しくは将来の利用の制限」に係る誇大広告等として宅建業法第32条違反になることがあるため留意する必要があります。

2) **定期建物賃貸借の契約期間満了に伴う再契約で受けることのできる報酬額**

　宅建業者は、定期借家契約の期間満了に伴い、契約当事者が再度、定期借家契約ないし一般借家契約で再契約したいとして、その契約の代理または媒介を行った場合は、新規の契約と同様の扱いとなり**宅建業法第46条**の規定が適用されることになります。

（4）定期賃貸住宅標準契約書の各条項内容

　国土交通省では、定期借家に係る契約書として、「定期賃貸住宅標準契約書」を作成し不動産業界等に標準的な雛形として示しています。この標準契約書は、建て方、構造等を問わず、居住を目的とする民間賃貸住宅一般（社宅を除く。）を対象に作成されたものですが、使用を強制するものではなく、使用するか否かは契約当事者に委ねられています。また、当該標準契約書を使用する場合でも、契約当事者の合意により、そのまま使用してもよく、合理的な範囲で必要に応じ修正を加えて使用してもよいとしています。

　契約内容は、地域慣行、物件の構造や管理の多様性等により、個々具体的なケースで異なることから、全国を提供範囲とする契約書のひな形として最低限定めなければならないと考えられる事項について、合理的な内容を持たせるべく規定したものであるため、特約による補充がされるケースもあると想定されることから、第16条に特約事項の欄を設けています。

① 頭書部分

　礼金等の一時金については、定期借家契約にはなじまないため、記載欄を設けていません。

② 第2条「契約期間」関係

> **第2条（契約期間）** 　契約期間は、頭書(2)に記載するとおりとする。
> 2　**本契約は、前項に規定する期間の満了により終了し、更新がない**。ただし、甲及び乙は、協議の上、本契約の期間の満了の日の翌日を始期とする新たな賃貸借契約（以下「再契約」という。）をすることができる。
> 3　甲は、第1項に規定する期間の満了の1年前から6月前までの間（以下「通知期間」という。）に乙に対し、期間の満了により賃貸借が終了する旨を書面によって通知するものとする。
> 4　甲は、前項に規定する通知をしなければ、賃貸借の終了を乙に主張することができず、乙は、第1項に規定する期間の満了後においても、本物件を引き続き賃借することができる。ただし、甲が通知期間の経過後、乙に対し期間の満了により賃貸借が終了する旨の通知をした場合においては、その通知の日から6月を経過した日に賃貸借は終了する。

1) **借地借家法第38条第1項**において定期借家の要件として「契約の更新がないこと」を書面によって契約することが規定されていることから、その旨を契約書に明記する必要があります。
2) 定期借家契約は、契約期間の満了により正当事由の有無にかかわらず契約の更新がなく、契約が終了するものであることから、契約当事者間の合意があったとしても定期借家契約を更新することはできません。さらに、契約の終了後、借主が本物件の占有を継続し、貸主が異議を述べない場合でも、**民法第619条**「黙示の更新」の規定の適用はありません。
3) 定期借家契約は、契約期間の満了で確定的に終了しますが、契約当事者間で賃貸借関係を継続させることも考えられます。その場合は、契約当事者間で新たな賃貸借契約（再契約）を締結することができる旨を記するとともに、再契約の際の賃貸借契約関係については、第14条で規定しています。なお、再契約は、定期借家契約に限らず、従来型の契約更新を前提とする一般借家契約でも差し支えありません。
4) 定期借家契約は、契約期間の満了とともに終了しますが、貸主が第2条第3項（**借地借家法第38条第4項**）に基づく通知をしなかった場合は、当初の定期借家契約と同一の条件（ただし期間については貸主の通知後6月を経過した日に終了する）による賃貸借契約が継続しているものとして扱われます。従って、貸主は、当該物件を借主に使用収益させる義務を負うとともに、借主は家賃の支払い等の義務を負うことになります。なお、借主が賃貸借契約を継続する意思がない場合は、特段の手続を経ることなく当該契約を終了させることができます。
5) 第2条第3項の通知は、当該通知を通知期間内に行ったことが明らかになるよう、**内容証明郵便**等の方法によって行うことが望ましいと思われます。
6) 契約期間が1年未満の契約は、第2条第3項及び第4項は不要であるため、削除します。削除

する場合は、削除する部分を二重線等で抹消して、削除した字数を記載し、そのうえで甲と乙とが押印することになります。

③ 第4条「賃料」関係

> **第4条（賃料）** 乙は、頭書(3)の記載に従い、賃料を甲に支払わなければならない。
> 2 1か月に満たない期間の賃料は、1か月を30日として日割計算した額とする。
> 3 甲及び乙は、次の各号の一に該当する場合には、協議の上、賃料を改定することができる。
> 一 土地又は建物に対する租税その他の負担の増減により賃料が不相当となった場合
> 二 土地又は建物の価格の上昇又は低下その他の経済事情の変動により賃料が不相当となった場合
> 三 近傍同種の建物の賃料に比較して賃料が不相当となった場合

1) 第4条第3項による当事者間の協議による賃料の改定規定は、賃料の改定について契約当事者間の信義に基づき、できる限り訴訟によらず契約当事者双方の意向を反映した結論に達することを目的としたものですが、**借地借家法第32条**の適用を排除するものではありません（本項は、借地借家法第38条第7項の「借賃の改定に係る特約」に該当しません）。

2) 「借賃の改定に係る特約」を定める場合は、本条に関する記載要領を参考に、第3項に替えて記載することになります。変更する場合は、第3項を二重線等で抹消して次のような内容を記載し、削除した字数と追加した字数を記載したうえで甲と乙が押印することになります。

【記載例】
（契約期間内に賃料改定を予定していない場合）
　　　甲及び乙は、賃料の改定は行わないこととし、借地借家法第32条の適用はないものとする。
（契約期間内に賃料改定を予定している場合）
　　　賃料は、○年毎に、以下に掲げる算定式により改定し、借地借家法第32条の適用はないものとする。
　　〔算定式〕　例：改定賃料＝旧賃料×変動率

④ 第7条「禁止又は制限される行為」関係

> **第7条（禁止又は制限される行為）** 乙は、甲の書面による承諾を得ることなく、本物件の全部又は一部につき、賃借権を譲渡し、又は転貸してはならない。
> 2 乙は、甲の書面による承諾を得ることなく、本物件の増築、改築、移転、改造若しくは模様替又は本物件の敷地内における工作物の設置を行ってはならない。
> 3 乙は、本物件の使用に当たり、別表第1に掲げる行為を行ってはならない。
> 4 乙は、本物件の使用に当たり、甲の書面による承諾を得ることなく、別表第2に掲げる行為を行ってはならない。
> 5 乙は、本物件の使用に当たり、別表第3に掲げる行為を行う場合には、甲に通知しなければならない。
> 　別表第1（第7条第3項関係）
> 　一 銃砲、刀剣類又は爆発性、発火性を有する危険な物品等を製造又は保管すること。
> 　二 大型の金庫その他の重量の大きな物品等を搬入し、又は備え付けること。
> 　三 排水管を腐食させるおそれのある液体を流すこと。
> 　四 大音量でテレビ、ステレオ等の操作、ピアノ等の演奏を行うこと。
> 　五 猛獣、毒蛇等の明らかに近隣に迷惑をかける動物を飼育すること。
> 　別表第2（第7条第4項関係）
> 　一 階段、廊下等の共用部分に物品を置くこと。
> 　二 階段、廊下等の共用部分に看板、ポスター等の広告物を掲示すること。
> 　三 観賞用の小鳥、魚等であって明らかに近隣に迷惑をかけるおそれのない動物以外の犬、猫等の動物（別表第1第五号に掲げる動物を除く。）を飼育すること。
> 　別表第3（第7条第5項関係）
> 　一 頭書(5)に記載する同居人に新たな同居人を追加（出生を除く。）すること。
> 　二 1か月以上継続して本物件を留守にすること。

1) 甲（貸主）が第7条第5項に規定する通知の受領を管理人に委託しているときは、第5項の「甲に通知しなければならない。」を「甲又は管理人に通知しなければならない。」または「管理人に通知しなければならない。」に変更することになります。

2) 別表第1、別表第2及び別表第3は、個別事情に応じて、適宜、変更、追加及び削除することができます。変更する場合は、変更部分を二重線等で抹消して新たな文書を記載し、また、追加する場合は、例示事項の下の空欄に記入し、さらに、削除する場合は、削除部分を二重線等で抹消し、削除した字数を記載したうえで甲と乙が押印することになります。
3) 戸建の賃貸借に係る契約は、別表第2第一号と第二号は削除することになります。
4) 同居人に親族以外が加わる場合を承諾事項とするときは、別表第3第一号を「頭書(5)に記載する同居人に乙の親族を追加（出生を除く。）すること。」に変更し、別表第2に「頭書(5)に記載する同居人に乙の親族以外の者を追加（出生を除く。）すること。」を追加することになります。

⑤ 第10条「乙（借主）からの解約」関係

> **第10条（乙からの解約）** 乙は、甲に対して少なくとも1月前に解約の申入れを行うことにより、本契約を解約することができる。
> 2 前項の規定にかかわらず、乙は、解約申入れの日から1月分の賃料（本契約の解約後の賃料相当額を含む。）を甲に支払うことにより、解約申入れの日から起算して1月を経過する日までの間、随時に本契約を解約することができる。

1) **借地借家法第38条第5項**は、一定の住宅について、転勤、療養、親族の介護その他のやむを得ない事情により借主が建物を自己の生活の本拠として使用することが困難なときに、借主に中途解約を法律上認めていますが、本項では**民法第618条**（解約権の留保に関する規定）及び**借地借家法第38条第6項**（借主に不利でない特約は有効とされている）の趣旨に基づき、契約当事者間の合意による借主の中途解約を認めたものであり、法律上認められた上記事情がある場合はもちろん上記事情の有無にかかわらず借主による中途解約を認めたものです。
2) 長期の契約を前提に賃料の割引をする場合等で本項に比べ借主の解約権を限定する場合等は、本条に関する記載要領を参考に、本条に替えて記載するものとします。

   【記載例】
   「乙は、転勤、療養、親族の介護その他やむを得ない事情により、本物件を自己の生活の本拠として使用することが困難となったときは、甲に対して本契約の解約の申入れをすることができる。この場合においては、本契約は、解約の申入れの日から1月を経過することによって終了する。」

   併せて、借主の保護のために、借主の転貸等の制限について、次のような緩和規定を第7条第1項に追加することが考えられます。
   【記載例】
   「甲は、乙による前項の承諾の申請があった場合は、正当な理由がない限り、承諾をしなければならない。」

⑥ 第13条「連帯保証人」関係

> **第13条（連帯保証人）** 連帯保証人は、乙と連帯して、本契約から生じる乙の債務（甲が第2条第3項に規定する通知をしなかった場合においては、同条第1項に規定する期間内のものに限る。）を負担するものとする。

1) 連帯保証人が借主と連帯して負担すべき債務は、原則として本契約の期間内に生じる借主の債務ですが、本契約の期間が満了した後に借主が不法に居住を継続した場合における賃料相当額、損害賠償金等の借主の債務についても対象となるものです。
   他方、貸主が第2条第3項の通知を怠った結果、本契約の期間が満了した後も借主が居住を継続することによって生じる債務については、貸主の原因で生じた債務まで連帯保証人に追加的に負担させることは適当でないため、連帯保証人の保証債務の対象としていません。
2) 契約する場合は、本契約は確定的に終了することから新たな連帯保証契約の締結が必要となります。

⑦ 第14条「再契約」関係

> **第14条（再契約）** 甲は、再契約の意向があるときは、第2条第3項に規定する通知の書面に、その旨を付記するものとする。
> 2 再契約をした場合は、第11条の規定は適用しない。ただし、本契約における原状回復の債務の履行については、再契約に係る賃貸借が終了する日までに行うこととし、敷金の返還については、明渡しがあったものとして第6条第3項に規定するところによる。

1) 第2条第3項の通知をする場合において、貸主に再契約の意向がある場合は、当該貸主の再契約の意向を借主に伝えることが、契約当事者間の合理的な賃貸借関係の形成に資することから、第1項の規定を置いています。

2) 再契約をした場合は、居住が継続することを考えると、本契約が終了するとしても明渡し義務・原状回復義務を履行させることは適当でないため、第11条の規定を適用しないこととしています。

3) 原状回復義務については、再契約が終了した場合（さらに再契約をする場合は最終的に賃貸借契約が終了する場合）に、本契約における（さらに再契約をする場合は当初の契約からの）原状回復の債務も併せて履行すべきものであることから、その旨を規定しています。

なお、再契約は、例えば第11条の規定を以下のようにすることにより、上記趣旨を担保する必要があります。

【記載例】
「第11条　乙は、本契約が終了する日（甲が第2条第3項に定める通知をしなかった場合においては、同条第4項ただし書きに規定する通知をした日から6月を経過した日）までに明渡さなければならない。この場合において、乙は、通常の使用に伴い生じた本物件の損耗を除き、○年○月○日付けの定期賃貸住宅契約に基づく原状回復の債務の履行と併せ、本物件を原状回復しなければならない。」

4) 敷金の返還は、再契約をした場合においても、（例えば賃料等の支払いがある場合にその時点で精算する等）本契約終了時に返還・精算をするとする取扱いで不合理ではないと考えられることから、その旨を規定しています。なお、実際の運用においては、精算後の敷金について、再契約による敷金に充当する等の取扱いをすることも考えられます。

⑧ 第16条「特約条項」関係

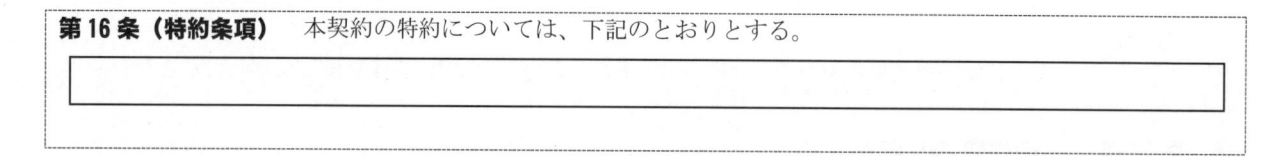

> **第16条（特約条項）** 本契約の特約については、下記のとおりとする。

空欄に特約として定める事項を記入し、項目ごとに記載のうえ甲と乙とが押印することになります。主要な特約条項として、次の事項を挙げることができます。

ⓐ 賃料の増減額にスライドさせて敷金などを増減額させる場合、その内容

次の記載例により敷金の額が変更された場合には、頭書に記入してある敷金の額を書き換えたうえ、甲と乙とが押印する必要があります。

【記載例】
1　頭書(3)に記載する敷金の額は、第4条第3項に基づき賃料が改定された場合には、当該敷金の額に、改定後の賃料の改定前の賃料に対する割合を乗じて得た額に改めるものとする。
2　前項の場合において、敷金の額が増加するときは、乙は、改定後の敷金の額と改定前の敷金の額との差額を甲に支払わなければならない。
3　第1項の場合において、敷金の額が減少するときは、甲は、改定後の敷金の額と改定前の敷金の額との差額を乙に返還しなければならない。

ⓑ **営業目的の併用使用を認める場合、その手続**
　【記載例1】
　　1　第3条の規定にかかわらず、乙は、近隣に迷惑を及ぼさず、かつ、本物件の構造に支障を及ぼさない範囲内であれば、本物件を居住目的に使用しつつ、併せて○○○、○○○等の営業目的に使用することができる。
　　2　乙は、本物件を○○○、○○○等の人の出入りを伴う営業目的に使用する場合は、あらかじめ、次に掲げる事項を書面により甲に通知しなければならない。
　　3　乙は、第1項に基づき本物件を営業目的に使用する場合は、常時、近隣に迷惑を及ぼさず、かつ、本物件の構造に支障を及ぼさないように本物件を使用しなければならない。
　【記載例2】
　　1　第3条の規定にかかわらず、乙は、甲の書面による承諾を得て本物件を居住目的に使用しつつ、併せて営業目的に使用することができる。

ⓒ **駐車場、自転車置場、庭などがある場合、その使用方法**など

ⓓ **契約期間満了後の乙の不法な居住の継続に対し違約金を課す場合、その内容**

ⓔ **甲が本物件を第三者に譲渡しようとする場合には、乙が本物件を購入する等により居住の安定を図ることができるよう、売却情報を乙に優先的に提供することとする場合、その内容**

(5) **定期借家契約に関するQ&A**

① **従来型の正当事由を要する居住用建物の借家契約（一般借家契約）と定期借家契約の相違点は何ですか。**

　従来型の借家契約（一般借家契約）は、正当事由がない限り貸主からの更新拒絶はできないとされておりますが、定期借家契約では、契約で定めた期間の満了により、更新されることなく確定的に借家契約を終了させることが可能である点が大きく異なるほか、契約方法等、下記の点に相違点があります。

	定期借家契約	従来型の一般借家契約
1　契約方法	①　公正証書等の書面による契約に限る ②　さらに、貸主は、借り希望者に対して「更新がなく、契約期間の満了により終了する」ことを契約書とは別に、予め書面を交付して説明しなければならない	書面でも口頭でも可能 （なお、書面による契約が望ましい）
2　更新の有無	期間満了により終了し、更新はない	正当事由がない限り更新
3　建物の賃貸借期間の上限	無制限	2000年3月1日より前の契約は、20年 2000年3月1日以後の契約は、無制限
4　期間を1年未満とする建物の賃貸借の効力	期間を半年にするなど、1年未満の契約も有効	期間の定めのない賃貸借とみなされる
5　建物の借賃の増減に関する特約の効力	借賃の増減は特約の定めに従う	増額しない旨の特約のみ有効
6　借主からの中途解約の可否	①　床面積200㎡未満の居住用建物で、やむを得ない事情により、生活の本拠として使用することが困難となった借主からは、特約がなくても1か月前の申出により中途解約ができる ②　①以外の場合は、原則として中途解約はできないが、中途解約に関する特約があればその定めに従う	契約期間の定めがあれば、期間内は原則としてできない。しかし、中途解約に関する特約があれば、その定めに従う
7　貸主からの契約終了通知の必要性	①　期間が1年以上の契約の場合、貸主は、借主に対して通知期間内（契約期間満了の1年前から6か月前までの間）に、「契	①（貸主に正当事由がある場合） 　貸主は、借主に対して契約期間満了の1年前から6か月までの間に「更新をしない」旨の

	約期間満了により契約が終了する」旨の通知をしなければならない ② 貸主が、借主に対して通知期間経過後に当該通知をした場合は、通知した日から6か月が経過した日をもって契約が終了する	通知をしなければならない ② 貸主に正当事由がある場合でも、貸主が借主に対して所定の期間が経過した後に遅滞なく異議を申出ないと、従前の契約と同一の条件で、かつ期間の定めのない契約を更新したものとみなされる

② 「旧借家法」が廃止され「借地借家法」が施行された平成4年8月1日の前後、また、借地借家法に「定期借家制度」が追加され施行された平成12年3月1日の前後に借家契約を締結した場合の適用法令の違いについて教えて下さい。

【「旧借家法」廃止と「借地借家法」施行の関係】

① 「旧借家法」「借地借家法」の適用は、何により決まるのか。

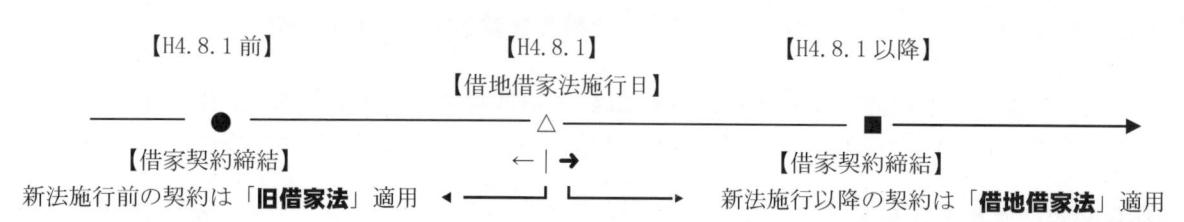

```
【H4.8.1前】          【H4.8.1】              【H4.8.1以降】
                  【借地借家法施行日】
──────●──────────△──────────■──────────▶
  【借家契約締結】      ←│→          【借家契約締結】
新法施行前の契約は「旧借家法」適用 ◀────▶ 新法施行以降の契約は「借地借家法」適用
```

　従来の「借地法」「借家法」「建物保護に関する法律」が廃止され「借地借家法」が施行された日は、平成4年8月1日です。この新法が施行された日より前に契約したのか、後に契約したのかにより判定されます。

　したがって、借家契約を締結した日が、**平成4年7月31日以前の契約**であれば「**旧借家法**」、**平成4年8月1日以降の契約**であれば「**借地借家法**」の**適用**を受けることになります。

② 「旧借家法の適用を受けている一般借家契約」を「借地借家法の適用を受ける一般借家契約」に切り替えることは可能か。

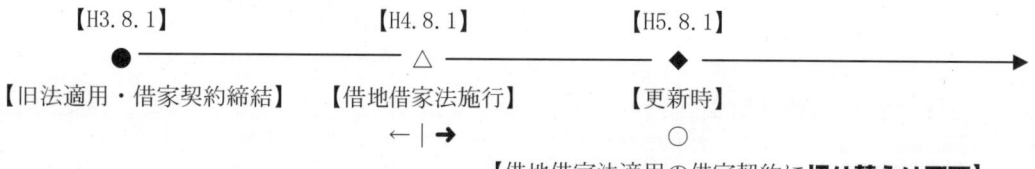

```
【H3.8.1】            【H4.8.1】              【H5.8.1】
──────●──────────△──────────◆──────────▶
【旧法適用・借家契約締結】  【借地借家法施行】         【更新時】
                      ←│→              ○
                  【借地借家法適用の借家契約に切り替えは不可】
```

　「旧借家法の適用を受けている借家契約」を「借地借家法の適用を受ける借家契約」に切り替えることはできません。平成4年8月1日より「借地借家法」が施行されましたが、この改正によって、法理念が変わったわけではなく、借地人や借家人の**旧法の適用を受けて契約された借地権、借家権はそのまま保護され、新法は原則として適用しない**とされています。ですから、旧法での契約内容は、依然として効力を持ち続けています。

　したがって、当該契約期間内に賃貸人、賃借人双方からの解約ができる旨の定めをしても、賃貸人側からの解約は、**旧借家法第1条の2**（更新拒絶または解約の申入の制限）で「貸主は正当の事由がなければ更新を拒み、解約の申入ができない」、**第2条**（法定更新）「契約当事者が期間を定めた場合、期間満了前6月ないし1年以内に、相手方に更新拒絶の通知をしなかった時は、前賃貸借契約と同一の条件で更新したものとみなされる」、**第3条**（解約申入期間）「貸主の解約申入は、6月前に行う必要がある」、**第6条**（一方的強行規定）「前7条の規定に反する特約が借主に不利なものは、無効」の制限があり、**契約条項自体、賃貸人からの解約権保留部分について無効**となります。

【「旧法借家法」「借地借家法」の適用を受けている一般借家契約と「定期借家制度」施行の関係】

> ① 借地借家法第38条に規定された「定期建物賃貸借」いわゆる「定期借家契約」は、いつから契約した場合に適用されるのか。

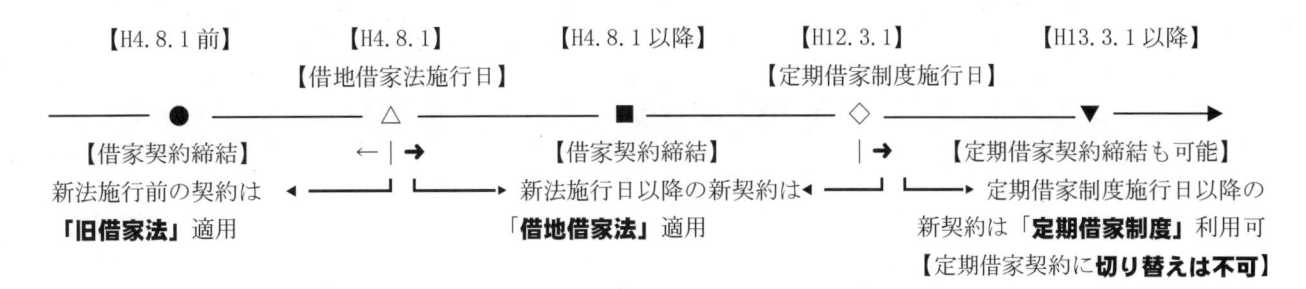

```
【H4.8.1前】      【H4.8.1】       【H4.8.1以降】     【H12.3.1】        【H13.3.1以降】
              【借地借家法施行日】                  【定期借家制度施行日】
──────●──────△──────────■──────────◇──────────▼──────→
【借家契約締結】    ←│→    【借家契約締結】    │→   【定期借家契約締結も可能】
新法施行前の契約は  ←───→  新法施行日以降の新契約は ←───→  定期借家制度施行日以降の
「旧借家法」適用         「借地借家法」適用              新契約は「定期借家制度」利用可
                                                   【定期借家契約に切り替えは不可】
```

平成4年8月1日より施行された「借地借家法」に「定期借家制度（借地借家法第38条が改定された）」が追加され、平成12年3月1日より「定期借家制度」が施行されました。この制度が施行された日より前に契約したのか、後に契約したのかにより判定されます。

したがって、借家契約を締結した日が、**平成4年7月31日以前の契約**であれば「**旧借家法**」、**平成4年8月1日以降の新契約**であれば「**借地借家法**」の**適用**を受けることになり、さらに、**平成12年3月1日以降の新契約**であれば、「**借地借家法第38条の定期借家制度**」も**利用可能**となります（定期借家制度については、「第3編 第4章 定期借家契約」を参照して下さい）。

> ② 「旧借家法の適用を受けている一般借家契約」や「借地借家法の適用を受ける一般借家契約」を「定期借家契約」に切り替えることは可能か。

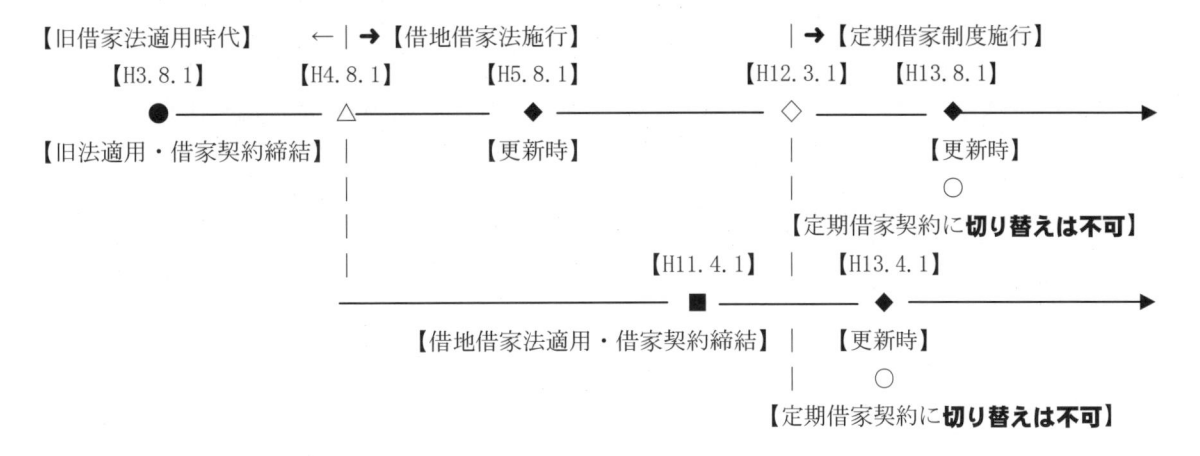

```
【旧借家法適用時代】    ←│→【借地借家法施行】        │→【定期借家制度施行】
  【H3.8.1】   【H4.8.1】   【H5.8.1】          【H12.3.1】   【H13.8.1】
──────●──────△──────◆──────────────◇──────◆──────→
【旧法適用・借家契約締結】│    【更新時】              │    【更新時】
                   │                        │     ○
                   │                        【定期借家契約に切り替えは不可】
                   │         【H11.4.1】    │    【H13.4.1】
                   ────────────■──────────◇──────◆──────→
                         【借地借家法適用・借家契約締結】│   【更新時】
                                              │    ○
                                              【定期借家契約に切り替えは不可】
```

居住用の建物については当分の間、契約者双方が合意しても、**一般借家契約を定期借家契約に切り替えることはできません**。合意解除して定期借家契約を締結したとしても、従来の貸主側に正当事由がない限り、更新拒絶のできない一般借家契約となります。

なお、居住用以外の建物は、従来の賃貸借契約を合意解除したうえで、定期賃貸借契約に切り替えることはできます。

> ③ 契約期間を限定して、更新のない居住用建物の賃貸借契約を結びたいのですが、どのような方法で行えばよいのですか。この契約は、社宅として貸す場合にも締結することが可能ですか。

契約期間を限定して、更新しないことを前提とする賃貸借契約、いわゆる定期借家契約に該当しますから、**借地借家法第38条**（定期建物賃貸借）の定めに従った手続きを取る必要があります。

そのため、事前準備として、契約書式は、国土交通省が作成した「定期賃貸住宅標準契約書」【様式

14-2 参照】をそのまま使用するか、その標準契約書をもとに必要な条項、字句等を追加・削除して使用する、ないしは弁護士に相談し作成する等が考えられます。なぜならば、定期借家契約は、書面による契約締結が絶対条件となっているからです。

口頭のみによる契約は、定期借家契約とは言えず、正当事由を要する一般借家契約として扱われることになりますので注意する必要があります。

次に、当該居住用建物の借り希望者が現れた場合は、貸主が、借り希望者に対して「当該建物は、契約期間満了に伴い更新しない契約」である旨を記載した書面を交付して説明することが義務付けられています（「定期賃貸住宅契約についての説明」【**様式14-3 参照**】）。万が一、この交付・説明を契約前に行わなかった場合は、「契約の更新がない」とする定めは無効になり、正当事由を要する従来型の一般借家契約として取扱われることになってしまいますので、注意が必要です。

さらに、契約期間が1年以上の契約の場合は、貸主は通知期間内（契約期間満了の1年前から6か月前までの間）に借主に対して、「契約期間満了により、契約が終了する」旨の通知をしなければなりません。通知期間内に当該通知をしなかった場合は、契約の終了を借主に対抗することができません。なお、通知期間経過後であっても、貸主が借主に対して、「契約終了に関する通知」を行った場合は、通知をした日から6か月経過した時点で契約を終了させることができます（「定期賃貸住宅契約終了についての通知」【**様式14-4 参照**】）。

この貸主が、借主（借り希望者を含む。）に対して行わなければならない所定の説明や通知を行う行為を、宅建業者ないしは管理業者に代理権を付与して行うことも可能です。

なお、国土交通省が作成した標準契約書は、社宅として使用する場合を想定していないとしています。社宅関係は、雇用契約に付随した使用貸借契約ないしは特殊な契約であるとする判例もあるため、社宅契約が一律に賃貸借に該当するとは言えないとする考えからです。

再チェック！ 【定期借家契約を締結する場合の留意事項】

1　貸主による事前説明
　　貸主は、借り希望者に対して、契約書とは別に「当該建物は、契約期間満了に伴い更新しない契約」である旨を記載した書面を交付して説明する必要がある。
2　宅建業者による重要事項説明
　　宅建業者は、借主となる者に対して、契約を締結するまでの間に、「重要事項説明書」に「当該建物は、契約期間満了に伴い更新しない契約」である旨を記載したうえ、交付して、説明しなければならない。
3　書面化による契約締結
　　契約期間を限定して、更新しないことを前提とする賃貸借契約（定期借家契約）を書面化して契約締結しなければならない。なお、定期借家契約書は、国土交通省が作成した様式を使用することをお勧めします。
4　貸主による通知期間内の通知
　　契約期間が1年以上ある契約の場合は、貸主は、借主に対して、通知期間内（契約満了の1年前から6か月前までの間）に「契約期間満了により、契約が終了する」旨の通知をしなければならない。
5　代理権を付与による貸主の義務履行
　　上記1と4の貸主が借主（借り希望者を含む。）に説明並びに通知しなければならない義務を、宅建業者に代理権を付与して行うことは可能です。

④　**定期借家契約の締結に際して、貸主が借主に対して行わなければならない事前説明は、仲介を依頼している宅建業者が借主に対して「重要事項説明」として書面を交付し説明することで、貸主の事前説明に代えることができるのですか。**

重要事項説明は、仲介者としての宅建業者が行うもので、貸主が自ら借り希望者に対して行う「定期借家契約を結ぶ前に書面を交付して行う説明」とは、法規定上、異なるものです。従って、物件を仲介する宅建業者が重要事項説明を行っただけでは、貸主が借り希望者に行うべき事前説明を行ったことにはなりませんので、注意する必要があります。

また、宅建業者が貸主より代理権を付与されている場合であっても、当該宅建業者は、貸主が「事前説明すべき事項」と、宅建業者として行わなければならない「重要事項説明」をそれぞれの立場で書面

を交付して、説明を行う必要があります。

> **再チェック！** 【定期借家契約を締結する場合の留意事項】
> 　貸主が行わなければならない「借り希望者への事前説明」と物件を仲介する宅建業者が行う「重要事項説明」は、定期借家制度上、別個のものであるため、宅建業者が貸主から事前説明行為の代理権を付与されていたとしても、別個のものとしてそれぞれ書面を交付して説明しなければなりません。

---

⑤　契約期間を2年間に限定して居住用建物の定期借家契約を結んだのですが、引き続き、契約を締結するには、どのような方法で行えばよいのですか。この場合、更新契約になるのですか。

　契約更新という扱いではなく、再契約をすることになります。再契約をする場合は、定期借家契約ないしは一般借家契約のいずれかを選択することができるとされています。再度、定期借家契約を締結する場合は、前述の貸主が借主に対して行わなければならない事前説明を同様に行う必要があります。

> **再チェック！** 【定期借家契約を締結する場合の留意事項】
> 　定期借家契約の契約期間の満了に伴い、再度、定期借家契約を締結する場合も、貸主が借主に対して行わなければならない事前説明を書面を交付して説明する必要があります。

---

⑥　居住用建物の定期借家契約を平成12年3月1日以降に契約締結し、契約期間満了後に2年契約による一般借家契約を締結する予定ですが、更新時に契約を合意解約して、新たに定期借家契約を締結することはできますか。

　定期借家制度を平成12年3月1日から施行することに伴い、建設省（現：国土交通省）通達（平成12年2月1日）によれば、「平成12年3月1日より前に締結された賃貸住宅契約の当事者が、当該契約を合意により終了させ、「定期賃貸住宅標準契約書」を活用するなどにより定期賃貸住宅契約に切り替えることは、当分の間認められていないこと」としていますが、当該設問は、新制度施行後に新たに発生した契約であるため、切り替えは禁止されていませんので、契約当事者の合意により一般借家契約から定期借家契約に切り替えることは可能です。

> **再チェック！** 【定期借家契約を締結する場合の留意事項】
> 　「一般借家契約（更新を前提とする契約）」の当初締結日が平成12年3月1日（定期借家制度施行日）以降である場合は、契約当事者が合意解約して「定期借家契約」に切り替えることはできます。

---

⑦　現在、一般借家契約（更新を前提の契約）を締結しているのですが、契約を合意解約して、契約を更新しない定期借家契約に切り替えたいのですが可能ですか。

　現在契約している一般借家契約の締結時期がいつであるかによります。また、居住用建物（店舗併用住宅の場合は生活の本拠としている場合のみ含まれる）であるか居住用以外の建物（事務所、店舗等業務用建物をいう）であるかによっても異なります。
　居住用建物である場合は、平成12年3月1日より前の契約締結であれば、契約当事者が合意解約したとしても、定期借家契約に切り替えることができないとされています。合意解約して定期借家契約を結んだとしても、その契約は、従来の正当事由による解約制限のある一般借家契約であるとされています。なお、居住用以外の建物の場合は、現在の賃貸借契約を締結した時期を問わず、契約当事者の合意解約があれば、定期借家契約に切り替えることは可能です。

再チェック！ 【定期借家契約に切り替える場合の留意事項】

現在契約している「一般借家契約（更新を前提とする契約）」の当初の契約締結日が平成12年3月1日（定期借家制度施行）前である場合は、契約当事者が合意解約したとしても「定期借家契約」に切り替えることはできません。

⑧ 定期借家契約の契約期間満了に伴い、再度、定期借家契約を結ぼうと思っていますが、借主の過失により、襖が破損しています。この補修費用は、再契約する前に請求するのですか。それとも、次（最終）の明渡し時点まで先送りするのですか。

　再契約をした場合は、居住が継続することを考えると、前の契約が終了するとしても明渡し義務・原状回復義務を履行させることは適当でなく、原状回復義務については、再契約が終了した場合（さらに再契約をする場合は最終的に賃貸借契約が終了する場合）に、前の契約における（さらに再契約をする場合は当初の契約からの）原状回復の義務も併せて履行すべきものであるとされています。
　そのため、標準契約書では、第14条第2項で「再契約をした場合は、第11条の規定は適用しない。ただし、本契約における原状回復の債務の履行については、再契約に係る賃貸借が終了する日までに行うこととし、敷金の返還については、明渡しがあったものとして第6条第3項に規定するところによる。」とし、再契約をした場合は、再契約の期間満了時に原状回復の義務を履行すればよいと明記しています。
　ただ、再契約時の原状がどのような状態であったかを明確にするためには、一旦、襖の修復をしておいた方がよいとの考え方もあります。その場合、再度の修復があった場合に、借主に二重の負担を強いるということにもなりかねませんので、注意する必要があります。

⑨ 定期借家契約の契約期間満了に伴い、再度、定期借家契約を結んだのですが、この場合、改めて、連帯保証人の署名押印を求める必要がありますか。

　再契約する場合は、前の契約は確定的に終了することから、新たな連帯保証契約の締結が必要となり、改めて連帯保証人の署名押印を求める必要があります。

⑩ 面積50㎡の2DKの賃貸マンションを契約期間2年間とする定期借家契約で結び、1年5か月経過した時点で、借主から自己の都合で中途解約したいという申出がありましたが、残りの7か月分の賃料を借主に請求できるのですか。

　床面積が200㎡未満の居住用建物の場合は、転勤、療養、親族の介護その他やむを得ない事情により、借主が当該建物を自己の生活の本拠として使用することが困難となったときにのみ、1か月前に申入れをすることにより解約することができると規定されています**（借地借家法第38条第5項）**。従って、借主にこのような事情がある場合は、残りの賃料の請求はできません。
　しかし、当該事例が上記以外の自己都合による中途解約の申入れである場合は、原則として、中途解約は認められませんので、残りの賃料の請求は可能ですが、標準契約書第10条のように借主にとって不利とならない約定〔乙は、甲に対して少なくとも1月前に解約の申入れを行うことにより、本契約を解約することができる。　2　前項の規定にかかわらず、乙は、解約申入れの日から1月分の賃料（本契約の解約後の賃料相当額を含む。）を甲に支払うことにより、解約申入れの日から起算して1月を経過する日までの間、随時に本契約を解約することができる。〕をしている場合は中途解約が可能なため、残りの契約期間分の賃料を請求することはできません。

⑪ 契約期間を2年間とする定期借家契約を結び、1年7か月経過した段階で、通知期間内（期間満了の1年前から6か月前までの間）に、借主に対して期間満了により賃貸借が終了する旨の通知をしていないことに気づきました。契約期間満了に伴い契約を打ち切りたいのですが可能ですか。

貸主から借主への契約終了の通知は、契約期間が1年未満の場合、通知義務はありませんが、契約期間が1年以上の場合は、通知期間内（期間満了の1年前から6か月前までの間）に行わなければならないとされています。通知期間経過後に契約終了通知をすることになるわけですから、その通知の日から6か月を経過する日までは借主に使用する権利が生じるため、契約書に記載する契約期間満了日で契約を打ち切ることができません。

　ただし、借主が任意に明渡す場合には、当初の契約期間満了日をもって、契約を終了することは可能です。

⑫　通知期間内に行う契約終了通知は、どのような方法で行ったらよいのですか。

　法律上、「文書による」とは規定されていませんので、口頭による通知でも構いませんが、「言った。」「聞いてない。」などのトラブルが想定されるため、**内容証明郵便**等の文書により通知することが望ましいと思われます。

⑬　ホテル業として部屋を一週間貸す場合と、不動産業として部屋を一週間定期借家契約により貸す場合とでは、法的な相違点はどうなりますか。

　ホテル業における宿泊契約は、一般に、付属施設の利用や各種サービスの提供を含む一種の無名契約であることが多く、また、賃貸借契約であるとしても一時的な使用に供するための賃貸借とされている場合も多いと思われますから、結局、借地借家法の規定の適用を受けない場合が多いことになります。

　これに対して、定期借家契約を締結し、部屋を貸す場合は、当然、借地借家法の適用対象となります。

⑭　定期借家契約の契約期間満了に伴い、再度、定期借家契約を結ぼうと思っているのですが、宅建業者には成功報酬を支払うことになるのですか。それとも、事務手数料程度のものを支払うことになるのですか。

　定期借家契約の期間満了に伴う再契約に係る宅建業者の受けることができる報酬額は、再契約が新たな契約であるため、大臣告示による報酬額の範囲内で報酬額を支払うことになります。

第 5 章　終身建物賃貸借契約

1　終身建物賃貸借契約の内容【様式 14-9】

終身建物賃貸借契約内容の確認
- ☐ 終身建物賃貸借契約を締結できる者の条件を確認
  - ☐ 貸主側の条件確認（法第 56 条、第 57 条、第 58 条）
    - ☐ 終身賃貸事業者として都道府県知事に事業許可申請を行うことが必要
    - ☐ 賃貸用建物の構造条件や賃貸条件等が基準に適合していることが必要
  - ☐ 借主側の条件確認（法第 56 条）
    - ☐ 60 歳以上の高齢者であることが必要
- ☐ 終身建物賃貸借契約内容に盛込むべき条項の確認
  - ☐ 契約の存続と終了
  - ☐ 賃料と支払方法
  - ☐ 貸主・借主の修繕費用負担の範囲
  - ☐ 明渡し・残置物の引き取り
  - ☐ 債務の保証
- ☐ 盛込む条項・特約の有効・無効の確認

(1) 終身建物賃貸借契約の導入背景

　急速な高齢化の進展のなか、全世帯に占める高齢者がいる世帯、特に高齢者単身・夫婦世帯の割合が高まり、その数の急速な増加が今後も見込まれています。このような中、賃貸住宅は、高齢者の病気や事故、家賃の不払いへのおそれから、貸主が高齢者の入居を敬遠する傾向にあるうえ、高齢者の加齢に伴う身体機能の低下の状況に対応した構造・設備（加齢対応構造等）の整備状況が著しく遅れており、高齢者が希望する住宅に入居しにくい状況にあります。また、持家についても既存の住宅は、バリアフリー構造の整備など、高齢者の身体機能への対応が遅れている状況にあります。

【参考資料】
① 高齢者がいる世帯が急速に増加（国土交通省資料）
　ⓐ　1,542 万世帯（2000 年）―――――――― 2,030 万世帯（2015 年）　：　132％増
　ⓑ　うち、「単身・夫婦のみの世帯」675 万世帯（2000 年）―1,069 万世帯（2015 年）　：　157％増

② 高齢者の 95％は、住宅で生活を送っている（平成 7 年「国勢調査」）

③ 全住宅ストックの 29％が高齢者のいる世帯。特に持家では、高齢者のいる世帯が 41％
　　　　　　　　　　　　　　　　　　　　　　　　　　　平成 5 年「住宅統計調査」）

④ 介護を要する高齢者の 70％は住宅に居る（平成 10 年「社会福祉施設等調査及び老人保健施設調査」）

⑤ 階段又はステップからの転落死や浴槽等での溺死など住宅設備に起因する高齢者の事故死数は、3,816 人で、同じ原因による事故死全体の 79％にもなる（平成 11 年「人口動態統計」）

⑥ 高齢者の身体機能に対応して「手すりの設置」「幅広い廊下」「段差の解消」をした住宅は、住宅ストックの 2.7％、持家で 2.9％、借家で 2.3％（民営借家では 0.3％）（平成 10 年「住宅需要実態調査」）

⑦ 民営賃貸住宅管理会社が取扱った高齢者の入居申込のうち、31％が入居できなかった
　　　　　　　　　　　　　　　　　　　（平成 12 年「高齢者の入居に関する現況調査」）

⑧ 民営借家に住んでいる高齢者世帯の 53％は、過去 5 年の間に民営借家から移り住んでいる
　　　　　　　　　　　　　　　　　　　　　　　　　　　（平成 5 年「住宅統計調査」）

⑨ 高齢者世帯の移り住み理由の 19％（単身）及び 15％（夫婦）が、「期限切れ」「立退き要求」となっている
　　　　　　　　　　　　　　　　　　　　　　　　　　　平成 5 年「住宅需要実態調査」）

このような状況を解消するため、第151回国会で、「高齢者の居住の安定確保に関する法律」（以下「高齢者居住法」という。）が成立し、高齢者向けの住宅の効率的な供給を促進するとともに、高齢者の居住を拒まない住宅の情報を広く提供するための制度等が構築され、高齢者が安心して生活できる居住環境を実現するための仕組みが整えられました。

具体的には、民間活力を活用して高齢者単身・夫婦世帯等向けのバリアフリー化された優良な賃貸住宅の供給を促進する「高齢者向け優良賃貸住宅制度」が創設されたほか、民間による供給を補完するため、必要に応じ、地方公共団体等が既存ストックも活用し、高齢者向けの優良な賃貸住宅を供給する体制が整えられました。

さらに、高齢者が安定的に居住することができる賃貸住宅について終身建物賃貸借制度を設ける等の措置が講じられました。

（2）法制度の概要

「高齢者の居住の安定確保に関する法律」いわゆる**高齢者居住法が平成13年10月1日**（一部同年8月5日）**より施行**されたことに伴い、① 高齢者の入居を拒まずに受入れることを前提に登録する「高齢者円滑入居賃貸住宅制度」（同法第4条）、② 良好な居住環境を整えた高齢者向け賃貸住宅を供給することを前提に認定申請する「高齢者向け優良賃貸住宅制度」（同法第30条）、③ 高齢者である借主に対して終身にわたって賃貸する事業を行おうとする者（終身賃貸事業者）が、認可を受けて提供する「加齢対応構造等を有する賃貸住宅」について、借主が生存している限り賃貸借契約が存続し、死亡したときに契約が終了するという「終身建物賃貸借契約」を締結できるという「終身建物賃貸借制度」（同法第56条・第57条）、④ 高齢者が持家を「加齢対応構造等を有する住宅」に改良する場合に、元金を死亡時に一括償還することが可能な住宅金融公庫（現：住宅金融支援機構）の特別な融資制度が創設されました。これらの制度概要は、次のようになっています。

① 高齢者円滑入居賃貸住宅の登録等

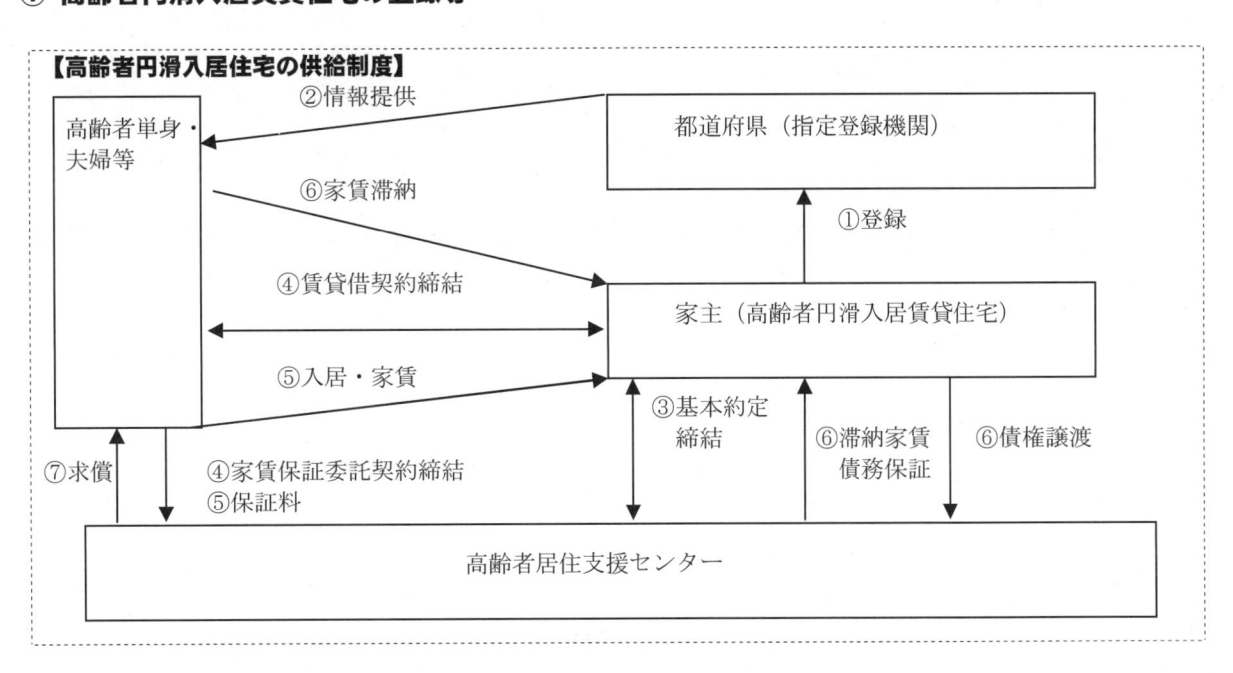

高齢者円滑入居賃貸住宅を高齢者に提供しようとする者は、都道府県知事または指定登録機関に対して登録申請することになります。登録された賃貸住宅は、「高齢者円滑入居賃貸住宅登録簿」に登録され、一般の閲覧に供されることになります。登録を受けた場合は、登録住宅に入居を希望する高齢者を入居拒否したり、著しく不当な賃貸条件を提示したりしてはならないと規定されています。

なお、高齢者円滑入居賃貸住宅に登録された賃貸住宅は、借主の家賃滞納等に対する貸主の不安を解消するために、高齢者居住支援センターの家賃債務保証を利用申請することができるようになります。

【参　照】
1)「高齢者の入居を受入れる賃貸住宅」の貸主（家主）は、当該賃貸住宅について、都道府県知事の登録を受けることができる**（同法第4条）**。都道府県知事は、その登録簿を一般の閲覧に供する**（同法第9条）**。
2) 高齢者居住支援センターは、登録を受けた賃貸住宅の貸主からの要請に基づき、当該登録住宅に入居する高齢者の家賃債務を保証することができる**（同法第11条）**。

【登録住宅を対象とした滞納家賃債務保証制度】
● 高齢者居住支援センターが、登録住宅の貸主からの要請に基づき、登録住宅の入居高齢者の滞納家賃を保証する。
● 高齢者居住支援センターは、月額家賃の6か月を限度に滞納家賃を保証する。

② 民間事業者による高齢者向け優良賃貸住宅の供給の促進

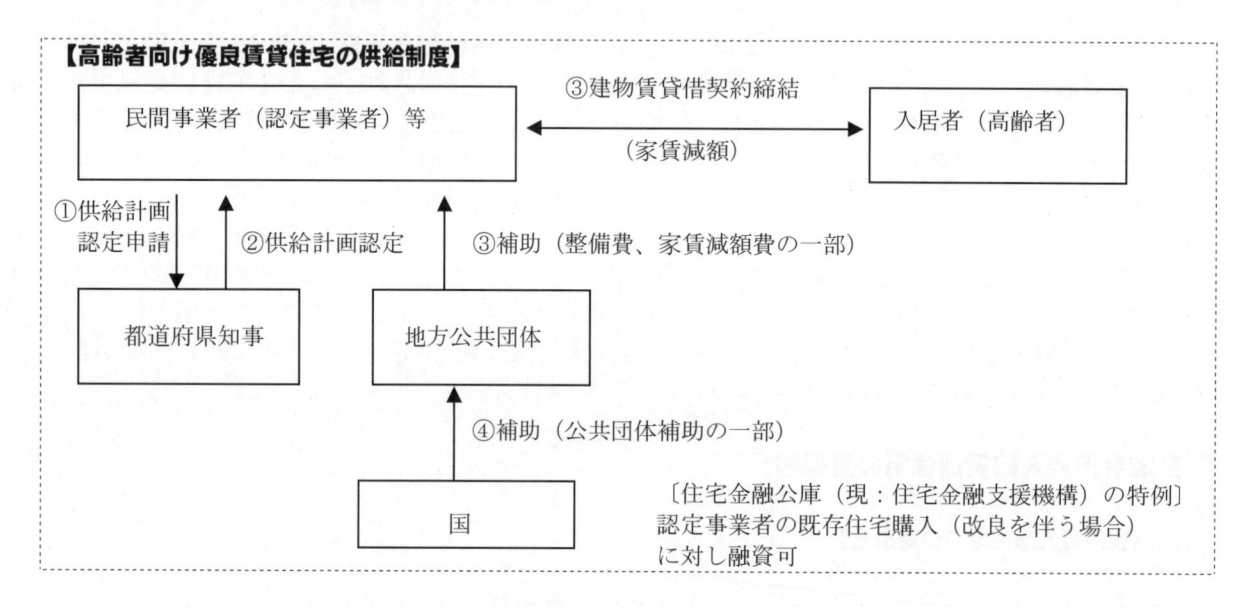

【高齢者向け優良賃貸住宅の供給制度】

民間事業者（認定事業者）等 ←③建物賃貸借契約締結（家賃減額）→ 入居者（高齢者）

①供給計画認定申請 → 都道府県知事
②供給計画認定 ← 都道府県知事
③補助（整備費、家賃減額費の一部） ← 地方公共団体
④補助（公共団体補助の一部） ← 国

〔住宅金融公庫（現：住宅金融支援機構）の特例〕
認定事業者の既存住宅購入（改良を伴う場合）に対し融資可

　高齢者向け優良賃貸住宅制度は、民間事業者によりバリアフリー化された新築住宅の供給並びに既存住宅等を同様に改良して供給することを狙いとしています。
　この制度を促進するために、民間事業者が、「当該住宅の建設費の一部」や、「当該住宅に入居を希望する高齢者単身世帯及び高齢者夫婦世帯が一定の収入基準以下の場合に行われる家賃減額費」を地方公共団体及び国から補助が受けられること、また、固定資産税の軽減や所得税・法人税の割増償却について、税制上の優遇措置が受けられる措置が講じられています。
　この制度を利用しようとする民間事業者は、良好な居住環境を整えた高齢者向け賃貸住宅を提供することを前提に認定申請し都道府県知事の認定を受ける必要があります。認定を受けた民間事業者は、認定事業者として扱われ、**法第5条**に規定する高齢者円滑入居賃貸住宅の登録申請もしなければならないと規定されています（同法第35条）。また、登録住宅となることにより、高齢者居住支援センターの家賃債務保証を利用申請できることになります。この登録により、認定事業者は、登録住宅に入居を希望する高齢者を入居拒否したり、著しく不当な賃貸条件を提示したりしてはならないことになります。

【参　照】
1) 民間事業者は、高齢者向けの賃貸住宅の供給計画を作成し、都道府県知事にその認定を申請することができる**（同法第30条）**。
　都道府県知事は、住宅の戸数、規模、構造、設備、加齢対応構造等、入居者の資格、賃貸の条件、管理方法等の一定の基準に適合すると認めるときは、計画の認定をすることができる**（同法31条）**。
　認定事業者は、高齢者向け優良賃貸住宅を第5条の規定による高齢者円滑入居賃貸住宅の登録申請をしなければならない**（同法第35条）**。都道府県知事は、その登録簿を一般の閲覧に供する**（同法第9条）**。
2) 認定を受けた計画に基づいて整備が行われる、または行われた賃貸住宅（高齢者向け優良賃貸住宅）については、国及び地方公共団体がその整備費用**（同法第41条）**及び家賃減額費用**（同法第43条）**の一部を補助することとなる。

> 【民間事業者等が建設・改良等を行う場合の地方公共団体の補助率】
> ●住宅の共用部分（廊下、階段等）、バリアフリー設備等の整備費補助
> 〔国 1／3 、地方公共団体　1／3〕
> ●一定の収入基準以下の世帯に対する家賃減額費用補助
> 〔国 1／2 、地方公共団体　1／2〕

認定事業者に対して、住宅金融公庫法の特例措置（高齢者向け優良賃貸住宅に改良するための既存住宅の購入に必要な資金の貸付）等も講じられている**（同法第44条）**。

【参 考】　高齢者向け優良賃貸住宅の認定基準概要
> (1)住宅規模・設備等の基準
> ①　戸数：5戸以上
> ②　規模：25㎡以上（共同利用の場合は18㎡以上）
> ③　構造：原則として耐火・準耐火構造
> ④　設備：原則として各戸が水洗便所、洗面所等を備えること
> (2)加齢対応構造等の基準（「終身建物賃貸借」の認可基準と同じ。）
> 「床は、原則として段差のない構造であること」「主たる廊下の幅は78cm（柱の存する部分にあっては75cm）以上であること」「便所、浴室及び住戸内の階段に手すりを設けること」など
> (3)入居者資格
> ①　所得要件は無し
> ②　60歳以上の単身者
> ③　60歳以上で同居者が配偶者、60歳以上の親族又は都道府県知事が同居の必要があると認める者であること

③　地方公共団体等による高齢者向けの優良な賃貸住宅の供給の促進

民間事業者による供給を補完するとともに、量的に必要とされる高齢者用住宅の供給促進の効果をあげるために、地方公共団体、都市再生機構（旧：住都公団）、地方住宅供給公社が行うものです。

【参　照】
1）　地方公共団体は、高齢者向けの賃貸住宅が不足している場合等においては、その整備及び管理に努めなければならない**（同法第48条）**。国は、地方公共団体に対し、一定の基準に適合する賃貸住宅の整備費用及び家賃減額費用の一部を補助することができる**（同法第49条）**。
2）　地方公共団体は、都市再生機構（旧住都公団）または地方住宅供給公社（公社）に対し、高齢者向けの優良な賃貸住宅の整備及び管理を行うよう要請することができる**（同法第50条）**。この場合、国及び地方公共団体は、公団または公社にその整備費用及び家賃減額費用の一部を補助・負担することができる**（同法第51条、第52条）**。
3）　国は、公団に対し、一定の基準に適合する高齢者向けの優良な賃貸住宅の整備費用及び家賃減額費用の一部を補助することができる**（同法第53条）**。

④　終身建物賃貸借制度

「終身建物賃貸借制度」とは、借主の終身にわたって住宅を賃貸する事業を行おうとする者（終身賃貸事業者）が、借主が生存している限り賃貸借契約が存続し、死亡したときに契約が終了するという「終身建物賃貸借契約」を締結できるというものです。高齢者が終身にわたり安心して居住できる仕組みで、かつ、貸主の不安を解消するシステムであるといえます。

貸主となる終身賃貸事業者は、事業認可申請を都道府県知事に提出して、認可を受けなければなりません。認可を受けた終身賃貸事業者は、**同法第59条**の認可事業者として扱われ、提供する住宅については、バリアフリー構造となっていることが条件となっています。また、認可事業者は、当該賃貸住宅を高齢者円滑入居賃貸住宅として登録申請することにより、登録簿に登録され、かつ、高齢者居住支援センターの家賃債務保証も利用申請ができることになります。

【参　照】
1）　終身賃貸事業者は、当該事業について都道府県知事等の認可を受けた場合、**借地借家法第30条**（賃借人に不利な特約は無効）の規定にかかわらず、当該事業に係る建物の賃貸借について、借主が死亡した時に終了する旨を定める終身建物賃貸借を行うことができる**（同法第56条）**。
2）　都道府県知事は、上記1）の事業の認可を受けようとする終身賃貸事業者から、当該認可に係る申請があった場合において、当該申請に係る事業が、加齢対応構造等、賃貸の条件等の基準に適合し、終身建物賃貸借をするものであると認めるときは、事業の認可をすることができる**（同法第57条、第58条）**。

3) 終身建物賃貸借においては、認可を受けた終身賃貸事業者（認可事業者）は、一定の場合に限り、都道府県知事の承認を受けて、当該賃貸借の解約の申入れをすることができる**（同法第62条）**。
　　借主は、療養、老人ホームへの入所その他のやむを得ない事情により、借主が認可住宅に居住することが困難となったとき等の場合には、当該賃貸借の解約の申し入れをすることができる**（同法第63条）**。
4) 終身建物賃貸借の借主の死亡があった場合において、当該認可住宅に同居していた配偶者等が一定の申出を行ったときは、認可を受けた事業者は、その同居配偶者等と終身建物賃貸借の契約をしなければならない**（同法第66条）**。

⑤ 加齢対応構造等を有する住宅への改良に対する支援措置

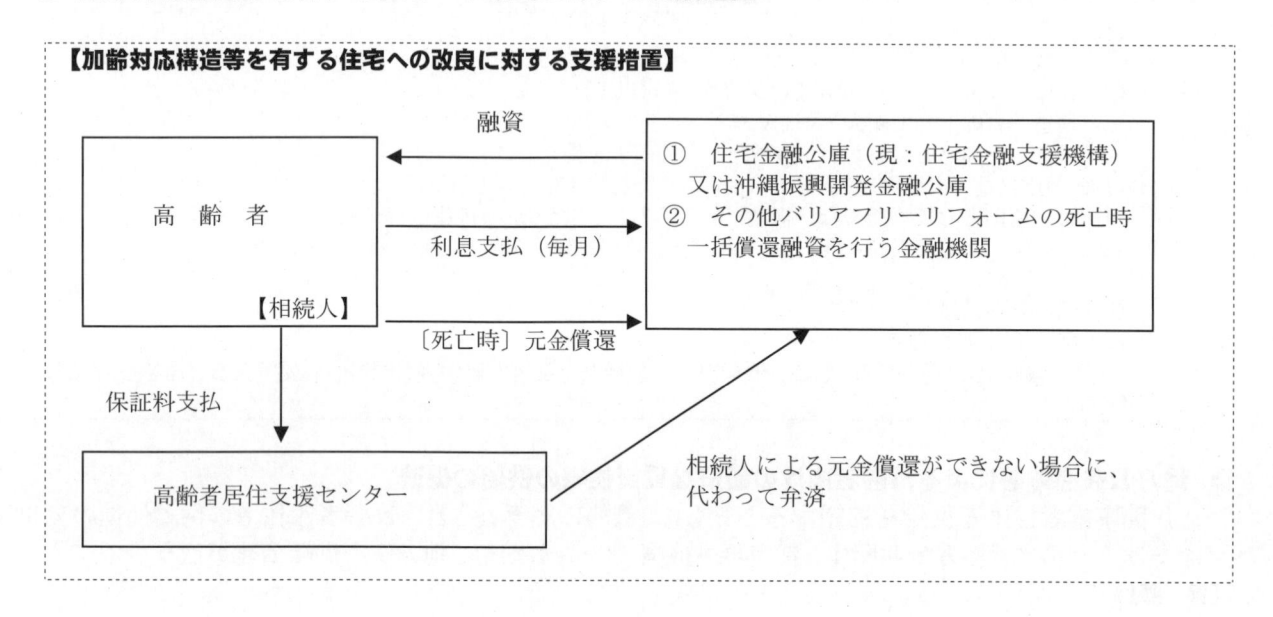

【加齢対応構造等を有する住宅への改良に対する支援措置】

```
                  融資
高齢者  ←──────────────  ① 住宅金融公庫（現：住宅金融支援機構）
                              又は沖縄振興開発金融公庫
        利息支払（毎月）    ② その他バリアフリーリフォームの死亡時
        ──────────────→       一括償還融資を行う金融機関
【相続人】
        〔死亡時〕元金償還
        ──────────────→

保証料支払 ↓
                              相続人による元金償還ができない場合に、
高齢者居住支援センター ─────→   代わって弁済
```

　満60歳以上の高齢者が、持家に居住するために、バリアフリー化をするなど住宅を改良する場合、住宅金融公庫（現：住宅金融支援機構）の特別な融資制度として「高齢者向け返済特例制度」が創設されました。
　この制度は、生存時は利息分を支払うのみでよく、死亡時に住宅資産等を活用して借入金を一括償還できる仕組みになっています。
　なお、高齢者向け返済特例制度により融資を受けるには、高齢者居住支援センターの債務保証を利用する必要があります。

【参照】
1) 高齢者が行う加齢対応構造等を有する住宅への改良（バリアフリーリフォーム）に対する住宅金融公庫（現：住宅金融支援機構）融資については、その高齢者の死亡時に一括して償還をする方法によることができる。
2) 高齢者居住支援センターは、死亡時に一括して償還する方法により高齢者にバリアフリーリフォームのための貸付けを行った一定の金融機関の要請に基づき、貸付けに係る債務を保証することができる。

(3) 重要事項の説明

　宅建業者は、終身建物賃貸借契約を締結しようとするときは、取引主任者をして、当該契約は終身建物賃貸借であることを、借主に対して、重要事項説明書を交付して説明しなければなりません。

【記入例】
【「終身建物賃貸借契約」における契約期間及び更新に関する事項】

契約期間	(始期) 平成◆年◆月◆日 (終期) 平成―年―月―日	終　身	□ 一 般 借 家 契 約 □ 定 期 借 家 契 約 ■ 終身建物賃貸借契約
更新に関する事項	本契約は、高齢者居住法第56条（終身賃貸事業の許可及び借地借家法の特例）の規定の適用を受ける建物賃貸借契約であるため、契約期間は上記始期より借主の死亡に至るまで存続し、かつ、借主が死亡した時に終了する契約となります。		

　また、貸主である認可事業者が賃借希望者に説明をしなければならない次の事項についても、宅建

業者（取引主任者を含む）から、賃借希望者が正しく理解できるように重ねて、説明することが望まれます。

【終身建物賃貸借契約を締結しようとする際に貸主が賃借希望者に説明する必要がある事項】
1) 借主による解約の申入れができる場合**（高齢者居住法第63条の規定）**の説明をすること
「療養、老人ホームへの入所その他のやむを得ない事情により、借主が認可住宅に居住することが困難になったとき」「親族と同居するため、借主が認可住宅に居住する必要がなくなったとき」「認可事業者が、認可基準に適合していないと、登録する知事より指摘され、必要な改善を行わなかったことにより命令違反したとき」は、解約の申入れの日から1か月を経過することにより契約が終了すること。また、「解約の期日が、解約申入れの日から6か月以上経過する日に設定されているとき」は、その解約の期日の到来により終了することを説明すること。
2) 終身建物賃貸借契約を締結する前に、体験的に仮入居したい旨の申出があった場合は、仮入居をするために1年以内の期間を定めた定期建物賃貸借契約を締結する用意があることを説明すること。
3) 借主が死亡した後にはその同居配偶者等の継続居住が可能であることを説明すること。
4) 期限付死亡時終了建物賃貸借に係る制度**（同法第61条）**が設けられていることを説明すること（終身建物賃貸借契約のほかに、契約の更新がなく、かつ、借主が死亡したときに終了する契約（「期限付死亡時終了建物賃貸借契約」）があることを説明すること）。
5) 認可住宅の敷地の所有権その他当該認可住宅の整備、管理に必要な権原の内容について説明すること。
6) 将来、賃借権に優越する可能性のある抵当権その他の権原が設定されている場合は、その内容について説明すること。
7) 認可事業者により介護その他のサービス提供が行われる場合は、借主の募集または当該契約に際して、賃貸借契約時における介護その他のサービスの提供に関する契約を締結しない場合であっても、そのサービス内容について十分説明等を行うこと。
8) 都道府県知事による事業の認可が当該サービスの内容に含んで行われていると、応募者または当該契約の相手方に誤解させるような表示または説明を行ってはならないこと。
9) 解約の申入れに当たって、十分な説明を行うこと。

（4）**終身建物賃貸借標準契約書の各条項内容**

終身建物賃貸借標準契約書（以下この章では「終身標準契約書」という。）は、高齢者居住法第56条に規定する終身建物賃貸借についての民間住宅の賃貸契約書の標準的なひな形として作成されたもので、その使用が望まれるところですが、使用を強制するものではなく、使用するか否かは、契約当事者の自由となっています。また、使用する場合でも、当事者の合意により、終身標準契約書をそのまま使用しても、合理的な範囲で必要に応じて修正を加えて使用してもよいものです。なお、終身標準契約書は、建て方、構造等を問わず、居住を目的とする賃貸住宅一般を対象としています。

終身建物賃貸借契約は、地域慣行、物件の構造や管理の多様性等により、個々具体的なケースで契約内容が異なり得ます。そのため、全国を適用範囲とする契約書のひな形としての終身標準契約書は、終身建物賃貸借契約において最低限定めなければならないと考えられる事項について、合理的な内容を持たせるべく規定しています。従って、より具体的かつ詳細な契約関係を規定するために、特約による補充がされるケースもあると想定されることから、終身標準契約書は、第20条において特約条項の欄を設けています。

① **頭書部分**

終身標準契約書では、家賃の支払方法により「家賃の毎月払いの場合」「終身にわたる家賃全部前払いの場合」または「終身にわたる家賃の一部前払いの場合」の3パターンが作成されていますので、支払方法に応じて、それぞれ該当する頭書を使用することになります。

また、終身建物賃貸借の対象となる高齢者向けの建物は、共用部分に「談話室」「食堂」等が存在していることが多いことから、賃貸借の目的物について、共用部分についても記載する欄を設けています。

貸主は、借主から権利金、その他の借家権設定の対価を受領することを賃貸の条件としてはなら

ないものであり、権利金等について記載する欄については設けていません。

② 第3条「契約の存続及び終了」

> 第3条（契約の存続及び終了）　本契約は、**乙の死亡**に至るまで存続し、かつ、乙が死亡した時に終了する。

　高齢者居住法第58条第4号において、終身建物賃貸借は、「賃借人の死亡に至るまで存続し、かつ、賃借人が死亡した時に終了する」と規定されていることから、その旨を契約書に明記する必要があります。
　なお、借主が夫婦で共同賃貸借契約を締結する場合は、「**乙の死亡**」とある箇所を「**本物件の借主である乙のすべての死亡**」と書き換えるとともに、「**乙が死亡した時に終了する。**」とある箇所は「**本物件の借主である乙の一方が死亡した時にその者に係る契約が終了し、他方が死亡した時にその者に係る契約が終了する。**」と書き換えて使用することになります。

③ 第5条「賃料」関係

> **【（A）家賃の毎月払いの場合】**
> 第5条（賃料）　乙は、頭書(3)の記載に従い、賃料を甲に支払わなければならない。
> 2　1か月に満たない期間の賃料は、1か月を30日として日割計算した額とする。
> 3　甲及び乙は、次の各号のいずれかに該当する場合には、協議の上、賃料を改定することができる。
> 　一　土地又は建物に対する租税その他の負担の増減により賃料が不相当となった場合
> 　二　土地又は建物の価格の上昇又は低下その他の経済事情の変動により賃料が不相当となった場合
> 　三　近傍同種の建物の賃料に比較して賃料が不相当となった場合

> **【（B）終身にわたる家賃の全部前払いの場合】**
> 第5条（賃料）　乙は、頭書(3)の記載に従い、賃料を甲に支払わなければならない。
> 2　頭書(3)の前払いに係る賃料は、終身にわたる家賃の全部として次の算式により算定して得た額とする。
> 　　1か月分の賃料　　　　円×乙の想定居住月数＋〔想定居住月数を超えて契約が継続する場合に備えて甲が受領する額〕
> 3　甲は、前項に規定する想定居住月数を経過するより前に**乙の死亡**があったとき又は当該居住月数を経過するより前に本契約の解除若しくは解約があったときは、遅滞なく、次の計算により算定して得た額を乙に返還しなければならない。
> 　　1か月分の賃料　　　　円×（乙の想定居住月数－現に経過した月数＝　か月）
> 4　甲は、法第58条第七号の規定に従い、前払家賃の返還債務を負うこととなる場合に備えて以下の保全措置を講じなければならない。
> 　〈具体的な保全措置〉
> 5　甲及び乙は、賃料の改定は行わないこととし、借地借家法第32条の適用はないものとする。

> **【（C）終身にわたる家賃の一部前払いの場合】**
> 第5条（賃料）　乙は、頭書(3)の記載に従い、賃料を甲に支払わなければならない。
> 2　1か月に満たない期間の賃料は、1か月を30日として日割計算した額とする。
> 3　甲及び乙は、次の各号のいずれかに該当する場合には、協議の上、賃料を改定することができる。
> 　一　土地又は建物に対する租税その他の負担の増減により賃料が不相当となった場合
> 　二　土地又は建物の価格の上昇又は低下その他の経済事情の変動により賃料が不相当となった場合
> 　三　近傍同種の建物の賃料に比較して賃料が不相当となった場合
> 4　頭書(3)の前払いに係る賃料は、終身にわたる家賃の一部として次の算式により算定して得た額とする。
> 　　1か月分の賃料　　　　円×乙の想定居住月数＋〔想定居住月数を超えて契約が継続する場合に備えて甲が受領する額〕
> 5　甲は、前項に規定する想定居住月数を経過するより前に**乙の死亡**があったとき又は当該居住月数を経過するより前に本契約の解除若しくは解約があったときは、遅滞なく、次の計算により算定して得た額を乙に返還しなければならない。
> 　　1か月分の賃料　　　　円×（乙の想定居住月数－現に経過した月数＝　か月）
> 6　甲は、法第58条第七号の規定に従い、前払家賃の返還債務を負うこととなる場合に備えて以下の保全措置を講じなければならない。
> 　〈具体的な保全措置〉

　上記のとおり家賃の支払方法により、(A)「家賃の毎月払いの場合」、(B)「終身にわたる家賃の

全部前払いの場合」、(C)「終身にわたる家賃の一部前払いの場合」のいずれか1つを選択することになります。

(A) または (C) を使用する場合、第3項による当事者間の協議による賃料の改定の規定は、賃料の改定について当事者間の信義に基づき、できる限り訴訟によらず当事者双方の意向を反映した結論に達することを目的としたものですが、**借地借家法第32条**（借賃増額請求権）の適用を排除するものではありません。

賃料の改定に当たっては、貸主及び借主の間において、当該改定についての協議が整う必要があり、協議が整わなければ、賃料の改定は行われず、借主は従前の賃料の支払義務を負うことになります。

(A) または (C) を使用する場合において「借賃の改定に係る特約」を定める場合は、次の記載要領を参考に、(A) または (C) 第3項に替えて記載することになります。

【記載要領例】
1) 契約の存続中に賃料改定を予定していない場合
 甲及び乙は、賃料の改定は行わないこととし、**借地借家法第32条**の適用はないものとする。
2) 契約の存続中に賃料改定を予定している場合
 毎月払いに係る賃料は、〇年毎に、以下に掲げる算定式により改定し、借地借家法第32条の適用はないものとする。（算定式を記載）

(B) 第2項または (C) 第4項における想定居住月数は、借主の余命等を勘案して適正に決定することとします。また、1か月分の賃料を適正な額とし、想定居住月数を超えて契約が継続する場合に備えて甲が受領する額が不当に多額なものとならないようにする必要があります。

また、借主が夫婦で共同賃貸借契約を締結する場合は、標準契約書中「**乙の死亡**」とある箇所を「**本物件の借主である乙のすべての死亡**」と書き換えて使用することになります。

④ 第7条「敷金」関係

> **第7条（敷金）** 乙は、本契約から生じる債務の担保として、頭書(3)の記載する敷金を甲に預けるものとする。
> 2 乙は、本物件を明け渡すまでの間、敷金をもって賃料、共益費その他の債務と相殺をすることができない。
> 3 甲は、本物件の明渡しがあったときは、遅滞なく、敷金の全額を無利息で乙に返還しなければならない。ただし、甲は、本物件の明渡し時に、賃料の滞納、原状回復に要する費用の未払いその他の本契約から生じる乙の債務の不履行が存在する場合には、当該債務の額を敷金から差し引くことができる。
> 4 前項ただし書の場合には、甲は、敷金から差し引く債務の額の内訳を乙に明示しなければならない。

敷金には、賃料債務だけではなく、原状回復債務、残置物の処分費用に係る債務等の担保としての機能もあります。従って、賃料の一括前払いをする場合にも、賃料債務の担保としての機能は必要がないものの、それ以外の債務の担保の機能については他の場合と同様に必要となると考えられます。

⑤ 第10条「契約の解除」関係

> **第10条（契約の解除）** 甲は、乙が次に掲げる義務に違反した場合において、甲が相当の期間を定めて当該義務の履行を催促したにもかかわらず、その期間内に当該義務が履行されないときは、本契約を解除することができる。
> 一 第5条第1項に規定する賃料支払義務
> 二 第6条第2項に規定する共益費支払義務
> 三 前条第1項後段に規定する費用負担義務
> 2 甲は、乙が次に掲げる義務に違反した場合において、当該義務違反により本契約を継続することが困難であると認められるに至ったときは、本契約を解除することができる。
> 一 第4条に規定する本物件の使用目的遵守義務
> 二 第8条各項に規定する義務
> 三 その他本契約書に規定する乙の義務
> 3 甲は、乙が年齢を偽って入居資格を有すると誤認させるなどの不正の行為によって本物件に入居したときは、本契約を解除することができる。

第1項の「相当の期間」とは、借主が同項各号に掲げる義務を履行するに当たり、通常必要とされる期間をいいます。

⑥ 第11条「甲（貸主）からの解約」関係

> **第11条（甲からの解約）** 甲は、次のいずれかに該当する場合に限り、都道府県知事の承諾を受けて、乙に対して少なくとも6月前に解約の申入れを行うことにより、本契約を解約することができる。
> 一 本物件の老朽、損傷、一部の滅失その他の事由により、家賃の価額その他の事情に照らし、本物件を法第58条第二号に掲げる基準等を勘案して適切な規模、構造及び設備を有する賃貸住宅として維持し、又は当該賃貸住宅に回復するのに過分の費用を要するに至ったとき。
> 二 乙が本物件に長期間にわたって居住せず、かつ、当面居住する見込みがないことにより、本物件を適正に管理することが困難となったとき。

法第62条の規定に該当する場合〔「認可住宅の老朽、損傷、一部の滅失その他の事由により、家賃の価額その他の事情に照らし、当該認可住宅を、**法第58条第二号**に掲げる基準等を勘案して適切な規模、構造及び設備を有する賃貸住宅として維持し、または当該賃貸住宅に回復するのに過分の費用を要するに至ったとき。」「賃借人（一戸の認可住宅に賃借人が二人以上いるときは、当該賃借人のすべて）が認可住宅に長期間にわたって居住せず、かつ、当面居住する見込みがないことにより、当該認可住宅を適正に管理することが困難となったとき。」〕は、貸主による中途解約の申入れが法律上認められているため、当該申入れを6か月前に行うことにより本契約を解約できることになります。

⑦ 第12条「乙（借主）からの解約」関係

> **第12条（乙からの解約）** 乙は、次のいずれかに該当する場合には、甲に対して少なくとも1月前に解約の申入れを行うことにより、本契約を解約することができる。
> 一 療養、老人ホームへの入所その他のやむを得ない事情により、乙が本物件に居住することが困難となったとき。
> 二 親族と同居するため、乙が本物件に居住する必要がなくなったとき。
> 三 甲が法第72条の規定による命令に違反したとき。
> 2 乙は、前項各号に該当しない場合にあっては、甲に対して少なくとも6月前に解約の申入れを行うことにより、本契約を解約することができる。
> 3 前2項の規定にかかわらず、乙は、第1項の場合にあっては解約申入れの日から1か月分の賃料（本契約の解約後の賃料相当額を含む。以下この項において同じ。）を甲に支払うことにより解約申入れの日から起算して1月を経過する日までの間、前項の場合にあっては解約申入れの日から6月分の賃料を甲に支払うことにより解約申入れの日から起算して6月を経過する日までの間、随時に本契約を解約することができる。

法第63条の規定に該当する場合（「療養、老人ホームへの入所その他のやむを得ない事情により、賃借人が認可住宅に居住することが困難となったとき。」「親族と同居するため、賃借人が認可住宅に居住する必要がなくなったとき。」「認可事業者が、**第72条**の規定による命令に違反したとき。」「当該解約の期日が、当該申入れの日から6月以上経過する日に設定されているとき。」）は、借主による中途解約の申入れが法律上認められていることから、本条第1項及び第2項にその旨を明記する必要があります。

また、第3項では、第1項または第2項の場合において、一定額の賃料を支払うことにより随時に本契約を解除できる旨を規定しています。

借主に有利な特約の効力は否定されないため、通常の建物賃貸借契約において一般化している借主の中途解約権（特別な事情を要せず、1か月前に通知することにより解約できる権利）に係る特約を設けても有効となります。

⑧ 第13条「明渡し」関係

> **第13条（明渡し）** 乙は、第10条の規定に基づき本契約が解除された場合にあっては直ちに、第11条又は前条の規定に基づき本契約が解約された場合にあっては本契約が終了する日までに、**乙の死亡**があった場合にあっては乙の同居人のうち乙の配偶者又は60歳以上の親族（本物件の借主である者を除く。以下「同居配偶者等」という。）が本物件に引き続き居住することに反対の意思を表示したとき又は同居配偶者等が第18条第1項本文に規定する期間内に同項本文に規定する申出を行わなかったときから1月を経過する日までに、本物件を明け渡さなければならない。この場合において、乙は、通常の使用に伴い生じた本物件の損耗を除き、本物

> 件を原状回復しなければならない。
> 2　乙は、前項前段の明渡しをするときには、明渡し日を事前に甲に通知しなければならない。
> 3　甲及び乙は、第1項後段の規定に基づき乙が行う原状回復の内容及び方法（次条に規定するものを除く。）について協議するものとする。
> 4　**乙の死亡**があった場合であって、同居配偶者等が第18条第1項本文に規定する期間内に同項本文に規定する申出を行ったときは、乙は、本物件の明渡しを行うことを要しない。ただし、敷金の返還については、明渡しがあったものとして第7条第3項に規定するところによる。

　第4項の規定により、借主の死亡があった場合であって、同居配偶者等が第17条第1項本文に規定する申出を行ったときは、当該同居配偶者等が継続して本物件に同居することとなるため、借主の相続人は、本物件の明渡しを行うことを要しないものの、本物件を原状回復しなければなりません。この場合、敷金返還請求権は、借主の相続人が有することとなるため、敷金については、明渡しがあったものとして第7条第3項の規定を適用することになります。
　なお、借主が夫婦で共同賃貸借契約を締結する場合は、標準契約書中「**乙の死亡**」とある箇所を「**本物件の借主である乙のすべての死亡**」と書き換えて使用することになります。

⑨ 第14条「残置物の引取り等」関係

> **第14条（残置物の引取り等）**　乙は、**乙の死亡**により本契約が終了した後に乙の残置物がある場合に備えて、あらかじめ、当該残置物の引取人（以下「残地置引取人」という。）を定めることができる。
> 2　前項の規定により残置物取引人を定めた場合にあっては、甲は、**乙の死亡**により本契約が終了した後遅滞なく、乙又は残置物引取人に本契約が終了した旨を連絡するものとする。
> 3　乙又は残置物引取人は、同居配偶者等が本物件に引き続き居住することに反対の意思を表示したとき又は同居配偶者等が第18条第1項本文に規定する期間内に同項本文に規定する申出を行わなかったときから1月を経過する日までに、当該残置物を引き取らなければならない。
> 4　甲は、乙又は残置物引取人が、同居配偶者等が本物件に引き続き居住することに反対の意思を表示したとき又は同居配偶者等が第18条第1項本文に規定する期間内に同項本文に規定する申出を行わなかったときから1月を経過する日までに当該残置物を引き取らない場合にあっては、当該残置物を乙又は残置物引取人に引き渡すものとする。この場合においては、当該引渡しの費用を敷金から差し引くことができる。
> 5　甲は、乙が残置物引取人を定めない場合にあっては、同居配偶者等が本物件に引き続き居住することに反対の意思を表示したとき又は同居配偶者等が第18条第1項本文に規定する期間内に同項本文に規定する申出を行わなかったときから1月を経過したときは、当該残置物を処分することができるものとする。この場合においては、当該処分の費用を敷金から差し引くことができる。

　本条は、残置物に係る原状回復の内容及び方法について定めたものです。
　終身建物賃貸借は、借主の死亡による本契約の終了後は、本物件に借主の残置物があることが想定されるため、第1項から第3項までの規定により、賃借人は予め残置物引取人を定めることができることとしています。
　また、第5項の規定により、借主が残置物引取人を定めない場合は、同居配偶者等が本物件に引き続き居住することに反対の意思を表示したとき、または同居配偶者等が第18条第1項本文に規定する期間内に同項本文に規定する申出を行わなかったときから1か月を経過した場合、貸主は残置物を処分することができることとし、当該処分の費用については、敷金から差引くことができることとしています。
　なお、借主が夫婦で共同賃貸借契約を締結する場合は、標準契約書中「**乙の死亡**」とある箇所を「**本物件の借主である乙のすべての死亡**」と書き換えて使用することになります。

⑩ 第16条「債務の保証」関係

> **【(A) 家賃の毎月払いの場合】**
> **第16条（債務の保証）**　乙は、別に定めるところにより、高齢者居住支援センターに自らの家賃に係る債務を保証させるものとする。
> **【(B) 終身にわたる家賃の全部前払いの場合】**
> **第16条（債務の保証）**　連帯保証人は、乙と連帯して、本契約から生じる乙の債務を負担するものとする。

　家賃に係る債務について高齢者居住支援センターの保証を受ける場合は、(A)の規定を用いることができます。

⑪ 第17条「同居者の一時居住」関係

> **第17条（同居人の一時居住）** 甲は、**乙の死亡**があった場合においては、**乙の死亡**があった時から乙の同居人（本物件の借主である者を除く。以下この条において同じ。）がそれを知った日から1月を経過する日までの間（同居配偶者等が次条第1項本文に規定する期間内に同項本文に規定する申出を行った場合は、**乙の死亡**があったときから同項本文の規定による契約を締結するまでの間）は、乙の同居人を引き続き本物件に居住させなければならない。ただし、当該期間内に、乙の同居人が死亡し、又は甲に反対の意思を表示したときは、この限りでない。
> 2　前項の場合においては、乙の同居人は、甲に対し、本契約と同一の家賃を支払わなければならない。

　本条項は、貸主および借主間の権利義務関係を規定するものではないものの、**法第65条第1項**において、借主が死亡した場合の同居者の居住保護のため、同居者は借主の死亡があったことを知った日から1か月を経過する日まで、引続き本物件に居住することができると規定されていることから、その趣旨を明確にするため、その旨を契約書に明記することとしています。

　また、**法第65条第2項**において、一時居住する同居者は、貸主に対して本契約と同一の家賃を支払わなければならないと規定されているため、同居者が一時居住する場合の建物賃貸借契約の条件は、本契約と同一としています。

　なお、借主が夫婦で共同賃貸借契約を締結する場合は、標準契約書中「**乙の死亡**」とある箇所を「**本物件の借主である乙のすべての死亡**」と書き換えて使用することになります。

⑫ 第18条「同居配偶者等の継続居住の保護」関係

> **第18条（同居配偶者等の継続居住）** 甲は、**乙の死亡**があった場合において、同居配偶者等が**乙の死亡**があったことを知った日から1月を経過する日までの間に甲に対し本物件に引き続き居住する旨の申出を行ったときは、同居配偶者等と法第56条に規定する終身建物賃貸借契約を締結しなければならない。ただし、この申出に併せて法第61条の規定による申出があったときは、同居配偶者等と法第61条の規定による期間付死亡時終了建物賃貸借の契約を締結しなければならない。
> 2　前項の建物賃貸借契約の条件は、本契約と同一のものとする。

　本条項は、貸主及び借主間の権利義務関係を規定するものではないものの、**法第66条第1項**において、借主が死亡した場合の同居配偶者等の居住保護にため、同居配偶者等は借主の死亡があったことを知った日から1か月を経過するまでの間に貸主に対し本物件に引き続き居住する旨の申出を行ったときは、貸主は同居配偶者等と終身建物賃貸借の契約を締結しなければならないことが規定されており、その趣旨を明確にするために、その旨を契約書に明記することとしています。

　また、同項において同居配偶者等が当該申出に併せて**法第61条**に規定する申出を行ったときは、貸主は同居配偶者等と期間付死亡時終了建物賃貸借の契約（契約の更新がなく、定められた期間中は入居可能で、かつ、賃借人が死亡したときに終了する契約）を締結しなければならないことが規定されているため、その旨についても契約書に明記することとなります。

　法第66条第3項において、同条第1項の規定により締結する建物賃貸借の条件については、従前の借主と同一のこととされているため、その旨を契約書に明記する必要があります。なお、当該建物賃貸借において家賃の前払いを行う場合には、借主と同居配偶者等は年齢・性別等が異なることから、当該建物賃貸借の前払家賃を本契約と同一の金額とするものではなく、前払家賃の算定の基礎〔第5条（B）第2項又は同条（C）第4項の内容等〕が同一であることをもって、当該建物賃貸借の条件は本契約と同一のものであるとしています。

　なお、借主が夫婦で共同賃貸借契約を締結する場合は、標準契約書中「乙の死亡」とある箇所を「本物件の借主である乙のすべての死亡」と書換えて使用することになります。

⑬ 第20条「特約」関係

> **第20条（特約事項）** 本契約の特約については、下記のとおりとする。
>

```
※　特約事項例
①　賃料の増減額にスライドさせて敷金などを増減額させる場合、その内容
②　駐車場、自転車置場、庭などがある場合、その使用方法など
③　契約終了後の乙の不法な居住の継続に対し違約金を課す場合、その内容
```

　毎月払いに係る家賃の改定についての特約の締結に当たっては、高齢者が不当な契約内容によって不利益を被ることのないようにする必要があります。

(5) 終身建物賃貸借契約に関するQ&A

①　**高齢者円滑入居賃貸住宅**とは、どういうものですか。

　高齢者の入居を受入れるための賃貸住宅として、都道府県知事または指定登録機関に登録された住宅をいいます。高齢者が円滑に入居できる住宅戸数を確保することが主目的となっていますので、住宅登録要件には、バリアフリー構造となっていなければならないとは規定されていません。しかしながら、高齢者向けに提供しようとする住宅ですから、段差のない床、階段・便所・浴室・玄関等に手すりなどのバリアフリー設備が少しでも整っていることが望ましいと思われます。
　なお、登録された住宅（登録住宅）は、「高齢者円滑入居賃貸住宅登録簿」に登録され、一般の閲覧に供されることになります。また、高齢者居住支援センターの**家賃債務保証制度の利用が申請できる住宅**になります。
　また、登録住宅の貸主は、登録住宅に入居を希望する高齢者に対して、入居を拒否したり、著しく不当な賃貸条件を提示したりしてはならないと法律で規定されています。

②　**高齢者向け優良賃貸住宅**とは、どういうものですか。

　民間事業者等が、都道府県知事に対して供給計画を認定申請し、認定基準に適合していると認定された住宅を言います。
　また、この民間事業者等は、「認定事業者」として扱われます。
　認定基準に適合する住宅とは、① 戸数が5戸以上、② 各戸の床面積が25㎡（居間・食堂・台所等を共同利用する場合は18㎡）以上、③ 各戸に原則として台所・水洗便所・洗面設備・浴室等を備えていること、さらに、加齢対応構造要件として、④ 床は、原則として段差のない構造であること、⑤ 廊下の幅は78cm以上、⑥ 居室の出入口の幅は75cm以上、⑦ 浴室の出入口の幅は60cm以上、⑧ 浴室の短辺は130cm以上で、その面積は2㎡以上、⑨ 便所・浴室・住戸内階段には、手すりを設けること、⑩ 3階以上の共同住宅には、原則としてエレベーターを設置すること、加えて、⑪ 管理期間が10年以上のこと、⑫ 入居者資格は、60歳以上の単身者または60歳以上で同居者が配偶者・60歳以上の親族・都道府県知事が認める者で所得要件はないこと等の要件を満たす必要があります。
　さらに、認定事業者は、入居募集に先立ち「高齢者向け優良賃貸住宅」を、**法第5条**の規定による「高齢者円滑入居賃貸住宅」としての登録申請を行う必要があります（当該高齢者向け優良賃貸住宅を転貸事業者に転貸するときは、登録する必要がありません。転貸事業者が当該登録申請を行う必要があります。）。この登録を行うことにより、「高齢者円滑入居賃貸住宅登録簿」に搭載され、一般の閲覧に供されることになるほか、高齢者居住支援センターの家賃債務保証も利用申請できる住宅になります。
　なお、認定事業者は、高齢者向け優良賃貸住宅の整備に要する費用の一部について地方公共団体から補助を受けることができます。地方公共団体からの補助額は、認定基準に適合する賃貸住宅の建設に要する費用（土地の取得と造成費用を除く、加齢対応構造等及び共同住宅の共用部分等に係る費用）の額に3分の1を乗じて得た額となっています **（施行令第4条）**。また、認定事業者は、入居者の所得が国土交通省令で定める基準以下である場合に家賃減額措置を受けることができますが、この場合に地方公共団体から、家賃の減額に要する費用の額に2分の1を乗じて得た額の補助を受けることができます（施行令第5条）。

③ 終身賃貸事業者が提供する高齢者向け賃貸住宅とは、どういうものですか。

　借主の終身にわたって住宅を賃貸する民間事業者（＝終身賃貸事業者）が、都道府県知事に対して事業認可申請し、認可基準に適合していると認められた住宅を言います。
　また、この終身賃貸事業者は、「認可事業者」として扱われます。
　認可基準に適合する住宅とは、① 各戸の床面積が 25 ㎡（居間・食堂・台所等を共同利用する場合は 18 ㎡）以上、② 各戸が原則として台所等を備えたものであること、さらに、加齢対応構造要件として、③ 床は、原則として段差のない構造であること、④ 廊下の幅は 78cm 以上、⑤ 居室の出入口の幅は 75cm 以上、⑥ 浴室の出入口の幅は 60cm 以上、⑦ 浴室の短辺は 130cm 以上で、その面積は 2 ㎡以上、⑧ 便所・浴室・住戸内階段には、手すりを設けること、⑨ 3 階以上の共同住宅には、原則としてエレベーターを設置すること、加えて、⑩ 借主の死亡に至るまで存続し、かつ、借主が死亡した時に終了する「終身建物賃貸借契約」を締結すること、⑪ 借り希望者が仮入居を希望する場合は、「終身建物賃貸借契約」に先立ち「定期借家契約」を締結すること、⑫ 賃貸条件として権利金その他の借家権設定の対価を受領しないこと、⑬ 前払家賃について終身賃貸事業者が返還債務を負うことになる場合に備えて必要な保全措置が講じられるものであること、等の要件を満たす必要があります。
　この「認可住宅」についても、**法第5条**の規定による「高齢者円滑入居賃貸住宅」としての登録申請を行うことにより、「高齢者円滑入居賃貸住宅登録簿」に搭載され、一般の閲覧に供されることになるほか、高齢者居住支援センターの家賃債務保証も利用申請できる住宅になります。

④ 高齢者向け優良賃貸住宅に入居できる高齢者は、どのような者をいうのですか。

　「60歳以上の者で、かつ、同居人がいない者」ないしは「60歳以上の者で、同居者が配偶者（内縁を含む）、60歳以上の親族又は都道府県知事が認める者である者」となっています。
　ただし、身体上または精神上、著しい障害があるために常時の介護を必要とし、かつ、居宅において、これを受けることが困難と認められる者は、入居ができないこととされています。

⑤ 高齢者の入居を拒まない賃貸住宅であるか否かは、どこで確認できますか。

　都道府県庁ないしは、都道府県知事が指定する登録機関で確認することができます。
　また、「高齢者向け優良賃貸住宅」は必ず登録されますが、終身賃貸事業者が提供する住宅は登録義務の対象になっていません。
　なお、指定登録機関とは、都道府県知事が、高齢者円滑入居賃貸住宅の登録、登録名簿の閲覧の実施に係る事務を行わせるために指定された機関のことを言います。

【登録・閲覧場所一覧】　　　　　　　　　　　　　　　　　　　　　（平成21年10月現在）

指定登録機関	電話番号		
		(財)三重県建築技術センター（桜橋支所）	059-229-5612
(財)北海道建築指導センター	011-241-1893	(財)滋賀県建築住宅センター	077-569-6501
青森県県土整備部建築住宅課	017-734-9695	京都府土木建築部住宅課	075-414-5361
岩手県県土整備部建築住宅課	019-629-5931	大阪府住宅まちづくり部居住企画課	06-6941-0351
宮城県土木部住宅課	022-211-3256	兵庫県県土整備部住宅建築局住宅計画課	078-341-7711
(財)秋田県建築住宅センター	018-836-7850	奈良県土木部住宅課	0742-27-5740
山形県土木部建築住宅課	023-630-2641	(財)和歌山県建築住宅防災センター	073-431-9220
福島県土木部建築領域	024-521-7528	鳥取県生活環境部住宅政策課	0857-26-7411
茨城県土木部住宅課	029-301-4759	島根県土木部建築住宅課	0852-22-5222
栃木県土木部住宅課	028-623-2483	岡山県土木部都市局住宅課	086-226-7527
群馬県県土整備局建築住宅課	027-226-3717	広島県都市部都市事業局住宅室	082-513-4164
埼玉県都市整備部住宅課	048-830-5562	(財)山口県建築住宅センター	083-921-8722
千葉県県土整備部住宅課	043-223-3229	徳島県県土整備部住宅課	088-621-2593
(財)東京都防災・建築まちづくりセンター	03-5466-2635	香川県土木部住宅課	087-831-1111
(社)かながわ住まい・まちづくり協会	045-664-6896	愛媛県土木部道路都市局建築住宅課	089-912-2760

新潟県土木部都市局都市政策課	025-280-5427	(社)高知県建設技術公社	088-850-4650
富山県土木部建築住宅課	076-444-3358	(財)福岡県建築住宅センター	092-781-5169
(財)石川県建築住宅総合センター	076-262-6543	佐賀県土づくり本部建築住宅課	0952-25-7165
(財)福井県建築住宅センター	0776-23-0457	長崎県土木部住宅課	095-894-3104
山梨県土木部住宅課	055-237-1732	(財)熊本県建築住宅センター	096-385-0771
(財)長野県建築住宅センター	026-290-5070	(財)大分県建築住宅センター	097-537-0300
岐阜県都市建築部公共建築住宅課	058-272-1111	宮崎県住宅供給公社	0985-24-6601
静岡県都市住宅部住まいづくり室	054-221-3081	(財)鹿児島県住宅・建築総合センター	099-224-4539
愛知県建設部住宅計画課	052-954-6568	沖縄県土木建築部住宅課	098-866-2418

⑥ 高齢者が登録住宅に入居する場合には、**家賃債務保証制度**があるそうですが、手続方法を教えて下さい。また、保証料は必要ですか。

最初に、高齢者の入居を拒まない賃貸住宅として登録した賃貸住宅（登録住宅）の貸主が、高齢者居住支援センター（以下「センター」という。）と「基本約定」を締結する必要があります。

次に、入居希望者が、登録住宅でかつ、基本約定締結済みの賃貸住宅への入居申込みを行う際、貸主（管理業者）を通じてセンターに対して**「家賃債務保証委託申込書」**を提出することになります。

センターは、一定の審査（① 法律上の入居要件、② 年齢、③ 基本約定締結済みの有無、④ 登録住宅の有無、⑤ 収入等の審査等）を行った結果、保証債務の引受けを決定した場合は、その旨を通知することになります。この場合の保証料は、2年間分の保証料として月額家賃の35％に相当する額を支払うことになります。（例．家賃10万円の場合の保証料は、10×0.35＝3.5万円）

入居者が家賃を滞納した場合、センターが、貸主に対して月額家賃（共益費、管理費を含む。）の6か月分を限度に家賃の支払債務を保証することになっています。

【高齢者居住支援センター】　〒104-0032　東京都中央区八丁堀2丁目20番9号　京橋第八長岡ビル
　　　　　　　　　　　　　　財団法人　高齢者住宅財団　　Tel　0120-602-708（フリーダイヤル）

⑦ **終身建物賃貸借契約**は、誰でも締結できる契約制度なのですか。また、同制度を利用する際の留意点を教えて下さい。

誰でも締結できる契約制度というわけではありません。

まず、貸主は終身賃貸事業者として認可を受ける必要があります。それには、都道府県知事に対して、認可基準に適合する住宅の提供を行う旨の事業認可申請をしたうえで、事業認可を受けることになります。この認可事業者が、貸主となって、認可基準に適合したバリアフリー住宅を、60歳以上の者で自ら居住することを目的とする借主に賃貸する場合に利用可能となります。もちろん、この借主が、終身にわたって当該住宅を借りたいと申出た場合に限ります。

また、国土交通省では、終身建物賃貸借契約を締結する場合、家賃の支払方法が従来の一般借家契約と異なることが想定されることから、「家賃の毎月払いの場合」「終身にわたる家賃の全部前払いの場合」「終身にわたる家賃の一部前払いの場合」の3パターンを作成し、業界等に提示しています。

なお、認可事業者は、認可住宅の借主になろうとする者から、特に申出のあった場合は、契約更新がなく期間の定めがある、借主が死亡した時に契約が終了するという内容の**「期間付死亡時終了建物賃貸借契約」（法第61条）**を締結することができます。これは、加齢対応構造等の設備を整えた認可住宅を、一定の期間（定期借家契約）を限度に借りるものの、期間満了前に賃借人が死亡した場合は、その時点で賃貸借を終了させたいというニーズを想定して規定された契約です。

【参考１】貸主資格と契約締結の種類

貸主資格	提供住宅	借主資格	締結する契約の種類	その他
登録簿に登録した者	高齢者円滑入居賃貸住宅	60歳以上	一般借家契約／定期借家契約	高齢者居住支援センターの家賃債務保証が利用可能
認定事業者	高齢者向け優良賃貸住宅	60歳以上		登録を受ければ、家賃債務保証を受けることが可能
認可事業者	高齢者向けの賃貸住宅	60歳以上	終身建物賃貸借契約／期限付死亡終了建物賃貸借契約	

【参考２】終身賃貸事業者が締結可能な契約の種類

貸主資格	提供住宅	借主資格	締結する契約の種類
認可事業者であること	高齢者向けの賃貸住宅	60歳以上	終身建物賃貸借契約（家賃の毎月払いの場合）
			終身建物賃貸借契約（終身にわたる家賃の全部払いの場合）
			終身建物賃貸借契約（終身にわたる家賃の一部前払いの場合）
			期限付死亡終了建物賃貸借契約（家賃の毎月払いの場合）
			期限付死亡終了建物賃貸借契約（終身にわたる家賃の全部払いの場合）
			期限付死亡終了建物賃貸借契約（終身にわたる家賃の一部前払いの場合）

⑧ 従来型の正当事由を要する居住用建物の借家契約（一般借家契約）と終身建物借家契約の相違点は何ですか。

　終身建物借家契約を締結するためには、貸主が、認可事業者でなければならず、高齢者向けにバリアフリー化された住宅を、60歳以上の高齢者に貸すための要件が整っていなければなりません。また、借主は、終身にわたって住むことを前提としています。また、家賃の支払方法が「家賃の毎月払いの場合」「終身にわたる家賃の全部前払いの場合」「終身にわたる家賃の一部前払いの場合」の3パターンが想定されています。

⑨ 高齢者居住法に基づく、「① 登録簿に登録した者が提供する『**高齢者円滑入居賃貸住宅**』」「② 認定事業者が提供する『**高齢者向け優良賃貸住宅**』」「③ 認可事業者が提供する『**高齢者向けの賃貸住宅**（終身建物賃貸借契約対象賃貸住宅）』」を賃貸借契約する場合、礼金等の一時金を借主から受領することはできないのですか。

　高齢者居住法施行規則第23条（賃貸条件の制限）で「賃貸住宅を賃貸する者（以下「賃貸人」という。）は、毎月その月分の家賃を受領すること、終身にわたって受領すべき家賃の全部又は一部を前払金として一括して受領すること（法第56条の認可を受けた場合に限る。）及び家賃の3月分を超えない額の敷金を受領することを除くほか、賃借人から権利金、謝金等の金品を受領し、その他賃借人の不当な負担となることを賃貸の条件としてはならない。」と規定しています。
　よって、②③に該当する賃貸住宅に係る賃貸借契約においては、礼金等の一時金は一切受領できないとされています。
　また、①に該当する賃貸住宅に係る賃貸借契約においては、当該賃貸住宅が平成18年度（平成19年3月31日）以前に住宅金融公庫に申込んで融資を受け返済中または融資を受ける予定の物件である場合は、**住宅金融公庫法施行規則第10条**（賃貸条件の制限）で「賃貸人は、毎月その月又は翌月分の家賃を受領すること及び家賃の3月分を超えない額の敷金を受領することを除くほか、賃借人から権利金、謝金等の金品を受領し、その他賃借人の不当な負担となることを賃貸の条件としてはならない。」と規定していますので、同様に、礼金等の一時金は一切受領できないとされています。
　ただし、住宅金融公庫からの融資を受けずに建築した賃貸住宅、ないしは公庫融資が完済した賃貸住宅、平成19年度（平成19年4月1日）以降に住宅金融支援機構の融資対象となった賃貸住宅の場合は、これらの規定が当てはまらないため、その地域の取引慣行に基づく一時金等を受領することは可能であると思われます。

⑩ **終身建物賃貸借**を締結した場合、途中解約は可能ですか。

　高齢者居住法において、貸主である認可事業者、借主双方から解約の申出ができると規定されています。
　認可事業者からの解約申入れができる場合**（法第62条）**としては、
1) 認可住宅の老朽、損傷、一部の滅失その他の事由により、家賃の価額その他の事情に照らし、認可基準等を勘案して適切な規模、構造、設備を有する賃貸住宅として維持し、または回復するのに過分の費用を要するに至ったとき。
2) 借主が認可住宅に長期間にわたって居住せず、かつ、当面居住する見込みがないことにより、当該認可住宅を適正に管理することが困難となったとき。

　なお、貸主に正当事由があったとしても、上記以外の理由での解約の申入れはできないことになっています（法第62条第2項）。
　また、借主から解約の申入れができる場合**（法第63条）**は、
1) 療養、老人ホームへの入所その他のやむを得ない事情により、借主が認可住宅に居住することが困難となったとき。
2) 親族と同居するため、借主が認可住宅に居住する必要がなくなったとき。
3) 認可事業者が、認可基準に適合した認可住宅の管理を行っていないとして改善を求められたにもかかわらず、その命令に違反したとき。
4) 解約の期日が、申入れの日から6か月以上経過する日に設定されているとき。

と規定されています。
　もちろん、上記の場合以外であっても、双方が合意したうえでの解約は可能です。

⑪ 終身建物賃貸借契約を締結した借主が死亡した場合、同居人はその後、住み続けることはできるのですか。

　「終身建物賃貸借契約」ないしは「期間付死亡終了建物賃貸借契約」を締結した借主の同居者は、「終身建物賃貸借契約」の借主の死亡があった場合、または「期間付死亡終了建物賃貸借契約」で定められた期間が満了する前に借主の死亡があった場合は、借主の死亡があった時から1か月間に限り、引き続き認可住宅に居住することができます**（法第65条）**。
　また、「終身建物賃貸借契約」の借主の死亡があった場合、同居配偶者等が借主の死亡時から1か月間内に認可事業者に対して引き続き居住する旨の申出を行ったときは、認可事業者は終身建物賃貸借契約ないしは期間付死亡終了建物賃貸借契約を締結しなければならないと規定されています**（法第66条第1項）**。
　「期間付死亡終了建物賃貸借契約」の期間満了前に借主が死亡した場合、同居配偶者等が借主の死亡時から1か月間内に認可事業者に対して引き続き居住する旨の申出を行ったときは、認可事業者は当該期間付死亡時終了建物賃貸借契約の期間満了まで存続する契約を締結しなければならないと規定されています**（法第66条第2項）**。

⑫ 住宅金融公庫による**高齢者向け返済特例制度**とは何ですか。

　高齢者向け返済特例制度とは、死亡時一括償還方法によるバリアフリーリフォームのための住宅改良資金の融資制度です。
　満60歳以上の者が居住する住宅についてバリアフリーリフォームをする場合に利用することができるものです。なお、この特例制度を利用できるバリアフリーリフォームは「高齢者の居住の安定確保に関する法律」（以下、「高齢者居住法」という。）に定める一定の基準を満たすものでなければなりません。
　この返済特例制度での月々の返済は、借入金の利息だけを支払うことでよく、元金の返済は、借入申込された方の死亡時に、相続人の方が一括返済されるか、担保提供された建物・土地を処分することで

返済して頂くことになります。
　また、この融資に係る高齢者居住支援センターの債務保証に要する保証料は、「借入予定金額×1.5％（円位を切り捨て10円単位）」で、事務手数料は36,750円（消費税込）となっています（平成13年10月現在）。
　融資を利用する場合は、事前に、カウンセリングと当該住宅と土地の担保評価を受ける必要があるので、詳細については、高齢者居住支援センター（℡0120-602-708）に問い合わせることになります。

⑬　終身建物賃貸借契約を締結した場合に、宅建業者が受けることのできる成功報酬はどれくらいですか。

　一般の建物に関する賃貸借と同様、契約期間の長短にかかわらず、貸主、借主の双方から受領できる報酬額は、国土交通大臣告示に規定する報酬額（家賃1か月に相当する報酬額）が上限になりますので、注意して下さい。

⑭　高齢者居住法に基づく賃貸住宅を管理する場合に、注意しなければならないことは何ですか。

　高齢者が入居する賃貸住宅の維持管理にあたって、貸主は次の点に留意する必要があるとされています。

1) **賃貸住宅の清掃に関する事項**
   ⓐ　賃貸住宅の清潔を保つために日常的に清掃を行うこと。
   ⓑ　給水タンク等の清掃により入居者の生活に支障を生じるおそれがある場合は、予め、その内容を入居者に周知すること。

2) **賃貸住宅の点検に関する事項**
   ⓐ　賃貸住宅の状況を的確に把握するために定期的に点検すること。
   ⓑ　法律またはこれに基づく命令の規定に基づく点検を当該規定に従い実施すること。
   ⓒ　暴風、豪雨、地震等の災害があった場合は、速やかに点検すること。
   ⓓ　エレベーター等の点検により入居者の生活に支障を生じるおそれがある場合は、予め、その内容を入居者に周知すること。

3) **賃貸住宅の修繕に関する事項**
   ⓐ　賃貸住宅の安全性、居住性及び耐久性に関する適切な性能を維持するために、予め長期的な修繕計画を作成し、計画的に修繕を行うこと。
   ⓑ　修繕を行う場合は、予め、その内容を入居者に周知すること。
   ⓒ　修繕に当たっては、入居者の安全の確保に十分配慮すること。

4) **その他賃貸住宅の適正な維持保全に関する事項**
   ⓐ　高齢者向け優良賃貸住宅の整備及び管理に関する計画に係る認定事業者は「認定を受けた計画に関する書類」、終身賃貸事業に係る認可事業者は「認可を受けた事業に係る書類」を保管すること。
   ⓑ　竣工図、設備仕様書等の図書を作成し、保管すること。
   ⓒ　建築基準法第12条第1項に規定する建築物に該当する賃貸住宅については、同法第8条第2項の規定による維持保全に関する準則または計画を作成すること。

5) **賃貸住宅の適正な賃貸借関係の確立に関する事項**
   ⓐ　賃貸借契約書を適正に作成し保管すること。
   ⓑ　入居者ごとに、氏名、入居時期、退去時期、敷金の額、家賃の額、入居者の支払額等を記入する帳簿を作成し保管すること。

6) **賃貸住宅の管理を他の者に委託する場合に関する事項**
   ⓐ　管理を行う者に、上記1)～5)の事項に配慮して管理を行わせること。
   ⓑ　管理を行う者から、必要に応じ、管理の状況の報告を徴すること。
   ⓒ　管理を行う者との間で、上記1)～5)の事項を含む管理委託契約書または賃貸借契約書を適正に作成し、保管すること。

【参 考】 高齢者の居住の安定確保に関する法律（抄）　（以下、「高齢者居住法」という。）

第1章　総則
第1条（目的）　この法律は、高齢者の円滑な入居を促進するための賃貸住宅の登録制度を設けるとともに、良好な居住環境を備えた高齢者向けの賃貸住宅の供給を促進するための措置を講じ、併せて高齢者に適した良好な居住環境が確保され高齢者が安定的に居住することができる賃貸住宅について終身建物賃貸借制度を設ける等の措置を講ずることにより、高齢者の居住の安定の確保を図り、もってその福祉の増進に寄与することを目的とする。

第2章　高齢者円滑入居賃貸住宅の登録等
　第1節　高齢者円滑入居賃貸住宅の登録等
第4条（高齢者円滑入居賃貸住宅の登録）　高齢者の入居を受け入れることとしている賃貸住宅（以下「高齢者円滑入居賃貸住宅」という。）の賃貸人（賃貸人となろうとする者を含む。以下この節において同じ。）は、当該賃貸住宅を構成する建築物ごとに、都道府県知事の登録を受けることができる。

第5条（登録の申請）　前条の登録を受けようとする者は、次に掲げる事項を記載した申請書を都道府県知事に提出しなければならない。
　一　賃貸人の氏名又は名称及び住所
　二　賃貸住宅の位置
　三　賃貸住宅の戸数
　四　賃貸住宅の規模
　五　賃貸住宅の構造又は設備（加齢に伴って生ずる高齢者の身体の機能の低下の状況に対応した構造又は設備で国土交通省令で定めるものを有する賃貸住宅にあっては、当該構造又は設備の内容を含む。）
　六　賃貸の用に供する前の賃貸住宅にあっては、入居開始時期
　七　その他国土交通省令で定める事項

第6条（登録の実施）　都道府県知事は、前条の規定による登録の申請があったときは、次条第1項の規定により登録を拒否する場合を除き、次に掲げる事項を高齢者円滑入居賃貸住宅登録簿（以下「登録簿」という。）に登録しなければならない。
　一　前条各号に掲げる事項
　二　登録年月日及び登録番号

第9条（登録簿の閲覧）　都道府県知事は、国土交通省令で定めるところにより、登録簿を一般の閲覧に供しなければならない。

第10条（遵守事項）　登録住宅の賃貸人は、当該登録住宅に入居を希望する高齢者に対し、高齢者であることを理由として、入居を拒み、又は賃貸の条件を著しく不当なものとしてはならない。

第11条（家賃債務保証）　第78条に規定する高齢者居住支援センターは、**登録住宅**〔公営住宅（公営住宅法第2条第二号に規定する公営住宅をいう。以下同じ。）であるものを除く。〕の賃貸人からの要請に基づき、当該登録住宅に入居する高齢者（国土交通省令で定める年齢その他の要件に該当する者に限る。第16条において同じ。）の家賃に係る債務を保証することができる。

第3章　高齢者向け優良住宅の供給の促進
　第1節　供給計画の認定等
第30条（供給計画の認定）　良好な居住環境を備えた高齢者向けの賃貸住宅の整備〔既存の住宅等の改良（用途の変更を伴うものを含む。）による者を含む。以下同じ。〕及び管理をしようとする者〔独立行政法人都市再生機構（以下「機構」という。）及び地方公共団体を除く。〕は、国土交通省令で定めるところにより、当該賃貸住宅の整備及び管理に関する計画（以下「供給計画」という。）を作成し、都道府県知事の認定を申請することができる。
2　供給計画には、次に掲げる事項を記載しなけばならない。
　一　賃貸住宅の位置
　二　賃貸住宅の戸数
　三　賃貸住宅の規模並びに構造及び設備〔加齢に伴って生ずる高齢者の身体の機能の低下の状況に対応した構造及び設備（以下「加齢対応構造等」という。）の内容を含む。〕
　四　賃貸住宅の整備に関する資金計画
　五　賃貸住宅の管理の期間
　六　賃貸住宅の入居者の資格並びに入居者の募集及び選定の方法に関する事項
　七　賃貸住宅の入居者の家賃その他賃貸の条件に関する事項
　八　賃貸住宅の管理を委託し、又は賃貸住宅を転貸の事業を行う者（以下「転貸事業者」という。）に賃貸する場合にあっては、当該委託を受けた者又は転貸事業者の氏名又は名称及び住所
　九　前三号に掲げるもののほか、賃貸住宅の管理の方法

十　その他国土交通省令で定める事項

第31条（認定の基準）　都道府県知事は、前条第1項の認定（以下「計画の認定」という。）の申請があった場合において、当該申請に係る供給計画が次に掲げる基準に適合すると認めるときは、計画の認定をすることができる。
一　賃貸住宅の戸数が、国土交通省令で定める戸数以上であること。
二　賃貸住宅の規模並びに構造及び設備（加齢対応構造等を除く。）が、国土交通省令で定める基準に適合するものであること。
三　賃貸住宅の加齢対応構造等が、第58条第二号ロに規定する基準又はこれに準ずるものとして国土交通省令で定める基準に適合するものであること。
四　賃貸住宅の整備に関する資金計画が、当該整備を確実に遂行するため適切なものであること。
五　賃貸住宅の管理の期間が、国土交通省令で定める期間以上であること。
六　賃貸住宅の入居者の資格を、自ら居住するため住宅を必要とする高齢者（国土交通省令で定める年齢その他の要件に該当する者に限る。以下この号において同じ。）又は当該高齢者と同居するその配偶者（婚姻の届出をしていないが事実上夫婦と同様の関係にあるものを含む。以下同じ。）とするものであること。
七　賃貸住宅の入居者の家賃の額が、近傍同種の住宅の家賃の額と均衡を失しないよう定められるものであること。
八　賃貸住宅の入居者の募集及び選定の方法並びに賃貸の条件が、国土交通省令で定める基準に従い適正に定められるものであること。
九　賃貸住宅の賃貸人（賃貸住宅の管理を委託し、又は賃貸住宅を転貸事業者に賃貸する場合にあっては、当該委託を受けた者又は転貸事業者）が、賃貸住宅の管理に必要な資力及び信用並びにこれを的確に行うために必要なその他の能力を有する者で国土交通省令で定める基準に適合するものであること。
十　第六号から前号までに掲げるもののほか、賃貸住宅の管理の方法が国土交通省令で定める基準に適合するものであること。
十一　その他基本方針に照らして適切なものであること。

第32条（計画の認定の通知）　都道府県知事は、計画の認定をしたときは、速やかに、その旨を計画の認定を受けた者（以下「認定事業者」という。）及び関係市町村長（特別区の長を含む。）に通知しなければならない。

第35条（高齢者円滑入居賃貸住宅の登録の申請）　認定事業者は、高齢者向け優良賃貸住宅について、入居者の募集に先立ち、第5条の規定による高齢者円滑入居賃貸住宅の登録の申請をしなければならない。ただし、当該高齢者向け優良賃貸住宅を転貸事業者に賃貸するときは、この限りでない。
2　認定事業者は、高齢者向け優良賃貸住宅を転貸事業者に転貸するときは、当該高齢者向け優良賃貸住宅について、転貸事業者が入居者の募集に先立ち第5条の規定による高齢者円滑入居賃貸住宅の登録の申請をするよう、必要な措置を講じなければならない。

第2節　高齢者向け優良賃貸住宅の供給に対する支援措置
第41条（整備に要する費用の補助）　地方公共団体は、認定事業者に対して、高齢者向け優良賃貸住宅の整備に要する費用の一部を補助することができる。　（第2項　省略）

第42条（整備に要する費用の補助を受けた高齢者向け優良賃貸住宅の家賃）　認定事業者は、前条第1項の規定による補助に係る高齢者向け優良賃貸住宅の家賃（転貸事業者に賃貸する場合にあっては、当該転貸事業者に対する賃貸料。次条において同じ。）について、当該高齢者向け優良賃貸住宅の整備に要した費用、利息、修繕費、管理事務費、損害保険料、地代に相当する額、公課その他必要な費用を参酌して国土交通省令で定める額を超えて、契約し、又は受領してはならない。
2　前項の高齢者向け優良賃貸住宅の整備に要した費用は、建築物価その他経済事情の著しい変動があった場合として国土交通省令で定める基準に該当する場合には、当該変動後において当該高齢者向け優良賃貸住宅の整備に通常要すると認められる費用とする。

第43条（家賃の減額に要する費用の補助）　地方公共団体は、認定事業者が入居者の居住の安定を図るため高齢者向け優良賃貸住宅の家賃を減額する場合においては、当該認定事業者に対し、その減額に要する費用の一部を補助することができる。
2　（省略）

第44条　削除
（住宅金融公庫の業務の特例）　住宅金融公庫（以下「公庫」という。）は、住宅金融公庫法（以下「公庫法」という。）第17条に規定する業務のほか、認定事業者に対し、高齢者向け優良賃貸住宅に改良するための同条第1項に規定する既存住宅の購入に必要な資金を貸し付けることができる。
2　前項の規定による貸付金の金額の限度及び償還期間については政令で定め、その利率については公庫が定める。
3　（省略）

第5章　終身建物賃貸借

第56条（事業の認可及び借地借家法の特例）　自ら居住するため住宅を必要とする高齢者〔60歳以上の者であって、賃借人となる者以外に同居する者がないもの又は同居する者が配偶者若しくは60歳以上の親族（配偶者を除く。以下この章において同じ。）であるものに限る。以下この章において同じ。〕又は当該高齢者と同居するその配偶者を賃借人とし、当該賃借人の終身にわたって住宅を賃貸する事業を行おうとする者（以下「終身賃貸事業者」という。）は、当該事業について都道府県知事（機構又は都道府県が終身賃貸事業者である場合にあっては、国土交通大臣。以下この章において同じ。）の認可を受けた場合においては、公正証書による等書面によって契約をするときに限り、借地借家法第30条の規定にかかわらず、当該事業に係る建物の賃貸借（一戸の賃貸住宅の賃借人が二人以上であるときは、それぞれの賃借人に係る建物の賃貸借）について、賃借人が死亡した時に終了する旨を定めることができる。

第57条（事業認可申請書）　終身賃貸事業者は、前条の事業の認可（以下「事業の認可」という。）を受けようとするときは、国土交通省令で定めるところにより、次に掲げる事項を記載した事業認可申請書を作成し、これを都道府県知事に提出しなければならない。
一　終身賃貸事業者の氏名又は名称及び住所
二　賃貸住宅の位置
三　賃貸住宅の戸数
四　賃貸住宅の規模及び設備並びに加齢対応構造等の内容
五　賃貸住宅の整備をして事業を行う場合にあっては、当該整備に関する資金計画
六　賃貸住宅の賃借人の資格に関する事項
七　賃貸住宅の賃貸の条件に関する事項
八　前二号に掲げるもののほか、賃貸住宅の管理の方法
九　その他国土交通省令で定める事項
2　終身賃貸事業者は、事業の認可の申請を当該賃貸住宅に係る第30条第1項の規定による供給計画の認定の申請と併せて行う場合には、前項の規定にかかわらず同項第二号から第五号までに掲げる事項の記載を省略することができる。

第58条（認可の基準）　都道府県知事は、前条第1項の認可の申請があった場合において、当該申請に係る事業が次に掲げる基準に適合すると認めるときは、事業の認可をすることができる。
一　終身賃貸事業者が、当該事業の遂行に必要な資力及び信用並びにこれを的確に遂行するために必要なその他の能力が十分な者であること。
二　賃貸住宅が、次に掲げる基準に適合するものであること。
　イ　賃貸住宅の規模及び設備（加齢対応構造等を除く。）が、国土交通省令で定める基準に適合するものであること。
　ロ　賃貸住宅の加齢対応構造等が、段差のない床、浴室等の手すり、介助用の車いすで移動できる幅の廊下その他の加齢に伴って生ずる高齢者の身体の機能の低下を補い高齢者が日常生活を支障なく営むために必要な構造及び設備の基準として国土交通省令で定める基準に適合するものであること。
三　賃貸住宅の整備をして事業を行う場合（事業の認可の申請が当該賃貸住宅に係る第30条第1項の規定による供給計画の認定の申請と併せて行われる場合を除く。）にあっては、当該整備に関する資金計画が当該整備を確実に遂行するため適切なものであること。
四　賃貸住宅において、公正証書による等書面によって契約をする建物の賃貸借（一戸の賃貸住宅の賃借人が二人以上であるときは、それぞれの賃借人に係る建物の賃貸借）であって賃借人の死亡に至るまで存続し、かつ、賃借人が死亡した時に終了するもの（以下「終身建物賃貸借」という。）をするものであること。ただし、賃借人を仮に入居させるために、終身建物賃貸借に先立ち、定期建物賃貸借（1年以内の期間を定めたものに限る。次号において同じ。）をする場合は、この限りでない。
五　賃貸住宅の賃借人となろうとする者（一戸の賃貸住宅の賃借人となろうとする者が二人以上であるときは、当該賃借人となろうとする者のすべて）から仮に入居する旨の申出があった場合においては、終身建物賃貸借に先立ち、その者を仮に入居させるため定期建物賃貸借をするものであること。
六　賃貸住宅の賃貸の条件が、権利金その他の借家権の設定の対価を受領しないものであることその他国土交通省令で定める基準に従い適正に定められるものであること。
七　終身にわたって受領すべき家賃の全部又は一部を前払金として一括して受領する場合にあっては、当該前払金家賃の算定の基礎が書面で明示されるものであり、かつ、当該前払家賃について終身賃貸事業者が返還債務を負うこととなる場合に備えて国土交通省令で定めるところにより必要な保全措置が講じられるものであること。
八　第四号から前号までに掲げるもののほか、賃貸住宅の管理の方法が国土交通省令で定める基準に適合するものであること。
九　その他基本方針に照らして適切なものであること。

第59条（事業の認可の通知）　都道府県知事は、事業の認可をしたときは、速やかに、その旨を事業の認可を受けた終身賃貸事業者（以下「認可事業者」という。）に通知しなければならない。

第 61 条（期間付死亡時終了建物賃貸借）　認可事業者は、事業の認可に係る賃貸住宅（以下「認可住宅」という。）において、第58条第四号及び第五号の規定にかかわらず、賃借人となろうとする者（一戸の認可住宅の賃借人となろうとする者が二人以上であるときは、当該賃借人となろうとする者すべて）から特に申出があった場合においては、公正証書による等書面によって契約をする建物の賃貸借（一戸の認可住宅の賃借人が二人以上であるときは、それぞれの賃借人に係る建物の賃貸借）であって借地借家法第38条第1項の規定により契約の更新がないこととする旨が定められた期間の定めがあり、かつ、賃借人が死亡した時に終了するもの（以下「期間付死亡時終了建物賃貸借」という。）をすることができる。

第 62 条（認可事業者による終身建物賃貸借の解約の申入れ）　終身建物賃貸借においては、認可事業者は、次のいずれかに該当する場合に限り、都道府県知事の承認を受けて、当該賃貸借の解約の申入れをすることができる。
　一　認可住宅の老朽、損傷、一部の滅失その他の事由により、家賃の価額その他の事情に照らし、当該認可住宅を、第58条第二号に掲げる基準等を勘案して適切な規模、構造及び設備を有する賃貸住宅として維持し、又は当該賃貸住宅に回復するのに過分の費用を要するに至ったとき。
　二　賃借人（一戸の認可住宅に賃借人が二人以上いるときは、当該賃借人のすべて）が認可住宅に長期間にわたって居住せず、かつ、当面居住する見込みがないことにより、当該認可住宅を適正に管理することが困難となったとき。
2　借地借家法第28条の規定は、前項の解約の申入れについては、適用しない。

第 63 条（賃借人による終身建物賃貸借の解約の申入れ）　終身建物賃貸借においては、賃借人は、次のいずれかに該当する場合には、当該賃貸借の解約の申入れをすることができる。この場合において、当該賃貸借は、第一号から第三号までに掲げる場合にあっては解約の申入れの日から1月を経過すること、第4号に掲げる場合にあっては当該解約の期日が到来することによって終了する。
　一　療養、老人ホームへの入所その他のやむを得ない事情により、賃借人が認可住宅に居住することが困難となったとき。
　二　親族と同居するため、賃借人が認可住宅に居住する必要がなくなったとき。
　三　認可事業者が、第72条の規定による命令に違反したとき。
　四　当該解約の期日が、当該申入れの日から6月以上経過する日に設定されているとき。

第 64 条（強行規定）　前二条の規定に反する特約で賃借人に不利なものは、無効とする。

第 65 条（賃借人死亡後の同居者の一時居住）　終身建物賃貸借の賃借人の死亡（一戸の認可住宅に賃借人が二人以上いるときは、当該賃借人のすべての死亡。以下この条及び次条において同じ。）があった場合又は期間付死亡時終了建物賃貸借において定められた期間が満了する前に当該期間付死亡時終了建物賃貸借の賃借人の死亡があった場合においては、当該賃借人の死亡があった時から同居者〔当該賃借人と同居していた者（当該建物の賃貸借の賃借人である者を除く。）をいう。以下この条において同じ。〕がそれを知った日から1月を経過する日までの間（次条第1項に規定する同居配偶者等であって同項又は同条第2項に規定する期間内に同条第1項本文又は第2項に規定する申出を行ったものにあっては、当該賃借人の死亡があった時から同条第1項又は第2項の規定による契約をするまでの間）に限り、当該同居者は、引き続き認可住宅に居住することができる。ただし、当該期間内に、当該同居者が死亡し若しくは認可事業者に反対の意思を表示し、又は従前の期間付死亡時終了建物賃貸借において定められた期間が満了したときは、この限りでない。
2　前項の規定により引き続き認可住宅に居住する同居者は、認可事業者に対し、従前の建物の賃貸借と同一の家賃を支払わなければならない。

第 66 条（同居配偶者等の継続居住の保護）　終身建物賃貸借の賃借人の死亡があった場合において、当該認可住宅に当該賃借人（一戸の認可住宅に賃借人が二人以上いたときは、当該賃借人のいずれか）と同居していたその配偶者又は60歳以上の親族（当該建物の賃貸借の賃借人である者を除く。以下この条において「同居配偶者等」という。）が、当該賃借人の死亡があったことを知った日から1月を経過する日までの間に認可事業者に対し認可住宅に引き続き居住する旨の申出を行ったときは、認可事業者は、当該同居配偶者等と終身建物賃貸借の契約をしなければならない。ただし、当該申出に併せて第61条の規定による申出があったときは、当該同居配偶者等と期間付死亡時終了建物賃貸借の契約をしなければならない。
2　期間付死亡時終了建物賃貸借において定められた期間が満了する前に当該期間付死亡時終了建物賃貸借の賃借人の死亡があった場合において、同居配偶者等が、当該賃借人の死亡があったことを知った日から1月を経過する日までの間に認可事業者に対し認可住宅に引き続き居住する旨の申出を行ったときは、認可事業者は、当該同居配偶者等と当該期間が満了する時まで存続する期間付死亡時終了建物賃貸借の契約をしなければならない。
3　前二項に定めるもののほか、前二項の規定により契約する建物の賃貸借の条件については、従前の建物の賃貸借と同一のもの（前払家賃の額については、その算定の基礎が従前の前払家賃と同一であるもの）とする。

第 67 条（借賃改定特約がある場合の借地借家法の特約）　借地借家法第32条の規定は、終身建物賃貸借において、借賃の改定に係る特約がある場合には、適用しない。

第6章　その他の契約

1　賃貸借契約の内容変更

賃貸借契約の契約期間内での契約変更に関するポイントを押さえる。

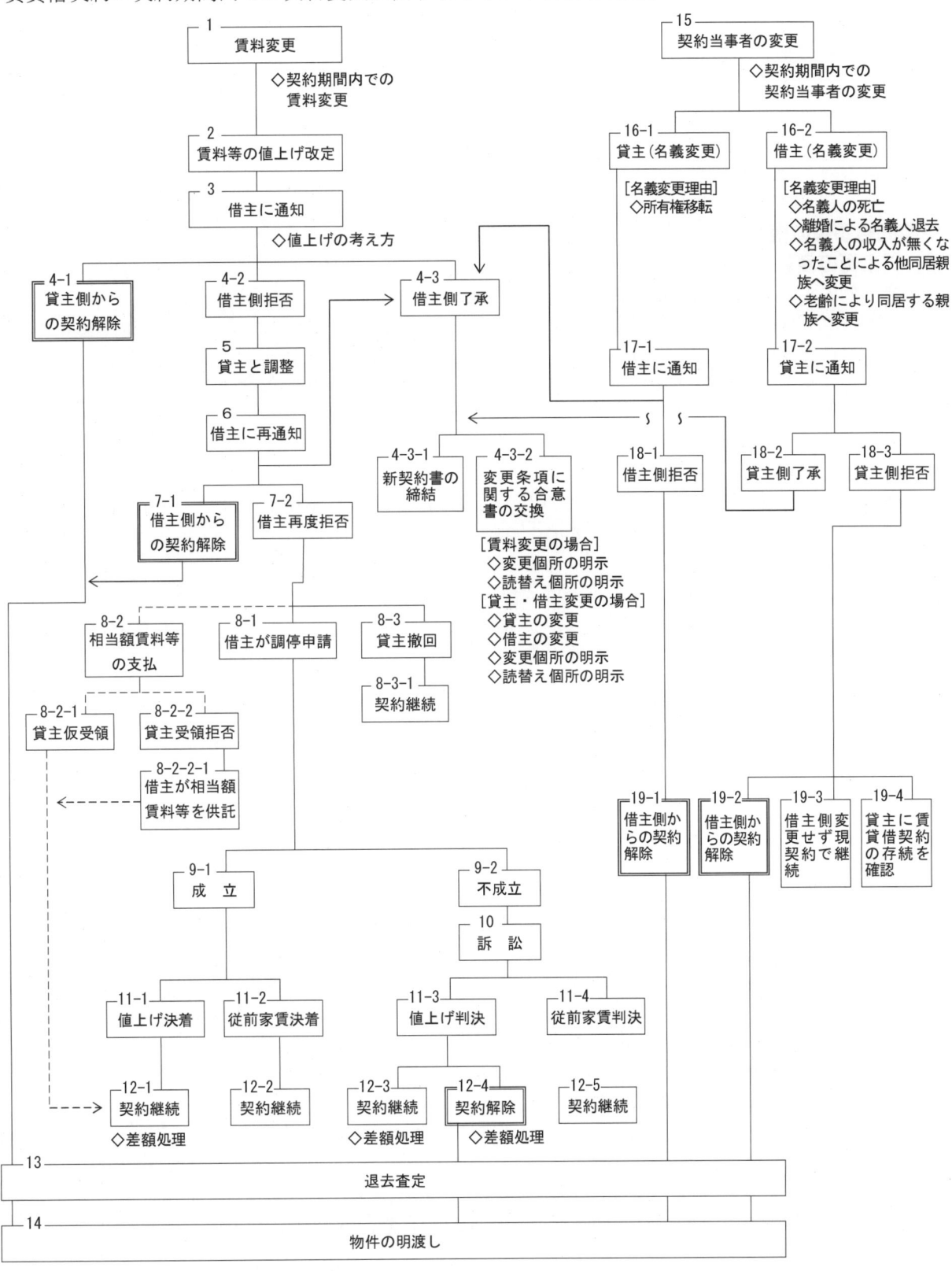

```
1 賃料変更
  ◇契約期間内での賃料変更
2 賃料等の値上げ改定
3 借主に通知
  ◇値上げの考え方

4-1 貸主側からの契約解除
4-2 借主側拒否
  5 貸主と調整
  6 借主に再通知
    7-1 借主側からの契約解除
    7-2 借主再度拒否
4-3 借主側了承
  4-3-1 新契約書の締結
  4-3-2 変更条項に関する合意書の交換
  ［賃料変更の場合］
    ◇変更個所の明示
    ◇読替え個所の明示
  ［貸主・借主変更の場合］
    ◇貸主の変更
    ◇借主の変更
    ◇変更個所の明示
    ◇読替え個所の明示

8-2 相当額賃料等の支払
  8-2-1 貸主仮受領
  8-2-2 貸主受領拒否
    8-2-2-1 借主が相当額賃料等を供託
8-1 借主が調停申請
8-3 貸主撤回
  8-3-1 契約継続

9-1 成立
9-2 不成立
  10 訴訟
11-1 値上げ決着
11-2 従前家賃決着
11-3 値上げ判決
11-4 従前家賃判決
12-1 契約継続　◇差額処理
12-2 契約継続
12-3 契約継続　◇差額処理
12-4 契約解除　◇差額処理
12-5 契約継続

15 契約当事者の変更
  ◇契約期間内での契約当事者の変更
16-1 貸主（名義変更）
  ［名義変更理由］
    ◇所有権移転
16-2 借主（名義変更）
  ［名義変更理由］
    ◇名義人の死亡
    ◇離婚による名義人退去
    ◇名義人の収入が無くなったことによる他同居親族へ変更
    ◇老齢により同居する親族へ変更
17-1 借主に通知
17-2 貸主に通知
18-1 借主側拒否
18-2 貸主側了承
18-3 貸主側拒否
19-1 借主側からの契約解除
19-2 借主側からの契約解除
19-3 借主側変更せず現契約で継続
19-4 貸主に賃貸借契約の存続を確認

13 退去査定
14 物件の明渡し
```

賃貸借契約の内容変更
- □ 内容変更の理由（原因）の把握
- □ 変更内容を貸主と協議
- □ 協議結果を基に、入居者へ通知
- □ 入居者との意見調整
- □ 契約改定を実施（書面化等）

　賃貸借契約の期間内に著しい経済の変動があった場合や、契約当事者に変更があった場合などの理由により、賃貸借契約の内容を一部変更するケースがあります。

（1）**賃料変更**

　賃貸借契約の契約期間途中に、賃料変更される場合が考えられます。

　この場合、想定される理由としては、著しい経済の変動により、近隣の賃貸物件相場と差異が生じたために賃料等の改定を実施しなければならなくなった場合が考えられます。

　この場合、宅建業者は、まず、近隣の相場を基に貸主が求める賃料等の査定を行い、貸主と十分に意見調整のうえ、入居者に根拠資料等を提示し理解を求めることになります。

（2）**契約当事者の変更**

① **貸主側の変更**

　貸主側の名義変更理由としては、賃貸建物の売却・貸主死亡による相談などが考えられますが、賃貸建物の所有権移転が伴うことになります（なお、所有権に変更なくして貸主名義人だけを変更することも例外的に行われます）。

　貸主が変更したことによっては、借主の契約上の地位に変更を生じません。ただし、借主が貸主に差入れた敷金返還義務は当然に新貸主が承継することになりますから、その点を手続上、明確にしておかなければなりません。

② **借主側の変更**

　借主側の名義変更理由としては、次のように様々なケースがありますので、その都度、各ケースに対応する手続をとる必要があります。

　A．**名義人の死亡**

　　名義人である借主が死亡した場合は、契約上の地位は貸主の意向にかかわらず借主の相続人に承継されます。この場合、相続人が複数存在するケースがあるため、相続人の中で誰が借家権を承継するかを確認しておく必要があります。

　　なお、借主が相続人なしに死亡した場合で、死亡時に、婚姻または養子縁組の届出をしていないが借主と事実上夫婦または養親子と同様の関係にあった同居者があるときは、その同居者は建物の賃借人としての権利義務を承継することができ、また、これを拒否することもできるとしています。承継した場合は、賃貸借契約に基づき生じた債権や債務についても承継者に帰属することになります。また、承継しない場合は、死亡したことを知った後1か月以内に、貸主にその旨を意思表示することが必要です**（借地借家法第36条）**。

　B．**離婚による名義人の退去**

　　夫婦が離婚して退去しても、当然には借主たる契約上の地位は消滅しません。この場合は、離婚して退去した名義人との契約を合意または法律上の手続によって解除した上で、残された配偶者との間で新しい契約を締結することになります。

　　これに類似するケースとして、「転勤による転居」「他に住宅を購入したことによる転居」などがありますが、このケースについても、従前の契約を維持するのか、他の者に借家権を承継させたいのかについて明確にする必要があります。

　C．**名義人の収入が無くなったことによる他の同居親族への変更**

　D．**老齢により同居する子供への変更**

　　C、Dのケースは、全て、貸主の同意を得て行わなければなりません。

　なお、名義人に変更が生じた場合、ないしは、変更しようとする場合は、通常、宅建業者を通じて、契約の相手方にその旨を通知または報告を行い、意思確認するなどの手続を行うことにな

ります。
　貸主が変更する場合は、借主側に対してその旨を通知し、契約内容に変更がある場合は、その内容について協議することになります。
　このケースにおいて、借主が新貸主との契約を拒否した場合は、宅建業者は借主から解約届を受領し、原状回復に関して協議のうえ、明渡し、敷金精算の手順に従い処理します。
　借主が、変更内容を了解した場合は、
　　① 新契約書を作成し、新たに契約締結する場合や、
　　② 変更条項についてのみ合意書を交わす
などの方法が考えられます。
　借主側に変更理由が生じた場合は、貸主に対してその旨を通知し、名義変更等により契約の継続に関する手続を取ることになります。
　貸主が、この申出を了承した場合は、前述の貸主側の変更時と同様の業務処理となります。
　貸主が、何らかの理由によりこの申出を拒否せざるを得なかった場合は、
　　① 協議のうえ合意解除する
　　② 協議のうえ双方の意見を調整後、契約を変更し、契約を継続する
　　③ 訴訟手続を取り、その結果に従う
などが想定されますが、宅建業者は、拒否する貸主側の言い分を十分に確認するとともに、借主側の契約継続を必要とする事情を考慮して、双方の意見調整を慎重に行い、最良の解決策を見出すように努力しましょう。
　なお、借主側の条件変更に伴う賃貸借契約の継続の可否については、既述のフロー図「契約者の条件変更に伴う賃貸借契約継続（名義承継・名義変更）の可否」を参照して下さい。

(3) 借主の拒否による調停・訴訟（賃料値上げによる）

　賃料の変更において、双方の意見が平行線となり、公の力を借りて解決を図る必要があると認められる場合で、簡易裁判所による調停、その調停が不成立となった場合は、訴訟手続を取り、判決等を求めることが考えられます。
　賃料の変更において、調停により両者が納得した場合で、

① 値上げ決着となった場合
　値上げ決着に従い引続き契約をする場合は、宅建業者は新家賃との差額分を徴収することになります。

② 従前家賃で決着となった場合
　従前の契約のまま継続することになります。
　また、調停が不成立となり訴訟手続を取った場合で、

③ 値上げ判決となった場合
　借主が、値上げ判決に不服であるとして契約を解除したい旨の申出がある場合は、宅建業者は調停結果と同様に、新家賃との差額の支払いや原状回復等に伴う借主負担分、明渡し時期、敷金の精算方法等について調整します。
　また、値上げ判決に従い引続き契約をする場合は、宅建業者は新家賃との差額分を徴収することになります。

④ 従前家賃の判決となった場合
　従前の契約のまま継続することになります。
　さらに、借主の名義人の変更の申出において、貸主が拒否していることに対して訴訟手続をした場合も、前述と同様に、判決結果により、契約の継続、解除を借主が選択することになりますので、宅建業者は、中立な立場で、推移を見守るようにします。

2．契約更新処理

契約更新時における業務処理のポイントを押さえる。

賃貸借契約書の更新処理＜更新を前提とした手続き＞

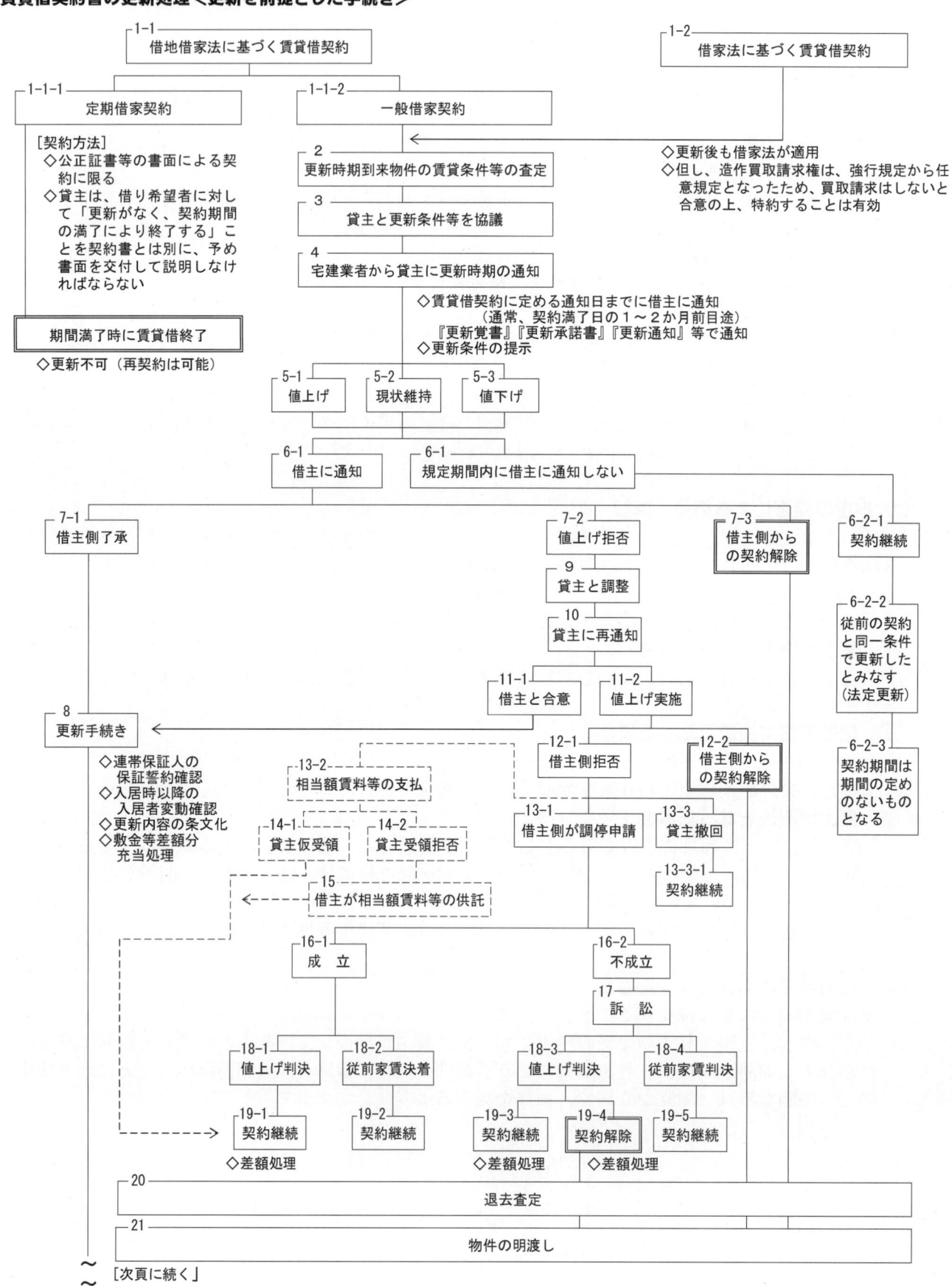

- 1-1 借地借家法に基づく賃貸借契約
  - 1-1-1 定期借家契約
    - [契約方法]
    - ◇公正証書等の書面による契約に限る
    - ◇貸主は、借り希望者に対して「更新がなく、契約期間の満了により終了する」ことを契約書とは別に、予め書面を交付して説明しなければならない
    - **期間満了時に賃貸借終了**
    - ◇更新不可（再契約は可能）
  - 1-1-2 一般借家契約
    - 2 更新時期到来物件の賃貸条件等の査定
    - 3 貸主と更新条件等を協議
    - 4 宅建業者から貸主に更新時期の通知
      - ◇賃貸借契約に定める通知日までに借主に通知（通常、契約満了日の1～2か月前目途）『更新覚書』『更新承諾書』『更新通知』等で通知
      - ◇更新条件の提示
    - 5-1 値上げ ／ 5-2 現状維持 ／ 5-3 値下げ
    - 6-1 借主に通知
    - 6-1 規定期間内に借主に通知しない

- 1-2 借家法に基づく賃貸借契約
  - ◇更新後も借家法が適用
  - ◇但し、造作買取請求権は、強行規定から任意規定となったため、買取請求はしないと合意の上、特約することは有効
  - 6-2-1 契約継続
  - 6-2-2 従前の契約と同一条件で更新したとみなす（法定更新）
  - 6-2-3 契約期間は期間の定めのないものとなる

- 7-1 借主側了承
- 7-2 値上げ拒否
  - 9 貸主と調整
  - 10 貸主に再通知
  - 11-1 借主と合意
  - 11-2 値上げ実施
    - 12-1 借主側拒否
      - 13-1 借主側が調停申請
        - 13-2 相当額賃料等の支払
          - 14-1 貸主仮受領
          - 14-2 貸主受領拒否
            - 15 借主が相当額賃料等の供託
        - 16-1 成立
        - 16-2 不成立
          - 17 訴訟
            - 18-1 値上げ判決 → 19-1 契約継続 ◇差額処理
            - 18-2 従前家賃決着 → 19-2 契約継続
            - 18-3 値上げ判決 → 19-3 契約継続 ◇差額処理
            - 19-4 **契約解除** ◇差額処理
            - 18-4 従前家賃判決 → 19-5 契約継続
    - 12-2 **借主側からの契約解除**
      - 13-3 貸主撤回
        - 13-3-1 契約継続
- 7-3 **借主側からの契約解除**

- 8 更新手続き
  - ◇連帯保証人の保証誓約確認
  - ◇入居時以降の入居者変動確認
  - ◇更新内容の条文化
  - ◇敷金等差額分充当処理

- 20 退去査定
- 21 物件の明渡し

～［次頁に続く］

[前頁より続く]

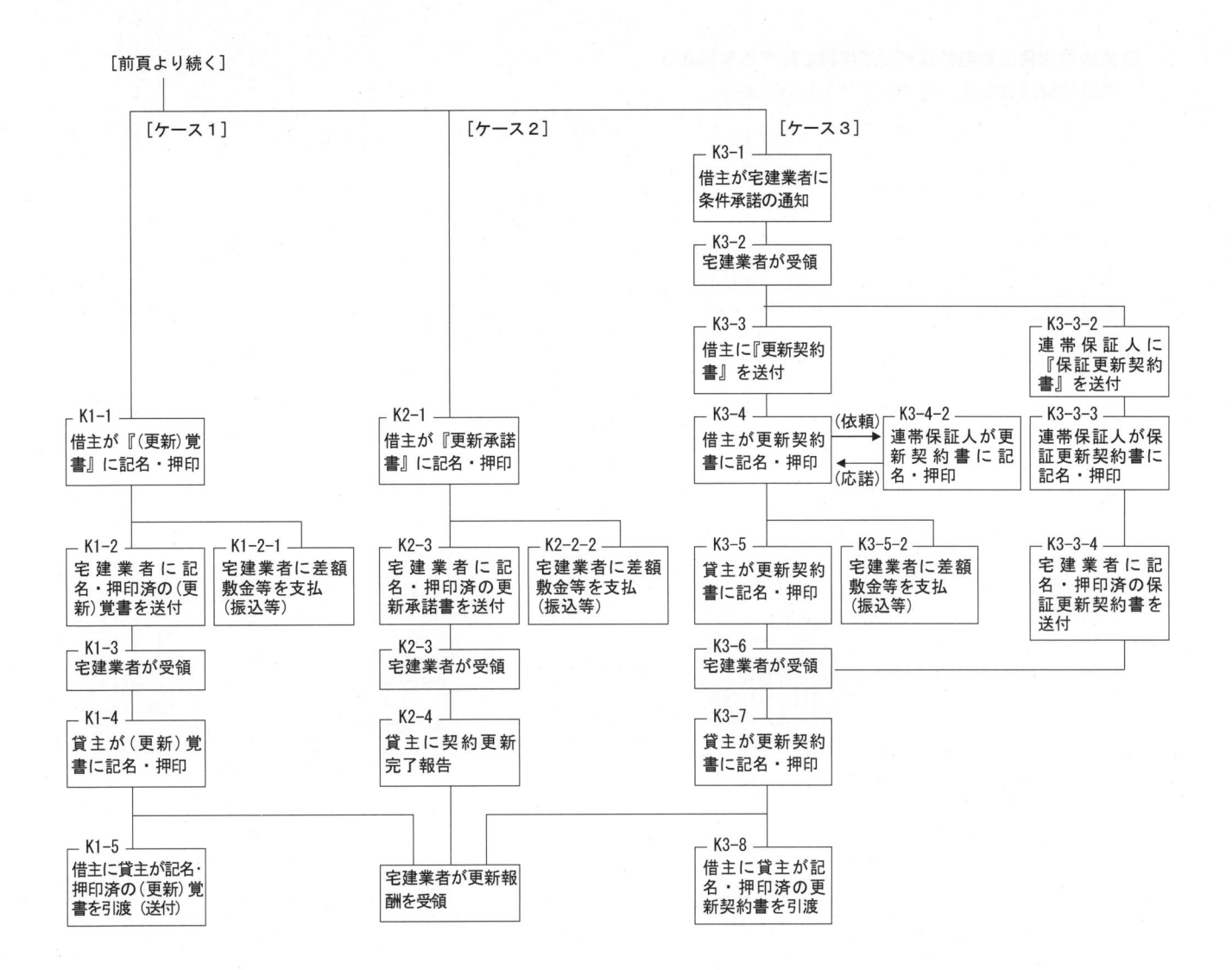

[ケース1]

K1-1 借主が『(更新)覚書』に記名・押印

K1-2 宅建業者に記名・押印済の(更新)覚書を送付

K1-2-1 宅建業者に差額敷金等を支払(振込等)

K1-3 宅建業者が受領

K1-4 貸主が(更新)覚書に記名・押印

K1-5 借主に貸主が記名・押印済の(更新)覚書を引渡(送付)

[ケース2]

K2-1 借主が『更新承諾書』に記名・押印

K2-3 宅建業者に記名・押印済の更新承諾書を送付

K2-2-2 宅建業者に差額敷金等を支払(振込等)

K2-3 宅建業者が受領

K2-4 貸主に契約更新完了報告

宅建業者が更新報酬を受領

[ケース3]

K3-1 借主が宅建業者に条件承諾の通知

K3-2 宅建業者が受領

K3-3 借主に『更新契約書』を送付

K3-3-2 連帯保証人に『保証更新契約書』を送付

K3-4 借主が更新契約書に記名・押印

(依頼) **K3-4-2** 連帯保証人が更新契約書に記名・押印
(応諾)

K3-3-3 連帯保証人が保証更新契約書に記名・押印

K3-5 貸主が更新契約書に記名・押印

K3-5-2 宅建業者に差額敷金等を支払(振込等)

K3-3-4 宅建業者に記名・押印済の保証更新契約書を送付

K3-6 宅建業者が受領

K3-7 貸主が更新契約書に記名・押印

K3-8 借主に貸主が記名・押印済の更新契約書を引渡

賃貸借契約書の更新処理＜更新拒絶に関する手続き＞
借地借家法第26条（建物賃貸借契約の更新等）

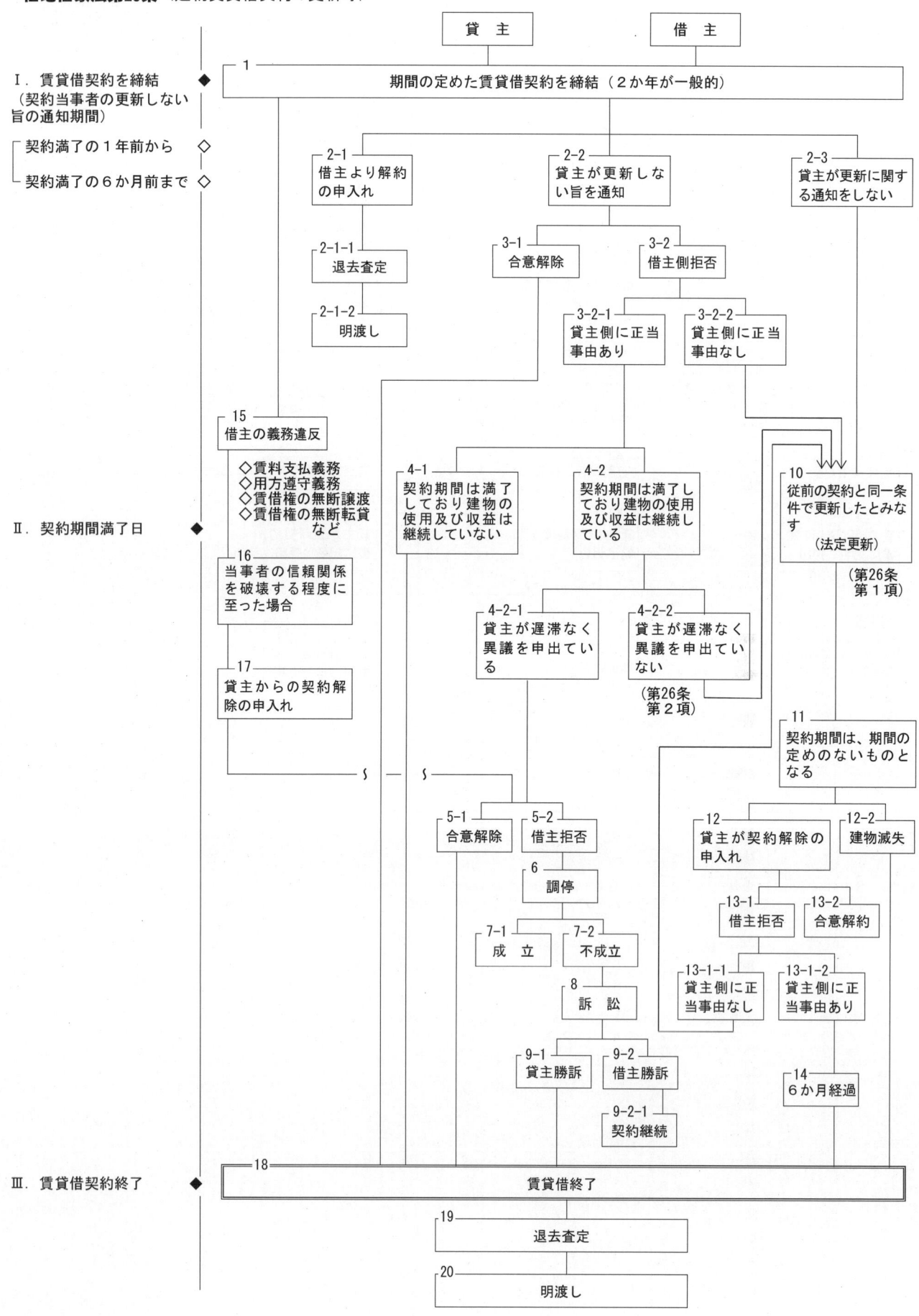

```
                                        貸 主          借 主

Ⅰ．賃貸借契約を締結 ◆──1──────期間の定めた賃貸借契約を締結（2か年が一般的）
  （契約当事者の更新しない        │
   旨の通知期間）               ┌─┴────────────┬──────────────┐
                              2-1                2-2              2-3
  ┌契約満了の1年前から ◇     借主より解約        貸主が更新しな    貸主が更新に関す
  └契約満了の6か月前まで ◇   の申入れ            い旨を通知        る通知をしない
                              │                   │
                             2-1-1              ┌─┴──┐
                             退去査定          3-1    3-2
                              │              合意解除  借主側拒否
                             2-1-2                     │
                             明渡し                ┌───┴───┐
                                                 3-2-1    3-2-2
                                                 貸主側に正 貸主側に正
                                                 当事由あり 当事由なし
        15                                        │         │
        借主の義務違反                        ┌───┴──┐      │
        ◇賃料支払義務                       4-1      4-2    10
        ◇用方遵守義務                       契約期間は満了  契約期間は満了 従前の契約と同一条
        ◇賃借権の無断譲渡                   しており建物の  しており建物の 件で更新したとみな
        ◇賃借権の無断転貸                   使用及び収益は  使用及び収益は す
        など                                継続していない 継続している  （法定更新）
Ⅱ．契約期間満了日 ◆                                       │              （第26条
        16                                            ┌───┴───┐          第1項）
        当事者の信頼関係                             4-2-1    4-2-2
        を破壊する程度に                             貸主が遅滞なく 貸主が遅滞なく
        至った場合                                   異議を申出てい 異議を申出てい
        │                                           る             ない
        17                                                         (第26条
        貸主からの契約解                                            第2項)
        除の申入れ                                                    │
                                                                    11
                                                                    契約期間は、期間の
                                                                    定めのないものと
                                                                    なる
                                             5-1      5-2          │
                                             合意解除  借主拒否    ┌─┴──┐
                                                       │          12     12-2
                                                       6          貸主が契約解除の 建物滅失
                                                       調停        申入れ
                                                       │          │
                                                   ┌───┴──┐    ┌─┴──┐
                                                  7-1    7-2     13-1   13-2
                                                  成立   不成立   借主拒否 合意解約
                                                         │        │
                                                         8     ┌──┴──┐
                                                         訴訟  13-1-1  13-1-2
                                                         │    貸主側に正 貸主側に正
                                                      ┌──┴──┐ 当事由なし 当事由あり
                                                      9-1    9-2        │
                                                      貸主勝訴 借主勝訴  14
                                                             │          6か月経過
                                                             9-2-1
                                                             契約継続
Ⅲ．賃貸借契約終了 ◆──18───────賃貸借終了
                                  │
                                 19
                                 退去査定
                                  │
                                 20
                                 明渡し
```

賃貸借契約の更新等の処理方法
- □ 適用法律別の更新処理の確認
  - □ 借家法に基づく賃貸借契約
    - □ 強行規定の任意規定化事項の扱いの確認
    - □ 更新か更新拒否か・・・・・更新拒否の場合、正当事由があるか
  - □ 借地借家法に基づく賃貸借契約
    - □ 通常の賃貸借契約の場合
      - □ 更新か更新拒否か・・・更新拒否の場合、正当事由があるか
    - □ 期限付建物賃貸借契約の場合
- □ 賃料動向調査
- □ 新賃料設定に関する資料作成

（対貸主への確認）
- □ 更新時期到来の報告
- □ 更新賃料設定の確認
- □ 対借主との賃料改定手続きの確認

（対借主への確認）
- □ 更新時期到来の報告と更新意思確認
- □ 契約更新に必要な手続きの説明
  - □ 賃料改定等の内容説明
  - □ 入居時以降の同居者異動の確認
  - □ 連帯保証人の保証誓約確認
- □ 更新内容の条文化
  - □ 賃料等の改定のみを行う場合
    - □ 新たな契約書を取交す場合

賃貸借契約の更新時期が到来した物件については、宅建（管理）業者は、先ず、貸主に対して、
① 更新時期が近づいていることを報告し
② 更新するか否か
③ 更新する場合はその条件等について
④ また、更新を拒絶する場合は正当な事由の有無等
⑤ さらに、期限付建物賃貸借契約か否か
を確認します。

(1) 更新を前提とした手続

　更新手続を行うに当たり、貸主と確認すべき主な事項は、賃料及び共益費等を改定するか否かですが、この確認に先立ち、宅建（管理）業者は、当該物件周辺の需給動向や賃料相場を調査し、賃料設定に関する考え方を整理して貸主との交渉に臨みます。景気が上昇傾向にある場合は、値上げ幅をどの範囲に設定すべきかの確認になりますが、景気が下降ないしは、停滞ぎみの場合は、賃料を値下げすることや賃料を改定しないことが考えられるからです。
　対借主に関しては、貸主との間で確認した条件等を提示して、更新意思の確認をします。
　この確認は、直接、訪問して確認する方法や、文書による確認方法が一般的です。
　更新することが確認された場合は、更新手続内容と契約日、契約場所等を説明し、契約更新に臨みます。
　更新契約の書面作成に関しては、賃貸借契約書を新たに作成する場合と変更個所のみを覚書等で対応する場合、地域によっては、新賃料を記載した家賃通帳の引渡しだけの対応の場合もあります。また、借主側に賃料等の値上げに対する不満がある場合は、賃貸相場の資料等をもとに値上げ理由等を説明し理解を求めます。
　どうしても、値上げに応じない場合は、借主側の意見を貸主に報告し、再度、協議のうえ、借主側と意見調整の場を設け、できるだけ円満に解決する方法を宅建業者は、見出すように努力します。

最悪の場合、原則として物件の所在する地方裁判所に申立てることになりますが、当事者の合意がある場合は、物件の所在する簡易裁判所に申立てして調停による解決に頼ることになります。

① 調停が成立し、その結果が**「値上げ」決着の場合**並びに**「従前賃料」で決着をみた場合**は、賃貸借契約が継続されることになり、それまで、相当額の賃料等を供託ないしは支払いしている場合、差額分を精算することになります。

② 調停が**不成立となった場合**は、訴訟による決着を図ることになります。

その結果、「値上げ」判決が出、それに従う場合は、賃貸借契約が継続され①と同様の処理となります。

③ 「値上げ」判決を不服として、**「契約を解除」する場合**は、借主は、それまで相当額の賃料等を供託ないしは支払との差額分を精算するとともに、原状回復等に関する協議を経て、建物を明渡すことになります。

④ **「従前賃料」が妥当とする判決を受けた場合**は、賃貸借契約が継続されることになり、①と同様の処理となります。

ここで、賃料等の値上げにおいて、敷金の追加を求める場合は、予め、賃貸借契約で特約することが必要ですので注意を要します。

連帯保証人については、賃料の内容が変わったほか、期間が経過しているため、新たに意思確認することが望ましい処理であるといえます。

この場合において、連帯保証人が、保証期間の更新を拒否した場合、本契約をどう処理するかが問題となります。

また、親族が引続き連帯保証人となった場合でも、高齢等により、保証能力が低減し、形骸化される恐れもありますので、これまでのような人的保証から信用保証（損保会社の民間家賃信用保険制度や第三者による連帯保証人代行システムなどの利用）への移行が考えられます。

(2) **賃貸借契約の法定更新**（借地借家法第26条）

借地借家法第26条及び旧借家法第2条では、契約期間を定めた賃貸借契約で、貸主と借主が契約期間満了の1年前から6か月前までの間に相手方に対して更新をしない旨の通知を、また、契約内容を変更しない場合は更新しない旨の通知をしなかった時は、それまでの契約内容と同一条件で契約を更新したものとみなされ、この場合の契約期間については、定めがないものとなると規定しています。

また、通知をした場合であっても、賃貸借契約の期間が満了したにもかかわらず借主が引続き使用していることに対して、貸主が遅滞なく異議を述べなかった場合も同様に契約が更新されたとみなされると規定しています。

このように、契約が更新されたとみなされる、いわゆる「法定更新」には、

① 賃貸借契約の契約期間が満了していること
② 契約の当事者が、契約期間満了前1年以内又は6か月以内に契約の相手方に、契約を更新しない旨の通知をしていないこと
③ 貸主側に契約を更新しない旨を主張するだけの正当な事由がないこと
④ 貸主が借主に対して、更新しない旨の通知をしたものの契約期間満了後も、借主が使用し続けていることについて遅滞なく異議を述べなかったこと

の事実が考慮されることになりますので、契約の更新時期における手続方法については、十分に留意する必要があります。

(3) **貸主が更新を拒絶する場合の手続**（借地借家法第28条）

貸主が更新を拒絶する場合は、**正当の事由**があると認められた場合と規定されています。正当の事由の有無の判断は、

① 建物の貸主及び借主が建物の使用を必要とする事情に加え、
② 賃貸借契約を締結した時点や、更新時においてどのような名目の金員がどれだけ支払われていたか、賃料等の支払義務の履行状況はどうだったかなどの「建物の賃貸借に関する従前経過」
③ 借主がどのような目的で建物を利用しているかその「建物利用状況」
④ 建物が滅失状況にないかなど「建物の現況」

⑤ 貸主が建物の明渡し条件や更新拒絶と引換えに借主に対して立退料ないしは代替え住宅の用意があるかなどが考慮されることになりました。

　従来の借家法では、貸主自ら、建物を使用することが必要条件とされていたことに比べ、判断基準が条文に明記され、貸主の解約の申出に幅ができたといえます。

(4) 取毀し予定の建物の賃貸借（借地借家法第39条）

　借地借家法では、一定の期間を経過した後に取毀すことが明らかな建物を賃貸借する時は、建物を取毀すこととなる時に賃貸借が終了する旨を定めることができると規定しています。

　なお、建物を取毀す事由を書面に、つまり賃貸借契約に記載しなければその効力が発しないと規定されています。

(5) 家賃改訂額の算出方法

　継続家賃の算定方式は、「建物及びその敷地の賃貸借等の継続に係る限定賃料を求める場合の鑑定評価に準ずるものとする」とされ、地代の場合に準じて、「差額配分方式」により算定することになっています。その他、実務上、用いられている方式としては、「利回り方式」、「比較方式」等があります。

① 差額配分方式

　新規賃料額と現行賃料との差額を貸主と借主に振分ける方法です。どのように振分けるかは、増額までの期間、従来の増額の経緯、実勢価格との差など具体的事実により決定されます。

1) 「継続実質家賃〈年額〉」＝（「現行実質家賃〈年額〉」＋「新規実質家賃〈年額〉」
　　　　　　　　　　　　　　－「現行実質家賃〈年額〉」）×「貸主への配分率」

2) 「継続支払家賃〈月額〉」＝（「継続実質家賃〈年額〉」－「預かり一時金の運用益」
　　　　　　　　　　　　　　－「受取り一時金の運用益及び償却費」）×1／12

【現行実質家賃】とは、「現行支払家賃」に「預かり一時金（主に敷金、保証金）の運用益」と受取り一時金（権利金、礼金）の運用益及び償却費」を加算したものです。

【新規実質家賃】とは、新規家賃の算定方法により求められるものです。

【貸主への配分率】とは、新規逸失家賃と現在の継続支払家賃との差額分の一定割合を加算するものです。従って、配分率は、2分の1であったり、3分の1であったりする場合があります。

② 利回り方式

　現在の土地・建物の価格に適正利潤率（5〜6％とすることが多い）を乗じて得られた額に、税金、管理費等の必要諸経費を加えて算出する方式です。

1) 実績利回り方式
「継続実質家賃〈年額〉」＝（「建物及び土地の基礎価格」×「実績利回り」）＋「必要諸経費」
【実績利回り】とは、「現行実質家賃の前回合意時点における純利益」を「前回合意時点における建物及び土地の基本価格」で割ったものです。

2) 比準利回り方式
「継続実質家賃〈年額〉」＝（「建物及び土地の基礎価格」×「比準利回り」）＋「必要諸経費等」

③ スライド方式

　従来の家賃の額を基準にして、これにその後の土地・建物の価格の上昇率を乗じて算出する方式です。
　「継続実質家賃」＝「現行実質家賃」×「変動率」
または、
　「継続実質家賃」＝（「現行賃料を定めた時点における純家賃」×「変動率」）＋「必要諸経費等」
　【変動率】は、次のようなものを使っている例が多いようです。
　　　　　1）消費者物価指数（総務省）　2）卸売物価指数（日本銀行）　3）地価指数（地価公示価格）
　　　　　4）賃金指数（厚生労働省）　5）国民総生産の上昇額（内閣府）

④ 比較方式（比準方式）

　近隣の賃貸事例を参考にして賃料額をする算出方法で、新規家賃における賃貸事例比較法と適用方法は全く同じです。

第7章　賃貸借契約と消費者契約法

1　賃貸借契約と消費者契約法の内容

消費者契約法の特性を確認
- 消費者契約法で保護される契約とは
  - 消費者と事業者間で締結される契約
  - 事業者とは（アパートの小規模経営者も事業者）
  - 消費者とは
- 消費者契約法で保護されない契約とは
  - 消費者と消費者間で締結される契約
  - 事業者と事業者間で締結される契約
- 無効となる契約条項とは
- 有効と解される契約条項とは
- 消費者契約法と民法、宅建業法の関係は

(1) **消費者契約法の導入背景**

　消費者と事業者との契約については、民法・商法で規定されているほか、個別の取引について宅建業法や訪問販売法などの消費者を保護するためのいろいろな法律が既にあります。

　しかしながら、現実には、事業者は仕事として契約をしているために、消費者より情報量とその質、知識、交渉力などで優ることが多く、契約上で対等な立場にありません。特に、お年寄りや主婦、若者など社会的弱者等に不意打ち的に契約を迫るなど、年々、販売方法や契約、解約に関するトラブルが増加しています。

　一方、規制緩和政策によって、自己責任による契約が求められているという背景があるのも事実です。そこで、自己責任を問い得るための環境整備を整える観点から、消費者と事業者の契約上の立場を対等なものに近づけ、適正な消費者契約が締結されることを目的に、**「消費者契約法」** が平成12年5月12日に制定され、**平成13年4月1日より施行**されました。

　しかしながら、同法の施行後も、消費者トラブルが頻発しており、被害を受けた消費者個人が訴えを提起するには、被害額が訴訟額に比べて少額であること、訴訟に関する専門的知識や十分な財政基盤がなく時間的負担も大きいこと等から、多くの場合に被害者が「泣き寝入り」することになりやすく、被害救済が十分に図られているとは言い難い状況にあります。また、直接的な被害を受けていない消費者が、事業者の不当な行為の抑止を求める権利を認められないとされている現行法等の実態を受けて、消費者全体の利益の擁護を図るため、消費者団体が主体となり訴訟を提起することを認める制度（消費者団体訴訟制度）の導入が検討され、平成18年3月3日に「消費者契約法を一部改正する法律案」が第164回通常国会に提出され、平成18年5月31日に参議院本会議で可決・成立し、6月7日に公布、**平成19年6年7日から改正法が施行**されました。

(2) **法制度の概要**

　消費者契約法は、12か条からなる法律でスタートしました。本法に抵触する契約を締結した場合、事業者は消費者から契約を取り消される、または、合意した契約条項でも無効とされるなど、契約の全部または一部の条項が否定されることになっています。

　また、消費者契約法は、民法と商法の特別法として位置付けられていますので、民法や商法に優先して適用されることになります。

　これまで、契約の当事者が、民法の基本原則のひとつである「契約自由の原則」によって合意した特約であっても、一方にとって不利になるものは、民法における信義則（民法第1条第2項）、権利の濫用（同法第1条第3項）、あるいは公序良俗（同法第90条）を根拠に、その効力が否定されてきました。しかしながら、当該規定が適用されるか否かは、裁判をやってみなければ分からないという短所がありました。

これに対して、消費者契約法は、無効とする契約条項の具体的な内容を**法第8条、第9条**に規定したことにより、契約書作成の際の基準が容易に認識できることになりました。

さらに、平成19年6月7日の改正法によって、内閣総理大臣が、不特定かつ多数の消費者の利益のために差止請求権を行使するのに適格性を有する法人（消費者団体）であると認定した団体は、消費者の被害の発生又は拡大を防止する目的で、事業者団体等に差止請求するという消費者団体訴訟ができることになりました。これにより、5章・53条で構成される法律となりました。

なお、法制度の概要は次のとおりとなっています。

① 消費者契約法の対象契約

消費者契約法の対象となる契約は、消費者と事業者との間で締結される契約です（消費者契約法第2条第3項）。そのため、契約当事者双方が事業者である契約や、契約当事者双方が消費者である契約は、消費者契約法の対象になりません。

再チェック！　【消費者契約法の対象契約】
1 消費者と事業者間で締結される契約は、消費者契約法で消費者が保護される。
2 契約当事者双方が事業者である契約は、消費者契約法の対象外である。
3 契約当事者双方が消費者である契約は、消費者契約法の消費者であっても保護されない。

【消費者契約法】　※下線部分：改正法での改訂箇所
第1章　総則
第1条（目的）　この法律は、消費者と事業者との間の情報の質及び量並びに交渉力の格差にかんがみ、事業者の一定の行為により消費者が誤認し、又は困惑した場合について契約の申込み又はその承諾の意思表示を取り消すことができることとするとともに、事業者の損害賠償の責任を免除する条項その他の消費者の利益を不当に害することとなる条項の全部又は一部を無効とするほか、消費者の被害の発生又は拡大を防止するため適格消費者団体が事業者等に対し差止請求をすることができることとすることにより、消費者の利益の擁護を図り、もって国民生活の安定向上と国民経済の健全な発展に寄与することを目的とする。

第2条（定義）　この法律において「消費者」とは、個人（事業者として又は事業のために契約の当事者となる場合におけるものを除く。）をいう。
2　この法律において「事業者」とは、法人その他の団体及び事業として又は事業のために契約の当事者となる場合における個人をいう。
3　この法律において「消費者契約」とは、消費者と事業者との間で締結される契約をいう。
4　この法律において「適格消費者団体とは、不特定かつ多数の消費者の利益のためにこの法律の規定による差止請求権を行使するのに必要な適格性を有する法人である消費者団体〔消費者基本法（昭和43年法律第78号）第8条の消費者団体をいう。以下同じ。〕として第13条の定めるところにより内閣総理大臣の認定を受けた者をいう。

---

② 消費者とは

消費者とは、事業者として、または事業のために契約の当事者となる場合以外の個人のことをいいます**（消費者契約法第2条第1項）**。

したがって、たとえ個人であってもマンション、アパート、貸家の賃貸経営を行う者は事業を行っていることになり、事業者に該当します。

再チェック！　【消費者契約法でいう消費者】
1 消費者とは、事業者として、または事業のために契約の当事者となる場合以外の個人をいう。
2 個人である事業主が「居住するための自宅を購入する」場合は、消費者に該当する。

③ 事業者とは

事業者とは、「法人」「その他の団体」「事業としてまたは事業のために契約の当事者となる個人」のことをいいます**（消費者契約法第2条第2項）**。

具体的には、法人すなわち、株式会社、有限会社、合名会社、合資会社などの営利法人のほか、社団法人、財団法人などの公益法人、農業協同組合等の協同組合、宗教法人、医療法人も事業者に該当します。また、国、都道府県、区市町村等も公法人ですから事業者に該当します。「その他の団体」には、民法上の組合、事業者団体、商店会、自治会等が該当しますが、消費者契約法の目的

に照らして個別に判断することになります。

> **再チェック** 【消費者契約法でいう事業者】
> 1　事業者には、株式会社、有限会社、合名会社、合資会社などの営利法人のほか、社団法人、財団法人などの公益法人、農業協同組合等の協同組合、宗教法人、医療法人等の「法人」が該当する。
> 2　「その他の団体」には、民法上の組合、事業者団体、商店会、自治会等が該当する。
> 3　事業者には、事業として又は事業のために契約の当事者となる個人が該当する。
> 　　そのため、マンション、アパート、貸家の賃貸経営を行う個人は経営規模を問わず事業を行っていることになり、事業者に該当する。
> 　　また、個人が賃貸住宅経営のために物件を購入することや、当該物件の仲介を依頼することは、事業のために契約を締結することになるため、事業者に該当する。
> 　　さらに、店舗やオフィスとして借りる個人や、個人が賃貸マンションや賃貸アパート、貸家を建築するための請負契約や設計契約を締結する場合は、事業のために発注することになり、事業者に該当する。

④ 事業とは

事業とは、一定の目的をもって反復継続的に行われる行為またはその遂行のことをいいます。この場合、営利の目的をもってなされるかどうかを問わず、また、公益・非公益を問いません。

⑤ 「事業として」とは

「事業として契約の当事者になる」ということは、事業の遂行そのものとして契約を締結することをいいます。

⑥ 「事業のために」とは

「事業のために」契約の当事者になるということは、事業そのものではないが、事業を行うために通常必要とされる契約を締結することをいいます。個人が賃貸住宅経営のために物件を購入したり、当該物件の仲介を依頼することは、事業のために契約を締結することになります。

ただし、個人である事業主が「居住するための自宅を購入する」場合は、「消費者」としての行為に該当します。

⑦ 消費者契約に該当する契約、該当しない契約とは

消費者契約法の対象となる契約は、賃貸借契約関係に限定すれば、次のものが該当します。

1) **賃貸マンション、賃貸アパート、貸家の経営者が、個人である借主と締結する賃貸借契約**

この「経営者」には、小規模経営者も含まれることになり「事業者」に該当します。また、「個人である借主」とは、居住用として貸家等を借りる個人のことをいい、店舗や事務所として借りる個人は「事業者」に該当することになります。

なお、住居と店舗が一体となった建物を賃借する場合の借主は、ケースバイケースでの扱いとなるでしょう。

2) **媒介業者が一般の個人から賃貸のあっせんを依頼され締結する媒介又は代理契約**

ここでいう「一般の個人」が「消費者」に該当するのは、居住用として借りるために、その媒介または代理の依頼をした個人のみで、店舗、オフィスとして賃借する個人は「事業のために」契約当事者になるため、「事業者」となり消費者契約に該当しない契約になります。

また、個人が、賃貸マンションや賃貸アパート、貸家を建築するための請負契約や設計契約を締結する場合は、事業のために発注することになり「事業者」に該当することになるため、消費者契約に該当しない契約になります。

なお、**消費者契約に該当しない契約**は、賃貸借契約関係に限定すれば、次に掲げるものです。

【契約当事者がいずれも「事業者」に該当する契約である場合】

1　宅建業者間で締結する賃貸借契約
2　宅建業者と会社等の法人間で締結する賃貸借契約
3　ビル、マンション、アパート、貸家等の経営者である貸主と宅建業者間で締結する媒介契約または代理契約

4　個人が事務所や店舗を賃借するために、ビル等の経営者と締結する賃貸借契約
5　個人がビル、マンション、アパート、貸家等の経営をするために建築業者と締結する請負契約や、その設計契約
6　個人が商売をするための店舗を建築するために建築業者と締結する請負契約や、その設計契約
7　建築業者と宅建業者間の請負契約、設計契約、売買契約、その他の契約

【契約当事者がいずれも「消費者」に該当する契約である場合】
8　一般の個人同士が非事業用として締結する賃貸借契約
9　個人の宅建業者が事業と無関係な立場で、一般の個人と締結する契約

⑧　「適格消費者団体」とは
　　特定非営利団体活動法人または**公益法人**であること、不特定かつ多数の消費者の利益の擁護を図るための活動を行うことを主たる目的とし、**現にその活動を相当期間にわたり継続して適正に行っている**こと等の要件に適合している者を、申請に基づき、**内閣総理大臣が認定した団体**をいいます。

(3) 重要事項説明と消費者契約法

　重要事項説明については、**宅建業法第35条第1項**で、宅建業者が貸借の代理または媒介をした場合は、相手方当事者、代理を依頼した者または各当事者のうち借主になろうとする者に対して、貸借の契約が成立するまでの間に、宅建主任者をして書面を交付して説明しなければならないと規定されています。

　この宅建業法上の規定をクリアする必要があるほか、消費者契約法で、消費者の利益保護の観点から、事業者（賃貸住宅経営者である貸主・宅建業者）の不適切な勧誘行為、すなわち、重要事項について事実と異なることを告げたり、将来における変動が不確実な事項について断定的判断を提供したり、重要事項について消費者の不利益となる事実を故意に告げなかったことにより、消費者が誤認して契約を締結した場合と、事業者に対して消費者が、その住居またはその業務を行っている場所から退去すべき旨の意思を示したにもかかわらず、事業者がその場所から退去しなかったり、事業者が消費者契約の締結について勧誘をしている場所から消費者が退去する旨の意思を示したにもかかわらず、その場所から消費者を退去させなかったことによって消費者が困惑して契約を締結した場合に、消費者の申込や承諾の意思表示の取消しが認められることになりました**（消費者契約法第4条）**。

　消費者と事業者間で締結される賃貸借契約等に関して、消費者契約法の規定により消費者からの申込みまたは承諾の意思表示が取消しの対象になる場合の例を、以下に列挙しますので留意して下さい。

① **不実告知**（同法第4条第1項第1号）
　1）当該賃貸住宅の築後年数を事実と異なる年数で告知すること。
　2）当該賃貸住宅に設定されている抵当権について告知しなかった場合。

② **断定的判断の提供**（同法第4条第1項第2号）
　1）計画が決まっていないのに、当該賃貸住宅の近くに、近い将来、新駅ができると告げること。

③ **不利益事実の不告知**（同法第4条第2項）
　1）当該賃貸住宅の隣地に高層建築物が建つ予定があることを知りながら、故意に「日当たり、通風は良好」と告げ、高層建築物の建設計画を告げないこと。
　2）当該賃貸住宅内で、自殺があったことや変死体が発見されたこと等の事実を知りながら、故意に「この建物には過去に何ら問題がない」と告げ、それらの事実を告げないこと。

④ **不退去による困惑**（同法第4条第3項第1号）
　1）消費者が生活している自宅や仕事をしている場所において、消費者が退去すべき旨（「帰ってください」「お引き取り下さい」、身振り手振りで退去して欲しい旨を示した場合等）の意思を示したにもかかわらず、その場所から事業者が退去しなかった場合。

⑤ **監禁による困惑**（同法第4条第3項第2号）
　1）住居や事務所、路上等で、消費者が、その場所から退去する旨（「帰ります」「他に用事がありますので」、身振り手振りの動作で退去する意思を示した場合等）の意思表示を示したにもかかわらず、その場所から消費者を退去させなかった場合。

　ただし、上記④、⑤において、消費者が取り消すためには、「事業者の行為」により「消費者が困惑したこと」と「消費者が困惑したこと」により「契約の申込みまたは承諾したこと」という因果関

係が必要です。
　また、上記①～⑤について、事業者から委託を受けた媒介業者や代理業者が同様の行為を行った場合も、消費者は事業者との契約を取り消すことができるとされています**(同法第5条)**。
　ただし、上記①～⑤についての取消権は、追認をすることができる時から6か月間行わないとき、また、当該消費者契約の締結の時から5年を経過したときには、その行使はできなくなると規定されています**(同法第7条)**。

【参　考】　消費者契約法　※下線部分：改正法での改訂箇所

第3条（事業者及び消費者の努力）　事業者は、消費者契約の条項を定めるに当たっては、消費者の権利義務その他の消費者契約の内容が消費者にとって明確かつ平易なものになるよう配慮するとともに、消費者契約の締結について勧誘をするに際しては、消費者の理解を深めるために、消費者の権利義務その他の消費者契約の内容についての必要な情報を提供するよう努めなければならない。
2　消費者は、消費者契約を締結するに際しては、事業者から提供された情報を活用し、消費者の権利義務その他の消費者契約の内容について理解するよう努めるものとする。

第2章　消費者契約
　第1節　消費者契約の申込み又はその承諾の意思表示の取消し
第4条（消費者契約の申込み又はその承諾の意思表示の取消し）　消費者は、事業者が消費者契約の締結について勧誘をするに際し、当該消費者に対して次の各号に掲げる行為をしたことにより当該各号に定める誤認をし、それによって当該消費者契約の申込み又はその承諾の意思表示をしたときは、これを取り消すことができる。
　一　重要事項について事実と異なることを告げること。〔当該告げられた内容が事実であるとの誤認〕
　二　物品、権利、役務その他の当該消費者契約の目的となるものに関し、将来におけるその価額、将来において当該消費者が受け取るべき金額その他の将来における変動が不確実な事項につき断定的判断を提供すること。〔当該提供された断定的判断の内容が確実であるとの誤認〕
2　消費者は、事業者が消費者契約の締結について勧誘をするに際し、当該消費者に対してある重要事項又は当該重要事項に関連する事項について当該消費者の利益となる旨を告げ、かつ、当該重要事項について当該消費者の不利益となる事実（当該告知により当該事実が存在しないと消費者が通常考えるべきものに限る。）を故意に告げなかったことにより、当該事実が存在しないとの誤認をし、それによって当該消費者契約の申込み又はその承認の意思表示をしたときは、これを取り消すことができる。ただし、当該事業者が当該消費者に対し当該事実を告げようとしたにもかかわらず、当該消費者がこれを拒んだときは、この限りでない。
3　消費者は、事業者が消費者契約の締結について勧誘をするに際し、当該消費者に対して次に掲げる行為をしたことにより困惑し、それによって当該消費者契約の申込み又はその承諾の意思表示をしたときは、これを取り消すことができる。
　一　当該事業者に対し、当該消費者が、その住居又はその業務を行っている場所から退去すべき旨の意思を示したにもかかわらず、その場所から退去しないこと。
　二　当該事業者が当該消費者契約の締結について勧誘をしている場所から当該消費者が退去する旨の意思を示したにもかかわらず、その場所から当該消費者を退去させないこと。
4　第1項第一号及び第2項の「重要事項」とは、消費者契約に係る次に掲げる事項であって消費者の当該消費者契約を締結するか否かについての判断に通常影響を及ぼすべきものをいう。
　一　物品、権利、役務その他の当該消費者契約の目的となるものの質、用途その他の内容
　二　物品、権利、役務その他の当該消費者契約の目的となるものの対価その他の取引条件
5　第1項から第3項までの規定による消費者契約の申込み又はその承諾の意思表示の取消しは、これをもって善意の第三者に対抗することができない。

第5条（媒介の委託を受けた第三者及び代理人）　前条の規定は、事業者が第三者に対し、当該事業者と消費者との間における消費者契約の締結について媒介をすることの委託（以下この項において単に「委託」という。）をし、当該委託を受けた第三者〔その第三者から<u>委託（2以上の段階にわたる委託を受けた者を含む。）を受けた者を含む。以下</u>「受託者等」という。〕が消費者に対して同条第1項から第3項までに規定する行為をした場合について準用する。この場合において、同条第2項ただし書中「当該事業者」とあるのは、「当該事業者又は次条第1項に規定する受託者等」と読み替えるものとする。
2　消費者契約の締結に係る消費者の代理人〔<u>復代理人（2以上の段階にわたり復代理人として選任された者を含む。）を含む。以下同じ。</u>〕、事業者の代理人及び受託者等の代理人は、前条第1項から第3項まで（前項において準用する場合を含む。次条及び第7条において同じ。）の規定の適用については、それぞれ消費者、事業者及び受託者等とみなす。

第6条（解釈規定）　第4条第1項から第3項までの規定は、これらの項に規定する消費者契約の申込み又はその承諾の意思表示に対する民法（明治29年法律第89号）第96条の規定を妨げるものと解してはならない。

第7条（取消権の行使期間等）　第4条第1項から第3項までの規定による取消権は、追認をすることができる時から6箇月間行わないときは、時効によって消滅する。当該消費者契約の締結の時から5年を経過したとき

> も、同様とする。
> 2 会社法（平成17年法律第86号）その他の法律により詐欺又は強迫を理由として取消しをすることができないものとされている株式若しくは出資の引受け又は基金の拠出が消費者契約としてされた場合には、当該株式若しくは出資の引受け又は基金の拠出に係る意思表示については、第4条第1項から第3項まで（第5条第1項において準用する場合を含む。）の規定によりその取消しをすることができない。

（4）契約条項に反映すべき事項

① 無効となる契約条項と効力

> 1) 事業者の債務不履行により消費者に生じた損害を賠償する責任の全部を免除する条項

　この条項を契約に盛り込んだ場合は、その契約条項が無効となり、消費者は、民法の原則に従って、事業者に損害賠償請求をすることができることになります**（民法第415条）**。

> 2) 事業者の債務不履行（当該事業者、その代表者又はその使用する者の故意又は重大な過失によるものに限る。）により消費者に生じた損害を賠償する責任の一部を免除する条項

　この規定は、事業者の軽過失による責任はともかく、故意または重過失によるものは、たとえ一部であっても事業者の責任の軽減を認めるべきでないとする規定で、この条項を契約に盛り込んだ場合は、その契約条項は無効となります。従って、事業者の債務不履行により損害が発生した場合は、軽過失による責任を免責した場合を除き、消費者は事業者に対して損害賠償請求を行うことができます**（民法第415条）**。

　損害賠償の方法は、原則として金銭賠償の方法によることになります**（民法第417条）**。

> 3) 消費者契約における事業者の債務の履行に際してされた当該事業者の不法行為により消費者に生じた損害を賠償する民法の規定による責任の全部を免除する条項

　この条項を盛り込んだ場合も、上記1)と同様に、消費者は事業者に対して損害賠償請求を行うことができます**（民法第709条）**。

> 4) 消費者契約における事業者の債務の履行に際してされた当該事業者の不法行為（当該事業者、その代表者又はその使用する者の故意又は重大な過失によるものに限る。）により消費者に生じた損害を賠償する民法の規定による責任の一部を免除する条項

　この条項を盛り込んだ場合も、上記2)と同様に、消費者は事業者に対して損害賠償請求を行うことができます**（民法第709条）**。

> 5) 消費者契約が有償契約である場合において、当該消費者契約の目的物に隠れた瑕疵があるとき（当該消費者契約が請負契約である場合には、当該消費者契約の仕事の目的物に瑕疵があるとき。）に、当該瑕疵により消費者に生じた損害を賠償する事業者の責任の全部を免除する条項

　なお、5)に掲げる条項については、次のa又はbに該当するときは、同規定は適用されません。
　a　当該消費者契約において、当該消費者契約の目的に隠れた瑕疵があるときに、当該事業者が瑕疵のない物をもってこれに代える責任又は当該瑕疵を補修する責任を負うこととされている場合
　b　当該消費者と当該事業者の委託を受けた他の事業者との間の契約又は当該事業者と他の事業者との間の当該消費者のためにする契約で、当該消費者契約の締結に先立って又はこれと同時に締結されたものにおいて、当該消費者契約の目的物に隠れた瑕疵があるときに、当該他の事業者が、当該瑕疵により当該消費者に生じた損害を賠償する責任の全部若しくは一部を負い、瑕疵のない物をもってこれに代える責任を負い、又は当該瑕疵を修補する責任を負うこととされている場合

【瑕疵担保責任を免除する特約】
　この条項を契約に盛込んだ場合は、この契約条項は無効となります。
　民法上の瑕疵担保責任の内容は、損害賠償の請求と、瑕疵のために目的を達成できない場合の契

約の解除であり、この権利は、消費者が事実を知った（瑕疵を発見した）時から1年以内に行使しなければならないとされています**（民法第570条）**。

ただし、上記のaまたはbのような契約条項を設けた場合は、消費者が保護されることになるため無効としないとしています**（消費者契約法第8条第2項）**。

6) 当該消費者契約の解除に伴う損害賠償の額を予定し、又は違約金を定める条項であって、これらを合算した額が、当該条項において設定された解除の事由、時期等の区分に応じ、当該消費者契約と同種の消費者契約の解除に伴い当該事業者に生ずべき平均的な損害の額を超えるもの**（当該超える部分）**

7) 当該消費者契約に基づき支払うべき金銭の全部又は一部を消費者が支払期日（支払回数が2以上である場合には、それぞれの支払期日。以下この号において同じ。）までに支払わない場合における損害賠償の額を予定し、又は違約金を定める条項であって、これらを合算した額が、支払期日の翌日からその支払をする日までの期間について、その日数に応じ、当該支払期日に支払うべき額から当該支払期日に支払うべき額のうち既に支払われた額を控除した額に年14.6％の割合を乗じて計算した額を超えるもの**（当該超える部分）**

【滞納賃料の遅延利息の設定年利】

金銭の支払が遅延した場合の損害賠償の予定（遅延損害金）を定めるときは、利率の上限を年14.6％（日歩換算では4銭）とし、これを超える部分は無効となると規定されています。この規定に反する契約条項があった場合は、年14.6％の範囲でしか請求できないことになります。

8) 民法、商法その他の法律の公の秩序に関しない規定の適用による場合に比し、消費者の権利を制限し、又は消費者の義務を加重する消費者契約の条項であって、民法第1条第2項に規定する基本原則に反して消費者の利益を一方的に害するもの

ⓐ **修繕義務の借主負担の範囲**

建物賃貸借契約において、中・小修繕のみならず、大規模修繕も含め「一切の費用は借主が負担する」という条項は、無効と解されます。

例えば、外壁の張替え、屋根の修繕といった大修繕まで借主の負担とする条項は、賃貸借の性質や借地借家法の理念にも反しているため、特別の事情のない限り無効と解されます。

本来、貸主は、賃貸借の目的物を常に使用収益に適する状態に保持する義務を借主に対して負っているため、必要な修繕を行う義務がありますので**（民法第606条）**、貸主が修繕義務を履行しないときは借主に対する債務不履行となり、借主は、その債務不履行の程度に応じて賃料の支払を拒絶することができます。

ⓑ **原状回復費用の負担の範囲**

建物賃貸借において、契約が終了し借主が建物から退去するに当たり、「襖・畳の張替え代やハウスクリーニング費用を借主の負担とする」旨の特約条項は、有効とする判例も少数ながら存在しますが、第5編の参考資料「第1章1 原状回復にかかるガイドライン」でも記述のとおり、特約があったとしても、自然損耗、経年変化によるものまで借主に費用負担させることは、賃貸借の本質に反し無効であるという法的性質論あるいは政策的見地から無効と解すべきであるとする説もあることから、賃料に含まれると解されている費用負担の範囲である場合は借主に負担を求めないようにすることが望まれます。

ⓒ **敷金・保証金の償却**

賃貸借契約において、契約終了時に貸主が返還すべき敷金や保証金について、例えば「2割とか3割を償却して返還する」という条項は、多くの判例では有効とされていますが、ケースにより問題のある事例があると思われます。

現場処理としては、貸主が借主に対して返還すべき金銭について、その一定割合の額を控除して返還する、いわゆる「敷金等の償却」とか「敷引き」として処理されていますが、このような条項を設ける場合は、法律の専門家に意見を求める等、慎重な対応が必要です。

② 有効と解される条項と効力

1) 明渡しの遅延損害金の設定額

賃貸借契約が終了した場合で、物件の明渡しを遅延した場合の損害金として、「家賃の額の○倍に相当する額を損害金として支払う」という条項は、その額によっては必ずしも「信義則」に反するものでないと解されます。

通常、貸主は、次の借主に貸すことを予定していますので、従前の借主が約束に反して明渡しをしないときは大変に困ります。借主に確実に明渡しを履行してもらうためには、家賃相当額の損害金では心理的強制が働かないこともあるため、それ以上の額を設定することには合理性があります。裁判上の和解では「家賃相当額の2倍」とする例もあります。

2) 修繕義務の借主負担の範囲

当該建物の賃料が、通常相当と考えられる賃料に比べ極端に低廉に設定している場合は、賃料が低廉であることを理由に、全ての修繕を借主が行うことで、建物賃貸借契約において、中・小修繕のみならず、大規模修繕も含め「一切の費用は借主負担する」という条項は、必ずしも無効とは言えないと解されます。

【参　考】　消費者契約法　※下線部分：改正法での改訂箇所

第2節　消費者契約の条項の無効

第8条（事業者の損害賠償の責任を免除する条項の無効）　次に掲げる消費者契約の条項は、無効とする。
一　事業者の債務不履行により消費者に生じた損害を賠償する責任の全部を免除する条項
二　事業者の債務不履行（当該事業者、その代表者又はその使用する者の故意又は重大な過失によるものに限る。）により消費者に生じた損害を賠償する責任の一部を免除する条項
三　消費者契約における事業者の債務の履行に際してされた当該事業者の不法行為により消費者に生じた損害を賠償する民法の規定による責任の全部を免除する条項
四　消費者契約における事業者の債務の履行に際してされた当該事業者の不法行為（当該事業者、その代表者又はその使用する者の故意又は重大な過失によるものに限る。）により消費者に生じた損害を賠償する民法の規定による責任の一部を免除する条項
五　消費者契約が有償契約である場合において、当該消費者契約の目的物に隠れた瑕疵があるとき（当該消費者契約が請負契約である場合には、当該消費者契約の仕事の目的物に瑕疵があるとき。次項において同じ。）に、当該瑕疵により消費者に生じた損害を賠償する事業者の責任の全部を免除する条項
2　前項第五号に掲げる条項については、次に掲げる場合に該当するときは、同項の規定は、適用しない。
一　当該消費者契約において、当該消費者契約の目的物に隠れた瑕疵があるときに、当該事業者が瑕疵のない物をもってこれに代える責任又は当該瑕疵を修補する責任を負うこととされている場合
二　当該消費者と当該事業者の委託を受けた他の事業者との間の契約又は当該事業者と他の事業者との間の当該消費者のためにする契約で、当該消費者契約の締結に先立って又はこれと同時に締結されたものにおいて、当該消費者契約の目的物に隠れた瑕疵があるときに、当該他の事業者が、当該瑕疵により当該消費者に生じた損害を賠償する責任の全部若しくは一部を負い、瑕疵のない物をもってこれに代える責任を負い、又は当該瑕疵を修補する責任を負うこととされている場合

第9条（消費者が支払う損害賠償の額を予定する条項等の無効）　次の各号に掲げる消費者契約の条項は、当該各号に定める部分について、無効とする。
一　当該消費者契約の解除に伴う損害賠償の額を予定し、又は違約金を定める条項であって、これらを合算した額が、当該条項において設定された解除の事由、時期等の区分に応じ、当該消費者契約と同種の消費者契約の解除に伴い当該事業者に生ずべき平均的な損害の額を超えるもの〔当該超える部分〕
二　当該消費者契約に基づき支払うべき金銭の全部又は一部を消費者が支払期日（支払回数が2以上である場合には、それぞれの支払期日。以下この号において同じ。）までに支払わない場合における損害賠償の額を予定し、又は違約金を定める条項であって、これらを合算した額が、支払期日の翌日からその支払をする日までの期間について、その日数に応じ、当該支払期日に支払うべき額から当該支払期日に支払うべき額のうち既に支払われた額を控除した額に年14.6パーセントの割合を乗じて計算した額を超えるもの〔当該超える部分〕

第10条（消費者の利益を一方的に害する条項の無効）　民法、商法その他の法律の公の秩序に関しない規定の適用による場合に比し、消費者の権利を制限し、又は消費者の義務を加重する消費者契約の条項であって、民法第1条第2項に規定する基本原則に反して消費者の利益を一方的に害するものは、無効とする。

第3節　補則

第11条（他の法律の適用）　消費者契約の申込み又はその承諾の意思表示の取消し及び消費者契約の条項の効力については、この法律の規定によるほか、民法及び商法の規定による。
2　消費者契約の申込み又はその承諾の意思表示の取消し及び消費者契約の条項の効力について民法及び商法以外の他の法律に別段の定めがあるときは、その定めるところによる。

> **第3章 差止請求**
> **第1節 差止請求権**
> **第12条** 適格消費者団体は、事業者、受託者等又は事業者の代理人若しくは受託者等の代理人（以下「事業者等」と総称する。）が、消費者契約の締結について勧誘をするに際し、不特定かつ多数の消費者に対して第4条第1項から第3項までに規定する行為（同条第2項に規定する行為にあっては、同項ただし書の場合に該当するものを除く。次項において同じ。）を現に行い又は行うおそれがあるときは、その事業者等に対し、当該行為の停止若しくは予防又は当該行為に供した物の廃棄若しくは除去その他の当該行為の停止若しくは予防に必要な措置をとることを請求することができる。ただし、民法及び商法以外の他の法律の規定によれば当該行為を理由として当該消費者契約を取り消すことができないときは、この限りでない。
> 　　　（第2項～第6項は省略）

> **第2節 適格消費者団体**
> **第1款 適格消費者団体の認定等**
> **第13条（適格消費者団体の認定）** 差止請求関係業務（不特定かつ多数の消費者の利益のために差止請求権を行使する業務並びに当該業務の遂行に必要な消費者の被害に関する情報の収集並びに消費者の被害の防止及び救済に資する差止請求権の行使の結果に関する情報の提供に係る業務をいう。以下同じ。）を行おうとする者は、内閣総理大臣の認定を受けなければならない。
> 　　　（第2項～第5項は省略）

> **第4章 雑則** ※旧法第11条（適用除外）
> **第48条（他の法律の適用）** この法律の規定は、労働契約については、適用しない。

> 【附則】
> 　この法律は、平成13年4月1日から施行し、この法律の施行後に締結された消費者契約について適用する。
> 【附則】（施行期日）
> 　1　この法律は、公布の日から起算して1年を経過した日から施行する。

（5）消費者契約法に関するQ＆A

> ① 賃貸借契約において、消費者契約法で消費者が保護される契約とは、どういうものですか。また、消費者が保護されない契約とは、どういうものですか。

　賃貸借契約において、消費者契約法で消費者が**保護される契約**とは、**消費者と事業者との間で締結される契約**です（**同法第2条第3項**）。
　この場合の「**消費者**」とは、事業としてまたは事業のために契約の当事者となる者を除くと規定されていますので（**同法第2条第1項**）、居住用として貸家等を借りる個人、また、事業主であっても自身の居住用として貸家等を借りる場合は、「消費者」に該当します。「事業者」には、小規模賃貸住宅経営者も含まれます。また、店舗や事務所として借りる個人も「事業者」に該当することになります。さらに、株式会社、有限会社、合名会社、合資会社などの営利法人のほか、社団法人、財団法人などの公益法人、農業協同組合等の協同組合、宗教法人、医療法人などや、国、都道府県、区市町村等の公法人、その他の団体として、民法上の組合、事業者団体、商店会、自治会等が「事業者」に該当することになります。当然に、宅建業者や管理業者も「事業者」に該当します。
　消費者契約法で消費者として**保護されない契約**とは、**消費者と消費者との間で締結される契約**、ないしは**事業者と事業者との間で締結される契約**です。
　また、「労働契約」については、同法第12条で適用除外とされています。

> ② 1棟4戸等小規模でアパートを経営している場合も、貸主は、事業者に該当するのですか。

　戸数を問わず貸家（貸室）を目的に経営している者は、小規模経営といえども、反復継続的に行われている場合は、「事業」を行っていることになり、「事業者」として取扱われます。

> ③ 賃貸借契約を締結する際、消費者契約法との関係で注意すべき点は何ですか。

事業者が契約の勧誘をする際に、下記1)～3)のような事実があり、消費者が誤認をして契約の申込みや契約の承諾の意思表示をしたとき、また、4)～5)の行為をしたことにより、消費者が困惑をし、それによって契約の申込みまたは承諾の意思表示をしたときに、**消費者は、当該「契約の申込み」や「契約の承諾の意思表示」を取り消すことができる**とされていますので注意する必要があります。

1) 事業者が、重要事項について事実と異なることを告げたことにより、消費者がその内容が事実であると誤認
2) 事業者が、重要事項について将来における変動が不確実な事項を断定的判断として提供することにより、消費者がその内容が事実であると誤認
3) 事業者が重要事項について消費者の不利益となる事実を告げなかったことにより、消費者がその事実が存在しないと誤認
4) 消費者が、事業者に対して、住居または業務を行っている場所から退去して欲しい旨（「帰ってください」「お引き取り下さい」、身振り手振りで退去して欲しい旨を示した場合等）の意思表示をしたにもかかわらず、その場所から退去しない
5) 事業者が契約締結の勧誘をしている場所から、消費者が退去するないしは退去させて欲しい旨（「帰ります」「他に用事がありますので」、身振り手振りの動作で退去する意思を示した場合等）の意思表示をしたにもかかわらず、消費者をその場所から退去させない

④ 消費者契約法との関係で、賃貸借契約に盛り込む条項で気をつけるべき点は何ですか。

　事業者が損害賠償責任を全く負わないなど、事業者側に一方的に有利・消費者側に一方的に不利な契約条項は無効となります。具体的には、前述の**「契約条項に反映すべき事項」**を参照して下さい。

⑤ 消費者契約法と、民法、宅建業法の関係はどのようになっているのですか。

　民法は、私法上の権利義務を一般的に定める一般法であるのに対して、消費者契約法は、消費者契約に関して特別の民事ルールを定めた法律で、民法及び商法の特則を設けた特別法となります。そのため、消費者契約法は、民法及び商法に優先することになります。
　消費者契約法は、民法より取消権行使の範囲を拡大し、事業者の不適切な勧誘行為などにより契約を締結してしまった消費者の保護を図ることができるようになりました。
　また、消費者契約法と宅建業法との関係は、両法律が重なって適用される場合は宅建業法などの個別法を優先的に適用すべきであると規定しています。消費者と事業者の間で締結された契約は、消費者契約法が適用されますが、宅建業法でも適用されます。

⑥ 消費者契約法の施行前に締結した賃貸借契約を更新する場合、注意する点はありますか。

　消費者契約法は、平成 13 年 4 月 1 日に施行されたものです。そのため、平成 13 年 3 月 31 日以前に締結された契約は同法の適用を受けません。ただし、平成 13 年 4 月 1 日以降に、契約が更新される場合も同法は適用されないと解されますが、消費者契約法において無効となるような条項については**修正することが妥当**と思われます。

⑦ 消費者契約法に関連する相談はどのくらいありますか。

　消費者契約法に関連する消費生活相談は、事業者の「不当な勧誘（4条関連）」と「不当な契約条項（8～10条関連）」の代表的な例とその件数について直近5年分をまとめ公表している。
　それによれば、平成19年度の「不当な勧誘（4条関連）」では、「販売方法」に関する相談のうち、代表的な販売手口等を挙げている。このうち『(1) 消費者を誤認させる勧誘』では、「虚偽説明」が36,655件、「説明不足」32,784件、「サイドビジネス商法」17,737件で、主に事業者のセールストークに問題があったものである。また、「販売目的隠匿」が22,455件、「無料商法」27,498件、「点検商法」5,871件、「身分詐称」8,588件で、主に勧誘の入り口の段階で消費者を誤認させる手口である。『(2) 消費

者を困らせる勧誘』では、「強引・強迫」行為が 50,186 件。『（3）その他不適切な勧誘』では、「二次被害」が 16,171 件、「次々販売」12,262 件、「判断能力に問題がある人の契約」6,102 件である。

「不当な契約条項（8～10条関連）」では、「契約・解約」に関する相談のうち、消費者契約法第9条1号に関連する「解約料」が 21,501 件、同法第9条2号に関連する「遅延金」11,353 件、同法第10条に関連する「保証金等」が 21,594 件となっている。

【消費者契約法に関する消費生活相談件数】

年度	平成15年度	平成16年度	平成17年度	平成18年度	平成19年度
相談総件数	1,509,884	1,919,672	1,302,178	1,111,726	1,048,673
「販売方法」に関する相談件数	650,922	872,671	582,821	479,963	425,406
「契約・解約」に関する相談件数	1,244,564	1,646,359	1,085,178	917,773	854,065
不当な勧誘・4条関連 代表的な販売手口等 （1）消費者を誤認させる勧誘：「消費者契約法」の不実告知、断定的判断の提供、不利益事実の不告知となるような販売手口の問題を含む相談。					
虚偽説明	44,473	37,766	43,826	39,696	36,655
説明不足	26,661	31,967	33,176	32,756	32,784
サイドビジネス商法	22,304	17,180	16,898	17,379	17,737
販売目的隠匿	30,138	26,809	30,449	28,621	22,455
無料商法	31,058	28,561	28,459	25,736	27,498
点検商法	11,613	11,313	11,471	7,558	5,871
身分詐称	6,296	10,748	11,273	9,795	8,588
（2）消費者を困惑させる勧誘：「消費者契約法」の不退去、退去妨害となるような販売手口の問題を含む相談。					
強引・強迫	65,044	60,669	63,160	57,968	50,186
長時間勧誘	7,944	6,780	7,497	7,302	5,485
夜間勧誘	2,628	2,133	2,335	2,406	1,868
（3）その他不適切な勧誘：ただちに現行の消費者契約法の対象とはならないが、不適切な勧誘として議論される販売方法の問題を含む相談。					
二次被害	33,853	27,671	23,637	19,803	16,171
次々販売	14,153	12,843	16,471	14,280	12,262
判断能力に問題ある人の契約	6,083	5,832	8,136	7,061	6,102
不当契約条項（8～10条関連） 解約料	15,426	15,339	18,122	18,898	21,501
遅延金	60,914	32,195	13,772	9,308	11,353
保証金等	19,792	22,517	23,504	22,712	21,594

⑧ 消費者契約法と居住用住宅の賃貸借契約に関連する裁判例はどのくらいありますか。

国民生活センター等が収集した消費者契約法に関連する訴訟のうち、居住用住宅の賃貸借契約に関連する裁判例の概要を以下に列挙します。

【消費者契約法関連判決】（「消費者契約法に関する消費生活相談件数と裁判の概要（国民生活センター）」抜粋）

	判決	事案の概要	判決の内容
1	東京簡裁 H16.7.5	賃貸アパートの居住に際し、賃料・共益費・敷金・礼金等を支払うとともに、貸主に対し内部の修繕を求めたが、補修されなかったため、契約を解約を申入れ、支払った**預入金の返還**を求めたところ、一切返還しない旨の約定があることから返還を拒絶された。	「借主の都合により解約する時には、解約日の3か月前に書面により貸主に解約届を提出しなければならず、これに従った解約をしない場合には、**借主は貸主に対し、賃料と共益費の合計の6か月を補償する旨の合意**がなされており、借主はこれに沿った解約をしていないので、返還義務はない」と貸主は主張した。しかし、当該条項は、**消費者契約法第10条により無効**とし、手付金以外の**代金の返還**を命じた。
2	京都地裁 H6.7.15	賃貸借契約の解約に際し、借主が貸主に保証金全額の返還を求めた事案で、貸主の事業者性や敷引特約の不当性が争われた。	自ら居住目的で購入した建物を転居を余儀なくされたため、賃貸したもので**反復継続性を欠く**として、貸主の**「事業者」性**（消費者契約法第2条2項）**はない**と否定した。
3	大阪簡裁 H16.11.30	「保証金」として差入れた家賃5.3か月分のうち、4.5か月分を差引く敷引特約は消費者契約法第10条により無効であるとして返還を求めた。	賃貸借契約に伴う保証金の返還について、敷引特約あるいは類似の契約に関する民法、商法上その他の法規上の任意規定はなく、また、**借主の転居は自己都合である**ことなどから、**敷引特約は信義則に反して消費者の利益**

421

			を一方的に害するものということはできないとして、返還を否定した。
4	大阪高裁 H16.12.17 （H16.3.16京都地裁判決の控訴審判決）	賃貸マンションの解約時にクロスの汚れなどの自然損耗分の原状回復費用を借主に負担させる特約を理由に、敷金を返還しないのは違法として、貸主に敷金20万円の返還を求めた。	自然損耗修繕などに掛かった費用を借主負担と定めた入居時の特約は、「自然損耗等による原状回復費用を借主に負担させることは、契約締結にあたっての情報力及び交渉力に劣る借主の利害を一方的に害する」と判断し、**消費者契約法第10条に照らして無効**とし、全額返還するように命じた。なお、本件契約は、平成13年4月の消費者契約法施行前だったが、**施行後に合意更新されていることから、消費者契約法は適用できる**との判断も示した。消費者契約法に基づき自然損耗分を借主負担と定めた特約自体を無効とした全国で初めての判決である。
5	大阪高裁 H17.1.28 （H16.6.11京都地裁判決の控訴審判決）	通常の使用に伴う自然損耗分も含めて借主負担で契約開始当時の原状に回復する旨の特約のある賃貸借契約の解約に際し、当該特約が無効であるとして敷金の返還を求めた。	原状回復の要否の判断が、専ら貸主に委ねられていることや、貸主が借主に代わって原状回復を実施した場合に借主が負担すべき費用を算出する基礎となる単価について、上限の定めがないことに加え、集合住宅の賃貸借において、**入居申込者は貸主側の作成した定型的な契約条項の変更を求めるような交渉力を有していない一方、貸主は将来の自然損耗による原状回復費用を予測して賃料額を決定するなどの方法を採用することが可能**であることなどから、当該特約はその具体的内容について客観性、公平性及び明確性を欠く点において信義則に反する程度に消費者の利益を一方的に害するものとして**消費者契約法第10条により無効**とされた。
6	千葉簡裁 H17.3.1	敷金等の返還請求に対し、貸主が賃貸借契約書に、借主が原状回復し貸主がその原状回復を承認したときを明渡し日時とする旨、及び前記承認まで借主は賃料の倍額相当の損害金を支払う義務がある旨の条項があることを主張した。	社会一般に通常行われている賃貸借契約に比し、**借主に特に義務を負わせる条項が有効であるためには、借主に対しその義務の内容を説明し、借主がその義務を十分に理解し、自由な意思に基づいて同意したことが必要**であるとし、これを認めるに足る証拠はないとして、同条項は借主の意思を欠き無効であるとして、**返還請求を認めた**。また、原状回復条項について、自然損耗まで借主に負担させるものと定めたものではないとして、適用を制限した。
7	佐野簡裁 H17.3.25	賃貸借契約終了に伴い借主が貸主に対して**敷金の返還**を求めたところ、貸主が自然損耗分の修繕費を負うという**特約を根拠に返還を拒んだ**ため、敷金全額の返還を求めた。	自然損耗分の修繕まで借主の負担とするためには、**契約締結にあたり、その義務内容について借主に十分な説明**がなされ、その**内容を認識して承諾し、義務負担の意思表示をしたことが必要**であり、そのような特別の事情がなければ、**修繕特約は通常は貸主の修繕義務を免除したに止まる。借主が特別な義務を負担するとの部分は借主の意思を欠き無効**である。また、借主側の故意または過失に基づく汚損や損耗に止まらず、通常の使用による**損耗や経年変化による劣化・汚損・損耗等の自然損耗についても借主に原状回復義務を負担させる本件修繕特約**は、民法規定の適用の場合に比し、消費者である**借主の義務を加重する消費者契約の条項**であって、これら民法で認められている範囲を超えて借主に原状回復義務を課す条項部分は、これを正当化ならしめる**特段の事情が認められない限り**、民法第1条2項に規定する信義誠実の原則に反して消費者の利益を一方的に害する条項であり、**消費者契約法第10条により無効**であるとした。
8	京都地裁 H17.9.27	敷金20万円余りの返還を求めた。原状回復条項が公序良俗違反、消費者契約法第10条違反かどうかが争われた。	本件賃貸借契約が消費者契約法施行後に合意更新されていることから、同法の適用を受けるとし、**自然損耗分を借主負担と定めた部分を消費者契約法第10条に違反する**とし、返還請求を認めた。
9	枚方簡裁 H17.10.14	敷金25万円の返還請求に対し、賃貸借契約の敷引特約（敷引25万円）は、自然損耗については貸主が負担すべきであるとの説明がされておらず、敷引特約の趣旨や内容を理解して合意したものではなく、信義則に反して消費者	本件**敷引特約が、借主の故意過失によらない損耗まで負わせるものであること、借主には敷引特約のない物件を自由に選択できる状況にないのが現状であること、いわば借主の無知を利用して貸主の有利な地位に基づき一方的に借主に不利な特約として締結されたものであり借主の真の自由意思によったものとはいえず、信義に反する**

422

		の利益を一方的に害する条項であり消費者契約法第10条により無効であると保証金（敷金）の返還を求めた。	等として、**消費者契約法第10条に違反する**とし、返還請求を認めた。
10	福岡地裁 H17.10.24	敷金22万5,000円ほかの返還を求めた。入居期間の長短を問わず75%を敷金から差引くとの敷引条項が公序良俗違反、消費者契約法第10条違反かどうかが争われた。	敷引について、新たなる借主のために必要となる賃貸**物件の内装等の補修費用の負担等は、貸主と借主との間の利害を調整し、無用な紛争を防止するという一定の合理性があることは否定できない**としつつ、**自然損耗部分は借主に二重に負担させることになってしまう**とし、実際の補修工事費用として貸主が挙げているものについて目的物の通常使用に伴う自然損耗を超える損耗の補修に要する費用であると直ちに断定しがたいこと等から、**75%もの敷引には正当な理由がない**とし、**敷金の25%を超える控除部分は消費者契約法第10条に反して無効**であると、75%の部分の返還請求を認めた（一部無効）。
11	東京地裁 H17.10.26	貸主が借主に対し、更新料の支払を求めた。なお、契約期間は2年間、家賃5万5千円、更新料は家賃の1か月分。	以下の理由から、**更新料特約**は、消費者契約法及び借地借家法の趣旨に反し、借主に不利な特約、または民法第1条第2項に規定する基本原則に反して**消費者の権利を一方的に害する特約であるとはいえない**として、更新料の支払請求を認めた。 ① 期間の定めのない契約となり解約の申入れから6か月で契約が賃借権終了する契約関係になることを防ぎ、**借主の契約期間2年間の賃借権を確保するもので、借主の権利を実質的に強化するものである**と評価できる。 ② 更新料の支払は、**借主の権利を実質的に強化することに対する対価**で、貸主側からみれば、強化された契約関係を承諾することに対する対価と考えられる。 ③ 更新料金額が、**家賃1か月相当分**であることを考慮。
12	明石簡裁 H17.11.28	賃貸借契約に伴う解約引（**敷引**）特約で差引かれた25万円の返還を求めた。敷引特約が消費者契約法第10条違反かどうか争われた。	以下の理由から、**全額の返還請求を認めた**。 ① 敷引条項は、借主に対し賃料以外の金銭的負担を負わせるものである。 ② 敷引が関西地方で長年の慣行になっている、その他、敷引の合理性として主張する点（**謝礼、自然損耗の修繕費用、更新料免除の対価、空室補償、賃料を定額にすることの代償**）について、いずれも合理性を認めがたく、**本件敷引特約は、借主の義務を加重する条項に該当し、消費者契約法第10条により無効**である。
13	東京簡裁 H17.11.29	敷金返還請求。自然損耗部分の修繕費用を借主の負担とする条項が消費者契約法第10条違反かどうか争われた。	以下の理由から、本件**原状回復条項が消費者契約法第10条に違反する**として、全額の返還請求を認めた。 ① 自然損耗等の原状回復費用を**借主に負担させることは借主に二重の負担を強いる**ことになる。 ② 原状回復条項は、自然損耗等に係る原状回復をどのように想定し、**費用をどのように見積もるのか、借主に適切な情報が提供されておらず**、貸主が汚損、破損、回復費用を要すると判断した場合には、借主に関与の余地なく原状回復費用が発生する態様となっている。**借主に必要な情報を与えられず、自己に不利益であることが認識できないままされた合意は、借主に一方的に不利益**であり、この意味でも信義則に反する。
14	尼崎簡裁 H17.12.6	敷金35万円の返還を求めた。25万円を敷金から差引くとの敷引条項が消費者契約法第10条違反かどうか争われた。	以下の理由から、24万5千円の返還請求を認めた。 ① 敷引について、**契約成立の謝礼、更新料免除の対価、空室損料との主張には合理性がない**。 ② 賃料を低額にすることの代償との主張は、**関西地方での敷引が長年の慣習**となっており一定の合理性が認められ、**関西地方では敷引があることを前提に賃料が低く設定されており、不合理ではない**。 ③ 敷引特約は、保証金の額、敷引金額や控除割合、契約期間等を総合考慮して、敷引金額が適正であればその限度で有効であり、**適正額を超える部分のみ消費者契約法第10条違反となる**。

			④ 本件では、保証金の71%を控除していること、賃料の約4か月分、契約期間が1年との事情から、**適正な敷引金はせいぜい保証金の3割の10万5千円である**。
15	福岡簡裁 H18.3.27	マンションの居室賃貸借契約で、中途解約した借主が、敷金及び違約金の返還を求めた。敷引特約(家賃の3か月分、15万6千円)及び中途解約違約金特約(家賃1か月分)の効力が争われた。	以下の理由から、**敷引特約は消費者契約法第10条により無効**であるとして**返還請求を認め、違約金特約は有効**であるとして**違約金は返還請求が認めなかった**。 ① 敷引特約は、**合意内容が当事者間において明確で、合理性があり、借主に一方的に不利益なものでなければ、直ちに無効とはいえない**。 ② しかし、**敷引には合理性はない**。 ③ **賃貸借期間1年以内の借主による一方的解約は、貸主に不測の損害を与える**こと、1か月前の予告があったとしても、新たな借主を見つけるには2か月程度を要することから、本件**中途解約違約金特約は消費者契約法第9条1項、第10条に反しない**。
16	木津簡裁 H18.4.28	敷金返還請求。敷引特約(35万円から30万円を差引く)の効力が争われた。	以下の理由から、**敷引特約が消費者契約法第10条違反により無効**であるとして**返還請求を認めた**。 ① 敷引特約は、その合意内容が当事者間において明確で合理性があり、**借主に一方的に不利益なものでなければ、直ちに無効とはいえない。阪神地区の慣行として存在するのも事実である**。 ② しかし、まだまだ貸主、借主間は**対等の立場で契約をすることは困難**である。 ③ **敷引には合理性がない**。
17	枚方簡裁 H18.5.19	建物賃貸借における保証金の返還請求。保証金45万円のうち30万円を控除するとの条項の効力が争われた。	以下の理由から、当該条項について、賃貸物件の価値を高めるものではなく、また、賃貸期間の長短に関係なく借主が交替するごとに生じる費用(例えば仲介手数料)は有効であるが、それ以外は**消費者契約法第10条に違反により無効**であるとして、**その部分について、返還請求を認めた**。 ① 民法に、借主に賃料以外の金銭的負担を負わせる旨の明文がないから、**借主の義務を加重する条項である**。 ② 貸主側、借主側の事情を検討すると、**賃貸期間の長短に関係なく借主が交替するごとに生ずる費用は、借主に負担させることも合理性があり、消費者の利益を一方的に害するとはいえない**。
18	大阪地裁 H18.6.6 〔大阪簡裁 H17年(ハ)第70334号の控訴審判決〕	建物賃貸借契約における保証金返還請求。保証金35万円のうち25万円を控除するとの条項の効力が争われた。	敷引特約は、特段の合理性、必要性がない限り**消費者契約法第10条に違反により無効**であり、**本件でも合理性を認められない**とした。 なお、原審では、保証金の3割相当額の敷引を有効としていたものを、全部無効としたが、借主側の控訴・附帯控訴がなかったため、控訴棄却となっている。
19	大津地裁 H18.6.28	建物賃貸借契約における敷引返還請求。敷引特約が消費者契約法第10条に違反するか否かが争われた。	以下の理由から、**敷引特約は消費者契約法第10条に違反するとして、全額の返還請求を認めた**。 ① 消費者契約法第10条は、民法の一般条項によっては無効とならない条項でも、事業者と消費者との間の**情報力・交渉力の格差により、消費者の利益が不当に侵害されるものと評価される場合には無効とするとして消費者の利益を擁護する趣旨**である。 ② したがって、民法、商法の規定に比べて過大な負担を負わせる条項がある場合は、事業者側で「消費者が**法的に負担すべき義務の対価であること**」「契約締結時までに、その旨の情報が提供され、格差が是正され、消費者が契約締結後に初めて**契約締結時に予定していたよりも不利益な状態に陥ったとはいえないこと**」を立証すれば、消費者契約法第10条違反にはならない。 ③ 賃料の一部前払い、更新料免除の対価、礼金という性質があるとする主張には、**合理性がなく、説明もない**。
20	大阪地裁 H18.12.15	借主が、敷引契約に基づき差入れた保証金(敷金)45万円のうち、敷引特	本敷金特約は、敷引をする趣旨が合理的なものと認められ、かつ敷引契約締結時に、敷引の趣旨が借主に説明

424

		約に従って控除された未返還部分30万円についての返還を求めた。	されて、借主も了解しているなどの特段の事情がない限り、信義則に反して借主の利益を一方的に害するものと解すべきであるが、**本件では特段の事情は認められない**。 よって、**本件敷引特約**は、民法、商法その他の公の秩序に関しない規定の適用による場合に比べ**借主の権利を制限する消費者契約の条項**であり、かつ、信義則に反し**借主の利益を一方的に害するもの**といえるから、消費者契約法第10条により**無効**である。
21	西宮簡裁 H19.2.9	賃貸借契約にある**敷引特約**は、消費者契約法第10条に**無効**であるとして、**敷金の返還**を求めた。	**敷引特約**は、その有無、性質、内容が様々であり、**関西地方において慣習法化されていると認めるに足りる状況ではない**。原状回復費として認められない**経年変化による通常損耗部分の補修費等**は、原則として貸主の負担すべきもので、借主が当然に負担すべき性質のものとは考えられない。 敷引特約は、賃貸借の対価として賃料を支払っているにもかかわらず、**敷引金が敷金の約62.5％、毎月の賃料の約3.7倍**であること、**賃貸借期間の長短や契約終了事由にかかわらず、また、損害の有無にかかわらず、無条件で当然に差引かれる**。したがって、敷引特約は消費者契約法第10条により**無効**であると判断した。
22	京都地裁 H19.6.1	居住用マンションの賃貸借契約終了に伴い、貸主が預託された保証金から清掃費用、原状回復費用、解約手数料を控除して借主に返還したところ、借主が貸主に対し、保証金全額の返還を求めた。	① 本件原状回復特約の条項中、**通常の使用による損耗に対する原状回復費用を借主負担とする部分**は、借主の義務を加重し、信義則に反して借主の利益を一方的に害するものであるから、**消費者契約法第10条により無効**というべきであるとし、借主には支払い義務がないとした。 ② 本件物件は、居住用マンションであり、**貸主はこれを継続反復して賃貸していること、及び借主による解約申入れから45日間は契約が継続されていることを考慮**すれば、借主の途中解約によって、**貸主に損害が生じるとは認められない**から、本件解約手数料特約は、消費者契約法第9条1号に反して無効であり、借主には支払義務がないとした。
23	京都地裁 H20.8.27	定額補修分担金額特約により控除された金員の返還請求。 同分担金特約は、借主の義務を加重し、信義則上、借主の利益を一方的に害するものか否かが争われた。	以下の理由から、本件定額補修分担金額特約が消費者契約法第10条により無効であるとする借主の主張は**理由がなく、採用できない**。 ① 本件特約は、借主が故意又は重過失により物件を汚損や損耗した場合の回復費用のうち、定額補修分担金額を超過した場合を除き、貸主は、退去時に費用の追加負担を求めないとの合意である。 ③ 借主の故意又は重過失に基づく回復費用は、二重取りの可能性がないことは明らかである。 ④ 借主負担部分の合計が分担金額を下回るときは、借主が民法の定めるよりも過大な経済的負担をすることとなるのに対し、借主負担部分の合計が**分担金額を超えるときは、貸主が民法の定めるよりも過大な経済的負担をすることとなるから、借主の利益のみが一方的に害されるものとはいえない**。 ⑤ **借主負担部分が分担金額を超えない限りは退去時に貸主から回復費用の追加請求をされない**ほか、借主負担部分が分担金額を超えた場合でも、自己の軽過失に基づく回復費用のときは、貸主から追加請求されることはなく、分担金額所定金額と実際の軽過失に基づく借主負担部分との差額につき損害賠償義務の免除という利益を受けられることになる。 したがって、**本件特約は、借主の利益のみが一方的に害されるものとはいえない**。 ⑥ 本件特約が損害賠償の予定という性質を有し、一定程度の紛争予防機能を有していることや、賃貸借契約では、敷金（保証金）として、借主から貸主に対し、交付された金員はなく、借主は、敷金（保証金）として一定額の金員を利用できないという経済的不利益を

| | | 免れていることなども総合考慮すると、本件特約が信義則上、**借主の利益を一方的に害するものであるとは認められない。** |

⑨ 改正法により、何が変わったのですか。

　一つ目は、法律の目的に、「消費者の被害の発生又は拡大を防止するために、適格消費者団体が事業者等に対して差止請求をすることができる」ということが付け加えられました。

　二つ目は、申請に基づき内閣総理大臣が適格消費者団体として認定するものであること。その団体は、消費者の利益擁護を図る活動を行い、相当期間にわたり継続して適正な活動を行っている特定非営利活動団体または公益法人でなければならないとされています。

　三つ目は、適格消費者団体は、事業者等が不特定かつ多数の消費者に対して消費者契約法に規定する不当勧誘行為または不当条項を含む消費者契約の締結を現に行い、または行うおそれがあるときは、当該行為の差止請求をすることができることになったことです。

　なお、平成21年12月現在での認定団体は、以下の7団体となっています。

【平成19年8月23日認定】　特定非営利活動法人　消費者機構日本（東京都千代田区）
【平成19年8月23日認定】　特定非営利活動法人　消費者支援機構関西（大阪市中央区）
【平成19年11月9日認定】　社団法人　全国消費生活相談員協会（東京都港区）
【平成19年12月25日認定】特定非営利活動法人　京都消費者契約ネットワーク（京都市中京区）
【平成20年1月29日認定】　特定非営利活動法人　消費者ネット広島（広島市中区）
【平成20年5月28日認定】　特定非営利活動法人　ひょうご消費者ネット（神戸市中央区）
【平成21年3月5日認定】　特定非営利活動法人　埼玉消費者被害をなくす会（さいたま市浦和区）

第4編　収納・督促業務

（目　次）

第4編　収納・督促業務 ·· 427
第1章　賃料等収納業務 ·· 429
　1　賃料の収納（支払）方法 ··· 429
　　（1）預金口座振替（自動引落し）による賃料等の収納 ······················ 430
　　（2）貸主の指定する預金口座への振込1（送金）による賃料等の収納（支払）······· 432
　　（3）自動送金による賃料等の支払 ·· 433
　　（4）管理業者の預金口座への振込2（送金）による賃料等の収納（支払）······· 433
　　（5）貸主の指定する場所まで、借主に賃料等を持参させる収納方法 ············ 434
　　（6）集金による賃料等の収納方法 ·· 435
　　（7）集金事務代行業者（金融機関連会社）による収納方法 ···················· 438
　2　賃料の支払期日について ··· 439
　3　収納した賃料（収納金）の管理・保管［管理業者が、直接、収納する場合］······· 439
　4　収納した賃料等の貸主への引渡（送金）［管理業者が、直接、収納する場合］······· 439
　　（1）貸主への賃料等の引渡（送金）時期 ·· 439
　　（2）貸主への引渡（送金）方法 ··· 439
　　　　○賃料収納業務フロー ··· 441

第2章　督促業務 ·· 450
　1　督促業務の意義 ··· 450
　2　督促業務の一般的方策 ·· 450
　（1）未払賃料の発生防止としての督促業務 ·· 451
　（2）未払賃料の督促業務 ··· 453
　（3）まとめ ··· 457
　3　その他 ··· 458
　（1）遅延損害金について ··· 458
　（2）滞納賃料と敷金の途中充当について ·· 458
　（3）連帯保証人に対する債務の履行の請求について ···························· 459
　　　　○督促業務フロー ··· 461

第1章　賃料等収納業務

> 賃料の徴収は、賃貸経営の根幹にかかわる事柄である

　賃貸住宅の賃貸借契約の基本は、
① 貸主は、借主に使用収益するに足る住宅を継続して提供し
② 借主は、貸主にその対価である家賃を期日までに支払う
ことです。
　貸主にとっては、借主が住宅をその用方に従って使用するとともに当該住宅が共同住宅であれば、他の居住者と円満な共同生活を営んでくれることが賃貸住宅の経営にとって大切な要件ですが、最も大切な要件は、借主が、月々の賃料を期日までにきちんと支払ってくれることです。そのため、貸主は勿論のこと仲介業者である宅建業者も借主の選定については、日夜、頭を痛めているというのが実態です。
　全ての貸主及び宅建業者は、借主の決定に当たって、
① 当該賃料を支払うに足る収入を継続して確実に得られる人
② かつ、借主と同等若しくはそれ以上の収入または資産があり、借主の債務について連帯して履行できる誠実な保証人を提供できる人
であるかどうかを重要な指標としています。このように、借主にとって、厳しい入居資格によって入居させたにもかかわらず、賃料等の確実な収納ということに関しては、貸主にとって、なお、心休まらない問題といえます。
　賃料の収納状況は、賃貸住宅の需給状況による入居基準の変更や景気の好・不況等による借主の収入の増減等、諸情勢の変化に対して敏感に反応しますので、賃料の収納が順調な時も気を抜くことができません。

1　賃料の収納（支払）方法

> 収納方法とそのメリット、デメリットを知ること

　借主が、住宅を使用収益する対価として賃料を支払う義務を負っていること**（民法第601条）**は、賃貸借契約の根幹をなすものです。通常、賃貸借契約書において、この賃料の支払方法については、「貸主の定める方法による」旨が定められています。勿論、賃料の支払方法については、通常行われている方法であれば、どの方法によるかは貸主が一方的に定めることができます。そして、できることなら、全ての借主に対して、同一の方法により支払ってもらうのがベストといえます。
　ところで、賃料等の収納業務を貸主から受託している宅建業者があり、借主から徴収する賃料等を一度、業者の口座等に振込ませ、その後、収納状況を整理したうえで、賃料等を貸主に引渡している場合もありますが、できれば、業者が預かることがないよう、直接、貸主が受領できる方法を取ることが望ましいと考えます。
　例えば、後述するように、自動振替による方法とか振込による方法を採用する場合は、直接、貸主の口座に振込ませるようにしましょう。
　なお、支払方法に関して特段の定めがないときは、借主は、貸主が現に居住している場所に持参して賃料等を支払うことになります**（民法第484条）**。
　賃料の収納業務を受託する管理業者（宅建業者）としては、
① その収納（支払）方法の確実性の度合い
② 収納（支払）情報の把握に要する時間及びコスト

③ その収納（支払）方法に掛かるコスト

などを勘案して最善の方法を決めることになります。

　この場合、もう一つ大切な要素として考慮したいのは、借主の支払う立場からの「支払い易さ」ということです。そして、この「支払い易さ」は、借主のその時々の状況により変化するということも合わせて考慮に入れておくことが大切です。どのような場合にも、100％思いどおりにはいかないものです。厳しい入居基準を設け、誠実で確実な収入のある人を入居させたはずにもかかわらず、ある一定数以上の戸数になると、支払期日どおりに支払ってもらえる率が100％というのは至難のことであり、毎月一定の割合の借主が、期日を越えて支払うという事態に直面することになります。この一定割合の借主の中には、「うっかり」とか「初めて」という人が常に一定の割合で含まれています。したがって、毎月の収納率が100％であるということは、その貸主または管理業者の並々ならぬ努力の「たまもの」といえますが、それ以上にすばらしい借主に恵まれたというべきです。

　現在、一般的に採用されている収納（支払）方法には、次のようなものがあります。
　（1）　預金口座振替（自動引落し）による方法
　（2）　貸主の指定口座への振込による方法
　（3）　自動送金による方法
　（4）　管理業者の指定口座への振込による方法
　（5）　持参払いによる方法
　（6）　（貸主または管理業者による）集金による方法
　（7）　収納事務代行業者に委託し集金する方法

以上7つの方法が考えられますが、それぞれ長所、短所、メリット、デメリットがあります。これらの長所、短所あるいはメリット、デメリットについては、十分周知されていることを承知のうえで敢えて整理しておきます。

　このほか、近年は、金融会社等が行っている集金システムを利用するケースが増えてきていますが、中には、「**1か月以上滞納**した時は貸室の鍵を取替える」など**消費者契約法等の規定により無効**となるような条項を盛込んだ契約書を使用している例も見受けられます。このようなシステムを利用する場合は、苦情やトラブルに巻き込まれるおそれがありますので、行き過ぎた条項がないかどうかを十分に確認する必要があります。

（1）**預金口座振替**（自動引落し）**による賃料等の収納**

> 公共料金等の収納方法として用いられている自動引落しを利用する場合

　電気、ガス、水道、電話、ＮＨＫ、各種クレジットなど、定期的または継続して、個人が、法人に対して金員を支払う方法として最も一般的で、かつ普及している方法です。

　迅速、かつ効率の良い確実な集金が、可能な方法ですが、支払者の指定する預金口座から集金業者の指定する金額を引落し、当該金額を集金業者の指定する預金口座へ振込む処理をコンピューターにより行いますので、集金口数が大量で、かつ集金する総金額が相当程度まとまっていなければ、コストが賄えないことになります。

　この預金口座振替の仕組（次頁図1）及び事務処理は、概ね次のようになっているようです。
① 貸主（管理業者）と銀行（支店）との間で、賃料等の「預金口座振替に関する契約」を締結します。
② 貸主と借主との間で、住宅の「賃貸借契約」を締結します。この場合、貸主は、「賃料等」の支払方法等について「預金口座振替」による方法を指定します。
③ 管理業者は、取扱銀行所定の「預金口座振替依頼書」**【様式24参照】**を借主に渡し、借主は、「預金口座振替依頼書」の該当欄に預金の種類、預金口座番号、口座名義人名（原則、貸主名）を記入し、銀行届出印を押印のうえ、借主が、取引しているＡ銀行の本支店で当該預金口座が真正であることを証明してもらった後、管理業者に同依頼書を提出します。なお、借主が、Ａ銀行と取引がない場合は、借主名義の預金口座をＡ銀行のいずれかの支店に開設後に「口座振替」の手続をとることになります。

【図1　預金口座振替の仕組み】

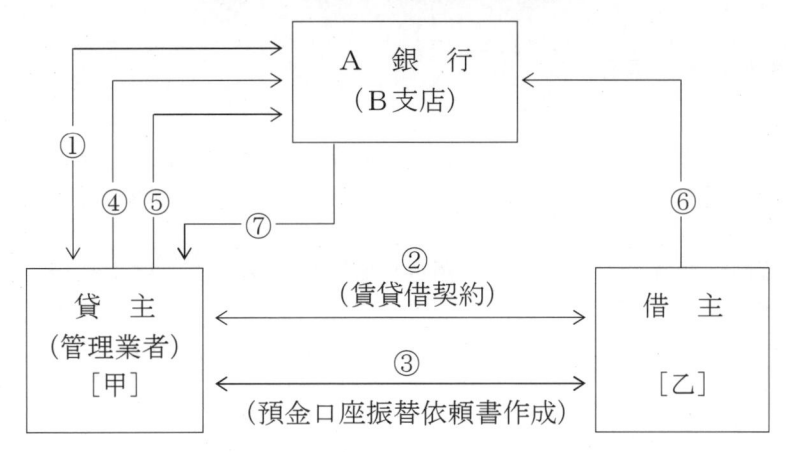

```
                    ┌─────────────┐
         ┌─────────→│   Ａ　銀　行  │←─────────┐
         │  ┌──────→│   （Ｂ支店）  │          │
         │  │ ┌────→└─────────────┘          │
         ①  │ │   │ │  │                     │
         │  ④ ⑤  ⑦                          ⑥
         │  │ │   │                           │
         │  ↓ ↓   ↓                           │
    ┌─────────┐         ②           ┌─────────┐
    │  貸　主  │←──────────────────→│  借　主  │
    │ （管理業者）│      （賃貸借契約）    │   ［乙］  │
    │  ［甲］  │←──────────────────→└─────────┘
    └─────────┘         ③
                  （預金口座振替依頼書作成）
```

④ なお、管理業者の預金口座に賃料等を振替させる場合には、管理業者は同依頼書に「収納企業」として必要事項を記入し、Ａ銀行Ｂ支店に提出し「預金口座振替」にかかる事前手続を行います。

⑤ 管理業者は、「振替日」（引落日）の数営業日前に振替内容を銀行所定の方法により、通知します。

⑥ 借主は、賃料等の「振替日」に間に合うよう当該預金口座に入金します。「振替」当日、Ａ銀行で、借主の依頼と管理業者からの請求金額に基づき、借主の「預金口座」から当該賃料等相当額を引落し、貸主指定の預金口座へ当該額を入金します。また、「振替え手数料」を貸主の預金口座から引落します。

⑦ Ａ銀行から貸主（または管理業者）に「振替結果」が通知されます。なお、「振替結果」は、振替え後、数営業日後となります。

自動引落しの場合のメリットとデメリット

この「預金口座振替」による収納（支払）方法の**メリット**としては、

① 借主は、１回手続をすれば良く、以降は、当該預金口座の残高管理をするだけで確実に賃料の支払いができる。
② 現金を手にしないので、紛失等のおそれがなく安全である。
③ 毎月決まった日に、全借主の賃料等の振替ができるので、収納状況を一括して把握できる。
④ 貸主への賃料等の送金が、迅速、かつ確実にできる。

などがあります。また**デメリット**としては、

① 賃料の支払日が、限定され、給与支払日等、借主の事情に合わせた支払日（振替日）の設定が、難しい場合がある。
② 振替手数料は、収納者（貸主）負担であり、収納に伴うコストが掛かる。その他、毎月「預金口座振替請求リスト」を作成し、銀行へ提出する等の事務処理がある。
③ 収納結果が分かるまで事務処理上のタイムラグがあり、未払者に対する支払督促が遅れる。
④ 銀行から送付されてくる「預金口座振替結果リスト」の記載項目は、借主の預金口座番号、口座名義人名（カタカナ表示）、振替金額などで、振替済借主等の確認に時間が掛かる（対象者の数による）。
⑤ 振替日に預金口座からの振替ができなかった借主に対しては、他の収納（支払）方法を用意しておく必要がある。

などがあります。

(2) 貸主の指定する預金口座への振込１（送金）による賃料等の収納（支払）

> 指定口座への振込を利用する場合

　企業間、個人間の送金方法として、また、個人から企業等への１回限りの支払い方法として一般的に利用されている方法です。テレビや雑誌による物品販売など、いわゆる通信販売の支払方法として利用されています。

　これは、借主が、賃料等を貸主の指定する「預金口座」に振込むことにより行う方法です。

　借主は、賃料等の支払期日が迫ってきたら、最寄りの銀行窓口において、銀行備え付けの「振込書」**【様式25参照】**に、貸主の指定する銀行、支店名、口座番号、当該口座の名義人名、賃料等の振込金額、振込人氏名・住所等必要事項を記入のうえ、賃料等相当額の現金と振込手数料を添えて、窓口に「振込書」を提出します。窓口での処理が完了すると、振込人に対して「振込金（兼手数料）受取書」が交付されます。借主にとって、この「受取書」が賃料等の支払いの「領収書」となります。振込先銀行へは、振込人名、振込先口座番号、金額が通知され、貸主指定の預金口座に当該金額が入金処理されます。この場合、貸主等（口座名義人）に対する入金通知はありませんので、当該預金通帳に入金状況を出力して確認します。なお、銀行によっては、有料で毎月１回定期的に入金状況をリストにして通知してくれるサービスを行っているところもあります。

　また、振込手数料は、同一銀行の他支店と他行の支店への振込みの場合、異なるとともに振込金額により異なります。さらに、自動振込機により振込む場合は、窓口で振込む場合よりも振込手数料が安い銀行があります。

> 指定口座への振込を利用した場合のメリットとデメリット

　この振込（送金）による賃料等の収納（支払）の**メリット**としては、
① 貸主の指定する「預金口座」の銀行と取引がない借主でも、当該銀行のいずれの本支店窓口でも振込みができ、また、手数料の差異を気にしなければ、全国どこの銀行窓口からでも振込が可能である。
② 賃料等の支払期日が月末であれば、借主の給与の受領に合わせて賃料等の支払い（振込）ができる。
③ 貸主（管理業者）にとって、集金コストの一部について借主に転嫁できる。

などがあります。また**デメリット**としては、
① 立地条件の良い店舗の窓口は、常時混み合っており、振込手続に若干の時間を要するため、ずるずると振込手続が遅れるおそれがある。
② 振込日が、借主の任意の日となり、また、入金状況は、預金通帳の打出しをもとに行うため、入金の確認に時間が掛かる。
　　入金通知サービスを利用する場合、入金結果の入手は、支払期日から数営業日遅れる。なお、送信内容は、入金日、振込人（借主）名（カタカナ表示）、振込金額（賃料等）程度であり、やはり、収納済者の確認等の事務処理に時間が掛かる。
③ 振込手数料の毎月の負担は、借主にとって小さい額とはいえず、トラブルの火種となるおそれがある。

などがあります。

（3）自動送金による賃料等の支払

> 金融機関の自動送金システムを利用した場合

　賃料等の収納方法としては、前記2の「口座振込」による収納方法ですが、相違は、相手先の「預金口座」への月々の振込送金について、金融機関が設けている「自動送金」システムを利用して、月々の振込の手間を省こうというものです。
　この「自動送金」システムの仕組（図2）は、次のとおりです。

【図2　自動送金の仕組み】

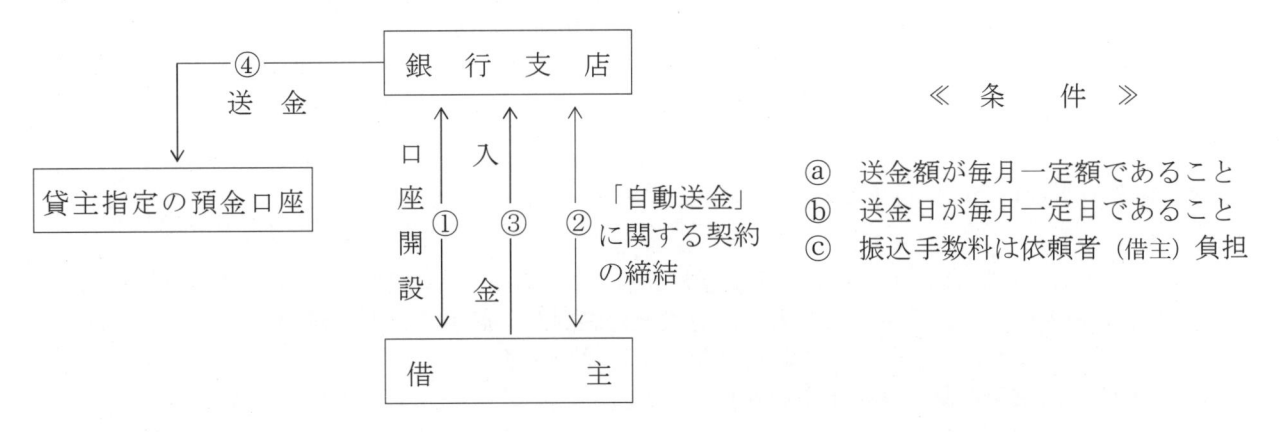

```
         ④           ┌─────────┐
     ←───────   │ 銀 行 支 店 │
       送　金       └─────────┘
                        ↑ ↑ ↑
┌─────────┐      口 入 「自動送金」
│貸主指定の預金口座│      座 ①③ ②に関する契約
└─────────┘      開   金    の締結
                        設
                        ↓ ↓ ↓
                   ┌─────────┐
                   │ 借   　　主 │
                   └─────────┘
```

≪　条　件　≫

ⓐ　送金額が毎月一定額であること
ⓑ　送金日が毎月一定日であること
ⓒ　振込手数料は依頼者（借主）負担

① 手数料の相違はありますが、現在、取引している「預金口座」を利用することもできます。
② 取引銀行の支店（預金口座のある支店）と「自動送金」に関する契約を締結します。送金額、送金日（引落日）、送金先、手数料などについて取決めます。
③ 必要に応じて入金します。
④ ②の取決めにそって、預金者（借主）の預金口座から送金額（賃料等相当額）と手数料（相当額）を引落し、賃料等相当額を貸主指定の預金口座へ送金（入金）します。

> 自動送金システムを利用するメリット、デメリット

　この方法によるメリット、デメリットは、前記（2）の場合と同じですが、その他、
① 振込の手間が不要である（借主の**メリット**）。
② 毎月決まった日に入金となるので入金状況の把握が容易である〔貸主（管理業者）**メリット**〕。
③ このシステムは、依頼者（借主）と銀行との契約に基づくものであるため、入金通知サービス（有料）の対象外となり、入金確認は、預金通帳への打出しにより行うこととなる〔貸主（管理業者）**デメリット**〕。
などがあります。

（4）**管理業者の預金口座への振込2**（送金）**による賃料等の収納**（支払）

> 貸主が指定する預金口座に振込ませる場合

　（2）の口座振込では、収納者の手元に当該振込人が振込んだという「証拠書類」は残りません。また、収納金の確認は、預金通帳に出力されている金額により行うこととなり、確認が手間取ったり、さらに、入金額を何らかの種類別に集計する場合、その分類に手間取り、多くの時間を要することがあります。
　このように、入金内容の「証拠書類」として、また、例えば、商品別に入金額を集計・整理するなどのため、振込人毎の振込内容を明記した「入金通知書」を入金（送金）とともに、取引銀行支店

から送付してもらうようにしたことがこの方法です。

この方法を利用する場合は、
① 管理業者は、取引銀行支店と「振込用紙」の様式について協議し、取扱いができる当該管理業者専用の「振込用紙」を作成します。
② 「専用振込用紙」は、3枚または4枚1組の複写式としたり、ミシン目や切取り線を入れた3連または4連形式としたりして作成します。
③ なお、様式は、銀行が作成している「振込依頼書」に準じたもの【様式26参照】とし、相違は、管理業者用の「入金通知書」が加わるだけです。
④ この専用振込用紙は、管理業者自ら作成することになっていますので、振込先など記入内容が決まっているものについては振込人の手間を少しでも省くため、また、指定口座に確実に入金されるようあらかじめ該当欄にその旨を印刷している場合が一般的です。
⑤ 賃貸借契約を締結したら、借主にこの「専用振込用紙」を渡し、当該振込用紙で賃料等を振込んでもらいます。なお、この「専用振込用紙」は、何か月分かまとめて借主に渡してもよく、また、事前の支払催告を兼ねて毎月送付するというやり方もあります。

> 管理業者の預金口座に振込ませるメリット、デメリット

この振込2による収納（支払）方法の**メリット**としては、(2)の「口座振込1」のメリットの他に、
① 入金通知書により、借主一人一人の入金状況の確認が、簡単に、かつ確実にできる。
② 貸主別等種類別の入金状況の確認及び集計が容易である。
③ その他、収納報告資料等の作成が容易である。
などがあります。

デメリットとしては、(2)の「口座振込1」のデメリットの他に、
① 「専用振込用紙」の作成代が必要であり、管理戸数が少ない場合は、コストが割高となるおそれがある。
② 取扱銀行が、「取引銀行」の本支店に限られる。したがって、取引銀行の選択が大切となる。
などがあります。

(5) 貸主の指定する場所まで、借主に賃料等を持参させる収納方法

> 指定する場所まで借主に持参させる場合

持参払いは、地場の小企業や個人商店間での代金の支払い、電気、ガス、電話等料金の支払いで「口座振替」を利用しない人に対して請求書を送付し、利用者は、支払期日までにその請求書を供給事業者の営業所または出張所まで出向いて支払うというのが、この方法です。賃料等について、この方法を利用する場合、一般的には、アパート名、部屋番号、借主名、各月毎の賃料等を記入した「賃料通帳」【様式27参照】を年1回借主に配布し、借主は、毎月支払期日までに「通帳」を持って、貸主が指定する場所へ出向き賃料等を支払うことになります。貸主（または管理業者）は、借主から支払いを受けた場合にその「通帳」の該当月の欄に領収印を押します。

> 持参させるメリット、デメリット

持参払いによる賃料等の収納（支払）方法の**メリット**としては、
① 貸主（または管理業者）としては、賃料等の受領時に借主と接触でき、入居後の借主の現状把握が可能である。これにより、借主の債務の履行について、迅速、かつ的確な対応策をとることができる。
② 借主としては、賃料等の支払い時に、管理上の要望や苦情等について、貸主（または管理業者）に直接申出ることができる。これにより、貸主（または管理業者）としては、現場の状況が把握できる。

③ ①及び②により、貸主（または管理業者）と借主との意思疎通ができることにより、貸主（または管理業者）としては、入居者及び貸主双方の立場を考慮したバランスのとれた管理業務を行う情報を入手することができる。
④ 迅速な督促が可能である。

などがあります。

また**デメリット**としては、

① 管理業者が収納する場合は、収納事務にかかる人員と時間を確保する必要がある。
② 借主が、直接持参することにより、管理上の問題についての要望やクレームの出る可能性があり、したがって、管理業者は、それらの問題に対して、的確な対応ができる担当者の確保または養成が必要となる。
③ 管理業者は、現金を扱うので、いわゆる金銭取扱上のトラブルが発生する可能性がある。

などがあります。

（6）**集金による賃料等の収納方法**

> 集金による場合

債権者自らが、債務者のところに出向き債権を回収する収納方法で、私たちが日常生活で経験しているものに、新聞代の集金があります。NHKの受信料についても、一部の人について、この方法で収納しています（集金時の領収書については【**様式28**】参照）。

> 集金によるメリット、デメリット

集金による収納方法の**メリット**としては、

① （5）の「持参払い」によるもののほか、借主の生活状況や貸主の大切な資産である住宅の使用状況などが直接確認でき、住宅の適正な管理のための情報を得ることができる。
② 当該住宅が共同住宅の場合、併せて共用部分の状況等の目視点検もでき、的確な対応が可能となる。
③ 管理業者が集金を行う場合は、集金による賃料等の収納は、支払期日当日より前にはできないため、集金当日借主から収納できなかった場合、その場で支払督促をすることができ、かつ支払予定日の確約が取れるなど、迅速な督促が可能である。

などがあります。

また**デメリット**としては、

① 持参払い以上に人手と時間を要する。
② 借主それぞれの生活時間が異なるため、同一箇所の集金を1回で済ますことが困難な場合が多い。
③ 現金の取扱いに伴う不祥事等が発生する可能性がある。
④ 支払期日より前には集金ができないため、借主の留守等により実際の集金が支払期日より遅れる可能性が高く、これにより、賃料等は、支払期日までにきちんと払うという考え方が借主の意識から薄れていく危険性がある。

などがあります。

（7）**集金事務代行業者**（金融機関関連会社）**による収納方法**

> 金融機関系の集金事務代行業者を利用する場合

これは、管理業者が、貸主から委託を受けた集金業務を第三者である集金事務代行業者に再委託するものです。管理戸数がある程度まとまっているものの賃料等の集金において、「口座振替」を単独で、かつ自社でコンピューター等を使用し、効率的な集金を行うにはコストが掛かり、採算性の

観点から採用できないとか、また、取引銀行を制限すると借主側に不便を来すなどの理由で、「口座振替」による賃料等の収納方法が採用できない場合、集金事務を代行する業者を利用して効率的に賃料等を収納する方法です。

この集金事務代行業者を利用することにより、管理業者としては、借主が取引している全ての銀行を利用して賃料等を集金することができ、また、借主にとっては、取引銀行を変えることなく既存の取引銀行を通じて賃料等の支払ができる、という双方にとってメリットがあります。さらに、費用が掛かりますが、賃料等の収納情報や滞納状況など集金業務に関する様々な集計表を作成し、提供してくれます。

この集金事務代行業者（金融機関関連会社）による収納の仕組（図3）は、次のとおりです。

1) 「口座振替依頼書」は、借主が取扱銀行の窓口へ直接提出してよい場合があります。⑤、⑥、⑦－借主→金融機関（受付処理）→代行業者（受付処理）→管理業者（保管）
2) 指定日に借主の口座から引落しされた賃料等は、一旦、「代行業者」の指定口座に振替られた後、委託手数料等を差引いた集金残額が管理業者の指定口座に入金されます。⑨、⑬
3) 収納結果通知の様式は、管理業者が以降の業務処理を考慮して、自由に定めることができます。なお、費用はその分高くなります。また、管理戸数の増大に伴って様式の見直しをする場合も費用が掛かりますので、スタート時点で十分の考慮が必要です。
4) 収納額通知は、更新等により賃料等が変動したとき、個別に行い、変更要因がない場合は、前月と同様という方法も可能と考えられます。なお、退去等により賃料等の振替が不要となる場合や借主が引落口座を変更する場合などの取扱いについて、借主に十分周知しておくことが必要です。

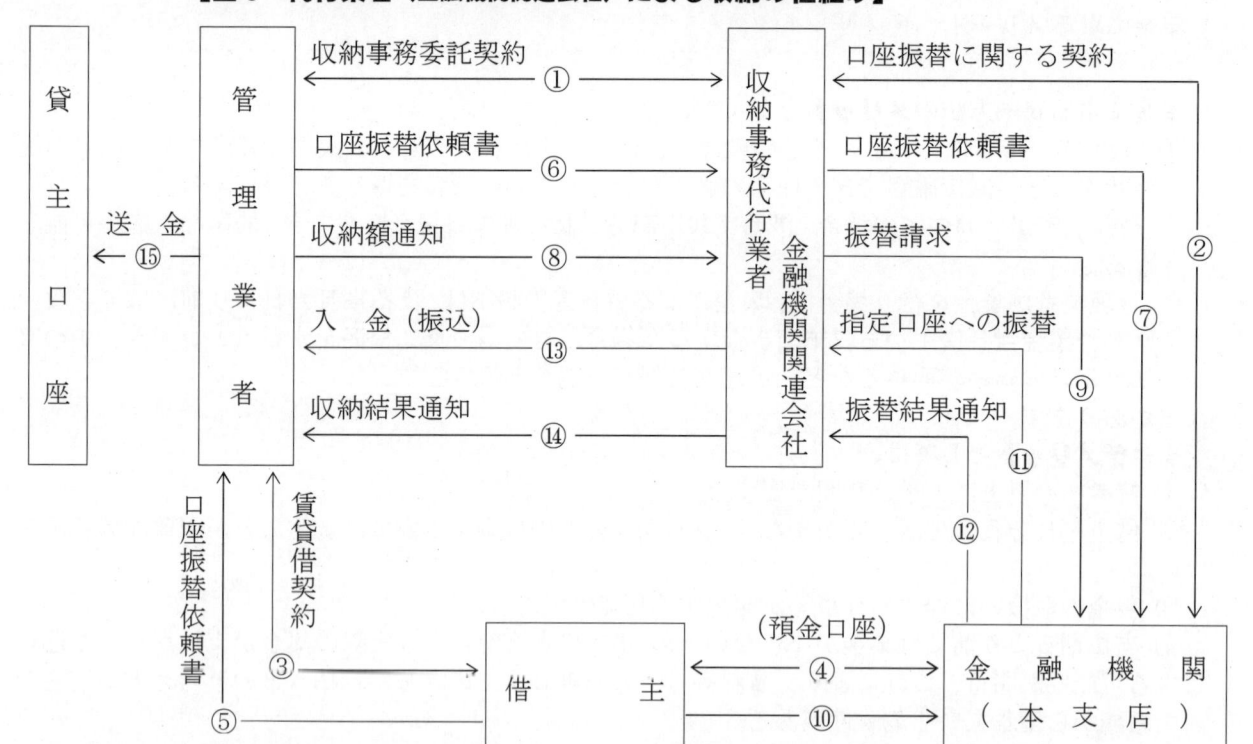

【図3　代行業者（金融機関関連会社）による収納の仕組み】

金融機関系の集金事務代行業者を利用するメリット、デメリット

この「集金事務代行業者（金融機関関連会社）」による収納（支払）方法の**メリット**としては、(1) に記載したもののほか、

① 原則として、全ての銀行の本支店での振替が可能である。
② 集金情報に関する種々の集計表の作成が可能である（ただし、その分費用がかかる）。

また、**デメリット**としては、

① 前記（1）の場合より、さらに、費用が掛かる。
　② 集計表の数により振替結果通知が遅れ、その分、未納者に対する督促業務が遅れる（ただし、詳細が一覧表などで通知されれば、その通知様式により即督促が可能な場合もある）。
などがあります。

> 長所、短所を見極め、より良い収納方法を貸主に提案すること

　それぞれの賃料等の収納方法には、それぞれ長所、短所があります。極めてビジネスライクで、効率的、かつ合理的であり、また、借主と顔を突き合わせることなく容易に集金できるシステムは、人間関係の難しさにあえいでいる現代人にとっては好ましい支払方法と言えるでしょう。それ故、口座振替や口座振込による支払方法は、集金する立場からは安全、迅速、確実な方法であり、多くの借主もこのような支払方法が当然または現代的な方法と認識しています。その一方で、持参払いや集金という支払方法も、零細企業的もしくは前近代的で非効率な方法であると言われながらも、他の方法にはない特徴を持っています。

　賃料は、貸主の生活基盤そのものです。それ故、管理業者としては、借主の利便性を考慮して、借主が支払い易く、かつ貸主にとっても安全、確実な収納方法を採用するとともにそれを担保するための様々な実務上のシステムを採り入れています。

　ところで、賃貸住宅の管理業務で最も重点を置かねばならないことは、人、つまり入居者の管理ということで管理業務の中で最も難しい業務です。物の管理としての建物の維持管理も難しい業務には違いありませんが貸主の考え方に左右され、管理業者としては難しい業務ですが、所詮は金の問題ですので、相当システマティックな管理が可能です。一方、人の管理は、十人十色といわれるように人の数だけのヴァリエーションがあり、およそシステマティックな管理は不可能であり、それ故に、非効率的といわれる「持参払い」や「集金」という賃料の収納（方法）を採り入れざるを得ない場合があります。

　したがって、賃料等の収納業務は、いわゆる「お金」の管理という側面と同時に「人」の管理という側面からこれを捉え、業務処理を行う必要があります。

　以上のことを踏まえ、具体の賃料の収納方法を選択する必要があります。賃料等の収納（支払）方法を決める要因として、次のものが考えられます。
　① 「支払方法」の画一化とその効率性
　② 当該賃貸住宅の入居者のレベル
　③ 「原則的な」支払方法と「その他」の支払方法との関連性
　④ 収納（支払）システムの柔軟性（借主の事情変更による収納方法の変更）
　⑤ 収納システムと「お金」の管理システムとの融合
　⑥ 収納システムと「人」の管理システムとの融合
　⑦ 収納システムと借主（支払遅延のない借主）との接点の設定
　⑧ 賃料等の収納（支払）方法の選択の度合い
　⑨ 要員の状況（人数、事務処理能力）
　⑩ 貸主から受領する業務委託費とコスト
　⑪ それぞれの収納（支払）方法の効率性、安全性、確実性、合理性、実行性の評価

　その他、まだまだ考慮すべき要因がありますが、前記の収納（支払）方法（他にまだ異なる方法があるかもしれませんが）毎の事務処理システムを作るとともに、借主の事情変更により他の支払方法を採らざるを得ない場合もありますので、そのようになった場合でも、当該借主に対する収納事務処理が滞ることのないよう、円滑に他の収納事務処理に移行できるような事務処理システムにしておく必要があります。

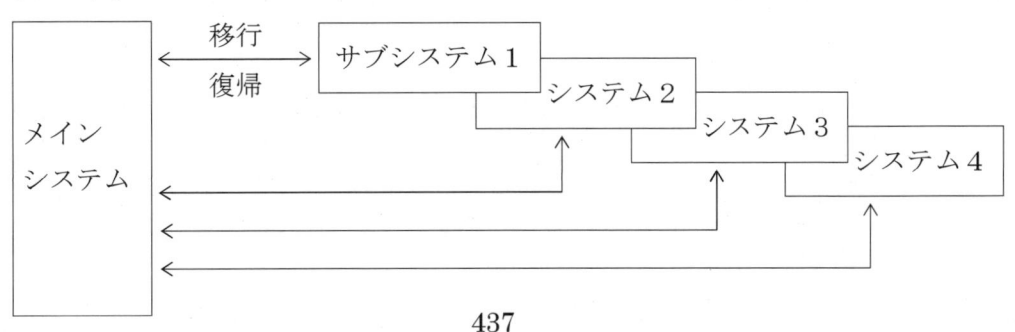

```
                    移行   ┌─サブシステム1─┐
┌─────┐ ←─────→ │          ┌─システム2─┐
│メイン │    復帰   └──────┘          ┌─システム3─┐
│システム│ ←──────────────────┘          ┌─システム4
│    │ ←──────────────────────────┘
│    │ ←──────────────────────────────
└─────┘
```

2 賃料の支払期日について

　賃料の支払時期は、契約による定めがない場合、「後払い」、すなわち当月末日がその支払期日となります（民法第614条）。しかし、当事者間の契約により任意の支払時期、いわゆる「前払い」の特約を定めることができます。

　民間賃貸住宅において賃料の支払期日は、「前払い」を原則としているようです。多くの貸主が、賃料の支払期日を前月、例えば10月分の賃料であればその前の月としています。最も一般的な支払期日としては、「前月末日」が多いようですが、末日以外の期日としている貸主も若干見受けられます。

　支払期日を末日以外と定める理由としては、次のようなことが考えられます。

① 口座振替による収納の場合は、銀行からの振替結果の通知に数営業日を要し、その分貸主への送金が遅れる。
② 銀行の休業日が増え、振替日が翌月にずれ込む回数が多くなり、その分貸主への送金が遅れる。
③ 支払期日までに確実に振込まれるかどうか、また、支払いに来るかどうかは、借主の意志に依存しているため、万一、不履行があっても、督促などによりその月の末日までに収納できる期間を予め確保する。
④ 同様に、支払期日である集金日に借主が不在で収納できなかった場合は、督促などして、後日改めて集金し、その月の末日までに収納できる期間を予め確保する。
⑤ 収納率アップのため、支払期日を給与支給日など借主の事情を勘案して定める。

　賃料の収納は、貸主にとっての関心事の重要な事項であり、支払期日の設定には、賃料の収納方法同様十分な配慮が必要です。

　賃料の収納業務を受託する管理業者としては、毎月の賃料を借主からきちんきちんと収納し、毎月決められた日までに収納した賃料を貸主に送金する（または届ける）ことが、その契約の本旨となります。

　賃料の収納業務は、賃貸借契約で定められた「支払期日」の制約を受けることとなりますので、管理業者は、その支払期日が賃料の収納業務を遂行するうえで、管理業者にとって妥当であるかどうかを検討し、必要な場合には、支払期日を貸主と協議のうえ変更する場合があることを考慮しておく必要があります。

　毎月払いの金銭債務の場合は、通常その支払期日は「毎月末日」とか「毎月○○日」のように毎月一定の日をもって定められているのが一般的です。そして、この「支払期日」が、日曜日とか祝日等取引をしない慣習がある場合、その支払期日は、約定に定める「支払期日」の翌日としているのが一般的であり、民法第142条においてもそのような取扱いとする旨を定められています。

　殆どの賃貸借契約において「支払期日」は、前述ように運用されており、預金口座振替による収納方法の場合の当該業務は銀行が行うことになるため、賃貸借契約書に定めた振替日が、銀行の休業日に当たる場合の実際の振替日は、その翌営業日ということになります。現在、銀行の休業日は、土曜日、日曜日、国民の祝日及び年末年始の休日となっており、実際の「支払期日」が賃貸借契約書に定めた「支払期日」と一致しない回数が増えており、例えば、「支払期日」を月末と定めている場合は、12月分の賃料についての実際の「振替日」で最も遅い「振替日」は翌月6日となることがあります。

　休業日の増大については、好ましいことですが、それにより業務の円滑な遂行に支障がでることは是非避ける必要があります。管理業者自身の休業日も確保しつつ、業務処理の時間も確保する必要があります。そのためには、賃料の「支払期日」をその運用面において柔軟にしておくことが考えられます。つまり、収納事務処理を行う事業者の休業日が「支払期日」に該当する場合は、その「支払期日」をその前営業日とする旨を借主と特約します。このように「支払期日」に柔軟性を持たせる特約は、借主にとって一見不利に見えますが借主にとって実損は生じません。

　一方で、賃料の収納方法同様、支払期日についても借主の事情を考慮して柔軟な対応が必要な場合もあります。

　次の管理業者の言葉は、賃料の収納業務が容易でないことを十二分に表現しており、賃料の収納業務の円滑な処理を目指すに当たって常に念頭においておく必要があります。

　「・・・給料日が変則なケースもある。入居者が払い易いように2回に分けている。管理上は煩雑になるが支払いをより確実にするには、これくらいの対応もこれからは必要ではないか・・・」（全国賃貸住宅新聞、1993.12.28号）。

3　収納した賃料（収納金）の管理・保管　　［管理業者が、直接、収納する場合］

　受託管理戸数、貸主の数や賃貸住宅数が少ない場合は、収納した賃料の集計処理等収納金の管理・保管は比較的容易ですが、受託管理戸数が多くなってきたり、貸主の数や賃貸住宅の数が多い場合、収納金の集計等に多くの時間が必要になってきます。
　また、多くの管理業者が、収納業務のほかに入居者の退去に伴う敷金等の精算業務や住宅の修繕工事に伴う工事費の支払業務等の管理業務を併せて受託しており、そのため貸主に引渡す前の収納済賃料を敷金の返還に充てたり、工事費の支払に充てたりすることがあり、その管理もなかなか大変であるというのが実態です。
　収納した賃料を貸主に送金するまでの収納金の管理は、各種の支払代行業務と調整しながら行うことになりますので、借主から直接収納した賃料や振込まれた賃料は、貸主別に、また、物件（アパート）別に集計するとともに、貸主に引渡す前に当該金の一部を支出する場合は、そのことが分かるよう集計等処理しておきます。
　貸主の意向の如何によりますが、支払業務の支出金は、支出項目毎に「前渡金」として、毎月一定の金額を貸主から預かり、種目別に管理します。「帳簿」は増えますが、円滑な業務処理が可能です。貸主も種目別に「前渡金」を管理業者に支払うことにより、住宅の管理費用の使い方又は使われ方が分かり、賃貸住宅の経営に対する理解も深まっていくものと思われます。
　次に、収納した賃料の取扱いについては、集金したり、借主が持参した賃料を速やかに貸主別及びアパート単位で記帳・集計し、また、借主毎に「収納状況表（仮称）」【様式35 参照】などに記帳したうえで、当日分を取りまとめて指定の預金口座に入金します。また、銀行閉店後収納した賃料は、事務所の金庫などに保管しないで、銀行の「夜間金庫」制度を利用するなど安全な保管システムを考えておくことが必要です。
　支払期日前後には、通常日より収納する金額が多くなり、また、銀行の休業日も増え、事務所での保管等自己管理の時間が長くなる傾向にありますので、その意味でも収納金の安全な保管システムが必要となります。賃料の高額化や管理戸数の増加による取扱金額の増加、更に管理戸数の増加による担当者（従業員）の増加に伴って、不祥事につながる要因が、誰も気が付かないところで確実に増えていきます。

4　収納した賃料等の貸主への引渡し（送金）　　［管理業者が、直接、収納する場合］

　賃貸住宅の管理業務を受託している管理業者で、賃料の収納業務を受託している場合に収納した賃料等の貸主への引渡しは、収納した賃料等の額から管理業務受託費を差引いた残額を口座振込などの方法で行っているのが一般的のようです。ただし、この場合は、管理業務受託費が総月額賃料等の額を基準にして定められている場合が多く、また、貸主の送金日までに収納できなかった賃料等の額については、管理業務受託費の支払いが受けられない内容の契約が多いようです。

(1) **貸主への賃料等の引渡**（送金）**時期**
　一般的には、借主から収納後、直ちに、引渡すことが望ましいといえますが、収納方法の違いや借主の支払態度により借主毎に支払日がずれますし、また、口座振替や口座振込の場合は、借主毎に収納済を確認し、更に収納済リストなどを作成する時間も必要ですので、実際は、収納後、直ちにというわけにはいきません。とはいえ、貸主への送金日が、毎月毎月大幅に異なるというのも好ましくありません。貸主と協議のうえ、必要最小限の事務処理期間を定め、毎月一定の期日までに収納した賃料等を貸主に送金することが望ましいといえます。

(2) **貸主への引渡**（送金）**方法**
　送金方法には、次の方法が一般的です。

① 貸主の指定する預金口座への振込
　② 持参して貸主に引渡す
　貸主から受託する管理戸数にもよりますが、一般的には、貸主に引渡す金額が多額となりますので①の方法が安全な方法といえます。この場合、貸主が遠方に居住しているとかの特別の事情がない限り、収納賃料等の明細など収納状況や送金の内訳などの報告【様式33、34及び36参照】は、できるだけ貸主との面接による方法が望ましいといえます。何故なら、
　第1に、賃料等の収納業務に対する正しい認識を貸主に持って頂くため、
　第2に、貸主とのコミュニケーションにより管理業務に対する理解を得るため、
　第3に、賃料等の入金状況の理解をも通して常に借主の現状認識に努め、賃貸住宅の経営という視点から管理業務を理解して頂くため、
に、一つの良い機会と考えられるからです。

【参考】

民法第141条（期間の満了）　前条の場合には、期間は、その末日の終了をもって満了する。

民法第142条（期間の満了）　期間の末日が日曜日、国民の祝日に関する法律（昭和23年法律第178号）に規定する休日その他の休日に当たるときは、その日に取引をしない慣習がある場合に限り、期間は、その翌日に満了する。

民法第404条（法定利息）　利息を生ずべき債権について別段の意思表示がないときは、その利率は、年5分とする。

民法第419条（金銭債務の特則）　金銭の給付を目的とする債務の不履行については、その損害賠償の額は、法定利率によって定める。ただし、約定利率が法定利率を超えるときは、約定利率による。
2　前項の損害賠償については、債権者は、損害の証明をすることを要しない。
3　第1項の損害賠償については、債務者は、不可抗力をもって抗弁とすることができない。

民法第484条（弁済の場所）　弁済をすべき場所について別段の意思表示がないときは、特定物の引渡しは債権発生の時にその物が存在した場所において、その他の弁済は債権者の現在の住所において、それぞれしなければならない。

民法第601条（賃貸借）　賃貸借は、当事者の一方がある物の使用及び収益を相手方にさせることを約し、相手方がこれに対してその賃料を支払うことを約することによって、その効力を生ずる。

民法第614条（賃料の支払時期）　賃料は、動産、建物及び宅地については毎月末に、その他の土地については毎年末に、支払わなければならない。ただし、収穫の季節があるものについては、その季節の後に遅滞なく支払わなければならない。

賃料収納業務フロー

収納（支払）方法

---

① 預 金 口 座 振 替

② 預 金 口 座 振 込 1

③ 自 動 送 金

④ 預 金 口 座 振 込 2

⑤ 持 参 払 い

⑥ 集 金

⑦ 代 行 業 者 へ の 委 託 1

⑧ 代 行 業 者 へ の 委 託 2

(1) **収納（支払）方法が「預金口座振替」の場合**

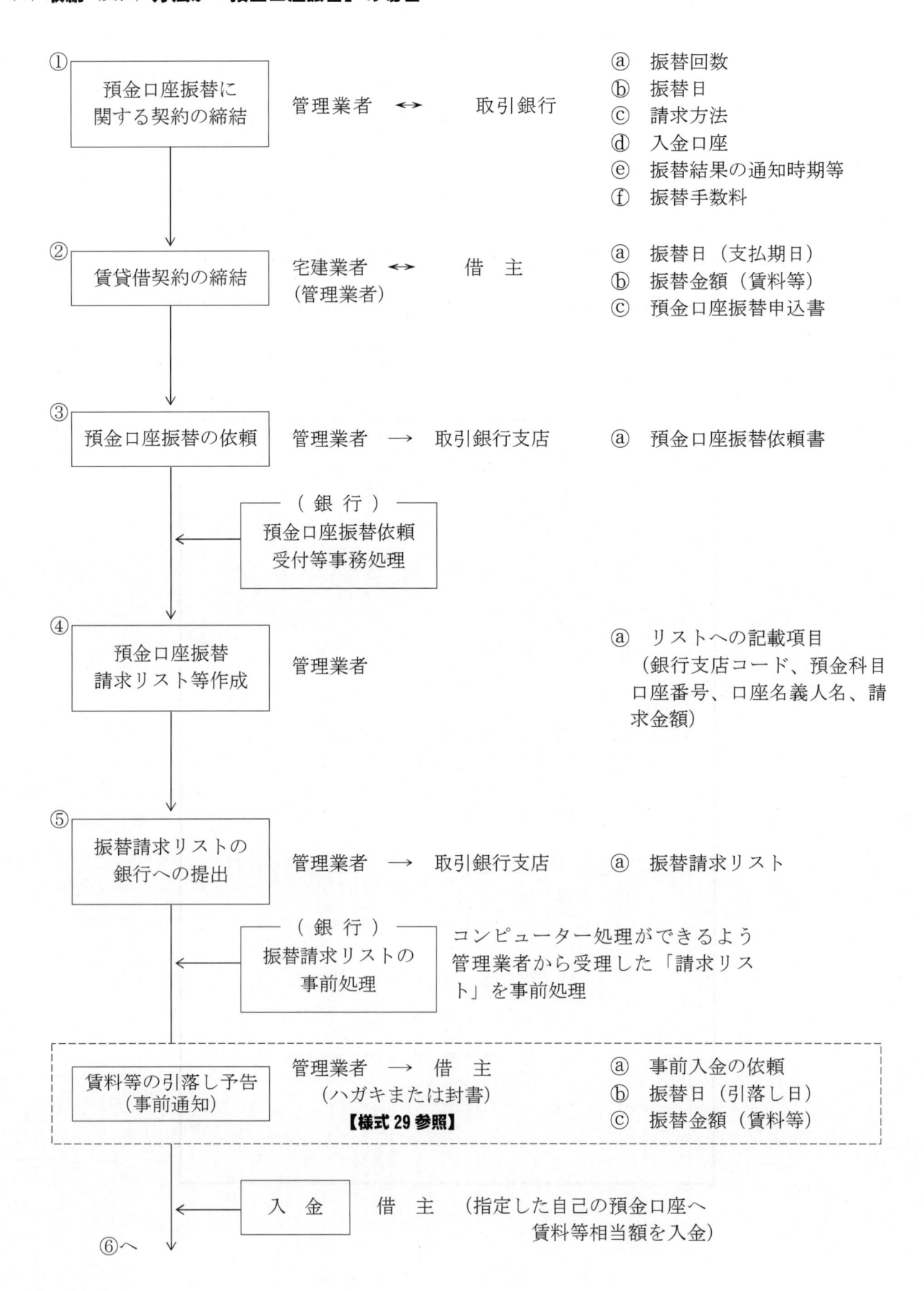

① 預金口座振替に関する契約の締結　　管理業者 ↔ 取引銀行
- ⓐ 振替回数
- ⓑ 振替日
- ⓒ 請求方法
- ⓓ 入金口座
- ⓔ 振替結果の通知時期等
- ⓕ 振替手数料

② 賃貸借契約の締結　　宅建業者 ↔ 借主
（管理業者）
- ⓐ 振替日（支払期日）
- ⓑ 振替金額（賃料等）
- ⓒ 預金口座振替申込書

③ 預金口座振替の依頼　　管理業者 → 取引銀行支店
- ⓐ 預金口座振替依頼書

（銀行）預金口座振替依頼受付等事務処理

④ 預金口座振替請求リスト等作成　　管理業者
- ⓐ リストへの記載項目
  （銀行支店コード、預金科目、口座番号、口座名義人名、請求金額）

⑤ 振替請求リストの銀行への提出　　管理業者 → 取引銀行支店
- ⓐ 振替請求リスト

（銀行）振替請求リストの事前処理　コンピューター処理ができるよう管理業者から受理した「請求リスト」を事前処理

賃料等の引落し予告（事前通知）　　管理業者 → 借主（ハガキまたは封書）
【様式29参照】
- ⓐ 事前入金の依頼
- ⓑ 振替日（引落し日）
- ⓒ 振替金額（賃料等）

入　金　借　主（指定した自己の預金口座へ賃料等相当額を入金）

⑥へ

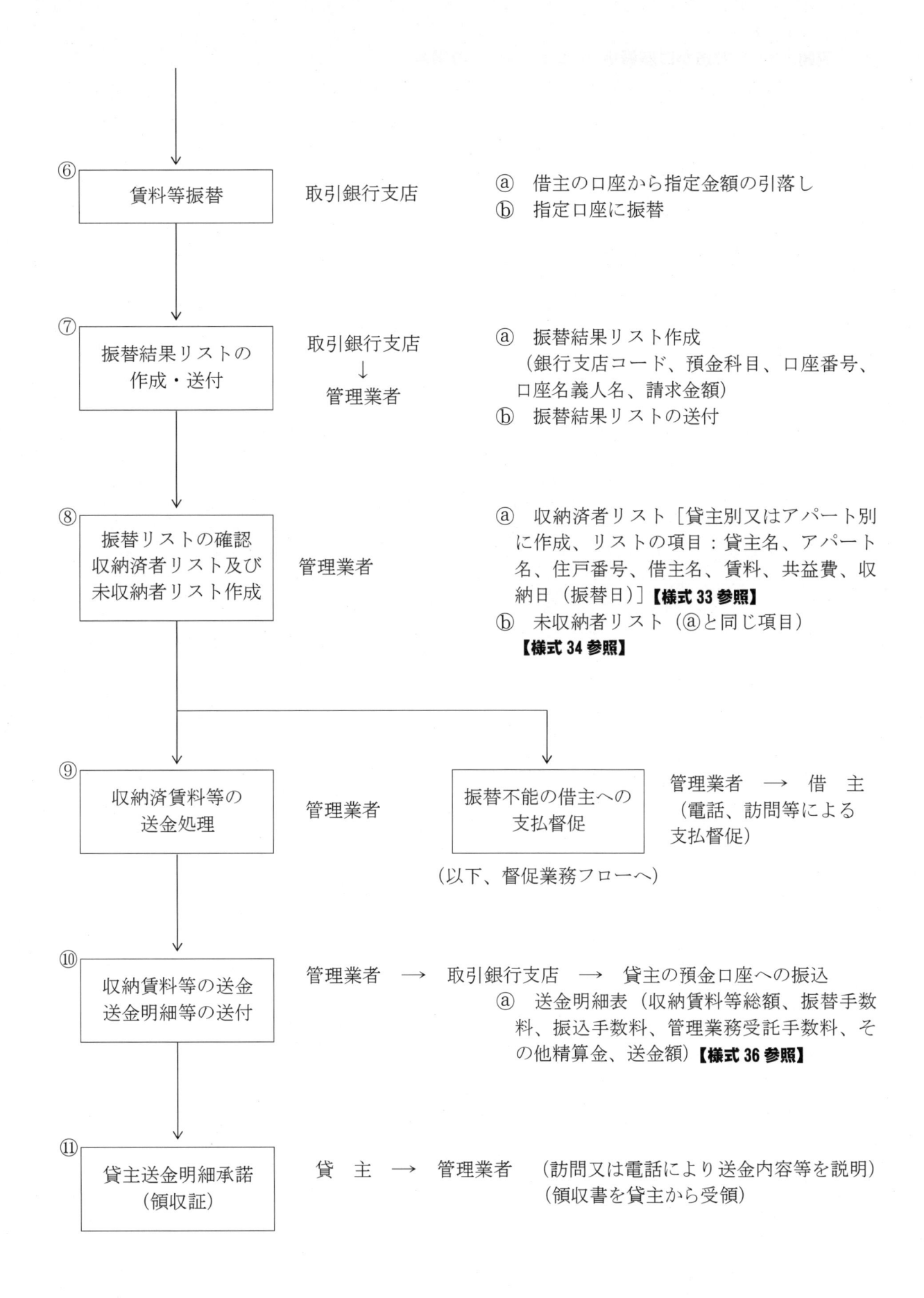

業務フロー

⑥ **賃料等振替** — 取引銀行支店
- ⓐ 借主の口座から指定金額の引落し
- ⓑ 指定口座に振替

⑦ **振替結果リストの作成・送付** — 取引銀行支店 → 管理業者
- ⓐ 振替結果リスト作成（銀行支店コード、預金科目、口座番号、口座名義人名、請求金額）
- ⓑ 振替結果リストの送付

⑧ **振替リストの確認 収納済者リスト及び未収納者リスト作成** — 管理業者
- ⓐ 収納済者リスト［貸主別又はアパート別に作成、リストの項目：貸主名、アパート名、住戸番号、借主名、賃料、共益費、収納日（振替日）］**【様式33参照】**
- ⓑ 未収納者リスト（ⓐと同じ項目）**【様式34参照】**

⑨ **収納済賃料等の送金処理** — 管理業者

振替不能の借主への支払督促
管理業者 → 借主
（電話、訪問等による支払督促）
（以下、督促業務フローへ）

⑩ **収納賃料等の送金 送金明細等の送付**
管理業者 → 取引銀行支店 → 貸主の預金口座への振込
- ⓐ 送金明細表（収納賃料等総額、振替手数料、振込手数料、管理業務受託手数料、その他精算金、送金額）**【様式36参照】**

⑪ **貸主送金明細承諾（領収証）**
貸主 → 管理業者
（訪問又は電話により送金内容等を説明）
（領収書を貸主から受領）

（2）**収納**（支払）**方法が口座振込**（による送金）**1の場合**

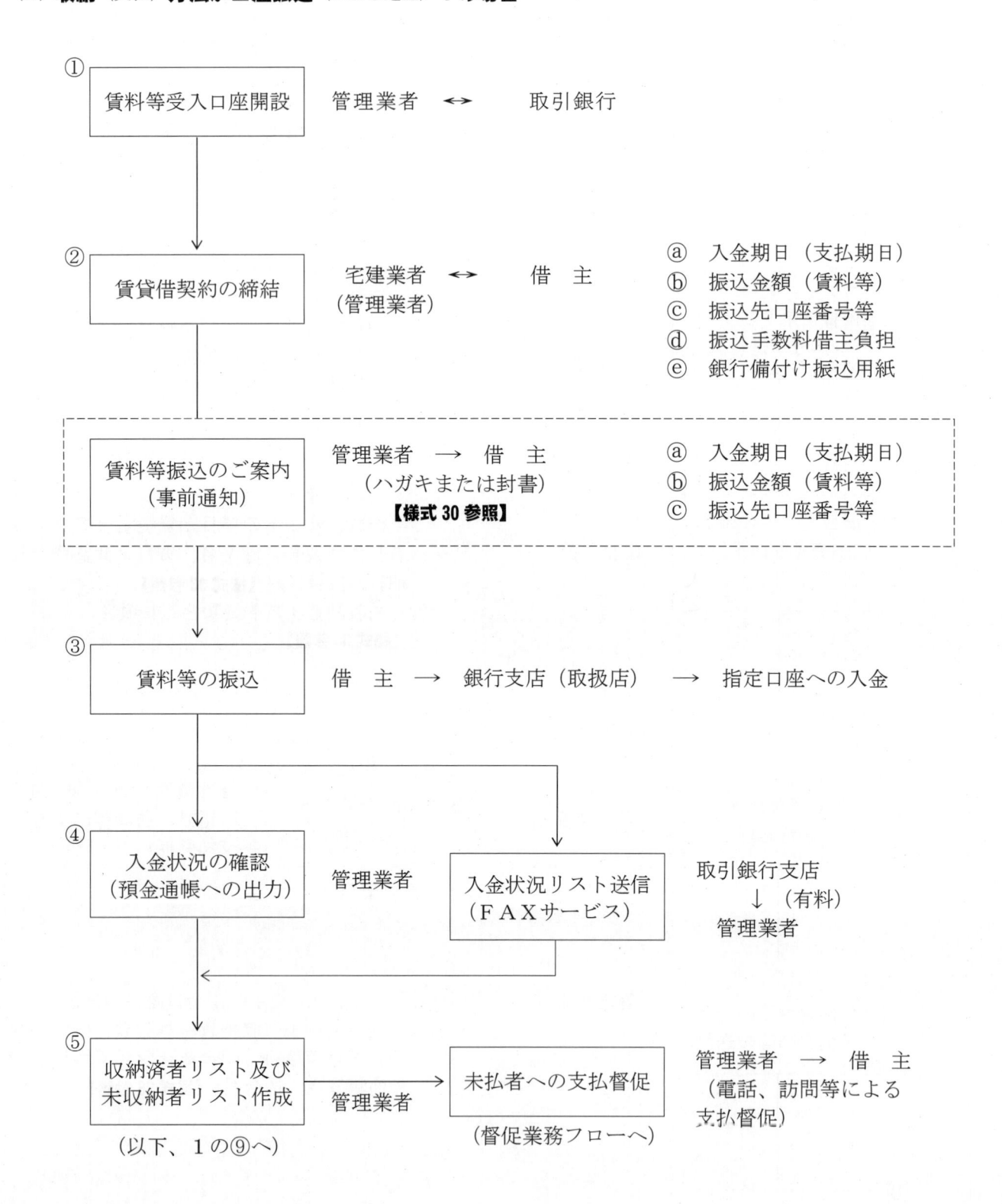

① 賃料等受入口座開設 　　管理業者 ↔ 取引銀行

② 賃貸借契約の締結 　　宅建業者 ↔ 借主
　　　　　　　　　　　（管理業者）
　　　　　　　　　　　　　　　　　　　ⓐ 入金期日（支払期日）
　　　　　　　　　　　　　　　　　　　ⓑ 振込金額（賃料等）
　　　　　　　　　　　　　　　　　　　ⓒ 振込先口座番号等
　　　　　　　　　　　　　　　　　　　ⓓ 振込手数料借主負担
　　　　　　　　　　　　　　　　　　　ⓔ 銀行備付け振込用紙

┌──┐
│ 賃料等振込のご案内　　管理業者 → 借主　　ⓐ 入金期日（支払期日）│
│ （事前通知）　　　　　（ハガキまたは封書）　ⓑ 振込金額（賃料等）│
│ 　　　　　　　　　　　　【様式30参照】　　 ⓒ 振込先口座番号等 │
└──┘

③ 賃料等の振込 　　借主 → 銀行支店（取扱店） → 指定口座への入金

④ 入金状況の確認　　管理業者　　入金状況リスト送信　　取引銀行支店
　（預金通帳への出力）　　　　　　（FAXサービス）　　　　↓（有料）
　　　　　　　　　　　　　　　　　　　　　　　　　　　　管理業者

⑤ 収納済者リスト及び　　　　　　未払者への支払督促　　管理業者 → 借主
　未収納者リスト作成　管理業者　　　　　　　　　　　（電話、訪問等による
　　　　　　　　　　　　　　　　（督促業務フローへ）　支払督促）
　（以下、1の⑨へ）

（3）収納（支払）方法が口座振込１で借主が「自動送金」システムを利用する場合

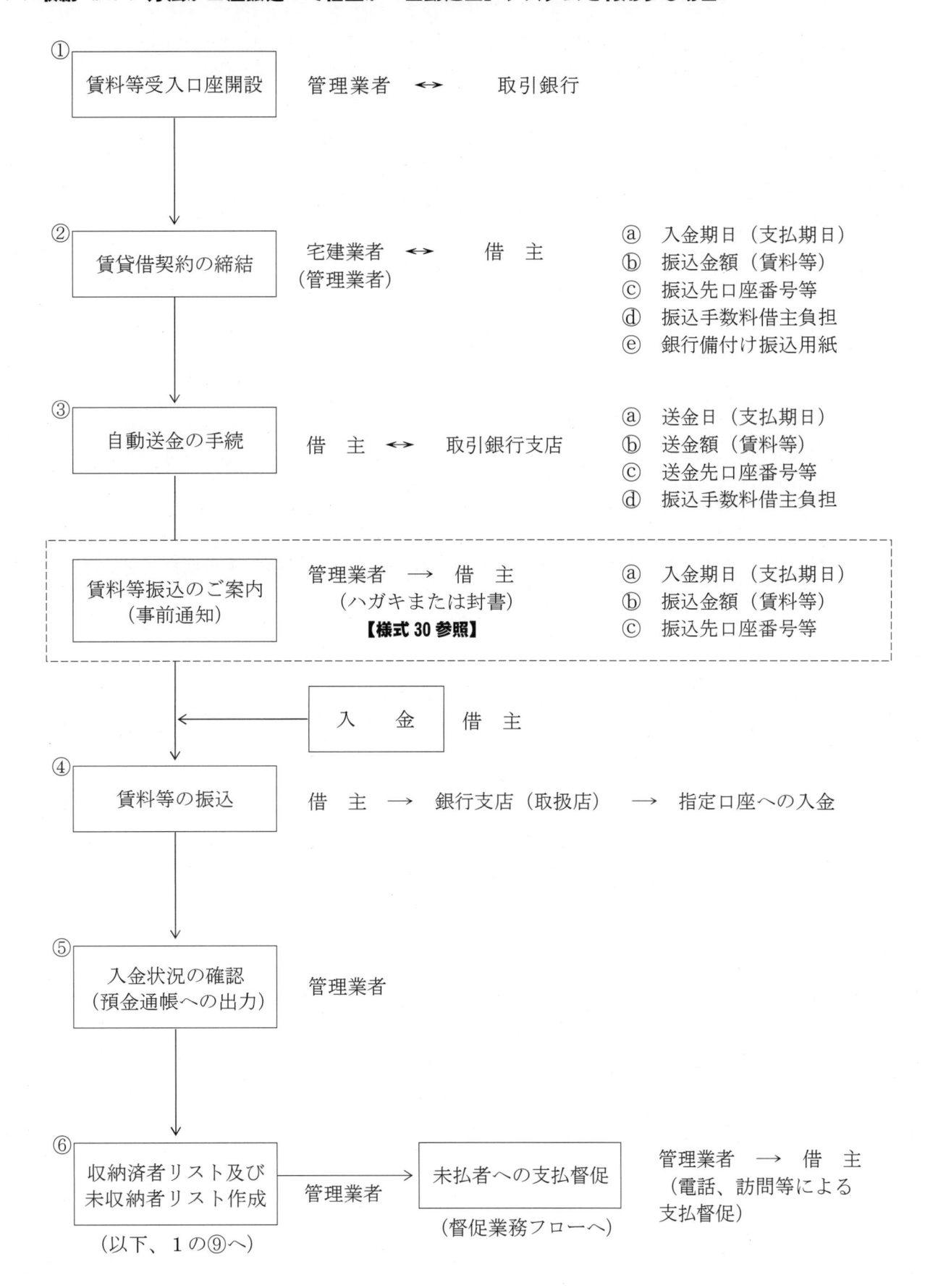

① 賃料等受入口座開設　　　管理業者 ↔ 取引銀行

② 賃貸借契約の締結　　　宅建業者 ↔ 借　主
　　　　　　　　　　　　（管理業者）
　　　　　　　　　　　　　　　　　　　　　ⓐ　入金期日（支払期日）
　　　　　　　　　　　　　　　　　　　　　ⓑ　振込金額（賃料等）
　　　　　　　　　　　　　　　　　　　　　ⓒ　振込先口座番号等
　　　　　　　　　　　　　　　　　　　　　ⓓ　振込手数料借主負担
　　　　　　　　　　　　　　　　　　　　　ⓔ　銀行備付け振込用紙

③ 自動送金の手続　　　借　主 ↔ 取引銀行支店
　　　　　　　　　　　　　　　　　　　　　ⓐ　送金日（支払期日）
　　　　　　　　　　　　　　　　　　　　　ⓑ　送金額（賃料等）
　　　　　　　　　　　　　　　　　　　　　ⓒ　送金先口座番号等
　　　　　　　　　　　　　　　　　　　　　ⓓ　振込手数料借主負担

　賃料等振込のご案内　　　管理業者 → 借　主
　（事前通知）　　　　　　（ハガキまたは封書）
　　　　　　　　　　　　　【様式30参照】
　　　　　　　　　　　　　　　　　　　　　ⓐ　入金期日（支払期日）
　　　　　　　　　　　　　　　　　　　　　ⓑ　振込金額（賃料等）
　　　　　　　　　　　　　　　　　　　　　ⓒ　振込先口座番号等

　入　金　借　主

④ 賃料等の振込　　　借　主 → 銀行支店（取扱店） → 指定口座への入金

⑤ 入金状況の確認　　　管理業者
　（預金通帳への出力）

⑥ 収納済者リスト及び　　管理業者　→　未払者への支払督促　　　管理業者 → 借　主
　未収納者リスト作成　　　　　　　　　　　　　　　　　　　　　（電話、訪問等による
　（以下、１の⑨へ）　　　　　　　　　　（督促業務フローへ）　　支払督促）

（4）**収納**（支払）**方法が口座振込**（による送金）**2の場合**

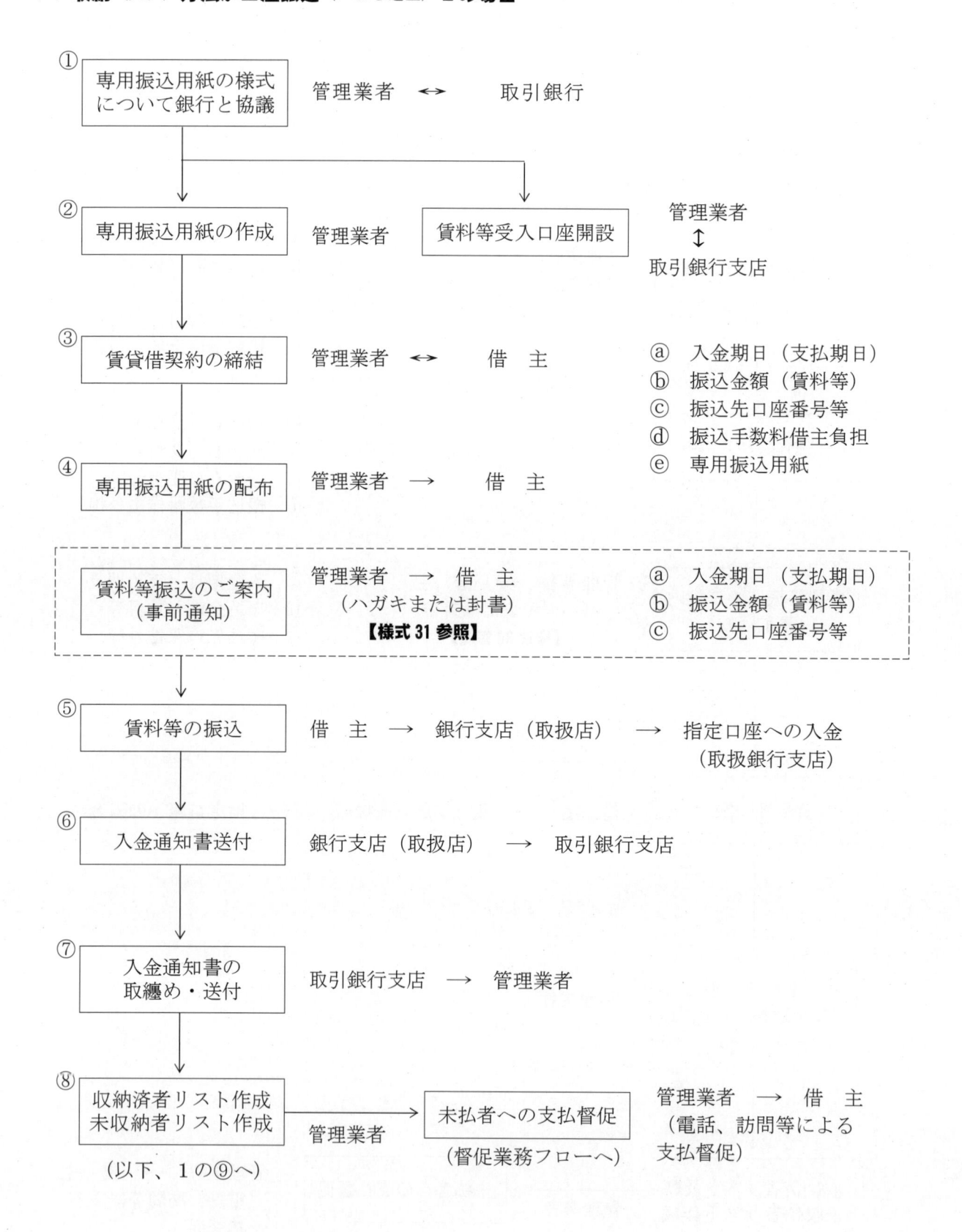

① 専用振込用紙の様式について銀行と協議　　管理業者 ⇔ 取引銀行

② 専用振込用紙の作成　　管理業者　　賃料等受入口座開設　　管理業者 ⇕ 取引銀行支店

③ 賃貸借契約の締結　　管理業者 ⇔ 借主
　ⓐ 入金期日（支払期日）
　ⓑ 振込金額（賃料等）
　ⓒ 振込先口座番号等
　ⓓ 振込手数料借主負担
　ⓔ 専用振込用紙

④ 専用振込用紙の配布　　管理業者 → 借主

賃料等振込のご案内（事前通知）　　管理業者 → 借主（ハガキまたは封書）　【様式31参照】
　ⓐ 入金期日（支払期日）
　ⓑ 振込金額（賃料等）
　ⓒ 振込先口座番号等

⑤ 賃料等の振込　　借主 → 銀行支店（取扱店） → 指定口座への入金（取扱銀行支店）

⑥ 入金通知書送付　　銀行支店（取扱店） → 取引銀行支店

⑦ 入金通知書の取纏め・送付　　取引銀行支店 → 管理業者

⑧ 収納済者リスト作成　未収納者リスト作成　　管理業者 → 未払者への支払督促（督促業務フローへ）　　管理業者 → 借主（電話、訪問等による支払督促）
（以下、1の⑨へ）

(5) **収納（支払）方法が持参払いの場合**

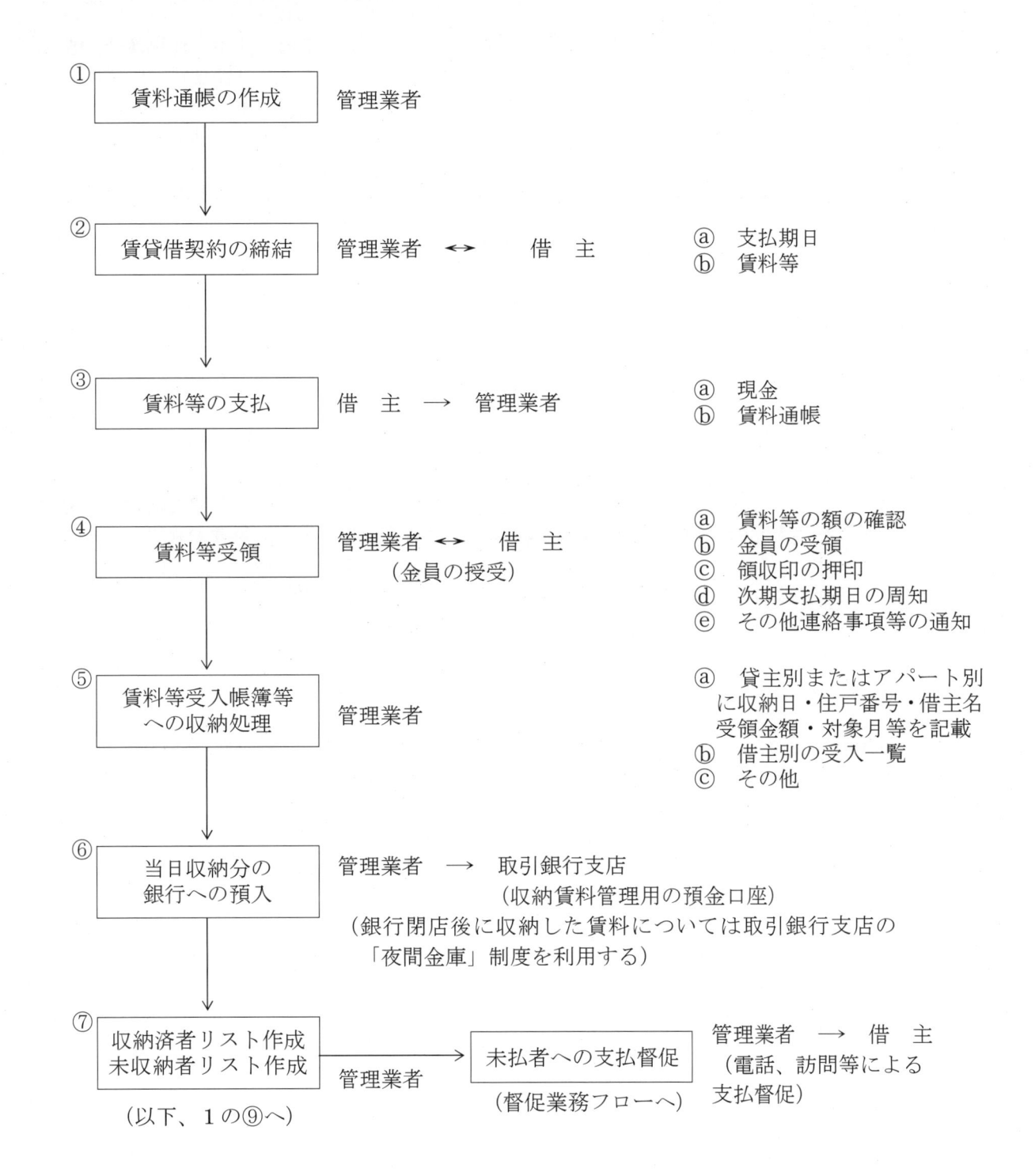

① 賃料通帳の作成　　管理業者

↓

② 賃貸借契約の締結　　管理業者 ↔ 借主　　ⓐ 支払期日
　　　　　　　　　　　　　　　　　　　　　　　ⓑ 賃料等

↓

③ 賃料等の支払　　借主 → 管理業者　　ⓐ 現金
　　　　　　　　　　　　　　　　　　　　　ⓑ 賃料通帳

↓

④ 賃料等受領　　管理業者 ↔ 借主　　ⓐ 賃料等の額の確認
　　　　　　　　　（金員の授受）　　　ⓑ 金員の受領
　　　　　　　　　　　　　　　　　　　　ⓒ 領収印の押印
　　　　　　　　　　　　　　　　　　　　ⓓ 次期支払期日の周知
　　　　　　　　　　　　　　　　　　　　ⓔ その他連絡事項等の通知

↓

⑤ 賃料等受入帳簿等への収納処理　　管理業者
　　ⓐ 貸主別またはアパート別に収納日・住戸番号・借主名受領金額・対象月等を記載
　　ⓑ 借主別の受入一覧
　　ⓒ その他

↓

⑥ 当日収納分の銀行への預入　　管理業者 → 取引銀行支店
　　（収納賃料管理用の預金口座）
　　（銀行閉店後に収納した賃料については取引銀行支店の「夜間金庫」制度を利用する）

↓

⑦ 収納済者リスト作成　　　　　　　　　　　　未払者への支払督促　　管理業者 → 借主
　　未収納者リスト作成　　管理業者　　→　　（督促業務フローへ）　　（電話、訪問等による支払督促）
　　（以下、１の⑨へ）

(6)「集金」による収納方法の場合

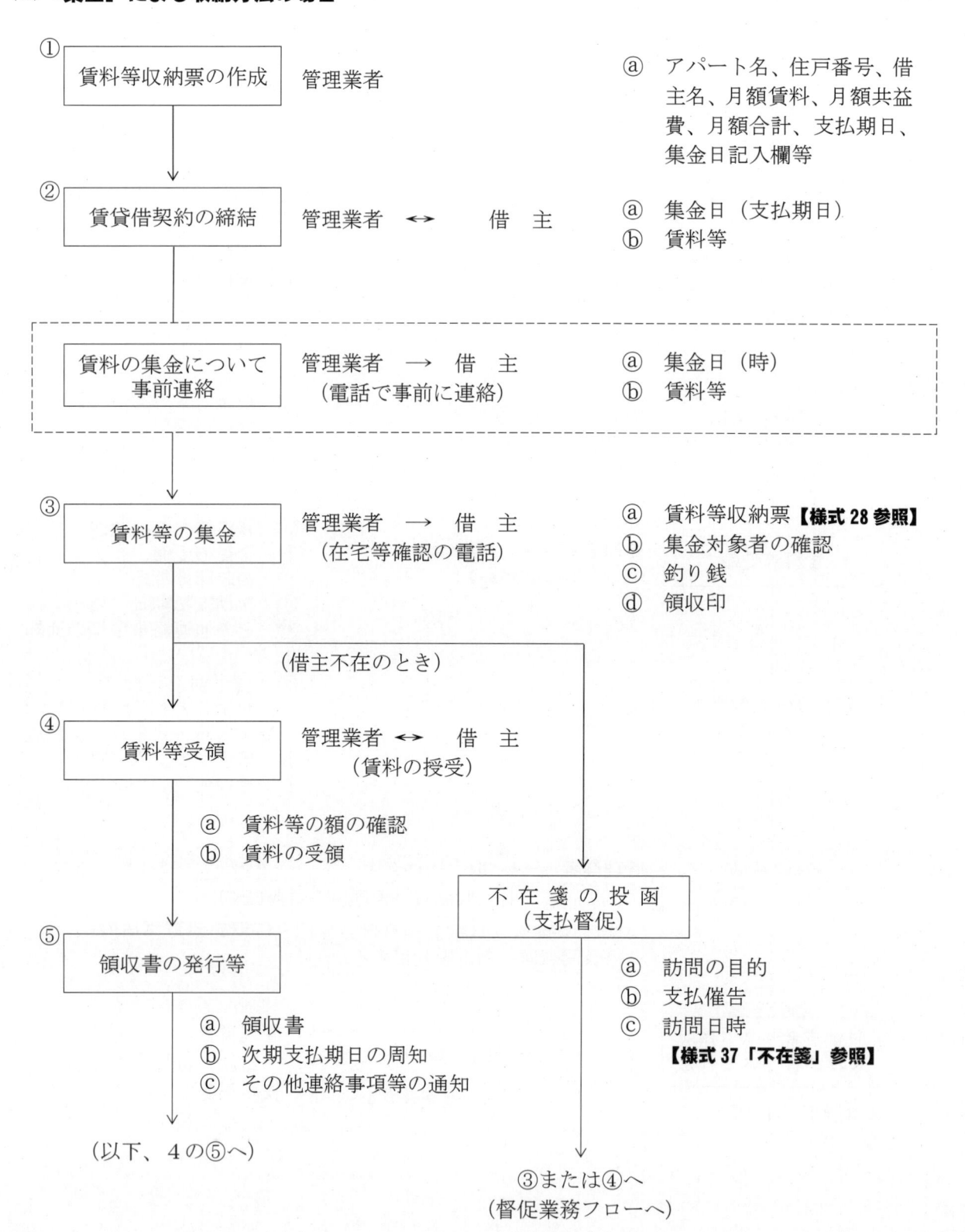

① 賃料等収納票の作成　　管理業者
　ⓐ アパート名、住戸番号、借主名、月額賃料、月額共益費、月額合計、支払期日、集金日記入欄等

② 賃貸借契約の締結　　管理業者 ↔ 借主
　ⓐ 集金日（支払期日）
　ⓑ 賃料等

　賃料の集金について事前連絡　　管理業者 → 借主（電話で事前に連絡）
　ⓐ 集金日（時）
　ⓑ 賃料等

③ 賃料等の集金　　管理業者 → 借主（在宅等確認の電話）
　ⓐ 賃料等収納票【様式28参照】
　ⓑ 集金対象者の確認
　ⓒ 釣り銭
　ⓓ 領収印

（借主不在のとき）

④ 賃料等受領　　管理業者 ↔ 借主（賃料の授受）
　ⓐ 賃料等の額の確認
　ⓑ 賃料の受領

不在箋の投函（支払督促）
　ⓐ 訪問の目的
　ⓑ 支払催告
　ⓒ 訪問日時
　【様式37「不在箋」参照】

⑤ 領収書の発行等
　ⓐ 領収書
　ⓑ 次期支払期日の周知
　ⓒ その他連絡事項等の通知

（以下、4の⑤へ）

③または④へ
（督促業務フローへ）

(7) 収納事務代行業者（金融機関系）への委託１の場合

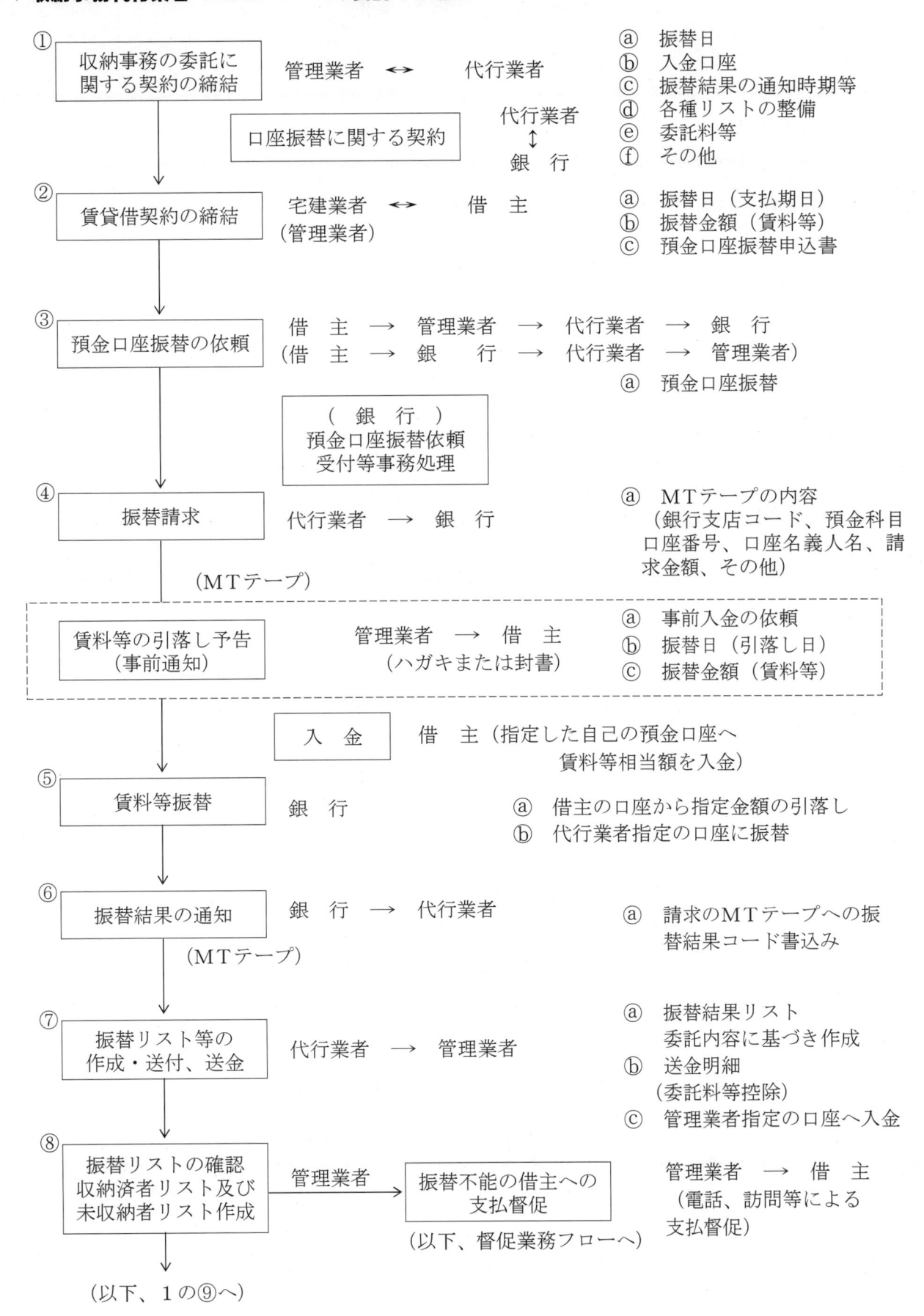

① 収納事務の委託に関する契約の締結　　管理業者 ⟷ 代行業者
- ⓐ 振替日
- ⓑ 入金口座
- ⓒ 振替結果の通知時期等
- ⓓ 各種リストの整備
- ⓔ 委託料等
- ⓕ その他

口座振替に関する契約　　代行業者 ⟷ 銀行

② 賃貸借契約の締結　　宅建業者（管理業者） ⟷ 借主
- ⓐ 振替日（支払期日）
- ⓑ 振替金額（賃料等）
- ⓒ 預金口座振替申込書

③ 預金口座振替の依頼
借主 → 管理業者 → 代行業者 → 銀行
（借主 → 銀行 → 代行業者 → 管理業者）
- ⓐ 預金口座振替

（銀行）預金口座振替依頼受付等事務処理

④ 振替請求　　代行業者 → 銀行
（MTテープ）
- ⓐ MTテープの内容（銀行支店コード、預金科目、口座番号、口座名義人名、請求金額、その他）

賃料等の引落し予告（事前通知）　　管理業者 → 借主（ハガキまたは封書）
- ⓐ 事前入金の依頼
- ⓑ 振替日（引落し日）
- ⓒ 振替金額（賃料等）

入金　借主（指定した自己の預金口座へ賃料等相当額を入金）

⑤ 賃料等振替　　銀行
- ⓐ 借主の口座から指定金額の引落し
- ⓑ 代行業者指定の口座に振替

⑥ 振替結果の通知　　銀行 → 代行業者
（MTテープ）
- ⓐ 請求のMTテープへの振替結果コード書込み

⑦ 振替リスト等の作成・送付、送金　　代行業者 → 管理業者
- ⓐ 振替結果リスト　委託内容に基づき作成
- ⓑ 送金明細（委託料等控除）
- ⓒ 管理業者指定の口座へ入金

⑧ 振替リストの確認　収納済者リスト及び未収納者リスト作成
　管理業者 → 振替不能の借主への支払督促
（以下、督促業務フローへ）
管理業者 → 借主（電話、訪問等による支払督促）

（以下、１の⑨へ）

第2章　督促業務

1　督促業務の意義

　貸主の最大の関心事は、借主が毎月期日にきちんと所定の賃料を支払ってくれるかどうかにあります。

　また、借主が貸主と良好な信頼関係を維持しつつ賃貸借関係を平穏無事に継続していくために、最も重要なことは、毎月の賃料を支払期日までにきちんと支払うことです。

　毎月の賃料の支払いが大幅に遅れることはないものの、いつも遅れ気味という借主に対する貸主の心証は、貸主の潜在意識のなかで悪い方に醸成され、当該借主のちょっとした失態などが貸主の耳に入ったとき、そのことがきっかけとなって信頼関係の破壊に向かっていかないとも限りません。つまり、貸主と借主との信頼関係の良否は、借主の賃料の支払態度にかかっているといっても過言ではありません。

　賃料の支払に関する督促業務の直接の目的は、いうまでもなく借主に未払賃料を速やかに支払って頂くことですが、当該業務を受託している管理業者としては、この督促業務の意義をもう少し広義に解釈し、督促業務を通して未払賃料の発生を未然に防ぐこともその内容に含まれていると理解する必要があります。

　すなわち、督促業務の目的・目標とするものは、
① 未払賃料の収納
② 未払賃料の発生の防止
③ 貸主と借主との信頼関係の維持
などです。

　このことから、督促業務は、賃料の未払いにより発生するのではなく、当該借主の契約・入居のときから始まっているといえます。

　管理業者の管理業務の基本は、「入居者の管理」にあり、賃料の集金業務・督促業務においても同様であるといえます。貸主の信頼を得ることはもちろんですが、受託した管理業務を円滑、かつ効率的に遂行するためには、当該業務に密接に関わっている入居者（借主）の信頼を得ることも極めて大事なことです。そして、この信頼関係の維持・継続には、管理業者と借主との日常的なコミュニケーションをどのように維持・継続していくかがポイントとなります。

　来店、入居の申込、入居者の資格確認、契約、入居、点検確認時などの借主への対応の仕方が、入居以降の借主の管理業者に対する信頼関係のスタートとなり、管理業者が受託した個々の管理業務を処理していくうえで、大きな関わりをもってくることになります。

　督促業務は、借主の賃料未払の発生に伴って発生するのではなく、借主の入居の時点から発生していることを十分認識して督促業務に取組む必要があります。

2　督促業務の一般的方策

　前項で述べたように、督促業務は借主の入居の時点から始まっていますが、その業務の中身は、当然のことながら未払賃料の発生前と発生後とでは大きく異なってきます。つまり、未払賃料の発生前における督促業務は、未払賃料の発生を未然に防ぐという借主全体に対する一般的なものとなります。これに対し、未払賃料に対する督促業務は、個別具体の業務として行われ、その内容は、借主の対応如何により多様となりますが、この段階での督促業務の目標は、ただ一つ、未払賃料の解消、つまり、滞納賃料の収納ということになります。

(1) 未払賃料の発生防止としての督促業務

> 円滑な管理業務は、借主との良好なコミュニケーションから

この段階での督促業務は、借主と円満な信頼関係を築くために管理業者が借主に対して行う全ての働きかけやサービスがそれに該当します。

① 契約時の入居説明における賃料の支払方法や支払期日、賃料の支払いを遅滞した場合などの取扱の説明
② 賃料の支払に関する事前通知
③ 借主との定期的なコミュニケーションの推進
④ 居住状況把握のための借主宅の適宜の訪問

などの業務が挙げられます。

> 大切な事柄は、文書で分かり易く説明すること

①については、「入居のしおり」などのようなものを作成して、賃料の支払に関しては最初の支払方法を明記し、支払時期を経過した未払賃料については、当初の方法、例えば、「口座振替」や「口座振込」などによらないで「持参払い」にする、また、度々遅滞する場合には、以降の賃料の支払方法は全て「持参払い」にするなど、賃料の支払遅延により借主が何らかの不利を被るような方策を明記したり、さらには、一定期間以上賃料の支払を遅滞した場合には連帯保証人に当該未払賃料の支払を請求することなどを明記し賃貸借契約において賃料の支払及び支払期日の厳守が如何に重要なことであるかを十分に理解して頂く工夫をします。

殆ど全ての宅建業者は、契約時までに「重要事項」に関する説明とともに賃貸借契約書上の重要な約定について借主に説明しているようですが、口頭による説明だけでなく「入居のしおり」のようなものを作成し、賃貸借契約書では表せない貸主にとって大切な事項について詳しく記載し、入居に当たって借主に十分周知するとともに文書でその内容を確認して頂いておくことが大切です。これを怠って口頭の説明だけで済ませたりした場合は、後日、「そんな事は聞いていない」とか、「そんな説明は無かった」、「いや、間違いなく説明した」などの水掛け論になり、借主からクレームを付けられることが予想されます。

なお、このことは、賃料だけでなく他の事でも同様のため、管理業者としては、是非「入居のしおり」のようなものを作成し、賃貸借契約書だけでは十分説明できない事項について、できるだけ詳しくその内容を記載して借主に予め理解を求める努力が必要です。

> できれば、事前に通知すること ── 事前通知は、督促ではない督促 ──

②については、①のフォローとして賃料の支払期日の前に、毎月大体決まった時期に賃料の支払についての事前通知をします【様式35参照】。特に、「口座振替」による支払方法の場合は、金融機関の週休二日制によって、賃料の振替日が支払期日と異なることが多くなり、指定の振替日に引落せなかった借主に「振替日を勘違いした」などの口実を与えないためにも、このような「事前通知」──手間は掛かりますが──を出すことは、未払賃料の発生防止にとってある程度有効な方法といえます。なお、通常の「事前通知」は、ハガキで構いませんが、例えば、前月の賃料の支払が支払期日より遅れた場合で、その旨を明記したうえで、当月の賃料の支払について遅延しないよう注意を促すような文面を記載する場合は、第三者の目にその文面が触れないように封書で「事前通知」を送付するなどのちょっとした配慮も必要かと思われます。

> 借主に頼られる管理業者になること

③については、賃料の支払のことだけでなく、貸主から受託した管理業務の円滑な遂行及び借主に対する居住上のサービス全般に関する問題です。管理業務の円滑な遂行は、そこで24時間生活している入居者の協力なしにはなかなか難しいものです。その意味で、管理業務の基本は、「入居者の管理」にあるといえます。そして、適切な「入居者の管理」を行うために欠かせないのが入居者とのコミュニケーションです。

入居者とのコミュニケーションを築くのに有効な方法の一つとしては、定期的に入居者宅の訪問という方法が考えられます。これは、借主宅を訪問し当該住宅の使用上のアドバイスをしたり、また、居住者から管理上の問題点等を聞き出し借主に対して適切な指示をしたり、必要な管理上の処理を行うことを通して入居者との信頼関係を築こうとするものです。しかし、このようなコミュニケーションの推進は、定期的に実施するのはまず無理であり、第二に、このような訪問を好まない借主もいて、プライバシーを覗かれるというような問題も内包しているため、借主宅の訪問は管理業者にとって有益であっても、借主にとっては、必ずしも有益とはならない場合が考えられます。
　では、どのようにして入居者とのコミュニケーションを図ればよいのでしょうか。
　一つの方法としは、次のようなことが考えられます。例えば、毎月または隔月毎に、あるいは、季刊誌的な「管理報」のようなものを発行し、それを全入居者に配布します。そして、管理業者として入居者に通知したいことや守って欲しい事項などを周知します。勿論、管理業者や貸主からの要望や通知だけの内容では入居者とのコミュニケーションは図れません。「管理報」には、入居者にとって有益な情報も掲載し、これらの情報を得ることにより入居者が当該住宅で快適な生活を過ごすことができる、そのような情報でなければ、せっかく手間ひま掛けて「管理報」を作成しても入居者とのコミュニケーションを図るというところまではいきません。
　入居者の生活上の役立つ情報とはどんなものか。管理業者としては、常識と思っていることでも一般の人々にとってはそうでないものがたくさんあります。
　例えば、わが国は季節の変化に富んだ国です。梅雨あり、台風あり、うだるような暑さあり、冬の寒さあり、春や秋の温暖で快適な季節あり、などなど、季節により住宅での住まい方が大きく違ってきますし、それにより生活上注意する事項もそれぞれ違ってきます。これらの生活の知恵などについては、一般の入居者はうっかり見逃して思わぬ失敗をしている例が意外と多いものです。梅雨どきの押入の湿気の問題や畳のダニの発生、台風接近によるベランダに置いてある物の処理、冬の結露の問題など、季節に合わせた生活上の知恵や注意を記載したり、火災や空き巣ねらいへの注意を喚起するなど入居者にとっての有益な情報提供が考えられます。
　このような方法により、入居者とのコミュニケーションを図りながら、管理業者として、是非、守って頂きたい事項をきちんと入居者に伝えていくことが必要です。

> 借主との対話を通して居住状況の把握に努めること

　④については、③で述べたように定期的に行うことは非常に難しいだけではなく、それを望まない入居者もいると思われます。したがって、管理業者が何らかの理由でアパート等賃貸住宅を訪れたときに、気にかかる借主のところをついでに訪問して当該借主の居住状況を確認し、その後の入居者管理のための情報を入手するなど、管理業務の円滑な遂行に役立てることが考えられます。賃料の支払遅延とか滞納は、多くの場合、借主の生活環境の変化によるもので、しかもその変化は往々にして賃料の支払遅延とか滞納が始まるかなり前から起こっていることがあります。それまできちんと支払期日までに支払っていた借主が、支払期日に支払わなかった場合、電話等で直ちに支払を促して速やかに徴収するのは勿論ですが、たとえその未払賃料を速やかに徴収できたとしても、そのことが借主のいうとおり「うっかり」だったのか、それとも借主の生活環境の変化によるものか釈然としないものを感じたら、借主宅を訪問してその居住状況を自らの目で見て確かめておく必要があります（例えば、「郵便受け」のチェックなど借主に会えなくても居住状況の一端を知ることができることがあります）。
　なお、賃料の収納業務のところで、毎月の賃料収納状況の集計について触れておきましたが、この集計の一つに借主毎に「賃料等収納状況表」【様式35】を作成することを提案しています。これは、当該借主の入居時から賃料の支払（収納）状況を整理しておき、実際の入金（収納）状況の変化から、当該借主の生活環境の変化を少しでも早く察知し、未払賃料の発生防止又は支払遅延の長期化を未然に防ぐための一助として役立てようというものです（「口座振替」による場合は不可能ですが、「口座振込」の場合、振込日の変化から、当該居住者の生活環境の変化を読みとることが可能と思われます）。

(2) 未払賃料の督促業務

> 滞納の原因

　未払賃料の発生の原因は、大きく分けて二つあります。
　一つは、いわゆる「うっかり」忘れによる賃料の未払い
　二つ目は、借主の「経済的困難」による賃料の未払いまたは支払遅延
の場合です。
　前者については、更に、二つに分類でき、その一つは借主本人が支払期日の経過に気付き、直ちに支払うケースと、他の一つは、支払いを遅延させる意思は無いが借主の性格がルーズで度々「うっかり」して支払いを遅延し、督促があれば直ちに支払うケースです。
　後者についても、二つに分類でき、一つは、一時的または比較的短期の「経済的困難」により一時的に、または短期の支払遅延が発生するケースと、もう一つは、重大、かつ深刻な『経済的困難』により支払遅延が発生するケースです。

原　　因	原因の態様	収　納　状　況
「うっかり」	①全くの『うっかり』	自ら気付き直ちに支払実行
	②借主のルーズな性格	督促により速やかに支払実行
「経済的困難」	③一時的要因	支払遅延状況の一時的継続
	④重大かつ深刻な要因	継続的な賃料の滞納

　前にも述べましたように、未払賃料の督促の目的は当該未払賃料を収納し、未払状態を解消することです。
　表に示したとおり、支払遅延の原因は、態様別にみた場合、概ね四つのパターンになります。督促業務の方法は、借主の性格により異なってきますが、管理業者としては、個々の支払遅延がどのパターンに該当するかある程度見極めることができれば、この四つのパターンにより、効果的な督促を行うことが可能です。

> 滞納の原因を知ること

　ところで、賃料の支払遅延は、管理戸数がある程度の量に達すると管理業者から見れば全ての借主がその可能性を有している訳です。しかし、借主のうち誰かが確実に支払遅延するという不確実性のなかの確実な現象です。個々の支払遅延が四つのパターンのいずれに当たるかは、督促業務を実施していく過程で分かってくることですが、それ以前の通常の管理業務において、借主の生活態度や管理業者との応対態度などを通して事前にある程度知ることが可能です。
　そのため、管理業者としても、入居間もない借主とのコミュニケーションについては、不十分であり、パターン認識は難しいかも知れませんが、半年程度の間に、ある程度個々の借主の生活態度や応対態度など、一般的な特質が把握できるくらいになることを貸主側から要求されます。
　つまり、上記の表の①「全くのうっかり」、または②「借主のルーズな性格」の場合には、大事に至る確率は低いと考えられますが、支払遅延の原因が結果として③「一時的要因」の場合、それが④「重大、かつ深刻な要因」の状態にまで至る可能性、つまり賃貸借契約の解除をも想定してその督促の当初から一貫して行う必要がありますし、「重大、かつ深刻な要因」であれば、場合によっては、未払賃料の収納のみが目的ではなく、とにかく一刻も早く賃貸借契約を解除し住宅からの退去を実現することをその督促の当初から一貫して行うことがベストな場合があります。このような決断を早く、かつ確信を持って行うには、確かな情報や根拠が必要です。借主との間に十分なコミュニケーションが築かれている場合は、当該借主に関する確かな情報や根拠が入手できる確率が高くなり、その分的確な方針を持って督促業務を行うことが可能となります。
　また、滞納督促は、当該滞納賃料を収納し滞納賃料の解消を目指すだけでなく、当該借主の賃料滞納の再発を防ぐ措置を講ずることも含んでいます。②「借主のルーズな性格」や③「一時的要因」の場合、現行の収納（支払）方法を変更するとか、収納業務で述べたように「支払の事前通知」を強化するなどの方法があります。

もっとも、これらの措置や方法も、借主本人が守らなければ無意味なものになってしまいますが、督促業務というものは、本来そういうものなのです。管理業務で借主が関係してくる業務というものは、管理業者の努力の多くが報われないが故に、多くの貸主がそのような業務を委託するというのが実態であり、管理業務の難しいところでもありますが、別の言い方をすれば、それ故に「管理業」が存在し得るともいえます。

┌─────────────────────────────────────┐
│　迅速な督促が督促の基本である　　　　　│
└─────────────────────────────────────┘

　次に、**未払賃料が発生したときの具体の督促**ですが、ほとんどの管理業者が共通して言っていることは、「未払いが分かったら、文字どおり『直ちに』督促を行い、未払賃料の支払を求める」ことです。ある管理業者は、貸主から未払賃料の通知を受けた場合、「たとえ夜間であっても、当該借主の住宅に出向き未払賃料の支払を求める」、また、ある業者は、「未払いが分ったら、直ちに、電話で未払賃料の支払を求める」とともに管理業者のところに「翌日までに『持参払い』するよう求める」としています。そして、このように**迅速、かつ毅然と督促することにより未払者の80％以上が解決する**ということです。

　ただし、夜間の督促訪問は、借主の心証を悪くし、その後の借主との関係悪化を招くおそれもありますので十分な配慮が必要です。つまり、「迅速な督促」が督促の基本です。しかし、借主との連絡が取れなく深夜に電話するとか、借主の帰宅を待ち受け、夜遅くまで借主宅前で待ち続けるなどは、管理業者の熱意は分からないこともありませんが、督促の仕方としては、好ましくはありません。このような場合には、借主宅のドアポストに「督促状」【様式38－1～4 参照】や「不在箋」【様式37 参照】を投入れるなど、「わざわざ督促に来た」ということが分かるような督促に留めても十分効果があると考えられます。

　いずれにせよ、迅速な初期督促は督促のポイントではありますが、借主の立場も配慮した督促を心掛ける必要もあります。

【未払家賃の督促の第一段階】

┌───┐
│　未払者の迅速な把握と当該借主に対する間髪を入れない「素早い」督促です。そしてそのや│
│り方は、電話、訪問を問わず、一刻も早く借主とコンタクトを取り、支払日の確約を取りつけ│
│ることです。　　　　　　　　　　　　　　　　　　　　　　　　　　　　　　　　　　　　│
│　　　　　　　　　　**督促の鉄則1　　→　　「時は金なり」**　　　　　　　　　　　　　│
└───┘

┌─────────────────────────────────────┐
│　確実な支払確約を借主に求めること　　　│
└─────────────────────────────────────┘

　督促の第二段階は、第一回目の督促での約束を履行しなかった場合、第二回目の督促を行うことになりますが、再督促の行動は、当然第一回目より強化しなければ効果がありませんから、電話などの間接対面によらないで、（できれば）借主またはその配偶者と直接会って未払賃料の支払を求め、場合によってはその場で集金し、集金できなければ再度支払の確約を取るとともに、連帯保証人に連絡し支払の確実な実行を担保することです。

　また、二回目の支払確約に違背した場合は、当該滞納賃料の支払期日から実際に支払を受ける日までの間の遅延利息を徴収する旨を通知し、約束の履行を促すのも一つの方法です。

【未払賃料の督促の第二段階】

┌───┐
│　第二回目の督促は、必ず、借主本人またはその配偶者との面接により行い、確実な支払確約│
│を借主にさせるとともにその実行の担保として連帯保証人に連絡します。　　　　　　　　　│
│　　　　　　　　　　**督促の鉄則2　　→　　「二度目の不渡りは認めない」**　　　　　　│
└───┘

┌─────────────────────────────────────┐
│　滞納解消への見通しを付けること　　　　│
└─────────────────────────────────────┘

　第二回目の督促にもかかわらず支払の約束が不履行となった場合は、当該借主の未払賃料の解消には若干の時間を要しているのが実態のようです。つまり、この段階に至った場合は、賃料未払の

原因は何らかの理由により当該借主が「経済的に困難」な状況に陥っていると考えて差し支えありません。

したがって、これ以降の督促は、当該借主の「経済的な困難」が
① 一時的で比較的短期に克服できる程度のものである。
② その克服までに相当の期間を要するほどのものであるが、克服の見込が予測できる。
③ その克服への見通しが得られない状況である。
などの事情により、その対応の仕方が異なってきます。

そして、借主が、これらのどの状況にあっても、「経済的な困難」を克服するまで賃料は未払いのままで良いという訳にはいきません。

> 連帯保証人をまじえて解決策を見出すこと

管理業者の**督促の第三段階**で取るべき方法としては、
a 連帯保証人に支払を求め、未払賃料（滞納賃料）の解消を目指す。
b 賃料の収納（支）方法を変更し、分割払い等を認めるなど確実な履行が見込める支払計画書を借主と連帯保証人連名で提出させ、未払賃料（滞納賃料）の解消を目指す。
c 借主の「経済的な困難」の状況が前述の②「借主のルーズな性格」、または③「一時的要因」の場合、借主及び連帯保証人に対し、未払賃料（滞納賃料）の支払いと当該賃貸借契約の解除を求め、滞納賃料の解消と滞納賃料の増大化の防止を目指す。
などが考えられます。

督促もこの段階に至ると、管理業者は、借主の債務不履行に伴う賃貸借契約の解除を前提に、連帯保証人をして借主にその債務を履行するよう強く求めていくとともに、借主が債務を履行しない場合は、連帯保証人自らが、当該債務を履行するよう強く求めていくことになります。

通常、督促が第二段階に至る借主は、何らかの「経済的な困難」により債務の履行ができない状況に陥っていますので、当該借主については、督促経緯をきちんと記録【様式39参照】したり、支払確約書【様式40－1～3参照】を徴する場合、必ず署名・押印をさせ整理しておきます。これは、あらゆる約束を履行しないにもかかわらず住宅に居座り続けた場合、当該借主を住宅から退去させるには、裁判上の手続によって実現せざるを得ない場合があり、その際、貸主の借主に対する住宅明渡しの要求が正当であることを証明する大切な証拠となるからです。

また、賃貸借契約書で「賃料の支払いを一定期間（1か月分または2か月分）怠った場合は、催告によらないで契約解除する」旨の約定を締結していても、なお、無催告解除は、無効であるとする判例もありますので注意を要します。したがって、支払催告に当たっては、「内容証明郵便」により行い、確かに支払催告したことが、後日、証明できるような方法をとっておくことが必要です。また、貸主の借主に対する催告の意思が間違いなく借主に伝達されたことを確認するため、「配達証明付内容証明郵便」により行う方法もあります。借主から徴収する「支払確約」に、借主の署名及び押印を求めるのもそのためです。

いずれにせよ督促も第三段階になると、その予想される解決の結果は、次のケースが考えられます。
① 支払の約束が履行され、滞納賃料が解消される。
② 支払の約束が不履行となり、借主との合意解除が整い、借主が退去する。この場合、全ての債務が連帯保証人から履行され全面解決される場合と一部または全部の金銭債務が履行されない場合がある。
③ 支払の約束が不履行となり、借主との合意解除も不成立になる。

この第三段階の督促結果としては、概ね以上の三つのケースが予想されます。そして、前述の①「全くのうっかり」が、本督促の目的です。②「借主のルーズな性格」は、金銭債権の回収が、一部または全部についてできないのは残念ですが、これ以上の滞納債権の発生を阻止できたという意味では良としなければならないものと考えられます。③「一時的要因」は、当然のことながら、第三段階の督促が完全に失敗に終わったことを意味し、これ以上「裁判外」――話合いでの債務の任意履行の請求のみ――では、その目的の達成は不可能と言わざるを得ません。債権者による裁判外での債務の履行（債務の任意履行）の請求について簡単に触れておきますが、債権者は、裁判外においてその履行を請求することができます。そして、債務者がそれを任意に履行すれば、債権者は給

付を受領し保持することができます。圧倒的多数の債務は、任意に履行されて消滅するものです。
なお、債権者は、債務者に対する債務の履行の請求にあたって暴力を用いたり、過度にしつこくつきまとったりなどの方法に訴えた場合、不法行為となりますので、督促はあくまでも冷静に行うことがもう一つのポイントです。ただ、債権者（貸主または「貸主」の委任を受けた管理業者）の債務者（借主）に対する債務の履行の請求——滞納賃料等の支払督促の行為——が、借主に対して、ある程度不快感を与えても不法行為に問われることはありません。

【未払賃料の督促の第三段階】
> 支払の約束の履行について、連帯保証人にも負わせるとともに不履行の場合、当該住宅を退去する旨、借主と連帯保証人の連名で署名のうえ押印させた確約書を徴収するなど、厳しい態度でのぞみます。
>
> **督促の鉄則3　→　「仏の顔も三度」**

　第三段階に至った場合、相当厳しい態度で臨まないと問題は解決しませんが、督促する側としては、借主や連帯保証人の苦しい弁解——例えば、経済的な苦境の状況などあれこれ話しますが——に対しては、ある程度の理解を示しつつ一層の努力を促すとかの叱咤激励などの応対は、時と場合により必要であるかも知れません。しかしながら、決して同情してはいけません。少しでも同情すると、約束は必ずといって良いほど破られます。借主や連帯保証人の苦境に理解を示しつつも、毅然とそして淡々と督促業務を行うことが大切です。

　　　決着を裁判に委ねる場合

督促の第四段階は、第三段階までのいわゆる「裁判外」の履行の請求について、ことごとく借主の債務不履行により効果をあげることができなかった関係上、裁判上の手続を取ることが督促業務のメインとなります。これまでの督促経緯を整理するとともに、借主や連帯保証人から差し出されて保管している「支払確約書」などは裁判を委任する弁護士に引継ぐことになります。
　裁判で訴える内容——請求内容——が、滞納賃料の支払請求だけであれば、勝訴判決を得るのは容易ですが、相手方に支払能力がなければ裁判で勝っても貸主にとっては何の役にも立たず、時間と費用の損失だけが残ることとなりかねません。したがって、裁判で訴える内容——請求内容——としては、当該賃貸借契約を解除し、滞納賃料を支払って当該住宅からの退去をも含むものでなければ、結果として掛けた時間と費用を無駄にしてしまうことになります。
　しかしながら、賃料の不払いによる契約解除については、1、2か月分の賃料の延滞のみを理由に民法第541条を適用し、契約解除できると解することは賃借人にとってあまりにも不利益であり、賃貸借契約を解除して賃借人に住宅を明渡すことを求めることは困難なようです。したがって、明渡しを求める判決を得ようとするならば、それまでの借主の支払状況が良くなく、借主の背信行為がみられるなど、貸主と借主の間における信頼関係が著しく損なわれているために、賃貸借の継続を困難とする特段の事情が存在する必要があります。
　以上の事情を踏まえ、裁判で訴える内容については、「顧問弁護士」と相談し、貸主のメリット、デメリットをよく勘案して、訴訟に踏み切るかどうか決断することになります。
　なお、提訴後、借主が、管理業者（または貸主）に対して、支払いの猶予や新たな条件等を持込むなど、それまでの滞納督促に対する対応とは異なった対応をしてくることがままありますが、いったん「顧問弁護士」に依頼し、訴訟に踏み切った後は、以後の借主との交渉は「顧問弁護士」を通じて行うのが原則となります。そして、借主が、管理業者や貸主のところに交渉にやって来ても一切受付けず、直接、「顧問弁護士」と交渉するよう借主に申し渡すことになります。

【未払賃料の督促の第四段階】
> 滞納賃料の支払いや住宅の明渡しなど借主等にその債務の履行を強制的に行わせるため、『滞納賃料の支払と住宅の明渡し』を求める裁判を起こし、最終的な決着を図ります。
>
> **督促の鉄則4　→　「あくまでも債務を履行しない滞納者は裁判で最終決着を」**

(3) まとめ

> 督促業務のポイントは、借主自ら決断させることである

　以上、督促業務に関し一般的な内容について述べましたが、賃料の支払遅延や滞納の原因は、借主の倫理観及び経済的状況にあります。つまり、賃料の支払遅延や滞納の解消は、借主の賃料に対する態度にかかっています。管理業者が当該借主に対して行う督促は、あくまでも借主が賃料の支払遅延や滞納状況をどう受止め、賃貸借契約についてどう対処するか、借主にある種の決断をさせる行為以外の何ものでもありません。

① 借主が、賃貸借契約の継続を強く望めば、賃料の支払遅延や滞納は、解消し一件落着となります。
② 滞納賃料の解消が当面不可能で、借主が、契約解除を決断すれば、滞納賃料の未回収が残ることがありますが、退去すれば、その時点で滞納債権の増大が終わり、督促の目的は、一応達成されます。
③ 借主が、生活基盤の建て直しを決意し、支払計画書を作成してそれを実行に移せば、取敢えず督促の成果は上がったものと評価することができます。

　このように、問題解決（賃料の滞納等の解消）には、借主が、問題解決に向かって具体的にどのような決意をするかに大きく左右されます。そして、管理業者にとって一番困ることは、当の借主が何らの決意もしない場合です。

　したがって、管理業者の行う督促業務の役割は、賃料の支払遅延や滞納について、当の借主または連帯保証人に対し何らかの決意を一刻も早くさせ、その決意に沿って借主の行動を促進させることにあるといえます。これらのことを踏まえて、督促業務の基本をまとめると、大体次のようになります。

① 債務履行にかかる絶え間ない借主教育
② 借主とのコミュニケーションをよくし、借主との信頼関係の不断の構築
③ 借主別に毎月の（賃料）収納（入金）状況の把握
④ 素早い督促――訪問等による直接的な督促――（管理戸数の増大により対象者の絶対数が多くなり、「直接面談による督促」が物理的に難しい場合は、ハガキなどによる迅速な督促を実施）
⑤ 問題解決策は、借主（滞納者）本人に考えさせ、決断させること
⑥ 連帯保証人を有効に活用すること
⑦ 督促は、ある程度しつこく、かつ波状的に（しつこく付き纏うことは避けること）
⑧ 督促経緯は、克明に記録しておくこと
⑨ 借主の立場に理解を示しても、同情は禁物、督促は淡々と
⑩ 解決が長引いたら債権の全部保全は無理と知ること
⑪ 裁判は、最後の手段、話合いが解決への近道
⑫ 提訴後は、弁護士に任せ、借主との直接の接触は避けること

3　その他

(1) 遅延損害金について

> 「遅延損害金」の特約をする場合

　殆どの賃貸借契約において、賃料等の支払いを遅延した場合は、「その支払期日の翌日から実際の支払日までの期間につき、所定の割合による遅延損害金を支払う」旨の約定がなされていますが、**消費者契約法第9条**の規定により14.6％を超える部分は無効となりますので注意を要します。

　この約定について、多くの貸主は、一罰百戒の趣旨で設けており、実際の運用に当たっては、慎重な対応をしており、短期間の支払遅延に対しては、適用していないようです。

　約定があっても、それを適用しないのは、個々の貸主の判断により自由ですが、約定があって、しかも、借主が、賃料をしばしば遅延するにもかかわらず、遅延損害金の請求をすることなく賃料を徴収している場合は、当該約定が死文化してしまうことがありますので注意が必要です。

　本体の賃料を円滑に徴収することが、本旨であるため遅延損害金を「徴収する」「徴収しない」は、貸主の自由裁量に属することです。しかしながら、約定を有効なものとしておくために遅延損害金を徴収しない場合は、その都度、その旨を借主に告げておくことが必要です。こうしておけば、約定は、その効力を持ち続け、遅延損害金を免除していることを理由に借主が賃料の支払遅延を改めないのであれば、約定により遅延損害金を請求し、支払態度を改めさせる有効な対抗手段にもなります。

　なお、賃貸借契約において、遅延損害金の約定を定めていないものもあります。これは、そもそも、遅延損害金とは、賃料を遅延した借主から徴収するものであり、賃料すら支払うことが困難な状況にある借主に対して遅延損害金まではとても取れないとか、僅かばかりの遅延損害金のために借主と気まずい関係になるのを避けるためなどの理由により、敢えてそのような約定を定めていないものと考えられます。最も、統計的に見れば、遅延した未支払賃料を徴収できないケースはそんなには多くなく、その意味では、必ずしも遅延損害金に関する約定を設ける必要はないともいえそうです。しかしながら、賃料の支払遅延に対して、借主側に経済的な負担が全くないとなれば、これを悪用するも想定されるため、貸主としては、そのような借主に対抗する手段が不足することとなり、他の借主に波及していくおそれがないとは言い切れません。そのため、適用するか否かは別として、賃料の支払遅延に対する「遅延損害金」については、賃貸借契約書に明記しておき、借主の賃料債務の円滑な履行を促す一つの有効な手段として担保しておくことがベターであると考えます。事実、『遅延損害金』の約定があるにもかかわらず、賃料の支払遅延に対して遅延損害金を免除している貸主が少なくありません。

> 「遅延損害金」の特約がない場合

　ところで、賃貸借契約書に「遅延損害金」の特約がない場合に、賃料の支払遅延の借主に対して「遅延損害金」が請求できるかどうかの問題が生じることがありますが、これについては、**民法第419条**の定めにより「年5分」の法定利率**（民法第404条）**による遅延損害金の請求・徴収ができます。また、「遅延損害金」の額は、法定利率（「年5分」の割合）によりますが、特約により、これと異なる「利率」を定めることができます（民法第420条）。この特約は、当然のことながら有効ですが**消費者契約法第9条**の規定により利率の上限を年14.6％とし、これを超える部分は無効となると規定しています。規定に反する契約条項があった場合は、年14.6％の範囲でしか請求できません。

(2) 滞納賃料と敷金の途中充当について

> 借主は、滞納賃料の敷金による途中充当を主張できない

　滞納賃料の発生には、滞納賃料と敷金の途中充当という問題が生じることがあります。敷金の途

中充当については、敷金の担保効力を一方的に消滅させることになるため、借主は、賃貸借契約の存続中は滞納賃料の敷金による途中充当を主張することができません（通説、判例）。

この敷金の途中充当については、多くの貸主が約定において否定していますが、たとえ敷金の途中充当に関して何らの約定がなくても、貸主は、借主または連帯保証人からの敷金の途中充当の主張を拒否することができます。

敷金は、貸主が賃料債権などを担保する目的で借主から貸主へ支払われる金員であり、賃貸借契約の終了に際して、賃料滞納やその他の債務不履行がないことを条件に不履行債務があれば、それを差引いて返還することを約して受領しているものですので、借主等からの途中充当の主張に応ずる必要はありません。

なお、賃貸借契約の存続中であれば、たとえ合意していなくても滞納賃料は敷金をもって充当するか、あるいは、敷金の途中充当に関して何らの取決めがなくても当該滞納賃料の支払を請求するかは、貸主の自由に任されていますので借主等から途中充当の意思表示（要望）があっても、貸主としては滞納賃料を敷金をもって充当することなく、借主や連帯保証人に対して請求することが当然にできます。

（3）連帯保証人に対する債務の履行の請求について

> 貸主は、借主に催促することなく連帯保証人に滞納賃料等を請求できる

保証人は、債務者がその債務を履行しないときは、債務者に代わってその債務を履行する義務を負っています**（民法第446条）**。

ところで、通常の保証の場合、債務者がその債務を履行しないからといって、債権者は、直ちに、保証人に当該債務を請求できる訳ではありません。つまり、債権者が、保証人に債務者の不履行債務の履行を請求した場合、保証人は、まず、主たる債務者のところに行ってくれと主張する権利を持っています。この権利が存在することを、保証債務には「補充性」があると呼んでいます。そして、これには、次の二つのものがあります。

一つは、保証人の「催告の抗弁権」**（民法第452条）**と呼ばれるものであり、他は、「検索の抗弁権」**（民法第453条）**と呼ばれるものです。

「催告の抗弁権」とは、債権者から債務者の不履行債務を履行する旨の請求があった場合、保証人は債権者に対し、まず、主たる債務者に催告する旨を請求することができる権利のことです。

「検索の抗弁権」とは、債権者から主たる債務者に催告をした後でも、保証人が一定の事項——主たる債務者に弁済の資力があって、しかも、いわゆる「とりたて」が容易であることなど——を証明したときは、債権者は、まず、債務者の財産に執行をしなければならないというものです。

これに対し、この両抗弁権のない保証契約があります。「保証人は、主たる債務者と連帯して債務を負担したとき」**（民法第454条）**が、これに当たります。これを「連帯保証」と呼びますが、債権者にとって便利であるため、実際は、ほとんどの場合に連帯保証が行われています。

賃貸借契約でも、保証人は、借主の債務について連帯保証する形となっており、したがって、貸主は、借主が債務の履行をしなかった場合、直ちに、保証人（連帯保証人）に対し当該債務の履行を請求することができます。主たる債務者である借主が、賃料の支払いを遅延した場合、債権者である貸主は、借主に催告することなく、連帯保証人に当該賃料の支払を請求することができます。

そして、連帯保証人は、「催告の抗弁権」も「検索の抗弁権」もありませんので、貸主に対し、「まず、借主のところへ行ってくれ」とか、借主に支払能力があるから「借主から支払って貰ってくれ」とか、言うことはできません。

もっとも、実務的には、多くの貸主は、支払遅延があったからといって、直ちに、連帯保証人に対し当該賃料の支払を請求している訳ではありません。まず、借主に対し、何度となく支払の請求をするとともに、連帯保証人には、「借主が遅滞賃料を速やかに支払うよう、連帯保証人から借主に督促する」旨を要請します。それでも借主から支払を受けられないときは、連帯保証人に対し、借主に代わって債務を履行するよう求めているようです。

なお、賃貸借契約の保証は、当該賃貸借契約の更新後生じた債務についても、保証責任は及ぶとされています（東京地判昭61.6.30）。

「借家法の適用ある建物賃貸借は、賃貸借期間満了後も当然に更新されることを前提とするもの

であって、その法律関係は、更新の特約があるのに等しく、かかる賃貸借契約の保証は、保証契約自体において、更新後は、保証責任を負わない旨の特別の合意をなすなど特段の事情がある場合を除き、更新後に生じた債務にも及ぶものと解する」（東京地判昭 61.6.30. 金商 761－44）。

【参　考】

民法第 420 条（賠償額の予定）　当事者は、債務の不履行について損害賠償の額を予定することができる。この場合において、裁判所は、その額を増減することができない。　（第 2 項以下省略）

民法第 434 条（連帯債務者の一人に対する履行の請求）　連帯債務者の一人に対する履行の請求は、他の連帯債務者に対しても、その効力を生ずる。

民法第 436 条（連帯債務者の一人による相殺等）　連帯債務者の一人が債権者に対して債権を有する場合において、その連帯債務者が相殺を援用したときは、債権は、すべての連帯債務者の利益のために消滅する。
2　前項の債権を有する連帯債務者が相殺を援用しない間は、その連帯債務者の負担部分についてのみ他の連帯債務者が相殺を援用することができる。

民法第 446 条（保証人の責任等）　保証人は、主たる債務者がその債務を履行しないときに、その履行をする責任を負う。　（第 2 項以下省略）

民法第 450 条（保証人の要件）　債務者が保証人を立てる義務を負う場合には、その保証人は、次に掲げる要件を具備する者でなければならない。
　一　行為能力者であること。
　二　弁済をする資力を有すること。　（第 2 項以下省略）

民法第 452 条（催告の抗弁）　債権者が保証人に債務の履行を請求したときは、保証人は、まず主たる債務者に催告をすべき旨を請求することができる。ただし、主たる債務者が破産手続開始の決定を受けたとき、又はその行方が知れないときは、この限りでない。

民法第 453 条（検索の抗弁）　債権者が前条の規定に従い主たる債務者に催告をした後であっても、保証人が主たる債務者に弁済をする資力があり、かつ、執行が容易であることを証明したときは、債権者は、まず主たる債務者の財産について執行をしなければならない

民法第 454 条（連帯保証の場合の特則）　保証人は、主たる債務者と連帯して債務を負担したときは、前二条の権利を有しない。

民法第 457 条（主たる債務者について生じた事由の効力）　主たる債務者に対する履行の請求その他の事由による時効の中断は、保証人に対しても、その効力を生ずる。
2　保証人は、主たる債務者の債権による相殺をもって債権者に対抗することができる。

民法第 541 条（履行遅滞等による解除権）　当事者の一方がその債務を履行しない場合において、相手方が相当の期間を定めてその履行の催告をし、その期間内に履行がないときは、相手方は、契約の解除をすることができる。

督 促 業 務 フ ロ ー

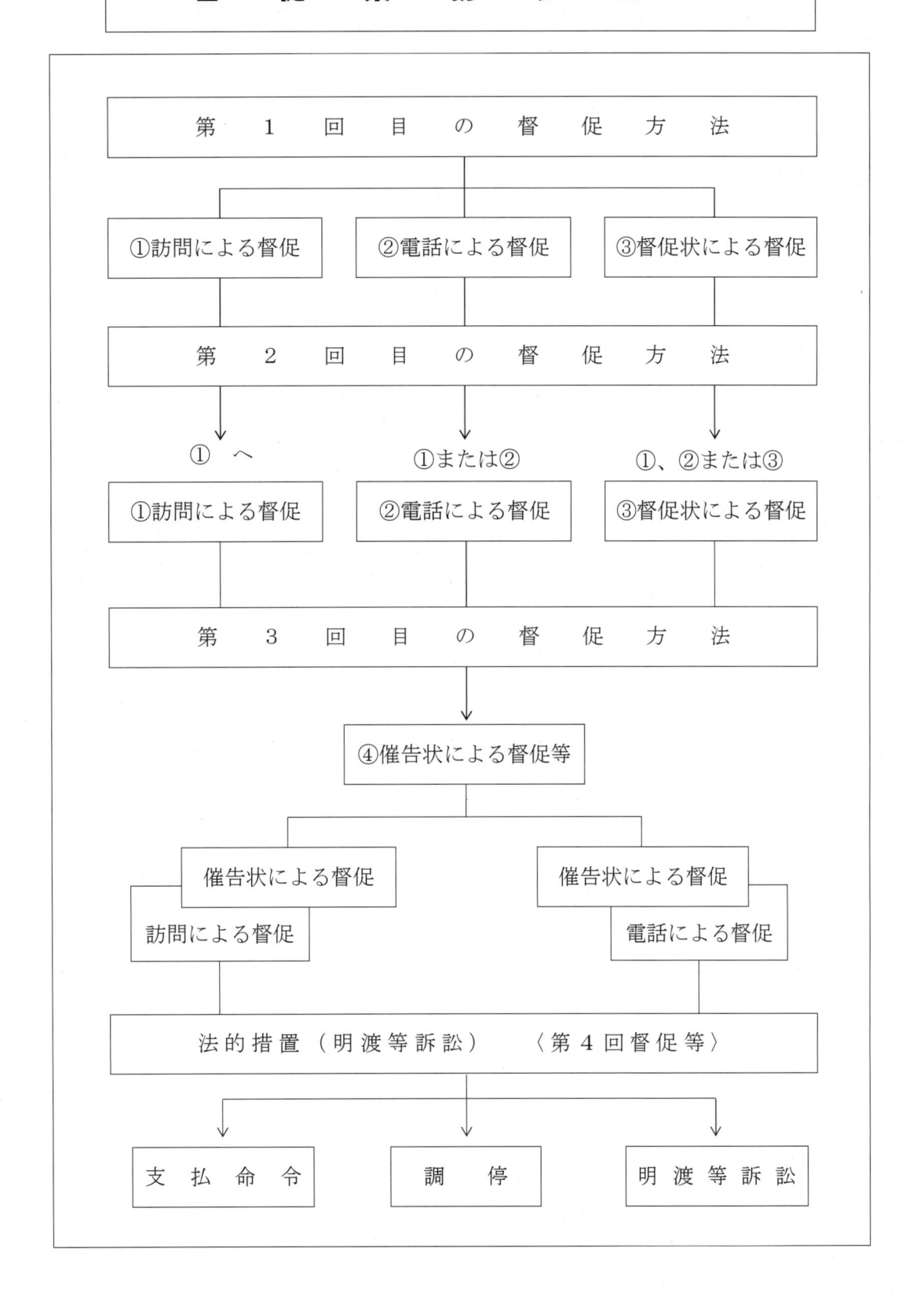

```
           第 1 回 目 の 督 促 方 法
    ┌───────────────┼───────────────┐
①訪問による督促    ②電話による督促    ③督促状による督促
    └───────────────┼───────────────┘
           第 2 回 目 の 督 促 方 法
    ↓               ↓               ↓
   ①へ          ①または②        ①、②または③
①訪問による督促    ②電話による督促    ③督促状による督促
    └───────────────┼───────────────┘
           第 3 回 目 の 督 促 方 法
                    ↓
              ④催告状による督促等
           ┌────────┴────────┐
      催告状による督促        催告状による督促
      訪問による督促          電話による督促
           └────────┬────────┘
      法的措置（明渡等訴訟）〈第4回督促等〉
    ┌───────────────┼───────────────┐
  支 払 命 令         調 停           明 渡 等 訴 訟
```

○ **第1回目督促**

> ①未払が判明しだい督促
> ②督促内容
> 　ⓐ未払賃料等額　ⓑ支払期限　ⓒ支払方法　ⓓ支払場所
> ③督促方法
> 　ⓐ訪問督促　　　ⓑ電話督促　ⓒ督促状の送付

1　訪問督促の場合

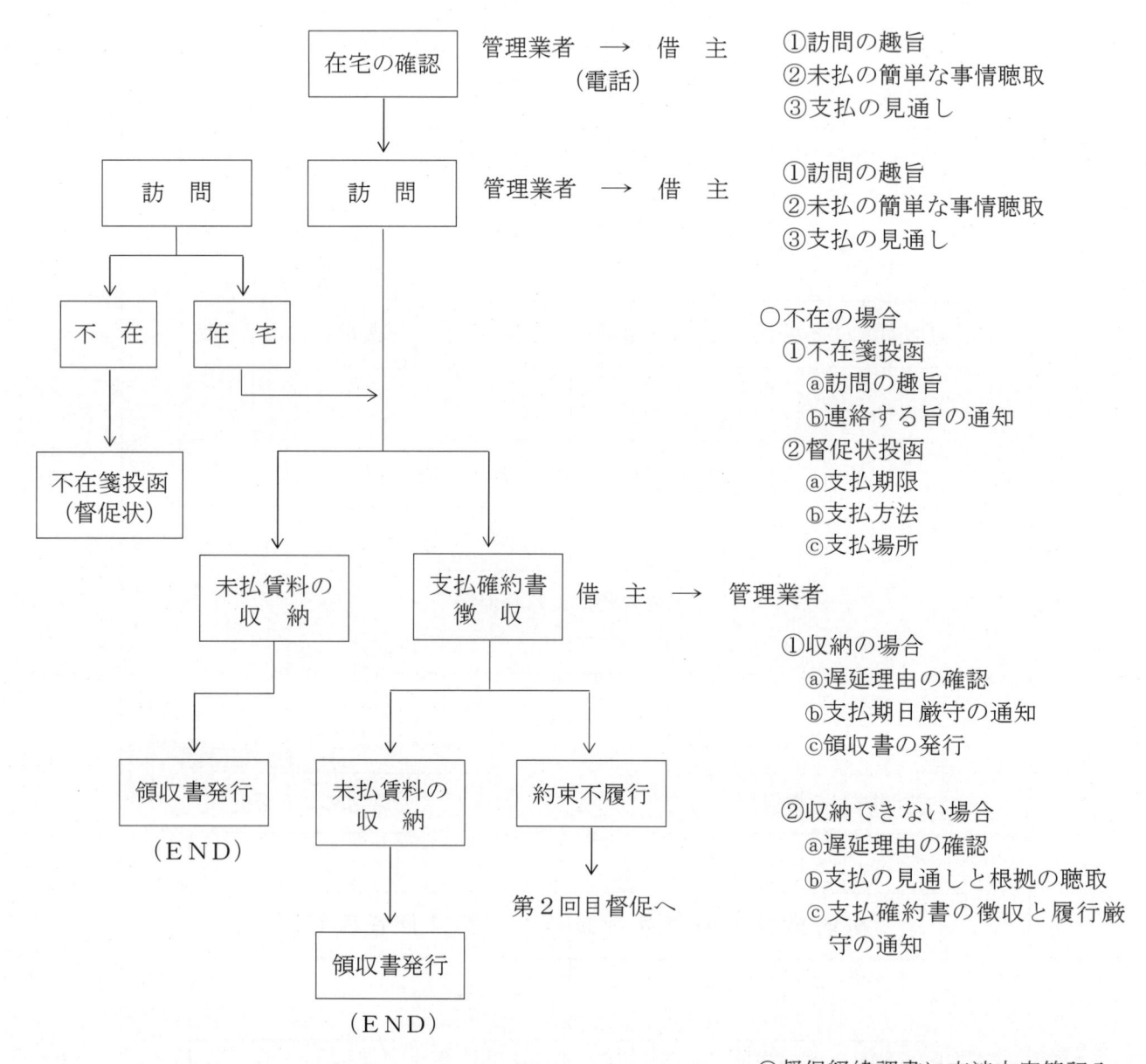

```
                     在宅の確認    管理業者 → 借 主      ①訪問の趣旨
                         │          （電話）             ②未払の簡単な事情聴取
                         │                              ③支払の見通し
                         ▼
       訪 問            訪 問       管理業者 → 借 主      ①訪問の趣旨
         │               │                              ②未払の簡単な事情聴取
         │               │                              ③支払の見通し
    ┌────┴────┐          │
    ▼         ▼          │                              ○不在の場合
  不 在     在 宅         │                               ①不在箋投函
    │         └──────────┤                                ⓐ訪問の趣旨
    ▼                    │                                ⓑ連絡する旨の通知
 不在箋投函               │                               ②督促状投函
 （督促状）               │                                ⓐ支払期限
                         │                                ⓑ支払方法
                  ┌──────┴──────┐                         ⓒ支払場所
                  ▼             ▼
              未払賃料の     支払確約書     借 主 → 管理業者
                収 納         徴 収
                  │            │                          ①収納の場合
                  │      ┌─────┴─────┐                     ⓐ遅延理由の確認
                  ▼      ▼           ▼                     ⓑ支払期日厳守の通知
               領収書発行 未払賃料の  約束不履行            ⓒ領収書の発行
                          収 納         │
                （END）     │           ▼                  ②収納できない場合
                           ▼       第2回目督促へ            ⓐ遅延理由の確認
                        領収書発行                          ⓑ支払の見通しと根拠の聴取
                                                          ⓒ支払確約書の徴収と履行厳
                         （END）                              守の通知

                                                         ○督促経緯調書に交渉内容等記入
```

○ 第1回目督促

事前の準備	① 収納状況（未収納状況）を確認し、「**賃料等収納状況表**」【**様式33**参照】及び「**未収金一覧表**」【**様式34**参照】に、当月分の状況を整理します。 ② 当月分の収納状況について「(借主別)**賃料等収納状況表**」【**様式35**参照】に整理します。 ③ 借主の収納状況を確認し、督促方法を決めます。

1　督促訪問

① 借主が在宅しているかどうかを電話で確認し、訪問用件を説明するとともに、未払の事情、支払の見通しを簡単に聴取します。

② 訪問に先立ち次のものを携帯して行きます。
 a 「(借主別) 賃料等収納状況表」
 b 「**督促経緯調書**」【**様式39**参照】
 c 「**賃料等収納票**・領収書」【**様式28**参照】
 d 収納印
 e 「**不在箋**」【**様式37**参照】
 f 「**滞納賃料等の支払について**（確約書）」【**様式40-1～2**参照】

③ 借主宅を訪問したら、「管理業者名と担当者名」を告げ、ドア越しに「大きな声」で「訪問用件」を伝達することは避けましょう。

④ 督促は、周辺の入居者の耳に入らないよう、借主の立場に配慮して行います。

⑤ 訪問時に「滞納賃料等」の支払を受ける時は、「賃料等収納票・領収書」に必要事項を記入し、収納印を押印のうえ、「領収書」を借主に交付するとともに、「遅延理由」をそれとなく聞き、以降遅延しない旨注意を促します。

⑥ 訪問時に「滞納賃料等」の支払がない時は、「支払確約書」を借主に提出させます。なお、借主が約束する支払日が数日以内より後日となるときは、当該支払日を約束する根拠を聞きます。また、支払方法については「持参払い」を指定します。

⑦ 不在の場合は、必ず「不在箋」をドアポストなど当該借主の住宅内に投函し、「滞納賃料」の督促に来たことが借主に分かるようにその証拠を置いてくることが必要です。
　なお、「不在箋」には訪問目的及び滞納となっている賃料等の額や月分、至急支払う旨の伝言などとともに「電話等」で連絡または至急事務所まで「来社」して欲しい旨を通知します。

⑧ 督促訪問結果について「督促経緯調書」に記入します。この調書は借主別に、当該借主の入居から退去まで使用し、賃料等の支払態度等の把握や督促方法の工夫などに活用します。

⑨ 「支払確約書」を提出した借主については、約束した支払日の前日または当日の午前中ぐらいまでに「履行」の意思を確認するため、自宅または勤務先に「督促」の電話をするなどのフォローが必要です。

⑩ 訪問督促時に不在だった借主については、翌日の午後以降自宅または勤務先に「電話督促」を行い、直ちに未納賃料を支払うよう督促します。また、事情があって支払えない場合には、至急事務所まで来てもらい、「支払確約書」を提出する旨を督促します。
　なお、第1回目の訪問督促は深夜にならないよう注意するとともに手短に終えるよう心がけます。支払期日から日数があまり経過していないという事情から、この段階では事務的に処理するのが効果的と考えられます。督促しないと支払わないという「常習者」は別です。

２．電話督促の場合

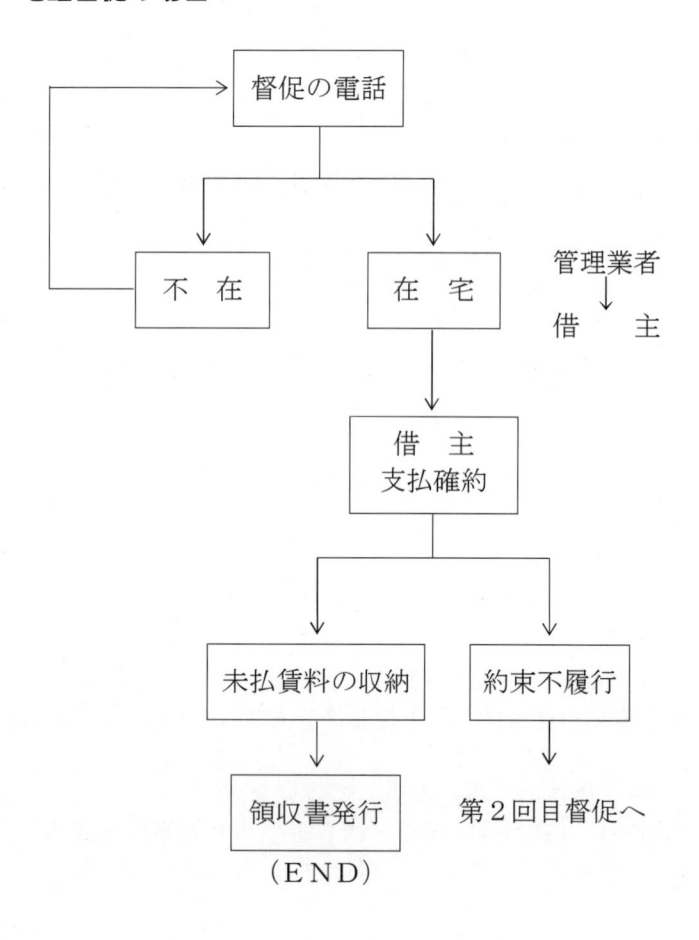

```
        ┌──────────────┐
        │  督促の電話  │
        └──────┬───────┘
           ┌───┴───┐
           ↓       ↓
        ┌────┐  ┌────┐      管理業者
        │不在│  │在宅│        ↓
        └─┬──┘  └─┬──┘       借 主
          │       ↓
          │    ┌──────┐
          │    │ 借 主│
          │    │支払確約│
          │    └──┬───┘
          │    ┌──┴──┐
          │    ↓     ↓
          │ ┌──────┐ ┌──────┐
          │ │未払賃料│ │約束  │
          │ │の収納 │ │不履行│
          │ └──┬──┘ └──┬──┘
          │    ↓        ↓
          │ ┌──────┐  第２回目
          │ │領収書  │  督促へ
          │ │発行    │
          │ └──────┘
          │   (END)
          └────────(ループ)
```

- ○ 予め借主と督促先を決めておく
  - ①自宅
  - ②勤務先
  - ③先ず自宅、不在なら勤務先

- ○ 督促の内容
  - ①遅延理由の確認
  - ②支払の見通しと根拠の聴取
  - ③その他

- ○ 支払確約（口頭）
  - ①支払期限
  - ②支払方法
  - ③支払場所

- ○ 約束履行厳守の通知

- ○ 督促経緯調書に交渉内容等記入

３．督促状の郵送の場合

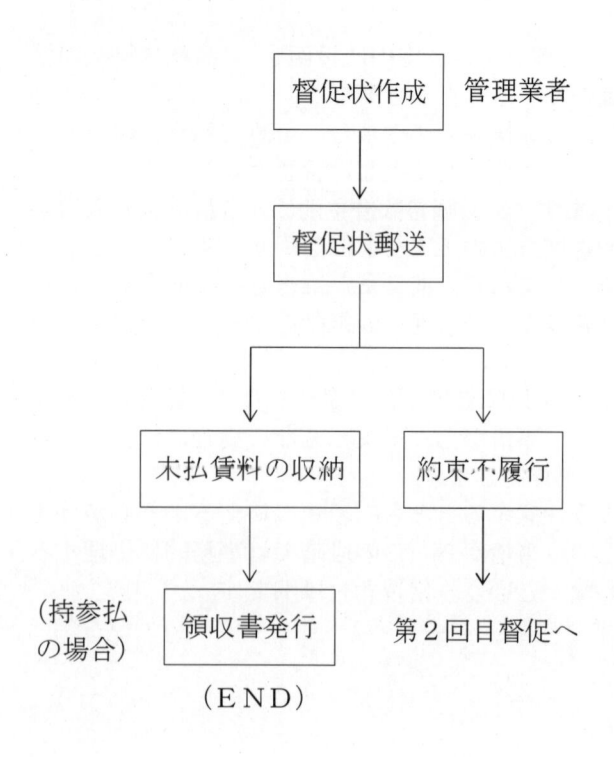

```
  ┌──────────┐
  │督促状作成│ 管理業者
  └────┬─────┘
       ↓
  ┌──────────┐
  │督促状郵送│
  └────┬─────┘
    ┌──┴──┐
    ↓     ↓
 ┌──────┐ ┌──────┐
 │未払賃料│ │約束  │
 │の収納 │ │不履行│
 └──┬──┘ └──┬──┘
    ↓        ↓
 ┌──────┐  第２回目
 │領収書  │  督促へ
 │発行    │
 └──────┘
   (END)
(持参払の場合)
```

- ① 手作業作成
- ② コンピュータ等による作成
  （対象戸数が多い場合）

- ○ 督促内容
  - ①支払期限
  - ②支払方法
  - ③支払場所
  - ④その他

- ○ 未払賃料の支払方法
  - ①持参払い
  - ②口座振替（第２回目）
  - ③口座振込
  - ④集金

- ○ 督促経緯調書に交渉内容等記入

2．電話督促

① 「(借主別) 賃料等収納状況表」及び「未収金一覧表」、「督促経緯調書」を準備し、自宅または勤務先に督促の電話をします。なお、勤務先に電話督促する場合は、「管理業者名、担当者名」を伝え、電話した「用件」についての明言は避けます。例えば「〇〇さんがお住いの××アパートの管理会社ですが、至急連絡したいことがありまして・・・」

② 滞納賃料等の支払を督促するとともに、遅延理由や支払の見通しについて事情を聴取します。

　なお、滞納賃料の支払は「持参払い」とし、支払（または収納）結果が直ちに分かる方法が望ましく、また、滞納賃料の受領時には、借主に「次回以降は遅延のないよう、所定の方法により期日までに支払う」旨必ず申し渡すことが大切です。

　また、滞納賃料の支払までに日数がかかる場合は、借主に来社のうえ「支払確約書」を提出する旨強く要請します。そして、借主が約束する「支払日」の根拠についての説明を求めます。

③ 督促終了後、借主との電話での「やりとり」を簡潔に「督促経緯調書」に記入し、次の督促交渉に活用します。

④ 借主が「支払確約書」の提出に来社したときは、「支払日」の根拠等の事情について説明を求めます。また、確約する「支払日」によっては、当該約束不履行の際は「連帯保証人」に支払請求する旨通知し、借主が約束を守るよう注意を促しておくことが必要な場合があります。

　なお、この場合も「督促経緯調書」に「支払確約書」を徴したこと及び借主との交渉内容を簡潔に記録します。

3．督促状の郵送

① 支払期日の翌日、未払借主に対し「督促状」を作成し、送付します。なお、チェックミスや収納情報の取得の遅れなどにより収納等の確認がとれないものがある場合を考慮し、督促状には、できれば「本状と行違いにお支払の節は、あしからずご了承下さい」の文言を記載して、早期の督促を行うのがベターな方法です。なお、借主の賃料等の支払日などを整理し、それぞれの借主の支払日等の特長を把握し、「督促状」の作成日や送付日を変えるなど柔軟な対応を取ります。また、支払方法は「持参払い」を指定します。

② 支払期限日の当日の午前中までに何らの連絡のない借主については、当日の午後自宅または勤務先に督促の電話を入れ、支払の催促をします。当日中の支払が出来ない借主で、支払約束の日によっては、来社のうえ、「支払確約書」を提出する旨通知するとともに、約束の支払日に履行がないときは「連帯保証人」に通知する旨併せて通知します。

③ 借主が支払に来社したら、必ず「遅延の理由」を聞くとともに、以降遅延しないよう注意を促します。

④ 上記①〜③の処理を行った時は、その都度「督促経緯調書」にその旨記入するとともに、借主との間で交渉等をした時はその内容を簡潔に記録します。この「調書」により次回以降の滞納について、当該借主に対する「督促」の方法を工夫します。

○　第2回目督促

1．訪問督促の場合（第1回目の督促が訪問督促）・・・・・・・・・・・第1回目履行期限日の夕方
　　　　　　　　　　（第1回目の督促が電話督促）　　　　　　　　　　　（遅くとも翌日中）
　　　　　　　　　　（第1回目の督促が督促状郵送）　　　　　　　　　　（電話及び督促状による督促を
　　　　　　　　　　　　　　　　　　　　　　　　　　　　　　　　　　　並行して行うことも可）

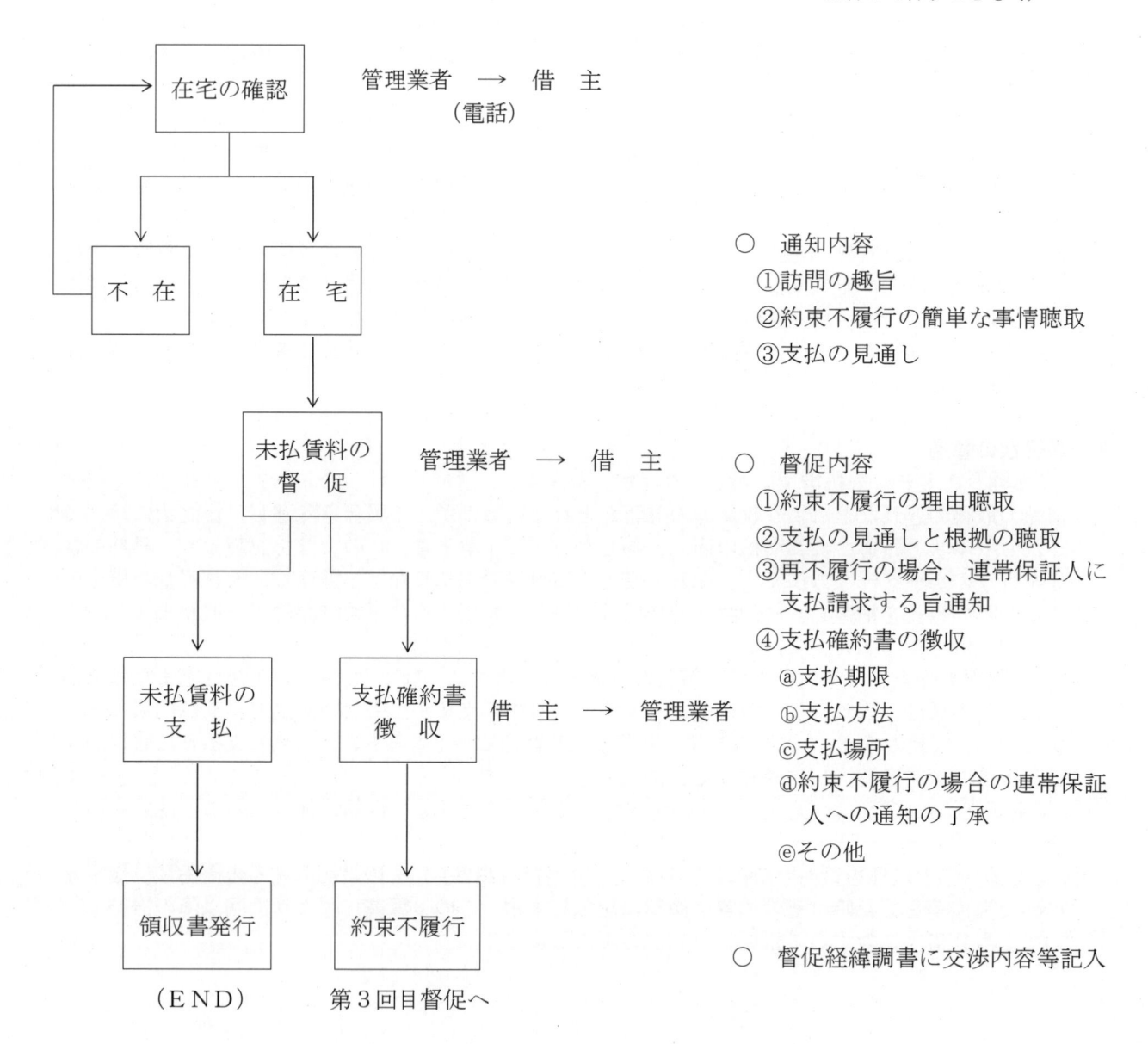

```
        ┌─────────┐
    ┌──→│在宅の確認│   管理業者　→　借　主
    │   └────┬────┘       （電話）
    │        │
    │   ┌────┴────┐
    │   ↓         ↓
    │ ┌────┐  ┌────┐
    └─│不在│  │在宅│
      └────┘  └──┬─┘
                  │
             ┌────┴─────┐
             │未払賃料の│   管理業者　→　借　主
             │  督　促  │
             └────┬─────┘
                  │
          ┌───────┴───────┐
          ↓               ↓
     ┌─────────┐   ┌─────────┐
     │未払賃料の│   │支払確約書│   借　主　→　管理業者
     │  支 払  │   │ 徴　収  │
     └────┬────┘   └────┬────┘
          ↓               ↓
     ┌─────────┐   ┌─────────┐
     │領収書発行│   │約束不履行│
     └─────────┘   └─────────┘
       （END）      第3回目督促へ
```

○　通知内容
　　①訪問の趣旨
　　②約束不履行の簡単な事情聴取
　　③支払の見通し

○　督促内容
　　①約束不履行の理由聴取
　　②支払の見通しと根拠の聴取
　　③再不履行の場合、連帯保証人に
　　　支払請求する旨通知
　　④支払確約書の徴収
　　　ⓐ支払期限
　　　ⓑ支払方法
　　　ⓒ支払場所
　　　ⓓ約束不履行の場合の連帯保証
　　　　人への通知の了承
　　　ⓔその他

○　督促経緯調書に交渉内容等記入

○ 第2回目督促

　「訪問督促」、「電話督促」、「督促状」のいずれの場合も第1回目と内容は基本的には同じです。しかしながら、第1回目の督促において借主の「支払確約」が守られなかったという事実がありますので、借主との交渉は、若干厳しい態度で臨むことになります。

　特に「支払確約」については、その支払根拠を借主に厳しく追及することになります。管理業者はこの2回目の督促の交渉において、当該借主の支払遅延が「長期」になる危険性があるのかまたは今回の交渉で未払賃料が解消するのかの的確な予測をすることが望まれます。

　また、第1回目に引続き「督促状」で「未納賃料」の支払いを求める場合は、その文言に「連帯保証人に対する未納賃料の支払請求」について明確に意思表示しておくことが大切です。そして当該「督促状」が送達される時期を見計らって「督促電話」を借主に入れ、督促状に記載の「期限日」を待たずに大至急「未納賃料」を支払う旨催促することが必要です。

　いずれにせよ、第2回目の督促において借主からの「履行」がない場合、長期滞納者になる可能性が高くなりますので、それぞれの督促について何らかのフォローが必要になります。

2．電話督促の場合（第1回目の督促が電話督促）・・・・・・・・・・・・（訪問及び督促状による督促
　　　　　　　　　　　（第1回目の督促が督促状郵送の場合）　　　　　を並行して行うことも可）

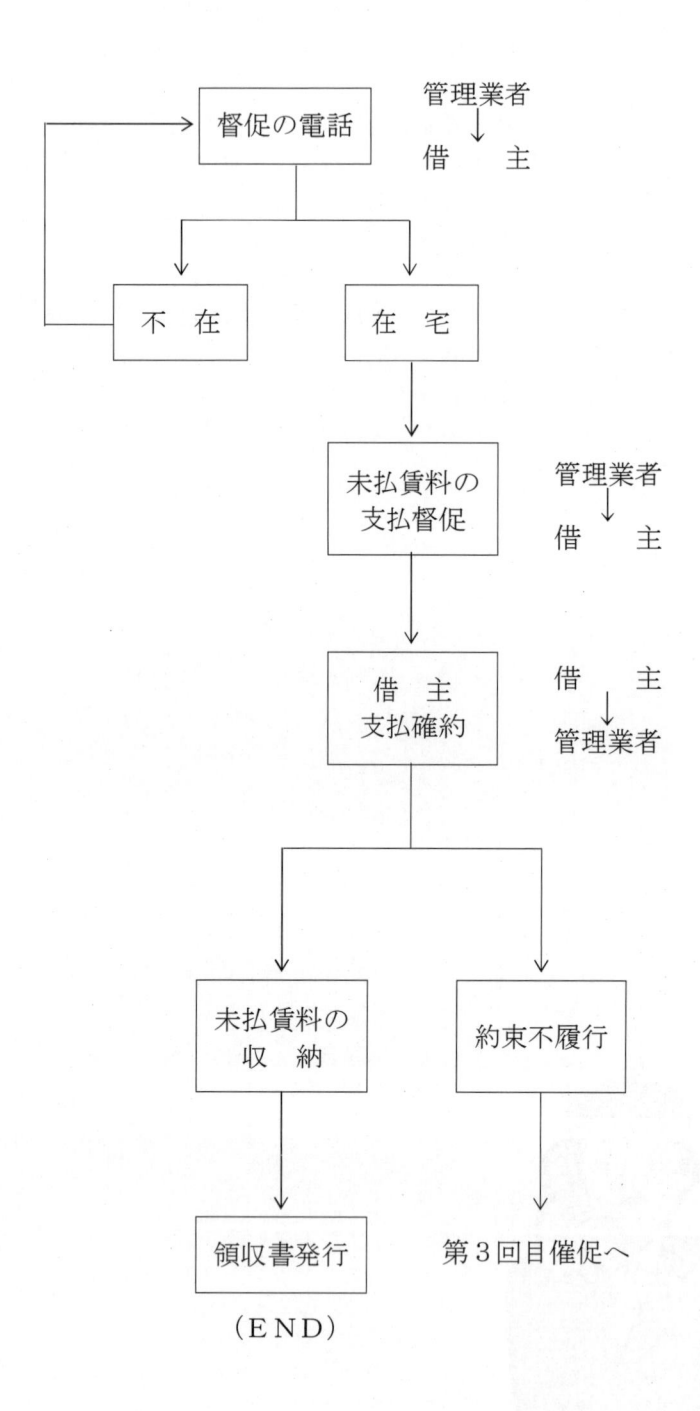

```
                          管理業者
    ┌──────────┐         ↓
    │ 督促の電話 │        借　主
    └──────────┘
         │
    ┌────┴────┐
    ▼         ▼
 ┌──────┐ ┌──────┐
 │ 不在 │ │ 在宅 │
 └──────┘ └──────┘
              │
              ▼
      ┌──────────┐    管理業者
      │未払賃料の│      ↓
      │ 支払督促 │    借　主
      └──────────┘
              │
              ▼
      ┌──────────┐    借　主
      │  借　主  │      ↓
      │ 支払確約 │    管理業者
      └──────────┘
         │
    ┌────┴────┐
    ▼         ▼
 ┌──────┐ ┌──────┐
 │未払賃料の│ │約束不履行│
 │ 収　納 │ └──────┘
 └──────┘      │
    │          ▼
    ▼      第3回目催促へ
 ┌──────┐
 │領収書発行│
 └──────┘
   （END）
```

○　予め借主と督促先を決めておく
　①自宅
　②勤務先
　③先ず自宅、不在なら勤務先

○　督促の内容
　①遅延理由の確認
　②支払の見通しとその根拠の聴取
　③その他

○　支払確約（口頭）
　①支払期限
　②支払方法
　③支払場所

○　約束履行厳守の通知

○　約束不履行の場合連帯保証人に支払請求する旨通知

○　督促経緯調書に交渉内容等記入

3．督促状の郵送の場合（第1回目の督促が督促状郵送の場合）‥‥‥（訪問または電話による督促を並行して行うことも可）

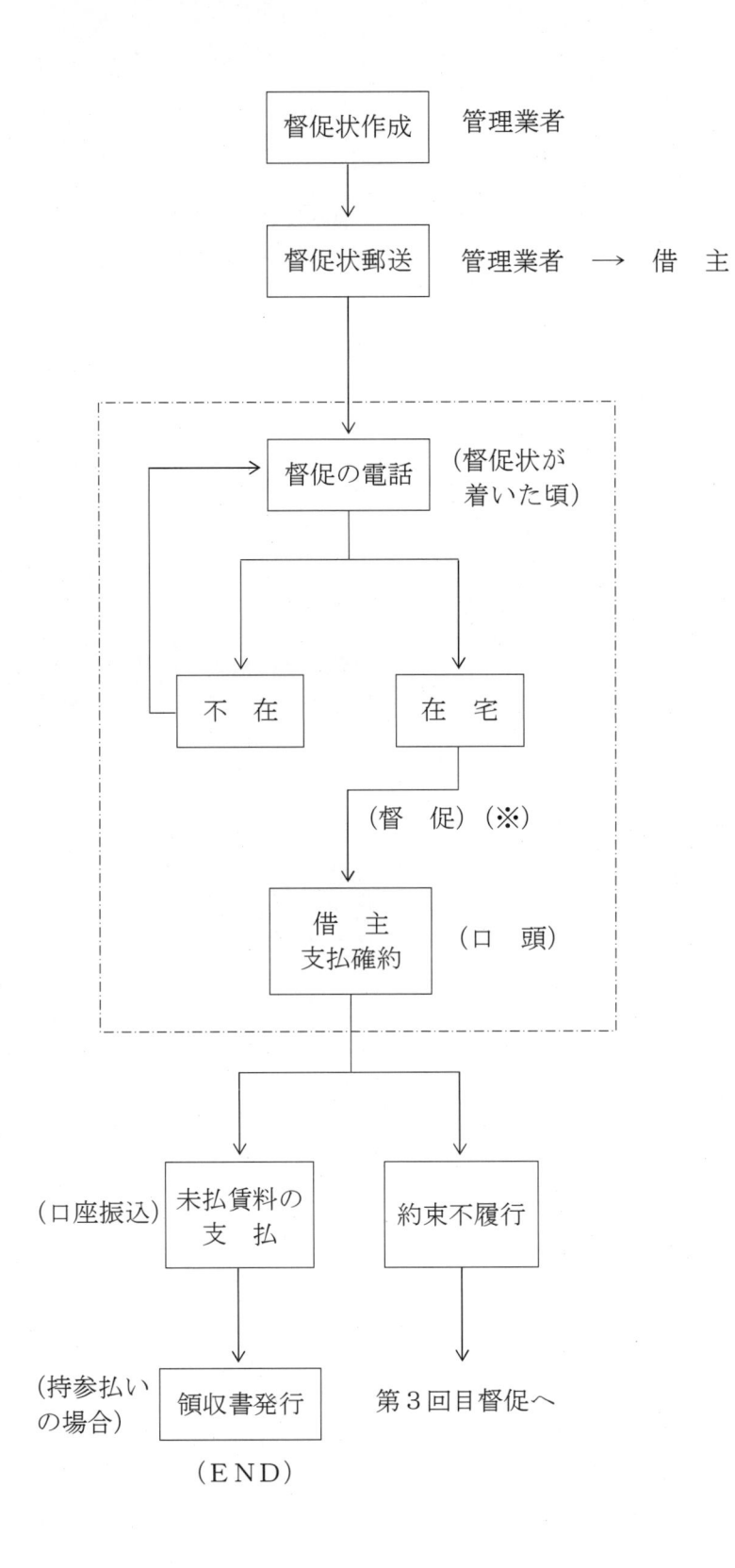

```
┌─────────┐
│ 督促状作成 │  管理業者
└─────────┘
     ↓
┌─────────┐
│ 督促状郵送 │  管理業者 → 借主
└─────────┘
     ↓
┌─────────┐
│ 督促の電話 │ （督促状が着いた頃）
└─────────┘
   ↓    ↓
┌────┐ ┌────┐
│不 在│ │在 宅│
└────┘ └────┘
          ↓ （督促）（※）
┌─────────┐
│ 借 主    │
│ 支払確約 │ （口頭）
└─────────┘
     ↓
  ↓        ↓
┌─────────┐  ┌─────────┐
│未払賃料の│  │約束不履行│
│  支 払  │  └─────────┘
└─────────┘       ↓
     ↓       第3回目督促へ
┌─────────┐
│ 領収書発行 │
└─────────┘
   （END）
```

（口座振込）
（持参払いの場合）

① 手作業作成
② コンピュータ等による作成
　（対象戸数が多い場合）

○　督促内容
　①支払期限
　②支払方法
　③支払場所
　④その他

○　未払賃料の支払方法
　①持参払い
　②口座振込
　③集金

○　督促経緯調書に交渉内容等記入

（※）督促内容
　①遅延理由の確認
　②支払見込
　③支払の確約とその履行の要請
　④連帯保証人への連絡

○ **第3回目督促**

1. 催告状による督促（併せて「督促訪問」を実施）

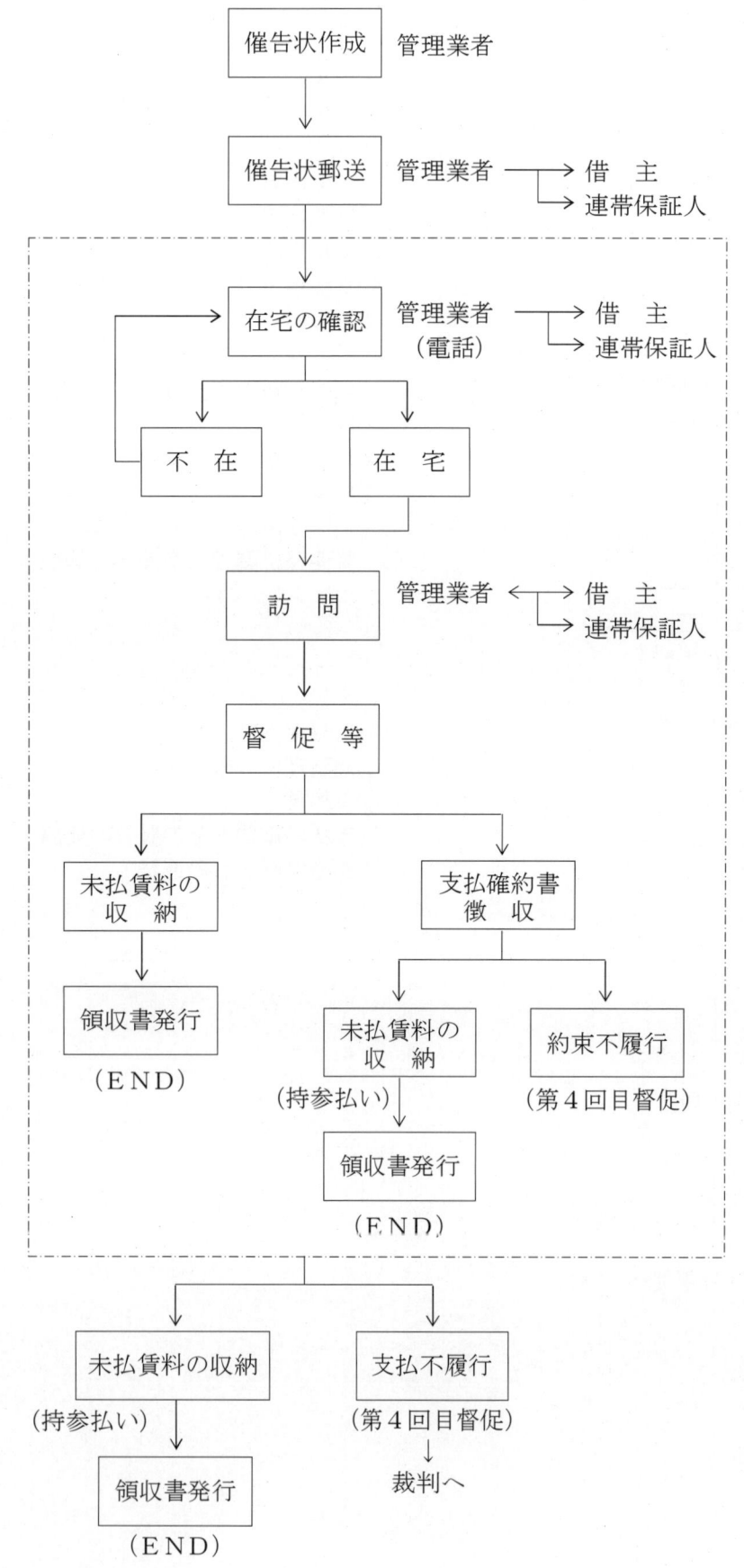

```
催告状作成 ── 管理業者
    ↓
催告状郵送 ── 管理業者 → 借　主
                      → 連帯保証人
    ↓
┌─────────────────────────────────┐
│  在宅の確認 ── 管理業者（電話）→ 借　主         │
│      ↓                        → 連帯保証人     │
│   ┌──┴──┐                                      │
│  不在   在宅                                   │
│   ↑     ↓                                      │
│   │   訪　問 ── 管理業者 ←→ 借　主             │
│   │                        → 連帯保証人        │
│   │     ↓                                      │
│   │   督　促　等                                │
│   │     ↓                                      │
│   ┌────┴────┐                                  │
│ 未払賃料の   支払確約書                         │
│   収納      徴　収                             │
│   ↓          ↓                                 │
│ 領収書発行  ┌──┴──┐                            │
│  （END）  未払賃料の  約束不履行                │
│           収納      （第4回目督促）            │
│          （持参払い）                           │
│           ↓                                    │
│          領収書発行                             │
│           （END）                              │
└─────────────────────────────────┘
    ↓
┌────┴────┐
未払賃料の収納   支払不履行
（持参払い）   （第4回目督促）
    ↓            ↓
領収書発行      裁判へ
 （END）
```

○　催告状
　①「滞納賃料等の支払及び停止条件付賃貸借契約解除通知」
　②配達証明付内容証明郵便
　③内　容
　　ⓐ滞納賃料の支払
　　ⓑ支払期日
　　ⓒ滞納賃料支払不履行の場合の賃貸借契約解除の通知

○　訪問督促は借主・連帯保証人同席が望ましい（来社させて、督促等を行うことも可）

○　督促内容
　①滞納賃料の支払意思の有無
　②滞納賃料の支払方法の確認
　③賃貸借契約継続の意思確認
　④滞納賃料の支払不能の場合の住宅明渡しの確認とその時期
　⑤連帯保証人の債務履行の確認

○　支払確約書は借主・連帯保証人連名で徴収
　①内容は「督促内容」を明記し、確実な履行を求めるものとする
　②内　容
　　ⓐ支払期限に全額支払う旨の約束
　　ⓑ分割払による支払約束
　　ⓒ支払不能による明渡しの約束
　　（以上三つの選択肢がある）
　③ⓒ以外の約束不履行による住宅明渡しの約束

○ 第3回目督促

　第3回目の督促は、借主が当該賃貸借契約について継続の意思があるのかないのか、また、滞納賃料の支払について具体的にどのような考え方をもっているのかを確認し、この督促において借主の滞納賃料の支払がない場合、管理業者としては当該賃貸借契約の解除も含めて借主に対応する必要があります。

　このため、この段階での督促は、「催告」という文書の形で行います。そして、当該滞納を原因として期限日までに滞納賃料等の債務の履行がなされなかった場合、借主との賃貸借契約を解除するため、これまでの「督促状」と異なり、当該催告状は「滞納賃料等の支払及び停止条件付き賃貸借契約解除通知」として借主に送付します。このとき「契約解除の意思表示」を借主に明確に通知するとともに後日借主から貸主の「契約解除の意思表示」について通知を受けていない等の異議申立てに対する措置として当該意思表示を「配達証明付き内容証明郵便」により行います。この「配達証明付き内容証明郵便」による貸主の賃貸借契約解除の意思は、当該郵便物の借主への送達をもって、通知されたことになります。

　なお、借主が独身等で自宅へ送付しても受領されない可能性が高い場合は、借主の勤務先へ送付するなどの配慮が必要となります。

　また、この第3段階目の督促においては、連帯保証人に対しても文書で督促し、連帯保証人としての責務を果たすよう強く要請することが重要となります。

① 催告状を作成し借主に、また、「督促状」を作成し連帯保証人に送付します。
② 借主または連帯保証人から、滞納賃料等の支払に対する相談があった場合、借主及び連帯保証人の両者が同席を条件に相談に応じることとします。なお、即時全額払い以外の場合は、借主及び連帯保証人を交えて交渉し、根拠のある「支払確約書（支払計画書）」を、借主と連帯保証人双方が署名・押印したものを提出させます。そしてこの「支払確約書」の提出に際し、「滞納賃料等」の一部分の支払を前提とします。なぜなら、これまでの督促における約束を反古にした経緯もあり、一部分の履行もないままの申し出は、いたずらに支払期限を延期するだけで、借主及び連帯保証人はこの間何らの努力もしない「口約束」を今回も重ねるだけで、借主・連帯保証人の連名による「支払確約書」についてもその約束が守られないという可能性が高いといえるからです。したがって、分割支払または後日一括支払の申し出には、申し出の際、それらの一部の支払をもってその申し出の信憑性を確かめることが大切ですし、そのことを借主及び連帯保証人に理解させる必要があります。
③ 催告状等が送達されている（筈）にも拘らず、借主または連帯保証人のいずれからも連絡がない場合は、催告状に記載した期限日までに債務の履行が行われるという可能性は先ず考えられませんので、明渡し等を求める訴訟の準備を開始することが望まれます。

　なお、訴訟の準備とともに借主や連帯保証人に対して訪問督促などを行い、直接会って滞納賃料等の支払について交渉することが欠かせません。

　特に借主との交渉においては、滞納賃料等を払って賃貸借契約を継続するのか、滞納賃料等が支払えないため賃貸借契約を解約して当該住宅から出ていくのか、またはその他の解決方法を借主が持っているのか厳しく追及し、滞納問題についての借主の態度をはっきりさせる努力が、管理業者に要請されます。

　支払期限当日借主等へ「督促」の電話をし、支払の意思があるかどうか確かめます。そして、必ず当日中に来社することを促し、来社しなかった場合は、催告状に記載のとおり契約を解除し、直ちに住宅から退去する旨通知します。

　なお、滞納賃料等の一部を持って来社したときは、催告状が無効とならないよう注意して受領することが大切です。

　この段階の督促になりますと、「督促経緯調書」にもこれまでの「交渉経緯」が相当記録されていますので、これまでの交渉経緯を借主等に説明し、これまでの「約束」がいかに平然と破られて来たか借主及び連帯保証人に良く分からせることも必要かと考えられます。

2．催告状による督促（併せて「電話督促」を実施）

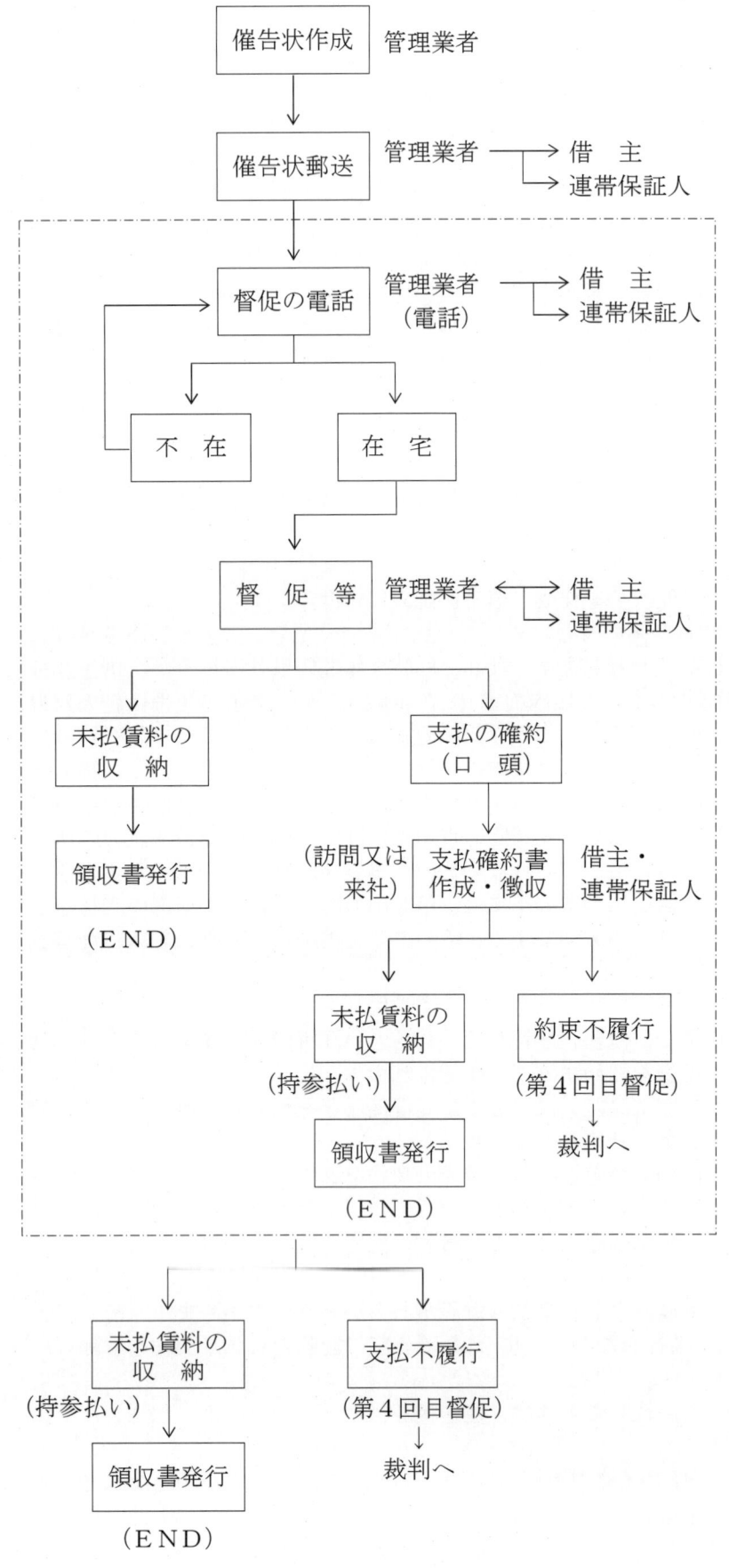

```
催告状作成 ── 管理業者
     ↓
催告状郵送 ── 管理業者 → 借　主
                    → 連帯保証人
     ↓
督促の電話 ── 管理業者 → 借　主
            （電話）   → 連帯保証人
     ↓
   ┌─┴─┐
  不在  在宅
     ↓
督　促　等 ── 管理業者 ← 借　主
                    ← 連帯保証人
     ↓
  ┌──┴──┐
未払賃料の   支払の確約
  収納     （口　頭）
  ↓          ↓
領収書発行  （訪問又は）支払確約書  借主・
  (END)   （来社） 作成・徴収  連帯保証人
              ↓
         ┌──┴──┐
      未払賃料の  約束不履行
        収納   （第4回目督促）
     （持参払い）    ↓
         ↓        裁判へ
      領収書発行
        (END)
```

（点線枠外）
未払賃料の収納（持参払い） → 領収書発行 (END)
支払不履行（第4回目督促） → 裁判へ

○ 督促内容
① 滞納賃料の支払意思の有無
② 滞納賃料の支払方法の確認
③ 賃貸借契約継続の意思確認
④ 滞納賃料の支払不能の場合の住宅明渡しの確認とその時期
⑤ 連帯保証人の債務履行の確認

○ 支払確約書は借主・連帯保証人連名で徴収
① 内容は「督促内容」を明記し、確実な履行を求めるものとする
② 内　容
　ⓐ支払期限に全額支払う旨の約束
　ⓑ分割払による支払約束
　ⓒ支払不能による明渡しの約束
　（以上三つの選択肢がある）
③ⓒ以外の約束不履行による住宅明渡しの約束

○ 支払の確約について「文書」で確認するため、借主宅等を「訪問」または「来社」させて「支払確約書」を徴収する。
なお、「支払確約書」は借主と連帯保証人同席のうえ、作成させ、徴収する。

また、「督促経緯調書」は、督促または交渉を行った都度その内容を簡潔に記録しておきます。そして、滞納賃料の支払がなされず、滞納賃料の支払と住宅の明渡しについての「訴訟」となった場合に際し、当「督促経緯調書」によりこれまでの「督促経緯」がきちんと記録されていれば、その調書を付して弁護士に訴訟依頼すれば、弁護士も適切な「訴状」を作成することができ、裁判を有利に進めることが可能となります。

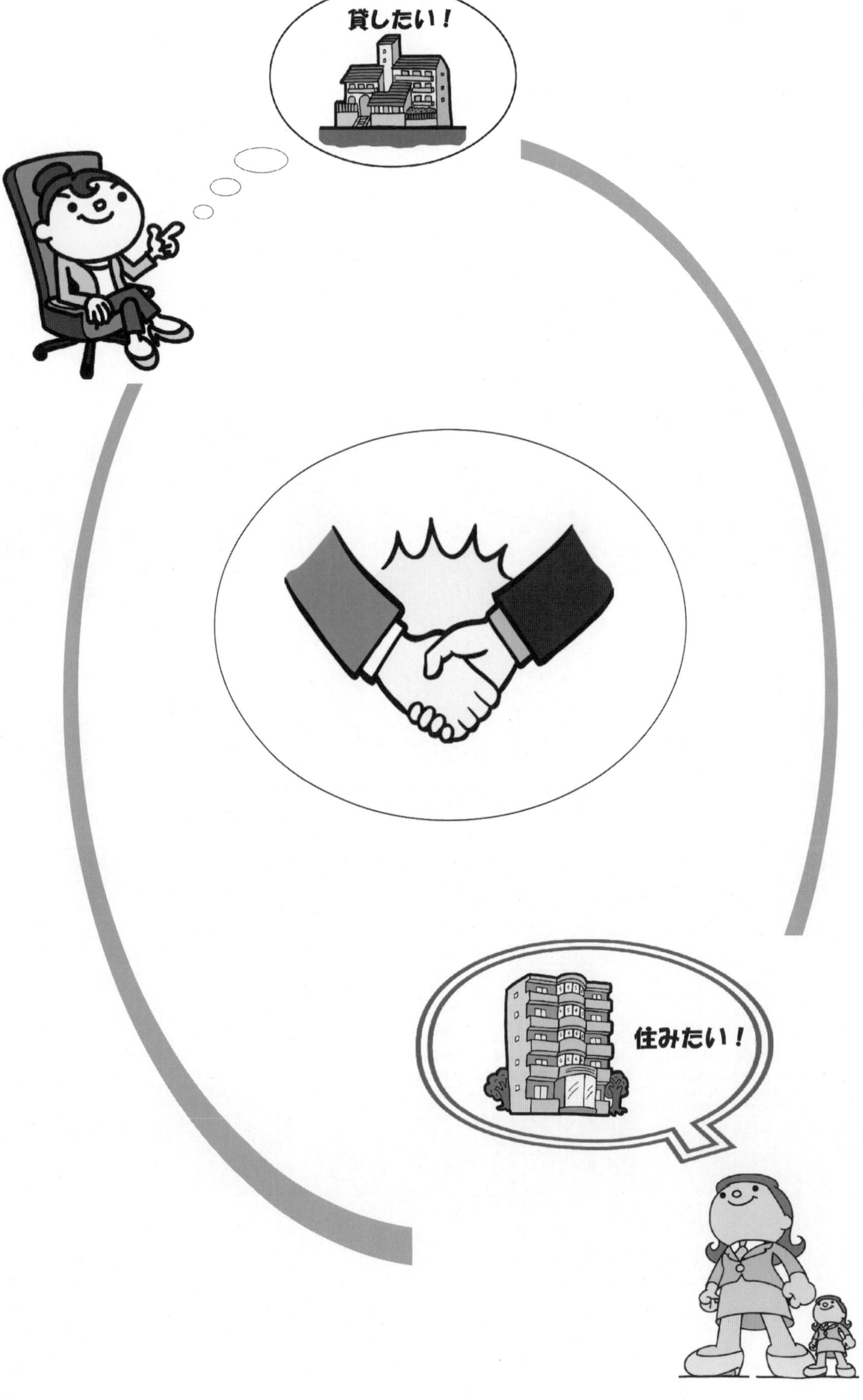
貸したい！
住みたい！

第5編　退去業務

(目　次)

第5編　退去業務	475
第1章　退去査定業務	477
1　退去時の借主の「原状回復義務」の分類	477
2　賃貸住宅の修繕義務について	478
(1) 貸主の修繕義務について	478
(2) 民法の定めと異なる修繕負担の取決めについて	478
3　借主の原状回復義務と退去時の査定について	482
4　退去業務について	485
(1) (借主の) 解約の申入れの受付とその処理	485
(2) 借主との退去査定の協議	485
(3) 修繕工事金額について	486
(4) 退去査定業務の円満な処理のために	486
5　空家修繕に係る貸主との協議	487
6　空家修繕工事の発注について	487
(1) 空家修繕工事の総合発注について	487
(2) 総合発注と工事金額の適正化について	488
第2章　敷金精算業務	491
1　敷金について	491
(1) 敷金の性質について	491
(2) 敷金精算について	492
(3) 敷金の返還について	492
(4) 敷金の保管について	492
2　敷金精算業務について	493
第3章　退去業務処理 (事務処理手順とそのフロー)	495
1　賃貸借契約の解約の受付処理業務	499
(1) 解約の問合せ	500
(2) 「解約届出書」の受付と受理	501
(3) 貸主への報告等	503
2　退去査定業務	504
(1) 事前準備	507
(2) 退去査定	509
(3) 借主が自ら修繕工事を行う場合	510
3　空家修繕工事の発注等業務	510
(1) 空家修繕工事について貸主と協議	510
(2) 空家修繕工事費の確定	510
(3) 空家修繕工事の発注	510
(4) 空家修繕工事の完了検査等	510
(5) 空家修繕工事代金の支払い	511
4．敷金精算業務	512
(1) 借主負担の修繕工事について借主が管理業者に委任する場合	512
(2) 借主自らが修繕等を実施する場合	517
第4章　少額訴訟制度	518
1　少額訴訟制度の内容	518
(1) 少額訴訟制度の導入背景	518

（2）少額訴訟制度の概要 ……………………………………… 518
　　（3）少額訴訟制度の利用状況 …………………………………… 519
　　（4）少額訴訟制度に関するQ＆A ……………………………… 520

【参考資料1】
原状回復をめぐるトラブルとガイドライン（改訂版） ……………………… 529
　第1章　原状回復にかかるガイドライン ……………………………… 529
　第2章　トラブルの迅速な解決にかかる制度 ………………………… 539

【参考資料2】
東京における住宅の賃貸借に係る紛争の防止に関する条例 ……………… 540
　1　東京ルール制定の背景 ………………………………………… 540
　2　都条例で宅建業者に課せられた義務 ………………………… 540
　3　重要事項説明を適正に行うために必要な事項の例 ………… 540
　4　退去時の復旧負担 ……………………………………………… 543

【参考資料3】
埼玉県、千葉県、神奈川県連名による
　　　　　　　「建物賃貸借の重要事項説明等について」（通達） ………… 546

【参考資料4】
「宅地建物取引業における預り金の授受の制限について」（通知）
　　　　　　福岡県建築都市部 ………………………………………… 547

第1章　退去査定業務

1　退去時の借主の「原状回復義務」の分類

　通常いわれている退去時における借主の「原状回復義務」には、次の3つが混在していると考えられます。
① 特約により「借主の修繕義務」が明定されている場合で、損耗等している当該箇所の借主の費用負担による損耗箇所等の修繕義務
② 賃貸住宅及び賃貸住宅内の造作物・設備等を用方遵守義務**（民法第594条第1項）**に違反して使用し、それらの造作物等を損傷させたり、保管義務**（民法第400条）**に違反したり、または借主の責めによる理由（故意または過失）などにより損傷させた場合は、借主の費用負担により修繕するなど、損傷等させる前の状態（＝「原状」）に復する義務（「損害賠償的意味合いの原状回復義務」）
③ 賃貸住宅の返還に際し、当該住宅に持込んだ借主の家財道具を撤去する、貸主の承諾を得てまたは貸主の特段の承諾を得る必要のない程度の簡易な設置物など借主が設置した造作物などを撤去して入居前の状態に復する（賃貸借における借主の収去権は**民法第616条**に規定。同条は**民法第598条**の使用貸借における借主の収去権を準用）、いわゆる「元通りにする」義務（「原状回復・収去義務」）

　このように分類した場合、賃借物件の返還に際し、借主が履行すべき債務である賃借物件の「原状回復義務」は、厳密にいえば、③を意味しています。
　①及び②については、借主の入居期間中に発生しており、その時点で、借主は当該箇所の修繕をし、また、故意または過失等借主の責めによる損傷等についても、本来はその時点で修復する義務＝「原状」に回復する義務を履行しなければなりません。
　これに対し、③は、借主が賃借物件を貸主に返還するときでなければ、その債務の履行、すなわち賃借物件を「原状」に復し、当該賃借物件から使用収益を得るために当該賃借物件に付加したものを収去することができません。そして、③における借主の履行すべき債務の内容は、当該賃借物件を入居前の状態に戻して貸主に返還することですが、返還時に当該物件の状態が使用開始当時の状態よりも悪くなっていても、借主が、当該物件を契約に定める使用方法に従い、かつ社会通念上通常の使用方法により使用していればそうなったであろう状態であれば、借主はそのまま貸主に返還すればよいとされています。なお、借主が適法に賃借物件に付加したものであっても、そのものを付加するときに当該賃借物件の造作物等の原状を変更した場合は、賃借物件の返還に当たり、借主の費用負担で当該部分を元の状態に修復する必要があります。また、借主の通常使用以外の使用により損耗した部分の修繕は、②に該当します。
　①及び②については、上述のとおり、本来はその事実が発生した時点で借主が必要な措置を取らなければなりません。しかし、①については、その措置を取らないことによる不便は借主に関することであり、また、②については、その損傷等の度合いが軽微であるため借主が生活上の不便を感じなかったり、他住戸に影響を及ぼすおそれがなかったりなど、それの放置が当該住宅の他の造作物や設備、当該住宅の本体（躯体）に重大な影響を及ぼすおそれがないような場合、また、無断模様替え等の状態が軽微なものであるような場合などについては、貸主は、借主に対して、直ちに、当該箇所の修復や「原状」に復することを強硬に請求することはなく、退去時までに借主が当該箇所を修復等することで了承しているのが実態かと考えられます（もっとも、貸主が、借主の責めによる造作物等の損傷や軽微な模様替え等に気付くことは、殆どないものと思われます。）。
　以上のことから、①及び②の履行が、退去時まで延期されることが応々にしてあるため、通常いわれている退去時の借主の「原状回復義務」に3つの内容が混在することになり、①及び②が、③と混同されて、借主との間でトラブルが発生することになります。したがって、退去査定に当たって管理業者（宅建業者）は、この3つを明確に区別して借主に示すとともに十分な説明を行い、借主にこれらの債務の履行を求めることが大切です。

2　賃貸住宅の修繕義務について

　次に、この借主の「原状回復義務」のうち、前述の②の「損害賠償としての原状回復義務」や③の「原状回復・収去義務」が、「賃貸住宅の修繕義務」と混同されて理解または処理されているという問題があります。
　しかしながら、賃貸借契約でいう、いわゆる「貸主または借主の修繕義務」と「原状回復義務」は別のものですので、その取扱いもそれぞれの約定に従って処理することになります。
　そのため、管理業者（及び貸主）は、個別具体の賃貸借契約において、「貸主と借主が賃貸住宅の修繕義務についてどのような「取決め」をしているのか」を正しく理解し、また、退去査定において、「貸主及び借主の修繕負担が公平となるような査定を行うとともに、貸主または借主の賃貸住宅の修繕義務は、どうあることが公平であるのか」について、きちんと整理したうえで、具体の対応に臨む必要があります。
　ここでは、賃貸住宅の修繕義務についての考え方を整理しておきますので、どのような「修繕特約」が適正であるかを理解したうえで、貸主と十分に協議して特約内容を決めて下さい。

（1）**貸主の修繕義務について**

> 賃貸住宅の修繕義務は、貸主が負うことが原則である

　民法では、賃貸住宅の修繕義務は貸主が負う旨が規定されています**（民法第606条第1項）**。
　つまり、賃貸借契約が成立すると、貸主は、借主に対し当該住宅を使用させる義務を負い、また、借主に賃貸借契約の定めに従った状態で使用させるために民法では、貸主が、当該住宅に対する修繕義務を負担するものと定めています。
　これは、借主の通常使用や経年による住宅もしくは住宅内の造作物や設備の修繕費用については、特段の事情がない限り、通常は賃料（家賃）に含まれているとの認識によるものと考えられます。それゆえ、貸主は、当該住宅を借主に引渡す際、住宅としての通常使用ができる程度にまで当該住宅に必要な修繕を施し、また、借主の入居中においても借主の通常の使用により生じた造作物や設備を含む当該住宅の不具合については、貸主が必要な修繕を行わなければなりません。
　したがって、賃貸借契約において、賃貸住宅の修繕について特段の取決めがなければ、当然のことながら、民法の規定から、賃貸住宅に係る一切の修繕義務は、貸主が負うことになります。しかしながら、借主の用方違反や保管義務違反、故意または過失など借主の責めに帰すべき事由による損傷等については、借主の費用負担においてそれらの修繕を行うことになります。

（2）**民法の定めと異なる修繕負担の取決めについて**

> 特段の事情があれば、特約により借主に修繕費用を負担させることができる場合がある

　しかし、この**民法第606条**の規定は、「任意規定」ですので、当事者間（貸主、借主）でこれと異なる「取決め」、つまり、賃貸住宅の修繕について借主に負担して頂く「取決め」をすれば、その取決めは有効です。
　では、どのような内容のものでも当事者間で取決めれば、全て有効な取決めとなるかというと、そういうことにはなりません。後述するように、取決めの内容により、そのような取決めを締結するに至った特別の事情が存在しなかったり、その内容が「公序良俗」に反したりするものであれば、その取決めは無効となり、取決めのない状態、つまり、**民法第606条第1項**の定めに従って、賃貸住宅の一切の修繕義務を貸主が負うことになる場合も考えられますので、民法の規定と異なる取決めを当事者間で締結する際は、その内容について十分な検討が必要です。
　賃貸住宅の修繕にかかる民法の規定と異なる取決めについては、概ね次の3つに整理できると考えられます。そして、この3つのうち、どの考え方を実際の賃貸借契約に適用するか、また、適用できるかは、それぞれの賃貸借契約の締結事情（地域の慣習、家賃の額、一時金の徴収の有無や受領額、建

物の構造・状況、賃貸借契約成立の経緯など）によります。
① 費用が軽微な一定範囲の「小修繕」について貸主の修繕義務を免除し、借主が必要に応じて借主の費用負担で、貸主の承諾を得ることなく、当該「小修繕」を行うことを認める取決め（「賃貸住宅標準契約書」第8条参照）。
② 費用が軽微な一定範囲の「小修繕」について貸主の修繕義務を免除するとともに、当該「小修繕」について借主に積極的な修繕義務を負わせる取決め。
③ 当該賃貸住宅の「大小修繕」について貸主の修繕義務を免除するとともに、当該「大小修繕」について借主に積極的な修繕義務を負わせる取決め。

> 「標準契約書」の特約の場合

> ① 費用が軽微な一定範囲の「小修繕」について貸主の修繕義務を免除し、借主が必要に応じて借主の費用負担で自由に（貸主の承諾を得ることなく）当該「小修繕」を行うことを認める取決め

民法の規定と異なる取決めの内容として、まず考えられることは、「費用が軽微な小修繕」について、借主が入居中に当該「小修繕」を必要とする場合は、借主の費用負担で行うことを特約するケースがあります。そして、その取決めの内容が、「費用が軽微な小修繕」の範囲であれば、一般的には、特約有効とされています。

また、このような特約は、借主が当該住宅の造作物等の修繕を貸主に要求しても、修繕を必要とする時期についての貸主と借主の認識の相違、さらには、たとえ貸主が修繕の必要性を認めても、なかなか修繕を実施しないという実態や修繕の実施時期の遅延による借主の不便を考慮し、費用が軽微な修繕については、借主は貸主の承諾を得ることなく当該修繕を行い、生活上の不便をクリアしようというものです。これは、**民法第606条第1項**の規定と違い、一定範囲の「小修繕」について、借主が「修繕費用」を負担するという損失を伴いますが、それ以上に貸主に修繕してもらえないことによる不便な生活を強いられることになります。これに比べると、借主は、軽微な費用の負担により便利な生活に立ち戻れる、または手に入れることができるという、借主の利益に合致し、必ずしも不利益な取決めではないとして、有効であるという考えに立っているものです。

さらに、判例や通説も、借主の通常使用や経年による住宅もしくは住宅内の造作物や設備の修繕費用については、特段の事情がない限り、通常は賃料（家賃）に含まれているとの認識にもかかわらず「費用が軽微な小修繕」の範囲であれば、当該「小修繕」を貸主が修繕を行わずに、借主に修繕を課したとしても、借主に著しい経済的な不利益をもたらすものではないとして、一般的には、このような特約を有効としています。

なお、このような特約は、借主に修繕義務を課したものではないので、借主は、当該「小修繕」について積極的に修繕する義務はなく、不便であっても修繕することなく当該造作物等を使用することを妨げるものではありません。つまり、貸主は、当該修繕箇所が修繕を行う時期に到っていても、借主に当該箇所の修繕を請求することはできません。

この趣旨における特約については、平成5年1月に住宅宅地審議会（現：社会資本整備審議会）の答申を受け、建設省（現：国土交通省）から発表された**「賃貸住宅標準契約書」**（以下、「標準契約書」といいます。）で、次のように表現されています。

（修　繕）
第8条　甲は、別表第4に掲げる修繕を除き、乙が本物件を使用するために必要なる修繕を行わなければならない。
　　　　この場合において、乙の故意又は過失により必要となった修繕に要する費用は、乙が負担しなければならない。
2　（省　略）
3　乙は、甲の承諾を得ることなく、別表第4に掲げる修繕を自らの負担において行うことができる。
【別表第4】

畳表の取替え、裏返し	ヒューズの取替え
障子紙の張替え	給水栓の取替え
ふすまの張替え	排水栓の取替え
電球、蛍光灯の取替え	その他費用が軽微な修繕

この特約の性格及びこのような特約を提案することとした理由について、「賃貸住宅標準契約書の解説」（以下、「解説書」といいます。民間賃貸住宅研究会編著、住宅新報社刊）では、次のように説明しています。
　第1項については、「民法の規定の趣旨及び一般に修繕費用は、家賃に含まれているとの考え方に基づき、修繕義務は貸主が負う」ことによるとしています。
　第3項については、「・・・修繕の中には・・・借主にとっても貸主の修繕の実施を待っていてはかえって不都合を生じるようなものもあり・・・別表第4に掲げる費用が軽微な修繕については借主自らの負担で行えるようにすることとし」て、借主の住宅使用上の便宜を考慮して定めたものであり、「借主に修繕義務を課しているものではなく」、「費用が軽微な修繕については、借主はその意志で修繕を実施するか、多少不便でも修繕を行わず我慢するか選択できる」こととしています。
　ところで、市販の賃貸借契約書や宅建業者等が、独自に作成する賃貸借契約書で「畳替え、襖の張替えは賃借人においてこれをなす」というような文言で特約する場合があり、それらの賃貸借契約書のこのような文言による特約についての貸主の本来的な意図は、いわゆる「小修繕」について、借主に積極的な「修繕義務」を負わせることを目的としているものと考えられますが、判例や通説は、特約で明定し借主に修繕義務を負わせていない限り、このような文言による特約は、賃貸人の修繕義務を免除したに過ぎない特約で、借主に積極的な修繕義務を負わせたものではないとの立場に立っており、このような趣旨において、この特約は、有効であるとしています。これについては、最高裁昭29.6.25判決の補足意見（少数意見）として次のような意見が述べられていますので、参考にして下さい。
　「・・・<u>特別の事情があれば、特約で賃借人に畳替えの義務を負わせることを妨げるものではないが契約の条項に賃借人に修繕義務を負わせる旨を明定した場合は格別単に畳替えは賃借人においてこれをすると定めている場合には特別の事情のない限り</u>賃借人に畳替えの義務を負担せしめる趣旨でないとみるのが相当である。」（判例時報昭和29年8月1日第31号。下線は引用者。）
　なお、このような趣旨の特約を借主との間で締結する場合、管理業者等（管理業者、貸主、宅建業者）は、当該修繕について借主に修繕義務を負わせたものではなく、したがって、当該修繕箇所について修繕時期が到来している場合、借主は、その旨を管理業者等に遅滞なく通知し**（民法第615条）**、管理業者等が適切な対応が取れるよう借主に協力を求めるとともに、借主がこの通知を怠って、修繕しないことが原因で当該箇所または関連箇所が損傷等した場合、借主に損害賠償的意味合いの「原状回復義務」が生じる場合があることを予め説明しておくことが必要であると考えます。

　一定の小修繕に限って、借主に修繕義務を負わせる特約の場合

　② 費用が軽微な一定の小修繕について、貸主の修繕義務を免除するとともに、当該小修繕について借主に積極的な修繕義務を負わせる取決め

　次に挙げられるのが、費用が軽微な一定範囲の「小修繕」に限って借主に積極的な修繕義務を負わせるという考え方です。
　この貸主の修繕義務を免除し、かつ借主に「修繕義務」を負わせる特約は、特別の事情があるまたは契約条項に明定している場合有効であるとしているのが、判例・通説の立場です。そして、特別の事情とは、一般的には、地域の慣習、家賃の額、一時金（礼金、権利金、保証金など）の徴収の有無やその額、建物の構造や入居時の住宅の状態、賃貸借契約成立の経緯などが挙げられます。
　また、費用が軽微な修繕について、借主に修繕義務を負担させる旨を明定した場合の当該特約は、有効と解することができますが、その場合は、当該修繕義務対象についての入居時の状態や修繕義務の範囲、方法について、借主、貸主双方において、意思解釈に食違いが生じないよう明確に定めておくことが必要です。つまり、特約において、「借主の修繕義務」として借主の修繕義務とする修繕項目を列挙するとともに当該修繕内容を明示し借主にその内容が理解できるよう、また、当該修繕が借主の修繕義務である旨を明定しておくことが必要です。そして、さらに、何らかの事由により借主が当該住宅を返還するときは、自ら必要な修繕を行うか、またはそれらに要する費用を負担するかいずれかの方法により修繕義務を履行したうえで、当該住宅を返還すべき旨を特約しておきます。

【参考：「特約」文例】

(借主の修繕義務)
第○○条　別表○に掲げるものの修繕又は取替えは、乙(借主)の負担において乙が行うものとします。
2　乙は、この契約が解除された場合又は更新拒絶により契約期間が満了した場合において、乙がこの住宅を甲(貸主)に返還するときは、別表○に掲げるものについて修繕又は取替えを行い、又はその費用を負担しなければなりません。

　ところで、①で述べたように、市販の賃貸借契約書や宅建業者等が独自に作成した賃貸借契約書で、多くの貸主は、「小修繕」について借主に修繕義務を負担させるために当該特約を定めていますが、これらの特約の趣旨が、貸主の意図とは別に、①の趣旨に解される場合がありますので具体の取決めをする場合は、十分注意して定め、貸主、借主双方で合意したうえで取決めて下さい。
　なお、借主に修繕義務を負担させる場合であっても、その修繕義務の履行は、入居中(契約期間中)にあっては借主の判断により行えばよいのですが、契約期間が満了または終了した場合は、借主が住宅を返還するまでに必要な修繕を行うか、費用負担をしなければなりません。
　また、借主に積極的な修繕義務を負わせた特約があるからといって、どのような修繕でも負わせられるかというとそういう訳にもいきません。**特段の事情のない限り、あくまでも費用が軽微な修繕ですので、著しく過大な負担となる修繕を求めることはできません。**つまり、修繕により十分使用することができるにもかかわらず、新しいものと取替えることを借主に約束させる特約などは、その特約の有効性に疑問を生じさせることになります。例えば、畳表は、両面が使用可能になっており、通常は、一方の面を適当な期間使用した後、裏返して、もう一方の面を使用します。表になっている面の使用状況(損耗程度)から、裏面が使用できる状態にあるにもかかわらず畳表の取替えを要求するなどは、借主への過大な修繕負担に当たると言えます。

　　大小修繕について、借主に修繕義務を負わせる特約の場合

> ③　当該賃貸住宅の「大小修繕」について貸主の修繕義務を免除するとともに、当該「大小修繕」について借主に積極的な修繕義務を負わせる取決め

　最後に挙げられるのが、当該賃貸住宅の「大小修繕」について借主に積極的な修繕義務を負わせる考え方です。
　一部の貸主には、賃貸借契約の締結において契約条項に明定し、借主に十分な説明を行うことにより当事者間で合意するのであれば、このような特約は、有効であるという立場に立つ貸主もいるようです。
　「大修繕」は、いわゆる「小修繕」に含まれないものを指す訳ですが、大修繕が住宅の躯体、つまり、柱や屋根、壁(壁の内側の表面で、塗装している部分や壁クロスを除く)外回り建具(アルミサッシドアなど)、根太などの修繕を含んでいる場合においては、厳密な意味で特別の事情がなければ、借主に修繕義務を負わせることは難しいといえます。
　判例・通説は、基本的には民法の規定に立ちつつ、このような特約が有効なものと解するには、特別な事情、例えば、賃料が周辺の同様な住宅に比べて著しく低額であるとか、このような特約を結ばなければ貸主が著しい経済的な不利益を蒙ることが明らかである場合などに限られるとしています。
　また、住宅の躯体ではないが「小修繕」ほど費用が軽微でない「修繕」については、どうかということが問題になりますが、これらの「修繕」について、借主に積極的な修繕義務を課すにはやはり特別の事情を要すると理解した方が賢明かと考えられます。例えば、風呂釜とかセントラルヒーティング、流し台、エアコン、クーラーなど耐久的設備や造作物についても、本体部分についてまで借主に修繕義務を負わせることは、特別の事情がない限り、借主に修繕義務を負わせることは難しいといえます。本来、それらの設備等は、住宅を使用し、収益を得るための基本的な性能に関するものなので、基本的な機能の維持費用等は、賃料に含まれているものと解されるからです。
　このような特約を結ぶ場合は、慎重な姿勢が必要です。
　何故なら、貸主のいう特別の事情が厳密な意味で特別の事情に当てはまらない場合や、明らかに貸主優位の中で当該賃貸借の契約が締結されたり、著しく借主に不利な条件で賃貸借契約が締結さ

第5編　退去業務

れた場合は、当該特約そのものが無効として否定されたり、また、特別の事情が認められないとして、貸主の修繕義務を免除したに過ぎない特約（ただし、躯体部分や設備本体の修繕等は免除されません）と解されることがあるからです。

　何れにせよ、**通常の賃料（家賃）で賃貸している住宅においては、この特約を有効なものとして賃貸借契約において通用させることは難しい**といえます（なお、修繕に関連する事項については、「第5編 参考資料 第1章 原状回復にかかるガイドライン」を参照して下さい）。

3　借主の原状回復義務と退去時の査定について

原状回復義務と借主の修繕義務を区分すること

　通常いわれている退去時の借主の「原状回復義務」については、冒頭で記述したように3つの内容が混在しており、前述の③の「原状回復・収去義務」が、厳密にいえば借主の退去時の「原状回復」といわれているものです。

　ところが、前述したように、実態は、この契約満了時において、① 借主に修繕義務を負担させている場合の当該修繕義務の履行、② 借主の責めによる損害賠償としての「原状回復義務」の履行、③ いわゆる「原状回復・収去義務」の履行、を同時に借主に求めることになりますので、これらの①及び②が、③と混同されて理解され、そのため貸主と借主との間でトラブルを発生させているように見受けられます。そして、それらの混同は、それぞれの特約の記述においても見受けられるのが実態のようです。例えば、借主の修繕義務として負担させることをその趣旨としているにもかかわらず、借主の修繕義務として特約することなく、退去時の「原状回復義務」として「畳の表替え」や「襖の張替え」など（何れも「小修繕」に限ってはいますが）を定めている例が見受けられます。そのため、借主との間で、「通常使用による損耗や自然損耗」については、借主に「原状回復義務」はないとしてトラブルが発生しているのが実態です。

　したがって、畳表の取替えや裏返し、襖の張替えなど費用の軽微な修繕を借主に負担させたいのであれば、「借主の行うべき義務」として明渡し時の状況の如何にかかわらず、借主の負担で行うことを契約条項で明確に定め、借主と合意をして契約することが必要です。なお、この扱いに類する判例があるため、「第1編第1章 賃貸住宅媒介・管理業務に係るトラブル等」を参考にして下さい。

「原状回復」とは、入居当初の水準までに回復することを意味するものではない

　「原状回復」とは、住宅及び住宅内の造作物や設備を入居当初の状態や状況に復することや、そのものの性状を入居当初の水準までに回復することを意味するものではありません。退去時における「原状回復」としての規定である**民法第598条**の趣旨は、住宅及び住宅内の造作物や設備にかかるそのものの用方に従った通常使用による損耗や経年劣化による自然損耗についてまで、借主に回復義務を負わせているものではないというのが、判例や通説となっています。

　「原状回復」について、貸主の中には、入居時の状態に復するという意味から、造作物等を入居時と全く同じ状態に戻すことと理解して、例えば、当該造作物や設備が新品であった場合、退去時にそれらを新しいものに取替えることと理解している貸主がいるようですが、「原状回復」にはそのような意味は含んでいません。

　「原状回復」について前掲の「解説書」では、次のように説明していますので、管理業者等は、この考え方を参考にして貸主と「原状回復」に関する協議を進めるとともに、貸主が「借主の原状回復義務」について正しい認識を持つよう、貸主に対する啓発に努めて下さい。

・・・物件が、契約により定められた用方に従い、かつ、社会通念上の使用方法により使用していればそうなったであろう状態であれば、使用開始当時の状態よりも悪くなっていたとしても、そのまま貸主に返還すればよいとすることが適当であると考えられる。

　すなわち、通常損耗分の原状回復の費用は、減価償却費として賃料に含まれていると考えられるのであり、また、

> 借主が原状回復義務を負う場合は、新たに物件に付加した設備等がある場合と、借主の通常使用以外の使用により損耗した部分の修繕（これは損害賠償的意味合いを持つ。）に限られると考えることが適当であるからである。（下線は引用者）

　また、借主の原状回復義務については、故意または過失に起因する損耗（損傷、損壊）か通常使用による損耗か、その判断が貸主と借主で分かれるところですが、前掲「解説書（150頁）」では、「通常の使用に伴う損耗（借主は原状回復義務を負わない）」として「・・畳表の日焼けによる変色、・・通常の歩行による畳表の擦り切れ、・・ドアノブ等の手垢による変色」などを挙げて説明していますので参考にして下さい。

　なお、賃貸借契約書において、故意または過失に係る具体的な事例を明示し、どのような場合にどのような状態が故意または過失に当たるのかを借主に予め提示しておくことが望まれます（切り傷、突き傷、焼け焦げ、手垢、家具等による引っかけ傷など）。

　退去時における、いわゆる「原状回復義務」について、多くの賃貸借契約書は、「（借主は）本物件を原状回復のうえ明渡す」旨を記載しているのみです。これは、借主の使用の方法及び貸主の対応により「原状回復」の範囲や内容、方法が異なることによるものです。

　前述したように、原状回復の具体的な内容は、借主の家財道具等の住宅内搬出と借主が設置した造作物や設備等の撤去です。そして、稀に貸主の承諾を得て、または承諾を得ないで行った住宅内の改造などを当初の状態に復元することなどを含むことがあります。

　借主が搬入した家財道具の搬出についてのトラブルは、あまり聞かれませんが、借主が、入居後設置した造作物や設備等の撤去について、その設置時の取決めが不十分なためトラブルが発生することがあるようです。

　いわゆる退去時の借主の「原状回復義務」を巡るトラブルの主なものとしては、次のものが挙げられますが、何れも借主の責めによる損傷等の「損害賠償的意味合いの原状回復義務」に属するものです。

① 当該損傷は入居当初からあった。
② 当該箇所の損傷等は認めるが、その修繕範囲について同意しない。
③ 当該箇所の損傷等は認めるが、修繕内容及びその内容による費用負担（または費用負担割合）について同意しない。
④ 当該箇所の損傷等は通常使用によるもので、故意または過失によるものではない。
⑤ 当該箇所の修繕方法及びその方法による費用負担は認めるが、費用（工事費の見積額）が高い。

退去査定における留意点

　一般に、退去時に行われている貸主と借主との「原状回復協議」には、いわゆる住宅内の「原状回復」と、借主にその履行責任のある「修繕義務」が含まれており、また、「修繕義務」には、賃貸借契約の条項で借主に「修繕義務」を負わせた費用が軽微な一定の範囲の小修繕と、借主の故意または過失、用方違反や保管義務違反などによる損傷または損壊部分にかかる損害賠償としての修繕義務が含まれています。

　したがって、退去時の「退去査定」は、これらを区別して行うとともに、借主への費用負担請求についても請求の根拠が異なることを明確に説明して行うことが大切です。

　厳密には、「原状回復義務」に関するトラブルではありませんが、退去に伴い「原状回復」の範囲も含めて退去時における借主の費用負担のトラブルとして「原状回復協議」の際に発生しているので、ここで前述の①から⑤までのトラブルの防止または軽減について述べておきます。

　①については、当該借主の入居に先立って、いわゆる「空家修繕」を行い、貸主または管理業務受託者（以下、「管理業者等」といいます。）は、その結果を十分チェックしているものと考えます。しかし、退去時のトラブルを避けるため、「借主の修繕義務」に関する修繕項目や入居期間中「借主の故意または過失による損傷等」が発生しやすい箇所などについては、入居時において両者（貸主及び借主）で住宅内の状況（造作物や設備等の状態）の「確認チェック」を行い、確認結果を文書【様式21－1～2】「入居時住宅内造作物等点検確認書（仮称）」参照）に記録し、両者で保管しておくようにしましょう。そして、退去査定の協議をする時は、当該「確認書」を参考にし、公平な負担を借主に求めることが貸主側に強く望まれます。

②及び③については、損害賠償としての借主の「修繕義務」の発生しやすい部位・部材について、予め負担を求めるのが妥当と判断される最少修繕単位や修繕内容を定め、それらの「基準」を賃貸借契約書に明示しましょう。担当者は、その時々の都合で「査定」（修繕費用等の請求）を行っているのではなく、全ての借主に対して公平に履行を求めていることを借主に分かるように行うことが望まれます。そして、それらの形状等のため全面取替えや全部修繕が必要であることや、それらの修繕または取替え費用が著しく高額となることが予め分かっている造作物や設備等については、賃貸借契約時にその旨を説明し、借主に周知しておくことが必要です。

　なお、回復工事の範囲については、畳や襖、壁クロスなどで、いわゆる「色あわせ」まで借主に負担を求める事例があるようですが、これは経年劣化や日焼けなど自然損耗といわれるものですので、貸主の負担で実施するのが原則です。

　ところで、借主の原状回復義務については、借主の故意または過失による損傷等以外に、一定の部位・部材について、入居期間の長短にかかわらず退去時に借主が一定範囲の修繕を行う旨を約定している例があります。これは、いわゆる借主に修繕義務を負わせる特約になりますので、そのことを賃貸借契約書に具体的に明定することが必要となりますし、また、これらの対象は、畳表、障子紙、襖など、いわゆる「費用が軽微な修繕」に類するものの一部に限られます（なお、これらについて、退去時に新しいものと取替える旨の特約については、その有効性について疑義が残りますので、その運用に当たっては十分な配慮が必要であると考えられます。）。

　つまり、この特約は、借主に積極的に修繕義務を負わせる趣旨の特約と同一のものです。そのため、当該特約の合意に当たっては、その内容等（対象は「費用が軽微な修繕等」に限られます。）を明確にし、当該特約について、貸主、借主双方の間で解釈に相違が出ないような文言で賃貸借契約書に定め、賃貸借契約時に十分な説明をしておくことが欠かせません。

　また、当該特約において、貸主が、その一定割合を負担する旨を定めているものもあります。

　これは、当該部位・部材について、借主が、入居時に新しいものを希望する例が多く、その損耗程度にかかわらず入居の都度、取替えたり張替えたりする場合、貸主の負担は過大となり、また、家賃にそれらの費用を含めた場合、家賃も高くなりますが、貸主も一定割合を負担することにより、借主の負担をできるだけ軽減する方法として、このような「原状回復義務」の特約を締結しているものと思われます。

　このような特約も、当該部位・部材について、借主に「修繕義務」を負わせる趣旨の特約といえますが、やはり損耗状態を厳密に考慮した負担を借主に求めるべきであり、安易な「取替え」や「張替え」は好ましくないと考えられます。

　④については、当該損傷等が借主の故意または過失によるものであることの根拠を示して説明するとともに、負担額の請求にあたっては、当該箇所の経年劣化や通常使用に伴う損耗の程度、さらには入居時の「空家修繕」における当該箇所の修繕状況などを勘案するなど、借主の負担が妥当なものとなるよう算出根拠が示せる負担額を提示することにより、借主の理解を得るよう努めることが大切です。

　なお、当該部位について借主に「修繕義務」を負わせている場合は、通常使用によるものか故意または過失によるものかに関係なく借主が修繕義務を負うことになりますので、その旨を説明すれば足ります。

　⑤については、指定工事業者の見積額について、管理業者等が自ら精査し、自分自身を退去者であると仮定した場合その金額に納得できるかどうか検討したうえで、疑問点などを指定工事業者に質すなどして、管理業者等自らが、まず納得できる金額であることが前提となります。自らが納得できない、またはそのようなチェックをしていない金額について退去者を納得させることは難しいといえます。なお、通常発生する回復工事については、指定工事業者と「工事単価」を決めておき、工事価格の安定化と業務処理の迅速化を図ることも大切です。

　また、借主に対しても、借主に関連のある修繕工事については、入居時及び退去の申出のときなどに価格の目安を示す等して適正な費用負担についての理解を得る努力をすることも必要です。

　さらに、借主との原状回復協議のとき、指定工事業者を立会わせるか、予め指定工事業者と「単価」を決めておき、その場で借主の負担額を提示し、当協議の即時決着を図る態勢を作っておくことが望ましいと言えます。

　何れにせよ、指定工事業者等は、提示する工事金額が妥当な金額であるかどうか、いつも留意し

て借主との原状回復協議に臨むことが望まれます。

4 退去業務について

(1) (借主の) 解約の申入れの受付とその処理

> 解約の手続は、文書で行うこと

借主からの解約の申入れは、必ず文書で行い、その受付・受理業務は、管理業者の事務所で行うのが原則です。

解約の手続は、契約締結と同様重要な手続で、契約期間中に生じた借主の全ての債務を履行して頂くため借主に十分な説明と理解を必要としますし、また、借主の債務の履行について、文書で確約させ、その履行内容等について借主と管理業者の間で解釈の相違がないようにするため、管理業者の事務所で、借主との直接面談により行うことが望ましいと言えます。

また、やむを得ない事情により「解約届」を郵送により受理する場合は、記載事項に問題がないことを前提に、当該「届出書」が郵送され、管理業者のもとに送達された日を借主が届出た日とし、その日から約定の「予告期間」を計算する旨を予め周知しておきます。そして、郵送により「届出書」を受付けたときは、電話等により速やかに借主にその内容を確認するとともに、引越日や「査定日」、契約終了日などを確認します。また、「原状回復等を借主自身で実施するか」、「借主は費用負担のみを行い、修繕工事等は貸主（または管理業者）に任せるかどうか」、「査定日（原状回復等に関して協議する日）はいつにするか」を決め、「賃貸借契約解除届（仮称）」【様式41】に記載の「ご注意」など退去に関する一切について借主に説明します。

(2) 借主との退去査定の協議

> 退去査定は、借主立会いで行うこと

退去査定には、① 特約により借主に「修繕義務」を負わせている場合は、当該修繕の履行の請求と、② 借主の故意または過失等借主の責めによる「損害賠償的意味合いの原状回復義務」の履行の請求、③ **民法第598条**にいう「原状回復・収去義務」の履行の請求が含まれています。原則として借主の引越後、借主立会いのうえ、修繕箇所、範囲などについて行うことになります。そして後日のトラブル防止のため、退去査定は原則として借主の引越し後借主立会いのうえ、いわゆる「原状回復」及び借主の修繕義務としての修繕箇所、修繕内容、修繕範囲などについて行うことになります。

退去査定は、個別に、かつ具体的に修繕の箇所、修繕の範囲、修繕の内容を説明し、その内容を書面【**様式42**「修繕費負担額請求書（仮称）」参照】に明記し、借主がその内容を理解できるようにします。

多くの場合、借主は、費用負担について合意し、工事は、管理業者に委任しますので、この協議が整った時点で、管理業者は、借主から住宅の引渡しを受けることになります。

原状回復等工事（以下、「修繕工事」といいます。）を借主自ら行う場合は、その仕様が異ならないようにするため、管理業者が指定する工事業者（以下、「指定工事業者」といいます。）に修繕工事を依頼するよう借主に理解を求めます。借主が自ら修繕工事を行う場合、工事が完了し、住宅が借主から返還されるまで、住宅の管理責任は借主にあることを周知しておきます。さらに、住宅の明渡しまでの期間については、借主が住んでいなくても借主が賃料を負担することになる旨を通知しておきます（約定の予告期間内に工事が完了し、住宅の返還〈明渡し〉ができる場合は、予告期間に相当するその賃料の負担で済みます）。

ただし、指定工事業者を使って借主が修繕工事を行う場合は、当該修繕工事に問題がありませんので、協議が整い、借主が指定工事業者に工事を依頼した時点で、事前に鍵の返還を受けることにより明渡しの完了に代えることも可能です。

（3）修繕工事金額について

> 借主の負担する費用は、退去査定時に提示することが望ましい

　借主が負担する原状回復等に要する費用は、退去査定時に算定できることが退去査定業務の円満な処理のポイントです。

　指定工事業者が、退去査定時に立会い、その根拠を示して工事金額を借主に提示し、承諾を得るのがベストですが、管理戸数の増大に伴い、全ての退去査定に指定工事業者を立会わせることが困難となります。そこで、次善の策として、主な修繕工事について指定工事業者と単価契約を締結し、退去査定担当者が当該「単価」に基づき借主の負担額を算定し、借主の費用負担について承諾を得るという方法があります。

　なお、単価契約は、特殊な修繕について締結することが困難なので、そのような特殊な修繕が発生していないかどうか、借主の解約の問い合せや解約の申入れ時に室内の使用状況をそれとなく聞き出し、単価契約していない修繕については、退去査定に先立って指定工事業者に当該工事の費用を見積もらせ、できるだけ査定当日に借主の負担額を決定できるよう事前の準備をしたうえで、借主との退去査定の協議に臨むことが望ましいといえます。

　また、借主から「解約届出書」を受理したときは、住宅の使用状況や室内の造作物や設備等の損傷程度を聞き出したり、修繕費用が高額となる部位・部材についてその現況を確かめたりするなど、原状回復等に関する情報を事前に集め、借主に費用の負担について心の準備をさせておくことも、退去査定業務を円満に進める一つの方法です。そのため、直近の退去者の費用負担状況を参考にして、どの部位をどの程度修繕する場合に幾らの費用が掛かるかなどについて話しておき、借主負担額のおよその目途をそれとなく示しておくのもよいでしょう。

　なお、指定工事業者が立会わない場合や「単価」を決めていない場合、退去査定時に借主の負担額の決定は、指定工事業者の「見積り」を待って行うこととなります。この場合、後日負担額を巡って借主と必ずといっていい程トラブルが発生しますので、管理業者等は十分承知しておくことです。勿論、退去査定について借主との協議が整った場合は、借主の負担範囲等について修繕工事毎にその内容を明記した書面で借主の承諾を得ておく必要があります。できれば、管理業者指定の工事業者が見積もった工事金額を承諾し、当該費用を負担する旨の承諾も併せて取っておくのが望ましいと言えます【**様式51**「修繕費負担額の支払いについて（仮称）」参照】。

（4）退去査定業務の円満な処理のために

> 退去査定は、借主に過大な負担を求めることのないように留意して行うこと

　退去査定は、賃貸借契約に基づき適正に行うことが原則ですが、その実務処理はなかなか賃貸借契約書の定めどおりにはいきません。これは、退去査定が個別のものであり、入居者それぞれの生活態度や生活観の違いなどによりその使用状態が全て異なり、これらを賃貸借契約書に逐一定めることが不可能だからです。

　退去時における借主の修繕負担については、賃貸借契約書の定めの厳正な適用とともに負担の公平、負担の適正化のため、次のような考え方を取入れる（賃貸借契約書に定める。）などして、円満に処理して下さい。なお、以下に列挙する考え方（「査定基準」）は、一部で実施されており、原状回復業務において借主の理解を得るなど一定の効果を挙げているものですが、採用に当たってそれぞれの実態を勘案し、実態にあった方法、内容に変えて取入れて下さい。

ⓐ　継続使用した造作物や設備などで、何らかの理由（勿論借主の故意または過失によりますが）により借主に修繕費用の負担を求める場合は、当該造作物、設備などの使用年数や耐用年数、経年劣化、借主の使用年数などを考慮し、借主の負担が過度とならないような負担方法――例えば、借主の使用期間により負担率を変えるなど――を取入れる【**様式22**「小修繕における負担区分一覧表（仮称）」、**様式23**「借主の修繕義務範囲にかかる入居期間別修繕費負担割合一覧表（仮称）」参照】。

ⓑ　壁のクロス、襖など色合わせや柄合わせのための張替えなどについて、その張替えの原因が借主にあったとしても（例えば、その一部を借主が故意または過失により損傷させ、そのために他の部分の張替

えが必要となるような場合)、貸主側の入居促進や賃料収入の維持など貸主側の要因もその根底にあることを考慮し、当該工事について貸主が費用負担する。
ⓒ 結露が原因でカビが発生し、壁や天井が著しく汚損する場合が応々にしてありますが、結露によるカビの発生は、日本の特殊な気象条件によるものが殆どであるため、原則として、結露が原因のカビの発生による壁や天井の汚損の修繕義務は、貸主が負い、借主には負担を求めない（判例・通説）。そして、借主の保管義務違反により、明らかに借主の過失を認め得る場合（他の住宅にカビ等が発生していないにもかかわらず、当該住宅だけにカビ等が発生しているなど）に限り借主に負担を求めるなど、借主の費用負担の適正化に努める。
ⓓ 造作物、設備等の機能など入居時点で目視チェックによる確認ができないものは、入居後一定期間内に発生した不具合について、借主の修繕義務に含まれるものであっても、貸主負担で修繕をするなど状況により柔軟、かつ合理的な対応をとるなど費用負担の衡平に努める。
ⓔ 修繕費用が軽微であっても、継続使用によりその修繕費用の負担についてトラブルが発生し易いものについては、入居者の入替え時に必ず修繕等を行い、入居期間の長短にかかわらず退去時に借主の費用負担で一定の修繕を行う旨をあらかじめ約定しておくなど「借主の修繕義務」の範囲（ただし、費用が軽微で、かつ一定の合理的な範囲に限ります。）を明確にしておく【後掲の**参考**「借主の修繕費負担額決定概念図」及び「故意・過失による借主の修繕費用負担決定概念図」参照】。

5　空家修繕に係る貸主との協議

　借主と退去査定の協議が整ったときは、その内容について貸主に報告するとともに当該空家に係る修繕について貸主と協議します。
　この協議は、当該空家住宅にどの程度まで修繕を施して次の入居者に貸すか否かを確認することになるため、借主の負担する修繕工事を除く経年劣化や自然損耗など貸主の負担で行う修繕工事の範囲、内容などについて、貸主に進言することが、ここでの重要な業務となります。
　そのため、管理業者は、貸主が行う必要があると認められる修繕内容等について、事前に調査（査定）しておくことが必要です。査定結果は、借主の場合と同様、箇所別に、部位・部材毎にその内容を明記し、貸主が理解し易いように整理しておきます。
　また、管理業者は、空家になった機会を利用して、優良入居者の確保、早期入居の促進、居住水準の維持または向上による安定した賃料収入の確保等のために、貸主として実施することが望ましいと判断される修繕や改良工事などのアドバイスを行うことも大切な業務の一つです【後掲の**参考**「空家修繕概念図」参照】。

6　空家修繕工事の発注について

(1) **空家修繕工事の総合発注について**

> 効率的な修繕工事に努めること

　空家修繕は、その職種が多様であり、職種毎に工事発注を行っていると業務量が膨大となるだけでなく、工事期間も長くなり、貸主の経済的な負担が大きくなります（何故なら、空家期間中は賃料収入が見込めませんので。）。
　したがって、管理業者は、地元の工務店などと「指定工事店」契約を締結するなどして、空家修繕工事を一括して発注する態勢の整備が欠かせません。一括発注は、職種別（畳工事、建築工事、塗装工事、水道工事、電気工事など）の発注に比べ、その個々の工事金額は若干高くなる可能性がありますが（※）、発注業務や工事完了検査の効率化、工事に対する責任の所在の明確化、各工事業者との工

事時期や工期の調整が不要であるなど、貸主、管理業者双方にとってメリットが大きいと言えます。
　(※) 工事の発注量によっては、工事費を安く抑えることが可能です。1管理業者の発注量は、少なくても地元の管理業者が幾つか集まって同一の「工務店」に発注することにより一定の発注量を確保し、工事単価を引下げるなどの方法も考えられます。

(2) 総合発注と工事金額の適正化について

> 工事金額の適正化に努めること

　住宅内の造作物や設備など居住水準の向上のための改良工事については、当該工事毎に指定工事業者から見積書を取り、見積金額が妥当であるかどうか検証したうえで、工事を発注することになります。

　空家修繕の工事金額が妥当なものであるかどうかの検証は、当然に必要です。しかし、空家修繕の多くは、繰返しの「修繕工事」であり、その工事内容も造作物や設備の部材の違いを除けば、概ね同じであることから、「指定工事業者」と個々の工事について「見積単価」を予め決めておき、その価格に基づき借主の修繕費負担額などを算出することになります。その算出した金額をもって「指定工事業者」に発注するという方法は、「退去査定業務」から「発注業務」「工事完了検査業務」を効率的に行う一つの方法と言えます。

　なお、この「見積単価」は、定期的に見直し、貸主、借主にとって不利な価格または高い価格となっていないか監視し、必要と判断されるときは、貸主と協議のうえ、価格改定交渉を「指定工事業者」と行い、工事価格の適正化に努めることが大切です。また、工事価格の適正化は、貸主だけでなく、借主にとってもメリットがあり、管理業者は、常に貸主、借主双方にとって利益をもたらす業務の進め方についても努力することが求められていると言えます【後掲の**参考**「指定工事業者決定要因関係図」参照】。

【参　考】

1　借主修繕費負担額決定概念図

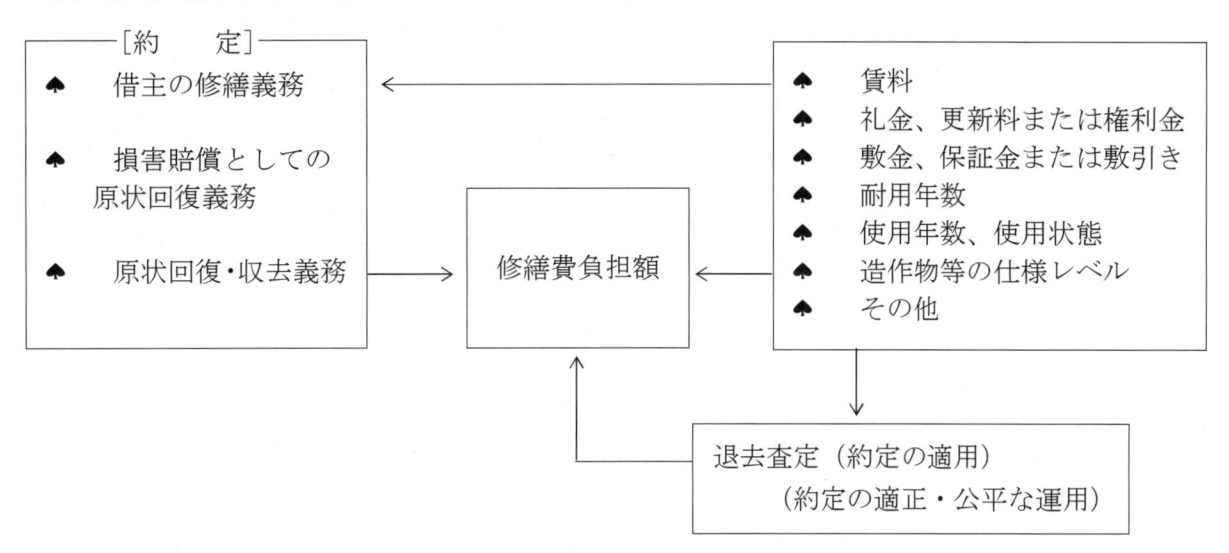

```
┌─[約　定]──────┐                    ┌──────────────────┐
│ ♠ 借主の修繕義務  │ ←──────────────── │ ♠ 賃料                        │
│                   │                    │ ♠ 礼金、更新料または権利金    │
│ ♠ 損害賠償としての│                    │ ♠ 敷金、保証金または敷引き    │
│   原状回復義務    │    ┌──────────┐  │ ♠ 耐用年数                    │
│                   │    │          │  │ ♠ 使用年数、使用状態          │
│ ♠ 原状回復・収去  │──→│修繕費負担額│←─│ ♠ 造作物等の仕様レベル        │
│   義務            │    │          │  │ ♠ その他                      │
└───────────────┘    └──────────┘  └──────────────────┘
                              ↑                  ↓
                              │        ┌──────────────────┐
                              └────────│ 退去査定（約定の適用）        │
                                       │ （約定の適正・公平な運用）    │
                                       └──────────────────┘
```

2　故意・過失による借主の修繕費用負担額決定概念図

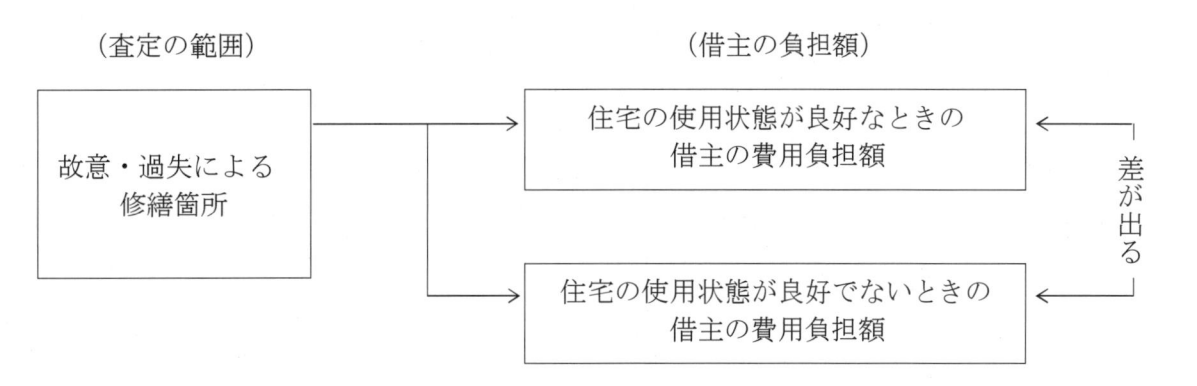

```
   （査定の範囲）                （借主の負担額）

┌──────────┐          ┌────────────────────┐
│              │      ┌──→│ 住宅の使用状態が良好なときの    │←─┐
│ 故意・過失による │      │   │ 借主の費用負担額                │  │差
│   修繕箇所     │─────┤   └────────────────────┘  │が
│              │      │   ┌────────────────────┐  │出
│              │      └──→│ 住宅の使用状態が良好でないときの│←─┘る
└──────────┘          │ 借主の費用負担額                │
                           └────────────────────┘
```

3　空家修繕概念図

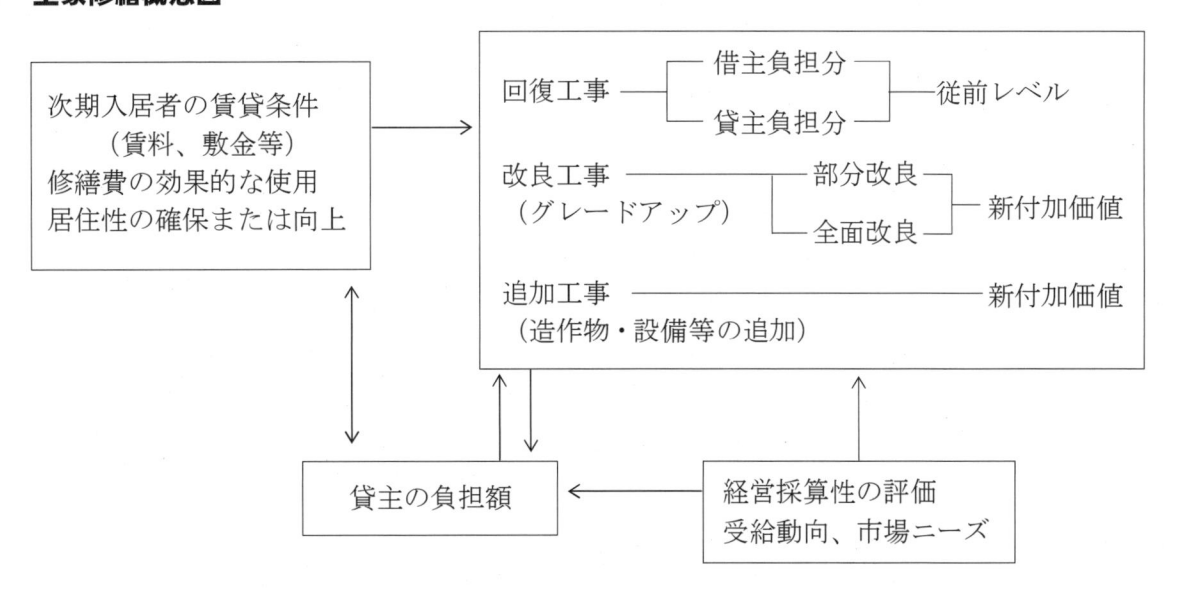

```
┌──────────────┐      ┌─────────────────────────┐
│ 次期入居者の賃貸条件   │      │          ┌─ 借主負担分 ─┐               │
│ （賃料、敷金等）       │      │ 回復工事─┤              ├─ 従前レベル   │
│ 修繕費の効果的な使用   │─────→│          └─ 貸主負担分 ─┘               │
│ 居住性の確保または向上 │      │                                         │
│                      │      │ 改良工事 ──┬─ 部分改良 ─┐                │
│                      │      │（グレードアップ）        ├─ 新付加価値    │
│                      │      │           └─ 全面改良 ─┘                │
│                      │      │                                         │
│                      │      │ 追加工事 ───────────── 新付加価値        │
│                      │      │（造作物・設備等の追加）                  │
└──────────────┘      └─────────────────────────┘
        ↕                              ↑            ↑
        │                              │            │
        │              ┌──────────┐  ┌──────────┐
        └─────────────│ 貸主の負担額 │←─│ 経営採算性の評価 │
                       └──────────┘  │ 受給動向、市場ニーズ│
                                       └──────────┘
```

4　指定工事業者決定要因関係図

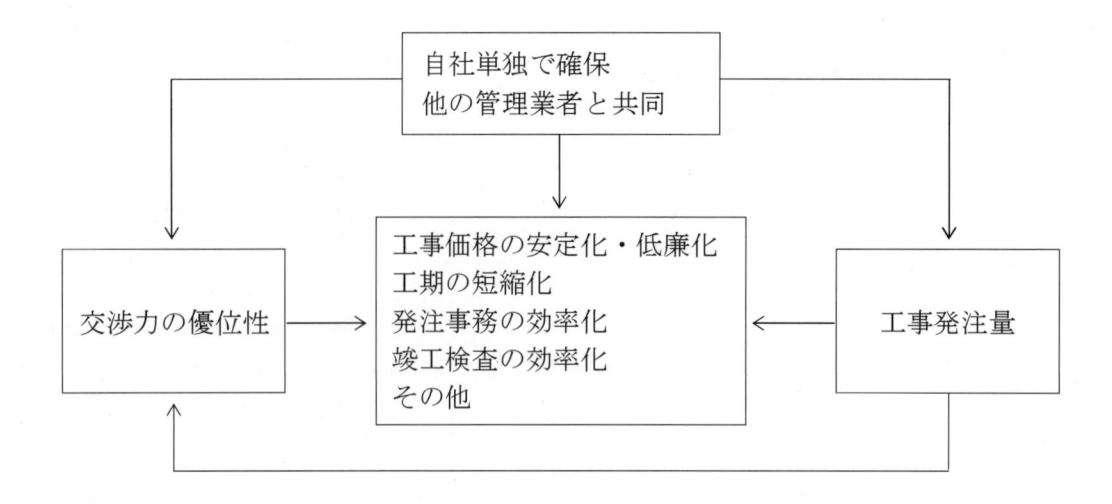

```
                    ┌─────────────────┐
                    │ 自社単独で確保      │
                    │ 他の管理業者と共同  │
                    └─────────────────┘
              ┌──────────┘       │       └──────────┐
              │                  ↓                  │
              ↓          ┌─────────────────┐        ↓
      ┌──────────┐       │ 工事価格の安定化・低廉化 │   ┌──────────┐
      │交渉力の優位性│──→ │ 工期の短縮化         │ ←─│ 工事発注量 │
      │          │       │ 発注事務の効率化     │   │          │
      └──────────┘       │ 竣工検査の効率化     │   └──────────┘
            ↑            │ その他              │         │
            │            └─────────────────┘         │
            └──────────────────────────────────────────┘
```

第2章　敷金精算業務

1　敷金について

(1) 敷金の性質について

> 敷金は、賃料の債権などを担保するために借主から徴収する預り金である

　敷金は、貸主の賃料債権などを担保する目的をもって借主から貸主へ支払われる金員であり、賃貸借契約の終了に際して、賃料滞納やその他の借主の債務不履行がないことを停止条件として不履行があれば、それを差引いて返還することを約して、当該賃貸借契約時に貸主が借主から受領しているものです。

　したがって、敷金は、賃貸借契約の終了時に、未払賃料やその遅延損害金（延滞利息）、その他この賃貸借契約から生じる一切の債務につき、借主の不履行債務がある場合、当然にそれらの債務の弁済に充当することができます。つまり、相殺のように当事者の意思表示を要することなく、当然に差引計算、すなわち当然充当ができます。

　また、敷金は、停止条件付返還債務を伴う金銭所有権の移転であると解するのが判例・通説ですので、敷金の所有権は、契約期間中は貸主にあり、当該賃貸借契約が終了し、借主が物件を明渡すまでの間は、借主は、敷金を滞納賃料等の債務と相殺することを主張することはできません。なお、借主の債務のうち退去時の原状回復費については、当然充当はできないとする意見があり、敷金からの控除については留意する必要がありますが、実務上は、借主が負担する修繕費用を含む、いわゆる「原状回復費用」（貸主が回復工事を実施し、借主がその費用のみを負担する場合）を敷金から差引いているケースが殆どです。これについて前掲の「解説書」は、次のように説明しています。

> 　原状回復の費用は、敷金の返還とも関連がある。すなわち、実際上原状回復費用は敷金から差引かれることが多く、標準契約書でも、第6条で、敷金が担保する債務の事例として、「原状回復に要する費用の未払い」を挙げているところである。
> 　ところで、第1項では原状回復を借主の義務と規定しているため、文面通り借主が実施すれば、費用は当然借主自ら負担するため、当該費用を貸主が借主に請求するという関係にはならず、「原状回復費用の未払い」という事態は生じないのではないかという疑問もあろう。しかし、第3項において「原状回復の方法」につき協議事項としており、協議により貸主が修繕を実施することとなったときには、借主は費用償還債務のみを負うことになる。この場合に、当該債務が敷金により担保されるという関係が生じるのである。「**解説書**（151頁）」

> 　（敷　金）
> 　第6条　乙は、本契約から生じる債務の担保として、頭書(3)に記載する敷金を甲に預け入れるものとする。
> 2　乙は、本物件を明け渡すまでの間、敷金をもって賃料、共益費その他の債権と相殺することができない。
> 3　甲は、本物件の明け渡しがあったときは、遅滞なく、敷金の全額を無利息で乙に返還しなければならない。ただし、甲は、本物件の明渡し時に、賃料の滞納、原状回復に要する費用の未払いその他の本契約から生じる乙の債務の不履行が存在する場合には、当該債務の額を敷金から差引くことができる。
> 4　前項のただし書きの場合には、甲は敷金から差引く債務の額の内訳を乙に明示しなければならない。
> 　　　　　　　　　　　　　　　　　　　　　　　　　　「**賃貸住宅標準契約書**」より

（2）敷金精算について

> 退去時において、借主から未払賃料等の支払いがない場合に敷金から控除できる

通常の退去（借主からの解約による退去）の場合、敷金と借主の債務との差引計算は、相殺というかたちで行われています。賃貸借契約の終了に伴い借主の債務が確定すれば、借主は、その債務の支払いに当たり敷金との相殺を申出、貸主がその申出を受け入れて借主の債務を敷金と相殺しているのが敷金精算の実態です。

なお、法人契約の場合は、当該法人の経理処理上の都合から借主の各種債務を敷金と相殺しないで別途支払う旨を申出ることがあります。この場合、敷金の返還は、借主の各種債務の履行後行うことになります。

（3）敷金の返還について

> 敷金（相殺等した場合はその残額）は、速やかに借主に返還すること

借主の敷金返還請求権は、借主が賃借物件を明渡し、かつ債務の不履行がないとき発生するというのが通説のようです。したがって、借主の各種債務を敷金から控除した後の残金については、直ちに返還するのが原則です。

なお、賃借物件の明渡し義務と敷金返還義務とは、同時履行の関係ではなく、明渡し義務が敷金返還義務に対し先履行の関係に立つと解されています。しかし、次のような判例もありますので、借主の各種債務と相殺後の敷金の残額については、通常必要とする事務処理期間を越えて遅滞して返還するということは好ましくありません。

> 控除後になお残金があるときは賃借人保護の見地からしても公平の原則からみても、当該残金は家屋の明渡しと同時履行の関係に立ち、明渡しと引換に賃借人に支払われるべきものと解するのが相当である。（東京地判昭36.3.31）

（4）敷金の保管について

> 貸主は、賃貸借契約の終了まで敷金を保管する義務がある

敷金は、貸主が賃料債権など賃貸借契約期間中に発生する各種債権を担保することを目的として、借主から貸主へ差入れされた金員です。したがって、貸主は、賃貸借契約の終了までその敷金を大切に保管する義務があります。

貸主の一部には、この敷金を賃貸借契約終了にもかかわらず借主への返還を渋ったり、また、敷金を他に流用して費消し、借主への敷金返還に支障を来たしている例が見られることから、借主とのトラブルを避けるために、管理業者が立替えたり敷金を保管したりしている実態が見受けられますが、全く問題がない訳ではありません。これは、貸主の敷金に対する認識不足によるものと考えられますので、管理業者は、貸主に対し、敷金の保管義務及び賃貸借契約の終了に伴う返還義務の履行について、十分な啓発が必要です。

一方、管理業者の一部には、自らまたは貸主からの依頼により敷金を当該借主の退去時まで預かり、「敷金精算」後、残金を借主に返還しているという実態があります。管理業者が敷金を預かることのメリットとして、借主への迅速な敷金返還、貸主の当該敷金の他への流用による敷金の費消の防止、貸主の敷金返還の遅滞による借主とのトラブルの防止などが挙げられますが、**賃貸借契約の趣旨からみて管理業者が敷金を預かることは好ましいとはいえません。**

敷金の迅速な返還は、貸主の敷金に対する認識の程度により左右される側面がありますので、管理業者の日常の貸主との意思疎通が欠かせません。

また、賃貸借契約の解約予告期間は、概ね1か月程度を定めているのが殆どであり、借主の解約の申出後、速やかにその旨を貸主に通知し、当該借主の敷金返還の準備をする旨を通知するなど、敷金精算業務の事務処理ルールを予め貸主と取決めておくことが必要です。これは、遠隔地の貸主についても同様で、敷金については、「銀行振込」により迅速な処理が可能であるなど方法はいくらでもあります。

2　敷金精算業務について

> 敷金精算業務の円滑な処理は、適正な退去査定がポイントである

敷金精算業務は、賃貸借契約の終了に伴い、
① 借主の各種債務を敷金と相殺したり、敷金から控除したりし、
② 残金があれば、それを速やかに返還する、
③ 相殺後または控除後、なお借主に債務が残る場合、当該債務を借主から徴収する、
という業務です。

敷金精算業務のポイントは、退去時の借主の負担する修繕費負担額について借主と合意できるか否かです。

控除後の敷金残額の返還については、賃貸借契約書で予め定めておくか、賃貸借契約の解約の申出時に、返還時期、返還場所、返還方法について定めておくことが望ましいといえます【様式41「賃貸借契約解除届」《ご注意とお願い》参照】。

なお、③の精算不足額が出た場合は、その「不足額」の徴収が難しいケースが増える傾向にあります。この場合は、次のことが考えられますので、借主との間で円満な敷金精算ができるよう貸主と十分協議し、現実に則した有効な対策を立てる必要があります。

ⓐ　借主が、負担する修繕工事の内容や範囲が過大となっていないか、再検討してみる必要があります。特に、継続使用する賃貸住宅の造作物や設備については、期間の経過によりどうしても損耗していきますので、借主の故意または過失による汚損や破損、故障等について当該借主に修繕費用を全部負担させますと、借主の負担額は多くなってしまいます。

　　前述のように、自然損耗部分の修繕に要する費用は、本来賃料に含まれているはずですから、特約で借主の修繕義務として明定されている「小修繕」の範囲や借主の責めによる修繕義務のものであっても、前住者から引続き使用させている場合には、当該箇所に係る修繕費用から、自然損耗部分（この部分をどのように算定するかは大変難しい問題ですが）を除いた額を借主に負担させるなど、負担の衡平の観点から適正な運用が望まれるところです。

ⓑ　修繕工事費が、高めになっていないかどうか、見直してみる必要があります。

　　工事費については、予め、各種の修繕工事について「単価」を決めておく方法と、その都度、工事業者から見積りを取り個別に決める方法とがあります。後者の場合は、退去査定の場に工事業者を立会わせ、原状回復の範囲や借主の費用負担で実施する修繕工事内容などが決まった時点で、工事業者が当該工事費用を見積り借主に提示するというやり方と、退去査定日の当日は、工事業者が立会わず、後日、管理業者が、工事業者に見積依頼して、その結果を借主に提示するやり方があります。しかしながら、借主側の退去日程を考慮して、修繕工事費を提示する場合は、退去査定の当日に借主に負担額を提示する方法が望ましい対応といえます。

　　「単価」について、管理業者は、指定工事業者に対して定期的に見直しを求めたり、検証のため他の工事業者から主な修繕項目について「見積書」を取ったりして、当該単価が適正な価格であるかを随時チェックするなどして「単価」の適正化に努めることが必要です。

　　また、後者の場合は、詳細な「見積書」を請求して見積価格が妥当であるかチェックします。

　　ここで大切なことは、借主の立場に立って自分が当該費用を負担する場合を想定して疑問に思う点については最大漏らさず工事業者に質したうえで、管理業者自らが、まず納得できるまで見積価格をチェックすることが大切です。管理業者自らが納得できなければ、借主の疑問に対して十分な対応ができないことになるからです。

　　なお、退去に伴う修繕等工事は、大体同じような工事の繰返しをすることが多いため、毎回、詳細な「見積書」を取寄せる必要はなく、発注量や景気変動等により工事価格が下がっている事情があるときに求めるというやり方もあります。何れにせよ、管理業者としては、貸主、借主を問わず、余分な費用を負担させないように努力することが大切です。

【参 考】

民法第606条（賃貸物の修繕等） 賃貸人は、賃貸物の使用及び収益に必要な修繕をする義務を負う。
2 賃貸人が賃貸物の保存に必要な行為をしようとするときは、賃借人は、これを拒むことができない。

民法第594条（借主による使用及び収益【用方遵守義務】）（第616条準用規定） 賃借人は、契約又はその目的物の性質によって定まった用法に従い、その物の使用及び収益をしなければならない。 （第2項、第3項は省略）

民法第400条（特定物の引渡しの場合の注意義務【善管注意義務】） 債権の目的が特定物の引渡しであるときは、債務者は、その引渡しをするまで、善良な管理者の注意をもって、その物を保存しなければならない。

民法第597条（借用物の返還の時期）（第616条準用規定） 賃借人は、契約に定めた時期に、借用物の返還をしなければならない。 （第2項、第3項は省略）

民法第598条（借主による収去【原状回復義務】）（第616条準用規定） 賃借人は、借用物を原状に復して、これに附属させた物を収去することができる。

民法第615条（賃借人の通知義務） 賃借物が修繕を要し、又は賃借物について権利を主張する者があるときは、賃借人は、遅滞なくその旨を賃貸人に通知しなければならない。ただし、賃貸人が既にこれを知っているときは、この限りでない

民法第617条（期間の定めのない賃貸借の解約の申入れ） 当事者が賃貸借の期間を定めなかったときは、各当事者は、いつでも解約の申入れをすることができる。この場合においては、次の各号に掲げる賃貸借は、解約の申入れの日からそれぞれ当該各号に定める期間を経過することによって終了する。
　二　建物の賃貸借　3箇月　　　（第一号、第三号は省略）

民法第618条（期間の定めのある賃貸借の解約をする権利の留保） 当事者が賃貸借の期間を定めた場合であっても、その一方又は双方がその期間内に解約をする権利を留保したときは、前条の規定を準用する。

民法第608条（賃借人による費用の償還請求） 賃借人は、賃借物について賃貸人の負担に属する必要費を支出したときは、賃貸人に対し、直ちにその償還を請求することができる。
2 賃借人が賃借物について有益費を支出したときは、賃貸人は、賃貸借の終了の時に、第196条第2項の規定に従い、その償還をしなければならない。ただし、裁判所は、賃貸人の請求により、その償還について相当の期限を許与することができる

民法第196条（占有者による費用の償還請求）（第608条準用規定）
2 占有者が占有物の改良のために支出した金額その他の有益費については、その価格の増加が現存する場合に限り、回復者の選択に従い、その支出した金額又は増価額を償還させることができる。ただし、悪意の占有者に対しては、裁判所は、回復者の請求により、その償還について相当の期限を許与することができる。

借地借家法第33条（造作買取請求権） 建物の賃貸人の同意を得て建物に付加した畳、建具その他の造作がある場合には、建物の賃借人は、建物の賃貸借が期間の満了又は解約の申入れによって終了するときに、建物の賃貸人に対し、その造作を時価で買い取るべきことを請求することができる。建物の賃貸人から買い受けた造作についても、同様とする。

民法第316条（不動産賃貸の敷金のある場合） 賃貸人は、敷金を受け取っている場合には、その敷金で弁済を受けない債権の部分についてのみ先取特権を有する。

民法第619条（賃貸借の更新の推定等）
2 従前の賃貸借について当事者が担保を供していたときは、その担保は、期間の満了によって消滅する。ただし、敷金については、この限りでない。

破産法第103条（借賃、地代、小作料と相殺できる範囲） 破産債権者カ賃借人ナルトキハ破産宣告ノ時ニ於ケル当期及次期ノ借賃ニ付相殺ヲ為スコトヲ得敷金アルトキハ其ノ後ノ借賃ニ亦同シ【H7.1.1廃止】

会社更生法第106条（賃貸借契約等） 賃貸人たる会社につき更生手続が開始された場合においては、借賃の前払又は借賃の債権の処分は、更生手続開始の時における当期及び次期に関するものを除く外、更生手続の関係においては、その効力を主張することができない。
2 前項の規定により更生手続の関係においてその効力を主張することができないために損害を受けた者は、その損害の賠償につき更生債権者としてその権利を行うことができる。
3 前二項の規定は、地上権及び永小作権について準用する。

第3章　退去業務処理

事務処理手順とそのフロー

【退去時の精算・原状回復処理　フロー図１】

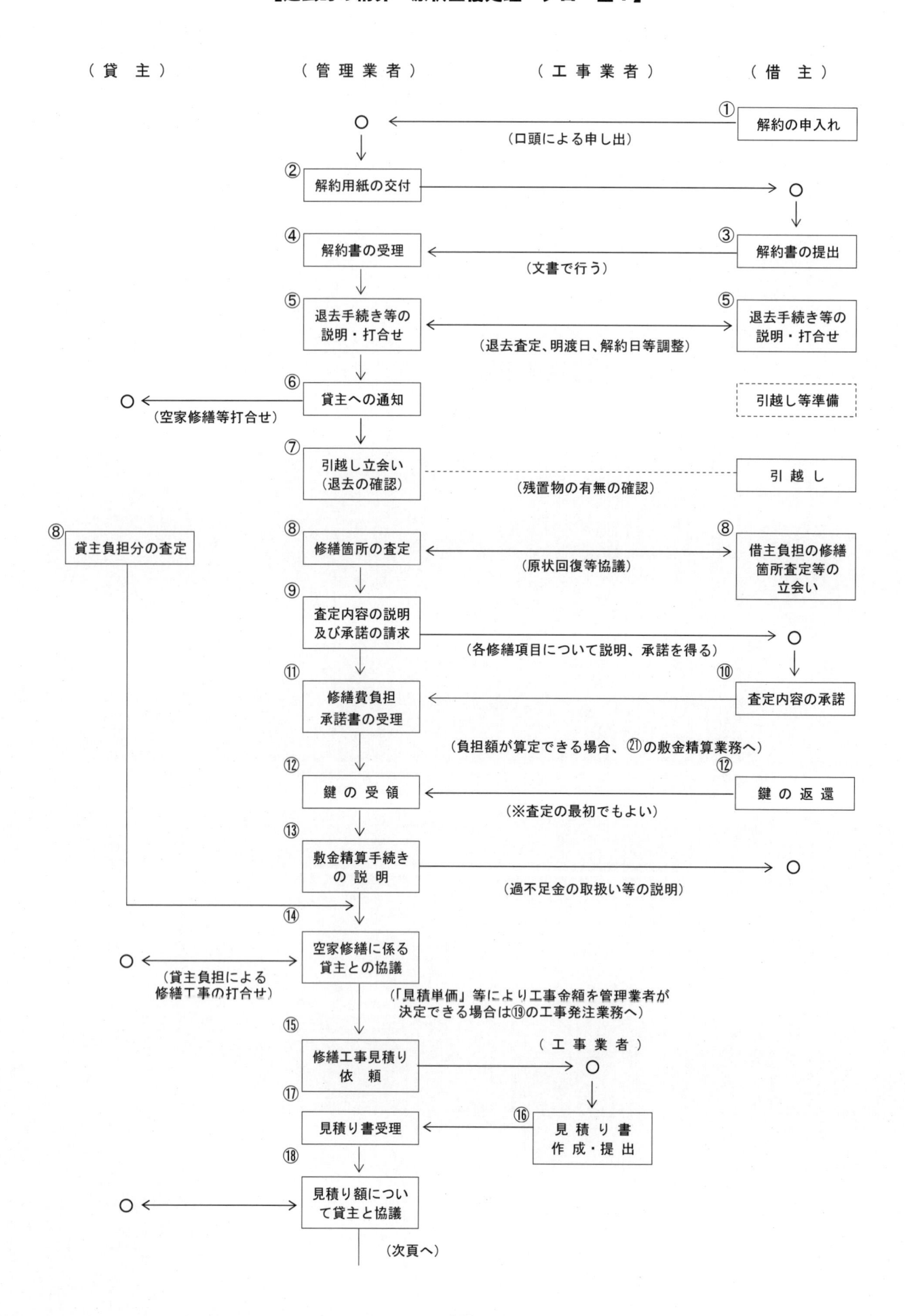

（貸　主）	（管理業者）	（工事業者）	（借　主）
	① ○ ←（口頭による申し出）―		① 解約の申入れ
	② 解約用紙の交付 ――――――――――――――→		○
	④ 解約書の受理 ←（文書で行う）―――――――		③ 解約書の提出
	⑤ 退去手続き等の説明・打合せ ←（退去査定、明渡日、解約日等調整）→		⑤ 退去手続き等の説明・打合せ
○ ←（空家修繕等打合せ）―	⑥ 貸主への通知		［引越し等準備］
	⑦ 引越し立会い（退去の確認） ‐‐‐（残置物の有無の確認）‐‐‐		引越し
⑧ 貸主負担分の査定	⑧ 修繕箇所の査定 ←（原状回復等協議）→		⑧ 借主負担の修繕箇所査定等の立会い
	⑨ 査定内容の説明及び承諾の請求 ―（各修繕項目について説明、承諾を得る）→		⑩ ○ 査定内容の承諾
	⑪ 修繕費負担承諾書の受理 ←―――――――		
	（負担額が算定できる場合、㉑の敷金精算業務へ）		
	⑫ 鍵の受領 ←（※査定の最初でもよい）―――		⑫ 鍵の返還
	⑬ 敷金精算手続きの説明 ―（過不足金の取扱い等の説明）→		○
└―――――――→ ⑭ 空家修繕に係る貸主との協議			
○ ←（貸主負担による修繕工事の打合せ）―	（「見積単価」等により工事金額を管理業者が決定できる場合は⑲の工事発注業務へ）		
	⑮ 修繕工事見積り依頼 ――――――――――→	（工事業者）	
	⑰ 見積り書受理 ←―――――――――――――	⑯ 見積り書作成・提出	
○ ←――――――→	⑱ 見積り額について貸主と協議		
	（次頁へ）		

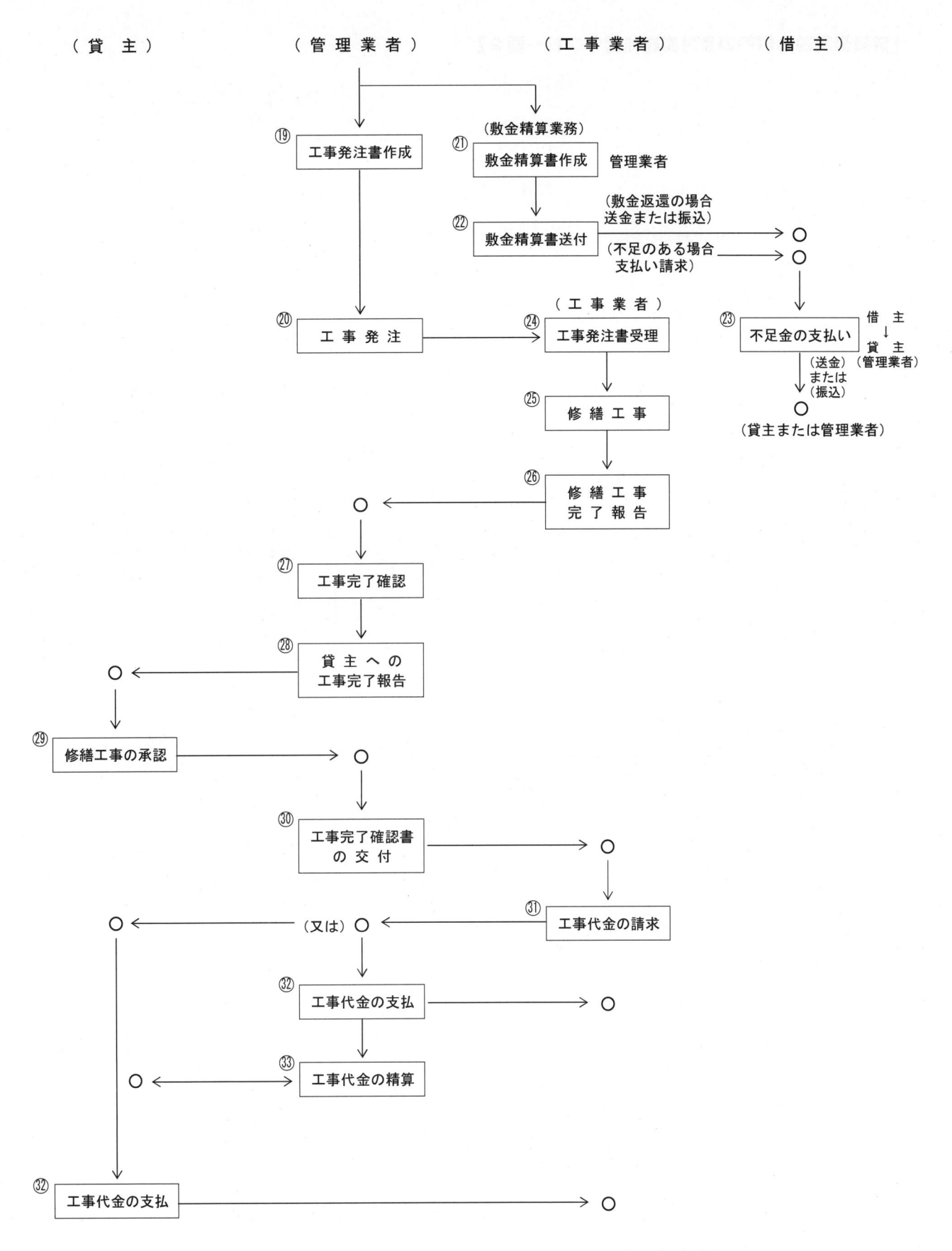

```
（貸 主）         （管理業者）          （工事業者）          （借 主）

                      │
                 ┌────┴────┐
                 ↓         ↓
              ⑲ 工事発注書作成   ㉑（敷金精算業務）
                          敷金精算書作成  管理業者
                               ↓
                               ㉒              （敷金返還の場合
                          敷金精算書送付 ──── 送金または振込）── ○
                                         （不足のある場合
                                          支払い請求）────── ○
                                                              │
                 ↓                                            ↓
              ⑳ 工事発注 ────→ （工事業者）          ㉓ 不足金の支払い   借主
                              ㉔ 工事発注書受理                     ↓
                                   ↓                              貸主
                                   ㉕ 修繕工事                  （管理業者）
                                   ↓                          （送金）
                                                              または
                                                              （振込）
                                   ㉖ 修繕工事                    ↓
                ○ ←────────────── 完了報告                   ○
                │                                         （貸主または管理業者）
                ↓
              ㉗ 工事完了確認
                ↓
        ○ ←── ㉘ 貸主への
                 工事完了報告
        ↓
  ㉙ 修繕工事の承認 ─────────→ ○
                                ↓
                              ㉚ 工事完了確認書
                                 の 交 付 ──────→ ○
                                                  ↓
      ○ ←──（又は）○ ←──────────────── ㉛ 工事代金の請求
      ↓            ↓
                 ㉜ 工事代金の支払 ──────→ ○
                   ↓
      ○ ←──── ㉝ 工事代金の精算
      ↓
  ㉜ 工事代金の支払 ──────────────────────→ ○
```

（退去時の借主負担の修繕について、借主は費用負担のみをし、修繕工事は貸主が行う場合のフロー）

【賃貸借契約の解約の受付業務処理　フロー図２】

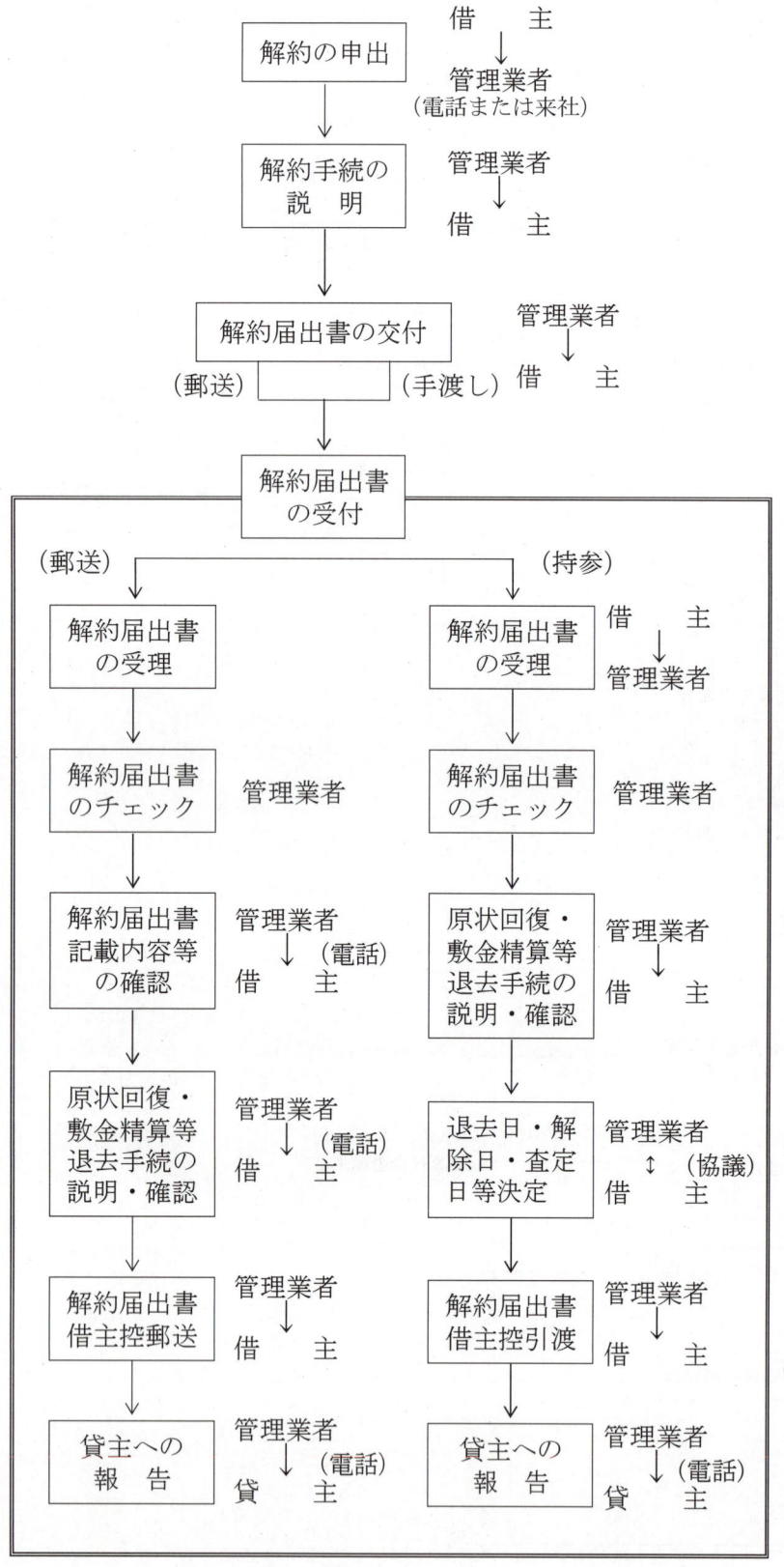

```
                借　主
   ┌─────────┐    ↓
   │ 解約の申出 │  管理業者
   └─────────┘ （電話または来社）
        ↓
   ┌─────────┐  管理業者
   │ 解約手続の │    ↓
   │   説　明  │   借　主
   └─────────┘
        ↓
   ┌─────────┐  管理業者
   │解約届出書の│    ↓
   │   交付    │   借　主
   └─────────┘
   （郵送）　（手渡し）
        ↓
   ┌─────────┐
   │ 解約届出書 │
   │   の受付   │
   └─────────┘
   （郵送）      （持参）
      ↓              ↓
 ┌────────┐   ┌────────┐   借　主
 │解約届出書│   │解約届出書│    ↓
 │ の受理  │   │ の受理  │  管理業者
 └────────┘   └────────┘
      ↓              ↓
 ┌────────┐   ┌────────┐
 │解約届出書│   │解約届出書│ 管理業者
 │のチェック│   │のチェック│
 └────────┘   └────────┘
      ↓              ↓
 ┌────────┐管理業者 ┌────────┐管理業者
 │解約届出書│ ↓(電話)│原状回復・│ ↓
 │記載内容等│ 借　主 │敷金精算等│ 借　主
 │ の確認  │        │退去手続の│
 └────────┘        │説明・確認│
                   └────────┘
      ↓              ↓
 ┌────────┐管理業者 ┌────────┐管理業者
 │原状回復・│ ↓(電話)│退去日・解│ ↕(協議)
 │敷金精算等│ 借　主 │除日・査定│ 借　主
 │退去手続の│        │日等決定 │
 │説明・確認│        └────────┘
 └────────┘
      ↓              ↓
 ┌────────┐管理業者 ┌────────┐管理業者
 │解約届出書│ ↓     │解約届出書│ ↓
 │借主控郵送│ 借　主 │借主控引渡│ 借　主
 └────────┘        └────────┘
      ↓              ↓
 ┌────────┐管理業者 ┌────────┐管理業者
 │ 貸主への │ ↓(電話)│ 貸主への │ ↓(電話)
 │  報　告  │ 貸　主 │  報　告  │ 貸　主
 └────────┘        └────────┘
```

(1) 解約の問合せ
　　①電話または②来社による申し出・問合せ
○説明内容等
　・予告期間とその期間の賃料等の支払
　・原状回復の履行と履行方法
　・特約等に基づく借主の退去時の修繕
　・敷金の取扱いと敷金精算
　・電気・ガス・水道料金等の精算
　・転居理由・引越日・転居先等退去準備状況の聴取
　・解約届出書の記入方法
　・解約届出書提出時の注意事項

(2) 「解約届出書」の受付と受理
　　解約届出書は管理業者のところまで持参させるのが望ましい

※解約届出書の記載事項のうち届出日・契約解除日・査定日については、空欄のまま提出させ、提出時に借主の事情を聴取し、確定したうえで、記入すること。

①解約届出書記入内容のチェック
　・記入内容
　・記入漏れの有無
　・その他

②契約終了日等の調整
　・記載事項の確認
　　転居先、退去後の昼間連絡先、退去日（引越日）など
　・敷金の額
　・原状回復等の履行方法
　・契約解除日・査定日の確定

③その他退去手続きの説明
　・引越しにかかる注意事項
　・電気・ガス・水道料金等各種料金の精算
　・原状回復実施基準等
　・敷金精算処理
　・その他

④解約届出書の受理等
　（変更ができない旨借主に通知―届出書に予め印刷しておく方法もある）

(3) 貸主への報告等

賃貸借契約の解約のほとんどが借主の都合によるものですので、ここでは借主からの解約を例に退去業務に関する事務処理の手順を記述することとします。

1．賃貸借契約の解約の受付処理業務

借主からの解約の申入れについては必ず文書で申入れていただき、退去に伴う借主の債務履行内容等について、文書で確認することが大切です。解約届出書については、「賃貸借契約解除届」【様式41】（以下、「解約届出書」といいます。）を参考に、各自所定の様式を定めて下さい。

なお、解約の手続きに関する問合せなどは電話で応対し、「解約届出書」の用紙を郵送で借主に交付することは構いませんが、「解約届出書」の受付（受理）は、管理業者の指定する窓口（事務所）まで借主に持参させて、行うのが望ましい処理方法です。

（1）解約の問合せ

① 電話での問合せの場合

　ⓐ　解約の申入れは文書（所定の用紙）で行う旨通知します。
　ⓑ　解約（途中解約）の条件を説明します。
　　予告期間（※）と解約に伴う賃料債務
　　（※「予告期間」：賃貸借契約期間中の借主の解約権については、多くの契約書が一定の「予告期間」を設けたうえ、その取扱いについて定めています。この「予告期間」については、「標準契約書」では「30日」としており、契約終了日が予告期間内であっても予告期間に相当する賃料を支払うことを条件に借主は解約を申入れることができます。なお、契約終了日が予告期間を超える場合は、借主は当該契約終了日までの賃料を支払うことになります。）【下記（注1）】
　ⓒ　「解約届出書」に借主が記入することとなる事項を説明し、「引越日」が確定したら来所のうえ、解約の申し出を行うよう説明します。なお、契約終了日は変更できない旨説明します。
　ⓓ　「解約届出書」用紙の引渡方法について確認します（郵送か借主が受取りに来所するか確認します。）。
　ⓔ　退去に伴い借主が履行しなければならない債務内容について、その概略を説明します。
　　原状回復、特約に基づく修繕義務、貸主に対する金銭債務、住宅の期日までの明渡し、電気・ガス・水道・電話料金などの精算等

② 来所による問合せの場合

　ⓐ　「解約届出書」を交付し、記入事項と解約（途中解約）の条件を説明します。
　ⓑ　「解約届出書」の提出は、「引越日」が確定後持参のうえ、行うよう説明します。
　ⓒ　退去に伴い借主が履行しなければならない債務内容について、その概略を説明します。原状回復、特約に基づく修繕義務、貸主に対する金銭債務、住宅の期日までの明渡し、電気・ガス・水道・電話料金などの精算等

【解約予告期間と賃料等の負担について】（注1）

① **明渡日が約定の予告期間内となる場合**［前述（1）②ⓐの場合］

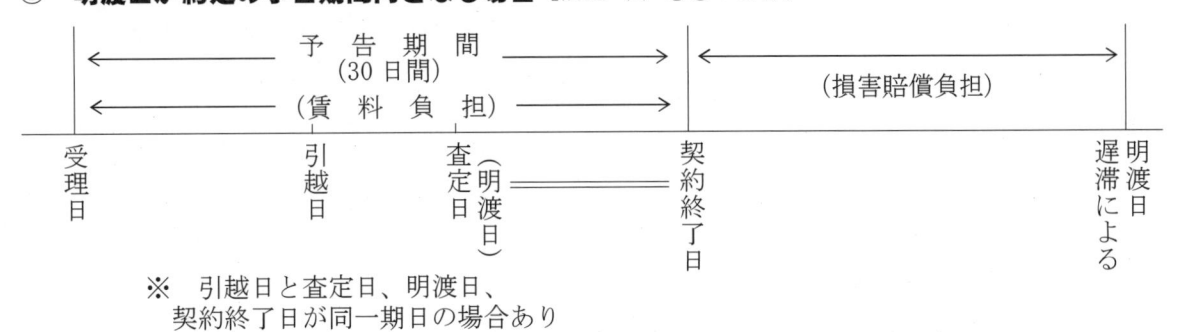

```
←――――― 予 告 期 間 ―――――→
          （30日間）
←―――――（賃 料 負 担）―――――→ ←―――（損害賠償負担）―――→

受       引       査(明       契                   明遅
理       越       定 渡       約                   渡滞
日       日       日 日       終                   日に
              )        了                   よ
                          日                   る
```
　　※　引越日と査定日、明渡日、
　　　契約終了日が同一期日の場合あり

② 約定で定められている予告期間に余裕を持たせて明渡日を設定した場合 ［前述 (1) ②ⓑの場合］
（早めに解約届を提出した場合）

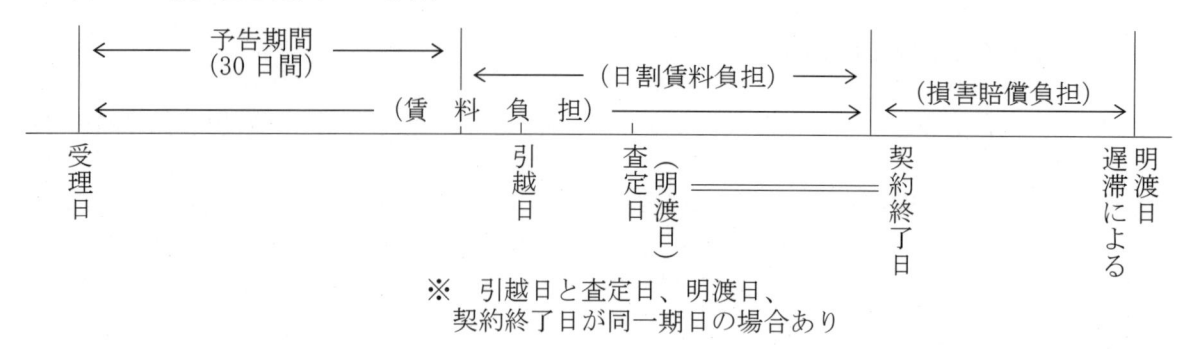

```
|←―― 予告期間 ――→|
|    (30日間)     |←―――(日割賃料負担)―――→|   (損害賠償負担)
|←―――――――(賃 料 負 担)―――――――→|←――――――→|
受              引    査       契          明
理              越    定       約          渡
日              日   (日明      終          日
                     )渡       了
                              日
```

※ 引越日と査定日、明渡日、
   契約終了日が同一期日の場合あり

(2) 「解約届出書」の受付と受理

　「解約届出書」は、原則として契約者本人（またはその配偶者）に持参させるものとします。
　なお、契約者本人またはその配偶者以外の者（同居人または同僚）が本人の委任を受けて持参する場合は、事前にその旨本人から通知を受けるようにして下さい。

☐ ① 解約届出書記入内容のチェック

ⓐ 「届出日」は、当届出書を正式に受理した日を記載することになりますので、チェック後、記入していただきます。
ⓑ 「移転先」については郵便物が配達可能な住所を記入していただきます。なお、引越等の都合で電話が移設されていない場合は、移設後速やかに当該電話番号を知らせる旨を依頼します。
ⓒ 「昼間連絡先等」については移転先の電話番号が不明の場合等を考慮し、できるだけ本人の勤務先を記入していただきます。
ⓓ 「敷金返還先」は、賃料等借主の債務との精算後に残金がある、なしに拘らず、記入していただきます。
ⓔ 「退去日（引越日）」は、確定したものかどうか必ず確認をします。取りあえずの予定であれば、確定した場合必ず（管理業者宛）通知するよう依頼します。
ⓕ 「氏名」が契約者本人となっているか、押印があるか確認します。

☐ ②契約終了日等の調整

　「契約終了日」（契約解除日）は、引越日に余裕をもたせて決めることが大切です。
ⓐ 　明渡日が約定の予告期間内となる場合で、借主の原状回復義務の履行について、その回復工事を管理業者等に依頼し、借主は費用負担のみとする場合、その協議を借主の引越後行うのであれば、当該協議日（査定日）を住宅の明渡日とするとともに「契約終了日」とすることができます。
ⓑ 　また、ⓐと同様の修繕方法を取る場合で、約定で定められている予告期間に余裕を持たせて引越日や明渡日を設定した場合は、「契約終了日」は明渡日となります。
ⓒ 　「契約終了日」や「明渡日」は、変更できない旨を説明し、予め借主に了知しておきます。なお、人道的な理由等やむを得ない事情で住宅の明渡しが遅延し契約終了日以降となったときは、所定の損害賠償金を徴収する旨をきちんと説明しておくことが大切です。

☐ ③その他退去手続きの説明

ⓐ 　引越しに関する注意事項：　入居中に借主が住宅内に搬入したもの及び住宅内に設置した造

　　　　　　　　　　　　　　作物等の取外しと住宅外への搬出、引越しのとき発生するゴミの
　　　　　　　　　　　　　　処理方法、引越し後の住宅の戸締まりなどについて説明します。
　　　　　　　　　　　　　　なお、引越作業に際し、他の居住者の日常生活に対し十分な配慮
　　　　　　　　　　　　　　をするよう理解を求めます。
　　ⓑ　電気・水道・ガス・電話　：　引越日までに各種公共料金等の精算を申入れ、引越日までに必
　　　　　料金等の精算について　　　ず精算する旨説明します。なお、各所轄事務所名と電話番号を記
　　　　　　　　　　　　　　載した「メモ」などを念のため渡します。
　　ⓒ　退去査定について　　：　約定に明記している内容について説明するとともに事例を挙げ
　　　　（原状回復・小修繕等の　　　て、どのような場合借主が修繕等費用を負担しなければならない
　　　　　実施基準等の説明）　　　　か、また、その時の費用がいくらになるかなどを説明し原状回復
　　　　　　　　　　　　　　等の協議（退去査定）がどういうものか予め理解を得ておきます。
　　　　　　　　　　　　　　　なお、この説明の時、入居時に双方で確認した「入居時住宅内
　　　　　　　　　　　　　　造作物点検確認書（仮称）」【様式21－1～2参照】を提示して説明しま
　　　　　　　　　　　　　　す。
　　　　　　　　　　　　　　　また、住宅内の造作物等状況（損耗・損傷程度）をそれとなく聞
　　　　　　　　　　　　　　き、それらの修繕等費用の概算額を算定するとともに借主からの
　　　　　　　　　　　　　　費用負担の照会に対し、およその負担額を示唆し、費用負担につ
　　　　　　　　　　　　　　いて心の準備をさせるよう心がけて下さい。
　　ⓓ　敷金精算について　　：　預かっている敷金の額を確認し、当該敷金から未払賃料等を控
　　　　　　　　　　　　　　除することを通知します。また、原状回復等費用について敷金と
　　　　　　　　　　　　　　相殺するかどうか確認します。
　　　　　　　　　　　　　　　なお、諸控除後、返還する敷金の残額がある場合の返還期日や
　　　　　　　　　　　　　　返還方法についても合意しておきます。
　　ⓔ　その他　　　　　　：　その他必要な事項を説明し、退去手続きについて詳細にわたっ
　　　　　　　　　　　　　　て確認しておきます。なお、引越日や契約終了日、「査定日」など
　　　　　　　　　　　　　　解約に伴う合意事項を変更したい場合の取決めについて期限を付
　　　　　　　　　　　　　　して決めておくことが必要な場合もあります。

　　④解約届出書の受理等

　　ⓐ　解約届出書への　　　：　届出事項の記載について借主と確認し、契約終了日、査定日な
　　　　　　借主の確認印　　　　どについて合意した後、借主の押印を求めます。
　　ⓑ　受付者の記名押印　　：　該当欄に管理業者名等を記名し、受付印（受理印）を押印します。
　　ⓒ　解約届出書（借主控え）：　解約の合意及び退去手続きについての合意内容の確認のため借
　　　　　の交付　　　　　　　　主に交付します。
　　ⓓ　解約届出書の整理等　：　解約届出書を再確認し、退去スケジュール表を作成し、関係部
　　　　　　　　　　　　　　署（指定工事店等）と業務打合せなどを行います。

(3) **貸主への報告等**

　　ⓐ　解約の通知　　　　　：　借主から解約の申入れがあった旨報告します。なお、返還残額
　　　　　　　　　　　　　　がある場合の返還期日を通知し、当該日までに返還できるよう貸
　　　　　　　　　　　　　　主に依頼します（別途貸主から「前渡金」を預っている場合は不要です。）。

　　ⓑ　住宅の募集条件等　　：　賃料等募集条件について、貸主の希望を整理する旨通知します。
　　　　　についての打診　　　　また、空家修繕についての貸主の考えをまとめておくよう依頼しま
　　　　　　　　　　　　　　す。

【参考】
借主からの解約にかかる「**予告期間**」について、「標準契約書」は、次のように定めています。

> （乙からの解約）
> 第10条　乙は、甲に対して少なくとも30日前に解約の申入れを行うことにより、本契約を解約することができる。
> 2　前項の規定にかかわらず、乙は、解約申入れの日から30日分の賃料（本契約の解約後の賃料相当額を含む。）を甲に支払うことにより、解約申入れの日から起算して30日を経過するまでの間、随時に本契約を解約することができる。

　そして、この解約申入れ期間について、前出の「解説書」では「借主が契約を終了させるときは、契約を終了したいと考える日（その日までに物件を明け渡すとともに、その日以降は賃料支払い義務を負わない。）の30日前までに解約を申入れる必要がある」とし、「30日よりも短い期間で契約を解約したい場合について規定したのが第2項である。第2項では、30日分の賃料及び賃料相当額を支払えば、随時に解約できるということを定めている。<u>第1項で解約期間を最低でも30日を必要とした趣旨は、貸主にとっては、入居者募集のための期間として30日程度は必要ということと、30日分の賃料は確保したいということにある</u>。したがって、貸主にとっても、第1項とのバランスも考慮し、30日分の賃料及び賃料相当額が得られれば、解約を認めても差し支えないとも考えられる。」とこの規定の趣旨を説明しています。

　また、この借主からの解約について、「（民法では）特にその方法について定めていないので口頭によることも可能であるが、後で（この）申入れをしたか否かの争いを避ける意味では、書面によることも考えられる。」としています。

「解説書」（141～143頁）

2．退去査定業務

【退去査定業務　フロー図３】

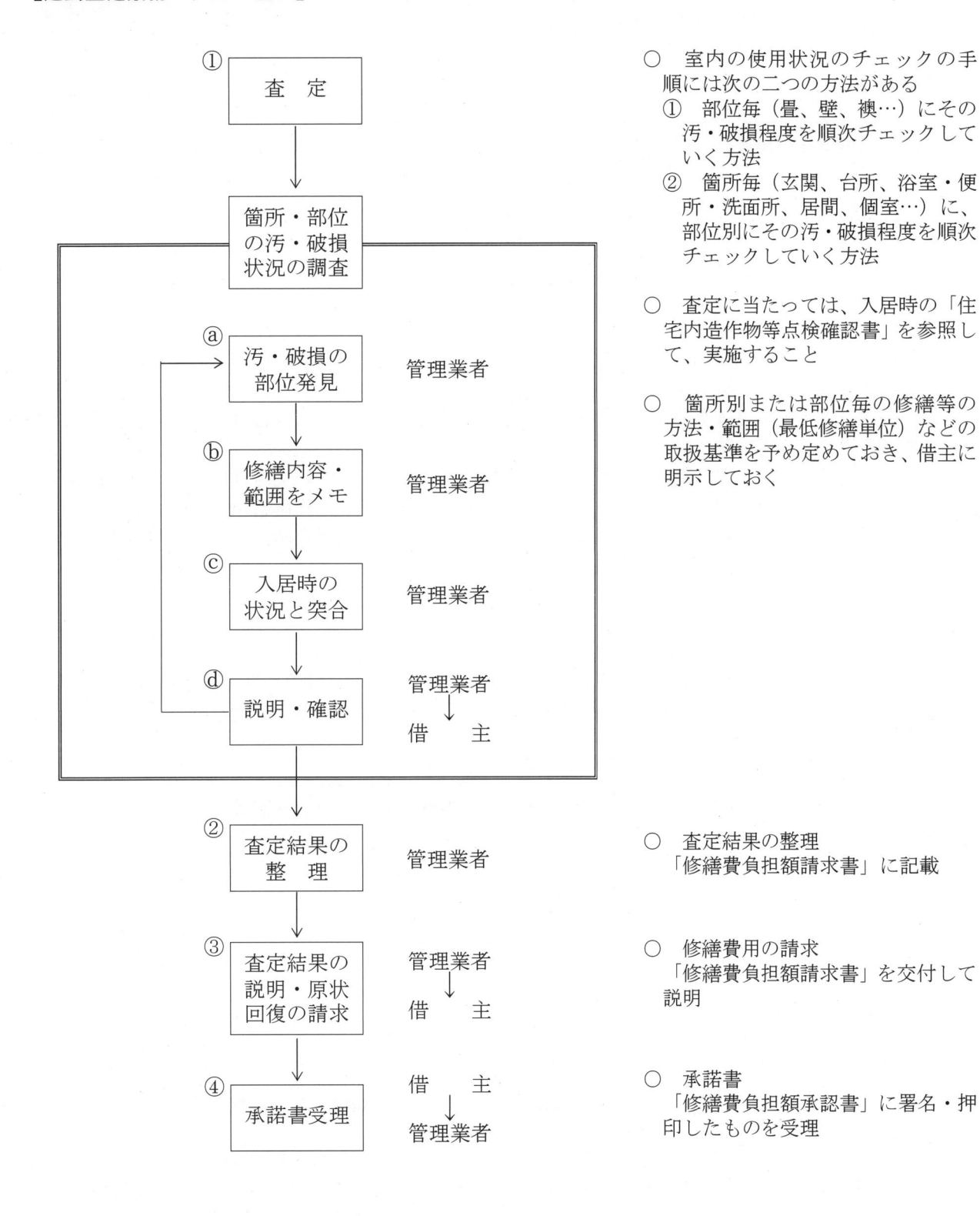

```
① 査定
    ↓
  箇所・部位の汚・破損状況の調査
    ┌──────────────────────┐
    │ ⓐ 汚・破損の部位発見      管理業者
    │     ↓
    │ ⓑ 修繕内容・範囲をメモ    管理業者
    │     ↓
    │ ⓒ 入居時の状況と突合      管理業者
    │     ↓
    │ ⓓ 説明・確認              管理業者
    │                           借　主
    └──────────────────────┘
    ↓
② 査定結果の整理              管理業者
    ↓
③ 査定結果の説明・原状回復の請求   管理業者
                                  借　主
    ↓
④ 承諾書受理                  借　主
                              管理業者
```

- 室内の使用状況のチェックの手順には次の二つの方法がある
  ① 部位毎（畳、壁、襖…）にその汚・破損程度を順次チェックしていく方法
  ② 箇所毎（玄関、台所、浴室・便所・洗面所、居間、個室…）に、部位別にその汚・破損程度を順次チェックしていく方法

- 査定に当たっては、入居時の「住宅内造作物等点検確認書」を参照して、実施すること

- 箇所別または部位毎の修繕等の方法・範囲（最低修繕単位）などの取扱基準を予め定めておき、借主に明示しておく

- 査定結果の整理
  「修繕費負担額請求書」に記載

- 修繕費用の請求
  「修繕費負担額請求書」を交付して説明

- 承諾書
  「修繕費負担額承認書」に署名・押印したものを受理

（1）事前準備

ⓐ 当該借主の入居直前の「空家修繕」の内容をチェックし、どのような状態で当住宅を引渡したか査定に先立ち確認しておきます。特に、これまで多くの借主にとって退去時の修繕等の対象となってきた箇所（部位）の修繕状況（全面修繕か部分修繕か、さらに新規に取替えたか中古のまま賃借したかなど）を詳細にチェックしておくことが必要です。

ⓑ 借主のチェックした「入居時住宅内造作物等点検確認書」を点検し、借主から不具合の指摘のあった箇所の当時の処理状況を確認します。
ⓒ 貸主の「空家修繕」に対する意向を打診し、「査定時」にその内容をチェックし、貸主の負担部分を算定できるよう、チェックポイントを確認しておきます。

(2) **退去査定**

修繕等工事は貸主が行い、借主は費用負担のみとする場合

ⓐ 「入居時住宅内造作物等点検確認書」を参照しながら、住宅内を点検し、損傷等箇所について借主の故意又は過失と推定されるもの及び借主の修繕義務にかかる箇所について、借主に指摘（説明）しながら損傷内容等をメモします。なお、室内使用状況チェックの手順については、次の二つの方法があります。
　イ) 部位（畳、壁、襖、・・・）毎に汚破損程度を順次チェックしていく方法
　ロ) 箇所（玄関、台所、浴室、便所、洗面所、居間、個室、・・・）毎に、部位別に汚破損程度を順次チェックしていく方法
ⓑ 室内に借主の家財道具や借主が設置した造作物が残置されている場合は、それらの残置物の撤去費用等を借主に請求します。
ⓒ 室内のチェックが終わった後、借主から異議のあったものについて再度説明し、費用負担等を調整したうえで、借主の理解や了承を得ます。なお、それらの残置物が持ち帰れる程度のものであれば、撤去する旨の指示をすれば足りますので、撤去費用を請求する必要ないと考えられます。
ⓓ 査定内容を「修繕費負担額請求書」【様式42参照】に整理記入し、借主に対し改めて負担の内容・範囲等について説明し、了承等を求めます（なお、指定工事業者を立会わせている場合は、当業者に査定内容を説明させても構いません）。
ⓔ 鍵の返還を求めます。貸与した鍵を一本でも紛失していれば、鍵の取替え費用を請求し、「請求書」に追加します。また、複製した鍵がある場合は、その複製鍵の返還も請求します。

借主の費用負担額が査定時に算定できる場合　【退去査定業務　フロー図4】
【**借主が費用のみを負担**（修繕等工事を貸主または管理業者に依頼）**する場合**】

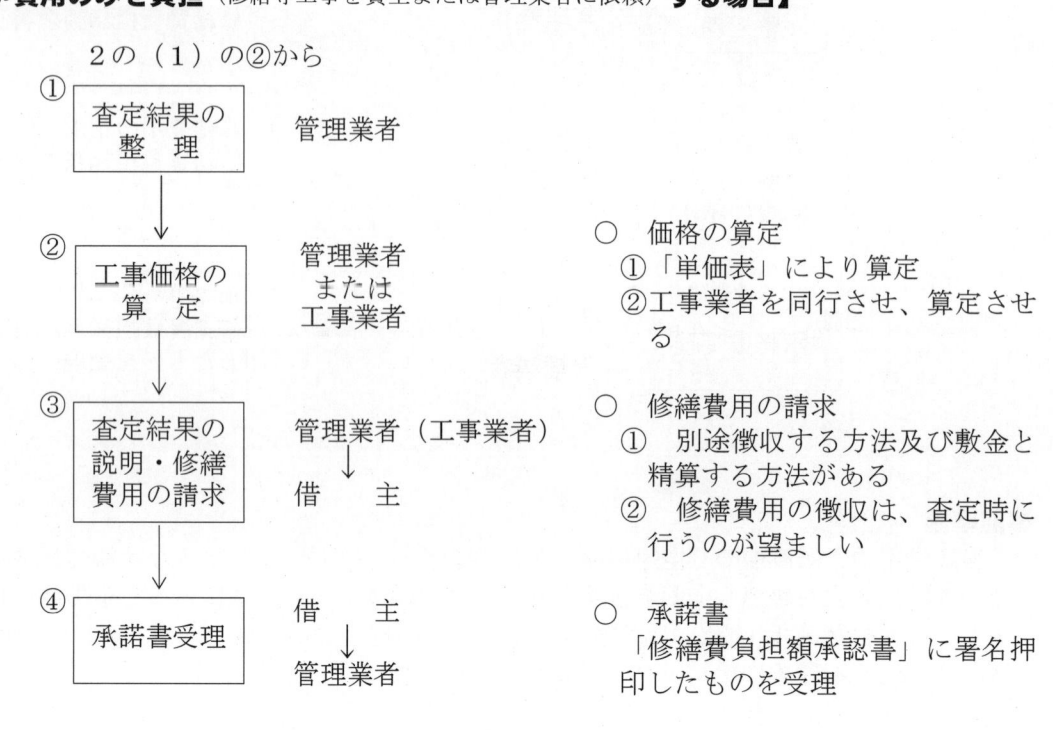

2の(1)の②から

① 査定結果の整理　　　管理業者

② 工事価格の算定　　　管理業者または工事業者
　○ 価格の算定
　　① 「単価表」により算定
　　② 工事業者を同行させ、算定させる

③ 査定結果の説明・修繕費用の請求　　管理業者（工事業者）
　　　　　　　　　　　　↓
　　　　　　　　　　　借　主
　○ 修繕費用の請求
　　① 別途徴収する方法及び敷金と精算する方法がある
　　② 修繕費用の徴収は、査定時に行うのが望ましい

④ 承諾書受理　　借　主
　　　　　　　　　↓
　　　　　　　管理業者
　○ 承諾書
　　「修繕費負担額承認書」に署名押印したものを受理

ⓐ 箇所別部位・部材別に単価を示して当該工事費を記入し、借主の負担額を計算、その総額を算出し、「修繕費負担額請求書」を借主に交付し、明細を説明します。
ⓑ 借主が修繕等に要する費用負担について了承した後、「修繕費負担額承認書（仮称）」【様式43参照】に署名押印を求めたうえ、同「承認書」を借主から受理します。
ⓒ 当該借主負担額について敷金との精算を行い、不足額がある場合その額及び支払時期、支払方法を、また、残額がある場合は、その額及び返還時期、返還方法を明示し、借主の債務の履行方法等について念のため合意しておきます。

借主の費用負担額が査定時に算定できない場合　【退去査定業務　フロー図5】

【借主が費用のみを負担（修繕等工事を貸主または管理業者に依頼）**する場合】**

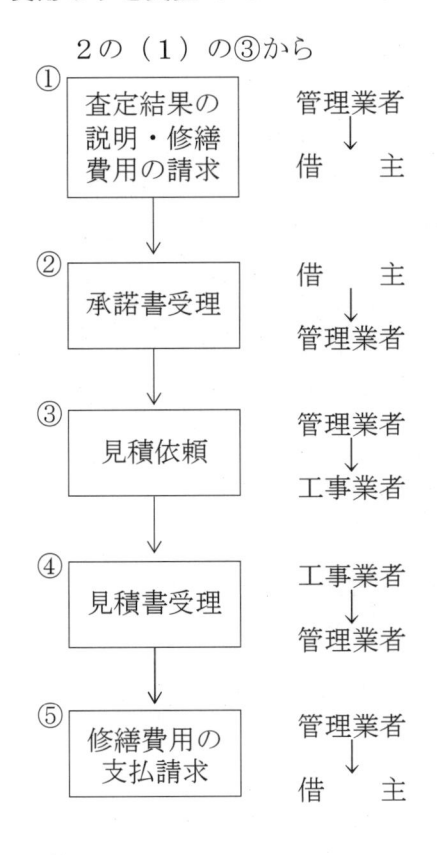

2の（1）の③から

① 査定結果の説明・修繕費用の請求　　管理業者 → 借主
　　○ 修繕費用負担の承諾
　　　指定の工事業者が見積もる「費用」を負担する旨承諾を得る

② 承諾書受理　　借主 → 管理業者
　　○ 承諾書
　　　「修繕費負担額承認書」に署名押印したものを受理
　　　（できれば、見積価格に対する事前了解の文書を受領すること）

③ 見積依頼　　管理業者 → 工事業者

④ 見積書受理　　工事業者 → 管理業者

⑤ 修繕費用の支払請求　　管理業者 → 借主
　　○ 修繕費用の支払請求
　　　① 敷金と精算
　　　② 別途請求
　　　　（査定時に借主に確認しておく）
　　　電話で説明のうえ、修繕明細を文書で郵送（支払請求書同封）

ⓐ 「修繕費負担額請求書」を借主に交付して、明細を説明し、借主の負担する原状回復の内容等について了承を得るとともに、指定工事業者が見積もる当該工事費用について負担する旨借主の了承を得ます。
ⓑ 「修繕費負担額承認書」に借主の署名押印を求めたうえ、同「承認書」を借主から受理します。
ⓒ 借主の修繕等にかかる負担額が決定後、当該負担額と敷金とを相殺し、不足の場合の借主の支払方法等について通知します。なお、借主の各種債務との精算後、敷金の残金がある場合の返還時期・方法等について通知し、または借主と合意します。

借主負担の修繕等工事費の見積依頼

　指定工事業者に、借主の負担分について費用の見積りを依頼します（できれば、部位・部材毎に単価を明示してもらい、検証しやすいよう、見積書を作成してもらいます）。

> 見積額のチェック

　指定工事業者の見積額をチェックし、金額が妥当か検証します。金額チェックに当たっては、直近の見積書などを参考に行うという方法もあります。

> 修繕等工事費用の借主への通知

　借主負担の修繕等工事費用及び当該費用と敷金との精算について通知します。なお、敷金との精算後、返還する残額がある場合は、返還額及び返還時期、返還方法を、不足が出る場合は、不足額及び支払時期、支払方法を、また、工事明細書（金額明示のもの）及び敷金精算書を送付する旨、取りあえず電話で通知します。

（3）借主が自ら修繕工事を行う場合

【借主が自ら修繕等工事（原状回復）を行う場合の退去査定業務　フロー図6】

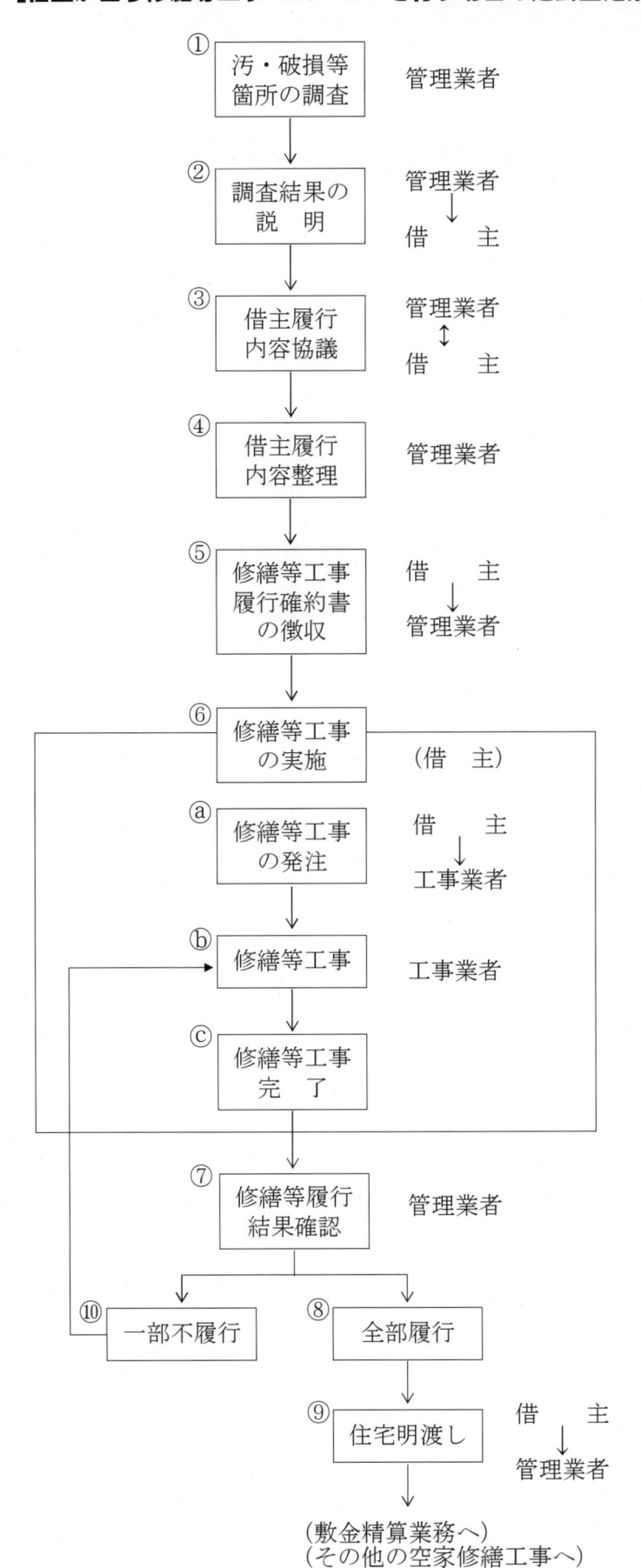

フロー	担当	説明
① 汚・破損等箇所の調査	管理業者	○ 汚・破損等箇所の調査 入居時の「住宅内造作物等点検確認書」を参照し、要修繕等箇所の汚破損程度と修繕内容・方法をメモする
② 調査結果の説明	管理業者 → 借主	○ 調査結果の説明、借主履行内容についての協議 ① メモに基づき、要修繕等箇所について逐一説明し、了承を得る ② 借主の原状回復の取扱基準等（賃貸借契約書約定等）及び「住宅内造作物等点検確認書」を提示し、理解を得る ③ 当該費用についての概算額が提示できるのが望ましい
③ 借主履行内容協議	管理業者 ↔ 借主	
④ 借主履行内容整理	管理業者	○ 借主履行内容整理 借主が指定工事業者に提示すれば工事内容が理解でき、また、金額・工期が算定できるように整理して、借主に引渡す
⑤ 修繕等工事履行確約書の徴収	借主 → 管理業者	○ 修繕工事履行の確約 ① 履行の確約 ② 回復工事内容 ③ 工事発注業者 ④ 工期 ⑤ 完了確認予定日 ⑥ 住宅の明渡（予定）期日 ⑦ 明渡しの履行遅延による賃料等の負担の取決め （※工事業者立会いが望ましい）
⑥ 修繕等工事の実施	（借主）	
ⓐ 修繕等工事の発注	借主 → 工事業者	
ⓑ 修繕等工事	工事業者	
ⓒ 修繕等工事完了		
⑦ 修繕等履行結果確認	管理業者	○ 修繕等履行結果確認 借主に交付したのと同じ「修繕等工事内容」に基づいて逐一確認する
⑩ 一部不履行　⑧ 全部履行		○ 一部不履行 指定工事業者に実施させた場合、一部不履行は考えにくい
⑨ 住宅明渡し	借主 → 管理業者	○ 住宅明渡し ①鍵の返還（受領） ②敷金の精算

（敷金精算業務へ）
（その他の空家修繕工事へ）

（借主の費用負担により修繕工事を貸主等が行う場合と同様、借主の負担額に変わりがないので、このようなケースは殆どないものと考えられます。）

ⓐ　工事の仕様等が異ならないよう、貸主は、自らが指定する工事業者に修繕等工事を行わせることを条件に、借主自らが修繕等工事を行うことを承諾します。

ⓑ　借主の故意または過失による使用期間中の損傷等について借主立会いのうえ確認し、借主が修繕等する範囲、内容等について協議します。

ⓒ　借主の修繕する範囲、修繕内容等について協議が整ったら、その内容等を「退去時修繕等工事明細表（仮称）」【様式49－1を参照】に記入し、協議内容を確認します。工事明細は工事完了後のため、箇所別、部位部材毎に記入するのがベターです。なお、借主が貸与した鍵を紛失し、鍵の取替え工事が必要な場合、当該工事は借主の費用負担において、後日貸主が実施して下さい。

　　また、「査定日」に工事金額が算定できなくて、後日指定工事業者が当該工事金額について見積りを行い、指定工事業者と借主が協議して工事金額を決定する場合、当該工事金額が妥当なものであるかどうか、管理業者はチェックして下さい（ただし、借主が希望しない場合は必要ありません。）。

ⓓ　借主の修繕等工事が終了したら、協議の通り修繕等が完了しているかどうか点検確認します。なお、指定工事業者が工事を行っていますので、工事漏れ等はないものと考えられますので、確認後、借主から鍵の返還を受け、借主の建物（住宅）の明渡しが完了します（なお、この場合、原状回復等の協議が整い、当該修繕工事が完了前であっても、借主の引越し後に住宅の鍵の返還を受けて、住宅の明渡しとすることも可能です）。

ⓔ　借主が住宅を原状回復して明渡したことにより借主の未払債務が確定しますので、敷金と各種債務との精算を行い、返還金がある場合はその額及び返還時期、返還方法を、不足額がある場合はその額及び支払時期、支払方法を借主に通知し、合意します。

3　空家修繕工事の発注等業務

【空家修繕工事等発注業務　フロー図7】

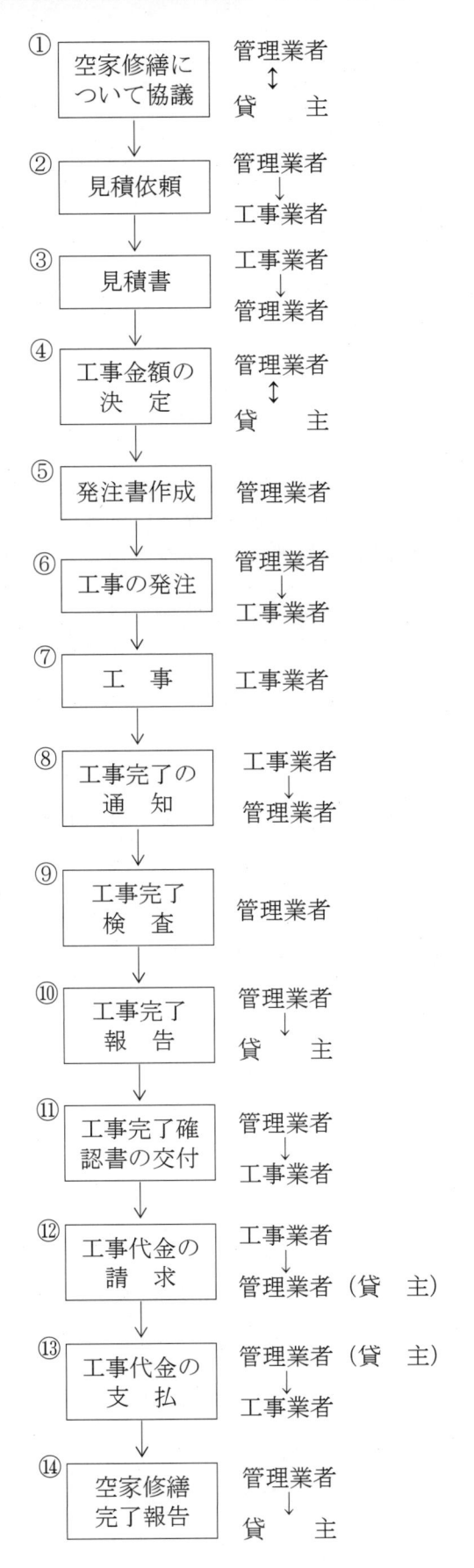

#	工程	関係者
①	空家修繕について協議	管理業者 ↔ 貸主
②	見積依頼	管理業者 → 工事業者
③	見積書	工事業者 → 管理業者
④	工事金額の決定	管理業者 ↔ 貸主
⑤	発注書作成	管理業者
⑥	工事の発注	管理業者 → 工事業者
⑦	工事	工事業者
⑧	工事完了の通知	工事業者 → 管理業者
⑨	工事完了検査	管理業者
⑩	工事完了報告	管理業者 → 貸主
⑪	工事完了確認書の交付	管理業者 → 工事業者
⑫	工事代金の請求	工事業者 → 管理業者（貸主）
⑬	工事代金の支払	管理業者（貸主）→ 工事業者
⑭	空家修繕完了報告	管理業者 → 貸主

○　貸主との協議
　①　借主の修繕負担分の説明
　②　貸主の修繕負担分の査定結果の説明
　③　空家修繕についての提言
　　　（改良工事等）
　④　空家修繕内容の決定

○　見積依頼
　「空家修繕工事見積依頼書」
○　見積書
　①　適正な金額かどうかチェック
　②　疑問点や不明点の照会

○　工事金額の決定
　見積額について貸主に説明し、貸主の承諾を得る

○　発注書作成
　「空家修繕工事発注書」
　工期の確定

○　工事の発注
　鍵（前居住者からの返還）の引渡し

○　工　事
　工事について他の居住者に事前に周知
　（掲示板への掲示等）

○　工事完了の通知
　電話でも良い

○　工事完了検査
　「空家修繕工事発注書」、「空家修繕工事明細表」により検査手直し工事等がなく工事が完了しているとき、鍵（新しい鍵と古い鍵）を工事業者から受理（工事完了後の住宅の返還を受ける）
○　工事完了報告
　口頭（電話等）で行っても良い

○　工事代金の請求
　代金の支払業務を受託していない場合は、直接貸主に請求する

○　工事代金の支払
　支払に充てる金員の取扱については予め貸主と取決めておく（その都度貸主から受領して支払うか、毎月一定の「前渡金」を貸主から預かり、その中から支払うか）
○　空家修繕完了報告
　他の受託業務と一緒に月次等定期的に報告するのが効率的（完了時点に電話等で一報しておく）
　（報告様式の制定）

(1) **空家修繕工事について貸主と協議**（フロー図7の①〜③）

　ⓐ　「空家修繕工事明細表」を作成し、借主が負担する修繕工事とともに貸主が実施する修繕工事内容を整理します。
　　　なお、借主の負担部分の工事が発生したため、その関連箇所または部位について色合わせなどの工事を貸主が行うなどについては、あらかじめその取扱いを貸主と協議して決めておくなど、効率的な協議方法を貸主との間で取決めておくのがベターです。
　ⓑ　指定工事業者から当該工事についての「(概算)見積書」を取寄せます。
　　　なお、空家になった機会にレベルアップを図る方が望ましいものがあれば、通常修繕の工事金額のほか、当レベルアップの工事金額（概算額）も見積もらせます。
　ⓒ　見積金額の記載された「空家修繕工事明細表」により空家修繕工事内容を提案し、空家修繕工事に対する貸主の指示を仰ぎます。なお、提言できる改良工事等があれば貸主に示し、貸主の裁断を仰ぎます。
　ⓓ　貸主の指示等を盛込んだ「空家修繕工事明細表」を作成し、貸主、管理業者双方確認のため、記名押印したものを一通づつ保管します。

(2) **空家修繕工事費の確定**（フロー図7の④）

　ⓐ　「空家修繕工事見積依頼書（仮称）」【様式44−1〜2参照】により、指定工事業者に工事費の見積を依頼し、「見積書」を徴します。工事業者の示した各工事の「単価」や工事金額が妥当であるか、また、計算ミスがないかどうか検証します。
　ⓑ　工事金額について指定工事業者と合意できたら、当該工事金額について貸主に通知し、工事金額について貸主の了解を得ます。貸主との協議時に、工事金額についてあらかじめ了解を得ている場合は通知する必要はありません。

(3) **空家修繕工事の発注**（フロー図7の⑤・⑥）

　ⓐ　「空家修繕工事発注書（仮称）」【様式45及び様式46参照】を作成し、工事業者に当該工事を発注します。なお、空家修繕工事は各種の工事からなっていますので、総合発注方式によりコーディネート機能を備えた「工事業者」を指定し、一括発注するのがベターと考えられます。これは、当該工事の責任を明確にしますし、また、工事期間（工期）の短縮にもなります。更に、工事費用の安定化や工期を一定化することができ、次の借主の入居時期を早めることができます。
　ⓑ　空家修繕工事に際しては、掲示板や当該工事住宅の扉などに「工事場所、工事期間、工事時間、工事業者名、工事責任者名」などを明示したチラシを掲示し、周辺居住者に周知したうえ、工事を行うよう指示します。

(4) **空家修繕工事の完了検査等**（フロー図7の⑧〜⑪）

　ⓐ　「空家修繕工事明細表」により、工事の仕上り状況を一つ一つ確認します。
　　　不具合箇所や工事未了箇所があれば、手直し工事後、再度検査を実施します。
　ⓑ　すべての工事が完了していることが確認できたら、工事業者に「空家修繕工事完了確認書（仮称）」【様式48参照】を交付します。
　ⓒ　交換済の新しい鍵と従前使用の鍵を工事業者から受領します。なお、前居住者が鍵を紛失したことにより鍵を取替えることになった場合は、古い鍵は工事業者に処分させます。前居住者が使用した鍵が全部返還され、錠前もしっかりしている場合はこれらの鍵と錠前を工事業者から回収し、防犯上の問題がない住宅で、入れ替時の鍵等の交換に使用します。
　ⓓ　「空家修繕工事完了検査書（仮称）」【様式47参照】を作成し、同検査書により貸主に空家修繕工事が完了したことを通知します。
　ⓔ　空家修繕工事に関する関係書類を整理のうえ、保管します。保管期間は、次期入居者が退去

し、退去査定の協議が終了するまで保管するのが望ましいと考えられます。

(5) **空家修繕工事代金の支払い**（フロー図7の⑫～⑭）

　　| 工事代金支払代行業務を受託している場合 |

ⓐ　工事業者から「請求書」を受理します。
ⓑ　「空家修繕工事発注書」及び「空家修繕工事明細表」により請求金額をチェックします。
ⓒ　工事業者に工事代金を支払います（貸主から当該代金相当額を預かった後支払うか、事前に預かっている金員から支払うか、ルールを決めておくのが望ましい）。
ⓓ　工事業者から当該工事代金の支払いに係る「領収書」を受理します。
　　共益費業務など管理業務を受託し、毎月一定金額を貸主から預かっている場合は、当該預り金（これを「前渡金」といいます）から支払ったのち、（前渡金の）精算調書等を作成し、貸主に報告します。なお、賃料などの収納、精算後の敷金の返還や不足額の徴収業務などを受託している場合は、これらの金銭の徴収・支払い状況については、所定の様式により、文書で定期的に行う旨あらかじめ取決めておくのが効率的です。

　　| 工事代金支払代行業務を受託していない場合 |

ⓐ　当該工事の貸主への完了報告後、当該工事代金を貸主に請求する旨、工事業者に通知します。
ⓑ　貸主への工事完了報告が終わったら、その旨工事業者に通知します。

4．敷金精算業務

(1) 借主負担の修繕工事について借主が管理業者に委任する場合

査定時に借主負担の修繕等工事費用が確定（算定）できる場合　　【敷金精算業務　フロー図8】

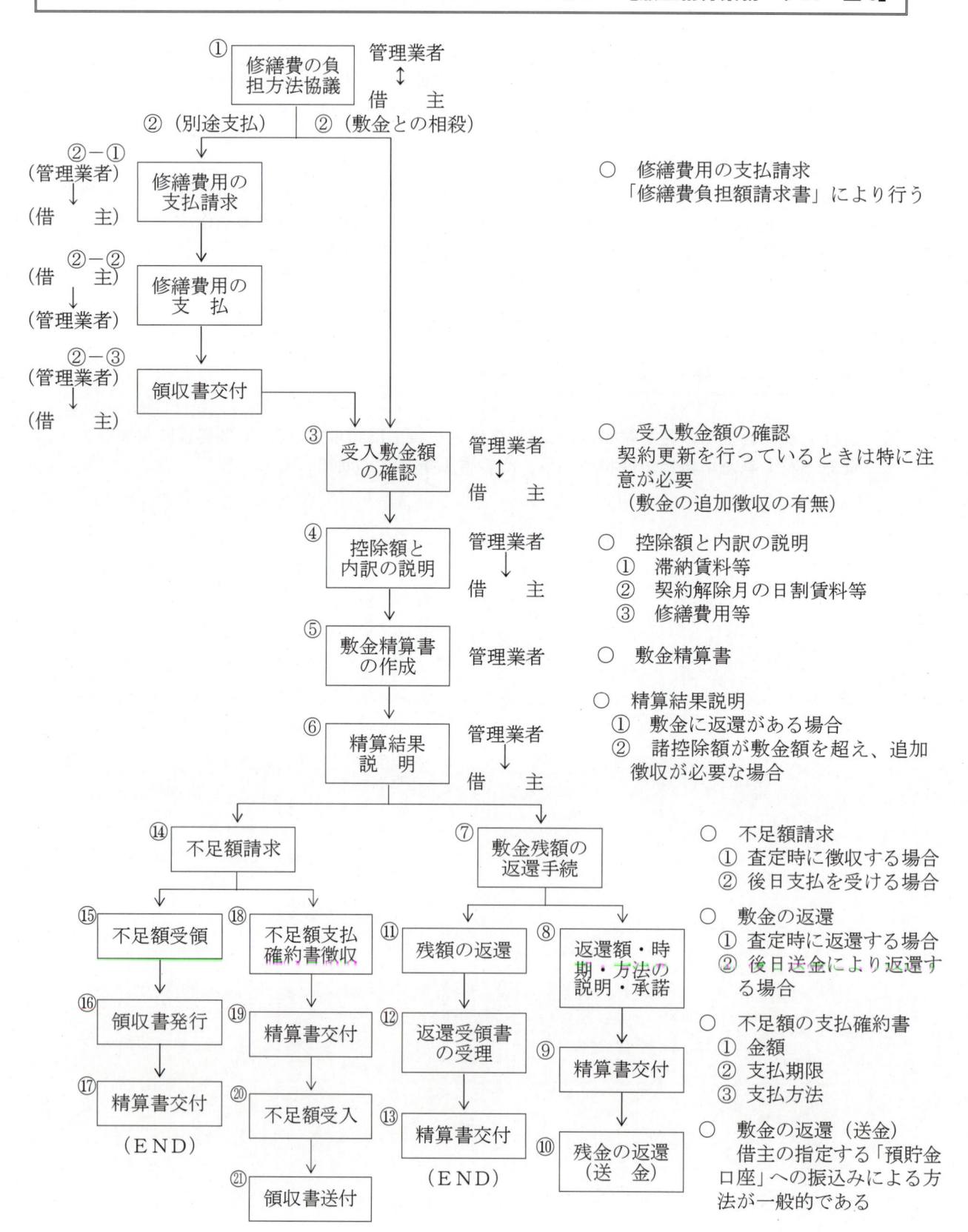

① 修繕費の負担方法協議（管理業者⇔借主）	
②（別途支払）／②（敷金との相殺）	
②-① 修繕費用の支払請求（管理業者→借主）	○ 修繕費用の支払請求 「修繕費負担額請求書」により行う
②-② 修繕費用の支払（借主→管理業者）	
②-③ 領収書交付（管理業者→借主）	
③ 受入敷金額の確認（管理業者⇔借主）	○ 受入敷金額の確認 契約更新を行っているときは特に注意が必要 （敷金の追加徴収の有無）
④ 控除額と内訳の説明（管理業者→借主）	○ 控除額と内訳の説明 ① 滞納賃料等 ② 契約解除月の日割賃料等 ③ 修繕費用等
⑤ 敷金精算書の作成（管理業者）	○ 敷金精算書
⑥ 精算結果説明（管理業者→借主）	○ 精算結果説明 ① 敷金に返還がある場合 ② 諸控除額が敷金額を超え、追加徴収が必要な場合
⑭ 不足額請求 ／ ⑦ 敷金残額の返還手続	○ 不足額請求 ① 査定時に徴収する場合 ② 後日支払を受ける場合 ○ 敷金の返還 ① 査定時に返還する場合 ② 後日送金により返還する場合
⑮ 不足額受領 ／ ⑱ 不足額支払確約書徴収 ／ ⑪ 残額の返還 ／ ⑧ 返還額・時期・方法の説明・承諾	○ 不足額の支払確約書 ① 金額 ② 支払期限 ③ 支払方法
⑯ 領収書発行 ／ ⑲ 精算書交付 ／ ⑫ 返還受領書の受理 ／ ⑨ 精算書交付	
⑰ 精算書交付（END）／ ⑳ 不足額受入 ／ ⑬ 精算書交付（END）／ ⑩ 残金の返還（送金）	○ 敷金の返還（送金） 借主の指定する「預貯金口座」への振込みによる方法が一般的である
㉑ 領収書送付	

> 査定時に借主負担の修繕等工事費用が確定（算定）できる場合

> 修繕等費用の請求（フロー図8の②～④）

ⓐ 「修繕費負担額請求書」を作成し、修繕等の内容及び当該費用について説明し、借主の承諾を得ます。
ⓑ 修繕等費用について借主と合意したら、借主から「修繕費負担額承認書」を受理します。
ⓒ 修繕等費用の支払方法について借主と協議します。
　・敷金と相殺する方法
　　なお、敷金でその全額が相殺できない場合は、別途徴収することになります。
　・敷金と相殺しないで、別途修繕等費用を支払う方法（フロー図8の②-①～②-③）
　　法人契約の場合、経理処理の都合上、敷金と相殺しないで、別途修繕等費用を支払う場合があります。
ⓓ 修繕等費用の全部または一部（不足額）の支払方法について協議します。
　・退去査定時に支払う場合
　　修繕等費用の全部または一部（不足額）を受領したときは、「領収書」を借主に交付します。
　・後日支払う場合（フロー図8の⑱～㉑）
　　敷金と相殺後の「不足額」について、支払金額、支払方法、支払期日を明記し、「敷金精算書」【様式50参照】の交付時に請求します。
　　なお、修繕等費用全額を別途支払う場合で、その支払が後日となるときは、敷金精算は、当該修繕等費用の支払を確認した後に行うことになります。

> 敷金精算書の作成（フロー図8の⑤）

ⓐ 受入敷金の額を借主と確認します。
　　契約更新時に追加敷金を徴収することになっているなど、入居当初の受入敷金額に変動がある場合は慎重に確認します（追加敷金の徴収漏れなどがあります。）。
ⓑ 敷金精算書を作成します。
　・「敷金」欄に受領済の敷金額を記入します。
　・敷金と相殺する借主の各種債務を記入します。
　　「賃料」欄、「共益費」欄、「修繕費負担額」欄に、それぞれ「未払賃料」、「未払共益費」、借主の「修繕費負担額」を記入します。「その他」欄は、遅延利息などがある場合、それらの金額を記入します。また「控除額計」欄には、敷金と相殺する借主の各種債務の合計額を記入します。
　・敷金と控除額計との差額を記入します。
　　「返還額」欄は、敷金額が控除額計より大きいとき、その差額を記入します。この額が借主に返還されることになる敷金となります。
　　また「不足額」欄は、敷金額が控除額計より小さいとき、その差額を記入します。この額が敷金と精算できない借主の債務となりますので、この額を借主から追加徴収することになります。
　・不足額について、退去査定時に借主から支払があれば、当該受領額を「受領額」欄に記入します。
　・「精算結果」欄には、返還額があるときはその額を、不足額（敷金と精算出来ない借主の債務）があるときはその「不足額」を（　）内に「－（マイナス）」を付して記入します。なお、受領額がある場合は、不足額と受領額の差額を記入します。また、不足額と受領額が等しいとき、精算結果は「0（円）」となり、敷金精算業務は終了となります。

精算結果の説明（フロー図8の⑥）

ⓐ 敷金精算の結果について、「敷金精算書」を提示して借主に説明します。
ⓑ 不足額の全部または一部を受領したときは、「領収書」を交付します。
ⓒ 不足額を後日借主が支払う場合は、「支払金額（不足額）、支払期日（借主と協議）、支払方法」を借主に通知します。
ⓓ 返還額がある場合は、「返還額、返還日、返還方法」を借主に通知します。

不足額の受入（フロー図8の⑭～㉑）

ⓐ 借主から不足額の支払があったら、直ちに、「領収書」を交付（郵送）します。
ⓑ 不足額の全額受入をもって一連の敷金精算業務は終了しますので、当該賃貸借契約書、解約届出書、修繕費負担承認書、敷金精算書などの関係書類を整理し、一定期間保管または貸主に返却するなど必要な処理を行います。

敷金の返還処理（フロー図8の⑦～⑬）

ⓐ 解約に伴い貸主から預かった当該借主の敷金から、借主に返還する額を、借主と合意した方法により返還します。
　なお、他の支払業務を貸主から受託している場合は毎月一定の「前渡金」を貸主から預かるとか、または賃料等の収納業務を受託している場合は貸主への引渡し前に当該収納金の中から支払いをするなど、予め貸主と各種代金の支払について取決めておくのが効率的です。

退去査定時に借主負担の修繕等工事費用が確定（算定）できない場合【**敷金精算業務** フロー図9】

指定工事業者の見積った費用の負担と敷金との相殺について査定終了後、「確約書」【**様式51**参照】を徴収すること

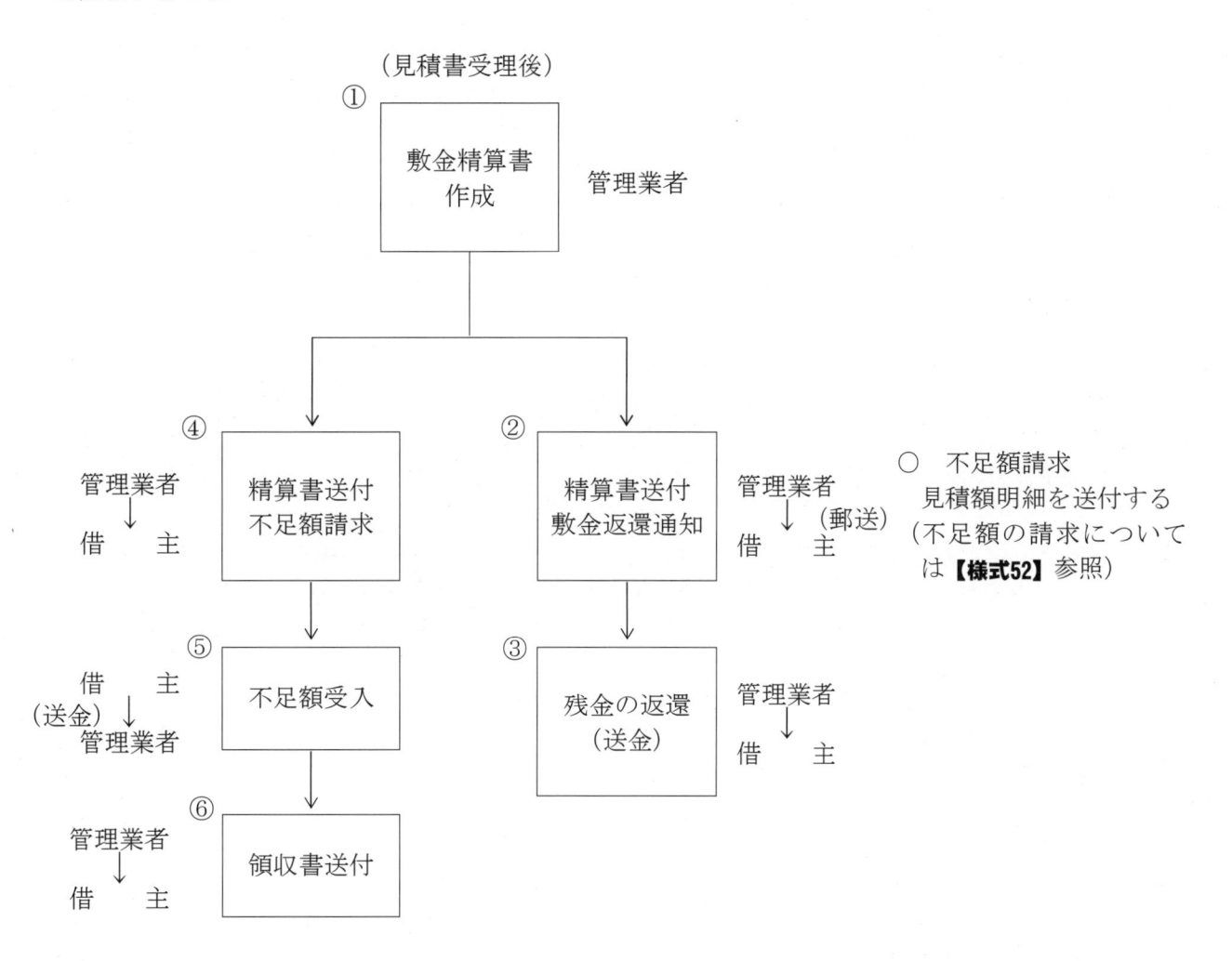

（見積書受理後）

①　敷金精算書作成　　管理業者

④　精算書送付不足額請求　　管理業者 → 借主

②　精算書送付敷金返還通知　　管理業者 →（郵送）借主

○　不足額請求
見積額明細を送付する
（不足額の請求については【**様式52**】参照）

⑤　不足額受入　　借主（送金）→ 管理業者

③　残金の返還（送金）　　管理業者 → 借主

⑥　領収書送付　　管理業者 → 借主

　債務が確定しないため退去査定時には敷金精算ができませんので、管理業者は退去査定終了後、査定内容（借主の修繕等費用負担内容）についての承認と指定工事業者が見積もる当該修繕等工事金額を借主が負担することの承諾を得ます。
　敷金精算業務は、この借主の負担額が決まってから行うことになります。

修繕等工事費用の見積依頼

ⓐ　借主との間で修繕等について協議が整ったら、当該修繕等工事金額の見積を指定工事業者に依頼します。
　なお、退去査定時に貸主負担分の修繕内容も査定し、このとき合わせて工事業者に見積を依頼します。

見積書のチェック

ⓐ　見積書の不明点、疑問点について指定工事業者に質し、見積金額が妥当であるかチェックします。
　管理業者は当該見積書について借主が疑問を持つであろう点について、指定工事業者に問い質し、管理業者自身が先ずその疑問点を取払う努力を試みることが大切です。

また、見積金額について納得できる説明が指定工事業者から得られない場合は、当該工事について念のため他の工事業者に問合せ当該金額が妥当であるか確認するという姿勢も必要です。

> 敷金精算書の作成

ⓐ　修繕等費用が確定したら、敷金精算書を作成し、作成後、電話等で借主に修繕等費用と敷金精算結果を連絡し、以後の敷金精算の手続き（不足額がある場合の支払方法等や返還額がある場合の返還日等）について説明します。

> 敷金精算書の送付と不足額の請求

ⓐ　敷金と借主の各種債務との精算後、不足額がある場合、精算書とともに不足額の支払請求書【**様式52**「不足額のお支払いについて（仮称）」参照】を送付します。
　なお、退去査定時には各修繕等工事の金額を借主に明示できませんでしたので、「修繕費負担額請求書」に金額を記入し、工事金額の明細を退去者（借主）に送付します。

> 敷金精算書の送付と敷金の返還

ⓐ　敷金と借主の各種債務との精算後、なお、残余があるときは、当該残金について、その額（返還額）、返還日、返還方法を記載した「敷金返還通知書」を、敷金精算書とともに退去者（借主）に送付します。
　なお、返還敷金に対する借主からの「受領書」の徴収が出来ないことがありますので、返還方法は借主指定の「預貯金口座」への振込による方法が適当です。振込による方法ですとその「振込控」を返還の証拠書類として保管しておけば後日の万一のトラブルを防ぐことができます。

> 不足額の受入処理

ⓐ　借主から不足額の支払いがあったら、直ちに「領収書」を借主に交付（郵送）します。当該不足額の受入れをもって借主に関する一連の退去業務は終了しますので、当該賃貸借契約書、解約届出書、修繕費負担承認書、敷金精算書など関係書類を整理し、一定期間保管または貸主に引渡すなど必要な事後処理を行います。
　なお、退去査定時に金額を提示することができず、かつ不足額が発生する場合、当該工事金額について退去者（借主）との間でトラブルが発生することがありますので、その場合に備えて住宅の現状を写真に撮り、状況を保全しておくことが大切です。

（2）**借主自らが修繕等を実施**（管理業者が指定する工事業者に修繕等工事を発注）**する場合**

【借主が自ら修繕等を実施する場合の敷金精算業務　フロー図10】

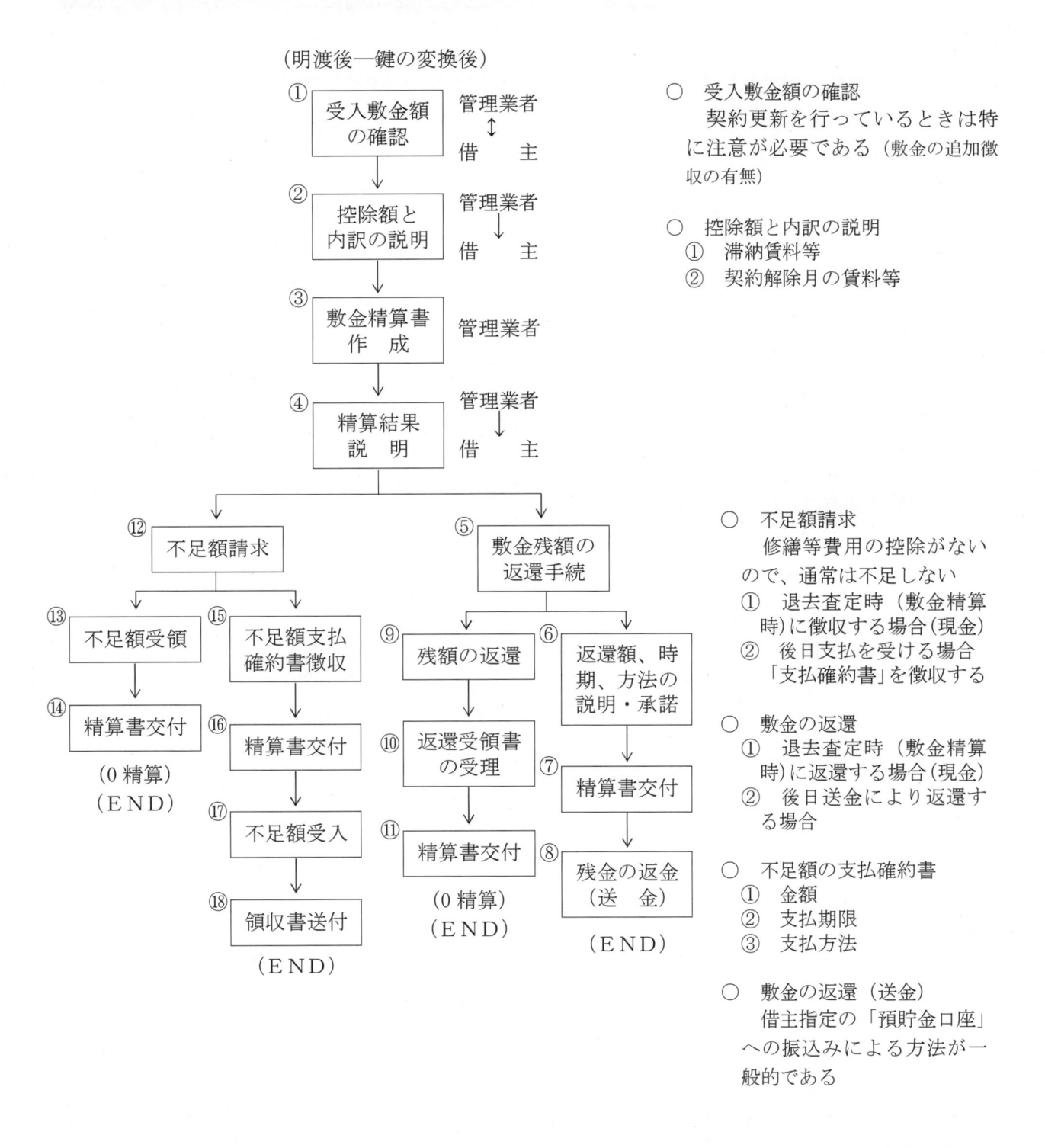

（明渡後―鍵の変換後）

```
①受入敷金額の確認　　管理業者⇔借主
　↓
②控除額と内訳の説明　管理業者→借主
　↓
③敷金精算書作成　　　管理業者
　↓
④精算結果説明　　　　管理業者→借主
　↓
　├────────────┐
⑫不足額請求　　　　⑤敷金残額の返還手続
　├──┬──┐　　　　├──┬──┐
⑬不足額受領　⑮不足額支払確約書徴収　⑨残額の返還　⑥返還額、時期、方法の説明・承諾
　↓　　　　↓　　　　　　　↓　　　　　↓
⑭精算書交付　⑯精算書交付　⑩返還受領書の受理　⑦精算書交付
（0精算）　　↓　　　　　　↓　　　　　↓
（END）　　⑰不足額受入　⑪精算書交付　⑧残金の返金（送金）
　　　　　　↓　　　　　（0精算）　　（END）
　　　　　⑱領収書送付　（END）
　　　　　（END）
```

○ 受入敷金額の確認
　契約更新を行っているときは特に注意が必要である（敷金の追加徴収の有無）

○ 控除額と内訳の説明
　① 滞納賃料等
　② 契約解除月の賃料等

○ 不足額請求
　修繕等費用の控除がないので、通常は不足しない
　① 退去査定時（敷金精算時）に徴収する場合（現金）
　② 後日支払を受ける場合「支払確約書」を徴収する

○ 敷金の返還
　① 退去査定時（敷金精算時）に返還する場合（現金）
　② 後日送金により返還する場合

○ 不足額の支払確約書
　① 金額
　② 支払期限
　③ 支払方法

○ 敷金の返還（送金）
　借主指定の「預貯金口座」への振込みによる方法が一般的である

　修繕等工事完了後住宅の引渡しを受ける時点で借主の債務が確定しますので、この時点で敷金精算を行います。
　敷金精算の処理手順は「(1)借主負担の回復工事について借主が管理業者に委任する場合、『査定時に借主負担の修繕等工事費用が確定（算定）できる場合』」と同様です（但し、「修繕等費用の請求」はありません。）。

第4章　少額訴訟制度

1　少額訴訟制度の内容

少額訴訟制度の内容を確認
- 少額訴訟制度とは
  - 60万円以下の金銭の支払を請求する訴訟手続
    （平成16年4月1日以降・従前は30万円以下）
  - 1日の期日での審理（実質1時間程度の審理）で結論が出る
  - 原告が求める権利を所定の様式に記載した「訴状」を簡易裁判所に提出
- 貸主が制度を利用するケース
  - 借主が数か月分の家賃を滞納している場合
  - 借主が負担すべき修繕費用を支払わない場合
- 借主が制度を利用するケース
  - 退去時の敷金精算において、約束期日までに敷金を返還しなかった場合
  - 敷金精算内容に不満な場合

(1) **少額訴訟制度の導入背景**

　民事訴訟法は、明治23年に制定された法律ですが、大正15年に大改定されたものの、その後の改正は小規模な改正にとどまったため、訴訟手続の規定が全面的に改正されることなく維持されてきました。しかし、社会経済の変化や発展等は著しく、かつ民事紛争も複雑化、多様化してきた結果、民事訴訟法の民事訴訟手続の規定は、社会に適合しない部分が生じてきていることから、時代のニーズに適合した民事訴訟手続の規律が求められていました。

　また、民事裁判は、時間と費用が掛かり過ぎるなどの問題点や不満が国民各層から指摘されていたことから、改正をしなければ、国民の司法離れや、民事裁判の社会的機能の低下を招くおそれがあると考えられたこと等から、「民事訴訟を国民に利用しやすく、分かりやすいものにする」ことを目標として、法務省に設置されている「法制審議会民事訴訟法部会」において、平成2年から改正作業が行われ、起草された法案が国会において可決されて、平成8年6月18日に新しい民事訴訟法として成立し、平成10年1月1日から施行されました。この時点で改正された主な点は、裁判に時間が掛かりすぎるという批判に応えるために、「争点整理手続の整備」「証拠収集手続の拡充」「最高裁に対する上訴制度の改革」「少額裁判制度（訴額30万円以下）の創設」等などが挙げられます。さらに、平成15年7月1日の第156国会法務委員会において、**少額訴訟の上限額が**訴額30万円以下から**60万円以下に引き上げる**ことが可決されたため、、**平成16年4月1日から施行**されました。

　少額裁判制度については、一般国民が小さい訴額で裁判を起こすには簡易裁判所を利用することが予定されていましたが、簡易、迅速、低廉な手続を目指した簡易裁判所の手続も「ミニ地裁化」し、手続は重く、かつ、時間等のコストが合わない状態にあることから、米国の少額裁判所制度等をモデルに民事裁判を国民に利用しやすくするための手続が創設されました。いわば、裁判所のサービスという観点から創設された少額訴訟手続制度といえます。

　少額訴訟制度は、**訴額60万円以下**の金銭支払請求訴訟について、原則、一回の期日で審理し、即日、判決を下すものです。判決では、3年以内の範囲で支払猶予や分割払いの判決も可能とされています。また、申立ては回数制限があり、手続は一審限りで、判決に対する異議申立てはできるものの、控訴はできないという特徴を有しています。

(2) **少額訴訟制度の概要**

　少額事件の法廷は、全国に所在する簡易裁判所に設置されています。少額訴訟手続は、60万円以下の金銭の支払を請求する訴訟手続です。金銭の支払を請求することのできる法律上の権利には、さまざまなものがあり、家屋の賃貸借契約に伴う訴訟に限ってみると、家主からみれば、賃貸借契約に

伴い借主に対する賃料や管理費（共益費）、駐車場料金等の支払請求権が発生します。また、借主からみれば、借家を明渡したときに家主に差し入れておいた敷金の返還請求権が発生します

　少額訴訟手続は、紛争が生じるに至った原因とその経過及び解決を必要としている紛争の実情を主張すれば、裁判官が法律的な構成や判断をしてくれることになっているため、法律の知識がなくても訴えることはできます。しかし、裁判では法律上の権利の有無が判断される以上、自己の権利の根拠となる法律、その法律の効果が発生するための要件、その要件に該当する具体的な事実の主張がなされないと、権利の存在が認められません。どんな権利に基づく請求であるかが主張され、その権利を理由付ける具体的事実が主張されていないと、裁判官は法的な判断が出来ないからです。

　少額訴訟は、1日の期日での審理、実際には1時間程度の審理で結論を出すもので、通常の訴訟手続を圧縮して裁判官の主導によって集中的に審理が行われます。

　訴訟は、原告が被告に対する訴えを提起する「訴状」（簡易裁判所に所定の複写式の様式が用意されている）を作成し、訴えるべき管轄の簡易裁判所に提出することによって開始されます。原告は、訴状に訴訟の目的（求める権利）を特定して記載することになります。

① 貸主が同制度を利用する場合

　借主が数か月分の家賃を滞納している場合や、借主が負担すべき修繕費用を支払わない場合などのケースにおいては、貸主から少額訴訟制度を利用して、返還請求を求めることが想定されます。

② 借主が同制度を利用する場合

　仮に、退去時の敷金精算において、貸主から依頼された宅建業者ないしは管理業者が、何らかの理由で返還すべき敷金を約束の期日までに返還処理しなかったために、敷金が返還されないことを理由に、借主が貸主に対して、少額訴訟手続を取った場合、宅建業者ないしは管理業者は、貸主の代理人として裁判に立ち会うことができないことになっています。そのため、万一、訴訟手続が取られた場合は、貸主自ら対応することになりますので、敷金等の返還に関しては、宅建業者ないしは管理業者は貸主と綿密に打ち合わせしたうえで、敷金返還処理を行うようにしなければなりません。

（3）少額訴訟制度の利用状況　〔数値は、「司法統計年報」「少額訴訟手続関係資料（その2）/少額訴訟の審理方法に関する研究（法曹会発行）」より抜粋〕

　平成10年1月1日から、民事訴訟法の改正によって、少額訴訟制度が導入されました。導入当初は、30万円以下、平成16年4月1日からは60万円以下の金銭請求に利用できる制度で、賃貸借契約上のトラブルでは、敷金の精算問題等で利用しやすい制度と思われます。制度導入後に簡易裁判所で受付けた件数をもとに少額訴訟制度の利用状況をみてみると次のように分析されています。

① 制度導入後に受付件数が急増

　少額訴訟法施行後の**全簡易裁判所**における新受事件数は、制度導入の平成10年から平成17年まで年々増加（23,584件・導入年の2.8倍）し、その後は減少傾向にあるものの2万件台を推移しています。これを**東京地方裁判所管内**でみると、導入年は1,598件であったものが、平成16年には4,467件と2.8倍まで急増し全体の20.5％占め、その後も、4千件台（全体の17.8〜19.8％）で推移しています。また、**大阪と福岡地方裁判所管内**の件数が同程度で推移しているのが特徴的です。

少額訴訟事件数・新受事件数の推移（主な地裁管内の簡裁新受事件合計数）　　（件）

主な地裁名	H10年	H11年	H12年	H13年	H14年	H15年	H16年	H17年	H18年	H19年	H20年
【全 国】	8,348	10,027	11,128	13,504	17,181	18,117	21,761	23,584	22,679	22,122	20,782
札 幌	202	328	541	641	830	685	742	784	733	651	654
仙 台	118	143	208	238	258	315	426	479	454	400	364
東 京	1,598	2,002	2,039	2,542	3,379	3,776	4,467	4,207	4,145	4,125	4,122
名古屋	507	518	539	740	903	950	1,126	1,226	1,225	1,073	908
大 阪	715	665	631	736	924	981	1,221	1,376	1,259	1,488	1,438
広 島	227	255	337	411	479	631	764	769	720	621	634
高 松	53	60	63	112	171	254	283	300	317	346	326
福 岡	429	552	591	783	953	989	1,283	1,524	1,498	1,516	1,429

「司法統計年報　1.民事・行政事件数―事件の種類及び新受、既済、未済」より抜粋

② 平成10年の実績

　平成10年の東京地裁管内新受事件数1,598件のうち東京簡裁新受事件数1,472件の内容を分析した資料によれば、【訴額別】では「20万円以上30万円未満」が664件（45.1%）、「10万円以上20万円未満」が556件（37.8件）、「10万円未満」が251件（17.1%）となっています。

　また、【事件別】では、「敷金返還」が255件（17.3%）と賃貸借住宅契約に関する事件が最も多く、次いで「売買代金」173件（11.8%）、「賃金等」154件（10.5%）の順となっており、他に、賃貸借住宅に係る事件の上位は「賃料・管理費」で102件（6.9%）となっています。

　さらに、「敷金返還」事件の詳細をみてみると、預け入れ敷金額は、「30万円以下」213件（83.5%）、「30万円超100万円未満」39件（15.3%）、「100万円以上」3件（1.2%）で、これに対する返還請求額（訴額）は、「10万円以上20万円未満」が135件（52.9%）、「20万円以上30万円以下」が82件（32.2%）、「10万円未満」が38件（14.9%）となっています。

　「賃料・管理費」の詳細としては、事件別内訳が「アパート・マンション未払賃料」が54件（52.9%）、「未払い駐車場料金」24件（23.5%）、「マンション管理費滞納」22件（21.6%）、「未払い自転車月極レンタル料」2件（2.0%）で、このうち、「アパート・マンション未払賃料」の返還請求額（訴額）内訳は、「20万円以上30万円以下」38件（70.3%）、「10万円以上20万円未満」13件（24.1%）、「10万円未満」3件（5.6%）でした。

③ 平成11年の実績

　平成11年における新受件数の内訳は、「敷金返還」268件（14.7%）、「売買代金」183件（10.0%）、「賃金等」148件（8.1%）と前年同様の傾向がみられ、賃貸借住宅契約関係は、「賃料・管理費」175件（9.6%）と「敷金返還」とを合せると、443件と前年より86件も増加しています。

　また、平成11年1月から10月における新受件数における東京地裁管内と大阪地裁管内の事件別内訳をみてみると、東京地裁では「敷金返還」が242件（14.7%）と最も多いのに対して、大阪地裁では21件（3.8%）と件数が少なく、また、東京地裁で「賃料」が147件（8.9%）と4番目に多い事件であるのに対して、大阪地裁では37件（6.7%）と少なくなっています。

（4）**少額訴訟制度に関するQ＆A**

① 　少額訴訟制度とはどういうものですか（平成16年4月1日改正施行後）。

　少額訴訟の対象となる訴えは、**簡易裁判所**を通じて**訴額60万円以下の金銭の支払請求を目的**とするものです〔民事訴訟法第368条第1項（以下「民訴」という。）〕。この訴えには、「80万円のうち60万円を支払え」とするような「一部請求」も対象としています。

　ただし、「80万円のうち60万円を支払え」とする一部請求であることを明記しない場合は対象外とされ通常訴訟手続となります。利息や損害金も合せて請求できますが、これは訴額には合算されません。また、金銭の支払請求に限られているため、60万円以下の訴えであっても、「不動産・動産の引渡し・明渡し請求」や「妨害排除、騒音防止等」等の訴えに関する手続をとることはできません。この場合は、通常訴訟手続により訴えを起こすことになります。

　この制度の趣旨は、できる限り手続を簡易、迅速にしたということです。そのため、少額訴訟手続は、原則として1回の口頭弁論だけで審理を完了し**（民訴第370条第1項）**、その日のうちに判決の言渡しをする手続です**（民訴第374条第1項）**。また、原告、被告の両当事者は、原則として、期日前またはその期日に、全ての主張及び証拠を裁判所に提出しなければならず**（民訴第370条第2項）**、少額訴訟判決に対しては、控訴の提起は禁止され**（民訴第377条）**、書面による異議の申立てしかできない**（民訴第378条第1項、民事訴訟法施行規則第230条**〔以下「民訴規」という。〕）ことになっています。さらに、少額訴訟の利用は、金融業者等専門業者関係が大量の手続を行う可能性があることから、一般人の利用が阻害されることのないように同一原告が、同一簡易裁判所で1年間（毎年1月から12月の間）に10回までに限られています**（民訴第368条第1項但書、民訴規第223条）**。

　なお、少額訴訟手続に必要な様式「訴状」は、複写式となっており、簡易裁判所で入手することができ、「原告が求める訴訟の結論」と「争いごとの事実関係」等を記載するようになっています。

② 少額訴訟手続を取る場合、訴訟費用はどれくらい掛かりますか。

　訴えに要する手数料は、請求金額（訴額）によって決定されます。少額訴訟は、60万円までの金銭の支払を求める訴えですので、手数料は、訴訟目的の価額が100万円までの部分は、価額10万円まで毎に1,000円となっています。なお、申立費用（手数料）のほか、書面送達等のための郵便切手（郵券）は「個人対個人」「法人対法人」「個人対法人」間の訴えや、地方により異なっています。個人間の場合は、3,000円から4,000円程度、法人間の場合は、6,000円程度必要となります。

【少額訴訟手続に要する手数料】（「民事訴訟費用等に関する法律・別表」が平成16年1月1日以降適用）

請求金額（円）	貼用印紙額（円）
1円～10万円	1,000円
10万円超～20万円	2,000円
20万円超～30万円	3,000円
30万円超～40万円	4,000円
40万円超～50万円	5,000円
50万円超～60万円	6,000円

③ 少額訴訟で訴えられましたが、少額訴訟で争うべきですか。それとも、通常訴訟へ移行させて争うべきですか。

　貸主としての言い分を主張・立証するために時間が掛かるという場合は、通常訴訟に移行させた方がよいと思われます。また、反訴を提起したいと考えている場合も、通常訴訟へ移行させなければなりません。少額訴訟では、反訴は提起できないからです**（民訴法第369条）**。

　反対に、原告の主張が間違っており、1回の審理で十分に立証できる場合には、少額訴訟で争うことも考えられます。また、少額訴訟は、被告側にも、紛争が迅速に解決するということ、原告の主張を全面的に認める場合であっても、支払猶予の判決を求められることがメリットとして挙げることができます。

　なお、訴えられた場合には、少額訴訟で争うべきか、通常訴訟へ移行させるべきか、少額訴訟手続を十分に理解しているかのチェックが大切です。次のチェックリストを参考に、どちらの訴訟で受けるかの判断材料として下さい。

【被告者用の少額訴訟理解度チェックリスト】
（「少額訴訟ガイダンス　新版」〔日本司法書士会連合会編・青林書院〕より抜粋）
- □ 金60万円以下の金銭の支払を求める事件を対象とすること。
- □ 原則として、最初の期日で審理を完了すること。そのため、当事者は、その期日前またはその期日において、全ての言い分と証拠を提出しなければならないこと。
- □ 証拠調べは、即時に取り調べることができる証拠に限りすることができること。
- □ 反訴を提起することはできないこと。
- □ 裁判所は、原告の言い分を認める場合でも、被告の資力その他の事情を考慮して特に必要があると認めるときは、判決の言渡しの日から3年以内の支払猶予若しくは分割払いを定めたり、さらにこれと併せて、訴え提起後の遅延損害金の支払義務を免除する判決をすることがあること。
- □ 少額訴訟に対して不服がある場合には、地方裁判所に対して控訴することができないが、判決書又は判決書に代わる調書の送達を受けた日から2週間以内に判決をした簡易裁判所に異議を申し立てることはできること。
　ただし、判決による分割払い等の定めに対しては、原則として不服を申し立てることができないこと。
- □ 異議を申し立てた後になされた判決に対しては、原則として不服を申し立てることができないこと。
- □ 被告が、本件について以上のような特徴のある少額訴訟手続ではなく、通常の手続で審理することを希望する場合には、最初の期日が開かれるまでに通常手続により審理することを希望する旨を書面で申出るか、最初の期日に出頭して、原告の請求に対する言い分を述べる前にその旨を申出る必要があること。最初の期日において被告が言い分を述べた後、又は最初の期日が終了した場合には、被告は本件を通常の手続で審理することを希望することはできなくなること。
- □ 裁判所の決定により通常の手続に移行することがあること。

> ④ 賃貸経営を行っている者ですが、入居者の管理や、退去処理を宅建業者に委託しています。このほど、退去者より、敷金が返還されないことを理由に「少額訴訟手続」が取られ、家主である私に、裁判所から期日呼出状と訴状などが送られてきたのですが、管理業務を委託している宅建業者に代理人として対応してもらうわけにはいきませんか。

　賃貸借契約の当事者である貸主に対して、敷金返還請求の訴えが起こされたわけですから、当事者である貸主本人が対応しなければなりません。また、代理人となり得るのは、「弁護士」か、「簡裁代理権を持つ司法書士」のみです。
　さて、当該呼出状を受けながら、何も対応しないでいると、原告の言い分がそのまま裁判所に認められてしまいかねません。したがって、訴状内容に対して言い分がある場合は、答弁書という形にまとめて裁判所に提出しなければなりません。
　そのため、裁判所から送られてきた訴状等をよく読み、分からなければ、簡易裁判所や、司法書士、弁護士に相談してみましょう。
　なお、借主より「敷金返還請求の訴えを起こされた場合」は、「賃貸借契約書」「重要事項説明書」「敷金の預り証」「建物（部屋）の間取り図」「内容証明郵便と配達証明」「敷金の精算書」「振込金受取書」「建物（部屋）の明渡し時の室内の写真」「補修・クリーニング等の見積書と領収書」などが証拠として提出されるとされていますので、それらに対抗できるような証拠書類等を用意しておく必要があります。

> ⑤ 貸主として「滞納家賃」を「少額訴訟制度」を利用して返還請求しようと思っているのですが、手続は、弁護士とか司法書士に頼むことになるのですか。

　弁護士や「簡裁代理権を持つ司法書士」を代理人として依頼することは可能です。また、司法書士は、法廷で代理人になれない司法書士でも、訴訟手続に関する相談や助言を行い、書類作成を代行することができます。特に、全国50（北海道4司法書士会を含む）の司法書士会には、少額裁判サポートセンターが設置されており、訴状や答弁書・申立書などの提出書類の作成に関する相談が受けられたり、司法書士を紹介したりする体制が整っています。
　また当然に、本人が、証拠書類等を揃えて、最寄りの簡易裁判所に出向き、手続することもできます。裁判所に相談すると、書記官から親切・丁寧に訴状の書き方等の指導を受けることができます。裁判所に相談したうえで、裁判所に備付けの「訴状」に、何を請求するのかを明記することで訴訟を起こすことになります。ただし、裁判所では、法律相談をすることはできませんので注意して下さい。
　その後、「口頭弁論期日」という裁判が行われる日に、裁判所に出頭し、法廷において口頭により、訴状に記載した内容についての事実を主張することになります。例えば、「訴状に記載したとおりです。」と答えるだけでも主張したことになります。

> ⑥ 借主が家賃を4か月滞納しているのですが、貸主として「少額訴訟制度」を利用することはできますか。また、証拠となるものは、どのようなものですか。

　少額訴訟制度は、訴額60万円以下の金銭の支払請求を目的とするものであれば、利用することができます。手続を取るためには、それまでの督促経緯を整理するとともに、その証拠書類等を揃え、最寄りの簡易裁判所に相談すると、訴状の書き方等の指導を受けることができます。ただ、「第4編 収納・督促業務」でも述べていますが、借主に支払能力がなければ仮に勝訴したとしても貸主にとっては何の役にも立たないと思われます。貸主側の最終目的は、滞納賃料の回収はもちろんのこと、信頼関係が著しく損なわれたために当該賃貸借契約を解除して当該住宅から退去してもらうことにあると考えられるため、目的に応じ、「少額訴訟手続をとるのか」、「通常訴訟手続をとることが解決策につながるのか」について選択することになると思われます。
　なお、裁判所での少額訴訟手続の証拠書類例としては、次のようなものが挙げられます。
　「賃料請求の場合」は、「賃貸借契約書」「重要事項説明書」「賃料増額の通知」「家賃入金関係書類」

「家賃支払の催告・契約解除の内容証明郵便と配達証明」などが証拠となるとされていますので、日頃より、関係書類等の保管・管理と、手順に沿った請求手続を取っておくことが必要であると思われます。

⑦ 少額訴訟制度を利用した場合、通常の裁判のように結論がでるまで、長い時間を要することになるのではありませんか。

　少額訴訟は、60万円以下の少額の紛争について、手続をできる限り簡易迅速に行うことを目的とした制度です。従って、原則として１回の口頭弁論だけで審理を完了し、その日のうちに判決を言渡すことになっています。そのため、審理の場で即時に取り調べることのできる証拠に限って証拠調べができることになっていますから、期日前に証拠方法を全部準備しておく必要があります。

⑧ 判決に不服な場合は、控訴できるのですか。

　少額訴訟の終局判決に対しては、簡易・迅速な審理・判決と、審理が長期化することによる経済的な負担を軽減することを目指した制度であるため、控訴をすることができません**（民訴第377条）**。ただし、判決をした簡易裁判所に異議の申立てをすることができます**（民訴第378条第１項）**。異議の申立てがされた場合の少額訴訟手続は、口頭弁論終結前の状態に戻り、同一の簡易裁判所で再度、通常の訴訟手続によりやり直されることになります。しかし、通常、少額訴訟の判決をした裁判官がやり直しの審理を行いますので、新たな証拠が提出できなければ、同一判断がなされることになります。

　なお、少額訴訟の判決に対して異議を申し立てることができる者は、判決において不利益な判断を受けた当事者、つまり、「請求棄却」の判決に対しては、「原告」が異議申立てをする利益があり、「請求容認」の判決に対しては、「被告」が異議申立ての利益を有することになります。また、「訴え却下判決」や「一部容認判決」「一部棄却判決」に対しては、原告、被告の双方が異議申立ての利益を有することになります。

　ただし、原告の請求が容認された場合になされる「支払猶予判決」や「分割払い判決」等については、不服申立てが禁止されていますので(民訴法第375条第3項)、原告・被告とも異議の申立てはできません。

⑨ 訴状には、どのようなことが記載されているのですか。

「少額訴訟ガイダンス　新版」（日本司法書士会連合会編・青林書院）の敷金返還請求に係る「**訴状**」と「**答弁書**」の記載例を紹介します。

【訴状の記載例】

訴　　状（少額訴訟）

事件名　敷金返還請求事件
少額訴訟による審理及び裁判を求めます。本年、この裁判所において少額訴訟による審理及び裁判を求めるのは、1回目です。

　　　　　簡易裁判所　御中　　　　　　　　　　　　　　　平成　　年　　月　　日

原告・申立人
〒○○○－○○○○
住所　○○県○○市○○町○番○号
氏名　A　　㊞
TEL　　－　　－　　　　　　　FAX　　－　　－

送達場所等の届出
原告（申立人）に対する書類の送達は、次の場所に宛てて行って下さい。
■ 上記住所等
□ 勤務先　名称
　　　　　住所
　　　　　TEL　　－　　－
□ その他の場所（原告等との関係　　　　　　　　）
　　　　　住所
　　　　　TEL　　－　　－

被告・相手方
〒○○○－○○○○
住所　○○県○○市○○町○○番地○
氏名　B
TEL　　－　　－　　　　　　　FAX　　－　　－

勤務先の名称及び住所
TEL　　－　　－

訴訟物の価格	228,000 円	取扱者
貼用印紙額	3,000 円	
予納郵便切手	3,600 円	
貼用印紙	裏面貼付のとおり	

請求の趣旨

1　被告は、原告に対し、次の金員を支払え。
　　　　金　228,000円
　　■　上記金額に対する　　□　平成　　年　　月　　日　から
　　　　　　　　　　　　　　■　訴状送達の日の翌日

　　　　支払済みまで年5％の割合による金員
2　訴訟費用は被告の負担とする。

との判決並びに仮執行の宣言を求める。

紛争の要点（請求の原因）

1　原告は、平成○年○月○日に被告と次の内容の賃貸借契約を締結し、同日被告に金21万円を敷金として交付し、被告はこれを受領した。　　　　　　　　　　　　　　　　　　　　　　　　　　　（甲1号証、甲2号証）
　(1)賃　貸　物　件　　○○県○○市○○町○○番地○　　B荘201号室
　(2)賃 貸 の 目 的　　住宅
　(3)賃　　　　　料　　1か月　金7万円
　(4)支　払　方　法　　毎月末日限り翌月分を被告の銀行口座に送金する
　(5)敷　　　　　金　　金21万円（賃料の3か月分、但し賃料が増額された時は、新賃料の3か月分との差額を支払う）
　(6)賃　貸　期　間　　平成○年○月○日から2年間
　(7)更　　新　　料　　更新後の新賃料の半月分を支払う

2　その後本件賃貸借契約は、順次更新され平成○年○月○からは賃料1か月金8万円と変更し、敷金の差額を差し入れた結果交付済み敷金は金24万円となった。　　　　　　　　　　　　　　　　　　　　　　　（甲3号証）

3　原告は、平成　　年　　月　　日付けでこの賃貸借契約を解約し、同日本件賃貸物件を清掃の上明渡し、被告に鍵を返し敷金の返還を請求した。

4　ところが被告は、原状回復費用の負担があるので、後日精算の上返還すると言って、敷金の返還をしなかった。

5　その後被告から原告に、平成　　年　　月　　日付けの敷金精算書が交付され、下記費用が原告が負担すべきものとして記載され、そこから敷金24万円を差し引いた9万100円を原告に支払うよう請求してきた。
　　　（甲4号証）
　　　　　　　　　　　　　　　　　　　　　　　記
　(1)畳　の　張　替　え　　（6畳×5,000円）　　　　　　　　　　　　　　　30,000円
　(2)襖　の　張　替　え　　（大・6本×2,000円）　　　　　　　　　　　　　12,000円
　(3)同　　　　　　　　　　（小・2本×1,000円）　　　　　　　　　　　　　 2,000円
　(4)カーペットの張替え　　（32㎡×4,300円）　　　　　　　　　　　　　　137,600円
　(5)クロスの張替え　　　　（99㎡×1,500円）　　　　　　　　　　　　　　148,500円
　　　　　　　　　　　　　　　　　　　　合計　　　　　　　　　　　　　　330,100円

6　被告はこれらについて、原告が賃貸借契約第8条・9条に基づき、修繕義務及び原状回復義務を負うとしてその費用を、原告に請求している。

7　しかし、原告は本件賃貸物件を居宅として通常の用法に従って使用したにすぎず、6年間の使用中には多少の汚損は認められるかも知れないが、いずれも居住用建物の通常の使用による消耗、汚損であり、その賃料によりカバーされるべきであるので、特に原告が負担すべきいわれはない。
　　但し、畳表2枚分につけたタバコによる焦げ跡の修繕義務及び襖（大）1本分についての落書き跡についての修繕義務は認める。

8　被告は、畳表と襖の取替えについて、賃貸借契約第8条に修繕義務を特約しているので、原告がこの費用を負担すべきであると主張する。
　　しかし、この修繕義務特約は、賃貸借継続中の賃貸人の義務を免除したものであり、退去時の原告の修繕義務を定めたものではない。

9　また、被告は、カーペットやクロスについて、原告は入居時の状態まで復元的に回復させる義務を賃貸借契約第9条の原状回復義務の特約により、負担すると主張する。
　　しかし、賃貸物件の日常使用や日時の経過による劣化・損耗はその賃料によって賄われるべきであり、被告の主張は賃貸人の再投資費用を原告に負担させるものである。

10　原告としては、本件賃貸借契約違反による損害賠償義務は最大畳表2枚取替え分の1万円と襖1本張替え分の2,000円の合計1万2,000円と考えており、同額を敷金から控除した残額である金22万8,000円を請求するものである。

11　よって、請求の趣旨記載のとおりの判決を求める。

証拠方法
1　書証
　　甲1号証　　賃貸借契約書　　　　　　　　1通
　　甲2号証　　敷金預かり証　　　　　　　　1通
　　甲3号証　　敷金預かり証（更新時）　　　1通
　　甲4号証　　敷金精算書　　　　　　　　　1通

附属書類
　　訴状副本　　　　　　　　　1通
　　甲号証写し　　　　　　　各1通

【答弁書の記載例】

平成　　年（少コ）　　　　　号　　敷金返還請求事件

答　弁　書

　　　　　簡易裁判所　　御中　　　　　　　平成　　年　　月　　日

原告　氏名　　A

被告
　〒〇〇〇-〇〇〇〇
　住所　〇〇県〇〇市〇〇町〇〇番地〇
　氏名　　B　　　㊞
　TEL　　－　　－　　　　FAX　　－　　－

送達場所等の届出
　被告に対する書類の送達は、次の場所に宛てて行って下さい。
　■　上記住所等
　□　勤務先　名称
　　　　　　　住所
　　　　　　　　　　　　　　　　TEL　　－　　－
　□　その他の場所（被告等との関係　　　　　　）
　　　　　　　住所
　　　　　　　　　　　　　　　　TEL　　－　　－
　被告に対する書類の送達は、次の人に宛てて行って下さい。
　氏名

請求の趣旨に対する答弁

1．原告の請求を棄却する。
2．訴訟費用は原告の負担とする。
　との判決を求める。

紛争の要点（請求の原因）に対する認否及び抗弁

被告は下記のとおり答弁する。
　　原告主張1、2、3、4、5、6、は認める
　　原告主張7、8、9、10、11、は争う。

証拠の認否
　　甲各号証は認める。

被告の抗弁

1　被告は、原告の主張する賃貸借契約を原告と締結する際、次のとおりの特約を約した。
　なお、甲は被告であり乙は原告である。

第8条　甲は、乙がこの物件を使用するために必要な修繕を行い、乙は次の各号に掲げるものの修繕を乙の負担により行う。
　(1)　畳表の取替裏返し
　(2)　障子紙、襖紙の張替え
　(3)　床・壁等を汚損又は破損したときの補修・交換
　(4)　住宅の鍵・電気のスイッチ・水栓その他住宅内部の小修理
　(5)　浴槽・風呂釜の修理
第9条　この契約が終了し本物件を明け渡す際、乙は自己の費用をもって遅滞なく破損・汚損を修繕し、これを原状に回復しなければならない。

　この特約については、賃貸仲介人により、原告に十分に説明しており、原告は退去時には、畳表の取替え及び襖の張替えの費用負担があること、また原状回復が不十分であれば被告がハウスクリーニング等必要な措置をとり、その費用は原告が負担すべきことを承諾して本件賃貸借契約を結んだものである。

2　原告は、この主張7において、畳表2枚分と襖1枚分については、通常の使用を超えた消耗・汚損であることを認めたものの、他については通常の使用による消耗、汚損であると主張する。

　しかし、原告は、第8条で修繕義務を特約しているにもかかわらず、賃貸中の畳・襖の修繕はまったく行っていなかった。

　明け渡し直後の畳の状態は、目つぶれや擦り切れがひどく、タバコによる焼け焦げもあり、すべてを取り替えざるを得ない状態であった。　　　　　　　　　　　　　　　　　　　　　　　　　　　　　　　　　　　　　（乙1号証）

　襖についても、染みや手垢で汚損されており、さらにタバコのヤニで黄色く汚損されており、これもすべてを取り替えざるを得ない状態であった。　　　　　　　　　　　　　　　　　　　　　　　　　　　　　　　　　　（乙1号証）

3　このタバコのヤニによる汚損は、クロスにも及んでおり、オフホワイトであった壁紙が黄色に変色していた。さらにカビが発生しているのに漫然放置したため、もはやクリーニングでは修復不可能な状態にさせてしまったのである。

　さらにダイニングの壁については、適切な空間を空けて冷蔵庫を設置しなかったために、排気跡の黒ずみが残ってしまった。　　（乙1号証）

4　リビングのカーペットについては、飲食物をこぼしたような染みがあり、それを素人が染み抜きしようとしたらしく、かえって染みを目立たせてしまい、これももはやクリーニングでは対応できず張り替えざるを得ないものであった。

5　被告は、本件賃貸物件の明け渡しを受けた後、畳の表替え、襖、クロス、カーペットの張替えを依頼し、金33万100円を支出した。　　　　　　　　　　　　　　　　　　　　　　　　　　　　　　　　　　　　　　（乙2号証）

　この費用は、原状回復のための費用であるので、原告から預かった敷金と対等額で相殺する。

6　よって、請求の趣旨に対する答弁のとおりの判決を求める。

証拠方法

1　書証
　乙1号証　　　退去時チェックリスト
　乙2号証　　　修理領収書

2　証人
　住所　　　　〇〇県〇〇市〇〇町〇〇番地
　氏名　　　　〇〇不動産有限会社　代表者取締役　　〇〇〇〇
　職業　　　　不動産仲介業
　被告との関係　被告所有のアパートの賃貸借に関し仲介・管理・代理を依頼している。
　立証の目標　　被告の代理人として、本件賃貸借契約を締結し原告に特約の内容を十分に説明して承諾を得ている事実
　　　　　　　　本件賃貸借物件明け渡し直後、物件内に立入り調査した事実
　　　　　　　　これらの事実により、被告の主張の正当性を立証する。
　同行　　　　期日に同行する。

附属書類
答弁書副本　　　　　　　　　　　　1通
乙号証写し　　　　　　　　　　　　各1通

【紛争の要点に対する認否及び抗弁】

1) 認否について
　　原告の主張及び原告提出の証拠について、一つひとつ認めるか認めないか、知らないかを答弁します。
2) 抗弁について
　　敷金返還請求事件の被告は、かなり不利なことは事実です。しかし、借主には、善管注意義務があります。借主の賃借物に対する損耗、汚損は通常の使用から生じるものだけでしょうか。それ以上の損耗、汚損を指摘・証明できれば原告の請求を退けることもできるでと思います。
　　特約についても、原告には、契約を結ぶときに特約の具体的な内容について説明し、原告も納得して契約したのではありませんか。そのとき立ち会った人がいれば、同行証人として証言してもらい、特約として具体的な合意内容を立証しましょう。
　　壁に結露によるカビが発生しました。原告は、自然損耗だと言いますが、発生初期に知らせてもらえれば、壁紙が駄目になるのは防げたのではないでしょうか。
　　カーペットは、原告は自分では上手に染みを抜いてきれいにしたつもりでいます。しかし、原告が使用した薬品でカーペットの色が抜けてしまい、かえって染み跡が変に目立っています。これは、修繕・原状回復とは言えないでしょう。
　　しかし、これらは、原告が入居してから6年も経っているものばかりです。全部新品にせよというのは少し無理があるかもしれません。その辺はよく考えて譲れるところは譲り紛争を解決しましょう。
　　貸主・借主の負担については、「第5編第4章 原状回復に関するガイドライン」を参考にして解決に努めて下さい。

⑩ 被告にとって、少額訴訟を起されることのメリット・デメリットは何ですか。

　被告にとっての少額訴訟のメリットとしては、「紛争の早期解決が図れること」であり、「支払猶予・分割払いが認められる場合があること」です。
　また、デメリットとしては、「反訴を提起することができないこと」「証拠制限があること」「仮執行宣言が職権でなされること」「不服申立ての制限があること」が挙げられますが、不服申立ての制限については、原告の言い分が認められた請求認容判決が下された場合に該当します。原告の請求に理由がないとして、請求棄却された場合は、被告に有利と言えます。また、支払猶予等の定めに関する裁判に対しては、不服を申し立てることができないとされていますので（民訴第375条第3項）、支払猶予等の判決がなされた場合は、被告に有利であると言えます。

【参考資料1】

原状回復をめぐるトラブルとガイドライン（改訂版）

国土交通省住宅局が（財）不動産適正取引推進機構に委託をして作成され、平成16年2月に発表された「原状回復をめぐるトラブルとガイドライン（改訂版）」の中から、「第1章 原状回復にかかるガイドライン」と「第2章 トラブルの迅速な解決にかかる制度」を抜粋掲載しています。

第1章 原状回復にかかるガイドライン

Ⅰ．原状回復にかかるトラブルの未然防止

　本ガイドラインは、原状回復にかかるトラブルの未然防止と迅速な解決のための方策として、まず、賃借人の原状回復義務とは何かを明らかにし、それに基づいて賃貸人・賃借人の負担割合のあり方をできるだけ具体的に示すことが必要であるという観点から、原状回復にかかるガイドラインを作成したものである。

　しかし、ガイドラインは、あくまで負担割合等についての一般的な基準を示したものであり、法的な拘束力を持つものでもないことから、ガイドラインのほかに原状回復にかかるトラブルの未然防止となりうるような実務的な方策も必要である。

　そこで、賃貸借契約の「出口」すなわち退去時の問題と捉えられがちである原状回復の問題を、「入口」すなわち入居時の問題として捉えることを念頭において、入退去時の物件の確認等のあり方、契約締結時の契約条件の開示をまず具体的に示すこととした。

　こうした対応策が的確に採られていくことにより、原状回復にかかるトラブルの未然防止が効果的になされることが期待される。

1．物件の確認の徹底

　原状回復をめぐるトラブルの大きな原因として、入居時及び退去時における損耗等の有無など、物件の確認が不十分であることがあげられる。著しく短期の賃貸借でない限り、入居時において退去の際のことまで想定することは困難であるという実態があるが、更新が前提（定期借家契約の場合は合意により再契約が可能）であり、長期にわたることが一般的な居住用建物の賃貸借契約においては、当事者間の記憶だけではあいまいとなり、損耗等の箇所、発生の時期など事実関係の有無等をめぐってトラブルになりやすい。

　このため、事実関係を明確にし、トラブルを未然に防止するため、入居時及び退去時に【様式21-3】のようなチェックリストを作成し、部位ごとの損耗等の状況や原状回復の内容について、当事者が立会いのうえ十分に確認することが必要であると考えられる。この場合、損耗等の箇所、程度についてよりわかりやすく、当事者間の認識の差を少なくするためには、具体的な損耗の箇所や程度といった物件の状況を平面図に記入したり、写真を撮るなどのビジュアルな手段を併せて活用したりすることも重要である。

　なお、こうしたチェックリストなどは、後日トラブルとなり、訴訟等に発展した場合でも証拠資料になりうるため、迅速な解決のためにも有効であると考えられる。

2．原状回復に関する契約条件等の開示

　現行、賃貸借における原状回復に関する契約条件等の開示については、特に法的な規制はなされておらず、契約時において、賃貸人サイドから明確な開示や説明がなされたり、賃借人から説明を求めたりするケースは少ないものと思われる。なお、宅地建物取引業法では、宅地建物取引業者が賃貸借の代理、媒介を行う場合、重要事項説明項目として、解約時の敷金等の精算に関する事項の説明が義務付けられているが、契約時にその内容が決定していない場合には、その旨説明すればよいこととなっている。

　ところで、原状回復にかかる費用は、入居当初には発生しないものの、いずれ賃借人が一定に負担する可能性のあるものであり、賃料や敷金などと同様にその内容、金額等の条件によっては、賃貸借

契約締結の重要な判断材料となる可能性がある。こうしたことからも、原状回復の問題は、単に契約終了時だけではなく、賃貸借契約当初の問題としてと捉える必要がある。

(1) 賃貸借契約締結時における契約条件の開示等について

① 賃貸借契約書は、「賃貸住宅標準契約書【様式14-1】」（以下「標準契約書」という。）や本ガイドラインの示す一般的な基準を参考に作成されているが、一部ではこれ以外の契約書も使われている。

いずれの契約書であれ、その内容については、賃貸人・賃借人双方の十分な認識のもとで合意したものでなければならない。一般に、賃貸借契約書は、貸手側で作成することが多いことから、トラブルを予防する観点からは、賃貸人は、賃借人に対して、明渡しの際の原状回復の内容等を契約前に開示し、賃借人の十分な認識を得たうえで、双方の合意により契約事項として取り決める必要がある。

② 宅地建物取引業者が賃貸借を媒介・代理をするとき、当該業者は、重要事項説明における「解約時の敷金等の精算に関する事項」には、原状回復にかかる事項が含まれるものであることを認識しておく必要がある。

さらに、賃貸借契約書の作成に際し、原状回復の内容等について、標準契約書や本ガイドライン等を参考にしてその作成を行い、そのうえで、媒介・代理をする宅地建物取引業者は、重要事項及び契約事項として契約当事者に十分説明することが望まれる。

(2) 特約について

賃貸借契約については、強行法規に反しないものであれば、特約を設けることは契約自由の原則から認められるものであり、一般的な原状回復義務を超えた一定の修繕等の義務を賃借人に負わせることも可能である。しかし、判例等においては、一定範囲の修繕（小修繕）を賃借人負担とする旨の特約は、単に賃貸人の修繕義務を免除する意味しか有しないとされており、経年変化や通常損耗に対する修繕義務等を賃借人に負担させる特約は、賃借人に法律上、社会通念上の義務とは別個の新たな義務を課すことになるため、次の要件を満たしていなければ効力を争われることに十分留意すべきである。

【賃借人に特別の負担を課す特約の要件】
① 特約の必要性があり、かつ、暴利的でないなどの客観的、合理的理由が存在すること
② 賃借人が特約によって通常の原状回復義務を超えた修繕等の義務を負うことについて認識していること
③ 賃借人が特約による義務負担の意思表示をしていること

したがって、仮に原状回復についての特約を設ける場合は、その旨を明確に契約書面に定めたうえで、賃借人の十分な認識と了解をもって契約することが必要である。また、客観性や必要性については、例えば家賃を周辺相場に比較して明らかに安価に設定する代わりに、こうした義務を賃借人に課すような場合等が考えられるが、限定的なものと解すべきである。

なお、金銭の支出を伴う義務負担の特約である以上、賃借人が義務負担の意思表示をしているとの事実を支えるものとして、特約事項となっていて、将来賃借人が負担することになるであろう原状回復等の費用がどの程度のものになるか、単価等を明示しておくことも、紛争防止のうえで欠かせないものであると考えられる。

II. 契約の終了に伴う原状回復義務の考え方

1. 賃借人の原状回復義務とは何か

(1) 標準契約書の考え方

標準契約書では、建物の損耗等を次の2つに区分している。
① 賃借人の通常の使用により生ずる損耗
② 賃借人の通常の使用により生ずる損耗以外の損耗

これらについて、標準契約書は、①については賃借人に原状回復義務がないと定め、②については賃借人に原状回復義務があると定めている。したがって、損耗等を補修・修繕する場合の費用につい

ては、①については賃貸人が負担することになり、②については賃借人が負担することになる。
　なお、原状回復の内容・方法、①と②すなわち通常損耗分とそれ以外の区別については当事者間の協議事項とされている。

(2) **本ガイドラインの考え方**
　本ガイドラインでは、建物の損耗等を建物価値の減少と位置づけ、負担割合等のあり方を検討するにあたり、理解しやすいように損耗等を次の3つに区分した。
① 建物・設備等の自然的な劣化・損耗等（経年変化）
② 賃借人の通常の使用により生ずる損耗等（通常損耗）
③ 賃借人の故意・過失、善管注意義務違反、その他通常の使用を超えるような使用による損耗等

　このうち、本ガイドラインでは③を念頭に置いて、原状回復を次のように定義した。

> 原状回復とは、賃借人の居住、使用により発生した建物価値の減少のうち、賃借人の故意・過失、善管注意義務違反、その他通常の使用を超えるような使用による損耗・毀損を復旧すること

　したがって、損耗等を補修・修繕する場合の費用については、③の賃借人の故意・過失、善管注意義務違反、その他通常の使用を超えるような使用による損耗等について、賃借人が負担すべき費用と考え、他方、例えば次の入居者を確保する目的で行う設備の交換、化粧直しなどのリフォームについては、①、②の経年変化及び通常使用による損耗等の修繕であり、賃貸人が負担すべきと考えた。
　なお、このほかに、震災等の不可抗力による損耗、上階の居住者など当該賃借人と無関係な第三者がもたらした損耗等が考えられるが、これらについては、賃借人が負担すべきものでないことは当然である。

2．建物の損耗等について
　上述のように、建物価値の減少にあたる損耗等を分類し、定義しても、結局は具体の損耗等が上記(2)②の通常損耗等に該当するのか、(2)③の損耗等に該当するのかが判然としていないと、原状回復をめぐるトラブルの未然防止・解決には役立たない。
　標準契約書においては、通常損耗について、具体的な事例として畳の日焼け等を示すにとどまっているが、そもそも、生活スタイルの多様化等により、「通常の使用」といってもその範囲はきわめて広く、判断基準そのものを定義することは困難である【図1】。
　そこで、本ガイドラインでは、国民生活センター等における個別具体の苦情・相談事例の中で、通常損耗か否かの判断でトラブルになりやすいと考えられるものを取上げて検討し、一定の判断を加えることとした。

【図1　判例、標準契約書等の考え方】
賃貸住宅の価値（建物価値）

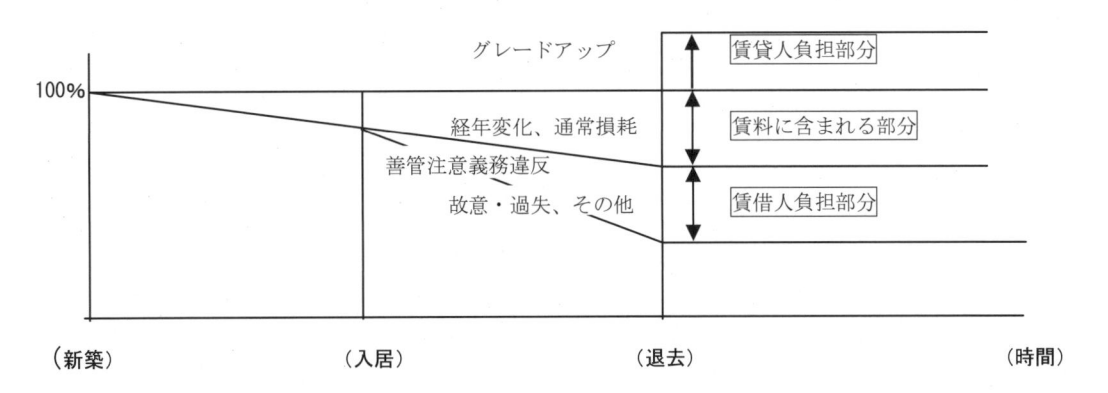

グレードアップ	賃貸人負担部分
経年変化、通常損耗	賃料に含まれる部分
善管注意義務違反	
故意・過失、その他	賃借人負担部分

（新築）　　　（入居）　　　（退去）　　　（時間）

※　グレードアップ：退去時に古くなった設備等を最近のものに取り替える等の建物の価値を増大させるような修繕等

> **【事例区分】**
> 　事例のうち建物価値の減少と捉えられるものを、
> A　　　　　：賃借人が通常の住まい方、使い方をしていても発生すると考えられるもの
> B　　　　　：賃借人の住まい方、使い方次第で発生したりしなかったりすると考えられるもの
> 　　　　　　　（明らかに通常の使用等による結果とは言えないもの）
> A（＋B）：基本的にはAであるが、その後の手入れ等賃借人の管理が悪く、損耗等が発生または
> 　　　　　　　拡大したと考えられるもの
> の3つにブレークダウンして区分した。
> 　そのうえで、建物価値の減少の区分としてはAに該当するものの、建物価値を増大させる要素
> が含まれているものを、A（＋G）に区分した【図2】【別表1】。

【図2　損耗・毀損事例の区分】

賃貸住宅の価値（建物価値）

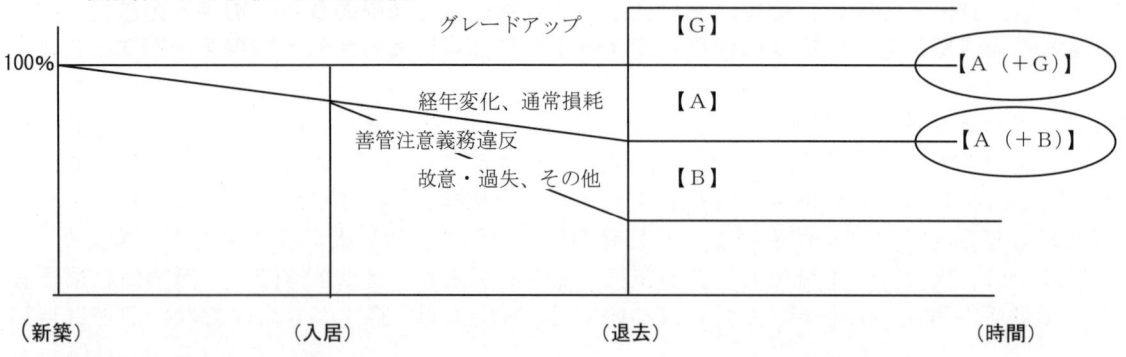

- グレードアップ 【G】 【A（＋G）】
- 経年変化、通常損耗 【A】
- 善管注意義務違反 【A（＋B）】
- 故意・過失、その他 【B】

（新築）　（入居）　（退去）　（時間）

3．賃借人の負担について

(1) 賃借人の負担対象事象

　上記区分による建物価値の減少に対する補修等の費用の負担者は、次のとおりとなる。

A：　賃借人が通常の住まい方、使い方をしていても発生すると考えられるものは、1(2)①の経年変化か、1(2)②の通常損耗であり、これらは賃貸借契約の性質上、賃貸借契約期間中の賃料でカバーされてきたはずのものである。したがって、賃借人はこれらを修繕等する義務を負わず、この場合の費用は賃貸人が負担することとなる。

A（＋G）：　賃借人が通常の住まい方、使い方をしていても発生するものについては、上記のように賃貸借契約期間中の賃料でカバーされてきたはずのものであり、賃借人は修繕等をする義務を負わないのであるから、まして建物価値を増大させるような修繕（例えば、古くなった設備等を最新のものに取替えるとか、居室をあたかも新築のような状態にするためにクリーニングを実施する等、Aに区分されるような建物価値の減少を補ってなお余りあるような修繕等）をする義務を負うことはない。したがって、この場合の費用についても賃貸人が負担することとなる。

B：　賃借人の住まい方、使い方次第で発生したりしなかったりすると考えられるものは、1(2)③の故意・過失、善管注意義務違反等を含むこともあり、もはや通常の使用により生ずる損耗とは言えない。したがって、賃借人に原状回復義務が発生し、賃借人が負担すべき費用の検討が必要になる。

A（＋B）：　賃借人が通常の住まい方、使い方をしていても発生するものであるが、その後の手入れ等賃借人の管理が悪く、損耗が発生・拡大したと考えられるものは、損耗の拡大について、賃借人に善管注意義務違反等があると考えられる。したがって、賃借人には原状回復義務が発生し、賃借人が負担すべき費用の検討が必要になる。

　なお、これらの区分は、あくまで一般的な事例を想定したものであり、個々の事象においては、Aに区分されるようなものであっても、損耗の程度等により実体上Bまたはそれに近いものとして判断され、賃借人に原状回復義務が発生すると思われるものもある。したがって、こうした損耗の程度を

考慮し、賃借人の負担割合等についてより詳細に決定することも可能と考えられる。
　しかしながら、現時点においては、損耗等の状況や度合いから負担割合を客観的・合理的に導き出すことができ、かつ、社会的にもコンセンサスの得られた基準等が存在していないこと、また、あまりにも詳細な基準は実務的にも煩雑となり、現実的でないことから、本ガイドラインにおいては、程度の差に基づく詳細な負担割合の算定は行っていない。

(2) **経過年数の考え方の導入**
① **経過年数**
　上記のように、事例区分BやA（＋B）の場合には、賃借人に原状回復義務が発生し、賃借人が負担する費用の検討が必要になるが、この場合に修繕等の費用の全額を賃借人が当然に負担することにはならないと考えられる。
　なぜなら、Bの場合であっても、経年変化・通常損耗は必ず前提になっているところ、経年変化・通常損耗の分は、賃借人としては賃料として支払ってきているのであり、賃借人が明渡し時に負担すべき費用にならないはずであるから、このような分まで賃借人が明渡しに際して負担しなければならないとすると、経年変化・通常損耗の分が賃貸借契約期間中と明渡し時とで二重に評価されることになるため、賃貸人と賃借人間の費用負担の配分について合理性を欠くことになるからである。
　また、実質的にも、賃借人が経過年数1年で毀損させた場合と経過年数10年で毀損させた場合を比較すると、後者の場合は前者の場合よりも大きな経年変化・通常損耗があるはずであり、この場合に修繕費の負担が同じであるというのでは賃借人相互の公平をも欠くことになる。
　そこで、賃借人の負担については、建物や設備等の経過年数を考慮し、年数が多いほど負担割合を減少させることとするのが適当である。
　経過年数による減価割合については、「減価償却資産の耐用年数等に関する省令」（昭和40年3月31日大蔵省令第15号）を参考とした。これによると、例えば、カーペットの場合、償却年数は、6年で残存価値10%となるような直線（または曲線）を描いて経過年数により賃借人の負担を決定する。年数が経つほど賃借人の負担割合は減少することとなる【図3】。

【図3　設備等の経過年数と賃借人負担割合（耐用年数6年及び8年、定額法の場合）**】**
　賃借人負担割合(原状回復義務がある場合)

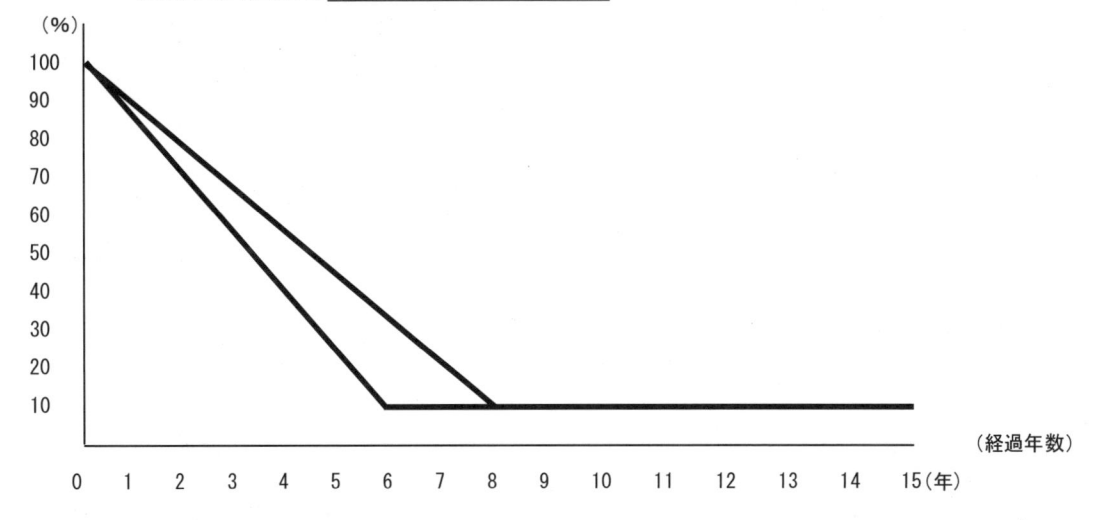

② **入居年数による代替**
　経過年数の考え方を導入した場合、新築物件の賃貸借契約ではない場合には、実務上の問題が生じる。すなわち、設備等によって補修・交換の実施時期はまちまちであり、それらの履歴を賃貸人や管理業者等が完全に把握しているケースは少ないこと、入居時に経過年数を示されても賃借人としては確認できないことである。他方、賃借人がその物件に何年住んだのかという入居年数は、契約当事者にとっても管理業者等にとっても明確でわかりやすい。
　そこで本ガイドラインでは、経過年数のグラフを、入居年数で代替する方式を採用することとした。この場合、入居時点の設備等の状況は、必ずしも価値100%のものばかりではないので、その

状況に合わせて経過年数のグラフを下方にシフトさせて使用することとする【図4】。なお、入居時点の状態でグラフの出発点をどこにするかは、契約当事者が確認のうえ、予め協議して決定することが適当である。例えば、入居直前に設備等の交換を行った場合には、グラフは価値100%が出発点となるが、そうでない場合には、当該賃貸住宅の建築後経過年数や個々の損耗等を勘案して10%を下限に適宜グラフの出発点を決定することとなる。

【図4　入居時の状態と賃借人負担割合（耐用年数6年、定額法の場合）**】**
賃借人負担割合(原状回復義務がある場合)

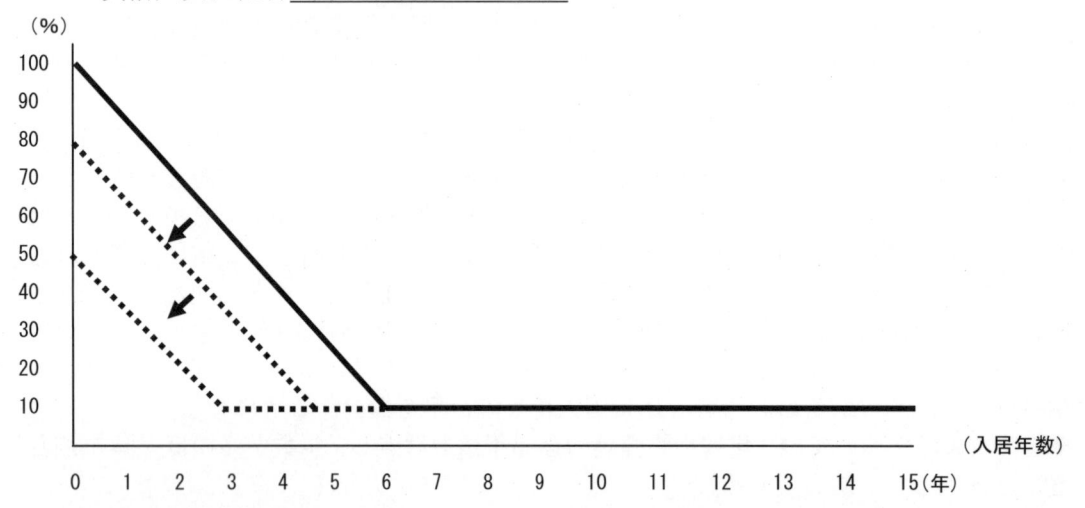

※　入居時の設備等の状態により、左方にシフトさせる。新築や交換、張替えの直後であれば、始点は（入居年数、割合）＝（0年、100%）となる。

③ 経過年数（入居年数）を考慮しないもの

　もっとも、建物本体と同様に長期間の使用に耐えられる部位であって、部分補修が可能な部位、例えば、フローリング等の部分補修については、経過年数を考慮することにはなじまないと考えられる。なぜなら、部分補修としたうえに形式的に経過年数を考慮すると、賃貸人にとって不合理な結果となるからである。

　フローリングを例にとると、補修を部分的に行ったとしても、将来的には全体的に張替えるのが一般的であり、部分補修がなされたからといって、フローリング全体としての価値が高まったと評価できるものではない（つぎはぎの状態になる）。よって、部分補修の費用全額を賃借人が負担しても、賃貸人が当該時点におけるフローリングの価値（経年変化や通常損耗による減少を考慮した価値）を超える利益を獲得することにはならないので、経過年数を考慮する必要はない。むしろ、形式的に経過年数を考慮すると、部分補修の前後を通じてフローリングの価値は同等であると評価できるのに、賃貸人が費用の負担を強いられるという意味で不合理である。したがって、こうした部位等については、経過年数を考慮せず、部分補修費用について毀損等を発生させた賃借人の負担とするのが妥当であると考えられる。

　また、襖紙や障子紙、畳表といったものは、消耗品としての性格が強く、毀損の軽重にかかわらず価値の減少が大きいため、減価償却資産の考え方を取り入れることにはなじまないことから、経過年数を考慮せず、張替え等の費用について毀損等を発生させた賃借人の負担とするのが妥当であると考えられる。

(3) 賃借人の負担対象範囲
① 基本的な考え方

　原状回復は、毀損部分の復旧であることから、可能な限り毀損部分に限定し、毀損部分の補修工事が可能な最低限度を施工単位とすることを基本とする。したがって、賃借人に原状回復義務がある場合の費用負担についても、補修工事が最低限可能な施工単位に基づく補修費用相当分が負担対象範囲の基本となる。

② 毀損部分と補修箇所にギャップがある場合

賃借人の負担対象範囲で問題となるのが、毀損部分と補修工事施工箇所にギャップがあるケースである。例えば、壁等のクロスの場合、毀損箇所が一部であっても他の面との色や模様合せを実施しないと商品価値を維持できない場合があることから、毀損部分だけでなく部屋全体の張替えを行うことが多い。

この場合に問題となるのが、「賃借人の居住、使用により発生した建物価値の減少のうち、賃借人の故意・過失、善管注意義務違反による損耗・毀損を復旧すること」である原状回復の観点から、賃借人にどのような範囲でクロスの張替え義務があるとするかということである。

この点、当該部屋全体のクロスの色や模様が一致していないからといって、賃貸借の目的物となり得ないというものではなく、当該部屋全体のクロスの色・模様を一致させるのは、賃貸物件としての商品価値の維持・増大という側面が大きいと言うべきで、その意味ではいわゆるグレードアップに相当する部分が含まれると考えられる。したがって、当該部屋全体のクロスの張替えを賃借人の義務とすると、原状回復以上の利益を賃貸人が得ることとなり、妥当ではない。

他方、毀損部分のみのクロスの張替えが技術的には可能であっても、その部分の張替えが明確に判別できるような状態になり、そのような状態では、建物価値の減少を復旧できておらず、賃借人としての原状回復義務を十分果たしたとは言えないとも考えられる。したがって、クロス張替えの場合、毀損箇所を含む一面分の張替費用を毀損等を発生させた賃借人の負担とすることが妥当と考えられる（このように賃借人の負担範囲を大きくしても、経過年数を考慮すれば、金銭的な負担は不当なものとはならないと考えられる）。

このように毀損部分と補修箇所に大きな差異が生じるような場合は、補修工事の最低施工可能範囲、原状回復による賃貸人の利得及び賃借人の負担を勘案し、当事者間で不公平とならないようにすべきである【別表2】。

別表1 損耗・毀損の事例区分（部位別）一覧表（通常、一般的な例示）

区分 部位	【A】【賃借人が通常の住まい方、使い方をしていても発生すると考えられるもの】 【A（+G）】【次の入居者を確保するための化粧直し、グレードアップの要素があるもの】		【A（+B）】【賃借人のその後の手入れ等管理が悪く発生、拡大したと考えられるもの】	【B】【賃借人の使い方次第で発生したり、しなかったりするもの（明らかに通常の使用による結果とは言えないもの）】
床 （畳、フローリング、カーペットなど）	①畳の裏返し、表替え（特に破損等していないが、次の入居者確保のために行うもの） 【考え方】 入居者入れ替わりによる物件の維持管理上の問題であり、賃貸人の負担とすることが妥当と考えられる。 ②フローリングワックスがけ 【考え方】 ワックスがけは、通常の生活において必ず行うとまでは言い切れず、物件の維持管理の意味合いが強いことから、賃貸人負担とすることが妥当と考えられる。	①家具の設置による床、カーペットのへこみ、設置跡 【考え方】 家具保有数が多いという我が国の実状に鑑み、その設置は必然的なものであり、設置したことだけによるへこみ、跡は通常の使用による損耗ととらえるのが妥当と考えられる。 ②畳の変色、フローリングの色落ち（日照、建物構造欠陥による雨漏りなどで発生したもの） 【考え方】 日照は、通常の生活で避けられないものであり、また、構造上の欠陥は、賃借人には責任はないと考えられる。（賃借人が通知義務を怠った場合を除く）	①カーペットに飲み物等をこぼしたことによるシミ、カビ 【考え方】 飲み物等をこぼすこと自体は通常の生活の範囲と考えられるが、その後の手入れ不足等で生じたシミ・カビの除去は賃借人の負担により実施するのが妥当と考えられる。 ②冷蔵庫下のサビ跡 【考え方】 冷蔵庫に発生したサビが床に付着しても、拭き掃除で除去できる程度であれば、通常の生活の範囲と考えられるがそのサビを放置し、床に汚損等の損害を与えることは、賃借人の善管注意義務違反に該当する場合が多いと考えられる。	①引越作業で生じたひっかきキズ 【考え方】 賃借人の善管注意義務違反または過失に該当する場合が多いと考えられる。 ②フローリングの色落ち（賃借人の不注意で雨が吹き込んだことなどによるもの） 【考え方】 賃借人の善管注意義務違反に該当する場合が多いと考えられる。 ③キャスター付きのイス等によるフローリングのキズ、へこみ 【考え方】 キャスターの転がりによるキズ等の発生は通常予測されることで、賃借人としてはその使用にあたって十分な注意を払う必要があり、発生させた場合は賃借人の善管注意義務違反に該当する場合が多いと考えられる。

| 壁、天井(クロス) | | ①タバコのヤニ
【考え方】
　喫煙自体は、用方違反、善管注意義務違反にあたらずクリーニングで除去できる程度のヤニについては、通常の損耗の範囲であると考えられる。
　ただし通常のクリーニングでは除去できない程度のヤニは、もはや通常損耗とは言えず、その場合にはA(+B)に区分されるものと考えられる。

②テレビ、冷蔵庫等の後部壁面の黒ずみ(いわゆる電気ヤケ)
【考え方】
　テレビ、冷蔵庫は通常、一般的な生活をしていくうえで必需品であり、その使用による電気ヤケは通常の使用ととらえるのが妥当と考えられる。

③壁に貼ったポスターや絵画の跡
【考え方】
　壁にポスター等を貼ることによって生じるクロス等の変色は、主に日照などの自然現象によるもので、通常の生活による損耗の範囲であると考えられる。

④エアコン(賃借人所有)設置による壁のビス穴、跡
【考え方】
　エアコンについても、テレビ等と同様一般的な生活をしていくうえで必需品になってきており、その設置によって生じたビス穴等は通常の損耗と考えられる。

⑤クロスの変色(日照などの自然現象によるもの)
【考え方】
　畳等の変色と同様、日照は通常の生活で避けられないものであると考えられる。

⑥壁等の画鋲、ピン等の穴(下地ボードの張替えは不要な程度のもの)
【考え方】
　ポスターやカレンダー等の掲示は、通常の生活において行われる範疇のものであり、そのために使用した画鋲、ピン等の穴は、通常の損耗と考えられる。 | ①台所の油汚れ
【考え方】
　使用後の手入れが悪く、ススや油が付着している場合は、通常の使用による損耗を超えるものと判断されることが多いと考えられる。

②結露を放置したことにより拡大したカビ、シミ
【考え方】
　結露は建物の構造上の問題であることが多いが、賃借人が結露が発生しているにもかかわらず、賃貸人に通知もせず、かつ、拭き取るなどの手入れを怠り、壁等を腐食させた場合には、通常の使用による損耗を超えると判断されることが多いと考えられる。

③クーラー(賃貸人所有)から水漏れし、賃借人が放置したため壁が腐食
【考え方】
　クーラーの保守は、所有者(賃貸人)が実施すべきものであるが、水漏れを放置したり、その後の手入れを怠った場合は、通常の使用による損耗を超えると判断されることが多いと考えられる。 | ①壁等の釘穴、ネジ穴(重量物を掛けるためにあけたもので、下地ボードの張替えが必要な程度のもの)
【考え方】
　重量物の掲示等のための釘、ネジ穴は、画鋲等のものに比べて深く、範囲も広いため、通常の使用による損耗を超えると判断されることが多いと考えられる。

②クーラー(賃借人所有)から水漏れし、放置したため壁が腐食
【考え方】
　クーラーの保守は所有者(この場合賃借人)が実施すべきであり、それを怠った結果、壁等を腐食させた場合には、善管注意義務違反と判断されることが多いと考えられる。

③天井に直接つけた照明器具の跡
【考え方】
　予め設置された照明器具用コンセントを使用しなかった場合には、通常の使用による損耗を超えると判断されることが多いと考えられる。 |

建具 （襖、柱など）	①網戸の張替え（破損等はしていないが次の入居者確保のために行うもの） 【考え方】 　入居者の入替わりによる物件の維持管理上の問題であり、賃貸人の負担とすることが妥当と考えられる。	①地震で破損したガラス 【考え方】 　自然災害による損傷であり、賃借人には責任はないと考えられる。 ②網入りガラスの亀裂 （構造により自然に発生したもの） 【考え方】 　ガラスの加工処理の問題で亀裂が自然に発生した場合は、賃借人には責任はないと考えられる。		①飼育ペットによる柱等のキズ 【考え方】 　特に、共同住宅におけるペット飼育は未だ一般的ではなく、ペットの躾の問題でもあり、賃借人負担と判断される場合が多いと考えられる。
設備、その他 （鍵など）	①全体のハウスクリーニング（専門業者による） 【考え方】 　賃借人が通常の清掃（具体的には、ゴミの撤去、掃き掃除、拭き掃除、水回り、換気扇、レンジ回りの油汚れの除去等）を実施している場合は次の入居者を確保するためのものであり、賃貸人負担とすることが妥当と考えられる。 ②消毒（台所、トイレ） 【考え方】 　消毒は、日常の清掃と異なり、賃借人の管理の範囲を超えているので、賃貸人負担とすることが妥当と考えられる。 ③浴槽、風呂釜等の取替え（破損等はしていないが、次の入居者確保のため行うもの） 【考え方】 　物件の維持管理上の問題であり、賃貸人負担とするのが妥当と考えられる。	①鍵の取替え（破損、鍵紛失のない場合） 【考え方】 　入居者の入替わりによる物件管理上の問題であり、賃貸人の負担とすることが妥当と考えられる。 ②設備機器の故障、使用不能（機器の耐用年限到来のもの） 【考え方】 　経年劣化による自然損耗であり、賃借人に責任はないと考えられる。	①ガスコンロ置場、換気扇等の油汚れ、すす 【考え方】 　使用期間中に、清掃・手入れを怠った結果、汚損が生じた場合は、賃借人の善管注意義務違反に該当すると判断されることが多いと考えられる。 ②風呂、トイレ、洗面台の水垢、カビ等 【考え方】 　使用期間中に、清掃・手入れを怠った結果、汚損が生じた場合は、賃借人の善管注意義務違反に該当すると判断されることが多いと考えられる。	①日常の不適切な手入れ若しくは用方違反による設備の毀損 【考え方】 　賃借人の善管注意義務違反に該当すると判断されることが多いと考えられる。

（注）事例は、主に発生すると考えられる部位でまとめている。

【別表2】　賃借人の原状回復義務等負担一覧表

	賃借人の原状回復義務	工事施工単位（実体）	賃借人負担単位	経過年数の考慮等
基本的な考え方	賃借人の居住・使用により発生した建物価値の減少のうち、賃借人の故意・過失、善管注意義務違反、その他通常の使用を超えるような使用による損耗等を復旧すること。	———	可能な限り毀損部分の補修費用相当分となるよう限定的なものとする。この場合、補修工事が最低限可能な施工単位を基本とする。 　いわゆる模様あわせ、色あわせについては、賃借人の負担とはしない。	財産的価値の復元という観点から、毀損等を与えた部位や設備の経過年数によって、負担割合は変化する。 　具体的には、経過年数が多いほど賃借人の負担割合が小さくなるようにする。 　最終残存価値は、当初価値の10％とし、賃借人の負担割合は最低10％となる。
床 （畳、フローリング、カーペットなど）	毀損部分の補修	【畳】 　最低1枚単位。色あわせを行う場合は、当該居室の畳数分。	【畳】 　原則1枚単位。毀損等が複数枚にわたる場合は、その枚数（裏返しか表替えかは毀損の程度による）。	【畳表】 　消耗品に近いものであり、減価償却資産になじまないので、経過年数は考慮しない。

		【カーペット、クッションフロア】 　洗浄等で落ちない汚れ、キズの場合は当該居室全体。 【フローリング】 　最低㎡単位。	【カーペット、クッションフロア】 　毀損等が複数箇所にわたる場合は、当該居室全体。 【フローリング】 　原則㎡単位。毀損等が複数箇所にわたる場合は、当該居室全体。	【畳床、カーペット、クッションフロア】 　6年で残存価値10％となるような直線（または曲線）を想定し、負担割合を算定する。 【フローリング】 　経過年数は考慮しない。
壁、天井 （クロス）	毀損部分の補修	【壁（クロス）】 　最低㎡単位。色、模様あわせを行う場合は、当該面または居室全体。 ※　タバコのヤニの場合は、クリーニングまたは張替え（部分補修困難）。	【壁（クロス）】 　㎡単位が望ましいが、賃借人が毀損させた箇所を含む一面分までは張替費用を賃借人負担としてもやむを得ないとする。 【タバコのヤニ】 　クリーニングで済む程度のヤニは、通常の使用による損耗であり、賃借人の負担はないものとし、張替えが必要な程度に汚損している場合のみ、当該居室全体の張替費用を賃借人負担とすることが妥当と考えられる。	【壁（クロス）】 　6年で残存価値10％となるような直線（または曲線）を想定し、負担割合を算定する。
建具 （襖、柱など）	毀損部分の補修	【襖】 　最低1枚単位。色、模様あわせの場合は、当該居室全体の枚数。 【柱】 　最低1本単位。	【襖】 　1枚単位。 【柱】 　1本単位。	【襖紙、障子紙】 　消耗品であり、減価償却資産とならないので、経過年数は考慮しない。 【襖、障子等の建具部分、柱】 　経過年数は考慮しない。
設備、その他 （鍵、クリーニングなど）	設備の補修 鍵の返却 通常の清掃 （ゴミ撤去、掃き掃除、拭き掃除、水回り清掃、換気扇やレンジ回りの油汚れの除去）	【設備機器】 　部分的補修、交換 【鍵】 　紛失の場合は、シリンダーの交換。 【クリーニング】 　専門業者等による部位毎もしくは全体のクリーニング（いわゆるハウスクリーニング）。	【設備機器】 　補修部分、交換相当費用 【鍵】 　紛失の場合は、シリンダーの交換。 【クリーニング】 　部位毎もしくは住戸全体。	【設備機器】 　8年で残存価値10％となるような直線（または曲線）を想定し、負担割合を算定する（新品交換の場合も同じ）。 【鍵】 　紛失の場合は、経過年数は考慮しない。交換費用相当分を全額賃借人負担とする。 【クリーニング】 　経過年数は考慮しない。賃借人負担となるのは、通常の清掃を実施していない場合で、部位もしくは住戸全体の清掃費用相当分を全額賃借人負担とする。

（注）事例は、主に発生すると考えられる部位、状態でまとめている。

第2章　トラブルの迅速な解決にかかる制度
1．現行制度の活用

　　原状回復の問題をはじめ、賃貸住宅をめぐるトラブルが発生した場合の解決は、当事者間の相対による交渉により図られることとなるが（実態的には、宅建業者、管理業者が間に立って行うことが多いと考えられる）、相対交渉によって解決しない場合、最終的には裁判により決着を図ることになる。しかし、費用や時間等の問題から、裁判にまで踏み切るものは必ずしも多くないのが実状である。

　　こうしたこともあり、最近では、裁判であっても比較的少ない費用と時間で判決を言い渡す簡易裁判所〔裁判所法第33条により訴訟の目的の価額が90万円（法改正により平成16年4月から140万円に引き上げられる）を超えない請求を管轄する。〕の少額訴訟手続の制度が施行されているほか、中立的な第三者が当事者間に介入して紛争の解決を図る**裁判外紛争処理制度**（ADR：Alternative Dispute Resolution）が注目されており、当面こうした制度を活用することにより、トラブルの円滑かつ迅速な解決が図られることが期待される。

（1）少額訴訟手続

　　少額訴訟手続は、民事訴訟のうち、少額の金銭の支払をめぐるトラブルを少ない費用で迅速に解決することを目的とした制度であり、民事訴訟法の改正により、平成10年1月から施行されている。この制度は、30万円（法改正により平成16年4月から60万円に引き上げられる）以下の金銭の支払を求める訴えについて、原則として1回の審理で紛争する審理手続で、裁判所は、原告の主張（支払）を認める場合でも、分割払、支払猶予、遅延損害金免除の判決を言い渡すことができるものとされている。

　　原状回復及び敷金返還にかかるトラブルにも対応できうる制度であり、今後も益々その活用が期待される。

（2）裁判外紛争処理制度
① 調停（相談・斡旋）

　　民事調停（司法調停）は、民事紛争につき、調停機関が斡旋・仲介し、当事者の互譲により、条理にかない実情に即した解決を図ることを目的として、民事調停法の定める手続により行われる紛争解決制度で、訴訟に比べて簡易な手続により迅速な解決が図られる等のメリットがある。

　　また、司法調停ではないが、国民生活センター、消費生活センターなどの常設的な紛争調整機関においては、紛争当事者間の円満な話合い、解決のための調停ないし相談・斡旋が必要に応じて行われている。

② 仲裁

　　仲裁は、一定の法律関係に関する紛争の処理を、裁判所ではなく、私人である第三者（仲裁人）の判断に委ねる旨の合意に基づいて行われる紛争解決方法で、仲裁人の選定における公平性の確保などの問題もあり、その実績は調停に比べると多くないが、弁護士会による仲裁センターでは、取扱う事実について特別な制限を設けていない場合が多く、原状回復、敷金返還請求にかかる事案も持ち込まれている。

　　紛争の解決のため、どの制度を利用するかは申立人ないし当事者の判断によるが、相談・斡旋が初期の段階で利用され、それが奏功しない場合に、調停さらには訴訟、仲裁が用いられるのが一般的であり、原状回復にかかるトラブルの解決手順も同様であると考えられる。

2．行政機関への相談

　　賃貸住宅にかかる相談、苦情処理業務は、地方公共団体の相談窓口や消費生活センターなどの行政機関においても実施されている。

　　原状回復といった賃貸住宅の管理の分野等の問題は、直接的な取締法規がなく、賃貸住宅の契約関係のような民事紛争においては、行政が当事者間の利害を勘案し、一定の判断を下してそれに従わせることはできないが、行政機関においては、トラブル防止に向けた啓発、紛争解決への助言、紛争解決制度等の情報提供などを行っているところであり、行政機関への相談も一つのトラブル解決方策と考えられる。

【参考資料2】

東京における住宅の賃貸借に係る紛争の防止に関する条例

1．「東京ルール」制定の背景

　東京ルールとは、東京都が国土交通省の示した「原状回復をめぐるトラブルとガイドライン」に沿って作成した都条例、正式には「東京における住宅の賃貸借に係る紛争の防止に関する条例」及び「同条例規則」の総称をいいます。

　東京都には、「退去後の原状回復の経費問題」、「借主と貸主のどちらが負担するのかの問題」、「預けた敷金が全然戻らないあるいは一部しか戻らないという問題」、「敷金以上の費用を請求されたという問題」等、数多くの賃貸住宅に関する相談が寄せられており、その打開策が求められていました。しかしながら、これらの問題の多くは宅建業法の適用外であり、行政の指導が必ずしも行き届かない面がありました。

　このような状況を改善するために東京都の住宅政策審議会から「契約・管理に関して予め取決めておくべき事項の明確化に取組むべき」との答申〔2003（平成15）年8月〕が出されたことを受け、標記条例が制定され、**平成16年10月1日から施行**されました。

2．都条例で宅建業者に課せられた義務

　都条例は、平成16年10月1日以降に、宅建業者が東京都内にある居住用賃貸住宅の代理や媒介を行う場合で、借り希望者に対して「宅建業法第35条」に規定する重要事項説明を行う際、「退去時における住宅の損耗等の復旧並びに住宅の使用及び収益に必要な修繕に関し、東京都規則で定める事項」「住宅の賃貸借に係る紛争の防止を図るため、予め明らかにすべきこととして規則で定める事項」の説明を行わなければならないと規定（条例第2条）しました。

　また、「第2条に規定する説明の全部または一部を怠ったり」、「第4条に規定する業務に関する報告や資料の提出を知事からの求めに従わなかったり」した場合は、行政による指導・勧告をすると規定（条例第5条）しているほか、この勧告に従わなかった場合は宅建業者の氏名及び住所、勧告の内容等公表する（条例第6条）としています。

　さらに、「東京都内にある居住用賃貸住宅を扱う場合」、「東京都外の宅建業者が代理や媒介を行う場合」も同様の説明をすることを義務付けています。

　なお、「店舗や事務所等の事業用物件」「貸主が借主と直接、賃貸借契約を締結する場合」は、適用除外となっています。

　東京都規則で定める「宅建業者が借り希望者に対して説明をしなければならない事項」は、以下の4点です。

① 退去時の通常損耗等の復旧は、貸主が行うことが基本であること
② 入居中の必要な修繕は、貸主が行うことが基本であること
③ 賃貸借契約の中で、借主の負担としている具体的な事項
④ 「設備等の修繕」「維持管理」等に関する連絡先となる者の氏名（法人の場合は「商号または名称」）・住所（法人の場合は「主たる事務所所在地」）

　なお、「特約」つまり、「貸主・借主間で特別の合意・約束」、「特別の条件を付した約束」を賃貸借契約書に定め、借主の費用負担とする場合は、「特約の必要性があり、かつ、暴利的でないなどの客観的、合理的理由が存在すること」、「借主が特約によって通常の原状回復義務を超えた修繕等の義務を負うことについて認識していること」、「借主が特約による義務負担の意思表示をしていること」の3要件を満たしている状態でなければ、特約が有効とならないとされていますので、注意する必要があります。

3．重要事項説明を適正に行うために必要な事項の例

〔「賃貸住宅トラブル防止ガイドライン」（平成16年9月）東京都発行より抜粋〕

　東京都では、借り希望者に対して事前に説明すべき「重要事項説明書の記載モデル」を作成し、「賃貸住宅トラブル防止ガイドライン」（小冊子）で示していますが、以下に、説明すべき事項を抜粋して列

挙します。
　なお、詳細については、東京都発行の「賃貸住宅トラブル防止ガイドライン」（小冊子）で確認して下さい。

① 退去時における住宅の損耗等の復旧についての説明
　1) **費用負担の一般原則**については、
- 経年変化及び通常使用による住宅の損耗等の復旧については、貸主の費用負担で行い、借主はその費用を負担しないとされています。
  - （例）「壁に貼ったポスターや絵画の跡」、「日照などの自然現象による畳やクロスの変色」、「家具の設置によるカーペットのへこみ」、「テレビ・冷蔵庫等の背面の電気焼け」
- ただし、借主の故意・過失や通常の使用方法に反する使用など借主の責めに帰すべき事由による住宅の損耗等があれば、借主は、その復旧費用を負担するとされています。
  - （例）「飼育ペットによる柱等の傷」、「タバコによるクロスや畳等の焼け焦げ」、「引越作業で生じたひっかけ傷」、「エアコンなどから水漏れしその後放置したために生じた壁・床の腐食」、「借主が結露を放置したために拡大したシミやカビ」

　2) **例外としての特約**については、
- 貸主と借主は、両者の合意により、退去時における住宅の損耗等の復旧について、上記①1)の一般原則とは異なる特約を定めることができるとされています。ただし、通常の原状回復義務を超えた負担を借主に課す特約は、全て認められる訳ではなく、内容によっては無効とされることがあります。
  - 【参考】判例等によれば、借主に通常の原状回復義務を超えた義務を課す特約が有効となるためには、次の3要件を満たす必要があるとされています。
    - (1) 特約の必要性に加え、暴利的でないなどの客観的・合理的な理由が存在すること
    - (2) 借主が特約によって、通常の原状回復義務を超えた修繕等の義務を負うことについて認識していること
    - (3) 借主が特約による義務負担の意思表示をしていること

　3) **上記の①1)・2)を念頭に具体的な説明を行う場合の記載例**
　　【特約がない場合】
- 　本契約では、借主は、経年変化及び通常の使用による住宅の損耗等の復旧について、その費用の負担を要しませんが、退去時に、借主の故意・過失や通常の使用方法に反する使用など、借主の責めに帰すべき事由による住宅の損耗等があれば、その復旧費用を負担することになります。

　　【特約がある場合】
- 　本契約では、借主は、経年変化及び通常の使用による住宅の損耗等の復旧について、その費用の負担を要しませんが、退去時に、借主の故意・過失や通常の使用方法に反する使用など、借主の責めに帰すべき事由による住宅の損耗等があれば、その復旧費用を負担することになります。
   また、貸主・借主が合意した(※)「○○」、「○○」、「○○」の費用については、借主が退去する際に負担することになります。
   　（※）特約により借主が負担することとなった具体的な内容を明記する必要があります。

② 住宅の使用及び収益に必要な修繕についての説明
　1) **費用負担の一般原則**については、
- 住宅の使用及び収益に（※）**必要な修繕**については、貸主の費用負担で行うとされています。
  - （※）「**必要な修繕**」とは、借主が通常の使用に支障をきたさないための修繕をいいます。なお、修繕が必要かどうかは、家賃の額や賃貸物件の構造、築年数、環境などの要素を総合的に判断し、損耗等の程度と照らし合わせて、ケースバイケースで判断されます。
  - （例）「エアコン（貸主所有）・給湯器・風呂釜の経年的な故障」、「雨漏り」、「建具の不具合」
- 　ただし、入居期間中、借主の故意・過失や通常の使用方法に反する使用など借主の責めに帰すべき事由により、修繕の必要が生じた場合は、借主がその費用を負担するとされています。
  - （例）「子供が遊んでいて誤って割った窓ガラス」、「お風呂の空焚きによる故障」

2) **例外としての特約**については、
● 上記②1)の一般原則にかかわらず、貸主と借主の合意により、入居期間中の(※)**小規模な修繕**については、貸主の修繕義務を免除するとともに、借主が自らの費用負担で行うことができる旨の特約を定めることができるとされています。

> **(参考)** 入居期間中の(※)**小規模な修繕**としては、「電球」「蛍光灯」「給水・排水栓（パッキン）」の取替え等が考えられ、貸主の承諾を得なくても修繕可能なものです。判例では小規模な修繕を借主の負担とする特約は「有効」とされています。ただし、小規模な修繕の特約は、本来、貸主に課せられている修理義務を免除する一方で、借主に自己負担で修繕を行う「権利」を与えたものであるとされていますので、修繕をするか否かは借主の自由であり、借主は修繕義務を負っているわけではありません。したがって、当該特約があることを理由に、退去時に取替えなかったとしても借主にその費用負担を請求することはできません。

3) **上記の② 1)・2)を念頭に具体的な説明を行う場合の記載例**

【特約がない場合】

本契約では、「畳表の取替え・裏返し」、「障子紙の張替え」、「襖紙の張替え」、「電球・蛍光灯の取替え」、「ヒューズの取替え」、「給水栓の取替え」、「排水栓の取替え」、「その他費用が軽微な修繕」については、貸主の承諾を得ることなく、借主自らの負担において行うことができます。

なお、退去時において、これらの箇所の取替えを借主の負担で行わなかったとしても、借主にその負担費用を請求いたしません。

また、特約のない住宅の使用及び収益に必要な修繕については、貸主の費用負担で行いますが、借主の故意・過失や通常の使用方法に反する使用など、借主の責めに帰すべき事由による住宅の損耗等があれば、その復旧費用を負担することになります。

【特約がある場合】

本契約では、「畳表の取替え・裏返し」、「障子紙の張替え」、「襖紙の張替え」、「電球・蛍光灯の取替え」、「ヒューズの取替え」、「給水栓の取替え」、「排水栓の取替え」、「その他費用が軽微な修繕」については、貸主の承諾を得ることなく、借主自らの負担において行うことができます。

なお、退去時において、これらの箇所の取替えを借主の負担で行わなかったとしても、借主にその負担費用を請求いたしません。

また、特約のない住宅の使用及び収益に必要な修繕については、貸主の費用負担で行いますが、借主の故意・過失や通常の使用方法に反する使用など、借主の責めに帰すべき事由による住宅の損耗等があれば、その復旧費用を負担することになります。

なお、貸主・借主が合意した(※)「〇〇」、「〇〇」、「〇〇」の費用については、借主が退去する際に負担することになります。

> (※) 特約により借主が負担することとなった具体的な内容を明記する必要があります。

③ 借主の入居期間中の「設備等の修繕」及び「維持管理等」に関する連絡先となる者についての説明

入居期間中の修繕は、貸主が行うのが原則です。宅建業法の重要事項説明では、管理を委託している場合は、その委託先を説明する必要がありますが、管理を委託せず、貸主が直接管理している場合は、説明義務はありません。

しかしながら、責任の所在が不明確によるトラブルを未然に防ぐため、都の賃貸住宅紛争防止条例では、共用部分や専用部分の各設備ごとに、修繕・維持管理等の連絡先を予め借主に対して示し、説明するよう宅建業者に求めています。

		氏名（商号又は名称）	住所（主たる事務所所在地）	連絡先電話番号
1	共用部分の設備等の修繕及び維持管理等			
	設備等の修繕及び維持管理等	貸主　近代　太郎	豊島区東池袋△−△−△	03−3986−0000
2	専用部分の設備等の修繕及び維持管理等			
	内装、建具等の修繕	貸主　近代　太郎	豊島区東池袋△−△−△	03−3986−0000
	その他設備の修繕等	〇〇管理株式会社	豊島区東池袋□−□−□	03−3321−0000

※ 原則は、貸主または貸主の指定する業者を記載することになります。なお、内容により連絡先が分かれる場合は、区分して記載することになります。

④ 説明した際の確認
　　紛争の未然防止の徹底を図るため宅建業者は、借り希望者、貸主の双方に対して説明し、「確認日」「住所」「氏名」の記載及び「押印」を受けた説明書（確認書）を取っておくことが望ましい処理と言えます。

4．退去時の復旧負担

　退去時に、借主に課されている義務とは、「原状回復義務」つまり、「借主が入居時に搬入した家具等所持品を搬出すること」であり、「借主の故意・過失や通常の使用方法に反する使用など、借主の責任によって生じた住宅の損耗や傷等を復旧すること」です。これに要する費用は、原則として借主が負担することになります。
　「経年変化」、「通常の使用による損耗・傷等」の復旧については、貸主が行うことになり、これに要する費用は、原則として貸主が負担することになります。
　なお、貸主と借主の合意により、前述の原則と異なる特約を定めることができますが、「通常の原状回復義務を超えた負担を借主に課す特約」は、全て認められる訳ではなく、内容によっては無効とされることがあります。最近の判例によれば、**消費者契約法第10条**の規定（消費者の利益を一方的に害する条項の無効）に該当するとして、貸主側に対して「借主より受領した修繕費用等の一部ないしは全部返還」を命じる判決が多く見られますので、特約をする場合は、注意する必要があります。
　また、貸主側で注意を要する点としては、「借主は、契約終了時には本件を原状に復して明渡さなければならない」と賃貸借契約書に記述していることを根拠に、「新築の状態で貸したのだから」、「リフォームしたうえで貸したのだから」元通りの状態で返すべきであると主張する例が見受けられますが、「原状回復」とは、「契約締結時と全く同じ状態に回復」することではないことを、認識する必要があります。
　「原状回復とは言えないグレードアップのための修繕費用」つまり、次の入居者を確保することを目的とする「設備の交換」、「化粧直し」などのリフォームや、「古くなった設備を最新のものに取替える」など建物の価値を増大させる修繕費用については、貸主の負担であるとしています。
　都条例で、「レンタカーを借りた場合、走行距離に比例してタイヤも減れば、満タンで借りたガソリンも減ります。だからと言って、レンタカー料金以外にタイヤの減った分までの復旧費用を別途請求されることはありません。ガソリンだけ満タンにして返せば問題ないわけです。ただし、不注意で車をぶつけた場合や、致命的な傷を付けた場合は、レンタカー料金以外に復旧費用を請求されることになります。賃貸住宅における『原状回復』も同じように考えて頂ければよいと思います。」と引用例で貸主・借主の費用負担区分を説明していますが、的確で、明確な例であると思われます。
　なお、損耗等の程度によっては取扱いが異なりますが、貸主・借主の負担区分として以下のように一般的な例示をしています。

【貸主・借主の負担区分の一覧表（一般的例示）】

部位	項目	説　　明	負担区分	理　　由
床	畳	畳の裏返し、表替え（特に破損等していないが、次の入居者確保のために行うもの）	貸主	入居者の入替わりによる物件の維持管理上の問題であり、貸主の負担とすることが妥当と考えられる。
		畳の変色（日照・建物構造欠陥による雨漏りなどで発生したもの）	貸主	日照は通常の生活で避けられないものであり、また、構造上の欠陥は、借主には責任がないと考えられる。（借主が通知義務を怠った場合を除く）
	フローリング	フローリングのワックスがけ	貸主	ワックスがけは通常の生活において必ず行うとまでは言い切れず、物件の維持管理の意味合いが強いことから、貸主負担とすることが妥当と考えられる。
		フローリングの色落ち（日照・建物構造欠陥による雨漏りなどで発生したもの）	貸主	日照は通常の生活で避けられないものであり、また、構造上の欠陥は、借主には責任がないと考えられる。（借主が通知義務を怠った場合を除く）
		フローリングの色落ち（借主の不注意で雨が吹き込んだことなどによるもの）	借主	借主の善管注意義務違反に該当する場合が多いと考えられる。
		キャスター付きのイス等によるフローリングのキズ、へこみ	借主	キャスターの転がりによるキズ等の発生は、通常予測されることで、借主としてはその使用にあたって、十分な注意を払う必要があり、発生させた場合は借主の善管注意義務違反に該当する場合が多いと考えられる。

部位		項目	負担	理由
	カーペット・その他	家具の設置による床、カーペットのへこみ、設置跡	**貸主**	家具保有数が多いという我が国の実状に鑑み、その設置は必然的なものであり、設置したことだけによるへこみ、跡は通常の使用による損耗ととらえるのが妥当と考えられる。
		カーペットに飲み物等をこぼしたことによるシミ、カビ	借主	飲み物等をこぼすこと自体は通常の生活の範囲と考えられるが、その後の手入れ不足で生じたシミ・カビの除去は、借主の負担により実施するのが妥当と考えられる。
		冷蔵庫下のサビ等	借主	冷蔵庫に発生したサビが床に付着しても、拭き掃除で除去できる程度であれば、通常の生活の範囲と考えられるが、そのサビを放置し、床に汚損等の損害を与えることは、借主の善管注意義務違反に該当する場合が多いと考えられる。
		引越作業で生じたひっかけキズ(畳・フローリングも同様)	借主	借主の善管注意義務違反または過失に該当する場合が多いと考えられる。
壁・天井	壁・クロス	テレビ、冷蔵庫等の後部壁面の黒ずみ(いわゆる電気焼け)	**貸主**	テレビ、冷蔵庫は、通常一般的な生活をして行くうえで必需品であり、その使用による電気焼けは通常の使用ととらえるのが妥当と考えられる。
		エアコン(借主所有)設置による壁のビス穴、跡	**貸主**	エアコンについても、テレビ等と同様一般的な生活をして行くうえで必需品になってきており、その設置によって生じたビス穴等は通常の損耗と考えられる。
		クロスの変色(日照などの自然現象によるもの)	**貸主**	畳等の変色と同様、日照は通常の生活で避けられないものであると考えられる。
		壁に貼ったポスターや絵画の跡	**貸主**	壁にポスター等を貼ることによって生じるクロス等の変色は主に日照などの自然現象によるもので、通常の生活による損耗の範囲であると考えられる。
		壁等の画鋲、ピン等の穴(下地ボードの張替えは不要な程度のもの)	**貸主**	ポスターやカレンダー等の掲示は通常の生活において行われる範疇のものであり、そのために使用した画鋲、ピン等の穴は、通常の損耗と考えられる。
		壁等の釘穴、ネジ穴(重量物を掛けるためにあけたもので、下地ボードの張替えが必要な程度のもの)	借主	重量物の掲示等のための釘、ネジ穴は、画鋲等のものに比べて深く、範囲も広いため、通常の使用による損耗を超えると判断されることが多いと考えられる。
		タバコのヤニ	**貸主**	喫煙自体は用方違反、善管注意義務違反にあたらず、クリーニングで除去できる程度のヤニについては、通常の損耗の範囲であると考えられる。
			借主	通常のクリーニングでは除去できない程度のヤニは、もはや通常損耗とは言えず、その場合は借主のその後の手入れ等、管理が悪く発生・拡大したと考えられる。
壁・天井	壁・クロス	クーラー(借主所有)から水漏れし、放置したため壁が腐食	借主	クーラーの保守は所有者(この場合借主)が実施すべきであり、それを怠った結果、壁等を腐食させた場合には、善管注意義務違反と判断されることが多いと考えられる。
		クーラー(貸主所有)から水漏れし、借主が放置したため壁が腐食	借主	クーラーの保守は所有者(この場合貸主)が実施すべきものであるが、水漏れを放置したり、その後の手入れを怠った場合は、通常の使用による損耗を超えると判断されることが多いと考えられる。
		結露を放置したことにより拡大したカビ、シミ	借主	結露は建物の構造上の問題であることが多いが、借主が結露が発生しているにもかかわらず、貸主に通知もせず、かつ、拭き取るなどの手入れを怠り、壁等を腐食させた場合には、通常の使用による損耗を超えると判断されることが多いと考えられる。
		台所の油汚れ	借主	使用後の手入れが悪く、ススや油が付着している場合は、通常の使用による損耗を超えるものと判断されることが多いと考えられる。
	天井	天井に直接付けた照明器具の跡	借主	予め設置された照明器具用コンセントを使用しなかった場合には、通常の使用による損耗を超えると判断されることが多いと考えられる。
建具・柱	ガラス	地震で破損したガラス	**貸主**	自然災害による損傷であり、借主には責任はないと考えられる。
		網入りガラスの亀裂(構造により自然に発生したもの)	**貸主**	ガラスの加工処理の問題で、亀裂が自然に発生した場合は、借主には責任はないと考えられる。
	柱等	飼育ペットによる柱等のキズ	借主	特に、共同住宅におけるペット飼育は、未だ一般的ではなく、ペットの躾の問題でもあり、借主負担と判断される場合が多いと考えられる。
	その他	網戸の張替え(破損等はしていないが、次の入居者確保のために行うもの)	**貸主**	入居者の入替わりによる物件の維持管理上の問題であり、貸主の負担とすることが妥当と考えられる。
設備・その他	設備	設備機器の故障、使用不能(機器の耐用年限到来のもの)	**貸主**	経年劣化による自然損耗であり、借主に責任はないと考えられる。
		浴槽、風呂釜等の取替え(破損等はしていないが、次の入居者確保のため行うもの)	**貸主**	物件の維持管理上の問題であり、貸主負担とするのが妥当と考えられる。
		日常の不適切な手入れもしくは用方違反による設備の毀損	借主	借主の善管注意義務違反に該当すると判断されることが多いと考えられる。
	鍵	鍵の取替え(破損、鍵紛失のない場合)	**貸主**	入居者の入替わりによる物件管理上の問題であり、貸主の負担とすることが考えられる。

水回り	消毒（台所、トイレ）	**貸主**	消毒は、日常の清掃と異なり、借主の管理の範囲を超えているので、貸主負担とすることが妥当と考えられる。
	ガスコンロ置き場、換気扇等の油汚れ、スス	借主	使用期間中に、その清掃・手入れを怠った結果、汚損が生じた場合は、借主の善管注意義務違反に該当すると判断されることが多いと考えられる。
	風呂、トイレ、洗面台の水垢、カビ等	借主	使用期間中に、その清掃・手入れを怠った結果、汚損が生じた場合は、借主の善管注意義務違反に該当すると判断されることが多いと考えられる。
居室	全体のハウスクリーニング（専門業者による）	**貸主**	借主が通常の清掃（具体的には、ゴミの撤去、掃き掃除、拭き掃除、水回り、換気扇、レンジ回りの油汚れの除去等）を実施している場合は、次の入居者を確保するためのものであり、貸主負担とすることが妥当と考えられる。

【参考資料３】

埼玉県、千葉県、神奈川県連名による
「建物賃貸借の重要事項説明等について」（通達）

平成 16 年 9 月 10 日

建物賃貸借の重要事項説明等について

埼玉県県土整備部長
千葉県県土整備部長
神奈川県県土整備部長

　宅地建物取引業者は、建物（居住の用に供するものに限る。）の賃貸借契約の成立前において、宅地建物取引業法（昭和 27 年法律第 176 号）第 35 条第 1 項第 12 号の規定による同法施行規則第 16 条の 4 第 7 号で規定する「契約終了時において精算することとされている金銭の精算に関する事項に関して、原状回復費用として敷金が充当される予定があることを説明する際には、国土交通省及び財団法人不動産適正取引推進機構により作成された「原状回復をめぐるトラブルとガイドライン（改訂版）」（以下「ガイドライン」という。）を参考とし、建物を借りようとする者に対して、次の 1 及び 2 について説明し、原状回復に係る紛争の未然防止に努められたい。

1　ガイドラインでは、敷金精算に当たっての原状回復を、「賃借人の居住、使用により発生した建物価値の減少のうち、賃借人の故意・過失、善管注意義務違反、その他通常の使用を超えるような使用による損耗・毀損を復旧すること」と定義していること。

2　ガイドラインで示す賃借人の負担の範囲を超える特別な負担を課す特約を付す場合、その特約の具体的な内容

　なお、2 の特約が付される場合、宅地建物取引業者は、ガイドラインでは「**経年変化や通常損耗に対する修繕義務等を賃借人に負担させる特約は、賃借人に法律上、社会通念上の義務とは別個の新たな義務を課すことになるため、次の要件を満たしていなければ効力を争われることに十分留意すべきである**」としていることについて、賃貸人に助言することが望ましい。

（賃借人に特別な負担を課す特約の要件）
① 特約の必要があり、かつ、暴利的でないなどの客観的、合理的理由が存在すること
② 賃借人が特約によって通常の原状回復義務を超えた修繕等の義務を負うことについて認識していること
③ 賃借人が特約による義務負担の意思表示をしていること

　また、宅地建物取引業者が賃貸借契約書を作成する場合、(※)賃貸住宅標準契約書（平成 5 年 3 月 9 日建設省建設経済局長・住宅局長から都道府県知事あて通知）を活用するよう努められたい。

(※)「賃貸住宅標準契約書」とは、第二分冊【**様式 14-1**】をいいます。

【参考資料４】

「宅地建物取引業における預り金の授受の制限について」（通知）

福岡県建築都市部

（公印省略）

１３建宅第１４２号
平成１３年１２月６日

福岡県知事免許業者　各位

福岡県建築都市部長
（建築指導課宅建業係）

宅地建物取引業における預り金の授受の制限について（通知）

　このことについて、宅地建物取引業の適正な運営と取引の公正確保のため、下記のとおり通知いたします。

記

１　預り金の授受の制限について
（１）宅地建物取引業者は居住用建物の貸借の媒介又は代理に際し、手付金、手付充当金、予約金、申込金、交渉預かり金等その名目の如何を問わず、借受け予定者から預り金を受託してはならない。
（２）宅地建物取引業者が例外として預り金を受領できるのは、借受け予定者が物件を特定し、かつ物件を確保するために承諾をした場合に限られる。この場合宅地建物取引業者は、重要事項説明書と併せて以下の①～③を記載した書面を、予め借受け予定者に説明し、交付しなければならない。
　　①当該預り金は物件の確保をする目的のものであること。
　　②物件確保の有効期限を記載すること。
　　③預り金は、契約の成立、不成立にかかわらず一旦借受け予定者に返還されるものであること。

　なお宅地建物取引業者が（２）の書面の説明、交付を怠りトラブルになった場合は宅地建物取引業法第６５条第１項第２号に違反し、宅地建物取引業者が預り金を返還しない場合は、宅地建物取引業法第４７条の２第３項、宅地建物取引業法施行規則第１６条の１２第２号（預り金の返還を拒む行為の禁止）違反により、同法第６５条による行政処分の対象となることを申し添えます。

アパート

アパート

第6編　クレーム対応

(目　次)

第6編　クレーム対応	549
第1章　募集・斡旋等	551
1　借り希望者に関する情報の収集について	551
2　物件の斡旋について	552
3　入居の断り等について	553
4　借り希望者に関する情報の取扱い等について	554
5　その他	555
6　借り希望者からのクレーム例（Q&A）	556
(1)　借り希望者に関する情報の収集について【設問 (1)～(5)】	556
(2)　物件の斡旋について【設問 (6)～(10)】	557
(3)　入居の断り等について【設問 (11)～(13)】	559
(4)　借り希望者に関する情報の取扱い等について【設問 (14)～(16)】	560
(5)　その他【設問 (17)～(20)】	561
第2章　契約・入居	563
1　賃貸借契約の締結について	563
2　鍵の引渡し等について	564
3　入居時の室内造作物・設備等の点検・確認について	565
4　借主からのクレーム例（Q&A）	566
(1)　賃貸借契約の締結について【設問 (21)～(26)】	566
(2)　鍵の引渡し等について【設問 (27)～(31)】	568
(3)　入居時の室内造作物・設備等の点検・確認について【設問 (32)～(36)】	570
(4)　その他【設問 (37)～(38)】	571
第3章　契約監理	572
1　生活騒音について	572
2　共用部分の使用ルールについて	573
3　動物の飼育について	574
4　用途外使用について	575
5　承諾・届出事項について	575
6　住宅内の立入り等について	576
7　居住者の個人情報の管理・取扱いについて	577
8　住宅内の設備等の修繕について	577
9　契約更新について	578
10　その他	579
11　借主からのクレーム例（Q&A）	580
(1)　生活騒音について【設問 (39)～(43)】	580
(2)　共用部分の使用ルールについて【設問 (44)～(55)】	581
(3)　動物の飼育について【設問 (56)～(58)】	584
(4)　用途外使用について【設問 (59)～(62)】	585
(5)　承諾・届出事項について【設問 (63)～(66)】	586
(6)　住宅内の立入り等について【設問 (67)～(68)】	587
(7)　居住者の個人情報の管理・取扱いについて【設問 (69)～(73)】	588
(8)　住宅内の設備等の修繕について【設問 (74)～(78)】	589
(9)　契約更新について【設問 (79)～(82)】	590
(10)　その他【設問 (83)～(89)】	591

第4章　収納・督促業務 ………………………………………………………… 593
　1　賃料の支払（収納）方法について ………………………………………… 593
　2　賃料の支払期日について …………………………………………………… 593
　3　領収書の取扱い等について ………………………………………………… 594
　4　滞納賃料の督促等について ………………………………………………… 594
　5　連帯保証人に対する滞納賃料の督促等について ………………………… 595
　6　遅延利息について …………………………………………………………… 596
　7　借主からのクレーム例（Q&A） ………………………………………… 596
　　(1) 賃料等支払（収納）方法について【設問(90)～(95)】 ……………… 596
　　(2) 賃料の支払期日について【設問(96)～(99)】 ………………………… 598
　　(3) 領収書の取扱い等について【設問(100)～(105)】 …………………… 599
　　(4) 滞納賃料の督促等について【設問(106)～(116)】 …………………… 601
　　(5) 連帯保証人に対する滞納賃料の督促等について【設問(117)～(122)】 ……… 603
　　(6) 遅延利息について【設問(123)～(124)】 ……………………………… 605

第5章　退去業務 ………………………………………………………………… 606
　1　解約の手続等について ……………………………………………………… 606
　2　退去時における借主の修繕費用等の負担について ……………………… 606
　3　敷金精算について …………………………………………………………… 608
　4　その他 ………………………………………………………………………… 609
　5　借主からのクレーム例（Q&A） ………………………………………… 609
　　(1) 解約の手続等について【設問(125)～(133)】 ………………………… 609
　　(2) 退去時における借主の修繕費用等の負担について【設問(134)～(149)】 ……… 612
　　(3) 敷金精算について【設問(150)～(158)】 ……………………………… 618
　　(4) その他【設問(159)～(162)】 …………………………………………… 620

第1章　募集・斡旋等

> 1　借り希望者に関する情報の収集について

> 情報収集は、通常認められる方法で必要最小限に、そして「人柄」の判断は、偏見を捨てて、真摯な態度で行うこと

　借り希望者に関する情報の収集は、通常、2段階に分けて行われているように見受けられます。

　第1段階では、具体の物件紹介に先立って、当該借り希望者が貸主の希望条件を備えている「顧客」であるかどうかを判断するに必要な情報を収集し、第2段階では、借り希望者が物件を特定し、当該物件への入居の意思表示をした時点で、いわゆる「入居資格確認」を行うために必要な情報を収集しているようです。

　宅建業者が第1段階で収集する情報は、主に希望物件の条件であり、借り希望者と会話することにより、その「人柄」等を判断し、貸主の希望条件を備えている「顧客」であるかどうかを判断するために必要な情報を主としているようです。

　このような「顧客」の選択は、応々にして「不当な差別」につながりかねませんので、好ましくありません。しかし、宅建業者が紹介した物件に対して、借り希望者が入居意思を固めた後で、その「人柄」や貸主が求める入居者条件と一致しないなどの理由で入居を断ることは難しかったり、顧客との間でトラブルが発生するおそれがあったりという実態から、多くの宅建業者の中には、具体の物件の紹介に先立って、「顧客選択」を行っている例が見受けられます。

　多くの借り希望者が善良な市民で、かつ「優良入居者」ですが、時に「不良入居者」を過って入居させ、その対策に苦労している貸主や宅建業者がいるのも事実です。貸主・宅建業者双方にとっては、客観的な「入居基準」だけでは選別できない「不良入居者」の入居を、如何にして未然に防ぐかが頭の痛い問題としてあるため、具体の物件を紹介する前に、いわゆる「顧客の選択」を行わざるを得ないものと推測されます。

　この場合、宅建業者は、貸主の借り希望者に対する希望条件にそった「顧客の選択」について、顧客に対する「不当な差別」にならないよう留意するとともに、顧客の「人柄」等の判断については、偏見を持つことなく、あくまでも貸主に対して「優良入居者」を紹介するという立場に立って、公平な判断をすることが求められます。

　宅建業者が「偏見」を持って「顧客の選択」を行った場合は、借り希望者に対する「あっせん拒否」に当たり、好ましくありません。

　第2段階で収集する情報は、借り希望者及びその同居人があっせんする住宅への入居資格を備えているかどうかを判断（確認）するために必要な全ての情報が対象になります。

　当該借り希望者は、あっせんする住宅の賃料等を、継続して確実に支払うことができるだけの十分な収入があるかどうか、また、連帯保証人は、借り希望者の万一の債務不履行に際して債務履行可能な収入、もしくは資産があるかどうか、さらに宅建業者は、借り希望者及びその同居人を特定する情報（書類）などを借り希望者に求め、それらの情報を貸主に提供し、貸主に当該借り希望者の入居の可否についての判断を求めることになります。

　宅建業者が借り希望者に求める情報の主なものは、借主及びその同居人の属性、連帯保証人の属性（氏名、生年月日、現住所、職業、収入状況など）、勤務先（会社名、借主等の所属部課名）及びその属性などです。宅建業者は、こうした借り希望者から得た情報を関係者に問合せるなどして事実を確認するとともに、一部については、勤務先や公的機関の発行する書類によりその事実を確認するなど、入居者の資格確認には万全を期しているようです。

　なお、関係者への事実確認のための問合せ等の照会は、その用件を明確にしたうえで行い、借り希望者のプライバシーへの配慮が必要となります。

　また、借り希望者から入居資格の確認に当たって情報の提供を求めるときは、当該情報が何故必要なのかを説明したうえで求めるのが望ましいといえます。

　さらに、宅建業者にとって、「入居資格確認」に関する情報は、当該借り希望者が優良入居者であるかどうかを「確認」するために必要とするものですが、通常認められる方法により情報収集すること

が原則です。

　なお、**2005（平成17）年4月1日から「個人情報保護法」が全面施行**されたことに伴い、個人情報（個人データ）の取扱いは、厳密に行う必要があります（第2編 第1章 「物件調査」「4.来店準備をする」を参照して下さい）。

2　物件の斡旋について

> 希望条件をよく聞き、ふさわしい物件を提示すること

　宅建業者は、必ずしも来店した借り希望者の全てに対して物件をあっせんするのではなく、希望物件の条件を聞き取るなどの応対を通じて、当該借り希望者があっせんするに「ふさわしい顧客」であるかどうかを判断したうえで、具体の物件を提示するというのが一般的な業務の進め方のようです。

　また、希望の条件のうち賃料については、当該希望者が支払い得る額であるかどうか、収入等を確認しながら、宅建業者が、慎重に判断して具体の物件を紹介しているようです。

　物件のあっせんについては、当該希望者の収入から支払い可能な賃料を推定しながら、借り希望者の希望条件に適合する物件を紹介することになります。また、希望条件を聞くときは、現住宅の状況と対比しながら、希望賃料から見て不相応な条件であればその旨を説明して条件変更を促すなど、適宜アドバイスしながら希望条件を整理したうえで、具体の物件紹介をすることが望まれます。

　これは、支払い能力を超えた物件を紹介して借り希望者を失望させたり、現住宅の状況より劣った物件を紹介したりして相手に不快感を与えないようにするためです。

　なお、現住宅の状況より劣った物件を希望する場合は、相手が不愉快に感じても一応その転居理由を確かめる必要があります。

> 入居意思の確認は、物件の下見と重要事項を説明した後で行うこと

　次に、借り希望者が宅建業者からの紹介により物件を特定したときは、現地案内し、室内を確認させたうえで入居の意思を確認し、「入居の申込」を受けることが望まれます。これは、後日物件を見たときのイメージが、説明を受けて感じたイメージと異なっていたり、間取りや設備等の状況が説明と異なっていたりした場合、トラブルが発生するおそれがあるからです。

　また、現地案内により借り希望者が入居意思を表明し、借り希望者から「入居申込書」を受理するときは、宅建業者は当該物件にかかる「重要事項説明書」を交付して「重要事項」の説明を行うことが媒介業務の正しい進め方です。

　一部宅建業者の中には、成約前のキャンセルを恐れて、「入居申込書」の受理の際に行わないで、契約締結の直前（契約締結日の当日）に「重要事項説明書」を交付して「重要事項」の説明を行っている業者もあるようです。しかし、口頭の説明だけでは、その内容を間違いなく理解または把握することは困難であり、契約当日、当該説明の理解について食違いなどが判明した場合は、契約できないというトラブルに見舞われることがあり得ますので、「入居申込書」を受理する時点で「重要事項説明書」を交付して説明することが正しい事務処理といえます。

　なお、宅建業法は、「重要事項説明書」の様式について、「売買物件」の様式を定めていますが、賃貸住宅の媒介にかかる「重要事項説明書」については、当該様式を準用するようになっています。また、当該様式には、「所有者」欄はあるものの「貸主」欄がないため、「貸主」について、借り希望者に何らの説明がなされない場合があるようです。貸主が当該住宅（当該建物）の所有者である場合は、問題ないのですが、所有者と貸主が異なる場合は、媒介業者は当該貸主が正当な権限を持っているか否かや、所有者と貸主との関係を調査して、「重要事項説明書」の中で、当該住宅の「転貸借」について問題がないことを説明する必要があります。

3　入居の断り等について

　入居の断りについては、① 宅建業者が優良入居者と判断した場合や、借り希望者が入居への意思表示として「入居申込書」を提出した場合で、貸主の承諾を得られず入居を断るケースと、② 借り希望者から、いわゆる「キャンセル」の場合があります。

> 借り希望者の条件について、貸主と十分、打合わせをしておくこと

　①の場合については、借り希望者の条件について宅建業者と貸主との間での認識に「ズレ」があった場合に生じます。

　宅建業者が受付けた借り希望者については、多くの貸主は殆どの場合、そのまま入居の承諾をしているようです。景気が安定的に推移している（好況、不況を問わず）ときは、当該賃貸住宅の対象とする「入居者層」に対する認識について、貸主と宅建業者との間での「ズレ」は起きにくいと考えられます。

　しかし、景気の移動局面においては、現場を取り仕切っている宅建業者は「来店客」の動向の変化をいち早く掴み、媒介業務に反映させようとするため、貸主との間で「入居者層」の認識について「微妙なズレ」が発生し易くなります。特に借り手優位の市場への変化の兆しがある段階では、その「ズレ」が起き易く、宅建業者としては「入居者層」について貸主と十分な協議を行い、物件紹介した「借り希望者」が貸主から拒否されないよう、物件の紹介について十分な注意が必要となります。

　なお、貸主の中には、ある特定の人達の入居を好まない人があり、そのため宅建業者としては「商売の機会」を逸するだけでなく、物件の紹介を巡って顧客との間でトラブルが発生することがあるようですが、貸主の借り希望者に対する条件に「偏見」や「差別」が含まれている場合には、貸主に是正を求める努力が必要です。

　入居者の選定基準は、賃料の支払いが継続して確実に見込め、周囲の人達と円満な共同生活が営める誠実な「人柄」を中心として定めることが適切であるといえます。

> 入居の申込時には、いかなる名目の金銭も要求しないこと

　②の場合は、借り希望者からのキャンセルですので、宅建業者がそれを受入れると、それで業務は終わり、何ら問題はないのですが、キャンセルの申出以前に、何らかの「金銭」の授受があった場合は、当該「金銭」の帰属（取扱い）を巡って宅建業者（または貸主）と借り希望者との間でトラブルが発生する可能性があります。つまり、借り希望者が「入居申込書」を宅建業者に提出し、借り希望者が貸主の印象を良くしようとの思惑から何らかの「金銭」を宅建業者に預けていった、または宅建業者が「申込証拠金」として借り希望者から徴収したが、後日（契約締結以前）都合により「キャンセル」した場合の当該「金銭」の取扱いについてのトラブルです。

　これについては、借り希望者が「キャンセル」した場合の当該「金銭」の取扱いについて別途約束——特に、借り希望者の都合によりキャンセルしたときは返還しないなどの約束——したかどうかにかかわらず、「成約」に至らなかった場合には、借り希望者に返還するのが望ましい処理（成約前における金銭の受理については、平成4年6月29日付、東京都住宅局不動産業指導部長から業者団体の長及び業者団体未加入業者あて通達「居住用建物賃貸借契約に係る媒介業務の適正化について」を参照）といえそうですが、申込時点（「入居申込書」の提出、受理時）における借り希望者及び貸主（または宅建業者）の状況によっては、このような処理方法が貸主側に不満をもたらし、そのことが却って借り希望者にとって不利な取扱いとなって跳ね返るということも考えられます。

　宅建業者の中には、「入居申込書」の受理時に何がしかの金銭の受領を貸主から要求され、その対応に苦慮している業者もいるようです。そして、この貸主の要求は、いつも不当であるといえない場合もあるようです。やはり、その時の状況により、借り希望者及び貸主のリスクが衡平となる何らかの合理的な基準による処理方法の確立が必要であると考えられます。

> 入居者の選定は、「客観的な基準」で行うこと ── 差別的な選定は行わないこと ──

　また、キャンセルとは異なりますが、この他に「あっせん拒否」の問題があります。
　このあっせん拒否については、宅建業者の問題というよりも、貸主の意向により、「顧客」の一部について物件のあっせんができないというもので、この対象には一部の「高齢者世帯」特に「独居老人」や一部の「外国人」などが挙げられます。宅建業者は、貸主の借り希望者に対する入居条件を無視できません。そのため、このような「顧客」が来店した場合は、紹介できる物件が極端に少ないため、顧客との間でしばしばトラブルが発生するおそれがあります。顧客の希望する物件が無いとか、その仕様が当該顧客にとって居住困難である物件であるとかの場合は、仕方ないとしても、顧客の希望に叶っており、かつその物件への入居を希望するのであれば、賃料の支払いが確実に見込めるかどうか、周囲の人たちとの円満な共同生活を営める誠実な「人柄」かどうかなど、できるだけ客観的な「入居基準」によって入居者を選定するよう、貸主の考え方を改めてもらう努力が宅建業者に望まれるところです。
　さらに、他国に例を見ない程の急速な「高齢化社会」への移行及び経済の国際化の進展に伴う日本国内への外国人の流入の増加という現実を踏まえ、「独居老人」や「外国人」などの賃貸住宅への需要は、一層増大することが予想されます。
　ところで、多くの貸主がその入居を拒否しているにもかかわらず、これらの人々も様々な困難を乗り越えて「雨・露をしのぐ」住宅を確保しており、また、これらの人々に住宅を提供（賃貸）する貸主が存在しているという事実があります。この事実を踏まえ、宅建業者は自己の営業エリア内にそのような貸主と住宅がないかどうかを調査して物件の確保に努力して欲しいものです。
　しかしながら、現状において、これらの物件は、極端に少なく、したがって、一業者では豊富な「品揃え」は、なかなかできないことが予想されますので、同一地域または他地域の業者や友好業者などとネットワークを組み、「空家情報」を共有化するなどにより、少ない物件を効率的に活用し、これらの人々のニーズに応えていく努力が望まれます。
　賃貸住宅への入居を希望する人々は、一部の例外を除いて、宅建業者の仲介なくして住宅の確保は不可能です。また、賃貸住宅市場を最終的に支えているのは、貸主の賃貸住宅の供給というよりも、むしろ借り希望者の需要です。つまり、宅建業者の存立基盤は借り希望者の需要であり、それらのニーズを満たす物件を確保して借り希望者に応えることにより、その存立を維持することができるといえます（勿論貸主による賃貸住宅の供給も重要な要素です）。
　「独居老人」や「身体障害者」、「心身障害者」、特定の国の「私費留学生」などの住宅の確保については、国や自治体のバックアップや地域の住民の理解がなければ困難であるというのが実態ですが、それにも拘らずこれらの人々のニーズに応えることも、宅建業者の社会的使命であるといえます。
　住宅の仲介を通してあらゆる階層の人々に夢を売るプロフェッショナーとして、宅建業者の奮起が望まれます。

4　借り希望者に関する情報の取扱い等について

> 顧客情報の取扱いには、十分注意すること

　宅建業者は、媒介業務のために収集した「顧客情報」を業務以外に漏らしてはならないことになっています**（宅建業法第45条）**。
　したがって、あっせん業務の終了等により必要がなくなった当該「顧客」の個人情報については、他人への情報漏れの防止のため、当該情報の適正な管理や確実な廃棄を行うことが大切です。しかしながら、「顧客情報」の廃棄方法が不十分な場合は、他人の目に触れることがあります。ある大手会社が「顧客情報」の廃棄を業者に委託したところ、当該業者がトラックで搬出中、路上に落としたとか、一般ゴミとして自治体に処理を依頼したところ焼却処分とならず、埋め立てゴミとして処理され人目に触れる状態になっていたなどの事例が発生しています。
　「顧客情報」の廃棄に当たっては、自治体に処理を依頼するにせよ、専門業者に委託するにせよ前

述のようなことがあっても問題が起こらないよう前処理を行っておく必要があります。当該情報の廃棄を決定したら、内容の判読が出来ないよう、まず、細かく裁断するなどの前処理を行ったうえ、処分を依頼することが大切です。

また、管理業務上の必要から借主の個人情報を貸主から預かり保管する場合は、宅建業者としてではなく管理業務を貸主から受託した者として、管理業務の円滑な遂行のため必要と判断される都度、当該情報を利用し、必要な措置（借主の債務不履行による連帯保証人への債務履行の請求などの措置）を取る旨を予め借主に周知しておくことが望まれます。

なお、第三者から借主のことについての問合せには、人道上の場合（その判断が難しいところですが、）を除いて、原則として応じないよう細心の注意を払い、借主の情報が第三者に漏れることがないよう十分な情報管理が必要です。また、従業員に対する顧客情報の管理に関する教育も必要です。

5　その他

> 連帯保証人制度の見直しと、柔軟な運用を検討すること

入居資格の重要なものとして「連帯保証人」がありますが、借り希望者の中には、貸主の指定する「連帯保証人」に該当する適当な人が見つからず、住宅探しに苦労する場合があるようです。

現在、多くの貸主は、「親・兄弟」を適格「連帯保証人」として指定しているようです。また、連帯保証人が「親・兄弟」である場合は、借主の債務不履行に対して連帯保証人としての機能を有効に果たす確率が、それ以外の連帯保証人の場合に比べて格段に高いという実態があります。

しかしながら、大都市周辺における借り希望者の年令は、次第に高くなってきており、それにつれてその「親」の年令も高くなり、収入のない状況が増えてきているため、貸主の指定にもかかわらず、その「親」が連帯保証人としての資格を失いつつあり、借り希望者にとって貸主の期待する「連帯保証人」を立てることが次第に困難な状態になってきています。

また、少子化に伴い「兄弟」のない借り希望者も増えつつあり、借り希望者にとって「連帯保証人」探しは、この面からも困難になってきています。

このような状況から、「親」が高齢で収入が無いケースでは、「親」とともに当該借り希望者の勤務先の関係者を連帯保証人として認めるなど柔軟な対応をする貸主もいるようですが、それにより「連帯保証人」探しについて借主の苦労が軽減されたとはいえないようです。

通常、賃貸借契約は、更新を前提としており、借主が当該契約を解除しない限り、原則として連帯保証人を途中で辞退することができず、そのため実態として期間の定めのない連帯保証契約となるため、「親・兄弟」以外の「連帯保証人」探しは依然として借主にとって困難な状態にあることに変わりありません。

このように人的保証の困難さは、貸主、借主双方にそれぞれあり、「高齢化社会」や「少子化社会」、「転職時代」の到来により一層困難になることが容易に予想できます。

昨今、連帯保証人に代わる第三者による「連帯保証人代行システム」等の名称で、サービス提供企業が見受けられるようになりました。賃貸借契約における債権の担保としては、「人的保証」に加えて、「信用保証」も借主の選択肢として提供できるような環境造りをすることも一考と思われます。

6　借り希望者からのクレーム例（Q&A）

(1) 借り希望者に関する情報の収集について

（　1）　勤務先について、名称・所在地・所属部課・電話番号は分かるが、創立年月日や資本金の額、従業員数などが何故必要なのか。

《対応等》

　借り希望者の「人柄」とともに、当該借り希望者に継続して、安定して賃料を支払うに足る十分な収入があるかどうかは斡旋できる住宅を特定する重要な指標です。

　大企業といえども、内外の経済動向によりその経営の屋台骨に大きな影響を受ける今日ですので、その他名前を聞いたことのない企業に勤務している借り希望者の場合ですと、単に当該者の得ている収入だけで判断することが難しい場合があります。したがって、当該勤務先企業の現況を確認し、当面当該企業の経営が安定しているかどうかを取り敢えず自ら判断したうえで、借り希望者の今後の収入状況を予測し、判断することが必要となる場合があります。

　しかし、企業の情報を十分集めたとしてもその企業の内情の理解にまで達するのは至難のわざですので、あまり過剰な情報を要求しないことです。

　優良入居者の選定のポイントは、やはりその人柄で、特に金銭感覚が健全で、周囲の人たちと円満な共同生活が営める温和で誠実な人柄が、好ましい借り希望者といえるのではないでしょうか。そして、この人柄は、借り希望者に対する斡旋の応対を通じて、宅建業者自らが把握することが要請されています。

（　2）　勤続年数の長短によって入居の可否が左右されるのか。

《対応等》

　これまでのわが国の企業の実態から言えば、通常の人は勤続年数の長短に概ね比例して給与が決定されていました。したがって、能力が同程度で年令がほぼ同じであれば、当該企業における勤続年数の長い人の方が給与が高く、また、不景気になっても勤続年数が長い人の方がその給与も比較的安定しているという実態が長く続き、斜陽産業でない限り人員整理という荒療治の対象にもなりにくいというのがこれまでの傾向でした。

　しかしながら、日本の経済が世界の経済との結び付きを深めるにつれ、国内の経済の動向は世界経済の動向の影響を受け、国内の慣行等特殊な状況は世界経済の動向によりその存立基盤を失い、変更を余儀なくされることになります。つまり、今後は勤続年数の長さが収入の安定を約束することを意味しなくなったり、勤続年数の長さが必ずしもその人柄のプラスの要因または企業への貢献度の指標という評価につながるということにはならなかったりするかも知れません。転職が自己変革の尺度として重要視され、転職により、より良い安定した収入を実現する方法として評価される社会が日本においても到来しようとしています。

　また、若い人の中には自分に合った仕事――自分が気に入り、そして自分の能力を正当に評価してくれる企業――が見つかるまで転職も已むなしと考える人が徐々に増えてきているようです。

　その意味では、単に勤続年数の長短によって短絡的に判断するのではなく、現職の勤続年数が短い場合は、前職の業種、転職理由などをそれとなく聞き出し、転職と転居理由との関連性を把握し、慎重な判断をする必要がありそうです。

（　3）　転職理由をはっきり言わないと、斡旋してもらえないのか。

《対応等》

　転職には「前向き」と「後ろ向き」がありますが、この「前向き」、「後ろ向き」の判断も本人と第三者では応々にして異なることがあります。

　人は時として勤務先や役職等によって不当な評価（過大または過小な評価）を受けがちで、特に住宅を

借りようとする人で、仕事を転々と変えている場合には、支払能力の面とともに人格・人柄の面でも不当な差別を受けている例を耳にします。

とはいえ、転職してからあまり期間が経っていない人や頻繁に転職を繰返している借り希望者に対しては転職理由を聞き出すことも必要かと思われますが、それよりも、前の仕事や今の仕事のことについて聞き出すことにより、その人の仕事に対する考え方を通して人柄（誠実さ、温和な性格、協調的な性格かどうかの人柄）を掴んだり、金銭感覚を理解したりすることの方が前向きの対応かと思われます。そして、借り希望者との応対や申告した収入から妥当な借り希望住宅の条件を提示しているかを冷静に判断し、物件の紹介、斡旋を行うことが望まれます。

なお、今後は、転職に対する人々の考え方が変わってくるものと予測されますので、宅建業者も転職に対する考え方を見直す必要が生じてくるものと思われます（設問2参照）。

| （　4） | 取引銀行を記載することとなっているが、取引銀行も入居資格の要件か。 |

《対応等》

クレジットカードの無計画的な利用による多重債務者の増加に伴い「自己破産者（※）」が年々増加する傾向にあり、借り希望者の入居審査について、これまでの「収入」のチェックだけでは賃料の支払に足る収入であるかどうかを正しく判断するのが困難な状況になっています。

そこで、一部宅建業者ではクレジット会社と業務提携し、借り希望者の収入情報のほかに希望物件の賃料の支払が確実であるかの判断材料とするため、クレジット会社から借り希望者の信用情報（債務状況及び債務の支払状況）を入手し、入居資格の確認に役立てている例が見られます。

しかしながら、これらの個人信用情報の他業界への提供については、プライバシーの保護の点から問題がないとは言いきれません。また、当該個人の全ての信用情報を把握するということは不可能ですから、一部の情報により、借り希望者の支払能力を判断するには問題が残ると言わざるを得ません。

やはり、借り希望者への応対を通して「人柄」（＝誠実な人か、温和で協調的な人か）や「金銭感覚」などを把握し、誠実に賃料を支払ってくれる人であるかどうかを判断する能力を、宅建業者自らが身につけることが必要です。

※ 個人の自己破産の申し立て件数　【資料：最高裁判所「司法統計年報」】

平成　5年	43,545件	平成　9年	71,299件	平成13年	160,457件	平成17年	184,422件
平成　6年	40,385件	平成10年	103,803件	平成14年	223,561件	平成18年	165,917件
平成　7年	43,414件	平成11年	122,741件	平成15年	242,377件	平成19年	148,252件
平成　8年	56,494件	平成12年	139,281件	平成16年	211,402件	平成20年	129,508件

| （　5） | 連帯保証人の年収については私（借り希望者）からは聞きづらい。そちら（宅建業者）から直接本人（連帯保証人）に聞いて欲しい。 |

《対応等》

不正をして得た収入でなくても、配偶者以外に自分の収入を教えるというのは抵抗があるものです。まして借り希望者としては、大切な連帯保証人（予定）ですから、その人の保証能力が気になりますが、それを知ることは何となくはばかるものです。そして、連帯保証人としても借主に自分の収入を知られることは何となく嫌な気分になることもあります。

したがって、このような場合には、若干時間は掛かりますが、宅建業者が直接連帯保証人（予定）に連絡して聞き出すなり、郵送等により「収入証明書」を直接宅建業者が受理するなど臨機応変の対応が必要です。

(2) **物件の斡旋について**

| （　6） | こちらの物件は私（借り希望者）の収入では「ちょっと無理」とのことだが、妻も働いているので何とか世話してもらえないか。 |

《対応等》

収入のうちどれだけの額を賃料の支払いに充てることができるかは、借り希望者が判断することですが、宅建業者は多くの借り希望者及び借主の実態を見てきていますから、ある程度まで借り希望者の収入から無理なく、継続して、かつ確実に支払可能な賃料の額を判断することができるはずです。
　賃料の支払能力については一般的には当該借り希望者本人の収入をベースに判断した方が安全ですが、配偶者にも収入があり、それを合算して支払能力を判断し、より良い条件の住宅を斡旋し、借り希望者に喜んでもらうのも宅建業者の仕事の一つといえます。
　この場合注意することは、当該配偶者の収入の性質がどのようなものか――継続して安定的に見込めるものかどうか――を正しく見極めることです。

（　7　）　この物件でいいと思うが、家族（妻）とも相談したい。2、3日待って欲しい。

《対応等》
　借り希望者の申出を受けるか否かは、貸主または宅建業者の意思に属する事柄です。
　このケースで問題になるのは、この借り希望者の申出を受入れるに当たって何がしかの金銭を差入れさせ、借り希望者が何らかの理由により、後日、住宅への入居の申入れを断ったり取消した場合、当該金銭を、理由の如何を問わず返還しないことによる借り希望者と宅建業者（または貸主）とのトラブルです。
　この**賃貸借契約締結前における借り希望者からの金銭の受領等について**、東京都（住宅局不動産指導部）は平成4年6月に「居住用建物賃貸借契約に係る媒介業務の適正化について」で、また、（社）東京都宅地建物取引業協会（以下、「都宅協」といいます。）は平成4年8月に「建物賃貸借に係る預り金の取扱いについて」で、**原則として、当該金銭の受領等を否定するとともに借り希望者からの強い要望によりやむを得ず受領する（預かる）場合でも、当該金銭については当該賃貸借契約の成約、不成約にかかわらず借り希望者に返還するよう指導**しているところです。
　そもそも、賃貸借契約締結までの実際の手続は、まず、借り希望者の物件の特定を受けて、入居申込書の提出があって、後日、収入を証明する書類、連帯保証人に関する必要書類等の提出を待って最終決定されることになりますので、物件を特定した時点が即、賃貸借契約締結の段階とはいえません。したがって、この時点では、借り希望者側の最終回答をどの程度までなら待てる状況にあるのかを告げ、入居を希望する場合は、契約に必要な書類等をその日までに持参することを約束することが望ましい処理といえます。
　なお、借り希望者が、最終決定の回答を出すまで、物件を押さえておいて欲しいという強い要望がある場合は、宅建業者は、成約の有無の如何にかかわらず、一旦、借り希望者に返還することを約束し、「当該預り金は、物件を確保するための目的であること」「物件確保の有効期間及び借り希望者に必ず返還されるものであること」について「重要事項説明書を交付して説明」してから預かるようにします。

（　8　）　重要事項説明書に記載されている設備がない。入居までには設備を追加させるとのことだが、宅建業者は貸主から斡旋依頼があった場合、当該物件の事前チェックをしないのか。

《対応等》
　重要事項説明書に記載する設備は、当該住宅の使用に当たって重要な設備か当該住宅のセールスポイントとなるべき設備と考えられますので、このようなことがないように事前チェックを十分にしておくことが大切です。
　宅建業者は、貸主からあっせん依頼を受けた住宅について、自ら現地調査等を行うことにより当該住宅の現況を正確に把握しておくことが必要です。特にそれが中古住宅で、前住者が退去したときの状態で未補修であるときは、貸主の当該住宅の補修方針を確認しておくことが大切です。
　と同時に、補修が完了した後、当該住宅の補修の完了状況を確認したうえで、「重要事項説明書」を作成し、借り希望者を現地案内するのが望ましいやり方といえます。
　なお、当該住宅の空家期間をできるだけ短縮するため、解約の申入れのあった住宅で入居者が未だ居住している時点で次の入居者を募集し、借り希望者を現地案内するケースがあるようですが、十分室内が見られないこと及び諸設備、造作物等の補修後のイメージが借り希望者のイメージと異なった場合、入居後トラブルが発生することがありますので、できれば補修済の空家住宅を案内して、借り

希望者の入居意思を確認するのがベターな事務処理の進め方といえます（設問37参照）。

（ 9 ） 店頭の掲示物件を見て入ってきたのに、「あれは予約済」というのは・・・。 「予約済」なら掲示をはずしておくべきでは・・・・・。

《対応等》

　店の前を通る人に見てもらうために店の窓などに「物件」を貼り出している業者がいますが、この物件の「貼り出し」は、取扱物件のＰＲも兼ねており、具体の物件の貼り出しについては、どういう物件にするかについて業者は業者で頭を痛めているようです。

　当該業者が、如何に良い物件を取扱っているか、また、如何に豊富な品揃えをしている店であるかをＰＲするために、この「店頭掲示」は費用の掛からない効果的な方法ですが、優良物件の場合はすぐ「成約」に至り、ＰＲにとっては困った問題が生じます。

　つまり、成約した物件については当然のことながら掲示を止めなければなりませんが、そうすると「自社ではこんな優良物件を扱っています」というＰＲができなくなってしまいます。あまり好ましいこととはいえませんが、当該物件の斡旋を継続的に貸主から依頼されているのであれば、成約日からあまり日数の経過していない物件に限って一定期間、当該物件の上に「〇〇年〇〇月〇〇日成約」という表示をして、募集中の物件でないことを明示したうえで引続き掲示するという方法もあります。なお、募集中の物件に比べてあまりにも多い「成約済」物件の掲示は、控えることです。

　いずれにしても、借り希望者に対して「募集中」であると誤解させるような「成約済の物件」の店頭掲示はよくありません。

（ 10 ） 今日発売の「情報誌」を見て来店したのにもう「予約済」と言われたが本当か。 「オトリ広告」というのでは・・・・。

《対応等》

　「情報誌」への掲載は、掲載依頼から実際に当該情報誌に掲載され、店頭販売されるまでには一定の期間が掛かり、借り希望者にとって有利な物件の場合には、当該物件を掲載する情報誌が発売される以前に借り希望者が現れるということもあります。

　したがって、宅建業者としては斡旋までに比較的時間を要すると判断される物件に絞って情報誌への掲載を依頼すべきでしょう。万一、発売日以前に「客付け」が完了した場合は、その物件を求めて来店した借り希望者には、自分の見込み違いをも含めてよく事情を説明し、理解を得ることです。そして、借り希望者の希望条件をよく聞き、借り希望者の希望する住宅を、業者の持てる能力（友好業者への依頼、レインズの検索など）を駆使して探す努力をし、借り希望者の来店に応えることです。

(3) **入居の断り等について**

（ 11 ） 入居申込書まで出させておいて、「貴意に添えない」（「既に他の人が入ることになっていた」）というのは納得できない。大至急、他の類似物件を探して欲しい。

《対応等》

　ちょっとした事務処理の行き違いによりこのような事態になり、借り希望者に多大の迷惑をかけるとともに店の信用を落とすことにもなり兼ねません。借り希望者が物件を特定し、入居の意思を固めた時点で再度、当該住宅に対して他の店で客付けしていないかどうか確認することが大切です。

　このような行き違いが万一起こったら、業者としては、最大限の努力をして類似物件を探すことにより、借り希望者（借受予定者）に報いる必要があります。

（ 12 ） 「貸主がダメだと言っている」だけでは納得しかねる。貴社（媒介業者）の勧めもあって申込んだのだ。貴社は私（借り希望者）のために、（貸主の説得について）どんな努力をしてくれたのか。

《対応等》

　宅建業者が勧めた物件について、貸主から承諾が得られないという事態になることは考えられない

ことですが、万が一にもこのような行き違いがないよう、宅建業者は、借り希望者の条件について、貸主と事前によく打合わせをしておくことが大切です。

宅建業者としては、貸主が承諾しない限り、借り希望者に対しては斡旋を断らざるを得ませんが、宅建業者としても当該物件を推薦した手前、貸主に対して「承諾」を得る努力をする必要があります。その上で貸主が承諾しないのであれば、宅建業者としてはどうすることもできませんが、その場合は、自分の判断ミスを率直に謝り、貸主の意向を伝えるとともに他の類似物件を至急探すことにより、借り希望者の業者に対する期待に応えることが必要となります。

また、このような問題に遭遇した場合、宅建業者は、貸主の借り希望者に対する条件が厳しいようであれば、その旨を貸主に説明し、条件の緩和等について理解を得る努力が必要です。

（13） 「貸主がダメだと言っている」との事だが、私（借り希望者）から直接貸主にお願いしてみる。貸主の住所と電話番号を教えて欲しい。

《対応等》
借り希望者としては気に入った物件への入居を断られた場合、貸主にその意向を確認したいと思うのは極めて自然なことかもしれません。

しかしながら、宅建業者としては、貸主の賃貸条件等について十分な打合せをしたうえで、入居者の募集（媒介）を行っており、また、入居者の決定は、最終的には貸主の意思にかかわることで宅建業者にとってはどうにもならないことです。したがって、宅建業者としては、借り希望者の気持ちは理解することができたとしても、借り希望者が直接貸主と「掛け合う」ことについて同意する訳にはいきません。貸主の意向について十分説明し、借り希望者に理解して頂く以外にありません。

なお、借り希望者に物件を紹介する場合は、この例のような宅建業者と貸主の判断とが食違うということのないよう、慎重な対応（物件紹介）が、宅建業者に望まれます。

(4) 借り希望者に関する情報の取扱い等について

（14） 私（借り希望者）のことについて勤務先等に問合せているようだが、どういうことか。同僚等から不審そうに「何かトラブルでもおこしたのか」と言われ、迷惑している。

《対応等》
宅建業者は、借り希望者が物件を特定し、「入居申込書」を受理したのち、それらの記載事項等について最終確認したうえで、貸主に入居の承諾を求めることになります。

したがって、「入居申込書」に記載された事項の事実確認のために関係者に問合せることは、媒介業務の大切な業務の一つで、問合せ行為そのものは非難されることではありません。しかしながら、本人に対し設問のような誤解を与えるような問合せ方は改める必要がありそうです。

関係者への問合せについては、相手に無用な憶測を与えないよう問合せの用件を明確に伝え、事実の確認のみにとどめることが大切です。

また、貸主、宅建業者とも関心のある「人柄」の関係者への問合せについてはプライバシーの問題もあり、慎重な態度が必要です。宅建業者としては、来店の際の本人への応対を通してその人柄を見抜くノウハウを身につける努力が望まれます。

（15） 不成約の場合、入居申込書に記載した事項（個人情報）の取扱いが心配である。個人情報を第三者に漏らさないなど「守秘義務」について文書で確約して欲しい。

《対応等》
「守秘義務」については、**宅建業法（第45条）**にその旨定めていることを説明し、理解を求めることが大切です。

また、この「守秘義務」は個人のプライバシー保護の立場から、これに違反した場合は、本人はもちろん、宅建業者も厳しく罰せられること**（同第83条第1項、同第65条）**についても併せて説明し、理解を求めます。

なお、確約文書を差入れるかどうかは業者の判断ですが、法律で明記され、借り希望者や借主のプ

ライバシーが保護されているのですから、わざわざ確約文書を差入れることはありません。
　しかしながら、**2005（平成17）年4月1日から全面施行された「個人情報保護法第20条」の規定により、不要になった個人情報は適切に消去ないしは破棄する必要があります**。そのため、当該申出があった場合は、入居申込書を本人に返すか、宅建業者が確実に消去・破棄することになります（なお、個人情報保護法については、「第2編 第1章 物件調査」「4.来店準備をする」を参照して下さい）。

（16）　入居をキャンセルしたい。ついては、提出済の「入居申込書」など個人情報が記載されている書類を引渡して欲しい。

《対応等》
　媒介業務を行うために受理した書類等については、当該業務が完了した後は、貸主等に速やかに引渡すとともに宅建業者の手元に残った書類については、第三者に借主等の情報が漏れないよう適正な管理や処理が必要となります。
　借受予定者からのキャンセルにより不成約に至った場合については、通常は宅建業者自らが関係書類を廃棄処分する等適切な処理を行えば十分と考えられます。
　しかしながら、借受予定者から受理した書類で、「収入証明書」や「住民票」「在職証明書」など借受予定者自らが作成又は入手した書類については、借受予定者が他の物件のあっせんを受けるため当該書類を必要とするなどのこともあるので、できるだけ返還するのが望ましいと考えられます。なお、宅建業者が作成した書式に記載させた書類等（「入居申込書」等）については、本人に引渡すことなく宅建業者自らが処分して差し支えありません。
　また、相手方に、「賃貸借契約書」等契約締結に必要な書類を宅建業者が作成し、引渡し済のときは、キャンセルの意思確認のため、当該書類の返還を求めることを励行して下さい。

(5) その他

（17）　入居資格の基準があいまいである。宅建業者の恣意によって入居者を選んでいるのではないか。「資格基準」を明示して欲しい。

《対応等》
　宅建業者が物件紹介するとき、一番気になるのは当該者の賃料の支払能力（収入）ですが、もう一つ大事な事は「人柄」などの当該者の属性があります。
　「資格基準」には、収入基準や同居者の資格、連帯保証人の資格など明示可能なものがありますが、「人柄」等のように明示できないものもあります。
　多くの宅建業者は、顧客との対応の中でその「人柄」等を把握し、顧客の希望する条件の物件の紹介にあたっては、この「人柄」等も加味して行うこととなります。これは、当該借り希望者が他の既入居者と円満な共同生活を確実に営めることを考えて物件を紹介する必要があるからです。したがって、宅建業者としては本人が気に入ったからといって無闇に物件を紹介するわけにもいきません。
　この辺の事情は、本人はもちろんのこと既入居者の人格をも傷つけかねませんので、「人柄」等のことを斟酌しているとはいえ、なかなかはっきりと言うことは難しいものです。

（18）　入居希望者の情報は、入居可否の判断のため貸主に知らされるが、貸主情報については、入居希望者には何も知らされない。入居希望者にとって、物件の内容と同様に貸主の「人柄」などの情報も物件特定のための大切な要素と思う。

《対応等》
　貸主の氏名や現住所、貸主と物件所有者が異なる場合には貸主名とその現住所、所有者名とその現住所、所有者と貸主との関係など当該物件の属性といわれるものについては、必要に応じて借り希望者または借受予定者に知らせることが望ましいと考えられます。
　貸主または所有者の氏名や現住所について、借主に通知することを好まない宅建業者もいるようですが、借りる側からすれば、所有者である貸主との直接の「賃貸借」なのか、「転貸借」なのか、さらに所有者と貸主が異なる場合、所有者と貸主との関係や「貸主」に正当な権原があるのかどうかなど

の事実は大切な事柄です。
　なお、貸主の「人柄」などの個人のプライバシーにかかわる事柄については、通知すべき事項ではない旨はっきり言っておくことも大切です。

（19）　業種や勤務先によって「入居者」を選別するのはおかしいではないか。基準があるならば明示して欲しい。

《対応等》
　宅建業者が借り希望者の勤務先の情報を収集するのは、当該借り希望者の賃料等の支払能力を判断する収入が継続して、かつ安定して見込めるものであるかどうかを取敢えず現時点において判断するためであることを説明し、理解を得て下さい。

（20）　連帯保証人の条件が厳しすぎて適当な人がなかなか見当たらない。

《対応等》
　連帯保証人の条件（資格）は、これまでの経験に基づき決められているものですから、その条件（資格）の緩和について貸主はもちろん、宅建業者としても色よい返事は難しいものと思われます。条件にかなった連帯保証人を立てるよう借り希望者に努力してもらうことになります【「5．その他」を参照】。

第2章　契約・入居

1　賃貸借契約の締結について

> 貸主が出席しない場合は、契約成立に疑義が生じないような事務手続を行うこと

　賃貸借契約の締結は、契約当事者全員の出席により行うことが原則ですが、多くの場合、貸主と連帯保証人が出席することは稀であり、借主のみが出席し、宅建業者が契約締結の事務補助のため立会うというのが実態のようで、概ね次のように行われているようです。

　貸主の内諾を得た宅建業者は、その旨を借り希望者に伝え、契約締結日を借り希望者と打合せのうえ決定するとともに、契約書等を作成して引渡します。

　借り希望者は、① 契約締結日までに必要書類を整え、② また、連帯保証人に契約書への署名・押印を求めるとともに印鑑証明書を預かり、③ 契約締結の当日、契約関係書類を持って宅建業者の事務所まで出向き、賃貸借契約に関する必要な手続を取ります。

　宅建業者は、契約当日、借主及び連帯保証人が署名・押印した「賃貸借契約書」等関係書類を、借主から受領するとともに敷金等を受領したうえで、貸主から預かっている当該住宅の鍵を借主に引渡します。なお、宅建業者は、遅滞なく敷金等を貸主に引渡すとともに「賃貸借契約書」に貸主の記名・押印を求め、貸主の記名・押印済の「賃貸借契約書（借主保管用）」と貸主が発行した「領収書」等を借主に引渡しています。

　こうして、一連の契約手続は、終了し、借主は、契約期間の開始（入居開始可能日の到来）とともに住宅を使用することになります。

　このように、通常の賃貸借契約において、宅建業者は、貸主から賃貸借契約の締結に関する権限の委任を受けることなく事務補助のみを行っているようですが、この一連の事務手続のなかで当該住宅の鍵を借主に引渡していますので、貸主が出席しないにもかかわらず、賃貸借契約の成立については疑いのないものといえます。

　しかしながら、鍵の引渡しが行われず、また、敷金等の受領に関する貸主の「領収書」等の交付もない場合には、当該手続により契約が成立したかどうかについて疑義が生じる余地が残ります。

　したがって、宅建業者に対し貸主が契約締結に関する権限を委任しない場合、宅建業者は、「賃貸借契約書」に予め貸主の記名・押印を依頼したり、当日受領する敷金等にかかる「領収書」等を預かったり、さらには、当該契約住宅の鍵を貸主から預かり、当日その鍵を借主に引渡すなど、契約の成立に疑義が生じないような事務手続を行うことが大切です。

　ところで、賃貸借契約が締結されても直ちに当該住宅の引渡しということにならず、鍵の引渡しが終わっていても、通常は、何日か後に実際の引渡し（つまり、当該住宅の使用開始日の到来）ということになります。

> 契約開始日が到来する前に借主が解約する場合の金銭の取扱い

　そこで、次のようなトラブルが発生することがあります。

　賃貸借契約の締結後契約期間の開始日（住宅の使用開始日）が到来したことに伴い、借主が、入居した場合は問題ありません。しかし、賃貸借契約の締結後、契約開始日の到来する前に、借主が当該賃貸借契約の「キャンセル」を申出たときは、借主が貸主等に支払った敷金等の返還を巡るトラブルが発生することがあります。

　借主としては、契約期間の開始日が到来していないことを理由に支払済の金額全額についてその返還を求め、貸主等は、当該契約が成立していることを理由に受領済金銭の全額返還に応じることに難色を示す例がしばしば見られます。

　通常、借主は、当該住宅の賃借のため敷金や前払い賃料等を支払い、それに対し、貸主は、当該住宅の鍵を借主に引渡しますので、当事者間で当該住宅の賃貸借について合意しており、契約は、有効に成立しているものといえます。

したがって、宅建業者が契約の成立に伴い受領した「報酬」は、有効で、借主に返還する必要はないものと考えます。また、貸主が受領した「敷金」や「礼金」（ただし、「礼金」は一部地域のみにおける慣行）、「前払い賃料等」については、当該賃貸借にかかる借主の住宅の使用開始日が未到来で、賃料等の支払い義務が発生していませんので、これらの名目で受領した金銭について、貸主は、原則として全額借主に返還することになります。
　しかしながら、当該賃貸借契約は、成立しており、借主の「キャンセル」は、当該賃貸借契約の「解約」の申出に当たりますので、当該賃貸借契約において、契約期間満了以前の借主の解約に関する特約を定めているのであれば、その定めに従った処理を貸主は取ることができると考えられます。通常、賃貸借契約書で契約期間の満了を待たずに借主が当該契約を解約しようとするときは、一定の予告期間に相当する賃料等または一定額の「損害賠償金」を借主が支払うことにより解約する旨を特約していますので、この特約の趣旨に則って処理をすれば良いと考えられます。

> 契約開始日到来以降に、借主が未入居で解約する場合の取扱い

　また、契約期間の開始日以降、借主が当該住宅に入居しないまま解約（いわゆる「未入居退去」）を申出た場合は、「礼金」については返還する必要はありませんが、「敷金」については原則として全額返還しなければなりません。途中解約による「予告期間に相当する賃料等」や「損害賠償金」の請求については、約定の定めに従い行うことになります。
　いずれにせよ、契約成立後の借主からの途中解約にかかる金銭の請求等については、事前に貸主と借主の間でトラブルが発生しないようキチンと取決めておくことが大切です。

2　鍵の引渡し等について

> 原則として、鍵は、全て借主に引渡すこと

　まず、大切なことは、入居者の入れ替わりの都度、玄関など住宅の出入り口の鍵（錠前を含む）を必ず取替えることです。なお、鍵等の取替えは、防犯上問題がなければ、その都度、新品のものでなく、以前他の住宅で使用していた鍵等でも差し支えないものと考えられます。
　古い鍵を受け取った借主は、不安になることが予想されますが、当該住宅の前の入居者が使用していたものではないこと及び防犯上問題ないことをよく説明し、借主の不安を払拭して下さい。
　次に、借主に貸与する鍵の取扱いについては、貸主（または貸主から管理業務の委託を受けている「管理業者」）の中にはそのうちの一本を預かっている例があるようです。
　この場合、鍵を預かることを賃貸借の条件としているように見受けられますが、現実問題として、預かった鍵を使って貸主等は、借主に無断で住宅内に立入るということが法的に認められるケースというのは殆どありませんので、貸主が鍵を預かる正当な理由は見当たりません。

> 貸主が鍵を預かる場合、その取扱いについて借主と取決めておくこと

　鍵を貸主等が預かる場合は、その目的をハッキリと説明するとともに、その鍵を使って住宅内に立入る場合の手続について、予め借主と合意しておくことが必要です。と同時に貸主としては当該鍵が無断で使用されないことや、盗難に遭わないよう厳重な管理が要求されます。
　貸主が鍵を預かっている場合は、借主と貸主との関係がギクシャクしてくると、貸主が、預っている鍵を使って無断で室内に入ったのではないかという疑心暗鬼が、借主に起こり、無用なトラブルが発生する可能性があります。また、貸主の中には、借主が契約に違反して無断で一定期間留守にしたことを理由に、借主の住宅に立入って居住状況を確認したり、賃料等の滞納を理由に、当該住宅の鍵を無断で取替え、借主の使用を妨害するという行為が発生している例も見られますが、このような鍵の無断使用は絶対に認められません。
　貸主は、借主から預かっている鍵の保管に万全を期すとともに、借主に疑心暗鬼を引き起すような鍵の使用を絶対に行わないよう慎重な対応が望まれます。また、「自力救済」することは我が国の法律

では認められていませんので、貸主等は、借主の債務不履行を理由として当該鍵を使って勝手に「住宅」へ立入ることはできません。

最後に、借主への鍵の引渡し時期です。

鍵の引渡し時期は、多くの場合、契約締結時、つまり、契約期間の開始日（入居開始可能日）以前に借主に引渡しているようです。しかし、入居開始可能日の到来をもって住宅の引渡しとなり、鍵を引渡したにもかかわらず、当該住宅の管理責任は、入居開始可能日の前日までは貸主にありますので、注意してください。したがって、宅建業者は、借主に対して、入居開始可能日まで当該住宅に立入らないよう十分説明しておくことが大切です。

3　入居時の室内造作物・設備等の点検・確認について

> 入居時の室内の点検確認は、原則として貸主、借主双方の立会いで行うこと

貸主（管理業者）は、退去時の室内の造作物や設備等の修繕または原状回復の履行を巡ってのトラブル防止を図るため、また、借主に適正な修繕等の費用負担を求めるという観点から、入居時に室内の造作物・設備等の点検確認を必ず借主に求め、入居時の室内の状況を確認しておくことが必要です。そして、この点検確認の結果（入居時の室内の造作物・設備等の状況）は、文書に記録し、双方が一通づつ借主の退去時まで保管しておきます。

この点検確認は、貸主（または管理業者等貸主の委任を受けた者）及び借主の双方が立会って行うのが望ましいやり方ですが、借主のみで室内の点検確認を行い、その結果を貸主等に文書（「入居時住宅内造作物・設備等点検確認書（仮称）」）で提出させ、それを受けて、貸主等は、必要な場合借主の申告内容を現地確認して必要な処理を行うというやり方もあります。多数の賃貸住宅の管理を受託している管理業者は、後者の方法を採用しているのが一般的のようです。

この点検確認について問題となる点は、借主が「不具合」と指摘した箇所についての貸主側の対応です。多くの賃貸借契約書において、「借主の修繕義務」に関する約定が設けられており、当該「不具合箇所」が「借主の修繕義務」に該当する場合は、当該不具合箇所に対する貸主の対応如何により、トラブルとなる可能性があります。

つまり、当該不具合箇所について十分な修繕がその時点で行われたか、また、そのことが借主に説明されるとともに「点検確認書」に明記されているかどうか、さらに、その後、当該箇所に再び不具合が発生した場合の修繕費用の負担者についての説明がなされているかどうかにより、トラブルが発生することがあります。

また、借主が申告した不具合箇所については、当該造作物・設備等の使用上問題がないとして修繕等を行わなかったとき、そのことが「点検確認書」に明記されていないため、借主の退去時に当該箇所の不具合に対し、借主に当該修繕に要する費用負担を求めることにより、トラブルが発生することが予測されます。

いずれにせよ、入居時の室内の点検確認は、冒頭に述べた目的で行うのですから、借主から申告のあった「不具合箇所」の処理について、その後の費用負担の公平を損なわないよう適正に行うことが、貸主側に求められます。

次に、予想されるトラブルとしては、入居時の「点検確認」において見逃した不具合箇所が後日発見された場合、貸主等が当該不具合の申告を認めるかどうかを巡ってのものです。

通常、この「点検確認」は、一定の期限内に行うこととされているので、当該期限の経過を理由に借主の追加申告を断ることは可能ですが、貸主がそのような対応をした場合、その後の管理や退去時の修繕費用負担の取扱いを巡って借主との間でトラブルとなることは明らかですので、当該申告について現地確認を行い、借主の申告が正当なものであるときは追加申告を認め、必要な措置をとることが望まれます。

何れの場合にも、貸主及び管理業者は、借主の申出に対し、常に公平で、適正な処理を行うことに意を用いることが要求されます。そして、言うまでもなく、このような対応が借主との無用なトラブルの発生を防止します。

また、借主の修理義務の範囲に関する造作物・設備等については、借主の通常使用にもかかわらず、入居後一定期間内に不具合となった場合、修理費用の負担を巡って借主とのトラブルが起きないよう貸主の費用負担で必要な修繕を行う、いわゆる「瑕疵補修期間」を部位・部材ごとに定め、借主に公平な負担を求める方法を採用している貸主もいるようです。

4　借主からのクレーム例（Q＆A）

(1) 賃貸借契約の締結について

（21）　連帯保証人の印鑑証明書が契約締結日までに用意できない。後日提出ということで、予定どおり契約締結してもらえないか。

《対応等》

原則として、契約締結日を延期することが望ましいでしょう。

賃貸住宅の賃貸借契約において連帯保証人は、当該賃貸借契約成立の重要な要素であり、契約締結に際し、真正な連帯保証人であることの確認手段の一つとして「印鑑証明書」を要求しているのですから、契約締結時に当該「印鑑証明書」が用意できないのであれば、契約締結日を延期するのが適切であるといえます。

なお、借主の都合による契約締結の遅延の結果、住宅の引渡し（鍵の引渡し）が遅れて、借主が契約期間の開始日から当該住宅を使用収益できなくなることがありますが、このような場合、借主の賃料支払い義務の開始日を当初の契約期間開始日として取扱う旨通知し、合意のうえで契約期間を遡る契約を締結している例もあります。

（22）　連帯保証人を引受ける旨の「承諾書」に署名、押印してくれとのことだが、契約内容が記載されていない。契約内容を記載したものが欲しい。

《対応等》

連帯保証人の引受け承諾については、賃貸借契約書に貸主、借主とともに署名・押印してその意思を明示する方法と賃貸借契約書とは別に「連帯保証人引受承諾書」に署名・押印して当該賃貸借契約にかかる連帯保証人を引受けたことを明示する方法があります。

前者の場合は契約内容が記載されていますが、後者の場合はその内容が記載されていない場合があるようです。この場合、借主が契約内容を十分説明し、その上で承諾のための署名・押印を依頼すべきですが、口頭による説明ではその内容の全てを理解するのは困難な場合があります。

したがって、賃貸借契約書の内容を添付（写し）し、借主が依頼し易いような配慮が望まれます。

また、賃貸借契約書に直接署名・押印を求める場合も、当事者の署名・押印済の当該賃貸借契約書の写しを連帯保証人に交付し、連帯保証人としての自覚を持ち続けて頂くための有効な方法といえます。なお、賃貸借契約書を3通作成し、貸主・借主とともに1通を連帯保証人が保管している例もあります。

（23）　貸主が来ていないが、(賃貸借) 契約を締結することができるのか。

《対応等》

賃貸借契約の締結は、通常、「賃貸借契約書」に各当事者がそれぞれ記（署）名・押印し、敷金や入居時の賃料等を授受することを意味しています。

賃貸借契約の締結は重要な法律行為ですので、当事者が全員揃って行うのが原則です。

貸主が出席できないとき、実務処理として次の方法が考えられます。

第一は、契約締結日当日は借主と連帯保証人が賃貸借契約書に署名・押印し、貸主の記（署）名・押印は後日遅滞なく宅建業者が責任をもって貸主から頂き、賃貸借契約書を借主に引渡すという方法

です。また、敷金等の受領については、貸主から委任を受けていないときは借主から直接貸主の預金口座へ振込んで頂いたり、予め貸主から「領収書」を預かっておき、敷金等の受領と引換えに当該領収書を借主に交付したりするなど、借主から貸主へ引渡した形による方法で受領し、宅建業者が単に借主から預かるような処理は避けるのが望ましいといえます。

　この場合、宅建業者は契約締結時に契約書（いわゆる「37条書面」）を借主に引渡すことができないので、その時点では契約成立に伴う媒介報酬を借主から受領することは好ましくありません（なお、借主から預かった「賃貸借契約書（借主・連帯保証人の署名・押印済）」をコピーしたものに、宅建取引主任者が記名押印して当該書面を交付すれば、媒介報酬を借主から受領することは可能であると考えます。）。

　第二は、賃貸借契約書の他に「連帯保証人引受承諾書」を作成し、①「連帯保証人引受承諾書」については、借主を通じて事前に連帯保証人に署名・押印を求め、契約当日借主に持参して頂きます。②「賃貸借契約書」については、宅建業者が事前に貸主の記（署）名・押印を依頼するとともに契約締結当日受領する敷金等の「領収書」（受領予定金額を記入し、貸主の記（署）名・押印済のもの）を預かります。③契約締結当日、借主は「賃貸借契約書」に署名・押印するとともに敷金等を支払います。④宅建業者は、「賃貸借契約書（借主用）」と敷金等の「領収書」を交付します。

　この方法の場合には、契約成立に伴う「37条書面」を借主に引渡すことになりますので、宅建業者は借主から媒介報酬を受領することができます。

　なお、連帯保証人が契約締結時に臨席できる場合は、上記の「連帯保証人引受承諾書」を用いることなく、賃貸借契約書に直接署名・押印するということも可能です。

　第三は、「賃貸借契約書」を貸主、借主に1通ずつ事前に引渡し、それぞれが契約当日までに署（記）名押印（ただし、借主は連帯保証人の署名・押印をもらう）し、宅建業者を通じてそれぞれの「賃貸借契約書」を交換（媒介業者は貸主記名押印の「賃貸借契約書」を契約当日までに預かっておく）するという方法もあります。貸主、借主とも自己が保管する「賃貸借契約書」に自己の記（署）名押印をします（ただし、借主は連帯保証人の署名押印をもらっておく）。その他の契約手続は第二の方法と同じです。

（24）　敷金等の受領書の発行者名が貴社（宅建業者）名になっているが、大丈夫か。貸主（管理業者）から「敷金」の預かりについてクレームがでるようなことはないか。

《対応等》

　貸主から当該金銭の受領にかかる委任を受けている場合は、宅建業者名で「領収書」を発行しても問題ありませんので、その旨を借主に説明し理解を得ます。なお、この場合でも当該「領収書」に貸主名を記載し、委任を受けた宅建業者名を記載のうえ、押印すれば、借主としては一層安心すると思われます。

　また、貸主から委任されていない場合は、宅建業者は借主から敷金等を預からないで、契約当日借主から直接貸主の「預金口座」に振込んで頂く方法が望ましい処理といえます。なおこの場合、宅建業者は借主の振込みの「控え」を確認し、契約締結に伴う敷金等を受領した旨を貸主に遅滞なく通知するとともに借主に対し当該受領金の「領収書」等を速やかに借主に交付するよう依頼します。

　さらに、当該金銭にかかる「領収書」を事前に貸主から預かっておき、借主から当該金銭を受領したとき、その「領収書」を借主に引渡すという方法もあります。

（25）　敷金等を支払ったのに、貸主の記名・押印済の「賃貸借契約書（借主用）」をこの場でもらえないのか。

《対応等》

　契約締結当日貸主の欠席により、貸主の記（署）名・押印ができないため「賃貸借契約書（借主用）」を借主に引渡せないものと思われます。したがって、後日貸主が記名・押印した後、当該「賃貸借契約書（借主用）」を借主に引渡すことになります【設問（23）参照】。

（26）　連帯保証人だが、賃貸借契約の締結が終わったと聞いた。（契約締結後の）「賃貸借契約書」の写しを貰いたい。

《対応等》

通常は、借主が賃貸借契約する前に当該賃貸借契約の内容を連帯保証人（予定者）に説明し、当該契約内容を了承したうえで連帯保証人を引受けることを前提として、必要な手続を行っていますので、貸主または宅建業者から積極的にその内容を通知するようなことはしていないのが実態と考えられます。したがって、必要であれば借主からその写しを貰う旨を説明し理解を得て下さい（なお、契約締結が完了したら、借主に対し、当該賃貸借契約の締結手続が完了した旨、連帯保証人に通知するよう「アドバイス」しておくという対応もあります。また、契約書を3通作成し、貸主、借主とともに連帯保証人も1通保管している例もあります。【設問（22）参照】）。

(2) 鍵の引渡し等について

（27） 見たところ古い鍵のようだが、前の入居者が使っていた鍵であれば、新しい鍵に取替えて欲しい。

《対応等》
　前住者が退去時に、貸与した鍵の全部を返還した場合でも、防犯上の観点から、玄関扉など当該住宅の出入り口の鍵（及び錠前）は別のものに取替える必要があります。
　なお、当該鍵等については、入居者の入替えの都度、新品のものと取替える必要はなく、別の地域で使用していた同種の鍵等で、入居者入替えに伴って取替えを行い、他住戸への転用のために保管していたものを再利用している例もあるようです。しかし、この場合には当該鍵等を以前どの住宅に使用していたかが貸主はもちろん、管理業者にも分からないような処理を行ったものを再利用するなど、防犯上の配慮が求められます。つまり、オリジナルの鍵が全部（通常3本）あり、錠前もしっかりしており、その機能が十分保証されているものであって、関係者全員が以前使用されていた地域や住宅を特定できないものであれば、古いものでも構いません。
　古い鍵と錠前を再利用している場合、防犯上及び機能上問題がないことを借主に説明し、理解を得て下さい。
　なお、管理業者が自ら判断し、当該古い鍵等の再利用に不安が残るようであれば、当該鍵等の再利用はやめ、新しい鍵等に取替えるのが正しい処理といえます（この場合、鍵等の取替え費用は貸主の負担です。）。

（28） 保管用の鍵があるとのことだが、どのような管理をしているのか。

《対応等》
　預かっている鍵の保管については、紛失や盗難などのことがないよう万全の管理をしている旨を説明し、借主の理解を得ます。なお、保管場所など具体的なことは、情報漏れによる鍵の盗難事故につながる可能性を否定できませんので、説明しない方がよいでしょう。
　また、当該鍵の保管目的について説明し、借主の理解を得ておく必要があります（「2．鍵の引渡し等について」参照）。

（29） 「万一のとき」のために鍵を一本預かるということだが、「万一のとき」とは「どういう場合」を想定しているのか。

《対応等》
　万一とは、誰にも可能性があるにもかかわらず、あってはならない事態を意味しますので、借主への具体の説明はなかなか難しいものと考えられます。
　鍵を保管することの本来の意味は、その鍵を用いて当該住宅内に貸主または管理業者が立入ることです。多くの貸主が、火災とかを万一のときの事例に挙げているようですが、実際の火災時に貸主が預かっている鍵を用いて借主の住宅内に立入って、消火活動を行い、火災による被害を最小限に食い止めたり、家財道具を運び出したりすることは危険すぎてできません。また、当該住宅内で重大な事件が発生し、その要因を取除いたりすることも不可能と考えられます。したがって、万一のときのためであれば、貸主が鍵を預かっていても何の役にも立たないのが実態ではないかと推測されます。

したがって、鍵を預かることの現実的な意味合いは、例えば、借主の留守中において上階からまたは当該借主の住宅から下階への水漏れ事故が起こった場合、住宅及び借主の家財道具への被害を最小限にするため、預かっている鍵を用いて当該住宅内に立入り、最大限の努力をするといった程度のことになります。

このような日常的な事故の場合に備えて、貸主または管理業者がすばやい対応をすることにより借主の財産を守るということであれば、必ずしも一律に鍵を預かる必要性はないともいえそうです。

また、住宅内は借主に占用使用させている部分ですので、原則として借主の承諾なくしては貸主といえども立入ることはできませんので、鍵を保管する場合は、当該鍵の使用について事前にその取扱い（どういう場合に立入るか、また、そのときの手続きをどうするかなど）について合意しておくことが必要です。

（30） 鍵を一本預かるということだが、例え貸主（または管理業者）といえども、自分の部屋の鍵を他人が持っているというのは気持ちが悪い。全部の鍵を引渡して欲しい。

《対応等》
借主（及びその同居人）が留守のとき、住宅内で緊急事故等が発生したとき、当該事故による被害等を最小限に食い止めるため、借主に代わって室内に立入り必要な措置を行えるよう、また、住宅内において借主等が事故に遭い、当該者の救助のために室内に立入らねばならないことなどを想定し、貸主（管理業者）が住宅の鍵を預かる事例があるようです。

貸主の立場からすれば、住宅及び住宅内で緊急事故等が発生した場合、自分の財産を守るためや借主の安全確保などのため、当該住宅内に立入って必要な処置をとるのは至極当然な行為であるとの認識によるものと考えられます。

しかしながら、借主にすれば、緊急事態の発生の確率が極めて小さいという実態から、貸主の意思により自由に室内に立入られるという危惧を否定できません。

鍵を預かることの是非は別にし、貸主が管理業務等の必要性から鍵を預かる場合は、その理由と当該鍵を用いて室内に立入るときの手続（例えば、連帯保証人の立会いを求めるとか警察官に立会ってもらうなど）などを明示して借主に説明し、十分な理解を得ることが必要です。

なお、賃料の滞納や契約に違反して無届けで住宅を長期不在したことなどを理由に、預かっている鍵を用いて借主に無断で室内に立入ったり、鍵を取替えて借主の当該住宅の使用を不可能にしたりするなどの行為（＝自力救済）は我が国では認められていませんので、預かっている鍵の使用には慎重な配慮が必要です【設問（29）参照】。

（31） 貴社（管理業者）の鍵の保管について不安がある。もう一か所鍵を取付けてもよいか。

《対応等》
鍵の保管について適正な管理をしていることを説明し、借主の理解を得ることが大切です。

借主が自らもう一か所鍵を取付けることについては、鍵の保管の目的を損なうことになりますので、認めることはできません。

また、鍵の保管の目的について、借主の理解と協力を得ることです（なお、鍵の保管の是非はここでは不問とします【設問（29）参照】）。

（3）入居時の室内造作物・設備等の点検・確認について

（32）　造作物のように一見して、またはちょっと触って分かるものはいいが、設備のようにしばらく使ってみないと分からないものの点検確認はどのように行えばよいのか。また、使い始めて間もなく故障した場合、費用が軽微なものであれば、契約書の定めに従い、私（借主）の負担で修理することとなるのか。

《対応等》

　入居時の設備の点検確認は、入居時においてそれらの設備が本来持っている機能に異常がないかどうか、つまりその時点において設備が使用できる状態にあるかどうかを単に点検確認する行為であり、引続き使用できるかどうかを点検確認するものではありません。

　通常の使用にもかかわらず入居後間もなく故障し使用不能となったときは、当該修繕が、契約書の定めにより借主の負担において修繕することになっていても、貸主の費用負担により修繕するのが望ましいと考えられます。

　ところで、入居後間もなく造作物の不具合や設備の故障がでることは好ましいことではありません。したがって、空家の修繕工事では、入居後すぐ不具合や故障等が発生しないよう、設備については使用できる状態にあっても部品等のチェックを行い、相当の期間借主が安心して使用できるよう部品等の交換など必要な修繕を行ったうえで、借主に貸すのが望ましい対応です。

　貸主のなかには、消耗品及び消耗部品については入居時に全部新しいものに取替え、入居後借主との間で疑義が生じないような処理をしている例もあります。

　また、設備関係等で借主の修繕負担区分について、それぞれについて合理的な「瑕疵補修期間」を定め、借主に公平な負担を求める考え方を採用している貸主もいます。

　なお、「点検確認結果」については文書に記録し、不具合については管理業者自らその状態を確認したうえで必要な処理を行うとともにその旨（修繕した場合は当該修繕内容を、修繕しなかったときはその理由など）を記録しておき、その後の不具合の申出や退去時の原状回復協議の重要な参考資料とし、借主とのトラブル防止に役立てます。また、「点検確認結果」の文書は、借主にも保管させておくのが望ましいでしょう。

（33）　見たところ何年か前に設置された設備のようであるが、入居後どの位の期間保証してくれるのか。

《対応等》

　【設問（32）参照】

（34）　ガス会社の人に開栓してもらい、ガス器具を点検してもらったが、風呂釜が点火しない。今日中に使えるようにして欲しい。

《対応等》

　住宅内に設置している電気器具や風呂釜などの設備については、前住者の退去時に正常に使用できていたとしても、空家の修繕工事において必ず点検し、必要な修繕を行っておくことです。そうすることにより、このようなトラブルの発生を防止することが望まれます【設問（32）参照】。

　また、これらの設備は通常、突然故障します。そして故障すれば借主の生活に重大な影響を与えるものですので、このような突然の故障に備えて指定工事業者を確保し、迅速な処理が行える態勢を整えておくことが望まれます。

（35）　不具合箇所の申告をしたのに、未だに修理してくれない。どうなっているのか。

《対応等》

　入居時の「点検確認」については、貸主（または管理業者）が立会いのうえ借主と行う場合と借主のみで行い、その結果を「点検確認書」に記入し、管理業者に提出する場合があります。

　いずれの場合にも、「不具合箇所」については、当該箇所を修繕するのか、使用上問題がないという

ことで当該箇所の修繕は行わないのかの貸主（管理業者）の判断を遅滞なく借主に通知することが必要です。そして修理しない場合には、その理由等を説明するとともに記録しておき、退去時の借主に対する原状回復義務の履行の請求に際し、不当な請求にならないよう注意します。なお、修繕をする場合は、指定工事業者に遅滞なく指示するとともに修繕完了時期または修繕を行う時期を工事業者から聞き、借主に事前に通知しておくのが望ましい対応です。

（36）　入居時の「点検確認」で見落としていた。「点検確認書」に追加記載したい。

《対応等》
　現地確認し、借主の申出が正当であれば追加記載を認めるべきであると考えます。
　借主の過失（申し出期日の経過など）を理由に追加申出の拒否も可能ですが、賃貸借契約の円満な関係の維持・継続は貸主・借主の信頼関係により成り立つものですので、借主の申出が正当であれば当該申し出を受入れ、修繕等の必要な措置をとることが望まれます。

（4）**その他**

（37）　申込み時点で見た図面では部屋（個室又はリビング等）の壁は平らで柱などが突き出てなかった。入居前に下見にいったら部屋の壁の真ん中付近に柱のようなものが突き出ていた。家具が入らないので契約を取消したい。契約時に支払った敷金や賃料、手数料等全額返還して欲しい。

《対応等》
　宅建業者が物件を斡旋する場合は、必ず、現地案内をし、室内等を実際に見せたうえで所定の契約手続を行うようにします。当該物件が入居中のために室内等を見学できない場合は、退去後、できればリフォーム後に再度、室内見学ができる機会を設け、納得したうえで本契約を行うように心掛けましょう。
　宅建業者が、図面内容と現状を十分に照合しないまま物件紹介を行った時は、重要事項説明不備に該当するおそれがあります。そのため、宅建業者は、貸主から提示された間取図などを全面的に鵜呑みにすることなく、現地調査により自分の目で依頼物件を確かめ、確かな物件を借り希望者に斡旋することが大切です。
　現地調査にあたっては、各部屋の広さを「何畳相当」と表示する場合、畳の大きさが様々であるために実際の広さが借主のイメージと異なり、後日トラブルにもなり兼ねませんので、間取図等に寸法を入れ、各部屋の実際の広さ（面積）が分かるようにするなどの配慮も必要です。
　未完成物件について図面をもとに本契約を締結した場合は、図面に表示された仕様が実際と異なり当該部分の使用に著しい影響を及ぼす場合は契約の取消しに応じざるを得ないものと考えます。
　したがって、契約時に支払った敷金等や賃料、宅建業者への報酬（手数料）の返還の問題が生じます。

（38）　引越して近所にあいさつに行ったら、「このアパートには変質者がいる」と言われた。本当か。本当であれば契約を取消したい。その場合、契約時に支払った金員と引越し代金を支払って欲しい。

《対応等》
　共同住宅には、色々な人が住んでおり、近所付き合いの上手な人、苦手な人、愛想の良い人、無愛想な人と様々です。
　宅建業者は、支払能力などその他の入居資格基準のほか、これまでの経験と実績から、当該アパートで円満な共同生活を営める人かどうかも判断して入居申込を受付け、貸主の承諾を得て、入居させています。
　したがって、このような「風評」については、言下に否定し、契約の取消しに応じない旨を借主に説明し、理解を得ることとなります。また、そのような「風評」を流している入居者を当該借主から聞き出し、当該入居者に事情を聴取したうえで適切な措置を講じることが大切です。

第3章　契約監理

1　生活騒音について

> 入居者に生活騒音を和らげる工夫についてアドバイスすること

　賃貸マンション・アパートでは、その構造により様々な生活騒音に包まれて共同生活をすることになります。

　通常の賃貸マンション・アパートにおいて気になる生活騒音に、次のようなものがあります。
① 台所、浴室、便所の給排水音
② 家具椅子の音
③ 走りまわる、跳びはねる音
④ 玄関扉の開閉音
⑤ ピアノの音（楽器の音）
⑥ テレビ・ステレオ・ラジオの音
⑦ 階段・廊下の足音
⑧ 窓サッシの開閉音
⑨ フトンを叩く音
⑩ 子どもの声
⑪ ブザーの音

　以上の生活騒音は、住宅内で生活していくには避けられない騒音ばかりで、全ての居住者がお互いに出している生活上のやむを得ない騒音ばかりです。それにも拘らず、他人が出す生活騒音には我慢できず、生活騒音を巡って居住者間で対立が起こり、管理業者のもとに持ち込まれるのが、生活騒音を巡るトラブルです。そして、この音に対する感じ方は、居住者個人により差があるため、いったん生活騒音について居住者間で争いが生じた場合、解決は難しくなります。

　したがって、管理業者としては、当該賃貸住宅の構造等により生活騒音が他住宅に影響を及ぼすおそれのあるものについては、「入居のしおり」または「生活のしおり」などによりその旨を周知し、十分な理解を得たうえで借主が入居するよう努めることが必要となります。

　また、一人一人の入居者が注意することにより、それらの生活騒音を和らげることができるものについては、それらの生活行為をなすに当たっての注意事項を例示し、借主に協力を求めることが大切になります。

　さらに、当該マンションまたはアパートの構造等から当該住宅内で禁止せざるを得ない行為については、賃貸借契約書において明示し遵守して頂くことが必要となります。

　賃貸住宅内で生活騒音が発生し、それがお互いの生活を侵害するという理由で住宅内での生活行為を規制したり、その一部について禁止したりすることは、何とも理解し難いことですが、住宅水準の現状からやむを得ないものもあると言わざるを得ません。

　住宅内での生活騒音の殆どは、日中は戸外の騒音や自己の出す生活騒音により気になることはまず無いといえます（ただし、楽器の音は特別です）。したがって、通常の生活騒音は、当該住宅の居住者が他の居住者の生活に対して思いやりをもって生活することにより、かなりの程度まで他の居住者の受容できる範囲に納まるはずです。例えば、床が板の場合、その上で椅子などを移動させますと階下にはその音が大きく響きますが、これを床板のせいにしないで、カーペットを敷いたり、椅子の足にゴムのカバーを付けたり、布を巻いて少しでも音を和らげたりする工夫をすることにより、階下にいる居住者の感じ方も変わり、お互いの理解も深まってきます。

　次に、生活騒音に対するクレームの対応ですが、契約違反の生活騒音（禁止しているピアノや楽器の演奏）については、管理業者が直接当事者に対し是正を要求することになりますが、生活ルールの逸脱から発生する生活騒音に対しては、掲示板への掲示やチラシにより各居住者に生活ルールを守るよう注意を促すことになります。

　なお、生活騒音に関する生活ルールですが、居住者の生活に不便をもたらすルールをあれこれつく

ることは、余り好ましいことではありません。したがって、管理業者は、できれば、当該アパートの構造から判断して各住宅の生活騒音がどの程度他の住宅に影響を及ぼすかを居住者に周知し、生活騒音に対する理解を得ておくことがベターと考えられます。また、生活騒音が他の住宅へ侵入していかない工夫について指導をすることが大切です。例えばステレオなどについては、壁から離して置けばそれらの音が壁を伝わって隣戸へ漏れていくことを少なくすることができるとか、玄関扉の開閉にあたっては、手を添えて行えば「バタン！」という音を和らげられるなど、ちょっとしたアドバイスを与えることにより生活騒音を小さくすることが可能です。

　生活騒音に関する生活ルールは、基本的にはそのアパートの居住者の最大公約数の意見で決まるものであり、管理業者や貸主がとやかく口出ししてうまくいくものでもないというのが実態のようですが、いろいろな住宅を管理している専門家として入居者に生活騒音に対する生活の知恵をアドバイスすることは大切なことです。

2　共用部分の使用ルールについて

> 管理業者は、適宜巡回し、共用部分の整理、整頓を心掛けること

　賃貸マンションやアパートなど共同住宅においては、当該住宅を使用するために当該アパートの居住者全員で使用する部分があり、通常これらの共同で使用する部分を「共用部分」といいます。
　共用部分には、階段や廊下、エレベーター、公道へ通じる敷地内の通路、自転車置場、その他給排水施設などがあります。
　共用部分の使用ルールは、当該部分を私的に占有しないということに尽きます。また、共用部分の占有については、直ちに、是正措置をとることが必要です。特に、階段や廊下や通路に私物などが放置されている場合は、火災などの避難の障害となります。管理業者が、その事実を知っていながら、是正措置を講じることなく放置しておいた場合で、他の居住者が何らかの損害を被り、かつ占有者が不明のときは、管理責任者がその責めを負うことになります（民法第717条）。そういった点から見ても共用部分の管理には、十分な注意を要し、かつ大切な業務といえます。
　貸主によっては、共用部分の使用ルールをこと細かく定めているところもあり、正に手とり足とり、噛んで含めるような内容となっていますが、こと共用部分の使用ルールについては、一家を構える一人前の社会人を相手にする内容とは言い難いのが実態のようです。共用部分の使用ルール違反に関するクレームについては、その内容から判断する限り、居住者自身がお互いに円満な共同生活を営むために最低守らなければならない事柄に属する内容で、本来は、各入居者が常識的な使用をすれば何らの問題も発生するべくもなく、したがって、特に第三者が間に入って仲裁するようなクレームは少ないはずです。
　とはいえ、そうもいかないのが賃貸住宅居住者の実態で、「誰々さんがルールを守らない」といって管理業者のところにクレームが持込まれてきます。この場合、違反行為が他の居住者の生活の安全を脅かさない内容のものであれば、管理業者としては、当該クレームを持込んできた居住者に対し、自分たちでよく話し合って解決するよう説明し理解を求めます。
　なお、危険な違反行為については、当該居住者に対し、当該行為を直ちにやめるよう是正措置をとらせることが必要です。例えば、廊下に石油の入った「缶」を置きっぱなしにしていたり、常時、自転車やバイクを通路に置いていることにより通行の邪魔になったり、緊急時の避難に支障を来したりするおそれのある行為などが、それに該当します。
　また、このような使用ルール違反を発見したときは、掲示物やチラシを利用し、各居住者に注意を促すことが必要です。
　いずれにせよ、この種の違反行為は、そこに住む居住者の倫理観が幼児のレベルを遥かに越えて、本来、成人のレベルまでに高まらない限り無くならないものと考えられます。つまり、共同住宅では、他の居住者への思いやりを基本として各居住者が共同生活を営もうとしない限り、無理といえます。
　例えば、駅前の公道上におけるおびただしい自転車は、日本人全体の共用部分の使用ルールレベルを雄弁に物語っています。

したがって、管理業者としては、粘り強く居住者を教育していく必要があり、内容が幼稚すぎて文章化がはばかれますが、やはりこと細かく使用ルールを定め、機会を捉えて子どもに言って聞かせるように噛んで含めるように説明し、ルールを守るよう説得を続けることが必要な場合もあるかと思われます。

3　動物の飼育について

> 他の居住者への思いやりと節度ある飼育について、飼い主を教育すること

　通常の賃貸マンションやアパートでは、小鳥や魚類以外の動物の飼育を禁止しており、居住者は概ねこの「動物飼育禁止」の特約を守っているようです。
　これは、居住者の間で賃貸マンションやアパートなど日本の狭い共同住宅内での犬や猫などの動物の飼育が適当でないということが認知されてきたこと、また、近年、子どもの周りに色々なおもちゃが溢れており、子どもたちが犬や猫など小動物の飼育にこだわらなくなり、親が仕方なく飼うという状況が減少したことなどが挙げられます。これに代わって、最近の犬・猫などの小動物は、大人のペットとして住宅内で飼育されるケースが増えてきており、「動物飼育禁止」の特約に違反している居住者に対する是正措置は、時として裁判に持込まれることがある程、その対応に苦慮することがあります。
　一般に「公序良俗」に反する特約は、無効となりますが、賃貸マンションやアパートなどの共同住宅において、近隣に迷惑をかけるおそれのある犬・猫などの動物を飼育することを禁止する特約は、有効となっています。
　しかしながら、当該賃貸マンションやアパートでの「小動物の飼育」を認めるかどうかは、貸主の自由裁量となります。犬・猫の「小動物の飼育」を禁止する場合は、特に問題はありませんが、小動物の飼育を認める場合は、当該小動物の性質、大きさ、飼育する数量、飼育方法などのルールを決め、それらの小動物を好まない居住者への十分な配慮が必要です。
　また、一定の小動物の飼育を認めている場合でも、実際に借主が当該小動物を住宅内で飼育しようとするときは、事前に貸主の承諾を要する旨を賃貸借契約書に定め、住宅内での飼育が適しているかどうか、他の居住者に迷惑をかけない小動物であるかどうかチェックし、「小動物飼育状況台帳（仮称）」などを設けて当該アパート内におけるペットの飼育状況を把握し、ペット飼育に関する借主の指導や他の居住者からのクレームに備えておくことが大切です。
　賃貸マンションやアパートへの入居希望者の中には、住宅内で犬や猫などの小動物を飼いたいという根強い希望が依然としてあり、そのニーズに応えるため、犬や猫などの小動物の飼育を認める賃貸マンションやアパートも出現してきています。この場合は、犬や猫などの小動物を飼育する考えのない借主（借り希望者）に対し、賃貸条件としてきちんと予め説明しておくことが必要です。依然として多くの人たちは、狭い賃貸マンションやアパートの室内で犬や猫を飼育することを好んでいないこと、また、犬や猫などは人間と違った独特の体臭を有していること、さらに、これらの小動物の体毛やそれぞれの動物に特有の寄生虫（蚤や虱などを含む）が存在し、その中には、人間の身体や個々人の体質により好ましくないものがあることなどから、事前に十分な説明が必要です。賃貸住宅内での動物飼育に関して、「賃貸住宅標準契約書」は、① 猛獣、毒蛇等の明らかに近隣に迷惑をかける動物の飼育を禁止するとともに、② 鑑賞用の小鳥、魚等であって明らかに近隣に迷惑をかけるおそれのない動物以外の犬、猫等の動物の飼育については、貸主の承諾なしに飼育することを禁止する旨の規定を提案しています。なお、「賃貸住宅標準契約書」では、小鳥について「明らかに近隣に迷惑をかけるおそれのない動物」と例示していますが、「過ぎたるは及ばざるが如し」のたとえのように、その数量や飼い方により近隣に迷惑をかけるおそれがありますので、注意しておくことです。これも犬や猫の場合と同様、小鳥も独特のダニや寄生虫を持っていること、羽毛の飛散による人体への影響等があり得るということです。特に、最近は、自然環境の急激な悪化や食生活の急激な変化による特異体質（アレルギー体質）の人たちが増大していますので、禁止していない鑑賞用の動物であっても、その飼育については十分な事前注意を居住者に行っておくことも必要と考えられます。

規制していない小動物であっても、その飼育には、他の居住者の生活に対する思いやりを持った節度ある飼い方が要求されていることを、飼い主に理解させることが必要です。

4 用途外使用について

> 用途外使用の承諾に関する約定を定めておくこと

当然のことながら、居住用の賃貸マンションやアパートは、その用途を「居住用のみに使用する」旨を賃貸借契約書に明定しているものが殆どです。

当該賃貸住宅の全部または一部を居住の用以外に使用することは、契約違反となり、当該借主に対して是正措置を講ずるよう要求し、是正されない場合は、賃貸借契約を解除して当該住宅の明渡しを要求することになります。この用途外使用の場合は、

① 借主が当該住宅に居住することなく当該住宅を他の居住用以外の用途に使用していることが明らかな場合は、当該用途の使用の中止とともに当該住宅に居住することを求め、是正されない場合は、契約を解除して住宅の明渡しを求めることができますが、

② 借主及びその家族が当該住宅を「主たる生活の場所」として使用しながら「居住の用以外」にも使用している場合は、当該用途の使用を是正させることが可能かどうかということが問題となります。この様な用途外使用には、各種「お稽古ごと」などがありますが、それらの行為が近隣居住者の平穏無事な生活を妨げず、少人数の人たちに教えたり、また、それらの行為のために当該住宅を無断で改築したりする等のことがなければ当該「お稽古ごと」を用途外使用として賃貸借契約の違反行為として是正措置を求めることは難しいようです。

③ しかしながら、玄関扉や外部から見える「窓ガラス」やベランダなどに「お稽古ごと」を教えている旨の掲示や看板を取付けることは、「居住用住宅」という建物の性格から規制しておくことが必要です。これは、居住者以外の不特定多数の人たちが当該アパートに頻繁に出入りすることを防ぎ、他の居住者の平穏無事な生活を侵害することを防ぐため、「お稽古ごと」を行う居住者に節度を持ってもらうために必要なことと考えられるからです。

したがって、当該住宅を「居住用」の目的にのみ使用してもらうため、また、特定の住宅への不特定多数の人たちの頻繁な出入りによる他の居住者からのクレームを防止するためには、「用途外使用」の承諾に関する約定を定めておくことが適当であると考えられます。

5 承諾・届出事項について

> 住宅の使用に関する「承諾・届出」事項について、借主に周知しておくこと

多くの貸主は、居住者が円満な共同生活を営むことができるよう、また、居住者が当該住宅を適切に使用するよう、さらには、居住者の当該住宅での生活状況を把握するためや、建物管理上の必要性などのために各種の承諾事項や届出事項を定めています。

それらの内容は、貸主や建物の状況によりまちまちですが、次のようなものが挙げられています。
　① 住宅内の模様替え　《承諾事項》
　② クーラー等の設備の設置　《承諾事項》
　③ 借主負担による修繕の実施　《承諾事項》
　④ 同居者の変更等　《承諾事項》
　⑤ 住宅の鍵の取替え（錠前の取替えを含む。）　《承諾事項》
　⑥ 長期の不在（1週間以上、2週間以上、1か月以上）　《届出事項》
　⑦ 同居者の退去　《届出事項》

これらの特約違反について、直ちに契約違反として契約を解除して明渡しを請求することは、著しい用方違反や保管義務違反がない限り、また、当該行為が信頼関係を著しく損ねる特段の事情がない限り、難しいと言わざるを得ません。
　したがって、承諾事項については、それが認められない内容のものであれば、まず、原状回復を求め、是正の見込がないことを確認のうえ、契約解除・明渡しの手続を取ることになります。また、内容については問題がなく、それが「無断で行われた」ことが問題である場合は、当該行為を行う場合は事前に相談のうえ、所定の手続を取って行うよう十分に説明して、事後手続により遡って承諾するのがベターな対応であると考えられます。届出事項についても同様に、以降は、約定に従った手続を必ず取る旨の説明をしておくことが必要です。そして、承諾事項については、できれば、それぞれについて承諾できる場合と承諾できない場合の事例を整理して、各居住者に予め――「承諾基準」等を――示しておくことが、特約の趣旨を居住者に守って頂く有効な方策といえます。

6　住宅内の立入り等について

> 賃貸した住宅は、正当な事由がなければ、貸主といえども立入ることはできない

　一旦、賃貸した住宅は、たとえ貸主といえども立入ることはできません。しかしながら、一方で貸主は、当該賃貸物件が使用収益するに足るものとして建物の維持管理を継続して行う義務を借主に負っています。そのためには、必要に応じて当該住宅内に立入って、必要な調査を行ったり、修繕を行ったりする必要があります。このため、殆どの賃貸借契約書において、当該住宅内に貸主が立入ることができる場合とその手続を定めています。
　この「（住宅内への）立入り」について、「賃貸借標準契約書」では、建物の防火、建物の構造の保全その他管理上特に必要があるときは、予め借主の承諾を得たうえで立入ることができる、と定めています。この場合、借主は、正当な理由がある場合を除き、これを拒めないものと定めています。と同時に火災等の緊急の場合は、予め借主の承諾を得ることなく住宅内に立入ることができる旨を定めています。そして、緊急事態で立入った場合であっても、立入り後、速やかに借主に通知することを貸主に義務づけています。
　「立入り」については、表現はやや異なりますが、民間の賃貸借契約書においても概ね同様の趣旨で特約しているようです。
　多くの民間賃貸住宅にあっては、この様な「立入り」についての特約があるためか、住宅の鍵について、貸主がその一本を手元に置いているといった実態があります。そのため、貸主が、賃貸借契約書の本特約の趣旨を逸脱して安易に住宅内に立入るなど、借主との間でトラブルを起こしている事例が少なからずあるようです。
　貸主の住宅への「立入り」については、賃貸借契約関係の存続期間中にあっては厳密な運用が要求され、例えば、管理上特に「立入り」が必要であると判断されても、借主が「立入り」を拒否した場合は、預かっている鍵を使って借主に無断で住宅内に立入ることは許されません。賃貸借契約している住宅は、借主の占有している部分であり、借主に無断で「立入った」場合は、建物管理上の差迫った緊急事態、例えば事故の発生のおそれが非常に高い確立をもって予測できるとかの特段の事情がない限り、「住居侵入罪」などの罪に問われかねませんので、住宅内への「立入り」については慎重な対応が必要です。
　住宅内への「立入り」は、人命等にかかわる緊急事態発生時を除き、借主の承諾なしには貸主と言えども住宅内への「立入り」はできないことを十分承知しておくことです。

7　居住者の個人情報の管理・取扱いについて

　　借主のプライバシーを守ること

　貸主や管理業者が保管している居住者の個人情報の管理・取扱いに関してのトラブルは、あまり起こっていないようです。これは、「宅建業法」で個人情報の「守秘義務」に関しての規定があるため、概ねその取扱いは慎重に行っているためと考えられます。

　管理業者が居住者の個人情報を必要とするのは、住宅の管理上のことであって、それ以上でも以下でもないということをはっきりとわきまえて、それら居住者等の個人情報を管理して取扱えばよいということです。

　つまり、当該情報は、関係者以外の目に触れることのない方法で保管し、管理上の必要がないときはその情報を見ないこと、そして、第三者からの居住者のプライベートな照会については、いかなる場合にあっても対応しないことです。

　なお、受託している管理業務の一部を再委託することにより当該情報の一部を再委託先に引渡さざるを得ないときは、その旨を居住者に通知して理解を得るなど、常に慎重に居住者の個人情報を取扱っているという姿勢が必要です。

　なお、**2005（平成17）年4月1日から「個人情報保護法」が全面施行**されたため、より一層、個人情報（個人データ）の管理は厳密に行うとともに、不正に個人情報を取得しない、社外等に漏えいさせないという姿勢が望まれます。個人情報を漏えい等した場合の代償は莫大なものになるからです（個人情報保護法については、「第2編 第1章 物件調査」「4. 来店準備をする」を参照して下さい）。

8　住宅内の設備等の修繕について

　　借主に過大な費用負担を求めないこと

　貸主と借主との間における入居中のトラブルは、借主の生活全般に及んでいますが、この入居中の住宅内の修繕についても、修繕義務者が貸主であるのか借主であるのか、また、その負担者が貸主なのか借主なのかについて、少なからぬトラブルが発生しているようです。

　多くの賃貸借契約書は、借主の入居中における貸主及び借主の修繕義務の範囲及びその費用の負担者について取決めていますが、その取決めの内容がおおまかなため、その運用を巡って貸主と借主との間でトラブルが絶えないようです。そして、この入居中の修繕を巡るトラブルは、退去時の原状回復等の協議時にもう一度出てくるということにもなってきます。

　賃貸住宅の修繕義務については、その定めが強行規定ではないとはいえ、やはり民法で定めている規定に則り、一義的には「貸主」にあることを基本におき、家賃の額や地域の慣習、賃貸借の経緯、借主の使用収益上の利便等を考慮し、借主の修繕の範囲及び負担の範囲を具体的に定めておくことが大切です。

　そして、その運用について貸主・借主双方の行き違いを最小限にするため、特に借主の「修繕及び負担の範囲」は、限定列挙により具体的に明示することが望まれます。例示列挙の場合は、借主にとって不明な点が残りトラブルの芽を残すことになります。また、入居中の住宅内の修繕については、貸主、借主いずれの負担区分かに拘らず、要修繕箇所が発生した場合は緊急の場合を除き事前に借主から管理業者（貸主）に通知させ、管理業者（貸主）は、約定の定めに拘らず当該修繕の範囲とその費用の負担者について改めて確定し、借主にとってその費用負担が適正で妥当なものかどうかを常に検証する態度が必要です。

　これは、賃貸住宅は二人目の借主からは、いわゆる「中古住宅」への入居になり、したがって、当該借主の入居当初から耐久設備等は程度の差はありますが、中古品ですので、たとえ故意・過失があっても、なおそのことを考慮した公平な負担を借主に求めるとともに、貸主も適切な修繕を積極的に実施することにより、当該設備等の機能や品質を一定の水準に維持することが要請されています。な

お、賃料には、基本的に、建物の機能を維持・保全していくための費用である「修繕費相当額」が含まれているものと解釈されていますので、借主の通常使用により修繕を要することとなった箇所について、借主に負担を求める修繕は、消耗品などの交換や費用が軽微なものに限定するなど借主に過大な負担を求めない合理的な範囲・内容に留めておくことです。

そして、トラブルの防止には、これらの内容について賃貸借の契約時や入居時にきちんと説明しておくことです。その内容を一覧表にして交付しておくと、なお良いでしょう。

このように、お金が掛かることは、予め整理しておき、その最初に借主に全てオープンにし、当該住宅の賃借に伴い賃料や共益費だけでなく、その他の費用がどれだけ掛かるのか借主が理解できるようにしておくことが、無用なトラブルを防止するポイントです。

9　契約更新について

> 更新条件の提示は、早目に行うこと

賃貸住宅の賃貸借契約は、通常その更新を前提としたものであり、賃貸借契約の更新を巡るトラブルやクレームは、更新時の賃貸条件の変更内容や更新時の金銭の授受に関するものが多く見受けられます。

① 更新後の賃料——値上げ額が大きい
② 賃料の値上げ更新による敷金の追加差し入れに対する不満
③ 更新料の支払いに対する不満
④ 更新手数料の支払い根拠に対するクレーム

などのほか、

⑤ 賃貸条件変更（特に賃料の値上げ）を伴う更新通知が現契約期間の終了直前に借主に行われ、その妥当性を検証する時間的余裕がない、または貸主（宅建業者）と交渉する時間的余裕がない、さらには、別の物件を探してより有利な条件での転居が不可能で、渋々更新せざるを得ない状況に立たされているなどの不満やクレーム

が、見受けられます。

①については、各貸主とも更新時に貸主にとって有利な条件——より高い賃料の確保——で更新したいと望むことは自然なことであり、賃料を値上げすることを条件に借主に更新する意思を表明することは何ら問題ありません。更新時の賃料値上げにかかる借主とのトラブルで多いのは、借主への賃料値上げに対する貸主の理由の開示がなおざりにされていることに起因していることです。賃料の値上げに対し借主が納得し、賛成するということは、まず考えられませんが、借主の求めに応じ、借主の理解を得るための説明は行うという、貸主（宅建業者）の姿勢は必要です。

②については、敷金の意味を借主に十分説明し理解を求めるとともに、賃貸借契約書において、賃料の値上げに伴い追加敷金の徴収をする旨約定しておき、契約締結時に説明し、借主の理解を得ておくことです。

③については、その性格が争われるところですが、所定の「更新料」を支払うことにより、契約更新が円満に行われるのであれば、更新時にその額が合理的で、妥当性のある「更新料」を徴収する旨の特約は、借主にとって必ずしも不利益とはいえないとして有効とした判例もありますので、地域の慣習等により貸主側でどうしても「更新料」を借主から徴収したいのであれば、契約時に借主に明示してその旨を特約し合意しておくことです。

しかしながら、この「更新料」は、「礼金」とともに全国的に行われている慣習ではなく一部地域において実施されているものであり、住宅の賃貸借契約における当該金員の性格が不明であり、したがって、契約締結時における「礼金」の支払いや契約更新時における「更新料」の支払いは、借主としては釈然としないものがあり、これらの金員の性格を巡って、今後、借主側のクレームが増えてくるものと予測されます。

また、公的機関の融資や利子補給等を受けた民間賃貸住宅は、その弁済中や建築後一定期間内は「礼金」や「更新料」を借主から受領することを禁止していますが、「低廉で良質な住宅の供給」に対する

国の住宅政策の推進もあり、これらの公的機関の支援を受けた「優良民間賃貸住宅」が、今後、大幅に増えることが十分予想され、この面からも借主の「礼金」「更新料」などその性格が不明な一時金についてのクレームの増大が予測されます。

「礼金」や「更新料」を受領している場合は、それらの金員の受領が当該住宅の月々の賃料額に反映されているのは間違いないところですが、単に「慣習」という説明だけでなく、もっと合理的な説明が必要となります。

④については、宅建業者に対するクレームですが、住宅の賃貸借契約はその性格から更新を前提としており、また、更新時における賃貸条件の変更は主に貸主にとって有利なものであり、当該契約更新により多くの利益を得るのが貸主であるという実態からすれば、貸主に更新手数料を請求することなく借主にのみ請求するということは、疑問が残るところです。

しかしながら、契約更新について宅建業者がその事務手続を行う場合は、当然諸費用が発生し、そしてこの発生した諸費用については、貸主か借主のいずれかに負担してもらうことが必要になります。

通常、更新時には、賃貸条件の変更——特に賃料の値上げ——を伴いますが、この変更後の条件により更新契約がなされるのであれば、当該契約更新に伴いより多くの利益を得るのは貸主であり、そのような依頼をするのは貸主ですので、基本的には、当該更新手数料の負担者は貸主となるのが、常識的な考え方であるといえます。

ただ、賃料の値上げという条件で契約更新せざるを得なかった借主にとっても、更新後の契約期間内は、貸主と引続き円満な契約関係を継続することができる訳ですから、更新後の契約書の作成代等、宅建業者が当該契約の更新に関して借主のために必要とした諸経費を負担するという考え方も完全には否定できません。借主に更新手数料を請求する場合は、その根拠を示して合意のうえ行うことが要件であるといえます。

⑤については、契約当事者間のルールとして、また、借主の諾否の検討期間を十分保証するという公平の観点から、賃貸条件の変更を承諾することを条件とした契約更新に関する貸主の意思表示は、可能な限り早目に行うことが必要です。貸主側の更新に伴う賃貸条件の変更に関する通知の予告期間は、1か月から2か月としているところが比較的多く見受けられます。

なお、契約更新時期が近づいたら（3〜4か月前）、貸主（宅建業者）は、契約更新において賃貸条件の変更の意向をはっきりさせ、変更内容が具体的に確定していなくても、現行賃貸条件のうち、どの条件について変更の意思があるかについて、借主に「予告通知」し、理解を得る努力も契約更新を円満に進める一つの方法といえます。

10　その他

> 居住者のクレームに対しては、迅速に対応すること

その他、入居中の居住者からのクレームについては、様々なものがあり、解決の糸口すら見つけられないものもたくさんあります。とはいえ、放置しておけばますますこじれることは目に見えていますので何らかの対応が必要です。しかも、居住者からのクレームへの対応についてのバイブルは、無いというのが現実です。

居住者からのクレームには、よく耳を傾け、居住者が当該住宅での平穏無事な生活を営むことについて、何に不満を抱き、また、管理業者（貸主）にどういう対応をとって欲しいと訴えているのか、正確に聞き取ることがクレームの解決への第一歩であるといえます。

管理業者は、多くの管理に関する業務を行っており、どの業務にも言えるように、「重要度」についてそれぞれ差異がありますが、そのような認識で、クレームを持込む居住者に対応した場合、思わぬ失敗をすることがあります。なぜなら、クレームを持込んだ居住者には、今住んでいる住宅またはその住宅内での生活上の悩みの全てが当該クレームであり、最も重要な問題であるからです。クレームは、管理業者にとって「困った」問題ではなく、それを持込んだ居住者にとって「困った」問題であり、居住者のためにその「困った」問題を解決したり、取除いたり、そのための努力をするのが管理業者の行うクレーム処理です。

敢えてクレーム処理の一般的な対応方法を整理すれば、次の三つに要約できます。
　第一は、まず持込まれたクレームを真剣に聞き、クレームの内容を正確に把握することです。第二は、必要に応じてその事実を居住者と確認することです。そして、第三に、そのうえで、管理業者として取るべき対策または考え方を示し理解を得ることです。

11　借主からのクレーム例（Q&A）

(1) 生活騒音について

（39）隣戸で夜遅く洗濯機を使用しており、水を出す音や脱水機の振動音がうるさい。生活ルールの周知を徹底して欲しい。

《対応等》
　住宅の構造上、受忍限度をこえる給水音やこの種の振動音が隣戸へ漏れたり、伝わるというのであれば、かなり厳しい生活ルールを定めておき、その旨当該住宅のあっせん時に十分説明したうえで、契約・入居していただくことが必要になります。
　通常の賃貸マンションでも深夜勢いよく水を出したりした場合、その音が他の住宅へ漏れるということはありますが、受忍限度をこえる程の騒音までにはならないはずです。
　ただ、音に対する感じ方は人により大きく異なりますので、深夜勢いよく水を出したり、長時間にわたって深夜洗濯したりすることは、やむを得ない場合を除き、避けるのが賃貸マンションやアパートで暮す場合のルールです。
　住宅内におけるやむを得ない生活騒音について、貸主（管理業者）側であれこれとこと細かに定めることは、居住者の自由な生活を縛ることになり好ましいこととはいえません。あっせん時や入居時などに借主に、当該住宅における生活騒音の影響等について十分説明し、そのことを念頭において生活するよう理解を求める程度で十分と考えられます。
　住宅内でのやむを得ない生活騒音に対するクレームが持込まれた場合は、生活騒音についての一般的な「注意とお願い」を掲示する措置をとるなど、居住者の理解・協力を求める程度にならざるを得ないものと考えられます。

（40）夜遅くなっても音量を大きくしてテレビ（またはステレオ等）をつけていてうるさい。注意したが、共同住宅ではある程度音がもれるのは仕方がない、と言って聞き入れてもらえない。何とかならないか。

《対応等》
　アパートの構造によりますが、通常の鉄筋コンクリート造（壁厚150mm～180mm）の共同住宅では、普通の音量でテレビやステレオをつけていても、先ず隣戸へ音がもれるということはないといわれています。ただ、時候の良い季節に、窓を開放して聞いている場合音が隣戸へもれますので、深夜の場合、窓を閉めてテレビやステレオを楽しむということが大切です。
　なお、テレビやラジオ、ステレオなどは日常生活上のやむを得ない必需品となっていますので、これらの持込みを規制することはできませんが、ピアノやその他の楽器で音量が大きく、また、振動音の出るものは建物の構造を考慮して――我が国の殆どの賃貸マンション、アパートではピアノなどの楽器演奏に耐える構造とはなっていませんので――その持込みを規制することが必要となる場合も考えられます。テレビやステレオの音量に対するクレームも前設問(39)と同様な対応をとることになります。

（41）上階の子どもがしょっちゅう跳びはねてうるさい。親に注意したが、「子どもには注意しているのだが・・・」と言うだけで改めてもらえない。

《対応等》

共同住宅での生活ルールは大人たちだけでなく、子どもも生活ルールを守らなければなりません。大規模な賃貸マンションでは、敷地内にプレイロットを作るなどして子どもたちの「遊び場」を確保していますが、多くのアパートではそのような施設はなく、周辺道路の交通事情から子どもだけを外で遊ばせることもできず、仕方なく子どもを家の中に閉込めておかざるを得ないという日本の住環境の劣悪さとも関係しており、大変難しい問題といわざるを得ません。
　決定的な解決策はありませんが、一つの方策として
　① 共同生活のルール（共同住宅での正しい生活の仕方）の遵守を子どもたちにねばり強く親が教えると同時に、大人自身が共同生活のルールを徹底的に守ること
　② 子どものいない人たちも、「子どもが静かにしているのは『寝ているときか、病気のとき』のいずれかのときのみである」ことについて深い理解をもつこと
について、居住者の理解を得る努力をすることが挙げられます。

（42）　上階のテーブルの椅子を出し入れする音が頭に響く。「もう少し静かに」と頼んだが、「フローリング仕上げの床では限界がある」と言っている。カーペットを敷くなど、もう少し気を使うなどしてもらいたいのだが・・・。

《対応等》
　床が板材ですと、物を落としたり、家具が床板と接触したりしたときなどに出る音は、どうしても階下に響き、階下の方にその音が大きく伝わることが応々にしてあります。そして、その音に対する原因者（加害者）と被害者の感じ方のずれが大きい程、トラブルは深刻になります。丁度、待ち合わせにおける待たす側と待たされる側との時間の長さに対する感じ方の差とよく似ています。
　この種のトラブルは通常は居住者の常識的な住まい方により防ぐことのできるものです。
　常識的な住まい方ができない借主が皆無ということはありません。リビングやダイニングキッチンが板材で仕上げている住宅の場合、念のため音に注意するとともに、カーペットを敷くなり、椅子の足にゴムや布のカバーをして発生音を和らげたり、極力発生する音を小さくしたりする努力をする旨アドバイスをし、共同住宅における他の居住者に対する思いやりのある生活の仕方ということについての理解を得ることが大切です。なお、クレームが持込まれた場合は当該者の住宅に出向き、椅子などの使用状況を確認し、申し出のとおり、ゴムや布でカバーをしていないようでしたら、当該対策をとるようアドバイスするなどして理解を得て下さい。

（43）　生活リズムの著しく異なる人は入居させないということで入居したのに、隣戸は毎日深夜から早朝まで生活騒音が激しい。隣戸の入居者を退去させてくれ。

《対応等》
　事実を確認し、事実であれば是正を求めます。
　なお、住宅内で生活するのに必要な生活音の場合、どうしても深夜早朝にならざるを得ないということであれば、他の住宅の居住者の安眠を妨げない範囲で生活する旨注意を行います。
　借主の住宅内での生活サイクルが、本人の意思だけでは是正できず、また、住宅の構造上生活騒音の他住宅への影響を防ぐことができないならば、当該借主に退去をお願いすることもやむを得ないことです。

(2) 共用部分の使用ルールについて

（44）　（共用の）敷地や通路脇に植木鉢を置いている。花が咲いているときは（良くないが）まだしも、枯れた後も植木鉢をそのままにしている。通行の邪魔になり、目障りなので片付けて欲しい。

《対応等》
　空いている敷地の利用方法は、周辺の住環境を考えて有効に居住者に利用してもらうことを考えた方が前向きな対応と考えられます。
　しかしながら、通路や通路脇などに植木鉢など私物を置かせないようにするのが、具体的な機能を持っている共用部分の使用ルールです。

当該機能を阻害する行為については適切な是正措置を速やかにとることが大切です。これの放置は共同生活のルールの乱れにつながります。

（45）　借りている部屋が一階であり、目の前の「庭」が空いているので「花壇」を作りたい。使っていいか。

《対応等》

　単なる共用敷地であれば、それらの利用方法は貸主が自由に決め、特定の借主に利用させることは問題ありません。

　この場合、当該敷地の利用に当たっては、住環境上の美観を損なわない利用について当該借主に十分理解させた上で、利用させることが大切です。

　なお、利用を中止したり、退去の場合は原状に回復して返還する旨予め周知しておくことが必要となります。

（46）　廊下（通路、階段入口付近等）に私物（自転車、古新聞、古雑誌、植木鉢等）を置いている。通行の邪魔になるので注意したが、改める様子がない。

《対応等》

　具体的な機能を持った共用部分は常にその機能を持った状態で維持・保存しておく必要があります。したがって、その機能を損なったり、損なうおそれがあったりする原因は速やかに取除く必要があります。特に、通路への私物の放置は緊急時の避難等の障害になりますし、中高層住宅などの階段の踊り場や廊下などに古くなった家具や古新聞を山積みしていますと、それを利用して遊んでいる子どもが過って転落するなど思わぬ事故をひきおこすことがあります。

　共用部分に置いてある私物が原因で居住者等が損害を被った場合、その原因者が不明の場合、管理業者がその責めに問われることがありますので、心して管理する必要があります。

　定期的に巡回するとともに、共用部分に私物を置かないよう掲示物で注意を促すなどの措置を適宜とることが必要です。

（47）　そこら中自転車だらけだ。通行の邪魔になるので、管理業者の方で自転車を止めて置く場所を指定するなり、一家族当たりの保有台数を制限するなり、何らかのルールを定めて欲しい。

《対応等》

　自転車が乱雑に置かれている様は見た目にも良くありませんので、できれば一住宅当たり一台程度の自転車を止めることができる自転車置場の設置が望ましいといえます。

　しかしながら、駐車場と違い自転車置場の場合には料金をとることが難しいことから、かなり規模の大きい賃貸マンション以外では設置されていないのが実態のようです。

　したがって、自転車置場のない共同住宅にあっては、特定の機能を持っている共用部分以外で居住者個々の生活障害にならないような場所に駐輪するよう当該建物に住む居住者自身が話合って決めるのが一番適切であるように思われます。

（48）　敷地内に放置自転車（バイク）がある。至急片付けて欲しい。

《対応等》

　放置自転車には次の二つの形態があります。

　一つは、壊れて乗れなくなった自転車（バイク）を捨てていくもの、他は、他人の自転車を（黙って）寸借し、用が済むと適当な場所に置き去りにしていくものです。

　前者については（若干の問題は残りますが）、それぞれの自治体の定めるゴミ処理の取扱い方法に従って、居住者に処分させるのがベターな方法です。なお、自治体によっては処分するゴミが有料の場合がありますので、そのときの当該費用は共益費で支出することになります。

　後者については、最寄りの交番に届け引取ってもらうことです。なお、警察署では当該遺失物等の保管場所に苦慮していることから、簡単には引取ってもらうことができない場合がありますので、で

きれば居住者の協力を得て、居住者から警察へ届けてもらう方が比較的スムーズに処理してくれているようです。

　なお、このように警察に依頼する件も皆無というわけではありませんので、管理業務を受託しているアパートを管轄している交番とのコミュニケーションを良くしておくことも管理上の大切な業務です。

（49）ベランダのパーティション（緊急時に壊して隣戸へ避難できる隣戸との仕切り板）にくっつけるようにして「物置」を置いている。緊急時の避難に支障があるので、撤去させて欲しい。

《対応等》
　緊急事態に直面することが滅多にないため、多くの居住者がこの「仕切り板」の機能の意味を正確に理解していないことがあります。
　入居時に十分説明するとともに、台風シーズンや火災の多く発生する冬季などに「チラシ」などを通じて、ベランダの使用上の注意を居住者に周知し、災害時の心得などを喚起させる必要があります。

（50）ベランダでフトンをはでに叩いている居住者がいるが、風向きによってはホコリが部屋まで入ってくる。注意したいが、何かいい方法はないか。

《対応等》
　共同住宅における共同生活のルールからいえば常識に属することですが、この常識がいとも簡単に忘れ去られるのが共同生活においてでもあります。
　必要に応じて、ベランダでの「物の取扱い方」を周知し、共同生活のルールを共同生活の中で理解させる努力も管理業者の業務の一つです。

（51）ベランダのコンクリートの手すりの上に植木鉢を置いている。危ないのでやめさせて欲しい。

《対応等》
　共同住宅では他人の生活の安全を脅かすおそれのある行為はしないというのが原則です。
　危険な行為またはそのおそれのある行為は直ちに中止を求めることです。
　その他中高層マンションなどでは、いかなる物でも住宅内から屋外へ投げ捨てることがないよう居住者に注意しておくことが必要です。
　定期的にアパートを巡回し、日常生活において居住者が知らず知らずのうちに危険な行為をしていないか点検することが、管理業者に求められています。

（52）ベランダにビニール製のプールを持ち出して子どもに水遊びをさせている。止めさせて欲しい。

《対応等》
　一階より上の階にあっては禁止せざるを得ません。水が飛び散ることは明らかですから、共同住宅で生活する場合の常識に属することといえます。
　なお、これなどは実際に被害を受けた居住者が下に水が飛び散っている旨直接原因者に伝えれば、悪意を持って子どもに水遊びさせているのでない限り、即座に中止し、以降は二度と行わないものと思われます。
　管理業者は、場合によっては申し出のあった本人自身により問題解決を図るよう指導することも必要かと思われます。

（53）指定日以外の日にゴミを出す人がいる。野良犬（猫）が食い散らし汚い。ゴミ出しルールを徹底して欲しい。

《対応等》
　ゴミ処理ルール違反については、必ずしも居住者とは限りません。

他の地区の住民が出勤途上にゴミを捨てていくということも十分考えられます。この場合は管轄の自治体と協議し、指定場所の変更を依頼するとか、一旦当該アパート内の敷地に保管し、自治体の収集時間に合わせて当該ゴミを収集場所に出し、処理してもらうという対策をとることも必要になります。なお、居住者に行わせることは無理ですので、清掃員等を雇い、共益費を使って行うことになります。

　居住者のルール違反であれば、「チラシ」等によりルールの遵守を周知します。

（54）　共用水栓を使って車を洗っている。気まずい関係になりたくないので、そちら（管理業者）から注意して止めさせて欲しい。

《対応等》

　共用部分の清掃等の必要性から外に水栓を設置している場合がありますが、これを私的に使用する人が必ずおり、注意をしても守らないのが実態のようです。したがって、私的に使用することを認めないのであれば、蛇口のハンドル部分をはずし、清掃員とかごく限られた人に預けておき、共用のために使用するときに限って使用できるような措置を講じることです。

（55）　玄関扉（または窓ガラスやベランダ）に政党のポスター（横断幕や「生徒募集」の張紙）を貼っている。感じが良くない。止めさせて欲しい。

《対応等》

　共同住宅には、専用部分であっても、共用部分的な部位があります。外部に面した玄関扉や窓ガラス（窓枠を含みます）、ベランダなどがそれに当たります。

　そして、これらの部分は、当該住宅の居住者が使用するに際し、当該建物に住む全居住者の共通の利益を損なわない範囲内で使用しなければなりません。

　貸主が決めることですが、賃貸住宅は様々な人々が継続して入れ替わり居住する場所ですので、住宅の共用部分及びそれに類する場所については、個人の利益に直接結びついているような使い方については、原則として禁止としておくことがトラブルの防止につながります。

（3）動物の飼育について

（56）　小鳥は飼ってもよいことになっているが、上の階のベランダから羽毛やゴミ（餌の食べ殻など）が舞い落ちてくる。小鳥の飼育を禁止できないか。

《対応等》

　小鳥などの鑑賞用の小動物であっても、共同住宅内で飼育する場合は、節度ある飼育が望まれます。飼育する側からすれば、羽毛や食べ殻などの飛散はほんのわずかで問題にするに足りない、また、それを気にする相手が神経質すぎるという感情をいだきがちですが、これは飼っている側の考え方です。共同住宅はその上下左右を共用部分で囲まれています。賃借している住宅内で生活するにあたっては、私生活の影響を他の住宅や共用部分へ可能なかぎり及ぼすことなく行うよう努力することが、各居住者に求められています。

　したがって、小鳥の飼育が他の居住者に何らかの迷惑を及ぼしているのが事実であれば、改善を求めることになります。

　なお、ペットの飼育をめぐる居住者間のトラブルは、飼っている側と飼っていない側との認識のずれが大きいことが多々ありますので、当事者間で解決というより、管理業者が事実を確認し、飼い主に是正を求めるのがよいと考えられます。

　また、飼育が可能なペットについても、飼育場所、飼育方法等について必要な注意事項を整理し、居住者に周知しておき、トラブルの未然防止に役立てることも必要です。

(57) 本人は「知り合いから預かっている犬（猫）だ」と言っているが、犬・猫の飼育は禁止しているのだから、いかなる理由であれ当アパート内に犬・猫をもちこまないよう徹底して欲しい。

《対応等》
　例外を認めるとそこからルールは守られなくなってきます。当該借主に「預かっている犬（猫）」を直ちにペットショップ等に預けるなどの協力をしてもらうことになります。

(58) ペット（犬）飼育が認められているアパートだが、通路に動物の糞が散乱している。ペットを飼育している居住者に糞の処理をするよう注意を促すとともに管理業者も糞の始末を迅速に行って欲しい。

《対応等》
　ペット（犬）飼育が可能な賃貸マンションやアパートでは、それらの飼育を禁止しているマンションなどに比べて頻繁に共用部分の清掃が必要となるようです。多分飼い主は自分の飼っているペットの糞などの処理はきちんとやっているのでしょうが、犬や猫にしても、そのアパートに犬や猫が飼われているとどうしても、他の場所からそこに集まってくることは避けられないものと考えられるからです。
　また、犬や猫を飼っているとどんなに注意して飼っていても他の居住者に何らかの迷惑をかけているものと推測されますので、ペットを飼っていない居住者の生活への配慮の立場から、管理業者は、飼い主に飼育しているペットの種類や数などを届けて頂き、当アパート内でのペットの飼育に行き過ぎがないよういつも監視しておくことが必要です。

(4) **用途外使用について**

(59) ピアノを教えている居住者がいるが、こう度々ではうるさくてかなわない。禁止することはできないか。

《対応等》
　構造が堅固な賃貸マンションであっても、ピアノなどの楽器演奏の近隣への影響は避けられません。多くのマンション（特に分譲マンション）では演奏時間帯を規制する等の方法でかろうじて居住者の理解を得ているといった状況にあります。
　建物の構造上明らかに影響があると判断される場合は、予め楽器演奏を禁止する等を約定し、規制しておくことです。
　また、月謝等をとっての楽器のレッスンについても、予め特約においてその取扱いを定め、入居後にトラブルとならないよう手を打っておくことが大切です。
　なお、個人の趣味に限って住宅内での楽器の演奏を認める場合でも、演奏の時間帯や一日の演奏時間数、一回当たりの演奏時間数など周辺の居住者が受忍できる範囲内に規制しておくことが必要です。

(60) 当アパートのなかで、謝礼を取って「お稽古ごと」（生け花、お茶、学習塾など）を教えている居住者がいるが、目的（居住用）外使用に該当しないのか。

《対応等》
　当該居住者が、当該住宅に居住しつつ、かつ周辺居住者の当住宅内での平穏無事の生活を脅かすことなく少人数で行われているのであれば、当該行為は「目的外使用」には当たらないものといえます。

(61) 玄関扉（またはその周辺）に「○○教室」の看板を出している。目的外使用ではないか。

《対応等》
　ドアやベランダは当該居住者の専用使用部分に当たりますが、賃貸マンション・アパートの外部に面している部分についてはその使用方法について一定の制限を設け、外部から見ても統一のとれた外観を保持するよう居住者の理解を求めることが必要と考えられます。

前述のとおり、少人数で静かにやっている限り、住宅内で何かを教える行為が直ちに「用途外使用」に当たるということにはなりませんが、そのことを外部に面した専用部分や建物の共用部分を使用して周辺に宣伝したり、周知するための看板等を掲示したりすることは、当該建物が居住専用の共同住宅であることから、何らかの規制をしておくのがベターといえます。

(6 2)　隣戸で、このアパート以外の人が多数出入りし、頻繁に集会（会合）のようなものを行っている。出入りのとき騒々しいし、また、どっと大きな声（喚声）があがったりしてうるさい。アパート外の人が大勢で出入りするのを止めさせて欲しい。

《対応等》
　通常のアパートやマンションは、大勢の人が集まってパーティを開催することができるような造りにはなっていないものと考えられますので、そのような行為が頻繁にあるのであれば、当該居住者に自粛を求めることになります。
　もし、申し出のように何かの「集会」に使用しているのであれば、当該目的に使用しない旨申入れ、是正を求める必要があります。

(5) 承諾・届出事項について

(6 3)　連絡しなかったのは悪かったが、契約に違反して「一か月以上無断で留守したから」と言って、部屋の鍵を取替えるというのは、たとえ貸主からの要請があったとは言え、行き過ぎではないか。

《対応等》
　「行き過ぎ」という程度のレベルを越え、明らかに「違法行為」です。賃貸借契約が解除され、借主が当該住宅を明渡した後でなければ、貸主は当該住宅の鍵の取替えはできません。
　賃料等を長期滞納して貸主や管理業者の督促を逃れるため、貸主や管理業者に捕まらないよう逃げ回っている借主もたまにいるようですが、それでも貸主や管理業者が当該借主の住宅の鍵を勝手に取替えることは、我が国の法律では認められていません。貸主が、借主の契約違反または債務不履行などを理由に借主の住宅の鍵を勝手に取替えるような行為を「自力救済」といいますが、我が国の法律はこの「自力救済」を否定していますので、くれぐれも注意して下さい。「器物損壊」や「住居侵入」などにより刑事責任を問われることがあります。

(6 4)　隣戸の居住者は不在がちのため「ハト」が巣を作り、迷惑している。至急対応して欲しい。

《対応等》
　当該住宅の借主に直ちに「原状回復」を求めることになります。
　また、「ハト」が巣を作る程不在がちということは、当該住宅を主たる生活の本拠として使用していないということも考えられますので、その場合には、借主に退去を求めることになります。

(6 5)　事情があって暫くの間知人（親族の）子どもを住まわせたいが、構わないか。

《対応等》
　同居人の範囲は、扶養親族関係にない同居人の場合、貸主の意向によります。
　この場合、同意するのであれば、当該同居させようとする同居予定者が未成年の場合は、親権者の同意書（当該親権者の実印押捺、印鑑証明書添付、同居予定者と親権者の関係を証する戸籍抄本の添付）、親権者の職業・現住所等明示させ、期限を付して認めるのが、後々のトラブルを未然に防止する意味から、適切と考えられます。
　なお、申し出の同居予定者が成人の場合は、後々、転貸等のトラブルになるおそれがありますので認めない方が無難ですが、やむを得ず認める場合、この辺の事情を考慮し、後々のトラブルにならないよう十分な注意が必要です。

(66) 他の住戸と仕様が違うため、設備機器（電話やクーラーなど）の設置費用が他の住戸より高くついた。差額を貸主で負担して欲しい。

《対応等》
　敷地の形状や間取りの相違により個々の住宅について仕様が異なることは応々にしてあることです。そのため、賃貸借契約書の定めに従い、借主の費用負担で設置できる設備や造作の設置費用が個々の住宅により異なることはよくあることです。
　なお、当該設備については、通常の賃貸借契約書では退去時に借主の費用負担で撤去することとなっていますが、この撤去費用についても全額借主の負担となります。

(6) **住宅内への立入り等について**

(67) 息子（借主）と連絡がとれなく困って来てみたのに入室させてくれないのは不当だ。鍵は預かっていないとのことだが、緊急時にはどうするのか。マスターキーを用意しておくとか、鍵を一本預かっておくなどして緊急時に備えておくべきではないか。

《対応等》
　賃貸借契約期間中は、当該住宅は借主が自己の責任において管理する筋合いのものです。つまり、当該住宅内における居住にかかる安全性の確保、緊急時の対応策は、貸主の義務に属するものについては貸主の協力を得て、借主自らそれぞれの能力に応じて立てておくべき事柄です。
　貸主が、賃貸借契約書の約定で、緊急事態の場合で借主が不在の場合に限って借主の事前承諾なく住宅内に立入ることができるとしているのは、住宅内において明らかに緊急事態が発生している、または周辺の状況から当該住宅内が緊急事態に巻き込まれることが明らかな場合、それらの緊急事態の除去や未然防止という極めて限定的な状況を想定して設けられています。
　したがって、住宅内に緊急事態が発生していない状況であれば、貸主または管理業者は当該住宅に立入ることはできません。
　借主が当該住宅の外でどのような状態に陥っているかは、貸主や管理業者にとっては当面関係のないことです。
　なお、鍵を一本預かっている貸主もいるようですが、その場合でも、たとえ当該借主の親といえども借主本人が成人であり、また、借主のプライバシーは何人からも保護されるものですので、鍵の取扱いには十分な注意が必要となります。

(68) 留守中に設備の点検という理由で勝手に室内に立入られた。プライバシーの侵害ではないか。

《対応等》
　通常貸主は、その賃貸借契約書において「住宅内への立入り」について借主と約定していますが、当該約定があれば貸主が自由に住宅内に立入ることができるということにはなりません。緊急事態の場合を除き、貸主の住宅内への立入りについては「正当な理由」が必要ですし、「正当な理由」がある場合でもなお借主の承諾なしには立入ることができません。貸主にとって緊急性があると判断しても、借主がそのような理解をせず、立入りを拒否すれば、貸主はその立入りを強行することは許されません。借主の承諾なく無断「立入り」すれば、「住居侵入罪」または「不退去罪」に問われることがありますので、借主に承諾なく住宅へ立入ることは止めるべきです。

(7) 居住者の個人情報の管理・取扱いについて

> （69） 入居時に私（借主）や家族、連帯保証人の個人情報を提供したが、これらの情報はどのように管理されているのか。また、これらの情報を見るのはどういう人か。

《対応等》

　基本的には貸主は当該借主が退去するまで保管することになりますが、管理業務を受託している管理業者が管理上当該借主の個人情報を必要とする場合が応々にしてありますので、実態としては、管理業者で原本を保管し、必要な情報の更新を行っているようです。

　極めて常識的な対応としては、「厳重な保管管理」と居住者情報を第三者に洩らさない「守秘義務の遵守」について説明し、借主の理解を得ることに努めることです。

　また、借主の個人情報を見るのは貸主と管理業者の担当者ということになりますが、貸主から受託している管理業務の円滑な遂行にとって当該借主との接触が必要となったとき以外は殆ど当該情報を見ることは先ずないものと考えられます。

　いずれにしろ、居住者の個人情報については、管理業者から漏れたとの不信感が出ないよう、その取扱いには念には念を入れることが大切です。

　なお、**2005（平成17）年4月1日から「個人情報保護法」が全面施行**されたため、より一層、個人情報（個人データ）の管理は厳重に行うことが宅建業者（管理業者）に義務付けられましたので、注意を要します（個人情報保護法については、「第2編 第1章 物件調査」「4.来店準備をする」を参照して下さい。）。

> （70） 隣近所の人たちが私（借主）の勤務先を知っている。家族のものには他言しないよう注意しているので、そちら（管理業者）から漏れたとしか考えられない。そういうことは止めて欲しい。

《対応等》

　管理業者はこのような疑いを持たれないよう心して管理業務を遂行することが必要です。特に居住者と接触するとき、他の居住者の個人的なことについて話すことは禁物です。平成17年4月1日以降は、個人情報を第三者に口頭で説明するだけでも**「個人情報保護法第23条第1項、第2項」**の**個人データの第三者提供に該当**するとされておりますので、取扱いには十分に留意する必要があります（なお、個人情報保護法については、「第2編 第1章 物件調査」「4.来店準備をする」を参照して下さい）。

> （71） いたずら電話されるおそれがあるので、（NTT発行の）「電話帳」にも掲載していない。外部から問合せがあっても応じないで欲しい。

《対応等》

　【設問72参照】

> （72） そちらのアパートに住んでいる居住者に金を貸しているものだが、いつ行っても留守で連絡がとれない。自宅の電話番号か勤務先を教えて欲しい。

《対応等》

　第三者からの借主に関する問合せ・照会については、貸主・管理業者は一切の関わりをもたないことが基本です。

　はっきりと「教えられない」と断ることが大切です。

> （73） 賃貸借契約が終了したら、契約時に提出した印鑑証明書等を返して欲しい。

《対応等》

　賃貸借契約が終了し、当該住宅の明渡しが完了し、敷金精算等が済み、双方の債務が全て履行された後は不要ですので、敢えて借主が返還を求めるのであれば、返却しても差し支えありません。

(8) 住宅内の設備等の修繕について

(74) 流し台下（または洗面器の床下）の排水管の老朽化により水漏れしていたが、階下に漏れるまで気づかなかった。階下の天井に「シミ」がついて汚れたが、どうすればいいか。

《対応等》
　借主の過失がない限り、貸主の負担で必要な修理を行うことになります。

(75) 流し台の排水管がずれていて排水が漏れ、階下の天井を汚した。排水管の修理と階下の天井の修理費は私（借主）が負担するのか。

《対応等》
　原因が居住者にあることが明白であるならば、借主の負担で原状回復することになります。この場合、原状回復の方法・範囲については、当該回復箇所の経年劣化の状態を考慮して、居住者の負担が過大とならないよう費用の一部を貸主が負担することが必要なこともあります。
　なお、階下の居住者の持ち物に被害を与えた場合は、原因者が実損填補することとなります。

(76) 設備が故障し、修理業者に修理を依頼したら、当該設備を新しいものに取替えないと駄目だとのことで、取りあえず応急修理のみをしてもらった。このままでは不安なので設備を新しいものに取替えて欲しい。また、緊急修理に要した費用は貸主に負担してもらいたい。

《対応等》
　管理業者自ら修理業者の所見を確認した上で判断することが大切です。そして取替えの判断をすれば貸主から、引続き使用可能と判断すれば借主から、それぞれクレームが出ることが予想されますが、きちんと説明し、納得してもらうことです。
　なお、引続き使用可能の判断を示す場合、当該設備等がどのような状態に至ったら取替える必要が生ずるかについて、貸主、借主双方に説明し、了解を得ておくことです。
　更に、当該設備がガスを使用するなど設備等の安全性を重視しなければならないものについては、安全性を第一に考えて判断することになります。
　応急修理に要した費用については、原則として賃貸借契約書の定めに従い負担者を決めます。
　なお、借主が修繕費用を負担する旨の特約があっても、修繕費が多額になる場合、その全額を借主に負担させることはできないとの判例、学説があるので、注意を要します。

(77) 設備や造作について、貸主は全くと言っていい程修繕や取替えをしない。どんな設備や造作にも耐用年数がある。耐用年数が来たら新しいのに取替えてもらいたい。

《対応等》
　設備や造作については、当該機能が保持されており、そのものの用方に従った使用が可能であれば、それらが古いか新しいかは関係ありません。したがって、どんなに古くなっていてもそれらの有用性が損なわれていなければ、貸主としては取替える義務はありません。また、設置後間もなくであっても、その機能を喪失していたり、安全性に問題があって修理が不可能であったりすれば、新しいものに取替える必要があります。
　いずれにしても、使用可能な設備や造作物の取替えの判断は貸主の自由裁量に属します。

(78) 隣戸空室の修繕工事の音がうるさい。もう少し何とかならないか。

《対応等》
　空室修繕工事は、工事業者の工事車両の進入や駐車、通路の使用等やむを得ないとはいえ居住者に何かと迷惑をかけざるを得ません。事前に工事場所（住戸番号）や工事期間、業者名、当該工事の問合せ先など必要事項を記載した「チラシ」を掲示するなどして、居住者に知らせ、理解を求めることが大切です。
　また、管理業者は、空室の修繕工事が発する工事音の程度や工事業者の通路等共用部分の使用実態

などの状況を折に触れ経験し、居住者の生活への影響を最小限にするよう工事業者に適切な指示ができるような努力が必要です。

(9) 契約更新について

> (79) 自分の部屋の契約を1か月前に更新したときは3,000円の値上げだったのに、今回、隣の部屋の更新時における値上げ額は、1,000円である。どうしてこんな差がつくのか。納得のいく説明が欲しい。

《対応等》

値上げ額が異なるにはそれなりの理由があることははっきりしています。その理由を話すか話さないかは貸主（宅建業者）の自由です。ただ本人の値上げの理由については、納得するかどうかは別にして値上げするときに説明をしておくことが望ましいと考えられます。

更新時の賃料等賃貸条件の変更は、貸主と借主との個別の交渉で決まるものですから、他の住宅家賃の値上げに関してまで説明する必要はありません。

賃料は、専用面積や間取り、設備や造作が同じであっても、それらの住宅の階層、方位など個別の要素の違いにより異なることがあり、また、当該住宅の賃貸借契約時の受給関係により微妙に異なることもあります。更に、契約の更新においては、入居態度等の借主の実績による貸主・借主間の関係の差によっても値上げ額に差がつくことはあり得ることです。

> (80) 前のアパートでは更新時に畳の表替え（または裏返し）をしてもらったのに、このアパートでは更新時には畳の表替え（または裏返し）はしないとのことだが、おかしいではないか。入居時の礼金や更新時の更新料はそのための費用ではないか。

《対応等》

礼金や更新料の性格については、いろいろな説明があり、いずれの説明も借主を納得させるものでないことだけははっきりしているようです。

あるものは月々の賃料を低くし借主が支払いやすくするための一種の「前払い的な賃料」とするもの、月々の賃料では十分な確保ができないとして「修繕費」の一部として充てるため賃料とは別に受領する、更には更新時に通常使用により損耗した造作などの「修繕費用」として賃料とは別に受領するなど、いろいろありますが、いずれにしろ貸主の収入となり、その使途は貸主の自由となるものであり、借主に規制されるものでないことだけは確かです。

なお、賃貸借契約は個々の貸主と借主との間の自由契約ですので、著しく借主に不利であるとか、「公序良俗」に反していない限り、他の貸主がどのような内容で契約していようともそれについては関係ありません。

> (81) 契約更新の改定条件が更新日直前にきた。検討する余裕がない。やり方がひどいのでは・・・。

《対応等》

借主がいろいろな選択ができるよう十分な期間をもって改定条件を通知するよう心がけるべきです。貸主は提示する改定条件が妥当性のあるものと確信していることと考えられますが、それでも借主が当該条件について疑義もしくは納得できないとき、借主が他の有利な物件を手当できるに必要な時間的な余裕を見込んで、改定条件を提示するのがフェアなやり方といえます。

十分な時間を与えた場合、① 借主がじっくり検討してあれこれ疑義を出し対応が大変だとか ② 他の物件を手当して退去される、ということがありますが、契約の自由は貸主ばかりでなく、借主にも保証されなければなりません。

住宅の賃貸借契約の継続にとって大切なものは、貸主と借主の相互の信頼関係です。したがって、更新についても借主が取り得るあらゆる選択肢をすべて検討したうえで更新に至らせることが、更新以降の両者の関係を良好に保つ最善の方法であると考えます。

なお、賃貸借契約書では、1か月から2か月前に通知する旨定めている例が多く見受けられますが、

予告期間を定めていないものもあります。

> (82) 更新時に家賃の値上げはなかったが、管理費（＝共益費）が値上げされたが、管理内容が変わっていないのに値上げとは納得がいかない。

《対応等》
　共益費業務で占める費用では人件費にかかわるものが多いため、共益費業務の内容が従前と同じであっても一定期間ごとに値上げが必要となる場合があります。
　いずれにしても、共益費の値上げについては、運用計画及びそれに基づく収支予測を立てた上で新しい共益費の額を決定し、借主にその旨通知し、理解を求めることが大切です。

（10）**その他**

> (83) 断水のような生活に重大な支障を来す「お知らせ」は掲示板に掲示するだけでなく、各住宅に「チラシ」で知らせて欲しい。掲示板をいつもいつも注意して見ているわけではないので・・・。

《対応等》
　大きければ大きいなりに、また、小さければ小さいなりに、その都度「お知らせ」を各戸に入れるというのは大変なことです。
　賃貸マンションであれば、当該建物の入口とかアパートであれば住宅への出入りに際して居住者が必ず通る場所に掲示板を設けるとか、重要な「お知らせ」であれば目立つような工夫をするなどして、居住者が見逃さないような掲示方法を心がけることです。
　なお、掲示板の意義については、居住者に十分理解してもらう。つまり「いつも注意してもらう」必要があります。

> (84) 隣に得体の知れない人が住んでいて不安である。何とかならないか。

《対応等》
　「得体の知れない人」と指摘された当該者が、他の居住者の平穏無事な生活を侵しているという具体的な事実がない限り、申し出の本人も含め「当アパートには、そのような人は誰一人として住んでいない」ことをきっぱりと伝え、安心して居住するよう説明することです。

> (85) オートロック玄関だが、入居者が出入りするのを待ち構えて、部外者が建物内に進入してくる。無用心である。何らかの安全対策を講じてもらいたい。

《対応等》
　通常、居住者の費用負担（共益費）の範囲内で有効な対策を講じることになります。対策としては次のようなものが考えられます。
　①　建物内に警備員を配置する。
　②　防犯カメラ・ビデオを設置し、「入館者」を記録する。
　③　警備会社に委託し、毎日何回か定期的に巡回してもらう。
　④　警備会社と契約し、緊急通報（防犯）システムを建物内に導入する。
　⑤　不審者の入館に注意する旨の掲示物を貼り出し入居者に注意を促す。
　⑥　「(関係者以外)許可なく立入ることを禁止する」旨の掲示物を貼り出し、事前に警告する。

> (86) 共益費の使途が不明である。年間の収支状況、支出内訳を教えて欲しい。

《対応等》
　共益費は共用部分の維持管理・運営に要する費用として家賃とは別にその徴収が一般的に認められているものであり、また、余ったからと言って貸主がその余剰分を勝手に処分できる性格のものでは

ないので、その収支と支出内訳について居住者に通知し、共益費業務について居住者の理解を得るのが得策です。

　あまり細かい明細までは必要ないと考えられますが、電気代や水道代などの公共料金の支出額や共用部分の清掃委託費、備品や消耗品（共用灯の購入や各種道具の購入代）代など、共益費業務のどういうことにお金を使っているのか居住者が理解できる程度の報告を行うのが、望ましいと考えられます。

（87）　町内会から、このアパートの人は「付き合いが悪い」と言われたが、長年地元に住んでいる人たちと同じようには付き合えない。管理業者の方で町内会の人たちと話合って調整して欲しい。

《対応等》

　町内会の活動については当アパートの各居住者がどう考えているかの問題ですので、管理業者としては、その対応は個々の居住者に委ねるしかありません。

　地域の慣習により、その活動への参加の程度は不明ですが、アパートの居住者も規定の町内会費を支払っているケースもあります。このような慣習のある地域の場合、賃貸借契約の条件として、所定の町内会費を支払う旨入居時に合意しておくことができますが、その活動への参加まで義務付けることはなかなか無理なようです。

　管理業者としては、町内会の行事のお知らせや町内会からの依頼等について、こまめに居住者に通知し、町内会の活動に対する居住者の理解を得ることです。

（88）　単身用の部屋に入っている入居者だが、単身者であっても「町内会費」を支払わなければならないか。

《対応等》

　通常、町内会活動への参加単位は「世帯」ですので、その旨を理解していただき、町内会費の支払いについて同意していただくことになります。

（89）　駐車場のそばに大きな（落葉）樹があり、車の上に落ちた葉のために塗装が変色した。修理費用を負担して欲しい。また、その樹を切って欲しい。

《対応等》

　通常の駐車場は、いわゆる「青空駐車場」であるため、多くの駐車場の使用契約は、貸主側が当該自動車の駐車場内での管理責任を負わない内容となっています。

　この場合、駐車場の形態から、紙屑やごみなどが飛来し、車に付着することは容易に予想されますので、長期間手入れをしなければそれらの付着物の影響で車の傷みが促進されることは明らかです。

　なお、当該樹木の伐採については貸主の判断によりますが、居住者の生活上の利便を妨げるのでない限り、伐採する必要はありません。

　駐車場の設置場所や形態によっては、車が傷つけられたり、カー用品や部品を盗まれたりすることが多々あります。このような貸主側で十分な管理が出来ない駐車場の場合は、車の盗難等も含め、一切の管理責任を負わない旨の特約を定めておくことが必要です。

第4章　収納・督促業務

1　賃料の支払（収納）方法について

> 賃料等の支払方法と支払先を明示すること

　賃料等の支払方法は、特段の定めがないときは、債務者が債権者の現住地に持参して支払うこととなっています（民法第484条）。

　しかしながら、通常行われている方法で、債務者に特段の不利益のない方法であれば債権者は、その他の方法により当該債権の支払を受けることができます。賃料等の支払方法としては、借主の指定する「預貯金口座」から貸主の指定する「預貯金口座」への「自動振替」による方法、借主が貸主の「預貯金口座」へ送金する「口座振込」による方法、そして、貸主が直接借主のところに集金に行く「訪問集金」があります。

　これらの方法は、通常行われている賃料等の支払（収納）方法であり、貸主は集金コストや支払（収納）の確実性等を考慮して決めることになります。

　多くの賃貸借契約書では、賃料等の支払方法は「甲（貸主）の定める方法による」とのみ定めていますが、具体の支払方法等については、「口頭」で借主に通知しているようです。そして、賃料等の収納業務を管理業者が受託している場合は、いったん管理業者の名前で収納したり、管理業者名義の「預金口座」に振込ませたり、振替させている例が多く見受けられます。このような「口頭」の指示による支払先が「貸主」である場合は、問題ありませんが、賃貸借契約書に明記されていない貸主以外の支払い先の場合に、不測の事態（管理業者が収納した家賃等を貸主に引渡さないような事態）が起きたときは、借主は貸主に対抗できないおそれがあります。

　したがって、賃料等の支払先が貸主宛でない場合、管理業者は、貸主の代理人であることを賃貸借契約書に明示したり、または支払先を管理業者（または管理業者名義の「預金口座」）の指定する口座であることを明記したりして、別途貸主から借主宛に賃料の支払方法及び支払先を通知するなど、後日トラブルの起きないよう手続をはっきりしておくことが大切です。【注】

　また、訪問集金などにおいては、借主に不審を抱かせることのないよう、収納印を明定するとともに収納担当者や収納印の印影などを予め借主に周知している管理業者もいるようですが、望ましい対応といえます。

　なお、通常の支払方法とともに賃料等を滞納した場合の支払方法についても、契約時に定めておく必要があります。

　　【注】　賃料等は、貸主に帰属するものであるため、自動振替、振込による支払方法を採用する場合は、管理業者名の預金口座ではなく、直接、貸主の口座等に振込ませることが望ましい。

2　賃料の支払期日について

> 支払時期は、借主との合意により自由に定めることができる

　民間賃貸住宅の賃料等の支払は、殆どの場合「前払い」となっています。支払期日としては、「前月末日」が圧倒的に多いようですが、「預金口座振替」による支払方法の場合は依頼銀行の業務処理の都合上、（前月の）20日から25日頃となるなど月末以外の日を支払期日としているケースも増えてきています。

　この支払期日は、貸主及び借主が合意の上で「前払い」の定めをすることができますので、貸主は借主の意向も確かめたうえで決めることが望ましいと考えられます。ただし、あまり個別の事情を配慮してそれぞれ支払期日が異なる場合は、収納状況の把握や確認が手間取ったり、効率的な督促ができなかったりなど収納業務の円滑な処理にとってマイナスとなり、また、費用等も高く付くことにも

なりますので注意を要します。

3　領収書の取扱い等について

> 領収書の発行名義は、貸主名が基本である

　持参払いや集金による賃料等の収納については、受領時に領収書が発行されているようですが、貸主が賃料等の収納業務を依頼している場合は、貸主が借主に領収書を直接発行しないで管理業者名義で発行し借主に交付される場合があります。この場合、賃貸借契約書上、当該管理業者が賃料の支払先として貸主から指定されていることが明記されていれば管理業者名義の領収書は有効です。しかし、管理業者は、賃料等の収納業務及び滞納賃料の督促業務を受託しているため、特に、早期滞納督促や早期の滞納解消のために、一旦、管理業者の「預金口座」など、管理業者の手元に収納した賃料等を集め、収納状況を確認した後に、まとめて貸主に収納済の賃料等を送金しているケースを見かけます。この場合に管理業者が発行する領収書は、借主にとって必ずしも貸主に対抗できるものとはなりませんので、注意が必要です。勿論、借主が貸主に賃料等を支払うために管理業者に当該賃料等を預けたことを証明するものとしては、管理業者から受取った「領収書」は有効ですが貸主に支払ったことにはなりません。

　後日のトラブル防止のため、支払先については、賃貸借契約書に明記するなり、貸主から借主宛に文書で指示しておくことです。また、領収書については、貸主名義で発行し、借主に交付することが基本です。なお、管理業者が貸主の代理人となっている場合でも、「貸主名〇〇〇〇」と記載のうえ、「代理人〇〇〇〇印」として発行し交付するなど、借主に対して管理業者の立場を明示した処理を行うことが望ましいといえます。また、「口座振替」や「口座振込」の場合は、借主から特に発行依頼のない限り領収書を発行していないのが実態のようですが、借主から依頼があった場合は、「領収書」の発行に応じる必要があります。「領収書」の発行に際しては、二重発行とならないよう収納状況と「領収書」の発行状況をよく確認して行うこと大切です。

4　滞納賃料の督促等について

> 督促業務は、賃貸借関係を維持させる業務である

　管理戸数が多くなった場合は、色々な借主に出会う可能性が高くなり、滞納督促もなかなか難しくなります。

　滞納する理由は、一般的に、経済的な困難によるものである場合が殆どですが、その程度は様々であり、また、借主の滞納に対する認識も様々です。滞納賃料の督促業務を経験した担当者の多くは、滞納が分かった時点で、直ちに督促を行うことが、督促業務の基本であることを強調しています。早期督促の方法は、管理戸数により対応の方法が違い、電話やハガキ、訪問など色々な方法が考えられますが、できるだけ早く本人と連絡を取り、支払を完了するまで粘り強く督促することがコツのようです。

　ところで、中には、熱心に督促業務を進めるあまりその督促行為に行き過ぎがあり、借主との間にトラブルが発生することもあるようです。これも元はといえば、借主の賃料等の滞納が原因ですが、行き過ぎた督促行為は、慎まなくてはなりません。行き過ぎの行為としては、「脅し文句」を使った督促や、当該借主の住宅の前での「大声」による督促、当該借主の住宅の玄関扉への「督促文書」の貼り出しなどがあります。管理業者や担当者は、督促経緯により思わずこのような督促行為となるのでしょうが、そこは貸主から受託した業務を「淡々と」、「事務的に」処理する態度が要請されています。

　管理業者の中には、長期滞納者の不誠実な対応に我慢できず、また、所在不明や連絡が取れないことを理由に、当該借主の住宅の鍵を「無断で」取替えるケースがあるということを耳にします。前述

のとおり、我が国では、「自力救済」は認められていませんので、このような行為は避けなければなりません。

そして、このような行き過ぎた行為は、他の居住者に悪いイメージをもたらすことにもなり、管理業者の業務に対する熱意とは無関係に、当該アパートのイメージダウンにつながり、良質な借主を失う原因にもなりかねません。

滞納者への督促業務は、滞納状況を解消して元の賃貸借関係の維持を図ることを目的として行うものです。よって、管理業者としては、当該借主との円満な関係を損なわないことを基本に、「事務的」に、「淡々と」督促を行うべきです。そして、滞納賃料の解消については、当の借主がどういう心積もりでいるのかを聞き出し、それの実行を本人自身に決意させることが――大変難しいことですが――管理業者の督促業務のポイントといえます。

5 連帯保証人に対する滞納賃料等の督促等について

> 連帯保証人を通して、借主に督促することも一つの方法である

借主のまさかの「賃料等の滞納」などのために、貸主は、借主に連帯保証人を立てさせているのですが、連帯保証人に肝心の保証を要求すると色々とクレームを付け、その責めを逃れようとする連帯保証人が多いようです。

賃貸住宅の賃貸借契約で求める連帯保証人については、借主も仕方なく依頼し、受ける方も渋々承諾しているのが実態のようです。したがって、借主は、賃料等を滞納し、その支払が不可能になった場合でも、連帯保証人にそのことを告げる借主は殆どいませんし、連帯保証人も借主から滞納賃料等のことをたとえ聞いたとしても、連帯保証人としての責務を積極的に果たそうという連帯保証人は極めて少ないものと考えられます。

貸主としては、連帯保証責務を果たす意識の薄い人を連帯保証人とすることを望んでおらず、出来れば、連帯保証人になる人にその意味を確認して連帯保証人としての自覚を持っているかどうか確認したいところです。

現実に、連帯保証人の「法的性格」を理解している人は、更新が前提となっている賃貸住宅の賃貸借契約の連帯保証人になることを躊躇して当然です。要求する貸主は、連帯保証人の法的性格の厳しさを理解しているため、連帯保証人予定者に対してそのことを説明し、十分な理解と納得をさせたうえで連帯保証人として承諾を得るといった手続を踏んでいるのは稀ではないかと考えられます。しかしながら、連帯保証人にその機能を果たしてもらうためには、連帯保証人の法的性格について十分な説明が不可欠です。しかし、契約を締結する際に、十分に説明をし、その重みを理解させようとすればするほど、連帯保証人の承諾を拒否する人が増え、借主にとって連帯保証人の適格者を探すことが困難となります。しかしながら、この手続は、後日のトラブルと借主の金銭債務の担保としての機能を連帯保証人に果たしてもらうためにやむを得ないことと考えます。

また、貸主または管理業者は、借主の不履行（の金銭）債務の履行を連帯保証人に求めても、なかなか応じてもらえないという実態があります。貸主が、借主の不履行債務の履行をあくまでも連帯保証人に求めるということであれば、法的措置により強制的に行う以外に確実な方法はないようです。この場合、ある程度の時間と費用が掛かりますので、法的措置に訴える場合は、時間と費用を借主の不履行債務の金額と比較考量することが必要となります。民間賃貸住宅の賃貸借契約において、この連帯保証人制度は、一般に広く浸透していますが、その実行上の効力において、多くの貸主が苦汁を味わっているというのが現実のようです。適当な連帯保証人を立てることは、核家族化と少子化により、借主も今後、一層困難となってくることが予測されます。これは、借主の困難であると同時に貸主にとっての困難ともいえます。この解決策としては、民間賃貸住宅においても、連帯保証人という人的保証制度から信用保証制度への移行の早急な検討と信用保証制度へ向けての態勢づくりが必要と思われます。

なお、連帯保証人は、借主の金銭債務の担保として必ずしもその機能を果たしているとはいえない状態にありますが、一方、賃料等の長期滞納にも拘らず借主が退去しようとしない場合の借主に対す

る退去の説得とか、借主の長期所在不明等による家財等の処分について、連帯保証人の決断（ただし、借主の金銭債務以外の債務について、連帯保証人と貸主等との間で処理することには問題がありますが）は、最後のよりどころでもあり、当該機能に期待している貸主も少なからずいるようです。

借主の金銭債務の不履行については、借主の同意を得ることなく、連帯保証人にその履行を求めることは問題ありません。しかし、連帯保証人に対して借主の金銭債務以外の不履行債務の全ての履行を求め、連帯保証人が同意して、連帯保証人と貸主（管理業者）との間で当該債務の履行を行った場合は、法的な問題が残りますので慎重な対応が必要です。

金銭債務以外の不履行債務については、借主が当該債務の履行を早く行うよう、連帯保証人から執拗に借主を説得してもらうことに留めることが望ましいといえます。

また、連帯保証人は、借主の金銭債務以外の債務――具体的には、当該住宅の明渡しが多いようですが――の履行遅滞により、弁済金銭が多額になることを理由に、当該債務の履行を連帯保証人の一存で決断する場合があるかも知れません。しかし、住宅の明渡しや家財道具の処分などは、連帯保証人が借主に対する一切の責めを負うことを約束したとしても、貸主等がその履行に手を貸すにはなお問題が残りますので、貸主等は、弁護士等と相談するなど慎重な対応が望まれます。

6 遅延利息について

> 遅延利息を効果的に利用すること

滞納賃料等に対する遅延利息の請求については、多くの貸主が、賃貸借契約の定めにも拘らずその適用は一般的には穏便なため、借主との間でのクレームというのは少ないようです。

なお、遅延利息を免除する場合は、その旨を説明のうえ免除することが望ましいといえます。これは、一つには、遅延利息が免除されることにより度々賃料を延滞するため、それを改めさせようと遅延利息を請求したとき、それまでの間、断りなく一方的に遅延利息を免除していた場合は、賃貸借契約書に遅延利息に関する特約を定めていてもその効力を失うおそれがあります。そのため、その都度、「今回限りの免除である」ことを説明することにより、当該特約の失効を防ぐことができます。二つには、わざわざ免除することを説明することにより借主の印象を良くすると同時に、次回以降の賃料等の支払期日を守ることを暗に示唆できます。

7 借主からのクレーム例（Q&A）

(1) 賃料等の支払（収納）方法について

> （90）　賃料の支払い方法は貴社（または管理業者）が指定したのに、振込手数料は私（借主）が負担するのか。

《対応等》

民法では、特段の意思表示がないときは、債務者（借主）は弁済（支払）期日までにその債務（賃料等）を、債権者（貸主）のところ（現住地）まで持って行って支払う（持参払いする）ことと定められています（民法第484条）。これは、債務者が、債権者の現住地までの往復に要する費用・時間を負担することにより、債務の弁済を行うことを意味します。

したがって、双方（貸主、借主）が合意して支払方法等を定めた場合、債務者（借主）は、その支払方法により債務の弁済（賃料等の支払）をすることになり、それに要する費用は他の方法による場合と比し債務者（借主）にとって著しく過大でないかぎり、また、支払方法として社会通念上採用されている方法であるかぎり、債務者（借主）が負担することになります。

なお、債権者（貸主）が、債務者（借主）の債務（賃料等）の支払に要する費用を負担する取決めは有

効です（例えば、賃料等の「預金口座振替」による支払の場合、当該「振替」にかかる費用について、貸主が負担しているのはその一例です。）。

（91）　いきなり賃料の集金に来られても金の持ち合わせがない。（集金に）来るなら事前に連絡して欲しい。

《対応等》
　賃料等の支払方法が、貸主（または管理業者）の訪問集金による方法と推測されます。この場合、集金日が支払期日当日であれば、貸主としては事前に借主に連絡してから集金に行くという必要はありません。賃料の支払方法及び支払期日は賃貸借契約書等により借主は周知しており、したがって、支払期日当日には借主は、いつでも支払うことができるよう予め準備しておくのが、借主の義務であると言えるからです。ただし、集金を行う時間帯は通常、一般人の生活時間帯であり、早朝・深夜などは含みません。
　なお、集金日が支払期日の前日以前である場合は、支払期日未到来を理由に借主は支払を拒否することができます。支払期日までに集金対象の全借主から賃料等の集金を完了させたい場合は、どうしても支払期日の何日か前から集金を開始することがありますが、その場合は、事前にその旨通知し了解を取りつけた後、訪問集金するのがベターです。
　また、支払期日当日の訪問集金であっても事前に通知して行くほうが、確実な集金が見込めます。

（92）　貴社の指定（する）銀行には「預金口座」がない。指定銀行を増やして欲しい。

《対応等》
　次の三つの対応方法が考えられます。
① 借主の要望を受入れ、借主の取引銀行を新たに指定銀行に加える。
② コスト等の関係から指定銀行を増やすことは困難なため、現行の指定銀行に、借主が新たに「預金口座」を開設し、貸主の指定する支払方法により賃料を支払うよう借主に理解を求める。
③ 他の支払方法（「持参払い」または貸主の指定する預金口座への「振込み」による方法）を指定する。
　なお、①の場合は、貸主側の負担（新たなコストの発生及び事務処理量の増大など）が大きくなることを考慮にいれて下さい。②の場合は、借主が管理する「預金口座」が一つ増えますが、「預金口座」の開設は一回限りの手続きで済み、各月の賃料の支払に要する費用は貸主の負担であり、借主にメリットがあることなどを説明し協力を求めます。③については、賃料の支払にかかるコストを借主が負担することになることを、きちんと説明しておくことが大切です。

（93）　賃料は「銀行振込」により支払うということだが、毎月毎月「振込む」のは面倒である。預金口座からの「自動引き落とし」ということはできないのか。

《対応等》
　諸般の事情から当該支払方法を指定したのですから、この方法により借主に月々の賃料を支払っていただくことになります。
　なお、銀行によっては「自動送金システム」の制度を設けて設問のような顧客のニーズに応えているところもあります（「自動送金システム」の仕組みについては、「第4編 収納・督促業務」の「第1章 賃料等収納業務、1の(3)「自動送金」による賃料等の支払」を参照して下さい。）ので、この旨借主に説明し借主の取引銀行がそのような制度を設けているならば、その制度の利用を勧めることも大切です。この場合、その制度の利用に掛る費用の負担は借主であることの「念押し」を忘れないようにして下さい。

（94）　賃料の振込み先が「貸主名義の預金口座」でなく、「貴社（管理業者）名義の預金口座」になっているが、大丈夫か。「貸主名義の預金口座」に直接振込むということでは駄目か。

《対応等》
　次のような取扱いをしている場合は問題が無いとして、借主にその旨説明し理解を求めることとなります。

① 管理業者が貸主の契約代理人として、当該「賃貸借契約書」に記名・押印している。
② 当該「賃貸借契約書」に賃料等の振込み先（預金口座名等）を明記している。

しかしながら、多くの「賃貸借契約書」では、賃料の支払方法は「甲（貸主）の定める方法」と定め、具体の方法は「口頭」でなされています。そして、その支払先が、貸主であればこのような不安は起きないのですが、第三者を経由して貸主に支払うこととなる場合は借主として一抹の不安が残ります。

したがって、①または②の方法によらない場合は、貸主が借主に対して、当該方法を指定した旨の文書を交付するなど、手続きをきちんとしておくことが必要です。

なお、「甲の定める方法」という表現をせざるを得ない場合がありますので、当該表現について問題があるという意味ではありません。借主の事情を考慮してその支払方法等を指定する場合は、このような表現にしておく方が、むしろ凡用性があり便利ともいえます。

（95）　賃料の集金に来たが、貴社の社員で、かつ、集金担当者であることを証明するものを提示しなかったので、賃料を支払わなかった。借主のところへ訪問集金する場合は、従業者証明書（宅建業法第48条で規定する様式第8号）など身分を証するものを常に携行し、借主等に提示するべきでは。

《対応等》
賃料等の集金だけでなく、借主宅や管理しているアパートを訪問するときは、当該管理会社の社員または関係者であることを証する従業者証明書（**宅建業法施行規則様式第8号**）を携行し、当該アパートの居住者からの要求に対し、いつでも対応できるようにしておくことです。

管理会社は、当該アパートまたはマンションの管理担当者や下請けの管理業者の担当者等、管理のために当該アパートやマンションに出入りする担当者名を居住者に予め周知し、居住者が当該アパートなどに出入りする不審者のチェックがし易くなるよう十分な配慮が必要です。

当該アパート等の管理業務のために、担当者が出入りする場合は、写真入りの名前カードを胸につけるなどして、居住者がひと目見て関係者と分かるような措置をとり、居住者が安心して当該アパートで生活できるような配慮が必要です。

また、賃料等の訪問集金については、特に配慮が必要で、集金担当者については、名前と顔をよく覚えてもらう努力が大切です。さらに、不正防止や事故防止の観点から、領収書に押印する収納印についても予め当該収納印の印影を居住者に周知し、居住者が安心して支払いに応じられるルール作りなども大切です。

（2）賃料の支払期日について

（96）　賃料の支払期日を給料日の2、3日後にしてもらえないか。

《対応等》
次の対応が考えられます。
① 他の借主と同一の支払期日とする。
② 当該借主の要望を受入れる。

貸主、借主、管理業者三者の関係で判断することとなります。貸主にとっては、賃料収入が一度にまとまって入ってくるのがベストです。借主としては、支払い易さからすれば給与支給日の後の方がベストです。管理業者としては、業務受託している貸主の数・受託戸数の量により、全てが同一の支払期日が良い場合と収納後の効率的処理から支払期日を何回かに分けた方が良い場合があります。この場合、管理業者の立場からすれば、同一貸主の賃料については、同一支払期日とする方が賃料収納後の業務処理を効率的に行うことができます。

したがって、通常は、①による賃料の支払いを借主に求めることとなります。これについては、賃料は月一回であり、入居月当初の支払いについてのみ借主の給与支給日が問題となりますが、以降は、同じ周期で月一回支払うのですから、借主の給与の支払日と賃料の支払期日との関係が借主の賃料の継続的支払の困難さに重大な影響を及ぼすことは考えられません。

②については、債権者である貸主の意向を確かめた上で実施することが必要となります。そしてこのような個別管理方式はどうしても業務処理の点で非効率となりますので、この点を考慮して借主の

要望を受入れるかどうか決めることが大切です。

（97） ある月の賃料をその前月中に支払えとのことだが、賃料は住宅の使用対価ということからすれば、その月の末日までに支払えばいいのではないか・・・。

《対応等》
　民法では、「賃料は、動産、建物及び宅地については毎月末に、その他の土地については毎年末に、支払わなければならない。・・・・」と定めています**（第614条）**が、当事者がこれと異なる取決めをすることを妨げてはいません。
　民間賃貸住宅においては、賃料は「前払い」が一般的となっており、当該月の賃料の支払期日はその前月の末日またはその近辺に定めている例が圧倒的に多いようです。
　管理業者としては、当該賃貸借契約における賃料の支払期日が妥当なもので、一般的に採用されている支払期日の範囲である旨説明し、借主に理解を得て下さい。

（98） この契約書では（賃料の）支払期日が末日ではなく「毎月××日」となっているが、何か理由でもあるのか。通常は末日が多い。私（借主）には「末日」の方が都合がいいのだが・・・。

《対応等》
　賃料の収納方法の多様化及び管理業者の受託戸数の量などにより、支払期日もまちまちになってきているようです。大量の管理戸数をかかえている「大手管理会社」の場合は、賃料の支払方法として預金口座からの「自動引き落とし」を採用しているところが増えてきていますが、管理会社の都合とともに銀行の都合により、月末の引き落としに限界があって、他の期日を支払期日（「口座振替日」）としている場合もあります。
　また、銀行等の週休二日制への移行に伴い、実際の振替日が頻繁に変わり、収納後の事務処理に支障をきたすおそれがあり、そのため、支払期日をそれまでの末日からその他の日とする管理業者（貸主）が増えてきています。
　いずれにせよ、支払期日は、貸主への収納賃料の引渡しのための事務処理と深い関わりをもって決められていますので、そのあたりの事情を考慮して借主が誤解しないよう注意して説明し、当該「支払期日」について理解を得ることです。

（99） 支払期日なので支払に行ったら、貴社（管理業者）は休みだった。支払期日に休むとは・・・。

《対応等》
　通常、毎月の賃料の支払期日は毎月一定の日を支払期日として定めています。この場合は、管理業者のところまで「持参して支払う」方法により当事者間で合意されているものと考えられますので、当事者間で特別の定めがない場合は、民法第142条の解釈から、支払期日が管理業者の休業日となる場合は、その翌営業日に支払えばよいこととなります。
　したがって、借主に無駄足を踏ませないよう予め管理業者の「休業日」を周知しておくことが大切です。なお、行き違いによる場合は、借主に一言謝るのがベターと思われます。

（3）**領収書の取扱い等について**

（100） （賃料の）領収書はいつまで保管しておけばよいのか。

《対応等》
　民法上の解釈から言えば、毎月払いの賃料の場合は、5年間保管しておくのが安全といえます。
　貸主は、借主から賃料の支払を受けていなければ、「賃料を受取っていない」旨の主張をすれば足りますが、借主は、当該賃料が支払済であることを証明する必要があります。そのための有力な証拠となるのが、賃料の支払と引き換えに受領する「領収書」です。
　なお、「預金口座振替」や「口座振込」の場合は、領収書の発行を省略する貸主（管理業者）がいま

すが、預金通帳を破棄したり、「振込みの控え」を紛失したりして「支払済」の証明が困難な場合には、当該銀行に相談し記録の確認をしたうえで証明を依頼することになります。

（101） （賃料の）領収書を紛失したが、再発行してもらえるか。

《対応等》

　「領収書」の再発行は、行う必要はありません。

　借主が、何らかの理由により「領収書」が必要になったと考えられますので、当該月の賃料が収納済であれば「支払済証明書」のようなものを発行し、借主にはそれで対応する旨を説明して下さい。

　なお、「支払済証明書」の発行に際しては、申出月の賃料の収納を確認したうえで発行して下さい。

（102） 「口座振替」で賃料を支払っているが、領収書を発行して欲しい。

《対応等》

　賃料の支払方法が「口座振替」や「口座振込」の場合は、多くの貸主（管理業者）が「領収書」を発行していないようです。これは、その支払に関して銀行が介在しているため、支払・未払に関して明確に確認でき、借主・貸主間でのトラブルが発生することが極めて例外的にしかあり得ないことによるものと考えられます。

　この設問のように、借主から「領収書」の発行の請求があれば、貸主は応じる必要があります。この場合、後日当該月の賃料について「領収書」の二重発行とならないよう、「第4編 収納・督促業務」の【様式35】「（借主別）賃料等収納状況」で当該月の賃料の収納状況を確認するとともに当該月の欄に発行年月日と領収書を発行した旨を明記しておきます。なお、発行担当者名も明記しておくと、なおよいでしょう。

（103） 貴社（管理業者）名義の「領収書」では不安だ。貸主から直接「領収書」をもらいたい。

《対応等》

　領収書の発行者は、当該「賃貸借契約書」に明記された賃料の支払相手となります。

　したがって、借主の直接の支払相手が管理業者であり、そのことが当該「賃貸借契約書」に明記されているのであれば、貸主の代理人という立場で、その旨を明記して「管理業者」の名義で「領収書」を発行することになります。

　また、便法により管理業者が受取って貸主に引渡したり、管理業者名義の「預金口座」経由で貸主に賃料を支払ったりしている場合は、貸主名義で「領収書」を発行します。

（104） 領収書の印が貴社（管理業者）の担当者の「みとめ印」になっているが、後日「払った」、「受取っていない」ということにならないか、心配である。

《対応等》

　管理業者の定めた「公印」で対応するのが、本来のやり方です。

　訪問集金にせよ事務所内で収納するにせよ、担当者の「私印」での収納は、設問のような「払った」、「受取っていない」という問題以前の問題で、即刻止めるべきです。発行済の私印を押印した「領収書」は、正規のものと差し替える必要があります。

（105） （会社から）賃料補助を受けるため法人契約となっており、賃料は会社が直接支払っているが、賃料補助額を超える部分については、入居者である私が負担している。私の負担部分について「領収書」を発行して欲しい。

《対応等》

　「領収書」は、契約名義人宛に発行すれば足りますので、入居者の当該賃料の負担の有無にかかわりなく、契約名義人以外には発行する必要はありません（なお、入居者の負担部分について、なぜ入居者が領収書が必要なのか不明ですが、もし必要であるなら、入居者が払った相手である「会社」に請求し、発行してもらう

のが筋です)。

(4) 滞納賃料の督促等について

(106) 支払期日に支払わなかったのは悪いが、自分が賃料の支払を遅延しているのが周りに分るような「ハガキ」で督促しなくても・・・。

《対応等》
　責めは債務不履行の借主にありますので、内容が単なる督促であれば「ハガキ」での督促は、非難されるような督促方法ではありません。
　督促に要する費用のこともあり、今後とも「ハガキ」による督促を行う旨通知するとともに以後支払期日を遵守するよう注意を促しておくことが大切です。

(107) 自宅まで督促にくるとは・・・。近所の目もあり困る。

《対応等》
　賃料等の滞納督促で肝心なことは、借主の滞納の背景(滞納に至った経緯)を把握し、当該滞納の早期解決を図るとともに滞納の再発や滞納の長期化を防止することです。そのためには、直接借主と面談したり、当該借主の自宅を訪問督促し、借主の生活状況を担当者自身の目で確かめながらの督促が最上といえます。借主に気兼ねする必要はありません。ただし、深夜(午後9時以降)、早朝(午前8時以前)の訪問は避けましょう。
　なお、訪問督促で注意することは、当該借主宅のドアの前で訪問用件を大きな声で告げたり、不必要に大きな声で督促交渉をしないことです。滞納の早期解消や再発防止は借主の意識に深く関わっている事柄ですので、借主の気持ちを全く無視したやり方は、督促の効果を減少させることがあります。

(108) (借主に)断りもなく連帯保証人に督促するのはひどい。連帯保証人の信用をなくした。

《対応等》
　借主に督促することなく、いきなり連帯保証人に督促するということは考えられません。通常、賃料の滞納が発生すればまず借主本人に督促し、再度の督促にもかかわらず支払いが無かった場合、初めて連帯保証人に督促しているというのが実態のようです。
　したがって、このようなクレームに対しては、当該借主に「連帯保証人」の意義(前掲、「収納・督促業務」参照)について正しい認識を持つよう十分な説明が必要です。そして次回以降も賃料の滞納があった場合、借主に断りなく連帯保証人に督促する旨通知し、注意を促します。

(109) 約束どおり支払わなかったからといって、なにも玄関(扉)に(支払催告の)貼紙までしなくても・・・。住みづらくなった。

《対応等》
　一部業者では「滞納完全解消テクニック」と称して、このような「貼紙」を行っているようですが、好ましい督促方法とはいえません。
　賃料等の滞納督促は、賃貸借契約関係の良好な継続を前提に行うべきものであり、督促する側としても借主が引続き快適に居住を継続できるような配慮をしつつ、督促を行うことが必要です。
　設問のように、借主が現に居住しており、貸主(管理業者)の意思を借主に容易に伝えることができる状況にあるのですから、借主の自尊心を傷つけたり、当該借主が賃料等を滞納していることが第三者に歴然と分かる方法をとる必要は全くありません。
　なお、督促のため借主宅を訪問したら留守だったという場合は、「不在箋」をドアポストに入れ、督促の意思を借主に伝えることも可能です。
　賃料等の滞納督促を厳しく行うことは大切なことですが、設問のような方法はプライバシーの侵害のおそれがありますし、また、借主の自尊心を傷つけ、滞納賃料等の支払後の貸主(管理業者)・借主

の信頼関係がぎくしゃくするおそれもありますので、気をつけて行う必要があります。

> **（１１０）　留守中に（自宅まで督促に）来て、子供に「賃料を滞納している」ことを言うことはないだろう。**

《対応等》
　訪問督促において本人またはその配偶者が不在の場合は、その他の同居人が在宅しており、訪問の用件が十分理解できる同居人であれば、それが子供であってもその旨を親に伝えるよう通知することは当然です。ただし、いやがらせにならないよう注意するべきです（なお、執行官が督促する場合も、子供の年令、理解度を十分に配慮しています）。
　本人に対して毅然と督促することが重要です。

> **（１１１）　ドア越しに大声で「賃料を払え」と言わなくても・・・。隣近所に筒抜けではないか。**

《対応等》
　前掲（設問109）の「ドアへの貼紙」と同様、不必要に第三者に分かるような督促方法をとることは慎むべきです。
　借主が在宅しているのですから、ある程度隣近所に配慮して督促を行うことが大切です。玄関口で滞納督促をしていて、その成りゆきで借主が大きな声を出すのはともかく、督促する側は常に冷静に淡々と督促を行うべきです。
　大声を出したり、脅し文句は一種のパフォーマンスと考えている管理業者がいるかも知れませんが、「隣近所」の人たちは、そうは考えません。管理業者の資質が問題にされ、次の良質の借主を取り逃がすことにもなりかねません。良くない噂は知らないうちに広がっていくものです。

> **（１１２）　支払時期から数日しかたっていないのに会社まで（電話で）督促してくるとは・・・。**

《対応等》
　滞納督促で大切なことは、滞納が分かったら何はさておき素早い督促です。
　したがって、滞納が分かった時点で電話や訪問等による督促を行うことになりますが、自宅に配偶者等が不在であれば、本人の勤務先へ督促するのもやむを得ません。
　こういうクレームを平然と言える借主に対しては、賃料債務の不履行は重大な賃貸借契約違反であることを、借主にきちんと説明し、毅然と督促することが必要です。たとえ電話であっても支払日の確約を取付けたり、また、確約する支払日が相当後日であれば、事務所まで出向いてもらって「支払確約書」を差し入れさせるなど厳しい対応が必要です。

> **（１１３）　会社に賃料の電話督促をするとき、電話に出た人（会社の同僚等）に用件を具体的に喋らないでほしい。興味本位に噂され、迷惑している。**

《対応等》
　賃料滞納状況や本人の支払確約の不履行状況によっては、このような督促は効果的であり、また、やむを得ない場合があります。
　勤務先への電話督促は、自宅への督促ができないことにより行う場合が多いと考えられますが、会社名（管理業者名）と担当者名を告げれば、本人に電話を取り次いでもらえる場合は、直接の用件を告げないという配慮をすることも必要かと考えられます。

> **（１１４）　この私（借主）が「いついつまでに間違いなく支払う」と言っているのに、「支払確約書」を書けとはどういうことだ。私を信用できないのか。**

《対応等》
　支払確約日がある程度後日となる支払確約については、「文書」をもらっておき、その後の督促をやりやすくする状況を作っておくことが、大切かと考えられます。したがって、「支払確約書」を提出し

てもらうと決めたら、相手がどう言おうとも「支払確約書」を提出させることが大切です。
　なお、このような借主については、後日、自宅訪問をしたり、当該滞納解消後も賃料等の収納状況を注意深く見守ったりする必要があります。

> **（115）　賃料を滞納した理由をなぜ貴社（管理業者）に話さなければならないのか。プライバシーの侵害だ。**

《対応等》
　管理業者は、受託した業務を誠実に遂行する義務がある一方、賃貸借契約関係が継続している以上、管理業者と借主との関係や貸主と借主との関係を、受託した業務を通じて平穏無事に保つという責務もあります。
　したがって、賃料の滞納督促も毅然と行うとともに貸主、借主、管理業者間の関係を平穏無事な状態に維持しつつ行う必要があります。
　賃料の滞納の状況にもよりますが、管理業者としては、借主の滞納の質がどのようなものであるかが分かれば、当該借主に対して的確な対応が可能で、場合によっては、滞納解消について実現可能な方策等を借主と一緒に考えるということも可能となります。
　管理業者にとっては、借主の滞納理由は、滞納の早期解消や滞納の長期化防止のためにも把握しておく必要があり、しかも滞納の早い段階で把握できるのが好ましいと言えます。
　しかしながら、滞納の本当の理由を把握することは難しいものです。設問のように単刀直入に聞いて反発する借主もいますし、本当のことを話してくれない借主もかなりいるようです。
　そのような場合は管理業者自らの努力でおおよその理由をつかみ、それに沿って借主に対応することとなります。そのためには、借主と直接会い、督促し、いろいろな角度から借主に支払を求め、借主とのやりとりの中からその理由を類推したり、また、訪問督促により住宅内の状況等を観察したりするなどして大体の滞納理由を把握するなどの方法があります。

> **（116）　隣近所に私（借主）の事をいろいろと聞き回っているようだが、どういうことだ。私のことについて、あることないこと言いふらしているのでは・・・。**

《対応等》
　滞納賃料の督促に関しては、他の借主との関係はけじめをつけておきたいものです。督促はあくまでも借主本人、その同居人、連帯保証人に限定して行うべきです。
　本人との連絡がなかなかとれないときなど、やむを得ず近隣の居住者に当該借主の居住状況を訪ねたりする場合、本当の用件を悟られないよう十分注意して聞くなどの配慮が必要です。

(5) 連帯保証人に対する滞納賃料の督促等について

> **（117）　わずか一か月分賃料を滞納したくらいで、なぜ私（連帯保証人）に賃料を払えと言ってくるのか。本人（借主）から取ってくれ。**

《対応等》
　民法では、債務者に金銭債務の不履行があった場合、債権者は債務者に断ることなく、また、直ちに連帯保証人に当該債務の弁済を求めることができます。そして、連帯保証人は主たる債務者に代わって当該債務を弁済しなければなりません（第446条、第454条）。
　以上のことから、設問のような連帯保証人のクレームを受入れることはできません。
　ところで、連帯保証人への滞納賃料の支払催告は、実務上では、多くの貸主（管理業者）は借主本人に督促し、なお、履行しない場合に行っている例が大部分です。
　したがって、このようなクレームに対しては、民法上の定めだけではなく、これまでの督促経緯を説明し、やむを得ず連帯保証人に滞納賃料の支払を求めたことを通知し、当該滞納賃料の支払について理解を求めることです。

（118）　こんなに賃料が溜ってから、こちら（連帯保証人）に払えと言われても払う金がない。

《対応等》
　どの連帯保証人も、借主本人が賃料等を滞納することを前提にして連帯保証人になっている人はほとんどいないと考えられますので、連帯保証人に対する借主の滞納賃料の支払請求は、どのタイミングで行ってもクレームがつきます。
　前述のように、連帯保証人への請求は正当ではありますが、あまり滞納額が多くなってからでは連帯保証人も大変ですから、やはり早目の通知が大切です。1、2回程度督促して、借主から支払いがない場合は、借主とともに連帯保証人にも督促し、長期滞納となって解決が困難な事態に陥らないようにやはり早目早目の対応が肝要です。そして、連帯保証人に借主を監視させ、当該賃貸借契約の遵守について連帯保証人に責任をとってもらうよう仕向けることです。
　つまり、連帯保証人を利用して当該借主の長期滞納を防止したり、滞納の再発防止に努めたりすることも効果的な督促方法の一つといえます。

（119）　貴社（管理業者）は本人（借主）に厳しく督促しているのか。いいかげんな督促をして、本人が支払わないからといって、こっち（連帯保証人）に支払えと言われても支払うわけにはいかない。

《対応等》
　連帯保証人の意義についてきちんと説明し、連帯保証人としての自覚をもって債務の履行をするよう要求します。
　そして、連帯保証人に債務の履行を請求するまでの間、借主に滞納賃料の督促を行った事実があれば、そのことをはっきりと説明し、併せて連帯保証人に対し、当該債務の履行を求めることとなった経緯を説明し、理解させることです。

（120）　まさか賃料を滞納するとは思いもしなかった。連帯保証人をやめたい。

《対応等》
　貸主が賃貸借契約において連帯保証人を立てているのは、借主の「まさか」の債務不履行のためですので、連帯保証人の申し出は認められない旨説明することになります。
　そして、当該賃貸借契約から生ずる一切の債務について、連帯保証人は借主と連帯して当該債務を履行すべき責務を負っていることを十分理解させ、借主との意思疎通を良くして、借主が賃料債務等の債務についてきちんと履行しているかどうか連帯保証人はいつも把握しておくことが大切であることを、連帯保証人に理解していただき、協力を求めます。

（121）　契約書には「契約期間は2年」とあったので、ここ2年位なら問題あるまいと連帯保証人を引き受けたのであって、契約更新はそちら（貸主・借主間）で勝手にしたことである。契約更新後の債務については、私（連帯保証人）には関係がない。

《対応等》
　借地借家法に基づく通常の賃貸借契約は契約期間の更新を前提としており、借主が賃貸借契約の更新を希望する場合、貸主は「正当事由」がない限り、契約は更新されます。
　また、貸主・借主が合意の上賃貸借契約を更新する場合、連帯保証人に通知することなく更新した賃貸借契約について、当該更新後の賃貸借契約から生ずる一切の債務について連帯保証人は借主とともにその履行の責めを負っています。
　したがって、管理業者（貸主）は、設問の連帯保証人のクレームは当たらない旨を説明し、理解を得る努力をして下さい。
　なお、契約を更新した場合、借主に対し、更新した旨連帯保証人に通知するようアドバイスして、余計なトラブルが持ち込まれないような配慮をすることも必要かと考えられます。

> （122）　こう度々賃料を滞納され、その都度私（連帯保証人）のところに持ってこられるのは堪らない。直ちに賃貸借契約を解除して本人（借主）を住宅から追い出してくれ。これ以上の債務の保証はできない。

《対応等》
　連帯保証人の苦労に対し理解を示しつつも、当該申し出に添えないことへの理解を求めます。
　貸主からは当該賃貸借契約を解除する「正当事由」がなく、したがって、借主からの契約解除の申し出以外に当該賃貸借契約は解除できない旨、また、貸主側から借主に対し当該賃貸借契約を解除する旨アドバイスする意志がないことなどを説明し、連帯保証人の理解を求めます。
　なお、連帯保証人が借主に対し、当該賃貸借契約を解除するよう説得することについては、貸主側として、何ら口を挟む考えはなく、あくまでも借主と連帯保証人の問題であることをはっきり説明し、通知しておくことです。

(6) 遅延利息について

> （123）　今まで何度か賃料の支払を遅延したが、一度も遅延利息を支払ったことはない。なぜ今回は取るのか。

《対応等》
　賃料等の支払遅延にかかる遅延損害金の取扱いは、民法上次のようになります。
① 賃貸借契約書に特段の定めがないときは民法の定めにより年5％の割合による遅延損害金を請求することができる**(第404条、第419条)**。
② 賃貸借契約書に遅延損害金の約定を定めているときは、その定めによる利率の遅延損害金を請求することができる**(第420条)**。
　殆どの賃貸借契約書において遅延損害金について定めていますが、多くの貸主は軽微の遅延については、当該約定を適用していないようです。これは、遅延損害金を徴収するのが目的ではなく、目に余る賃料の支払遅延に対する懲罰的な意味合いで定めているからと考えられます。
　そしてこのような対応は、通常、貸主・借主間の良好な関係維持にとって好ましい対応といえます。借主の賃料等の支払遅延にもかかわらず、また、賃貸借契約書において遅延損害金の約定があるにもかかわらず遅延損害金（延滞利息）を免除する場合は、必ず当該借主に対してその旨を告げておくことが大切です。この通知をすることなく遅延損害金を免除している場合、当該約定が死文化し、一罰百戒的な意味合いで当該借主に遅延損害金を請求した場合、当該約定の効力に疑義が生ずるおそれがありますので、注意が必要です（第4編 第1章 収納・督促業務の「遅延損害金について」参照。）。

> （124）　賃貸借契約書には、賃料の支払いを遅延したとき「遅延利息」を支払えとは書かれていない。遅延利息を支払う気はない。

《対応等》
　民法の定めから、年5％の割合による遅延損害金を借主に対して請求することができますので、この旨を借主に説明し、徴収するのであれば、徴収して下さい。
　法律上の解釈はともかく、賃貸借契約書上に定めがない場合、借主もなかなか納得しないものと思われますので、適用の可否はその時々の状況を考慮して判断することにして、賃貸借契約書には「遅延損害金」に関する約定を記載し、支払遅延の防止措置を講じておくことが大切です。
　なお、借主が納得せず遅延損害金を徴収できない場合、次の対応が考えられます。
① （納得しないので）今回に限り「遅延利息」を免除し、次回以降遅延した場合は「遅延利息」を徴収する旨通知し、月額賃料等相当額のみを受領する。
② 遅延利息を借主が支払わないので、月額賃料等相当額のみを受領し、当該領収書に「遅延利息」について未受領である旨明記し、引続き請求する（あくまでも徴収するのであれば、退去時に敷金と精算する方法がある。）。
③ 借主との関係がぎくしゃくするので、（「今回は免除するが、次回以降は免除しない」旨を説明しながら、実際は）今後とも徴収しない（借主にこの旨を通知する必要はない。）。

第5章　退去業務

1　解約の手続等について

> 解約の手続等については、事前に（文書で）周知しておくこと

　契約期間の定めのある借家では、期間中当事者双方は解約の申入れができないのが原則ですが、多くの賃貸借契約は、契約期間の途中での借主の解約の申入れに関する定めを設けています。

　契約期間内における借主の解約については、「予告期間」を設けており、その期間は、概ね1か月程度と定めている例が多いようです。そして、借主の「解約の申入れ」から住宅の明渡日（＝契約終了日）までの期間が「予告期間」内の場合は、借主は「予告期間」に相当する賃料等を支払って、また、借主が申出た住宅の明渡日が「予告期間」を越えている場合は、借主は当該契約終了日までの賃料等を支払って、契約をいつでも解約することができるように定めています。

　この借主の途中解約に関する特約は、借主にとって不都合なものではありませんが、この定めについての説明が不十分なため、途中解約の申入れ遅延により、借主が余計な賃料等を負担するという事例があるようです。転居先が決まり、退去日（引越日）が確定している場合は、解約の申入れが一日遅れる毎に、数千円の賃料等を借主は余分に負担することになります。

　そのため、貸主が被る不利益を防止するための事項については、怠りなく説明することは勿論必要ですが、借主の利益に関する事項についても、契約締結時に分かり易く説明しておくことが大切です。

　何故なら、宅建業者は、賃貸借契約が成約した場合、借主からも「媒介報酬」を受領するわけですから、当該賃貸借契約から生じる双方の履行義務の内容だけでなく、その他、貸主・借主の利害に関する事項についても全て説明する義務があります。

　借主の「途中解約」について言えば、
① 解約の申出の方法：文書か口頭か、また文書による場合、任意の様式か所定の様式か
② 解約の申出書の受付（提出）方法：持参か郵送か、郵送の場合の解約申出日の確定方法や郵送物遅延の場合の取扱いなど
③ 解約書用紙の受理方法
④ 一旦、提出した「解約申入れ」の撤回の可否とその条件又は退去日や契約終了日などの変更の可否など
⑤ 解約に伴う賃料等の支払いなどの損害金の取扱いなど「途中解約」に伴う借主の費用負担
⑥ その他、途中解約に伴い借主・貸主の利害得失に関すること

などについて、当該賃貸借契約締結時に借主に説明しておくことが必要です。

　そして、できれば「入居のしおり」などを作成し、当該アパート、住宅での快適な「住まい方」に関する注意事項や賃貸借契約の約束事とともに「途中解約」（＝借主の「解約の申入れ」）の手続などについても記載し、事前に周知しておくことが望まれます。

2　退去時における借主の修繕費用等の負担について

> 借主に過大な費用負担を求めないこと

　退去時における借主の修繕費用等の負担についてのクレームは、賃貸借契約に関するクレームの中で最も多く、管理業者・貸主の多くがこの問題に頭を痛めているというのが実態のようです。

　本文（第5編「退去業務」）で述べましたように、通常言われている退去時における借主の「原状回復義務」には、次の三つの内容が含まれています。したがって、「退去査定」では、これらの三つの内容を区分して、かつ賃貸借契約のそれぞれの条項に従い、借主に費用負担を求めることが必要になります。

① 賃貸借契約書で特約している、いわゆる「借主の修繕義務」に関するものの修繕の査定、
② ①を除く故意・過失等借主の責めによる損傷等に関する修繕の査定、
③ 借主所有の家財道具の搬出や借主が当該住宅内に設置した造作物や設備撤去の確認及び撤去後の事後処理状況の査定、
が「退去査定」の内容となります。

トラブルの内容の主なものは、①については、特約で定めた「借主の修繕義務」の範囲や修繕内容、その範囲、費用についてであり、これらのトラブルが発生する原因として、賃貸借契約書上での約定の内容が不明または曖昧であることが共通して挙げられます。そのため、退去時において通常使用による損耗か、故意・過失による損傷等かに拘らず借主に負担を求める、いわゆる「借主の修繕義務」については、賃貸借契約書に明定し、その対象の全てについて修繕内容を明示し、貸主と借主との間で食違いが生じないようにしておくことが必要です。なお、当該特約の内容が曖昧であったり、不明であったりする場合は、特段の事情がない限り、その特約は単に貸主の修繕義務を免除したに過ぎず、借主に積極的な修繕を負担させた特約ではないというのが、判例・通説の立場です。

②については、修繕の内容（いわゆる「修繕」か「取替え」かという具体の修繕の仕方）について、借主に過大な負担を求めることによる借主とのトラブルが多く見受けられるようです。何れにせよ、これら、借主に費用負担を求めるものについては、賃貸借契約締結の当初に文書で明示するとともにきちんと説明しておく必要があります。

③については、「原状回復」に対する貸主（または管理業者）の理解不足による借主への過大な費用負担の請求によるものです。

貸主の中には、この「原状回復」を、入居当初の状態に戻すことと理解し、通常使用による造作物・設備等の損耗等による「修繕」費用までも、借主に請求する事例があります。

平成5年に建設省（現：国土交通省）が発表した「賃貸住宅標準契約書」は、この「原状回復義務」の範囲について、借主は当該住宅に付け加えたものを取除き、借主の故意や過失により当該住宅に生じた破損を修復すれば足りるとし、通常の使用により生じた損耗については、借主に原状回復の義務はないとしています。よって、貸主（及び管理業者）がこの趣旨を逸脱した「原状回復」の履行を借主に求めた場合は、借主とのトラブルは避けられないものと予想されます。

「退去査定」については、管理業者の公平、かつ適正な判定が、借主との余計なトラブルの防止につながります。退去査定は、直接貸主、借主の費用負担額に影響してきますので、その決め方は大変難しい問題です。

当該修繕箇所の修繕範囲については、一体として修復する必要のある範囲までの修繕は、原因者である借主がその費用負担をすべきですが、機能上分離できる、または分離して別途修繕することができる部分についてまで借主に負担させること——例えば、ある襖を張り替えたため他の襖との差ができ、色合わせのために借主が破損または汚損していない襖まで借主に張替えを求めるなど——は避けなければなりません。

修繕の程度、修繕の仕方については、同質程度の部材を使用し、造作物や設備等で通常求められる機能の回復を図る程度の修繕を借主に求めることになります。修繕の仕方等には、「修繕」するか「取替え」をするという処理方法がありますが、修繕に要する費用が「取替え」費用を上回る場合に限り「取替え」とするのが妥当な処理であると思われます。なお、貸主は、借主から「修繕費用」を負担してもらい、貸主が幾らか費用を負担して新しいものに取替えることは差し支えありません。修繕箇所の修繕する範囲、修繕の程度及び修繕の仕方については、予め明示することは難しいと思われますが、通常、発生が予想される破損等については、指定工事業者に相談するなどして破損等の事例を整理し、それぞれの場合、どのような修繕内容となるかをできるだけ例示して借主に説明しておくことが望まれます。

そして、実際の退去に際しての損害賠償的な意味合いにおける「原状回復」——いわゆる借主の責めによる損傷等の修繕義務——については、借主と貸主（または管理業者）とが立会いのうえ、賃貸借契約書の定めに従い、決めることが大切です。

退去時の借主の「修繕費負担額」は、年々高くなってきており、そのためにも賃貸借契約の当初において、これらの費用負担がどこまで借主に及ぶのか説明することは、当該住宅の「重要事項」の説明と同程度重要なことといえます。

最後に、宅建業者と管理業者が異なる場合は、賃貸借契約の内容の理解について食違いが生じたり、

借主から意図的なクレームを出されたりする可能性がありますので、管理業者は十分注意する必要があります。したがって、管理業者は、受託した管理業務のうち賃貸借契約に基づく管理業務については当該契約内容について熟知しておくとともに、受託業務の誠実な遂行にとって、不都合な内容や曖昧な内容については貸主に改善を求めることが必要となります。特に、退去時の借主の「原状回復」等修繕費用の負担に関する特約については、曖昧な表現はできるだけ避けることです。そして、曖昧な表現については、たとえその特約が有効であっても、当該特約を設けた貸主の意図どおりにそれを適用または運用することは難しいという認識で借主と交渉する覚悟が必要であると思われます。

3　敷金精算について

　　債務が確定したら、速やかに敷金精算を行うこと

　敷金精算についてのトラブルは、「原状回復」等借主の退去時の「修繕費用」の負担に関連しているものが殆どであり、具体的には、退去時の「修理費用」が多額であり、預けた敷金だけでは足りず追加の費用負担を求められた、または工事単価が高く、予想していたよりも少ない金額しか返還されなかった、さらに承諾していない修理費まで勝手に敷金から差引かれた、などがあります。これについては、前記2のとおりであり、また、併せて本文を参照して下さい。

　退去時の借主の「修理費用」負担に関連したもの以外としては、
① （借主の）債務と精算後の敷金の残額が速やかに返還されない
② 敷金から控除された債務の内訳が明示されていない
③ 取決めがないのに、敷金返還時の手数料が返還敷金から勝手に差引かれた
などのクレームがあるようです。

　①については、貸主が残金を直接借主に返還することになっていて、貸主が債務の履行を遅延しているケースがあるようです。

　この場合、貸主の債務不履行であるため、管理業者としては、当該残金を速やかに返還するよう貸主に通知すれば事足りると思いがちですが、退去時の敷金精算業務を受託している場合は、借主に精算書を送付（交付）し、各種債務との精算後の残余の敷金を返還して、初めて借主との敷金精算が完了します。

　したがって、貸主が残余の敷金の返還を履行しない場合は、貸主にその履行を促すとともに返還期限までに貸主が履行する見込がないときは、管理業者が一時立替えてでも借主に返還する必要があります。借主は、貸主の代理人である管理業者と、自己の各種債務と敷金との精算について合意したものであり、その差額の返還についても当然、代理人として約束したことになるからです。なお、管理業者（貸主）の中には、残余敷金の返還期限について明確にしない業者もいるようですが、借主の債務が確定した時点で残余敷金の返還期日を明確にして借主に通知するべきです。何れにせよ残余の敷金については、精算業務に要する必要な時間の確保を除いて、速やかに借主に返還することです。

　②については、敷金から控除した借主の債務については、その内訳及び明細を示して精算結果を借主に通知することが常識的な処理です。賃料であれば何月分の賃料か、また、日割り賃料であればいつからいつ迄の賃料か、を明示することが必要です。さらに、修繕費であれば、「査定単位」（協議単位）毎に（ただし、部材が同一のものはまとめて表示しても差し支えないと思われます。）工事費を明記した明細書を添付することが必要となります。

　そして、これらの精算書類には、書類作成者（及び管理業者）名を明記のうえ、当該精算結果の照会先等を明示して借主からの問合せに迅速に対応する姿勢を示すことが大切です。

　③については、特段の取決めがない場合は、債務者（貸主）の負担で債権者（借主）に対して債務の履行（残余敷金の返還）をすることになります。

　退去に伴う敷金の返還については、借主の各種債務と相殺のうえ、残余敷金を速やかに返還する旨を定めている賃貸借契約書が一般的ですが、できれば、「返還期日」や「返還方法」「返還に要する費用負担者」などを明記しておくことが望ましいと考えられます。なお、返還方法については、「返還に要する費用負担者」の定める方法によることが一般的ですが、「費用負担者」でない当事者が返還方法

を指定する場合は、その差額を負担してもらうということも一つの考え方です。

4　その他

> 退去査定は、入居点検確認結果を参考にして行うこと

　ここでは、トラブル防止のため次のことを指摘しておきます。
　一つは、管理業者（または貸主）は、借主との賃貸借契約の締結が終了後、速やかに住宅内の造作や設備等をチェックし、修繕もれや不具合箇所がないか、借主の「点検確認」に先立って確認しておくことが望ましい処理であるといえます。
　借主が室内の「点検確認」を行うときは、可能な限り立会い、どのような修繕をしたかを説明しながら、室内の状況を双方で確認して、その結果を文書にして保管しておくことです。その際、双方の修繕負担区分についても説明し、それぞれについて修繕が必要となったときの手続等を併せて説明しておきます。何れの負担区分のものであれ、住んでいるうちに色々と傷んできて、修繕の必要が出てきますので、借主の生活上の不便を最小とするよう、修繕の場合の手続や費用負担区分については、十分に説明を行いトラブルの防止に努めて下さい。

> 借主の設置した造作物等の無償譲渡の申出は、慎重に受けること

　もう一つは、借主の設置した造作物や設備等について、借主がその退去時に撤去しないで貸主に無償譲渡を申出る場合の対応についてです。
　当該無償譲渡を受けるかどうかは、貸主の自由で、それを次の入居者に使用させることは差し支えありませんが、その場合、次の入居者にとって当該設備等は、貸主が設置したものとなり、貸主は継続して供給していくことになります。また、当該設備等の修繕義務は、原則として貸主が負うことになりますので、そのことを十分理解して無償譲渡に応じて下さい。さらに、軽微なものは、特約で借主に負担させることもできますが、機能維持にかかる費用で、かつ軽微でない修繕は貸主が負うことになるとともに老朽化して取替える場合も貸主の負担で実施することになります。
　当該設備等をその使用可能期間に限って貸与し、使用不可能となったときは、借主の負担で撤去させる旨を特約して使用させることも可能ですが、その事態に至ったとき、借主とトラブルとなることが予想されますので、十分な説明が不可欠となります。

5　借主からのクレーム例（Q＆A）

（1）解約の手続等について

（125）　この間電話で「××日に出ます」と言ったはずだ。予告期間の計算は電話で申出た日からしてもらえないか。

《対応等》
　賃貸借契約書で定めている「解約の申出方法」により処理することになります。
　①　解約の申出方法及び解約の受理の方法について特段の定めがない場合は、借主が「解約」する旨申出た日が、予告期間の計算根拠となります。
　②　「文書」で申出る旨定めている場合は、当該「解約」の届出書を管理業者（貸主）が受理した日が予告期間の計算根拠となります。
　したがって、設問については、①の場合は電話で申出た日が予告期間の計算根拠となり、②の場合は、電話による「解約の申出」は予告であり、借主が「文書」で解約の意思表示をし、管理業者が当

該文書を受理した日が予告期間の計算根拠となります。なお、借主の希望を受入れて、「電話での解約の申し出日（解約の予告）」を予告期間の開始日とすることは差し支えありません。

　賃貸借契約の解約の申入れなど重要な事項は、行き違いがないよう「文書」で確認するのが望ましいと考えられますので、賃貸借契約書にその旨定めておくことが大切です。また、できれば「解約届出書」の様式を定めておきます。なお、「解約の申出」を文書と定めている場合であっても入居者（借主）は、電話で「退去する」旨を言ってくることがあります。そのときは、「解約の申出」は文書で行う旨、また、「解約届出書」を（管理業者が）受理した時点で当該申出は効力を持つことになるので、引越日などが決まっているのであれば、早く「文書」で申出ることを通知します。

> **（１２６）　先日、「解約の申出」のため電話したら、誰も電話に出なかった。多分貴社の休みの日だったのだろう。ついては、予告期間の算定の根拠を最初に電話した日として欲しい。**

《対応等》

　管理業者の「定休日」を借主に予め通知しているのであれば、このような要望については応じる必要はありません。そしてこの取扱いは設問（125）と同様になります。

　多くの宅建業者は、賃貸借契約の成約については大きな関心を持ちながら、当該契約の内容については借主に対し、金銭関係などごく一部を除き極めて不十分な対応に留まっているようです。その内の一つが、借主からの「契約解除の申入れ」に関する手続きです。不十分な対応については必ず借主からクレームが出ますので、入居の時点できちんとした対応──「住まいのしおり」などを作成し、賃貸借契約書において貸主・借主双方で確認した重要な事項、当該アパートで生活するに際しての生活ルール、室内の造作物や設備の取扱方法、退去時の手続きや原状回復の取扱い、敷金精算などについて借主に周知する──をしておきたいものです。

> **（１２７）　先日引越しを済ませた。これから「解約の申出」にそちら（管理業者）に行くが、予告期間の賃料を全額支払わなければならないか。幾らか安くならないか。**

《対応等》

　殆どの「賃貸借契約書」において、貸主、借主双方の解約の申入れについて約定が設けられています。そして借主からの「解約の申入れ」の予告期間を「1か月」と定めている例が多く見受けられます【「標準賃貸借契約書」第10条参照】。

　これは、借主の退去に伴う① 退去後の室内補修、② 次期入居者の募集などにより、一定期間当該住宅が空家となり、その間賃料収入が入ってこないことによる経済的損失の一部を借主にも負担してもらうという趣旨から設けているものと考えられます。

　したがって、借主にはこの「予告期間」の趣旨について理解を得て、賃貸借契約書の約定による「金員」を負担してもらうことになります。

> **（１２８）　退去日（明渡日）の変更を申出たら、次の入居者が決まっていて「駄目」とのことだが、変更後の退去日は契約解除日（契約終了日）以前なのになぜ認めないのか。**

《対応等》

　通常管理業者は、借主から「解約の申入れ」を文書で受理したら、その時点で① 退去日（引越し日）、② 退去査定に関する協議日（「査定日」）、③ 契約解除日（契約終了日）などを借主と協議し、決定します。管理業者はこれら確定した退去スケジュールに従って、次期入居者の募集や室内の修繕を効率良く行い、貸主の経済的損失を最小限とするよう最善の努力をする義務を負っています。

　それゆえ、人道的な理由など借主にとって不可抗力な理由を除いて通常はその変更は認めていないようですが、この場合、その変更日が当該契約終了日以前であることから、認めざるを得ないものと判断されます。

　なお、借主の退去（引越し）以前に次期入居者を決定するのは構いませんが、この設問のように借主が予定通り引越しできない場合があり、その後の退去スケジュールの遅れにより次期入居者の入居可能日も遅れることがありますので、次期入居者の入居可能日（契約開始日）については、慎重に決めるようにして下さい。

(129) 契約解除日（契約終了日）までに住宅の明渡しができなかった場合、「損害金を支払え」となっているが、事前に連絡しても、賃料等相当額ではなく、「損害金」を支払わなければならないか。

《対応等》
　「解約の申入れ」時に取決めた内容により退去処理を行うのがベストですが、そうもいかないのが退去処理です。
　設問のような申入れについては、いわゆる「合意解除」の場合は、やはり借主の希望に添った処理をせざるを得ません。ただ、何度も変更を申出られては退去処理が進みませんし、また、次期入居者の募集にも取り掛かれませんので、このような照会については、期限を切って、かつ一回限りとするなど何らかの制限をつけて「認めることがある」旨を説明しておくことが賢明です。なお、「解約届出書」の受理（提出）時であれば、引越し日が確定してから改めて「解約届出書」を出すよう指導するなどの方法もあります（「解約届出書」の受理日は出し直した日となり、その時点において予告期間にかかる賃料等が決まることになります。借主への説明を忘れないよう注意して下さい。）。

(130) 契約解除日（契約終了日）の変更はできないとあるが、雨などで引越しができなかった場合でも変更してもらえないか。「損害金」を払えば良いとのことだが、高いので・・・。

《対応等》
　借主の退去は、貸主にとっては次の入居者の確保を意味します。したがって、借主が「解約の申出」時に届け出た契約解除日（契約終了日）までに当該住宅を貸主に返還できなかったり、契約解除日（契約終了日）が確定できなかったりする場合、貸主は次の入居者の募集もできないことになります。
　したがって、借主からの「解約の届出書」は、借主が契約解除日（契約終了日）までに、確実に当該賃貸住宅を原状に復し、貸主に返還できる見通しのある場合受理することです。設問のように、天候などにより引越しを見合わせる意向を借主が持っている場合は、借主の負担において、予め余裕をもって契約解除日（契約終了日）を定めておくことです。
　もし借主が余分の費用負担を好まないのであれば、借主の退去スケジュールが確定した時点で「解約の届出書」を提出するよう説明し、理解を得て下さい。
　「解約の申出」を「文書」で行うのは、借主の退去に伴い借主・貸主双方が履行すべき債務とその履行期限を確認するためです。
　なお、賃貸借契約解除後の不法居住期間にかかる「損害賠償金」は、このような借主からの解約の申入れによる、いわゆる「合意解除」を前提に特約されているものではなく、借主の債務不履行により貸主が適法に当該賃貸借契約を解除したにもかかわらず当該契約解除日以降も「不法に」居住している場合を想定して特約しているものです。

(131) 「解約届」を提出したので、今月以降契約解除日までの賃料等については、敷金と相殺して欲しい。

《対応等》
　敷金は、当該賃貸借契約から生ずる一切の債務について、その債務の不履行に際し当該不履行債務を担保するために借主から預かっている金員です。
　「解約届」の受理により当該借主の賃料債務は確定しますので、借主の申出により敷金との相殺は可能です。
　ただ「解約届」の受理時点では「原状回復等費用」（いわゆる「退去時における借主の負担する修繕費用」）が確定していないのが殆どであり、この「原状回復等費用」の担保のため、一般的には、未払い賃料等の債務については当該未払賃料等のうち月額賃料等相当額については敷金と相殺しないで、別途借主から徴収し、月額分に満たない、いわゆる「日割り賃料等相当額」について敷金と相殺しているようです。なお、敷金と相殺しないで全額を別途請求し徴収することも可能です（敷金の趣旨から言えば、借主の金銭債務については敷金と相殺することなく徴収し、敷金はそのまま全額返還することが本旨です。）。

(132) 「退去査定」は家具等の搬出後ということだが、遠隔地への引越しなので引越し後では立ち会えない。引越し前に協議できないか。

《対応等》
　退去査定は、貸主（管理業者）と借主の双方が必ず立ち会って行うのが、そして借主の家具等の搬出後行うのが原則です。
　しかしながら、設問のような場合には借主の家財道具等の搬出前に退去査定を行わざるを得ないものと判断されます。この場合予め借主と協議し、家財道具の搬出後、借主の責めによる新たな損傷等が見つかった場合には、「当該修繕等に要する費用については異議なく借主が負担する」旨の合意をしておくなどの措置をとっておきます。
　そして、新たな損傷が万一見つかった場合は、既存分と異なることを借主に理解してもらうため、当該箇所を写真に撮り、それを提示して追加請求します。
　なお、引越し前の退去査定については、家具等の陰になっている部分についてもきちんと行うため、退去査定当日は若干の家具等の移動について借主の協力が必要となる旨借主に事前に説明し、査定業務が円滑にいくよう借主の理解を求めます。
　また、追加請求については、上記のような「念書」を徴収していても借主が支払いを拒否する場合がありますので、留意しておくことが必要です。勿論、写真撮影をして証拠を確保し、「念書」まで徴収しておれば、訴訟等により当該費用の回収は可能ですが、時間と費用の面から考えて、追加請求を断念せざるを得ない場合もありますので、引越し前の退去査定は、貸主のリスクを考え、十分注意して行うことです。

(133) 日曜・祭日も「退去査定」を行ってほしい。そうでなければ「退去査定」に立会えない。

《対応等》
　借主の仕事上の都合や家族構成、家族状況などにより、退去査定日の調整が困難な場合があります。借主の都合の良い日が管理業者の定休日であったり、また、その逆であったりする場合もあります。
　管理業務において最も多いクレームの一つが、いわゆるこの「退去時の借主の修繕費用」に関する事項であること、そして貸主と借主の利害が最も対立する事項であることを考えるならば、管理業者としては借主の要望を受入れざるを得ないものと判断されます。
　退去査定業務を円満に進めるには、借主の立会いは欠かせません。
　管理業務の中で、この退去査定日の設定に関しては、借主の意向を無視することができませんので、借主が指定する当該賃貸借契約の解除日（終了日）までの任意の日に対応できる態勢を整備しておくことが管理業者に求められているといえます。
　管理業者の入居中における借主への対応の結果が如実に現れるのがこの「退去査定の協議」といえます。
　この日時の設定は勿論、この協議が円満に終わるかどうかは入居中の借主に対する管理業者のコミュニケーションの度合いにかかっています。

(2) **退去時における借主の修繕費用等の負担について**

(134) 賃料には「修繕費用」が含まれているはずである。何故、退去時に借主が修繕費用を負担しなければならないのか。

《対応等》
　原則として賃貸住宅の修繕義務が貸主にあることは、民法の定めのとおりです（民法第606条Ⅰ）。
　しかしながら、この定めは、当事者間でこれと異なる取決めを否定するものではないため、その取扱いについてさまざまな解釈とそれによるトラブルをあちこちで引き起しています。
　通説では、家賃、地域の慣習、当該賃貸借に至った経緯等から「公序良俗」に反しない程度の、いわゆる「小修繕」について、借主に「修繕義務」を負担させることを明定した特約は有効とされており、その内容は、特段の事情がない場合、通常、「費用が軽微な修繕」といわれるものに限定されると

しています。
　そしてこのような特約については、貸主、借主の解釈が食い違わないようその範囲を当該賃貸借契約書に明定し、契約時に借主に十分説明し、理解を得るとともに周知しておくことが必要です（なお、第1編 第1章 「**賃貸住宅媒介・管理業務に係るトラブル等**」で**判例**を参照して下さい。）。

（135）　私（借主）の不注意で駄目にしたのだから費用負担はするが、中古品を引続き使用したのだから、全額負担というのはどうかと思うが・・・。

《対応等》
　いわゆる退去時の修繕等義務における借主が負担する範囲は、① 借主が当該住宅に設置した造作物や設備などの撤去とその事後処理（住宅を元の状態に復する「原状回復」）に要する費用、② 契約条項に定める借主の「修繕義務」にかかる小修繕に要する費用、③ 原則として通常使用による損耗や経年による劣化を除く借主の責めにより必要が生じた修繕等に要する費用などです。
　この場合、いわゆる「設備」と「木製の造作物」ではその対応等が異なってきます。
① 一定期間の耐用年数を有する設備については、それらの設備の耐用年数、当該借主の使用年数、当該設備の全使用年数を考慮して、この借主の負担分を算定するのが適切です。
　　なお、設備の耐用年数については当該設備のメーカーやガス会社、電力会社などの意見を参考にするとか、税法上の償却資産の耐用年数を参考にして定めるのが適当かと考えられます。
② 木製の備品や造作物については、その素材の性質から耐用年数の設定は大変難しく（室内であれば手入れや使用の仕方によっては、人間の生活時間をはるかに越えた時間その性状を維持します。）、その負担割合の計算は困難と言わざるを得ません。
　木製の備品等については、通常、修繕の方が、新しいものと取替えるより費用が高いということは考えられませんので、原則として修繕に要する費用を請求することになります。
　なお、修繕費用を借主に負担させたからといって当該費用を修繕に充てないで、差額を貸主が負担して新しいものを設置することは、貸主の自由です。
　いずれにせよ、いわゆる退去時における借主の修繕の履行の範囲は、当然のことながら、借主に修繕義務のない部分については、つまり貸主の修繕義務の範囲については借主に負担させないという立場で「査定」することが基本ですし、このことを貸主に良く理解していただくことが大切です。

（136）　見えがかり部分や手回り部分の損傷や汚・破損は負担するが、タンスの後や手の届かない壁の上の方まで私（借主）に原状回復費用を負担させるのは行き過ぎだ。

《対応等》
　壁については、畳や襖のように生活上使用するものではないので、借主に修繕義務が発生するのは、借主の責めにより損傷等させた場合に限られますが、やはり妥当な修繕範囲の設定が欠かせません。いわゆる損害賠償としての借主の修繕義務については、当該箇所の修繕の程度やその範囲をめぐって貸主・借主間でトラブルが発生することが応々にしてあります。これは、修繕の範囲等について明確な基準を借主に示していないことが原因です。この基準を策定する場合に注意することは、当該部分のみの修繕が可能な部位・部材の場合と当該部分を含む一定の範囲（最小単位の修繕範囲）の修繕が必要となる部位・部材があり、それぞれの部位・部材の特徴により、回復（修繕）内容や回復（修繕）範囲などを定めることが必要となります。そしてここでいう修繕はあくまでも当該設備や造作物の機能、性状を、通常使用できる程度にまで回復させるに足る範囲で、借主が負担すればよいわけですから、この点をよく踏まえて借主の負担区分を決めることになります。
　貸主によっては、借主の責めによる箇所の範囲を大きく越えて、いわゆる「色合わせ」などを借主に負担させている例が見られますが、そのような不当な費用を借主に負担させることのないよう、管理業者の貸主に対する不断の啓蒙が望まれるところです。

（137）　台所での煮炊きは通常の使用方法であり、ある程度のススケや油汚れはやむを得ない。ペンキの塗り替えやクロスの張替え、清掃は貸主が行うべきではないか。

《対応等》
　当該部位について、借主の修繕義務に関する特約がなければ、通常の使用と使用後のこまめな手入

れにより、ススや油が付着していなければ、毎日のこまめな手入れによりペンキなどの一部がはげて落ちていても、台所の用方は炊事をする場所ですので、それらの修復に要する費用負担は貸主が負うことになります。

　なお、ススや油が付着していれば、それらの清掃は借主が行うことになります。また、クロスなどを手入れしていて誤って破損したり、手入れの仕方を間違って汚損させたりした場合は借主の負担において修繕することになります。

　台所のような特殊な場所については、他の場所と異なりその損耗は激しいですが、通常の使用と使用後のこまめな手入れをしている限り、借主の修繕復義務の範囲には該当しないと考えるのが妥当なところです。また、手入れが悪く、ススや油が付着している場合は、保管義務違反という点から、借主に対してススや油汚れを落とす費用（清掃代）を請求することが可能です（ただし、貸主が次の入居者に住宅を貸すにあたって、当該箇所を塗り替えたり、クロスを張替えたりして、借主が負担した費用をその費用の一部に充当することは貸主の自由裁量に属することです。）。

　なお、清掃代よりも塗り替え費用やクロスの張替え費用の方が安いのであれば、借主にとって費用負担の低額な方を（借主に）負担させるのも妥当な一つの考え方です。

（138）　畳（畳表）に傷をつけているから（表替えの費用を）負担せよとのことだが、他の部分の損耗状況から、その傷がついていなくても、私（借主）が退去した後は表替えしなければ貸せないはずだ。私は負担する必要はないのでは・・・。

《対応等》

　原則として、借主の故意又は過失による汚破損は、借主の費用負担で修繕することになりますので、この場合、借主は「表替え」または「裏返し」の費用を負担することになります。

　なお、「表替え」の判断は、見えている側の損耗状態（または破損状態）が、いわゆる「裏」まで達していなければ、当該畳表は、裏返し可能と判断します。したがって、現に使用している「畳表」が裏返ししたものであっても、その傷が裏まで達していない場合は「裏返し」に要する費用を請求します。

　また、当該傷が裏まで達している場合は、その傷が原因で表替えする必要が生じたわけですから、当該「表替え」の費用を借主に負担してもらうことになります。

　なお、畳表の傷が裏まで達してなく、かつ畳表が通常使用により損耗しており、当該傷が無くても、入居者の入替えに伴い、畳の「裏返し」をする必要があるということで、借主に負担を求めることなく貸主の負担で「裏返し」をする、また、傷が裏まで達している場合は「表替え」と「裏返し」の費用の差額を借主に請求するという処理方法もあります。

　いずれにせよ、借主の責めによる損傷等の修繕にかかる費用を借主に請求し、借主に応分の負担をさせることは賃貸借契約の本旨にそった行為ですが、それを理由に過大な負担を借主に求めることは慎むことです。

　なお、畳の表替えや裏返しなど費用を借主に負わせる特約を締結している場合について、「一般に民法第606条による賃貸人の修繕義務を免除することを定めたものと解すべきであり、積極的に賃借人に修繕義務を課したものと解するには、さらに特別の事情が存在することを要すると解すべきである。そして、本件においては特別の事情の存在を認めるに足りる資料はなく、礼金の授受及び控訴人が昭和55年に本件建物に入居した際には前の居住者が退去したままの状態で入居している事実は、むしろ本件修理特約が賃貸人の修理義務を免除するに留まることを推認させるものである」（名古屋地判平2.10.19 判時1375-117）との判決があるので、注意を要します。

（139）　タバコのヤニが付着しているとの理由で、壁のクロスや襖の張替えなどの費用を払えとのことだが、住宅の使用上の注意で「禁煙」ということは聞いていなかったので、タバコのヤニが理由で原状回復費用を請求されるとは思いもよらなかった。全面負担には応じられない。

《対応等》

　国土交通省が(財)不動産適正取引推進機構に委託して作成した「原状回復をめぐるトラブルとガイドライン」によると、「タバコのヤニ」は、借主が通常の住まい方、使い方をしていても発生すると考えられるもので、喫煙自体は用方違反・善管注意義務違反にあたらず、クリーニングで除去できる程度のヤニについては通常の損耗の範囲であるとしています。そのため、クリーニングで済む程度のヤ

ニは、借主の負担にはなりません。

　しかし、通常のクリーニングでは除去できない程度のヤニは、通常損耗とはいえず、当該居室全体の張替え費用を借主負担とすることが妥当であるという見解が示されています。なお、当該居室全体の張替えは請求し過ぎではないかという争いが生じてきますが、タバコのヤニの場合、部分補修は困難であるため、全部張替えになるとしています。

　この点については、「入居のしおり」等に「喫煙等の行為により、壁、クロス等に過度のヤニが付着した場合は、借主負担による補修となること」を記載し、注意を促すことも大切でしょう。

　それ以前に、重要事項説明書や賃貸借契約書にその旨を明記しておくことが基本的な対応方法であると思われます。

(140)　カビによる汚れは（結露が原因の）自然現象である。クロスの張替え（またはペンキの塗り替え）費用は負担できない。

《対応等》

　共同住宅（いわゆるアパートやマンション）の場合ですと他の住宅の状態を参考にし、多くの住宅でカビが発生している状況が確認される場合は、借主の責めに帰するには無理があり、したがって、貸主の負担により修繕することになります。

　ところで、ガラス窓に結露し、水滴が流れ出しているにもかかわらず、拭きとるなどの通常の手入れを怠り（保管義務違反）、畳とか床板を腐食させた場合は、当該住宅の結露対策の状況にもよりますが、借主に負担を求めることができる場合があります。

　なお、「入居のしおり」等に「天気の良い日にはできるだけ窓を開けて通風等を行い、室内に結露やカビが発生しないよう注意し、クロスの剥れ等の防止に努めてください」と記載し、注意を促すことも大切でしょう。

(141)　私（借主）の責めによる汚損の清掃代は負担しても良いが、それ以外のところの清掃代を負担せよというのはおかしいではないか。次の人に貸すためのいわゆる「室内クリーニング」は、貸主の負担ではないか。

《対応等》

　通常の使用による汚れであっても、これらの清掃をしていないのであれば、当該汚れを落とすための清掃は借主が行うべきです。例えば、カーテンレールに付着している油汚れやホコリを拭うための清掃は借主がきちんと行ったうえで、当該住宅を貸主に返還すべきです。

　しかしながら、貸主が次の入居者のために、また、室内をきれいに「ピカピカに」磨いたり、消毒等の清掃（「室内クリーニング」）したりすることは、貸主が負担すべきであると言えます。

　なお、犬や猫などのペットの飼育が可の場合、消毒等特別の清掃が通常必要となりますので、当該清掃費用を借主に負担させるのであれば、契約書にその旨明記しておく方がよいでしょう。

(142)　鍵は本来設備の一部であり、退去に伴う鍵の交換費用は貸主負担が筋ではないか。借主負担というのは納得できない。

《対応等》

　鍵（錠前を含む）は、防犯上の観点から、通常、入居者が入れ替わる毎に交換しています。そして、この交換のための費用は貸主が負担しているのが一般的です。

　入居時に借主に貸与した鍵が、退去時にすべて返還されても、コピーキーをそのまま保持していることも考えられますので、貸主は新しい入居者の入居時に鍵（錠前とセット）を交換します。

　また、借主が紛失や折損等により、退去時に、貸与した鍵（入居中紛失等により、貸主の承諾を得て鍵等を交換した場合は、交換後の鍵）の全部について返還できない場合は、通常、借主の負担により鍵（錠前とセット）を取替えています。

　なお、一部の貸主にあっては、鍵（錠前とセット）の取替え費用を惜しんで、前居住者の使用していた鍵をそのまま次の借主に貸与している例があると聞きますが、防犯上の観点から、入居者の入替え毎に取替えることが必要です。

（143）　この洗面器（陶器製）のヒビは私（借主）が入居した時点からあったものだ。入居してしばらくして気がついたが、水が漏るわけでもなく、また、洗面器の下側で覗き込まなければ見えないところなので、あえてその旨届け出なかった。取替え費用は負担できない。

《対応等》

　入居時に「届出」がなかったということで当該「ヒビ」は借主がつけたものと判断し、その取替え費用を借主に請求することは可能です。

　しかしながら、管理業者としては、当該「ヒビ」の劣化状況を調査して借主の主張の正当性をチェックしてから負担区分を判断してもよいのではないでしょうか。入居時の借主側チェックのあまさを擁護するつもりはありませんが、見える部分や表側のチェックはともかく、見えない部分や裏側については見落としがあるものですから、「届出」の有無だけで判断するのではなく、相手方の言い分を聞いたうえで、管理業者として公平な判断をくだすよう努めることが大切です。

　お互いの入居時におけるチェックの甘さが、退去査定の協議でトラブルの原因になります。両者立会いで、入居時の造作物や設備等のチェックを行い、現状を文書で確認するとともに後日発見した不具合についても、その時点で当該不具合の取扱いを両者で協議するなど柔軟な対応（運用）が望まれます。

（144）　入居時点で修繕依頼をしたが、修繕してくれなかった。言ってみれば、入居時点でこういう状況であった。なぜ退去時に私（借主）が修繕費を負担しなければならないのか。

《対応等》

　入居時の点検・確認において発見された不具合（と判断される）箇所の修繕の要否は、そのものの機能・性状により判断することになります。したがって、借主の申出時点において、貸主（管理業者）が修繕の必要性を認めず、そのまま借主に当該造作物または設備を使用させたのであれば、通常は借主に修繕費を負担させることは考えられません。借主の申し出に対する貸主（管理業者）の対応結果の記録の不備による行き違いと考えられます。

　このような行き違いをなくすためには、入居時の「点検・確認」は両者立ち会いにより「文書」で確認し、後日トラブルが発生しないよう当該「点検・確認結果」を双方で保管しておくことです。

　なお、借主の修繕依頼にもかかわらず修繕を見送る場合は、当該箇所がどの程度になったら修繕をするのか借主にきちんと説明し、そのことを記録に残しておくことが必要です。また、当該部位・部材が「借主の修繕義務」の範囲である場合は、修繕が必要となった時点における双方の負担割合を明示し、合意のうえ、記録しておきます。

　賃貸住宅の修繕義務は原則として貸主にあることを肝に銘じ、何とかして借主に修繕費用を負担させようなどという考え方は改めるべきです。

（145）　「退去時に借主負担で原状回復することになっている」と言われても、未だ十分使用できる。取替え費用の負担には応じられない。

《対応等》

　借主の原状回復義務は、そのものの用方に従った通常の使用による損耗については回復義務を負っているものではありません。しかしながら、借主の責め（故意または過失など）による損傷等であれば、退去時に借主に修繕費用を負担させることができます。この場合、借主の費用負担は、いわゆる「修繕費用」または取替え費用のいずれか安い方を請求することになります。

　また、費用が軽微な修繕について「借主の修繕義務」として契約条項に明定している場合であっても、退去査定時に点検の結果、通常の機能、性状を有している状態であれば、借主に修繕負担を求めることはできません。

（146）　この部屋の襖はこの間張替えたばかりだ。同一の柄のものがなかったので、一番近いこの「柄」の襖紙にした。しかもこの部屋の襖は同じ柄にしたのに、何故、張替えなければならないのか。

《対応等》

　借主の実施する修繕については、当該修繕が無駄にならないよう予め修繕方法や使用部材等につい

てきめ細かな取決めを示しておく必要があります。
　とは言え、全部位についてそのことを明示しても借主の理解を越えるものとなりますので、各工事種別に工事店を指定し、当該工事を借主が実施するときは、当該指定工事店を通して工事を依頼するとか、または管理業者が空家修繕を総合発注する工事業者を通じて借主の必要とする修繕を行わせるとか、借主の行う修繕についてのルールを定めておきます。
　賃貸借契約書で、借主の実施する修繕について、予め貸主に通知するとともに貸主が指定する工事業者を使用して当該工事を行う旨定めているものもあります。
　いずれにせよ、賃貸住宅は次々と借主が入れ替わって使用されていきますので、その修繕についても借主により差が生じないよう配慮することが必要です。
　借主が襖を張替えてしまったこの例の場合、ルール違反の場合はそのことを指摘しておくことは大切ですが、この例のように、当該部屋の「柄」は同じにし、かつ、その「柄」が他の襖と著しく異なっていないのであれば、再度やり直しのための費用を借主に負担させるのは妥当な方法とは言えません。

（１４７）　「クーラーの撤去費用を負担せよ」とのことだが、理解しかねる。未だ十分使えるので次の入居者に使ってもらおうと思ってそのままにしておいた。次の入居者が、「不要だ」というのなら費用負担も仕方がないが・・・。

《対応等》
　借主の設置した造作・設備は、退去時に撤去し、当該賃貸住宅を原状に復して貸主に返還するのが原則です。
　賃貸借契約書では、通常、借主が造作や設備を設置するときは、貸主の承諾を得て行うものとし、借主の退去時に当該設置物について借主の費用で撤去することが、約定されています。
　したがって、このような状況下で設置されたものであれば、その設置物が引続き使用可能であっても貸主は当該設置物の撤去を借主に請求できます。
　なお、借主の設置した造作・設備等をもらい受けることについては、賃貸借契約書上の定めにかかわらず、貸主・借主双方の合意により可能ですが、次のような問題に直面することがありますので、注意を要します。
　① 借主からもらい受けた設置物が他の住宅に付いていない場合、当該設置物がない住宅の入居者から、当該設備の設置を要求されるおそれがあること。
　② 当該設置物の修繕は、原則として貸主が行うこととなり（ただし、「小修繕」については、特約により借主に負担させることができます。）、また、当該設置物が使用不能となったとき、新しいものと取替えたり、撤去費用は貸主の負担となること。
　③ 当該設置物が経年劣化等により老朽化して、落下等により事故が発生した場合、その責めは貸主が負うことがあること。
　賃貸住宅にあっては、住宅水準のレベルアップにかかる造作物や設備については、貸主が自ら実施することとし、借主の残置したもので間に合わせるようなことはできるだけ避けるのが賢明です。

（１４８）　両者立会って協議し、私（借主）の負担する修繕費用の額は確定したはずだ。その後見つかったと言われても、追加して負担する気はない。

《対応等》
　賃貸借契約の定めに従い、両者協議のうえ合意した時点で、いわゆる退去時における借主の修繕義務の履行範囲は確定しますので、その後の分については、貸主の負担で行うことになります。
　退去査定の協議において借主に過大な負担を求める「査定」の解釈は慎しまなければなりませんが、借主の責めによる損傷等についてチェック漏れがないよう十分注意して行うべきです。

(149) 修繕費用について、その時は支払うと約束したが、いろいろ調べたら貴社（管理業者）の指定工事店の工事価格が高いことが分かったので、貴社の言う金額を払う気理はない。幾らか安くしてくれるなら、支払ってもよい・・・。

《対応等》
当該工事価格が正当な価格であることを理解させることが、原則となります。

退去査定時に当該工事価格を提示できず、後日工事価格を示した場合とか、退去査定時に当該費用を提示したにもかかわらず、敷金との精算による不足分の徴収を後日とした場合などに、このようなトラブルが発生することがあります。

敷金との相殺が可能な金額であれば、借主に価格の正当性を説明したうえ、当該金額を敷金から控除します。また、当該費用の全額について敷金から控除できず、借主が納得しないのであれば妥協もやむを得ないものと考えられます。

いずれにせよ、退去査定の協議において、借主の責めによる修繕義務の履行の範囲や修繕内容、負担額について、十分な根拠を持って説明することです。

(3) 敷金精算について

(150) 借主から預かった敷金は何らかの方法で運用しているのだから、返還時には期間に応じて利息を付けるべきではないか。

《対応等》
現在、住宅の賃貸借契約時に預かる敷金には利息を付けていないのが一般的です。表現方法はさまざまですが、殆どの賃貸借契約書には、敷金には利息を付けない旨定められており、当該特約は有効とされています。「標準契約書」においても、第6条第3項において「甲（貸主）は、本物件の明渡しがあったときは、遅滞なく、敷金の全額を無利息で乙（借主）に返還しなければならない。・・・」と定めています。

(151) 修繕等債務が確定し、敷金の一部が返還されることになっているが、あれから1か月以上経っているのに未だ返還されていない。一体いつまで待てばよいのか。

《対応等》
敷金は、退去時における借主の一切の債務が履行されたら「遅滞なく」返還することが、原則です。借主の修繕等の履行範囲が決まり、当該費用が確定すれば、退去時の借主の債務が確定しますので、当該債務と敷金との相殺による精算が可能であり、したがって、その時点で敷金の返還は可能なはずです。いたずらに敷金の返還を引き延ばすのは好ましくありません。

なお、敷金の返還時期については、貸主とルールを作っておき、そのルールに従って「遅滞なく」借主に敷金を返還することです。また、敷金の返還時期について、「解約届出書」の受理時か修繕等費用が確定した時点で、借主に明示することが望まれます。

(152) 貸主が（貴社のところに）お金を持って来ないので返還できないとのことだが、いつまでに返還してもらえるのか・・・・。

《対応等》
管理業者が、退去時の敷金精算業務を受託しているのであれば、借主への敷金返還について責任を持っているといえます。

借主は、管理業者からの「敷金精算書」により、敷金の一部が返還される旨の通知を受けたのであり、それ故その返還時期について照会しているものと理解されるからです。

貸主を督促し、大至急借主に敷金を返還する義務が管理業者にもあります。

敷金返還については、貸主との間でルールを作り、借主に迷惑をかけることは許されません。

また、敷金返還等受託業務について、借主の利害に関わる事柄について適正なルールが作れない貸主については、管理業者による貸主の啓発が必要ですし、貸主への啓発にもかかわらず貸主が理解し

ようとしないときは、管理業務の受託を辞退することも考慮にいれておくことが必要です。
　管理業者は、貸主から受託した管理業務について、借主の債務履行義務のチェックだけでなく、貸主の債務履行義務をもチェックすることが必要です。

（153）　「精算書」が送付されてきたが、修繕費用の明細がない。工事毎の工事費が分かる明細表が欲しい。

《対応等》
　退去査定の協議時に、借主と部位毎に修繕工事の範囲、方法を確認しているのですから、それらの費用についても、それに従って各部位毎に費用（工事費）を明示するのが、自然なやり方です。事務処理は面倒ですが、管理業者としても指定工事業者に対して部位毎に工事費の見積りを提出させ、当該見積りが正しいかチェックしたうえで、借主に請求するのが本来のやり方です。
　管理業者が受託した業務の遂行に当たっては、借主が疑問に思うこと、不審に思うこと、こうあってほしいと思う事柄などを念頭において行うことが大切です。

（154）　修繕工事費用の見積り金額がでたら、連絡をしてくれることになっていたはずだ。事前の連絡もなく、「敷金で精算できなかったから、差額を払え」と言われても払う気にならない。

《対応等》
　結果は同じことになる可能性を否定しませんが、約束通り見積り金額が出たら、借主に先ず事前連絡（電話等）し、その結果を通知してから、「差額」の請求（「敷金精算書」の送付等）を行っても遅くはないでしょう。特に、このケースのように、借主の負担すべき修繕等費用が全額敷金で賄えない場合、その旨事前に通知するのがベターです。トラブル防止には、こちらからは、相手方からクレームを付けられる原因を提供しないことも大切なことです。
　なお、実態によれば、「不足額」については、管理業者がどんなに適切に対応しても徴収できない場合があるようですが、それでも、「査定」時に修繕工事等に要する費用を提示できる態勢にある方がトラブルのケースを少なくすることができますので、そのような態勢作りに努める必要があります。

（155）　貴社の指定工事店の工事費は高いのでは・・・。あの程度なら十分敷金の範囲内で足りると思ったのだが・・・。

《対応等》
　管理業者は、指定工事業者の工事価格が適正で、妥当なものであるか常に関心を持っている必要があります。
　空家修繕工事等は職種が多岐にわたり、通常の管理業者ではなかなかその全てについて的確な指示をすることは不可能と言わざるを得ません。そこで多くの管理業者は、コーディネート機能を持っている信頼できる工事業者を確保して、空家修繕工事やその他個別工事を効率的に行うとともにその品質の確保に努めているようです。
　なお、退去時の借主の責めによる修繕等工事については、当該借主が特別な使い方をしていなければ、その内容は他の借主の場合とあまり異ならないと考えられますので、当該工事価格が適正であるかのチェックはそれ程難しくないといえます。チェックのポイントとしては、① 地域性、② 工期、③ 使用材料、④ 工事の難易度、などが挙げられ、この他に、必要に応じて他の業者との見積り合わせにより、当該工事価格を比較検証するなどの方法があります。
　いずれにせよ管理業者は、貸主・借主双方が不当な出費を強いられることのないよう、工事価格について常に関心を持つことが望まれます。
　管理業者は、当該工事費の妥当性について根拠を示して説明する必要があります。

（156）　敷金の返還に際し、送金手数料を勝手に差引くのはどういうことだ。敷金に「利息を付けない」ということは、契約書に書いてあったが、返還される敷金の（返還にかかる）手数料について借主負担とは書かれていないが・・・。

《対応等》

双方で特段の取決めがない場合、債務の弁済にかかる費用は債務者が負担することになります。
　なお、敷金の返還については、直接借主（退去者）に手渡しで返還する場合を除き、送金による場合は、銀行振込が最善の方法です。これは、安全で、確実で、後日「受取らない」、「返還した」というようなトラブルが皆無であり、また、費用負担も安価であるというのが、その理由です。これに対し、「現金書留」による返還は、返金額によってはかなり割高となり、また、相手方の受理通知が返送されるまでに時間が掛る、などがあり最善の方法とは言えないようです。

（157）　原状回復費用の一部について同意していないのに、当該費用を敷金から一方的に控除するのはおかしい。同意していない分については直ちに返せ。

《対応等》
　当該賃貸借契約書の約定に基づき、また、「標準賃貸借契約書」の趣旨である「通常使用による損耗、経年による劣化などを除く、借主の責めによる損傷等の原状回復に要する費用の負担」などに基づき、協議の結果借主に費用の負担を求めており、しかも、十分な説明にもかかわらず、借主が同意しないのであれば、当該部分も含めて敷金から控除しても差し支えありません。
　なお、この場合、相手方が不同意部分の控除を不服として法的措置等を取ってくることもあり得ますので、「査定」時の室内の現状（借主の責めによる損傷等の状況）を写真等により保存しておくことが大切です。
　また、不同意の内容が不明ですが、借主の不同意の理由として、一般的には次のようなことが考えられます。
　①　当該損傷は、通常使用による損耗であり、損傷ではない
　②　当該損傷は、自分の責めによる損傷ではない
　③　当該損傷の責めは認めるが、修繕の内容、範囲に同意できない
　④　当該損傷の責めは認めるが、全面負担には応じられない
　どの理由による不同意かは別にして、管理業者は常に、借主に不当な費用の請求をしていないかどうか、借主の言い分をよく聞いて判断することが求められています。

（158）　借主との協議が整っていない修繕費用について、連帯保証人の私に何とかしてくれと言われても・・・。

《対応等》
　借主が債務の履行をしない場合、連帯保証人に当該債務の履行を求めるのは当然ですが、連帯保証人に任意履行させることは大変難しいと言わざるを得ません。
　この場合、債権の回収については
　①　敷金の範囲内で処理する。
　②　法的措置により全額回収を目指す。
の方法が考えられます。
　②については、費用と時間が掛りますので、敷金と相殺できない「不足額」と当該法的措置に要する費用との比較で、当該方法を採用するかどうかを決めることになります。
　①については、②の方法を採用しないときの残された方法です。
　いずれにせよ、このような事態になるということは、契約書上で「借主の修繕義務」について明確に定めていなかったり、入居時における「室内の点検・確認」が不十分であったり、退去時において「原状回復」の取扱いについて十分な説明がなされていないなどの要因が考えられますので、管理業者は適切な時期に十分な説明をし、借主の理解を得ることが大切です。

（4）**その他**

（159）　あっちもこっちも故意だ、過失だと言って修繕費用を負担させられたが、修繕結果（修繕後の室内）を見せて欲しい。

《対応等》

修繕後の室内を見せる必要はありません。借主の費用負担により原状回復または修繕することとなる箇所については、当然修繕等工事を行った上で次の借主に貸す旨を説明すれば足ります。

（160）　退去したいので、襖やクロスの傷んでいるところを自分で張替えたい。貴社の指定する「ふすま紙」と「(壁用）クロス」を分けてもらえないか。手間賃だけでも浮かしたいので・・・。

《対応等》
　賃料を取って貸す住宅の「襖」や「壁クロス」について、素人が張替えたものは、その仕上りについて難点が発生することが予想され、二重負担になりますので、その旨説明し、借主の理解を得るのが賢明です。何故なら、当該職人はその仕事を常時行っています。それに対し、素人は滅多にそのような作業はしないわけですから、常識的に考えれば、素人が太刀打ちできるはずがないからです。また、その仕上りが素人と変わらない職人に張替え工事を発注しているなどということも考えられません。

（161）　修繕工事の内容について、「修理または取替え」と記載されているが、どういう場合が「修理」で、どういう場合が「取替え」なのかよくわからない。

《対応等》
　部位・部材の状況により異なりますので、個別に表現することは大変難しいと考えられます。
　借主の修繕義務等については、原則として「修繕（修復）」することを基本とし、当該箇所等を修繕（修復）するよりも「取替え」による方が借主の費用負担が少なくて済む場合には、「取替え」という考え方で費用負担を求めるのが妥当ではないかと考えられます。

（162）　古くなっているから取替えてほしいと言っても、部品を取替えれば十分使えると言って、結局貸主からは一度も修理してもらわなかった。それなのにちょっと壊したり、傷つけたりした程度で「はい、あなた（借主）の負担で新品に取替え」と言うのはおかしい。

《対応等》
　費用が軽微な修繕（部品や消耗品など費用が軽微なものの交換または取替えを含む。）は、特約により貸主の修繕義務を免除することができます。
　このような特約がなされている場合は、入居中にあっては、費用が軽微な修繕によりそのものの有用性を回復し、引続きそのものの用方に従って使用できるのであれば、借主は自らの費用負担において修繕を実施することになります。
　次に、新しいものに取替えるかどうかは、そのものの有用性の回復に要する費用が取替え費用を上回ったり、高額となったり、単なる修繕では回復不能となった場合などが考えられ、それ以外の場合は貸主の判断に委ねられることになります。そしてこのような造作物や設備の取替えは、それが経年による劣化や老朽化によるなど借主の責めによらない場合は、当然のことながら貸主が行うことになります（ただし、費用が軽微な「小修繕」について、「借主の修繕義務」として特約で明定した場合は、通常使用による損耗であっても、借主に修繕義務があります。）。
　なお、借主の責めにより造作物や設備等を取替えざるを得ない場合、そのものの経年による劣化や自然損耗、耐用年数を考慮して借主の負担分を公平に算定することです。いかなる場合にも貸主の負担分を借主に肩代りさせることは慎まなければなりません。
　また、貸主の応分の負担ということについて、管理業者は常日頃から貸主との意志疎通により十分理解していただくことが、円滑な管理業務の遂行には欠かせません。貸主が応分の負担をすることにより、借主も応分の負担に対する理解が深まります。

不動産従業者と大家さんのための
賃貸住宅の業務手引 "募集から退去まで" ＜第1分冊＞

定　　　価	4,400円［本体価格4,190円］
平成 7年 8月	初版発行
平成11年10月	第2版発行
平成14年 1月	第3版発行
平成16年 7月	改訂版発行
平成22年 2月	改訂2版発行
編　　　著	賃貸住宅管理業務マニュアル研究会
発　　　行	財団法人不動産流通近代化センター
発　　　売	株式会社大成出版社

〒156-0042　東京都世田谷区羽根木1－1－11
TEL 03(3321)4131［代表］
FAX 03(3325)1888
http://www.taisei-shuppan.co.jp

無断転載禁止